世界银行营商环境成熟度方法论手册

（2025 年修订版）

世界银行营商环境评估团队 编

罗培新 等 译

BUSINESS READY

METHODOLOGY HANDBOOK

译林出版社

图书在版编目（CIP）数据

世界银行营商环境成熟度方法论手册 ： 2025年修订版 / 世界银行营商环境评估团队编 ； 罗培新等译. 南京 ： 译林出版社, 2025. 7. -- ISBN 978-7-5753-0637-9

Ⅰ. F112-03

中国国家版本馆CIP数据核字第2025BJ0528号

世界银行营商环境成熟度方法论手册（2025年修订版）　世界银行营商环境评估团队／编　罗培新 等／译

责任编辑　黄　洁
特约编辑　董　翔　张　浩
装帧设计　周伟伟
校　　对　王　敏　戴小娥
责任印制　单　莉

出版发行　译林出版社
地　　址　南京市湖南路1号A楼
邮　　箱　yilin@yilin.com
网　　址　www.yilin.com
市场热线　025-86633278
排　　版　南京展望文化发展有限公司
印　　刷　苏州越洋印刷有限公司
开　　本　718毫米×1000毫米　1/16
印　　张　82
插　　页　4
版　　次　2025年7月第1版
印　　次　2025年7月第1次印刷
书　　号　ISBN 978-7-5753-0637-9
定　　价　298.00元

本书翻译所得收入，将用于公益项目。

目　录

第四章　公用事业服务

第五章　劳动就业

第六章　金融服务

第七章　国际贸易

第八章　税费缴纳

第九章　纠纷解决

第十章　市场竞争

代前言

以最诚的心，做最笨的事情

罗培新

《世界银行营商环境成熟度方法论手册》自 2024 年 1 月出版以来，受到了广泛的关注，满足了理论界与实务人士的需求，甚至在一定程度上成为优化营商环境的工具书，这是世界银行营商环境的价值体系与方法论所带来的。2024 年 10 月，世界银行发布第一份《营商环境成熟度评估 2024 报告》，对首批 50 家经济体进行了打分和排名，与此同时，发布了大幅修订后的营商环境方法论。

细细看来，世界银行的这次方法论调整，尽管幅度不如 2022 年从 DB (Doing Business)转向 BR(Business Ready)那么大，但仍然不小。在第一章“概述”第十二节“方法论手册的结构”中，世界银行详细阐述了十个主题项下的“重大调整”和“细微调整”，以下试以三个指标为例：

“经营场所”指标：在“建筑许可”问卷的支柱Ⅰ中，增加了四项有关建筑法规的新指标。在“环境许可”问卷的同一支柱下，“施工环境许可”类别下新增了七项指标，不仅包括环境影响评估，还包括其他环境许可。在“财产转让问卷”的支柱Ⅱ中，“不动产(包括性别)”类别下新增了三个与性别有关的指标。此外，在环境许可问卷中，引入了三个新指标，并且在指标“触发环境影响评估的标准”中增加了一个关于环境影响的新内容。在支柱Ⅲ的“环境许可”类别中，扩大了问题的范围，不仅包括环境影响评估，还包括其他具体的环境许可。

“国际贸易”指标：在支柱Ⅰ中，引入了七个新指标：在“数字化和可持续贸易”子类别中增加了“跨境支付数字货币的认可”和“货运运输排放交易系统”；在“国际贸易合作”子类别中增加了“环境：碳定价系统”和“环境：非关税措施：环境产品”；在“对国际货物贸易的限制（包括性别）”子类别中引入了“无对女性服务提供者的禁止”和“无对女性服务提供者的额外认证和培训要求”；最后，在“对数字贸易的限制”中引入了“无当地税收设立要求”的指标。在支柱Ⅱ中，“贸易基础设施”子类别下引入了三个新指标：“绿色基础设施（边境1：港口）”、“咨询委员会（边境1：港口）：代表”和“咨询委员会（机场）：代表”。

“纠纷解决”指标：在支柱Ⅰ中，“程序确定性（包括环境）”子类别下增加了一个关于执行判决时限的新指标，“司法诚信（包括性别）”子类别下增加了一个关于是否存在司法检举政策的新指标。在支柱Ⅱ中，“法院的组织结构”和“仲裁的公共服务（包括性别）”子类别下分别增加了关于促进国际纠纷解决和仲裁特别程序的新指标。在“程序确定性（包括环境）”子类别下，增加了关于延期开庭是否仅限于不可预见的和例外的情况，以及公司是否需要考虑其运营对环境影响的新问题。此外，在“法院的组织结构”和“诉讼程序的数字化”子类别下，分别增加了关于是否有针对微型和小型企业的法律援助计划，以及是否可以电子方式颁发和验证海牙认证的新问题。

与这些调整相伴相生的是，各层级指标的具体分值、术语表、文字表述等也做了调整。粗略计算下来，变动之处约达四分之一。

鉴于这些调整，2024年的《世界银行营商环境成熟度方法论手册》译本，显然必须修订了。

一如既往,本人就译本修订工作,先后召开了多次工作会议,统筹协调译本修订工作。

2024 年 11 月 13 日,华政长宁校区交谊楼辉贤厅,翻译团队召开了“《世界银行营商环境成熟度方法论手册(2025 年修订版)》暨 Business Ready 2024 报告翻译启动大会”。本次会议集合了第一版方法论手册中各章节的牵头人员,会议人数近 30 人。会议讨论的主要议题是:总结《世界银行营商环境成熟度方法论手册》在翻译、编辑、审校过程中的经验,确定修订版翻译的英文原本和注意事项,并结合修订情况分配组别。本次会议后,团队正式启动了方法论手册修订版的翻译工作。

2024 年 11 月 24 日,华政长宁校区 24 号楼二楼会议室,翻译团队召开了“《世界银行营商环境成熟度方法论手册(2025 年修订版)》翻译工作推进会”。修订版各章节翻译工作的负责人员出席了会议。会议讨论的主要议题是:探讨修订版翻译过程中可能遇到的问题和解决方案,并确定修订版翻译的基本流程和补充译者。本次会议后,团队建立了明确的翻译工作步骤,并吸纳新译者 18 人,为方法论手册修订版的翻译工作提供了人员保障和智力支持。

2024 年 12 月 15 日,华政长宁校区 24 号楼二楼会议室,翻译团队召开了“《世界银行营商环境成熟度方法论手册(2025 年修订版)》统稿及审校工作推进会”。修订版各章节的译者和审校负责人员出席了会议。会议讨论的主要议题是:根据翻译中遇到的问题新增统一术语和表述,确定修订版统稿和审校的基本流程,并与出版社方面协商确定交稿日期。本次会议后,方法论手册修订版的工作进入了统稿和审校阶段。

其间,为了推进工作进度,保证翻译质量,除了召开三次现场工作会议,我还与译者完成了多次线上的沟通:

2024 年 11 月 29 日，在翻译小组微信群中，我和大家沟通：各位译者，感谢参与译事工作。结合这几天翻译工作的进展情况，若干事项这里再明确一下。第一，翻译内容为 2024 年 10 月的第二版（Second Edition）。请大家在中文终稿的 Word 版本上以修订模式进行修改。注意保留英文新旧原文的比对文档，以便在组内交叉核对、组长核验和全书数轮校译时提供参照。第二，请务必参照通用术语、本组术语表、本组附件 A 标题目录，以及 2024 年格式和内容要求这四份文件进行翻译，以保证全书翻译前后一致。格式未尽事宜，参考 2023 年中文终稿和新英文格式。第三，翻译步骤如下：组内分工修订翻译→小组内交叉核对→组长核验及统稿。最后上交译稿的 Word 文档和新旧英文的比对文档。第四，时间节点：术语表和附件 A 于 2024 年 11 月 30 日（本周六）前提交，组长于 2024 年 12 月 8 日（周日）前提交本组最终译稿。

2024 年 12 月 15 日，在翻译小组微信群中，我把自己校译的四章内容发到微信群里，和大家沟通：各位师友、同学：早上好！有三点体会和大家分享。第一，作为专业人士，我们翻译认真仔细，会大量节省出版社的时间。我们的水平决定了译本是否足够权威。第二，一定要与出版社编辑保持密切沟通。有译者将世行评估四大平衡之一，译为“法定的法律条文 VS 实际实施举措”。其实，更为精准的译法为“法律规定的条文 VS 法律的实际施行”，如此方能表达世行评估不仅强调“纸面规则”（law in paper），更为重视“行动中的法律”（law in action）的意思。也就是说，根据世行的方法论，如果只有法律条文，但实际上 50% 以上的经营主体并不遵循，而是另搞一套，形成另外的惯例，则世行认可的不是纸面规则，而是惯例。像这样的误译，一定要和出版社编辑保持沟通，及时纠正。你们在阅读已经出版的译本过程中，如果还发现什么问题，也请一并指出来。第三，我是最终审稿人，但囿于公务繁忙及出版周期之短，恳请你们前期多费心，如果我的校稿有不足之处，也请大家指出来。谢谢各位,拜托了。

2025年4月30日,我在微信群说,各位师友,早上好!在大家的共同努力下,译稿一校结束,已经交给了出版社,我也写好了前言与后记。在这个时刻,感谢各位的辛勤付出,祝大家节日愉快!

想起尊敬的梁慧星教授说过的一番话:翻译是绕不过去的,懂就是懂,不懂也必须弄懂,才能继续翻下去。

以最诚的心,做最笨的事情。谨此寥寥数语,致敬那些共同奋斗过的日子!

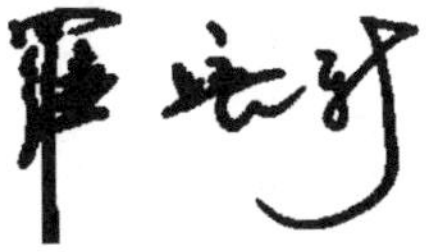

2025年5月5日

关于本书

营商环境成熟度（Business Ready）项目是世界银行集团开展的一项全新的数据收集与分析项目，旨在评估全球营商和投资环境，并相应地发布年度旗舰报告。营商环境成熟度项目的数据及报告旨在倡导政策改革，为具体的政策建议提供依据，并为发展政策研究提供数据支持。通过关注私营部门的发展，营商环境成熟度为实现世界银行集团的双重目标（即消除贫困和促进共同繁荣，共同建设宜居地球）做出了贡献。

营商环境成熟度项目聚焦于三个支柱以评估一个经济体的营商环境。这三个支柱分别是：规则框架、向企业和市场提供的相关公共服务，以及规则框架与公共服务在实践中相结合的效率。营商环境成熟度项目在评估营商环境时寻求一种平衡的方法，力求在开展业务的便利度与实现更广泛的私营部门利益之间，规则框架与公共服务之间，法律法规与实际执行之间，以及数据代表性与数据可比性之间实现平衡。营商环境成熟度项目涵盖了现有指标范围内可提供最大价值的领域，即微观经济层面的规则框架和相关公共服务。

营商环境成熟度重点关注十个主题项目，这些主题按照企业的生命周期以及企业在开办、经营（或扩张）以及关闭（或重组）时参与市场的情况进行安排。主要主题包括企业准入、经营场所、公用事业服务、劳动就业、金融服务、国际贸易、税费缴纳、纠纷解决、市场竞争和企业破产。每个主题亦包括与采用数字技术、环境可持续和性别平等有关的营商环境等考量因素。

营商环境成熟度项目既收集法律上的信息,也收集实际施行措施。法律数据通过专家咨询进行收集,事实数据则通过专家咨询和企业调查收集。企业调查是一项重大创新,大大增加了世界银行集团团队、世界各地的发展实践者和研究人员可获得的数据。数据收集和报告程序遵循尽可能高的诚信标准,包括健全的数据收集程序、有力的数据保障措施、明确的批准协议、精细数据的透明度和公开可获得性,以及结果的可复制性。根据收集到的数据,营商环境成熟度项目为每个主题领域生成分值,并汇总出总分。

《世界银行营商环境成熟度方法论手册》首先介绍了项目的目标、范围和方法。之后,它全面描述了项目的方法论,包括每个主题的动机、指标、问卷和评分细则。随着营商环境成熟度项目不断扩大其经济体覆盖面,其方法论也将在前三个数据收集和报告周期中不断得以完善。《世界银行营商环境成熟度方法论手册》将定期更新以反映这些完善措施。

第一章　概　述

1. 背景

2021 年 9 月 16 日，世界银行集团高级管理层决定中止《营商环境报告》（Doing Business）及其数据，并宣布世界银行集团将制定评估营商和投资环境的新方法。新方法即营商环境成熟度项目。世界银行集团专家的建议、世界银行外部的资深学者和从业者的建议、营商环境方法论的外部小组审查等，为新方法的发展提供了借鉴。通过广泛的公开意见征询程序，项目的设计也将政府、私营部门和民间社会组织中潜在用户的意见考虑在内。

该项目的《概念书》发表于 2022 年 12 月。该《概念书》阐述了咨询的过程，提出了项目的基本目标和方法，介绍了一组初步指标，提出了项目的执行计划。从《概念书》开始，《世界银行营商环境成熟度方法论手册》详细阐述了项目的指标、评分和数据收集方法。本次《营商环境成熟度方法论手册》第二版对第一版内容进行了更新，涵盖了《营商环境成熟度报告 2025》计划实施的改进后的方法论。

该项目隶属于发展经济学全球指标小组（DECIG）。该小组在世界银行集团首席经济学家和发展经济学高级副总裁的指导下，设计、试点和实施了本项目。数据收集和报告程序遵循了最高标准，包括健全的数据收集程序、强有力的数据保障、明晰的批准文本、透明且公开的细化数据，以及结果的可复制性。随附的《营商环境成熟度手册和指南》介绍了项目管理的程序和协议。

2. 标题

如上所述，该项目的标题是“营商环境成熟度”，简称为 B-READY。在《概念书》阶段，项目的工作标题是“宜商环境”（BEE）。该项目在充分考虑品牌影响的情况下，对标题进行了调整和改进。

3. 产出

营商环境成熟度的基准评估工作,为私营部门发展所处的营商环境提供了量化评估。营商环境成熟度的量化评估生成了精细数据,并基于这些数据形成全球报告,每年发布一次,涵盖全球大多数经济体。

全球营商环境成熟度项目有着深入的国别研究予以辅助,该研究进一步分析区域差异和具体的经济问题。该研究运用了类似方法,并在姊妹项目"地方营商环境成熟度"的基础上发展而成。

4. 发展目标

营商环境成熟度的精细数据和总结报告旨在改善全球各经济体中私营部门发展所处的营商环境。为实现这一目标,营商环境成熟度采用三重战略:(1) 倡导政策改革;(2) 提供具体政策建议;(3) 为发展政策的研究提供数据。该战略内容详见图 1.1。

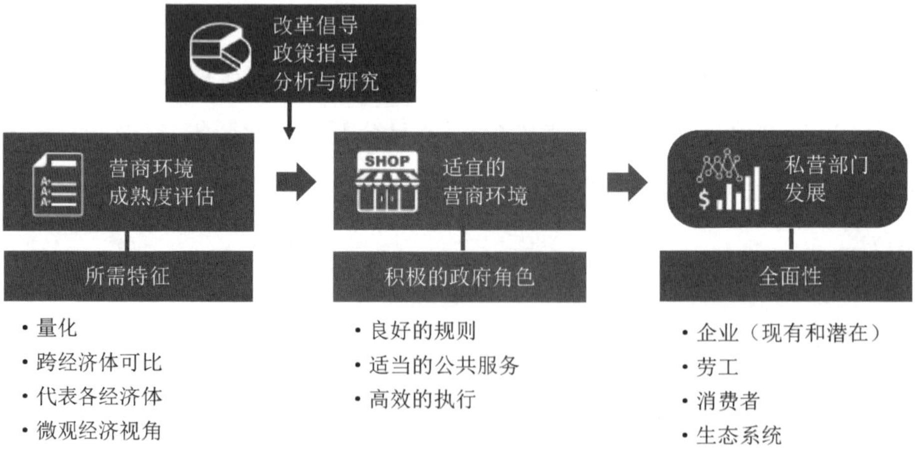

图 1.1　营商环境成熟度促进私营部门发展的全面方法

来源:营商环境成熟度项目

在宣传功能方面，营商环境成熟度致力于促进经济改革，为政府、民间社会（包括私营部门）、世界银行集团及其他发展机构打开知识共享和政策对话的大门。同样，通过涵盖与企业行为和市场运行相关的广泛领域，营商环境成熟度可以提供具体的政策建议，显示经济体是如何以及在多大程度上落后于国际良好实践的。通过提供一组丰富的数据，营商环境成熟度向对私营部门发展的驱动因素和结果所做的社会经济研究提供支持。

私营部门的发展有三个特点：通过创新和创业促进经济增长；促进市场参与者之间的机会平等；确保经济长期、总体的可持续性。私营部门的发展是由私营企业家的努力和聪明才智所推动的，但也在很大程度上受到一系列创造了有利营商环境的公共政策和规则的影响。这些政策和规则激励着初创企业的设立，促进现有企业的发展，创造良好的就业机会，促进了员工和企业从非正式向正式的转型。

通过关注私营部门的发展，营商环境成熟度能够有效地推进实现世界银行集团的双重目标：在宜居星球上消除贫困和促进共同繁荣。私营部门对于成功的发展至关重要，因为它是提供就业和脱贫的主要渠道，即便在经济脆弱和受冲突影响的国家中也是如此。

5. 方法

营商环境成熟度的方法旨在按照外部小组审查的建议，在营商环境评估最显著的方面（图 1.2）取得良好平衡。附录 1.1 介绍了营商环境成熟度及其前身（即已中止的营商环境报告项目①）的主要特征。

① 本项目的《概念书》对营商环境成熟度项目与营商环境报告项目的相似点与不同点进行了分析。

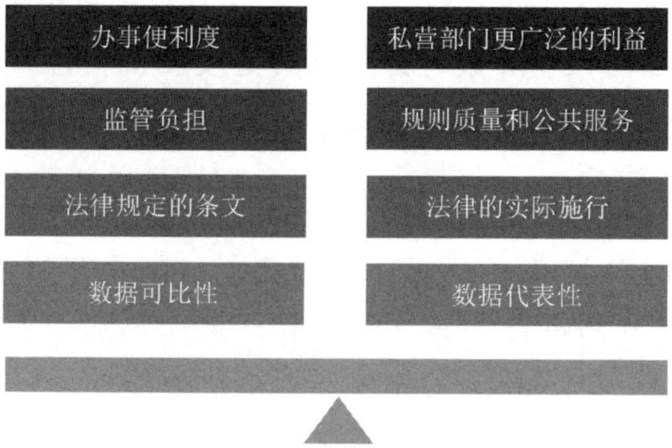

图 1.2　营商环境成熟度在评估营商环境时寻求平衡的方法

来源：营商环境成熟度项目

第一，营商环境成熟度不仅从单个企业营商便利度的角度，也从私营部门开展商事活动能力的整体立场，对营商环境进行评估。认识到单个企业成本与社会效益和理想标准之间存在矛盾，营商环境成熟度将囊括反映这些不同面向的各种指标，并对其进行相应评分。

第二，营商环境成熟度不仅关注企业的监管负担，也关注企业生命周期中的规则质量和相关公共服务的提供。这种平衡能为政府在创建有利营商环境方面的作用提供更加微妙且积极的视角。

第三，营商环境成熟度不仅收集法律规定的条文信息（即根据制定的法律规定），而且收集法律规定实际施行的数据（即反映实际施行情况）。营商环境成熟度从专家咨询和企业层面的调查中获取数据。与以前的基准测量方法相比，依靠具有全国代表性的企业调查是一项重大创新，因为它将来自企业自身所处的商业监管环境的体验的第一手信息考虑在内（附录 1.2）。

第四，营商环境成熟度试图在各经济体之间的数据可比性和某一经济体内部的数据代表性之间取得平衡。专家咨询通过使用广泛的参数而不是狭隘的案例研究，来评估大多数企业所处的营商环境，从而解决了这一平衡问题。企业层面的调查通过使用具有全国代表性的注册企业样本来解决这一平衡问题。因此,营商环境成熟度包含的信息覆盖了不同规模的企业、不同地理位置的企业、不同经济行业的企业以及内资企业与外资企业。

营商环境成熟度不偏向任何特定的经济制度或法律传统,而是保持务实的态度,注重有据可查的良好实践和适用于所有发展水平的标准。良好实践以世界银行集团、其他多边组织和专门机构或相关文献确立的国际公认标准为基础。

营商环境成熟度旨在实现不同经济体之间和某一特定经济体不同时期之间的可比性。这就需要对不同地理位置、不同收入水平和发展状况的经济体采用相同的方法论。通过提出良好实践作为评估基准,营商环境成熟度确定了处于所有发展阶段的经济体都渴望弥合的差距。可被视为全球标准的良好实践将用于构建基数分值,以衡量不同经济体以及不同时期的绝对差异。

6. 范围

营商环境成熟度评估经济体的营商环境,重点是规则框架与为企业和市场提供的相关公共服务,以及它们在实践中结合后的运作效率(图 1.3)。

营商环境可以被定义为企业无法控制的一系列条件,这些条件对企业在整个生命周期中的行为和表现有着重大的影响。从宏观经济政策到微观经济规则,这些条件的范围可能非常广泛。为了将营商环境成熟度的基准工作与其他成熟的国际措施区分开来,营商环境成熟度侧重于微观经济层面的规则框架和公共服务的提供,即颁布和实施能直接影响企业行为与表现的规则和服务。

营商环境成熟度的三大支柱——规则框架、公共服务和运作效率——可以做如下定义：规则框架是指企业在开办、经营和关闭时必须遵守的法律法规。公共服务既指政府直接或通过私营企业提供的便利，以促进规则的遵守，也指政府提供的促进商业活动的公共机构和基础设施。营商环境成熟度考虑的公共服务仅限于与企业生命周期相关的营商环境领域，如下所述。运作效率是指支持企业正常运作的规则框架易于遵守以及与企业直接相关的公共服务得到高效使用。

图 1.3　营商环境成熟度衡量企业和市场的规则框架、公共服务和运作效率

来源：营商环境成熟度项目

营商环境成熟度并不涵盖宏观经济条件（如全球经济展望）、政府腐败和问责制（如全球治理指数）、人力资本（如人力资本指数）、冲突、犯罪和暴力（如联合国毒品和犯罪问题办公室统计数字）等营商环境的其他方面，因为这些方面已有了相关的良好指标。

7. 主题

营商环境成熟度的主题按照企业的生命周期及其在开办、经营（或扩张）以及关闭（或重组）时参与市场的情况进行安排。营商环境成熟度的 10 个主题分别是企业准入、经营场所、公用事业服务、劳动就业、金融服务、国际贸易、税费缴纳、纠纷解决、市场竞争和企业破产（图 1.4）。

图 1.4　营商环境成熟度主题涵盖的领域

来源：营商环境成熟度项目

注：虽然企业准入和企业破产是企业生命周期明确的开始和结束阶段，但其余八个主题可以在企业的经营和扩张阶段以不同的顺序发生。这些主题是相互关联的。这个数据并不是为了表示企业生命周期的线性发展，也不是为了严格地表明这些主题是必经阶段，而是为了对企业生命周期典型阶段的商业环境进行全面评估。

营商环境成熟度的 10 个主题各自包含了对现代经济体愈发重要的三个关键议题的数据，它们分别是采用数字技术、环境可持续和性别平等。关于采用数字技术，大多数主题包括对电子窗口和在线一站式服务的评估；关于环境可持续，一些主题则包括评估环境许可证和是否存在碳定价工具等。此外，营商环境成熟度还纳入了性别层面的数据，它将是世界银行"女性、商业和法律"项目（WBL）的补充，该项目也设在发展经济学全球指标小组内。

主题的选取依据是营商环境成熟度项目的三重目的：倡导政策改革、提供具体政策建议、为发展政策研究提供数据。选择的主题符合以下标准：

相关性：每个选定的主题指标都有广泛的相关经济学研究，表明其对私营部门发展的影响及其与私营部门发展的密切关系。

增值性：每一选定主题内的衡量指标都填补了现有数据的空白。营商环境成熟度产生的价值体现在其具有全球覆盖面和可比性的独有原始数据集。

互补性：鉴于全面的改革才更有可能获得成功，营商环境成熟度以企业的全生命周期为共同线索，设计了具有互补性的指标内容。

8. 指标

营商环境成熟度分析了所有主题和支柱的近 1 200 项指标。本书的下一部分将详细介绍这些指标。每个主题都有三组指标，每组指标体现一大支柱。关于规则框架和公共服务支柱的指标通过专家咨询收集数据，而运作效率支柱的指标则通过企业调查和专家咨询来收集数据。

主题指标的选择依赖于主题选择本身的相同标准：相关性、增值性及互补性。此外，这些指标具有五种特征：

- 在衡量规则和公共服务质量时，重点关注存在既有良好实践的问题；
- 可量化且指向具有可操作性（即通过政策改革可以改变）的领域；
- 在每个主题下力求法律措施层面和实际施行措施层面之间的平衡；
- 产生的数据要平衡各经济体之间的可比性和每个经济体内部的代表性；
- 以专门为营商环境成熟度项目收集的原始数据为基础，尽可能覆盖每个主题最主要的相关方面。

运作效率指标衡量有利于企业经营的规则框架和向企业提供的相关公共服务的直接结果。然而，它们并不试图评估营商环境的最终结果（例如，生产力、正式性、公平性和可持续性）。这些结果是各种变量混合作用的产物，不仅包括营商环境，还包括其他公共政策领域和外部因素。因此，它们超出了营商环境成熟度项目的范围。

9. 得分

将营商环境条件量化为相应的可衡量指标，对营商环境成熟度基准测试至关重要。从专家或企业处获得的所有数据都以原始形式收集，然后转换为可与其他分值组合的分值。原始数据评分方法的目标是，将记载着绝对基数差异的分数汇总，该汇总可用于不同的经济体之间的比较以及它们之间随着时间的推移而进行的比较（而不是纯粹的基数评分或相对评分）。

营商环境成熟度项目产生的细化数据将被汇总起来，为其10个主题下的每项指标生成一个分值。每个主题的分值通过平均计算该主题三大支柱（规则框架、公共服务、运作效率）的分值而产生。对于几乎所有的指标，规则框架将关注法律条文层面的信息，而公共服务和运作效率支柱则关注法律的实际施行层面的信息。因此，这种评分方法提供了法律规定的条文层面和实际施行层面之间的互补性。

对于所有指标主题，三大支柱的分值将直接由每个最基本的指标（三级指标）的分值决定。在这个层面上，打分考虑的是企业家的视角（企业灵活度）和更广泛的公共利益（社会效益）。对营商环境成熟度项目而言，同时考虑私人利益和社会效益十分重要，因为该项目不仅重视单个企业开展经营的便利性，而且重视整个私营部门发展的包容性和可持续性方面的问题。

每项指标的分值将体现企业灵活度和社会效益两方面的考量。如果某一指标影响经营企业的收益或成本，则该指标将在企业灵活度下进行评分。如果某一指标的影响超出企业自身范围并延伸到社会公众所期待的领域，如环境保护、职工福利、市场竞争、消费者保护、财政可持续性、公平获得商业机会和信息外部性等，则该指标将在社会效益下进行评分。

具体而言，根据国际公认和行之有效的良好实践，只有对企业（企业灵活度）/社会（社会效益）产生明确影响的指标才能加分。对企业灵活度只有模糊或矛盾影响的措施（例如，对特定出口部门的补贴，或者对中小企业的优惠待遇）将不会增加企业灵活度方面的分值。同样，对社会效益有模糊或矛盾影响的措施（例如，可能有利于在职员工，但有损于失业者和非正式员工发展的解雇限制）则不会增加社会效益方面的分值。

一些指标可能同时具有企业灵活度和社会效益的分值。例如，明确的税收规则对单个企业（通过简化合规成本）和更广泛的社会层面（通过加强信任和社会契约精神）都有好处。在这种情况下，在分配企业灵活度和社会效益方面的分值后，它们将被加在一起。

为所有经济体分配选定指标下企业灵活度/社会效益分值的方法都是一致的，这些方法反映了来自学术文献和基于良好实践的最佳依据，并已由咨询小组进行审查。本方法论手册详细记录了要点（摘要见附录 1.3）。

在使用营商环境成熟度数据进行经济分析时，应根据需要结合语境对它们进行解释。例如，在评估一个经济体的缺点时，可能有必要将其数据与收入水平相似的经济体或发展道路较为理想的经济体进行比较。经济分析还应考虑特定经济体的执行能力和经济发展的重点方面。然而，这种分析工作超出了营商环境成熟度作为一个数据收集项目的范围，它应该由从业者和研究人员使用营商环境成熟度数据以及其他补充数据来源来进行。

关于结果的总结：营商环境成熟度项目是为了在不同经济体间进行基准比较而设计的。这需要在不同收入水平和不同地理位置的经济体中运用统一的方法论。同时，它还需要使用可以汇总成可比较分数的指标来量化营商环境条件。

营商环境成熟度项目的详细数据提供了大量信息，这些信息可以用来指导具体的政策改革。这些数据在报告的主体部分进行了展示，并且在营商环境成熟度官网上通过易得的设施和工具更详细地呈现出来，其中包括各经济体的情况。

此外，为了便于国际基准比较，这些详细数据被用来获取特定主题的支柱分数、主题分数和总体支柱分数。特定主题的支柱分数是基于分配给一系列指标的分数构建的，这些指标按内容进行分类汇总。每个分数的范围可以从 0 到 100（100 代表最佳表现）。在每个主题内，有三个特定主题的支柱：规则框架、公共服务和运作效率。这三个特定主题的支柱分数的平均值，反过来等于该主题的分数。每个总体支柱分数是十个营商环境成熟度主题中相应特定主题支柱分数的平均值。

营商环境成熟度项目结果的呈现方式,对于减少经济体之间“不健康”的竞争也很重要。营商环境成熟度报告将通过避免过度宣扬经济排名来解决这些问题。营商环境成熟度将经济体根据每个支柱的得分,从最高到最低平均分成五个组别(五分位数),并按五分位数呈现数据。在呈现经济体按主题的得分的五分位数的表现时,也采用了类似的方法。这种方法增强了对数据分布的理解,便于识别模式和趋势,并提高了沟通的便利性。它使读者能够观察到绝对表现(支柱的得分和主题的得分)和相对表现(五分位数组别)。它还可以帮助政策制定者轻松识别经济体在规则框架、公共服务和运作效率方面以及具体主题上的改进领域。

10. 数据来源

营商环境成熟度从专家咨询和企业调查中获得数据。根据具体指标性质的差异,法律条文方面的数据是从与专家受访者的咨询中收集的,而实际施行方面的数据是从与专家受访者进行咨询或企业一级的调查中收集的。

通过专家咨询,营商环境成熟度通过调查软件向所有被衡量经济体的私营部门专家发送详细的专题调查表,直接收集数据。私营部门的专家包括个体从业者(如自雇电气承包商或律师)和在大、中、小型企业中工作的从业者。专家咨询会向专家们提出关于具有类似特征的企业集团的问题,以便比较不同经济体中同一类型企业的经验(附录1.4)。

在特殊情况下,营商环境成熟度还从公共部门专家那里收集关于公共服务特点的信息,这些专家为参与每个专题所涉具体进程的政府机构或部委工作,因为只有他们才知道某些问题的答案(如信贷登记)。

世界银行企业调查(WBES)问题是营商环境成熟度企业调查数据(附录

1.2）的来源，这一数据来自现有全球世界银行企业调查的相关变量，还有大约 74 个营商环境成熟度特定问题，涉及大多数主题领域，旨在提供关于营商环境成熟度项目运作效率支柱的实际施行方面的信息。有关执行企业调查以及世界银行企业调查小组进行企业抽样选择、行政和管理的详细资料收录于《世界银行企业调查手册和指南》。

本书的每个主题章节都包含详细介绍其每个支柱数据采集来源的小节。《营商环境成熟度手册和指南》还提供了关于专家甄选过程的详细信息。

11. 诚信和透明

营商环境成熟度的数据收集和报告流程将遵循尽可能高的数据诚信标准，包括健全的数据收集流程、强大的数据保护措施和明确的审批流程协议条款。此外，营商环境成熟度将依靠透明度和可复制性来建立对其数据和报告的信任。营商环境成熟度项目收集的所有详细数据都将在其网站上公布，并且营商环境成熟度报告中呈现的所有结果都可以使用同一网站上提供的简单工具进行复制。

营商环境成熟度项目遵循了世界银行集团企业旗舰产品的问责和决策框架的指导方针。此外，发展经济学全球指标小组正在与世界银行集团的内部审计、道德和商业行为以及信息和技术解决方案部门合作，以加强对营商环境成熟度项目的管理。为识别和防止流程漏洞，集团内部审计对数据收集和报告流程进行了全面的设计审查。道德和商业行为部门就如何保护项目免受内部和外部利益相关者的不当影响提供咨询意见和指导，以避免营商环境成熟度团队内部及其与世界银行集团其他地区的关系中的潜在利益冲突。信息和技术解决方案部门正支持营商环境成熟度获得一个安全可靠的数据管理系统，保护数据免受网络威胁和非受迫性错误，同时还将协助实现数据的公共可用性。

营商环境成熟度项目的运行管理内容详见《营商环境成熟度手册和指南》。营商环境成熟度的协议、保障措施、流程和数据来源均以书面形式制定。本书和《营商环境成熟度手册和指南》可在营商环境成熟度网站上公开查阅。

12. 方法论手册的结构

《世界银行营商环境成熟度方法论手册2025年修订版》由分别对应十个主题的单独章节组成。每一章都有一份方法论说明、一份评分附件和一份(或几份)附注释的问卷。方法论说明包括：(1)对主题的简要概述；(2)对每个支柱指标和组成部分的详细解释；(3)数据收集来源；(4)使用的参数；(5)对主题评分的概述(按支柱和总分计算)。评分附件展示了对每个支柱指标的企业灵活度和社会效益的详细评分。最后，附注释的问卷提供了一份术语表，以及每项指标、其分值和相应问题之间详细的一一对应信息。对于使用多份问卷收集数据的主题，附注释的综合问卷附件载有所需的所有问卷。

企业准入

重大调整：在支柱Ⅰ项下的“企业注册的限制”类别中，引入了两项新指标，以评估国内和国外私营有限责任公司在注册前是否需要缴付规定的全部最低实缴资本。

细微调整：在支柱Ⅰ中，评估对本国和外国企业家的具体行业限制的指标在权重方面进行了调整，每个子类别的指标从三个减少到一个。在支柱Ⅱ项下的“数字化服务”类别中，有关电子化身份验证程序的指标被重新表述为两个部分，以便对是否有电子化和全自动程序来验证企业家和实际所有人的身份做出不同的回答。

经营场所

重大调整：在“建筑许可”问卷的支柱Ⅰ中，增加了四项有关建筑法规的新指标。在“环境许可”问卷的同一支柱下，“施工环境许可”类别下新增了七项指标，主要是为了扩大衡量范围，不仅包括环境影响评估，还包括其他环境许可。在“财产转让问卷”的支柱Ⅱ中，“不动产（包括性别）”类别下新增了三项与性别有关的指标。此外，在“环境许可”问卷中，引入了三项新指标。

细微调整：在“环境许可”问卷的支柱Ⅰ中，在指标“触发环境影响评估的标准”中增加了一个关于环境影响的新内容。在支柱Ⅲ的“环境许可”类别中，扩大了问题的范围，不仅包括环境影响评估，还包括其他具体的环境许可。

公用事业服务

重大调整：在支柱Ⅲ中，所有三项公用事业服务问卷重新引入了成本要素。问卷包含了更具体的参数，以收集服务成本下的费用水平。此外，关于连接成本，包含了两种情景，以增加数据的代表性，并将不止一种类型的商业和连接/服务需求纳入考量。

细微调整：在“互联网”问卷的支柱Ⅰ中，在现有问题基础上新增了一项问题，关于建立计算机安全事件响应团队负责处理网络安全事件的监管要求。

劳动就业

重大调整：在支柱Ⅰ中，“雇用条款”子类别中增加了一项指标。而在支柱Ⅱ中，“社会保障”类别下的三个子类别各增加了三项指标。此外，在支柱Ⅱ中，新增了一个子类别“性别分类数据”，包含了与劳动监察员、劳动争议、劳动力、失业人员、产假和陪产假相关的五个新指标。

细微调整：在支柱Ⅰ中，“就业限制和成本”类别下新增了关于平台员工的问题。在支柱Ⅱ中，“社会保障”类别下新增了关于失业保险、医疗保健和退休养老金覆盖范围的问题。

金融服务

重大调整：无。

细微调整：在“电子支付”问卷的支柱Ⅰ中，两个与协同性和促进竞争相关的感知类问题变为不计分问题。这些问题将在推广阶段的第二年和第三年保留，并根据收到的数据，团队将重新评估是否对其计分或删除。在“商业贷款”问卷的支柱Ⅰ中，“客户信息的记录保存”子类别下新增了两个问题，以获取“电子版了解你的客户”规定及其使用情况。在“担保交易和担保登记机构”问卷的支柱Ⅱ中，关于在线系统支持担保物权的搜索、登记、修改、续期和取消的问题被拆分为不同的问题，以便对每种功能分别作出回应。在支柱Ⅱ中，“征信机构的运行”问卷将合并两个机构特定的问卷，形成一份统一的综合问卷。

国际贸易

重大调整：在支柱Ⅰ中，引入了七项新指标：在“数字化和可持续贸易”子类别中增加了“跨境支付数字货币的认可”和“货运运输排放交易系统”；在“国际贸易合作”子类别中增加了“环境：碳定价系统”和“环境：非关税措施：环境产品”；在“对国际货物贸易的限制（包括性别）”子类别中引入了“无对女性服务提供者的禁止”和“无对女性服务提供者的额外认证和培训要求”；最后，在“对数字贸易的限制”子类别中引入了“无当地税收设立要求”。在支柱Ⅱ中，“贸易基础设施”子类别下引入了三项新指标：“绿色基础设施（如果港口则为边境1）”“咨询委员会（边境1：港口）：代表”和“咨询委员会（机场）：代表”。

轻微调整：在支柱Ⅰ中，“国际贸易合作”子类别下的两项指标得到了完善，其被拆分为三项指标：“服务贸易：专业资格和认证互认”“服务贸易：出于商业目的的自然人临时流动”和“服务贸易：无本地业务要求”。

税费缴纳

重大调整：在支柱Ⅰ中，“存在环境财政工具”子类别下新增了两项指标：“没有化石燃料补贴”和“其他机制”。

细微调整：在支柱Ⅱ中，“纳税人在线服务门户网站”指标下新增了七项问题，每个问题都成为一个独立的组成部分。“广泛的公众咨询”指标通过增加五个新问题扩展为六个组成部分。此外，由于删除了一个关于核实税务申报所收集信息来源的问题，“数据交换和使用（包括性别）”指标中删除了“数据交叉核对，核实税务申报”这一组成部分。由于删除了两个与税务审计质量相关的问题，“税务检查”指标中删除了“对纳税人检查的监督”这一组成部分。此外，“电子报税”“电子缴税”和“预先填写纳税申报表”指标中的组成部分从九个减少到三个。最后，在“公共问责制”子类别下，增加了一个关于道德守则是否包含不当行为后果的问题。

纠纷解决

重大调整：在支柱Ⅰ中，“程序确定性（包括环境）”子类别下增加了一个关于执行判决时限的新指标，“司法诚信（包括性别）”子类别下增加了一个关于是否存在司法检举政策的新指标。在支柱Ⅱ中，“法院的组织结构”和“仲裁的公共服务（包括性别）”子类别下分别增加了关于促进国际纠纷解决和仲裁特别程序的新指标。

细微调整：在“程序确定性（包括环境）”子类别下，增加了关于延期开庭是否仅限于不可预见的和例外的情况，以及公司是否需要考虑其运营对环境影响的新问题。此外，在“法院的组织结构”和“诉讼程序数字化”子类别下，分别增加了关于是否有针对微型和小型企业的法律援助计划，以及是否可以电子方式颁发和验证海牙认证的新问题。

市场竞争

重大调整：在支柱Ⅰ中，“国有企业框架和竞争法范围”子类别下增加了四项指标，竞争问卷中的“合并控制”子类别下增加了一项指标。在“创新”问卷中，“合理获取创新成果”子类别下增加了四项新指标。在“采购”问卷中，“准入和企业参与”子类别下增加了一项新指标。在支柱Ⅱ中，“竞争”问卷的“宣传和透明度”子类别下增加了两项新指标，“创新”问卷的“知识产权服务的数字化”子类别下增加了一项新指标。

细微调整：在现有指标中增加了新组成部分，特别是关于限制外资公司参与公共采购和建立框架协议采购程序的内容。在“最佳性价比（包括性别和环境）”子类别下，关于在投标中纳入环境考虑因素的激励措施的指标中增加了新的组成部分。

企业破产

重大调整：无。

细微调整：在支柱Ⅰ中，由于营商环境成熟度 2024 评估中各经济体在“破产管理人的选任和罢免”方面缺乏差异性，相关指标被取消。在运作效率支柱中，为了避免与是否存在专门破产法院（营商环境成熟度不评估此内容）产生混淆，对“清算和重整程序管辖法院的专业性”子类别进行了明确。

附录 1.1 《营商环境报告》(DB)与《营商环境成熟度报告》(B-READY)关键特征对比

	营商环境报告	营商环境成熟度报告
概述	对影响个别中小企业的商业环境进行基准评估	对影响整个私营部门发展的商业规则和公共服务进行基准评估
范围	侧重于企业面临的商业监管负担，对公共服务有一定涉及	均衡关注，不仅着眼于企业的监管负担，还要关注规则质量以及为企业提供相关公共服务的情况
数据收集	一些指标只涵盖法律规定，而另一些指标只涉及实际施行情况；通过专家咨询收集数据；广泛使用具备严格假设的案例研究，以增强数据的可比性	指标均衡覆盖规则框架和公共服务两者的法律规定和实际施行情况；通过将专家咨询和企业调查相结合收集实际数据；使用假设相对不太严格的案例场景，以增强相关性
主题	按照企业的生命周期选择主题，但在相对重要性方面存在不均衡；在某些情况下，例如，“保护少数投资者”的理由不充分，而排除“雇用劳工”则明显是一个遗漏	营商环境成熟度的主题也是按照企业的生命周期选择的，包括其在市场中的参与；涵盖所有重要主题
指标	指标分为两类：(1) 商业监管的效率，(2) 商业监管的质量；并非所有的主题都一致按此分类；指标与案例研究假设联系紧密，限制了其代表性	所有主题均由以下三个支柱的指标组成：(1) 规则框架，(2) 公共服务，(3) 运作效率；随着案例研究限制的放宽，指标将揭示更能代表经济体的信息
分值	根据排名和分值评估经济体的表现；高度重视综合排名，以使公共利益最大化并推动改革	根据可量化的指标评估经济体表现；将在企业灵活度和社会效益方面按最细分的指标水平打分；营商环境成熟度将分值汇总成主题分值和支柱分值；旨在推动改革，但避免在整个经济体引起“排名潮”
覆盖范围	191 个经济体中的主要商业城市；11 个经济体的前两大商业城市	覆盖尽量多的经济体，并在每个经济体内部覆盖尽量多的城市；经济体内部的覆盖范围可能会因为监管的国家性或地方性而有所不同

（续表）

	营商环境报告	营商环境成熟度报告
更新	以年度为周期	基于专家咨询的指标以年度为周期更新;基于企业调查的指标以三年为周期更新

来源：营商环境成熟度团队

附录 1.2　企业调查

营商环境成熟度项目的一个关键创新是直接从企业获取和使用数据。企业层面的数据通过扩大企业调查项目来获得,该项目也隶属于世界银行发展经济学全球指标小组,在过去 20 年中已经在 153 个经济体进行了 300 多项企业调查。扩大后的企业调查成了一个完整的企业调查项目,并在主要的调查模块纳入了营商环境成熟度的具体问题。扩大企业调查项目可为全球公共产品带来巨大利益。第一,世界银行集团生成基于企业家自身信息的营商环境成熟度数据。第二,世界银行集团定期提供覆盖全球的高质量企业调查项目,这在全球是史无前例的。这会大幅增加世界银行集团国别团队(以及更广泛的政策制定者、发展从业者和研究人员)在那些已经进行过企业调查项目的经济体中所享受的益处。第三,将营商环境成熟度数据与丰富的企业属性数据(包含在主要的企业调查问卷中)相结合,将能够对营商环境成熟度所采集的监管和公共服务主题的前因后果(在企业和经济层面)进行更精细的分析。需要注意的限制是,企业调查仅包括已注册企业。尽管来自非正式企业的信息可以为评估营商环境增加价值,但将调查扩展到非正式部门成本高昂。企业分析单位目前正在试行一种调查非正式企业的方法,被称为非正式部门企业调查。将来,一旦确立了经济高效的方法,营商环境成熟度团队也将考虑收集非正式企业和企业家的数据。

附录 1.3　初步主题评分概述

一般评分方法：

- 每个主题都被系统地划分为三个支柱。
- 每个支柱都被划分为若干类别，它们是根据特定类别的共同特征定义的，而每个类别又被进一步划分为子类别。
- 每个子类别都包括若干指标，而每项指标又可能包括若干组成部分。
- 相关分值被分配给每项指标，随后汇总以获得每个子类别、类别和支柱的分值。
- 在每个支柱中，根据类别在支柱中的相关性和重要性为类别分配权重，具体权重分配可以相等或者不等。
- 在每个类别中，根据子类别在类别中的相关性和重要性为子类别分配权重，具体权重分配可以相等或者不等。
- 在每个子类别中，企业灵活度和社会效益的分值权重相等。
- 支柱Ⅰ、支柱Ⅱ的分值分配和汇总方式与支柱Ⅲ不同。

关于支柱Ⅰ（规则框架）和支柱Ⅱ（公共服务）：

- 考虑到企业家角度（企业灵活度，0—1分）和更广泛的私营部门发展利益（社会效益，0—1分），在指标一级按0—2分打分。
- 每项指标的调整后分值＝子类别调整后的分值/子类别总分值。
- 分配给每个子类别的调整后分值＝其所有指标的调整后分值总和。
- 分配给每个类别的调整后分值＝其所有子类别的调整后分值总和。
- 每个支柱的调整后分值＝其所有类别的调整后分值总和。
- 每个支柱的调整后分值相加，相加后最大值为100分。

关于支柱Ⅲ(运作效率):

- 支柱Ⅲ的分值采用正态累积密度函数(CDF)转换法计算,分值从0到100,其中0和100分别代表可能的最低分和最高分。根据所收集数据的第5个百分位数和第95个百分位数,或根据国际标准或学术文献规定的阈值,确定最好和最差的表现。
- 每项指标的调整后分值都是通过原始分值(0—100)乘以权重计算得出的,权重由可用的最大调整后分值表示。详情请参见各主题章节。
- 分配给每个类别的调整后分值=其所有指标的调整后分值总和。
- 支柱Ⅲ的调整后分值=其所有类别的调整后分值总和。
- 支柱Ⅲ的调整后分值最高为100分。

附录 1.4 参 数

在专家咨询环节中，我们会向专家们提出关于具有类似特征的企业群体的问题，以便比较不同经济体中同一类型企业的经验。在某些情况下，数据可比性并不要求限制企业的范围，因为它们适用的规则和相关公共服务是相似的。在其他情况下，则需要考虑到不同地点和时间的比较，确定某些广泛的参数（例如企业所属行业和地点、交易的类型和规模），以便所收集的数据是以相似特征的广泛情景为基础，并可以对不同地点和时间的情况进行比较。

参数包含通用参数和特定参数。通用参数适用于特定主题的所有支柱，而特定参数仅适用于一个或两个支柱。本书每一主题的章节中都会有一节详细说明其所依赖的参数，包括假设是归类为通用参数还是特定参数、使用此类参数的理由以及参数如何应用于每个支柱的信息。

企业调查向受访者提出有关企业的问题，并允许获取具有代表性的平均值或中位数，这使得可以对企业的典型经验进行跨经济领域的比较。这种方法的另一个好处是提供了关于各企业之间可变性的信息。当从企业调查中收集数据时，不使用任何参数。

第二章　企业准入

方法论说明

Ⅰ. 动机

经注册的公司可获得多种好处,包括法院提供的法律服务和银行提供的金融服务。公司雇员也能得到社会保障。此外,经济也可获得正面的溢出效应:正式设立企业多的地方,就业机会和经济增长往往较高。[①] 正式设立的企业越多,税基也会扩大,进而政府就能在提高生产力方面加大投入,并追求其他的社会和经济政策目标。但是,企业家们在进入正式经济时经常会面临阻碍。

有证据表明,高创业成本与低企业准入、低就业水平和低生产率息息相关。[②] 烦琐的企业初创规则与高度腐败和非正式程度相关。[③] 简单的企业初创程序,能促进正式设立企业。[④] 此外,数字技术和信息透明度也能够鼓励企业注册,促进私营部门发展。

数字公共服务能够减少与政府部门沟通产生的合规成本,从而解决企业家关心的问题,促进正式设立企业。[⑤] 此外,关于注册企业的透明而准确的信息,也是良好营商环境的重要构成要素,能给政府提供商业统计和制定相关政策的工具,为市场参与者提供评估风险和机会的信息。透明的受益所有权信息,使那些想要利用公司架构来实现非法意图的想法变得没有吸引力,从而维护行业的诚信和声誉。

在此背景下,企业准入主题评估企业准入规则的质量、企业准入的数字

---

① Fritsch and Noseleit (2013).

② Bruhn (2012); IEG (2021, 45).

③ Klapper and Love (2016).

④ Klapper, Lewin, and Quesada Delgado (2011).

⑤ ILO (2021).

化公共服务和信息透明度，以及企业准入的运作效率。

Ⅱ. 指标

企业准入主题从三个维度（这里称为“支柱”）衡量有限责任公司的注册和初始运营程序。支柱Ⅰ评估企业准入规则的质量，包括企业初创采用良好实践所需规则框架的法律条文。支柱Ⅱ评估企业准入数字公共服务的可获得性和信息透明度。支柱Ⅲ评估注册新内资和外资企业所需的时间和成本。每个支柱都被分为若干类别，这些类别由共同特征界定，为将它们归入特定类别提供依据。每个类别进一步划分为若干子类别。每个子类别由若干指标组成，每项指标相应地包含若干组成部分。每项指标被赋予相应的分值，然后汇总得出每个子类别、类别和支柱的分值。表1汇总了所有三个支柱及各自的类别。

表1　企业准入主题三大支柱汇总表

支柱Ⅰ	**企业准入规则的质量（35项指标）**
1.1	信息与程序标准（18项指标）
1.1.1	公司信息备案要求（7项指标）
1.1.2	受益所有权备案要求（6项指标）
1.1.3	简易登记的可获得性（3项指标）
1.1.4	基于风险的营业和环境许可评估（2项指标）
1.2	企业注册的限制（17项指标）
1.2.1	内资企业（8项指标）
1.2.2	外资企业（9项指标）
支柱Ⅱ	**企业准入的数字化公共服务和信息透明度（25项指标）**
2.1	数字化服务（11项指标）
2.1.1	企业设立流程（6项指标）

（续表）

2.1.2	公司与受益所有权信息的储存（3 项指标）
2.1.3	身份验证（2 项指标）
2.2	服务的协同性（4 项指标）
2.2.1	公司信息互通（2 项指标）
2.2.2	唯一企业标识（2 项指标）
2.3	在线信息的透明度（10 项指标）
2.3.1	初创企业（包括性别和环境）（5 项指标）
2.3.2	一般公司信息的可获得性（2 项指标）
2.3.3	新注册公司的总体及性别有关统计数据（3 项指标）
支柱Ⅲ　企业准入的运作效率（4 项指标）	
3.1	内资企业（2 项指标）
3.1.1	注册新内资企业的总时间（1 项指标）
3.1.2	注册新内资企业的总成本（1 项指标）
3.2	外资企业（2 项指标）
3.2.1	注册新外资企业的总时间（1 项指标）
3.2.2	注册新外资企业的总成本（1 项指标）

1. 支柱Ⅰ. 企业准入规则的质量

表 2 展示了支柱Ⅰ（即企业准入规则的质量）的结构。该支柱的每个类别和子类别将按照表中所示的顺序进行更为详细的讨论。

表 2　支柱Ⅰ　企业准入规则的质量

1.1	信息与程序标准
1.1.1	公司信息备案要求
1.1.2	受益所有权备案要求
1.1.3	简易登记的可获得性

（续表）

1.1.4	基于风险的营业和环境许可评估
1.2	企业注册的限制
1.2.1	内资企业
1.2.2	外资企业

1.1 信息与程序标准

类别1.1包含4个子类别，每个子类别包含若干指标，每项指标包含若干组成部分。

1.1.1 公司信息备案要求

一个允许正式设立企业的安全的营商环境，对释放新企业潜力至关重要。因此，在公司信息备案和更新之时所适用的规则框架，是否包含为初创企业创建安全有保障的环境的良好实践，是评估的重要方面。良好实践包括公司信息登记时的安全检查和预防机制（例如，核验公司名称、公司身份，以及/或核验企业家身份）。除了设立时的合规，当出现变更时（例如，公司名称或股东信息变更），在企业登记机构进行必要更新也很重要，从而保证登记信息的质量和可靠性。[①] 因此，子类别1.1.1公司信息备案要求包含7项指标（表3）。

表3　子类别1.1.1 公司信息备案要求

	指标	组成部分
1	强制核准公司名称	要求核准公司名称，并提供否决公司名称的具体规则
2	强制登记公司名称变更	要求登记公司名称的变更

① UNCITRAL（2019）.

（续表）

	指标	组成部分
3	强制核验企业家身份	要求核验企业家身份
4	强制登记股东信息	要求登记股东信息
5	强制登记股东信息变更	要求登记股东信息的变更
6	强制提交年度收入表/财务报表	要求提交年度收入表/财务报表
7	强制登记章程变更	要求登记章程的变更

1.1.2 受益所有权备案要求

要确保信息透明度、防止将公司用于洗钱或其他非法活动，关键在于对受益所有人信息进行充分、准确、及时的登记。为此可以采取的措施，包括在企业初创时提交受益所有人自身必要的有效信息。实际上，正确且完整的受益所有权信息，能让那些有意利用公司架构实现的非法意图变得没有吸引力，从而维护行业的诚信和声誉。[①] 为了提供最新且可靠的数据，规则框架明确规则和截止日期也很重要，以便于及时更新有关受益所有权的信息。[②] 因此，子类别 1.1.2 受益所有权备案要求包含 6 项指标（表 4）。

表 4　子类别 1.1.2 受益所有权

	指标	组成部分
1	强制登记受益所有人信息	要求登记受益所有人信息
2	受益所有人强制性提交的信息类型	要求登记受益所有人全名、身份号码、出生日期、地址
3	受益所有人信息登记的强制性时限	要求在特定时间范围内登记受益所有人信息

① OECD and IDB（2021）；World Bank（2020）.

② UNCITRAL（2019）.

（续表）

	指标	组成部分
4	强制核验受益所有人身份	要求核验受益所有人身份
5	强制登记受益所有权信息变更	要求登记受益所有权信息变更
6	禁止或强制登记名义股东和名义董事	要求登记名义股东和/或名义董事身份或禁止/不存在

1.1.3 简易登记的可获得性

允许企业家直接向企业登记机构提交电子版标准设立文件，有助于自动验证信息，减少成本。[①] 因此，企业准入主题将评估规则框架是否允许企业设立和信息更新时使用简单标准表格。应让企业家无须向第三方中介机构寻求帮助，即可获得标准表格。因此，子类别 1.1.3 简易登记的可获得性包含 3 项指标（表 5）。

表 5 子类别 1.1.3 简易登记的可获得性

	指标	组成部分
1	无须使用中介的简单登记表	企业家有可能使用简单标准登记表自行注册企业，无须强制使用第三方中介机构
2	适用于所有企业家的简单登记表	所有企业家都有可能使用简单标准登记表自行注册企业，无须强制使用第三方中介机构
3	无须使用中介的信息变更	企业家有可能自行更新公司信息，无须强制使用第三方中介机构，且适用于所有企业家

1.1.4 基于风险的营业和环境许可评估

采用基于风险的评估方法，能简化商业活动的关键监管程序。[②] 根据风

① Coste et al.（2019）.

② Blanc and Franco-Temple（2013）.

险程度对不同活动分类，对有效发放营业执照很重要。基于这一原因，企业准入主题将评估风险管理是否适用于在企业营业开始前就可能需要的营业许可和环境许可（如营业执照）。因此，子类别 1.1.4 基于风险的营业和环境许可评估包含 2 项指标（表 6）。

表 6　子类别 1.1.4 基于风险的营业和环境许可评估

	指标	组成部分
1	基于风险的营业执照规则	就颁发企业营业执照规定了基于风险的评估方法
2	基于风险的环境许可规则	就颁发环境营业执照规定了基于风险的评估方法

1.2　企业注册的限制

类别 1.2 包含 2 个子类别，每个子类别包含若干指标，每项指标包含若干组成部分。

1.2.1　内资企业

准入限制会阻碍企业的创办，抑制企业的设立。[①] 对内资私营企业的限制可以是一般性的，也可以是特殊性的。举个例子，这些限制有时可跨行业适用（如支付最低注册资本金的要求），有时只适用于具有特定环境影响或风险程度的活动（如特定的营业执照或环境许可）。同样，针对某些特定行业，还会对内资私营企业的参与或股权加以限制。如果针对属于国内某些社会群体的企业家，在开设银行账户或创办自己的企业时面临额外的要求，也算作受到限制。因此，子类别 1.2.1 内资企业包含 8 项指标（表 7）。

---

① OECD（2018）.

表 7　子类别 1.2.1 内资企业

	指标	组成部分
1	对内资企业的最低实缴资本要求	对内资私营有限责任公司的最低实缴资本要求
2	内资企业注册前的全部最低实缴资本	要求内资私营有限责任公司在注册前全部缴足最低实缴资本
3	最低教育或培训要求	要求想要注册公司并开展业务的企业家接受一定的最低教育或培训
4	犯罪历史记录或宣誓书	要求想要注册公司并开展业务的企业家提供犯罪历史记录或宣誓书
5	商业计划、可行性计划或财务计划的审批	要求想要注册公司并开展业务的企业家提交商业计划、可行性计划或财务计划的审批
6	一般营业执照	要求想要注册公司并开始营业的企业家获得一般营业执照
7	对国内企业家的社会人口限制	注册公司和开设银行账户存在社会人口限制
8	对国内企业家的特定行业限制	要求想要注册公司和开展业务的国内企业家遵守特定行业的所有权限制

1.2.2　外资企业

外资直接投资流入减少与更为严格的国际投资者规则框架相关。[①] 与内资企业类似的是，对外资私营企业的限制可以是一般性的，也可以是特殊性的。[②] 除了适用于内资私营企业的一般限制，外资企业还面临特别的壁垒，包括所有权、股利分配或雇员国籍等方面的限制。外资企业也需要遵守额外的监管要求，例如获得国家投资主管部门的审批或申请一般投资者许可证。此外，针对某些特定行业，还会限制或完全禁止外资参与或持股。因此，子类别

① Golub (2009).

② IFC, MIGA, and World Bank (2010); OECD (2018, 2020).

1.2.2 外资企业包含 9 项指标(表 8)。

表 8　子类别 1.2.2 外资企业

	指标	组成部分
1	对外资企业的最低实缴资本要求	对外资私营有限责任公司的最低实缴资本要求
2	外资企业注册前的全部最低实缴资本	要求外资私营有限责任公司在注册前全部缴足最低实缴资本
3	所有权与参股限制	(1) 持股比例是否存在限制 (2) 合资企业数量是否存在限制
4	审查和批准要求	(1) 投资是否需要投资审查或批准 (2) 最小投资规模是否存在要求
5	关键人员和董事的国籍限制	(1) 外资子公司管理层的国籍是否存在限制 (2) 企业董事会成员或经理的国籍/合法居留权是否存在限制
6	外国和本地人员的雇用限制	(1) 是否存在外国公民的雇用限制 (2) 是否存在国内员工最低人数或比例要求
7	本地参与要求	(1) 是否要求与当地机构合作 (2) 是否存在当地采购要求
8	财务限制	(1) 是否存在股利分配限制 (2) 是否存在开设或持有商业银行外币账户的限制
9	对外国企业家的特定行业限制	要求想要注册公司和开展业务的国外企业家遵守特定行业的所有权限制

2. 支柱Ⅱ. 企业准入的数字化公共服务和信息透明度

表 9 展示了支柱Ⅱ(即企业准入的数字化公共服务和信息透明度)的结构。该支柱的每个类别和子类别将按照表中所示的顺序进行更为详细的讨论。

表 9　支柱 II 企业准入的数字化公共服务和信息透明度

2.1	数字化服务
2.1.1	企业设立流程
2.1.2	公司与受益所有权信息的储存
2.1.3	身份验证
2.2	服务的协同性
2.2.1	公司信息互通
2.2.2	唯一企业标识
2.3	在线信息的透明度
2.3.1	初创企业(包括性别和环境)
2.3.2	一般公司信息的可获得性
2.3.3	新注册公司的总体及性别有关统计数据

2.1　数字化服务

类别 2.1 分为 3 个子类别,每个子类别包含若干指标,每项指标包含若干组成部分。

2.1.1　企业设立流程

为缩短合规时间、降低合规成本,企业登记机构正日益扩大注册流程在线办理的范围,办理此类流程不再需要提供纸质文件或亲自前往登记机构。此类流程包括公司名称核验、费用支付、税务与社保登记、公司记录和受益所有权信息更新。企业登记机构正日益扩大此类服务的范围,并实现服务互联,方便创业者在线完成从提交申请到接收电子版公司文件的整个注册流程(包括在线签发最终的注册证书)。[①] 因此,子类别 2.1.1 企业设立流程包含 6

① CRF (2019); UNCITRAL (2019); UNCTAD, Global Enterprise Registration portal.

项指标(表 10)。

表 10　子类别 2.1.1 企业设立流程

	指标	组成部分
1	电子化公司名称核验	用于验证公司名称不重复且合规的全自动电子系统的可获得性
2	完整的电子化公司注册流程	能够覆盖完整公司注册流程电子系统的可获得性
3	电子化公司信息更新	用于企业更新法定信息的全流程电子系统的可获得性
4	电子化受益所有权信息的登记与更新	用于登记、更新受益所有人信息的全流程电子平台的可获得性
5	电子化公司注册费用的支付	用于支付与公司注册相关的所有费用的电子支付选项的可获得性
6	电子化公司注册证书的签发	电子化签发公司注册证书

2.1.2　公司与受益所有权信息的储存

企业登记机构的核心职能之一是以最全面、透明、易于获取的方式储存企业信息,确保记录一致、不重复。在此背景下,建立以电子化方式储存公司记录的电子系统有利于更便利地储存信息,也有助于相关公共部门和股东在整个登记机构系统中同时查看公司信息。[①] 随着公司信息储存系统的建立,越来越多的经济体也都开始建立受益所有权信息储存平台。[②] 因此,子类别 2.1.2 公司与受益所有权信息的储存包含 3 项指标(表 11)。

---

① UNCITRAL (2019).

② CRF (2019).

表 11　子类别 2.1.2 公司与受益所有权信息的储存

	指标	组成部分
1	数字化储存的公司信息记录	所有公司注册记录以电子化形式存储
2	公司信息数据库	公司信息数据库全流程电子化集中覆盖全国,并涵盖所有类型的企业和机构
3	受益所有权数据库	受益所有权数据库全流程电子化集中覆盖全国,并涵盖所有类型的企业和机构

2.1.3　身份验证

企业及其代表人身份的有效验证是可靠的营商环境的关键要素。[①] 便利识别经济参与者的基础设施的可获得性,能够有效帮助防止欺诈活动和身份盗窃。这包括统一和自动化的身份验证流程和电子签名的可获得性。这些工具有助于确保登记机构和其他公共部门记录的信息是可靠的,并使企业和公共部门与其他企业的互动更加有效。因此,子类别 2.1.3 身份验证包含 2 项指标(表 12)。

表 12　子类别 2.1.3 身份验证

	指标	组成部分
1	电子签名和身份验证的可获得性	网上注册公司时电子签名或其他电子形式的身份验证的可获得性
2	电子化身份文件验证流程	(1) 用于核实企业家身份的电子和完全自动化程序的可获得性 (2) 用于核实受益所有人身份的电子和完全自动化程序的可获得性

① Lewin et al. (2007); UNCITRAL (2019).

2.2 服务的协同性

类别 2.2 有 2 个子类别，每个子类别包含若干指标，每项指标包含若干组成部分。

2.2.1 公司信息互通

可靠的电子系统使得参与新企业注册的机构之间实现信息互通(如企业登记、税务管理和社会保障机构)，可以提高企业准入过程的效率和可靠性。通过连接或统一不同机构的数据库，可以减少过失风险和企业家的行政负担。同时，这种信息互通简化了在企业生命周期内更新公司信息的过程。[①]因此，子类别 2.2.1 公司信息互通包含 2 项指标(表 13)。

表 13　子类别 2.2.1 公司信息互通

	指标	组成部分
1	公共部门机构之间的信息互通	公共机构之间自动交换电子数据
2	公司信息更新完全自动化	公共机构之间自动更新公司信息

2.2.2 唯一企业标识

唯一企业标识提供了识别从事不同商业交易和受不同监管规制的法律实体的单一方法。[②] 它可以帮助公共机构共享其辖区内发生的商业活动的信息。对于私营公司来说，唯一企业标识为它们提供了一个独特的号码，可以在其法律和财务文件以及与其他方的合同中用作身份证明。此外，它通过最大限度地减少企业向不同机构提供类似信息的成本，促进了企业准入过程中的监管合规。因此，子类别 2.2.2 唯一企业标识包含 2 项指标(表 14)。

① Corporate Registers Forum (CRF) (2019).

② World Bank Group (2016).

表 14　子类别 2.2.2 唯一企业标识

	指标	组成部分
1	存在唯一企业标识	分配唯一的企业识别号
2	主要机构通用的唯一企业标识	在主要公共部门机构中使用唯一的企业识别号

2.3　在线信息的透明度

类别 2.3 分为 3 个子类别，每个子类别包含若干指标，每项指标包含若干组成部分。

2.3.1　初创企业（包括性别和环境）

透明的注册程序信息可降低合规成本，使申请结果更具可预测性和可问责性。同时，企业越容易获取相关规则信息，就越容易遵守规则。[①] 因此，这一子类别衡量的是设立和运营公司所需的费用、服务标准、要求和文件（包括适用的环境许可要求）是否容易在官方网站上获取。此外，它还衡量了与女性企业家相关企业信息的可获得性，特别是关于支持女性拥有中小型有限责任公司的公共资助项目，因为这些项目代表着缩小企业设立中性别差距的政策解决方案。[②] 因此，子类别 2.3.1 初创企业（包括性别和环境）包含 5 项指标（表 15）。

表 15　子类别 2.3.1 初创企业（包括性别和环境）

	指标	组成部分
1	文件清单在线可获得性	公司设立文件的在线可获得性
2	费用清单在线可获得性	公司设立费用的在线可获得性
3	服务标准在线可获得性	公司设立服务标准信息的在线可获得性

① IFC and World Bank (2013).

② Ubfal (2023).

（续表）

	指标	组成部分
4	与环境有关的要求在线可获得性	环境经营许可要求信息的在线可获得性
5	关于支持中小企业和女企业家的公共资助项目信息在线可获得性	（1）支持中小企业的公共资助项目信息的在线可获得性 （2）支持女性所有的中小企业的公共资助项目信息的在线可获得性

2.3.2　一般公司信息的可获得性

作为企业信息的收集者和传播者，企业注册机构应提供关于已注册企业的公开信息，使公民能够就其希望与谁做生意做出可靠的决定，并使各组织能够收集企业信息，同时提高透明度。[①] 基于这一原因，企业准入主题评估了企业注册机构中一般公司信息的透明度和可及性。例如，它衡量企业注册机构是否向公众提供公司名称、董事姓名、股东姓名以及年度财务报表等信息。因此，子类别 2.3.2 一般公司信息的可获得性包含 2 项指标（表 16）。

表 16　子类别 2.3.2 一般公司信息的可获得性

	指标	组成部分
1	所有公司记录均可电子检索	公司记录电子查询的可获得性
2	公众可在网上获得的公司信息类型	（1）公司名称 （2）公司编号 （3）董事姓名 （4）股东姓名 （5）受益所有人姓名 （6）公司设立年份 （7）年度财务账目 （8）法定地址 （9）实际地址 （10）经营范围

① UNCITRAL（2019）.

2.3.3 新注册公司的总体及性别有关统计数据

如果企业统计数据的信息对公众开放，那么将能为用户带来巨大的价值。企业统计数据有助于提供有关创新、竞争力、经济增长和创造就业的信息，并可为经济规划、分析和研究目的提供企业政策信息。[①] 这一子类别评估的是，能否在网上获得正式注册企业的一般统计数据和按性别分类的统计数据。从根本上来讲，开放这些信息提高了企业的透明度，减少了企业信息不对称的情况，并增强了企业决策的合理性。因此，子类别 2.3.3 新注册公司的总体及性别有关统计数据包含 3 项指标（表 17）。

表 17 子类别 2.3.3 新注册公司的总体及性别有关统计数据

	指标	组成部分
1	企业准入公开统计（一般）	新公司注册统计数据的在线可获得性
2	企业准入公开统计（按性别分类）	新公司注册按性别分类的统计数据的在线可获得性
3	在线可获得的按性别分类的数据类型	（1）个人独资企业数量的按性别分类数据的在线可获得性 （2）有限责任公司董事数量的按性别分类数据的在线可获得性 （3）受益所有人数量的按性别分类数据的在线可获得性

3. 支柱Ⅲ. 企业准入的运作效率

表 18 展示了支柱Ⅲ（即企业准入的运作效率）的结构。该支柱的每个类别和子类别将按照表中所示的顺序进行更详细的讨论。

表 18 支柱Ⅲ 企业准入的运作效率

3.1	内资企业
3.1.1	注册新内资企业的总时间

① UNECE (2018).

（续表）

3.1.2	注册新内资企业的总成本
3.2	外资企业
3.2.1	注册新外资企业的总时间
3.2.2	注册新外资企业的总成本

3.1 内资企业

类别3.1分为2个子类别，每个子类别各有1项指标。

3.1.1 注册新内资企业的总时间

设立公司的难易程度与更多的内资企业开展新的商业活动有关。实际上，企业设立流程的时间效率是促进正式设立企业的关键因素。[1] 企业准入主题评估设立一家新内资企业所需要的时间。因此，子类别3.1.1注册新内资企业的总时间包含1项指标（表19）。

表19 子类别3.1.1 注册新内资企业的总时间

	指标	组成部分
1	注册新内资企业的总时间	注册新内资企业所需的总时间

3.1.2 注册新内资企业的总成本

快速的登记、低成本的企业准入流程是促进正式设立企业的关键。[2] 企业准入主题评估内资企业的设立成本。因此，子类别3.1.2注册新内资企业的总成本包含1项指标（表20）。

---

① Klapper, Lewin, and Quesada Delgado (2011).

② Klapper, Lewin, and Quesada Delgado (2011).

表 20　子类别 3.1.2 注册新内资企业的总成本

	指标	组成部分
1	注册新内资企业的总成本	注册新内资企业所需的总成本

3.2　外资企业

类别 3.2 分为 2 个子类别，每个子类别各有 1 项指标。

3.2.1　注册新外资企业的总时间

政府需要确保初创外资企业适用的法律尽可能简单，避免冗余和不必要的步骤。实际上，外资企业的准入条件应该高效、低成本，并且与内资企业相同。企业准入主题评估设立外资企业所需的时间。因此，类别 3.2.1 注册新外资企业的总时间包含 1 项指标（表 21）。

表 21　子类别 3.2.1 注册新外资企业的总时间

	指标	组成部分
1	注册新外资企业的总时间	注册新外资企业所需的总时间

3.2.2　注册新外资企业的总成本

此外，与公司设立相关的费用应足够低，以促进企业准入，并遵循成本回收原则，即收取的费用不应为企业登记机构或相关机构带来利润，而是旨在支付所提供服务的成本。[①] 企业准入主题评估设立外资企业所需的成本。因此，子类别 3.2.2 注册新外资企业的总成本包含 1 项指标（表 22）。

① UNCITRAL（2019）.

表 22　子类别 3.2.2 注册新外资企业的总成本

	指标	组成部分
1	注册新外资企业的总成本	注册新外资企业所需的总成本

Ⅲ. 数据来源

4.1　数据收集来源

所有三个支柱的数据均是通过咨询私营部门的专家而收集到的。私营部门专家包括参与企业初创程序的从业者、律师、公证人。这些专家深入了解公司设立的法律法规，以及新的企业家在开始经营前须经历的不同监管程序。

4.2　专家的筛选和选择

企业准入主题有一份问卷。选择专家时，会使用一份筛选问卷，根据一系列标准选择回答企业准入主题问卷调查的专家（表 23）。

表 23　专家筛选问卷和受访者标准

相关专家的职业
律师、公证人、税务顾问、会计师
相关专业领域
企业设立、公司法、税务登记、国内和国外投资
评估专家在企业准入以及相关规则、服务和程序等方面相关知识和经验
影响企业设立和注册登记的法律法规的知识；国外投资的法律法规的知识，新公司注册登记的申请经验；企业营业执照的申请经验、协助新企业遵守诸如税务登记和开设银行账户等其他企业初创程序的经验

因此，筛选问卷所提供的信息有助于团队更好地了解专家的职业、专业

领域、其在企业准入程序领域的相关知识或经验。

Ⅳ. 参数

为确保各经济体之间专家咨询数据的可比性，企业准入主题同时使用通用参数和特定参数。参数是对场所、公司法律形态、初创资本等特征所作的假设。

5.1 通用参数

企业准入的支柱Ⅰ、支柱Ⅱ、支柱Ⅲ使用相同的通用参数。许多经济体还有一国之内的不同法域，这就需要明确一个经营场所，以便让专家们确定要评估的相关规则框架。与之类似，许多经济体对不同的公司法律形态有着不同的规则，这也与评估企业准入服务的表现相关。

5.1.1 经营场所

理由：

地理位置决定了企业初创的法律要求、服务的可获得性、时间以及成本。例如，鉴于法律要求因地区不同而有差异，地理位置决定了企业设立的规则框架。在公共服务方面，电子公共服务的可获得性也会因城市而异。创业的效率、时间或成本，在实践中会因城市或地区而异。因此，经营场所是评估企业准入的一项重要参数。基于人口规模，这里选定经济体中最大城市，详见本书的概述章节。

应用：

对于支柱Ⅰ，该参数适用于国家层面无统一规则、不同州或地区采用不同规则的情况。对于各州规则不同的经济体，这里将评估最大城市的规则。对于支柱Ⅱ，该参数用于确定相关企业登记机构及其企业准入服务的可获得性。对于支柱Ⅲ,参数与评估时间和成本相关,因为这两项在不同城市间差异巨大。

5.1.2 公司法律形态:最常见的有限责任公司的类型

理由:

正式设立企业所需的一些法律要求和程序会因公司法律形态而异,如最低实缴资本要求或注册要求。此情况同样适用于公共服务的可获得性、创业时间和成本。因此,公司法律形态是评估企业准入的重要参数。具言之,企业准入主题关注有限责任公司,因为这是大多数经济体中最常见的公司形态,也是保护公司所有者个人资产的安全法律工具。在确定有限责任公司最常见的类别时,需要依据公司设立领域的律师和国家统计办公室处所获取的信息。这一参数适用于所有支柱和指标。

应用:

对于支柱Ⅰ,这一参数适用于不同公司形态采用不同规则的情况。对不同公司形态采用不同规则的经济体而言,这里将评估有限责任公司中最常见类型的规则。对于支柱Ⅱ,该参数用于确定可获得的相关服务。对于支柱Ⅲ,该参数与评估时间和成本相关,因为这两项内容会在不同公司形态间差异巨大。

5.2 特定参数

企业准入主题的特定参数也是必要的,以确保专家提供的关于设立公司的时间和成本的具体估算在各经济体之间具有可比性。根据公司规模的不同,注册步骤可能会有很大的变化。为了确定公司的规模,企业准入主题包括一个关于启动资金的特定参数。

5.2.1 规模：启动资金（内资企业按国民总收入的 5 倍；外资企业按国民总收入的 10 倍）

理由：

根据世界银行中小企业融资部门的数据，中小企业在大多数经济体中发挥着重要作用，占全球企业的 90%左右，就业人数超过 50%。中小企业的定义主要基于员工数量。一些定义还考虑了预期营业额和资产负债表总额、启动投资或类似的财务指标。尽管启动资本通常不是法律定义中小企业的直接标准，但启动资本是对企业准入数据影响最大的与规模相关的参数。①

目前还没有全球数据库能够看到全球最为常见的启动资金数额是多少。因此，为了评估启动资本指标，企业准入主题将中小企业法律定义中的资产负债表总额/总资产/总投资限制视为最接近的代表，并提出以下与中小企业法律定义相关的五个注意事项：(1) 各经济体的定义各不相同（例如，一些经济体考虑资产负债表总额；另一些考虑总投资或总资产；还有经济体将其排除在定义之外）。(2) 它们指的是最大值（例如，启动资本总是低于定义设定的阈值）。(3) 它们指的是处于生命周期任何阶段的公司，而不一定是设立时的公司（例如，预计公司开始时规模较小，然后在其生命周期中成长）。(4) 它们不一定是对某一特定经济的最具代表性的衡量标准（例如，欧盟的定义对所有成员国都是相同的，尽管它们之间的国民总收入差异很大）。(5) 它们通常既指内资公司，也指外资公司（例如，在所有权方面没有区别）。基于此，资产负债表总额/资产/投资定义用于评估启动资金的参数是否在中小企业法定最高限额内。

具体而言，企业准入主题着眼于以下中小企业：启动资金为国民总收入 5

① 根据营商环境研究，在约 35%的经济体中，与企业启动资本相关的费用，平均约占准入成本的 50%。根据同一研究，员工人数或预期营业额仅分别在约 3%的经济体中能决定准入成本。

倍的内资企业和启动资金为国民总收入10倍的外资企业。这样的启动资金水平在资产负债表总额/资产/投资中小企业法律定义的法定最高限额内。①

应用：

对于支柱Ⅲ，该参数与时间和成本的度量相关，因为它们可以根据启动资金的水平而显著变化。例如，注册费通常被定义为占启动资金的百分比。公司注册的步骤也可以根据公司的启动资金而有所不同。

V．主题评分

企业准入主题有三个支柱：支柱Ⅰ企业准入规则的质量，支柱Ⅱ企业准入的数字化公共服务和信息透明度，支柱Ⅲ企业准入的运作效率。每个支柱的总分被进一步调整为0至100的数值，随后汇总为主题总分值。每个支柱各占主题总分值的三分之一。表24展示了对企业准入主题的评分。这些分值区分了对企业的利益（企业灵活度）和对社会更广泛的效益（社会效益）。有关进一步的评分细节，请参见本节补充的附件A。

表24　总分值概览

支柱编号	支柱名称	指标数量	分值			调整后分值（0—100）	权重
			企业灵活度分值	社会效益分值	总分		
Ⅰ	企业准入规则的质量	35	19	19	38	100	0.33
Ⅱ	企业准入的数字化公共服务和信息透明度	25	25	25	50	100	0.33
Ⅲ	企业准入的运作效率	4	100	不适用	100	100	0.33

① 团队分析了截至2020年人口超过100万的151个经济体。在所分析的151个经济体中，有73个在中小企业的法律定义中包括了资产负债表总额/资产/投资指标。根据团队分析，内资企业的拟启动资本为国民总收入的5倍，而外资企业的拟启动资本为国民总收入的10倍，这都低于中小企业资产负债表总额/资产/投资的法律定义均值。

6.1　支柱Ⅰ　规则框架：企业准入规则的质量

支柱Ⅰ涵盖35项指标，总分38分（企业灵活度19分，社会效益19分）（表25）。该支柱下每个类别的分值如下：

6.1.1　信息与程序标准

涵盖18项指标，最高总分20分（企业灵活度2分，社会效益18分）。具体来说，公司信息备案要求有7项指标；受益所有权备案要求有6项指标；简易登记的可获得性有3项指标；基于风险的营业和环境许可评估有2项指标。遵循企业设立先进经验和符合良好实践的规则框架，既有利于社会（社会效益），有时也有利于企业（企业灵活度）。

6.1.2　企业注册的限制

涵盖17项指标，最高总分18分（企业灵活度17分，社会效益1分）。具体来说，内资企业有8项指标；外资企业有9项指标。虽然规则框架限制少有利于企业（企业灵活度），但在大多数情况下，对于社会的影响（社会效益）不明确。

表25　支柱Ⅰ　总分值

支柱Ⅰ	企业准入规则的质量	指标数量	企业灵活度分值	社会效益分值	总分	调整后分值
1.1	信息与程序标准	18	2	18	20	50.00
1.1.1	公司信息备案要求	7	不适用	7	7	15.00
1.1.2	受益所有权备案要求	6	不适用	6	6	15.00
1.1.3	简易登记的可获得性	3	不适用	3	3	10.00
1.1.4	基于风险的营业和环境许可评估	2	2	2	4	10.00
1.2	企业注册的限制	17	17	1	18	50.00

（续表）

支柱Ⅰ	企业准入规则的质量	指标数量	企业灵活度分值	社会效益分值	总分	调整后分值
1.2.1	内资企业	8	8	1	9	25.00
1.2.2	外资企业	9	9	不适用	9	25.00
	总计	35	19	19	38	100.00

6.2 支柱Ⅱ 企业准入的数字化公共服务和信息透明度

支柱Ⅱ涵盖25项指标，总分50分（企业灵活度25分，社会效益25分）（表26）。该支柱下各类别的分值如下：

6.2.1 数字化服务

涵盖11项指标，最高总分为22分（企业灵活度11分，社会效益11分）。具体来说，企业设立流程子类别有6项指标；公司与受益所有权信息的储存子类别有3项指标；身份验证子类别有2项指标。为企业设立和开始运营提供在线服务的企业准入制度有利于社会（社会效益）和企业（企业灵活度）。因此，这两个类别的分值是相等的。

6.2.2 服务的协同性

涵盖4项指标，最高总分为8分（企业灵活度4分，社会效益4分）。具体来说，公司信息互通子类别有2项指标；唯一企业标识子类别有2项指标。促进企业设立和开始运营服务的协同性的企业准入制度有利于社会（社会效益）和企业（企业灵活度）。因此，这两个类别的分值是相等的。

6.2.3 在线信息的透明度

涵盖10项指标，最高总分为20分（企业灵活度10分，社会效益10分）。

具体来说,初创企业(包括性别和环境)子类别有 5 项指标;一般公司信息的可获得性子类别有 2 项指标;新注册公司的总体及性别有关统计数据子类别有 3 项指标。在线提供信息并提高信息透明度的企业准入制度对社会(社会效益)和企业(企业灵活度)都有好处。因此,这两个类别的分值是相等的。

表 26　支柱Ⅱ 总分值

支柱Ⅱ　企业准入的数字化公共服务和信息透明度		指标数量	企业灵活度分值	社会效益分值	总分	调整后分值
2.1	数字化服务	11	11	11	22	40.00
2.1.1	企业设立流程	6	6	6	12	20.00
2.1.2	公司与受益所有权信息的储存	3	3	3	6	10.00
2.1.3	身份验证	2	2	2	4	10.00
2.2	服务的协同性	4	4	4	8	20.00
2.2.1	公司信息互通	2	2	2	4	10.00
2.2.2	唯一企业标识	2	2	2	4	10.00
2.3	在线信息的透明度	10	10	10	20	40.00
2.3.1	初创企业(包括性别和环境)	5	5	5	10	20.00
2.3.2	一般公司信息的可获得性	2	2	2	4	10.00
2.3.3	新注册公司的总体及性别有关统计数据	3	3	3	6	10.00
	总计	25	25	25	50	100.00

6.3　支柱Ⅲ 企业准入的运作效率

支柱Ⅲ涵盖 4 项指标,分数范围从 0 到 100 分,用于评估企业灵活性(表 27)。此支柱下的指标分数仅分配给企业灵活度,因为这些指标衡量的是向企业提供服务的成果。例如,高昂的费用和漫长的公司正式注册时间会对企业产生不利影响，从而阻碍企业灵活性。该支柱下各类别的分值如下：

6.3.1 内资企业

涵盖 2 项指标，总分最高为 50 分。具体来说，注册新内资企业的总时间子类别有 1 项指标；注册新内资企业的总成本子类别有 1 项指标。

6.3.2 外资企业

涵盖 2 项指标，总分最高为 50 分。具体来说，注册新外资企业的总时间子类别有 1 项指标；注册新外资企业的总成本子类别有 1 项指标。

表 27 支柱Ⅲ 总分值

支柱Ⅲ	企业准入的运作效率	指标数量	调整后分值
3.1	内资企业	2	50.00
3.1.1	注册新内资企业的总时间	1	25.00
3.1.2	注册新内资企业的总成本	1	25.00
3.2	外资企业	2	50.00
3.2.1	注册新外资企业的总时间	1	25.00
3.2.2	注册新外资企业的总成本	1	25.00
	总计	4	100.00

参考文献 I

F. Blanc and E. Franco-Temple. 2013. *Introducing a Risk-Based Approach to Regulate Businesses: How to Build a Risk Matrix to Classify Enterprises or Activities. Nuts & Bolts.* Washington, DC: World Bank Group.

M. Bruhn. 2012. "A Tale of Two Species: Revisiting the Effect of Registration Reform on Informal Business Owners in Mexico." *Journal of Development Economics* 103 (C): 275 – 283.

A. Cappiello. 2014. "World Bank Doing Business Project and the statistical methods based on ranks: the paradox of the time indicator." Rivista Italiana di Economia, Demografia e Statistica 68 (1): 79 – 86.

C. Coste, M. Delion, A. González, F. Meunier, N. Reyes, and Y. V. Avramov. 2019. "The Involvement of Third-Party Professionals in Business Registration and Property Transfer." Indicators Group Research Note 2, World Bank, Washington, DC.

CRF (Corporate Registers Forum). 2019. *The International Business Registers Report 2019.* CRF.

M. Fritsch and F. Noseleit. 2013. "Investigating the Anatomy of the Employment Effect of New Business Formation." *Cambridge Journal of Economics* 37 (2): 349 – 377.

S. S. Golub. 2009. "Openness to Foreign Direct Investment in Services: An International Comparative Analysis." *World Economy* 32 (8): 1245 – 1268.

IEG (Independent Evaluation Group). 2021. "Doing Business and Country Reforms." Independent Evaluation Group Issues Paper. World Bank Group, Washington, DC: 45.

IFC (International Finance Corporation), MIGA (Multilateral Investment Guarantee Agency), and World Bank. 2010. *Investing across Borders 2010: Indicators of Foreign Direct Investment Regulation in 87 Economies.* Washington, DC: World Bank Group.

IFC and World Bank. 2013. Reforming Business Registration: A Toolkit for the Practitioners. Washington, DC: World Bank Group.

ILO (International Labour Organization). 2021. *Small Goes Digital: How Digitalization Can Bring about Productive Growth for Micro and Small*

Enterprises. Geneva: ILO.

L. Klapper, A. Lewin, and J. M. Quesada Delgado. 2011. "The Impact of the Business Environment on the Business Creation Process." Chapter 5 in *Entrepreneurship and Economic Development* (Studies in Development Economics and Policy), edited by W. Naudé. London: Palgrave Macmillan, 108 – 123.

L. Klapper and I. Love. 2016. "The Impact of Business Environment Reforms on New Firm Registration." *World Bank Economic Review* 30 (2): 332 – 356.

A. Lewin, L. Klapper, B. Lanvin, D. Satola, S. Sirtaine, and R. Symonds. 2007. *Implementing Electronic Business Registry (e-BR) Services Recommendations for Policy Makers Based on the Experience of EU Accession Countries*. e-BR paper. Washington, DC: World Bank.

OECD (Organisation for Economic Cooperation and Development). 2018. Indicators of Product Market Regulation. Database. https://www. oecd. org/economy/reform/indicators-of-product-market-regulation/.

OECD. 2020. *FDI Regulatory Restrictiveness Index*. Report and Database. https://www. oecd. org/investment/fdiindex. htm.

OECD and IDB (Inter-American Development Bank). 2021. *Building Effective Beneficial Ownership Frameworks: A Joint Global Forum and IDB Toolkit*. Global Forum on Enhancing Government Effectiveness and Transparency. OECD and IDB.

D. J. Ubfal. 2023. "What Works in Supporting Women-led Businesses?" Thematic Policy Brief for Gender Strategy Update 2024 – 2030. World Bank, Washington, DC.

UNCITRAL (United Nations Commission on International Trade Law). 2019. UNCITRAL Legislative Guide on Key Principles of a Business Registry. UNCITRAL.

UNCTAD (United Nations Conference on Trade and Development). *Global Enterprise Registration Portal*. https://unctad. org/topic/enterprise-development/ business-facilitation.

UNECE (United Nations Economic Commission for Europe). 2018. "Guidelines on the Use of Statistical Business Registers for Business Demography and Entrepreneurship Statistics." UNECE.

World Bank. 2020. *Enhancing Government Effectiveness and Transparency: The Fight Against Corruption*. Kuala Lumpur: World Bank.

World Bank Group. 2016. *Implementing a Unique Business Identifier in Government: Guidance Note for Practitioners and Nine Country Case Studies.* Washington, DC: World Bank.

附件 A　企业准入评分表

附件 A 概述了企业准入主题的评分方法。对于每项指标，都分配了企业灵活度分值和/或社会效益分值，并说明每项指标的详细评分及相关文献来源。

支柱 I　企业准入规则的质量					
1.1　信息与程序标准					
1.1.1　公司信息备案要求					
指标	企业灵活度分值	社会效益分值	总分	调整后分值	背景文献
强制核准公司名称	不适用	1	1	2.14	CRF（2020）；IFC and World Bank（2013）；UNCITRAL（2019）
强制登记公司名称变更	不适用	1	1	2.14	FATF（2022）；OECD and IDB（2021）；UNCITRAL（2019）
强制核验企业家身份	不适用	1	1	2.14	CRF（2020）；FATF（2022）；IFC and World Bank（2013）；OECD and IDB（2021）；UNCITRAL（2019）
强制登记股东信息	不适用	1	1	2.14	CRF（2020）；FATF（2022）；IFC and World Bank（2013）；UNCITRAL（2019）；World Bank（2020）

（续表）

指标	企业灵活度分值	社会效益分值	总分	调整后分值	背景文献
强制登记股东信息变更	不适用	1	1	2. 14	CRF（2020）；FATF（2022）；IFC and World Bank（2013）；OECD and IDB（2021）；UNCITRAL（2019）；World Bank（2020）
强制提交年度收入表/财务报表	不适用	1	1	2. 14	CRF(2020)；FATF(2022)；IFC and World Bank（2013）；OECD and IDB（2021）；UNCITRAL（2019）；Wold Bank（2020）
强制登记章程变更	不适用	1	1	2. 14	CRF（2020）；FATF（2022）；IFC and World Bank（2013）；OECD and IDB（2021）；UNCITRAL（2019）；World Bank（2020）
子类别 1. 1. 1 的总分	不适用	7	7	15. 00	
1. 1. 2　受益所有权备案要求					
强制登记受益所有人信息	不适用	1	1	2. 50	CRF（2020）；FATF（2022）；OECD and IDB（2021）；UNCITRAL（2019）；World Bank（2020）
受益所有人强制性提交的信息类型	不适用	1	1	2. 50	CRF（2020）；FATF（2022）；OECD and IDB（2021）；UNCITRAL（2019）；World Bank（2020）
受益所有人信息登记的强制性时限	不适用	1	1	2. 50	IFC and World Bank（2013）；OECD and IDB（2021）；UNCITRAL（2019）；World Bank（2020）
强制核验受益所有人身份	不适用	1	1	2. 50	FATF（2022）；World Bank（2020）

（续表）

指标	企业灵活度分值	社会效益分值	总分	调整后分值	背景文献
强制登记受益所有权信息变更	不适用	1	1	2. 50	FATF（2022）；OECD and IDB（2021）；UNCITRAL（2019）；World Bank（2020）
禁止或强制登记名义股东和名义董事	不适用	1	1	2. 50	CRF（2020）；FATF（2022）；IFC and World Bank（2013）；OECD and IDB（2021）；UNCITRAL（2019）；World Bank（2020）
子类别 1. 1. 2 的总分	不适用	6	6	15. 00	
1. 1. 3　简易登记的可获得性					
无须使用中介的简单登记表	不适用	1	1	3. 33	IFC and World Bank（2013）；UNCITRAL（2019）
适用于所有企业家的简单登记表	不适用	1	1	3. 33	IFC and World Bank（2013）；UNCITRAL（2019）
无须使用中介的信息变更	不适用	1	1	3. 33	IFC and World Bank（2013）；UNCITRAL（2019）
子类别 1. 1. 3 的总分	不适用	3	3	10. 00	
1. 1. 4　基于风险的营业和环境许可评估					
基于风险的营业执照规则	1	1	2	5. 00	Blanc and Franco-Temple（2013）
基于风险的环境许可规则	1	1	2	5. 00	Blanc and Franco-Temple（2013）
子类别 1. 1. 4 的总分	2	2	4	10. 00	
类别 1. 1 的总分	2	18	20	50. 00	

（续表）

1.2 企业注册的限制					
1.2.1 内资企业					
指标	企业灵活度分值	社会效益分值	总分	调整后分值	背景文献
对内资企业的最低实缴资本要求	1	不适用	1	2.78	Armour（2006）；Hornuf et al.（2011）；Kübler（2004）；Mülbert and Birke（2002）；Simon（2004）；Van Stel，Storey，and Thurik（2007）
内资企业注册前的全部最低实缴资本	1	不适用	1	2.78	Armour（2006）；Hornuf et al.（2011）；Kübler（2004）；Mülbert and Birke（2002）；Simon（2004）；Van Stel，Storey，and Thurik（2007）
最低教育或培训要求	1	不适用	1	2.78	Branstetter et al.（2013）；Klapper，Laeven，and Rajan（2006）；OECD（2018）
犯罪历史记录或宣誓书	1	不适用	1	2.78	Branstetter et al.（2013）；Klapper，Laeven，and Rajan（2006）；OECD（2018）
商业计划、可行性计划或财务计划的审批	1	不适用	1	2.78	Branstetter et al.（2013）；Klapper，Laeven，and Rajan（2006）；OECD（2018）
一般营业执照	1	不适用	1	2.78	Blanc and Franco-Temple（2013）；Klapper，Laeven，and Rajan（2006）
对国内企业家的社会人口限制	1	1	2	5.56	Branstetter et al.（2013）；Klapper，Laeven，and Rajan（2006）；OECD（2018）

（续表）

指标	企业灵活度分值	社会效益分值	总分	调整后分值	背景文献
对国内企业家的特定行业限制	1	不适用	1	2.78	Branstetter et al.（2013）; Klapper, Laeven, and Rajan（2006）; OECD（2018）
子类别 1.2.1 的总分	8	1	9	25.00	
1.2.2　外资企业					
对外资企业的最低实缴资本要求	1	不适用	1	2.78	Armour（2006）; Hornuf et al.（2011）; Kübler（2004）; Mülbert and Birke（2002）; Simon（2004）; Van Stel, Storey, and Thurik（2007）
外资企业注册前的全部最低实缴资本	1	不适用	1	2.78	Armour（2006）; Hornuf et al.（2011）; Kübler（2004）; Mülbert and Birke（2002）; Simon（2004）; Van Stel, Storey, and Thurik（2007）
所有权与参股限制	1	不适用	1	2.78	IFC, MIGA, and World Bank（2010）; Mistura and Roulet（2019）; OECD（2020）; UNCTAD（2015, 2022）
审查和批准要求	1	不适用	1	2.78	IFC, MIGA, and World Bank（2010）; Mistura and Roulet（2019）; OECD（2020）; UNCTAD（2015, 2022）
关键人员和董事的国籍限制	1	不适用	1	2.78	IFC, MIGA, and World Bank（2010）; Mistura and Roulet（2019）; OECD（2020）; UNCTAD（2015, 2022）
外国和本地人员的雇用限制	1	不适用	1	2.78	IFC, MIGA, and World Bank（2010）; Mistura and Roulet（2019）; OECD（2020）; UNCTAD（2015, 2022）

（续表）

指标	企业灵活度分值	社会效益分值	总分	调整后分值	背景文献
本地参与要求	1	不适用	1	2. 78	IFC, MIGA, and World Bank（2010）; Mistura and Roulet（2019）; OECD（2020）; UNCTAD（2015, 2022）
财务限制	1	不适用	1	2. 78	IFC, MIGA, and World Bank（2010）; Mistura and Roulet（2019）; OECD（2020）; UNCTAD（2015, 2022）
对外国企业家的特定行业限制	1	不适用	1	2. 78	IFC, MIGA, and World Bank（2010）; Mistura and Roulet（2019）; OECD（2020）; UNCTAD（2015, 2022）
子类别 1. 2. 2 的总分	9	不适用	9	25. 00	
类别 1. 2 的总分	17	1	18	50. 00	
支柱 I 的总分	19	19	38	100. 00	

支柱 II　企业准入的数字化公共服务和信息透明度					
2. 1　数字化服务					
2. 1. 1　企业设立流程					
指标	企业灵活度分值	社会效益分值	总分	调整后分值	背景文献
电子化公司名称核验	1	1	2	3. 33	UNCITRAL（2019）
完整的电子化公司注册流程	1	1	2	3. 33	UNCITRAL（2019）; UNCTAD（n. d. ）
电子化公司信息更新	1	1	2	3. 33	UNCITRAL（2019）

（续表）

指标	企业灵活度分值	社会效益分值	总分	调整后分值	背景文献
电子化受益所有权信息的登记与更新	1	1	2	3.33	CRF（2020）
电子化公司注册费用的支付	1	1	2	3.33	UNCITRAL（2019）；UNCTAD（n. d.）
电子化公司注册证书的签发	1	1	2	3.33	UNCITRAL（2019）；UNCTAD（n. d.）
子类别 2.1.1 的总分	6	6	12	20.00	
2.1.2　公司与受益所有权信息的储存					
数字化储存的公司信息记录	1	1	2	3.33	UNCITRAL（2019）
公司信息数据库	1	1	2	3.33	UNCITRAL（2019）
受益所有权数据库	1	1	2	3.33	CRF（2020）
子类别 2.1.2 的总分	3	3	6	10.00	
2.1.3　身份验证					
电子签名和身份验证的可获得性	1	1	2	5.00	UNCITRAL（2019）
电子化身份文件验证流程	1	1	2	5.00	CRF（2020）；Klapper，Miller，and Hess（2019）；Lewin et al.（2007）；UNCTAD（n. d.）
子类别 2.1.3 的总分	2	2	4	10.00	
类别 2.1 的总分	11	11	22	40.00	

（续表）

2.2　服务的协同性					
2.2.1　公司信息互通					
指标	企业灵活度分值	社会效益分值	总分	调整后分值	背景文献
公共部门机构之间的信息互通	1	1	2	5.00	Klapper，Miller，and Hess（2019）；Lewin et al.（2007）；Wille et al.（2011）
公司信息更新完全自动化	1	1	2	5.00	Klapper，Miller，and Hess（2019）；Lewin et al.（2007）；Wille et al.（2011）
子类别 2.2.1 的总分	2	2	4	10.00	
2.2.2　唯一企业标识					
存在唯一企业标识	1	1	2	5.00	UNCITRAL（2019）
主要机构通用的唯一企业标识	1	1	2	5.00	UNCITRAL（2019）
子类别 2.2.2 的总分	2	2	4	10.00	
类别 2.2 的总分	4	4	8	20.00	
2.3　在线信息的透明度					
2.3.1　初创企业（包括性别和环境）					
文件清单在线可获得性	1	1	2	4.00	UNCITRAL（2019）；UNCTAD（n. d.）
费用清单在线可获得性	1	1	2	4.00	UNCITRAL（2019）；UNCTAD（n. d.）
服务标准在线可获得性	1	1	2	4.00	UNCITRAL（2019）；UNCTAD（n. d.）

（续表）

指标	企业灵活度分值	社会效益分值	总分	调整后分值	背景文献
与环境有关的要求在线可获得性	1	1	2	4.00	Kozluk（2014）；UNCITRAL（2019）；UNCTAD（n. d.）
关于支持中小企业和女企业家的公共资助项目信息在线可获得性	1	1	2	4.00	Halabisky（2018）；Kozluk（2014）；OECD（2021）；UNCITRAL（2019）；UNCTAD（n. d.）
子类别 2.3.1 的总分	5	5	10	20.00	
2.3.2　一般公司信息的可获得性					
所有公司记录均可电子检索	1	1	2	5.00	CRF（2020）；Dayan and Bolislis（2017）；UNCITRAL（2019）
公众可在网上获得的公司信息类型	1	1	2	5.00	CRF（2020）；UNCITRAL（2019）
子类别 2.3.2 的总分	2	2	4	10.00	
2.3.3　新注册公司的总体及性别有关统计数据					
企业准入公开统计(一般)	1	1	2	3.33	UNCITRAL（2019）；UNECE（2018）
企业准入公开统计(按性别分类)	1	1	2	3.33	Halabisky（2018）；OECD（2021）；OECD（n. d.）；UNCITRAL（2019）；UNECE（2018）
在线可获得的按性别分类的数据类型	1	1	2	3.33	Halabisky（2018）；OECD（2021）；OECD（n. d.）；UNCITRAL（2019）；UNECE（2018）
子类别 2.3.3 的总分	3	3	6	10.00	

（续表）

指标	企业灵活度分值	社会效益分值	总分	调整后分值	背景文献
类别 2.3 的总分	10	10	20	40.00	
支柱 Ⅱ 的总分	25	25	50	100.00	

支柱Ⅲ　企业准入的运作效率					
3.1　内资企业					
3.1.1　注册新内资企业的总时间					
指标	企业灵活度分值	社会效益分值	总分	调整后分值	背景文献
注册新内资企业的总时间	100	不适用	100	25.00	Bruhn（2012）；Klapper，Lewin，and Quesada Delgado（2009）；Klapper and Love（2011）；UNCITRAL（2019）
子类别 3.1.1 的总分	100	不适用	100	25.00	
3.1.2　注册新内资企业的总成本					
注册新内资企业的总成本	100	不适用	100	25.00	Bruhn（2012）；Klapper，Lewin，and Quesada Delgado（2009）；Klapper and Love（2011）；UNCITRA L(2019)
子类别 3.1.2 的总分	100	不适用	100	25.00	
类别 3.1 的总分	100	不适用	100	50.00	

（续表）

3.2　外资企业					
3.2.1　注册新外资企业的总时间					
指标	企业灵活度分值	社会效益分值	总分	调整后分值	背景文献
注册新外资企业的总时间	100	不适用	100	25.00	Bruhn（2012）；Klapper，Lewin，and Quesada Delgado（2009）；Klapper and Love（2011）；UNCITRAL（2019）
子类别 3.2.1 的总分	100	不适用	100	25.00	
3.2.2　注册新外资企业的总成本					
注册新外资企业的总成本	100	不适用	100	25.00	Bruhn（2012）；Klapper，Lewin，and Quesada Delgado（2009）；Klapper and Love（2011）；UNCITRAL（2019）
子类别 3.2.2 的总分	100	不适用	100	25.00	
类别 3.2 的总分	100	不适用	100	50.00	
支柱Ⅲ的总分	100	不适用	100	100.00	

参考文献 II

John Armour. 2006. "Legal Capital: An Outdated Concept?" *European Business Organization Law Review* 7 (1, March): 5 – 27.

F. Blanc and E. Franco-Temple. 2013. *Introducing a Risk-Based Approach to Regulate Businesses: How to Build a Risk Matrix to Classify Enterprises or Activities.* Nuts&Bolts. Washington, DC: World Bank Group.

L. Branstetter, F. Lima, L. J. Taylor, and A. Venâncio. 2013. "Do Entry Regulations Deter Entrepreneurship and Job Creation? Evidence from Recent Reforms in Portugal." *Economic Journal* 124 (577, 1 June): 805 – 832.

M. Bruhn. 2012. "A Tale of Two Species: Revisiting the Effect of Registration Reform on Informal Business Owners in Mexico." *Journal of Development Economics* 103 (C): 275 – 283.

CRF. 2020. *The International Business Registers Report 2019.* CRF.

Z. Dayan and W. R. Bolislis. 2017. "Business Registration Pillars: Good Regulatory Practice for ASEAN." OECD Regulatory Policy Working Papers 9, Organisation for Economic Co-operation and Development (OECD) Publishing, Paris.

FATF (Financial Action Task Force). 2022. *International Standards on Combating Money Laundering and the Financing of Terrorism and Proliferation: The FATF Recommendations 2012 – 2022.* FATF.

D. Halabisky. 2018. "Policy Brief on Women's Entrepreneurship." OECD SME and Entrepreneurship Papers 8, Organisation for Economic Co-operation and Development, Paris.

L. Hornuf, H. Eidenmueller, A. Engert, and R. Braun. 2011. "Does Charter Competition Foster Entrepreneurship? A Difference-In-Difference Approach to European Company Law Reforms." ECGI Working Paper No. 308/2011.

IFC, MIGA, and World Bank. 2010. *Investing across Borders 2010: Indicators of Foreign Direct Investment Regulation in 87 Economies.* Washington, DC: World Bank Group.

IFC and World Bank. 2013. *Reforming Business Registration: A Toolkit for the Practitioners.* Washington, DC: World Bank Group.

L. Klapper, L. Laeven, and R. Rajan. 2006. "Entry Regulation as a Barrier to Entrepreneurship." *Journal of Financial Economics* 82 (3, December): 591 –

629.

L. Klapper, A. Lewin, and J. M. Quesada Delgado. 2009. "The Impact of the Business Environment on the Business Creation Process." World Bank, Washington, DC.

L. Klapper and I. Love. 2011. "Entrepreneurship and Development: The Role of Information Asymmetries." *World Bank Economic Review* 25(3).

L. Klapper, M. Miller, and J. Hess. 2019. "Leveraging Digital Financial Solutions to Promote Formal Business Participation." World Bank, Washington, DC.

T. Kozluk. 2014. "The Indicators of the Economic Burdens of Environmental Policy Design: Results from the OECD Questionnaire." OECD Economics Department Working Papers, No. 1178, Organisation for Economic Co-operation and Development Publishing, Paris.

F. Kübler. 2004. "A Comparative Approach to Capital Maintenance: Germany." *European Business Law Review* 15(5): 1031 – 1035.

A. Lewin, L. Klapper, B. Lanvin, D. Satola, S. Sirtaine, and R. Symonds. 2007. *Implementing Electronic Business Registry (e-BR) Services Recommendations for Policy Makers Based on the Experience of EU Accession Countries.* e-BR paper. Washington, DC: World Bank.

F. Mistura and C. Roulet. 2019. "The Determinants of Foreign Direct Investment: Do Statutory Restrictions Matter?" OECD Working Papers on International Investment, Organisation for Economic Co-operation and Development Publishing, Paris.

P. O. Mülbert and M. Birke. 2002. "Legal Capital—Is There a Case against the European Legal Capital Rules?" *European Business Organization Law Review* 3: 695 – 732.

OECD. 2018. Indicators of Product Market Regulation. Database. https://www.oecd.org/economy/reform/indicators-of-product-market regulation/.

OECD. 2020. *FDI Regulatory Restrictiveness Index.* Report and Database. https://www.oecd.org/investment/fdiindex.htm.

OECD. 2021. *Entrepreneurship Policies through the Gender Lens.* OECD Studies on SMEs and Entrepreneurship, Organisation for Economic Co-operation and Development Publishing, Paris.

OECD. No date (n. d.). "OECD Toolkit for Mainstreaming and Implementing Gender Equality." Organisation for Economic Co-operation and Development Publishing, Paris.

OECD and IDB. 2021. *Building Effective Beneficial Ownership Frameworks: A Joint Global Forum and IDB Toolkit.* Global Forum on Enhancing Government Effectiveness and Transparency. OECD and IDB.

J. Simon. 2004. "A Comparative Approach to Capital Maintenance: France." *European Business Law Review* 15(5): 1037 - 1044.

UNCITRAL. 2019. "UNCITRAL Legislative Guide on Key Principles of a Business Registry." UNCITRAL.

UNCTAD. 2015. "Investment Policy Framework for Sustainable Development." UNCTAD.

UNCTAD. 2022. *World Investment Report 2022: International Tax Reforms and Sustainable Investment.* UNCTAD.

UNCTAD. No date (n. d.). Global Enterprise Registration (portal). https://unctad.org/topic/enterprise-development/business-facilitation.

UNECE. 2018. "Guidelines on the Use of Statistical Business Registers for Business Demography and Entrepreneurship Statistics." UNECE.

A. Van Stel, D. J. Storey, and A. R. Thurik. 2007. "The Effect of Business Regulations on Nascent and Young Business Entrepreneurship." *Small Business Economics* 28: 171 - 186.

J. R. Wille, K. O. Belayachi, N. de Magalhaes, and F. Meunier. 2011. "Leveraging Technology to Support Business Registration Reform: Insights from Recent Country Experience." Washington, DC.

World Bank. 2020. *Enhancing Government Effectiveness and Transparency: The Fight Against Corruption.* Kuala Lumpur: World Bank.

附件B　企业准入注释问卷

附件B包括企业准入的术语表和附带注释的调查问卷。注释问卷提供了每项指标与相应问题之间的一一对应关系。

术语表

受益所有人：被视为最终拥有或控制公司的自然人，即便该公司的所有权在他人名下（即通过所有权链，或除直接持股外的其他控制手段行使所有权或控制权）。

受益所有权信息：通常包括受益所有人姓名、身份号码、地址。

公司法定信息：规定公司经营和治理规则，可包括细则、公司章程、公司一般信息或法规等。

电子化公司注册流程：企业家可以在线上全流程注册公司，无须亲自前往企业登记机构或任何其他主管部门提交或获取纸质版文件。

环境营业执照：开展新的商业活动所需要的许可，可包括水管理、废物管理和处理、危险物质的使用或处理等方面的执照或许可证，通常不包括例如在发放建筑许可证时可能要求的环境影响评估。

完整的电子化登记/数据库：所有数据可通过电子化方式存储和获取的系统。

合资企业：两方或多方当事人之间为了执行商业活动而达成的合同协议，各方同意就企业的利润和损失、资本筹集、经营投入或成本进行共享。

企业准入的关键公共主管部门：企业登记过程通常所涉及的政府机关，包括企业登记机构、税务主管部门和社会保障机构。这些机构的确切名称可能因国家而异。

本地采购要求：外资企业向本地供应商采购商品或服务的要求。

名义股东和/或名义董事：指代替其他人被官方登记为股权持有者的人员。名义董事指被其他人指派代表其担任董事的人员。

营业执照：可包括由公共主管部门所授予的，使公司能在一辖区内开展商业活动的任何形式的许可。

公共主管部门：任何由政府建立和授权的政府组织和/或公共机构，负责监督和管理一辖区内商业和工业的特定方面，包括企业登记机构、司法部、商会、税务主管部门、社会保障部门、市政府等。

公共资助项目：由政府资助的项目，不包括私人倡议。

服务标准：通常包括设立公司所涉及的步骤、相关处理时间等信息。

简单标准登记表：企业设立的标准模板，企业家可用于自行注册公司，无需律师或公证人等第三方中介机构的帮助。

社会人口群体：可按照民族/种族、性别、宗教信仰等进行分类。

第三方中介机构：公证人、律师、会计师等。

企业准入问卷

下面的表格列出了每个支柱下的所有指标（包括其组成部分，如适用），并在括号内标明了相应的问题编号，为了方便参考，每个表格前都列出了问题。

对于以“是/否”回答的问题，回答为“是”即得分，并被视为良好实践；如特别标明“是/否；否—良好实践”，则“否”意味着良好实践。

在接下来的表格中，“和”表示所有提及问题的答案，必须均为良好实践，才能获得指标的分值。

在接下来的表格中，“或”表示一个或多个提及问题的答案，只要一个为良好实践，即可获得指标的分值。

某些问题标记为“不计分”，意味着它们不会以任何方式影响分值。设计这些问题的目的，是为推广阶段后续年度的问题设计提供更多的信息和改进的建议，并且在必要时，为已经计分的问题提供进一步的信息和实证基础。

支柱 I　企业准入规则的质量	
参数	
经营场所	经济体内最大(人口最多)的城市。该参数适用于支柱 I 下的全部问题
公司法律形态	经济体内有限责任公司的最常见类型。该参数适用于支柱 I 下的全部问题

1.1　信息与程序标准

1.1.1　公司信息备案要求

1. 立法是否要求企业家在注册登记新企业时，要由企业登记机构或其他相应公共主管部门核准公司名称？(是/否)
2. 立法是否就企业登记机构或其他相应公共主管部门否决公司名称这一事项规定了具体的规则？(是/否)
3. 立法是否要求在企业登记机构或其他相应公共主管部门登记公司名称的变更情况？(是/否)
4. 立法是否要求核验要设立新公司的企业家身份？(是/否)
5. 立法是否要求在企业登记机构或其他相应公共主管部门登记股东详情？(是/否)
6. 立法是否要求在企业登记机构或其他相应公共主管部门登记股东详情的变更情况？(是/否)
7. 立法是否要求公司在企业登记机构或其他相应公共主管部门提交年度财务账目或财务报表？(是/否)
8. 立法是否要求在企业登记机构或其他相应公共主管部门登记公司章程的

变更情况？（是/否）

1.1.2 受益所有权备案要求

9. 立法是否要求新设立的有限责任公司在公共主管部门登记受益所有权信息？（是/否）

立法是否要求公司登记下列有关受益所有人的信息？（问题10至13）

10. 全名（是/否）
11. 身份号码和信息（是/否）
12. 出生日期（是/否）
13. 地址（是/否）
14. 立法是否明确规定新注册有限责任公司受益所有人信息登记的时限？（是/否）
15. 立法是否要求在向公共主管部门登记时核验受益所有人的身份？（是/否）
16. 立法是否要求在公共主管部门登记受益所有权信息的变更情况？（是/否）
17. 立法是否允许名义股东和/或名义董事？（是/否；否—良好实践）
18. 立法是否要求在政府部门登记其名义股东和/或名义董事的身份？（是/否）

1.1.3 简易登记的可获得性

19. 立法是否允许企业家使用简单标准登记表自行注册有限责任公司，无须强制使用第三方中介机构？（是/否）
20. 立法是否允许所有从事一般商业或工业活动的企业和有限责任公司，不论公司的规模、创始人的国籍等，使用此种简单标准登记表自行注册公司，无须强制使用第三方中介机构？（是/否）
21. 立法是否允许企业家自行更新公司法定信息（例如通过线上更新表格），无须强制使用第三方中介机构？（是/否）

22. 立法是否允许所有从事一般商业或工业活动的企业和有限责任公司，不论公司的规模、创始人的国籍等，自行更新公司法定信息，无须强制使用第三方中介机构？（是/否）

1.1.4 基于风险的营业和环境许可评估

23. 立法是否根据公司的经营风险等级，规定了不同的企业营业执照要求？（是/否）

24. 立法是否根据公司的风险等级，规定了不同的环境营业执照要求？（是/否）

1.1 信息与程序标准			
1.1.1 公司信息备案要求			
指标	企业灵活度分值	社会效益分值	总分
强制核准公司名称(1 和 2)	不适用	1	1
强制登记公司名称变更(3)	不适用	1	1
强制核验企业家身份(4)	不适用	1	1
强制登记股东信息(5)	不适用	1	1
强制登记股东信息变更(6)	不适用	1	1
强制提交年度收入表/财务报表(7)	不适用	1	1
强制登记章程变更(8)	不适用	1	1
总分	0	7	7
1.1.2 受益所有权备案要求			
指标	企业灵活度分值	社会效益分值	总分
强制登记受益所有人信息(9)	不适用	1	1
受益所有人强制性提交的信息类型(10、11、12、13)	不适用	1	1
受益所有人信息登记的强制性时限(14)	不适用	1	1
强制核验受益所有人身份(15)	不适用	1	1

（续表）

指标	企业灵活度分值	社会效益分值	总分
强制登记受益所有权信息变更(16)	不适用	1	1
禁止或强制登记名义股东和名义董事(17 和 18)	不适用	1	1
总分	0	6	6
1.1.3　简易登记的可获得性			
指标	企业灵活度分值	社会效益分值	总分
无须使用中介的简单登记表(19)	不适用	1	1
适用于所有企业家的简单登记表(20)	不适用	1	1
无须使用中介的信息变更(21 和 22)	不适用	1	1
总分	0	3	3
1.1.4　基于风险的营业和环境许可评估			
指标	企业灵活度分值	社会效益分值	总分
基于风险的营业执照规则(23)	1	1	2
基于风险的环境许可规则(24)	1	1	2
总分	2	2	4

1.2　企业注册的限制

1.2.1　内资企业

25. 立法是否强制规定了国内企业家所有的内资私营有限责任公司的最低实缴资本？(是/否；否—良好实践)
26. 立法是否强制要求国内企业家在注册私营有限责任公司之前缴付全部规定的最低实缴资本？(是/否；否—良好实践)
27. 立法是否强制要求企业家所需具备的最低教育或培训来注册有限责任公司并开始一般商业运作？(是/否；否—良好实践)
28. 立法是否要求企业家提供犯罪历史记录或宣誓书来注册有限责任公司并

开始一般商业运作？（是/否；否—良好实践）

29. 立法是否强制要求企业家需要商业计划、可行性计划或财务计划的批准来注册有限责任公司并开始一般商业运作？（是/否；否—良好实践）

30. 立法是否强制要求企业家注册有限责任公司并开始一般商业运作必须获得一般商业经营许可证？（是/否；否—良好实践）

31. 立法是否对希望注册公司的不同社会人口群体（如民族/种族、性别、移民身份、宗教信仰）的国内企业家规定了具体要求？（是/否；否—良好实践）

32. 立法是否对希望开设银行账户的来自不同社会人口群体（如民族/种族、性别、移民身份、宗教信仰）的国内企业家规定了具体要求？（是/否；否—良好实践）

33. 立法是否限制内资私营企业全资参与任何商业部门，或在任何商业部门持有股权？（是/否；否—良好实践）

1.2.2 外资企业

34. 立法是否强制规定了外资私营有限责任公司的最低实缴资本？（是/否；否—良好实践）

35. 立法是否强制要求外国企业家在注册私营有限责任公司之前缴付全部规定的最低实缴资本？（是/否；否—良好实践）

36. 立法是否对外国企业家可以在公司持有的股份比例有限制？（是/否；否—良好实践）

37. 立法是否对外国企业家参与合资企业的数量有限制？（是/否；否—良好实践）

38. 立法是否强制要求对外国企业家进行投资审查或批准，与国内企业家的要求不同？（是/否；否—良好实践）

39. 立法是否强制要求外国企业家的最低投资规模，与国内企业家的门槛不

同?（是/否;否—良好实践）

40. 立法是否对外国企业家所有公司的管理层的国籍有要求?（是/否;否—良好实践）

41. 立法是否对外国企业家所有公司的董事会成员的国籍有要求?（是/否;否—良好实践）

42. 立法是否对雇用外国人有限制?（是/否;否—良好实践）

43. 立法是否要求本国雇员的最低人数或百分比?（是/否;否—良好实践）

44. 立法是否强制要求外国企业家必须有一个当地的合作方?（是/否;否—良好实践）

45. 立法是否对外国企业家施加本地采购要求?（是/否;否—良好实践）

46. 立法是否对外国企业家的股利分配有限制?（是/否;否—良好实践）

47. 立法是否对持有外币商业银行账户有限制?（是/否;否—良好实践）

48. 立法是否限制外资私营企业全资参与任何商业部门,或在任何商业部门持有股权?（是/否;否—良好实践）

1.2　企业注册的限制			
1.2.1　内资企业			
指标	企业灵活度分值	社会效益分值	总分
对内资企业的最低实缴资本要求(25)	1	不适用	1
内资企业注册前的全部最低实缴资本(26)	1	不适用	1
最低教育或培训要求(27)	1	不适用	1
犯罪历史记录或宣誓书(28)	1	不适用	1
商业计划、可行性计划或财务计划的审批(29)	1	不适用	1
一般营业执照(30)	1	不适用	1

（续表）

指标	企业灵活度分值	社会效益分值	总分
对国内企业家的社会人口限制（31和32）	1	1	2
对国内企业家的特定行业限制（33）	1	不适用	1
总分	8	1	9
1.2.2　外资企业			
指标	企业灵活度分值	社会效益分值	总分
对外资企业的最低实缴资本要求（34）	1	不适用	1
外资企业注册前的全部最低实缴资本（35）	1	不适用	1
所有权与参股限制 存在持股比例限制（36） 存在参与合资企业数量限制（37）	1 0.5 0.5	不适用 不适用 不适用	1 0.5 0.5
审查和批准要求 要求投资审查或批准（50c） 存在最小投资规模要求（50d）	1 0.5 0.5	不适用 不适用 不适用	1 0.5 0.5
关键人员和董事的国籍限制 存在外资子公司管理层的国籍限制（50e） 存在董事会成员或经理的国籍限制（50f）	1 0.5 0.5	不适用 不适用 不适用	1 0.5 0.5
外国和本地人员的雇用限制 存在外国公民的雇用限制（50g） 存在国内员工最低人数或比例要求（50h）	1 0.5 0.5	不适用 不适用 不适用	1 0.5 0.5
本地参与要求 要求有一位当地合作方（50i） 要求本地采购（50j）	1 0.5 0.5	不适用 不适用 不适用	1 0.5 0.5
财务限制 存在股利分配限制（50k） 存在开设或持有商业银行外币账户限制（50i）	1 0.5 0.5	不适用 不适用 不适用	1 0.5 0.5
对外国企业家的特定行业限制	1	不适用	1
总分	9	0	9

支柱Ⅱ　企业准入的数字化公共服务和信息透明度	
参数	
最大的城市	经济体中最大(人口最多)的城市。此参数适用于支柱Ⅱ下的所有问题
公司法律形态	经济体中最常见的有限责任公司类型。此参数适用于支柱Ⅱ下的所有问题

2.1　数字化服务

2.1.1　企业设立流程

49. 是否有一个全自动电子系统用于验证公司名称合规且不重复?(是/否)
50. 是否有一个电子系统能够覆盖从提交申请到接收公司文件的完整公司注册流程?(是/否)
51. 是否有一个全流程电子系统用于企业更新法定信息?(是/否)
52. 是否有一个全流程电子平台用于登记、更新受益所有人信息?(是/否)
53. 是否可以通过电子支付选项支付与公司注册相关的所有费用?(是/否)
54. 企业登记机构是否通过全流程电子化的方式签发公司注册证书?(是/否)

2.1.2　公司与受益所有权信息的储存

55. 企业登记机构是否储存了所有公司注册记录的电子版?(是/否)
56. 企业登记机构公开的公司信息数据库是否全流程电子化?(是/否)
57. 企业登记机构公开的公司信息数据库是否集中式覆盖全国?(是/否)
58. 企业登记机构公开的公司信息数据库是否涵盖所有类型的有限责任公司(即,不论业务的领域、公司的规模、创始人的国籍等)?(是/否)
59. 公开的受益所有人数据库是否全流程电子化?(是/否)

60. 公开的受益所有人数据库是否集中式覆盖全国？（是/否）

61. 公开的受益所有人数据库是否涵盖所有类型的有限责任公司（即，不论业务的领域、公司的规模、创始人的国籍等）？（是/否）

2.1.3 身份验证

62. 网上注册公司是否可使用电子签名或其他电子形式的身份验证？（是/否）

63. 在注册公司时，是否有一个电子和完全自动化的程序来核实企业家的身份？（是/否）

64. 在受益所有权登记时，是否有一个电子和完全自动化的程序来核实受益所有人的身份？（是/否）

2.1 数字化服务			
2.1.1 企业设立流程			
指标	企业灵活度分值	社会效益分值	总分
电子化公司名称核验（49）	1	1	2
完整的电子化公司注册流程（50）	1	1	2
电子化公司信息更新（51）	1	1	2
电子化受益所有权信息的登记与更新（52）	1	1	2
电子化公司注册费用的支付（53）	1	1	2
电子化公司注册证书的签发（54）	1	1	2
总分	6	6	12
2.1.2 公司与受益所有权信息的储存			
指标	企业灵活度分值	社会效益分值	总分
数字化储存的公司信息记录（55）	1	1	2
公司信息数据库（56、57、58）	1	1	2

（续表）

指标	企业灵活度分值	社会效益分值	总分
受益所有权数据库（59、60、61）	1	1	2
总分	3	3	6
2.1.3　身份验证			
指标	企业灵活度分值	社会效益分值	总分
电子签名和身份验证的可获得性（62）	1	1	2
电子化身份文件验证流程	1	1	2
核实企业家身份的电子和完全自动化程序的可获得性（63）	0.5	0.5	1
核实受益所有人身份的电子和完全自动化程序的可获得性（64）	0.5	0.5	1
总分	2	2	4

2.2　服务的协同性

2.2.1　公司信息互通

65. 主要的企业准入公共主管部门机构是否以自动化、电子化方式互通公司信息（例如公司名称和地址）？（是/否）

66. 公司信息变更（例如公司名称和地址的变更）时，所有主要的企业准入公共主管部门的信息是否自动更新？（是/否）

2.2.2　唯一企业标识

67. 企业登记机构或其他相关公共主管部门是否为所有公司分配了唯一企业标识？（是/否）

68. 是否主要的企业准入公共主管部门都使用统一的唯一企业标识，且不存在发行机构发行自己单独的公司识别号的情形？（是/否）

2.2 服务的协同性			
2.2.1 公司信息互通			
指标	企业灵活度分值	社会效益分值	总分
公共部门机构之间的信息互通(65)	1	1	2
公司信息更新完全自动化(66)	1	1	2
总分	2	2	4
2.2.2 唯一企业标识			
指标	企业灵活度分值	社会效益分值	总分
存在唯一企业标识(67)	1	1	2
主要机构通用的唯一企业标识(68)	1	1	2
总分	2	2	4

2.3 在线信息的透明度

2.3.1 初创企业(包括性别和环境)

69. 有限责任公司注册所需文件清单是否对公众在线公开?(是/否)
70. 企业登记机构与公司注册相关的所有费用清单是否对公众在线公开?(是/否)
71. 企业登记机构的公司注册服务标准是否对公众在线公开?(是/否)
72. 是否存在一个可公开访问的在线清单,详细列明哪些商业活动需要环境经营许可证才能进入市场?(是/否)
73. 支持中小型有限责任公司的公共资助项目信息是否在线公开?(是/否)
74. 支持女性拥有中小型有限责任公司的公共资助项目信息是否在线公开?(是/否)

2.3.2 一般公司信息的可获得性

75. 是否所有的公司记录都可以用电子方式搜索?(是/否)

是否可以从企业登记机构(或其他相应的公共主管部门)的数据库中在

线获取以下特定公司的企业信息？（问题 76 至 85）

76. 公司名称(是/否)

77. 公司编号(是/否)

78. 公司董事姓名(是/否)

79. 公司股东姓名(是/否)

80. 公司受益所有人姓名(是/否)

81. 公司设立年份(是/否)

82. 公司年度财务报表(是/否)

83. 公司法定地址(是/否)

84. 公司实际地址(是/否)

85. 公司的经营类型(是/否)

2.3.3　新注册公司的总体及性别有关统计数据

86. 2023 年新注册的有限责任公司的统计数据是否在线对公众公开？（是/否）

87. 有限责任公司的所有权性别分类数据是否在线对公众公开？（是/否）

以下哪些数据也按性别分类并在线对公众公开？（问题 88 至 90）

88. 女性和男性独资经营者的数量(是/否)

89. 有限责任公司中女性和男性董事的数量(是/否)

90. 女性和男性受益所有人的数量(是/否)

2.3　在线信息的透明度			
2.3.1　初创企业(包括性别和环境)			
指标	企业灵活度分值	社会效益分值	总分
文件清单在线可获得性(69)	1	1	2
费用清单在线可获得性(70)	1	1	2

（续表）

指标	企业灵活度分值	社会效益分值	总分
服务标准在线可获得性(71)	1	1	2
与环境有关的要求在线可获得性(72)	1	1	2
关于支持中小企业和女性企业家的公共资助项目信息在线可获得性	1	1	2
支持中小企业的公共资助项目信息在线可获得性（73）	0.5	0.5	1
支持女性企业家的公共资助项目信息在线可获得性（74）	0.5	0.5	1
总分	5	5	10

2.3.2　一般公司信息的可获得性

指标	企业灵活度分值	社会效益分值	总分
所有公司记录均可电子检索(75)	1	1	2
公众可在网上获得的公司信息类型	1	1	2
公司名称信息的线上可获得性(76)	0.1	0.1	0.2
公司编号信息的线上可获得性(77)	0.1	0.1	0.2
董事姓名信息的线上可获得性(78)	0.1	0.1	0.2
股东姓名信息的线上可获得性(79)	0.1	0.1	0.2
受益所有人姓名信息的线上可获得性(80)	0.1	0.1	0.2
设立年份信息的线上可获得性(81)	0.1	0.1	0.2
年度财务报表信息的线上可获得性(82)	0.1	0.1	0.2
法定地址信息的线上可获得性(83)	0.1	0.1	0.2
实际地址信息的线上可获得性(84)	0.1	0.1	0.2
经营类型信息的线上可获得性(85)	0.1	0.1	0.2
总分	2	2	4

2.3.3　新注册公司的总体及性别有关统计数据

指标	企业灵活度分值	社会效益分值	总分
企业准入公开统计(一般)(86)	1	1	2
企业准入公开统计（按性别分类）(87)	1	1	2

（续表）

指标	企业灵活度分值	社会效益分值	总分
在线可获得的按性别分类的数据类型	1	1	2
按性别分类的独资经营者数量数据的线上可获得性(88)	0.33	0.33	0.66
按性别分类的董事数量数据的线上可获得性(89)	0.33	0.33	0.66
按性别分类的受益所有人数量数据的线上可获得性(90)	0.33	0.33	0.66
总分	3	3	6

支柱Ⅲ　企业准入的运作效率	
参数	
经营场所	经济总量最大(人口最多)的城市,该参数适用于支柱Ⅲ下的所有问题
公司法律形态	经济体中最常见的有限责任公司类型,该参数适用于支柱Ⅲ下的所有问题
企业规模	内资公司的启动资金是国民总收入的5倍,外资公司的启动资金是国民总收入的10倍,该参数适用于支柱Ⅲ下的所有问题

更多信息(基于主题范围):

— 公司从事一般工业或商业活动。

— 公司的预期营业额达到需要进行增值税登记的门槛(如适用)。

— 公司雇用员工。

— 公司将会有内资所有权(第3.1节)或外资所有权(第3.2节)。

如果在估算时间和成本时需要额外参数,请考虑适用于该经济体中最典型公司的平均参数。

支柱Ⅲ的时间指标数据以天数为单位,成本指标数据以当地货币为单位。将成本记录为占该经济体人均国民总收入的百分比。

支柱Ⅲ的指标得分通过正态累积密度函数转换法计算,分值从0到100

分,其中 0 和 100 分别代表可能的最低和最高得分。根据所收集数据的 5%分位数和 95%分位数确定表现最佳和最差者。

一般说明:

常见做法:依据上述参数,请考虑贵国大多数企业家是否经常使用或遵循某一特定方法。

时间:请考虑大多数企业家在实践中完成整个流程所需的总时长,即从企业家或其代表开始执行第一个步骤的那一刻起,到与相关部门完全完成最后一个步骤为止的时间(例如,这包括从创业者提交申请那一刻起到签发最终文件为止的等待时间)。

请填写实际时间,而不是法定时间(即规定提供政府服务的最长法定时间)。

请填写平均时间,而不是完成一个步骤所需要的最长或最短时间,假定所有申请文件的准备和递交都正确无误。

1 天是每个步骤或整个流程可能需要的最短时间。如有需要,请在注释中进一步说明。

请在注释中说明如何计算时间。

同时性:在计算总时间时,请考虑某些步骤是否能够同时完成和/或通过一站式服务完成。如果适用,请在注释中说明哪些步骤是同时完成的。请仍将 1 天作为每个步骤(以及整个过程)所需的最短时间,并说明哪些步骤是同时进行的。

成本:如果适用,请仅考虑官方法律费用(例如,涉及公共部门的步骤)。如果没有适用的官方费用(例如,与第三方服务、公司印章、开立银行账户等有关的步骤等),请提供与具体步骤相关的平均费用的最佳估算。不含增值税。

整个流程的总成本应为每个步骤成本的精确总和。

请在注释中说明如何计算成本。

在线与亲自到场完成：如果某个步骤可以在线或亲自到场完成，请考虑该步骤最常见的完成方式及其相关成本和时间。请在注释中说明该步骤是在线完成还是亲自到场完成，并解释原因。

标准方式与快速通道方式：如果一个步骤的成本（或所需时间）因采用标准方式或快速通道方式而不同，请考虑完成该步骤的最常见方式及其相关成本和时间。如果适用，请在注释中说明该步骤是通过标准方式还是快速通道方式完成的，并解释原因。

第三方参与：只有在完成特定步骤必须使用第三方中介（如公证人、律师）的情况下，才考虑使用第三方中介服务所需的时间和成本。例如，聘请律师/公证人起草或公证公司章程所需的时间和成本。

如果适用第三方参与，请仅考虑第三方参与其单独步骤的相关时间和成本，无须重复其在其他单个步骤中的相关时间和成本（只应包括官方费用和平均时间）。

3.1 内资企业

91. “开设银行账户”是法律规定或实践中设立内资公司的常见做法吗？（是/否）（不计分）
92. 完成上述步骤的平均时间是多少（以日历日数计算）？（不计分）
93. 完成上述步骤的相关成本是多少（以当地货币计算）？（不计分）
94. “公司名称验证”是法律规定或实践中设立内资公司的常见做法吗？（是/否）（不计分）
95. 完成上述步骤的平均时间是多少（以日历日数计算）？（不计分）
96. 完成上述步骤的相关成本是多少（以当地货币计算）？（不计分）
97. “受益所有权登记”是法律规定或实践中设立内资公司的常见做法吗？

（是/否）（不计分）

98. 完成上述步骤的平均时间是多少（以日历日数计算）？（不计分）

99. 完成上述步骤的相关成本是多少（以当地货币计算）？（不计分）

100. “第三方中介服务”（如公证人、律师、会计师）是设立内资公司的法律规定吗？（是/否）（不计分）

101. 完成上述步骤的平均时间是多少（以日历日数计算）？（不计分）

102. 完成上述步骤的相关成本是多少（以当地货币计算）？（不计分）

103. “在企业登记机构登记”是法律规定或实践中设立内资公司的常见做法吗？（是/否）（不计分）

104. 完成上述步骤的平均时间是多少（以日历日数计算）？（不计分）

105. 完成上述步骤的相关成本是多少（以当地货币计算）？（不计分）

106. “税务登记”是法律规定或实践中设立内资公司的常见做法吗？（是/否）（不计分）

107. 完成上述步骤的平均时间是多少（以日历日数计算）？（不计分）

108. 完成上述步骤的相关成本是多少（以当地货币计算）？（不计分）

109. “雇主和/或雇员登记”是法律规定或实践中设立内资公司的常见做法吗？（是/否）（不计分）

110. 完成上述步骤的平均时间是多少（以日历日数计算）？（不计分）

111. 完成上述步骤的相关成本是多少（以当地货币计算）？（不计分）

112. “申请和/或领取一般营业执照”是法律规定或实践中设立内资公司的常见做法吗？（是/否）（不计分）

113. 完成上述步骤的平均时间是多少（以日历日数计算）？（不计分）

114. 完成上述步骤的相关成本是多少（以当地货币计算）？（不计分）

115. 设立内资公司是否有法律规定的或实践中常见的额外步骤？（是/否）（不计分）

116. 完成上述步骤的平均时间是多少(以日历日数计算)?(不计分)

117. 完成上述步骤的相关成本是多少(以当地货币计算)?(不计分)

118. 在实践中,上述指标中是否有步骤通常是同时完成的?(是/否)(不计分)

119. 内资公司完成整个企业准入流程所需的总时间是多少(以日历日数计算)?

120. 内资公司完成整个企业准入流程所需的总成本是多少?

3.1 内资企业			
3.1.1 注册新内资企业的总时间			
指标	企业灵活度分值	社会效益分值	总分
注册新内资企业的总时间(119)	100(100%)	不适用	100(100%)
子类别 3.1.1 的总分	100	不适用	100
3.1.2 注册新内资企业的总成本			
指标	企业灵活度分值	社会效益分值	总分
注册新内资企业的总成本(120)	100(100%)	不适用	100(100%)
子类别 3.1.2 的总分	100	不适用	100
类别 3.1 的总分	100	不适用	100

3.2 外资企业

121. 法律规定或实践中的常见做法是否会要求外资公司采取特殊的额外步骤?(是/否)(不计分)

122. 完成上述额外步骤的平均时间是多少(以日历日数计算)?(不计分)

123. 完成上述额外步骤的相关成本是多少(以当地货币计算)?(不计分)

124. 在相关时间和/或成本方面,您为内资公司选择的步骤是否与外资公司不同?(是/否)(不计分)

125. 外资公司完成整个企业准入流程所需的总时间是多少(以日历日数计算)?

126. 外资公司完成整个企业准入流程所需的总成本是多少?

3.2　外资企业			
3.2.1　注册新外资企业的总时间			
指标	企业灵活度分值	社会效益分值	总分
注册新外资企业的总时间(125)	100(100%)	不适用	100(100%)
子类别 3.2.1 的总分	100	不适用	100
3.2.2　注册新外资企业的总成本			
指标	企业灵活度分值	社会效益分值	总分
注册新外资企业的总成本(126)	100(100%)	不适用	100(100%)
子类别 3.2.2 的总分	100	不适用	100
类别 3.2 的总分	100	不适用	100

第三章　经营场所

方法论说明

I．动机

即便是在数字化时代，获得经营场所也仍是许多企业成功与否的关键因素。选择合适的经营场所，不仅会影响企业获得客户、交通、员工和原材料的商业途径，还会决定企业必须遵守的税收、规则和对环境的承诺。① 无论企业是租赁还是购买商业不动产，获得经营场所所在地的规则框架和公共服务，都能推动一个经济体的商业环境向有助于私人企业和私营部门的方向发展。② 企业可能更愿意投资能够有力保障产权的经济体，因为企业可以确信他们对不动产的投资是安全的。③ 考察产权管理部门运作的有效性，可以更好地预测经济增长的前景，提振私营部门投资企业战略场所的信心。④ 土地管理的质量和透明度对于减少信息不对称和提高市场效率也至关重要。可靠的土地管理制度可以提供明确的不动产所有权信息，促进房地产市场设施的发展，并保障土地使用权的安全。

当投资者和企业家为企业获得新的经营场所时，所需流程通常涉及变更所有权或租赁权的许可。与建筑相关的许可对于公共安全、强化产权和促进资本形成至关重要。最后，同样重要的是，与建筑管理有关的环境法规规则清晰，法条明确，对公众透明且易于获得，这减轻了企业的监管负担。

在此背景下，经营场所主题衡量规则框架的有效性、政府治理水平以及公共服务（不动产转让、建筑许可和环境许可方面）的透明度和运作效率。经营场所主题的指标既考虑企业/企业家的视角（企业灵活度），也考虑更广泛

---

① Carlson (2000).
② Adenuga, Jack, and McCarry (2021).
③ De Soto (2000); Johnson, McMillan, and Woodruff (2002).
④ Field (2007); Green and Moser (2013).

的公众视角(社会效益)。规则框架支柱和公共服务支柱下的绝大多数指标衡量企业灵活度和社会效益,而运作效率支柱下的指标仅衡量企业灵活度。

Ⅱ. 指标

经营场所主题从三个不同的维度分别衡量三个选项——购买、租赁或自建。通过以上选项,企业家可以选择合适的场所建立企业。以上三个维度被称为“支柱”。支柱Ⅰ评估不动产转让、建筑许可和环境许可相关规则的质量,涵盖不动产租赁、不动产所有权、城市规划和环境许可方面必要的规则框架的法律特征。支柱Ⅱ评估公共服务的质量以及不动产转让、建筑许可和环境许可方面的信息透明度。支柱Ⅲ衡量实际设立经营场所的运作效率。每个支柱分为若干类别,这些类别由共同特征界定,为将它们归入特定类别提供依据。每个类别进一步划分为若干子类别。每个子类别由若干指标组成,每项指标相应地可以包含若干组成部分。每项指标被赋予相应的分值,然后汇总得出每个子类别、类别和支柱的分值。表1汇总呈现了所有三个支柱以及每个支柱项下的类别和子类别。

表1 经营场所主题三大支柱汇总表

支柱Ⅰ	经营场所的规则质量(66项指标)
1.1	不动产转让和土地管理(12项指标)
1.1.1	不动产转让标准(4项指标)
1.1.2	土地纠纷解决机制(4项指标)
1.1.3	土地管理制度(4项指标)
1.2	建筑、区划和土地使用(20项指标)
1.2.1	建筑标准(12项指标)

（续表）

1.2.2	建筑能源标准(3 项指标)
1.2.3	区划和土地使用规则(5 项指标)
1.3	对持有和租赁不动产的限制(19 项指标)
1.3.1	内资企业——所有权(4 项指标)
1.3.2	内资企业——租赁(5 项指标)
1.3.3	外资企业——所有权(5 项指标)
1.3.4	外资企业——租赁(5 项指标)
1.4	环境许可(15 项指标)
1.4.1	施工环境许可(13 项指标)
1.4.2	施工有关环境许可的纠纷解决机制(2 项指标)
支柱Ⅱ　经营场所的公共服务质量和信息透明度(52 项指标)	
2.1	数字化服务的可获得性和可靠性(23 项指标)
2.1.1	不动产转让——数字化公共服务(7 项指标)
2.1.2	不动产转让——土地管理和识别数字系统(4 项指标)
2.1.3	不动产转让——土地登记机构和测绘机构的覆盖范围(4 项指标)
2.1.4	建筑许可——数字化公共服务(4 项指标)
2.1.5	环境许可——数字化公共服务(4 项指标)
2.2	服务的协同性(6 项指标)
2.2.1	不动产转让服务的协同性(4 项指标)
2.2.2	建筑许可服务的协同性(2 项指标)
2.3	信息透明度(23 项指标)
2.3.1	不动产(包含性别信息)(12 项指标)
2.3.2	建筑、区划和土地使用(8 项指标)
2.3.3	环境许可(3 项指标)
支柱Ⅲ　设立经营场所的运作效率(8 项指标)	
3.1	不动产转让和土地管理(3 项指标)
3.1.1	土地使用的主要限制(1 项指标)
3.1.2	不动产转让的时间(1 项指标)
3.1.3	不动产转让的成本(1 项指标)

（续表）

3.2	施工许可(3 项指标)
3.2.1	获得施工有关许可的时间(1 项指标)
3.2.2	获得建筑许可的时间(1 项指标)
3.2.3	获得建筑许可的成本(1 项指标)
3.3	环境许可(2 项指标)
3.3.1	获得环境许可的时间(1 项指标)
3.3.2	获得环境许可的成本(1 项指标)

1. 支柱Ⅰ. 经营场所的规则质量

表 2 展示了支柱Ⅰ(即经营场所的规则质量)的结构。该支柱项下的类别和子类别都将按表中所示的顺序展开更为详细的讨论。

表 2　支柱Ⅰ　经营场所的规则质量

1.1	不动产转让和土地管理
1.1.1	不动产转让标准
1.1.2	土地纠纷解决机制
1.1.3	土地管理制度
1.2	建筑、区划和土地使用
1.2.1	建筑标准
1.2.2	建筑能源标准
1.2.3	区划和土地使用规则
1.3	对持有和租赁不动产的限制
1.3.1	内资企业——所有权
1.3.2	内资企业——租赁
1.3.3	外资企业——所有权
1.3.4	外资企业——租赁
1.4	环境许可

（续表）

1.4.1	施工环境许可
1.4.2	施工有关环境许可的纠纷解决机制

1.1 不动产转让和土地管理

类别 1.1 分为 3 个子类别，每个子类别包含若干指标，每一项指标又包含若干组成部分。

1.1.1 不动产转让标准

健全的规则框架对于确保不动产交易的安全性必不可少。在不动产登记机构明确所有权合法的确权流程和买卖合同的登记程序，可以增加人们的安全感。[①] 有效的不动产转让标准，可以提高不动产交易的效率和透明度，降低交易成本，提高不动产信息的准确性。[②] 因此，子类别 1.1.1 不动产转让标准包含 4 项指标（表 3）。

表 3 子类别 1.1.1 不动产转让标准

	指标	组成部分
1	核查文件合法性的法定义务	要求对不动产交易所需文件的合法性进行审核
2	核实当事人身份的法定义务	要求对不动产交易当事人的身份进行核实
3	登记转让交易的法定义务	规定所有不动产转让交易必须在不动产登记机构登记，以对抗第三方
4	线上文件合法性的法律规定	（1）不动产权属证明 （2）产权查询证明 （3）完税证明 （4）公司简介 （5）地籍规划

① Deininger and Feder (2009).

② Bennison (2006).

1.1.2 土地纠纷解决机制

在一些经济体中，土地纠纷占了法院案件中的大多数。为了防止发生土地纠纷并更好地处理现有土地纠纷，土地管理规则框架需明确规定土地交易利益相关者的责任，同时提供有效的、实践中长期实施的、可为公众使用的纠纷解决机制。① 产权登记错误亦会产生纠纷，导致不动产所有权人和债权人等利益相关方遭受重大损失。② 作为补充，现有证据表明，提供庭外赔偿机制有可能减少法院案件数量。③ 因此，子类别 1.1.2 土地纠纷解决机制包含 4 项指标（表 4）。

表 4　子类别 1.1.2 土地纠纷解决机制

	指标	组成部分
1	仲裁作为土地纠纷替代解决机制的法律规定	提供仲裁作为土地纠纷的庭外解决机制
2	调解或调停作为土地纠纷替代解决机制的法律规定	提供调解或调停作为土地纠纷的庭外解决机制
3	不动产产权保护的法律规定	为不动产产权保护提供保障
4	为不动产登记机构错误信息造成的损失提供庭外赔偿的法律规定	允许向因产权登记错误而遭受损失的当事人支付赔偿的庭外赔偿机制

1.1.3 土地管理制度

建立一套可靠、透明、安全的土地登记制度，对于保障土地使用权的安全和促进土地市场的设施发展、有效运转非常重要。这一制度应当向当地政府、土地所有人、投资者和公众等利益相关者提供关于土地所有权、边界和土地使用权的清晰准确的信息。④ 土地管理制度的质量越高，在以不动产作为

① Gathii (2013).
② Deininger and Feder (1996).
③ Wehrmann (2008).
④ Deininger and Selod (2012).

抵押品时获得信贷的机会就越高，从而对投资的激励也会增加。良好实践包括提高信息的透明度，因为它消除了使用者和政府之间的信息不对称，提高了土地市场的效率。良好实践还包括由适当的制度框架支持的健全基础设施，有效维护土地信息。① 因此，子类别 1.1.3 土地管理制度包含 4 项指标（表 5）。

表 5　子类别 1.1.3 土地管理制度

	指标	组成部分
1	不动产登记机构信息披露	获得不动产所有权信息
2	土地管理基础设施	存在地籍/测绘机构（负责测量每一块土地的机构）
3	地籍信息披露	获得私人地块的地籍规划
4	土地管理和纳税价值信息的协同	地籍（或不动产登记）包括不动产纳税价值信息

1.2　建筑、区划和土地使用

类别 1.2 分为 3 个子类别，每个子类别包含若干指标，每一项指标又包含若干组成部分。

1.2.1　建筑标准

拥有一套明确的建筑规则标准至关重要，有助于确保建造、维护和使用建筑物，能最大限度地减少对个人和环境造成危害的风险。制定明确且公众可获得的建筑规则、施工安全机制规则，是确保安全施工的关键。② 因此，子类别 1.2.1 建筑标准包含 12 项指标（表 6）。

① Deininger and Feder (2009); Zakout, Wehrmann, and Törhönen (2006).

② IFC, World Bank, and MIGA (2013).

表 6　子类别 1.2.1 建筑标准

	指标	组成部分
1	适用于所有建筑的建筑法规/标准	存在统一的建筑标准
2	安全标准的明确规定或指引	(1) 结构强度 (2) 消防安全 (3) 无障碍性和包容性 (4) 健康和卫生 (5) 建筑设计中的能源效率和可持续性 (6) 建筑分类 (7) 土地使用规则 (8) 质量保证检查及强制性执行标准 (9) 维护和翻新要求
3	建筑材料健康风险监管	具有对处理、移除和处置危险建筑材料(如石棉、铅、含汞装置或多氯联苯)的监管框架要求
4	遵守法律的责任要求	(1) 公共机构 (2) 第三方建筑或工程公司
5	开展技术监督/检查的资格	(1) 是建筑师或工程师 (2) 通过资格考试 (3) 有多年的实践经验 (4) 是建筑师或土木工程师协会会员
6	施工期间开展检查的类型	法律规定的为确保结构安全而在施工期间开展的检查类型 (1) 分阶段的 (2) 基于风险的
7	施工期间开展检查的职责	(1) 第三方工程师或工程公司 (2) 政府机构
8	法律规定的最终验收要求	建筑投入使用前法定最终验收要求
9	结构缺陷/问题的责任	(1) 建筑公司的建筑师或工程师的责任 (2) 第三方检查人员的责任 (3) 政府机构的责任
10	使用许可证	建筑投入使用前要求使用许可证
11	能够对建筑许可决定提出异议的能力	对建筑许可决定提出异议的能力

（续表）

	指标	组成部分
12	房屋管理行政机关权限	(1) 能够为解决紧迫的建筑安全问题发布紧急指令 (2) 有权发布指令要求不遵守建筑法规者腾退房地 (3) 有权就违反建筑条例的行为向法院提起诉讼 (4) 有权建议吊销违规建筑从业者的执照

1.2.2 建筑能源标准

建筑能源标准是建筑领域提高建筑行业能源效率和减少温室气体排放的重要工具，也是设定新建建筑能效阈值标准的监管要求。[①] 建筑能源法规中的能源效率性能标准通常包括若干关键要素，包括建筑围护要求、照明和供暖制冷要求。[②] 因此，子类别 1.2.2 建筑能源标准包含 3 项指标（表 7）。

表 7　子类别 1.2.2 建筑能源标准

	指标	组成部分
1	强制性最低能源效率性能标准	强制性的最低能源效率性能标准
2	能源效率性能标准作为建筑图纸审核过程的一部分	(1) 建筑围护结构的热传递率或隔热计算 (2) 建筑围护结构太阳热量的计算 (3) 开窗的玻璃系数 (4) 供暖/制冷需求计算 (5) 采光和朝向 (6) 永久遮阳 (7) 隔气层、空气泄漏或渗漏 (8) 供热和冷却设备及控制系统的效率 (9) 水加热设备及控制系统的效率 (10) 照明装置及控制系统的效率 (11) 隔热和热阱
3	鼓励推广绿色建筑标准	推广绿色建筑标准的激励措施

① Rosenberg et al.（2014）.

② Garrido，Tapia，and Vergara（2019）.

1.2.3 区划和土地使用规则

区划管理是一种调节建筑环境和创造功能性房地产市场的规划控制工具。有效的区划和土地使用规则确保了可持续和安全的城市发展规划,以确保企业公平地获得水、电和卫生设施等服务。[①] 危害地图和相关措施至关重要,有助于确定因自然灾害而禁止建造建筑物的区域,确定居住区和危害区的最小间隔。[②] 区划管理还可以创造刺激或减缓特殊区域发展的契机。[③] 因此,子类别 1.2.3 区划和土地使用规则包含 5 项指标(表 8)。

表 8 子类别 1.2.3 区划和土地使用规则

	指标	组成部分
1	获得必要基础设施服务的要求(水、电、卫生)	获得必要基础设施服务的要求(水、电、卫生)
2	标记住宅、商业、农业、娱乐、公共/机构、混合用途等区划分配的地图	标记住宅、商业、农业、娱乐、公共/机构、混合用途区划分配的土地使用地图
3	标记因自然灾害而禁止施工区域的危害地图	标记因自然灾害而禁止施工区域的危害地图
4	确定住宅区和危害区最小间隔距离的危害地图	确定住宅区和危害区最小间隔距离的危害地图
5	标明因自然资源保护而禁止施工区域的地图	标明因自然资源保护而禁止施工区域的地图

1.3 对持有和租赁不动产的限制

类别 1.3 分为 4 个子类别,每个子类别包含若干指标,每一项指标又包含若干组成部分。

---

① Babatunde, Yusuf, and Ogunbode (2016).

② Boonyabancha, Singhadej, and Dhanapal (2017).

③ World Bank Group (n. d.).

1.3.1 内资企业——所有权

对内资企业持有不动产的限制,会阻碍其获得资本和其他资源的能力,降低企业竞争力并抑制投资。[①] 因此,子类别 1.3.1 内资企业——所有权包含 4 项指标(表 9)。

表 9　子类别 1.3.1 内资企业——所有权

	指标	组成部分
1	对内资企业持有土地面积的限制	限制内资企业持有土地的面积
2	对内资企业持有不动产地点的限制	限制内资企业持有不动产的地点
3	对内资企业持有农业用地的限制	限制内资企业持有农业用地
4	对内资企业持有不动产建筑类型的限制	限制内资企业持有不动产的建筑类型

1.3.2 内资企业——租赁

对内资企业租赁不动产的限制,无论是基于区划还是基于土地使用规则,都可能影响企业决定在哪里创业。[②] 对土地的租赁限制可能限制内资企业取得不动产的能力,阻碍其成长和发展。[③] 因此,子类别 1.3.2 内资企业——租赁包含 5 项指标(表 10)。

表 10　子类别 1.3.2 内资企业——租赁

	指标	组成部分
1	对内资企业租赁土地面积的限制	限制内资企业租赁土地的面积
2	对内资企业租赁不动产期限的限制	限制内资企业的租赁期限

---

① Dasgupta and Singh (2006).

② Hodge and Greve (2017).

③ Halpern and Lutz (2014).

（续表）

	指标	组成部分
3	对内资企业租赁不动产地点的限制	限制内资企业租赁不动产的地点
4	对内资企业租赁农业用地的限制	限制内资企业租赁农业用地
5	对内资企业租赁不动产建筑类型的限制	限制内资企业租赁不动产建筑类型

1.3.3 外资企业——所有权

各经济体对外资企业是否可以取得不动产所有权存在分歧。无论是农业用地还是住宅用地，绝大多数经济体都会对外资企业持有不动产设定限制。① 这种限制会阻碍外资企业在某一特定国家投资的能力，导致经济表现下滑，抑制金融发展。② 因此，子类别 1.3.3 外资企业——所有权包含 5 项指标（表 11）。

表 11　子类别 1.3.3 外资企业——所有权

	指标	组成部分
1	对外资企业持有土地面积的限制	限制外资企业持有土地的面积
2	对外资企业持有不动产期限的限制	限制外资企业持有不动产的期限
3	对外资企业持有不动产地点的限制	限制外资企业持有不动产的地点
4	对外资企业持有农业用地的限制	限制外资企业持有农业用地
5	对外资企业持有不动产建筑类型的限制	限制外资企业持有不动产的建筑类型

1.3.4 外资企业——租赁

租赁协议是不动产所有权人允许承租人使用该不动产并获利的协议。③ 一些经济体对租赁期限有严格规定，另一些经济体则允许更长的期限，通常

① Tan (2004).
② Liao and Zhang (2016).
③ Golub (2003).

是99年。还有一些经济体允许合同当事人自行约定租赁期限。对租赁的限制可能会阻碍外资企业在特定国家投资和发展业务的能力。① 因此,子类别1.3.4外资企业——租赁包含5项指标(表12)。

表12 子类别1.3.4外资企业——租赁

	指标	组成部分
1	对外资企业租赁土地面积的限制	限制外资企业租赁土地的面积
2	对外资企业租赁不动产期限的限制	限制外资企业的租赁期限
3	对外资企业租赁不动产地点的限制	限制外资企业租赁不动产的地点
4	对外资企业租赁农业用地的限制	限制外资企业租赁农业用地
5	对外资企业租赁不动产建筑类型的限制	限制外资企业租赁不动产的建筑类型

1.4 环境许可

类别1.4分为2个子类别,每个子类别包含若干指标,每一项指标又包含若干组成部分。

1.4.1 施工环境许可

环境许可是建设项目规划和管理的一个重要方面。研究表明,获得环境许可可能是一个耗时且复杂的过程,需要大量的资源和专业知识。② 然而,环境许可对于确保建设项目符合环境规则和标准,将其对自然环境的影响降到最低是至关重要的。需要环境许可的建设项目可能对当地社区和更广泛的环境产生重大影响,在环境许可过程中做出的决定可能影响可持续发展。③管理建设项目的环境法律框架通常根据项目潜在的环境影响来定义低、中或

---

① Lee, Lee, and Lee (2014).
② Grunwald, Bendt, and Kopfmüller (2016).
③ Gupta and Bansal (2014).

高水平的环境风险项目。项目的分类通常是通过考虑项目的位置、规模和对自然资源的潜在影响等因素的环境审查过程来确定的。[①] 因此,子类别 1.4.1 施工环境许可包含 13 项指标(表 13)。

表 13　子类别 1.4.1 施工环境许可

	指标	组成部分
1	法律框架规定环境风险	由法律框架就新建设项目所界定的环境风险
2	施工环境许可的要求	(1) 防止建筑业开展建设期间或由建设项目造成的(空气、水、土壤)污染的许可要求 (2) 管理建筑业开展建设期间或由建设项目引起的水资源开采的许可要求 (3) 管理建筑业开展建设期间或由建设项目造成的废物处理和回收的许可要求 (4) 管理建筑业开展建设期间或由建设项目造成的废水处理的许可要求
3	环境许可的执行机制	对违反规定的人处以处罚或罚款
4	具备资质的专业人士或专业机构进行环境影响评估	具备资质的专业人士或专业机构进行环境影响评估
5	触发环境影响评估的标准	(1) 项目规模 (2) 行业性质 (3) 地理位置 (4) 环境影响
6	轻微环境影响项目的环境影响评估	包括轻微环境影响项目在内的所有项目都必须获得公共机构的环境审批
7	环境影响评估程序的要求	(1) 范围和基线研究(确定评估的范围,包括需要解决的问题和拟建项目的潜在环境影响)(评估当前的环境条件和拟建项目对环境的潜在影响,包括空气和水质、生物多样性和社会经济条件) (2) 影响评估(识别和评估拟建项目潜在的正面和负面环境影响,包括直接和间接影响、短期和长期影响以及累积影响)

① Ryan and O'Regan (2015).

（续表）

	指标	组成部分
		（3）缓解措施（制定措施以避免、最小化或补偿拟建项目的负面环境影响，以及增强正面影响）和替代分析（评估拟建项目的可行替代方案，包括不采取行动的替代方案，以及评估其潜在的环境影响） （4）公众参与（咨询公众和其他利益相关者，了解其对于拟建项目及潜在环境影响的看法，在决策过程中关注其诉求及建议） （5）监测及跟进（实施监测计划，核实环境影响预测的准确性，采取有效的缓解措施，减少负面环境影响）
8	检查合规性的法律责任	环境影响评估遵循具备明确指引和流程的正式审查
9	具备资质的专业人士审查环境影响评估	具备资质的专业人士或专业机构对环境影响评估进行正式审查
10	环境影响评估决定的执行机制	对违反环境影响评估规则的人处以处罚或罚款
11	环境损害的责任	环境影响评估批准机构或项目开发商/业主承担环境损害责任
12	公众咨询要求的要素	（1）确保以目标受众可接受的语言提供信息 （2）以在便利的场所、线上、报刊媒体刊载等方式提供清晰易懂的信息 （3）能力建设（根据需要向利益相关方提供培训、资源和技术援助）
13	环境影响评估信息的披露	法律强制公开披露环境影响评估中的相关信息

1.4.2　施工有关环境许可的纠纷解决机制

施工有关的环境许可纠纷解决机制对于解决环境审查过程中可能出现的冲突至关重要。有效的争议解决机制应考虑所有利益相关者的利益，并寻求公平公正的解决方案，以平衡环境保护、施工安全和经济发展。这些争议应涉及多个利益相关者，包括项目支持者、监管机构、当地社区、环保组织和非政府组织以及政府机构。[①] 因此，子类别 1.4.2 施工有关环境许可的纠纷解决机制包含 2 项指标（表 14）。

表 14　子类别 1.4.2 施工有关环境许可的纠纷解决机制

	指标	组成部分
1	能够对环境审查和许可提出异议的能力	是否能够对环境审查和许可提出异议
2	环境纠纷庭外解决机制	（1）仲裁 （2）调停或调解

2. 支柱Ⅱ. 经营场所的公共服务质量和信息透明度

表 15 展示了支柱Ⅱ（即经营场所的公共服务质量和信息透明度）的结构。该支柱的每个类别和子类别将按照表 15 所示的顺序展开更详细的讨论。

表 15　支柱Ⅱ 经营场所的公共服务质量和信息透明度

2.1	数字化服务的可获得性和可靠性
2.1.1	不动产转让——数字化公共服务
2.1.2	不动产转让——土地管理和识别数字系统
2.1.3	不动产转让——土地登记机构和测绘机构的覆盖范围
2.1.4	建筑许可——数字化公共服务
2.1.5	环境许可——数字化公共服务
2.2	服务的协同性
2.2.1	不动产转让服务的协同性
2.2.2	建筑许可服务的协同性

① Ramanathan et al.（2018）；Sánchez-Triana et al.（2014）；Wang and Liu（2015）.

（续表）

2.3	信息透明度
2.3.1	不动产(包含性别信息)
2.3.2	建筑、区划和土地使用
2.3.3	环境许可

2.1 数字化服务的可获得性和可靠性

类别2.1分为5个子类别,每个子类别包含若干指标,每一项指标又包含若干组成部分。

2.1.1 不动产转让——数字化公共服务

由于几乎每个国家都有互联网,公共服务可以提供安全的线上服务,如尽职调查和房地产交易登记。数据工具可以提供更准确、更高效的手段来验证不动产的法律、财务和物理状态,最终有助于人们在不动产交易中做出更好的决策。① 不动产转让的线上门户网站可以为完成不动产交易提供更高效、更便捷的手段,最终可以为买家、卖家和投资者带来更好的结果。② 因此,子类别2.1.1不动产转让——数字化公共服务包含7项指标(表16)。

表16 子类别2.1.1不动产转让——数字化公共服务

	指标	组成部分
1	线上尽职调查	(1) 产权查询(所有权) (2) 未缴税款(税务机构) (3) 破产信息查询 (4) 公司简介 (5) 地籍规划

① Gao et al. (2020).

② Gupta, Dunning, and McAllister (2020).

（续表）

	指标	组成部分
2	线上尽职调查——产权负担	（1）留置权 （2）抵押权 （3）地役权 （4）限制
3	用于不动产尽职调查的统一线上平台	用于进行所有必要的不动产转让尽职调查的统一线上平台
4	不动产转让的线上平台	登记不动产转让的线上平台
5	线上可办理不动产转让手续	（1）下载表单 （2）上传文件 （3）获得通知 （4）处理付款
6	不动产登记投诉机制	不动产登记投诉机制
7	地籍投诉机制	地籍投诉机制

2.1.2 不动产转让——土地管理和识别数字系统

在一个良好的土地管理制度中，规则框架必须确保土地登记和测绘系统（地籍）都有充分的基础设施来维护土地信息，以保证高标准并减少出错的风险。良好的基础设施对于实施土地政策和土地使用规划至关重要。① 因此，子类别 2.1.2 不动产转让——土地管理和识别数字系统包含 4 项指标（表 17）。

表 17 子类别 2.1.2 不动产转让——土地管理和识别数字系统

	指标	组成部分
1	不动产产权证书的格式	（1）产权证书是数字化的（如可在线修改） （2）产权证书是数码化的（如被扫描）
2	地籍规划格式	（1）规划是数字化的（如可在线修改） （2）规划是数码化的（如被扫描）

① Williamson（2001）.

（续表）

	指标	组成部分
3	地籍测绘方法	（1）直接方式（现场勘测） （2）混合方式（将每一地块的现场勘测和高分辨率图片相结合）
4	查验身份的国家数据库	用于查验参与不动产交易各方身份的国家数据库

2.1.3 不动产转让——土地登记机构和测绘机构的覆盖范围

不动产登记机构完整覆盖所有土地和财产的信息，是有效土地管理的一个关键方面。不动产登记系统是用于记录和管理有关土地和不动产所有权信息的系统。[①] 完整且准确的登记有助于防止纠纷、欺诈和因土地所有权而产生的问题。不动产登记机构和测绘机构（地籍）在覆盖范围的完整性上可能会影响企业主对企业选址的决定。有效的土地信息系统确保登记系统和地籍系统能够随时获得所有经过登记的私有土地的记录，这些记录涵盖了整个经济体的信息。因此，子类别 2.1.3 不动产转让——土地登记机构和测绘机构的覆盖范围包含 4 项指标（表 18）。

表 18　子类别 2.1.3 不动产转让——土地登记机构和测绘机构的覆盖范围

	指标	组成部分
1	国家层面的土地登记覆盖范围	国家层面的土地登记覆盖范围
2	主要城市层面的土地登记覆盖范围	主要城市层面的土地登记覆盖范围
3	国家层面的地籍覆盖范围	国家层面的地籍覆盖范围
4	主要城市层面的地籍覆盖范围	主要城市层面的地籍覆盖范围

① Deininger and Feder (2009).

2.1.4 建筑许可——数字化公共服务

数字化公共服务有助于减少申请建筑许可的时间和成本,同时还可以提高透明度,明确责任。① 建筑许可的数字化服务可以增进利益相关者之间的沟通,包括建筑师、承包商和政府官员。② 因此,子类别 2.1.4 建筑许可——数字化公共服务包含 4 项指标(表 19)。

表 19 子类别 2.1.4 建筑许可——数字化公共服务

	指标	组成部分
1	颁发建筑许可的线上平台	(1) 建筑许可的线上平台,完全整合来自规划/建设管理机构以外其他机构颁发的许可 (2) 建筑许可的线上平台,整合来自规划/建设管理机构以外部分机构颁发的许可(并非全部)
2	功能齐全的线上许可系统	(1) 线上支付 (2) 线上沟通 (3) 线上通知 (4) 线上提交 (5) 自动生成核对清单
3	可提交建筑和使用许可申请的线上系统	(1) 建筑许可可线上办理 (2) 使用许可可线上办理
4	对建筑许可线上提起异议	线上可就建筑许可的最终决定提出异议的机制

2.1.5 环境许可——数字化公共服务

数字化公共服务还可以提高建筑环境的质量,并有助于确保建筑规划符合安全、健康和环境标准。③ 因此,子类别 2.1.5 环境许可——数字化公共服务包含 4 项指标(表 20)。

---

① Linnenberg, Gür, and Gür (2020).

② Charalambous, Cimren, and Bano (2018).

③ Charalambous, Cimren, and Bano (2018).

表 20　子类别 2.1.5 环境许可——数字化公共服务

	指标	组成部分
1	便于公众参与的线上许可系统	具有为公众参与环境许可提供便利的线上系统
2	功能齐全的线上许可系统	(1) 线上支付 (2) 线上沟通 (3) 线上提交 (4) 自动生成核对清单
3	电子文件和纸质副本一起提交	为获得环境许可而提交电子文件时也需要提交纸质副本
4	对环境许可线上提起异议	可在线上就环境许可的最终决定提出异议的机制

2.2　服务的协同性

类别 2.2 分为 2 个子类别,每个子类别分为若干指标,每一项指标分为若干组成部分。

2.2.1　不动产转让服务的协同性

不动产登记机构和测绘机构(地籍)之间的数据交换保证了数据的准确性,降低了不动产数据出错的风险。不动产转让服务的协同性可以通过减少不动产交易所需的时间和资源来提高不动产交易的效率,也可以增强不动产记录的准确性和可靠性,从而减少不动产交易的纠纷和错误。① 协同性还有助于克服土地管理制度碎片化带来的挑战,提高土地信息的可及性,解决土地管理部门资源和能力有限的问题。② 因此,子类别 2.2.1 不动产转让服务的协同性包含 4 项指标(表 21)。

---

① NIST (2007).

② ILC (2017).

表 21　子类别 2.2.1 不动产转让服务的协同性

	指标	组成部分
1	不动产登记机构和地籍机构之间的协同性	不动产登记机构记录的信息以电子方式与地籍机构实时共享
2	不动产登记机构和其他服务机构之间的协同性	不动产登记机构记录的信息以电子方式与其他机构之间实时共享
3	存在一个地理信息系统	存在一个地理信息系统
4	在不动产登记机构和地籍机构之间存在唯一的标识符	在不动产登记机构与地籍机构之间存在唯一标识符

2.2.2　建筑许可服务的协同性

建筑许可服务的协同性可以提高许可流程的效率和透明度。[①] 所有相关机构的信息共享具有显著的优势，因为它减少了向多个公共行为者重复提交信息的要求，减少了企业从每个机构获取所有相关信息的时间。拥有一个地理信息系统可以使建筑部门和相关机构简化和自动化其规划、区划和颁发建筑许可的程序。这套指标评估了各机构之间的信息交换情况，如当地政府、地籍机构、土地登记机构、公用事业服务提供商、消防安全机构等。具体而言，它用于评估制度信息系统是否以及如何相互关联以实现自动交换信息。因此，子类别 2.2.2 建筑许可服务的协同性包含 2 项指标（表 22）。

表 22　子类别 2.2.2 建筑许可服务的协同性

	指标	组成部分
1	向所有利益相关者提供空间规划和区划要求	从地方或中央信息数据源/数字平台（如地理信息系统或国土空间规划平台）向所有利益相关者提供空间规划和区划要求

① Sarris, Tzovaras, and Doukas (2020).

（续表）

	指标	组成部分
2	地理信息系统或国家空间平台的协同	许可颁发机构和其他利益相关机构之间的地理信息系统或国家空间平台的整合

2.3 信息透明度

类别2.3分为3个子类别,每个子类别分为若干指标,每一项指标分为若干组成部分。

2.3.1 不动产(包含性别信息)

良好土地管理制度的一个关键要素是透明度,因为它消除了用户和管理者之间的信息不对称。土地管理制度的透明度对于提高治理水平和促进经济发展,以及采用开放的数据政策和提升公众土地所有权信息可及性至关重要。[①] 当所有土地相关信息都可以公开获得,所有公共服务费用的信息都易于获取,支付非官方费用的可能性会降到最低。此外,从性别角度看,平等享有不动产的权利对于促进经济包容性增长非常重要。女性拥有不动产所有权与其在家庭决策中的影响力、经济地位的提高以及家庭抵御困难的能力之间有着重要的联系。其意义远不止于经济增长和后代福祉,更有助于增强女性的权力与独立。[②] 因此,按性别分类的不动产所有权数据有助于揭示土地所有权与控制权上的性别差异,从而确定政策干预的时机,以提升女性的土地权利,监测土地治理中性别平等的推进程度。[③] 因此,子类别2.3.1不动产(包含性别信息)包含12项指标(表23)。

① Vander Molen (2007).
② World Bank (2024).
③ FAO (2013).

表 23　子类别 2.3.1 不动产（包含性别信息）

	指标	组成部分
1	公布不动产交易要求	可在线获取不动产交易要求的最新信息
2	不动产交易成本透明度	可在线获取不动产交易成本的最新信息
3	不动产登记机构的服务标准	可在线获取不动产所有权文件的交付时间
4	地籍申请费用的透明度	可在线获取地籍申请费用的最新信息
5	地籍机构服务标准	可在线获取地籍申请的交付时间
6	土地交易统计数据的可获得性	可在线获取土地交易数量和类型的最新信息
7	土地纠纷数量和类型统计数据的可获得性	可在线获取土地纠纷数量和类型的最新信息
8	按性别分类的土地纠纷数量和类型统计数据的可获得性	可获取按性别分类的土地纠纷数量和类型统计数据
9	解决土地纠纷平均时间统计数据的可获得性	可在线获取解决土地纠纷平均时间统计数据的最新信息
10	按性别分类的土地所有权统计数据的可获得性	可在线获取按性别分类的土地所有权匿名统计数据的最新信息
11	按性别分类的土地所有权类型统计数据的可获得性	对独资企业及/或合资企业土地所有权按性别分类的统计数据
12	不动产纳税价值信息的可获得性	可在线获取不动产纳税价值信息

2.3.2　建筑、区划和土地使用

提高建筑许可制度的透明度至关重要，有助于促进公平竞争，确保安全和环境法规的遵守，促进新技术的使用，提高许可程序的效率和效力，并促进经济增长。[①] 在城市发展领域，建筑、区划和土地使用之间的相互作用极为关键，公众能够获取规划和建筑管理规则是透明化治理的前提。这也包括线上

① OECD (2019).

公开获得办理各类建筑相关许可和使用许可的要求。此外，最新的建筑收费表不仅要公开，还要定期更新以反映当前标准。同时，为便于公众做出知情决策，应更新有关建筑许可发放情况的政府统计数据，并可供随时线上查阅。最后，区划等城市的总体规划必须是最新的，且可供公众监督，任何区划或土地使用规划的更改均须列出明确的程序，确保既定区划规则得到严格遵守。因此，子类别 2.3.2 建筑、区划和土地使用包含 8 项指标（表 24）。

表 24　子类别 2.3.2 建筑、区划和土地使用

	指标	组成部分
1	公众可线上获得建筑规划和管理规则	所有利益相关者（包括居民、开发商、建筑师和其他利益相关方）均可获得建筑管理规则
2	公众可线上获得办理各种类型建筑许可的要求	（1）办理建筑许可的详细标准和必要步骤 （2）取得当地服务机构建筑许可所需的审批事项列表 （3）申请建筑许可所需的文件列表
3	公众可线上获得办理使用许可所需的要求	申请使用许可所需的文件列表
4	公众可线上获得所有类型建筑的最新收费表	各类建筑的最新收费表均可公开获取并保持更新
5	政府线上公开发布最新的已颁发建筑许可数量的统计数据	建筑许可颁发的最新政府统计数据
6	最新的城市总体规划/区划规划	最新的城市总体规划/区划规划
7	修订区划/土地使用规划的步骤	修订区划/土地使用规划的步骤
8	遵守区划规则	在提交建筑许可申请之前核实区划规则的遵守情况

2.3.3　环境许可

环境许可的透明度为环境治理带来了新标准，尤其在中等环境风险的建筑项目中。这一治理的关键在于,通过清楚、易懂的信息,让利益相关者线上公开获得办理环境许可的要求;同时,持续更新各类环境审查的收费表,确保申请人了解合规性财务影响。因此,子类别 2.3.3 环境许可包含 3 项指标(表 25)。

表 25　子类别 2.3.3 环境许可

	指标	组成部分
1	公众可线上获得建造具有中等环境风险的建筑物所需的环境许可要求	(1) 线上获取且更新 (2) 线上获取但未更新 (3) 不能线上获取 (4) 获取纸质版
2	环境审查适用的最新收费表	线上获取环境许可的最新收费表
3	政府及时发布最新的通过环境影响评估的清单	政府最新发布的信息显示通过环境影响评估的清单或总量

3. 支柱Ⅲ. 设立经营场所的运作效率

表 26 展示了支柱Ⅲ(即设立经营场所的运作效率)的结构。该支柱项下的类别和子类别将按照表中所示的顺序展开更详细的讨论。

表 26　支柱Ⅲ 设立经营场所的运作效率

3.1	不动产转让和土地管理
3.1.1	土地使用的主要限制
3.1.2	不动产转让的时间
3.1.3	不动产转让的成本
3.2	施工许可
3.2.1	获得施工有关许可的时间
3.2.2	获得建筑许可的时间
3.2.3	获得建筑许可的成本
3.3	环境许可

（续表）

3.3.1	获得环境许可的时间
3.3.2	获得环境许可的成本

3.1 不动产转让和土地管理

类别 3.1 分为 3 个子类别,每个子类别有 1 项指标。

3.1.1 土地使用的主要限制

能否使用土地是企业面临的一个重大考验,也是企业发展和运营的瓶颈。这种不确定性会阻断投资、扼杀发展项目、妨碍业务拓展,尤其是在农业、制造业和房地产等行业。[1] 因此,子类别 3.1.1 土地使用的主要限制包含 1 项指标(表 27)。

表 27 子类别 3.1.1 土地使用的主要限制

	指标	组成部分
1	土地使用的主要限制	土地使用作为限制因素的认知指数

3.1.2 不动产转让的时间

不动产转让所需的时间因国家而异,可能取决于各种因素,如不动产交易的复杂性、法律制度的效率以及测量员、评估师和土地登记机构等资源的可获得性。及时处理所有权变更对企业来说很重要,因为这可能会耽搁创业进程。建立有效的不动产转让制度,定期评估存在的瓶颈,对避免不动产交易中的延误非常重要。[2] 因此,子类别 3.1.2 不动产转让的时间包含 1 项指标(表 28)。

① K. Deininger and S. Jin (2003).

② Amadi-Echendu, Anthea, and Pellissier (2014).

表 28　子类别 3.1.2 不动产转让的时间

	指标	组成部分
1	不动产转让的时间	商业不动产所有权从一家内资公司转让给另一家内资公司全周期所需的日历天数

3.1.3　不动产转让的成本

烦琐的手续和高昂的费用(如转让税、登记费或印花税)会使人们不愿进行不动产转让登记。如果高成本阻碍了不动产登记,还可能导致政府从房地产税中获得的收入减少。降低不动产所有权的转让成本至关重要,有助于增进透明度、竞争力和创新性,减少腐败。① 因此,子类别 3.1.3 不动产转让的成本包含 1 项指标(表 29)。

表 29　子类别 3.1.3 不动产转让的成本

	指标	组成部分
1	不动产转让的成本	不动产所有权从卖方转让给买方的过程中企业所产生的全部管理费用,包括登记费、转让税、印花税以及向不动产登记机构、公证人、公共机构或律师所支付的任何其他费用

3.2　施工许可

类别 3.2 分为 3 个子类别,每个子类别有 1 项指标。

3.2.1　获得施工有关许可的时间

获得施工有关许可的速度直接影响着企业的运营和投资决策。冗长烦琐的许可程序会耽搁建筑项目,导致成本上涨、错过截止时间,甚至可能致使

① IBA (2019); UNECE (2018b).

业务中断。相反，缩短许可办理时间会提升在该地投资的吸引力，鼓励企业更为有效地分配资源，刺激经济增长。获得施工有关许可所需时间的指标显示了从企业申请到获准许可所需的平均天数。因此，子类别 3.2.1 获得施工有关许可的时间包含 1 项指标（表 30）。

表 30　子类别 3.2.1 获得施工有关许可的时间

	指标	组成部分
1	获得施工有关许可的时间	从完成并提交申请到获得批准之间的天数，这些许可既包括扩建或建造企业厂房所需的许可，也包括为客户施工所需的许可

3.2.2　获得建筑许可的时间

办理建筑许可所需的时间差异较大，这取决于诸多因素，比如是否有积压的待处理申请、处理申请的资源是否稀缺、提交申请的要求是否过高（例如，需要进行的检查太多）等。[①] 解决这一问题十分必要，因为提高建筑许可的办理效率能够促进投资、增加就业机会，从而对经济的增长和发展产生积极影响。因此，子类别 3.2.2 获得建筑许可的时间包含 1 项指标（表 31）。

表 31　子类别 3.2.2 获得建筑许可的时间

	指标	组成部分
1	获得建筑许可的时间	办理商业不动产——办公类建筑许可全周期所需的日历天数

3.2.3　获得建筑许可的成本

降低获得建筑许可的成本，会对建筑行业和更广泛的经济环境产生重大

① Moussa and Li (2020).

的积极影响。减少办理许可的财务负担,可以启动和完成更多的建设项目,从而增加就业机会,促进经济增长。此外,获得许可的成本较低,可以鼓励开发经济适用房和其他有利于社区的基础设施项目,包括帮助企业选择合适的业务运营地址。[①] 因此,子类别 3.2.3 获得建筑许可的成本包含 1 项指标(表 32)。

表 32　子类别 3.2.3 获得建筑许可的成本

	指标	组成部分
1	获得建筑许可的成本	企业为获得建筑许可而产生的所有费用,包括办理所需的土地使用批准和施工前设计审查、建筑许可的费用

3.3　环境许可

类别 3.3 分为 2 个子类别,每个子类别有 1 项指标。

3.3.1　获得环境许可的时间

清晰透明的环境许可程序能够缩短办理环境许可的时间,有助于推动可持续发展的实现。[②] 环境许可办理延误会大大增加项目成本,造成经济损失。因此,子类别 3.3.1 获得环境许可的时间包含 1 项指标(表 33)。

表 33　子类别 3.3.1 获得环境许可的时间

	指标	组成部分
1	获得环境许可的时间	获得环境许可全周期所需的日历天数

① Moussa and Li (2020); Wang and Cen (2016).

② Ghosh (2013).

3.3.2 获得环境许可的成本

获得环境许可的高成本会对经济和商业产生重大影响，影响项目可行性和投资决策。此外，许可的高成本可能会阻碍对环境创新的投资，也会加大企业投资和采用新环境技术的难度。① 因此，子类别 3.3.2 获得环境许可的成本包含 1 项指标(表 34)。

表 34 子类别 3.3.2 获得环境许可的成本

	指标	组成部分
1	获得环境许可的成本	企业为办理环境许可而产生的所有费用

Ⅲ. 数据来源

4.1 数据收集来源

支柱Ⅰ和支柱Ⅱ的数据是通过私营部门专家咨询所收集的。私营部门的专家包括从事不动产转让、建筑许可和环境许可领域工作的律师和从业人员，如不动产律师、公证人、中介人员、建筑师、工程师、环境顾问、环境工程师和环境规划师。

支柱Ⅲ的数据是通过私营部门专家咨询和企业调查所收集的。企业调查提供了企业在实践中有关土地使用的主要限制和获得施工有关许可时间的代表性数据。一个有代表性的公司样本能捕捉到经济体中每个用户体验的变化。参与调查的企业具有不同的特征，如规模、地区和行业。更多有关企业调查收集数据的情况，详见本书第一章。

有关不动产转让、建筑许可和环境许可时间和成本的数据是通过私营部门专家咨询收集的，选择这一方法的原因在于，接受调查的企业在处理多数

① Ghosh (2013).

企业不常采用的流程方面可能经验有限（如提交施工许可）。同时，该方法也定义了广泛的参数（如下文第Ⅳ节所述），以确保各经济体之间的数据具有可比性。

4.2 专家的筛选和选择

经营场所主题有三份调查问卷，每个领域一份，分别是：不动产转让、建筑许可和环境许可。每一份问卷都针对专家各自的专业领域。根据一套标准（表 35）筛选问卷，协助选择专家接受经营场所问卷调研。

表 35　专家筛选问卷和受访者标准

相关专家的职业	
不动产转让	不动产律师、公证人、中介人员
建筑许可	建筑师、工程师、建筑律师
环境许可	环境顾问、环境工程师、环境规划师
相关专业领域	
不动产转让	不动产法律、公证服务、不动产转让
建筑许可	建筑、土木工程、建筑承包、建筑法律
环境许可	环境法律、环境工程、环境规划
评估专家在不动产转让、建筑许可和环境许可以及相关规则、服务和流程方面的知识和经验	
不动产转让	具有起草不动产买卖合同，进行商业不动产交易，在土地登记机构/不动产登记机构进行不动产登记，联系税务部门缴纳不动产交易相关税费（转让税、印花税等）的经验；了解不动产转让服务的投诉机制；了解不动产转让相关法律法规
建筑许可	具有向房屋行政管理部门或当地政府提交所有必需的预批准和建筑许可申请的经验；了解建筑法规、建筑许可费用；参与过相关项目；了解建筑管理相关规则
环境许可	具备申请环境审查和许可、新建项目许可、环境影响评估编制和提交的经验；了解环境法律法规；了解环境许可的投诉机制

由此，筛选问卷中提供的信息可以让世界银行评估团队更好地了解专家的职业、专业领域及其与不动产转让、建筑许可和环境许可相关的知识或经验。

Ⅳ. 参数

为了确保各经济体专家咨询数据的可比性，经营场所主题使用了通用参数和特定参数。参数是指对地点的特征、建筑项目的类型和规模以及不动产价值所作的假设。

5.1 通用参数

不动产转让、建筑许可和环境许可采用一个共同的通用选址参数。许多经济体都有国家之下的辖区（如州一级），这就需要指定一个具体的经营场所，以便专家确定要评估的相关规则框架。

5.1.1 经营场所

理由：

地理位置决定了管理建筑许可和环境许可的相关规则框架。在许多经济体中，管理建筑许可和环境许可的立法是在城市一级确定的。对于不动产转让、建筑许可和环境许可，地理位置决定了由哪级政府、机构或登记机构提供许可服务。根据地理位置，可能会对建筑、不动产所有权和租赁权（包括内资企业和外资企业）施加一些限制。环境审查也受到正在开发物业的位置影响。因此，经营场所本身是评估获得经营场所运作效率的重要参数。最大的城市是基于人口规模来选定的，详见本书第一章。

应用：

对于支柱Ⅰ，该参数适用于国家层面无统一规则、不同州或地区采用不同规则的情况。对于各州之间规定不同的经济体,世界银行评估团队将挑选最大的城市(按人口)的法规展开评估。对于支柱Ⅱ,该参数适用于确定参与提供建筑许可服务的相关城市,以及参与提供建筑项目环境审查的相关机构。对于支柱Ⅲ,该参数适用于通过专家咨询而非企业调查所收集的数据。具体而言,该参数与不动产转让、建筑许可以及环境许可的时间指标和成本指标相关,因为它们在不同城市之间可能存在很大差异。

5.2 特定参数

特定参数是为了确保专家提供的关于不动产转让、获得建筑许可或施工有关环境许可的评估数据在各经济体之间具有可比性。根据不动产价值(适用于不动产转让)、建筑物的类型和规模(适用于建筑许可)、住房开发项目的类型和规模(适用于环境许可),此类评估数据的情况可能会有很大差异。

5.2.1 不动产价值

理由:

对于不动产转让和建筑许可,使用不动产价值或建筑成本的特定参数,以便能够计算时间和成本指标。在计算转让税、注册费和若干辖区的印花税时,需要使用不动产价值或建筑成本。① 例如,在南非,需要支付的转让税金额是根据被转让不动产的价值计算的,并使用浮动的房地产税计算;在加纳,需要支付的印花税金额是根据被转让不动产的价值计算的,并使用固定税率计算。

建筑许可费通常是根据建设项目的价值来确定的。在许多情况下,这些

① Investopedia,"Transfer Tax." https://www.investopedia.com/terms/t/transfertax.asp).

费用按预估建筑成本的百分比计算。了解不动产的价值,可以让建筑部门准确地评估建设项目的预测成本,并收取适当的费用。[①] 例如,在澳大利亚,建筑许可费是根据建筑项目的价值来计算的;在悉尼,建设和开发咨询服务机构提供了一个费用计算器,允许用户根据建设项目的价值来估算建筑许可费的成本。简而言之,设定不动产价值背后的基本原理是为了确保所有被调查经济体的数据具有可比性。

应用:

经营场所主题的支柱Ⅲ建筑许可和不动产转让假设,不动产或建筑成本的价值是人均国民总收入的100倍。该价值将以每个经济体当地货币的等价物形式来确定。由于缺乏关于所有经济体不动产或建筑价值的可靠数据,建议将人均国民总收入乘以100,并根据各自的负担比率来估算这些价值。

5.2.2 同一层级的最大政府

理由:

在一些城市,可能有一个或几个同级的政府。经营场所主题(尤其是建筑许可)旨在关注最常见的做法。因此,就所服务的客户或市场份额而言,首选最大城市中同一层级的最大政府。[②]

应用:

最大城市中同一层级的最大政府这一参数与建筑许可中支柱Ⅱ和支柱Ⅲ的所有措施有关,因为建筑许可的规定因政府而异。对于支柱Ⅲ,该参数适用于时间和成本方面的措施,因为获得建筑许可的效率可能因政府而异。

---

① International Code Council, Building Valuation Data. https://www.iccsafe.org/products-and-services/ibc-relatedproducts/building-valuation-data/).

② 例如,如果最大城市为上海市,而上海市存在16个区政府,其中辖区面积最大的是浦东新区。按照首选最大城市中同一层级的最大政府这一要求,应当选择浦东新区作为参照模板。——译者注

5.2.3 建筑的类型和规模

理由：

为了使各经济体建筑许可的数据具有可比性，建筑的类型和规模将成为衡量单位。建筑法规因被许可的建筑类型而有所不同，建筑类型通常分为住宅、商业或工业。预审的类型和级别、需提交的文件类型以及相关的监管成本因建筑类型而异（例如，住宅建筑通常需要较少的技术图纸、文件、预审程序和较低的费用）。在监管方面，如法律规定的技术检查，通常也受到建筑类型的制约。建筑规模会影响许可的成本。在某些情况下，它会影响施工期间要进行的检查次数，检查的费用通常按每平方米/英尺或每立方米的固定费用计算。例如，在新加坡、泰国和英国，获得建筑和使用许可的费用是根据每平方米/英尺或每立方米的固定费用计算的；在约旦，建筑许可的费用是根据楼层数计算的。建筑物的大小也会影响不动产交易的费用。例如，在阿尔巴尼亚，许可费用是根据建筑物的大小来计算的。

应用：

经营场所主题的支柱Ⅲ关于建筑许可的部分提供了有关标的建筑物类型、规模和高度的特定参数，以供比较：

- 建筑类型：商业建筑，特别是办公楼；
- 商业建筑规模：1 800 平方米（19 375 平方英尺）[①]，假定为 5 层，按每层 360 平方米（3 875 平方英尺）计算；
- 建筑高度：5 层，每层楼高假定为 3 米（9 英尺 10 英寸）。

---

① 若干资料来源提到，人均办公面积在 150—250 平方英尺范围内。参见 Aquila Commercial Guidelines 中的例子：https://aquilacommercial.com/learning-center/how-much-office-space-need-calculator-perperson/。办公室中的其他区域，包括办公区域，参见 Guidance Brokers size estimates：https://www.guidancebrokers.com/resources/calculators/office-space/。

5.2.4 项目的类型和规模

理由：

根据项目的规模和位置以及对环境的潜在影响，环境审查和许可的要求有所不同。建立清晰透明的标准以通过环境审查，有助于确保所有相关项目受到同样的审查，增加公众对审查过程的信任和信心。① 例如，在坦桑尼亚，环境影响评估和审计条例要求对超过一定规模（包括住房开发）的项目进行环境影响评估研究，超过 50 个住房单元或超过 2 公顷的住房开发项目都需要进行环境影响评估。②

项目的规模和类型可能导致雨水径流增加，改变附近水体的水文，对地下水资源造成潜在污染。因此，许多辖区要求，作为新建项目环境审查过程的一部分，开发商需要通过水质和管理的相关许可或批准。③ 此外，建筑项目可能会对水资源产生不利影响，特别是在规划为高密度住宅区的地区，更需要有效的环境许可来保护水质。

应用：

经营场所主题的支柱Ⅰ和支柱Ⅲ关于环境许可的部分提供了住宅开发项目建设的特定参数：

- 住宅开发项目总面积：10 英亩（40 468 平方米）；
- 住宅类型：有 1、2、3 间卧室的独立单户住宅，每户都有自己的车道；
- 估计房屋数量：100 户单户住宅；
- 住宅项目的预估居民人数：600 人。④

① World Bank (2007).

② Anhuforom and Awoyemi (2016).

③ Mitincu et al. (2021).

④ Urban Land Institute (2015).

V. 主题评分

经营场所主题有三个支柱：支柱Ⅰ经营场所的规则质量，支柱Ⅱ经营场所的公共服务质量和信息透明度，支柱Ⅲ设立经营场所的运作效率。每个支柱的总分被进一步调整为从 0 到 100 的值，随后汇总为主题总分值。每个支柱占主题总分值的三分之一，表 36 展示了经营场所主题的评分。该分值划分了对企业的利益（作为企业灵活度分值）和对社会更广泛的利益（作为社会效益分值）。有关进一步的评分情况，请参见本节补充说明的附件 A。

表 36　总分值概览

支柱	支柱名称	指标数量	分值			调整后分值（0—100）	权重
			企业灵活度分值	社会效益分值	总分		
Ⅰ	经营场所的规则质量	66	48	47	95	100	0.33
Ⅱ	经营场所的公共服务质量和信息透明度	52	52	52	104	100	0.33
Ⅲ	设立经营场所的运作效率	8	100	不适用	100	100	0.33

6.1　支柱Ⅰ 经营场所的规则质量

支柱Ⅰ涵盖 66 项指标，总分值为 95 分（企业灵活度 48 分，社会效益 47 分）（表 37）。该支柱下各类别的分值如下：

6.1.1　不动产转让和土地管理

涵盖 12 项指标，最高总分 24 分（企业灵活度 12 分，社会效益 12 分）。具体而言，该类别有 3 个子类别。不动产转让标准子类别有 4 项指标；土地纠纷解决机制子类别有 4 项指标；土地管理制度子类别有 4 项指标。能确保土地管理系统效率和纠纷解决机制有效的监管框架对企业(企业灵活度)和社会/客户(社会效益)均有益。因此,这两个子类别的分值相同。

6.1.2 建筑、区划和土地使用

涵盖20项指标,最高总分35分(企业灵活度15分,社会效益20分)。具体而言,建筑标准子类别有12项指标;建筑能源标准子类别有3项指标;区划和土地使用规则子类别有5项指标。该类别下的一些衡量标准对企业或是没有影响,或是不够明确,因此不计分。

6.1.3 对持有和租赁不动产的限制

涵盖19项指标,最高总分19分(企业灵活度19分,社会效益0分)。具体而言,该类别有4个子类别。内资企业——所有权子类别有4项指标;内资企业——租赁子类别有5项指标;外资企业——所有权子类别有5项指标;外资企业——租赁子类别有5项指标。限制不动产租赁或所有权的规则框架可能阻碍企业发展。因此,重要的是消除这些障碍,以促进企业的灵活发展(企业灵活度)。另一方面,这种限制对社会的短期影响是不明确的(社会效益)。因此,分值只分配给企业灵活度。

6.1.4 环境许可

涵盖15项指标,最高总分17分(企业灵活度2分,社会效益15分)。具体而言,该类别有2个子类别。施工环境许可子类别有13项指标;施工有关环境许可的纠纷解决机制子类别有2项指标。提高环境可持续性和遵守环境标准的程度,会对社会产生积极影响。该类别下的一些衡量标准对企业或是没有影响,或是不够明确,因此不计分。

表 37　支柱 I 总分值

支柱 I	经营场所的规则质量	指标数量	企业灵活度分值	社会效益分值	总分	调整后分值
1.1	不动产转让和土地管理	12	12	12	24	40.00
1.1.1	不动产转让标准	4	4	4	8	15.00
1.1.2	土地纠纷解决机制	4	4	4	8	10.00
1.1.3	土地管理制度	4	4	4	8	15.00
1.2	建筑、区划和土地使用	20	15	20	35	40.00
1.2.1	建筑标准	12	10	12	22	15.00
1.2.2	建筑能源标准	3	不适用	3	3	15.00
1.2.3	区划和土地使用规则	5	5	5	10	10.00
1.3	对持有和租赁不动产的限制	19	19	不适用	19	10.00
1.3.1	内资企业——所有权	4	4	不适用	4	2.50
1.3.2	内资企业——租赁	5	5	不适用	5	2.50
1.3.3	外资企业——所有权	5	5	不适用	5	2.50
1.3.4	外资企业——租赁	5	5	不适用	5	2.50
1.4	环境许可	15	2	15	17	10.00
1.4.1	施工环境许可	13	不适用	13	13	5.00
1.4.2	施工有关环境许可的纠纷解决机制	2	2	2	4	5.00
	总计	66	48	47	95	100.00

6.2　支柱Ⅱ 经营场所的公共服务质量和信息透明度

支柱Ⅱ涵盖 52 项指标，总分 104 分（企业灵活度 52 分，社会效益 52 分）（表 38）。该支柱下各类别的分值如下：

6.2.1　数字化服务的可获得性和可靠性

涵盖 23 项指标，最高总分 46 分（企业灵活度 23 分，社会效益 23 分）。具体而言，不动产转让——数字化公共服务子类别有 7 项指标；不动产转让——土地管理和识别数字系统子类别有 4 项指标；不动产转让——土地登记机构和测绘机构的覆盖范围子类别有 4 项指标；建筑许可——数字化公共服务子类别有 4 项指标；环境许可——数字化公共服务子类别有 4 项指标。不动产交易、建筑许可和环境许可线上服务的可获得性可以提高效率，鼓励公共问责，从而使企业（企业灵活度）和整个社会（社会效益）受益。因此，这两个类别的分值相同。

6.2.2 服务的协同性

涵盖 6 项指标，最高总分 12 分（企业灵活度 6 分，社会效益 6 分）。具体而言，不动产转让服务的协同性子类别有 4 项指标；施工许可服务的协同性子类别有 2 项指标。建立一个促进有关土地管理和建筑管理服务和系统相整合和兼容的规则框架，有助于提高服务的透明度和效率，并使企业（企业灵活度）和社会（社会效益）均受益。因此，这两个类别的分值相同。

6.2.3 信息透明度

涵盖 23 项指标，最高总分 46 分（企业灵活度 23 分，社会效益 23 分）。具体而言，不动产（包含性别信息）子类别有 12 项指标；建筑、区划和土地使用子类别有 8 项指标；环境许可子类别有 3 项指标。一个高度透明的土地管理、建筑管理和环境许可服务规则框架，能为企业提供清晰和可预期的规则框架供其遵守，反过来又使企业运营更具灵活性和适应性。这可以增加企业的创新能力、竞争能力和盈利能力，既有利于企业（企业灵活度）又有利于社会（社会效益）。因此，这两个类别的分值相同。

表 38　支柱Ⅱ 总分值

支柱Ⅱ　经营场所的公共服务质量和信息透明度		指标数量	企业灵活度分值	社会效益分值	总分	调整后分值
2.1	数字化服务的可获得性和可靠性	23	23	23	46	40.00
2.1.1	不动产转让——数字化公共服务	7	7	7	14	12.00
2.1.2	不动产转让——土地管理和识别数字系统	4	4	4	8	6.00
2.1.3	不动产转让——土地登记机构和测绘机构的覆盖范围	4	4	4	8	6.00
2.1.4	建筑许可——数字化公共服务	4	4	4	8	8.00
2.1.5	环境许可——数字化公共服务	4	4	4	8	8.00
2.2	服务的协同性	6	6	6	12	20.00
2.2.1	不动产转让服务的协同性	4	4	4	8	10.00
2.2.2	建筑许可服务的协同性	2	2	2	4	10.00
2.3	信息透明度	23	23	23	46	40.00
2.3.1	不动产(包含性别信息)	12	12	12	24	20.00
2.3.2	建筑、区划和土地使用	8	8	8	16	15.00
2.3.3	环境许可	3	3	3	6	5.00
	总计	52	52	52	104	100.00

6.3　支柱Ⅲ 设立经营场所的运作效率

支柱Ⅲ涵盖 8 项指标,在企业灵活度方面分值从 0 到 100 分(表 39)。该支柱下的指标分值只分配给企业灵活度,因为这些指标衡量的是向企业提供服务的结果。例如,如果转让不动产或获得建筑许可和环境许可的费用高、时间长,会对企业产生不利影响,从而降低企业灵活度分值。该支柱下各类别的分值如下：

6.3.1　不动产转让和土地管理

涵盖3项指标，最高总分40分。具体而言，土地使用的主要限制子类别有1项指标；不动产转让的时间子类别有1项指标；不动产转让的成本子类别有1项指标。

6.3.2　施工许可

涵盖3项指标，最高总分40分。具体而言，获得施工有关许可的时间子类别有1项指标；获得建筑许可的时间子类别有1项指标；获得建筑许可的成本子类别有1项指标。

6.3.3　环境许可

涵盖2项指标，最高总分20分。具体而言，获得环境许可的时间子类别有1项指标；获得环境许可的成本子类别有1项指标。

表39　支柱Ⅲ 总分值

支柱Ⅲ	设立经营场所的运作效率	指标数量	调整后分值
3.1	不动产转让和土地管理	3	40.00
3.1.1	土地使用的主要限制	1	13.33
3.1.2	不动产转让的时间	1	13.33
3.1.3	不动产转让的成本	1	13.33
3.2	施工许可	3	40.00
3.2.1	获得施工有关许可的时间	1	13.33
3.2.2	获得建筑许可的时间	1	13.33
3.2.3	获得建筑许可的成本	1	13.33

（续表）

支柱Ⅲ	设立经营场所的运作效率	指标数量	调整后分值
3.3	环境许可	2	20.00
3.3.1	获得环境许可的时间	1	10.00
3.3.2	获得环境许可的成本	1	10.00
	总计	8	100.00

参考文献 |

A. P. Amadi-Echendu and R. Pellissier. 2014. "Eliminating Bottlenecks in the South African Conveyancing Environment." *Mediterranean Journal of Social Sciences* 5(5). Doi: 10.5901/mjss.2014.v5n14p97.

O. T. Babatunde, R. O. Yusuf, and E. B. Ogunbode. 2016. "Planning for Infrastructure Service Access in Nigerian Cities: An Overview of Policy and Practice." *Habitat International* 53: 156 – 166.

D. J. Bennison. 2006. "Developing Effective Property Transaction Standards." *Journal of Property Investment & Finance* 24(3): 216 – 235.

S. Boonyabancha, R. Singhadej, and S. Dhanapal. 2017. "A GIS-based Approach to Land Use Planning for Hazardous Facilities: A Case Study of Rayong Province, Thailand." *Habitat International* 62: 61 – 70.

E. Charalambous, E. Cimren, and S. Bano. 2018. "Digitalisation of Building Permitting Procedures in EU Cities." European Parliament.

P. Dasgupta and A. Singh. 2006. "Ownership Structure, Corporate Governance, and Firm Performance: Evidence from India." *Journal of Corporate Finance* 12(4): 645 – 659.

R. Davis and T. Barlow. 2017. "Key Elements of Effective Zoning Regulations." *Journal of the American Planning Association* 83(3): 236 – 248.

K. Deininger and G. Feder. 1996. "Property Registration and Title Systems in Developing Countries." Policy Research Working Paper 1610, World Bank, Washington, DC.

K. Deininger and G. Feder. 2009. "Land Registration, Governance, and Development: Evidence and Implications for Policy." *World Bank Research Observer* 24(2): 233 – 266.

K. Deininger and H. Selod. 2012. "Strengthening Land Governance: Lessons Learned and Best Practices from Country Experiences." *World Bank Research Observer* 27(2): 142 – 167.

H. De Soto. 2000. *The Mystery of Capital: Why Capitalism Triumphs in the West and Fails Everywhere Else*. New York: Basic Books.

FAO (Food and Agriculture Organization) of the United Nations. 2013. Women's Land Rights as a Pathway to Poverty Reduction: A Framework and Review of

Available Evidence. Rome: FAO.

X. Gao, H. Chen, Y. Li, X. Li, and X. Deng. 2020. "Property Risk Identification Based on Machine Learning Algorithm in Due Diligence Process." *International Journal of Computational Intelligence Systems* 13(1): 387-397.

A. Garrido, D. Tapia, and C. Vergara. 2019. "Compliance with Energy Codes in Buildings: A Review of International Experiences and Insights for Latin America." *Energy and Buildings* 198: 221-232.

J. T. Gathii. 2013. "Comparative Land Tenure and Property Rights Systems in Africa." *Journal of African Law* 57(2): 221-240.

Ghosh, 2. 2013. "Demystifying the Environmental Clearance Process in India." *6 NUJS Law Review Rev* 3 (2013): 433-480.

S. Golub. 2003. "Measures of Restrictions on Inward Foreign Direct Investment for OECD Countries." OECD Economics Department Working Paper No. 357, OECD Publishing, Paris. https://doi.org/10.1787/335043060125.

A. Green and C. Moser. 2013. "Do Property Rights Institutions Matter at the Local Level? Evidence from Madagascar." *Journal of Development Studies* 49(1): 95-109.

S. Grunwald, P. Bendt, and J. Kopfmüller. 2016. "Environmental Permits as an Instrument for Sustainable Planning and Decision Making in Infrastructure Projects." *Environmental Impact Assessment Review* 60: 85-93.

M. Gupta and P. Bansal. 2014. "Environmental Impact Assessment of Construction Projects: A Comparative Analysis of the Legal Frameworks in India and the United States." *Journal of Environmental Management* 134: 57-66.

A. Gupta, R. Dunning, and P. McAllister. 2020. "Online Conveyancing Portals in the UK: Benefits and Limitations." *Journal of Property Investment & Finance* 38(3): 268-282.

P. Halpern and J. Lutz. 2014. "Land Leasing and Land Use Dynamics in Developing Country Cities." *Land Use Policy* 36: 330-337.

R. A. Haltom and R. Tanimoto. 2017. "Gender and Performance in the US Real Estate Industry." *Journal of Property Investment & Finance* 35(2): 154-171.

T. R. Hodge and M. Greve. 2017. "Zoning, Land Use Planning, and the Local Economy." *Journal of Planning Literature* 32(1): 3-14.

IBA (International Bar Association). 2019. "Transparency in Land Ownership: A Guide to Good Practice." International Bar Association.

IFC, World Bank, and MIGA. 2013. *Good Practices for Construction Regulation and Enforcement Reform: Guidelines for Reformers.* Washington, DC: World Bank Group.

ILC (International Land Coalition). 2017. "Improving Land Governance through Interoperability." Briefing Paper. https://www.landcoalition.org/sites/default/files/documents/resources/ILC_Interoperability_Briefi ng_Paper_2017_0.pdf.

ILO. 2018. "Women in Construction: The State of the Evidence on Drivers, Impacts and Solutions." https://www.ilo.org/wcmsp5/groups/public/---ed_emp/---emp_ent/---ifp_seed/documents/publication/wcms_644392.pdf.

S. Johnson, J. McMillan, and C. Woodruff. 2002. "Property Rights and Finance." *American Economic Review* 92 (5, December): 1335 – 1356.

J. A. Kuprenas and G. E. Chalmers. 1999. "Occupancy Permit Issuance: A Comparative Study." *Journal of Construction Engineering and Management* 125(4): 283 – 287.

S. Lee, J. Lee, and J. Lee. 2014. "The Effects of Ownership and Capital Structure on Performance: Evidence from Korean Firms." *Asia-Pacific Journal of Financial Studies* 43(2): 177 – 202.

R. Liao and D. Zhang. 2016. "Property Rights, Investment Incentives, and Foreign Direct Investment." *Journal of Comparative Economics* 44(4): 1088 – 1104.

T. Linnenberg, T. Gür, and T. Gür. 2020. "Digitalisation of Building Permits: Perspectives and Approaches from Selected European Countries." *Journal of European Real Estate Research* 13(3): 247 – 263.

I. Moussa and P. Li. 2020. "Building Permit Regulatory Burden Index: An Analysis of Building Permit Procedures and Associated Costs in US Municipalities." *Journal of Building Engineering* 29: 101 – 157.

NAHB (National Association of Home Builders). 2021. "Housing Affordability Is a Critical Issue." https://www.nahb.org/Advocacy/Housing-Affordability.

NIST (National Institute of Standards and Technology). 2007. "Economic Impact of Property Rights: A Review of the Evidence." https://www.nist.gov/system/files/documents/itl/2007_economic_impact_property_rights.pdf.

OECD. 2019. "Building Permit Transparency: Monitoring and Improving Permitting Systems." OECD.

R. Ramanathan, M. Petersen, L. Srivastava, and K. Fahey. 2018. "Integrating Local Ecological Knowledge and Scientific Data to Inform Environmental Impact Assessments in Coastal Communities: Lessons from India." *Environmental Impact Assessment Review* 73: 173 – 180.

M. Rosenberg, J. Amann, H. Blum, and R. Sedano. 2014. "The Potential Impact of Energy Efficiency and Renewable Energy Policies on Electricity Markets and CO_2 Emissions of the US Building Sector." *Energy Policy* 73: 180 – 191.

C. Ryan and B. O'Regan. 2015. "Construction and the Environment: A Literature Review." *Journal of Cleaner Production* 109: 48 – 56.

A. Sarris, D. Tzovaras, and C. Doukas. 2020. "Digital Transformation of the Building Permit Process: The Case of Greece." *Buildings* 10(3): 52.

R. M. K. Tan. 2004. "Restrictions on thc Foreign Ownership of Property: Indonesia and Singapore Compared." *Journal of Property Investment & Finance* 22(1): 101 – 111. Doi: 10.1108/14635780410525162.

UNECE. 2018. "Real Estate Markets and Sustainable Development Goals: Challenges and Opportunities." UNECE.

Urban Land Institute. 2015. "Myth and Fact: Higher-Density Development and the Future of Metropolitan Areas." https://uli.org/wp-content/uploads/ULI-Documents/HigherDensity_MythFact.ashx_.pdf.

P. Van der Molen. 2007. "Some Measures to Improve Transparency in Land Administration." TS IA-Land Administration Concepts. http://www.fig.net/resources/proceedings/fig_proceedings/fig2007/-papers/ts_ 1a/ts01a_05_molen_1304.pdf.

X. Wang and W. Cen. 2016. "The Impact of Building Permit Approval Speed on Local Economy." *Journal of Real Estate Research* 38(3): 365 – 388.

Y. Wang and L. Liu. 2015. "Environmental Impact Assessment and Construction Project Delays: Empirical Evidence from China." *Journal of Cleaner Production* 102: 362 – 369.

B. Wehrmann. 2008. Land Conflicts: A Practical Guide to Dealing with Land Disputes. Eschborn, Germany: GTZ (Deutsche Gesellschaft für Technische Zusammenarbeit).

I. P. Williamson. 2001. "Land Administration 'Best Practice' Providing the Infrastructure for Land Policy Implementation." *Land Use Policy* 8(4): 297 – 307. https://doi.org/10.1016/S0264-8377(01)00021-7.

World Bank. 2007. *Environmental Assessment Sourcebook: Volume 1 — Policies, Procedures, and CrossCutting Issues*. http://siteresources.worldbank.org/INTENVIRODEVEL/Resources/EAS_Vol1_all.pdf.

World Bank. 2014. *Gender and Land Tenure in Sub-Saharan Africa*. Washington DC: World Bank.

World Bank Group. No date (n. d.). Zoning and Land Use Planning. https://urban-regeneration. worldbank. org/node/39 #: text = Why% 20is% 20zoning% 20necessary%3F, down%20 development%20in%20specific%20areas.

W. Zakout, B. Wehrmann, and M.-P. Törhönen. 2006. "Good Governance in Land Administration Principles and Good Practices." Food and Agriculture Organization of the United Nations (FAO), Rome.

附件 A　经营场所评分表

附件 A 概述了经营场所主题的评分方法。对于每项指标,都分配了企业灵活度分值和/或社会效益分值,并说明每项指标的详细评分及相关文献来源。

支柱 I　经营场所的规则质量					
1.1　不动产转让和土地管理					
1.1.1　不动产转让标准					
指标	企业灵活度分值	社会效益分值	总分	调整后分值	背景文献
核查文件合法性的法定义务	1	1	2	3.75	Bennison (2006); Deininger and Feder (2009)
核实当事人身份的法定义务	1	1	2	3.75	Bennison (2006); Deininger and Feder (2009)
登记转让交易的法定义务	1	1	2	3.75	Bennison (2006); Deininger and Feder (2009)
线上文件合法性的法律规定	1	1	2	3.75	Bennison (2006); Deininger and Feder (2009)
子类别 1.1.1 的总分	4	4	8	15.00	
1.1.2　土地纠纷解决机制					
仲裁作为土地纠纷替代解决机制的法律规定	1	1	2	2.50	Deininger and Feder (1996); Gathii (2013); Wehrmann (2008)

（续表）

指标	企业灵活度分值	社会效益分值	总分	调整后分值	背景文献
调解或调停作为土地纠纷替代解决机制的法律规定	1	1	2	2. 50	Deininger and Feder（1996）；Gathii（2013）；Wehrmann（2008）
不动产产权保护的法律规定	1	1	2	2. 50	Deininger and Feder（1996）；Gathii（2013）；Wehrmann（2008）
为不动产登记机构错误信息造成的损失提供庭外赔偿的法律规定	1	1	2	2. 50	Deininger and Feder（1996）；Gathii（2013）；Wehrmann（2008）
子类别 1. 1. 2 的总分	4	4	8	10. 00	
1. 1. 3　土地管理制度					
不动产登记机构信息披露	1	1	2	3. 75	Deininger and Fedor（2009）；Deininger and Selod（2012）；Zakout，Wehrmann，and Törhönen（2006）
土地管理基础设施	1	1	2	3. 75	Deininger and Fedor（2009）；Deininger and Selod（2012）；Zakout，Wehrmann，and Törhönen（2006）
地籍信息披露	1	1	2	3. 75	Deininger and Fedor（2009）；Deininger and Selod（2012）；Zakout，Wehrmann，and Törhönen（2006）
土地管理和纳税价值信息的协同	1	1	2	3. 75	Deininger and Fedor（2009）；Deininger and Selod（2012）；Zakout，Wehrmann，and Törhönen（2006）
子类别 1. 1. 3 的总分	4	4	8	15. 00	
类别 1. 1 的总分	12	12	24	40. 00	

（续表）

1.2　建筑、区划和土地使用					
1.2.1　建筑标准					
指标	企业灵活度分值	社会效益分值	总分	调整后分值	背景文献
适用于所有建筑的建筑法规/标准	1	1	2	1.36	IFC, World Bank, and MIGA（2013）
安全标准的明确规定或指引	不适用	1	1	0.68	IFC, World Bank, and MIGA（2013）
建筑材料健康风险监管	不适用	1	1	0.68	IFC, World Bank, and MIGA（2013）
遵守法律的责任要求	1	1	2	1.36	IFC, World Bank, and MIGA（2013）
开展技术监督/检查的资格	1	1	2	1.36	IFC, World Bank, and MIGA（2013）
施工期间开展检查的类型	1	1	2	1.36	IFC, World Bank, and MIGA（2013）
施工期间开展检查的职责	1	1	2	1.36	IFC, World Bank, and MIGA（2013）
法律规定的最终验收要求	1	1	2	1.36	IFC, World Bank, and MIGA（2013）
结构缺陷/问题的责任	1	1	2	1.36	IFC, World Bank, and MIGA（2013）
使用许可证	1	1	2	1.36	Kuprenas and Chalmers（1999）
能够对建筑许可决定提出异议的能力	1	1	2	1.36	IFC, World Bank, and MIGA（2013）
房屋管理行政机关权限	1	1	2	1.36	Lovegrove and Cotton（2022）
子类别 1.2.1 的总分	10	12	22	15.00	

（续表）

1.2.2　建筑能源标准					
指标	企业灵活度分值	社会效益分值	总分	调整后分值	背景文献
强制性最低能源效率性能标准	不适用	1	1	5.00	Garrido, Tapia, and Vergara（2019）；Rosenberg et al.（2014）
能源效率性能标准作为建筑图纸审核过程的一部分	不适用	1	1	5.00	Garrido, Tapia, and Vergara（2019）；Rosenberg et al.（2014）
鼓励推广绿色建筑标准	不适用	1	1	5.00	Garrido, Tapia, and Vergara（2019）；Rosenberg et al.（2014）
子类别 1.2.2 的总分	不适用	3	3	15.00	
1.2.3　区划和土地使用规则					
获得必要基础设施服务的要求（水、电、卫生）	1	1	2	2.00	Babatunde, Yusuf, and Ogunbode（2016）；Boonyabancha, Singhadej, and Dhanapal（2017）；World Bank Group, Zoning and Land Use Planning
标记住宅、商业、农业、娱乐、公共/机构、混合用途等区划分配的地图	1	1	2	2.00	Babatunde, Yusuf, and Ogunbode（2016）；Boonyabancha, Singhadej, and Dhanapal（2017）；World Bank Group, Zoning and Land Use Planning
标记因自然灾害而禁止施工区域的危害地图	1	1	2	2.00	Babatunde, Yusuf, and Ogunbode（2016）；Boonyabancha, Singhadej, and Dhanapal（2017）；World Bank Group, Zoning and Land Use Planning

（续表）

指标	企业灵活度分值	社会效益分值	总分	调整后分值	背景文献
标记住宅区和危害区最小间隔距离的危害地图	1	1	2	2.00	Babatunde, Yusuf, and Ogunbode (2016); Boonyabancha, Singhadej, and Dhanapal (2017); World Bank Group, Zoning and Land Use Planning
标记因自然资源保护而禁止施工区域的地图	1	1	2	2.00	Babatunde, Yusuf, and Ogunbode (2016); Boonyabancha, Singhadej, and Dhanapal (2017); World Bank Group, Zoning and Land Use Planning
子类别 1.2.3 的总分	5	5	10	10.00	
类别 1.2 的总分	15	20	35	40.00	
1.3　对持有和租赁不动产的限制					
1.3.1　内资企业——所有权					
对内资企业持有土地面积的限制	1	不适用	1	0.625	Dasgupta and Singh (2006)
对内资企业持有不动产地点的限制	1	不适用	1	0.625	Dasgupta and Singh (2006)
对内资企业持有农业用地的限制	1	不适用	1	0.625	Dasgupta and Singh (2006)
对内资企业持有不动产建筑类型的限制	1	不适用	1	0.625	Dasgupta and Singh (2006)
子类别 1.3.1 的总分	4	不适用	4	2.50	

（续表）

指标	企业灵活度分值	社会效益分值	总分	调整后分值	背景文献
1. 3. 2　内资企业——租赁					
对内资企业租赁土地面积的限制	1	不适用	1	0. 50	Halpern and Lutz（2014）；Hodge and Greve（2017）
对内资企业租赁不动产期限的限制	1	不适用	1	0. 50	Halpern and Lutz（2014）；Hodge and Greve（2017）
对内资企业租赁不动产地点的限制	1	不适用	1	0. 50	Halpern and Lutz（2014）；Hodge and Greve（2017）
对内资企业租赁农业用地的限制	1	不适用	1	0. 50	Halpern and Lutz（2014）；Hodge and Greve（2017）
对内资企业租赁不动产建筑类型的限制	1	不适用	1	0. 50	Halpern and Lutz（2014）；Hodge and Greve（2017）
子类别 1. 3. 2 的总分	5	不适用	5	2. 50	
1. 3. 3　外资企业——所有权					
对外资企业持有土地面积的限制	1	不适用	1	0. 50	Liao and Zhang（2016）；Tan（2004）
对外资企业持有不动产期限的限制	1	不适用	1	0. 50	Liao and Zhang（2016）；Tan（2004）
对外资企业持有不动产地点的限制	1	不适用	1	0. 50	Liao and Zhang（2016）；Tan（2004）
对外资企业持有农业用地的限制	1	不适用	1	0. 50	Liao and Zhang（2016）；Tan（2004）

（续表）

指标	企业灵活度分值	社会效益分值	总分	调整后分值	背景文献
对外资企业持有不动产建筑类型的限制	1	不适用	1	0. 50	Liao and Zhang（2016）；Tan（2004）
子类别 1. 3. 3 的总分	5	不适用	5	2. 50	
1. 3. 4　外资企业——租赁					
对外资企业租赁土地面积的限制	1	不适用	1	0. 50	Golub（2003）；Lee，Lee，and Lee（2014）
对外资企业租赁不动产期限的限制	1	不适用	1	0. 50	Golub（2003）；Lee，Lee，and Lee（2014）
对外资企业租赁不动产地点的限制	1	不适用	1	0. 50	Golub（2003）；Lee，Lee，and Lee（2014）
对外资企业租赁农业用地的限制	1	不适用	1	0. 50	Golub（2003）；Lee，Lee，and Lee（2014）
对外资企业租赁不动产建筑类型的限制	1	不适用	1	0. 50	Golub（2003）；Lee，Lee，and Lee（2014）
子类别 1. 3. 4 的总分	5	不适用	5	2. 50	
类别 1. 3 的总分	19	不适用	19	10. 00	
1. 4　环境许可					
1. 4. 1　施工环境许可					
法律框架规定环境风险	不适用	1	1	0. 38	Grunwald，Bendt，and Kopfmüller（2016）；Gupta and Bansal（2014）；Ryan and O’Regan（2015）

（续表）

指标	企业灵活度分值	社会效益分值	总分	调整后分值	背景文献
施工环境许可的要求	不适用	1	1	0.38	Grunwald，Bendt，and Kopfmüller（2016）；Gupta and Bansal（2014）；Ryan and O'Regan（2015）
环境许可的执行机制	不适用	1	1	0.38	Grunwald，Bendt，and Kopfmüller（2016）；Gupta and Bansal（2014）；Ryan and O'Regan（2015）
具备资质的专业人士或专业机构进行环境影响评估	不适用	1	1	0.38	Grunwald，Bendt，and Kopfmüller（2016）；Gupta and Bansal（2014）；Ryan and O'Regan（2015）
触发环境影响评估的标准	不适用	1	1	0.38	Grunwald，Bendt，and Kopfmüller（2016）；Gupta and Bansal（2014）；Ryan and O'Regan（2015）
轻微环境影响项目的环境影响评估	不适用	1	1	0.38	Grunwald，Bendt，and Kopfmüller（2016）；Gupta and Bansal（2014）；Ryan and O'Regan（2015）
环境影响评估程序的要求	不适用	1	1	0.38	Grunwald，Bendt，and Kopfmüller（2016）；Gupta and Bansal（2014）；Ryan and O'Regan（2015）
检查合规性的法律责任	不适用	1	1	0.38	Grunwald，Bendt，and Kopfmüller（2016）；Gupta and Bansal（2014）；Ryan and O'Regan（2015）
具备资质的专业人士审查环境影响评估	不适用	1	1	0.38	Grunwald，Bendt，and Kopfmüller（2016）；Gupta and Bansal（2014）；Ryan and O'Regan（2015）
环境影响评估决定的执行机制	不适用	1	1	0.38	Grunwald，Bendt，and Kopfmüller(2016)；Gupta and Bansal（2014）；Ryan and O'Regan（2015）

（续表）

指标	企业灵活度分值	社会效益分值	总分	调整后分值	背景文献
环境损害的责任	不适用	1	1	0.38	Grunwald, Bendt, and Kopfmüller（2016）; Gupta and Bansal（2014）; Ryan and O'Regan（2015）
公众咨询要求的要素	不适用	1	1	0.38	Grunwald, Bendt, and Kopfmüller（2016）; Gupta and Bansal（2014）; Ryan and O'Regan（2015）
环境影响评估信息的披露	不适用	1	1	0.38	Grunwald, Bendt, and Kopfmüller（2016）; Gupta and Bansal（2014）; Ryan and O'Regan（2015）
子类别 1.4.1 的总分	不适用	13	13	5.00	
1.4.2　施工有关环境许可的纠纷解决机制					
能够对环境审查和许可提出异议的能力	1	1	2	2.50	Ramanathan et al.（2018）; Sánchez-Triana et al.（2014）; Wang and Liu（2015）; World Bank（2014）
环境纠纷庭外解决机制	1	1	2	2.50	Ramanathan et al.（2018）; Sánchez-Triana et al.（2014）; Wang and Liu（2015）; World Bank（2014）
子类别 1.4.2 的总分	2	2	4	5.00	
类别 1.4 的总分	2	15	17	10.00	
支柱 I 的总分	48	47	95	100.00	

支柱Ⅱ　经营场所的公共服务质量和信息透明度					
2.1　数字化服务的可获得性和可靠性					
2.1.1　不动产转让——数字化公共服务					
指标	企业灵活度分值	社会效益分值	总分	调整后分值	背景文献
线上尽职调查	1	1	2	1.71	Williamson（2001）
线上尽职调查——产权负担	1	1	2	1.71	Gao et al.（2020）；Green and Moser（2013）；Gupta，Dunning，and McAllister（2020）
用于不动产尽职调查的统一线上平台	1	1	2	1.71	Williamson（2001）
不动产转让的线上平台	1	1	2	1.71	Williamson（2001）
线上可办理不动产转让手续	1	1	2	1.71	Williamson（2001）
不动产登记投诉机制	1	1	2	1.71	Williamson（2001）
地籍投诉机制	1	1	2	1.71	Williamson（2001）
子类别 2.1.1 的总分	7	7	14	12.00	
2.1.2　不动产转让——土地管理和识别数字系统					
不动产产权证书的格式	1	1	2	1.50	Gao et al.（2020）；Green and Moser（2013）；Gupta，Dunning，and McAllister（2020）
地籍规划格式	1	1	2	1.50	Gao et al.（2020）；Green and Moser（2013）；Gupta，Dunning，and McAllister（2020）

（续表）

指标	企业灵活度分值	社会效益分值	总分	调整后分值	背景文献
地籍测绘方法	1	1	2	1. 50	Gao et al. (2020); Green and Moser (2013); Gupta, Dunning, and McAllister (2020)
查验身份的国家数据库	1	1	2	1. 50	Gao et al. (2020); Green and Moser (2013); Gupta, Dunning, and McAllister (2020)
子类别 2. 1. 2 的总分	4	4	8	6. 00	
2. 1. 3　不动产转让——土地登记机构和测绘机构的覆盖范围					
国家层面的土地登记覆盖范围	1	1	2	1. 50	Deininger and Feder (2009)
主要城市层面的土地登记覆盖范围	1	1	2	1. 50	Deininger and Feder (2009)
国家层面的地籍覆盖范围	1	1	2	1. 50	Deininger and Feder (2009)
主要城市层面的地籍覆盖范围	1	1	2	1. 50	Deininger and Feder (2009)
子类别 2. 1. 3 的总分	4	4	8	6. 00	
2. 1. 4　建筑许可——数字化公共服务					
颁发建筑许可的线上平台	1	1	2	2. 00	Charalambous, Cimren, and Bano (2018); Linnenberg, Gür, and Gür (2020)
功能齐全的线上许可系统	1	1	2	2. 00	Charalambous, Cimren, and Bano (2018); Linnenberg, Gür, and Gür (2020)

（续表）

指标	企业灵活度分值	社会效益分值	总分	调整后分值	背景文献
可提交建筑和使用许可申请的线上系统	1	1	2	2.00	Charalambous, Cimren, and Bano（2018）；Linnenberg, Gür, and Gür（2020）
对建筑许可线上提起异议	1	1	2	2.00	Ramanathan et al.（2018）；Sánchez-Triana et al.（2014）；Wang and Liu（2015）；World Bank（2014）
子类别 2.1.4 的总分	4	4	8	8.00	
2.1.5　环境许可——数字化公共服务					
便于公众参与的线上许可系统	1	1	2	2.00	Charalambous, Cimren, and Bano（2018）；Linnenberg, Gür, and Gür（2020）
功能齐全的线上许可系统	1	1	2	2.00	Charalambous, Cimren, and Bano（2018）；Linnenberg, Gür, and Gür（2020）
电子文件和纸质副本一起提交	1	1	2	2.00	Charalambous, Cimren, and Bano（2018）；Linnenberg, Gür, and Gür（2020）
对环境许可线上提起异议	1	1	2	2.00	Charalambous, Cimren, and Bano（2018）；Linnenberg, Gür, and Gür（2020）
子类别 2.1.5 的总分	4	4	8	8.00	
类别 2.1 的总分	23	23	46	40.00	
2.2　服务的协同性					
2.2.1　不动产转让服务的协同性					
不动产登记机构和地籍机构之间的协同性	1	1	2	2.50	ILC（2017）；NIST（2007）

（续表）

指标	企业灵活度分值	社会效益分值	总分	调整后分值	背景文献
不动产登记机构和其他服务机构之间的协同性	1	1	2	2. 50	ILC（2017）；NIST（2007）
存在一个地理信息系统	1	1	2	2. 50	ILC（2017）；NIST（2007）
在不动产登记机构和地籍机构之间存在唯一的标识符	1	1	2	2. 50	ILC（2017）；NIST（2007）
子类别 2. 2. 1 的总分	4	4	8	10. 00	
2. 2. 2　建筑许可服务的协同性					
向所有利益相关者提供空间规划和区划要求	1	1	2	5. 00	Sarris，Tzovaras，and Doukas（2020）
地理信息系统或国家空间平台的协同	1	1	2	5. 00	Sarris，Tzovaras，and Doukas（2020）
子类别 2. 2. 2 的总分	2	2	4	10. 00	
类别 2. 2 的总分	6	6	12	20. 00	
2. 3　信息透明度					
2. 3. 1　不动产（包含性别信息）					
公布不动产交易要求	1	1	2	1. 67	Van der Molen（2007）
不动产交易成本透明度	1	1	2	1. 67	Van der Molen（2007）

（续表）

指标	企业灵活度分值	社会效益分值	总分	调整后分值	背景文献
不动产登记机构的服务标准	1	1	2	1.67	Van der Molen（2007）
地籍申请费用的透明度	1	1	2	1.67	Van der Molen（2007）
地籍机构服务标准	1	1	2	1.67	Van der Molen（2007）
土地交易统计数据的可获得性	1	1	2	1.67	Van der Molen（2007）
土地纠纷数量和类型统计数据的可获得性	1	1	2	1.67	Van der Molen（2007）
按性别分类的土地纠纷数量和类型统计数据的可获得性	1	1	2	1.67	FAO（2013）
解决土地纠纷平均时间统计数据的可获得性	1	1	2	1.67	Van der Molen（2007）
按性别分类的土地所有权统计数据的可获得性	1	1	2	1.67	FAO（2013）
按性别分类的土地所有权类型统计数据的可获得性	1	1	2	1.67	FAO（2013）
不动产纳税价值信息的可获得性	1	1	2	1.67	Van der Molen（2007）
子类别 2.3.1 的总分	12	12	24	20.00	
2.3.2　建筑、区划和土地使用					
公众可线上获得建筑规划和管理规则	1	1	2	1.875	OECD（2019）

（续表）

指标	企业灵活度分值	社会效益分值	总分	调整后分值	背景文献
公众可线上获得办理各种类型建筑许可的要求	1	1	2	1.875	OECD（2019）
公众可线上获得办理使用许可所需的要求	1	1	2	1.875	OECD（2019）
公众可线上获得所有类型建筑的最新收费表	1	1	2	1.875	OECD（2019）
政府线上公开发布最新的已颁发建筑许可数量的统计数据	1	1	2	1.875	OECD（2019）
最新的城市总体规划/区划规划	1	1	2	1.875	OECD（2019）
修订区划/土地使用规划的步骤	1	1	2	1.875	OECD（2019）
遵守区划规则	1	1	2	1.875	OECD（2019）
子类别 2.3.2 的总分	8	8	16	15.00	
2.3.3　环境许可					
公众可线上获得建造具有中等环境风险的建筑物所需的环境许可要求	1	1	2	1.67	Davis and Barlow（2017）
环境审查适用的最新收费表	1	1	2	1.67	Davis and Barlow（2017）
政府及时发布最新的通过环境影响评估的清单	1	1	2	1.67	Davis and Barlow（2017）

（续表）

子类别 2.3.3 的总分	3	3	6	5.00	
类别 2.3 的总分	23	23	46	40.00	
支柱 Ⅱ 的总分	52	52	104	100.00	

支柱Ⅲ　设立经营场所的运作效率					
3.1　不动产转让和土地管理					
3.1.1　土地使用的主要限制					
指标	企业灵活度分值	社会效益分值	总分	调整后分值	背景文献
土地使用的主要限制	100	不适用	100	13.33	Amadi-Enchendu and Pellissier（2014）
子类别 3.1.1 的总分	100	不适用	100	13.33	
3.1.2　不动产转让的时间					
不动产转让的时间	100	不适用	100	13.33	Moussa and Li（2020）；Wang and Cen（2016）
子类别 3.1.2 的总分	100	不适用	100	13.33	
3.1.3　不动产转让的成本					
不动产转让的成本	100	不适用	100	13.33	Kuprenas and Chalmers（1999）；NAHB（2021）
子类别 3.1.3 的总分	100	不适用	100	13.33	
类别 3.1 的总分	100	不适用	100	40.00	

（续表）

3.2　施工许可					
3.2.1　获得施工有关许可的时间					
指标	企业灵活度分值	社会效益分值	总分	调整后分值	背景文献
获得施工有关许可的时间	100	不适用	100	13.33	IBA（2019）；UNECE（2018）
子类别 3.2.1 的总分	100	不适用	100	13.33	
3.2.2　获得建筑许可的时间					
获得建筑许可的时间	100	不适用	100	13.33	IBA（2019）；UNECE（2018）
子类别 3.2.2 的总分	100	不适用	100	13.33	
3.2.3　获得建筑许可的成本					
获得建筑许可的成本	100	不适用	100	13.33	Kuprenas and Chalmers（1999）；NAHB（2021）
子类别 3.2.3 的总分	100	不适用	100	13.33	
类别 3.2 的总分	100	不适用	100	40.00	
3.3　环境许可					
3.3.1　获得环境许可的时间					
获得环境许可的时间	100	不适用	100	10.00	Ghosh（2013）
子类别 3.3.1 的总分	100	不适用	100	10.00	

（续表）

3.3.2　获得环境许可的成本					
指标	企业灵活度分值	社会效益分值	总分	调整后分值	背景文献
获得环境许可的成本	100	不适用	100	10.00	Ghosh（2013）
子类别 3.3.2 的总分	100	不适用	100	10.00	
类别 3.3 的总分	100	不适用	100	20.00	
支柱Ⅲ的总分	100	不适用	100	100.00	

参考文献Ⅱ

A. P. Amadi-Echendu and R. Pellissier. 2014. "Eliminating Bottlenecks in the South African Conveyancing Environment." *Mediterranean Journal of Social Sciences* 5 (5). Doi: 10.5901/mjss. 2014. v5n14p97.

O. T. Babatunde, R. O. Yusuf, and E. B. Ogunbode. 2016. "Planning for Infrastructure Service Access in Nigerian Cities: An Overview of Policy and Practice." *Habitat International* 53: 156 – 166.

D. J. Bennison. 2006. "Developing Effective Property Transaction Standards." *Journal of Property Investment & Finance* 24 (3): 216 – 235.

S. Boonyabancha, R. Singhadej, and S. Dhanapal. 2017. "A GIS-based Approach to Land Use Planning for Hazardous Facilities: A Case Study of Rayong Province, Thailand." *Habitat International* 62: 61 – 70.

E. Charalambous, E. Cimren, and S. Bano. 2018. "Digitalisation of Building Permitting Procedures in EU Cities." European Parliament.

P. Dasgupta and A. Singh. 2006. "Ownership Structure, Corporate Governance, and Firm Performance: Evidence from India." *Journal of Corporate Finance* 12(4): 645 – 659.

R. Davis and T. Barlow. 2017. "Key Elements of Effective Zoning Regulations." *Journal of the American Planning Association* 83(3): 236 – 248.

K. Deininger and G. Feder. 1996. "Property Registration and Title Systems in Developing Countries." Policy Research Working Paper 1610, World Bank, Washington, DC.

K. Deininger and G. Feder. 2009. "Land Registration, Governance, and Development: Evidence and Implications for Policy." *World Bank Research Observer* 24(2): 233 – 266.

K. Deininger and H. Selod. 2012. "Strengthening Land Governance: Lessons Learned and Best Practices from Country Experiences." *World Bank Research Observer* 27(2): 142 – 167.

FAO of the United Nations. 2013. Women's Land Rights as a Pathway to Poverty Reduction: A Framework and Review of Available Evidence. Rome: FAO.

X. Gao, H. Chen, Y. Li, X. Li, and X. Deng. 2020. "Property Risk

Identification Based on Machine Learning Algorithm in Due Diligence Process." *International Journal of Computational Intelligence Systems* 13(1): 387–397.

A. Garrido, D. Tapia, and C. Vergara. 2019. "Compliance with Energy Codes in Buildings: A Review of International Experiences and Insights for Latin America." *Energy and Buildings* 198: 221–232.

J. T. Gathii. 2013. "Comparative Land Tenure and Property Rights Systems in Africa." *Journal of African Law* 57(2): 221–240.

Ghosh, 2. 2013. "Demystifying the Environmental Clearance Process in India." *6 NUJS Law Review Rev* 3 (2013): 433–480.

S. Golub. 2003. "Measures of Restrictions on Inward Foreign Direct Investment for OECD Countries." OECD Economics Department Working Paper No. 357, OECD Publishing, Paris. https://doi.org/10.1787/335043060125.

A. Green and C. Moser. 2013. "Do Property Rights Institutions Matter at the Local Level? Evidence from Madagascar." *Journal of Development Studies* 49(1): 95–109.

S. Grunwald, P. Bendt, and J. Kopfmüller. 2016. "Environmental Permits as an Instrument for Sustainable Planning and Decision Making in Infrastructure Projects." *Environmental Impact Assessment Review* 60: 85–93.

M. Gupta and P. Bansal. 2014. "Environmental Impact Assessment of Construction Projects: A Comparative Analysis of the Legal Frameworks in India and the United States." *Journal of Environmental Management* 134: 57–66.

A. Gupta, R. Dunning, and P. McAllister. 2020. "Online Conveyancing Portals in the UK: Benefits and Limitations." *Journal of Property Investment & Finance* 38(3): 268–282.

P. Halpern and J. Lutz. 2014. "Land Leasing and Land Use Dynamics in Developing Country Cities." *Land Use Policy* 36: 330–337.

R. A. Haltom and R. Tanimoto. 2017. "Gender and Performance in the US Real Estate Industry." *Journal of Property Investment &Finance* 35 (2): 154–171.

T. R. Hodge and M. Greve. 2017. "Zoning, Land Use Planning, and the Local Economy." *Journal of Planning Literature* 32 (1): 3–14.

IBA. 2019. "Transparency in Land Ownership: A Guide to Good Practice." International Bar Association.

IFC, World Bank, and MIGA. 2013. *Good Practices for Construction Regulation and Enforcement Reform: Guidelines for Reformers.* Washington, DC: World

Bank Group.

ILC. 2017. "Improving Land Governance through Interoperability." Briefing Paper. https://www.landcoalition.org/sites/default/files/documents/resources/ILC_Interoperability_Briefi ng_Paper_2017_0.pdf.

ILO. 2018. "Women in Construction: The State of the Evidence on Drivers, Impacts and Solutions." https://www.ilo.org/wcmsp5/groups/public/---ed_emp/---emp_ent/---ifp_seed/documents/publication/wcms_644392.pdf.

J. A. Kuprenas and G. E. Chalmers. 1999. "Occupancy Permit Issuance: A Comparative Study." *Journal of Construction Engineering and Management* 125(4): 283–287.

S. Lee, J. Lee, and J. Lee. 2014. "The Effects of Ownership and Capital Structure on Performance: Evidence from Korean Firms." *Asia-Pacific Journal of Financial Studies* 43(2): 177–202.

R. Liao and D. Zhang. 2016. "Property Rights, Investment Incentives, and Foreign Direct Investment." *Journal of Comparative Economics* 44 (4): 1088–1104.

T. Linnenberg, T. Gür, and T. Gür. 2020. "Digitalisation of Building Permits: Perspectives and Approaches from Selected European Countries." *Journal of European Real Estate Research* 13(3): 247–263.

I. Moussa and P. Li. 2020. "Building Permit Regulatory Burden Index: An Analysis of Building Permit Procedures and Associated Costs in US Municipalities." *Journal of Building Engineering* 29: 101–157.

NAHB. 2021. "Housing Affordability Is a Critical Issue." https://www.nahb.org/Advocacy/Housing-Affordability.

NIST. 2007. "Economic Impact of Property Rights: A Review of the Evidence." https://www.nist.gov/system/files/documents/itl/2007_economic_impact_property_rights.pdf.

OECD. 2019. "Building Permit Transparency: Monitoring and Improving Permitting Systems." OECD.

R. Ramanathan, M. Petersen, L. Srivastava, and K. Fahey. 2018. "Integrating Local Ecological Knowledge and Scientific Data to Inform Environmental Impact Assessments in Coastal Communities: Lessons from India." *Environmental Impact Assessment Review* 73: 173–180.

M. Rosenberg, J. Amann, H. Blum, and R. Sedano. 2014. "The Potential Impact of Energy Efficiency and Renewable Energy Policies on Electricity Markets and

CO_2 Emissions of the US Building Sector." *Energy Policy* 73: 180 – 191.

C. Ryan and B. O'Regan. 2015. "Construction and the Environment: A Literature Review." *Journal of Cleaner Production* 109: 48 – 56.

E. Sánchez-Triana, S. Enriquez, M. Khanna, J. E. Vinuales, and S. Jampani. 2014. *Balancing Development and Environmental Priorities: Lessons from the Experience of Industrialized Countries and Emerging Economies.* Washington, DC: The World Bank.

A. Sarris, D. Tzovaras, and C. Doukas. 2020. "Digital Transformation of the Building Permit Process: The Case of Greece." *Buildings* 10(3): 52.

R. M. K. Tan. 2004. "Restrictions on the Foreign Ownership of Property: Indonesia and Singapore Compared." *Journal of Property Investment & Finance* 22(1): 101 – 111. Doi: 10.1108/14635780410525162.

UNECE. 2018. "Real Estate Markets and Sustainable Development Goals: Challenges and Opportunities." UNECE.

P. Van der Molen 2007. "Some Measures to Improve Transparency in Land Administration. TS IA-Land Administration Concepts. http://www.fig.net/resources/proceedings/fig_proceedings/fig2007/-papers/ts_ 1a/ts01a_05_molen_1304.pdf.

X. Wang and W. Cen. 2016. "The Impact of Building Permit Approval Speed on Local Economy." *Journal of Real Estate Research* 38(3): 365 – 388.

Y. Wang and L. Liu. 2015. "Environmental Impact Assessment and Construction Project Delays: Empirical Evidence from China." *Journal of Cleaner Production* 102: 362 – 369.

B. Wehrmann 2008. Land Conflicts: A Practical Guide to Dealing with Land Disputes. Eschborn, Germany: GTZ (Deutsche Gesellschaft für Technische Zusammenarbeit).

I. P. Williamson. 2001. "Land Administration 'Best Practice' Providing the Infrastructure for Land Policy Implementation." *Land Use Policy* 8(4): 297 – 307. https://doi.org/10.1016/S0264-8377(01)00021-7.

World Bank. 2014. *Gender and Land Tenure in Sub-Saharan Africa.* Washington DC: World Bank.

World Bank Group. No date (n. d.). Zoning and Land Use Planning. https://urban-regeneration.worldbank.org/node/39#:text=Why%20is%20zoning%20necessary%3F,down%20development%20in%20specific%20areas.

W. Zakout, B. Wehrmann, and M.-P. Törhönen. 2006. "Good Governance in Land Administration Principles and Good Practices." Food and Agriculture Organization of the United Nations (FAO), Rome.

附件B　经营场所注释问卷

附件B包括不动产转让、建筑许可和环境许可的术语表和附带注释的调查问卷。注释问卷提供了每项指标与相应问题之间的一一对应关系。

术语表

无障碍性和包容性要求：确保所有公众能够进入建筑的规定，包括残疾人易于通行的无障碍设施，如通道、电梯、无障碍洗手间和标识。

主动消防安全措施：发生火灾时需要一定动作或行动才能有效工作的系统（如灭火器或洒水系统）。

仲裁：一种替代性纠纷解决方式，当事人向一名或多名中立的第三方（仲裁方）提交法律争议，仲裁方做出具有约束力的决定（裁定）。

建筑分类：是基于用途、使用类型和规模大小等进行建筑分类的一系列标准。

房屋管理行政机关：是一个部门，通常是地方政府内负责实施和执行建筑法规和条例的部门。具体名称可根据不同国家发生变化。

建筑围护：建筑室内外环境的物理屏障。它包括墙壁、屋顶、窗户、门和地基等组成建筑内部空间的所有元素。

地籍清册：一本政府公开的详细目录，记录了整块土地的所有权、价值、地点和法律边界（通常以地图标识）。

地籍规划：特殊土地的地图或地理模型，详尽展示了边界、大小和其他物理要素，精确描述和记录了土地所有权的空间范围。

商业建筑：进行商业活动的建筑。商业建筑包括办公楼、零售空间、仓库等。

商办建筑：土地空置无任何建筑，而业主计划建造专门用于开展经营的办公室（现场无住宅）的不动产。

调解：请参看“调停”定义。

合同法：涉及个人、企业和团体之间协议的法律，并载有违反协议时应承担的法律责任。

环保专责管理团队：建筑及规划部门内的团队，致力于帮助开发商规划和建造绿色建筑。

契据：记载不动产所有权从一个人或实体正式转让的法律文书。

密度奖励：一旦开发商达到一定的环境标准和可持续性基准，允许其超规划开发土地的激励措施。这些激励措施鼓励建设绿色建筑的技术发展，如提升能效效率、使用可持续性材料。

数字化：纸质文件（如产权证明和地籍规划）向数字化格式及网络载体的转化，通常集成为线上更新、管理和检索的数字化系统。

直接测量：在原地进行的测地线和地形测量（现场测量），通过仪器精密测量角度和距离。

优惠发展申请：向开发商提供的发展申请费用折扣，作为践行绿色建筑措施的激励。

尽职调查：确认不动产所有权的综合调查和确权流程，以确保没有未纳税款、产权负担或其他可能妨碍所有权转让的法律、财务以及物理问题。以上可能包括（但不限于）：产权负担、产权调查（确认所有权）、获得转让国有土地许可、未纳税款、破产、公用事业（未付账单）、公司背景、地籍规划、区域规划、当地政府颁发的建筑证书、通知当地政府销售或售价、水务监督机关发出的排水证书、来自持证土地测量员的鉴定检验等方面的核查。

建筑设计和维护的能源效率：在保证舒适性和功能性的同时，使建筑能耗最小化的设计策略、材料和技术，包括隔热、节能门窗、节能空气调节系统、太阳能光伏板等使用可再生能源的技术。

环境范围界定：比环境筛查更为详细的流程，旨在确定需要在全面环境影响评估中处理的关键环境问题和潜在影响。

环境筛查：在决定需要进行环境影响评估（即已经做出筛查决定）的情况下，用于决定将哪些因素作为环境影响评估调查内容的活动。

快速许可：允许当地政府以很低的成本或零成本为绿色建筑提供重大激励，因为这一战略只要求改变许可的优先顺序。

消防安全标准：为减少火灾风险及确保楼宇内使用人员的安全而采取的一套预防措施及系统。这些措施通常为建筑规范和法规所要求，可能包括被动和主动消防安全系统。

容积率奖励：地方政府提供的一种区划激励措施，旨在鼓励开发商在指定地块上建造超过区划法规允许密度的建筑。

全面环境影响评估：用于评价公共及私人项目对环境的影响。评估将关联项目的潜在风险和影响，并将以整合的方式评估整个项目生命周期中所有相关的直接、间接和累积的环境与社会风险及影响。环境评估过程中的关键阶段包括筛查、替代方案分析、初步评估、范围界定、风险纾减、主要环境影响评估研究与环境影响声明、审查和监测。

地理信息系统：一种基于计算机的系统，用于捕获、存储、分析、操作和呈现空间和地理数据。该系统是相应地块完全数字化的地理呈现，用于显示空间信息和不同属性。

绿色建筑标准：包含提高建筑、场地和结构的环境及健康性能的最低要求的标准规范。

保障：这意味着政府或其他授权机构提供的法律保障，以保证产证上所列主体对该不动产拥有明确和无可争议的所有权。

绿色建筑保障计划奖励：向建筑所有者、开发商或贷款方提供财务支持，以鼓励建造或翻新达到一定环境标准的建筑的一系列激励。保障计划提供保证或保险政策，以确保建筑物将按预期运行并符合规定的环境标准。该保障可覆盖建筑物在某一时段（通常为数年）内因节能或其他环境效益而产生的成本。

健康和卫生要求：通过设立如水供应、污水排放、通风、管路系统或其他参数标准，以确保建筑给使用者提供安全、卫生和健康的环境。

住宅开发项目：在一幅或多幅土地或共同所有/有权使用的地块（包括相连土地）上，一幢或多幢楼宇共有十个或以上新建、额外建设的房屋单位。

不动产登记机构：记录和保留所有类型不动产所有权（包括土地和建筑信息）的政府公共登记机关。

间接测量：通过高分辨率航空摄影进行摄影测量，如利用飞机、无人遥控机等工具。

验收：政府指定的机构在建筑工程的不同阶段进行检测或开展检查，确保施工遵循规划、建筑条例或其他规则。

土地登记机关：通过在不动产产权证明（土地权利）或契据（记录土地法律权属变化的文件）上登记，记录和保留土地所有权信息的政府公共机构。

土地使用规则：管理土地用途、密度、间距和其他发展要素的区划规则。

要求清单：包括获得建筑许可所需的所有文件和步骤。

维护和翻新要求：一系列指引，包括建筑维护要求、周期性验收和翻新流程等确保已存在的建筑物安全和功能的可持续性。

调停：一种替代性纠纷解决方式，不论其表述（有时可能称为"调解"）或进行的流程如何，当事人申请一个中立的第三方或第三方群体（如调停方）协助他们化解法律纠纷、达成和解。相较于法院判决或仲裁裁决，调停方没有强制当事人适用调停协议的权力。

混合测量：针对每一地块的直接（现场）测量与间接（摄影制图）测量的

结合。

国家建筑规范：在国家层面建立的，由地方政府执行并用于建筑结构安全的一套标准。

净计量电价：一种电力计费机制，允许能够自己生产部分或全部自用电力的消费者随时使用该电力，而不是在电力产生时使用。

使用许可证：也称“占有证明”，是当地政府机关或建筑管理部门颁发的正式文件，确认建筑处于适合使用或占有的状态。

线上沟通：发送消息或电子邮件通知的联系渠道，确保当事人和机构间在办理许可申请时能够有效交流。

线上通知：申请状态更新或最终期限到达时的通知，能够显著提升当事人的体验度，增加许可过程中的透明度。

庭外补偿机制：一种依法设立的补偿计划，旨在补偿那些自身不存在过错、但由于土地登记机关的错误而遭受损失或损害的人。

被动消防安全措施：通过使用防火等级的墙壁/地板、门和填隙措施将建筑分隔开来的系统。

阶段性验收：施工期间在特定阶段进行的检查。

规划审批：来自当地政府或建筑施工规划部门的授权，同意建造或改变建筑物和构筑物。审批必须在开工或翻新前完成，确保符合当地规划法规、区划规则和发展指引。获得规划审批的流程通常包括提交详细规划，提供证明材料以供审核，可能还需要公众参与或公众咨询。

预审：一般在提交全部建筑许可申请前需要，确保施工切实可行，排除阻碍工程推进的潜在风险。预审包括：比如在提交和处理建筑许可申请前的电力、水、下水道、环境审批。

不动产权证：通常由土地登记机构签发的正式确认并证明财产所有权的文件。不动产权证记载所有权人的姓名和财产描述等详细信息，使所有权可以对抗第三方。

私有产权保险：私有产权保险保证在所有权存在瑕疵或事后发现在不动产上存在产权负担时能够向不动产的新所有人提供赔偿。

公众咨询：通过披露项目相关信息、磋商和有效反馈（特别是与受影响社区的磋商和有效反馈），以及提供基于项目的申诉机制，实现社区的有效参与。此类信息将及时通过公众便于获得的方式，并以受项目影响各方和其他相关方能够理解的形式和语言进行披露。

资格考试：合法地成为工程师或建筑师执业所需要通过的任何考试。

质量保证检查及强制性执行标准：获得建筑许可、进行检查和强制遵守建筑规则的程序，以确保建造的建筑物符合安全、健康和环境标准。

质量控制：在建设方面，评估施工过程中质量控制和安全机制的力度、责任和保险制度，以及施工的专业认证要求。

随机/不定期技术检查：可以在施工期间的任何时间或任何阶段进行的检查。

契据登记：用于进行土地权利转让相关文件登记留存的系统。

产权登记：根据地块而不是根据产权所有人或契据转让情况来保有土地所有权登记的系统。

简化监管：对绿色建筑的非财务激励措施，包括简化监管流程，或建设项目采用绿色建筑元素时简化对开发商的监管流程。

对不动产地点的限制：对不动产的选址或开发地址的监管限制。就本问卷而言，这些限制不含以下情形：（1）由于其自然或生态价值而产生的保护区和保留地（如国家公园）；（2）特殊的文化遗产地区（如具有特殊历史地位的老城区中心）；（3）对国防具有重要意义的区域（如靠近军事基地）；（4）农业用地。

基于风险的类型化检查：一种根据建筑物所存在的风险水平对其进行优

先评估的检查方法。基于风险的方法将资源和注意力聚焦风险较高的建筑物(如存在结构问题的旧建筑,或者用于特定高风险活动的建筑),而非以同等水平检查所有建筑物。

简化环境影响评估：涉及在有限范围内进行环境研究的环境许可。

国家保障：产权由国家保障,如果其存在缺陷,则将由国家赔偿损失。

战略环境评估：针对环境与社会风险及影响,以及与政策、计划或方案相关的问题(通常在国家层面,但也包括更小的地域)进行的系统性审查。环境与社会风险及影响之审查将包括全方位的环境与社会风险及影响的考量。

结构要求：对结构设计、材料和施工技术的规范,以确保建筑物在面对包括重力、风、地震活动和其他环境因素等各种负载时的稳定性和抵抗力。结构要求是建筑物抵御地震、洪水、飓风和海啸等自然灾害的设计指引,包括结构加固、选址标准和疏散计划。

产权：不动产所有权人的法律权利。

产权调查证书：对不动产所有权的历史进行总结的文件,即产权检索。它证实当前的所有权人对该不动产标识任何现存的留置权、抵押权或其他权利主张,并确保不存在可能影响所有权转让的问题。

唯一标识符：土地登记机构以及地籍/测绘机构在各自的数据库中用于标识同一不动产的唯一标识号。

区划规划：主管部门备存的区域规划,用于显示土地获准的规划用途以及区划法规中所明确的关于土地发展的其他限制。

不动产转让问卷

下面的表格列出了每个支柱下的所有指标(包括其组成部分,如适用),并在括号内标明了相应的问题编号。为了方便参考,每个表格前都列出了问题。

对于以“是/否”回答的问题，回答为“是”即得分，并被视为良好实践；如特别标明“是/否；否—良好实践”，则“否”意味着良好实践。

在接下来的表格中，“和”表示所有提及问题的答案，必须均为良好实践，才能获得指标的分值。

在接下来的表格中，“或”表示一个或多个提及问题的答案，只要一个为良好实践，即可获得指标的分值。

某些问题标记为“不计分”，意味着它们不会以任何方式影响分值。设计这些问题的目的，是为后续年度的问题设计提供更多的信息和改进建议，并且在必要时，为已经计分的问题提供进一步的信息和实证基础。

支柱 I　经营场所的规则质量	
参数	
经营场所	经济体中最大(人口最多)的城市。该参数适用于国家层面无统一规则、不同州或地区采用不同规则的情况。地理位置决定了如何选择适合的负责不动产转让的不动产登记机构。对支柱 I 来说，如果一个经济体中各州之间的规则不同，那么我们将要求专家提供适用于最大城市的规则信息

1.1　不动产转让和土地管理

1.1.1　不动产转让标准

1. 是否存在核查不动产交易所需文件合法性或合规性的法定义务？(是/否)
2. 该规则框架是否要求核实不动产交易中各方的身份？(是/否)
3. 该规则框架是否规定所有不动产买卖交易必须通过契据登记和/或产权登记制度在不动产登记机构登记，以对抗第三方？(是/否)
4. 根据规则框架，线上颁发的不动产权属证明文件，是否具有与纸质文件相同的法律效力？(是/否)
5. 根据规则框架，线上颁发的产权查询证明文件，是否具有与纸质文件相同

的法律效力？（是/否）

6. 根据规则框架，线上颁发的完税证明文件，是否具有与纸质文件相同的法律效力？（是/否）

7. 根据规则框架，线上颁发的公司背景文件，是否具有与纸质文件相同的法律效力？（是/否）

8. 根据规则框架，线上颁发的地籍规划文件，是否具有与纸质文件相同的法律效力？（是/否）

1.1.2 土地纠纷解决机制

9. 根据规则框架，是否提供仲裁作为私人土地纠纷的庭外解决机制？（是/否）

10. 根据规则框架，是否提供调解或调停作为私人土地纠纷的庭外解决机制？（是/否）

11. 根据规则框架，政府或授权实体是否（以国家担保或私人产权保险形式）为不动产产权的有效性和准确性提供担保，使得因不动产登记机构登记错误而蒙受损失的主体获得补偿？（是/否）

12. 根据规则框架，是否特设庭外赔偿机制（如基金或保险），来弥补基于善意信赖不动产登记机构的错误信息而进行不动产交易的各方主体的损失？（是/否）

1.1.3 土地管理制度

13. 根据规则框架，是否任何人都有权限在不动产登记机构（付费或免费）查询不动产所有权信息？（是/否）

14. 根据规则框架，您所在的经济体中是否有一个地籍/测绘机构？（是/否）

15. 根据规则框架，是否所有人都有权限（付费或免费）查阅私有地块的地籍规划？（是/否）

16. 根据规则框架,地籍清册(或不动产登记机构,如适用)是否包含不动产纳税价值信息?(是/否)

1.1 不动产转让和土地管理			
1.1.1 不动产转让标准			
指标	企业灵活度分值	社会效益分值	总分
核查文件合法性的法定义务(1)	1	1	2
核实当事人身份的法定义务(2)	1	1	2
登记转让交易的法定义务(3)	1	1	2
线上文件合法性的法律规定: 不动产权属证明(4) 产权查询证明(5) 完税证明(6) 公司背景(7) 地籍规划(8)	1 0.2 0.2 0.2 0.2 0.2	1 0.2 0.2 0.2 0.2 0.2	1 0.4 0.4 0.4 0.4 0.4
总分	4	4	8
1.1.2 土地纠纷解决机制			
指标	企业灵活度分值	社会效益分值	总分
仲裁作为土地纠纷替代解决机制的法律规定(9)	1	1	2
调解或调停作为土地纠纷替代解决机制的法律规定(10)	1	1	2
不动产产权保护的法律规定(11)	1	1	2
为不动产登记机构错误信息造成的损失提供庭外赔偿的法律规定(12)	1	1	2
总分	4	4	8
1.1.3 土地管理制度			
指标	企业灵活度分值	社会效益分值	总分
不动产登记机构信息披露(13)	1	1	2
土地管理基础设施(14)	1	1	2

（续表）

指标	企业灵活度分值	社会效益分值	总分
地籍信息披露(15)	1	1	2
土地管理和纳税价值信息的协同(16)	1	1	2
总分	4	4	8

1.3 对持有和租赁不动产的限制

1.3.1 内资企业——所有权

17. 根据规则框架，对内资企业持有土地面积是否有任何限制？（是/否；否—良好实践）

18. 根据规则框架，对内资企业持有不动产的地点是否有任何限制？（是/否；否—良好实践）

19. 根据规则框架，对内资企业持有农业用地是否有任何限制？（是/否；否—良好实践）

20. 根据规则框架，对内资企业持有不动产的类型（住宅用地、商业用地、工业用地）是否有任何限制？（是/否；否—良好实践）

1.3.2 内资企业——租赁

21. 根据规则框架，对内资企业租赁土地面积是否有任何限制？（是/否；否—良好实践）

22. 根据规则框架，对内资企业租赁不动产的期限是否有任何限制？（是/否；否—良好实践）

23. 根据规则框架，对内资企业租赁不动产的地点是否有任何限制？（是/否；否—良好实践）

24. 根据规则框架，对内资企业租赁农业用地是否有任何限制？（是/否；否—

良好实践)

25. 根据规则框架,对内资企业租赁不动产的类型(住宅用地、商业用地、工业用地)是否有任何限制?(是/否;否—良好实践)

1.3.3 外资企业——所有权

26. 根据规则框架,对外资企业持有土地面积是否有任何限制?(是/否;否—良好实践)

27. 根据规则框架,对外资企业持有不动产的期限是否有任何限制?(是/否;否—良好实践)

28. 根据规则框架,对外资企业持有不动产的地点是否有任何限制?(是/否;否—良好实践)

29. 根据规则框架,对外资企业持有农业用地是否有任何限制?(是/否;否—良好实践)

30. 根据规则框架,对外资企业持有不动产的类型(住宅用地、商业用地、工业用地)是否有任何限制?(是/否;否—良好实践)

1.3.4 外资企业——租赁

31. 根据规则框架,对外资企业租赁土地面积是否有任何限制?(是/否;否—良好实践)

32. 根据规则框架,对外资企业租赁不动产的期限是否有任何限制?(是/否;否—良好实践)

33. 根据规则框架,对外资企业租赁不动产的地点是否有任何限制?(是/否;否—良好实践)

34. 根据规则框架,对外资企业租赁农业用地是否有任何限制?(是/否;否—良好实践)

35. 根据规则框架，对外资企业租赁不动产的类型（住宅用地、商业用地、工业用地）是否有任何限制？（是/否；否—良好实践）

1.3 对持有和租赁不动产的限制			
1.3.1 内资企业——所有权			
指标	企业灵活度分值	社会效益分值	总分
对内资企业持有土地面积的限制(17)	1	不适用	1
对内资企业持有不动产地点的限制(18)	1	不适用	1
对内资企业持有农业用地的限制(19)	1	不适用	1
对内资企业持有不动产建筑类型的限制(20)	1	不适用	1
总分	4	0	4
1.3.2 内资企业——租赁			
指标	企业灵活度分值	社会效益分值	总分
对内资企业租赁土地面积的限制(21)	1	不适用	1
对内资企业租赁不动产期限的限制(22)	1	不适用	1
对内资企业租赁不动产地点的限制(23)	1	不适用	1
对内资企业租赁农业用地的限制(24)	1	不适用	1
对内资企业租赁不动产建筑类型的限制(25)	1	不适用	1
总分	5	0	5
1.3.3 外资企业——所有权			
指标	企业灵活度分值	社会效益分值	总分
对外资企业持有土地面积的限制(26)	1	不适用	1
对外资企业持有不动产期限的限制(27)	1	不适用	1

（续表）

指标	企业灵活度分值	社会效益分值	总分
对外资企业持有不动产地点的限制(28)	1	不适用	1
对外资企业持有农业用地的限制(29)	1	不适用	1
对外资企业持有不动产建筑类型的限制(30)	1	不适用	1
总分	5	0	5
1.3.4　外资企业——租赁			
指标	企业灵活度分值	社会效益分值	总分
对外资企业租赁土地面积的限制(31)	1	不适用	1
对外资企业租赁不动产期限的限制(32)	1	不适用	1
对外资企业租赁不动产地点的限制(33)	1	不适用	1
对外资企业租赁农业用地的限制(34)	1	不适用	1
对外资企业租赁不动产建筑类型的限制(35)	1	不适用	1
总分	5	0	5

支柱Ⅱ　经营场所的公共服务质量和信息透明度	
参数	
经营场所	经济体中最大(人口最多)的城市。该参数适用于国家层面无统一规则、不同州或地区采用不同规则的情况。支柱Ⅱ的所有问题都将考虑到最大城市的土地登记机构、税务机构和地籍机构。对于支柱Ⅱ中的所有问题,除非在问题本身描述中另有说明,否则我们将要求专家根据本特定参数提供回答

2.1　数字化服务的可获得性和可靠性

2.1.1　不动产转让——数字化公共服务

36. 不动产所有权转让时的产权调查是否可以线上开展?(是/否)

37. 不动产所有权转让时的未缴税款调查是否可以线上开展？（是/否）

38. 不动产所有权转让时的破产调查是否可以线上开展？（是/否）

39. 不动产所有权转让时的公司背景调查是否可以线上开展？（是/否）

40. 不动产所有权转让时的地籍规划调查是否可以线上开展？（是/否）

41. 不动产所有权转让时的留置权调查是否可以线上开展？（是/否）

42. 不动产所有权转让时的抵押调查是否可以线上开展？（是/否）

43. 不动产所有权转让时的地役权调查是否可以线上开展？（是/否）

44. 不动产所有权转让时是否可以线上查询转让限制？（是/否）

45. 不动产转让的所有必要尽职调查是否可以在统一的线上平台完成？（是/否）

46. 是否有统一线上平台服务于不动产所有权转让登记的整个过程（通过契据登记和/或产权登记制度），包括启动、验证、提交和发布更新记录？（是/否）

如果回答为“是”，请回答问题47、48、49和50。

47. 这个线上平台是否允许用户下载与不动产所有权转让相关的必要文件（如转让契据、产权契据、登记文件）？（是/否）

48. 这个线上平台是否允许用户上传与不动产所有权转让相关的必要文件（如填完的表格或身份证明文件副本）？（是/否）

49. 这个线上平台是否能够接收有关更新、状态变化或与不动产转让相关的重要通知信息？（是/否）

50. 所有与不动产所有权转让有关的必要款项均可通过这个线上平台支付吗？（是/否）

51. 是否有线上平台可对不动产登记机构的服务提出投诉或改进建议？（是/否）

如果回答为“是”，请回答问题52。

52. 对不动产登记机构投诉的答复是否在该平台上公开？（是/否）

53. 是否有线上平台可对地籍和测绘机构的服务提出投诉或者改进建议？（是/否）

如果回答为“是”，请回答问题54。

54. 对地籍/测绘机构投诉的回复是否在线上平台公开？（是/否）

2.1.2 不动产转让——土地管理和识别数字系统

55. 在不动产登记机构保存的大多数不动产所有权证明（或确认不动产所有权的同等效力文件）是什么格式？

55a. 纸质版

55b. 数码化（证书是扫描件）

55c. 数字化（证书是数字化的且可以线上修订）

56. 地籍/测绘机构保留的大多数地籍规划是什么格式？

56a. 纸质版

56b. 数码化（图纸是扫描件）

56c. 数字化（图纸是数字化的且可以线上修订）

57. 地籍测量用什么方法？

57a. 直接测量（现场测量）

57b. 混合测量（对每一地块进行现场测量和高分辨率图片相结合）

57c. 间接测量（高分辨率图片）

58. 是否存在国家电子数据库以查验不动产交易中使用的由政府签发的身份证件的准确性？（是/否）

2.1.3 不动产转让——土地登记机构和测绘机构的覆盖范围

59. 在[经济体]中，所有私有土地是否都在土地登记机构正式登记？（是/否）

如果回答为“否”,请回答问题 60。

60. 您预计在[经济体]中的土地登记机构正式登记的私有土地的百分比是多少?

60a. 超过 50%

60b. 低于 50%

61. 在[城市]中,所有私有土地是否都在土地登记机构正式登记?(是/否)

如果回答为“否”,请回答问题 62。

62. 您预计在[城市]中土地登记机构正式登记的私有土地的百分比是多少?

62a. 超过 50%

62b. 低于 50%

63. 在[经济体]中,是否所有私有土地都在地籍/测绘机构进行了正式测绘和勘测?(是/否)

如果回答为“否”,请回答问题 64。

64. 您预计在[经济体]中,在地籍/测绘机构进行正式测绘和勘测的私有土地的百分比是多少?

64a. 超过 50%

64b. 低于 50%

65. 在[城市]中,是否所有私有土地都进行了正式测绘和勘测?(是/否)

如果回答为“否”,请回答问题 66。

66. 您预计在[城市]中,在地籍/测绘机构进行正式测绘和勘测的私有土地的百分比是多少?

66a. 超过 50%

66b. 低于 50%

2.1　数字化服务的可获得性和可靠性			
2.1.1　不动产转让——数字化公共服务			
指标	企业灵活度分值	社会效益分值	总分
线上尽职调查： 产权查询(所有权)(36) 未缴税款(税务机构)(37) 破产信息查询(38) 公司背景(39) 地籍规划(40)	1 0.2 0.2 0.2 0.2 0.2	1 0.2 0.2 0.2 0.2 0.2	2 0.4 0.4 0.4 0.4 0.4
线上尽职调查——产权负担： 留置权(41) 抵押权(42) 地役权(43) 限制(44)	1 0.25 0.25 0.25 0.25	1 0.25 0.25 0.25 0.25	2 0.5 0.5 0.5 0.5
用于不动产尽职调查的统一线上平台(45)	1	1	2
不动产转让的线上平台(46)	1	1	2
线上可办理不动产转让手续： 下载表单(47) 上传文件(48) 获取通知(49) 处理付款(50)	1 0.25 0.25 0.25 0.25	1 0.25 0.25 0.25 0.25	2 0.5 0.5 0.5 0.5
不动产登记投诉机制： 线上投诉平台(51) 公开对投诉的答复(52)	1 0.5 0.5	1 0.5 0.5	2 1 1
地籍投诉机制： 线上投诉平台(53) 公开对投诉的答复(54)	1 0.5 0.5	1 0.5 0.5	2 1.0 1.0
总分	7	7	14
2.1.2　不动产转让——土地管理和识别数字系统			
指标	企业灵活度分值	社会效益分值	总分
不动产产权证书的格式： 证书数字化(55c)或	1 1 或	1 1 或	2 2 或

（续表）

指标	企业灵活度分值	社会效益分值	总分
证书数码化(55b)	0.5	0.5	1
地籍规划格式： 图纸数字化(56c)或 图纸数码化(56b)	1 1 或 0.5	1 1 或 0.5	2 2 或 1
地籍测绘方法： 直接(57a)或 混合(57b)	1	1	2
查验身份的国家数据库(58)	1	1	2
总分	4	4	8
2.1.3 不动产转让——土地登记机构和测绘机构的覆盖范围			
指标	企业灵活度分值	社会效益分值	总分
国家层面的土地登记覆盖范围： 全部覆盖(59)或 超过 50%(60a)	1 1 或 0.5	1 1 或 0.5	2 2 或 1
主要城市层面的土地登记覆盖范围： 全部覆盖(61)或 超过 50%(62a)	1 1 或 0.5	1 1 或 0.5	2 2 或 1
国家层面的地籍覆盖范围： 全部覆盖(63)或 超过 50%(64a)	1 1 或 0.5	1 1 或 0.5	2 2 或 1
主要城市层面的地籍覆盖范围： 全部覆盖(65)或 超过 50%(66a)	1 1 或 0.5	1 1 或 0.5	2 2 或 1
总分	4	4	8

2.2 服务的协同性

2.2.1 不动产转让服务的协同性

67. 不动产登记机构是否有一个综合数据库，以电子方式与地籍/测绘机构实

时共享有关不动产登记的最新信息？（是/否）

68. 不动产登记机构是否有一个综合数据库，以电子方式与地籍/测绘机构以外的机构实时共享有关不动产登记的最新信息？（是/否）

如果回答为“否”，请回答问题 70。

69. 不动产登记或地籍/测绘机构是否使用地理信息系统？（是/否）

70. 不动产登记和地籍/测绘机构是否使用通用的唯一标识符来查询不动产？（是/否）

2.2　服务的协同性			
2.2.1　不动产转让服务的协同性			
指标	企业灵活度分值	社会效益分值	总分
不动产登记机构和地籍机构之间的协同性(67)	1	1	2
不动产登记机构和其他服务机构之间的协同性(68)	1	1	2
存在一个地理信息系统(69)	1	1	2
在不动产登记机构和地籍机构之间存在唯一的标识符(70)	1	1	2
总分	4	4	8

2.3　信息透明度

2.3.1　不动产(包含性别信息)

71. 是否所有类型的不动产转让所需的文件说明均可公开查阅？（是/否）

如果回答为“是”，请回答问题 72 和 73。

72. 以上文件说明是否可以线上获得？（是/否）

73. 以上文件说明变动后是否会立即更新？（是/否）

74. 是否所有类型的不动产转让收费标准均可在不动产登记机构公开查阅？

（是/否）

如果回答为“是”，请回答问题 75 和 76。

75. 以上收费标准是否可以线上获得？（是/否）

76. 以上收费标准变动后是否会立即更新？（是/否）

77. 不动产登记机构是否会线上公布有法律效力的不动产所有权证明文件办理所需的预估时限？（是/否）

78. 是否获得地籍规划的收费标准均可线上公开查阅？（是/否）

如果回答为“是”，请回答问题 79 和 80。

79. 以上收费标准是否可以线上获得？（是/否）

80. 以上收费标准变动后是否会立即更新？（是/否）

81. 地籍/测绘机构是否会线上公布颁发机构认证的最新地籍规划的预估时限？（是/否）

82. [城市]层面土地登记机构中关于不动产交易数量和类型的政府统计数据是否可以公开查阅？（是/否）

如果回答为“是”，请回答问题 83 和 84。

83. 以上统计数据是否可以线上获得？（是/否）

84. 是否可获得最近一年（2023 年）的统计数据？（是/否）

85. [城市]层面关于土地纠纷的数量和类型的政府统计数据是否可以公开查阅？（是/否）

如果回答为“是”，请回答问题 86、87 和 88。

86. 以上统计数据是否可以线上获得？（是/否）

87. 是否可获得最近一年（2023 年）的统计数据？（是/否）

88. 这些可公开查阅的统计数据是否按性别分类收集？（是/否）

89. [城市]层面解决土地纠纷平均时间的政府统计数据是否可以公开查阅？（是/否）

90. 以上统计数据是否可以线上获得？（是/否）

91. 是否可获得最近一年(2023 年)的统计数据？（是/否）

如果回答为“否”，请回答问题 96。

92. [城市]层面按性别分类的土地所有权政府统计数据是否可以公开查阅？（是/否）

如果回答为“是”，请回答问题 93、94、95、96 和 97。

93. 是否可获得最近一年(2023 年)的统计数据？（是/否）

94. 这些统计数据是否匿名？（是/否）

95. 这些统计数据是否可以线上公开获得？（是/否）

96. 这些按性别分类收集的统计数据是否区分以下所有权类型：单独享有？（是/否）

97. 这些按性别分类收集的统计数据是否区分以下所有权类型：共同共有？（是/否）

98. [城市]层面所有私有不动产的纳税价值信息是否可以公开查阅？（是/否）

如果回答为“是”，请回答问题 99。

99. 以上信息是否可以线上公开查阅？（是/否）

2.3　信息透明度			
2.3.1　不动产(包含性别信息)			
指标	企业灵活度分值	社会效益分值	总分
公布不动产交易要求： 可获得(71)且 可线上获得(72)且 最新(73)	1	1	2
不动产交易成本透明度： 可获得(74)且 可线上获得(75)且 最新(76)	1	1	2

（续表）

指标	企业灵活度分值	社会效益分值	总分
不动产登记机构的服务标准(77)	1	1	2
地籍申请费用的透明度： 可获得(78)且 可线上获得(79)且 最新(80)	1	1	2
地籍机构服务标准(81)	1	1	2
土地交易统计数据的可获得性： 可获得(82)且 可线上获得(83)且 最新(84)	1	1	2
土地纠纷数量和类型统计数据的可获得性： 可获得(85)且 可线上获得(86)且 最新(87)	1	1	2
按性别分类的土地纠纷数量和类型统计数据的可获得性(88)	1	1	2
解决土地纠纷平均时间统计数据的可获得性： 可获得(89)且 可线上获得(90)且 最新(91)	1	1	2
按性别分类的土地所有权统计数据的可获得性： 可获得(92)且 最新(93)且 匿名(94)且 可线上获得(95)	1	1	2
按性别分类的土地所有权类型统计数据的可获得性： 单独享有(96) 共同共有(97)	1 0.5 0.5	1 0.5 0.5	2 1 1
不动产纳税价值信息的可获得性： 可获得(98)且 可线上获得(99)	1	1	2
总分	12	12	24

支柱Ⅲ　设立经营场所的运作效率

支柱Ⅲ的指标得分采用正态累积密度函数转换法计算，分值从 0 到 100 分，其中 0 和 100 分别代表可能的最低和最高得分。根据所收集数据的 5%分位数和 95%分位数确定表现最佳和最差者。

支柱Ⅲ有关“不动产转让和土地管理”中子类别 3. 1. 1 的数据通过企业调查收集。有关“不动产转让和土地管理”中子类别 3. 1. 2 和子类别 3. 1. 3 的数据使用下列参数通过专家咨询收集。

支柱Ⅲ　设立经营场所的运作效率	
参数	
经营场所	经济体中最大(人口最多)的城市。该参数适用于国家层面无统一规则、不同州或地区采用不同规则的情况。地理位置决定了如何选择适合的负责不动产转让的不动产登记机构。对于支柱Ⅲ下的所有问题，除非问题本身另有说明，否则将要求专家根据本特定参数提供回答
不动产价值	不动产价值参数(以人均国民总收入的 100 倍计算)用于估算不动产转让的成本，不动产价值以当地货币为单位提供，对于支柱Ⅲ下的所有问题，除非在问题本身另有说明，否则将要求专家根据本特定参数提供回答
其他参数	买方和卖方均为私人所有。拟评估的不动产类型是商业不动产。如适用，不动产转让可能包括国有土地使用权的转让

3.1　不动产转让和土地管理

100. 如必须进行或实践中通常需要进行尽职调查(如产权负担核查、产权调查、未纳税款调查、破产调查、公司背景调查等)，平均而言，完成这些尽职调查需要多少个日历日？(不计分)

101. 如必须进行或实践中通常需要进行尽职调查(如产权负担核查、产权调查、未纳税款调查、破产调查、公司背景调查等)，平均而言，完成这些尽职调查的成本是多少(以当地货币表示)？(不计分)

102. 如必须或实践中通常需要在公证处/律师事务所审查并签订买卖合同，

从法定或者实践角度，平均而言，需要多少个日历日？（不计分）

103. 如必须或实践中通常需要在公证处/律师事务所审查并签订买卖合同，从法定或者实践角度，平均而言，其成本是多少（以当地货币表示）？（不计分）

104. 平均而言，完成申请费用和税费支付需要多少个日历日？（不计分）

105. 转让税是多少（以当地货币表示）？（不计分）

106. 登记费是多少（以当地货币表示）？（不计分）

107. 印花税是多少（以当地货币表示）？（不计分）

108. 其他申请费用和税费是多少（以当地货币表示）？（不计分）

109. 平均而言，完成转让登记并签发新的产权证书/契据后，需要多少个日历日，买方才可以再次出售该不动产？（不计分）

110. 平均而言，完成转让登记和签发新的产权证书/契据以使买方能够再次出售不动产的其他未列明的费用是多少（请只填之前没考虑到的费用）（以当地货币表示）？（不计分）

111. 请补充未列明的关于不动产转让所需要的其他步骤或程序。（不计分）

112. 平均而言，完成这些步骤需要多少个日历日？（不计分）

113. 平均而言，完成这一（些）步骤的成本是多少（以当地货币表示）？（不计分）

3.1.1 土地使用的主要限制

114. 土地使用在多大程度上为设立经营场所设置了障碍？（0—无障碍，1—轻微障碍，2—中等障碍，3—主要障碍，4—非常严重的障碍）

3.1.2 不动产转让的时间

115. 将商业不动产所有权从一家内资企业转移到另一家内资企业，整个过程需要多少个日历日？

3.1.3　不动产转让的成本

116. 在两家内资企业之间完成不动产转让，整个过程需要花费多少总成本（以当地货币表示）？

117. 在两家内资企业之间完成不动产转让，整个过程需要花费的总成本占不动产总价值的百分比是多少？（不计分）

3.1　不动产转让和土地管理			
3.1.1　土地使用的主要限制			
指标	企业灵活度分值	社会效益分值	总分
土地使用的主要限制（114）	100（100%）	不适用	100（100%）
子类别 3.1.1 的总分	100	不适用	100
3.1.2　不动产转让的时间			
指标	企业灵活度分值	社会效益分值	总分
不动产转让的时间（115） 同时与 100、102、104、109、112 相印证	100（100%）	不适用	100（100%）
子类别 3.1.2 的总分	100	不适用	100
3.1.3　不动产转让的成本			
指标	企业灵活度分值	社会效益分值	总分
不动产转让的成本（116） 同时与 101、103、105－108、110、113、117 相印证	100（100%）	不适用	100（100%）
子类别 3.1.3 的总分	100	不适用	100
类别 3.1 的总分	100	不适用	100

建筑许可问卷

下面的表格列出了每个支柱下的所有指标（包括其组成部分，如适用），并在括号内标明了相应的问题编号。为了方便参考，每个表格前都列出了问题。

对于以“是/否”回答的问题，回答为“是”即得分，并被视为良好实践；如特别标明“是/否;否—良好实践”,则“否”意味着良好实践。

在接下来的表格中,“和”表示所有提及问题的答案,必须均为良好实践,才能获得指标的分值。

在接下来的表格中,“或”表示一个或多个提及问题的答案,只要一个为良好实践,即可获得指标的分值。

某些问题标记为“不计分”,意味着它们不会以任何方式影响分值。设计这些问题的目的,是为推广阶段后续年度的问题设计提供更多的信息和改进的建议,并且在必要时,为已经计分的问题提供进一步的信息和实证基础。

支柱 I　经营场所的规则质量	
参数	
经营场所	经济体中最大(人口最多)的城市。该参数适用于国家层面无统一规则、不同州或地区采用不同规则的情况。地理位置决定建筑许可和环境许可适用的规则框架。在许多经济体中,建筑许可和环境许可适用城市和当地政府的立法。对支柱 I 而言,如果经济体内各州的规则有差异,那么我们将要求专家提供适用于最大城市的规则信息

1.2　建筑、区划和土地使用

1.2.1　建筑标准

适用于[经济体]的规则框架中是否包括下列建筑标准或规范?(问题 1 至 9)

1. 建筑结构强度标准(如抗震标准或其他自然灾害标准)(是/否)
2. 所有建筑都必须遵守的消防安全标准(是/否)
3. 适用于所有建筑的无障碍性和包容性标准(是/否)
4. 适用于所有建筑的健康和卫生要求标准(是/否)
5. 适用于所有建筑的建筑设计能源效率和可持续性标准(是/否)
6. 建筑分类标准(如基于用途、使用类型和规模大小的建筑物分类标准)

（是/否）

7. 土地使用规则标准（如管理土地使用、密度、障碍物及其他开发参数的区划法规）（是/否）

8. 所有建筑都有质量保证检查及强制性执行标准（是/否）

9. 适用于所有建筑的维护和翻新要求标准（是/否）

10. 是否有适用于[经济体]所有建筑的国家建筑条例或包含所有建筑施工有关的法律法规和标准的类似框架？（是/否）

11. 规则框架是否要求处理、移除和处置存在健康风险的建筑材料（如石棉、铅、含汞装置或多氯联苯）时，实行许可制？（是/否）

12. 根据规则框架，是否存在一个公共机构（如建筑管理机构）负责确认建设计划符合现行建筑法规？（是/否）

13. 根据规则框架，开发商聘请的作为独立第三方专业机构的建筑和工程公司是否负责保证建设计划符合现行建筑法规？（是/否）

14. 根据规则框架，建筑师和工程师是否被要求实施建设项目技术监管或检查？（是/否）

如果回答为“是”，请回答问题 15 至 17。

以下哪些选项是一个专业人士依法开展建设项目技术监管/检查须具备的条件？（问题 15 至 17）

15. 通过资格考试（除大学学位外）（是/否）

16. 拥有最低年限的实践经验（是/否）

17. 成为建筑师或土木工程师协会会员（是/否）

18. 法律是否强制要求按一定频次（每周、每月、每季）或在施工不同阶段进行检查以保证结构性安全？（是/否）

19. 法律是否强制要求在施工期间根据建筑的风险等级和用途进行不同类型的检查以保证结构性安全（基于风险的检查）？（是/否）

谁承担施工期间各类检查的法律责任?(问题 20 至 25)

20. 自我认证(如建筑公司自我检查)(是/否)

21. 第三方工程师或工程公司(是/否)

22. 政府机构,如市政建设部门(是/否)

23. 法律是否要求在建筑物使用或占有之前进行最终验收?(是/否)

24. 当建设项目完成后被发现结构缺陷,法律是否规定了相应责任?(是/否)

25. 结构缺陷责任是否只在相关主体间通过合同约定,而在法律中没有规定?(是/否)

根据规则框架,谁将为在建筑物建设过程中或之后发生的结构性问题承担责任?(问题 26 至 28)

26. 建设公司的建筑师或工程师(是/否)

27. 施工期间实施检查的第三方工程师或工程公司(是/否)

28. 政府机构,如市政建设部门(是/否)

29. 建筑物投入使用前,法律是否要求取得使用许可?(是/否)

30. 规则框架是否强制要求关于建筑许可、检查或合规性的异议由独立的第三方机构处理?(是/否)

在执行建筑法规方面,法律授权房屋管理行政机关以何种权力?(问题 31 至 34)

31. 为解决紧迫的建筑安全问题而发布紧急指令(是/否)

32. 因未遵守建筑法规而发布指令要求腾退房地(是/否)

33. 违反建筑条例而向有管辖权的法院提起诉讼(是/否)

34. 向注册机构提出停职或吊销违规建筑从业人员执照的建议(是/否)

1.2.2 建筑能源标准

35. 开发商是否负有建筑条例或其他建筑法规所列举的最低能源效率性能标

准的法定义务（如建筑保温、照明和暖通空调系统等）？（是/否）

36. ［经济体］中的建筑能源条例或标准是否在10年内进行过更新？（是/否）（不计分）

申请建筑许可时，以下哪些是必须完成的审查内容？（问题37至48）

37. 符合能源效率标准（是/否）（不计分）

如果回答为“否”，请回答问题49。

38. 建筑围护结构中的热传递率或隔热计算（是/否）

39. 建筑围护结构太阳热能的计算（是/否）

40. 开窗的玻璃系数（是/否）

41. 供暖/制冷需求计算（是/否）

42. 采光和朝向（是/否）

43. 永久遮阳（是/否）

44. 隔气层、空气泄漏或渗漏（是/否）

45. 供热和冷却设备及控制系统的效率（是/否）

46. 水加热设备及控制系统的效率（是/否）

47. 照明装置及控制系统的效率（是/否）

48. 隔热和热阱（是/否）

49. 根据规则框架，是否有向开发商提供的经济激励措施（如税收减免和补助）或非经济激励措施（如快速许可或容积率奖励），以在新建项目中推广绿色建筑标准？（是/否）

1.2.3 区划和土地使用规则

根据规则框架，请指出在［城市］的土地使用计划/区划法规中包含哪些内容？（问题50至54）

50. 将必要基础设施比如供水、电、卫生或排水系统作为土地开发的先决条件

（是/否）

51. 有标记不同区划分配如住宅、商业、农业、娱乐、公共/机构或混合用途等的土地使用地图（是/否）

52. 有标记因自然灾害条件而禁止施工区域的危害地图（是/否）

53. 有标记住宅区和危害区间最小间距的危害地图（是/否）

54. 有标记因保护区、水域、环境敏感区或其他自然资源相关因素而禁止施工区域的地图（是/否）

1.2 建筑、区划和土地使用			
1.2.1 建筑标准			
指标	企业灵活度分值	社会效益分值	总分
适用于所有建筑的建筑法规/标准(10)	1	1	2
安全标准的明确规定或指南： 结构强度(1) 消防安全(2) 无障碍性和包容性(3) 健康和卫生(4) 建筑设计的能源效率和可持续性(5) 建筑分类(6) 土地使用规则(7) 质量保证检查及强制性执行标准(8) 维护和翻新要求(9)	不适用 不适用 不适用 不适用 不适用 不适用 不适用 不适用 不适用 不适用	1 0.11 0.11 0.11 0.11 0.11 0.11 0.11 0.11 0.11	1 0.11 0.11 0.11 0.11 0.11 0.11 0.11 0.11 0.11
建筑材料健康风险监管(11)	不适用	1	1
遵守法律的责任要求： 公共机构责任(12)或 第三方建筑或工程公司责任(13)	1	1	2
开展技术监督/检查的资格： 建筑师或工程师(14) 通过资格考试(15)或 多年的实践经验(16)或 成为专业协会的注册会员(17)	1 0.50 0.50	1 0.50 0.50	2 1 1

（续表）

指标	企业灵活度分值	社会效益分值	总分
施工期间开展检查的类型： 多次阶段性检查(18) 基于风险的检查(19)	1 0.50 0.50	1 0.50 0.50	2 1 1
施工期间开展检查的职责： 建筑公司自我认证(20) 第三方工程师或工程公司(21) 政府机构(22)	1 0.33 0.33 0.33	1 0.33 0.33 0.33	2 0.67 0.67 0.67
法律规定的最终验收要求(23)	1	1	2
结构缺陷/问题的责任： 建设公司建筑师或工程师责任(26)或 第三方检查者责任(27)或 政府机构责任(28)	1	1	2
使用许可证(29)	1	1	2
能够对建筑许可决定提出异议的能力(30)	1	1	2
房屋管理行政机关权限： 发布紧急指令权(31) 发布腾退指令权(32) 起诉权(33) 停职或吊销执照建议权(34)	1 0.25 0.25 0.25 0.25	1 0.25 0.25 0.25 0.25	2 0.5 0.5 0.5 0.5
总分	10	12	22
1.2.2　建筑能源标准			
指标	企业灵活度分值	社会效益分值	总分
强制性最低能源效率性能标准(35)	不适用	1	1
能源效率性能标准作为建筑图纸审核过程的一部分： 热传递率或隔热计算(38) 建筑围护结构太阳热量的计算(39) 开窗的玻璃系数(40) 供暖/制冷需求计算(41) 采光和朝向(42)	不适用 不适用 不适用 不适用 不适用 不适用	1 0.09 0.09 0.09 0.09 0.09	1 0.09 0.09 0.09 0.09 0.09

（续表）

指标	企业灵活度分值	社会效益分值	总分
永久遮阳(43)	不适用	0.09	0.09
隔气层、空气泄漏或渗漏(44)	不适用	0.09	0.09
供热和冷却设备及控制系统的效率(45)	不适用	0.09	0.09
水加热设备及控制系统的效率(46)	不适用	0.09	0.09
照明装置及控制系统的效率(47)	不适用	0.09	0.09
隔热和热阱(48)	不适用	0.09	0.09
鼓励推广绿色建筑标准(49)	不适用	1	1
总分	不适用	3	3
1.2.3　区划和土地使用规则			
指标	企业灵活度分值	社会效益分值	总分
获得必要基础设施服务的要求(水、电、卫生)(50)	1	1	2
标记住宅、商业、农业、娱乐、公共/机构、混合用途等区划分配的地图(51)	1	1	2
标记因自然灾害而禁止施工区域的危害地图(52)	1	1	2
标记住宅区和危害区最小间隔距离的危害地图(53)	1	1	2
标记因自然资源保护而禁止施工区域的地图(54)	1	1	2
总分	5	5	10

支柱Ⅱ　经营场所的公共服务质量和信息透明度	
参数	
经营场所	经济体中最大(人口最多)的城市。该参数适用于国家层面无统一规则、不同州或地区采用不同规则的情况。地理位置决定了建筑许可和环境许可适用的规则框架。在许多经济体中,建筑许可和环境许可适用城市和当地政府的立法。除非问题本身另有要求,否则支柱Ⅱ中的所有问题,我们将要求专家根据适用于最大城市的具体参数提供回答

2.1 数字化服务的可获得性和可靠性

2.1.4 建筑许可——数字化公共服务

55. [城市]是否有线上平台,使规划/建筑管理机构处理和颁发建筑许可(如规划审批、建筑许可和/或使用许可)?(是/否)(不计分)

56. 以下哪一项最能体现规划/建筑管理机构线上平台与其他相关机构(如土地登记处、地籍或公用事业服务提供商)的协同程度?(请选择一个适用的答案选项)

    56a. 线上平台未整合规划/建筑管理机构以外的任何相关许可

    56b. 线上平台整合了来自规划/建筑管理机构以外的部分相关许可(但不是全部)

    56c. 线上平台完全整合了来自规划/建筑管理机构以外的所有相关机构的许可

请说明线上平台是否具有以下功能?(问题 57 至 63)

57. 是否可以通过线上平台在线支付获取建筑许可和/或使用许可的费用?(是/否)

58. 用户与平台之间是否可以就许可申请进行线上沟通?(是/否)

59. 是否有线上通知功能,帮助用户了解申请状态更新或所需的后续工作?(是/否)

60. 是否可以提交获得建筑许可所需的申请或文件?(是/否)

61. 是否提供自动生成的清单,帮助用户确定已完成所有必要步骤以提交建筑许可申请?(是/否)

62. 是否可以提交成套建筑许可申请并颁发建筑许可?(是/否)

63. 是否可以提交使用许可申请表并颁发使用许可?(是/否)

64. 是否可以线上对建筑管理机构做出的建筑许可最终决定提出异议?(是/否)

2.1　数字化服务的可获得性和可靠性			
2.1.4　建筑许可——数字化公共服务			
指标	企业灵活度分值	社会效益分值	总分
颁发建筑许可的线上平台： 建筑许可的线上平台完全整合规划/建筑管理机构以外的所有相关机构的的许可(56c)或 建筑许可的线上平台整合了与规划/建筑管理机构以外的部分相关机构的许可(56b)	1 1 或 0.5	1 1 或 0.5	2 2 或 1
功能齐全的线上许可系统： 线上支付(57) 线上沟通(58) 线上通知(59) 在线提交(60) 自动生成清单(61)	1 0.2 0.2 0.2 0.2 0.2	1 0.2 0.2 0.2 0.2 0.2	2 0.4 0.4 0.4 0.4 0.4
可提交建筑和使用许可申请的线上系统： 在线获得建筑许可(62) 在线获得使用许可(63)	1 0.5 0.5	1 0.5 0.5	2 1 1
对建筑许可线上提起异议(64)	1	1	2
总分	4	4	8

2.2　服务的协同性

2.2.2　建筑许可服务的协同性

65. 空间规划和区划要求是否以地理信息系统(GIS)或其他空间数据平台的形式提供给开发商和建筑师？(请选择一个适用的答案选项)

    65a. 是的，可通过线上获取，仅供信息参考(不适用于官方程序)

    65b. 是的，可通过本地或中央系统(如国土空间规划系统、地理信息系统或城市规划登记处)获得相关信息，并且适用于官方程序

    65c. 不以数字形式提供→请回答问题 66

66. 建筑许可颁发机构与其他相关部门（如地籍、土地登记处、市政部门、公用事业服务提供商等）之间是否实现了地理信息系统和/或国家空间平台的完全整合？

66a. 是的，已与所有相关部门完全整合

66b. 没有整合

2.2 服务的协同性			
2.2.2 建筑许可服务的协同性			
指标	企业灵活度分值	社会效益分值	总分
向所有利益相关者提供空间规划和区划要求（65b）	1	1	2
地理信息系统或国家空间平台的协同（66a）	1	1	2
总分	2	2	4

2.3 信息透明度

2.3.2 建筑、区划和土地使用

请说明建筑许可机构是否线上公开以下信息？（问题 67 至 71）

67. 所有相关方均可线上获得建筑管理规则，包括居民、开发商、建筑师和其他相关方（是/否）

68. 获得建筑许可必要的详细标准和步骤（如文档、费用、技术规格）（是/否）

69. 获得建筑许可之前需要本地服务提供商（如水务公司、电力公司等）提供的批准清单（是/否）

70. 申请建筑许可所需的文件清单（如土地所有权证明、图纸和规划类型）（是/否）

71. 申请使用许可证所需的文件清单（是/否）

72. 是否所有类型建筑施工都有最新的费用标准？（请选择一个适用的答案选项）

72a. 是，在线可用并定期更新

72b. 可在线获取，但未定期更新

72c. 否，未对公众开放

73. 是否有政府最新的已发放的建筑许可数量统计数据？（是/否）（不计分）

74. 在过去 10 年内，是否对[城市]的总体规划/区划规划进行了修改或修订？

74a. 是

74b. 有总体规划/区划规划，但在过去 10 年内未更新

74c. [城市]没有总体规划/区划规划→请回答问题 76

75. 在修改[城市]总体规划/区划规划时，是否有专门规定以供相关机构遵循的官方程序和步骤？（是/否）

76. 在[城市]提交建筑许可申请之前，如何验证是否遵守区划规定？（请选择一个适用的答案选项）

76a. 开发商可以通过访问线上区域图来验证区划的合规性，发证部门在收到建筑许可申请后会进一步检查，无须开发商额外参与

76b. 开发商在获得建筑许可之前需获得规划机构的正式城市规划审批

76c. 不验证区划合规性

2.3　信息透明度			
2.3.2　建筑、区划和土地使用			
指标	企业灵活度分值	社会效益分值	总分
公众可线上获得建筑规划和管理规则(67)	1	1	2
公众可线上获得办理各种类型建筑许可的要求： 获得建筑许可必要的详细标准和步骤(68)	1 0.33	1 0.33	2 0.67

（续表）

指标	企业灵活度分值	社会效益分值	总分
获得建筑许可之前需要本地服务提供商提供的批准清单(69) 申请建筑许可所需的文件清单(70)	0.33 0.33	0.33 0.33	0.67 0.67
公众可线上获得办理使用许可所需的要求(71)	1	1	2
公众可线上获得所有类型建筑的最新收费表(72a)	1	1	2
政府线上公开发布最新的已颁发建筑许可数量的统计数据(73)	1	1	2
最新的城市总体规划/区划规划(74)	1	1	2
修改区划/土地使用规划的步骤(75)	1	1	2
遵守区划规则(76a 或 76b)	1	1	2
总分	8	8	16

支柱Ⅲ　设立经营场所的运作效率

支柱Ⅲ指标的得分采用正态累积密度函数转换法计算，分值从 0 到 100 分，其中 0 和 100 分别代表可能的最低和最高得分。根据所收集数据的 5%分位数和 95%分位数确定表现最佳和最差者。

支柱Ⅲ关于获取施工有关许可的运作效率数据将主要通过企业调查(问题 77 至 100)的方式收集，使用以下参数。

支柱Ⅲ　设立经营场所的运作效率	
参数	
经营场所	经济体中最大(人口最多)的城市。该参数适用于国家层面无统一规则、不同州或地区采用不同规则的情况。地理位置决定了适用次国家级或市级政府的法律框架。对于支柱Ⅲ中所有问题，除非问题自身另有说明，否则我们将要求专家根据这一特定参数提供回答

（续表）

最大市辖区	服务客户数量最多的同一层级的最大政府所在城市。市辖区的选择会影响专家对提供服务操作效率的回答。对于支柱Ⅲ中所有问题，除非问题本身另有说明，否则我们将要求专家确定最大的市辖区，并根据这一特定参数提供回答
建筑的类型及规模	根据申请许可的不同建筑类型（通常分类为住宅、商业或工业建筑），适用的建筑法规、预审类型和级别大不相同，需提交的文件和费用也不相同。某些情况下建筑物规模会影响申请许可的费用，还可能影响施工期间的检查频次。实际办理建筑许可效率应考虑的具体参数： — 建筑类型：用于办公的商业建筑 — 商业建筑面积：1 800 平方米（19 375 平方英尺） — 商业建筑的楼层高度：5 层［每层 360 平方米（3 875 平方英尺）高］，假设每层高度为 3 米（9 英尺 10 英寸） — 土地面积：603.8 平方米（6 500 平方英尺） 在办公建筑尚需对有害物质或其他受管制材料进行审查、申请许可和检查之前，不得举办任何活动

3.2 施工许可

77. 请指定将审核和批准建筑许可的市辖区（如果该［城市］有多个市辖区）。

（不计分）

建筑许可的准备工作

请填写以下信息：获得建筑许可用以建造办公楼所需的所有正式步骤和/或按实践进行的步骤。假设建筑公司有内部建筑师/工程师，且只计算建筑公司与外部私人或公共主体之间的步骤。

在提供时间和费用相关信息时，请考虑每一步骤所需的时间，并考虑这些步骤是否可以与其他流程同时进行。不包括建筑师或工程师完成建筑许可所需项目的时间。此外，在适用的情况下，仅提供每个步骤的官方费用。

请在下方提供您对获取建筑许可证过程中每个步骤的回答。

78. 是否要求或按实践是否要求所有权/产权证书？（是/否）（不计分）

如果回答为“否”，请回答问题 81。

79. 获取所有权/产权证书需要多少个日历日？（不计分）

80. 平均而言，完成此步骤的费用是多少？（不计分）

81. 是否要求或按实践需要进行地形勘测？（是/否）（不计分）

如果回答为“否”，请回答问题84。

82. 进行或委托地形勘测需要多少个日历日？（不计分）

83. 平均而言，完成此步骤的费用是多少？（不计分）

84. 是否要求或按实践需要进行岩土勘测？（是/否）（不计分）

如果回答为“否”，请回答问题87。

85. 委托并获取岩土勘测需要多少个日历日？（不计分）

86. 平均而言，完成此步骤的费用是多少？（不计分）

87. 是否要求或实践中需要城市规划审批证书？（是/否）（不计分）

如果回答为“否”，请回答问题90。

88. 获取城市规划审批证书需要多少个日历日？

89. 平均而言，完成此步骤的费用是多少？（不计分）

90. 是否必须获得公用事业服务提供商的合规证书，确认技术条件以确保施工安全并防止造成现有公共基础设施的损坏？（是/否）（不计分）

如果回答为“否”，请回答问题93。

91. 获得公用事业服务提供商的合规证书需要多少个日历日？（不计分）

92. 平均而言，完成此步骤的费用是多少？（不计分）

93. 颁发建筑许可之前是否要求或按实践需要任何机构开展检查？（不计分）

如果回答为“否”，请回答问题96。

94. 开展此类检查需要多少个日历日？（不计分）

95. 平均而言，完成这一步骤需要多少个日历日？（不计分）

96. 请描述获得许可是否需要其他步骤或按实践进行的步骤。（不计分）

3.2.1 获得施工有关许可的时间

97. 在过去两年中,该项目是否申请过与建筑有关的许可?(是/否)(不计分)

98. 获得施工有关许可的时间:最近一次申请,从申请日到获得使用有关许可大约用了多少天?

3.2.2 获得建筑许可的时间

99. 在上述情境下,申请用作办公楼的商业不动产建筑许可的全过程总共需要多少日历日?

3.2.3 获得建筑许可的成本

100. 在上述情境下,申请用作办公楼的商业不动产建筑许可的全过程总共需要多少费用?

3.2 施工许可			
3.2.1 获得施工有关许可的时间			
指标	企业灵活度分值	社会效益分值	总分
获得施工有关许可的时间(98)	100(100%)	不适用	100(100%)
子类别 3.2.1 总分	100	不适用	100
3.2.2 获得建筑许可的时间			
指标	企业灵活度分值	社会效益分值	总分
获得建筑许可的时间(99) 同时与 79、82、85、88、91、94 相印证	100(100%)	不适用	100(100%)
子类别 3.2.2 总分	100	不适用	100
3.2.3 获得建筑许可的成本			
指标	企业灵活度分值	社会效益分值	总分
获得建筑许可的成本(100) 同时与 80、83、86、89、92、95 相印证	100(100%)	不适用	100(100%)

（续表）

指标	企业灵活度分值	社会效益分值	总分
子类别 3.2.3 总分	100	不适用	100
类别 3.2 总分	100	不适用	100

环境许可问卷

下面的表格列出了每个支柱下的所有指标（包括其组成部分，如适用），并在括号内标明了相应的问题编号。为了方便参考，每个表格前都列出了问题。

对于以“是/否”回答的问题，回答为“是”即得分，并意味着良好实践；如特别标明“是/否；否—良好实践”，则“否”意味着良好实践。

在接下来的表格中，“和”表示所有提及问题的答案，必须均为良好实践，才能获得指标的分值。

在接下来的表格中，“或”表示一个或多个提及问题的答案，只要一个为良好实践，即可获得指标的分值。

某些问题标记为“不计分”，意味着它们不会以任何方式影响分值。设计这些问题的目的，是为后续年度的问题设计提供更多的信息和改进的建议，并且在必要时，为已经计分的问题提供进一步的信息和实证基础。

支柱 I　经营场所的规则质量	
参数	
经营场所	经济体中最大（人口最多）的城市。地理位置决定了环境许可有关的规则框架。对支柱 I 而言，如果经济体内各州的规则有差异，我们将要求专家提供适用于最大城市的规则信息
项目的类型和规模	工程项目（住宅开发项目）的类型和规模决定了所需环境许可的类型，建造新住宅开发项目有具体参数：总面积超过 10 英亩（40 468 平方米），住宅类型通常是含有 1 至 3 间卧室的独立式单户住宅，每户住宅拥有独立车道，预计建造 100 栋单户住宅，估计居住人数为 600 人

1.4 环境许可

1.4.1 施工环境许可

1. ［经济体］的法律框架是否根据建筑施工项目的潜在环境影响对其进行分类？（是/否）（不计分）

   如果回答为“是”，请回答问题 2 至 7。

   ［经济体］的法律框架是否涵盖了与建筑施工项目相关的以下环境风险？（问题 2 至 7）

2. 可能影响生物多样性和自然资源的风险，这些风险可能威胁到对自然栖息地和生物多样性的保护、养护、维护和恢复，包括生态系统、保护区和森林（是/否）
3. 可能导致温室气体排放或影响气候变化的风险（是/否）
4. 可能导致物理性或生物性危害的风险，例如污染空气、水、土壤或产生噪声（是/否）
5. 可能因处理害虫而导致的风险，例如使用农药或其他化学品（是/否）
6. 可能产生或释放污染物的风险，例如废水、固体废物或空气排放，并需要采取措施防止或减轻污染（是/否）
7. 可能影响水源的风险，包括水质、水量和水源可及性，并需要采取措施管理和保护水资源（是/否）
8. 规则框架是否强制要求开展建筑业建设项目时获得防止污染（空气、水、土壤）的许可？（是/否）

   如果回答为“是”，请回答问题 9。

9. 是否设定罚款或处罚措施以强制人们遵守合规要求？（是/否）
10. 规则框架是否强制要求开展建筑业建设项目时获得水源开采的许可？（是/否）

    如果回答为“是”，请回答问题 11。

11. 是否设定罚款或处罚措施以强制人们遵守合规要求？（是/否）

12. 规则框架是否强制要求开展建筑业建设项目时获得废物管理和回收的许可？（是/否）

如果回答为“是”，请回答问题13。

13. 是否设定罚款或处罚措施以强制人们遵守合规要求？（是/否）

14. 规则框架是否强制要求开展建筑业建设项目时获得废水处理的许可？（是/否）

如果回答为“是”，请回答问题15。

15. 是否设定罚款或处罚措施以强制人们遵守合规要求？（是/否）

根据规则框架，以下哪些标准会触发[城市]建筑项目的环境影响评估？（问题16至19）

16. 项目规模（如项目的面积、楼层数量、停车场等）（是/否）

17. 项目的地理位置（如环境敏感区域、文化遗产等）（是/否）

18. 项目的性质（如建筑类型、工业与住宅用途）（是/否）

19. 环境影响（如土地使用的变化、污染、人类健康与安全等）（是/否）

20. 规则框架是否要求所有项目，包括被分类为对环境影响轻微的项目，必须获得公共部门的环境批准？（是/否）

21. 法律是否强制要求由有资质的专业人员或专业机构进行环境影响评估？（是/否）

根据现有规则框架，环境影响评估过程是否包括以下每一项要求？（问题22至26）

22. 范围界定（确定评估范围，包括要解决的问题和拟议项目可能对环境产生的影响）（是/否）

23. 影响评估（确定和评估拟议项目可能产生的正面和负面环境影响，包括直接和间接影响、短期和长期影响，以及累积影响）（是/否）

24. 缓解措施(制定措施以避免、减少或补偿拟议项目的负面环境影响,并增强其正面影响)(是/否)

25. 公共咨询(通过公开项目相关信息、开展咨询并结合反馈来进行社区参与,特别是来自受影响社区的反馈。以上还包括提供基于项目的申诉机制。这一机制将信息以通俗易懂的形式和语言及时公布在项目相关方和其他利益相关者易于看到的场所)(是/否)

26. 监测及跟进(实施监测程序,以检验影响预测的准确性,并确保缓解措施在减少对环境的负面环境方面是有效的)(是/否)

27. 法律是否强制公开环境影响评估的相关信息(即环境影响报告书)?(是/否)

现行规则框架下,为使利益相关方参与决策过程,环境影响评估是否要求进行以下活动和实施办法?(问题 28 至 30)

28. 提供的环境影响评估审查的相关信息是否以项目相关方和其他利益相关方能够理解且可获取的形式和语言提供?(是/否)

29. 提供的环境影响评估审查的相关信息是否在可访问的地址、网络、政府公报和媒体中发布?(是/否)

30. 是否提供能力培养活动(如培训、资源和技术援助)?(是/否)

31. 根据规则框架,环境影响评估报告是否需要经过责任机构或部门的审查?(是/否)

如果回答为“是”,请回答问题 32。

32. 环境影响评估的规则框架是否提供官方的审查程序和指引?(是/否)

33. 法律是否要求由具有资质的专业人员或环境影响评估专家进行环境影响评估的官方审查?(是/否)

34. 最终的环境影响评估决定是否可以通过罚款、处罚和其他机制强制执行?(是/否)

35. 如果项目造成环境损害,是否可以追究环境影响评估审批机关或项目开发者/所有者的责任?(是/否)

1.4.2 环境影响评估决定的纠纷解决机制

36. 根据规则框架,环境影响评估决定在[经济体]中是否可以由受影响方提出异议或上诉?(是/否)
37. 根据规则框架,是否提供仲裁作为庭外纠纷解决机制,以解决受影响方与公共部门间环境影响评估或环境许可决定的争议?(是/否)
38. 根据规则框架,是否提供调解或调停作为庭外纠纷解决机制,以解决受影响方与公共部门之间环境影响评估或环境许可决定的争议?(是/否)

1.4 环境许可			
1.4.1 施工环境许可			
指标	企业灵活度分值	社会效益分值	总分
法律框架规定环境风险:	不适用	1	1
法律框架定义的环境风险(2)	不适用	0.167	0.167
可能导致温室气体排放或影响气候变化的风险(3)	不适用	0.167	0.167
可能造成物理性或生物危害的风险,例如污染空气、水、土壤或产生噪声(4)	不适用	0.167	0.167
可能因处理害虫而导致的风险(5)	不适用	0.167	0.167
可能产生或释放污染物的风险(6)	不适用	0.167	0.167
可能影响水源的风险,包括水质、水量和水源可及性(7)	不适用	0.167	0.167
施工环境许可的要求:	不适用	1	1
防止污染(空气、水、土壤)的许可(8)	不适用	0.25	0.25
水源开采的许可(10)	不适用	0.25	0.25
废物管理和回收的许可(12)	不适用	0.25	0.25
废水处理的许可(14)	不适用	0.25	0.25

（续表）

指标	企业灵活度分值	社会效益分值	总分
环境许可的执行机制： 污染（空气、水、土壤）的罚款或处罚（9） 水源开采的罚款或处罚（11） 废物管理和回收的罚款或处罚（13） 废水处理的罚款或处罚（15）	不适用 不适用 不适用 不适用 不适用	1 0.25 0.25 0.25 0.25	1 0.25 0.25 0.25 0.25
触发环境影响评估的标准： 项目规模（16） 地理位置（17） 项目性质（18） 环境影响（19）	不适用 不适用 不适用 不适用 不适用	1 0.25 0.25 0.25 0.25	1 0.25 0.25 0.25 0.25
轻微环境影响项目的环境影响评估（20）	不适用	1	1
具备资质的专业人士或专业机构进行环境影响评估（21）	不适用	1	1
环境影响评估程序的要求： 范围界定和基线研究（22） 影响评估（23） 缓解措施（24） 公共参与（25） 监测及跟进（26）	不适用 不适用 不适用 不适用 不适用 不适用	1 0.2 0.2 0.2 0.2 0.2	1 0.2 0.2 0.2 0.2 0.2
检查合规性的法律责任： 环境影响评估需接受审查（31） 环境影响评估提供官方的指引和程序（32）	不适用 不适用 不适用	1 0.5 0.5	1 0.5 0.5
具备资质的专业人员审查环境影响评估（33）	不适用	1	1
环境影响评估决定的执行机制（34）	不适用	1	1
环境损害的责任（35）	不适用	1	1
公共咨询要求的要素： 发布信息，其形式和语言便于项目受影响方和其他相关方理解（28）	不适用 不适用	1 0.33	1 0.33

（续表）

指标	企业灵活度分值	社会效益分值	总分
信息清晰且可获得（地点、网络、政府公报、媒体等）(29) 能力培养（根据需要向利益相关者提供培训、资源和技术援助）(30)	不适用 不适用	0.33 0.33	0.33 0.33
环境影响评估信息的披露(27)	不适用	1	1
总分	0	13	13
1.4.2 施工有关环境许可的纠纷解决机制			
指标	企业灵活度分值	社会效益分值	总分
能够对环境审查和许可提出异议的能力(36)	1	1	2
环境纠纷庭外解决机制： 仲裁(37) 调解或调停(38)	1 0.5 0.5	1 0.5 0.5	2 1 1
总分	2	2	4

支柱Ⅱ 经营场所的公共服务质量和信息透明度	
参数	
经营场所	经济体中最大（人口最多的）城市。该参数适用于国家层面无统一规则、不同州或地区采用不同规则的情况。地理位置决定了环境许可的监管机构和需要审批的类型。对于支柱Ⅱ中所有问题，除非问题自身另有说明，否则我们将要求专家根据这一具体参数提供回答
项目的类型和规模	工程项目（住宅开发项目）的类型和规模决定了所需环境许可的类型，建造新住宅开发项目有具体参数：总面积超过10英亩（40 468平方米），住宅类型通常是含有1至3间卧室的独立式单户住宅，每户住宅拥有独立车道，预计建造100栋单户住宅，估计居住人数为600人

2.1 数字化服务的可获得性和可靠性

2.1.5 环境许可——数字化公共服务

39. 是否有线上系统便于公众参与环境许可的过程？（是/否）

40. 在［城市］中，是否可以通过线上支付系统（即专门的线上支付交易平台）

支付环境许可的费用?(是/否)

41. 在[城市]中,是否有电子系统便于用户与主管部门就获取环境许可进行线上沟通?(是/否)

42. 在[城市]中,是否有电子系统便于线上提交获得环境许可的相关文件?(是/否)

如果回答为“是”,请回答问题43。

43. 在提交环境许可相关电子文件时,是否还需提交纸质文件?(是/否;否—良好实践)

44. 在[城市]中,是否有自动生成的文件清单,帮助用户确保已提交所有获取环境许可所需的文件?(是/否)

45. 是否可以通过线上方式对环境许可的最终决定进行上诉?(是/否)

2.1 数字化服务的可获得性和可靠性			
2.1.5 环境许可——数字化公共服务			
指标	企业灵活度分值	社会效益分值	总分
便于公众参与的线上许可系统(39)	1	1	2
功能齐全的线上许可系统: 线上支付(40) 线上沟通(41) 线上提交(42) 自动生成清单(44)	1 0.25 0.25 0.25 0.25	1 0.25 0.25 0.25 0.25	2 0.5 0.5 0.5 0.5
电子文件和纸质副本一起提交(43)	1	1	2
能够对环境许可线上提起异议(45)	1	1	2
总分	4	4	8

2.3 信息透明度

2.3.3 环境许可

46. 在[城市]中,是否可以线上获得提交建筑环境审批或许可申请的要求?

（是/否）

47. 是否可以线上获得当前适用于[城市]环境许可的最新费用表？（是/否）

48. 是否有政府公开的最新的信息，显示[经济体]已批准的环境影响评估数量或清单？（是/否）

2.3　信息透明度			
2.3.3　环境许可			
指标	企业灵活度分值	社会效益分值	总分
公众可线上获取建造具有中等环境风险的建筑物所需的环境许可要求(46)	1	1	2
环境审查适用的最新收费表(47)	1	1	2
政府及时发布最新的通过环境影响评估的清单(48)	1	1	2
总分	3	3	6

支柱Ⅲ　设立经营场所的运作效率

支柱Ⅲ指标的得分采用正态累积密度函数转换法计算，分值从 0 到 100 分，其中 0 和 100 分别代表可能的最低和最高得分。根据所收集数据的 5%分位数和 95%分位数确定表现最佳和最差者。

支柱Ⅲ关于环境许可运作效率的数据将主要通过专家咨询(问题 49 至 61)收集，使用以下参数。

支柱Ⅲ　设立经营场所的运作效率	
参数	
经营场所	经济体中最大(人口最多的)城市。该参数适用于国家层面无统一规则、不同州或地区采用不同规则的情况。地理位置决定了环境许可的监管机构和需要审批的类型。对于支柱Ⅲ中所有问题，除非问题自身另有说明，否则我们将要求专家根据这一具体参数提供回答

（续表）

项目的类型和规模	项目的类型和规模（10 英亩、100 栋房屋、600 名居民的住宅开发项目）决定了所需环境许可的类型和成本

3.3 环境许可

在提供时间和成本相关信息时，请考虑每一流程所需的时间，以及这些流程是否可以与其他流程同时进行；如适用，请以当地货币表示成本，并仅提供官方费用。

49. 上述的住宅开发项目要求进行哪种类型的环境影响评估？（不计分）

49a. 遵守环境法规的自我声明

49b. 简化环境影响评估（即对有限范围内的环境研究发放环境许可）

49c. 全面环境影响评估

49d. 该项目无须环境影响评估

49e. 其他

49.1 请具体说明上述住宅开发项目需要进行哪种类型的环境影响评估过程？

49.2 请具体说明上述项目所需的法律框架，及其环境影响评估的要求和类型。

对于上述住宅开发项目，以下哪些环境审批是必需的？（问题 50 至 54）

50. 污染（是/否）

51. 水源开采（是/否）

52. 水管理与回收（是/否）

53. 废水处理（是/否）

54. 其他（是/否）

3.3.1 获得环境许可的时间

回答以下问题时，请考虑上述住宅开发项目：

（1）根据［经济体］的规则框架，完成环境影响评估和/或其他环境许可的适用情况。

（2）根据法律要求和/或实践，获得环境审查所需的所有步骤，其中涉及相应主管部门提供的公共服务。这可能包括但不限于获取环境审查所要求的信息，确认是否需要进行环境影响评估，并提交必要的获批文件。然而，不涉及公共服务直接参与的步骤，如聘请顾问准备报告的时间和成本，将不予考虑。

（3）对于问题 55 至 58，如在此类项目中，法律和/或实践对该步骤没有正式要求，请标记为不适用。

55. 对于上述住宅开发项目，获得各相关部门确认是否需要进行环境影响评估和/或环境许可需要多少个日历日？（如果法律未对此步骤做正式要求，且在此类项目的实践中也没有此步骤，请标记为不适用）（不计分）

56. 对于上述住宅开发项目，获得各相关部门关于项目必须遵守的全部信息（包括进行环境影响评估和/或环境许可所需的审查和步骤）需要多少个日历日？（如果法律未对此步骤做正式要求，且在此类项目的实践中也没有此步骤，请标记为不适用）（不计分）

57. 在给相关部门提交了所有必要的环境文件（影响评估等）后，收到相关部门确认文件完整性的答复需要多少个日历日？（如果法律未对此步骤做正式要求，且在此类项目的实践中也没有此步骤，请标记为不适用）（不计分）

58. 在所有环境文件提交并得到相关部门满意的回复后，公共机构需要多少个日历日进行公众咨询（从公告发布到咨询阶段完成）？（如果法律未对此步骤做正式要求，且在此类项目的实践中也未有此步骤，请标记为不适用）（不计分）

59. 在所有环境文件提交并得到相关部门满意的回复后，相关部门需要多少

个日历日正式批准审查？（如果法律未对此步骤做正式要求，且在此类项目的实践中也没有此步骤，请标记为不适用）（不计分）

60. 从提交所需环境文件开始计算，到最终审查通过，所有的许可和审查的时间总计是多少（以日历日数计算）？

3.3.2 获得环境许可的成本

61. 考虑从提交所需环境文件到最终审查所涉及的所有费用，最终全部许可和审查的总费用是多少（以当地货币计算）？

3.3 环境许可			
3.3.1 获得环境许可的时间			
指标	企业灵活度分值	社会效益分值	总分
获得环境许可的时间（60） 同时与55、56、57、58、59相印证	100（100%）	不适用	100（100%）
子类别3.3.1的总分	100	不适用	100
3.3.2 获得环境许可的成本			
指标	企业灵活度分值	社会效益分值	总分
获得环境许可的成本（61）	100（100%）	不适用	100（100%）
子类别3.3.2的总分	100	不适用	100
类别3.3的总分	100	不适用	100

第四章　公用事业服务

方法论说明

I. 动机

通过提供电力、水和数字连接的基本服务，公共事业在支持经济和社会发展中发挥着重要作用。没有这些服务，企业就无法运行，居民也无法过上优质生活。然而，根据世界银行的企业问卷调查，全球有超过30%的企业将电力供应视为制约其经营的主要因素。[①] 供电中断会损害公司生产力、收入和经济增长。[②] 同样，供水不足会导致企业生产力下降、机械设备老化和利润下滑。[③]

在当今的数字化世界中，数字技术的应用提高了生产力。[④] 因此，可靠和可负担的网络连接是营商环境的另一个关键因素。然而，截至2021年，全球只有略高于15%的人群接入了固定宽带；在最不发达的国家中，这一比例只有1.4%。[⑤] 基础公用事业服务的供给理应有效、可负担及可靠。成本合理且环境可持续的公用事业服务是有助于经济增长的。[⑥]

对于好的营商环境而言，有效的规则框架、善治、透明度和公用事业服务的运营效率至关重要。[⑦] 例如，有效的规则框架是提供高质量公用事业服务的必要前提。除监管有效性外，该等服务的质量、可靠性和可持续性至关重要，政府应通过监测服务供应与安全连接的质量来予以维持。[⑧] 通过机构协调和公用事业数字化实现的协同性，亦可改善服务质量和用户体验，并通过

---

① World Bank, Enterprise Surveys Database.

② Allcott, Collard-Wexler, and O'Connell (2016); Andersen and Dalgaard (2013); Moyo (2013).

③ World Bank (2017b).

④ World Bank (2016).

⑤ WIPO (2022).

⑥ World Bank (2017b).

⑦ Bergara, Henisz, and Spiller (1998); Cubbin and Stern (2006); Parker, Zhang, and Kirkpatrick (2008).

⑧ Foster and Rana (2020).

优化资源利用来降低对环境的影响。

在此背景下,公用事业服务主题评估规则框架的有效性、治理质量和公用事业服务提供机构的透明度,以及提供电力、水和互联网服务的运营效率。这些措施反映了企业与国营或私营公用事业公司的互动经历。具体而言,该主题评估的是商业用电和用水接入情况。对于互联网,鉴于企业对数据的使用更为频繁,该主题仅关注高速固定宽带网络的接入情况。

Ⅱ. 指标

公用事业服务主题从三个不同的维度(这里称为“支柱”)衡量与三项关键的公用事业——电力、水和互联网——的服务连接及后续服务提供相关联的指标。支柱Ⅰ评估与电力、水和互联网服务相关的规则框架的有效性,涵盖规则框架中的法律条文能否有效保障公用事业服务的连接、可靠性、安全性和环境可持续性。支柱Ⅱ衡量公用事业服务供应的治理质量和透明度,从而评估其实际供应情况。支柱Ⅲ衡量获取电力、水和互联网的时间和成本与公用事业的成本(运营效率),以及公用事业服务供应的可靠性。每个支柱都分为若干类别,每一类别又分为不同的子类别。这些类别由子类别的共同特征界定,为将它们归入特定类别提供依据。每个子类别由若干指标组成,每项指标相应地可以包含若干组成部分。每项指标被赋予相应的分值,然后汇总得出每个子类别、类别和支柱的分值。表1汇总呈现了所有三个支柱及其中被衡量的三个领域(电力、水和互联网)的各自类别。

表1 公用事业服务主题三大支柱汇总表

支柱Ⅰ	**公用事业服务规则质量(33项指标)**
1.1	电(10项指标)

（续表）

1.1.1	费率和服务质量的监管权限(2 项指标)
1.1.2	公用事业基础设施共享和质量保证机制(2 项指标)
1.1.3	电力连接安全性规则(3 项指标)
1.1.4	环境可持续性(3 项指标)
1.2	水(12 项指标)
1.2.1	费率和服务质量的监管权限(2 项指标)
1.2.2	公用事业基础设施共享和质量保证机制(2 项指标)
1.2.3	用水连接安全性规则(3 项指标)
1.2.4	环境可持续性(5 项指标)
1.3	互联网(11 项指标)
1.3.1	费率和服务质量的监管权限(2 项指标)
1.3.2	公用事业基础设施共享和质量保证机制(4 项指标)
1.3.3	互联网连接安全性规则(3 项指标)
1.3.4	环境可持续性(2 项指标)
支柱 Ⅱ　公用事业服务的治理质量和透明度(43 项指标)	
2.1	电(15 项指标)
2.1.1	数字化服务和协同性(4 项指标)
2.1.2	服务供应的监测(包括性别和环境)(3 项指标)
2.1.3	信息的可获得性和透明度(6 项指标)
2.1.4	安全规则和消费者保护机制的执行(2 项指标)
2.2	水(15 项指标)
2.2.1	数字化服务和协同性(4 项指标)
2.2.2	服务供应的监测(包括性别和环境)(3 项指标)
2.2.3	信息的可获得性和透明度(6 项指标)
2.2.4	安全规则和消费者保护机制的执行(2 项指标)
2.3	互联网(13 项指标)
2.3.1	数字化服务和协同性(4 项指标)
2.3.2	服务供应的监测(包括性别和环境)(2 项指标)

（续表）

2.3.3	信息的可获得性和透明度(5 项指标)
2.3.4	安全规则和消费者保护机制的执行(2 项指标)
支柱Ⅲ　公用事业服务在实践中的运作效率(9 项指标)	
3.1	电(3 项指标)
3.1.1	电力的可负担性(1 项指标)
3.1.2	获得电力连接的时间(1 项指标)
3.1.3	供电可靠性(1 项指标)
3.2	水(3 项指标)
3.2.1	用水的可负担性(1 项指标)
3.2.2	获得用水连接的时间(1 项指标)
3.2.3	供水可靠性(1 项指标)
3.3	互联网(3 项指标)
3.3.1	互联网的可负担性(1 项指标)
3.3.2	获得网络连接的时间(1 项指标)
3.3.3	互联网供应的可靠性(1 项指标)

1. 支柱Ⅰ. 公用事业服务规则质量

表 2 展示了支柱Ⅰ(即公用事业服务规则质量)的结构,即关于公用事业服务供应的规则框架。该支柱的每个子类别将会在其与电、水、互联网等三个衡量领域相关时展开更为详细的讨论。

表 2　支柱Ⅰ 公用事业服务规则质量

1.1	电
1.1.1	费率和服务质量的监管权限
1.1.2	公用事业基础设施共享和质量保证机制
1.1.3	电力连接的安全性规则

（续表）

1.1.4	环境可持续性
1.2	水
1.2.1	费率和服务质量的监管权限
1.2.2	公用事业基础设施共享和质量保证机制
1.2.3	用水连接的安全性规则
1.2.4	环境可持续性
1.3	互联网
1.3.1	费率和服务质量的监管权限
1.3.2	公用事业基础设施共享和质量保证机制
1.3.3	互联网连接的安全性规则
1.3.4	环境可持续性

每个子类别包含若干指标，每项指标相应地包含若干组成部分。

1.1.1，1.2.1，1.3.1　费率和服务质量的监管权限（供电、供水和供网）

可靠的公用事业服务与强有力的监管体系密切相关。监管机构是提高行业绩效和用户体验（如服务质量和可负担性）的关键。[①] 运作良好的监管机构能够保证对电力、水和互联网服务的高效管理。[②] 其对费率的制定和审查对保护消费者和投资者格外重要。同样，制定标准和监测服务质量对确保充足的服务供给至关重要。[③] 监管机构还应该防止不正当的竞争行为，因为横跨整个数字基础设施供应链的竞争性市场结构能降低价格和提高服务质量，最终使消费者受益。[④] 基于此，子类别1.1.1、1.1.2和1.1.3费率和服务质量

① OECD (2021a).
② Pérez-Arriaga, Jenkins, and Batlle (2017).
③ Brown, Stern, and Tenenbaum (2006).
④ World Bank (2018).

的监管权限包含 6 项指标：2 项电力指标(子类别 1.1.1)(表 3)、2 项水指标(子类别 1.2.1)(表 4)和 2 项互联网指标(子类别 1.3.1)(表 5)。

表 3　子类别 1.1.1 费率和服务质量的监管权限(供电)

	指标	组成部分
1	电价的监管权限	监管机构拥有设定和审批费率的最终决策权
2	监管机构对电力服务质量的监管	(1) 为保障电力服务供应质量而制定的标准 (2) 为保障电力服务供应质量而监督标准的实施

表 4　子类别 1.2.1 费率和服务质量的监管权限(供水)

	指标	组成部分
1	水价的监管权限	监管机构拥有设定和审批费用的最终决策权
2	监管机构对用水服务质量的监管	(1) 为保障用水服务质量而制定的标准 (2) 为保障用水服务质量而监督标准的实施

表 5　子类别 1.3.1 费率和服务质量的监管权限(互联网)

	指标	组成部分
1	互联网资费的监管权限	(1) 监管机构拥有监管费率的最终权力 (2) 监管互联协议 (3) 调查反不正当竞争行为 (4) 对反不正当竞争行为处以罚款
2	监管机构对互联网服务质量的监管	(1) 为保障网络服务质量而制定的标准 (2) 为保障网络服务质量而监督标准的实施

1.1.2,1.2.2,1.3.2 公用事业基础设施共享和质量保证机制(供电、供水和供网)

公用事业基础设施(如电线杆或管道)往往造价较高,且施工周期较长。因此,如果规则标准促进不同公用事业提供商共享基础设施(如鼓励联合挖掘计划或“最多挖一次”政策),则能够提升不同服务间的协同性,并节省公用事业报装的时间和成本。同样,政府对公用事业连接程序的审批时限能够提高行政程序的可预测性。[①] 此外,如果规则降低使用公有或私有基础设施的门槛,则能够有效提升宽带网络的速度。[②] 另外,推动电信连接服务提供商共享基础设施的规则可以提高宽带业务的可负担性和使用机会。[③]

对企业和当地经济而言,公用事业的服务中断和恢复延迟极具破坏性且成本高昂。因此,质量保证机制有助于用户免遭公用事业服务供给不足的困境,亦可确保未满足最低绩效标准的公用事业公司承担责任并面临处罚。[④] 该机制为公用事业公司提供了一个激励制度,以保证电力、水和互联网服务的供应质量。[⑤] 因此,子类别 1.1.2、1.2.2 和 1.3.2 公用事业基础设施共享和质量保证机制包含 8 项指标:2 项电力指标(子类别 1.1.2)(表 6)、2 项水指标(子类别 1.2.2)(表 7)和 4 项互联网指标(子类别 1.3.2)(表 8)。

表 6 子类别 1.1.2 公用事业基础设施共享和质量保证机制(供电)

	指标	组成部分
1	联合规划建设	(1) 遵循联合挖掘计划或“最多挖一次”政策的条款 (2) 审批流程的时间表

① Martínez Garza Fernández, Iglesias Rodriguez, and García Zaballos (2020). OECD (2003, 2012).

② ITU and UNESCO (2021).

③ ITU and World Bank (2020).

④ Costello (2012).

⑤ Foster and Rana (2020); ITU (2017).

（续表）

	指标	组成部分
2	服务质量保证机制	规则框架中的制裁和/或补救措施，如为限制服务提供商中断服务而设立的补偿或罚款

表 7　子类别 1.2.2 公用事业基础设施共享和质量保证机制（供水）

	指标	组成部分
1	联合规划建设	（1）遵循联合挖掘计划或“最多挖一次”政策的条款 （2）审批流程的时间表
2	服务质量保证机制	规则框架中的制裁和/或补救措施，如为限制服务提供商中断服务而设立的补偿或罚款

表 8　子类别 1.3.2 公用事业基础设施共享和质量保证机制（互联网）

	指标	组成部分
1	联合规划建设	（1）遵循联合挖掘计划或“最多挖一次”政策的条款 （2）审批流程的时间表
2	通行权	（1）平等使用政府所有基础设施的法规 （2）数字基础设施服务提供商通行权的法规
3	基础设施的开放使用	（1）宽带运营商间被动或主动共享基础设施 （2）公用事业间基础设施共享的合作伙伴关系（如出租光纤基础设施过剩容量或其他自愿的市场安排） （3）本地环路开放及线路接入 （4）对主要运营商的不对称监管，如限制价格上限或收益率的规则，以及未能协商达成解决方案时的补救措施
4	服务质量保证机制	规则框架中的制裁和/或补救措施，如为限制服务提供商中断服务而设立的补偿或罚款

1.1.3,1.2.3,1.3.3　保障公用事业连接安全的规则(供电、供水和供网)

专业认证降低了不确定性,并为服务质量设定了最低标准。[①] 为确保更好地遵守工程法规,为参与施工的专业人员建立健全的资质和许可制度是至关重要的。[②] 同样,在电力行业,公众普遍认可工程师的专业资质对保证公众健康、福利和安全十分重要。[③] 确保电力连接和用水管道安装符合规定是非常重要的,不遵守既定流程可能会导致公共健康危害。[④]

检查可以证明安装符合安全和质量标准。[⑤] 建设缺陷的维修成本很高,且会给投资者带来不确定性。

健全的责任制度能够明晰各方权责,使协议安排更具透明度。[⑥] 明确和透明的责任制度确保在发生事故时,相关机构能够管理风险,并给予充分的救济和赔偿。[⑦] 互联网责任制度应要求采取保障措施防止个人数据漏洞,这对建立一个鼓励数字交易、限制网络漏洞的市场环境至关重要。[⑧]

不同于水和电力连接,宽带连接通常不会造成人身安全风险。然而,企业对数字技术的采取和使用取决于数字生态系统的可靠性。网络可靠性是通过政府监管、有效的安全措施和应对网络威胁的强大国家能力实现的。因此,我们需要网络安全保障措施和能力来保护在线数据和通信,并确保网络弹性。[⑨]

因此,子类别1.1.3、1.2.3和1.3.3保障公用事业连接安全的规则包含9

---

① Leland (1979).
② IFC, World Bank, and MIGA (2013).
③ IEEE (2022).
④ World Bank (2017b).
⑤ Boyne, Day, and Walker (2002); IEC (2016).
⑥ IFC, World Bank, and MIGA (2013).
⑦ Wilson, Klass, and Bergan (2009).
⑧ ITU (2018); World Bank (2017a).
⑨ World Bank (2016, 2021b).

项指标：3 项电力指标（子类别 1.1.3）（表 9）、3 项水指标（子类别 1.2.3）（表 10）和 3 项互联网指标（子类别 1.3.3）（表 11）。

表 9　子类别 1.1.3 电力连接安全规则

	指标	组成部分
1	专业认证	对执行安装人员进行两项或多项要求组合的评估以确保其专业资格
2	检查制度	（1）内部安装工程 （2）外部安装工程质量合规且符合规定 就这两项要素中的任何一项，指标评估是否要求连接工程由证明内部和外部安装质量的认证承包商进行，或是否有进行第三方检查的法律义务
3	责任制度	连接使用过程中发现故障时，投资人以外的各方（例如为专业人员设计接入工程方案的工程师/公司、或进行技术检查的机构、或进行安装工程的专业人员或公司）的责任

表 10　子类别 1.2.3 水连接安全规则

	指标	组成部分
1	专业认证	对执行安装人员进行两项或多项要求组合的评估以确保其专业资格
2	检查制度	（1）内部安装工程 （2）外部安装工程质量合规且符合规定 就这两项要素中的任何一项，指标评估是否要求连接工程由证明内部和外部安装质量的认证承包商进行，或是否有进行第三方检查的法律义务
3	责任制度	连接使用过程中发现故障时，投资人以外的各方（例如为专业人员设计接入工程方案的工程师/公司、或进行技术检查的机构、或进行安装工程的专业人员或公司）的责任

表 11　子类别 1.3.3 互联网连接安全规则

	指标	组成部分
1	责任制度	(1) 违反个人数据保护的责任及追责的权利 (2) 报告数据泄露事件的规定
2	网络安全协调	(1) 实施风险评估策略 (2) 进行网络安全审查、演习、训练或培训 (3) 领导集体努力应对网络威胁 (4) 执行网络安全法律法规
3	网络安全保护	(1) 网络安全保护,或最低标准和保护措施 (2) 计算机安全事件响应团队

1.1.4,1.2.4,1.3.4　环境可持续性(供电、供水和供网)

发电是空气污染的主要原因,因此,必须降低化石燃料燃烧释放至大气中的污染物水平。① 同时,联合国已将全球能源效率翻倍列为其 2030 年可持续发展议程中的一个关键的可持续发展目标。② 可持续输配电标准(包括智能电表推广计划和智能电网)可以促进网络系统高效运行,最大限度地降低成本和环境影响。③ 改用节能电器的要求和能效标签的使用同样会强化可持续发展的实践。④ 反过来,执法和威慑机制确保了人们遵守既定标准,财务与非财务激励措施提升了能效措施的采用率。⑤

改善水质、提高用水效率和安全重复利用水,对可持续发展至关重要。⑥ 我们可以通过智能电表快速识别和修复漏水,实现高效供水和用水。用水需求管

---

① Barreira, Patierno, and Ruiz Bautista (2017); UNEP (n. d.).
② UN (2015).
③ Banerjee et al. (2017); Cox and Esterly (2016); Gonzalez (2022); OECD (2015).
④ AfDB (2021).
⑤ Geller et al. (2006); OECD (2009).
⑥ UN (2015).

理实践包括推广使用节水型电器的措施，如节水标签计划。[1] 执法和威慑机制亦可确保上述标准得到遵守。此外，财务（如税收抵免和利率补贴）及非财务（如提高认识的举措）激励措施也有助于企业遵守节水措施和采纳节水技术。[2] 此外，废水在被排放至地表水或地面前，应被隔离并处理。为此，废水处理要求（如最低处理类型和最大排放限制）至关重要。此外，中央主管部门应承担起制定和实施废水管理规则框架的责任，并采取综合手段来批准废水排放。[3] 我们应认识到废水亦是一种资源，尽可能地对其进行回收和再利用。[4]

信息与通信技术部门是一个巨大的能源消费部门，约占全球温室气体排放量的 2.8%。[5] 尽管绝大多数法域对网络服务环境可持续性的监管并不充分，但该部门在采取能效标准方面面临的压力越来越大。在该部门中，能够实现互联网流量的能源最密集型的行业已采用了国际公认的标准来削减碳排放。

因此，子类别 1.1.4、1.2.4 和 1.3.4 环境可持续性包含 10 项指标：3 项电力指标（子类别 1.1.4）（表 12）、5 项水指标（子类别 1.2.4）（表 13）和 2 项互联网指标（子类别 1.3.4）（表 14）。

表 12　子类别 1.1.4 环境的可持续性（供电）

	指标	组成部分
1	供电的环境可持续性	（1）发电的环境标准 （2）发电环境标准的执行 （3）输配电的环境标准 （4）输配电环境标准的执行

① Britton, Stewart, and O'Halloran (2013); Burton et al. (2019); OECD, Financial Planning Tool for Water Utilities (FPTWU).

② OECD (2009, 2021b).

③ UNEP (2015).

④ Corcoran et al. (2010).

⑤ Belkhir and Elmeligi (2018).

（续表）

	指标	组成部分
2	用电的环境可持续性	（1）对企业遵守节能措施的要求 （2）推动企业遵守节能标准的执行机制
3	采取节能措施的激励	企业采取节能措施的财务与非财务激励

表 13　子类别 1.2.4 环境的可持续性(供水)

	指标	组成部分
1	供水的环境可持续性和供水质量	（1）水质标准 （2）水质标准的执行 （3）高效供水的环境标准 （4）高效供水标准的执行
2	用水的环境可持续性	（1）对企业遵守节水措施的要求 （2）促进企业遵守节水标准的执行机制
3	采取节水措施的激励	（1）企业采取节水措施的财务激励 （2）企业采取节水措施的非财务激励
4	废水处理的可持续性	（1）存在监管废水排放的机构 （2）要求隔离废水的废水处理标准
5	废水再用	有关废水再利用的规则,如与再生水使用、出水水质限制和处理过程/类型相关的指南

表 14　子类别 1.3.4 环境的可持续性(互联网)

	指标	组成部分
1	数字连接基础设施的环境报告或披露标准	数字连接和数据基础设施的强制性或自愿性环境报告或披露标准
2	基础设施的排放和能效	电子通信网络(包括数据中心)的排放或能效的国家目标

2. 支柱Ⅱ. 公用事业服务的治理质量和透明度

表 15 展示了支柱Ⅱ(即公用事业服务的治理质量和透明度)的评估结

构。该支柱中的每个子类别将会在其与电、水、互联网等三个衡量领域相关时展开更为详细的讨论。

表 15　支柱Ⅱ 公用事业服务的治理质量和透明度

2.1	电
2.1.1	数字化服务和协同性
2.1.2	服务供应的检测(包括性别和环境)
2.1.3	信息的可获得性和透明度
2.1.4	安全规则和消费者保护机制的执行
2.2	水
2.2.1	数字化服务和协同性
2.2.2	服务供应的检测(包括性别和环境)
2.2.3	信息的可获得性和透明度
2.2.4	安全规则和消费者保护机制的执行
2.3	互联网
2.3.1	数字化服务和协同性
2.3.2	服务供应的检测(包括性别和环境)
2.3.3	信息的可获得性和透明度
2.3.4	安全规则和消费者保护机制的执行

每个子类别包含若干指标,每项指标相应地包含若干组成部分。

2.1.1,2.2.1,2.3.1　数字化服务和协同性(供电、供水和供网)

公用事业服务的在线申请使得用户无须上门办理,改善了获取电力、水和互联网连接的用户体验。跟踪和处理在线申请的能力提高了服务质量、透明度和用户体验。公用事业申请的数字化提升了政府行政管理的效率,并且减少了腐败。[①] 公用事业服务在线支付的网络平台可以提高效率并降低成

① Ha (2022).

本。数字平台还减少了与新申请报装和月费支付相关的延迟。[①]

公用事业层面的协同性促进了在电力、水和互联网服务间接入新服务的流程。一个共享的基础设施数据库有助于在开展新项目前识别已建立的基础设施网络。[②] 此外,如果一个统一的线上平台存储了计划中的基础设施工程信息,则该平台对有效协调服务网络的扩展至关重要。[③] 如果存在一个基于网络的系统或机构,以协调机构之间的挖掘许可申请的审批,这将加快信息交换和报装流程。[④]

因此,子类别 2. 1. 1、2. 2. 1 和 2. 3. 1 数字化服务和协同性包含 12 项指标:4 项电力指标(子类别 2. 1. 1)(表 16)、4 项水指标(子类别 2. 2. 1)(表 17)和 4 项互联网指标(子类别 2. 3. 1)(表 18)。

表 16　子类别 2. 1. 1 数字化服务和协同性(供电)

	指标	组成部分
1	电力报装的电子申请	(1) 新商业报装在线申请的可获得性 (2) 在线查询申请的可获得性
2	电力报装的电子支付	(1) 在线支付新报装费用的可能性 (2) 在线支付每月费用的可能性
3	既有基础设施和计划工程的信息	(1) 是否存在一个全国或地方的基础设施数据库,存储不同公用事业的既有基础设施网络信息(如“先拨后挖”或地理信息系统) (2) 一个用于提交计划工程信息的数据库
4	挖掘审批协调机制	存在一个基于网络的系统或机构,以便于挖掘许可申请和审批的协调

① Popa and Prostean (2013).
② UN ESCAP (2019); IFC, World Bank, and MIGA (2013).
③ ITU (2019).
④ FPISC (2017).

表 17　子类别 2.2.1 数字化服务和协同性（供水）

	指标	组成部分
1	供水报装的电子申请	（1）新商业报装在线申请的可获得性 （2）在线查询申请的可获得性
2	供水报装的电子支付	（1）在线支付新报装费用的可能性 （2）在线支付每月费用的可能性
3	既有基础设施和计划工程的信息	（1）是否存在一个全国或地方的基础设施数据库，存储不同公用事业的既有基础设施网络信息（如“先拨后挖”或地理信息系统） （2）一个用于提交计划工程信息的数据库
4	挖掘审批协调机制	存在一个基于网络的系统或机构，以便于挖掘许可申请和审批的协调

表 18　子类别 2.3.1 数字化服务和协同性（互联网）

	指标	组成部分
1	互联网报装的电子申请	（1）新商业报装在线申请的可获得性 （2）在线查询申请的可获得性
2	互联网报装的电子支付	（1）在线支付新报装费用的可能性 （2）在线支付每月费用的可能性
3	既有基础设施和计划工程的信息	（1）是否存在一个全国或地方的基础设施数据库，存储不同公用事业的既有基础设施网络信息（如“先拨后挖”或地理信息系统） （2）一个用于提交计划工程信息的数据库
4	挖掘审批协调机制	存在一个基于网络的系统或机构，以便于挖掘许可申请和审批的协调

2.1.2，2.2.2，2.3.2　服务供应的监测（包括性别和环境）（供电、供水和供网）

测量公用服务质量的数据有助于确立实现既定目标的有效方法，确定专业职能并加强公众问责。[①] 电力供应的可靠性可以通过系统平均中断持续时

① Bird et al.（2005）.

间指数(SAIDI)和系统平均中断频率指数(SAIFI)来监测。[①] 用水可靠性可以通过测量平均每日服务时间或遭遇用水中断的用户数量来评估。[②] 我们可以通过定期监测接受化学处理的水的百分比及不适合使用的水占比来维持水质。[③] 供网质量可以通过平均上下行速度或延迟时间来监控。[④]

供电的环境可持续性可以通过可再生能源使用的百分比来监测。用水的环境可持续性可以通过检测水处理中污泥处置的占比或废水再用率来评估。[⑤]

按性别分类的数据促进了性别平等,帮助服务提供者确定女性机会落后的领域。[⑥] 按性别分类的客户调查结果有助于公用事业公司从性别角度分析用户满意度,确定女性用户或女性企业家面临的潜在瓶颈和障碍。[⑦] 因此,子类别 2.1.2、2.2.2 和 2.3.2 服务供应的检测(包括性别和环境)包含 8 项指标:3 项电力指标(子类别 2.1.2)(表 19)、3 项水指标(子类别 2.2.2)(表 20)和 2 项互联网指标(子类别 2.3.2)(表 21)。

表 19　子类别 2.1.2 服务供应的检测(包括性别和环境)(供电)

	指标	组成部分
1	供电质量和可靠性	停电持续时间和频率的监测
2	供电的环境可持续性	存在供电环境可持续性的关键绩效指标
3	女性企业家获得用电服务	按性别分类的客户调查结果,包括客户满意度调查和投诉

① IEEE (2004).
② IBNET Benchmark database.
③ WAREG-European Water Regulators (2017).
④ Kelly and Rossotto (2012).
⑤ Alegre et al. (2006); Hristov and Chirico (2019).
⑥ Pangare, Miletto, and Thuy (2019).
⑦ ADB (2012).

表 20　子类别 2.2.2 服务供应的检测(包括性别和环境)(供水)

	指标	组成部分
1	供水质量和可靠性	(1) 停水可靠性监测 (2) 水质参数监测
2	供水的环境可持续性	存在供水环境可持续性的关键绩效指标
3	女性企业家获得用水服务	按性别分类的客户调查结果,包括客户满意度调查和投诉

表 21　子类别 2.3.2 服务供应的检测(包括性别和环境)(互联网)

	指标	组成部分
1	供网质量和可靠性	存在供网质量和可靠性的关键绩效指标
2	女性企业家获得用网服务	按性别分类的客户调查结果,包括客户满意度调查和投诉

2.1.3,2.2.3,2.3.3　信息的可获得性和透明度(供电、供水和供网)

公用事业服务提供的透明度对于降低交易成本、提高用户的可预测性以及促进公用事业服务单位之间的问责至关重要。[①] 有关获得公用事业连接的文件、要求、时间限制和费用表的在线信息使企业能够更好地了解流程。缺乏此类信息可能会导致申请不完整、与公用事业服务单位之间不必要地来回沟通以及更高的拒绝率。收费表等监管信息的透明度与提高监管效率、降低合规成本和改善整体监管环境相关。[②]

服务提供透明度的三项要素包括费率的在线公开、提前通知费率变化及费率确定机制的透明度。这些要素有助于企业计算成本、预测支出,从而有

① ECRB (2021).
② Geginat and Saltane (2014).

效地规划企业运营。当费率或费率变化缺乏透明度时,终端用户可能会为服务支付过高费用或选择不符合需求的服务。① 此外,计费系统和公式的透明度有助于企业在必要时质疑收费要求。②

向用户通知和公告电力的停供计划可以提高服务的可预测性。③ 互联网中断对企业和用户都有不利影响。④ 同样,不可预见的供电和供水服务可能会造成库存损失,给企业运营带来财务风险。⑤ 停供计划的透明度有助于创造一个可预测性更强的营商环境。就问责而言,投诉管理机构信息的公开、投诉所需文件和程序以及投诉提交标准是非常重要的。⑥

此外,定期监控和公布评估公用事业业绩的关键绩效指标可以提升服务的可预测性和透明度。⑦ 终端用户可以将公用事业的实际业绩与责任框架中的目标业绩相比较。⑧ 因此,子类别 2. 1. 3、2. 2. 3 和 2. 3. 3 信息的可获得性和透明度包含 17 项指标: 6 项电力指标(子类别 2. 1. 3)(表 22)、6 项水指标(子类别 2. 2. 3)(表 23)和 5 项互联网指标(子类别 2. 3. 3)(表 24)。

表 22　子类别 2. 1. 3 信息的可获得性和透明度(供电)

	指标	组成部分
1	电力连接要求	(1) 所需文件 (2) 程序 (3) 连接成本 (4) 规定的接入时间标准

---

① Body of European Regulators for Electronic Communications (2009).
② Foster and Rana (2020).
③ ECRB (2021).
④ Balabanyan et al. (2021); Kelly and Rossotto (2012).
⑤ Liberty Mutual (2022).
⑥ Transparency International (2016).
⑦ Kelly and Rossotto (2012).
⑧ World Bank (2021a).

（续表）

	指标	组成部分
2	电价和电价制定	（1）在线公布费率 （2）用户至少提前一个计费周期收到费率变化的通知 （3）计算每月费用的费率设定公式是公开的
3	停电计划	在线公告及向用户通知停供计划
4	投诉机制	（1）主管投诉的机构 （2）所需文件 （3）投诉的必要步骤 （4）投诉的标准和范围
5	服务质量指标	线上公开停电持续时间和频率的关键绩效指标
6	环境可持续性指标	线上公开电力环境可持续性的关键绩效指标

表 23　子类别 2.2.3 信息的可获得性和透明度(供水)

	指标	组成部分
1	用水连接要求	（1）所需文件 （2）程序 （3）连接成本 （4）规定的接入时间标准
2	水价和水价制定	（1）在线公布费率 （2）用户至少提前一个计费周期收到费率变化的通知 （3）计算每月费用的费率设定公式是公开的
3	停水计划	在线公告及向用户通知停供计划
4	投诉机制	（1）主管投诉的机构 （2）所需文件 （3）投诉的必要步骤 （4）投诉的标准和范围
5	服务质量指标	线上公开停水持续时间和频率的关键绩效指标
6	环境可持续性指标	线上公开水环境可持续性的关键绩效指标

表 24　子类别 2.3.3 信息的可获得性和透明度(互联网)

	指标	组成部分
1	互联网连接要求	(1) 所需文件 (2) 程序 (3) 连接成本 (4) 规定的接入时间标准
2	网费和网费制定	(1) 在线公布费率 (2) 用户至少提前一个计费周期收到费率变化的通知 (3) 计算每月费用的费率设定公式是公开的
3	停网计划	在线公告及向用户通知停供计划
4	投诉机制	(1) 主管投诉的机构 (2) 所需文件 (3) 投诉的必要步骤 (4) 投诉的标准和范围
5	服务质量指标	线上公开断网持续时间和频率的关键绩效指标

2.1.4,2.2.4,2.3.4　安全规则和消费者保护机制的执行(供电、供水和供网)

实施和执行规则的方式决定了规则体系能否按计划运行。[①] 为根据规则框架保障公用事业连接的安全性,我们应在实践中通过第三方检查或雇用有资质的承包商,来实施认证电力和用水安装的质量检查。同样,网络安全措施和保障措施对企业安全开展数字活动和电子交易必不可少。考虑到即使是短暂的安全漏洞也会对企业产生负面影响,我们有必要采取强有力的安全措施。[②]

一个独立的投诉机制有助于规则的执行,使企业能够报告服务供应不足,并将投诉和上诉升级,从而使企业受益。[③] 在公用事业层面,强有力的投诉机制能够解决问题,避免昂贵而漫长的争议解决程序。拥有一个独立的投

① OECD (2018).
② Kelly and Rossotto (2012).
③ Transparency International (2016).

诉机制，对于在必要时升级投诉和上诉也很重要。因此，子类别 2.1.4、2.2.4 和 2.3.4 安全规则和消费者保护机制的执行包含 6 项指标：2 项电力指标（子类别 2.1.4）（表 25）、2 项水指标（子类别 2.2.4）（表 26）和 2 项互联网指标（子类别 2.3.4）（表 27）。

表 25　子类别 2.1.4 安全规则和消费者保护机制的执行（供电）

	指标	组成部分
1	电力连接检查实施	（1）内部连接工程 （2）外部连接工程 就这两项要素中的任何一项，指标评估是否要求连接工程由证明安装质量的认证承包商进行或在实践中进行第三方检查
2	独立投诉机制	存在独立于公共事业服务提供者的投诉机制来升级投诉

表 26　子类别 2.2.4 安全规则和消费者保护机制的执行（供水）

	指标	组成部分
1	水连接检查实施	（1）内部连接工程 （2）外部连接工程 就这两项要素中的任何一项，指标评估是否要求连接工程由证明安装质量的认证承包商进行，或在实践中进行第三方检查
2	独立投诉机制	存在独立于公共事业服务提供者的投诉机制来升级投诉

表 27　子类别 2.3.4 安全规则和消费者保护机制的执行（互联网）

	指标	组成部分
1	实践中的网络安全协议	（1）网络安全漏洞报告 （2）对网络攻击或网络安全漏洞报告的反应

（续表）

	指标	组成部分
		（3）网络安全事件响应的演习、培训或练习 （4）网络安全审查
2	独立投诉机制	存在独立于公共事业服务提供者的投诉机制来升级投诉

3. 支柱Ⅲ. 公用事业服务在实践中的运作效率

表 14 显示了支柱Ⅲ（即公用事业服务在实践中的运作效率）的评估结构。该支柱的每个子类别将会在其与电、水、互联网等三个衡量领域相关时展开更为详细的讨论。

表 28　支柱Ⅲ 公用事业服务在实践中的运作效率

3.1	电
3.1.1	用电的可负担性
3.1.2	获得电力连接的时间
3.1.3	供电可靠性
3.2	水
3.2.1	用水的可负担性
3.2.2	获得用水连接的时间
3.2.3	供水可靠性
3.3	互联网
3.3.1	互联网的可负担性
3.3.2	获得网络连接的时间
3.3.3	互联网供应的可靠性

3.1.1,3.2.1,3.3.1　可负担性（供电、供水和供网）

如果获取公用事业连接和服务的收费高昂、流程烦琐，就会成为企业的负担，对企业产生负面影响。高昂的服务手续费、附加费、税费和每月的费用，会降低申请人办理公用事业报装和取得成本效益高的公用事业服务的积极性。① 相反，较低成本的公用事业连接流程与更好的公司业绩密切相关，尤其是在那些用电需求较高的行业。② 例如，能源价格会影响公司的生产力和消费水平。③ 同时，有效的能源定价会影响企业的投资决策，可帮助降低对环境的影响并提高社会福利。④ 此外，在当今的数字时代，互联网是开展业务的基本资源，较低的互联网成本可以显著降低运营成本，使企业能够将资源分配给其他以发展为导向的战略。⑤ 因此，子类别 3. 1. 1、3. 1. 2 和 3. 1. 3 可负担性包含 3 项指标：1 项电力指标（子类别 3. 1. 2）（表 29）、1 项水指标（子类别 3. 2. 2）（表 30）和 1 项互联网指标（子类别 3. 3. 2）（表 31）。

表 29　子类别 3. 1. 1 可负担性（供电）

	指标	组成部分
1	电力连接和服务的成本	（1）新的供电报装的成本 （2）每月电力服务的成本

表 30　子类别 3. 2. 1 可负担性（供水）

	指标	组成部分
1	用水连接和服务的成本	（1）新的供水报装的成本 （2）每月用水服务的成本

① Frauendorfer（2008）; Lee, Edward, and Wolfram（2018）.
② Geginat and Ramalho（2015）.
③ Abeberese（2017）; IEA（2016）.
④ Arlet（2017）; Briceño-Garmendia and Shkaratan（2011）.
⑤ World Bank（2021b）.

表 31　子类别 3.3.1 可负担性(互联网)

	指标	组成部分
1	互联网连接和服务的成本	(1) 新的网络报装的成本 (2) 每月网络服务的成本

3.1.2,3.2.2,3.3.2　获得公用事业连接的时间(供电、供水和供网)

对企业来说,及时获取公用事业服务来开展运营或生产非常重要。迟延获得许可证,可能会导致交易成本上升,并阻碍服务报装流程。[①] 简单直接的报装流程,即用户付出较少时间便能获得电力连接的流程,有利于提升公司利润,提高接入率,减少贿赂。[②] 因此,子类别 3.1.2、3.2.2 和 3.3.2 获得公用事业连接的时间包含 3 项指标:1 项电力指标(子类别 3.1.2)(表 32)、1 项水指标(子类别 3.2.2)(表 33)和 1 项互联网指标(子类别 3.3.2)(表 34)。

表 32　子类别 3.1.2 获得公用事业连接的时间(供电)

	指标	组成部分
1	获得电力连接所需时间	完成并提交申请与完成设施连接的间隔期限(天)

表 33　子类别 3.2.2 获得公用事业连接的时间(供水)

	指标	组成部分
1	获得用水连接所需时间	完成并提交申请与完成设施连接的间隔期限(天)

---

① Hamman (2014).

② Geginat and Ramalho (2015).

表 34　子类别 3.3.2 获得公用事业连接的时间(互联网)

	指标	组成部分
1	获得互联网连接所需时间	完成并提交申请与完成设施连接的间隔期限(天)

3.1.3,3.2.3,3.3.3　公用事业连接的可靠性(供电、供水和供网)

不对停电进行监测的经济体,往往会经历较多电力中断的情形。[①] 公用事业服务的可靠性会影响终端用户的行为。可靠的电力服务能够实现可预期的生产流程和商业规划,并提高企业的生产力。[②] 同样,许多企业受益于可靠的供水服务,因为企业依靠稳定供水来供暖、制冷、清洁,或以生产用水作为生产投入。[③] 网络服务的质量是企业成功的另一个关键因素。网络服务中断或其他问题(如高迟滞、流率低、抖动、恢复时间长)会导致公司在行业中失去竞争优势。供网中断也会阻碍公司扩大用户群、使用数据密集型应用程序或与用户和提供商联络。[④] 因此,子类别 3.1.3、3.2.3 和 3.3.3 公用事业连接的可靠性包含 3 项指标:1 项电力指标(子类别 3.1.3)(表 35)、1 项水指标(子类别 3.2.3)(表 36)和 1 项互联网指标(子类别 3.3.3)(表 37)。

表 35　子类别 3.1.3 公用事业连接的可靠性(供电)

	指标	组成部分
1	供电可靠性	(1) 公司在典型的一个月中经历的停电次数 (2) 平均停电时长 (3) 由于停电造成的损失占年销售额的百分比 (4) 拥有或共享发电机的公司的百分比

① Arlet (2017).

② Fedderke (2006); Grimm, Hartwig, and Lay (2012); Khandker et al. (2014); Kirubi et al. (2009).

③ World Bank (2017b).

④ Chen (2019).

表 36　子类别 3.2.3 公用事业连接的可靠性(供水)

	指标	组成部分
1	供水可靠性	经历供水不足的公司的百分比

表 37　子类别 3.3.3 公用事业连接的可靠性(互联网)

	指标	组成部分
1	供网可靠性	经历网络中断的公司的百分比

Ⅲ. 数据来源

4.1　数据收集来源

我们通过咨询私营部门专家来收集评估支柱Ⅰ和支柱Ⅱ的数据。私营部门专家包括专门从事电力、水和互联网相关法律事务的律师和上述领域的实务人士。后者包括建筑公司、承包商、工程师、能源和水务专家、宽带技术人员和网络架构师。在支柱Ⅲ的部分,关于可负担性的数据通过私营部门专家调查收集,关于报装时间及供应可靠性的数据通过企业调查收集。企业调查提供了具有代表性的数据,涉及实践中公用事业报装的耗时和服务中断后企业遭受的相应损失。一份有关企业的代表性样本显示了每个经济体中用户体验的变化。参与调查的企业具有不同的特征,如规模、地区和行业。关于企业调查中数据收集的更多详细信息,请参阅本书第一章。关于支柱Ⅲ中根据专家调查评估的指标,我们会明确大量参数(如第 IV 节所述),以确保各经济体的数据具有可比性。

4.2　专家的筛选和选择

公用事业服务主题有三份问卷,分别涉及电力、水和互联网。每份问卷都针对各自专业领域的专家。我们根据一系列标准制定了一份筛选问卷(表 38),以便选择填报公用事业服务主题问卷的专家。

表 38　专家筛选问卷和受访者标准

相关专家的职业	
电力	建筑公司、承包商、工程师、律师、学术界人士(教授、讲师和/或研究人员)、电气技师、政策分析师、管理和战略顾问等
水	建筑公司、承包商、工程师、律师、学术界人士(教授、讲师和/或研究人员)、水务专家、政策分析师、管理和战略顾问等
互联网	宽带技术人员、网络架构师、网络工程师、信息技术项目经理、软件开发人员、IT 总监/经理、服务台/硬件技术人员、信息和通信技术政策专家、律师、学术界人士(教授、讲师和/或研究人员)、合规监管专家、政策分析师、管理和战略顾问等
相关专业领域	
电力	土木工程、建筑承包、电气工程、电气安装、能源与环境政策、环境/能源转型/可持续和清洁能源、电力/能源顾问、建筑/环境/能源法律
水	土木工程、建筑承包、化学工程、水设施安装、卫生或环境工程、水资源管理、有关水和废水服务的规则、水和废水基础设施项目、建筑/环境法律
互联网	电信工程、宽带安装、IT 系统管理、IT 安全/网络安全、IT 硬件维护和管理、网页/软件开发、网络设计/基础设施、数字化转型/数字经济、信息通信技术政策/倡导、信息通信技术法律/监管合规(基础设施的投资/所有权/许可)、信息通信技术法律/监管合规(商业纠纷/监管纠纷)、信息通信技术法律/监管合规(网络安全/责任/数据保护和隐私/消费者保护/跨境数据流通/数字商务法律)、数字贸易政策
评估专家在电力、水、互联网商业报装及相关规则、服务、流程方面的知识和经验	
电力	有向电力企业提交电力报装申请、在新的商业建筑中安装供电装置、缴纳电力服务费用,或检查电力连接的经验;了解商业电价;经历过电力服务投诉机制;了解电力连接检查规则、供电质量规则、供电和用电相关的环境标准
水	有向供水企业提交供水报装申请、在新的商业建筑中安装供水装置、缴纳用水服务的费用、检查供水连接的经验;了解商业用水价格;经历过供水服务投诉机制;了解供水连接检查规则、用水质量和供水报装安全的规则、用水和废水相关的环境标准

（续表）

互联网	有以下相关经验：新建筑物的宽带安装、网络维护和管理、服务质量监控和网络流量分析、服务投诉和解决的质量、与提供网络服务相关的节能网络和环境标准、网络安全管理和分析、网络安全政策与合规、宽带服务的票据管理和缴费、新宽带连接协议的合同谈判、新宽带基础设施协议（频谱、通行权管理、基础设施共享、公用事业合作或网络互连协议）的合同谈判、宽带竞争、赔偿或消费者投诉纠纷、数字贸易

因此，借助专家筛选问卷中提供的信息，我们团队能够更好地了解专家的职业，以及专家在商业电力、水、互联网连接及相关法规、服务、流程方面的专业领域。

Ⅳ. 参数

为确保各经济体之间专家咨询数据的可比性，公用事业服务主题使用通用参数和特定参数。参数是指对地点的特征、公用事业提供商和公用事业连接和服务的具体特性所作的假设。我们将这些参数和假设提供给问卷受访者，并请求他们评估一个标准化情景，以便比较不同地区、司法管辖区和经济体间的情况。

5.1 通用参数

电力、水和互联网连接具有相同的通用参数。在许多经济体中，国家以下的辖区会要求企业指定具体的营业地点，以便专家确定待评估的规则框架。

5.1.1 商业地点

理由：

地理位置决定了电力、水和互联网服务的可用性，以及所需的报装类型和施工内容。不同地区的基础设施、规则框架和资源可获得性通常不同，这些因素会影响获取公用事业服务的流程和可行性。例如，地理位置决定了电力连接的类型(架空或地下)和电压水平(连接至高压、中压或低压电网)。对供水连接而言,管道网络的可用性也由地理位置决定。这些因素可能会影响公用事业服务的价格和可行性,以及报装新服务的所需时间和成本。因此,商业地点是评估公用事业服务效率的一个重要参数。我们根据人口规模选择相应经济体的最大城市,详见本书第一章。这一方法确保评估能够反映经济中最常见和最具影响力的场景。

应用:

对于支柱Ⅰ,该参数的应用场景为规则因地区或州而异且不存在国家层面的统一适用。一些经济体中的规则因州而异,对此,我们仅衡量最大城市中的规则。对于支柱Ⅱ,该参数用于确定相关公用事业服务的提供商,它对确定公用事业服务的地理范围非常重要。对于支柱Ⅲ,该参数用于确定报装流程的复杂性及相关成本。

5.2 特定参数

公用事业服务主题使用 8 个特定参数。许多经济体有多个公用事业提供商。在评估公用事业服务的供应表现前,需先确定相关提供商。因此,为确保评估的准确性和关联性,我们必须建立服务提供商的一致参数。设定某公用事业特定参数也是有必要的,以确保由专家提供的获取特定公用事业报装成本等数据,在不同经济体之间具有可比性。公用事业连接的差异非常大,取决于连接类型、使用情况或规模。为了明确数据库中指定的连接类型,我们为电力设计了负荷容量参数,为水设计了用水量、连接长度、管道直径的参数,为互联网设计了下载/上传速度的参数。

5.2.1 公用事业:最大的公用事业提供商

理由:

一些城市中可能有一个或多个公用事业提供商。由于公用事业服务主题旨在描述最常见的做法，我们仅考虑最大城市中最大的公用事业提供商（依据用户数量或市场份额）。就互联网连接而言，在互联网服务提供商的竞争市场中，我们仅考虑提供高速固定宽带套餐（最低下载速度为 10 Mbps）的最大互联网服务提供商（依据最大城市中的市场份额）。这类提供商为行业定价和服务水平设定了基准。

应用：

参数“最大城市中最大的公用事业提供商”与支柱Ⅱ中的所有指标相关，因为公用事业服务的供给因公用事业而异。不过，该参数并不适用于“挖掘许可审批系统”指标，因为基础设施管理系统通常应用于所有公用事业。此外，当监管机构在其网站上公布费用时，该参数同样将不适用于“费用透明度”指标。支柱Ⅲ使用这一参数来评估最大提供商的定价和运营效率将如何影响企业。对于互联网，互联网服务提供商通常提供不同的套餐。这些套餐在下载速度和成本方面有所不同，这种差异可以显著影响企业的运营。因此，将最大的公用事业提供商设为参数是至关重要的，因为它直接影响企业可获得的互联网服务的可用性、可负担性和质量。

5.2.2 电力：负荷容量

理由：

对于电力，我们使用负荷容量作为一个特定参数来测量时间和成本指标。作为一个测量单位，负荷容量决定了功率的使用量及使用场景。对电力提供商来说，这些信息对制定电价非常重要。此外，负荷容量影响电气连接的可负担性及完工的时间框架。例如，根据负荷容量，电气承包商能够评估是否需要变压器，以及变压器的类型（如有需要）。变压器的安装施工是最昂贵的投资之一。此外，我们设立一个固定的负荷容量，以确保所有受调查国家的数据具有可比性。公用事业服务主题设定了两种有关负荷容量的假设场景：

（1）较大的 180 千伏安的电力连接；（2）较小的 60 千伏安的电力连接。

应用：

180 千伏安的负荷容量：该值对应的是远超平均值地使用电力进行生产和商业运营的企业。例如，特定行业设施（如冷藏仓库）的用电量是传统商业办公室的四倍。[①] 一些负荷容量约为 180 千伏安的行业实例包括商业（特定行业）建筑（平均负荷容量 177 千伏安）、小型零售商场（181 千伏安）、室内农业综合企业设施（181 千伏安）。[②]

180 千伏安负荷容量的拆分说明如下：[③]

- 照明（30 千瓦）：至少占商业建筑总用电量的 15%
- 个人电脑和数据服务器（10 千瓦）
- 安全系统（10 千瓦）
- 供暖/制冷（暖通空调系统）：2 冷吨空调（20 千瓦）
- 行业专用设备（如 10 台冰箱/10 台冷冻柜）（80 千瓦）
- 功率升级所需的 30 千瓦

60 千伏安的负荷容量：该值对应的企业处于需要中等但持续的电力使用量的行业。60 千伏安的订购量通常涉及在服务行业的中小企业，例如零售店、非冷藏存储设施或教育中心。[④]

负荷容量的参数用于计算电力报装成本。

5.2.3 电力：用电量

理由：

为使各经济体间的月度费率具有可比性，我们使用企业的电力消耗作为

① Li et al.（2017）.

② IOTA Communications（2020）；Trimble（n. d.）；Upton et al.（2013）.

③ IOTA Communications（2020）.

④ OUC；DSO Electric Cooperative（2008）.

计量单位。电力消耗反映了企业对电力的依赖程度，并且是计算适用费率的必要数据。公用事业服务主题假设企业的月度电力消耗为 34 560 千瓦时。

应用：

34 560 千瓦时：电力消耗与负载容量相关。对于订阅容量为 180 千伏安的仓库，如果每天运营 8 小时，每月运营 30 天，设备平均利用率为 80%，功率因数为 1（1 千伏安＝1 千瓦），那么其月度耗电量为 34 560 千瓦时，每小时消耗为 144 千瓦时（34 560 千瓦时/30 天/8 小时）。

5.2.4 电力：连接长度

理由：

到配电线路的距离决定了材料和劳动力的成本。公用事业费用表也可能根据到电源点的距离不同而有所区别。材料和劳动力的成本可能占报装成本的大头，因此我们不能不考虑电力连接距离。公用事业服务主题假设了两种到主配电线路的距离场景：（1）较长的 75 米电力连接距离；（2）较短的 10 米电力连接距离。

应用：

75 米：该参数对应更复杂的连接情况。在此情形下，因公司场所的位置，要从配电总管拉电线。例如，在农村或城市的欠发达区域，电线杆的间距可达 75 米或更长。75 米的距离是基于次国家级营商环境成熟度项目的数据确定的，该项目涵盖了 6 个经济体和 40 个城市。其中，38%城市的专家报告称，从主配电线路到连接点最常见的距离在 51 至 99 米范围内，这也成为最普遍的范围。

10 米：该参数对应最简单的连接情况。例如，城市商业区的电网发达，且可在较短距离内获取电力连接。我们据此做出 10 米的假设距离。

5.2.5 水：管道直径

理由：

管道直径直接影响用水连接的成本，因为较大直径的管道的尺寸和复杂性会导致材料和安装费用增加。为了标准地比较不同经济体间的用水连接成本，我们使用了两种管道直径的场景：(1) 0.5 英寸(21 毫米)；(2) 1 英寸(33 毫米)。以上场景有效区分了因企业规模不同而产生的典型需水量和用水量的差异，以确保评估结果的可比性和关联性。

应用：

对新报装而言，0.5 英寸(21 毫米)直径的管道适用于用水需求较低的小型企业，而 1 英寸(33 毫米)直径的管道适合中型企业。以上参数对应全球标准化的小型用水服务连接，通常由水务公司为小型或中型企业提供。由于这些连接尺寸在所有经济体中都很常见，它们的成本信息通常在网上透明可得。专家也更有可能提供准确信息。相比之下，如果客户有较大的连接服务需求，他们会向水务公司提出定制性报价。

5.2.6 水：到总水管的距离

理由：

到总水管的距离影响报装成本，因为更长的距离需要更多的材料和劳动力来延长管道网络或开发额外的基础设施，从而导致更高的安装费用。相反，较短的距离通常会因材料需求减少和安装过程简化而涉及较低的成本。我们选择距总水管 5 米的参数来标准化报装成本，为评估连接费用提供了一个统一的基础。

应用：

我们采纳到总水管 5 米的距离来评估企业的报装成本。该情形下，企业距基础设施近且连接相对简单。该参数代表典型的城区环境，便于在不同地区和经济体之间对新的商业用水连接成本进行一致的、可比较的评估。

5.2.7 水：用水量

理由：

通过阶梯式费率，用水量会影响服务成本，且更密集的用水量通常会导致每单位费率更高。为比较不同经济体间的服务成本，我们选择了两种月度用水量的场景：(1) 20 立方米；(2) 1 000 立方米。这些用水量涵盖了由低到中等的用水范围，确保对服务费用的全面评估。

应用：

我们设定两种月度用水量的场景——1 000 立方米和 20 立方米——来评估不同用水量对服务成本的影响。1 000 立方米的场景通常代表中等规模商业运营的用水量水平。在超定额累进加价的结构下，这种用水量可能落入较高的费率区间，导致服务费用增加。相比之下，20 立方米的场景代表较小企业或设施中更常见的低用水量，通常会产生较低费率，并减少服务成本。这些场景有助于全面分析不同用水量对用水成本的影响，并为大多数企业的需求提供了一个具有代表性的概况。

5.2.8 互联网：网速

理由：

我们通常根据数据使用情况和网速来区分互联网的类型和价格。通常情况下，企业对数据使用量和网速的要求远高于家庭。举例而言，一家有 10 名以上员工同时上传或下载数据的呼叫中心，其对网速的要求比一家仅有 3 至 5 名员工的小型实体商业机构要至少高 12 倍。

不低于 10 Mbps 的下载速度通常涵盖中等数据使用量的企业，包括教育、电子商务、建筑或基础制造业。[①] 就报装成本的问卷而言，公用事业主题关注的是网络数据使用量中等的企业。举例来说，如果一家企业有 5 名员工同时发送电子邮件、交换文件、使用基于云的软件（用于库存管理、财务会计、纳税和支付工资）和开视频会议，该企业可以通过一个小型本地网络连接 10 台设备（个人电脑、平板电脑、电视），并托管一个网站服务器。该参数同样确保数据具有代表性和可比性。

为确保互联网服务成本的可比性，我们考虑了三类下载速度范围：（1）10 Mbps 到 30 Mbps 之间；（2）30 Mbps 到 100 Mbps 之间；（3）超过 100 Mbps。

应用：

在大多数市场中，企业通常可以选择多种网络连接“套餐”。[②] 更高的网速便于企业使用更高级的数字功能，如文件传输、视频会议及基于云的软件和应用程序。

V. 主题评分

公用事业服务主题拥有三项支柱：支柱 Ⅰ 公用事业服务的规则质量；支柱 Ⅱ 公用事业服务的治理质量和透明度；支柱 Ⅲ 公用事业服务在实践中的运作效率。我们进一步调整每项支柱的总分为 0 到 100 的分值，随后汇总至该主题总分。每项支柱占主题总分的三分之一。表 39 显示了公用事业服务主题的评分方式。我们在评分中区分了对企业的利益（作为企业灵活度分值）和对社会更广泛的利益（作为社会效益分值）。更多的评分细节，请参见附件 A。

---

① Francom (2020).

② ITU and UNESCO (2021).

表 39　总分值概览

支柱	支柱名称	指标数量	分值			调整后分值（0—100）	权重
			企业灵活度分值	社会效益分值	总分		
Ⅰ	公用事业服务规则质量	33	25	33	58	100	0.33
Ⅱ	公用事业服务的治理质量和透明度	43	39	43	82	100	0.33
Ⅲ	公用事业服务在实践中的运作效率	9	100	不适用	100	100	0.33

6.1　支柱Ⅰ 公用事业服务规则质量

支柱Ⅰ包含 33 项指标，总分 58 分（企业灵活度 25 分，社会效益 33 分）（表 40）。该支柱中各类别评分如下：

6.1.1　电

涵盖 10 项指标，最高总分 18 分（企业灵活度 8 分，社会效益 10 分）。具体而言，服务质量和费率的监管权限有 2 项指标；公用事业基础设施共享和质量保证机制有 2 项指标；电力连接安全的规则有 3 项指标；环境可持续性有 3 项指标。

6.1.2　水

涵盖 12 项指标，最高总分 20 分（企业灵活度 8 分，社会效益 12 分）。具体而言，费率和服务质量的监管权限有 2 项指标；公用事业基础设施共享和质量保证机制有 2 项指标；用水连接安全的规则有 3 项指标；环境可持续性有 5 项指标。

6.1.3　互联网

涵盖 11 项指标，最高总分 20 分（企业灵活度 9 分，社会效益 11 分）。具体而言，费率和服务质量的监管权限有 2 项指标；公用事业基础设施共享和质量保证机制有 4 项指标；互联网连接安全的规则有 3 项指标；环境可持续性有 2 项指标。

如果一个规则框架可以明确监管权限、高效的报装流程、充分的服务提供质量以及连接安全，那么它对企业（企业灵活度）和社会/用户（社会效益）均有益处。因此，就电、水和互联网而言，在费率和服务质量的监管权限、公用事业基础设施共享和质量保证机制以及公用事业连接安全的规则子类别中，企业灵活度和社会效益的得分相同。就环境可持续性子类别而言，提升环境可持续性及更严格地遵守环境标准会对社会产生积极影响。环境可持续性子类别下的绝大多数措施对企业不产生影响（当这些要求是施加于其他行为者，如公用事业公司或数据中心）或影响模糊，因此在企业灵活度方面不计分。

表 40　支柱 I　总分值

支柱 I	公用事业服务规则质量	指标数量	企业灵活度分值	社会效益分值	总分	调整后分值
1.1	电	10	8	10	18	33.33
1.1.1	服务质量和费率的监管权限	2	2	2	4	8.33
1.1.2	公用事业基础设施共享和质量保证机制	2	2	2	4	8.33
1.1.3	电力连接的安全性规则	3	3	3	6	8.33
1.1.4	环境可持续性	3	1	3	4	8.33
1.2	水	12	8	12	20	33.33
1.2.1	费率和服务质量的监管权限	2	2	2	4	8.33

（续表）

支柱Ⅰ　公用事业服务规则质量		指标数量	企业灵活度分值	社会效益分值	总分	调整后分值
1.2.2	公用事业基础设施共享和质量保证机制	2	2	2	4	8.33
1.2.3	用水连接的安全性规则	3	3	3	6	8.33
1.2.4	环境可持续性	5	1	5	6	8.33
1.3	互联网	11	9	11	20	33.33
1.3.1	费率和服务质量的监管权限	2	2	2	4	8.33
1.3.2	公用事业基础设施共享和质量保证机制	4	4	4	8	13.33
1.3.3	互联网连接的安全性规则	3	3	3	6	8.33
1.3.4	环境可持续性	2	不适用	2	2	3.33
	总分	33	25	33	58	100.00

6.2　支柱Ⅱ 公用事业服务的治理质量和透明度

支柱Ⅱ包含43项指标，总分82分（企业灵活度39分，社会效益43分）（表41）。该支柱中各类别评分如下：

6.2.1　电

涵盖15项指标，最高总分28分（企业灵活度13分，社会效益15分）。具体而言，数字化服务和协同性有4项指标；服务供应的监测（包括性别和环境）有3项指标；信息的可获得性和透明度有6项指标；安全规则和消费者保护机制的执行有2项指标。

6.2.2　水

涵盖15项指标，最高总分28分（企业灵活度13分，社会效益15分）。具体而言，数字化服务和协同性有 4 项指标；服务供应的监测（包括性别和环境）有 3 项指标；信息的可获得性和透明度有 6 项指标；安全规则和消费者保护机制的执行有 2 项指标。

6.2.3 互联网

涵盖 13 项指标，最高总分 26 分（企业灵活度 13 分，社会效益 13 分）。具体而言，数字化服务和协同性有 4 项指标；服务供应的监测（包括性别和环境）有 2 项指标；信息的可获得性和透明度有 5 项指标；安全规则和消费者保护机制的执行有 2 项指标。

提升公用事业数字化服务和协同性的规则框架既有利于企业（企业灵活度），也有利于社会（社会效益）。因此，在电、水和互联网方面，两个类别的得分相同。确保公用事业服务透明度的规则框架既有利于企业（企业灵活度），也有利于社会（社会效益）。监测同样重要。因此，除了监测供电和供水的环境可持续性的关键绩效指标外，该类别中的大部分分值在企业灵活度和社会效益之间平均分配。对前者的评估并不直接影响企业，因此仅就社会效益评分。规则的执行，包括水电检查的实施、互联网的网络安全协议以及独立投诉机制的存在，都提高了公共安全和问责能力，使企业和整个社会受益。因此，这一子类别中，在电、水和互联网方面，两个类别的得分相同。

表 41 支柱Ⅱ 总分值

支柱Ⅱ 公用事业服务的治理质量和透明度		指标数量	企业灵活度分值	社会效益分值	总分	调整后分值
2.1	电	15	13	15	28	33.33
2.1.1	数字化服务和协同性	4	4	4	8	8.33
2.1.2	服务供应的监测（包括性别和环境）	3	2	3	5	8.33

（续表）

支柱Ⅱ 公用事业服务的治理质量和透明度		指标数量	企业灵活度分值	社会效益分值	总分	调整后分值
2.1.3	信息的可获得性和透明度	6	5	6	11	8.33
2.1.4	安全规则和消费者保护机制的执行	2	2	2	4	8.33
2.2	水	15	13	15	28	33.33
2.2.1	数字化服务和协同性	4	4	4	8	8.33
2.2.2	服务供应的监测（包括性别和环境）	3	2	3	5	8.33
2.2.3	信息的可获得性和透明度	6	5	6	11	8.33
2.2.4	安全规则和消费者保护机制的执行	2	2	2	4	8.33
2.3	互联网	13	13	13	26	33.33
2.3.1	数字化服务和协同性	4	4	4	8	8.33
2.3.2	服务供应的监测（包括性别和环境）	2	2	2	4	8.33
2.3.3	信息的可获得性和透明度	5	5	5	10	8.33
2.3.4	安全规则和消费者保护机制的执行	2	2	2	4	8.33
	总分	43	39	43	82	100.00

6.3 支柱Ⅲ 公用事业服务在实践中的运作效率

支柱Ⅲ包含9项指标，分值范围为0至100分（表42）。我们仅计算该支柱下指标的企业灵活度分值，因为这些指标衡量向企业提供服务的结果。举例而言，获取电力、水和互联网连接的较长时间和服务中断对企业造成负面影响，进而损害企业灵活度。

6.3.1 电

涵盖3项指标，最高总分33.33分。具体而言，可负担性有1项指标；获取连接的时间有 1 项指标;供应可靠性有 1 项指标。

6.3.2 水

涵盖 3 项指标,最高总分 33.33 分。具体而言,可负担性有 1 项指标;获取连接的时间有 1 项指标;供应可靠性有 1 项指标。

6.3.3 互联网

涵盖 3 项指标,最高总分 33.33 分。具体而言,可负担性有 1 项指标;获取连接的时间有 1 项指标;供应可靠性有 1 项指标。

表 42 支柱Ⅲ 总分值

支柱Ⅲ	公用事业服务在实践中的运作效率	指标数量	调整后分值
3.1	电	3	33.33
3.1.1	可负担性	1	11.11
3.1.2	获取连接的时间	1	11.11
3.1.3	供应可靠性	1	11.11
3.2	水	3	33.33
3.2.1	可负担性	1	11.11
3.2.2	获取连接的时间	1	11.11
3.2.3	供应可靠性	1	11.11
3.3	互联网	3	33.33
3.3.1	可负担性	1	11.11
3.3.2	获取连接的时间	1	11.11
3.3.3	供应可靠性	1	11.11
	总分	9	100.00

参考文献 I

A. B. Abeberese. 2017. "Electricity Cost and Firm Performance: Evidence from India." *Review of Economics and Statistics* (5): 839 - 852.

ADB (Asian Development Bank). 2012. *Gender Tool Kit: Energy Going Beyond the Meter.* Manila: ADB.

AfDB (African Development Bank). 2021. *Electricity Regulatory Index for Africa 2021.* Energy Financial Solutions, Policy and Regulation Department. Abidjan, Côte d'Ivoire: AfDB.

H. Alegre, J. M. Baptista, E. Cabrera Jr., F. Cubillo, P. Duarte, W. Hirner, W. Merkel, and R. Parena. 2006. *Performance Indicators for Water Supply Services.* Manual of Best Practice, Second Edition. London: International Water Association.

H. Allcott, A. Collard-Wexler, and S. O'Connell. 2016. "How Do Electricity Shortages Affect Industry? Evidence from India." *American Economic Review* 106(3): 587 - 624.

T. B. Andersen and C. J. Dalgaard. 2013. "Power Outages and Economic Growth in Africa." *Energy Economics* 38: 19 - 23.

J. N. Arlet. 2017. "Electricity Sector Constraints for Firms across Economies: A Comparative Analysis." *Doing Business Research Notes.* World Bank Malaysia Hub No. 1. World Bank.

A. Balabanyan, Y. Semikolenova, A. Singh, and M. A. Lee. 2021. "Utility Performance and Behavior in Africa Today." ESMAP (Energy Sector Management Assistance Program). Working Paper, World Bank, Washington, DC.

S. G. Banerjee, F. A. Moreno, J. Sinton, T. Primiani, and J. Seong. 2017. *Regulatory Indicators for Sustainable Energy: A Global Scorecardfor PolicyMakers* (RISE). Washington, DC: World Bank.

A. Barreira, M. Patierno, and C. Ruiz Bautista. 2017. *Impacts of Pollution on Our Health and the Planet: The Case of Coal Power Plants.* Instituto Internacional de Derecho y Medio Ambiente (IIDMA). UN Environment.

L. Belkhir and A. Elmeligi. 2018. "Assessing ICT Global Emissions Footprint: Trends to 2040 and Recommendations." *Journal of Cleaner Production* 177:

448－463.

M. E. Bergara, W. J. Henisz, and P. T. Spiller. 1998. "Political Institutions and Electric Utility Investment: A Cross-Nation Analysis." *California Management Review* 40 (2): 18－35.

S. M. Bird, Sir D. Cox, V. T. Farewell, H. Goldstein, T. Holt, and P. C. Smith. 2005. "Performance Indicators: Good, Bad, and Ugly." *Journal of the Royal Statistical Society: Series A (Statistics in Society)* 168: 1－27.

Body of European Regulators for Electronic Communications. 2009. *Report on Transparency of Tariff Information.* European Research Council (ERC). ERG (08) 59rev2.

G. Boyne, P. Day, and R. Walker. 2002. "The Evaluation of Public Service Inspection: A Theoretical Framework." *Urban Studies* 39 (7): 1197－1212.

C. Briceño-Garmendia and M. Shkaratan. 2011. "Power Tariffs: Caught between Cost Recovery and Affordability." Policy Research Working Paper 5904, World Bank, Washington, DC.

T. C. Britton, R. A. Stewart, and K. O'Halloran. 2013. "Smart Metering: Enabler for Rapid and Effective Post Meter Leakage Identification and Water Loss Management." *Journal of Cleaner Production* 54: 166－176.

A. C. Brown, J. Stern, and B. Tenenbaum. 2006. *Handbook for Evaluating Infrastructure Regulatory Systems.* Washington, DC: World Bank.

A. Burton, C. Bent, B. Horne, C. Grossman, W. Wai Cheng, Y. Orgill, C. Philpot, J. Schein, and B. Xue. 2019. *Review of International Water Efficiency Product Labelling.* IWA Efficient Urban Water Management Specialist Group. London: International Water Association.

R. Chen. 2019. "Policy and Regulatory Issues with Digital Businesses." Policy Research Working Paper 8948. World Bank, Washington, DC.

E. Corcoran, C. Nelleman, E. Baker, R. Bos, D. Osborn, and H. Savelli, eds. 2010. *Sick Water? The Central Role of Waste Water Management in Sustainable Development.* A Rapid Response Assessment. United Nations Environment Programme, UN-HABITAT, GRID-Arendal.

K. Costello. 2012. *Should Utilities Compensate Customers for Service Interruptions?* National Regulatory Research Institute Report No. 12－08. Silver Spring, Maryland: National Regulatory Research Institute.

S. Cox and S. Esterly. 2016. *Renewable Electricity Standards: Good Practices and Design Considerations.* Technical Report NREL/TP-6A20-65507. Golden,

Colorado: National Renewable Energy Laboratory.

J. Cubbin and J. Stern. 2006. "The Impact of Regulatory Governance and Privatization on Electricity Industry Generation Capacity in Developing Economies." *World Bank Economic Review* 20(1): 115 – 141.

DSO Electric Cooperative. 2008. "Managing Energy Costs in Schools Managing Energy Costs in Schools." https://www.dsoelectric.com/sites/dsoelectric/files/My%20Business/schools.pdf.

ECRB (Energy Community Regulatory Board). 2021. *Next Generation of Customers and Digital Channels of Communications in the Energy Community Contracting Parties.* ECRB: Vienna.

J. W. Fedderke and Ž. Bogetić. 2006. "Infrastructure and Growth in South Africa: Direct and Indirect Productivity Impacts of 19 Infrastructure Measures." Policy Research Working Paper 3989. World Bank, Washington, DC.

V. Foster and A. Rana. 2020. *Rethinking Power Sector Reform in the Developing World. Sustainable Infrastructure Series.* Washington, DC: World Bank.

FPISC (Federal Permitting Improvement Steering Council). 2017. *Recommended Best Practices for Environmental Reviews and Authorizations for Infrastructure Projects.* Washington, DC: FPISC.

S. R. Francom. 2020. "How Fast Should My Business Internet Be?" Business.org. https://www.business.org/services/Internet/business-Internet-speed/.

H. Geller, P. Harrington, A. H. Rosenfeld, S. Tanishima, and F. Unander. 2006. "Polices for Increasing Energy Efficiency: Thirty Years of Experience in OECD Countries." *Energy Policy* 34(5): 556 – 573.

R. Frauendorfer. 2008. "The How's and Why's of Water Connection Charges." Issues Paper. ADB, Manila.

C. Geginat and R. Ramalho. 2015. "Electricity Connections and Firm Performance in 183 Countries." *Energy Economics* 76: 344 – 366.

C. Geginat and V. Saltane. 2014. "Transparent Government and Business Regulation: 'Open for Business?'" Policy Research Working Paper 7132. World Bank, Washington, DC.

P. Gonzalez. 2022. *Smart Grids.* International Energy Agency Tracking Report. Paris: International Energy Agency.

M. Grimm, R. Hartwig, and J. Lay. 2012. "How Much Does Utility Access Matter for the Performance of Micro and Small Enterprises?" Working Paper 77935, World Bank, Washington, DC.

L. T. Ha 2022. "Are Digital Business and Digital Public Services a Driver for Better Energy Security? Evidence from a European Sample." *Environmental Science and Pollution Research* 29(18): 27232–27256.

S. Hamman. 2014. "Housing Matters." Policy Research Working Paper 6876. World Bank, Washington, DC.

I. Hristov and A. Chirico. 2019. "The Role of Sustainability Key Performance Indicators (KPIs) in Implementing Sustainable Strategies." *Sustainability* 11(20): 1–19.

IBNET (International Benchmarking Network). "Benchmark Database." https://www.ib-net.org/.

IEA (International Energy Agency). 2016. *World Energy Outlook 2016*. Paris: IEA.

IEC (International Electrotechnical Commission). 2016. *International Standard — Low Voltage Electrical Installations — Part 6: Verification.* IEC 60364–6. IEC.

IEEE (Institute of Electrical and Electronics Engineers). 2004. "IEEE Guide for Electric Power Distribution Reliability Indices." IEEE Std 1366™ 2003 (Revision of IEEE Std 1366–1998). IEEE.

IEEE. 2022. "IEEE Policies." IEE, New York.

IFC, World Bank, and MIGA. 2013. *Good Practices for Construction Regulation and Enforcement Reform: Guidelines for Reformers. Investment Climate.* Washington, DC: World Bank.

IOTA Communications. 2020. "Benchmarking Commercial Building Energy Use per Square Foot." https://www.iotacommunications.com/blog/benchmarking-commercial-building-energy-use-persquare-foot/.

ITU (International Telecommunications Union). 2017. *Quality of Service Regulation Manual. Regulatory and Market Environment.* Geneva: ITU.

ITU. 2018. *Guide to Developing a National Cybersecurity Strategy.* Geneva: ITU.

ITU. 2019. *Digital Infrastructure Policy and Regulation in the Asia-Pacific Region.* Geneva: ITU.

ITU and UNESCO (United Nations Educational, Scientific and Cultural Organization). 2021. *The State of Broadband 2021: People-Centred Approaches for Universal Broadband.* Geneva: ITU.

ITU and World Bank. 2020. *Digital Regulation Handbook.* Geneva: ITU.

T. Kelly and C. M. Rossotto, eds. 2012. *Broadband Strategies Handbook.*

Washington, DC: World Bank.

S. R. Khandker, H. A. Samad, R. Ali, and D. F. Barnes. 2014. "Who Benefits Most from Rural Electrification? Evidence in India." *Energy Journal* 35(2): 75–96.

C. Kirubi, A. Jacobson, D. M. Kammen, and A. Mills. 2009. "Community-Based Electric Micro-Grids Can Contribute to Rural Development: Evidence from Kenya." *World Development* 37(7): 1208–1221.

H. E. Leland. 1979. "Quacks, Lemons, and Licensing: A Theory of Minimum Quality Standards." *Journal of Political Economy* 87(6): 1328–1346.

K. Lee, M. Edward, and C. Wolfram. 2018. "Experimental Evidence on the Economics of Rural Electrification." *Journal of Political Economy* 128(4): 1523–1565.

X. Li, P. E. Campana, H. Li, J. Yan, and K. Zhu. 2017. "Energy Storage Systems for Refrigerated Warehouses." *Energy Procedia* 143: 94–99.

Liberty Mutual. 2022. "Power Grids and Outages: Causes, Impacts, and Preparedness." https://business.libertymutual.com/insights/power-grids-and-outages-causes-impacts-and-preparedness/.

R. Martínez Garza Fernández, E. Iglesias Rodriguez, and A. García Zaballos. 2020. "Digital Transformation: Infrastructure Sharing in Latin America and the Caribbean." Inter-American Development Bank, Washington, DC.

B. Moyo. 2013. "Power Infrastructure Quality and Manufacturing Productivity in Africa: A Firm Level Analysis." *Energy Policy* 61: 1063–1070.

OECD. 2003. "From Red Tape to Smart Tape Administrative Simplification in OECD Countries, Cutting Red Tape." OECD, Paris.

OECD. 2009. *Determination and Application of Administrative Fines for Environmental Offences: Guidance for Environmental Enforcement Authorities in EECCA Countries.* OECD, Paris.

OECD. 2012. *Recommendation of the Council on Regulatory Policy and Governance.* OECD, Paris.

OECD. 2015. "OECD Policy Guidance for Investment in Clean Energy Infrastructure." OECD, Paris.

OECD. 2018. "OECD Regulatory Enforcement and Inspections Toolkit." OECD, Paris.

OECD. 2021a. "OECD Regulatory Policy Outlook 2021." OECD, Paris.

OECD. 2021b. "Toolkit for Water Policies and Governance: Converging Towards the OECD Council Recommendation on Water." OECD, Paris.

OECD. No date. "Financial Planning Tool for Water Utilities (FPTWU)." OECD, Paris.

OUC (Orlando Utilities Commission). No date (n. d.). "Business Energy Advisor." https://ouc.bizenergyadvisor.com/article/warehouses.

V. Pangare, M. Miletto, and L. Thuy. 2019. "Tool 3 — Guidelines on the Collection of Sex-Disaggregated Water Data." UNESCO WWAP Toolkit on Sex-Disaggregated Water Data. UNESCO WWAP. United Nations Educational, Scientific and Cultural Organization (UNESCO), Paris.

D. Parker, Y. F. Zhang, and C. Kirkpatrick. 2008. "Electricity Sector Reform in Developing Countries: An Econometric Assessment of the Effects of Privatization, Competition and Regulation." *Journal of Regulatory Economics* 33(2): 159–178.

I. J. Pérez-Arriaga, J. D. Jenkins, and C. Batlle. 2017. "A Regulatory Framework for an Evolving Electricity Sector: Highlights of the MIT Utility of the Future Study." *Economics of Energy & Environmental Policy* 6 (1): 71–92.

S. Popa and G. I. Prostean. 2013. "Improving Management of Utilities Payment with Web-based Solution." 2013 IEEE 8th International Symposium on Applied Computational Intelligence and Informatics (SACI), 327–330.

Transparency International. 2016. *Complaint Mechanisms: Reference Guide for Good Practices.* Transparency International.

D. Trimble. No date (n. d.). "Managing the Cost of Water and Electricity in the New Dairy Unit at CAFRE." Department of Agriculture, Environment and Rural Affairs, United Kingdom.

UN (United Nations). 2015. "Transforming Our World: The 2030 Agenda for Sustainable Development." Department of Economic and Social Affairs. Sustainable Development. United Nations, New York.

UNEP (United Nations Environment Programme). 2015. *Good Practices for Regulating WasteWater Treatment: Legislations, Policies and Standards.* Nairobi: UNEP.

UNEP. No date (n. d.). "Acid Deposition and Air Pollution." https://www.unep.org/asia-and-pacific/restoring-clean-air/eanet/acid-deposition.

UN ESCAP (United Nations Economic and Social Commission for Asia and the Pacific). 2019. "ICT Infrastructure Co-Deployment with Transport and Energy Infrastructure in North and Central Asia." Asia-Pacific Information

Superhighway (AP-IS) Working Paper Series. United Nations, New York.

J. Upton, J. Humphreys, P. W. G. Groot Koerkamp, P. French, P. Dillon, and I. J. M. De Boer. 2013. "Energy Demand on Dairy Farms in Ireland." *Journal of Dairy Science* 96(10): 6489-6498.

WAREG-European Water Regulators. 2017. *An Analysis of Water Efficiency KPIs in WAREG Member Countries.* A WAREG Report. Milan: WAREG.

E. J. Wilson, A. B. Klass, and S. Bergan. 2009. "Assessing a Liability Regime for Carbon Capture and Storage." *Energy Procedi*a 1(1): 4575-4582.

WIPO (World Intellectual Property Organization). 2022. *Global Innovation Index 2022: What Is the Future of Innovation Driven Growth?* Geneva: WIPO.

World Bank. 2016. *World Development Report 2016: Digital Dividends.* Washington, DC: World Bank.

World Bank. 2017a. *Combatting Cybercrime: Tools and Capacity Building for Emerging Economies.* Washington, DC: World Bank.

World Bank. 2017b. *Connecting to Water and Sewerage in Mexico.* Washington, DC: World Bank.

World Bank. 2018. *Innovative Business Models for Expanding Fiber-Optic Networks and Closing Access Gaps.* Washington, DC: World Bank.

World Bank. 2021a. "Catalyzing Utility Reform in Sub-Saharan Africa: Quick Wins Matter for Transparency and Accountability." ESMAP Working Paper. World Bank, Washington, DC.

World Bank. 2021b. *World Development Report 2021: Data for Better Lives.* Washington, DC: World Bank.

World Bank. No date (n. d.). Enterprise Surveys Database. World Bank, Washington, DC. https://www.enterprisesurveys.org/en/data.

附件 A　公用事业服务评分表

附件 A 概述了公用事业服务主题的评分方法。对于每项指标,都分配了企业灵活度分值和/或社会效益分值,并说明每项指标的详细评分及相关文献来源。

支柱 I　公用事业服务的规则质量					
1.1　电					
1.1.1　费率和服务质量的监管权限					
指标	企业灵活度分值	社会效益分值	总分	调整后分值	背景文献
电价的监管权限	1	1	2	4.17	AfDB (2021); Brown et al. (2006); Cubbin and Stern (2006); Rana et al. (2022); Foster and Rana (2020); OECD (2021a); Pérez-Arriaga et al. (2017); World Bank (2019)
监管机构对电力服务质量的监管	1	1	2	4.17	AfDB (2021); Brown et al. (2006); Cubbin and Stern (2006); Rana et al. (2022); Foster and Rana (2020); OECD (2021a); Pérez-Arriaga et al. (2017); World Bank (2019)
子类别 1.1.1 的总分	2	2	4	8.33	

（续表）

1.1.2　公用事业基础设施共享和质量保证机制					
指标	企业灵活度分值	社会效益分值	总分	调整后分值	背景文献
联合规划建设	1	1	2	4.17	Martínez Garza Fernández et al.（2020）；OECD（2003，2012）；RWI（n. d.）
服务质量保证机制	1	1	2	4.17	Costello（2012）；Foster and Rana（2020）
子类别 1.1.2 的总分	2	2	4	8.33	
1.1.3　电力连接安全规则					
专业认证	1	1	2	2.78	IFC，World Bank，and MIGA（2013）；IEEE（2022）；ISSA（n. d）；Leland（1979）
检查制度	1	1	2	2.78	Boyne et al.（2002）；IEC（2016）；IFC，World Bank，and MIGA（2013）；World Bank（2017b）
责任制度	1	1	2	2.78	IFC，World Bank，and MIGA（2013）；Wilson et al.（2009）
子类别 1.1.3 的总分	3	3	6	8.33	
1.1.4　环境可持续性					
供电的环境可持续性	不适用	1	1	2.08	Banerjee et al.（2017）；Barreira et al.（2017）；Gonzalez（2022）；OECD（2009，2015）；Sinton et al.（2017）；UN（2015）；UNEP（n. d.）
用电的环境可持续性	不适用	1	1	2.08	AfDB（2021）；Barreira et al.（2017）；Geller et al.（2006）；IEA（2008）；OECD（2009）；UNEP（n. d.）

（续表）

指标	企业灵活度分值	社会效益分值	总分	调整后分值	背景文献
采取节能措施的激励	1	1	2	4. 17	Barreira et al. （2017）；De la Rue du Can et al.（2014）；Geller et al.（2006）；UNEP（n. d. ）
子类别 1. 1. 4 的总分	1	3	4	8. 33	
类别 1. 1 的总分	8	10	18	33. 33	
1. 2　水					
1. 2. 1　费率和服务质量的监管权限					
水价的监管权限	1	1	2	4. 17	AfDB（2021）；Brown et al.（2006）；Cubbin and Stern（2006）；Foster and Rana（2020）；OECD（2021a）；Pérez-Arriaga et al.（2017）；World Bank（2019）
监管机构对用水服务质量的监管	1	1	2	4. 17	Brown et al. （2006）；Foster and Rana（2020）；OECD（2021a）；Pérez-Arriaga et al.（2017）；World Bank（2019）
子类别 1. 2. 1 的总分	2	2	4	8. 33	
1. 2. 2　公用事业基础设施共享和质量保证机制					
联合规划建设	1	1	2	4. 17	Martínez Garza Fernández et al. （2020）；OECD（2003，2012）；RWI（n. d. ）
服务质量保证机制	1	1	2	4. 17	Foste and Rana（2020）；Molinos-Senante and R. Sala-Garrido（2017）
子类别 1. 2. 2 的总分	2	2	4	8. 33	

（续表）

1.2.3　用水连接安全规则					
指标	企业灵活度分值	社会效益分值	总分	调整后分值	背景文献
专业认证	1	1	2	2.78	Alegre et al.（2006）；Leland（1979）
检查制度	1	1	2	2.78	Boyne et al.（2002）；IFC，World Bank，and MIGA（2013）；World Bank（2017b）
责任制度	1	1	2	2.78	IFC，World Bank，and MIGA（2013）；Wilson et al.（2009）
子类别 1.2.3 的总分	3	3	6	8.33	
1.2.4　环境可持续性					
供水的环境可持续性和供水质量	不适用	1	1	1.39	Alegre et al.（2006）；Britton（2013）；Danilenko et al.（2014）；OECDa；OECD（2009）；Pinto et al.（2017）；UN（2015）；WHO（2017）
用水的环境可持续性	不适用	1	1	1.39	Fan et al.（2019）；OECD（2009）；Pinto et al.（2017）；Colorado WaterWise（n. d.）
采取节水措施的激励	1	1	2	2.78	OECD（2011，2021b）；Onyenankeya，Onyenankeya，and Osunkunle（2021）
废水处理的可持续性	不适用	1	1	1.39	Corcoran et al.（2010）；UNEP（2015）
废水再用	不适用	1	1	1.39	Corcoran et al.（2010）；EU（2020）；IWA（2018）
子类别 1.2.4 的总分	1	5	6	8.33	

（续表）

指标	企业灵活度分值	社会效益分值	总分	调整后分值	背景文献
类别 1.2 的总分	8	12	20	33.33	
1.3　互联网					
1.3.1　费率和服务质量的监管权限					
互联网资费的监管权限	1	1	2	4.17	ITU and World Bank（2020）；Kelly and Rossotto（2012）；World Bank Group（2018）
监管机构对互联网服务质量的监管	1	1	2	4.17	ITU and World Bank（2020）；Kelly and Rossotto（2012）；World Bank Group（2018）
子类别 1.3.1 的总分	2	2	4	8.33	
1.3.2　公用事业基础设施共享和质量保证机制					
联合规划建设	1	1	2	3.33	Martínez Garza Fernández et al.（2020）；OECD（2003，2012）；RWI（n. d.）
通行权	1	1	2	3.33	ITU and World Bank（2020）；OECD（2008，2018）
基础设施的开放使用	1	1	2	3.33	ITU and UNESCO（2021）；ITU and World Bank（2020）；OECD（2008，2018）
服务质量保证机制	1	1	2	3.33	ITU（2017）；ITU and the World Bank（2020）
子类别 1.3.2 的总分	4	4	8	13.33	
1.3.3　互联网连接安全规则					
责任制度	1	1	2	2.78	EU Council（2016）；ITU（2018）；OECD（2013a）；World Bank（2017a）

（续表）

指标	企业灵活度分值	社会效益分值	总分	调整后分值	背景文献
网络安全协调	1	1	2	2.78	ITU（2018）；World Bank（2016，2017a，2021b）
网络安全保护	1	1	2	2.78	ITU（2018）；World Bank（2016，2017a，2021b）
子类别 1.3.3 的总分	3	3	6	8.33	
1.3.4　环境可持续性					
数字连接基础设施的环境报告或披露标准	不适用	1	1	1.67	Belkhir and Elmeligi（2018）；ITU and World Benchmarking Alliance（2022）
基础设施的排放和能效	不适用	1	1	1.67	ITU and World Benchmarking Alliance（2022）
子类别 1.3.4 的总分	不适用	2	2	3.33	
类别 1.3 的总分	9	11	20	33.33	
支柱 I 的总分	25	33	58	100.00	

支柱 II　公用事业服务的治理质量和透明度					
2.1　电					
2.1.1　数字化服务和协同性					
指标	企业灵活度分值	社会效益分值	总分	调整后分值	背景文献
电力报装的电子申请	1	1	2	2.08	Ha（2022）；Katz（2017）

（续表）

指标	企业灵活度分值	社会效益分值	总分	调整后分值	背景文献
电力报装的电子支付	1	1	2	2.08	Popa and Prostean（2013）
既有基础设施和计划工程的信息	1	1	2	2.08	ITU（2019）；OGC et al.（2018）；UNESCAP（2019）
挖掘审批协调机制	1	1	2	2.08	FPISC（2017）；IFC，World Bank，and MIGA（2013）；UNESCAP（2019）；Yu，Zhang，and Li（2013）
子类别 2.1.1 的总分	4	4	8	8.33	
2.1.2　服务供应的监测（包括性别和环境）					
供电质量和可靠性	1	1	2	3.33	AfDB（2021）；Banerjee et al.（2017）；Bird（2005）；IEEE（2004）
供电的环境可持续性	不适用	1	1	1.67	Hristov and Chirico（2019）
女性企业家获得用电服务	1	1	2	3.33	ADB（2012）；Pangare et al.（2019）
子类别 2.1.2 的总分	2	3	5	8.33	
2.1.3　信息的可获得性和透明度					
电力连接要求	1	1	2	1.51	Balabanyan（2021）；ECRB（2021）；Geginat and Saltane（2014）
电价和电价制定	1	1	2	1.51	Balabanyan（2021）；Body of European Regulators for Electronic Communications（2009）；Foster and Rana（2020）

（续表）

指标	企业灵活度分值	社会效益分值	总分	调整后分值	背景文献
停电计划	1	1	2	1.51	Balabanyan（2021）；ECRB（2021）；Liberty Mutual（2022）
投诉机制	1	1	2	1.51	Transparency International（2016）；ECRB（2018）
服务质量指标	1	1	2	1.51	Banerjee et al.（2017）；World Bank（2021a）
环境可持续性指标	不适用	1	1	0.76	Kelly and Rossotto（2012）
子类别 2.1.3 的总分	5	6	11	8.33	
2.1.4　安全规则和消费者保护机制的执行					
电力连接检查的实施	1	1	2	4.17	IFC，World Bank，and MIGA（2013）；OECD（2018）；Scaddan（2011）
独立投诉机制	1	1	2	4.17	Transparency International（2016）；ECRB（2018）
子类别 2.1.4 的总分	2	2	4	8.33	
类别 2.1 的总分	13	15	28	33.33	
2.2　水					
2.2.1　数字化服务和协同性					
供水报装的电子申请	1	1	2	2.08	Ha（2022）；Katz（2017）
供水报装的电子支付	1	1	2	2.08	Popa and Prostean（2013）
既有基础设施和计划工程的信息	1	1	2	2.08	ITU（2019）；OGC et al.（2018）；UNESCAP（2019）

（续表）

指标	企业灵活度分值	社会效益分值	总分	调整后分值	背景文献
挖掘审批协调机制	1	1	2	2.08	FPISC（2017）；IFC，World Bank，and MIGA（2013）；UNESCAP（2019）；Yu，Zhang，and Li（2013）
子类别 2.2.1 的总分	4	4	8	8.33	
2.2.2　服务供应的监测（包括性别和环境）					
供水质量和可靠性	1	1	2	3.33	Alegre et al.（2006）；Danilenko et al.（2014）；Hristov（2019）；IBNET（n.d.）；WAREG-European Water Regulators（2017）；OECDb；OECD（2015）；UNECE and WHO（2019）
供水的环境可持续性	不适用	1	1	1.67	Alegre et al.（2006）；Hristov and Chirico（2019）
女性企业家获得用水服务	1	1	2	3.33	ADB（2012）；Pangare et al.（2019）
子类别 2.2.2 的总分	2	3	5	8.33	
2.2.3　信息的可获得性和透明度					
用水连接要求	1	1	2	1.51	Balabanyan（2021）；Geginat and Saltane（2014）；World Bank（2017b）
水价和水价制定	1	1	2	1.51	Balabanyan（2021）；Body of European Regulators for Electronic Communications（2009）
停水计划	1	1	2	1.51	Balabanyan（2021）；Mwitirehe，Cheruiyot，and Ruranga（2022）

（续表）

指标	企业灵活度分值	社会效益分值	总分	调整后分值	背景文献
投诉机制	1	1	2	1.51	Transparency International（2016）
服务质量指标	1	1	2	1.51	WAREG-European Water Regulators（2017）
环境可持续性指标	不适用	1	1	0.76	Kelly and Rossotto（2012）
子类别 2.2.3 的总分	5	6	11	8.33	
2.2.4　安全规则和消费者保护机制的执行					
水连接检查实施	1	1	2	4.17	IFC，World Bank，and MIGA（2013）；OECD（2018）；World Bank（2017b）
独立投诉机制	1	1	2	4.17	Transparency International（2016）
子类别 2.2.4 的总分	2	2	4	8.33	
类别 2.2. 的总分	13	15	28	33.33	
2.3　互联网					
2.3.1　数字化服务和协同性					
互联网报装的电子申请	1	1	2	2.08	Kelly and Rossotto（2012）
互联网包装的电子支付	1	1	2	2.08	Popa and Prostean（2013）
既有基础设施和计划工程的信息	1	1	2	2.08	ITU（2019）；OGC et al.（2018）；UNESCAP（2019）

（续表）

指标	企业灵活度分值	社会效益分值	总分	调整后分值	背景文献
挖掘审批协调机制	1	1	2	2.08	FPISC（2017）；IFC，World Bank，and MIGA（2013）；UNESCAP（2019）；Yu，Zhang，and Li（2013）
子类别 2.3.1 的总分	4	4	8	8.33	
2.3.2　服务供应的监测（包括性别和环境）					
供网质量和可靠性	1	1	2	4.17	Kelly and Rossotto（2012）
女性企业家获得用网服务	1	1	2	4.17	ADB（2012）；Pangare et al.（2019）
子类别 2.3.2 的总分	2	2	4	8.33	
2.3.3　信息的可获得性和透明度					
互联网连接要求	1	1	2	1.67	Balabanyan（2021）；Geginat and Saltane（2014）
网费和网费制定	1	1	2	1.67	Balabanyan（2021）；Body of European Regulators for Electronic Communications（2009）
停网计划	1	1	2	1.67	Balabanyan（2021）；Kelly and Rossotto（2012）
投诉机制	1	1	2	1.67	Transparency International（2016）
服务质量指标	1	1	2	1.67	Kelly and Rossotto（2012）；WAREG-European Water Regulators（2017）；World Bank（2021a）；Chetty et al.（2011）；Chetty et al.（2012）
子类别 2.3.3 的总分	5	5	10	8.33	

（续表）

2.3.4 安全规则和消费者保护机制的执行					
指标	企业灵活度分值	社会效益分值	总分	调整后分值	背景文献
实践中的网络安全协议	1	1	2	4.17	ITU（2018）；Kelly and Rossotto（2012）；World Bank（2017a）
独立投诉机制	1	1	2	4.17	Transparency International（2016）
子类别 2.3.4 的总分	2	2	4	8.33	
类别 2.3 的总分	13	13	26	33.33	
支柱Ⅱ的总分	39	43	82	100.00	

支柱Ⅲ　公用事业服务在实践中的运作效率					
3.1　电					
3.1.1　可负担性					
指标	企业灵活度分值	社会效益分值	总分	调整后分值	背景文献
电力连接和服务的成本	100	不适用	100	11.11	Abeberese（2017）；Arlet（2017）；Cecilia et al.（2011）；Geginat and Ramalho（2015）；IEA（2016）；Iimi，Humphrey，and Melibaeva（2015）；Lee et al.（2018）
子类别 3.1.1 的总分	100	不适用	100	11.11	

（续表）

3.1.2　获得公用事业连接的时间					
指标	企业灵活度分值	社会效益分值	总分	调整后分值	背景文献
获得电力连接所需时间	100	不适用	100	11.11	Geginat and Ramalho（2015）；Hamman（2014）
子类别 3.1.2 的总分	100	不适用	100	11.11	
3.1.3　公用事业连接的可靠性					
供电可靠性	100	不适用	100	11.11	Alby, Dethier, and Straub（2013）；Allcott（2016）；Arlet（2017）；Blimpo and Cosgrove-Davies（2019）；Cole et al.（2018）；Escribano et al.（2010）；Fedderke and Bogetić（2006）；Grimm et al.（2012）；Karen, Mansur, and Wang（2015）；Khandker et al.（2014）；Kirubi et al.（2009）
子类别 3.1.3 的总分	100	不适用	100	11.11	
类别 3.1 的总分	100	不适用	100	33.33	
3.2　水					
3.2.1　可负担性					
用水连接和服务的成本	100	不适用	100	11.11	Abeberese（2017）；Arlet（2017）；Cecilia et al.（2011）；Frauendorfer（2008）；Geginat and Ramalho（2015）；IEA（2016）；Lee et al.（2018）
子类别 3.2.1 的总分	100	不适用	100	11.11	

（续表）

3.2.2 获得公用事业连接的时间					
指标	企业灵活度分值	社会效益分值	总分	调整后分值	背景文献
获得用水连接所需时间	100	不适用	100	11.11	Alegre et al.（2006）；World Bank（2017b）；Hamman（2014）
子类别 3.2.2 的总分	100	不适用	100	11.11	
3.2.3 公用事业连接的可靠性					
供水可靠性	100	不适用	100	11.11	Chen（2019）；Escribano（2010）；Sjöstrand et al.（2021）；World Bank（2017b）
子类别 3.2.3 的总分	100	不适用	100	11.11	
类别 3.2 的总分	100	不适用	100	33.33	
3.3 互联网					
3.3.1 可负担性					
互联网连接和服务的成本	100	不适用	100	11.11	Abeberese（2017）；Arlet（2017）；Cecilia et al.（2011）；Geginat and Ramalho（2015）；IEA（2016）；ITU（2020）；Kelly and Rossotto（2012）；Lange（2017）；Lee et al.（2018）
子类别 3.3.1 的总分	100	不适用	100	11.11	

（续表）

3.3.2 获得公用事业连接的时间					
指标	企业灵活度分值	社会效益分值	总分	调整后分值	背景文献
获得互联网连接所需时间	100	不适用	100	11.11	Hamman（2014）；ITU and the World Bank（2020）；Kelly and Rossotto（2012）
子类别 3.3.2 的总分	100	不适用	100	11.11	
3.3.3 公用事业连接的可靠性					
供网可靠性	100	不适用	100	11.11	Ericsson（2013）
子类别 3.3.3 的总分	100	不适用	100	11.11	
类别 3.3 的总分	100	不适用	100	33.33	
支柱Ⅲ的总分	100	不适用	100	100.00	

参考文献 II

A. B. Abeberese. 2017. "Electricity Cost and Firm Performance: Evidence from India." *Review of Economics and Statistics* (5): 839 - 852.

ADB. 2012. *Gender Tool Kit: Energy Going Beyond the Meter.* Manila: ADB.

AfDB. 2021. *Electricity Regulatory Index for Africa 2021.* Energy Financial Solutions, Policy and Regulation Department. Abidjan, Côte d'Ivoire: AfDB.

P. Alby, J. J. Dethier, and S. Straub. 2013. "Firms Operating under Electricity Constraints in Developing Countries." *World Bank Economic Review* 27(1): 109 - 132.

H. Alegre, J. M. Baptista, E. Cabrera Jr., F. Cubillo, P. Duarte, W. Hirner, W. Merkel, and R. Parena. 2006. *Performance Indicators for Water Supply Services.* Manual of Best Practice, Second Edition. London: International Water Association.

H. Allcott, A. Collard-Wexler, and S. O'Connell. 2016. "How Do Electricity Shortages Affect Industry? Evidence from India." *American Economic Review* 106(3): 587 - 624.

T. B. Andersen and C. J. Dalgaard. 2013. "Power Outages and Economic Growth in Africa." *Energy Economics* 38: 19 - 23.

J. N. Arlet. 2017. "Electricity Sector Constraints for Firms across Economies: A Comparative Analysis." *Doing Business Research Notes.* World Bank Malaysia Hub No. 1. World Bank.

A. Balabanyan, Y. Semikolenova, A. Singh, and M. A. Lee. 2021. "Utility Performance and Behavior in Africa Today." ESMAP Working Paper, World Bank, Washington, DC.

S. G. Banerjee, F. A. Moreno, J. Sinton, T. Primiani, and J. Seong. 2017. *Regulatory Indicators for Sustainable Energy: A Global Scorecard for Policy Makers* (RISE). Washington, DC: World Bank.

A. Barreira, M. Patierno, and C. Ruiz Bautista. 2017. *Impacts of Pollution on Our Health and the Planet: The Case of Coal Power Plants.* Instituto Internacional de Derecho y Medio Ambiente (IIDMA). UN Environment.

L. Belkhir and A. Elmeligi. 2018. "Assessing ICT Global Emissions Footprint: Trends to 2040 and Recommendations." *Journal of Cleaner Production* 177:

448 – 463.

M. E. Bergara, W. J. Henisz, and P. T. Spiller. 1998. "Political Institutions and Electric Utility Investment: A Cross-Nation Analysis." *California Management Review* 40(2): 18 – 35.

S. M. Bird, Sir D. Cox, V. T. Farewell, H. Goldstein, T. Holt, and P. C. Smith. 2005. "Performance Indicators: Good, Bad, and Ugly." *Journal of the Royal Statistical Society: Series A* (*Statistics in Society*) 168: 1 – 27.

M. P. Blimpo and M. Cosgrove-Davies, 2019. *Electricity Access in Sub-Saharan Africa: Uptake, Reliability, and Complementary Factors for Economic Impact. Africa Development Forum.* Washington, DC: World Bank.

Body of European Regulators for Electronic Communications. 2009. *Report on Transparency of Tariff Information.* European Research Council (ERC). ERG (08) 59rev2.

G. Boyne, P. Day, and R. Walker. 2002. "The Evaluation of Public Service Inspection: A Theoretical Framework." *Urban Studies* 39 (7): 1197 – 1212.

C. Briceño-Garmendia and M. Shkaratan. 2011. "Power Tariffs: Caught between Cost Recovery and Affordability." Policy Research Working Paper 5904, World Bank, Washington, DC.

T. C. Britton, R. A. Stewart, and K. O'Halloran. 2013. "Smart Metering: Enabler for Rapid and Effective Post Meter Leakage Identification and Water Loss Management." *Journal of Cleaner Production* 54: 166 – 176.

A. C. Brown, J. Stern, and B. Tenenbaum. 2006. *Handbookfor Evaluating Infrastructure Regulatory Systems.* Washington, DC: World Bank.

A. Burton, C. Bent, B. Horne, C. Grossman, W. Wai Cheng, Y. Orgill, C. Philpot, J. Schein, and B. Xue. 2019. *Review of International Water Efficiency Product Labelling.* IWA Efficient Urban Water Management Specialist Group. London: International Water Association.

A. Carvalho. 2016. "Delays in Connecting Firms to Electricity: What Matters?" Centre for Energy Economics Research and Policy (CEERP) Working Paper No. 3. Heriot-Watt University.

R. Chen. 2019. "Policy and Regulatory Issues with Digital Businesses." Policy Research Working Paper 8948. World Bank, Washington, DC.

M. Chetty, D. Haslem, A. Baird, U. Ofoha, B. Sumner, and R. Grinter, 2011. "Why Is My Internet Slow? Making Network Speeds Visible." In Proceedings of the SIGCHI Conference on Human Factors in Computing Systems: 1889 –

1898.

M. Chetty, R. Banks, A. J. B. Brush, J. Donner, and R. Grinter. 2012. "You're Capped: Understanding the Effects of Bandwidth Caps on Broadband Use in the Home." In Proceedings of the SIGCHI Conference on Human Factors in Computing Systems: 3021 - 3030.

M. A. Cole, R. J. R. Elliott, G. Occhiali, and E. Strobl. 2018. "Power Outages and Firm Performance in Sub-Saharan Africa." *Journal of Development Economics* 134(C): 150 - 159.

Colorado Water Wise. *Water Savings Analysis for St. Regis Resort.* Denver, Colorado.

E. Corcoran, C. Nelleman, E. Baker, R. Bos, D. Osborn, and H. Savelli, eds. 2010. *Sick Water? The Central Role of Waste Water Management in Sustainable Development.* A Rapid Response Assessment. United Nations Environment Programme, UN-HABITAT, GRID-Arendal.

K. Costello 2012. *Should Utilities Compensate Customers for Service Interruptions?* National Regulatory Research Institute Report No. 12 - 08. Silver Spring, Maryland: National Regulatory Research Institute.

J. Cubbin and J. Stern. 2006. "The Impact of Regulatory Governance and Privatization on Electricity Industry Generation Capacity in Developing Economies." *World Bank Economic Review* 20(1): 115 - 141.

A. Danilenko, C. van den Berg, B. Macheve, and L. Joe. Moffitt. 2014. *The IBNET Water Supply and Sanitation Blue Book 2014: The International Marking Network for Water and Sanitation Utilities Databook.* Washington, DC: World Bank.

S. De la Rue du Can, G. Leventis, A. Phadke, and A. Gopal. 2014. "Design of Incentive Programs for Accelerating Penetration of Energy-Efficient Appliances." *Energy Policy Volume* 72: 56 - 66.

ECRB and Mediterranean Energy Regulators (MedReg). 2018. "Complaint Handling and Dispute Settlement Procedures Available to Household Customers." MED18-26GA-4. 2. 1.

ECRB. 2021. *Next Generation of Customers and Digital Channels of Communications in the Energy Community Contracting Parties.* ECRB: Vienna.

A. D. Ericsson. 2013. *Socioeconomic Effects of Broadband Speed.* Little and Chalmers, University of Technology.

A. Escribano, J. L. Guasch, and J. Pena. 2010. "Assessing the Impact of

Infrastructure Quality on Firm Productivity in Africa: Cross-Country Comparisons Based on Investment Climate Surveys from 1999 to 2005." Policy Research Working Paper 5191. World Bank, Washington, DC. EU (European Union) Council. 2016. General Data Protection Regulation (GDPR).

European Union. 2020. "Regulation 2020/741 of the European Parliament and of The Council of 25 May 2020 on Minimum Requirements for Water Reuse." *Official Journal of the European Union*. L 177/32.

H. Fan, J. Graff Zivin, Z. Kou, X. Liu, and H. Wang. 2019. "Going Green in China: Firms' Responses to Stricter Environmental Regulations." NBER Working Paper 26540, National Bureau of Economic Research, Cambridge, MA.

J. W. Fedderke and Ž. Bogetić. 2006. "Infrastructure and Growth in South Africa: Direct and Indirect Productivity Impacts of 19 Infrastructure Measures." Policy Research Working Paper 3989. World Bank, Washington, DC.

V. Foster and A. Rana. 2020. Rethinking Power Sector Reform in the Developing World. Sustainable Infrastructure Series. Washington, DC: World Bank.

FPISC. 2017. *Recommended Best Practices for Environmental Reviews and Authorizations for Infrastructure Projects*. Washington, DC: FPISC.

R. Frauendorfer. 2008. "The How's and Why's of Water Connection Charges." Issues Paper. ADB, Manila.

H. Geller, P. Harrington, A. H. Rosenfeld, S. Tanishima, and F. Unander. 2006. "Polices for Increasing Energy Efficiency: Thirty Years of Experience in OECD Countries." *Energy Policy* 34 (5): 556 - 573.

C. Geginat and R. Ramalho. 2015. "Electricity Connections and Firm Performance in 183 Countries." *Energy Economics* 76: 344 - 366.

C. Geginat and V. Saltane. 2014. "Transparent Government and Business Regulation: 'Open for Business?'" Policy Research Working Paper 7132. World Bank, Washington, DC.

P. Gonzalez. 2022. Smart Grids. International Energy Agency Tracking Report. Paris: International Energy Agency.

M. Grimm, R. Hartwig, and J. Lay. 2012. "How Much Does Utility Access Matter for the Performance of Micro and Small Enterprises?" Working Paper 77935, World Bank, Washington, DC.

L. T. Ha. 2022. "Are Digital Business and Digital Public Services a Driver for Better Energy Security? Evidence from a European Sample." *Environmental*

Science and Pollution Research 29 (18): 27232 - 27256.
S. Hamman. 2014. "Housing Matters." Policy Research Working Paper 6876. World Bank, Washington, DC.
I. Hristov and A. Chirico. 2019. "The Role of Sustainability Key Performance Indicators (KPIs) in Implementing Sustainable Strategies." *Sustainability* 11(20): 1 - 19.
IBNET. "Benchmark Database." https://www.ib-net.org/.
IEA. 2008. *Energy Efficiency Requirements in Building Codes: Policies for New Buildings.* IEA, Paris.
IEA. 2016. *World Energy Outlook* 2016. Paris: IEA.
IEC. 2016. *International Standard — Low Voltage Electrical Installations — Part 6: Verification.* IEC 60364-6. IEC.
IEEE. 2004. "IEEE Guide for Electric Power Distribution Reliability Indices." IEEE Std 1366™ 2003 (Revision of IEEE Std 1366 - 1998). IEEE.
IEEE. 2022. "IEEE Policies." IEE, New York.
IFC, World Bank, and MIGA. 2013. *Good Practices for Construction Regulation and Enforcement Reform: Guidelines for Reformers. Investment Climate.* Washington, DC: World Bank.
A. Iimi, R. M. Humphrey, and S. Melibaeva. 2015. "Firm Productivity and Infrastructure Costs in East Africa." Policy Research Working Paper 7278, World Bank, Washington, DC.
IOTA Communications. 2020. "Benchmarking Commercial Building Energy Use per Square Foot." https://www.iotacommunications.com/blog/benchmarking-commercial-building-energy-use-persquare-foot/.
ISSA (International Social Security Association). No date (n. d.). "Guideline for Assessing the Competence of Electrically Skilled Persons by International Social Security Associations." ISSA, Cologne.
ITU. 2017. Quality of Service Regulation Manual. *Regulatory and Market Environment.* Geneva: ITU.
ITU. 2018. Guide to Developing a *National Cybersecurity Strategy.* Geneva: ITU.
ITU. 2019. *Digital Infrastructure Policy and Regulation in the Asia-Pacific Region.* Geneva: ITU.
ITU. 2020. "The Affordability of ICT Service 2020." *Policy Brief.* Geneva: ITU.
ITU. 2021. World Telecommunication/ICT Indicators Database 2021. Geneva: ITU.
ITU and UNESCO. 2021. *The State of Broadband 2021: People-Centred Approaches*

for Universal Broadband. Geneva: ITU.

ITU and World Benchmarking Alliance. 2022. *Greening Digital Companies: Monitoring Emissions and Climate Commitments.* Geneva: ITU.

ITU and World Bank. 2020. *Digital Regulation Handbook.* Geneva: ITU.

IWA (International Water Association). 2018. *The Reuse Opportunity. Waste Water Report 2018.* London: IWA.

F. V. Karen, E. T. Mansur, and Q. Wang. 2015. "Electricity Shortages and Firm Productivity: Evidence from China's Industrial Firms." *Journal of Development Economics* 114 (C): 172 - 188.

R. L. Katz. 2017. "Social and Economic Impact of Digital Transformation on the Economy." GSR-17 Discussion Paper, International Telecommunications Union.

T. Kelly and C. M. Rossotto, eds. 2012. *Broadband Strategies Handbook.* Washington, DC: World Bank.

S. R. Khandker, H. A. Samad, R. Ali, and D. F. Barnes. 2014. "Who Benefits Most from Rural Electrification? Evidence in India." *Energy Journal* 35(2): 75 - 96.

C. Kirubi, A. Jacobson, D. M. Kammen, and A. Mills. 2009. "Community-Based Electric Micro-Grids Can Contribute to Rural Development: Evidence from Kenya." *World Development* 37(7): 1208 - 1221.

M. R. J. Lange. 2017. "Tariff Diversity and Competition Policy: Drivers for Broadband Adoption in the European Union." *Journal of Regulatory Economics* 52: 285 - 312.

K. Lee, M. Edward, and C. Wolfram. 2018. "Experimental Evidence on the Economics of Rural Electrification." *Journal of Political Economy* 128(4): 1523 - 1565.

H. E. Leland. 1979. "Quacks, Lemons, and Licensing: A Theory of Minimum Quality Standards." *Journal of Political Economy* 87(6): 1328 - 1346.

X. Li, P. E. Campana, H. Li, J. Yan, and K. Zhu. 2017. "Energy Storage Systems for Refrigerated Warehouses." *Energy Procedia* 143: 94 - 99.

Liberty Mutual. 2022. "Power Grids and Outages: Causes, Impacts, and Preparedness." https://business.libertymutual.com/insights/power-grids-and-outages-causes-impacts-and-preparedness/.

R. Martínez Garza Fernández, E. Iglesias Rodriguez, and A. García Zaballos. 2020. "Digital Transformation: Infrastructure Sharing in Latin America and the Caribbean." Inter-American Development Bank, Washington, DC.

M. Molinos-Senante and R. Sala-Garrido. 2017. "How Much Should Customers be Compensated for Interruptions in the Drinking Water Supply?" *Science of the Total Environment* 586: 642 – 649.

B. Moyo. 2013. "Power Infrastructure Quality and Manufacturing Productivity in Africa: A Firm Level Analysis." *Energy Policy* 61: 1063 – 1070.

J. Mwitirehe, W. K. Cheruiyot, and C. Ruranga. 2022. "Monitoring the Water Utility Performance in Drinking Water Quality Compliance using Data Mining Approaches." *Research Square*: 1 – 23.

OECDa. "Financial Planning Tool for Water Utilities (FPTWU)." OECD, Paris.

OECDb. "The OECD Principles on Water Governance." OECD, Paris.

OECDc. "OECD Best Practice Principles on the Governance of Regulators." OECD, Paris.

OECD. 2003. "From Red Tape to Smart Tape Administrative Simplification in OECD Countries, Cutting Red Tape." OECD, Paris.

OECD. 2008. *Broadband Growth and Policies in OECD Countries.* OECD, Paris.

OECD. 2009. *Determination and Application of Administrative Fines for Environmental Offences: Guidance for Environmental Enforcement Authorities in EECCA Countries.* OECD, Paris.

OECD. 2011. *Environmental Taxation A Guide for Policy Makers.* OECD, Paris.

OECD. 2012. *Recommendation of the Council on Regulatory Policy and Governance.* OECD, Paris.

OECD. 2013a. "Guidelines on the Protection of Privacy and Transborder Flows of Personal Data." OECD, Paris.

OECD. 2015. "OECD Policy Guidance for Investment in Clean Energy Infrastructure." OECD, Paris.

OECD. 2014. "Access Network Speed Tests." OECD Digital Economy Papers, No. 237. OECD, Paris.

OECD. 2018. "OECD Regulatory Enforcement and Inspections Toolkit." OECD, Paris.

OECD. 2021a. *OECD Regulatory Policy Outlook 2021.* OECD, Paris.

OECD. 2021b. "Toolkit for Water Policies and Governance: Converging Towards the OECD Council Recommendation on Water." OECD, Paris.

OECD. No date (n. d.). "Financial Planning Tool for Water Utilities (FPTWU)." OECD, Paris.

OGC (Open Geospatial Consortium), ISO (The International Organization for

Standards), Technical Committee 211 Geographic information/Geomatics, and IHO (International Hydrographic Organization). 2018. *A Guide to the Role of Standards in Geospatial Information Management.* UN-GGIM.

K. Onyenankeya, O. M. Onyenankeya, and O. Osunkunle. 2021. "Barriers to Water Use Efficiency in Rural and Peri-urban Areas of South Africa." *Water and Environment Journal* 35: 1164 - 1173.

V. Pangare, M. Miletto, and L. Thuy. 2019. "Tool 3 — Guidelines on the Collection of Sex-Disaggregated Water Data." UNESCO WWAP Toolkit on Sex-Disaggregated Water Data. UNESCO WWAP. United Nations Educational, Cultural, and Scientific Organization (UNESCO), Paris.

D. Parker, Y. F. Zhang, and C. Kirkpatrick. 2008. "Electricity Sector Reform in Developing Countries: An Econometric Assessment of the Effects of Privatization, Competition and Regulation." *Journal of Regulatory Economics* 33(2): 159 - 178.

I. J. Pérez-Arriaga, J. D. Jenkins, and C. Batlle. 2017. "A Regulatory Framework for an Evolving Electricity Sector: Highlights of the MIT Utility of the Future Study." *Economics of Energy & Environmental Policy* 6(1): 71 - 92.

F. S. Pinto, A. S. Costa, J. R. Figueira, and R. C. Marques. 2017. "The Quality of Service: An Overall Performance Assessment for Water Utilities." *Omega* 69(C): 115 - 125.

S. Popa and G. I. Prostean. 2013. "Improving Management of Utilities Payment with Web-based Solution." 2013 IEEE 8th International Symposium on Applied Computational Intelligence and Informatics (SACI), 327 - 330.

A. Rana, M. Ngulube, and V. Foster. 2022. GERI 2022. *Global Electricity Regulatory Index-ESMAP Report.* Washington, DC: World Bank.

RWI (Regulatory Watch Initiative). "The RWI Platform." World Bank, Washington, DC.

B. Scaddan. 2011. "17th Edition IEE Wiring Regulations: Explained and Illustrated." Routledge.

K. Sjöstrand, J. Klingberg, N. S. Zadeh, M. Haraldsson, L. Rosén, and A. Lindhe. 2021. "The Value of Water—Estimating Water-Disruption Impacts on Businesses." *Water* 13(11): 1565.

Transparency International. 2016. *Complaint Mechanisms: Reference Gide for Good Practice.* Transparency International.

D. Trimble. No date (n. d.). "Managing the Cost of Water and Electricity in the

New Dairy Unit at CAFRE." Department of Agriculture, Environment and Rural Affairs, United Kingdom.

UN. 2015. "Transforming Our World: The 2030 Agenda for Sustainable Development." Department of Economic and Social Affairs. Sustainable Development. United Nations, New York.

UNECE and WHO (World Health Organization). Regional Office for Europe. 2019. *Protocol on Water and Health and the 2030 Agenda: A Practical Guide for Joint Implementation.* United Nations, New York.

UNEP. 2015. *Good Practices for Regulating Waste Water Treatment: Legislations, Policies and Standards.* Nairobi: UNEP.

UNEP. No date (n. d.). "Acid Deposition and Air Pollution." https://www.unep.org/asia-and-pacific/restoring-clean-air/eanet/acid-deposition.

UN ESCAP (United Nations Economic and Social Commission for Asia and the Pacific). 2019. "ICT Infrastructure Co-Deployment with Transport and Energy Infrastructure in North and Central Asia." Asia-Pacific Information Superhighway (AP-IS) Working Paper Series. United Nations, New York.

J. Upton, J. Humphreys, P. W. G. Groot Koerkamp, P. French, P. Dillon, and I. J. M. De Boer. 2013. "Energy Demand on Dairy Farms in Ireland." *Journal of Dairy Science* 96(10): 6489-6498.

WAREG-European Water Regulators. 2017. *An Analysis of Water Efficiency KPIs in WAREG Member Countries.* A WAREG Report. Milan: WAREG.

WHO. 2017. *Guidelines for Drinking-Water Quality. Fourth Edition Incorporating the First Addendum.* Geneva: WHO.

E. J. Wilson, A. B. Klass, and S. Bergan. 2009. "Assessing a Liability Regime for Carbon Capture and Storage." *Energy Procedia* 1(1): 4575-4582.

WIPO (World Intellectual Property Organization). 2022. *Global Innovation Index 2022: What Is the Future of Innovation Driven Growth?* Geneva: WIPO.

World Bank. 2016. *World Development Report 2016: Digital Dividends.* Washington, DC: World Bank.

World Bank. 2017a. *Combatting Cybercrime: Tools and Capacity Building for Emerging Economies.* Washington, DC: World Bank.

World Bank. 2017b. *Connecting to Water and Sewerage in Mexico.* Washington, DC: World Bank.

World Bank. 2018. *Innovative Business Models for Expanding Fiber-Optic Networks and Closing Access Gaps.* Washington, DC: World Bank.

World Bank. 2019. "Governing Infrastructure Regulators in Fragile Environments: Principles and Implementation Manual." World Bank, Washington, DC.

World Bank. 2021a. "Catalyzing Utility Reform in Sub-Saharan Africa: Quick Wins Matter for Transparency and Accountability." ESMAP Working Paper. World Bank, Washington, DC.

World Bank. 2021b. *World Development Report 2021: Data for Better Lives.* Washington, DC: World Bank.

World Bank. No date (n. d.). Enterprise Surveys Database. World Bank, Washington, DC. https://www.enterprisesurveys.org/en/data.

X. Yu, X. Zhang, and Y. Li. 2013. *Computerized Road Excavation Permit Processing and Utility Management in Hong Kong. Proceedings of the International Symposium on Automation and Robotics in Construction.* IAARC Publications, 30: 1542 – 1549. International Association for Automation and Robotics in Construction (IAARC).

附件 B　公用事业服务注释问卷

附件 B 包括公用事业服务（电力、水、互联网）术语表和注释问卷。注释问卷提供了每项指标与相应问题之间的一一对应关系。由于存在多份问卷，其中的类别编号与方法论说明中类别编号并不一致。

术语表

接入节点交换机：一种网络交换机，用于将网络的接入层连接到子网，这些子网由路由器和 IP 设备等接入设备组成。

不对称监管：一种青睐新进者的监管方式，例如限制既有企业的某些优势，来帮助新进者在市场上站稳脚跟。

骨干/回程网络设施：电信网络中的趸售部分，分别包括核心网络和中间链路（或中间英里），由互联网服务提供商以子网络的形式接入互联网。

带宽：互联网连接在任何时刻都可以处理的最大数据量，以兆比特每秒（Mbps）为单位。

阶梯费率：一种费率，因用户消费量不同而支付不同费用。例如，如果消费量为第一阶梯+第二阶梯+第三阶梯的一半，则向用户收取以下费用：第一阶梯费率×第一阶梯消费量+第二阶梯费率×第二阶梯消费量+第三阶梯费率×（第三阶梯消费量/2）。

基于云的分布式阻断服务攻击（DDoS）防护：一种商业网络安全服务，是本地网络安全的替代方案，旨在缓解或避免对网络基础设施的分布式阻断服务攻击。

网络安全：为保护网络、设备和数据免于未经授权的访问或犯罪使用而采取的措施。

威慑机制：阻止事件或活动的方法。威慑机制可能包括罚款或处罚、检查、报告要求或公开披露违规行为。

“最多挖一次”政策：让公共工程部门、公用事业公司和网络服务提供商相互协调的方法，以避免基础设施建设和土木工程的重复进行。

排放限值：对可排放至水体中污染物含量的限制。

电力中断：指电网中的电力流失，此等情形出现在设备因电力供应不足而失灵之时。有计划的停电（“降载”）同样视为电力中断。

输电和配电的能效要求：环境可持续电力输送的标准和法规（如电力输配设施的能效要求；向商业用户免费推广智能电表的法律要求；“智能电网”的开发）。

执行机制：用于鼓励遵守法规的方法。

发电环境标准：环境可持续发电的标准和法规（如发电厂的能效要求；可再生能源在总发电量中的占比；化石燃料发电厂减少当地空气污染物排放的要求）。

外部安装/连接工程：建筑外部的连接工程。

企业灵活度分值：对影响企业经营成本和收益的指标进行评分的一种方式。

固定互联网连接：新的网络连接或对既有连接需要申请的任何变更，包括基于电缆调制解调器的互联网连接、不少于 256 千比特每秒的数字用户线路互联网连接、光纤或其他固定宽带技术连接（如卫星宽带）、以太网局域网、固定无线接入、无线局域线或 WiMAX 等。不包括通过手机热点或无线网络电话接入的互联网连接。

FMIK：已安装千伏安的中断中频。

地理信息系统：包含地理数据（即与位置相关的现象描述）的数据库，并与用于管理、分析和可视化这些数据的软件工具相结合。

内部安装/连接工程：建筑内部的连接工程。

互联网中断：互联网服务的中断，包括部分中断（如由于拥塞、带宽有限或高延迟导致的连接降速）和完全中断（如连接中断、网络管制、互联网关闭）。不包括断电导致的网络中断。

互联网服务提供商：提供商业互联网连接和后续网络服务的（公众或封闭）公司。

抖动：通过网络连接从传输到接收信号的时间差。

联合挖掘：与不同实体共同规划或施工，在地下为电力、水或互联网提供商挖掘通道，以建造连接用户与服务的地下结构和设施（此类设施包括电缆、电力/下水道/水/网络线路和管道）。

关键绩效指标：对特定目标在一定时间内的绩效进行量化衡量的指标。

KVA：千伏安。

kWh：千瓦时。

最后一公里：网络的最后一段，用于将本地入网点连接至家庭、企业和终端用户。

延迟：由于网络不可靠而造成的数据传输延迟。

LCU：当地货币单位。

光纤：一种高速互联网服务，使用细小的玻璃或塑料纤维作为媒介，以光脉冲的形式传输数据。

降载：故意关闭配电系统中一部分或多部分的电力，通常是为了防止整个系统发生故障。

本地环路开放：允许多个互联网服务提供商（ISPs）在电话交换机上安装软件并通过现有网络电缆和其他基础设施提供宽带服务的监管程序。

m^3：立方米。

Mbps：兆比特每秒。

停供计划：一种预先安排好的公用事业服务中断。

无线接入网：无线电信系统的一个主要组成部分，通过无线电链路将单独设备连接至网络的其他部分。

通行权：不动产所有人赋予他人的通过土地或合理使用不动产的权利，但其行使不得妨害所有人使用和享受土地。

SAIDI：系统平均中断持续时间指数，电力公司常用的可靠性指数。SAIDI 评估计划内和计划外的停电，包括降载。

SAIFI：系统平均中断频率指数，另一个电力公司常用的可靠性指数。SAIFI 评估计划内和计划外的停电，包括降载。

智能电网：使用数字通信技术检测并就当地用电变化做出调整的供电网络。

智能电表：记录电能消耗、电压水平、电流和功率因数等信息的电子设备。

社会效益分值：如果指标的影响超出企业范围并扩展至社会期望的领域，如环境保护、消费者保护和信息外部性，则对其进行评分的一种方法。

安全套接字层检查：拦截和审查用户端和服务器间安全套接字层加密的互联网通信的程序。

第三方检查：由持牌和经授权的专业人员或机构（安装方除外）分别对最终的电线或管道工程进行的水或电检查。

获得电力连接的时间：从提交申请到开始供电的时间，以天为单位。

获得固定宽带连接的时间：从完成并提交申请到开始供网的时间，以天为单位。此期间包括（如必要时）安装电缆、光纤或 DSL（数字用户线路）的时间。

获得用水连接的时间：从完成并提交申请到开始供水的时间，以天为单位。

TTIK：已安装千伏安的中断总时长。

量差费率：依据使用阶梯对用户的总使用量进行收费的费用。举例而言，如果用户的使用量处于第三阶梯，则对其进行如下收费：使用量（第一阶梯+第二阶梯+第三阶梯/2）×第三阶梯费率。

用水不足/中断/停供：因供水不足或减少而导致设备失灵或停止生产作业的情况下，用水管网的水压不足或用水不足的事件。

电力问卷

下面的表格列出了每个支柱下的所有指标（包括其组成部分，如适用），并在括号内标明了相应的问题编号。为了方便参考，每个表格前都列出了问题。

对于以“是/否”回答的问题，回答为“是”即得分，并被视为良好实践；如特别标明“是/否；否—良好实践”，则“否”意味着良好实践。

在接下来的表格中，“和”表示所有提及问题的答案，必须均为良好实践，才能获得指标的分值。

在接下来的表格中，“或”表示一个或多个提及问题的答案，只要一个为良好实践，即可获得指标的分值。

某些问题标记为“不计分”，意味着它们不会以任何方式影响分值。设计这些问题的目的，是为推广阶段后续年度的问题设计提供更多的信息和改进的建议，并且在必要时，为已计分的问题提供进一步的信息和实证基础。

支柱 I　公用事业服务规则质量（供电）	
参数	
企业位置	经济体中最大（人口最多）的城市。对于支柱 I，除非问题自身另有规定，否则我们将要求专家就这一特定参数提供回答

1.1.1. 费率和服务质量的监管权限

1. 是否有监管电力行业的机构？（是/否）（不计分）

如果回答为“是”，请回答问题 2、3、4。

2. 根据规则框架，电力监管机构是否拥有核准电费的最终决策权？（是/否）

3. 根据规则框架，电力监管机构是否须订立服务标准，以确保服务质量和电力服务的可靠性？（是/否）

4. 根据规则框架，电力监管机构是否须监督服务标准的遵守情况，以确保服务质量和电力服务的可靠性？（是/否）

1.1.1 费率和服务质量的监管权限			
指标	企业灵活度分值	社会效益分值	总分
对费率的监管（2）	1	1	2
对供电质量的监管： 制定服务标准（3） 监督服务标准的实施情况（4）	1 0.5 0.5	1 0.5 0.5	2 1 1
总分	2	2	4

1.1.2 公用事业基础设施共享和质量保证机制

5. 是否有规则要求在联合建设基础设施（如电线杆、架空或地下电缆、水管和/或电话线）时进行协调？（是/否）

6. 法律是否规定了所有有关部门对联合建设基础设施进行审批的时限？（是/否）

7. 规则框架是否订明适用于公用事业的处罚和/或补救措施，以确保可靠的电力供应（限制停电）？（是/否）

1.1.2　公用事业基础设施共享和质量保证机制			
指标	企业灵活度分值	社会效益分值	总分
联合规划建设： 共同挖掘条款(5) 审批时间表(6)	1 0.5 0.5	1 0.5 0.5	2 1 1
服务质量保障机制(7)	1	1	2
总分	2	2	4

1.1.3　电力连接安全规则

8. 根据规则框架，从事电力安装工程的专业人员是否须符合下列条件中最少两项？（是/否）

- 最低工作年限
- 学历（即相关专业的大学学位）
- 全国电工或电气工程师协会的注册会员
- 通过资格考试

9. 根据规则框架，所有类型（包括低压）的内部电力安装是否须由持证专业人士/公司进行？（是/否）

10. 根据规则框架，进行内部电力安装的公司是否需要检查/认证所有类型（包括低压）的安装质量？（是/否）

11. 根据规则框架，是否需要由第三方进行最终检查，以确保所有类型（包括低压）的内部电力安装质量？（是/否）

12. 根据规则框架，所有类型（包括低压）的外部电力安装是否须由持证专业人士/公司进行？（是/否）

13. 根据规则框架，进行外部电力安装的公司是否需要检查/认证所有类型（包括低压）的安装质量？（是/否）

14. 根据规则框架，是否需要由第三方进行最终检查，以确保所有类型（包括

低压)的外部电力安装质量？(是/否)

15. 如果在用电过程中发现故障,任何参与供电工作(除了项目投资者或业主)的相关方是否应负法律责任？(是/否)

1.1.3 电力连接安全规则			
指标	企业灵活度分值	社会效益分值	总分
专业认证(8)	1	1	2
检查制度: 内部安装工程(11 或[9 和 10]) 外部安装工程(14 或[12 和 13]) 如果选择 11 或者同时选择 9 和 10,则得分。如果选择 14 或者同时选择 12 和 13,则得分	1 0.5 0.5	1 0.5 0.5	2 1 1
责任制度(15)	1	1	2
总分	3	3	6

1.1.4 环境可持续性

16. 规则框架是否规定发电的能源效益要求？(是/否)
17. 规则框架是否规定化石燃料厂须减少本地空气污染物的排放？(是/否)
18. 规则框架是否规定不符合能源效益或减排规定的发电厂会受到财务处罚？(是/否)
19. 规则框架是否就输配电规定能源效益要求？(是/否)
20. 监管机构是否规定向商业用户推广智能电表的要求或激励措施？(是/否)
21. 规则框架是否规定发展“智能电网”的要求？(是/否)
22. 规则框架是否规定,输配电公司如未能达到能源效益、智能电表或“智能电网”的要求,会受到财务处罚？(是/否)
23. 规则框架是否要求企业转向节能实践？(是/否)

如果回答为“是”,请回答问题24。

24. 规则框架是否规定对不遵守能源效益规定的企业采取财务处罚?(是/否)

25. 规则框架是否规定任何财务机制,以鼓励企业采用节能措施或节能技术?(是/否)

26. 规则框架是否规定任何非财务机制,以鼓励企业采用节能措施或节能技术?(是/否)

1.1.4　环境可持续性			
指标	企业灵活度分值	社会效益分值	总分
电力供应的环境可持续性: 发电环境标准(16和17) 执行发电的环境标准(18) 输配电环境标准(19或20或21) 执行输配电的环境标准(22)	不适用 不适用 不适用 不适用 不适用	1 0.25 0.25 0.25 0.25	1 0.25 0.25 0.25 0.25
电力使用的环境可持续性: 对企业实施节能措施的要求(23) 促进企业遵守能源效益要求的执行机制(24)	不适用 不适用 不适用	1 0.5 0.5	1 0.5 0.5
采取节能措施的激励: 对企业的财务和非财务激励(25和26)或 对企业的财务激励(25)	1 1或 0.5	1 1或 0.5	2 2或 1
总分	1	3	4

支柱Ⅱ　公用事业服务的治理质量和透明度(供电)	
参数	
最大城市	经济体中最大(人口最多)的城市。有关支柱Ⅱ中的所有问题,除非问题中另有说明,我们将要求专家提供对该特定参数的回答
最大的公用事业提供商	最大城市中的最大公用事业提供商(依据用户数或市场份额)。有关支柱Ⅱ中的所有问题,除非问题中另有说明,否则我们将要求专家提供对该特定参数的回答

27. [最大的电力供应商]是[城市]最大的电力供应商吗?(是/否)(不计分)

2.1.1 数字化服务和协同性

28. 是否可以全流程在线申请新的商业电力连接?(是/否)
29. 是否可以在线查询新电力连接的报装流程状态?(是/否)
30. 是否可以在线支付新电力报装费用?(是/否)
31. 是否可以在线支付每月的电费?(是/否)
32. 是否有一个公开可用的国家或地方基础设施数据库(如 GIS 数据库)来显示现有的配电网络?(是/否)
33. 是否存在用于多个公用事业(如电力、水和互联网)的管线网络信息的共享数据库?(是/否)
34. 是否有一个公开的在线平台,提供在[城市]进行的公用事业管网计划工程的信息?(是/否)

是否设立以下协调机制,以促进各机构在挖掘审批申请方面的合作?(问题 35 和 36)

35. 挖掘审批网上协调平台(是/否)
36. 负责协调的机构或办公室(是/否)

2.1.1 数字化服务和协同性			
指标	企业灵活度分值	社会效益分值	总分
电子申请: 电子申请新电力连接(28) 电子查询新电力报装(29)	1 0.5 0.5	1 0.5 0.5	2 1 1
电子支付(30 和 31)	1	1	2

（续表）

指标	企业灵活度分值	社会效益分值	总分
既有基础设施和计划工程的信息： 多个公用事业/配电网络的国家/地方基础设施数据库（32 或 33） 公用事业管网计划工程的信息平台（34）	1 0.5 0.5	1 0.5 0.5	2 1 1
挖掘审批协调机制： 在线平台（35）或 协调机构（36） 如果选择 35，得 1 分；如果只选择 36，得 0.5 分	1 1 或 0.5	1 1 或 0.5	2 2 或 1
总分	4	4	8

2.1.2 服务供应的监测（包括性别和环境）

37. ［城市］最大的电力公司是否监测停电（持续时间和频率）？（是/否）

38. 是否有关键绩效指标用于监测电力供应的环境可持续性？（是/否）

39. ［城市］最大的电力公司是否发布按性别分类的客户调查（如从女性企业家角度衡量电力公司提供的服务质量）？（是/否）

2.1.2 服务供应的监测（包括性别和环境）			
指标	企业灵活度分值	社会效益分值	总分
电力供应的可靠性和质量（37）	1	1	2
电力供应的可持续性（38）	不适用	1	1
女性企业家获得电力供应（39）	1	1	2
总分	2	3	5

2.1.3 信息的可获得性和透明度

对于新的商业电力连接，您可以在网上找到以下信息吗？（问题 40

至43）

40. 获得新的商业电力连接所需的文件清单（是/否）

41. 获得新的商业电力连接所需的步骤（如提交申请、支付费用、现场检查等）（是/否）

42. 电力公司收取的新电力报装的预计费用（是/否）

43. 预计的接入时间标准（是/否）

44. 目前的电价是否可在网上查询？（是/否）

45. 是否至少提前一个计费周期向公众告知电价的变动（如通过信件、账单、电子邮件和/或短信、在媒体或网站上公布）？（是/否）

46. 是否向用户解释电费账单总额中包含的组成部分？（如在网上或用户账单中发布）（是/否）

47. 是否通过公告或直接沟通的方式提前告知用户停电计划？（是/否）

48. 电力公司是否有投诉机制，用于投诉其所提供电力服务的问题（如收费错误或电力供应问题）？（是/否）（不计分）

如果回答为“是”，请回答问题49至52。

以下信息是否可以在线获取，以指导用户根据电力公司的投诉机制对其电力服务进行投诉？（问题49至52）

49. 投诉渠道（是/否）

50. 投诉所需文件清单（是/否）

51. 可以投诉的问题类型（是/否）

52. 关于投诉程序步骤的信息（是/否）

53. 有关停电持续时间和频率的指标每年是否至少在线发布一次？（是/否）

54. 监测电力供应环境可持续性的关键绩效指标每年是否至少在线发布一次？（是/否）

2.1.3 信息的可获得性和透明度			
指标	企业灵活度分值	社会效益分值	总分
报装要求： 所需文件(40) 所需流程(41) 报装费用(42) 规定的接入时间标准(43)	1 0.25 0.25 0.25 0.25	1 0.25 0.25 0.25 0.25	2 0.5 0.5 0.5 0.5
电价和电价制定： 在线公布费率(44)和 提前通知用户费率变动(45)和 公开计费公式(46)	1	1	2
停电计划(47)	1	1	2
投诉机制： 投诉处理机构的信息(49) 投诉所需文件(50) 投诉机制的标准/范围(51) 提交投诉的所需流程(52)	1 0.25 0.25 0.25 0.25	1 0.25 0.25 0.25 0.25	2 0.5 0.5 0.5 0.5
服务质量指标(53)	1	1	2
环境可持续性指标(54)	不适用	1	1
总分	5	6	11

2.1.4 安全规则和消费者保护机制的执行

55. 所有类型的内部电力安装工程(包括低压安装工程)是否总是由有资质的专业人员或公司进行？(是/否)

56. 开展内部电力安装工程的公司或有资质的专业人员是否检验所有类型的安装工程质量(包括低压安装工程)？(是/否)

57. 是否由第三方进行质量检查或终检，以确保所有类型的内部电力安装工程的质量和安全(包括低压安装工程)？(是/否)

58. 所有类型的外部电力安装工程(包括低压安装工程)是否总是由有资质的专业人员或公司进行?(是/否)

59. 开展外部电力安装工程的有资质的专业人员或公司是否检验所有类型工程的质量(包括低压安装工程)?(是/否)

60. 是否由第三方进行质量检查或终检,以确保所有类型的外部电力安装工程的质量和安全(包括低压安装工程)?(是/否)

61. 是否有独立于电力公司的投诉机制,用于升级投诉?(是/否)

2.1.4 安全规则和消费者保护机制的执行			
指标	企业灵活度分值	社会效益分值	总分
开展电力连接检查: 内部安装工程([55 和 56]或 57) 外部安装工程([58 和 59]或 60) 如果选择 57,或者同时选择 55 和 56,将得分;如果选择 60,或者同时选择 58 和 59,将得分	1 0.5 0.5	1 0.5 0.5	2 1 1
独立投诉机制(61)	1	1	2
总分	2	2	4

支柱Ⅲ 公用事业服务在实践中的运作效率(供电)

在支柱Ⅲ中,一部分指标得分来源于企业调查,我们通过正态累积密度函数转换法计算,分值从 0 到 100 分。其中 0 和 100 分别代表可能的最低和最高分。根据所收集数据的 5%分位数和 95%分位数确定表现最佳和最差者。

支柱Ⅲ中,关于公用事业提供服务的运行效率的数据是通过专家咨询(问题 62 至 64)和企业调查(问题 65 至 69)收集的。通过专家咨询收集的数据使用以下参数:

支柱Ⅲ　公用事业服务在实践中的运作效率（供电）	
参数	
经营场所	经济中最大（人口最多）的城市。对于有关连接成本和服务成本的问题，将要求专家提供他们对这一特定参数的回答
最大的公用事业提供商	最大城市中最大的公用事业提供商（根据用户数量或市场份额）。对于有关连接成本和服务成本的问题，将要求专家提供他们对这一特定参数的回答
负荷容量 （1）180 千伏安 （2）60 千伏安	使用负荷容量的特定参数获取连接成本的可比数据。作为计量单位，负荷容量决定了用电量和使用位置。对于有关连接成本的问题，将要求专家提供他们对这一特定参数的回答
连接长度 （1）75 米 （2）10 米	使用电力连接长度的特定参数获取连接成本的可比数据。与配电线路的距离决定了材料和劳动力成本。公用事业费用明细表也可能根据距离电源的长度进行区分。对于有关连接成本的问题，将要求专家提供他们对这一特定参数的回答
用电量 34 560 千瓦时	使用电力消耗的特定参数获取每月电费的可比数据。用电量既反映了企业对电力的依赖程度，又用于计算适用的电价。对于有关服务成本的问题，将要求专家提供他们对这一特定参数的回答

3.1.1　可负担性

62. 在［城市］中，距离主配电线 10 米的 60 千伏安/60 千瓦的电力连接（如商店或非冷藏存储设施），请提供获得新电力连接的大致平均成本，包括所有成本项目（以当地货币计算）。

63. 在［城市］中，距离主配电线 75 米的 180 千伏安/180 千瓦的电力连接（如小型零售商场或餐厅），请提供获得新电力连接的大致平均成本，包括所有成本项目（以当地货币计算）。

64. 根据消耗 34 560 千瓦时（负荷容量为 180 千伏安/180 千瓦）的商业机构的适用电价，预计每月账单总额是多少。

3.1.1　可负担性			
指标	企业灵活度分值	社会效益分值	总分
连接成本和服务成本： 报装成本(62 和 63) 服务成本(64) 评分方案将根据提交的成本估算差异来确定	100(100%)	不适用	100(100%)
总分	100	不适用	100

3.1.2　获得电力连接的时间

65. 从申请之日至获得服务之日，获得电力连接需要多少天？

3.1.2　获得电力连接的时间			
指标	企业灵活度分值	社会效益分值	总分
获得电力连接的时间(65)	100(100%)	不适用	100(100%)
总分	100	不适用	100

3.1.3　供电可靠性

66. 停电次数：该企业在一个典型月份经历多少次停电？

67. 停电持续时间：平均每次停电会持续多久？

68. 停电造成的损失：请估计停电造成的损失，以销售额的百分比或当地货币表示。

69. 在本财政年度，该企业是否拥有或共享发电机？

3.1.3　供电可靠性			
指标	企业灵活度分值	社会效益分值	总分
供电可靠性： 平均停电频率(66)	100(100%) 25(25%)	不适用 不适用	100(100%) 25(25%)

（续表）

指标	企业灵活度分值	社会效益分值	总分
平均停电持续时间(67)	25(25%)	不适用	25(25%)
以年度销售额百分比统计的停电造成的损失(68)	25(25%)	不适用	25(25%)
拥有或共享发电机的企业占比(69)	25(25%)	不适用	25(25%)
总分	100	不适用	100

水问卷

下面的表格列出了每个支柱下的所有指标(包括其组成部分,如适用),并在括号内标明了相应的问题编号,为了方便参考,每个表格前都列出了问题。

对于以“是/否”回答的问题,回答为“是”即得分,并被视为良好实践;如特别标明“是/否;否—良好实践”,则“否”意味着良好实践。

在接下来的表格中,“和”表示所有提及问题的答案,必须均为良好实践,才能获得指标的分值。

在接下来的表格中,“或”表示一个或多个提及问题的答案,只要满足其中一项良好实践,即可获得指标的分值。

某些问题标记为“不计分”,意味着它们不会以任何方式影响分值。设计这些问题的目的,是为推广阶段后续年度的问题设计提供更多的信息和改进的建议,并且在必要时,为已经计分的问题提供进一步的信息和实证基础。

支柱Ⅰ　公用事业服务规则质量(供水)	
参数	
经营场所	经济体中最大(人口最多的)城市。该参数适用于国家层面无统一规则、不同州或地区采用不同规则的情况。地理位置决定了用水连接的可获得性,以及连接类型和所需施工。对支柱Ⅰ而言,如果经济体内各州的规则有差异,我们将要求专家提供适用于最大城市的规则信息

1.2.1 费率和服务质量的监管权限

1. 是否有监管机构负责对供水部门进行监督？（是/否）（不计分）

   如果回答为"是"，请回答问题2、3、4。

2. 根据规则框架，水务监管机构是否有权决定水价？（是/否）

3. 根据规则框架，水务监管机构是否应当负责制定供水服务的质量和可靠性标准？（是/否）

4. 根据规则框架，水务监管机构是否应当负责监测供水服务的质量和可靠性是否满足相应的标准？（是/否）

1.2.1 费率和服务质量的监管权限			
指标	企业灵活度分值	社会效益分值	总分
对费率的监管（2）	1	1	2
对供水质量的监管：	1	1	2
制定服务标准（3）	0.5	0.5	1
监督服务标准的实施情况（4）	0.5	0.5	1
总分	2	2	4

1.2.2 公用事业基础设施共享和质量保证机制

5. 是否有监管规定要求在联合建设电线杆、架空或地下电缆、水管和/或电话线等基础设施时进行协调？（是/否）

6. 法律是否规定了所有相关机构批准联合建设基础设施的时限？（是/否）

7. 规则框架是否规定了适用于公用事业服务的制裁和/或补救措施，以确保可靠的供水（采取限水措施）？（是/否）

1.2.2　公用事业基础设施共享和质量保证机制			
指标	企业灵活度分值	社会效益分值	总分
联合规划建设: 共同挖掘条款(5) 审批时间表(6)	1 0.5 0.5	1 0.5 0.5	2 1 1
服务质量保障机制(7)	1	1	2
总分	2	2	4

1.2.3　供水连接安全规则

8. 根据规则框架,进行供水设施安装工程的专业人员是否必须满足下列条件中至少两个?(是/否)

- 最低工作年限
- 学历(即相关专业的大学学位)
- 国家工程师协会注册会员
- 通过资格考试

9. 根据规则框架,内部供水设施是否必须由持证专业人员/公司进行安装?(是/否)

10. 根据规则框架,进行内部供水安装的公司是否需要检查/认证安装质量?(是/否)

11. 根据规则框架,是否需要由第三方进行最终检查,以确保内部供水设施的质量?(是/否)

12. 根据规则框架,外部供水设施是否必须由持证专业人员/公司进行安装?(是/否)

13. 根据规则框架,进行外部供水安装的公司是否需要检查/认证安装质量?(是/否)

14. 根据规则框架,是否需要由第三方进行最终检查,以确保外部供水设施的

质量？（是/否）

15. 如果在使用供水系统时发现故障，参与提供供水系统的任何一方（除项目投资者或业主外）是否应承担法律责任？（是/否）

1.2.3 供水连接安全规则			
指标	企业灵活度分值	社会效益分值	总分
专业认证(8)	1	1	2
检查机制： 内部供水系统(11 或[9 和 10]) 外部供水系统(14 或[12 和 13]) 如果选择 11 或同时选择 9 和 10，将得分；如果选择 14 或同时选择 12 和 13，将得分	1 0.5 0.5	1 0.5 0.5	2 1 1
责任机制(15)	1	1	2
总分	3	3	6

1.2.4 环境可持续性

规则框架是否要求在用户出水口处进行以下检测，以确保最终用户消费的水质符合标准？（问题 16 至 19）

16. 外观检查（如味道、气味或外观）（是/否）
17. 微生物参数检验（是/否）
18. 理化检验（是/否）
19. 放射性检验（是/否）
20. 规则框架是否规定了为确保水质达标而对供水公司实施的任何经济处罚？（是/否）
21. 规则框架是否规定了供水公司通过减少水量损失来提高供水效率的目标或要求？（是/否）

22. 规则框架是否规定了对供水公司的经济处罚，以确保遵守旨在减少水损失的目标或要求？（是/否）

23. 规则框架是否要求企业采取高效用水措施？（是/否）

24. 规则框架是否包括对不遵守节水要求的企业进行经济处罚？（是/否）

25. 规则框架是否包括任何财务机制，以激励企业采用节水措施或节水技术？（是/否）

26. 规则框架是否包括任何非财务机制，以激励企业采用节水措施或节水技术？（是/否）

27. 是否有监管机构负责监管向当地污水处理系统排放废水的行为？（是/否）

28. 法律是否规定废水在排放到水体或土地之前必须经过处理（如排放限制和/或排放预处理条件）？（是/否）

29. 规则框架是否制定了废水再利用规则（如再生水使用准则、出水水质限制和/或处理工艺/类型）？（是/否）

1.2.4　环境可持续性			
指标	企业灵活度分值	社会效益分值	总分
环境可持续性和供水质量： 水质环境标准（16、17、18 和 19） 水质环境标准的执行（20） 高效供水的环境标准（21） 执行供水效率标准（22）	不适用 不适用 不适用 不适用 不适用	1 0.25 0.25 0.25 0.25	1 0.25 0.25 0.25 0.25
水资源利用的环境可持续性： 要求企业坚持高效用水的措施（23） 促进企业遵守用水效率要求的执行机制（24）	不适用 不适用 不适用	1 0.5 0.5	1 0.5 0.5
采取节水措施的激励： 为企业提供财务和非财务激励（25 和 26）或 为企业提供财务激励（25）	1 1 或 0.5	1 1 或 0.5	2 或 1

（续表）

指标	企业灵活度分值	社会效益分值	总分
废水处理的可持续性： 存在监管废水废物排放的实体(27) 废水处理要求(28)	不适用 不适用 不适用	1 0.5 0.5	1 0.5 0.5
废水再用(29)	不适用	1	1
总分	1	5	6

支柱Ⅱ　公用事业服务的治理质量和透明度(供水)	
参数	
经营场所	经济体中最大(人口最多)的城市。对于支柱Ⅱ中的所有问题,除非问题本身另有说明,否则将要求专家在回答时考虑特定参数
最大的公用事业提供商	最大城市中最大的公用事业提供商(根据用户数或市场份额)。对于支柱Ⅱ中的所有问题,除非问题本身另有规定,否则将要求专家在回答时考虑特定参数

30. [最大的公用事业提供商]是否是[城市]中最大的水务提供商?(是/否)(不计分)

2.2.1　数字化服务和协同性

31. 是否可以全流程在线申请新的商业供水连接?(是/否)
32. 是否可以在线查询新的供水连接的相应过程?(是/否)
33. 是否可以通过电子方式支付新的供水报装费用?(是/否)
34. 是否可以通过电子方式支付每月水费?(是/否)
35. 当地是否有显示现有配水管网的基础设施数据库(如 GIS 数据库)?(是/否)
36. 是否有一个共享数据库,汇集电力、自来水和互联网等多个公用事业的管网信息?(是/否)

37. 是否有一个线上平台公开[城市]中进行中的公用事业管廊计划工程信息?(是/否)

是否建立了下列协调机制,以促进各机构在挖掘审批申请方面的合作?(问题 38 和 39)

38. 协调挖掘审批的线上平台(是/否)

39. 负责协调挖掘审批的机构或办公室(是/否)

2.2.1 数字化服务和协同性			
指标	企业灵活度分值	社会效益分值	总分
电子申请: 电子申请新供水连接(31) 电子查询新供水报装(32)	1 0.5 0.5	1 0.5 0.5	2 1 1
电子支付(33 和 34)	1	1	2
既有基础设施和计划工程信息: 多个公用事业/供水网络的国家/地方基础设施数据库(35 或 36) 公用事业管网计划工程信息的公示平台(37)	1 0.5 0.5	1 0.5 0.5	2 1 1
挖掘审批协调机制: 在线平台(38)或 协调机构(39) 如果选择问题 38,得 1 分;如果只选择问题 39,得 0.5 分	1 1 或 0.5	1 1 或 0.5	2 2 或 1
总分	4	4	8

2.2.2 服务供应的监测(包括性别和环境)

40. [城市]中最大的供水公司是否对供水的可靠性(如连续性和压力)进行监测?(是/否)

41. 是否对水质参数进行监测(如 pH 值、生化需氧量、化学需氧量和铅含

量)?(是/否)

42. 是否有监测供水的环境可持续性的关键绩效指标(KPI)?(是/否)

43. [城市]最大的供水公司是否发布按性别分类的客户调查(如从女性企业家角度衡量供水公司提供的服务质量)?(是/否)

2.2.2 服务供应的监测(包括性别和环境)			
指标	企业灵活度分值	社会效益分值	总分
供水可靠性和质量(40 和 41)	1	1	2
供水的环境可持续性(42)	不适用	1	1
女性企业家获得用水服务(43)	1	1	2
总分	2	3	5

2.2.3 信息的可获得性和透明度

对于新的商业用水报装,您能在线上找到以下信息吗?(问题 44 至 47)

44. 获得新的商业用水报装所需的文件清单(是/否)

45. 获得新的商业用水报装所需的流程(如提交申请、缴费、现场检查等)(是/否)

46. 供水公司收取的新商业用水报装的预估费用(是/否)

47. 预估的接入时间标准(是/否)

48. 是否可以在线查询水价?(是/否)

49. 水价变化时,是否至少提前一个计费周期通知用户?(如在媒体或网站上公示,通过信件、账单、电子邮件或短信告知)(是/否)

50. 是否向用户解释水费总额的组成部分(如线上发布或在账单中体现)?(是/否)

51. 是否通过线上发布或直接沟通等方式,提前通知用户停水计划?(是/否)

52. 供水公司是否设置投诉机制，以供用户反映供水服务方面的问题（如账单不准确或用水问题）？（是/否）（不计分）

如果回答为“是”，请继续回答余下的问题。

如果回答为“否”，请回答问题 53 至 56。

是否在线公开以下信息，引导用户根据供水公司的投诉机制对供水服务进行投诉？（问题 53 至 56）

53. 投诉渠道（是/否）

54. 提交投诉所需的文件清单（是/否）

55. 可投诉的问题类型（是/否）

56. 关于投诉程序步骤的信息（是/否）

57. 供水可靠性指标是否每年至少在线上发布一次？（是/否）

58. 供水水质指标是否每年至少在线上发布一次？（是/否）

59. 监测供水的环境可持续性的 KPI 是否每年至少在线上发布一次？（是/否）

2.2.3 信息的可获得性和透明度			
指标	企业灵活度分值	社会效益分值	总分
供水报装要求： 所需文件清单(44) 步骤(45) 报装费用(46) 规定的接入时间标准(47)	1 0.25 0.25 0.25 0.25	1 0.25 0.25 0.25 0.25	2 0.5 0.5 0.5 0.5
水价和水价制定： 在线公布水价(48)和 提前通知用户水价变动(49)和 公开计费公式(50)	1	1	2
停水计划(51)	1	1	2

（续表）

指标	企业灵活度分值	社会效益分值	总分
投诉机制：	1	1	2
投诉处理机构信息(53)	0.25	0.25	0.5
投诉所需文件(54)	0.25	0.25	0.5
投诉机制的标准/范围(55)	0.25	0.25	0.5
提交投诉的所需流程(56)	0.25	0.25	0.5
服务质量指标：	1	1	2
供水可靠性关键绩效指标(57)	0.5	0.5	1
水质的关键绩效指标(58)	0.5	0.5	1

2.2.4　安全规则和消费者保护机制的执行

60. 内部供水设施的安装工程是否由持证的专业人员/公司进行？（是/否）

61. 进行内部供水设施安装的公司/专业人员是否检验工程质量？（是/否）

62. 是否由第三方进行质量检查或最终检查，以确保内部供水设施安装工程的质量和安全？（是/否）

63. 外部供水设施的安装工程是否由持证的专业人员/公司进行？（是/否）

64. 进行外部供水设施安装的公司/专业人员是否检验工程质量？（是/否）

65. 是否由第三方进行质量检查或最终检查，以确保外部供水设施安装工程的质量和安全？（是/否）

66. 是否有独立于供水企业的投诉机制用于升级投诉？（是/否）

2.2.4　安全规则和消费者保护机制的执行			
指标	企业灵活度分值	社会效益分值	总分
开展供水连接检查：	1	1	2
内部供水设施安装工程([60 和 61]或 62)	0.5	0.5	1
外部供水设施安装工程([63 和 64]或 65)	0.5	0.5	1

（续表）

指标	企业灵活度分值	社会效益分值	总分
如果选择 62 或同时选择 60 和 61，得 1 分；如果选择 65 或同时选择 63 和 64，得 1 分。			
独立投诉机制(66)	1	1	2
总分	2	2	4

支柱Ⅲ　公用事业服务在实践中的运作效率（供水）

在支柱Ⅲ中，一部分指标得分来源于企业调查，我们通过正态累积密度函数转换法计算，分值从 0 到 100 分。其中 0 和 100 分别代表可能的最低和最高分。根据所收集数据的 5% 分位数和 95% 分位数确定表现最佳和最差者。

支柱Ⅲ关于公用事业服务提供效率的数据是通过专家咨询（问题 67 至 70）和企业调查（问题 71 至 72）收集的。通过专家咨询收集的数据使用以下参数：

支柱Ⅲ　公用事业服务在实践中的运作效率（供水）	
参数	
经营场所	经济体中最大（人口最多）的城市。有关供水接入成本和服务成本的问题，将要求专家们在回答时考虑此特定参数
最大的公用事业提供商	最大城市中最大的公用事业提供商（根据用户数或市场份额）。有关接入费用和服务成本，将要求专家提供回答时考虑此特定参数
管道直径： (1) 1/2 英寸（21 毫米） (2) 1 英寸（33 毫米）	管道直径参数是用于获取有关接入成本的可比数据。管道直径直接影响供水接入成本，因为管道直径越大，材料和安装成本就越高。有关接入成本的问题，将要求专家提供对此特定参数的回答

（续表）

用水量： （1）1 000 立方米（220 000 加仑；35 315 立方英尺）； （2）20 立方米（4 400 加仑；706 立方英尺）	使用用水量参数是为了获得可比较的月度水费数据。用水量反映了公司对水的依赖程度，并需要用于计算适用的水价。有关服务成本的问题，要求专家们基于此特定参数给予回答
到总水管的距离：5 米	使用到总水管距离这一参数来获得供水接入成本的可比数据。距离供水管网的距离会影响接入成本，因为距离越远，就需要投入材料和人力来扩展管网或建设额外的基础设施，从而导致安装费用增加。对于有关接入成本的问题，将要求专家提供他们的回答时考虑此特定参数

3.2.1 可负担性

以当地货币计算，获得该供水接入的总成本是多少？包括申请费、许可费、检查费和所有外部接入工程（不包括内部管道和连接）。

67. 如果一家小型企业需要新申请管道直径为 1/2 英寸（21 毫米）（或近似尺寸）的接入管，并且从混凝土人行道上的水管连接处到物业边界之间的距离为 5 米，请提供在[城市]获得新供水接入的预估成本（以当地货币计算）。

68. 如果一家中型企业需要新申请管道直径为 1 英寸（33 毫米）（或近似尺寸）的接入管，并且从混凝土人行道上的水管连接处到物业边界之间的距离为 5 米，请提供在[城市]获得新供水接入的预估成本（以当地货币计算）。

69. 请提供在[城市]，一家商业机构（例如酒店）每月用水量为 1 000 立方米（220 000 加仑；35 315 立方英尺）时，每月支付的供水费和污水处理费总额（不含所有适用税费）（以当地货币计算）。

70. 请提供在[城市]，一家小型商业机构每月用水量为 20 立方米（4 400 加仑；706 立方英尺）时，每月支付的供水费和污水处理费总额（不含所有适用税费)(以当地货币计算)。

3.2.1　可负担性			
指标	企业灵活度分值	社会效益分值	总分
报装成本和服务成本： 报装成本(67 和 68) 服务成本(69 和 70) 评分方案将根据交付的成本估算的差异来确定	100(100%)	不适用	100(100%)
总分	100	不适用	100

3.2.2　获得用水连接的时间

71. 从申请之日到获得服务之日,获得用水连接需要多少天?

3.2.2　获得用水连接的时间			
指标	企业灵活度分值	社会效益分值	总分
获得用水连接的时间(71)	100(100%)	不适用	100(100%)
总分	100	不适用	100

3.2.3　供水可靠性

72. 在[上一个完整财政年度],该机构是否遇到过供水不足的情况?

3.2.3　供水可靠性			
指标	企业灵活度分值	社会效益分值	总分
供水可靠性： 未曾经历供水不足的企业占比(72)	100(100%)	不适用	100(100%)
总分	100	不适用	100

互联网问卷

下面的表格列出了每个支柱下的所有指标(包括其组成部分,如适用),并在括号内标明了相应的问题编号,为了方便参考,每个表格前都列出了问题。

对于以“是/否”回答的问题,回答为“是”即得分,并被视为良好实践;如特别标明“是/否;否—良好实践”,则“否”意味着良好实践。

在接下来的表格中,“和”表示所有提及问题的答案,必须均为良好实践,才能获得指标的分值。

在接下来的表格中,“或”表示一个或多个提及问题的答案,只要一个为良好实践,即可获得指标的分值。

某些问题标记为“不计分”,意味着它们不会以任何方式影响分值。设计这些问题的目的,是为推广阶段后续年度的问题设计提供更多的信息和改进的建议,并且在必要时,为已计分的问题提供进一步的信息和实证基础。

支柱 I　公用事业服务规则质量(互联网)	
参数	
经营场所	经济体中最大(人口最多)的城市。该参数适用于国家层面无统一规则、不同州或地区采用不同规则的情况。地理位置决定了网络连接的可用性,以及连接类型和所需施工。对支柱 I 而言,如果经济体内各州的规则有差异,那么我们将要求专家提供适用于最大城市的规则信息

1.3.1　费率和服务质量的监管权限

1. 是否有监管机构监管互联网运营商和提供商?(是/否)(不计分)

如果回答为“是”,请回答问题 2、3、4、5。

根据规则框架,监管部门是否负有监管以下事项的责任?(问题 2 和 3)

2. 批发网络业务资费(是/否)

3. 互联网服务提供商之间的网络连接协议(是/否)

根据规则框架,政府机构是否需要履行下列职能?(问题4和5)

4. 对反不正当竞争行为开展调查(是/否)

5. 对反不正当竞争处以罚款(是/否)

6. 根据规则框架,互联网监管机构是否需要制定服务标准以确保服务质量和网络服务的可靠性?(是/否)

7. 根据规则框架,互联网监管机构是否需要监管服务标准的遵守情况以确保服务质量和网络服务的可靠性?(是/否)

1.3.1　费率和服务质量的监管权限			
指标	企业灵活度分值	社会效益分值	总分
对费率的监管(2、3、4和5)	1	1	2
对服务质量的监管: 制定服务标准(6) 监督服务标准的实施情况(7)	1 0.5 0.5	1 0.5 0.5	2 1 1
总分	2	2	4

1.3.2　公用事业基础设施共享和质量保证机制

8. 规则中是否要求协调基础设施的联合建设,如电线杆、架空或地下电缆、水管和/或电话线?(是/否)

9. 法律是否规定对各相关机构为基础设施共建项目进行审批的时限?(是/否)

10. 规则框架是否保证互联网服务运营商和提供商平等地使用国有基础设施以建设和维护其网络?(是/否)

11. 规则中是否有条款为互联网服务提供商在公共和私人土地上安装和维护

其设备确立通行权？（是/否）

12. 规则中是否有条款明确要求拥有无源基础设施的运营商与互联网服务提供商共享最后一公里的使用权限？（是/否）

13. 规则中是否有条款明确要求拥有有源基础设施的运营商与互联网服务提供商共享最后一公里的使用权限？（是/否）

14. 规则中是否有条款确保本地环路开放和线路接入？（是/否）

15. 规则框架中是否允许建立基础设施共享的公用事业伙伴关系？（是/否）

16. 对于主要运营商或具有市场支配地位的运营商，是否存在设置补救措施的不对称监管？（是/否）

17. 规则框架是否规定了适用于公用事业的制裁措施和/或补救办法，以确保提供可靠的互联网服务（旨在限制网络服务中断或降速）？（是/否）

1.3.2 公用事业基础设施共享和质量保证机制			
指标	企业灵活度分值	社会效益分值	总分
联合规划建设： 共同挖掘条款（8） 审批时间表（9）	1 0.5 0.5	1 0.5 0.5	2 1 1
通行权： 有关平等使用政府所有基础设施的规则（10） 有关数字基础设施服务提供商的通行权规则（11）	1 0.5 0.5	1 0.5 0.5	2 1 1
基础设施共享： 无源或有源基础设施的共享（12或13） 本地环路开放及线路接入（14） 公用事业间基础设施共享的合作伙伴关系（15） 对主要运营商的不对称监管（16）	1 0.25 0.25 0.25 0.25	1 0.25 0.25 0.25 0.25	2 0.5 0.5 0.5 0.5
服务质量保障机制（17）	1	1	2
总分	4	4	8

1.3.3　网络连接安全规则

18. 规则框架是否规定了对违反个人数据保护的责任，包括请求赔偿的法律权利？（是/否）

19. 规则框架是否明确规定了数据泄露事件的报告制度？（是/否）

20. 是否存在一个机构负责全国范围内的网络安全协调工作？（是/否）（不计分）

如果回答为“是”，请回答问题 21 至 24。

21. 根据规则框架，负责国家级网络安全协调的机构是否有权制定和实施风险评估策略？（是/否）

22. 根据规则框架，负责国家级网络安全协调的机构是否有权进行安全审查？（是/否）

23. 规则框架是否为负责国家级网络安全协调的机构制定了相关程序，以便在处理网络安全事件时用于领导公共利益及私人利益相关者等主体的集体应对？（是/否）

24. 根据规则框架，负责国家级网络安全协调的机构是否有权执行网络安全法律法规？（是/否）

25. 规则框架是否确立强制性的网络安全标准和网络安全保障措施？（是/否）

26. 规则框架是否要求建立至少一个计算机安全事件应对小组负责处理网络安全事件？（是/否）

1.3.3　网络连接安全规则			
指标	企业灵活度分值	社会效益分值	总分
责任制度： 违反个人数据保护的责任(18) 报告数据泄露事件(19)	1 0.5 0.5	1 0.5 0.5	2 1 1
网络安全协调： 实施风险评估策略(21)	1 0.25	1 0.25	2 0.5

（续表）

指标	企业灵活度分值	社会效益分值	总分
进行网络安全审查(22) 集体应对安全事件的程序(23) 执行网络安全法律法规(24)	0.25 0.25 0.25	0.25 0.25 0.25	0.5 0.5 0.5
网络安全保护： 网络安全保护或最低标准(25) 计算机安全事件应对小组(26)	1 0.5 0.5	1 0.5 0.5	2 1 1
总分	3	3	6

1.3.4 环境可持续性

27. 规则框架是否包括关于数字连接基础设施的环境报告或披露标准？（是/否）

28. 规则框架是否设定了数据连接基础设施(包括数据中心)的能效或排放的国家目标？（是/否）

1.3.4 环境可持续性			
指标	企业灵活度分值	社会效益分值	总分
数字连接基础设施的环境报告或披露标准(27)	不适用	1	1
基础设施的排放和能效(28)	不适用	1	1
总分	不适用	2	2

支柱Ⅱ 公用事业服务的治理质量和透明度(互联网)	
参数	
经营场所	经济体中最大(人口最多)的城市。对于支柱Ⅱ下的所有问题，除非问题中另有说明，否则将要求专家提供针对该特定参数的回答
最大的公用事业提供商	在最大城市中的最大公用事业提供商(根据用户数或市场份额)。对于支柱Ⅱ下的所有问题，除非问题中另有说明，否则将要求专家提供针对该特定参数的回答

29. [城市]中最大的固定互联网服务提供商是否为以下这家:[最大的公用事业提供商]?(不计分)(是/否)

2.3.1 数字化服务和协同性

30. 是否可以全流程在线申请新的商业互联网连接?(是/否)
31. 是否可以在线查询新的商业互联网报装申请的处理状态?(是/否)
32. 是否可以通过电子方式支付新的固定宽带连接的报装费?(是/否)
33. 是否可以通过电子方式支付每月的互联网网费?(是/否)
34. 是否有公开的国家或地方基础设施数据库(如 GIS 数据库)显示现有的互联网分发网络?(是/否)
35. 是否有一个数据库整合多个公用事业的管线网络信息,例如电力、水和互联网?(是/否)
36. 是否有公开的在线平台,提供[城市]进行中的公用事业管网计划工程信息?(是/否)

是否存在以下协调机制,以促进各机构在挖掘审批申请方面的协同?(问题 37 和 38)

37. 协调挖掘审批的线上平台(是/否)
38. 负责协调挖掘审批的机构或办公室(是/否)

2.3.1 数字化服务和协同性			
指标	企业灵活度分值	社会效益分值	总分
电子申请: 电子申请互联网连接(30) 电子查询互联网报装(31)	1 0.5 0.5	1 0.5 0.5	2 1 1
电子支付(32 和 33)	1	1	2

（续表）

指标	企业灵活度分值	社会效益分值	总分
既有基础设施和计划工程的信息： 国家/地方基础设施数据库（含多种公用事业/互联网提供商的管线网络）（34 或 35） 公用事业管网计划工程的信息平台（36）	1 0.5 0.5	1 0.5 0.5	2 1 1
挖掘审批协调机制： 在线平台（37）或 一个协调机构或办公室（38） 如果选择问题 37，得 1 分；如果只选择问题 38，得 0.5 分	1 1 或 0.5	1 1 或 0.5	2 2 或 1
总分	4	4	8

2.3.2　服务供应的监测（包括性别和环境）

39. 是否有任何关键绩效指标来监测互联网供应的可靠性和质量（如下载/上传速度、延迟、最小正常运行时间、吞吐量、抖动、恢复时间等）？（是/否）

40. ［城市］互联网服务的最大提供商是否公布按性别分类的客户调查（如从女性企业家的角度衡量公用事业公司提供的服务质量）？（是/否）

2.3.2　服务供应的监测（包括性别和环境）			
指标	企业灵活度分值	社会效益分值	总分
互联网供应的可靠性和质量（39）	1	1	2
女性企业家获得互联网连接（40）	1	1	2
总分	2	2	4

2.3.3　信息的可获得性和透明度

对于新的商业互联网报装而言，您是否可线上获取以下信息？（问题 41

至44）

41. 获得新商业互联网连接所需的文件（是/否）

42. 获得新商业互联网连接所需的流程（如提交申请、支付费用、现场检查等）（是/否）

43. 互联网提供商收取的新商业互联网报装的预计费用（是/否）

44. 预计的接入时间标准（是/否）

45. 商业用户每月的互联网资费信息是否可以线上获取？（是/否）

46. 是否至少提前一个计费周期通知用户每月互联网资费的变化（如通过媒体或规章制度公布，在网站上发布，通过信件、账单和/或电子邮件通知）？（是/否）

47. 是否向用户解释互联网资费账单总额中的组成部分（如在线发布或在客户账单中说明）？（是/否）

48. 计划内的网络中断是否通过公告或直接短信提前传达给客户？（是/否）

49. 互联网服务提供商层面是否有投诉机制来提出互联网服务供应过程中的问题（如计费错误或互联网供应问题）？（是/否）（不计分）

如果回答为“是”，请回答问题50至53。

根据互联网服务提供商的投诉机制，是否可以在线提供以下信息来指导客户对互联网服务提出投诉？（问题50至53）

50. 投诉渠道（是/否）

51. 提交投诉所需的文件列表（是/否）

52. 可以投诉的问题类型（是/否）

53. 关于投诉程序步骤的信息（是/否）

54. 互联网供应的可靠性和质量指标是否每年至少在线发布一次？（是/否）

2.3.3　信息的可获得性和透明度			
指标	企业灵活度分值	社会效益分值	总分
报装要求： 所需文件(41) 所需流程(42) 报装费用(43) 规定的接入时间标准(44)	1 0.25 0.25 0.25 0.25	1 0.25 0.25 0.25 0.25	2 0.5 0.5 0.5 0.5
网费和网费制定： 在线公开费率(45)和 提前向用户通知费率调整(46)和 公开计费公式(47)	1	1	1
断网计划(48)	1	1	2
投诉机制： 投诉处理机构的信息(50) 投诉所需文件(51) 投诉机制的标准/范围(52) 提交投诉的所需流程(53)	1 0.25 0.25 0.25 0.25	1 0.25 0.25 0.25 0.25	1 0.5 0.5 0.5 0.5
服务质量指标(54)	1	1	2
总分	5	5	10

2.3.4　安全规则和消费者保护机制的执行

负责网络安全协调的机构是否实际上执行以下工作?（问题 55 至 58)

55. 网络安全风险评估(是/否)
56. 网络安全审计(是/否)
57. 协调涉及公共和私人利益相关者处理网络安全事件的集体应对(是/否)
58. 网络安全法律法规的执行(是/否)
59. 是否至少有一个运营中的计算机安全事件响应团队负责处理网络安全事件?（是/否)
60. 是否有独立于互联网提供商的投诉机制,以便升级投诉?（是/否)

2.3.4　安全规则和消费者保护机制的执行			
指标	企业灵活度分值	社会效益分值	总分
网络安全协议：	1	1	2
网络安全风险评估(55)	0.2	0.2	0.4
网络安全审计(56)	0.2	0.2	0.4
领导针对网络事件的集体应对(57)	0.2	0.2	0.4
执行网络安全法律法规(58)	0.2	0.2	0.4
计算机安全事件响应团队(59)	0.2	0.2	0.4
独立投诉机制(60)	1	1	2
总分	2	2	4

支柱Ⅲ　公用事业服务在实践中的运作效率(互联网)

在支柱Ⅲ中,一部分指标得分来源于企业调查,我们通过正态累积密度函数转换法计算,分值从 0 到 100 分。其中 0 和 100 分别代表可能的最低和最高分。根据所收集数据的 5%分位数和 95%分位数确定表现最佳和最差者。

我们通过专家咨询(问题 61 至 65)和企业调查(问题 66 和 67)来收集支柱Ⅲ(公用事业服务提供的运营效率)的数据。以下参数适用于专家咨询收集的数据。

支柱Ⅲ　公用事业服务在实践中的运作效率(互联网)	
参数	
经营场所	经济体中最大(人口最多)的城市。地理位置决定了电力、水和互联网连接的可获得性,以及连接类型和所需工程。有关报装费用和服务成本的问题,我们请求专家根据该特定参数来提供回答
最大的公用事业提供商	最大城市中的最大公用事业提供商(根据客户数或市场份额)。有关报装费用和服务成本的问题,我们请求专家根据该特定参数来提供回答

（续表）

网速： 10 Mbps 10—30 Mbps 30—100 Mbps 超过 100 Mbps	网速（以带宽衡量）：该参数适用于支柱Ⅲ的所有问题。互联网连接是通过最后一公里的连接技术实现的，包括最常见且以最低成本满足最低参数的以下三种技术之一：DSL、光纤或电缆。仅当 4G 或 5G 天线或卫星链接是当地企业连接互联网的最普遍选择时，我们才予以考虑。有关报装费用和服务成本的问题，我们请求专家根据该特定参数来提供回答

3.3.1 可负担性

61. 城市最大的互联网服务提供商的安装服务费用是否与互联网服务费用分开计费？（是/否）

62. 如果企业需要在现有建筑物中建立下载速度至少为 10 Mbps 的宽带互联网连接，请提供从城市最大的互联网服务提供商处获得新互联网连接的最低成本估算（不包括增值税，如适用）。

63. 城市最大的互联网服务提供商是否提供下载速度至少为 10 Mbps 的固定互联网套餐？（是/否）

64. 城市最大的互联网服务提供商是否提供下载速度至少为 30 Mbps 但小于 100 Mbps 的固定互联网套餐？（是/否）

65. 城市最大的互联网服务提供商是否提供下载速度等于或超过 100 Mbps 的固定互联网套餐？（是/否）

3.3.1 可负担性			
指标	企业灵活度分值	社会效益分值	总分
互联网报装和服务的成本： 报装成本（61 或 62） 服务成本（63、64 或 65） 评分方案将根据交付的成本估算的差异来确定	100（100%）	不适用	100（100%）
总分	100	不适用	100

3.3.2 获得互联网连接的时间

66. 从申请之日起到获取服务之日，获得互联网连接需要多少天？

3.3.2　获取互联网连接的时间			
指标	企业灵活度分值	社会效益分值	总分
获取互联网连接的时间(66)	100(100%)	不适用	100(100%)
总分	100	不适用	100

3.3.3 互联网供应可靠性

67. 在本年度中，该机构是否经历了任何互联网连接中断的情形，包括完全断网和连接速度减慢(请排除直接由于停电导致的中断)？

3.3.3　互联网供应可靠性			
指标	企业灵活度分值	社会效益分值	总分
互联网供应可靠性(67)	100(100%)	不适用	100(100%)
总分	100	不适用	100

第五章　劳动就业

方法论说明

Ⅰ．动机

对于大多数企业而言，劳动力可以说是最重要的生产要素。对于大多数人来说，劳动也是最重要的收入来源。[①] 无论从企业还是员工的角度来看，有关劳动就业的规则和公共服务都是私营部门发展的根本动力。这些规则和公共服务影响了企业决定是否通过雇用劳动力来扩张，以及是否正式或非正式地进行扩张。[②] 此外，这些规则和公共服务还通过为潜在员工提供良好的工作和成长机会来影响他们的福利。

对于正规就业的员工来说，劳动就业规则至关重要。劳动就业规则保护员工的权利，降低失业风险，保障公平和福利。对于非正规就业的员工来说，劳动就业规则可能会影响他们进入正式劳动力市场的能力。[③] 如果劳动就业规则使雇用成本过高，规则过于烦琐，企业可能会选择加大资本投入而不是雇用劳动力，或者雇用非正式员工。当企业做出这样的决策时，一些员工就会失去工作或福利。健全和平衡的劳动就业规则才能使企业和员工从充满活力和创新的劳动力市场中获益，而不是以牺牲收入保障或者员工的基本权利为代价。[④]

公共服务有助于实施和促进高质量的劳动就业规则。[⑤] 公共服务可以提供劳动监察和审计的制度基础，以激励合规行为。如果让企业为公共服务机构的服务付费，劳动力成本就会上涨。例如，公共服务可以提供医疗、养老金等其他形式的社会保障，这些服务弥补了市场的不完备性，对劳动力市场的运作和企业的选择有着重要影响。员工社会保障覆盖的不足会减少企业向

① World Bank (2012).

② Almeida and Carneiro (2011).

③ Chaudhary and Sharma (2022); De Mel, McKenzie, and Woodruff (2013); Loayza (2016); Ulyssea (2020).

④ World Bank (2012).

⑤ Packard et al. (2019).

更高生产力和盈利能力转型的机会，中小企业尤甚。[①] 非正式员工不仅缺乏健康和社会保障福利，也更加难以脱贫。[②] 例如，如果一个经济体提供了全民（或接近全民）基础医疗保障，企业就可以将资源重新分配到企业发展和员工工资上，这对就业质量和工资有着直接的积极影响。求职援助和培训项目等就业服务可以作为企业需求和员工技能之间的一座桥梁。

Ⅱ. 指标

劳动就业主题涉及三个不同维度（这里称为"支柱"）。它从企业和雇员的角度衡量了就业规则和公共服务中的良好实践。支柱Ⅰ评估与员工的（劳动）条件、就业限制及与成本有关的劳动就业规则质量，涵盖了劳动力市场运作所必要的规则框架的法律特征，规定了雇主和雇员的义务和相关保障。支柱Ⅱ衡量劳动就业公共服务的充分性，评估社会保障的实际情况，以及劳动市场和劳动就业规则的执行所依赖的就业服务。支柱Ⅲ衡量劳动就业规则和公共服务在实践中的运作效率，评估就业限制和成本，以及公共服务。每个支柱都分为若干类别，这些类别由共同特征界定，为将它们归入特定类别提供依据。每个类别进一步划分为若干子类别。每个子类别含有若干指标，每项指标相应地可以包含若干组成部分。每项指标被赋予相应的分值，然后汇总得出每个子类别、类别和支柱的分值。表 1 汇总呈现了三个支柱及其各自的类别。

表 1　劳动就业主题三大支柱汇总表

支柱Ⅰ	劳动就业规则质量（33 项指标）
1.1	员工的（劳动）条件（19 项指标）

① ILO (2021a). Lee and Torm (2017).

② ILO (2020b).

（续表）

1. 1. 1	劳动就业权利（12 项指标）
1. 1. 2	最低工资属性（4 项指标）
1. 1. 3	雇用终止（3 项指标）
1. 2	就业限制和成本（14 项指标）
1. 2. 1	雇用条款（9 项指标）
1. 2. 2	最低工资标准（1 项指标）
1. 2. 3	雇用终止（4 项指标）
支柱Ⅱ　劳动就业公共服务的充分性（21 项指标）	
2. 1	社会保障（9 项指标）
2. 1. 1	失业保险（3 项指标）
2. 1. 2	医疗保险覆盖率（3 项指标）
2. 1. 3	退休养老金（3 项指标）
2. 2	就业服务（12 项指标）
2. 2. 1	就业中心和培训（4 项指标）
2. 2. 2	劳动争议解决机制（2 项指标）
2. 2. 3	劳动监察部门（5 项指标）
2. 2. 4	性别分类数据（1 项指标）
支柱Ⅲ　劳动就业规则与公共服务在实践中的运作效率（10 项指标）	
3. 1	就业限制和成本（5 项指标）
3. 1. 1	社会保险（1 项指标）
3. 1. 2	招聘与解雇员工的障碍（2 项指标）
3. 1. 3	解雇时间和成本（2 项指标）
3. 2	就业服务（5 项指标）
3. 2. 1	在职培训（1 项指标）
3. 2. 2	劳动争议的普遍性和运作效率（2 项指标）
3. 2. 3	安全和健康检查（2 项指标）

1. 支柱Ⅰ. 劳动就业规则质量

表2展示了支柱Ⅰ(即劳动就业规则质量)的结构。该支柱的每个类别和子类别都将按表中所示的顺序进行更详细的论述。

表2　支柱Ⅰ 劳动就业规则质量

1.1	员工的(劳动)条件
1.1.1	劳动就业权利
1.1.2	最低工资属性
1.1.3	雇用终止
1.2	就业限制和成本
1.2.1	雇用条款
1.2.2	最低工资标准
1.2.3	雇用终止

1.1　员工的(劳动)条件

类别1.1有3个子类别,每个子类别包含若干指标,每项指标相应地包含若干组成部分。

1.1.1　劳动就业权利

劳动就业权利涵盖了员工在工作场所应享有的基本权利和保障。这些权利旨在确保公平和安全的工作条件,促进平等和非歧视对待,以及维护员工的尊严和福祉。它们深植于工作中的基本原则和权利所蕴含的核心劳动标准,包括结社自由、集体谈判权、废除强迫劳动、消除童工现象、消除就业和职业方面的歧视,以及享有安全和健康的工作环境的权利。①

解决工作中的歧视、偏见和不平等问题的政策和方案,可以为个人、组织

① ILO (1998).

和整个社会带来积极的结果。[1] 此外,规则框架在公共安全和健康方面也发挥着重要作用,它保护儿童免受可能损害其健康、安全或道德的危险工作的伤害。[2] 它还能保障儿童免于强迫劳动。根据 2021 年的全球统计,每天都有 1 730 万人遭受强迫劳动的剥削,其中儿童占 130 万人。在成年人中,那些受困于这类强迫劳动中的人平均要忍受 5.4 个月。[3]

安全和健康规则是确保员工福祉和人身保护的重要组成部分。[4] 当这些规则得到执行和实施时,将有助于防止事故和伤害的发生,保障员工健康,减少员工的缺勤和流失。[5] 同样地,职场暴力和骚扰也是一种需要加强关注的普遍现象。报告发现,超过五分之一的就业人员在其工作生涯中至少经历过一种形式的暴力和骚扰。[6] 因此,子类别 1.1.1 劳动就业权利包含 3 项指标(表 3)。

表 3　子类别 1.1.1 劳动就业权利

	指标	组成部分
1	同值同酬	法律要求在薪酬实践中必须做到为同等价值的工作提供同等报酬,确保公平和不歧视
2	禁止就业歧视	法律明确禁止在就业方面有以下歧视: (1) 种族和民族 (2) 性别 (3) 宗教或信仰 (4) 政治观点 (5) 性取向 (6) 残疾 (7) 民族血统(出生地、血统或外国血统)或社会出身 (8) 工会会员身份

① ILO (2007).
② ILO (1999).
③ ILO (2022).
④ ILO (2022).
⑤ Keus van de Poll et al. (2020).
⑥ ILO (2022).

（续表）

	指标	组成部分
3	结社和集会自由	法律规定结社和集会的自由
4	集体谈判权	法律规定集体谈判的权利
5	禁止强迫劳动	法律规定明确禁止违反个人意愿的强迫劳动
6	法定最低就业年龄	对于以下工作类型的雇用，最低就业年龄应等于或高于国际劳工组织关于最低年龄的规定： （1）一般就业 （2）轻量工作 （3）危险工作
7	禁用童工	禁止儿童从事可能损害其健康、安全或道德的工作
8	存在职业安全和健康的法规	要求针对以下行业建立国家或联邦职业安全和健康法规的法律条款： （1）一般行业 （2）农业 （3）建筑业
9	职业安全和健康法规的定期审查	法律规定职业安全和健康法规的定期修订与更新机制
10	通过申诉机制、信息和培训来保护员工免受职场歧视、暴力和骚扰	法律规定企业就如何识别危险和风险提供信息和正式培训，并为以下情况建立内部投诉或申诉机制： （1）职场歧视 （2）职场暴力 （3）职场骚扰
11	法定带薪年假	法律规定私营部门员工在工作满一年后可享受至少三个工作周的带薪年假
12	法定带薪病假	法律规定私营部门员工可享受带薪病假

1.1.2 最低工资属性

最低工资是法律规定的雇主必须支付给雇员的最低工资标准。设立最低工资的目的是为了确保员工获得公平体面的工资，以满足其基本需求，增进福祉。[1] 最低工资制度的关键组成部分包括覆盖范围、最低工资的设定和调整、确定最低工资的标准、执行和遵守以及监管和评估。[2] 因此，子类别1.1.2 最低工资属性包含 4 项指标（表 4）。

表 4　子类别 1.1.2 最低工资属性

	指标	组成部分
1	私营部门存在最低工资制度	法律或集体合同对制造业和服务业的最低工资标准有明确规定
2	确定最低工资水平的标准	用于设定最低工资的标准在相关法律中正式确立并具有法律约束力
3	最低工资更新程序	定期评估并可能调整最低工资的法定机制，以确保/长期维持其公正性和公平性
4	设定和调整最低工资前进行社会征询	在最低工资设定和调整过程中，依法进行社会征询

1.1.3　雇用终止

为了减轻立即解除雇用关系产生的不利后果，建议给予员工合理的通知期。[3] 通知的目的是让员工为失业做好准备，给他们必要的时间来适应和/或寻找新工作。同时，提供解职补偿金有助于缓解员工因被裁员失业所遭受的经济冲击。不同司法辖区可能制定了旨在保障集体裁员期间员工权益的规则，这些规则往往需要职工代表和/或权威机构的参与，以确保该过程公平、透明且符合适用的法律标准。因此，子类别 1.1.3 雇用终止包含 3 项指标（表 5）。

---

① ILO (1970).

② ILO (1970).

③ ILO (1982).

表 5　子类别 1.1.3 雇用终止

	指标	组成部分
1	法定通知期	法律规定或集体合同约定了解雇的通知期
2	法定解职补偿金	法律规定或集体合同约定了解职补偿金
3	集体裁员的通知要求	根据法律规定或集体合同的约定，若发生集体裁员需要通知第三方（公共行政部门和/或职工代表）

1.2　就业限制和成本

类别 1.2 有 3 个子类别，每个子类别包含若干指标，每项指标相应地包含若干组成部分。

1.2.1　雇用条款

弹性的工作时间和灵活的合同类型使企业能够适应市场需求，并可以帮助员工平衡工作与生活。具体而言，固定期限合同使得企业能够灵活地引入针对特定项目或时期的员工，而无须承诺长期就业。① 固定期限合同也有助于减少核心劳动力更换工作的风险。② 企业应该能够在不同的合同类型之间进行选择，以满足其特定的生产需求并控制员工成本。③

此外，若法律允许弹性工作时间，例如加班、夜班和在一周中的任何一天工作，企业将更加能够适应生产需求。只要法律通过设定工作时间的上限，确保每周有 24 小时的休息时间来保障员工的福利和生产效率，员工就也能从自由选择工作时间中受益。④

失业保险、医疗保险、养老保险是社会保险的重要形式。它们解决了市

① Kuddo, Robalino, and Weber (2015).

② Pfeifer (2009).

③ Aleksynska and Muller (21015). 疑似年份错误，应为 2015。——译者注

④ Collewet and Sauermann (2017); ILO (1921); ILO (1957).

场不完善的问题,对劳动力市场的运行有着重要的影响。如果直接强制要求企业支付这些费用,会给企业带来负担。在某些情况下,除了强制的社会保险费用,企业还必须向员工的社会保险支付额外的费用。缺少政府为员工提供的社会保障,会减少企业(尤其是中小企业)向更高生产率和更强盈利能力过渡的机会。非正式员工不仅缺乏健康和社会保障等福利,摆脱贫困的可能性也较小。

数字劳动就业平台正在成为劳动力市场的内在组成部分,并正在影响就业市场。依托这些平台,企业可以接触国内外劳动力,提高效率和生产力,进入更广阔的市场。[①] 这一趋势正在上升。过去 10 年中,数字劳动就业平台的数量增加了 5 倍。[②] 从员工的角度来看,平台用工有以下优势:为员工提供灵活性和自主权、提供重要的收入来源以及获得更多信息的机会。[③] 这对女性、青年和移民等弱势群体尤为有利。[④] 尽管数字经济为许多员工提供了机会,但它也带来了许多挑战,包括工资低且不可靠、工作时间长且不可预测、工作不稳定以及歧视性措施。[⑤] 在监管平台员工方面也存在许多挑战,主要是由于员工和平台之间的关系性质不明确,往往对其就业状况进行(错误)分类。[⑥] 针对最近的发展,各国采取了不同的方法来监管平台用工,包括推定雇用、将员工视为纯粹的自营职业者/独立承包人、创建介于员工和自营职业者之间的新型混合/中间类别。[⑦] 因此,子类别 1. 2. 1 雇用条款包含 9 项指标(表 6)。

---

① ILO (2021b).

② ILO (2021c).

③ Hall and Krueger (2015); Cusolito et al. (2022); Yassin & Rani (2022).

④ Datta and Chen (2023).

⑤ Hatayama and Maj-Swistak (2024).

⑥ Berg and De Stefano (2015); De Stefano (2018).

⑦ Cherry and Aloisi (2018).

表6　子类别1.2.1 雇用条款

	指标	组成部分
1	对于任何工作,使用固定期限合同均无限制	对于雇主可以使用固定期限合同的工作,没有工作类型的限制
2	对于长期工作,使用固定期限合同无限制	对于那些公司长期/持续的工作,没有使用固定期限合同的限制
3	法律未强制要求由企业支付夜班工资补贴	法律不要求公司为夜班员工提供工资补贴
4	在每周最长工作56小时的范围内不限制加班	在每周最长工作时间不得超过56小时的前提下,法律不禁止加班
5	法律未强制要求由企业直接承担失业保险金	法律不要求企业通过强制性税收(包括强制性劳动税或社会保险缴费)直接支付/提供失业保险金
6	法律未强制要求由企业直接承担医疗保险	法律不要求企业通过强制性税收(包括强制性劳动税或社会保险缴费)直接支付/提供医疗保险金
7	法律未强制要求由企业直接承担养老金	法律不要求企业通过强制性税收(包括强制性劳动税或社会保险缴费)直接支付/提供养老金
8	解雇的合法理由(含经营需要)	法律或集体合同允许企业可以根据经营需要或劳动力过剩的原因解雇员工
9	平台员工劳动就业权益保障规则	平台员工的法定分类;存在涵盖平台员工劳动权利(保护和权益)的法律

1.2.2　最低工资标准

最低工资是一种保护形式,旨在确保所有员工的最低生活工资。设定得好且有效的最低工资,有助于减少一个经济体内部和各个经济体之间的不平等。[①] 相反,当最低工资设定过高,可能会产生相反的效果,即鼓励非正式雇用,使员工福利面临风险。最低工资在促进充分有效的就业和员工体面工作

① Cunningham (2007).

方面发挥着作用。因此,子类别 1.2.2 最低工资标准包含 1 项指标(表 7)。

表 7　子类别 1.2.2 最低工资标准

	指标	组成部分
1	最低工资标准*	法律规定或集体合同约定了制造业和服务业的最低工资金额

*** 最低工资标准的得分计算方式如下:以当地货币为计量单位,选择经济体的两个行业(制造业和服务业)最低工资中的较高者。然后将最高的最低工资除以每月人均国内生产总值(人均国内生产总值/12),以获得标准比率。然后采用正态累积密度函数转换法计算,分值从 0 到 100 分,其中 0 和 100 分别代表可能的最低和最高得分。根据所收集数据的 5%分位数和 95%分位数确定表现最佳和最差者。这种方法提供了一种标准化和规范化的方法来评估和比较不同经济体的最低工资水平与人均经济产出的关系。**

1.2.3　雇用终止

为了减轻立即解除雇用关系的不利后果,建议给予员工合理的通知期。[①] 通知的目的是让员工为失业做好准备,给他们必要的时间来适应和寻找新工作。同样,在裁员的情况下,发放解职补偿金可以减轻员工的收入损失。若通知期过长并且法定解职补偿金过高,则无法实现它们保护正式员工的制度目的,而仅能保护选定的少数员工。巨额的解雇成本似乎促进了二元劳动就业市场的发展,减少了青年和壮年女性的就业机会,并可能对发展中国家的贫困群体产生不利影响。[②] 面对代价高昂的解雇程序,企业可能会决定不再聘请新员工,这不仅会影响企业的生产力和经济增长,也会影响青年就业和经济体的人力资本。

企业需要灵活地管理员工队伍并应对商业环境的变化。要求解雇员工时提供明确充分理由(包括经营需要)的经济体,为企业提供了快速调整劳动

① ILO (1982).

② Besley and Burgess (2004); Holzmann and Vodopivec (2012); OECD (1999).

力以应对需求变化、市场条件或其它因素变化的能力。[①] 因此,子类别 1.2.3 雇用终止包含 4 项指标(表 8)。

表 8　子类别 1.2.3 雇用终止

	指标	组成部分
1	通知期的长度(以周薪为单位)*	对于工作 1 年以上 5 年以下的员工,法律规定的通知期限长度(以周薪为单位)
2	解职补偿金数额(以周薪为单位)*	对于工作 1 年以上 5 年以下的员工,法律规定的解职补偿金数额(以周薪为单位)
3	解雇无须第三方批准	法律或集体合同在解雇个人时无须第三方批准
4	集体裁员无须第三方批准	法律或集体合同在集体裁员时无须第三方批准

*** 对于通知期的长度和解职补偿金的数额,分值是采用正态累积密度函数转换法计算,分值从 0 到 100 分,其中 0 和 100 分别代表可能的最低和最高得分。根据所收集数据的 5%分位数和 95%分位数确定表现最佳和最差者。**

2. 支柱Ⅱ. 劳动就业公共服务的充分性

表 9 展示了支柱Ⅱ(即劳动就业公共服务的充分性)的结构。该支柱的每个类别和子类别将按照表中所示的顺序进行更详细的论述。

表 9　支柱Ⅱ 劳动就业公共服务的充分性

2.1	社会保障
2.1.1	失业保险
2.1.2	医疗保险覆盖率

① Bauernschuster (2013).

（续表）

2.1.3	退休养老金
2.2	就业服务
2.2.1	就业中心和培训
2.2.2	劳动争议解决机制
2.2.3	劳动监察部门
2.2.4	性别分类数据

2.1 社会保障

类别 2.1 有 3 个子类别，每个子类别包含若干指标，每项指标相应地包含若干组成部分。

2.1.1 失业保险

政府提供的失业保险可以对整个社会产生积极影响，因为其可以提高人力资本和生产力，并减少不平等现象。[①] 如果失业保险的资金来自一般税收而非劳动税，失业保险将降低劳动力成本，使得劳动力更灵活，对企业更具吸引力。因此，子类别 2.1.1 失业保险包含 3 项指标（表 10）。

表 10 子类别 2.1.1 失业保险

	指标	组成部分
1	政府提供的失业保险金的可获得性	私营部门员工的失业保险计划由政府提供
2	失业保险的覆盖率	政府提供的失业保险覆盖范围包括： （1）员工类型 （2）行业

① ILO（2022a）.

（续表）

	指标	组成部分
3	失业保险的资金来源	失业保险资金由以下（一方或者多方组合）提供： （1）员工 （2）雇主 （3）政府（通过一般税收收入）

2.1.2 医疗保险覆盖率

如果一个经济体提供由一般税收收入拨付全民的基本医疗保险，则其可以通过允许企业将自身资源转用于企业发展和员工工资，来直接对生产率、就业质量和工资产生积极影响。[①] 因此，子类别2.1.2医疗保险覆盖率包含3项指标（表11）。

表11　子类别2.1.2 医疗保险覆盖率

	指标	组成部分
1	全民医疗保险的可获得性	政府为所有员工（无论是否存在雇用合同，也包括最贫困的人，即无法独自承担医疗保险的群体）提供全民医疗保险计划
2	医疗保险的覆盖率	政府提供的医疗保险覆盖范围；通过雇用、自愿选择、医疗保险终极援助等达到医疗保险覆盖的完备性
3	医疗保险的资金来源	医疗保险资金由以下（一方或者多方组合）提供： （1）员工 （2）雇主 （3）政府（通过一般税收收入）

2.1.3 退休养老金

公共养老金计划是老年人收入保障的基础。[②] 保障老年人的收入有助于

① Antón-Sarabia, Hernandez, and Levy (2012); Bobba, Flabbi, and Levy (2018); ILO (2020b).

② ILO (2018a).

减少一个经济体内部和各个经济体之间的不平等,并促进性别平等。[①] 如果由一般税收收入拨付,非缴费型退休养老金还可以减轻企业的部分成本负担,使企业能够将这些资金用于提高员工工资和企业的发展。[②] 因此,子类别 2.1.3 退休养老金包含 3 项指标(表 12)。

表 12　子类别 2.1.3 退休养老金

	指标	组成部分
1	政府提供的退休养老金计划的可获得性	针对私营部门的员工,存在政府提供的退休养老金计划
2	退休养老金计划的覆盖率	政府提供的退休养老金覆盖范围包括: (1) 员工类型 (2) 行业
3	退休养老金计划的资金来源	退休养老金计划的资金由以下(一方或多方组合)提供资金: (1) 员工 (2) 雇主 (3) 政府(通过一般税收收入)

2.2　就业服务

类别 2.2 有 4 个子类别,每个子类别包含若干指标,每项指标相应地包含若干组成部分。

2.2.1　就业中心和培训

就业中心和培训提供资源和援助,帮助求职者克服求职障碍。它还通过为求职者与雇主建立联系、提供职业指导和培训,找到就业机会。劳动力市场培训是降低失业率(尤其是低技能人群)的主要手段之一,并且最终将推动规

① ILO (2018b).

② Antón-Sarabia, Hernandez, and Levy (2012).

范就业。[1] 这些项目中的公共就业服务也是构成政府可以实施的积极劳动力市场政策的一部分。因此,子类别 2. 2. 1 就业中心和培训包含 4 项指标(表 13)。

表 13　子类别 2. 2. 1 就业中心和培训

	指标	组成部分
1	存在国家就业服务中心	在最大的营商环境成熟度城市设立国家就业服务中心
2	法律未强制规定由企业承担就业服务中心的服务费用	法律不要求企业为就业服务中心提供的服务(如就业援助、职业咨询或培训计划)支付费用
3	法律规定为失业者和求职者提供职业指导和培训	法律或相关规则明确规定为失业者和求职者提供职业指导和培训
4	存在针对失业者和求职者的公共培训计划	为失业者和/或积极求职者的政府/公共资助的培训计划(包括但不限于旨在提高就业能力的技能发展、职业培训或教育机会)的有效性

2.2.2　劳动争议解决机制

缺少劳动争议解决机制,可能会给雇主和员工带来巨大的不确定性,以及给家庭带来经济上的不安全感。旷日持久的诉讼阻碍了就业岗位重新分配的动力和生产力。而一种解决劳动争议的专门机制,与调解和仲裁一样,提供了一种效率更高、成本效益更大和协作性更好的争议解决方法。通过在冲突萌芽阶段将其消灭,劳动争议解决机制有助于保持企业业务的连续性,并改善劳动关系。[2] 因此,子类别 2. 2. 2 劳动争议解决机制包含 2 项指标(表 14)。

---

① Escudero (2018).
② Maffie (2019).

表 14　子类别 2.2.2 劳动争议解决机制

	指标	组成部分
1	存在有效运作、专门且独立的劳动争议解决机制	存在有效运作、专门且独立的劳动争议解决机制
2	存在替代性劳动争议解决机制	在诉讼或非诉讼环境下,员工和公司可以借助调解/调停或仲裁程序解决劳动争议

2.2.3　劳动监察部门

劳动监察部门的主要任务是确保国家劳动法律在工作场所的实施,通过预防、教育以及必要时的执法措施,使社会成员认识到在工作场所遵守法律的必要性,以及他们在此方面的共同利益。劳动监察是国家出面干预的最重要手段,旨在设计、激励和推动预防各类劳动违法违规行为,涵盖其职权范围内的各个方面:劳动关系、工资、一般工作条件以及与就业和社会保障相关的各类问题。① 应特别注意执行旨在帮助遏制违法行为的有关童工、强迫劳动和工作场所职业安全与健康的规定。

大多数劳动监察制度都涵盖了保护女性怀孕和生育的规定。此外,越来越多的证据表明,劳动监察员在监督工作场所平等和多样性方面发挥着作用。然而,大多数报告的主要关注点仍然是卫生、福利以及职业安全和健康问题。② 因此,子类别 2.2.3 劳动监察部门包含 5 项指标(表 15)。

表 15　子类别 2.2.3 劳动监察部门

	指标	组成部分
1	存在中央劳动监察部门	设有负责监督和执行劳动法和相关规则的指定的政府部门或机构

① ILO (2010).

② ITC-ILO (2011).

（续表）

	指标	组成部分
2	启动劳动监察的最佳实践	劳动监察员可以无须事先通知雇主（突击检查）自由进入工作场所，以确保劳动法和相关规则得到遵守
3	关于强迫劳动、童工以及职业安全和健康法规的执行情况	法律要求劳动监察部门必须执行关于强迫劳动、童工和职业安全与健康的现行法规
4	存在关于所报告的劳动违法案件/投诉数量的数据	存在关于不同类型违规行为所报告案件/投诉数量的数据
5	保护和监督工作场所的女性权利	法律要求通过以下方式保障和监督女性在工作场所的权利： （1）存在关于工作场所侵害女性行为的公共数据 （2）将工作场所侵犯女性权利的情况作为重点定期检查

2.2.4 性别分类数据

明智和有效的政策决定需要全面的数据。性别分类数据对于制定促进性别平等和解决不同性别的具体需求和挑战的政策尤为重要。通过充分利用女性劳动力的潜力，缩小劳动力参与方面的性别差距可以显著提高全球国内生产总值。① 此外，解决女性失业率往往较高的问题，不仅对加强经济稳定性至关重要，而且对缓解社会问题和支持可持续经济增长也至关重要。②

为了防止就业不平等的长期存在，必须承认并适应不同性别在工作场所解决争议的不同模式，因为工会和企业内的“看门人”往往不鼓励女性进入争议解决法庭。③ 此外，男女在照顾婴儿方面的性别不平等加剧了有偿工作方面的差距。平等享有带薪育婴假至关重要，因为其决定了育婴模式，并带来

① ILO（2017）.

② World Economic Forum（2023）.

③ Gwartney-Gibbs et al.（1992）.

长期的经济后果。①

劳动监察员在确保劳动监察部门的完整性和有效性方面发挥着至关重要的作用。国际劳工组织倡导将女性充分纳入劳动监察队伍。② 为了有效落实性别平等，劳动行政管理部门应实现性别平衡，并为解决这些问题做好充分准备。③ 因此，子类别 2. 2. 5 性别分类数据包含 1 项指标（表 16）。

表 16　子类别 2. 2. 4 性别分类数据

	指标	组成部分
1	关于劳动监察员、劳动争议、劳动力、失业者以及产假和陪产假受益者按性别分类的数据	存在按性别分类的公开数据： （1）劳动监察员 （2）劳动争议 （3）劳动力 （4）失业者 （5）产假和陪产假受益者

3. 支柱Ⅲ. 劳动就业规则与公共服务在实践中的运作效率

表 17 展示了支柱Ⅲ（即劳动就业规则与公共服务在实践中的运作效率）的结构。该支柱的每个类别和子类别将按照表中所示的顺序进行更为详细的讨论。

表 17　支柱Ⅲ 劳动就业规则与公共服务在实践中的运作效率

3. 1	就业限制和成本
3. 1. 1	社会保险
3. 1. 2	招聘与解雇员工的障碍

① Earl et al.（2023）.
② ILO（1947）.
③ ITC-ILO（2011）.

（续表）

3.1.3	解雇时间和成本
3.2	就业服务
3.2.1	在职培训
3.2.2	劳动争议的普遍性和运作效率
3.2.3	安全和健康检查

3.1 就业限制和成本

类别3.1有3个子类别，每个子类别包含若干指标，每项指标相应地包含若干组成部分。

3.1.1 社会保险

社会保险费用支出不应该给企业造成过多的财务负担。高额的社会保险费用可能会使企业不敢正式雇用员工，或“迫使”企业寻求非正式劳动力。[①]因此，子类别3.1.1社会保险包含1项指标（表18）。

表18 子类别3.1.1社会保险

	指标	组成部分
1	社会保险费率	上一财政年度，社会保险支出和基于就业的税收（不包括代扣代缴的员工个人税费）的年度总费用，除以包括工资、薪金、奖金、社会保险支出在内的劳动力年度总成本

3.1.2 招聘与解雇员工的障碍

招聘规则可能对于企业和其员工之间以及企业和非正式部门的员工或

① Ulku and Georgieva（2022）.

当前失业人员产生相当大的影响。如果劳动就业规则造成招聘的成本过高,且规则过于烦琐,企业可能会选择使用更多资本而非劳动力,或者选择非正式用工。[①] 因此,子类别 3. 1. 2 招聘与解雇员工的障碍包含 2 项指标(表 19)。

表 19　子类别 3. 1. 2 招聘与解雇员工的障碍

	指标	组成部分
1	将招聘新员工的成本视为制约因素的感知指数	将招聘新员工的成本视为制约因素的感知指数
2	将解雇员工视为制约因素的感知指数	将解雇员工视为制约因素的感知指数

3. 1. 3　解雇时间和成本

如果企业必须遵守烦琐的解雇程序,那么企业的效率、生产力和创新能力往往会降低。此外,复杂的解雇程序可能会使企业的劳动力构成向年龄较大和生产力较低的员工倾斜。研究表明,在解雇程序高度官僚化的经济体中,企业将招聘更少的年轻员工,进而限制了青年就业。[②] 此外,成本高昂的解雇程序会给企业带来挑战。也就是说,僵化死板、成本高昂的规则会造成公司资源的错配,给年长的员工提供了稳定的工作,却让年轻的、经验尚浅的员工处于弱势。[③] 因此,子类别 3. 1. 3 解雇时间和成本包含 2 项指标(表 20)。

① Chaudhary and Sharma (2022); De Mel, McKenzie, and Woodruff (2013); Loayza (2016); Ulyssea (2020).

② Ulku and Georgieva (2022).

③ Francis et al. (2018).

表 20　子类别 3.1.3 解雇时间和成本

	指标	组成部分
1	解雇长期全职员工所需周数	在过去三年中,从向员工发出解雇通知到员工从企业薪资表中除名,实际解雇员工所需的周数
2	支付解职补偿金所需周数	在过去三年中,实践中解雇长期全职员工所支付的解职补偿金金额(按周薪计算)

3.2　就业服务

类别 3.2 有 3 个子类别,每个子类别包含若干指标,每项指标相应地包含若干组成部分。

3.2.1　在职培训

在职培训既有助于组织的成功,也有助于员工的职业发展。在职培训可以帮助员工提高知识、技能和行为表现,并最终提高工作绩效。[①] 研究表明,培训可以增强员工的能力,并对工作满意度产生积极影响。[②] 适合发展中国家国情的在职培训是大幅提高员工绩效的一种具有成本效益的方法。这种低成本、高收益的战略为发展中国家提供了在全球市场上竞争的有效工具。[③]

技能更出色的员工能促进更多的创新,降低风险和失误,并最终推动企业的增长和竞争力的提升。企业扩张、新技术的采用以及充分的员工培训可以成为提高企业正规化程度的有效策略。[④] 因此,子类别 3.2.1 在职培训包含 1 项指标(表 21)。

① Sultana, Irum, Ahmed and Mehmood (2012).
② Hanaysha and Tahir (2016); Raza, Mahmood, Owais and Raza (2015).
③ Stolovitch and Ngoa-Nguele (2001).
④ Loayza (2018).

表 21　子类别 3.2.1 在职培训

	指标	组成部分
1	为长期全职员工提供正式培训项目的企业百分比	向其长期全职员工提供正式培训项目的企业所占比例

3.2.2　劳动争议的普遍性和运作效率

解决劳动争议的烦琐程序致使企业难以专注于更具生产力的活动。越来越多的经济体设立了专门法院或机构以及替代性争议解决机制来处理劳动争议,这有助于及时解决争议、降低成本。[①] 因此,子类别 3.2.2 劳动争议的普遍性和运作效率包含 2 项指标(表 22)。

表 22　子类别 3.2.2 劳动争议的普遍性和运作效率

	指标	组成部分
1	过去三年涉及劳动争议的企业百分比	过去三年涉及劳动争议的企业所占比例
2	解决劳动争议所需月数	过去三年从提交争议到解决争议所需的时间

3.2.3　安全和健康检查

如果劳动监察过于频繁和/或用于寻租,就会降低企业的生产力,营造不良的营商环境。[②] 监察完成后将报告共享给雇主,有助于通过提供有事实信息的文件来提高监察的透明度和问责制。[③]因此,子类别 3.2.3 安全和健康检

① Ebisui, Cooney, and Fenwick (2016).
② Viollaz (2018).
③ ILO (2022b).

查包含2项指标(表23)。

表23　子类别3.2.3 安全和健康检查

	指标	组成部分
1	受访或被检查工作场所安全健康的企业百分比	已接受工作场所安全与健康检查或访问的公司百分比
2	由劳动监察机构对工作场所安全健康出具报告的企业百分比	经监察机构到访后获得工作场所安全与健康报告的公司百分比

Ⅲ. 数据来源

4.1　数据收集来源

支柱Ⅰ和支柱Ⅱ的数据是通过咨询私营部门的专家收集的。私营部门的专家是专长于劳动法和社会保障法领域诉讼和实践的律师。这些专家对劳动相关问题的法律法规以及企业在招聘、雇用或解雇员工时需要遵循的不同监管程序有着深入的了解。

支柱Ⅲ的数据是通过企业调查收集的。这些调查提供了关于企业在实践中经历的非工资性劳动成本、就业限制和成本以及公共服务运作效率的代表性数据。具有代表性的企业样本可以捕捉到每个经济体内部的经验差异。具有不同特点(如企业规模、所在地区和行业)的企业都参与了调查。关于企业调查收集数据的更多细节,请参见本书第一章。

4.2　专家的筛选和选择

劳动就业主题有一份调查问卷。根据一系列标准设计的筛选问卷(表24)用于协助选择参与劳动就业问卷的专家。

表 24　专家筛选问卷及受访者标准

相关专家的职业
律师
相关专业领域
劳动法。解雇程序、工作场所的歧视、劳动争议解决(诉讼/调解/和解/仲裁和执行)、劳动监察 社会保障法。具体领域(包括其他):健康保险和医疗保障覆盖、养老金
评估专家在劳动和社会保障法律和执业方面的知识和经验
劳动法。解雇程序、工作场所的歧视、劳动争议解决(诉讼/调解/和解/仲裁和执行)、劳动监察 社会保障法。具体领域(包括其他):健康保险和医疗保障覆盖、养老金

因此,筛选问卷中提供的信息使团队能够更好地了解专家的职业、专业领域以及对劳动就业规则和公共服务相关的知识或经验。

Ⅳ. 参数

为确保各经济体之间专家咨询数据的可比性,劳动就业主题使用了特定参数。参数是指对经营场所、员工类型和企业特征所作的假设。我们将这些参数和假设提供给问卷受访者,并请求他们评估一个标准化情景,以便比较不同地区、司法管辖区和经济体间的情况。

5.1　通用参数

劳动就业主题没有适用于所有支柱的通用参数。

5.2　特定参数

劳动就业主题使用了三个特定参数。许多经济体有地方辖区,因此需要指定经营场所,以便专家确定需要评估的相关规则框架。同样地,明确员工类型和企业特征可以让受访者分别确定哪种劳动法规适用于特定的合同协议或业务领域。

5.2.1 经营场所

理由：

除了公共服务的可获得性和有效性，经营场所还决定了与企业和员工相关的适用法。例如，劳动就业法律法规有时在一个经济体或地区内部会有所不同，且不一定被纳入单一的国家法律。同样，公共服务也可能因地点而异，公共服务的可获得性也会受到地理因素的影响。这些因素可能影响企业和员工的互动方式。因此，经营场所是衡量劳动就业法律法规是否充分的一个基本参数。最大的城市是根据人口规模而选择的，详见本书第一章。

应用：

对于支柱Ⅰ，该参数的应用场景为规则因地区或州而异且不存在国家层面的统一适用。我们仅衡量最大城市中的规则。对于支柱Ⅱ，该参数用于确定适用于这些服务的规则，对确定提供公共服务的地理区域非常重要。

5.2.2 员工类型

理由：

由于企业和员工之间合同约定的内容多种多样，以及地方劳动法规适用于不同的行业部门，员工类型被定义为与私营部门企业建立正式雇用关系的、符合工龄要求（25 岁以上）的长期雇员。员工被设定为该经济体的国民，且在服务业工作，但问卷中某些具体指标（如最低工资）另有要求的除外。该员工可以是男性、女性或非二元性别，因此，使用代词他/她/他们来指代。这类员工是基于劳动法律法规规定的一般情形而确定的。

应用：

员工类型这一参数与支柱Ⅰ和支柱Ⅱ的所有措施相关，因为劳动就业规则质量和公共服务的供给因员工类型的不同而有所差异。该参数不适用于最低工作年龄子类别，该子类别要根据有关童工问题的法律规定加以考量。

5.2.3　企业特征

理由：

企业可以根据经营规模或所在行业进行分类。企业的类型决定了其与适用法的互动，因为许多经济体根据企业特征制定了不同的法律规定。现有企业被设定为已登记在册、经营服务业的私营工商企业，且该公司的雇员少于250人，但问卷中对某些具体指标（如最低工资）另有说明的除外。之所以设定这一参照标准，是因为中小企业在全球企业中占比很大，也在新兴经济体的就业和国内生产总值中占重要部分。

应用：

企业特征这一参数与支柱Ⅱ和支柱Ⅱ的所有措施都相关，因为劳动就业规则质量和公共服务的提供会因企业规模和所在行业的不同而有所差异。

Ⅴ. 主题评分

劳动就业主题下有三个支柱：支柱Ⅰ劳动就业规则质量；支柱Ⅱ劳动就业公共服务的充分性；支柱Ⅲ劳动就业规则与公共服务在实践中的运作效率。每一支柱的总分在0到100分之间取值，进而汇总得到本主题评分。每个支柱占各主题总分值的三分之一。表25展示了劳动就业主题的评分方式。这些分值区分了对企业的利益（作为企业灵活度分值）和对社会更广泛的效益（作为社会效益分值）。有关进一步的评分细节，请参见本节补充的附件A。

表 25 总分值概览

支柱编号	支柱名称	指标数量	分值			调整后分值（0—100）	权重
			企业灵活度分值	社会效益分值	总分		
Ⅰ	劳动就业规则质量	33	13	22	35	100	0.33
Ⅱ	劳动就业公共服务的充分性	21	11	17	28	100	0.33
Ⅲ	劳动就业规则与公共服务在实践中的运作效率	10	100	不适用	100	100	0.33

6.1 支柱Ⅰ 劳动就业规则质量

支柱Ⅰ涵盖 33 项指标，总分 35 分（企业灵活度 13 分，社会效益 22 分）（表 26）。分值在员工的（劳动）条件与就业限制和成本这两类指标中平均分配。该支柱每个类别的评分如下：

6.1.1 员工的（劳动）条件

涵盖 19 项指标，最高总分 19 分（企业灵活度 0 分，社会效益 19 分）。具体来说，劳动就业权利子类别有 12 项指标；最低工资属性子类别有 4 项指标；雇用终止子类别有 3 项指标。若是规则框架遵循员工的（劳动）条件方面的良好实践，其对员工和社会（社会效益）都有益。在这一类别中，企业灵活度得分不适用。

6.1.2 就业限制和成本

涵盖 14 项指标，最高总分 16 分（企业灵活度 13 分，社会效益 3 分）。具体来说，雇用条款子类别有 9 项指标；最低工资标准子类别有 1 项指标；雇用终止子类别有 4 项指标。若是规则框架遵循就业限制和成本方面的良好实践,其对企业(企业灵活度)和社会(社会效益,但较为有限)都有益。因此,分数并未在两类指标中平均分配。

表 26　支柱Ⅰ 总分值

支柱Ⅰ	劳动就业规则质量	指标数量	企业灵活度分值	社会效益分值	总分	调整后分值
1.1	员工的(劳动)条件	19	不适用	19	19	50.00
1.1.1	劳动就业权利	12	不适用	12	12	16.67
1.1.2	最低工资属性	4	不适用	4	4	16.67
1.1.3	雇用终止	3	不适用	3	3	16.67
1.2	就业限制和成本	14	13	3	16	50.00
1.2.1	雇用条款	9	8	3	11	16.67
1.2.2	最低工资标准	1	1	不适用	1	16.67
1.2.3	雇用终止	4	4	不适用	4	16.67
	总分	33	13	22	35	100.00

6.2　支柱Ⅱ 劳动就业公共服务的充分性

支柱Ⅱ涵盖 21 项指标,总分为 28 分(企业灵活度 11 分,社会效益 17 分)(表 27)。该支柱下每个类别的评分如下:

6.2.1　社会保障

涵盖 9 项指标,最高总分 9 分(企业灵活度 3 分,社会效益 6 分)。具体来说,失业保险子类别有 3 项指标;医疗保险覆盖率子类别有 3 项指标;退休养老金子类别有 3 项指标。由于这些措施直接关乎企业与社会,在企业灵活度和社会效益方面的分数是平均分配的。

6.2.2 就业服务

涵盖12项指标,最高总分19分(企业灵活度8分,社会效益11分)。具体来说,就业中心和培训子类别有4项指标;劳动争议解决机制子类别有2项指标;劳动监察部门子类别有5项指标;性别分类数据子类别有1项指标。在这一类别下,只有劳动争议解决机制和性别分类数据的指标在企业灵活度和社会效益方面的分数是平均分配的(分别为4分和2分)。这是因为有效的劳动争议解决机制和用于知情和有效决策过程的数据对员工和企业都有益。就业中心和培训对企业和社会几乎同等有益,因此分数也相应地进行了分配。不过,劳动监察机构对员工的益处更为显著,因此在这一子类别下,更多的分数被分配给了社会效益。

表27　支柱Ⅱ 总分值

支柱Ⅱ　劳动就业公共服务的充分性		指标数量	企业灵活度分值	社会效益分值	总分	调整后分值
2.1	社会保障	9	3	6	9	50.00
2.1.1	失业保险	3	1	2	3	16.67
2.1.2	医疗保险覆盖率	3	1	2	3	16.67
2.1.3	退休养老金	3	1	2	3	16.67
2.2	就业服务	12	8	11	19	50.00
2.2.1	就业中心和培训	4	4	3	7	12.50
2.2.2	劳动争议解决机制	2	2	2	4	12.50
2.2.3	劳动监察部门	5	1	5	6	12.50
2.2.4	性别分类数据	1	1	1	2	12.50
	总分	21	11	17	28	100.00

6.3 支柱Ⅲ 劳动就业规则与公共服务在实践中的运作效率

支柱Ⅲ涵盖10项指标,分值范围从0到100分(表28)。这一支柱下的指标分值只分配给企业灵活度，因为这些指标评估的是企业遵守劳动就业规则、社会保障组成部分以及为提供就业服务所花费的时间和成本。例如，繁重的社会保障成本、解雇员工和解决劳动争议的冗长而代价高昂的过程，均对企业产生不利影响，从而阻碍了企业的灵活度。该支柱下各个类别的评分如下：

6.3.1 就业限制和成本

涵盖 5 项指标，最高总分 50 分。具体来说，社会保险费用子类别有 1 项指标；招聘与解雇员工的障碍子类别有 2 项指标；解雇时间和成本子类别有 2 项指标。

6.3.2 就业服务

涵盖 5 项指标，最高总分 50 分。具体来说，在职培训子类别有 1 项指标；劳动争议的普遍性和运作效率子类别有 2 项指标；安全和健康检查子类别有 2 项指标。

表 28 支柱Ⅲ 总分值

支柱Ⅲ 劳动就业规则与公共服务在实践中的运作效率		指标数量	调整后分值
3. 1	就业限制和成本	5	50. 00
3. 1. 1	社会保险	1	16. 67
3. 1. 2	招聘与解雇员工的障碍	2	16. 67
3. 1. 3	解雇时间和成本	2	16. 67
3. 2	就业服务	5	50. 00
3. 2. 1	在职培训	1	16. 67
3. 2. 2	劳动争议的普遍性和运作效率	2	16. 67
3. 2. 3	安全和健康检查	2	16. 67
	总分	10	100. 00

参考文献 I

M. Aleksynska and A. Muller. 2015. "Nothing More Permanent than Temporary? Understanding Fixed-Term Contracts." Inwork and Governance Policy Brief No. 6, ILO, Geneva.

R. Almeida and P. Carneiro. 2011. "Enforcement of Labor Regulation and Informality." *American Economic Journal: Applied Economics* 4(3): 64 – 89.

A. Antón-Sarabia, F. Hernandez, and S. Levy. 2012. "The End of Informality in Mexico? Fiscal Reform for Universal Social Insurance." Inter-American Development Bank, Washington, DC.

S. Bauernschuster. 2013. "Dismissal Protection and Small Firms' Hirings: Evidence from a Policy Reform." *Small Business Economics* 40: 293 – 307.

K. Beegle, R. Dehejia, and R. Gatti. 2009. "Why Should We Care about Child Labor? The Education, Labor Market, and Health Consequences of Child Labor." *Journal of Human Resources* 44(4): 871 – 889.

T. Besley and R. Burgess. 2004. "Can Labor Regulation Hinder Economic Performance? Evidence from India." *Quarterly Journal of Economics* 119(1): 91 – 134.

M. Bobba, L. Flabbi, and S. Levy. 2018. "Labor Market Search, Informality and Schooling Investments." IDB Working Paper 863, Inter-American Development Bank, Washington, DC.

S. Chaudhary and S. Sharma. 2022. "The Impact of Lifting Firing Restrictions on Firms: Evidence from a State Level Labor Law Amendment." World Bank, Washington, DC.

M. Cherry and A. Aloisi. 2018. "A Critical Examination of a Third Employment Category for On-Demand Work (In Comparative Perspective)." Saint Louis U. Legal Studies Research Paper.

M. Collewet and J. Sauermann. 2017. "Working Hours and Productivity." *Labour Economics* 47 I: 96 – 106.

W. V. Cunningham. 2007. "Minimum Wages and Social Policy. Lessons from Developing Countries." World Bank.

A. P. Cusolito, C. Gévaudan, D. Lederman, and C. A. Wood. 2022. "The Upside of Digital for the Middle East and North Africa." World Bank,

Washington, DC.
N. Datta and R. Chen. 2023. "Working without Borders: The Promise and Peril of Online Gig Work." World Bank, Washington, DC.
S. De Mel, D. McKenzie, and C. Woodruff. 2013. "The Demand for, and Consequences of, Formalization among Informal Firms in Sri Lanka." *American Economic Journal: Applied Economics* 5(2): 122 - 150.
V. De Stefano, I. Durri, C. Stylogiannis, and M. Wouters. 2021. "Platform Work and the Employment Relationship." ILO. Working Paper 27.
A. Earle, A. Raub, A. Sprague, and J. Heymann. 2023. "Progress Towards Gender Equality in Paid Parental Leave: An Analysis of Legislation in 193 Countries from 1995 - 2022." Community, Work & Family.
M. Ebisui, S. Cooney, and C. Fenwick. 2016. "Resolving Individual Labour Disputes: A Comparative Overview." International Labour Organization (ILO), Geneva.
V. Escudero. 2018. "Are Active Labour Market Policies Effective in Activating and Integrating Low-Skilled Individuals? An International Comparison." *IZA Journal of Labor Policy* 7(1): 1 - 26.
Francis, B. Bill, I. Kim, B. Wang, and Z. Zhang. 2018. "Labor Law and Innovation Revisited." *Journal of Banking and Finance* 94 (September): 1 - 15.
Gwartney-Gibbs, A. Patricia, Lach, H. Denise. 1992. "Workplace Dispute Resolution and Gender Inequality." Sociological Practice, Vol. 10, Iss. 1, Article 9.
J. V. Hall and A. B. Krueger 2016. "An Analysis of the Labor Market for Uber's Driver-partners in the United States." Working Paper 22843. National Bureau of Economic Research.
M. Hatayama and D. Maj-Swistak. 2024. "The Regulation of Platform-Based Work: Recent Regulatory Initiatives and Insights for Developing Countries." Washington, DC.
R. Holzmann and M. Vodopivec. 2012. *Reforming Severance Pay. An International Perspective.* World Bank.
ILO. 1921. Weekly Rest (Industry) Convention (No. 14).
ILO. 1947. Labour Inspection Convention (No. 81).
ILO. 1957. Weekly Rest (Commerce and Offices) Convention (No. 106).
ILO. 1958. Discrimination (Employment and Occupation) Convention (No. 111).

ILO. 1970. ILO Minimum Wage Fixing Convention (No. 131).

ILO. 1973. Minimum Age Convention (No. 138), Art. 2. 3.

ILO. 1982. Termination of Employment Convention (No. 158).

ILO. 1998. Declaration on Fundamental Principles and Rights at Work.

ILO. 1999. ILO Worst Forms of Child Labour Recommendation (No. 190).

ILO. 2007. *Equality at Work: Tackling the Challenges.* Global Report under the Follow-up to the ILO Declaration on Fundamental Principles and Rights at Work.

ILO. 2017. "World Employment Social Outlook—Trends for Women." ILO, Geneva.

ILO. 2018a. "The ILO Multi-Pillar Pension Model: Building Equitable and Sustainable Pension Systems." ILO.

ILO. 2018b. "Social Protection for Older Persons: Policy Trends and Statistics 2017 - 19." Social Protection Policy Paper, ILO, Geneva.

ILO. 2020b. "Pillar 2: Supporting Enterprises, Jobs and Incomes." In "A Policy Framework for Tackling the Economic and Social Impact of the COVID - 19 Crisis". Policy Brief, ILO, Geneva.

ILO. 2021a. "Extending Social Security to Workers in Micro and Small Enterprises. Lessons from International Experience." Social Protection Spotlight, ILO, Geneva.

ILO. 2021b. "Digital Platforms and the World of Work in G20 Countries: Status and Policy Action." Paper Prepared for the Employment Working Group under Italian G20 Presidency.

ILO. 2021c. "World Employment and Social Outlook. The Role of Digital Labour Platforms in Transforming the World of Work." Flagship Report, ILO, Geneva.

ILO. 2022a. *World Social Protection Report 2020 - 22: Social Protection at the Crossroads — In Pursuit of a Better Future.* International Labour Office, Geneva.

ILO. 2022b. Guidelines on General Principles of Labour Inspection. International Labour Office, Geneva.

ILO. 2010. Labor Inspection: What It Is and What It Does. A Guide for Employers. ILO, Geneva.

ILO. Lloyd's Register Foundation, and Gallup. 2022. *Experiences of Violence and Harassment at Work: A Global First Survey.*

ILO, OECD, IOM, and UNICEF. 2019. *Ending Child Labour, Forced Labour and Human Trafficking in Global Supply Chains.* Geneva.

ILO, Walk Free, and International Organization for Migration (IOM). 2022. *Global Estimates of Modern Slavery: Forced Labour and Forced Marriage.*

ITC-ILO. 2011. Curriculum on "Building Modern and Effective Labour Inspection Systems". Module 13 Labor Inspection and Gender Equality.

M. Keus van de Poll, L. Nybergh, C. Lornudd, J. Hagberg, L. Bodin, L. Kwak, I. Jensen, M. Lohela-Karlsson, M. Torgén, and G. Bergstrom. 2020. "Preventing Sickness Absence among Employees with Common Mental Disorders or Stress-related Symptoms at Work: A Cluster Randomised Controlled Trial of a Problem-solving — based Intervention Conducted by the Occupational Health Services." *Journal of Occupational and Environmental Medicine* 77 (7): 454 – 461.

A. Kuddo, D. Robalino, and M. Weber. 2015. *Balancing Regulations to Promote Jobs: From Employment Contracts to Unemployment Benefits.* Washington, DC: World Bank.

S. Lee and N. Torm. 2017. "Social Security and Firm Performance: The Case of Vietnamese SMEs." *International Labour Review* 156(2): 185 – 212.

N. V. Loayza. 2016. "Informality in the Process of Development and Growth." *World Economy* 39(12): 1856 – 1916.

Maffie, M. D. 2019. "Labor Standards Violations and Employment Arbitration: An Empirical Assessment." *Advances in Industrial and Labor Relations*, Vol. 25, 39 – 59. Emerald Publishing Limited.

D. McKenzie and C. Woodruff. 2013. "The Demand for, and Consequences of, Formalization among Informal Firms in Sri Lanka." *American Economic Journal: Applied Economics* 5 (2): 122 – 150.

OECD. 1999. *OECD Employment Outlook 1999.* Paris: OECD.

T. Packard, U. Gentilini, M. E. Grosh, P. B, O'Keefe, R. J. Palacios, D. A. Robalino, and I. V. Santos. 2019. *Protecting All: Risk Sharing for a Diverse and Diversifying World of Work.* Washington, DC: World Bank Group.

C. Pfeifer. 2009. "Fixed-term Contracts and Employment Adjustment: An Empirical Test of the Core-Periphery Hypothesis Using German Establishment Data." *The Economic Record* 85 (268): 92 – 107.

H. Ulku and D. Georgieva. 2022. "Unemployment Benefits, Active Labor Market Policies, and Labor Market Outcomes Evidence from New Global Data." Policy

Research Working Paper 10027, World Bank, Washington, DC.

G. Ulyssea 2020. "Informality: Causes and Consequences for Development." *Annual Review of Economics* 12 (1): 525 - 546.

UN. 1989. UN General Assembly, *Convention on the Rights of the Child*, 20 November 1989, United Nations, Treaty Series, Vol. 1577, Art. 32.

M. Viollaz 2018. "Are Labour Inspections Effective When Labour Regulations Vary According to the Size of the Firm? Evidence from Peru." *International Labour Review* 157 (2): 213 - 342.

World Bank. 2012. "World Development Report 2013: Jobs." World Bank, Washington, DC. World Economic Forum. 2023. "Global Gender Gap Report 2023." Insight Report. June 2023.

J. Yassin and U. Rani. 2022. "Ride-hailing Versus Traditional Taxi Services: The Experiences of Taxi Drivers in Lebanon" (Vol. 85). ILO.

附件 A　劳动就业评分表

附件 A 概述了劳动就业主题的评分方法。对于每项指标，都分配了企业灵活度分值和/或社会效益分值，并说明每项指标的详细评分及相关文献来源。

支柱 I　劳动就业规则质量					
1.1　员工的（劳动）条件					
1.1.1　劳动就业权利					
指标	企业灵活度分值	社会效益分值	总分	调整后分值	背景文献
同值同酬	不适用	1	1	1.39	Buckman et al.（2021）；ILO C100；Klasen and Lamanna（2009）；UN（1965，1969，1979）
禁止就业歧视	不适用	1	1	1.39	Asali and Gurashvili（2019）；ILO C111；ILO C122；ILO C158；Klasen and Lamanna（2009）；UN（1963，1966，1979）
结社和集会自由	不适用	1	1	1.39	ILO C87
集体谈判权	不适用	1	1	1.39	ILO C98
禁止强迫劳动	不适用	1	1	1.39	ILO C29；ILO C125；ILO R35

（续表）

指标	企业灵活度分值	社会效益分值	总分	调整后分值	背景文献
法定最低就业年龄	不适用	1	1	1.39	Beegle, Dehejia, and Gatti（2009）；Ibrahim et al.（2019）；ILO C138；ILO R146；ILO C182；ILO R190；ILO，ICLS（2008）；ILO/IPEC-SIMPOC5（2007）；UN（1989）
禁用童工	不适用	1	1	1.39	ILO C182；ILO R190；ILO C138；UN 1989
存在职业安全和健康的法规	不适用	1	1	1.39	ILO C155；ILO C161；ILO C187
职业安全和健康法规的定期审查	不适用	1	1	1.39	ILO C155；ILO C161；ILO C187
通过申诉机制、信息和培训来保护员工免受职场歧视、暴力和骚扰	不适用	1	1	1.39	Amin and Islam（2015）；ILO C190；ILO R206；McLaughlin, Uggen, and Blamlackstone（2017）；UN（1948，1965，1966）；World Bank（2019）
法定带薪年假	不适用	1	1	1.39	ILO C132；ILO C102；ILO R202；ILO R204；Panascì（2019）；Wooden and Warren（2008）
法定带薪病假	不适用	1	1	1.39	ILO C130；Scheil-Adlung and Sandner（2010）
子类别 1.1.1 的总分	不适用	12	12	16.67	
1.1.2　最低工资属性					
私营部门存在最低工资制度	不适用	1	1	4.17	Ahlfeldt, Roth, and Seidel（2022）；Clemens（2021）；Dustman et al.（2021）；ILO C131；ILO R135；Manning（2021）；Neumark（2017）；Neumark and Shirley（2021）；Riley and Rosazza Bondibene（2017）

（续表）

指标	企业灵活度分值	社会效益分值	总分	调整后分值	背景文献
确定最低工资水平的标准	不适用	1	1	4.17	Ahlfeldt, Roth, and Seidel（2022）；Ku（2022）；Neumark and Shirley（2021）
最低工资更新程序	不适用	1	1	4.17	ILO C131；ILO R135
设定和调整最低工资前进行社会征询	不适用	1	1	4.17	ILO C131；ILO R135
子类别 1.1.2 的总分	不适用	4	4	16.67	
1.1.3 雇用终止					
法定通知期	不适用	1	1	5.56	Collins（1992）；ILO C158；ILO R166；ILO C98；ILO C111；Stern（2012）
法定解职补偿金	不适用	1	1	5.56	Collins（1992）；ILO C158；ILO R166；ILO C98；ILO C111；Stern（2012）
集体裁员的通知要求	不适用	1	1	5.56	Collins（1992）；ILO C158；ILO R166；ILO C98；ILO C111；Stern（2012）
子类别 1.1.3 的总分	不适用	3	3	16.67	
类别 1.1 的总分	不适用	19	19	50.00	
1.2 就业限制和成本					
1.2.1 雇用条款					
对于任何工作，使用固定期限合同均无限制	1	不适用	1	1.52	Aimo（2016）；ILO C158；ILO R166；Kuddo, Robalino, and Weber（2015）；Pfeifer（2009）

（续表）

指标	企业灵活度分值	社会效益分值	总分	调整后分值	背景文献
对于长期工作，使用固定期限合同无限制	1	不适用	1	1.52	Aleksynska and Muller（2015）；ILO C158；ILO R166；Kuddo，Robalino，and Weber（2015）；Pfeifer（2009）
法律未强制要求由企业支付夜班工资补贴	1	不适用	1	1.52	Blundell，Bozio，and Laroque（2013）；Collewet and Sauermann（2017）；ILO C1；ILO C30；ILO C171；ILO R178；Messenger（2004）；Wagstaff，Lie，and Sigstad（2011）；Weeden，Cha，and Bucca（2016）；Yi，McCann，and Messenger（2007）
在每周最长工作 56 小时的范围内不限制加班	1	1	2	3.03	Blundell，Bozio，and Laroque（2013）；Collewet and Sauermann（2017）；ILO C1；ILO C30；ILO C171；ILO R178；Messenger（2004）；Wagstaff，Lie，and Sigstad（2011）；Weeden，Cha；and Bucca（2016）；Yi，McCann，and Messenger（2007）
法律未强制要求由企业直接承担失业保险金	1	不适用	1	1.52	Bierbaum and Schmitt（2022）；Bodor，Robalino，and Rutkowski（2007）；Gentilini et al.（2020）；ILO C102；Kuddo，Robalino，and Weber（2015）；Packard et al.（2019）；Ribe，Robalino，and Walker（2010）；Ulku and Georgieva（2022）
法律未强制要求由企业直接承担医疗保险	1	不适用	1	1.52	Bierbaum and Schmitt（2022）；ILO C102；Sommers and Oellerich（2013）
法律未强制要求由企业直接承担养老金	1	不适用	1	1.52	Bierbaum and Schmitt（2022）；ILO C102；ILO C128

（续表）

指标	企业灵活度分值	社会效益分值	总分	调整后分值	背景文献
解雇的合法理由(含经营需要)	1	1	2	3.03	Collins（1992）；ILO C158；ILO R166；ILO C98；ILO C111；Stern（2012）
平台员工劳动就业权益保障规则	不适用	1	1	1.52	Cherry and Aloisi（2018）；Cusolito et al.（2022）；Datta and Chen（2023）；De Stefano et al.（2021）；Hall and Krueger（2015）；Hatayama and Maj-Swistak（2024）；ILO（2021b）；ILO（2021c）；Yassin and Rani（2022）
子类别 1.2.1 的总分	8	3	11	16.67	
1.2.2　最低工资标准					
最低工资标准(最低工资与人均国内生产总值之比)	1	不适用	1	16.67	Ahlfeldt, Roth, and Seidel（2018）；Clemens（2021）；Dustman et al.（2021）；ILO C131；ILO R135；Manning（2021）；Neumark（2017）；Neumark and Shirley（2021）；Riley and Rosazza Bondibene（2017）
子类别 1.2.2 的总分	1	不适用	1	16.67	
1.2.3　雇用终止					
通知期的长度(以周薪为单位)	1	不适用	1	4.17	ILO C158；ILO R166；Collins（1992）；Stern（2012）
解职补偿金数额(以周薪为单位)	1	不适用	1	4.17	Collins（1992）；ILO C158；ILO R166；ILO C98；ILO C111；Stern（2012）
解雇无须第三方批准	1	不适用	1	4.17	ILO C158；ILO R166；ILO C98
集体裁员无须第三方批准	1	不适用	1	4.17	ILO C158；ILO R166；ILO C98

（续表）

指标	企业灵活度分值	社会效益分值	总分	调整后分值	背景文献
子类别 1.2.3 的总分	4	不适用	4	16.67	
类别 1.2 的总分	13	3	16	50.00	
支柱 I 的总分	13	22	35	100.00	

支柱 II　劳动就业公共服务的充分性					
2.1　社会保障					
2.1.1　失业保险					
指标	企业灵活度分值	社会效益分值	总分	调整后分值	背景文献
政府提供的失业保险金的可获得性	不适用	1	1	5.56	Bierbaum and Schmitt（2022）; Bodor, Robalino, and Rutkowski（2007）; Gentilini et al.（2020）; ILO C102; Kuddo, Robalino, and Weber（2015）; Levy（2008）; Packard et al.（2019）; Ribe, Robalino, and Walker（2010）; Ulku and Georgieva（2022）
失业保险的覆盖率	不适用	1	1	5.56	Bierbaum and Schmitt（2022）; Bodor, Robalino, and Rutkowski（2007）; Gentilini et al.（2020）; ILO C102; Kuddo, Robalino, and Weber（2015）; Levy（2008）; Packard et al.（2019）; Ribe, Robalino, and Walker（2010）; Ulku and Georgieva（2022）

（续表）

指标	企业灵活度分值	社会效益分值	总分	调整后分值	背景文献
失业保险的资金来源	1	不适用	1	5.56	Bierbaum and Schmitt（2022）；Bodor，Robalino，and Rutkowski（2007）；Gentilini et al.（2020）；ILO C102；Kuddo，Robalino，and Weber（2015）；Levy（2008）；Packard et al.（2019）；Ribe，Robalino，and Walker（2010）；Ulku and Georgieva（2022）
子类别 2.1.1 的总分	1	2	3	16.67	
2.1.2　医疗保险覆盖率					
全民医疗保险的可获得性	不适用	1	1	5.56	Bierbaum and Schmitt（2022）；Bobba，Flabbi，and Levy（2018）；ILO C102；Sommers and Oellerich（2013）
医疗保险的覆盖率	不适用	1	1	5.56	Bierbaum and Schmitt（2022）；Bobba，Flabbi，and Levy（2018）；ILO C102；Sommers and Oellerich（2013）
医疗保险的资金来源	1	不适用	1	5.56	Antón-Sarabia，Hernandez，and Levy（2012）；Bierbaum and Schmitt（2022）；Bobba，Flabbi，and Levy（2018）；ILO C102；Sommers and Oellerich（2013）
子类别 2.1.2 的总分	1	2	3	16.67	
2.1.3　退休养老金					
政府提供的退休养老金计划的可获得性	不适用	1	1	5.56	Bierbaum and Schmitt（2022）；ILO C102；ILO C128；ILO（2018）

（续表）

指标	企业灵活度分值	社会效益分值	总分	调整后分值	背景文献
退休养老金计划的覆盖率	不适用	1	1	5.56	Bierbaum and Schmitt（2022）；ILO C102；ILO C128；ILO（2018）
退休养老金计划的资金来源	1	不适用	1	5.56	Antón-Sarabia，Hernandez，and Levy（2012）；Bierbaum and Schmitt（2022）；ILO C102；ILO C128
子类别 2.1.3 的总分	1	2	3	16.67	
类别 2.1 的总分	3	6	9	50.00	
2.2 就业服务					
2.2.1 就业中心和培训					
存在国家就业服务中心	1	1	2	3.57	Avila（2021）；Boone and van Ours（2004）；ILO C122；ILO（2021）；Kuddo（2012）；（2020）；Ulku and Georgieva（2022）
法律未强制规定由企业承担就业服务中心的服务费用	1	不适用	1	1.79	Donna C. Koeltz and Carmela I. Torres（2016）；IDB，WAPES，OECD（2015）
法律规定为失业者和求职者提供职业指导和培训	1	1	2	3.57	Avila（2021）；Chiplunkar and Goldberg（2021）；ILO C156；ILO R165；ILO R191；World Bank（2019）
存在针对失业者和求职者的公共培训计划	1	1	2	3.57	Osikominu（2021）；Spinnewijn（2013）；D. Card，J. Kluve，and A. Weber（2015）
子类别 2.2.1 的总分	4	3	7	12.50	

（续表）

2.2.2　劳动争议解决机制					
指标	企业灵活度分值	社会效益分值	总分	调整后分值	背景文献
存在有效运作、专门且独立的劳动争议解决机制	1	1	2	6.25	ILO（2013）；Maffie（2019）
存在替代性劳动争议解决机制	1	1	2	6.25	ILO（2013）
子类别 2.2.2 的总分	2	2	4	12.50	
2.2.3　劳动监察部门					
存在中央劳动监察部门	不适用	1	1	1.79	Almeida and Ronconi（2016）；ILO C81；ILO R20；Viollaz（2018）；World Bank（2019）
启动劳动监察的最佳实践	不适用	1	1	1.79	ILO C81；ILO R20
关于强迫劳动、童工以及职业安全和健康法规的执行情况	不适用	1	1	1.79	ILO C29；ILO C125；ILO R35；ILO C182；ILO R190；ILO C138；UN 1989；ILO C155；ILO C161；ILO C187
存在关于所报告的劳动违法案件/投诉数量的数据	1	1	2	3.57	ILO R20
保护和监督工作场所的女性权利	1	1	2	3.57	ITC-ILO（2011）
子类别 2.2.3 的总分	2	5	7	12.50	

（续表）

2.2.4　性别分类数据					
指标	企业灵活度分值	社会效益分值	总分	调整后分值	背景文献
关于劳动监察员、劳动争议、劳动力、失业者以及产假和陪产假受益者按性别分类的数据	1	1	2	12.50	Earl et al.（2023）；Gwartney-Gibbs and Lach（1992）；ILO C81；ILO（2017）；ITC-ILO（2011）；WEF（2023）
子类别 2.2.4 的总分	1	1	2	12.50	
类别 2.2 的总分	9	11	20	50.00	
支柱Ⅱ的总分	12	17	29	100.00	

支柱Ⅲ　劳动就业规则与公共服务在实践中的运作效率					
3.1　就业限制和成本					
3.1.1　社会保险费用					
指标	企业灵活度分值	社会效益分值	总分	调整后分值	背景文献
社会保险费率	100	不适用	100	16.67	Bierbaum and Schmitt（2022）；Bodor，Robalino，and Rutkowski（2007）；Gentilini et al.（2020）；Levy（2008）；Packard et al.（2019）；Ribe，Robalino，and Walker（2010）；Ulku and Georgieva（2022）
子类别 3.1.1 的总分	100	不适用	100	16.67	

（续表）

指标	企业灵活度分值	社会效益分值	总分	调整后分值	背景文献
3.1.2 招聘与解雇员工的障碍					
将招聘新员工的成本视为制约因素的感知指数	50	不适用	50	8.33	Ahlfeldt, Roth, and Seidel（2022）; Clemens（2021）; Dustman et al.（2021）; Manning（2021）; Neumark（2017）; Neumark and Shirley（2021）; Riley and Rosazza Bondibene（2017）
将解雇员工视为制约因素的感知指数	50	不适用	50	8.33	Ahlfeldt, Roth, and Seidel（2022）; Clemens（2021）; Dustman et al.（2021）; Manning（2021）; Neumark（2017）; Neumark and Shirley（2021）; Riley and Rosazza Bondibene（2017）
子类别 3.1.2 的总分	100	不适用	100	16.67	
3.1.3 解雇时间和成本					
解雇长期全职员工所需周数	50	不适用	50	8.33	Barlow et al.（2019）; Hansen（2009）; Sudiarawan, Tanaya, and Hapsari（2021）; Ulku and Georgieva（2022）; Van der Wiel（2010）
支付解职补偿金所需周数	50	不适用	50	8.33	Barlow et al.（2019）; Hansen（2009）; Sudiarawan, Tanaya, and Hapsari（2021）; Ulku and Georgieva（2022）; Van der Wiel（2010）
子类别 3.1.3 的总分	100	不适用	100	16.67	
类别 3.1 的总分	100	不适用	100	50.00	

（续表）

3.2　就业服务					
3.2.1　在职培训					
指标	企业灵活度分值	社会效益分值	总分	调整后分值	背景文献
为长期全职员工提供正式培训项目的企业百分比	100	不适用	100	16.67	A. Sultana, S. Irum, K. Ahmed, and M. Mehmood（2012）；Stolovitch and Ngoa-Nguele（2001）；H. Raza, J. Mahmood, M. Owais and A. Raza（2015）；Hanaysha and Tahir（2016）
子类别 3.2.1 的总分	100	不适用	100	16.67	
3.2.2　劳动争议的普遍性和运作效率					
过去三年涉及劳动争议的企业百分比	50	不适用	50	8.33	Ebisui, Cooney, and Fenwick（2016）；ILO（2013）；Maffie（2019）
解决劳动争议所需月数	50	不适用	50	8.33	Ebisui, Cooney, and Fenwick（2016）；ILO（2013）；Maffie（2019）
子类别 3.2.2 的总分	100	不适用	100	16.67	
3.2.3　安全和健康检查					
受访或被检查工作场所安全健康的企业百分比	50	不适用	50	8.33	Almeida and Ronconi（2016）；ILO C81；ILO（2022）；Viollaz（2018）
由劳动监察机构对工作场所安全健康出具报告的企业百分比	50	不适用	50	8.33	Almeida and Ronconi（2016）；ILO C81；ILO（2022）；Viollaz（2018）

（续表）

指标	企业灵活度分值	社会效益分值	总分	调整后分值	背景文献
子类别 3.2.3 的总分	100	不适用	100	16.67	
类别 3.2 的总分	100	不适用	100	50.00	
支柱Ⅲ的总分	100	不适用	100	100.00	

参考文献 II

G. Ahlfeldt, D. Roth, and T. Seidel. 2018. "Spatial Implications of Minimum Wages." VoxEU. org, September 4, 2018.

G. Ahlfeldt, D. Roth, and T. Seidel. 2022. "Optimal Minimum Wage." CEPR Discussion Paper 16913, Centre for Economic Policy Research (CEPR), London.

M. Aimo. 2016. "In Search of a 'European Model' for Fixed-Term Work in the Name of the Principle of Effectiveness." *European Labour Law Journal* 7(2): 232 – 260.

M. Aleksynska and A. Muller. 2015. "Nothing More Permanent than Temporary? Understanding Fixed-Term Contracts." Inwork and Governance Policy Brief No. 6, ILO, Geneva.

R. Almeida and L. Ronconi. 2016. "Labor Inspections in the Developing World: Stylized Facts from the Enterprise Survey." *Industrial Relations* 55(3): 468 – 489.

M. Amin and A. Islam. 2015. "Does Mandating Non-discrimination in Hiring Practices Influence Women's Employment? Evidence Using Firm-Level Data." *Feminist Economics* 21(4): 28 – 60.

A. Antón-Sarabia, F. Hernandez, and S. Levy. 2012. "The End of Informality in Mexico? Fiscal Reform for Universal Social Insurance." Inter-American Development Bank, Washington, DC.

M. Asali and R. Gurashvili. 2019. "Labor Market Discrimination and the Macroeconomy." *Economics of Transition and Institutional Change* 28(3): 515 – 533.

Z. Avila. 2021. "Public Employment Services that Work for Young People." International Labour Organization, Geneva.

P. Barlow, A. Reeves, M. McKee, and D. Stuckler. 2019. "Employment Relations and Dismissal Regulations: Does Employment Legislation Protect the Health of Workers?" *Social Policy and Administration* 53(7): 939 – 957.

K. Beegle, R. Dehejia, and R. Gatti. 2009. "Why Should We Care about Child Labor? The Education, Labor Market, and Health Consequences of Child Labor." *Journal of Human Resources* 44(4): 871 – 889.

M. Bierbaum and V. Schmitt. 2022. "Investing Better in Universal Social Protection: Applying International Social Security Standards in Social Protection Policy and Financing." ILO Working Paper No. 43, International Labour Organization, Geneva.

R. Blundell, A. Bozio, and G. Laroque. 2013. "Extensive and Intensive Margins of Labour Supply: Work and Working Hours in the US, the UK, and France." *Fiscal Studies* 34(1): 1 – 29.

M. Bobba, L. Flabbi, and S. Levy. 2018. "Labor Market Search, Informality and Schooling Investments." IDB Working Paper 863, Inter-American Development Bank, Washington, DC.

A. Bodor, D. A. Robalino, and M. J. Rutkowski. 2007. "Assessing the Distortions of Mandatory Pensions on Labor Supply Decisions and Human Capital Accumulation: How to Bridge the Gap between Economic Theory and Policy Analysis." Policy Research Working Paper 4355, World Bank, Washington, DC.

J. Boone and J. C. van Ours. 2004. "Effective Active Labour Market Policies." CEPR Discussion Paper 4707, Centre for Economic Policy Research (CEPR), London.

S. R. Buckman, L. Y. Choi, M. C. Daly, and L. M. Seitelman. 2021. "The Economic Gains From Equity." Federal Reserve Bank of San Francisco Working Paper 2021 – 11, Federal Reserve Bank of San Francisco.

D. Card, J. Kluve, and A. Weber, 2015. "*What Works? A Meta Analysis of Recent Active Labor Market Program Evaluations.*" Discussion Paper No. 9236. IZA.

G. Chiplunkar and P. K. Goldberg. 2021. "Aggregate Implications of Barriers to Female Entrepreneurship." NBER Working Paper 28486, National Bureau of Economic Research, Cambridge, MA.

J. Clemens. 2021. "How Do Firms Respond to Minimum Wage Increases? Understanding the Relevance of Non-Employment Margins." *Journal of Economic Perspectives* 35 (1): 51 – 72.

M. Collewet and J. Sauermann. 2017. "Working Hours and Productivity." *Labour Economics* 47(C): 96 – 106.

H. Collins. 1992. "Justice in Dismissal: The Law of Termination of Employment." Oxford Monographs on Labour Law, Oxford Academic.

D. Dustman, A. Lindner, U. Schonberg, M. Umkehrer, and P. Vom Berge. 2021. "Reallocation Effects of the Minimum Wage." VoxEU. org, October

7, 2021.

M. Ebisui, S. Cooney, and C. Fenwick. 2016. "Resolving Individual Labour Disputes: A Comparative Overview." International Labour Organization, Geneva.

U. Gentilini, M. B. A. Almenfi, P. Dale, R. J. Palacios, H. Natarajan, G. A. Galicia Rabadan, Y. Okamura, J. D. Blomquist, M. Abels, G. C. Demarco, and I. V. Santos. 2020. *Social Protection and Jobs Responses to COVID-19: A Real-Time Review of Country Measures*. Washington, DC: World Bank Group.

G. B. Hansen. 2009. "A Guide to Worker Displacement: Some Tools for Reducing the Impact on Workers, Communities and Enterprises." International Labour Organization, Geneva.

A. Ibrahim, S. M. Abdalla, M. Jafer, J. Abdelgadir, and N. de Vries. 2019. "Child Labor and Health: A Systematic Literature Review of the Impacts of Child Labor on Child's Health in Low-and Middle-Income Countries." *Journal of Public Health* 41(1): 18-26.

IDB (Inter-American Development Bank); WAPES (World Association of Public Employment Services); OECD. 2015. "The World of Public Employment Services Challenges, Capacity and Outlook for Public Employment Services in the New World of Work."

ILO. 1919. Hours of Work (Industry) Convention (No. 1).

ILO. 1923. Labour Inspection Recommendation (No. 20).

ILO. 1930. Forced Labour Convention (No. 29).

ILO. 1930. Hours of Work (Commerce and Offices) Convention (No. 30).

ILO. 1930. Forced Labour (Indirect Compulsion) Recommendation (No. 35).

ILO. 1947. Labour Inspection Convention (No. 81).

ILO. 1948. Freedom of Association and Protection of the Right to Organise Convention (No. 87).

ILO. 1949. Right to Organize and Collective Bargaining Convention (No. 98).

ILO. 1951. Equal Remuneration Convention (No. 100).

ILO. 1952. Social Security (Minimum Standards) Convention (No. 102).

ILO. 1957. Abolition of Forced Labour Convention (No. 105).

ILO. 1958. Discrimination (Employment and Occupation) Convention (No. 111).

ILO. 1962. Reduction of Hours of Work Recommendation (No. 116).

ILO. 1964. Employment Policy Convention (No. 122).

ILO. 1967. Invalidity, Old-Age and Survivors' Benefits Convention (No. 128).
ILO. 1969. Medical Care and Sickness Benefits Convention (No. 130).
ILO. 1970. Minimum Wage Fixing Convention (No. 131).
ILO. 1970. Minimum Wage Fixing Recommendation (No. 135).
ILO. 1970. Holidays with Pay Convention (Revised) (No. 132).
ILO. 1973. Minimum Age Convention (No. 138).
ILO. 1973. Minimum Age Recommendation (No. 146).
ILO. 1981. Occupational Safety and Health Convention (No. 155).
ILO. 1981. Workers with Family Responsibilities Convention (No. 156).
ILO. 1981. Workers with Family Responsibilities Recommendation (No. 165).
ILO. 1982. Termination of Employment Convention (No. 158).
ILO. 1982. Termination of Employment Recommendation (No. 166).
ILO. 1985. Occupational Health Services Convention (No. 161).
ILO. 1990. Night Work Convention (No. 171).
ILO. 1990. Night Work Recommendation (No. 178).
ILO. 1999. Worst Forms of Child Labour Convention (No. 182).
ILO. 1999. Worst Forms of Child Labour Recommendation (No. 190).
ILO. 2000. Maternity Protection Recommendation (No. 191).
ILO. 2006. Promotional Framework for Occupational Safety and Health Convention (No. 187).
ILO. 2012. Social Protection Floors Recommendation (No. 202).
ILO. 2013. Guidelines for Improved Performance of Labour Dispute Systems.
ILO. 2014. Protocol to the Forced Labour Convention (No. 29).
ILO. 2015. Transition from the Informal to the Formal Economy Recommendation (No. 204).
ILO. 2018. "The ILO Multi-Pillar Pension Model: Building Equitable and Sustainable Pension Systems." ILO.
ILO. 2019. Violence and Harassment Convention (No. 190).
ILO. 2019. Violence and Harassment Recommendation (No. 206).
ILO. 2022. Guidelines on General Principles of Labour Inspection. International Labour Office, Geneva.
ILO and ICLS (International Conference of Labour Statisticians). 2008. Resolution II Concerning Child Labour. Geneva.
ILO and IPEC (International Programme on the Elimination of Child Labour and Forced Labour). No date (n. d.). SIMPOC-5. Framework on Child Labour

Definitions.

S. Klasen and F. Lamanna. 2009. "The Impact of Gender Inequality in Education and Employment on Economic Growth: New Evidence for a Panel of Countries." *Feminist Economics* 15(3): 91 - 132.

D. C. Koeltz and C. Torres. 2016. "Practitioners' Guides on Employment Service Centres. Operating Employment Service Centers." ILO.

H. Ku. 2022. "Does Minimum Wage Increase Labor Productivity? Evidence from Piece Rate Workers." *Journal of Labor Economics* 40(2): 325 - 359.

A. Kuddo, D. Robalino, and M. Weber. 2015. *Balancing Regulations to Promote Jobs: From Employment Contracts to Unemployment Benefits*. Washington, DC: World Bank.

S. Levy. 2008. *Good Intentions, Bad Outcomes: Social Policy, Informality, and Economic Growth in Mexico*. Brookings Institution Press.

M. D. Maffie. 2019. "Labor Standards Violations and Employment Arbitration: An Empirical Assessment." *Advances in Industrial and Labor Relations* 25: 39 - 59. Emerald Publishing Limited.

A. Manning. 2021. "The Elusive Employment Effect of the Minimum Wage." *Journal of Economic Perspectives* 35 (1): 3 - 26.

H. McLaughlin, C. Uggen, and A. Blackstone, 2017. "The Economic and Career Effects of Sexual Harassment on Working Women." *Gender and Society* 31(3): 333 - 358.

J. C. Messenger. 2004. *Working Time and Workers' Preferences in Industrialized Countries: Finding the Balance*, 1st edition. Routledge.

D. Neumark. 2017. "Promising Ideas for Future Research on the Employment Effects of Minimum Wages." VoxEU. org, October 9, 2017.

D. Neumark and P. Shirley. 2021. "Myth or Measurement: What Does the New Minimum Wage Research Say about Minimum Wages and Job Loss in the United States?" NBER Working Paper 28388, National Bureau of Economic Research, Cambridge, MA.

OECD. 2020. "Public Employment Services in the Frontline for Employees, Jobseekers and Employers." Policy Responses to Coronavirus (COVID-19). Policy Brief. OECD.

A. Osikominu. 2021. "The Dynamics of Training Programs for the Unemployed." IZAWorld of Labor 2021.

T. Packard, U. Gentilini, M. E. Grosh, P. B. O'Keefe, R. J. Palacios, D. A.

Robalino, and I. V. Santos. 2019. *Protecting All: Risk Sharing for a Diverse and Diversifying World of Work*. Washington, DC: World Bank Group.

M. A. Panascì. 2019. "The Right to Paid Annual Leave as an EU Fundamental Social Right. Comment on Bauer et al." *Maastricht Journal of European and Comparative Law* 26(3): 441-448.

C. Pfeifer. 2009. "Fixed-term Contracts and Employment Adjustment: An Empirical Test of the Core-Periphery Hypothesis Using German Establishment Data." *The Economic Record* 85(268): 92-107.

H. Ribe, D. A. Robalino, and I. Walker. 2010. *Achieving Effective Social Protection in Latin America: From Right to Reality*. Washington, DC: World Bank Group.

R. Riley and C. Rosazza Bondibene. 2017. "Raising the Standard: Minimum Wages and Firm Productivity." *Labour Economics* 44 (January): 27-50.

X. Scheil-Adlung and L. Sandner. 2010. "Evidence on Paid Sick Leave: Observations in Times of Crisis." *Inter Economics* 45(5): 313-321.

B. D. Sommers and D. Oellerich. 2013. "The Poverty-Reducing Effect of Medicaid." *Journal of Health Economics* 32(5): 816-832.

J. Spinnewijn. 2013. "Training and Search During Unemployment." *Journal of Public Economics* Volume 99, pages 49-65.

E. Stern. 2012. "From 'Valid Reason' to 'Genuine Redundancy' Redundancy Selection: A Question of (Im) balance?" *University of New South Wales Law Journal* 35(1): 70-102.

K. A. Sudiarawan, P. E. Tanaya, and K. D. Hapsari. 2021. "Termination of Employment-Based on Efficiency in Indonesian Company." *Fiat Justisia: JurnalIlmu Hukum* 15(1): 39-50.

H. Ulku and D. Georgieva. 2022. "Unemployment Benefits, Active Labor Market Policies, and Labor Market Outcomes Evidence from New Global Data." Policy Research Working Paper 10027, World Bank, Washington, DC.

UN. 1948. Universal Declaration of Human Rights.

UN. 1963. Declaration on the Elimination of All Forms of Racial Discrimination.

UN. 1966. International Convention on the Elimination of All Forms of Racial Discrimination. General Assembly Resolution 2200A (XXI).

UN. 1966. International Covenant on Civil and Political Rights.

UN. 1965. International Covenant on Economic, Social and Cultural Rights. General Assembly Resolution 2106 (XX).

UN. 1969. International Convention on the Elimination of All Forms of Racial Discrimination.

UN. 1979. Convention on the Elimination of All Forms of Discrimination against Women.

UN. 1989. Convention on the Rights of the Child.

Van der Wiel, Karen. 2010. "Better Protected, Better Paid: Evidence on How Employment Protection Affects Wages." *Labour Economics* 17(1): 16 – 26.

M. Viollaz. 2018. "Are Labour Inspections Effective When Labour Regulations Vary According to the Size of the Firm? Evidence from Peru." *International Labour Review* 157(2): 213 – 242.

A. S. Wagstaff and J. A. Lie. 2011. "Shift and Night Work and Long Working Hours — A Systematic Review of Safety Implications." *Scandinavian Journal of Work, Environment and Health* 37(3): 173 – 185.

K. A. Weeden, Y. Cha, and M. Bucca. 2016. "Long Work Hours, Part-Time Work, and Trends in the Gender Gap in Pay, the Motherhood Wage Penalty, and the Fatherhood Wage Premium." *RSF: Russell Sage Foundation Journal of the Social Sciences* 2016, 2(4): 71 – 102.

M. Wooden and D. Warren. 2008. "Paid Annual Leave and Working Hours: Evidence from the HILDA Survey." *Journal of Industrial Relations* 50(4): 664 – 670.

World Bank. 2019. *World Development Report 2019: The Changing Nature of Work*. Washington, DC: World Bank.

S. Yi, M. D. McCann, and J. C. Messenger. 2007. *Working Time around the World: Trends in Working Hours, Laws and Policies in a Global Comparative Perspective*. London: Routledge

附件 B　劳动就业注释问卷

附件 B 包括劳动就业术语表和附带注释的调查问卷。注释问卷提供了每项指标与相应问题之间的一一对应关系。

术语表

替代性自愿退休养老金计划：一种由政府设立并管理的退休储蓄制度，个人可通过自愿缴费选择参与。该计划通常旨在补充主要的强制性退休制度，特别是在强制性制度未能覆盖所有类型劳动者的情况下。

替代性自愿失业保险计划：一种由政府设立并管理的项目，个人可通过自愿缴费选择参与。该计划通常旨在补充主要的强制性失业保险计划，特别是在强制性计划未能覆盖所有类型劳动者的情况下。

替代性纠纷解决机制：在公正第三方的协助下，在传统法院诉讼程序之外用于解决冲突或纠纷的程序或方法。这些机制通常不太正式，具有更快、更灵活且成本更低的特点。替代性纠纷解决程序赋予当事人积极参与制订解决方案的权利，促进当事人的自主感和控制感。最常见的替代性纠纷解决机制包括调停、仲裁、协商和调解。

带薪年假：劳动者暂停工作但仍可继续获得收入和社会保障的一段时期。带薪年假旨在让劳动者得以休息、恢复体力及处理个人事务。

仲裁：一种替代性纠纷解决程序，其中争议各方将其法律纠纷提交给一个或多个独立的第三方（仲裁员），由仲裁员做出具有约束力的裁决（仲裁裁决）。

中央（国家）劳动监察机构：直接监督国内整个劳动监察体系的政府机构/机关，负责在国内执行劳动法及相关规则。

未成年人(或儿童):18 岁以下的人,除非对其适用的国家法律规定成年年龄早于 18 岁。

集体合同:在一位雇主、一群雇主、一个或多个雇主组织与一个或多个管理员工雇用条款和条件的工会之间协商达成的具有法律约束力的协议。

协商(在设定最低工资的背景下):协商不仅仅是分享信息,但也不意味着共同决策。协商的目的不是为了达成协议,而是为了协助主管机关做出决定。

调解:一种涉及一个中立第三方的替代性纠纷解决形式。调解员的作用是协助促进各方之间的沟通,不提出任何具体的纠纷解决方案。与仲裁或诉讼不同,调解是一个自愿且不具有约束力的过程。除非各方自愿选择,否则各方没有义务达成解决方案或遵循调解员的建议。

歧视:基于种族、肤色、性别、宗教、政治观点、民族血统或社会出身而产生的影响员工机会待遇平等的任何区分、排斥或偏好。歧视可能发生在雇用过程的每个或任何阶段,包括招聘、雇用和解雇。

家政从业人员:受雇于或为一个或多个私人家庭工作的个人,负责执行各种事务,包括但不限于烹饪、保洁、照顾儿童、老人或残疾人,做园艺、警卫和驾驶工作等。

同值同酬:同值同酬原则载于国际劳工组织章程的序言部分。它与“同工同酬”是不一样的。“同工同酬”将同值同酬原则的适用限制在同一活动领域和同一企业中工作的两个人。“同值同酬”的概念更为广泛,包括男女从事不同工作的情况。

固定期限合同:有明确终止日期的劳动合同。

强迫劳动:以任何处罚作为威胁,强迫任何人从事非自愿的工作或服务,但义务兵役除外。

正式培训：一种教育员工获取或扩展某些知识技能的有组织和结构化的方法。

结社和集会自由：基本劳动权利，旨在确保员工和雇主有权建立和加入他们意向的各级组织，并使他们能够集体发声。

一般税收收入：政府从各种来源征收的收入，包括所得税、销售税、财产税、公司税等。这笔收入用于资助公共服务和政府运营。一般税收收入不指定用途，可以由政府酌情使用，以满足广泛的需求。

危险工作：对员工的身心健康或人身安全构成重大风险的工作，如建筑工程、采矿、石油和天然气开采等。

医疗保险：通过预防、诊断和治疗疾病来维护和恢复个人健康，专门由受训执业的专业人员操作进行。

医疗保险计划：旨在为个人提供医疗和健康服务的一种制度。医疗保险计划的资金来源多样，包括政府预算、雇主缴款、私人保险费或以上的组合。

（法院附设的）司法调解：在法院监督下进行的一种庭前调解方式。其目的是为当事人在诉讼开始前提供友好解决争议的机会。

劳动争议解决机制：处理和解决各方（通常是雇主和一名或多名雇员）之间关于劳动冲突的结构流程（例如司法途径或非司法途径）。

劳动监察部门：一个公共机构（劳动监察员的集体组织，通常由不同行政级别组建），其作用是确保用人单位和员工遵守就业和社会保障法规（如社会保障、薪酬、安全和健康标准等）规定的权利和义务。

劳动税：针对就业收入和工资所征收的税。

医疗保险终极援助：针对无法通过其他方式获得医疗保障的个人所提供的医疗服务。这可能包括但不限于政府资助的计划、医疗保障提供者提供的慈善医保、诊所和医院为符合特定经济标准且无力支付费用的患者提供的减免费用的服务。

法律推定：允许假定事实为真的法律规则，除非被证明事实并非如此。就平台员工而言，除非有相反证据，否则他们就被推定为雇员。

轻量工作：不太可能对儿童的健康或发育有害的工作，也不损害儿童教育或其从教育中受益的能力。

调停：一种替代性争议解决程序。该程序的语言文字表述或执行依据虽有不同，但当事人均要求独立的第三方（如调停员）协助他们就法律纠纷达成友好解决方案。与法院诉讼或仲裁不同，调停员无权将解决方案强加给各争议方。

法定最低就业年龄：根据特定国家或司法辖区的劳动法规定，法律允许工作的最低年龄。设定这一年龄限制是为了保护儿童和青少年免受剥削，并确保他们的就业不会干扰他们的教育、健康或发展。

最低工资：雇主在一定时期内就其雇员完成的工作支付给雇员的最低法定金额。这是一种工资监管形式，旨在确保员工在工作之余获得基本的生活水平。

国家就业公共服务中心：政府经营的设施或组织，主要目标是通过促进职业匹配、提供职业咨询、提供培训项目和传播劳动力市场信息，以协助求职者提高其就业能力和获得就业机会。

民族血统：个人过去的经历或情况以及公民身份。民族血统既考虑一个人来自的国家，也考虑他的国籍，无论出生地、自我认同和社区认同。比“国籍”更广泛，后者通常仅限于国家公民身份。

非司法调解/调停（私人调解）：争议各方自愿寻求中立第三方（非法官或法院指定的调解员）协助的一种程序。该中立第三方通常被称为私人调解员，其协助进行沟通和谈判，以达成双方都同意的解决方案。

通知期：雇主在终止劳动合同前必须给予雇员提前通知。其目的是让雇员有时间为结束劳动关系做好准备，并寻找新的工作机会。

夜班：在不少于连续七个小时内进行的工作，包括午夜至凌晨5点的间隔。

职业安全和健康：旨在确保从事工作或就业人员的安全、健康和福利的措施。职业安全和健康的主要目标是通过提供安全健康的工作条件，预防与工作相关的伤害、疾病和死亡。

加班：在每周正常工作时间之外的法定额外工作小时数。

在职培训：在员工履行正常工作职责时为其提供的实践性培训。其目的是传授在组织内有效完成特定任务或职责所需的技能、知识和能力。

长期合同（或无固定期限合同）：没有确定终止日期的劳动合同。

企业工资单上的长期（无固定期限）全职员工：工作期限为一年或一年以上的和/或有劳动关系续签保证的全职工作员工。

平台员工：公司通过移动设备或电脑使用将用户与员工服务连接起来的在线平台临时雇用的个人。因此，平台员工按需工作，其报酬在很大程度上取决于所服务的客户数量和/或完成的任务/工作。

公共行政管理：负责和/或从事劳动行政管理的部门或行政主体，无论是部级机构或分散的区域机构，还是地方机构，如劳动部或其他相关部门、职工委员会、劳动监察部门。

裁员（裁减雇员）：因经济、业务运营或结构性原因（而非其他原因，如个人原因或员工过错）而法律允许的解雇。

退休养老金：支付给从正常工作中退休人员的金钱福利（定期付款）。

退休养老金计划：向从在职工作中退休的个人提供稳定收入的机制。退休养老金计划的资金来源主要是雇员、雇主或者两者同时的缴费。在某些情况下，他们也可以从政府补贴或税收奖励中获得资金。

解职补偿金：劳动者被迫终止劳动关系时获得的补偿形式，旨在为劳动者在寻找新工作的过渡期内提供资金支持。

自由职业者：个人通过自己的商业活动获得收入，而非依靠特定雇主支付固定工资。

病假：劳动者因生病或受伤而请假。带薪病假旨在通过医疗和资金保障保护劳动者在伤病期间的法律地位和收入。

社会征询（在设定最低工资的背景下）：工会、雇主协会和其他相关社会群体的代表等各方利益相关者就最低工资水平进行协商、谈判并达成共识的过程。这一过程旨在确保所有受最低工资政策影响的各方的利益和观点得到考虑并产生公平、平衡和可持续的工资标准。协商不仅仅是分享信息，但也不意味着共同决策。协商的目的不是为了达成协议，而是为了协助主管机关做出决定。

社会保障：为了减轻由失业、劳动力市场冲击以及缺乏保护的劳动者而产生的负面社会影响所采取的配套政策和公共行动。精心设计的社会保护项目可帮助弱势群体找到新的或更好的工作，增加人力资本，减少不平等现象。

社会保险缴费：为保障社会保险项目资金，强制性要求雇员和雇主付款，这些项目提供各种形式的社会保险，如失业保险、医疗保险以及退休养老金。

临时工：受雇于临时工作机构，与之签订雇用合同，并在用户公司或为用户公司提供服务的员工。

失业保险计划：一项提供收入支持的计划（如现金补贴），视求职者是否符合寻找工作的要求和参与积极就业市场政策而定，这个政策旨在尽快消除失业贫困的危险，并同时鼓励个人寻找工作或提升他们的就业能力。

工资补贴：对在轮班/正常工作时间以外或在非正常工作条件中工作的

劳动者支付的额外报酬。

职工代表：国家法律或实践承认的人，可能是工会代表，即工会或工会成员指定或选举的代表，也可能是选举出的代表，即企业员工根据国家法律法规或集体协议自由选出的代表。他们旨在确保在解雇过程中保护雇员的权利，充当雇员和雇主之间沟通的桥梁。

职场歧视：在工作场所存在的基于肤色、性别、宗教、政治观点、民族血统，或社会出身而产生的影响员工机会待遇平等的任何区分、排斥或偏好。歧视可能发生在雇用过程中的每个或任何阶段，包括招聘、雇用和解雇。

职场骚扰：一系列不同性质（如身体、语言、视觉上的）、不可接受的行为和做法，可能影响一个人的心理、身体和性健康、尊严以及他们的家庭和社会环境（国际劳工组织）。它通常涉及造成压力和焦虑的行为，包括但不限于人格贬损、伤害自尊、使人难堪、令人恼怒，或辱骂接受者，包括施加压力和制造焦虑。这些行为是不受欢迎、不被接受、不适当和冒犯的行为，创造了一个受到恐吓的、具有敌意的、不稳定的或具有冒犯性的工作环境。性骚扰就是一个职场骚扰的例子。

职场暴力：发生在工作场所的身体暴力的行为或威胁、骚扰、恐吓或其他威胁性破坏行为。

职业指导：以给予信息、建议和支持等方式提供的职业咨询，旨在帮助员工在他们的教育、培训和职业选择方面做出明智的选择。

职业培训：在技术和特定领域进行的实践培训、实际操作指导和教育，旨在提供从事特定工作、任务或角色所需的实用技能和知识。

劳动就业问卷

下面的表格列出了每个支柱下的所有指标（包括其组成部分，如适用），并在括号内标明了相应的问题编号，为了方便参考，每个表格前都列出了问题。

对于以“是/否”回答的问题，回答为“是”即得分，并被视为良好实践；如特别标明“是/否；否—良好实践”，则“否”意味着良好实践。

在接下来的表格中，“和”表示所有提及问题的答案，必须均为良好实践，才能获得指标的分值。

在接下来的表格中，“或”表示一个或多个提及问题的答案，只要一个为良好实践，即可获得指标的分值。

某些问题标记为“不计分”，意味着它们不会以任何方式影响分值。设计这些问题的目的，是为推广阶段后续年度的问题设计提供更多的信息和改进的建议，并且在必要时，为已经计分的问题提供进一步的信息和实证基础。

支柱 I　劳动就业规则质量	
参数	
经营场所	经济体中最大(人口最多)的城市。该参数适用于支柱 I 下的所有问题
员工类型	除非问题中另有说明，相关员工一般是指处于工作年龄(25 岁以上)的长期员工。除非问卷的某些具体指标另有说明，否则该员工是经济体中从事服务业的公民。该员工可能为男性、女性或非二元性别者，故使用代词他/她/他们来指代。这一参数适用于支柱 I 下的所有问题
企业特征	除非问卷的某些具体指标另有说明，私营部门中最常见的雇主类型是员工少于 250 人的服务业企业。这一参数适用于支柱 I 下的所有问题

1.1　员工的(劳动)条件

1.1.1　劳动就业权利

1. 法律是否规定了同值同酬？（是/否）

2. 法律是否明确禁止基于种族和民族的职场歧视？（是/否）

3. 法律是否明确禁止基于性别的职场歧视？（是/否）

4. 法律是否明确禁止基于宗教或信仰的职场歧视？（是/否）

5. 法律是否明确禁止基于政治观点的职场歧视？（是/否）

6. 法律是否明确禁止基于性取向的职场歧视？（是/否）

7. 法律是否明确禁止基于残疾的职场歧视？（是/否）

8. 法律是否明确禁止基于民族血统或社会出身的职场歧视？（是/否）

9. 法律是否明确禁止基于工会会员身份的职场歧视？（是/否）

10. 法律是否要求雇主建立举报职场歧视的内部投诉或申诉机制？（是/否）

11. 法律是否要求雇主向员工提供关于如何识别职场歧视的信息？（是/否）

12. 法律是否要求雇主为员工提供关于如何识别职场歧视（包括预防和保护措施）的正式培训？（是/否）

13. 法律是否赋予所有员工结社和集会自由的权利？（是/否）

14. 法律是否赋予所有员工集体谈判权？（是/否）

15. 法律是否明确禁止强迫劳动？（是/否）

16. 法律规定的最低就业年龄是多少？[年龄]

17. 法律规定从事轻量工作的最低年龄是多少？[年龄]

18. 法律规定从事危险工作的最低年龄是多少？[年龄]

19. 法律是否禁止儿童从事可能损害其健康、安全或道德的工作？（是/否）

20. 是否存在国家或联邦的职业安全和健康法规？（是/否）

21. 法律是否要求定期审查职业安全和健康法规？（是/否）

22. 农业是否受职业安全和健康法规的监管？（是/否）

23. 建筑业是否受职业安全和健康法规的监管？（是/否）

24. 法律是否要求雇主建立举报职场暴力的内部投诉或申诉机制？（是/否）

25. 法律是否要求雇主向员工提供关于如何识别职场暴力的信息？（是/否）

26. 法律是否要求雇主为员工提供关于如何识别职场暴力（包括预防和保护措施）的正式培训？（是/否）

27. 法律是否要求雇主建立举报职场骚扰的内部投诉或申诉机制？（是/否）

28. 法律是否要求雇主向员工提供关于如何识别职场骚扰的信息？（是/否）

29. 法律是否要求雇主为员工提供关于如何识别职场骚扰（包括预防和保护措施）的正式培训？（是/否）

30. 法律规定签订长期合同且服务满 1 年的员工每年有权享受多少天（工作日）的全薪年假？[数值]

31. 法律规定签订长期合同且服务满 5 年的员工每年有权享受多少天（工作日）的全薪年假？[数值]（不计分）

32. 法律规定签订长期合同且服务满 10 年的员工每年有权享受多少天（工作日）的全薪年假？[数值]（不计分）

33. 法律规定签订长期合同且服务满 20 年的员工每年有权享受多少天（工作日）的全薪年假？[数值]（不计分）

34. 法律规定签订长期合同且服务满 1 年的员工每年有权享受多少天（工作日）的带薪病假？[数值]

35. 法律规定签订长期合同且服务满 5 年的员工每年有权享受多少天（工作日）的带薪病假？[数值]（不计分）

36. 法律规定签订长期合同且服务满 10 年的员工每年有权享受多少天（工作日）的带薪病假？[数值]（不计分）

37. 法律规定签订长期合同且服务满 20 年的员工每年有权享受多少天（工作日）的带薪病假？[数值]（不计分）

1.1.2　最低工资属性

38. 根据法律或适用的法规或集体合同，请提供经济体最大的营商城市中在以下两个行业里从事最基础工作的 25 岁以上长期员工的最低工资或底薪（以当地货币计算）：

    38a. 制造业（汽车零部件行业）：［以当地货币计算的工资数值］

    38b. 服务业（食品零售）：［以当地货币计算的工资数值］

39. 法律或适用的集体合同是否规定了最低工资的标准（如经济增长、生活成本等）？（是/否）
40. 法律或适用的集体合同是否规定了最低工资定期更新的程序？（是/否）
41. 法律是否要求在首次设立最低工资或更新已设立的最低工资前进行社会征询？（是/否）

1.1.3　雇用终止

42. 在私营部门中，法律是否要求雇主在终止一群员工（这将被视为集体裁员）的雇用关系之前，通知公共行政部门（如劳动部、工作委员会、相关劳动监察部门）？（是/否）
43. 在私营部门中，法律是否要求雇主在终止相当于集体裁员数量的一群员工的雇用关系前通知职工代表？（是/否）

1.1　员工的（劳动）条件			
1.1.1　劳动就业权利			
指标	企业灵活度分值	社会效益分值	总分
同值同酬（1）	不适用	1	1
禁止就业歧视： 若要在社会效益分值上获得满分，法律必须明确禁止在招聘过程中针对以下事项的歧视行为：	不适用	1	1

（续表）

指标	企业灵活度分值	社会效益分值	总分
种族和民族(2) 性别(3) 宗教或信仰(4) 政治观点(5) 性取向(6) 残疾(7) 民族血统(出生地、祖籍或外国血统)或社会出身(8) 工会会员资格(9)	不适用 不适用 不适用 不适用 不适用 不适用 不适用 不适用	0. 125 0. 125 0. 125 0. 125 0. 125 0. 125 0. 125 0. 125	0. 125 0. 125 0. 125 0. 125 0. 125 0. 125 0. 125 0. 125
结社和集会自由(13)	不适用	1	1
集体谈判权(14)	不适用	1	1
禁止强迫劳动(15) 若要在社会效益分值上获得满分,法律必须明确禁止强迫劳动	不适用	1	1
法定最低就业年龄: 若要在社会效益分值上获得满分,经济体必须根据以下内容规定最低就业年龄: 一般就业(16) 若要在社会效益分值上获得 0. 5 分,法律必须规定最低就业年龄,并且该最低就业年龄应等于或高于 15 岁,若最低年龄为 14 岁,则经济体在社会效益分值上获得 0. 25 分 轻量工作(17) 若要在社会效益分值上获得 0. 25 分,经济体必须在法律上对轻量工作进行界定。对于最低就业年龄为 15 岁的国家,轻量工作的最低年龄必须规定在 13—15 岁之间,对于最低就业年龄为 14 岁的国家,最低工作年龄必须规定在 12—14 岁之间。根据国际劳工组织的要求,法律必须确保轻量工作不会① 影响儿童的健康或发展,② 影响儿童的学业 危险工作(18)	不适用 不适用 不适用 不适用	1 0. 50 0. 25 0. 25	1 0. 50 0. 25 0. 25

（续表）

指标	企业灵活度分值	社会效益分值	总分
若要在社会效益分值上获得 0. 25 分，法律必须对危险性工作进行界定，并且禁止 18 岁以下的儿童参与此类工作			
禁用童工(19) 若要在社会效益分值上获得满分，经济体的法律法规必须明确禁止儿童从事可能危害其健康、安全或道德的工作	不适用	1	1
存在职业安全和健康法规： 若要在社会效益分值上获得满分，经济体必须为以下行业建立国家或联邦职业安全和健康法规： 一般行业(20) 若要在社会效益分值上获得 0. 5 分，经济体必须拥有覆盖所有行业并在国家或联邦层面通用的职业安全和健康法规 农业(22) 若要在社会效益分值上获得 0. 25 分，除了通用法规外，经济体还必须拥有专门针对农业行业的国家或联邦层面的职业安全和健康法规 建筑业(23) 若要在社会效益分值上获得 0. 25 分，除了通用法规外，经济体还必须拥有专门针对建筑行业的国家或联邦层面的职业安全和健康法规	不适用 不适用 不适用 不适用	1 0. 50 0. 25 0. 25	1 0. 50 0. 25 0. 25
职业安全和健康法规的定期审查(21) 若要在社会效益分值上获得满分，经济体必须规定定期审查职业安全和健康法规	不适用	1	1
通过申诉机制、信息和培训来保护员工免受职场歧视、暴力和骚扰：	不适用	1	1

（续表）

指标	企业灵活度分值	社会效益分值	总分
若要在社会效益分值上获得满分，经济体必须通过法律法规要求企业建立内部投诉或申诉机制、提供如何识别危害或风险的职场信息并就以下问题提供培训： 歧视（10、11、12） 职场暴力（24、25、26） 骚扰（27、28、29） 如果一个经济体未能涵盖全部三项标准，但至少涵盖了一项，那么它将获得相应类别分数的一半，即 0.167（0.33/2=0.167）	 不适用 不适用 不适用	 0.33 0.33 0.33	 0.33 0.33 0.33
法定带薪年假（30） 若要在社会效益分值上获得满分，经济体必须依法强制规定不少于 15 个工作日的带薪年假	不适用	1	1
法定带薪病假（34） 若要在社会效益分值上获得满分，经济体必须依法强制规定至少 1 天的带薪病假	不适用	1	1
总分	不适用	12	12
1.1.2　最低工资属性			
指标	企业灵活度分值	社会效益分值	总分
私营部门存在最低工资制度（38） 若要在社会效益分值上获得满分，经济体必须在制造业和/或服务业中，为私营部门（通过法律或集体合同设定）设定最低工资标准	不适用	1	1
确定最低工资水平的标准（39） 若要在社会效益分值上获得满分，经济体必须规定设定最低工资的一些标准。这些标准可以包括但不限于：员工及其家庭的需求；该地区的普遍工资水平；生活成本等	不适用	1	1

（续表）

指标	企业灵活度分值	社会效益分值	总分
最低工资更新程序(40) 若要在社会效益分值上获得满分，经济体必须规定最低工资定期更新程序。这可能要求政府(或其他相关机构)根据需要，定期(每年、每两年、每五年等)审查最低工资。这种审查可以基于各种因素(如通货膨胀水平、购买力等)，并可能或不会导致最低工资的变化	不适用	1	1
最低工资设定和更新前的社会征询(41) 若要在社会效益分值上获得满分，经济体必须规定制定和更新最低工资的社会征询程序。这个社会征询过程可以让政府机构以外的利益相关者参与。协商不只是共享信息，但也不代表着联合决策。协商的目的不是为了达成协议，而是协助主管当局做出决定	不适用	1	1
总分	不适用	4	4
1.1.3　雇用终止			
指标	企业灵活度分值	社会效益分值	总分
法定通知期(60)	不适用	1	1
法定解职补偿金(64)	不适用	1	1
集体裁员的通知要求(42 和 43) 在集体裁员的情况下，若要在社会效益分值上获得满分，经济体必须有通知第三方公共管理部门(42)和/或通知职工代表(43)的法定要求	不适用	1	1
总分	不适用	3	3

1.2　就业限制和成本

1.2.1　雇用条款

44. 法律是否允许将固定期限合同用于任何类型的工作任务/工作？（是/否）

45. 法律是否允许将固定期限合同用于长期工作任务，即公司长期任务或工作，而非一旦任务完成就解除？（是/否）
46. 法律是否允许夜间工作（定义为连续不少于七小时的工作，包括从午夜到凌晨5点的时间段）？（是/否）
47. 法律是否规定夜间工作的报酬高于正常工作时间？（是/否）
48. 请提供夜间工作的工资补贴：[数值]。（不计分）
49. 每周允许的工作日最多是多少天？[数值]
50. 法律规定的标准工作时间是多少（不包括加班）？[数值]
51. 法律是否规定加班工资高于正常工作工资？（是/否）
52. 法律是否规定加班工资不得低于正常工资的1.25倍？（是/否）
53. 请提供加班的工资补贴：[数值]。（不计分）
54. 法律规定每周最多加班多少小时？[数值]
55. 法律规定每周最多工作时长（包括加班时间）是多少？[数值]
56. 法律是否要求公司为企业工资单上的长期（无固定期限的）全职员工支付失业保险金？（即，如果员工因裁员被提前解雇，支付形式可以是劳动税、社会保险金的一部分，或者是需由企业单独支付的、与税收无关的法定费用）（是/否；否—良好实践）
57. 法律是否要求公司为企业工资单上的长期（无固定期限的）全职员工支付医疗保险金？（即，支付形式可以是劳动税、社会保险金的一部分，或者是需由企业单独支付的、与税收无关的法定费用）（是/否；否—良好实践）
58. 法律是否要求公司为企业工资单上的长期（无固定期限的）全职员工支付退休养老金？（即，支付形式可以是劳动税、社会保险金的一部分，或者是需由企业单独支付的、与税收无关的法定费用）（是/否；否—良好实践）

59. 法律是否允许基于经营需要或者劳动力过剩的原因解雇员工？（是/否）

1.2.2 最低工资标准

请参考问卷第 38 题。

1.2.3 雇用终止

60. 对于签订 1 年期长期雇用合同的员工，法定通知期是多久？［数值］
61. 对于签订 5 年期长期雇用合同的员工，法定通知期是多久？［数值］（不计分）
62. 对于签订 10 年期长期雇用合同的员工，法定通知期是多久？［数值］（不计分）
63. 对于签订 20 年期长期雇用合同的员工，法定通知期是多久？［数值］（不计分）
64. 对于签订 1 年期长期雇用合同的员工，法定解职补偿金数额是多少？［数值］
65. 对于签订 5 年期长期雇用合同的员工，法定解职补偿金数额是多少？［数值］（不计分）
66. 对于签订 10 年期长期雇用合同的员工，法定解职补偿金数额是多少？［数值］（不计分）
67. 对于签订 20 年期长期雇用合同的员工，法定解职补偿金数额是多少？［数值］（不计分）
68. 如果私营部门裁员，法律是否要求雇主在终止一名员工的合同之前必须获得第三方（如公共行政部门或职工代表）的批准？（是/否）
69. 如果私营部门进行集体裁员，法律是否要求雇主在终止一批员工的合同之前必须获得第三方（如公共行政部门或职工代表）的批准？（是/否）

70. 法律是否规定了平台员工的劳动权益？（单选）

70a. 是，现行劳动法涵盖了平台员工的劳动权利/保障，因为他们被视为员工（通过法律推定）

70b. 是，有专门针对平台员工的单独立法或规定（因为他们构成了介于员工和个体经营者之间的中间类别），并且他们享有某些权利和/或保障

70c. 否，因为他们是自营职业者/独立承包人/独立工作者，针对他们的安排是基于与平台的合同协议

70d. 否，他们以非正式形式运作

1.2　就业限制和成本			
1.2.1　雇用条款			
指标	企业灵活度分值	社会效益分值	总分
对于任何工作，使用固定期限合同均无限制（44）	1	不适用	1
对于长期工作，使用固定期限合同无限制（45）	1	不适用	1
法律未强制要求由企业支付夜班工资补贴（47）	1	不适用	1
在每周最长工作 56 小时的范围内不限制加班（50、54） 若要在企业灵活度分值和社会效益分值上获得满分，经济体的最长工作时间（标准工作时间［50］和加班时间［54］之和）必须大于 48 小时/周（最大标准工作时间）但小于 56 小时/周（国际劳工组织限定）	1	1	2
法律未强制要求由企业直接承担失业保险金（56）	1	不适用	1
法律未强制要求由企业直接承担医疗保险金（57）	1	不适用	1

（续表）

指标	企业灵活度分值	社会效益分值	总分
法律未强制要求由企业直接承担养老金(58)	1	不适用	1
解雇的合法理由(含经营需要)(59)	1	1	2
平台员工劳动就业权益保障规则(70)若要在社会效益分值上获得满分,现行法律应涵盖平台员工的劳动权利(保障和/或权益),并将他们视为员工,或者有专门针对平台员工(被视为在员工和自营职业者之间的中间类别)的单独立法或规定,授予他们某些权利(保障和/或权益)	不适用	1	1
总分	8	3	11
1.2.2　最低工资标准			
指标	企业灵活度分值	社会效益分值	总分
最低工资标准(38)*	1	不适用	1
总分	1	不适用	1
1.2.3　雇用终止			
指标	企业灵活度分值	社会效益分值	总分
通知期的长度(以周薪为单位)(60)*	1	不适用	1
解职补偿金数额(以周薪为单位)(64)*	1	不适用	1
解雇无须第三方批准(68)	1	不适用	1
集体裁员无须第三方批准(69)	1	不适用	1
总分	4	不适用	4

*** 最低工资标准的得分计算方式如下：以当地货币为计量单位,选择经济体的两个行业(制造业和服务业)最低工资中的较高者。然后按当地货币单位将最高的最低工资除以每月人均 GDP(人均 GDP/12),得到一个标准比率。然后采用正态累积密度函数转换法计算,分值从 0 到 100 分,其中 0 和 100 分别代表可能的最低和最高得分。根据所收集数据的 5%分位数和 95%分位数确定表现最佳和最差者。这种方式提供了一种标准化和规范化的方法来评估和比较不同经济体的最低工资水平与人均经济产出的关系。**

对于通知期的长度和解职补偿金的数额,采用正态累积密度函数转换法计算,分值从 0 到 100 分,其中 0 和 100 分别代表可能的最低和最高得分。根据所收集数据的 5%分位数和 95%分位数确定表现最佳和最差者。

支柱Ⅱ　劳动就业公共服务的充分性	
参数	
经营场所	经济体内最大(人口最多)的城市,本参数适用于支柱Ⅱ下的所有问题
员工类型	除非问题中另有说明,否则相关员工是指处于工作年龄(25岁以上)的长期员工。除非在问卷中对某些特定指标另有说明,否则该员工是经济体内的公民且从事服务业工作,本参数适用于支柱Ⅱ下的所有问题
企业特征	私营部门中最常见的雇主类型是员工少于250人的服务业企业,除非在问卷中对某些特定指标另有说明,否则本参数适用于支柱Ⅱ下的所有问题

2.1　社会保障

2.1.1　失业保险

71. 在经济体中,政府是否为私营部门的员工提供了失业保险计划?(是/否)

覆盖类型:员工

72. 失业保险计划覆盖了哪些类型的员工?(单选)

  72a. 所有类型,包括非传统类型员工,如自由职业者、家政从业人员、临时工或平台员工

  72b. 只有部分类型,但对于一些最初未受保的人来说,存在替代性自愿失业保险计划

  72c. 只有部分类型,且对于一些最初未受保的人来说,不存在替代性自愿失业保险计划

覆盖类型:行业

73. 失业保险计划覆盖了哪些行业?(单选)

  73a. 所有行业

  73b. 只有部分行业,但对于其他行业,存在替代性自愿失业保险计划

  73c. 只有部分行业,且对于其他行业,不存在替代性自愿失业保险计划

74. 员工是否为失业保险计划提供资金?(单选)

74a. 是——全部(全部费用由员工承担)

74b. 是——部分(员工仅需缴纳该计划的部分费用)

74c. 否

75. 雇主是否为失业保险计划提供资金?(单选)

75a. 是——全部(全部费用由雇主承担)

75b. 是——部分(雇主仅需缴纳该计划的部分费用)

75c. 否

76. 政府是否(通过一般税收)为失业保险计划提供资金?(单选)

76a. 是——全部(全部费用由政府承担)

76b. 是——部分(政府仅需缴纳该计划的部分费用)

76c. 否

2.1.2 医疗保险覆盖率

77. 是否存在政府提供的全民基本医疗保险(针对所有公民,无论其是否就业)?(是/否)

78. 是否可以通过就业获得缴费型医疗保险(即,员工的医疗保险权益在他/她/他们离开雇主时停止,并在员工开始新的雇用关系时恢复)?(是/否)

79. 是否可以通过就业或个人自愿的方式获得缴费型医疗保险(即,员工,包括自营职业者,可以在现有的医疗保险计划下自愿缴费)?(是/否)

80. 对于那些因存在缺口而无法获得全民医疗保险(如果存在)的人或最贫困的个人,是否存在医疗保险终极援助或替代性非缴费型的医疗保险?(是/否)

81. 员工是否为医疗保险计划提供资金?(单选)

81a. 是——全部(全部费用由员工承担)

81b. 是——部分(员工仅需缴纳该计划的部分费用)

81c. 否

82. 雇主是否为医疗保险计划提供资金?

82a. 是——全部提供(雇主承担全部费用)

82b. 是——部分提供(雇主仅为该计划提供部分资金)

82c. 否

83. 政府是否为医疗保险计划提供资金?

83a. 是——全部提供(政府承担全部费用)

83b. 是——部分提供(政府仅为该计划提供部分资金)

83c. 否

2.1.3 退休养老金

84. 是否存在政府为私营部门员工提供的退休养老金计划?(是/否)

覆盖类型:员工

85. 退休养老金计划覆盖哪些类型的员工?

85a. 所有类型,包括非传统类型(例如自由职业者、家政从业人员、临时工或平台员工)

85b. 只有部分类型,但有替代性自愿退休养老金计划可覆盖最初未覆盖的部分人群

85c. 只有部分类型,且没有替代性自愿退休养老金计划覆盖最初未覆盖的人群

覆盖类型:行业

86. 退休养老金计划覆盖哪些行业?

86a. 所有行业均覆盖

86b. 只有部分行业,但有替代性自愿退休养老金计划可覆盖其余部分行业

86c. 只有部分行业，没有替代性自愿退休养老金计划覆盖其余行业

87. 员工是否为退休养老金计划提供资金?

87a. 是——全部提供(员工承担全部费用)

87b. 是——部分提供(员工仅为该计划提供部分资金)

87c. 否

88. 雇主是否为退休养老金计划提供资金?

88a. 是——全部提供(雇主承担全部费用)

88b. 是——部分提供(雇主仅为该计划提供部分资金)

88c. 否

89. 政府是否为退休养老金计划提供资金?

89a. 是——全部提供(政府承担全部费用)

89b. 是——部分提供(政府仅为该计划提供部分资金)

89c. 否

2.1　社会保障			
2.1.1　失业保险			
指标	企业灵活度分值	社会效益分值	总分
政府提供的失业保险金的可获得性(71) 若要在社会效益分值上获得满分，经济体必须存在由政府为私营部门的员工提供的一项失业保险金计划。该计划可由政府机构或团体组织和管理；但这并不一定意味着该计划由政府提供资金	不适用	1	1
失业保险的覆盖率： 若要在社会效益分值上获得满分，经济体必须覆盖所有类型，包括： 员工类型(72) 包括非传统类型员工，例如自由职业者、家政从业人员、临时工或平台员工	不适用 不适用	1 0.5	1 0.5

（续表）

指标	企业灵活度分值	社会效益分值	总分
行业(73) 所有行业	不适用	0.5	0.5
失业保险的资金来源(75)： 若要在企业灵活度分值上获得满分，雇主不得参与计划的资金筹措(75c) 若要在企业灵活度分值上获得一半分数，雇主可以部分参与计划的资金筹措(75b) 若要在企业灵活度分值上获得0分，雇主必须全额参与计划的资金筹措(75a)	1	不适用	1
总分	1	2	3
2.1.2　医疗保险覆盖率			
指标	企业灵活度分值	社会效益分值	总分
全民医疗保险的可获得性(77) 若要在社会效益分值上获得满分，经济体必须存在由政府提供资金的基本全民医疗保险计划。提供这类医疗保险的财政资源应来自公共资金，通常来自税收（如所得税、财产税、销售税或其他）或其他政府收入来源（自然资源收入、非税收收入、拨款、借款等）	不适用	1	1
医疗保险的覆盖率： 若要在社会效益分值上获得满分，经济体必须为医疗保障提供以下补充选择：	不适用	1	1
通过就业获得的缴费型医疗保险(78) 通过就业获得的缴费型医疗保险，即员工的医疗福利在其离职时丧失，并在其重新就业时恢复	不适用	0.33	0.33
为自由职业者提供的缴费型医疗保险(79) 通过自由职业在自愿基础上获得的缴费型医疗保险（即包括自由职业者在内的员工可以自愿向现有的医疗保险计划缴费）	不适用	0.33	0.33

（续表）

指标	企业灵活度分值	社会效益分值	总分
医疗保险终极援助(80) 由于存在缺口而无法获得全民医疗保险(如果存在的话)的人群或最贫困人口获得的最后的医疗保险援助或替代性非缴费型医疗保险	不适用	0.33	0.33
医疗保险的资金来源(82)： 若要在企业灵活度分值上获得满分，雇主不得参与计划的资金筹措(82c) 若要在企业灵活度分值上获得一半分数，雇主可以部分参与计划的资金筹措(82b) 若要在企业灵活度分值上获得0分，雇主必须全额参与计划的资金筹措(82a)	1	不适用	1
总分	1	2	3
2.1.3　退休养老金			
指标	企业灵活度分值	社会效益分值	总分
政府提供的退休养老金计划的可获得性(84) 若要在社会效益分值上获得满分，经济体必须存在由政府为私营部门的员工提供的退休养老金计划。该计划可由政府机构或团体组织和管理；但这并不一定意味着该计划由政府提供资金	不适用	1	1
退休养老金计划的覆盖率： 若要在社会效益分值上获得1分，经济体必须覆盖所有类型，包括：	不适用	1	1
员工类型(85) 包括非传统类型员工，例如自由职业者、家政从业人员、临时工或平台员工	不适用	0.5	0.5
行业(86) 所有行业	不适用	0.5	0.5
退休养老金计划的资金来源(88)：	1	不适用	1

（续表）

指标	企业灵活度分值	社会效益分值	总分
若要在企业灵活度分值上获得满分，雇主不得参与计划的资金筹措(88c) 若要在企业灵活度分值上获得一半分数，雇主可以部分参与计划的资金筹措(88b) 若要在企业灵活度分值上获得0分，雇主必须全额参与计划的资金筹措(88a)			
总分	1	2	3

2.2 就业服务

2.2.1 就业中心和培训

90. 在经济体内最大的城市是否存在国家就业服务中心？（是/否）
91. 法律是否规定企业为国家就业公共服务中心提供的服务付费？（是/否；否—良好实践）
92. [经济体]是否存在针对失业者和求职者的职业指导和职业培训的法律法规？（是/否）
93. 是否有针对失业者和求职者的公共培训项目？（是/否）

2.2.2 劳动争议解决机制

94. [最大的营商城市]是否存在有效运作、专门且独立的机制来解决（任何类型的）劳动争议？（是/否）
95. [最大的营商城市]的法律是否允许司法调解/调停（法院附设的调解）作为解决劳动争议的替代性争议解决机制？（是/否）
96. [最大的营商城市]的法律是否允许非司法调解/调停（私人调解）作为解决劳动争议的替代性争议解决机制？（是/否）

97. [最大的营商城市]的法律是否允许仲裁作为解决劳动争议的替代性争议解决机制?(是/否)

2.2.3 劳动监察部门

98. 经济体中是否设有中央劳动监察部门?(是/否)
99. 劳动监察员是否可以无须事先通知自由进入工作场所?(是/否)
100. 法律是否规定劳动监察员须执行当前关于强迫劳动的法规?(是/否)
101. 法律是否要求劳动监察员执行当前关于童工的法规?(是/否)
102. 法律是否规定劳动监察员执行当前的职业安全和健康法规?(是/否)
103. 是否有公开可获取的劳动违法案件/投诉举报数量的数据?(是/否)
104. 是否有公开可获取的工作场所侵害女性行为举报数量的数据?(是/否)
105. 法律是否规定劳动监察员专门针对工作场所侵犯女性权利的情况进行定期强制性检查?(是/否)

2.2.4 性别分类数据

106. 是否线上公开按性别分类的劳动监察员数量的数据?(是/否)
107. 最近一个会计年度,是否有线上公开的按性别分类的劳动监察员数量的数据?(是/否)
108. 是否有线上公开的按性别分类的劳动争议数据?(是/否)
109. 最近一个会计年度,是否有线上可获得的按性别分类的劳动争议数据?(是/否)
110. 是否有线上公开的按性别分类的劳动力人数的数据?(是/否)
111. 最近一个会计年度,是否有线上可获得的按性别分类的劳动力人数的数据?(是/否)

112. 是否有线上公开的按性别分类的失业者人数的数据？（是/否）

113. 最近一个会计年度，是否有在网上公开的按性别分类的失业者人数的数据？（是/否）

114. 公共机构是否在线上公开了按性别分类的产假和陪产假受益人人数的数据？（是/否）

115. 最近一个会计年度，是否有公开可获得的按性别分类的产假和陪产假受益人人数的数据？（是/否）

2.2 就业服务			
2.2.1 就业中心和培训			
指标	企业灵活度分值	社会效益分值	总分
存在国家就业服务中心(90)	1	1	2
法律未强制规定由企业承担就业服务中心的服务费用(91)	1	不适用	1
法律规定为失业者和求职者提供职业指导和培训(92)	1	1	2
存在针对失业者和求职者的公共培训计划(93)	1	1	2
总分	4	3	7
2.2.2 劳动争议解决机制			
指标	企业灵活度分值	社会效益分值	总分
存在有效运作、专门且独立的劳动争议解决机制(94)	1	1	2
存在替代性劳动争议解决机制(95、96、97) 若要在这一指标上得分，经济体必须有下列替代性劳动争议解决机制之一：调解/调停(法院附设的调解)或非司法调解和/或调停(私人调解)或仲裁	1	1	2
总分	2	2	4

（续表）

2.2.3　劳动监察部门			
指标	企业灵活度分值	社会效益分值	总分
存在中央劳动监察部门(98)	不适用	1	1
启动劳动监察的最佳实践(99) 若要在这一指标上得分，经济体必须允许劳动监察员无须事先通知自由进入工作场所	不适用	1	1
关于强迫劳动、童工以及职业安全和健康法规的执行情况： 若要在这一指标上获得社会效益分值，法律必须要求劳动监察员在以下方面执行立法： 强迫劳动(100) 童工(101) 职业安全和健康(102)	不适用 不适用 不适用 不适用	1 0.33 0.33 0.33	1 0.33 0.33 0.33
存在关于所报告的劳动违法案件/投诉数量的数据(103)	1	1	2
保护和监督工作场所的女性权利： 若要在这一指标上获得社会效益分值满分，经济体必须有： 可获取的关于工作场所侵犯女性权益的公共数据(104) 针对工作场所女性权益的定期检查(105)	1 0.5 0.5	1 0.5 0.5	2 1 1
总分	2	5	7
2.2.4　性别分类数据			
指标	企业灵活度分值	社会效益分值	总分
关于劳动监察员、劳动争议、劳动力、失业者以及产假和陪产假受益者按性别分类的数据： 可获取按性别分类的以下数据： 劳动监察员(106、107) 劳动争议(108、109) 劳动力(110、111)	1 0.2 0.2 0.2	1 0.2 0.2 0.2	2 0.4 0.4 0.4

（续表）

指标	企业灵活度分值	社会效益分值	总分
失业者(112、113) 产假和陪产假的受益人(114、115) 若要在这一指标上获得满分,经济体必须拥有最近一年的按类别划分的数据。如果经济体不收集年度数据,而是定期收集数据,那么每个特定组成部分将获得0.1分	0.2 0.2	0.2 0.2	0.4 0.4
总分	1	1	2

支柱Ⅲ 劳动就业规则与公共服务在实践中的运作效率

支柱Ⅲ的数据通过企业调查收集。支柱Ⅲ的指标得分采用正态累积密度函数转换法计算,分值从0到100分,其中0和100分别代表可能的最低和最高得分。根据所收集数据的5%分位数和95%分位数确定表现最佳和最差者。对于涉及职业培训和发布安全与健康报告的指标,根据所收集数据的5%分位数和95%分位数确定表现最佳和最差者。

3.1 就业限制和成本

3.1.1 社会保险

116. 请提供上一财政年度社会保障支付和基于就业的税收(不包括扣缴的员工税款)的年度总成本,以当地货币单位计算。[数值]

117. 请提供包括工资、薪金、奖金、社会保险费在内的劳动力年度总成本。[数值]

3.1.2 招聘与解雇员工的障碍

118. 新员工的招聘成本在多大程度上阻碍了企业的当前运营?

118a. 没有障碍

118b. 轻微障碍

118c. 中等障碍

118d. 主要障碍

118e. 非常严重的障碍

119. 解雇员工的成本在多大程度上阻碍了企业的当前运营?

119a. 没有障碍

119b. 轻微障碍

119c. 中等障碍

119d. 主要障碍

119e. 非常严重的障碍

3.1.3 解雇时间和成本

120. 过去三年中,该企业是否解雇过长期全职员工?(是/否)(不计分)

121. 从发出解雇通知到员工被移出企业工资表,一般需要多少周?(包括所有前置通知要求、通知、等待时间)(按周计算)

122. 解雇长期全职员工的解职补偿金是多少,按周薪计算(包括工资和福利但不包括未付薪资)?[数值]

3.1 就业限制和成本			
3.1.1 社会保险			
指标	企业灵活度分值	社会效益分值	总分
社会保险费率(116、117) 社会保险费率等于社会保险缴费和就业税的年总成本除以包括工资、薪金、奖金、社会保险缴费在内的劳动力年度成本	100(100%)	不适用	100(100%)
子类别 3.1.1 的总分	100	不适用	100

（续表）

3.1.2　招聘与解雇劳动者的障碍			
指标	企业灵活度分值	社会效益分值	总分
新员工招聘成本作为制约因素的感知指数 认为新员工招聘成本是制约因素的企业比例等于选择“主要障碍”或“非常严重的障碍”的企业数量除以企业总数(118)	100(50%)	不适用	100(50%)
解雇员工作为制约因素的感知指数(119) 认为解雇员工作为制约因素的企业比例等于选择“主要障碍”或“非常严重的障碍”的企业数量除以企业总数	100(50%)	不适用	100(50%)
子类别 3.1.2 的总分	100	不适用	100
3.1.3　解雇时间和成本			
指标	企业灵活度分值	社会效益分值	总分
解雇长期全职员工所需周数(121) 从发出解雇通知起,到将长期全职员工从工资单中移除,通常所需周数	100(50%)	不适用	100(50%)
解职补偿金支付周数(122) 被解雇的长期全职员工解职补偿金的一般支付周期,以带薪周数表示	100(50%)	不适用	100(50%)
子类别 3.1.3 的总分	100	不适用	100
类别 3.1 的总分	100	不适用	100

3.2　就业服务

3.2.1　在职培训

123. 上个财务年度中,该企业是否为长期全职员工提供正式培训项目?(是/否)

3.2.2　劳动争议的普遍性和运作效率

124. 过去三年中,该企业是否涉及任何劳动争议?(是/否)

125. 从争议发生到最终解决(包括协商、法院裁决或其他方式)一般需要多少个月?[数值]

3.2.3 安全和健康检查

126. 在本财务年度,劳动监察人员是否为工作场所的安全和健康事项前往用人单位检查,或者要求该企业面谈?(是/否)

127. 监察机构是否向该企业出具报告作为检查结论?如果有多次检查,请考虑最近一次完成的检查。(是/否)

3.2 就业服务			
3.2.1 在职培训			
指标	企业灵活度分值	社会效益分值	总分
为长期全职员工提供正式培训计划的企业百分比(123) 有针对长期全职员工的正式培训计划的企业百分比等于回答“是”的企业数量除以企业总数	100(100%)	不适用	100(100%)
子类别 3.2.1 的总分	100	不适用	100
3.2.2 劳动争议的普遍性和运作效率			
指标	企业灵活度分值	社会效益分值	总分
过去三年涉及劳动争议的企业百分比(124) 过去三年内涉及劳动争议的企业百分比等于回答“是”的企业数量除以企业总数	100(50%)	不适用	100(50%)
解决劳动争议所需月数(125) 从劳动争议产生之时起至争议解决之日止,解决与劳动相关争议(如薪酬、工作时间、解雇或工作条件等问题)所需的月数。可能包括正式的法院诉讼程序或替代性争议解决机制(如调解)	100(50%)	不适用	100(50%)

（续表）

指标	企业灵活度分值	社会效益分值	总分
子类别 3.2.2 的总分	100	不适用	100
3.2.3　安全和健康检查			
指标	企业灵活度分值	社会效益分值	总分
受访或被检查工作场所的安全健康的企业百分比(126) 因工作场所安全和健康而被访问或检查的企业百分比等于回答“是”的企业数量除以企业总数	100(50%)	不适用	100(50%)
由劳动监察机构对工作场所安全健康出具报告的企业百分比(127) 由监察机构出具有关工作场所安全和健康报告的企业百分比等于回答“是”的企业数量除以企业总数	100(50%)	不适用	100(50%)
子类别 3.2.3 的总分	100	不适用	100
类别 3.2 的总分	100	不适用	100

第六章　金融服务

方法论说明

Ⅰ. 动机

尽管融资渠道对企业运营和扩张至关重要,对企业创新有着积极作用,但其也是全球企业面临的主要制约因素。[①] 融资渠道会影响公司管理不稳定现金流的能力,并且能直接增强企业的韧性,这一点在全球疫情大流行期间获得了印证。[②] 研究还表明,发展中国家私营部门的融资具有积极的宏观经济影响,因为企业层面的就业常常受益于融资渠道的改善。[③]

一个支持金融服务商并加强信息共享的健全有力的规则框架,可以提高企业获得融资的可能性。健全的尽职调查规则涵盖了反洗钱/反恐怖主义融资行为的各个方面,并且以风险评估为基础,对宏观经济金融稳定十分重要。[④] 此外,现代担保交易系统通常使用动产作为担保物,以可负担的贷款利率为借款人提供融资。为了实现融资,贷款人需要充分获取借款人的信用信息来克服信息不对称。[⑤] 以信用报告形式共享的信息可以减少贷款人对于借款人总债务敞口的不确定性,提高贷款的可获得性,并降低利率。[⑥]

可获得的融资在维持企业财务稳定方面也发挥着重要作用。消除支付和收款的瓶颈进一步强化了企业财务安全。近几年,无现金交易(如电子支付)在持续增长。[⑦] 然而,各经济体日益增长的数字化,要求对电子交易方式进行监管,以便获取技术进步的好处。这将使电子支付获得广泛运用,可以

---

① Qi and Ongena (2019); Wellalage and Fernandez (2019); Wellalage and Locke (2020); World Bank (2010–2023).

② Amin and Viganola (2021); Hu and Zhang (2021).

③ Ayyagari et al. (2021); Siemer (2019).

④ Celik (2021).

⑤ World Bank (2015).

⑥ Brown, Jappelli, and Pagano (2009); Martinez Peria and Singh (2014).

⑦ World Bank (2020a).

减少逃税并抑制私营部门的非正规行为。[①]

在此背景下,金融服务主题评估商业贷款、担保交易、电子支付的规则框架的质量和有效性。它也评估在信贷基础设施中获取信息的运作效率。最后,这一主题还将从企业的角度考察接受金融服务的运作效率。

Ⅱ. 指标

金融服务主题从三个不同的维度(这里称为"支柱")评估商业贷款、担保交易、电子支付、信贷信息四个领域。支柱Ⅰ评估有关商业贷款、担保交易和电子支付的监管有效性,涵盖规则框架的法律特征。支柱Ⅱ通过评估征信机构的运作和担保登记机构的运作来衡量信贷基础设施中信息的可获得性。因此,支柱Ⅱ评估金融服务的实际情况和法律规定。支柱Ⅲ评估获得贷款的运作效率、登记担保权、信用信息共享的及时性以及电子支付的运作效率及其使用情况。每个支柱都被分为若干类别,这些类别由共同特征界定,为将它们归入特定类别提供了依据。每个类别进一步划分为若干子类别。每个子类别由若干指标组成,每项指标相应地可以包含若干组成部分。每项指标被赋予相应的分值,然后汇总得出每个子类别、类别和支柱的分值。表 1 汇总呈现了所有三个支柱及其在四个领域——商业贷款、担保交易、电子支付和信贷信息——各自的类别。

表 1　金融服务主题三大支柱汇总表

支柱Ⅰ　金融服务规则的质量(23 项指标)	
1.1	商业贷款(4 项指标)
1.1.1	客户尽职调查和风险因素(1 项指标)
1.1.2	增强和简化尽职调查措施的可获得性(2 项指标)

① Immordino and Russo (2018); Këlliçi and Baholli (2015).

（续表）

1.1.3	客户信息的记录保存(1 项指标)
1.2	担保交易(7 项指标)
1.2.1	担保交易的统一法律框架（1 项指标）
1.2.2	可以用作担保的动产、债务和义务的类型(4 项指标)
1.2.3	担保物权的优先权/执行(2 项指标)
1.3	电子支付(12 项指标)
1.3.1	风险管理(3 项指标)
1.3.2	客户保护(6 项指标)
1.3.3	支付系统的协同性和促进竞争(3 项指标)
支柱Ⅱ　信贷基础设施中信息的可及性（6 项指标）	
2.1	征信机构的运作(3 项指标)
2.1.1	数据覆盖(1 项指标)
2.1.2	共享信息的类型(1 项指标)
2.1.3	附加服务及借款人的信息获取(1 项指标)
2.2	担保登记机构的运作(3 项指标)
2.2.1	集中且公开可获得的登记机构的存在(1 项指标)
2.2.2	基于通知的登记更新(1 项指标)
2.2.3	担保债权人获取和更新登记的自主权(1 项指标)
支柱Ⅲ　获得金融服务的运作效率（8 项指标）	
3.1	贷款(3 项指标)
3.1.1	获得贷款(2 项指标)
3.1.2	担保物权与信用数据更新的运作效率(1 项指标)
3.2	电子支付(5 项指标)
3.2.1	电子支付的成本(2 项指标)
3.2.2	接收电子支付的时间(1 项指标)
3.2.3	电子支付的使用率(2 项指标)

1. 支柱Ⅰ. 金融服务规则的质量

表 2 展示了支柱Ⅰ(即金融服务规则的质量)的结构。该支柱的每个类

别和子类别将按照表中所示的顺序进行更为详细的讨论。

表 2　支柱 I　金融服务规则的质量

1.1	商业贷款
1.1.1	客户尽职调查和风险因素
1.1.2	增强和简化尽职调查措施的可获得性
1.1.3	客户信息的记录保存
1.2	担保交易
1.2.1	担保交易的统一法律框架
1.2.2	可以用作担保的动产、债务和义务的类型
1.2.3	担保物权的优先权/执行
1.3	电子支付
1.3.1	风险管理
1.3.2	客户保护
1.3.3	支付系统的协同性和促进竞争

1.1　商业贷款

类别 1.1 有 3 个子类别，每个子类别包含若干指标，每项指标包含若干组成部分。

1.1.1　客户尽职调查和风险因素

现代金融法律框架要求，银行等金融机构在注册登记新客户并向这些客户或其企业提供融资之前，进行一定程度的尽职调查。[①] 为了加强全球保障并进一步保护金融系统的完整性，金融行动工作组强调对反洗钱/反恐怖主义融资

① FATF (2012 - 2023).

行为采取以风险为基础的方法。[①] 根据这种方法,各经济体相关机构和金融机构应该识别和评估它们所面临的风险,并采取适当的措施有效缓释风险。[②] 因此,子类别 1.1.1 客户尽职调查和风险因素包含 1 项指标(表 3)。[③]

表 3　子类别 1.1.1 客户尽职调查和风险因素

	指标	组成部分
1	客户尽职调查和风险因素	法律要求进行客户尽职调查: (1) 核实客户的身份 (2) 核实客户的直接持股和股权结构 (3) 核实客户的受益所有权人 (4) 核实贷款目的或预期用途 (5) 核实客户的地理位置 风险因素(客户身份): (1) 客户风险因素(受益所有权人) (2) 客户风险因素(股权结构) (3) 客户风险因素(参与国际架构) (4) 客户风险因素(个人资产持有工具) (5) 客户风险因素(名义股东/无记名股份) (6) 客户风险因素(非常规情况下开展的业务) (7) 客户风险因素(现金密集型业务) (8) 客户风险因素(位于高风险地理位置) 风险因素(产品、服务、地理、物流渠道): (1) 产品风险因素(私人银行) (2) 产品风险因素(匿名交易) (3) 产品风险因素(未知来源的付款) (4) 产品风险因素(非面对面的业务往来和交易) (5) 产品风险因素(高风险地理位置的经营活动)

1.1.2　增强和简化尽职调查措施的可获得性

并非所有客户都面临相同的风险。经济体的法规要求,在进行客户尽职

① FATF (2014, 2012 - 2023).

② FATF (2014).

③ Joint Committee of the European Supervisory Authorities (2017).

调查时,应当根据客户的风险等级采取不同的流程。[①] 在对客户进行风险评估后,若经济体内拥有简化的和增强的两套客户尽职调查措施,将对风险较低的企业采用简化的流程,同时对风险较高的企业采用更为严格和深入的审核流程。[②] 因此,子类别 1. 1. 2 增强和简化尽职调查措施的可获得性包含 2 项指标(表 4)。

表 4 子类别 1. 1. 2 增强和简化尽职调查措施的可获得性

	指标	组成部分
1	简化的客户尽职调查	(1) 针对低风险客户的简化反洗钱/反恐怖主义融资客户尽职调查审核 (2) 确定低风险客户的规则指导
2	增强的客户尽职调查	(1) 针对高风险客户的增强反洗钱/反恐怖主义融资客户尽职调查审核 (2) 确定高风险客户的规则指导

1. 1. 3　客户信息的记录保存

反洗钱或反恐怖主义融资行为措施的升级,以及合规或"了解您的客户"相关规范的发展,均依赖于以下各项措施。[③] 这些措施包括对现有客户进行客户尽职调查以及由相关机构开展的尽职调查工作,在一定期限内保存并更新有关客户及其企业的信息,尤其是当客户被识别为高风险主体时。[④] 因此,子类别 1. 1. 3 客户信息的记录保存包含 1 项指标(表 5)。

① BCBS (2014).

② Joint Committee of the European Supervisory Authorities (2017).

③ FATF (2013 - 2017).

④ BCBS (2014); FATF (2012 - 2023); Joint Committee of the European Supervisory Authorities (2017).

表 5　子类别 1.1.3 客户信息的记录保存

	指标	组成部分
1	对现有客户进行尽职调查和记录保存	(1) 基于对现有客户进行的尽职调查 (2) 基于其他机构进行的客户尽职调查 (3) 在进行客户尽职调查时,基于电子客户身份验证系统的规则 (4) 在实践中基于电子客户身份验证 (5) 将客户尽职调查信息保存 5 年 (6) 对高风险客户进行持续的客户尽职调查

1.2　担保交易

类别 1.2 有 3 个子类别,每个子类别包含若干指标,每项指标包含若干组成部分。

1.2.1　担保交易的统一法律框架

在这种方法下,不论其命名方式如何,所有担保交易都被分类为在动产上创设担保权的交易,并在担保权的设立、执行和公示方面受到相同且统一的法律框架约束。担保交易有完整且有效的方法,为实现担保目的提供了灵活的合同安排,使借款人能够将其动产作为担保物来获取信贷。① 它还允许法人和非法人实体对没有设定特别权利或没有债权人与债务人的动产创设或取得担保品。这种方法有助于避免法律框架纷繁复杂所导致的法律空白和不一致性。② 此外,统一的法律框架可能更容易实施,因为不需要对其他法律进行修改或引用。此外,它还可以降低贷款风险,有助于创造更稳定的金融环境。因此,子类别 1.2.1 担保交易的统一法律框架包含 1 项指标(表 6)。

① UNCITRAL (2010, 2019). 术语和释义:“无形资产”指除有形资产以外的所有类型的动产,包括无形权利、应收款以及应收款以外的请求权。“动产”指有形或无形资产,但不包括不动产。

② UNCITRAL (2010, 2019).

表 6　子类别 1.2.1 担保交易的统一法律框架

	指标	组成部分
1	担保交易的统一法律框架	(1) 统一的法律框架 (2) 让与担保 (3) 融资租赁协议 (4) 应收账款质押和应收账款转让 (5) 所有权保留买卖 (6) 法人和非法人的债务人、债权人

1.2.2　可以用作担保的动产、债务和义务的类型

要促进企业和个人获得融资的机会，关键在于他们能够以不同类型的动产作为担保物，包括有形和无形的、现有或未来的流动资产。制定规则允许企业和个人使用多种类型的动产来获得贷款，使他们有能力将这些动产的全部价值转化为生产性用途，能潜在地增加他们可获得的信贷额度并降低此类信贷的成本。此外，将所有类型的动产纳入同一制度，并允许授权者以通用的术语描述此类动产，使各方能够在创建担保权时避免昂贵的调查费用，或避免在此后为特定类型的资产担保产生昂贵的诉讼费用。这不仅有利于增强企业的灵活性，还提高了向私营部门发放信贷的安全性，对整个社会产生了积极的影响。[①] 因此，子类别 1.2.2 可以用作担保的动产、债务和义务的类型包含 4 项指标（表 7）。

表 7　子类别 1.2.2 可以用作担保的动产、债务和义务的类型

	指标	组成部分
1	单一类别动产的担保物权	(1) 应收账款的担保物权 (2) 应收账款担保的性质 (3) 存货的担保物权

① UNCITRAL（2010，2019）.

（续表）

	指标	组成部分
		(4) 存货的限制 (5) 存货担保的性质 (6) 有形动产(除存货外)的担保物权 (7) 有形动产(除存货外)担保的性质
2	动产组合的担保物权	(1) 动产组合的担保物权 (2) 动产组合的限制 (3) 动产组合担保的性质
3	未来资产的担保物权	(1) 对未来资产的担保物权 (2) 对担保设定后可能取得的资产的担保物权 (3) 自动延伸担保物的范围,包括原始担保物的标的、孳息和替代物
4	债务和义务	(1) 当前和未来的债务和义务 (2) 固定债务和义务 (3) 附条件的债务和义务 (4) 浮动债务和义务 (5) 债务和义务的特征

1.2.3 担保物权的优先权/执行

以清晰透明的规则确定债权人在贷款违约时的优先权,保障债权人权利,这对于促进融资渠道开放和贷款成本降低至关重要。这种方法有助于制定明晰的规则,来管控可能出现同类债权时的优先权冲突,并尽可能避免排序靠后的担保物权凌驾于现存担保权利之上的情况。如果各方同意在法院之外通过公开和/或私人拍卖来执行担保物权,则可以减轻司法部门的压力,降低案件积压的风险。这将使执行过程更加高效和灵活。[①] 因此,子类别 1. 2. 3 担保物权的优先权/执行包含 2 项指标(表 8)。

① UNCITRAL (2010, 2019).

表 8　子类别 1.2.3 担保物权的优先权/执行

	指标	组成部分
1	资不抵债或破产外的债权优先权	资不抵债或破产外的债权优先权
2	担保物权的执行	(1) 担保物权的执行 (2) 公开拍卖的可获得性 (3) 非公开交易的可获得性 (4) 流质条款的可获得性

1.3　电子支付

类别 1.3 有 3 个子类别,每个子类别包含若干指标,每项指标包含若干组成部分。

1.3.1　风险管理

健全的电子支付规则框架对于维护货币系统的完整性和保障金融稳定至关重要。① 需要特别指出的是,拥有适当的风险管理措施对于确保电子转账的安全性效率和稳定性非常重要。② 预防欺诈,促进信息和网络安全,确保数据和操作过程的完整性、真实性和机密性,能增强用户对这些服务的信心,使整个电子支付系统更加安全。③ 因此,子类别 1.3.1 风险管理包含 3 项指标(表 9)。

表 9　子类别 1.3.1 风险管理

	指标	组成部分
1	外部审查和内部控制	(1) 对支付服务供应商进行外部合规性审查 (2) 内部控制的实施

① Khiaonarong and Goh (2020).

② World Bank (2020b).

③ OCC (2021); World Bank (2016).

（续表）

	指标	组成部分
2	网络安全和运营风险	（1）网络安全的要求 （2）应急计划的要求
3	流动性风险	（1）确保客户可以获得资金的要求 （2）客户使用限制

1.3.2　客户保护

客户保护子类别涵盖对使用电子支付的客户资金的保护，支付服务供应商对所有费用、条款和条件的完整且准确的信息披露，以及申诉和争议解决机制的可用性。客户资金的保护能够确保支付系统的安全性和可靠性，维护用户信心。[①] 这是整个金融消费者保护体系的基本组成部分，涵盖用户和支付服务供应商义务的安排，涉及欺诈或未经授权的支付，交易的取消或修改，以及用于保护资金的保险要求等。[②] 支付服务供应商披露相关信息，有助于促进信息公开并让用户清楚了解与这些服务相关的成本。[③] 及时通知并处理客户投诉及其数据的政策和程序相关的后续变更也很重要，因为它们往往涉及对敏感的个人和财务信息的处理。[④] 这些措施对于客户使用电子支付的信任和信心至关重要。[⑤]

提供可靠的追索权和争议解决机制，可以使电子支付服务的用户有机会及时有效地解决争议和投诉。[⑥] 这些机制能够防止客户滥用行为，促使支付服务供应商解决可能导致低质量服务的运营弱点。[⑦] 它们还能增强消费者的

① World Bank Group (2017).
② European Parliament (2015); World Bank (2019b).
③ World Bank (2020b).
④ World Bank (2016).
⑤ World Bank Group (2017).
⑥ World Bank (2020b).
⑦ World Bank (2016).

信心，强化其信任，使新老客户都能有效行使自己的权利。[①] 因此，子类别1.3.2客户保护包含6项指标（表10）。

表10 子类别1.3.2客户保护

	指标	组成部分
1	用户和支付服务供应商的义务	（1）支付工具的使用限制和对付款账户的访问限制 （2）用户对支付工具和安全证书的义务 （3）支付服务用户的身份验证（认证）
2	取消交易、资金保护和责任	（1）付款人取消或修改支付交易 （2）保护存放在非银行支付服务供应商的客户资金 （3）非银行支付服务供应商持有的客户资金的保险要求 （4）可疑活动的通知与交易纠正 （5）欺诈责任的一般规定 （6）支付服务供应商对未经授权的支付的责任 （7）付款人对未经授权的支付的责任
3	费用披露和变更通知	（1）披露使用电子支付的所有费用 （2）通知用户有关费用的变更
4	责任、客户数据使用和争议解决机制的披露	（1）责任的披露 （2）披露客户数据使用情况 （3）服务的一般条款 （4）投诉处理程序的书面政策
5	对交易提出争议	（1）对付款提出争议的期限 （2）支付服务供应商确认争议通知的送达 （3）收取无争议事项的费用
6	争议解决机制的可获得性	（1）负责争议解决的支付服务供应商独立部门 （2）争议解决机制的要求 （3）独立的政府机构作为未决争议解决机构的可获得性

① World Bank Group (2017).

1.3.3 支付系统的协同性和促进竞争

支付系统的协同性使得参与者能够在不参与多个系统的情况下进行支付、清算和结算。[①] 支付系统的协同性可以促进竞争，降低成本，为支付服务供应商带来规模经济，并提升用户支付服务的便利性。[②] 同样，促进市场竞争对于促进新参与者的进入和产品创新、提高可用服务的质量和效率、降低价格至关重要。[③] 支付系统的协同性和促进竞争在满足未被服务和服务不足的企业/用户需求方面扮演着关键角色。因此，子类别 1.3.3 支付系统的协同性和促进竞争包含 3 项指标（表 11）。

表 11　子类别 1.3.3 支付系统的协同性和促进竞争

	指标	组成部分
1	支付系统的协同性	在辖区范围内协同性的水平和程度
2	公平竞争	有关公平竞争的条款
3	不同支付服务供应商的平等准入和待遇	(1) 授予新的支付服务供应商与现有支付服务供应商平等的市场准入权 (2) 支付服务供应商的功能要求

2. 支柱Ⅱ. 信贷基础设施中信息的可及性

表 12 展示了支柱Ⅱ（即信贷基础设施中信息的可及性）的结构。该支柱的每个类别和子类别将按照表中所示的顺序进行更为详细的讨论。

表 12　支柱Ⅱ 信贷基础设施中信息的可及性

2.1	征信机构的运作
2.1.1	数据覆盖

① Boar et al. (2021).

② Resendiz (2018).

③ World Bank (2016, 2020b).

（续表）

2.1.2	共享数据的类型
2.1.3	附加服务和借款人获取信息的途径
2.2	担保登记机构的运作
2.2.1	集中且公开可获得的登记机构的存在
2.2.2	基于通知的登记更新
2.2.3	担保债权人查阅和更新登记的自主权

2.1 征信机构的运作

类别 2.1 有 3 个子类别，每个子类别包含若干指标，每项指标包含若干组成部分。

2.1.1 数据覆盖

在当今互联世界中，获得全面和准确的数据对于知情决策、风险评估和危机管理至关重要。征信机构和登记机构报告了征信机构数据库中列出的借款人（个人和公司）的数量以及他们的借款历史信息。准确、透明和共享的数据可以更好地了解消费者行为和市场趋势。随着全球金融体系的日益复杂，对可靠数据共享和协作的需求比以往任何时候都更加迫切。因此，子类别 2.1.1 数据覆盖包含 1 项指标（表 13）。

表 13 子类别 2.1.1 数据覆盖

	指标	组成部分
1	数据覆盖	（1）公司和个人的数据是共享的 （2）除金融机构的数据外，还共享其他来源的数据 （3）跨境信息共享 （4）危机报告

2.1.2 共享数据的类型

共享数据的范围对于确定信用报告系统的有效性至关重要,以保持全面和准确的信用状况。信用报告收集金融系统中借款人的信用信息,并促进债权人之间的信用信息交换。[①] 这通过减少信息不对称提高了贷款过程的效率。[②] 因此,子类别 2.1.2 共享数据的类型包含 1 项指标(表 14)。

表 14　子类别 2.1.2 共享数据的类型

	指标	组成部分
1	共享数据的类型	(1) 正面信用信息和负面信用信息都是共享的 (2) 共享至少两年的历史数据 (3) 人均收入 1%以下的贷款金额数据共享

2.1.3 附加服务和借款人获取信息的途径

获取信息使借款人能够通过信用评分和信用报告控制自己的财务状况。它还使贷款人能够更好地了解与每个潜在借款人相关的贷款风险。[③] 这可以促进借款人获得融资,并有助于金融部门的稳定。因此,子类别 2.1.3 附加服务和借款人获取信息的途径包含 1 项指标(表 15)。

表 15　子类别 2.1.3 附加服务和借款人获取信息的途径

	指标	组成部分
1	附加服务和借款人获取信息的途径	(1) 根据法律,借款人有权在经济体中最大的征信机构访问他们的数据

---

① 征信评级机构和信用登记机构(简称"征信机构")在所有权方面存在差异。前者通常是私人所拥有的公司,而后者则在大多数情况下由政府设立,通常由中央银行或银行业监督管理机构管理。无论采用何种所有权结构,作为信用报告服务供应商,这两类组织都可以在提供有关借款人历史信息,以协助债权人做出贷款决策方面发挥相同的作用。

② World Bank Group (2011, 2019a).

③ Giannetti and Jentzsch (2013).

（续表）

	指标	组成部分
		（2）银行和其他金融机构可以通过网络获取信用信息 （3）征信机构提供信用评分作为一种附加服务 （4）借款人的信用信息在实践中得到验证

2.2 担保登记机构的运作

类别2.2有三个子类别，每个子类别包含若干指标，每项指标包含若干组成部分。

2.2.1 集中且公开可获得的登记机构的存在

担保登记机构是注册成立和非注册成立实体动产担保权益的公开数据库。通过促进对动产担保权存在的认识和根据登记时间确定债权人之间的优先次序，这些数据库支持动产担保权的法律框架。① 集中的担保登记机构允许将经济体中所有担保权益登记合并到一个地点或一个数据库中。通过集中的担保登记机构并允许登记机构向广大公众开放，所有参与方都可以获得记录，从而实现他们确定公司或个人的动产上是否已经存在担保权益的目的。有了这些信息，债权人就可以采取措施保护自己不受任何可能影响其预期或现有权利的潜在优先级风险的影响。② 因此，子类别2.2.1集中且公开可获得的登记机构的存在包含1项指标（表16）。

① Alvarez de la Campa (2011).

② UNCITRAL (2010).

表 16　子类别 2.2.1 集中且公开可获得的登记机构的存在

	指标	组成部分
1	集中且公开可获得的登记机构的存在	(1) 登记机构处于运作状态 (2) 登记机构是集中统一的或在不同的地理区域之间相互联网 (3) 要求登记非占有型担保物权 (4) 登记机构对所有类型的借款人或债权人开放 (5) 如果各省对不同类型的债务人有不同的登记机构,则创建非占有型担保物权和关于第三方效力的同样的规则 (6) 如果各省对不同类型的资产有不同的登记机构,则创建非占有型担保物权和关于第三方效力的同样的规则 (7) 任何人都可以不受经济活动中的地理位置的限制,访问登记机构的数据 (8) 登记机构有一个在线数据库,可通过债务人的姓名或特殊识别名称进行搜索 (9) 可通过担保品的序列号查询登记机构

2.2.2　基于通知的登记更新

与基于文件的登记不同,基于通知的担保权益登记系统提供了有担保债权人可能对已登记资产拥有担保权的通知。本通知仅包括有关担保权的某些信息。因此,创建担保权的担保协议未进行登记,其有效性和内容也未由系统或登记处的职员进行验证。以通知为基础的系统大大减轻了有担保债权人的登记负担,并提供了一个高效和具有成本效益的登记和查询过程。它还有助于降低登记处的行政成本。[①] 因此,子类别 2.2.2 基于通知的登记更新包含 1 项指标(表 17)。

① UNCITRAL (2010).

表 17　子类别 2.2.2 基于通知的登记更新

	指标	组成部分
1	基于通知的登记更新	(1) 登记基于通知 (2) 登记机构不核实交易的合法性 (3) 登记机构不验证信息的真实性 (4) 登记机构包含所有类型的动产担保物权

2.2.3　担保债权人查阅和更新登记的自主权

允许所有类型的担保债权人在没有登记人员干预的情况下直接进入计算机化抵押品登记系统，可确保为有关各方提供一个更高效、更具成本效益和更方便用户的系统。[①] 为保持效率和降低成本，不应要求登记人员对登记或查询进行审查。所以，登记册应在网上提供，以便用户能够直接以电子方式查阅。这种直接的客户访问大大降低了操作和维护成本，同时通过让用户直接控制其注册时间来提高注册过程的效率。因此，子类别 2.2.3 担保债权人查阅和更新登记的自主权包含 1 项指标（表 18）。

表 18　子类别 2.2.3 担保债权人查阅和更新登记的自主权

	指标	组成部分
1	担保债权人查阅和更新登记的自主权	(1) 所有类型的有担保债权人都可以进行登记 (2) 有担保债权人或其代表可以在没有任何第三方介入或批准的情况下在线开设账户 (3) 有担保债权人或其代表可以在网上进行担保物权的登记和搜索，不受登记机构的干扰 (4) 担保登记机构有在线系统，用于登记、修改、续期、取消和检索担保权益，以及在实践中验证担保登记机构的记录 (5) 银行核实担保登记记录

① UNCITRAL (2010).

3. 支柱Ⅲ. 获得金融服务的运作效率

表19展示了支柱Ⅲ(即获得金融服务的运作效率)的结构。该支柱的每个类别和子类别将按照表中所示的顺序进行更为详细的讨论。

表19　支柱Ⅲ 获得金融服务的运作效率

3.1	贷款
3.1.1	获得贷款
3.1.2	担保物权与信用数据更新的运作效率
3.2	电子支付
3.2.1	电子支付的成本
3.2.2	接收电子支付的时间
3.2.3	电子支付的使用率

3.1　贷款

类别3.1分为2个子类别,每个子类别包含若干指标,每项指标包含若干个组成部分。

3.1.1　获得贷款

对于一个企业来说,及时得到融资来维持运营,管理不稳定的现金流以及企业扩张是很重要的。获得融资的流程昂贵而烦琐,将阻碍公司申请或获得贷款。[1] 因此,子类别3.1.1获得贷款包含2项指标(表20)。

① Beck, Demirguc-Kunt, and Maksimovic (2005).

表 20　子类别 3.1.1 获得贷款

	指标	组成部分
1	获得贷款的时间	从提交贷款申请开始到得知贷款决定的时间
2	获得贷款的障碍	(1) 报告复杂程序、不利利率或高额抵押要求作为未申请贷款主要原因的企业百分比 (2) 将获得融资的感知指数作为限制因素

3.1.2　担保物权与信用数据更新的运作效率

在担保登记机构中建立高效且成本低廉的担保权登记流程，并将相关信息反映在信用报告机构的信用报告中，这对企业来说是有益的，因为它可以使获得贷款的流程成本更低、负担更轻、效率更高。[①] 因此，子类别 3.1.2 担保物权和信用数据更新的运作效率包含 1 项指标（表 21）。

表 21　子类别 3.1.2 担保物权与信用数据更新的运作效率

	指标	组成部分
1	担保物权与信用数据更新的运作效率	(1) 担保物权登记在数据库中反映的时间 (2) 登记担保物权的费用 (3) 从信用报告机构收到信用信息，并将该信用信息在信用报告中反映的时间

3.2　电子支付

类别 3.2 分为 3 个子类别，每个子类别包含若干指标，每项指标包含若干组成部分。

3.2.1　电子支付的成本

可以使用电子支付对企业来说是有益的，因为这为企业提供了接触到更

① UNCITRAL（2014，2019，2020）；World Bank Group（2011）.

多客户的机会,为他们提供了更加方便的支付体验,扩张了业务且加强了交易的透明性。为了让企业获得这些益处,电子支付的成本必须更低。[①] 子类别 3.2.1 电子支付的成本包含 2 项指标(表 22)。

表 22　子类别 3.2.1 电子支付的成本

	指标	组成部分
1	接收电子支付的成本	接受电子支付的成本占交易额的百分比
2	发起电子支付的成本	发起电子支付的成本占交易额的百分比

3.2.2　接收电子支付的时间

为使企业获得上述 3.2.1 所讲到的益处,电子支付是否迅速至关重要。[②] 子类别 3.2.2 接收电子支付的时间包含 1 项指标(表 23)。

表 23　子类别 3.2.2 接收电子支付的时间

	指标	组成部分
1	接收电子支付的时间	从下订单开始到通过电子支付收到款项所需的时间

3.2.3　电子支付的使用率

高效的电子支付兼具安全性和灵活性,在支付的发起和接收两端都实现了更广泛的应用。子类别 3.2.3 电子支付的使用率包含 2 项指标(表 24)。

---

① World Bank (2021b).

② World Bank (2021b).

表 24　子类别 3.2.3 电子支付的使用率

	指标	组成部分
1	接收电子支付的使用率	通过电子支付收到月度销售额的百分比
2	发起电子支付的使用率	通过电子支付进行月度付款的百分比

Ⅲ. 数据来源

4.1　数据收集来源

支柱Ⅰ和支柱Ⅱ(征信机构和担保登记机构的运作)的部分数据是通过咨询私营部门专家收集的。与支柱Ⅱ信用登记有关的信息是在已建立信用登记机构的经济体中通过公共部门的专家收集的。此外,如果该经济体已建立征信机构,还可以通过征信机构收集信息。支柱Ⅲ中有关担保权益运作效率和信用数据更新的数据也是通过咨询私营部门的专家得到的。金融服务主题方面的专家因评估领域而异,包括金融律师和商业银行从业者、支付服务供应商、金融服务提供商、征信机构、公证人和信用登记机构。

支柱Ⅲ的数据大多是通过企业调查收集,这些调查为企业在实践中体验的贷款和电子支付的效率提供了代表性数据。一份具有代表性的企业样本体现了不同经济体的不同用户体验的差异。参与调研的企业具有规模、地域、行业等不同特征。有关通过企业调查收集数据的更多细节,请参考本书概述章节。

4.2　专家的筛选和选择

金融服务主题有四份问卷,每一个领域一份:商业贷款、担保交易与担保登记机构的运作、电子支付、征信机构的运作。每份问卷针对的是各自领域的专家。筛选调查问卷会依据一系列标准（表25）来协助筛选出那些会收到金融服务主题调查问卷的专家。

表25　专家筛选问卷和受访者标准

相关专家的职业	
商业借贷	律师、金融行业专家、金融服务研究员、商业银行、金融机构
担保交易	金融和银行业律师
电子支付	金融律师、商业银行、支付服务提供商、金融服务研究人员
征信机构	运行中的私营征信机构和公共登记机构
相关专业领域	
商业贷款	“了解您的客户”流程以及反洗钱/反恐怖融资监管要求方面的法律专家，还有企业调查金融机构（银行、贷款机构）中的合规、法律及风险部门，以及身份和背景核查服务公司
担保交易	专注于银行或金融方面的法律学位，现就职于交易领域的律师事务所或商业银行法务部，公证员除外
电子支付	金融律师、商业银行和其他相关专家，如支付服务供应商
征信机构	在经济、银行、金融、会计、工商管理、法律或其他相关领域的专家，现就职于征信行业（征信机构）
评估专家有关商业贷款、担保交易、电子支付、绿色金融和信用信息的知识和经验	
商业贷款	在银行和金融领域有经验，特别是在“了解您的客户”处理、开户、给客户贷款或客户身份验证、合规，经历过整个“了解您的客户”过程、收集客户数据、客户尽职调查、评估反洗钱/反恐怖主义融资行为，在银行和金融行业与客户尽职调查相关的法律法规方面有经验
担保交易	专门从事商业贷款或担保交易监管的金融或银行方面律师
电子支付	在金融法律、支付服务、支付系统、电子支付法、银行法等方面有经验
征信机构	在收集和报告客户（企业和个人）的信用信息数据、商业管理和信息管理方面拥有经验

因此，调查问卷提供的信息能够让团队更好地了解专家的职业，有关商业贷款、担保交易、电子支付和征信机构相关的专业领域以及专家的知识和经验。最终，这能使评估团队选择合适的专家回答相关问卷。

Ⅳ. 参数

为确保各经济体之间专家咨询数据的可比性，金融服务主题使用了通用参数。参数是指对企业地点和交易类型所做的假设。调查问卷的回答者会被提供这些参数和假设，这些假设通过场景的标准化，使得不同地区、辖区和经济体的答复具有可比性。

5.1 通用参数

金融服务采用两个通用参数。很多经济体都在国家之下设立多级管辖区，这就需要确定一个具体的企业地点，以便专家确定评估所适用的规则框架。此外，指定交易的类型也很重要，因为这与专家确定正确的监管法规相关联。

5.1.1 经营场所

理由：

对于公司和企业来说，地理位置决定了获取金融服务所适用的法规。此外，从一个实际的角度，决定地理位置是很重要的，它可以确定向谁收集规则框架和实际执行情况的数据。最大的城市是基于人口规模选择的，详情参照本书概述章节。

应用：

对于支柱Ⅰ，该参数的应用场景为规则因地区或州而异且不存在国家层面的统一适用。我们仅衡量最大城市中的规则。对于支柱Ⅱ和支柱Ⅲ，经营场所参数是为那些存在多个担保登记机构（即联邦系统）的经济体而确立的。

5.1.2 交易类型

理由：

交易类型决定了公司和企业获取金融服务时所适用的规则（如国内交易与跨境交易）。为了限制此主题评估的范围，且为了让专家确定被评估的相关规则框架，这个专题只侧重于国内商业交易。

应用：

对于支柱Ⅰ，参数适用于不同类型的交易适用不同规则的情况。对于规则因交易类型而异的经济体，我们衡量的是国内商业交易规则。对支柱Ⅱ和支柱Ⅲ，我们衡量的交易仅限于商业贷款/国内交易。

Ⅴ. 主题评分

金融服务主题包含三大支柱：支柱Ⅰ金融服务规则的质量；支柱Ⅱ信贷基础设施中信息的可及性；支柱Ⅲ获得金融服务的运作效率。每个支柱的总分数会转换为0到100之间的数值，然后加总得出该主题的总分数。每个支柱各占主题总得分的三分之一。表26展示了金融服务主题的评分情况。这些分数区分了对企业的利益（作为企业灵活度分值）和对社会更广泛的效益（作为社会效益分值）。有关进一步的评分细节，请参见本节补充的附件A。

表26　总分值概览

支柱编号	支柱名称	指标数量	分值			调整后分值（0—100）	权重
			企业灵活度分值	社会效益分值	总分		
Ⅰ	金融服务规则的质量	23	21	23	44	100	0.33
Ⅱ	信贷基础设施中信息的可及性	6	6	6	12	100	0.33
Ⅲ	获得金融服务的运作效率	8	100	不适用	100	100	0.33

6.1 支柱Ⅰ 金融服务规则的质量

支柱Ⅰ涵盖23项指标，总分44分（企业灵活度21分，社会效益23分）（表27）。该支柱下每个类别的分值如下：

6.1.1 商业贷款

涵盖4项指标，最高总分6分（企业灵活度2分，社会效益4分）。具体来说，客户尽职调查和风险因素子类别有1项指标；增强和简化尽职调查措施的可获得性子类别有2项指标；客户信息的记录保存子类别有1项指标。在商业贷款与客户尽职调查方面，遵循良好实践的规则框架对社会有益（社会效益），有时也对企业有益（企业灵活度）。因此，分值不会在这两个类别之间均等分配。

6.1.2 担保交易

涵盖7项指标，最高总分14分（企业灵活度7分，社会效益7分）。具体来说，担保交易的统一法律框架子类别有1项指标；可以用作担保的动产、债务和义务的类型子类别有4项指标；担保物权的优先权/执行子类别有2项指标。在担保交易方面，遵循良好实践的规则框架对社会有益（社会效益），也对企业有益（企业灵活度）。因此，分值在这两个类别之间平均分配。

6.1.3 电子支付

涵盖12项指标，最高总分24分（企业灵活度12分，社会效益12分）。具体来说，风险管理子类别有3项指标；客户资金保护子类别有6项指标；支付系统的协同性和促进竞争子类别有3项指标。遵循良好的电子支付实践的规则框架对社会（社会效益）和企业（企业灵活度）都有益处。因此，分值在这两个类别之间平均分配。

表 27　支柱 I 总分值

支柱 I	金融服务规则的质量	指标数量	企业灵活度分值	社会效益分值	总分	调整后分值
1.1	商业贷款	4	2	4	6	20.00
1.1.1	客户尽职调查和风险因素	1	不适用	1	1	10.00
1.1.2	增强和简化尽职调查措施的可获得性	2	1	2	3	5.00
1.1.3	客户信息的记录保存	1	1	1	2	5.00
1.2	担保交易	7	7	7	14	40.00
1.2.1	担保交易的统一法律框架	1	1	1	2	10.00
1.2.2	可以用作担保的动产、债务和义务的类型	4	4	4	8	20.00
1.2.3	担保物权的优先权/执行	2	2	2	4	10.00
1.3	电子支付	12	12	12	24	40.00
1.3.1	风险管理	3	3	3	6	10.00
1.3.2	客户保护	6	6	6	12	20.00
1.3.3	支付系统的协同性和促进竞争	3	3	3	6	10.00
	总计	23	21	23	44	100.00

6.2　支柱Ⅱ 信贷基础设施中信息的可及性

支柱Ⅱ涵盖 6 项指标，总分 12 分（企业灵活度 6 分，社会效益 6 分）（表 28）。该支柱下每个类别的分值如下：

6.2.1　征信机构的运作

涵盖 3 项指标，最高总分 6 分（企业灵活度 3 分，社会效益 3 分）。具体来说，每项指标各有 3 个衡量标准。数据覆盖、共享数据的类型、附加服务和借款人获取信息的途径,可以促进企业获得融资,并有助于金融部门的稳定。这些措施直接影响企业和社会,因此企业灵活度和社会效益的评分是相等的。

6.2.2 担保登记机构的运作

涵盖3项指标,最高总分6分(企业灵活度3分,社会效益3分)。具体来说,集中且公开可获得的登记机构的存在、基于通知的登记更新以及担保债权人查阅和更新登记的自主权等功能的存在使得登记更透明,成本更低,并拥有更快速的程序。因此,这些指标对企业和社会都有同样的好处。

表28 支柱Ⅱ 总分值

支柱Ⅱ 信贷基础设施中信息的可及性		指标数量	企业灵活度分值	社会效益分值	总分	调整后分值
2.1	征信机构的运作	3	3	3	6	50.00
2.1.1	数据覆盖	1	1	1	2	16.67
2.1.2	共享数据的类型	1	1	1	2	16.67
2.1.3	附加服务和借款人获取信息的途径	1	1	1	2	16.67
2.2	担保登记机构的运作	3	3	3	6	50.00
2.2.1	集中且公开可获得的登记机构的存在	1	1	1	2	16.67
2.2.2	基于通知的登记更新	1	1	1	2	16.67
2.2.3	担保债权人查阅和更新登记的自主权	1	1	1	2	16.67
	总计	6	6	6	12	100.00

6.3 支柱Ⅲ 获得金融服务的运作效率

支柱Ⅲ涵盖8项指标,分值从0到100分(表29)。这一支柱下每项指标的分值只分配给企业灵活度,因为这些指标评估面向企业提供服务的结果。

例如，获取金融服务所需的高昂费用、复杂流程和漫长时间不利于企业，因而降低了企业灵活度。这一支柱下每个类别的分值如下：

6.3.1 贷款

涵盖3项指标，最高分值为50分。具体而言，获得贷款有2项指标；担保物权与信用数据更新的运作效率有1项指标。

6.3.2 电子支付

涵盖5项指标，最高分值为50分。具体而言，电子支付的成本有2项指标；接收电子支付的时间有1项指标；电子支付的使用率有2项指标。

表29 支柱Ⅲ 总分值

支柱Ⅲ	获得金融服务的运作效率	指标数量	调整后分值
3.1	贷款	3	50.00
3.1.1	获得贷款	2	40.00
3.1.2	担保物权与信用数据更新的运作效率	1	10.00
3.2	电子支付	5	50.00
3.2.1	电子支付的成本	2	20.00
3.2.2	接收电子支付的时间	1	10.00
3.2.3	电子支付的使用率	2	20.00
	总计	8	100.00

参考文献 I

A. Alvarez de la Campa. 2011. "Increasing Access to Credit through Reforming Secured Transactions in the MENA Region." Policy Research Working Paper 5613, World Bank, Washington, DC.

M. Amin and D. Viganola. 2021. "Does Better Access to Finance Help Firms Deal with the COVID-19 Pandemic? Evidence from Firm-Level Survey Data." Policy Research Working Paper 9697. Washington, DC, World Bank.

M. Ayyagari, P. Pedro Juarros, M. S. Martinez Peria, and S. Singh. 2021. "Access to Finance and Job Growth: Firm-Level Evidence across Developing Countries." *Review of Finance* 25(5): 1473 - 1496.

BCBS (Basel Committee on Banking Supervision). 2014. *Sound Management of Risks Related to Money Laundering and Financing of Terrorism* (revised July 2020). https://www.bis.org/bcbs/publ/d505.pdf.

T. Beck, A. Demirgüc-Kunt, and P. Honohan. 2009. "Access to Financial Services: Measurement, Impact, and Policies." *World Bank Research Observer* 24(1).

T. Beck, A. Demirguc-Kunt, and V. Maksimovic. 2005. "Financial and Legal Constraints to Growth: Does Firm Size Matter?" *Journal of Finance* 60 (1).

C. Boar, S. Claessens, A. Kosse, R. Leckow, and T. Rice. 2021. "Interoperability between Payment Systems across Borders." *BIS Bulletin* No. 49. Bank for International Settlements.

M. Brown, T. Jappelli, and M. Pagano. 2009. "Information Sharing and Credit: Firm-Level Evidence from Transition Countries." *Journal of Financial Intermediation* 18: 151 - 172.

K. Celik. 2021. "Impact of the FATF Recommendations and Their Implementation on Financial Inclusion: Insights from Mutual Evaluations and National Risk Assessments." *Equitable Growth, Finance and Institutions Insight.* World Bank, Washington, DC.

A. Demirgüc-Kunt, T. Beck, and P. Honohan. 2008. *Finance for All? Policies and Pitfalls in Expanding Access.* Washington, DC: World Bank.

Joint Committee of the European Supervisory Authorities. 2017. "The Risk Factor Guidelines." https://www.eba.europa.eu/sites/default/files/documents/

10180/1890686/66ec16d9-0c02-428b-a294-pdf.

European Parliament. 2015. “EU Second Payment Services Directive 2015/2366.” https://eur-lex. europa. eu/legal-content/EN/TXT/PDF/? uri = CELEX: 32015L2366.

FATF. 2012 – 2023. *International Standards on Combating Money Laundering and the Financing of Terrorism and Proliferation*. FATF. www. fatf-gafi. org/recommendations. html.

FATF. 2013 – 2017. *Anti-Money Laundering and Terrorism Financing Measures and Financial Inclusion — With a Supplement on Customer Due Diligence*. FATF. www. fatf-gafi. org/publications/financialinclusion documents/financial-inclusion-cdd-2017. html.

FATF. 2014. Risk-Based Approach for the Banking Sector. FATF. https://www. fatf-gafi. org/en/publications/Fatfrecommendati ons/Risk-based-approach-bankingsector. html#: ~ : text = A%20risk%2Dbased%20approach%20means, with%20the%20level%20of%20risk.

FATF. 2020. *Guidance on Digital Identity*. FATF.

C. Giannetti and N. Jentzsch. 2013. “Credit Reporting, Financial Intermediation and Identification Systems: International Evidence.” *Journal of International Money and Finance* 33: 60 – 80.

S. Hu and Y. Zhang. 2021. “COVID-19 Pandemic and Firm Performance: Cross-Country Evidence.” *International Review of Economics and Finance* 74: 365 – 372.

ICMA (International Capital Market Association). 2021. *Handbook-Harmonised Framework for Impact Reporting*. ICMA.

G. Immordino and F. F. Russo. 2018. “Cashless Payments and Tax Evasion.” *European Journal of Political Economy* 55: 36 – 43.

E. Kellici and I. Baholli. 2015. “Mobile Payments, Driving Economies in Development Countries Toward Less Risky Transactions and Lowering Informality.” *European Academic Research* 3(1): 572 – 588.

T. Khiaonarong and T. Goh. 2020. “FinTech and Payments Regulation: An Analytical Framework.” *Journal of Payments Strategy and Systems* 14(2): 157 – 171.

M. S. Martinez Peria and S. Singh. 2014. “The Impact of Credit Information Sharing Reforms on Firm Financing.” Policy Research Working Paper 7013. World Bank, Washington, DC.

OCC (Office of the Comptroller of the Currency). 2021. *Comptroller's Handbook: Payment Systems*, October 2021. OCC.

S. Qi and S. Ongena. 2019. "Fuel the Engine: Bank Credit and Firm Innovation." *Journal of Financial Services Research* 57: 115 - 147.

C. Pazarbasioglu, A. G. Mora, M. Uttamchandani, H. Natarajan, E. Feyen, and M. Saal. 2020. *Digital Financial Services.* Washington, DC: World Bank Group.

R. M. Resendiz. 2018. "The Role of Payment Systems and Services in Financial Inclusion — The Latin American and Caribbean Perspective." IFC Bulletins chapters in *The Role of Data in Supporting Financial Inclusion Policy*, Vol. 47, edited by Bank for International Settlements.

M. Siemer. 2019. "Employment Effects of Financial Constraints during the Great Recession." *Review of Economics and Statistics* 101: 16 - 29.

UNCITRAL. 2010. *UNCITRAL Legislative Guide on Secured Transactions.* United Nations.

UNCITRAL. 2014. *UNCITRAL Guide on the Implementation of Security Rights Registry.* United Nations.

UNCITRAL. 2019. *UNCITRAL Model Law on Secured Transactions.* United Nations.

N. H. Wellalage and V. Fernandez. 2019. "Innovation and SME Finance: Evidence from Developing Countries." *International Review of Financial Analysis* 66: 101 - 370.

N. H. Wellalage and S. Locke. 2020. "Formal Credit and Innovation: Is There a Uniform Relationship Across Types of Innovation?" *International Review of Economics and Finance* 70: 1 - 15.

World Bank. 2010 - 2023. Enterprise Surveys. Washington, DC: World Bank Group. https://www.enterprisesurveys.org/en/data/exploretopics/biggest-obstacle.

World Bank. 2014. *Global Financial Development Report 2014: Financial Inclusion.* Washington, DC: World Bank.

World Bank. 2016. *Payment Aspects of Financial Inclusion.* Washington, DC: World Bank Group. https://www.worldbank.org/en/topic/financialinclusion/brief/pafi-task-force-and-report.

World Bank. 2020a. *Payment Systems Worldwide: Summary Outcomes of the Fifth Global Payment Systems Survey: A Snapshot.* Washington, DC: World Bank.

World Bank. 2020b. *Payment Aspects of Financial Inclusion in the Fintech Era.* Washington, DC: World Bank Group.

World Bank. 2021b. *Considerations and Lessons for the Development and Implementation of Fast Payment Systems.* World Bank Fast Payments Toolkit-Main Report. Washington, DC: World Bank Group.

World Bank Group. 2011. *General Principles for Credit Reporting*. Washington, DC: World Bank Group.

World Bank Group. 2017. *Good Practices for Financial Consumer Protection.* Washington, DC: World Bank Group.

World Bank Group. 2019b. *Prudential Regulatoryand Supervisory Practices for Fintech: Payments, Credit and Deposits.* Washington, DC: World Bank Group.

World Bank Group and World Economic Forum. 2016. *Innovation in Electronic Payment Adoption: The Case of Small Retailers.* World Economic Forum, Geneva and World Bank, Washington, DC.

附件 A　金融服务评分表

附件 A 概述了金融服务主题的评分方法。对于每项指标，都分配了企业灵活度分值和/或社会效益分值，并说明每项指标的详细评分及相关文献来源。

支柱 I　**金融服务规则的质量**					
1.1　商业贷款					
1.1　客户尽职调查和风险因素					
指标	企业灵活度分值	社会效益分值	总分	调整后分值	背景文献
客户尽职调查和风险因素	不适用	1	1	10.00	BCBS（2014）；European Supervisory Authorities（2013）；FATF（2014）
子类别 1.1.1 的总分	0	1	1	10.00	
1.1.2　增强和简化尽职调查措施的可获得性					
简化的客户尽职调查	1	1	2	3.33	BCBS（2014）；European Supervisory Authorities（2013）；FATF（2014）
增强的客户尽职调查	不适用	1	1	1.67	BCBS（2014）；European Supervisory Authorities（2013）
子类别 1.1.2 的总分	1	2	3	5.00	

（续表）

1.1.3　客户信息的记录保存					
指标	企业灵活度分值	社会效益分值	总分	调整后分值	背景文献
对现有客户进行尽职调查和记录保存	1	1	2	5.00	BCBS（2014）；European Supervisory Authorities（2013）；FATF（2014，2020）
子类别 1.1.3 的总分	1	1	2	5.00	
类别 1.1 的总分	2	4	6	20.00	
1.2　担保交易					
1.2.1　担保交易的统一法律框架					
担保交易的统一法律框架	1	1	2	10.00	UNCITRAL（2010，2019）
子类别 1.2.1 的总分	1	1	2	10.00	
1.2.2　可以用作担保的动产、债务和义务的类型					
单一类别动产的担保物权	1	1	2	5.00	UNCITRAL（2010，2019）
动产组合的担保物权	1	1	2	5.00	UNCITRAL（2010，2019）
未来资产的担保物权	1	1	2	5.00	UNCITRAL（2010，2019）
债务和义务	1	1	2	5.00	UNCITRAL（2010，2019）
子类别 1.2.2 的总分	4	4	8	20.00	
1.2.3　担保物权的优先权/执行					
资不抵债或破产外的债权优先权	1	1	2	5.00	UNCITRAL（2010，2019）

（续表）

指标	企业灵活度分值	社会效益分值	总分	调整后分值	背景文献
担保物权的执行	1	1	2	5.00	UNCITRAL（2010，2019）
子类别 1.2.3 的总分	2	2	4	10.00	
类别 1.2 的总分	7	7	14	40.00	
1.3　电子支付					
1.3.1　风险管理					
外部审查和内部控制	1	1	2	3.33	OCC（2021）；World Bank（2016，2020）
网络安全和运营风险	1	1	2	3.33	OCC（2021）；World Bank（2016，2020）
流动性风险	1	1	2	3.33	OCC（2021）；World Bank（2016，2020）
子类别 1.3.1 的总分	3	3	6	10.00	
1.3.2　客户保护					
用户和支付服务供应商的义务	1	1	2	3.33	EU Second Payment Services Directive 2015/2366；World Bank（2016，2020）；World Bank Group（2017）
取消交易、资金保护和责任	1	1	2	3.33	EU Second Payment Services Directive 2015/2366；World Bank（2020）；World Bank Group（2017）；World Bank（2019b）
费用披露和变更通知	1	1	2	3.33	World Bank（2016，2020）；World Bank Group（2017）

（续表）

指标	企业灵活度分值	社会效益分值	总分	调整后分值	背景文献
责任、客户数据使用和争议解决机制的披露	1	1	2	3.33	World Bank（2016，2020）；World Bank Group（2017）
对交易提出争议	1	1	2	3.33	World Bank（2016，2020）；World Bank Group（2017）
争议解决机制的可获得性	1	1	2	3.33	World Bank（2016，2020）；World Bank Group（2017）
子类别 1.3.2 的总分	6	6	12	20.00	
1.3.3　支付系统的协同性和促进竞争					
支付系统的协同性	1	1	2	3.33	Boar et al.（2021）；Resendiz（2018）；World Bank（2020）
公平竞争	1	1	2	3.33	World Bank（2016，2020）
不同支付服务供应商的平等准入和待遇	1	1	2	3.33	World Bank（2016，2020）
子类别 1.3.3 的总分	3	3	6	10.00	
类别 1.3 的总分	12	12	24	40.00	
支柱 I 的总分	21	23	44	100.00	

支柱Ⅱ　信贷基础设施中信息的可及性					
2.1　征信机构的运作** **如果征信机构(部门或登记处)没有运作或覆盖少于5%的成年人口(15岁到64岁),分值是0;如果征信机构(部门或登记处)在运作但是未在营商环境成熟度的截止日期前发布信用报告,分值也是0。					
2.1.1　数据覆盖					
指标	企业灵活度分值	社会效益分值	总分	调整后分值	背景文献
数据覆盖	1	1	2	16.67	Giannetti and Jentzsch (2013); Martinez Peria and Singh (2014); World Bank (2019a); World Bank Group (2011)
子类别 2.1.1 的总分	1	1	2	16.67	
2.1.2　共享数据的类型					
共享数据的类型	1	1	2	16.67	World Bank (2019a); World Bank Group (2011)
子类别 2.1.2 的总分	1	1	2	16.67	
2.1.3　附加服务和借款人获取信息的途径					
附加服务和借款人获取信息的途径	1	1	2	16.67	World Bank (2019a); World Bank Group (2011)
子类别 2.1.3 的总分	1	1	2	16.67	
类别 2.1 的总分	3	3	6	50.00	
2.2　担保登记机构的运作					
2.2.1　集中且公开可获得的登记机构的存在					
集中且公开可获得的登记机构的存在	1	1	2	16.67	UNCITRAL (2010, 2014, 2019)

（续表）

指标	企业灵活度分值	社会效益分值	总分	调整后分值	背景文献
子类别 2.2.1 的总分	1	1	2	16.67	
2.2.2　基于通知的登记更新					
基于通知的登记更新	1	1	2	16.67	UNCITRAL（2010，2014，2019）
子类别 2.2.2 的总分	1	1	2	16.67	
2.2.3　担保债权人查阅和更新登记的自主权					
担保债权人查阅和更新登记的自主权	1	1	2	16.67	UNCITRAL（2010，2014，2019）
子类别 2.2.3 的总分	1	1	2	16.67	
类别 2.2 的总分	3	3	6	50.00	
支柱 Ⅱ 的总分	6	6	12	100.00	

支柱Ⅲ　获得金融服务的运作效率					
3.1　贷款					
3.1.1　获得贷款					
指标	企业灵活度分值	社会效益分值	总分	调整后分值	背景文献
获得贷款的时间	50	不适用	50	20.00	Beck，Demirgüç-Kunt，and Maksimovic（2005）

（续表）

指标	企业灵活度分值	社会效益分值	总分	调整后分值	背景文献
获得贷款的障碍	50	不适用	50	20.00	Beck, Demirgüç-Kunt, and Maksimovic（2005）
子类别 3.1.1 的总分	100	不适用	100	40.00	
3.1.2　担保物权与信用数据更新的运作效率					
担保物权与信用数据更新的运作效率	100	不适用	100	10.00	UNCITRAL（2010，2014，2019）；World Bank Group（2011，2019a）
子类别 3.1.2 的总分	100	不适用	100	10.00	
类别 3.1 的总分	100	不适用	100	50.00	
3.2　电子支付					
3.2.1　电子支付的成本					
接收电子支付的成本	50	不适用	50	10.00	World Bank（2021）
发起电子支付的成本	50	不适用	50	10.00	World Bank（2021）
子类别 3.2.1 的总分	100	不适用	100	20.00	
3.2.2　接收电子支付的时间					
接收电子支付的时间	100	不适用	100	10.00	World Bank（2021）
子类别 3.2.2 的总分	100	不适用	100	10.00	

（续表）

3.2.3　电子支付的使用率					
指标	企业灵活度分值	社会效益分值	总分	调整后分值	背景文献
接收电子支付的使用率	50	不适用	50	10.00	World Bank（2021）
发起电子支付的使用率	50	不适用	50	10.00	World Bank（2021）
子类别 3.2.3 的总分	100	不适用	100	20.00	
类别 3.2 的总分	100	不适用	100	50.00	
支柱Ⅲ的总分	100	不适用	100	100.00	

参考文献Ⅱ

BCBS. 2014. *Sound Management of Risks Related to Money Laundering and Financing of Terrorism.* January 2014.

T. Beck, A. Demirgüc-Kunt, and P. Honohan. 2009. "Access to Financial Services: Measurement, Impact, and Policies." *World Bank Research Observer* 24 (1).

T. Beck, A. Demirguc-Kunt, and V. Maksimovic. 2005. "Financial and Legal Constraints to Growth: Does Firm Size Matter?" *Journal of Finance* 60 (1): 137 – 177.

C. Boar, S. Claessens, A. Kosse, R. Leckow, and T. Rice. 2021. "Interoperability between Payment Systems across Borders." *BIS Bulletin* No. 49. Bank for International Settlements.

A. Demirgüc-Kunt, T. Beck, and P. Honohan. 2008. *Finance for All? Policies and Pitfalls in Expanding Access.* Washington, DC: World Bank.

European Supervisory Authorities (EIOPA, EBA, and ESMA). 2013. *Preliminary Report on Anti-Money Laundering and Counter Financing of Terrorism Risk-based Supervision.* JC – 2013 – 72. October 2013.

European Parliament. 2015. "European Union Second Payment Services Directive 2015/2366." https://eur-lex.europa.eu/legal-content/EN/TXT/PDF/?uri=CELEX:32015L2366.

FATF. 2014. "Guidance for a Risk-Based Approach-Banking Sector." FATF, Paris.

FATF. 2020. "Guidance on Digital Identity." FATF, Paris.

C. Giannetti and N. Jentzsch. 2013. "Credit Reporting, Financial Intermediation and Identification Systems: International Evidence." *Journal of International Money and Finance* 33: 60 – 80.

ICMA. 2021. *Handbook-Harmonised Framework for Impact Reporting.* ICMA.

M. S. Martinez Peria and S. Singh. 2014. "The Impact of Credit Information Sharing Reforms on Firm Financing." Policy Research Working Paper 7013. World Bank, Washington, DC.

OCC. 2021. *Comptrolle's Handbook: Payment Systems*, October 2021. OCC.

C. Pazarbasioglu, A. G. Mora, M. Uttamchandani, H. Natarajan, E. Feyen, and M. Saal. 2020. *Digital Financial Services.* Washington, DC: World Bank Group.

R. M. Resendiz. 2018. "The Role of Payment Systems and Services in Financial Inclusion — The Latin American and Caribbean Perspective." IFC Bulletins chapters in *The Role of Data in Supporting Financial Inclusion Policy*, Vol. 47, edited by Bank for International Settlements.

UNCITRAL. 2010. *UNCITRAL Legislative Guide on Secured Transactions.* United Nations.

UNCITRAL. 2014. *UNCITRAL Guide on the Implementation of a Security Rights Registry.* United Nations.

UNCITRAL. 2019. *UNCITRAL Model Law on Secured Transactions.* United Nations.

World Bank. 2014. *Global Financial Development Report 2014: Financial Inclusion.* Washington, DC: World Bank.

World Bank. 2016. *Payment Aspects of Financial Inclusion.* Washington, DC: World Bank.

World Bank. 2020. *Payment Aspects of Financial Inclusion in the Fintech Era.* Washington, DC: World Bank Group.

World Bank. 2021. *Considerations and Lessons for the Development and Implementation of Fast Payment Systems.* World Bank Fast Payments Toolkit-Main Report. Washington, DC: World Bank.

World Bank Group. 2011. General Principles for Credit Reporting. Washington, DC: World Bank Group.

World Bank Group. 2017. Good Practices for Financial Consumer Protection. Washington, DC: World Bank Group.

World Bank Group. 2019a. *Credit Reporting Knowledge Guide*. Washington, DC: World Bank.

World Bank Group. 2019b. *Prudential Regulatory and Supervisory Practices for Fintech: Payments, Credit and Deposits.* Washington, DC: World Bank Group.

World Bank Group and World Economic Forum. 2016. *Innovation in Electronic Payment Adoption: The Case of Small Retailers.* Geneva: World Economic Forum and Washington, DC: World Bank.

附件 B　金融服务注释问卷

附件 B 包括术语表和附带注释的调查问卷，包括商业贷款、担保交易与担保登记机构、电子支付以及征信机构。注释问卷提供了每项指标和对应问题之间的一一对应关系。

术语表

欠款：到期未付的债务，即逾期付款。

应收账款转让：在应收账款上设定担保物权，为履行债务提供担保。尽管应收账款的彻底转让是不以担保债务为目的的转让，但为便于参考，应收账款转让中包括该术语。例如，某公司/个人将其应收账款彻底转让或出售给贷款公司，以换取贷款。贷款公司从应收账款中获取还款。

担保登记机构：在《贸易法委员会担保权登记机构实施指南》中也称担保权登记处，是指经济体接收、储存和向公众提供动产担保权某些信息的系统。

商业贷款机构：一种向公司提供贷款的受监管贷款主体。

征信机构：一种私营企业或非营利组织，维护金融系统中借款人（个人或企业）的信用信息数据库，并促进信贷机构之间信用信息的交换。

信贷登记机构：一个由公共部门管理的数据库，通常是央行或银行监管部门管理，收集借款人（个人或企业）在金融系统中的信用信息并促进银行和其他受监管的金融机构之间信用信息的交换（主要目的是协助银行监管）。

信用报告机构：信用报告系统提供商，包括征信机构和信贷登记机构。

信用评分：根据借款人偿还贷款的能力分配给借款人的一个数值。它同时也反映借款人的信用状况。信用评分根据征信机构的数据制定，并且包括很多信贷机构的信息，也可能包括一些公共部门的信息。

危机相关数据：这些数据包含在不稳定或困难时期收集的有关借款人的数据，这些数据可能导致贷款决定的改变。

跨境信用信息共享：在跨境的征信机构和金融机构之间信息的流动或转移。

客户：无论其法律结构如何，进行商业交易的任何企业类型。

客户使用限制：为减少风险而实施的各类措施。例如，运营者或参与支付服务供应商对支付服务使用者每笔交易或每日设置的限额。

违约：未履行财务义务/到期时未偿还贷款。

电子版“了解你的客户”：允许银行获取和验证有关其客户身份的数字信息，而不需要纸质文件。

电子货币：在技术设备上货币价值的电子储存，可能广泛运用于向除电子货币发行者之外的其他实体付款。这一设备充当一个预付款不记名票据，交易中并不一定涉及银行账户。

电子支付：有时也叫作数字支付，是指使用电子设备（如手机、POS 机或电脑），通过数字渠道通信如移动无线数据或全球银行间金融电信协会将价值从一个支付账户转移到另一个账户。这一定义包括银行转账、手机支付和支付卡（信用卡、借记卡和预付卡）进行的支付。

让与担保：以担保为目的的所有权转让，直到债务偿清为止。债务人可以保留对资产的占有。例如，某公司/个人转让了一台机器的所有权给银行作为贷款担保并期望偿还债务后收回机器的所有权。

金融机构：从事金融或货币交易业务（如存款、商业贷款和投资）的银行或其他公司，包括商业银行、开发银行等。

融资租赁：出租人通过收取租金用于支付租赁标的购买成本的协议。这一协议对有形资产(即租赁协议的标的)产生了有利于出租人的权利。根据该权利,在租赁结束时:(1) 承租人自动成为资产,即租赁标的所有人;(2) 承租人可以通过支付不超过名义价格的费用取得标的资产所有权;(3) 资产的剩余价值不超过名义价值。例如,某公司/个人"承租人"同意从另一公司"出租人"租借机器。出租人通常是一家金融机构。租赁协议保证了机器的使用,并保证出租人在特定时间内定期从承租人处收到付款。

企业:向金融机构申请贷款并在相关部门/登记机构有历史记录的一个组织/公司。

功能等同物:在担保交易的功能主义方法中,通过协议设定并为债务履行提供担保的所有动产之上的权利,不论交易类型或当事方使用的术语如何,都被视为传统类型担保权益的功能等同物。四种最常见的功能等同物是:(1) 让与担保;(2) 融资租赁;(3) 应收账款质押与转让;(4) 所有权保留买卖。

历史数据:证明借款信用历史记录借款人偿还债务的能力,并证明其有责任偿还债务。它还显示借款人的交易和相关财务历史。

法人实体:指通过法律规定的注册程序成立的独立法律实体。

个人:向金融机构申请贷款并在相关部门/登记机构有历史记录的人。一组个人(借款人+第三方+合作伙伴+赞助商)将被视为一个个人借款人,而不是企业。

网上银行:使金融机构的顾客能够通过网络用电脑或其他电子设备,以电子方式执行金融交易的设施。

了解你的客户:银行获取并验证其客户身份信息的过程。

手机银行:使金融机构的顾客能够通过网络用手机进行电子金融交易的设施。

移动支付:一种使用移动货币账户的现收现付数字交换媒介和价值储存

媒介，由移动货币代理网络提供便利。这是一种由移动网络运营商或其他与移动网络运营公司合作的实体向其客户提供的金融服务，独立于传统的银行网络。

动产：非不动产的有形或无形的资产。评估不包括因性质而受到不同制度管辖的动产，例如飞机、船只、知识产权等。

负面数据：表明不良信用记录或财务行为的信息，如违约或重组债务、拖欠或逾期付款、账户被催收和破产。这表明，贷款人和债权人面临的风险更高，使借款人有资格获得贷款或以优惠利率获得信贷更具挑战性。

非受监管实体：包括零售商、公用事业公司、贸易债权人和小额信贷机构。

支付卡：包括信用卡、借记卡和预付卡。

支付服务供应商：提供包括汇款的支付服务实体。支付服务供应商包括银行和其他存款机构，以及像汇款运营商和电子货币发行商这样的专业实体。

正面数据：表明积极信用记录或财务行为的信息，如全额、按时偿还贷款和没有逾期付款或催收。它被用来证明个人或企业的商誉和能负责地管理债务。

私人出售：一种不透露买卖者身份，且过程可能不受政府机构监控的出售资产的方法。

公开拍卖：一种在公共场所通过公开和竞争性竞价出售资产的方法，并受法院或政府机构的监督。

受监管实体：包括受政府机构监管、监督和定期审查的银行或类似金融机构。

租赁物业或租赁数据：物业支付历史、租赁协议、物业管理及与商业物业和贷款相关的信息（商业物业业主、小企业主、房地产投资者）。这些机构包括物业管理公司、租赁上市平台、政府房管部门、物业登记处。

还款历史：未偿还债务或未偿还信贷的数据（即使他们目前没有未偿还贷款、违约等），以及及时还款的正面数据。

重组债务：个人或企业持有的再融资债务。

零售商和商户：包括百货商店、家具店、汽车经销商等。

所有权保留买卖：在买方履行某些义务（通常是支付货款）之前，货物所有权仍归卖方所有的货物销售。例如，在买方公司/个人全额支付购买价格之前，存货的所有权仍归卖方所有。

担保交易：不论何种形式，在动产上设定权利以担保债务履行的所有交易。

组合资产类别的担保物权：当在一份担保协议中对整个公司的所有或几类动产设定担保物权时，即产生这种物权。英美法系国家可能允许以浮动担保或企业担保的方式对组合类别资产设定担保物权。在大陆法系国家，可以通过“商业资产质押”或“商业信托基金/商业按揭”来实现。

税务公司：向信用报告机构提供税务相关数据和信息的公司。它有助于评估借款人的商誉。这些机构包括政府税务部门、税收征收机构和税务信息提供方。

非法人实体：被认为是未登记的合伙企业、独资企业和个人。

公用事业公司：包括电信、电力、水、天然气或类似服务。

附加服务：除了传统的信用评分服务之外，向借款人提供信用评分作为额外服务（与信用评分相关的特点、推荐、支持和分析）的行为。

商业贷款问卷

下面的表格列出了每个支柱下的所有指标（包括其组成部分，如适用），并在括号内标明了相应的问题编号。为了方便参考，每个表格前都列出了问题。

对于以“是/否”回答的问题，回答为“是”即得分，并被视为良好实践；如特别标明“是/否；否—良好实践”，则“否”意味着良好实践。

在接下来的表格中，“和”表示所有提及问题的答案，必须均为良好实践，才能获得指标的分值。

在接下来的表格中，“或”表示一个或多个提及问题的答案，只要一个为良好实践，即可获得指标的分值。

某些问题标记为“不计分”，意味着它们不会以任何方式影响分值。设计这些问题的目的是为了进一步完善问题，根据需要在推广阶段的后续年份进行改进，同时为计分问题提供补充信息和进一步支持。

支柱 I　商业贷款规则的质量	
参数	
经营场所	经济体中最大（人口最多）的城市。该参数的应用场景为，规则因地区或州而异且不存在国家层面的统一适用
交易类型	该参数用于法规在不同类型的交易之间存在差异的情况。在支柱 I 项下，考虑的是国内商业贷款

1.1　商业贷款

1.1.1　客户尽职调查和风险因素

1. 在您所在的国家中，是否存在任何法律或监管规定，要求商业贷款机构进行客户尽职调查（即对客户进行筛查，进行反洗钱/反恐怖主义融资行为措施）？（是/否）（不计分）

商业贷款机构在审查新客户的商业贷款申请时，与客户尽职调查相关的规则框架是否要求贷方核实以下信息？（问题 2 至 6）

2. 客户的基本信息（是/否）
3. 客户的直接持股和股权结构（是/否）

4. 客户的受益所有权人(是/否)

5. 贷款的用途/目的(是/否)

6. 客户的地理位置(是/否)

7. 在进行客户尽职调查时,规则框架是否要求商业贷款机构考虑与客户身份相关的反洗钱/打击恐怖主义融资风险因素(涉及客户身份的基于风险的方法)?(是/否)(不计分)

规则框架是否要求商业贷款机构识别以下内容?(问题 8 至 15)

8. 客户的最终或受益所有人是否存在任何洗钱/恐怖融资风险(如涉及洗钱的黑名单人物、恐怖融资、政治暴露人物等),这些风险可能会阻止商业贷款机构与客户开展业务(是/否)

9. 鉴于客户的业务性质,客户的股权结构显得不合常规或过于复杂(是/否)

10. 客户参与或属于国际架构(如由外国控股公司所有或拥有外国子公司)以及这种参与是否对其活动产生洗钱/恐怖融资风险的影响(是/否)

11. 客户是个人资产持有工具(即专门为持有个人资产用于投资而创建的法人或安排,且存在洗钱/恐怖融资风险)(是/否)

12. 客户有名义股东或无记名股份(是/否)

13. 业务关系在非常规的情况下开展(例如,金融机构与客户之间地理距离很远且无法做出解释)(是/否)

14. 客户的业务属于现金密集型/依赖型业务(是/否)

15. 客户位于高风险地理位置(是/否)

16. 在进行客户尽职调查时,规则框架是否要求商业贷款机构考虑与客户业务活动相关的反洗钱/反恐怖主义融资风险因素?(即基于风险的客户产品、服务、交易、地理位置或交付渠道方法,换言之,审查不仅限于申请的贷款,还包括对客户业务活动的整体审查)(是/否)(不计分)

规则框架是否要求商业贷款机构核实以下内容?(问题 17 至 21)

17. 客户参与私人银行业务(是/否)

18. 客户曾有匿名交易(如可能包含现金交易)(是/否)

19. 客户的活动包括开展非面对面业务关系或交易(是/否)

20. 客户收到来自未知或无关联的第三方的付款(是/否)

21. 客户在高风险地理位置经营或从事活动(是/否)

1.1.2 增强和简化尽职调查措施的可获得性

22. 根据国家的规则框架,低风险客户申请商业贷款时,是否可以对其采取简化的客户尽职调查措施?(是/否)

23. 该规则框架是否提供标准来指导商业贷款机构确定低风险客户?(是/否)

24. 根据国家的规则框架,高风险客户申请商业贷款时,是否可以对其采取增强的客户尽职调查措施?(是/否)

25. 该规则框架是否提供标准来指导商业贷款机构确定高风险客户?(是/否)

1.1.3 客户信息的记录保存

26. 在现行的规则框架下,是否禁止商业贷款机构依赖其此前对现有客户进行的客户尽职调查(除非对该信息的准确性存在疑虑)?(是/否;否—良好实践)

27. 规则框架是否禁止商业贷款机构部分或完全依赖由第三方进行“了解你的客户”(即商业贷款机构获取并核实客户身份信息的过程)?(是/否;否—良好实践)

28. 规则框架是否禁止本国的商业贷款机构在进行客户尽职调查时依赖电子版“了解你的客户”系统(即允许商业贷款机构以数字化方式获取并核实客户身份信息,无须纸质文件)?(是/否;否—良好实践)

如果回答为“否”,请回答问题29。

29. 商业贷款机构在实践中是否依赖电子版“了解你的客户”系统进行客户尽职调查?(是/否)

30. 在规则框架下,是否要求在至少5年内保留所有必要的客户信息记录,包括国内和国际交易,以便能够迅速地响应主管机关的信息请求?(是/否)

31. 对于高风险案例,规则框架是否要求商业贷款机构通过对现有记录进行定期审查,以确保在客户尽职调查过程中收集的文件、数据或信息保持最新和高相关度?(是/否)

1.1 商业贷款			
1.1.1 客户尽职调查和风险因素			
指标	企业灵活度分值	社会效益分值	总分
客户尽职调查和风险因素:	不适用		
开展客户尽职调查的法律要求:		1	1
核实客户的身份(2)		0.05	0.05
核实客户的直接持股和股权结构(3)		0.05	0.05
核实客户的受益所有权人(4)		0.05	0.05
核实贷款目的或预期用途(5)		0.05	0.05
核实客户的地理位置(6)		0.05	0.05
风险因素(客户身份):			
客户风险因素(受益所有权人)(8)		0.06	0.06
客户风险因素(股权结构)(9)		0.06	0.06
客户风险因素(参与国际架构)(10)		0.05	0.05
客户风险因素(个人资产持有工具)(11)		0.05	0.05
客户风险因素(名义股东/无记名股份)(12)		0.05	0.05
客户风险因素(非常规情况下开展的业务)(13)		0.06	0.06
客户风险因素(现金密集型业务)(14)		0.06	0.06
客户风险因素(位于高风险地理位置)(15)		0.06	0.06

（续表）

指标	企业灵活度分值	社会效益分值	总分
风险因素（产品、服务、地理位置、物流渠道）：			
产品风险因素（私人银行）(17)		0.06	0.06
产品风险因素（匿名交易）(18)		0.06	0.06
产品风险因素（未知来源的付款）(19)		0.06	0.06
产品风险因素（非面对面关系或交易）(20)		0.06	0.06
产品风险因素（高风险地理位置的经营活动）(21)		0.06	0.06
总分	0	1	1

1.1.2 增强和简化客户尽职调查措施的可获得性

指标	企业灵活度分值	社会效益分值	总分
简化的客户尽职调查：	1	1	2
针对低风险客户，简化反洗钱/反恐怖主义融资客户尽职调查审核(22)	0.5	0.5	1
确定低风险客户的规则指导(23)	0.5	0.5	1
增强的客户尽职调查：	不适用	1	1
针对高风险客户，增强反洗钱/反恐怖主义融资客户尽职调查审核(24)	不适用	0.5	0.5
确定高风险客户的规则指导(25)	不适用	0.5	0.5
总分	1	2	3

1.1.3 客户信息的记录保存

指标	企业灵活度分值	社会效益分值	总分
对现有客户进行尽职调查和记录保存：	1	1	2
依赖于对现有客户进行的尽职调查(26)	0.2	0.2	0.4
依赖于其他机构进行的客户尽职调查(27)	0.2	0.2	0.4
在进行客户尽职调查时依赖电子客户身份验证系统的规则(28)	0.1	0.1	0.2

（续表）

指标	企业灵活度分值	社会效益分值	总分
在实践中依赖于电子客户身份验证(29)	0.1	0.1	0.2
将客户尽职调查信息保存5年(30)	0.2	0.2	0.4
对高风险客户进行持续客户尽职调查(31)	0.2	0.2	0.4
总分	1	1	2

支柱Ⅲ　获得金融服务的运作效率

支柱Ⅲ中指标的分数通过正态累积密度函数转换法计算，分值从0到100分，其中0和100分别代表可能的最低和最高得分。根据所收集数据的5%分位数和95%分位数确定表现最佳和最差者。

支柱Ⅲ关于获得金融服务运作效率的数据通过企业调查收集，使用以下参数：

支柱Ⅲ　获得金融服务的运作效率	
参数	
交易类型	支柱Ⅲ项下的交易仅限于商业贷款

3.1　贷款

3.1.1　获得贷款

1. 获得贷款的时间：从提交申请到收到决定的时间有多少天？
2. 获得贷款的障碍：报告主要由于程序复杂、不利的利率或抵押要求过高而未申请贷款的企业比例，以及认为融资获取是一个限制因素的企业比例。

3.1. 贷款			
3.1.1 获得贷款			
指标	企业灵活度分值	社会效益分值	总分
获得贷款的时间	100(50%)	不适用	100(50%)
获得贷款的障碍	100(50%)	不适用	100(50%)
总分	100	不适用	100

担保交易与担保登记机构问卷

下面的表格列出了每个支柱下的所有指标(包括其组成部分,如适用),并在括号内标明了相应的问题编号。为了方便参考,每个表格前都列出了问题。

对于以“是/否”回答的问题,回答为“是”即得分,并被视为良好实践;如特别标明“是/否;否—良好实践”,则“否”意味着良好实践。

在接下来的表格中,“和”表示所有提及问题的答案,必须均为良好实践,才能获得指标的分值。

在接下来的表格中,“或”表示一个或多个提及问题的答案,只要一个为良好实践,即可获得指标的分值。

某些问题标记为“不计分”,意味着它们不会以任何方式影响分值。设计这些问题的目的是为了进一步完善问题,根据需要在推广阶段的后续年份进行改进,同时为计分问题提供补充信息和进一步支持。

支柱 I 担保交易规则的质量	
参数	
经营场所	经济体中最大(人口最多)的城市。该参数的应用场景为,规则因地区或州而异且不存在国家层面的统一适用
交易类型	该参数用于法规在不同类型的交易之间存在差异的情况。在支柱 I 项下,考虑的是国内商业贷款

1.2 担保交易

1.2.1 担保交易的统一法律框架

1. 对于“让与担保、融资租赁、应收账款质押或转让、所有权保留买卖”这四种具有担保功能的担保方式，是否有至少三种在同一法律下进行监管并在同一登记机构进行登记，并通过登记产生对抗第三方的效力？（是/否）
2. 是否存在一项法律/法规涵盖让与担保的设立、优先权和执行？（是/否）
3. 让与担保是否必须登记才能产生对抗第三方的效力？（是/否）
4. 是否有一项法律/法规涵盖了融资租赁的设立、优先权和执行？（是/否）
5. 融资租赁的权利是否需要登记才能产生对抗第三方的效力？（是/否）
6. 是否存在一项法律/法规涵盖应收账款质押和转让的设立、优先权和执行？（是/否）
7. 应收账款质押和转让是否需要登记才能产生对抗第三方的效力？（是/否）
8. 是否存在一项法律/法规涵盖所有权保留买卖的设立、优先权和执行？（是/否）
9. 所有权保留买卖是否需要进行登记以产生对抗第三方的效力？（是/否）
10. 如果债务人或债权人是法人主体或非法人主体，是否适用不同的关于担保交易的设立、优先权和执行的规则？（是/否；否—良好实践）

1.2.2 可以用作担保的动产、债务和义务的类型

11. 债务人是否可以基于其应收账款或由第三方所欠的未偿债务向担保债权人授予非占有性担保物权（例如，债务人有权从购买其商品或服务的买方那里收到的款项）？（是/否）
12. 根据法律规定，应收账款或未偿债务是否可以在担保协议中和在登记担保物权时以一般性术语来描述（如“所有应收账款”）？（是/否）
13. 债务人是否可以仅基于其存货向担保债权人授予非占有性担保物权？

(是/否)

14. 在使用存货作为担保时,法律是否规定了任何重大限制或要求(例如,维持规定的存货估值,详细说明存储场所,更新清单等)?(是/否;否—良好实践)

15. 根据法律规定,存货是否可以在担保协议和登记担保物权时以一般性术语来描述(例如,“所有笔记本库存”而不是“PXS 笔记本,序列号 3278632,金属色,14 英寸屏幕”)?(是/否)

16. 债务人是否可以基于除存货外的有形动产向担保债权人授予非占有性担保物权(如机械设备、家具、家畜、农作物等)?(是/否)

17. 根据法律规定,有形动产是否可以在担保协议和担保物权登记时以一般性术语来描述(除存货外)(例如,“10 台打印机”而不是“佳能 11 色+色彩优化 24 英寸打印机,序列号 12345”)?(是/否)

18. 根据法律规定,债务人是否可以将组合资产类别作为担保物权授予担保债权人(如浮动抵押或企业抵押)?(是/否)

19. 根据法律规定,对可以纳入此类担保物权的资产是否有限制(例如,抵押品是抵押贷款的附属物,动产的明确位置说明,变更后的抵押品清单更新,价值限制)?(是/否;否—良好实践)

20. 根据法律规定,此类担保物可以在担保协议和登记担保物权时以一般性术语来描述吗(如“企业的所有资产组合”)?(是/否)

21. 债务人可以将未来确定获得的资产作为动产用于担保贷款吗(例如,债务人知道将来会收到一批卡车,并将其用作担保品)?(是/否)

22. 债务人可以将未来可能获得的财产作为动产用于担保贷款吗(例如,尚未获取的财产,可能永远不会获得的财产或现有和未来的存货)?(是/否)

23. 根据法律规定,担保物权是否会自动扩展到原抵押物的“产品”(例如,如

果原担保物包括木材等原材料，那么这个资产的产品将包括使用原材料制造的家具）？（是/否）

24. 如果担保物权自动扩展至原抵押物的“产品”，是否适用于单一类别动产的担保物权（例如，仅适用于应收账款、仅适用于存货、或仅适用于有形动产）？（是/否）

25. 如果担保物权自动扩展至原抵押物的“产品”，是否适用于组合类别动产的担保物权（如浮动担保或企业担保）？（是/否）

26. 根据法律规定，担保物权是否会自动扩展到原抵押物的“孳息”（例如，如果原担保物包括木材等原材料，那么这个资产的孳息将包括从家具销售中获得的款项和应收账款）？（是/否）

27. 如果担保物权自动扩展至原抵押物的“孳息”，是否适用于单一类别动产的担保物权（例如，仅适用于应收账款、仅适用于存货、或仅适用于有形动产）？（是/否）

28. 如果担保物权自动扩展至原抵押物的“孳息”，是否适用于组合类别动产的担保物权（例如，浮动担保或企业担保）？（是/否）

29. 根据法律规定，担保物权是否会自动扩展到原抵押物的“替代品”（例如，如果原担保物包括木材等原材料，那么这个资产的替代品将是在后续制造过程中使用的另一种新木材）？（是/否）

30. 如果担保物权会自动扩展到原抵押物的“替代品”，是否适用于单一类别动产的担保物权（例如，仅适用于应收账款、仅适用于存货、或仅适用于有形动产）？（是/否）

31. 如果担保物权会自动扩展到原始抵押物的“替代品”，是否适用于组合类别动产的担保物权（例如，浮动担保或企业担保）？（是/否）

32. 是否可以使用单一类别动产，对当前和未来的债务和义务进行担保（例如，仅适用于应收账款、仅适用于存货、或仅适用于有形动产）？

32a. 是,当前和未来的债务和义务均可以被担保

32b. 否,只有当前的债务和义务可以被担保

33. 所有类型的固定债务和义务,是否可以被单一类别动产进行担保(例如,仅适用于应收账款、仅适用于存货、或仅适用于有形动产)?(是/否)

34. 所有类型的或有债务和义务,是否可以被单一类别动产进行担保(例如,仅适用于应收账款、仅适用于存货、或仅适用于有形动产)?(是/否)

35. 所有类型的浮动债务和义务,是否可以被单一类别动产进行担保(例如,仅适用于应收账款、仅适用于存货、或仅适用于有形动产)?(是/否)

36. 是否可以使用组合类别动产,对当前和未来的债务和义务进行担保(如浮动担保或企业担保)?(是/否)

37. 所有类型的固定债务和义务,是否可以被组合类别动产进行担保(如浮动担保或企业担保)?(是/否)

38. 所有类型的或有债务和义务,是否可以被组合类别动产进行担保(如浮动担保或企业担保)?(是/否)

39. 所有类型的浮动债务和义务,是否可以被组合类别动产进行担保(例如,浮动担保或企业担保)?(是/否)

40. 根据法律规定,担保协议和登记担保物权时,义务是否可以用一般性条款来描述(例如,“各方之间的所有债务”,或者“债务高达 100 万美元[信用额度]的请求权;在该门槛下,债务将会波动,无须在产生债务时每次都需要新协议”)?(是/否)

如果回答为“否”,请回答问题 41。

41. 请说明描述要求是什么。(不计分)

1.2.3 担保物权的优先权/执行

42. 担保债权人是否对所有其他债权(如劳动工资或国家税款)拥有绝对优先

权，无论这些债权是未登记的，还是后来登记但在任何司法程序启动之前登记的？（是/否）

43. 请根据优先级对以下类型的债权进行分类：已登记的担保物权、未登记的税务债权、未登记的劳动债权、其他在已登记担保物权之前排名的债权。（请注意，由于债务人不处于任何资不抵债或破产程序之中，相关的条款可能会在不同的法律中找到，如劳动法或税法）（不计分）

44. 法律是否允许在各方签署的担保协议中约定，当债务人违约时，同意在法庭外强制执行担保物权？请考虑此问题分别适用于单一类别和组合类别动产担保物权的情形。（例如，在违约情况下，担保方是否可以：（1）取得动产担保物的实际占有权或（2）私下或通过拍卖出售、交换、变现、收取或以其他方式对担保物进行强制执行）（是/否）

45. 动产担保物是否可以通过公开拍卖进行出售？（是/否）

46. 动产担保物是否可以通过私下交易进行出售？（是/否）

47. 您的经济体法律是否允许"流质协议"？（即，在债务人违约时，担保权人是否可以自动取得担保财产）（是/否）

48. 债权人是否被允许通过协议取得资产作为债务的全部偿付？（是/否）

1.2　担保交易			
1.2.1　担保交易的统一法律框架			
指标	企业灵活度分值	社会效益分值	总分
担保交易的统一法律框架(1)： 统一法律框架以及适用于法人/非法人债务人/债权人的相同规则(1 和 10)或 如果问题 1 的答案为"否"，问题 10 的答案为"是"，可以如下分配分值： 让与担保适用于法人/非法人债务人/债权人的相同规则(2 和 3)	1 1 或 0.12	1 1 或 0.12	2 2 或 0.25

（续表）

指标	企业灵活度分值	社会效益分值	总分
融资租赁适用于法人/非法人债务人/债权人的相同规则(4 和 5) 应收账款质押和转让适用于法人/非法人债务人/债权人的相同规则(6 和 7) 所有权保留买卖适用于法人/非法人债务人/债权人的相同规则(8 和 9)	0.12 0.12 0.12	0.12 0.12 0.12	0.25 0.25 0.25
总分	1	1	2
1.2.2 可以用作担保的动产、债务和义务的类型			
指标	企业灵活度分值	社会效益分值	总分
单一类别动产的担保物权(11、12、13、14、15、16、17)	1	1	2
组合类别动产的担保物权(18、19、20)	1	1	2
未来资产的担保物权(21、22、23、24、25、26、27、28、29、30、31)	1	1	2
债务和义务(32、33、34、35、36、37、38、39、40)	1	1	2
总分	4	4	8
1.2.3 担保物权的优先权/执行			
指标	企业灵活度分值	社会效益分值	总分
资不抵债或破产外的债权优先权(42)	1	1	2
担保物权的执行： 担保物权的庭外强制执行(44) 公开拍卖的可获得性(45) 私下交易的可获得性(46) 流质条款的可获得性(47 和 48) 要在此问题上获得分数，问题 44 的回答必须为“是”，并且至少选择以下三种执行方式中的两种：公开拍卖、私下交易和/或流质条款	1	1	2
总分	2	2	4

支柱Ⅱ　信贷基础设施中信息的可及性	
参数	
经营场所	该参数用于在一个经济体中可能存在多个担保登记机构的情况（即联邦制）。如果有多个担保登记机构，则考虑最大（或人口最多）城市中的担保登记机构

2.2　担保登记机构的运作

2.2.1　集中且公开可获得的登记机构的存在

49. 担保登记机构是否处于运作状态？（是/否）

50. 担保登记机构（或它的数据库）是否在整个经济体内地理上集中，或者在经济体内不同地理区域之间相互连接？（统一的担保登记可以在整个经济体的地理上集中，如果存在不同的登记机构，则它们的数据库应该是统一的或者相互连接的。因此，担保物权只需在一个地方注册，就能在整个国家范围内产生效力，因为不同登记机构之间的信息将会被整合）（是/否）

51. 是否要求对非占有性担保物权进行登记，以便对第三方产生约束力？（是/否）

52. 担保登记是否仅限于特定类型的借款人或债权人所创设的担保物权（如法人实体、个人、商业银行）？（是/否）

53. 如果存在不同的登记机构适用于不同类型的债务人（如法人和非法人债务人），那么用于设立非占有性担保物权和对第三方生效的规则是否相同？（53a 或 53c—良好实践）

53a. 是

53b. 否

53c. 不存在适用于不同类型债务人的不同登记机构

54. 如果存在不同的登记机构用于不同类型的资产（如特定类别的动产或组合类别的动产），那么用于设立非占有性担保物权和第三方生效的规则是否相同？

54a. 是

54b. 否

54c. 不存在适用于不同类型资产的不同登记机构

55. 是否每个人，包括一般民众，都可以在经济体的任何地理位置无限制地访问登记机构的数据（例如，不需要中介机构，如登记员、办事员、公证人等，也不局限于某种类型的用户，如政府机构）？（是/否）

56. 登记机构是否拥有可通过债务人姓名或唯一标识符进行搜索的电子数据库？（是/否）

57. 在登记机构中，担保物是否可以通过序列号进行搜索？（是/否）

2.2.2 基于通知的登记更新

58. 是否有基于通知的登记机构？（例如，从经营地点提交电子化的简易通知，无须提交电子和/或纸质文件，如贷款合同的副本，或者登记机构无权也没有责任要求确保贷款协议得到适当执行）（是/否）

59. 在提交担保物权通知后，登记机构是否验证交易的合法性？（是/否；否—良好实践）

60. 登记机构的工作人员是否会审核通知中提交信息的正确性、完整性和准确性（例如，登记机构的职员会手动审核并接受因电子表格中缺乏信息或信息不准确而被驳回的登记通知）？（是/否；否—良好实践）

61. 登记机构是否涵盖了所有类型的动产担保物权（除了车辆、船只、飞机、中介证券或知识产权），包括功能相当的机制，如让与担保、融资租赁协议、应收账款转让和所有权保留买卖？（是/否）

2.2.3 担保债权人查阅和更新登记的自主权

62. 所有类型的担保债权人，无论是法人、非法人主体还是债权人的代表，是

否被允许在担保登记机构中设立担保物权？（是/否）

63. 在登记机构创建账户的流程是否可以在线完成，无须任何第三方的参与或批准？（是/否）

64. 担保登记机构是否具有用于检索担保物权的在线系统？（是/否）

65. 担保登记机构是否具有用于登记担保物权的在线系统？（是/否）

66. 担保登记机构是否具有用于修订担保物权的在线系统？（是/否）

67. 担保登记机构是否具有用于更新担保物权的在线系统？（是/否）

68. 担保登记机构是否具有用于注销担保物权的在线系统？（是/否）

69. 在贷款涉及动产时，您所在经济体的银行是否会查阅担保登记机构的信息以核实借款人的担保登记记录？

 69a. 是

 69b. 否

 69c. 担保登记机构处于非运营状态

70. 银行会以什么频率使用这些信息？（是/否；70a—良好实践）

 70a. 总是

 70b. 有时

 70c. 很少

2.2 担保登记机构的运作			
2.2.1 集中且公开可获得的登记机构的存在			
指标	企业灵活度分值	社会效益分值	总分
集中且公开可获得的登记机构的存在：	1	1	2
存在一个正在运作中的担保登记机构（49）	0.25	0.25	0.5
登记机构是集中统一的或在不同的地理区域之间相互联网（50 或 53 和 54）	0.25	0.25	0.5
要求登记非占有型担保物权，且登记机构对所有类型的借款人或债权人开放（51 和 52）	0.25	0.25	0.25

（续表）

指标	企业灵活度分值	社会效益分值	总分
任何人都可以不受经济活动中的地理位置的限制，访问登记机构的数据；登记机构有一个在线数据库，可通过债务人的姓名或特殊识别符、担保品的序列号进行检索（55、56 和 57） 如果问题 44 的答案是“否”，则该经济体无法对剩余问题（问题 50 至 70）进行评分	0.25	0.25	0.5
总分	1	1	2
2.2.2 基于通知的登记更新			
指标	企业灵活度分值	社会效益分值	总分
基于通知的登记更新（58、59、60 和 61）	1	1	2
总分	1	1	2
2.2.3 担保债权人查阅和更新登记的自主权			
指标	企业灵活度分值	社会效益分值	总分
担保债权人查阅和更新登记的自主权： 担保债权人查阅和更新登记的自主权（62、63、64、65、66、67 和 68） 银行对担保登记记录的验证（69 和 70）	1 0.9 0.1	1 0.9 0.1	2 1.8 0.2
总分	1	1	2

支柱Ⅲ　获得金融服务的运作效率

支柱Ⅲ中指标的分数通过正态累积密度函数转换法计算，分值从 0 到 100 分，其中 0 和 100 分别代表可能的最低和最高得分。根据所收集数据的 5%分位数和 95%分位数确定表现最佳和最差者。但新登记在数据库中反映的时间例外，该部分使用既定的国际标准。

支柱Ⅲ　获得金融服务的运作效率	
参数	
经营场所	该参数用于经济体中可能存在多个担保登记机构的情况（即联邦制）。如果存在多个担保登记机构，则以最大（人口最多）城市的登记机构为准

3.1　贷款

3.1.2　担保物权与信用数据更新的运作效率

71. 在担保登记机构注册担保物权是否需要支付费用？（是/否；否—良好实践）

72. 费用是否根据公开的收费标准确定？（是/否）

73. 请以本地货币列出费用。

74. 新登记的担保物权是否能在注册时立即反映并在系统中检索？（是/否）

75. 是否能在注册日期后的1个自然日内检索？（是/否）

76. 是否能在注册日期后的3个自然日内检索？（是/否）

77. 请以日历日数说明新注册的担保物权在注册后被反映并可在系统中检索所需的时间。

3.1　贷款			
3.1.2　担保物权与信用数据更新的运作效率			
指标	企业灵活度分值	社会效益分值	总分
担保物权和信用数据更新的运作效率*： 新登记内容反映在数据库中的时间（74或75或76或77）	100（66.66%）	不适用	100（66.66%）

（续表）

指标	企业灵活度分值	社会效益分值	总分
与担保物权登记相关的费用(71或72和73)			
子类别3.1.2的总分	100**	不适用	100**

***关于担保登记时间和担保登记成本，以及包含信用信息的时间(数据来源于征信机构问卷，支柱Ⅲ——问题73)，相关评分通过正态累积密度函数转换方法计算，分值从0到100分，其中0和100分别代表可能的最低和最高得分。将这些评分取平均值以获得该指标的总体评分。**

****子类别与征信机构问卷共享。**

电子支付问卷

下面的表格列出了每个支柱下的所有指标(包括其组成部分，如适用)，并在括号内标明了相应的问题编号。为了方便参考，每个表格前都列出了问题。

对于以“是/否”回答的问题，回答为“是”即得分，并被视为良好实践；如特别标明“是/否；否—良好实践”，则“否”意味着良好实践。

在接下来的表格中，“和”表示所有提及问题的答案，必须均为良好实践，才能获得指标的分值。

在接下来的表格中，“或”表示一个或多个提及问题的答案，只要一个为良好实践，即可获得指标的分值。

某些问题标记为“不计分”，意味着它们不会以任何方式影响分值。设计这些问题的目的是为了进一步完善问题，根据需要在推广阶段的后续年份进行改进，同时为计分问题提供补充信息和进一步支持。

支柱 I　电子支付规则的质量	
参数	
经营场所	该参数的应用场景为，规则因地区或州而异且不存在国家层面的统一适用。对于法规在各州之间有所不同的经济体，将以最大(人口最多)城市的法规为标准进行衡量
交易类型	该参数用于法规在不同类型的交易之间有所不同的情况。在支柱 I 项下，考虑的是国内电子支付交易

1.3　电子支付

1. 你所在的经济体中存在电子支付方式吗？(是/否)(不计分)

在您的经济体中是否存在以下电子支付方式？(问题 2 至 6)

2. 网上银行和手机银行，包括直接借记转账(是/否)(不计分)
3. 电子货币和电子钱包，不包括手机支付(是/否)(不计分)
4. 手机支付(是/否)(不计分)
5. 借记卡(是/否)(不计分)
6. 信用卡(是/否)(不计分)
7. 在您的国家，有关于电子支付的法律法规吗？(是/否)(不计分)

1.3.1　风险管理

8. 规则框架中是否有规定要求银行支付服务供应商进行外部合规审查？(是/否)

银行支付服务供应商的审查范围是否涵盖以下内容？(问题 9 至 15)

9. 反洗钱/打击恐怖主义融资审计(是/否)
10. 信息技术风险管理审查(是/否)
11. 数据保护和隐私审查(是/否)
12. 运营和安全风险管理审查(是/否)

13. 财务风险管理审查（是/否）

14. 合规报告审查（评估合规报告要求是否及时满足）（是/否）

15. 规则框架中是否有规定要求非银行支付服务供应商进行外部合规审查？（是/否）

非银行支付服务提供商的审查范围是否涵盖以下内容？（问题16至21）

16. 反洗钱/打击恐怖主义融资审计（是/否）

17. 信息技术风险管理审查（是/否）

18. 数据保护和隐私审查（是/否）

19. 运营和安全风险管理审查（是/否）

20. 财务风险管理审查（是/否）

21. 合规报告审查（评估监管报告的相关要求是否得到正确和及时的执行）（是/否）

22. 规则框架是否要求银行支付服务供应商实施内部控制，以保障数据和操作流程的完整性、真实性和保密性？（是/否）

23. 规则框架是否要求非银行支付服务供应商实施内部控制，以保障数据和操作流程的完整性、真实性和保密性？（是/否）

24. 规则框架是否为银行支付服务供应商设定了网络安全要求？（是/否）

说明：如果这些要求是支付服务供应商许可过程的一部分，则答案应为“是”。

25. 规则框架是否为非银行支付服务供应商设定了网络安全要求？（是/否）

说明：如果这些要求是支付服务提供商许可过程的一部分，则答案应为“是”。

26. 电子支付规则框架中是否有规定，要求银行支付服务供应商在系统和技术出现故障时制定应急计划和业务连续性程序（例如，备份站点或流程、网络弹性框架）？（是/否）

说明：如果这些要求是支付服务提供商许可过程的一部分，则答案应为“是”。

27. 电子支付规则框架中是否有规定，要求非银行支付服务供应商在系统和技术出现故障时制定应急计划和业务连续性程序（例如，备份站点或流程、网络弹性框架）？（是/否）

说明：如果这些要求是支付服务提供商许可过程的一部分，则答案应为“是”。

28. 法律或规则框架是否要求银行支付服务供应商确保客户在受到合理限制的情况下能按需获取他们的资金（指存放于支付服务供应商的资金）用于满足取现和支付的需要？（是/否）

说明：合理限制是指包括大额交易、时间、节假日、地理位置等在内的例外情况。

29. 法律或规则框架是否要求银行支付服务供应商确保客户在受到合理限制的情况下能按需获取他们的资金（指存放于支付服务供应商的资金）用于满足取现和支付的需要？（是/否）

30. 无论是直接规定还是通过合同关系，规则框架中是否有规定银行电子支付服务用户的客户使用限额（指交易执行的最大每日总金额）？（是/否）

31. 无论是直接规定还是通过合同关系，规则框架中是否有规定非银行电子支付服务用户的客户使用限额（指交易执行的最大每日总金额）？（是/否）

1.3.2 客户保护

32. 规则框架中是否有授权银行支付服务供应商（直接或通过合同关系）在与安全或涉嫌未经授权或欺诈使用相关的情况下限制用户使用支付工具（如限制使用地点或交易类型）和限制访问账户的规定？

32a. 是，但仅限于支付工具的使用

32b. 是，但仅限于支付账户的访问

32c. 是，二者皆是

32d. 否

33. 规则框架中是否有授权非银行支付服务供应商（直接或通过合同关系）在与安全或涉嫌未经授权或欺诈使用相关的情况下限制用户使用支付工具（如限制使用地点或交易类型）和限制访问账户的规定？

33a. 是，但仅限于支付工具的使用

33b. 是，但仅限于支付账户的访问

33c. 是，二者皆是

33d. 否

34. 对于银行支付服务供应商，规则框架是否直接或通过合同关系明确了支付服务用户在支付工具和个性化安全认证方面的义务？（是/否）

例如，按照使用条款使用支付工具，通知支付服务供应商支付工具的丢失、盗窃、挪用或未经授权使用，确保个性化安全凭证的安全。

35. 对于非银行支付服务供应商，规则框架是否直接或通过合同关系明确了支付服务用户在支付工具和个性化安全认证方面的义务？（是/否）

例如，按照使用条款使用支付工具，通知支付服务供应商支付工具的丢失、盗窃、挪用或未经授权使用，确保个性化安全凭证的安全。

36. 银行支付服务供应商在执行支付交易前是否需要验证（认证）支付服务用户的身份？（是/否）

37. 非银行支付服务供应商在执行支付交易前是否需要验证（认证）支付服务用户的身份？（是/否）

38. 规则框架中是否要求银行支付服务供应商在执行付款前，允许付款人单方面取消或修改付款？（是/否）

39. 规则框架中是否要求非银行支付服务供应商在执行付款前，允许付款人

单方面取消或修改付款？（是/否）

40. 规则框架是否有保护非银行支付服务供应商的客户资金的条款？（是/否）

41. 监管规定是否要求将客户的资金与非银行支付服务供应商的资金分开？（是/否）

42. 监管规定是否要求非银行支付服务供应商将客户资金存入央行？（是/否）

43. 监管规定是否禁止将客户资金用于除赎回电子货币和执行资金转账以外的其他用途？（是/否）

44. 监管规定是否要求对非银行支付服务供应商进行审慎监管？（是/否）

45. 监管规定是否明确保护客户资金免受非银行支付服务供应商潜在的破产/资不抵债的影响？（是/否）

46. 监管规定是否明确保护客户资金免受非银行支付服务供应商存放/放置客户资金的任何银行或其他机构潜在的破产/资不抵债的影响？（是/否）

47. 规则框架中是否有条款要求，非银行支付服务供应商对持有的客户资金进行保险？（是/否）

请说明以下哪些条款是规则框架中关于非银行支付服务供应商对持有的客户资金进行保险的相关要求？（问题 48 至 51）

48. 覆盖非银行支付服务供应商的存款保险基金（是/否）

49. 覆盖非银行支付服务供应商存放在商业银行的客户资金的存款保险基金（是/否）

50. 对非银行支付服务供应商持有的客户资金投保商业保险的要求（是/否）

51. 非银行支付服务提供商可用的客户担保基金（是/否）

52. 规则框架中是否有规定要求银行支付服务供应商通知可疑活动？（是/否）

53. 规则框架中是否有规定要求非银行支付服务供应商通知可疑活动？（是/否）

54. 规则框架是否要求银行支付服务供应商纠正未经授权或错误执行的电子

支付交易？（是/否）

55. 规则框架是否要求非银行支付服务供应商纠正未经授权或错误执行的电子支付交易？（是/否）

56. 规则框架中是否包含与电子支付有关的欺诈责任条款？（是/否）

57. 规则框架中是否界定了银行支付服务供应商在未经授权支付交易中的责任？（是/否）

58. 规则框架中是否界定了非银行支付服务供应商在未经授权支付交易中的责任？（是/否）

59. 规则框架中是否有规定，在消费者未实施欺诈行为的情况下，其对未经授权支付交易承担的最大财务责任金额？（是/否）

规则框架是否要求银行支付服务供应商履行以下义务？（问题60至65）

60. 披露使用电子支付的所有费用（是/否）

61. 通知用户有关费用的变化（是/否）

62. 责任披露（是/否）

63. 披露客户数据的使用情况（是/否）

64. 投诉处理程序和系统的书面政策（是/否）

65. 一般服务条款（如处理速度、错误的解决时间等）（是/否）

规则框架是否要求非银行支付服务供应商履行以下义务？（问题66至71）

66. 披露使用电子支付的所有费用（是/否）

67. 通知用户有关费用的变化（是/否）

68. 责任披露（是/否）

69. 披露客户数据的使用情况（是/否）

70. 投诉处理程序和系统的书面政策（是/否）

71. 一般服务条款（如处理速度、错误的解决时间等）（是/否）

72. 规则框架中是否要求银行支付服务供应商提供争议解决机制？（是/否）

73. 规则框架中是否要求非银行支付服务供应商提供争议解决机制？（是/否）

74. 是否对与银行支付服务供应商进行付款/收费提出异议设有时间限制？（是/否）

75. 是否对与非银行支付服务供应商进行付款/收费提出异议设有时间限制？（是/否）

76. 银行支付服务供应商在收到异议后是否需要确认？（是/否）

77. 是否要求非银行支付服务供应商确认收到争议通知？（是/否）

78. 是否要求银行支付服务商设置独立的部门或专人负责争议解决？（是/否）

79. 是否要求非银行支付服务供应商设置独立的部门或专人负责争议解决？（是/否）

80. 规则框架是否确定了一个独立的政府机构，供各方在与银行支付服务供应商的争议未能内部解决时寻求援助？（是/否）

81. 规则框架是否确定了一个独立的政府机构，供各方在与非银行支付服务供应商的争议未能内部解决时寻求援助？（是/否）

82. 在与银行支付服务供应商的争议待解决时，法律或法规是否允许收款人继续收取无异议的资金（如适用）？（是/否）

83. 在与非银行支付服务供应商的争议待解决时，法律或法规是否允许收款人继续收取无异议的资金（如适用）？（是/否）

1.3.3　支付系统的协同性和促进竞争

84. 辖区范围内银行支付服务供应商的协同性水平和程度如何？

说明：这个问题指的是经济体内部支付服务供应商的协同性，不包括跨境支付。

84a. 付款人只能从他/她的支付服务供应商向同一支付服务供应商下的收款人付款

84b. 付款人可以向大多数支付服务供应商下的收款人付款

84c. 付款人可以向所有支付服务供应商下的收款人付款，包括非银行支付服务供应商

85. 辖区范围内非银行支付服务供应商的协同性水平和程度如何？

说明：这个问题指的是经济体内部支付服务供应商的协同性，不包括跨境支付。

85a. 付款人只能从他/她的支付服务供应商向同一支付服务供应商下的收款人付款

85b. 付款人可以向大多数支付服务供应商下的收款人付款

85c. 付款人可以向所有支付服务供应商下的收款人付款，包括银行支付服务供应商

规则框架是否包括以下方面的公平竞争条款？（问题 86 至 91）

说明：公平竞争条款的例子包括禁止与竞争对手就定价、客户、市场分配和抵制达成协议，或禁止从事不公平或排他性行为等。

86. 电子支付服务供应商（是/否）

87. 支付系统（是/否）

88. 支付工具（是/否）

89. 产品（是/否）

90. 商业模式（是/否）

91. 渠道（是/否）

92. 规则框架中是否有规定，授予新的支付服务供应商、支付工具、产品、商业模式和渠道与现有参与者平等的市场准入权利？（是/否）

说明：平等准入是指新的支付服务供应商具有在其他竞争对手中不受限

制地向用户提供服务的可能性(上述限制是指,无法访问关键支付系统,某些支付服务供应商与商家和代理商签订排他性合同等)。

92a. 是,规则框架中有直接授予平等准入权利的规定

92b. 否,平等准入是通过没有限制规定间接实现的

92c. 否,框架中存在限制规定,剥夺了平等的市场准入权利

93. 注册和许可的规则/程序是否以公平和适当的方式适用于所有新的支付服务供应商、支付工具、产品、商业模式和渠道,并确保有一个公平的竞争环境?(是/否)(不计分)

94. 规则框架是否对支付服务供应商设定了功能要求(功能要求的类型可以是外部接口、交易处理、身份认证、授权级别、技术标准等)?(是/否)

95. 功能要求是否合适地适用于所有支付服务供应商?(是/否)(不计分)

1.3 电子支付			
1.3.1 风险管理			
指标	企业灵活度分值	社会效益分值	总分
外部审查和内部控制: 对于银行支付服务供应商:	1	1	2
对银行支付服务供应商进行的外部合规性审查(8)	0.125	0.125	0.25
银行支付服务供应商的审查范围:			
反洗钱/打击恐怖主义融资审计(9)	0.02	0.02	0.04
信息技术风险管理审查(10)	0.02	0.02	0.04
数据保护和隐私审查(11)	0.02	0.02	0.04
运营和安全风险管理审查(12)	0.02	0.02	0.04
财务风险管理审查(13)	0.02	0.02	0.04
合规报告审查(14)	0.02	0.02	0.04
银行支付服务供应商内部控制的实施(22)	0.25	0.25	0.50
外部审查和内部控制: 对于非银行支付服务供应商:			
对非银行支付服务供应商进行的外部合规性审查(15)	0.125	0.125	0.25

（续表）

指标	企业灵活度分值	社会效益分值	总分
非银行支付服务供应商的审查范围：			
反洗钱/打击恐怖主义融资审计(16)	0.02	0.02	0.04
信息技术风险管理审查(17)	0.02	0.02	0.04
数据保护和隐私审查(18)	0.02	0.02	0.04
运营和安全风险管理审查(19)	0.02	0.02	0.04
财务风险管理审查(20)	0.02	0.02	0.04
合规报告审查(21)	0.02	0.02	0.04
银行支付服务供应商内部控制的实施(23)	0.25	0.25	0.50
网络安全和运营风险：	1	1	2
对银行支付服务供应商网络安全的要求(24)	0.25	0.25	0.5
对非银行支付服务供应商网络安全的要求(25)	0.25	0.25	0.5
对银行支付服务供应商应急计划的要求(26)	0.25	0.25	0.5
对非银行支付服务供应商应急计划的要求(27)	0.25	0.25	0.5
流动性风险：	1	1	2
确保银行支付服务供应商的客户获取资金的要求(28)	0.25	0.25	0.5
确保非银行支付服务供应商的客户获取资金的要求(29)	0.25	0.25	0.5
银行支付服务供应商的客户使用限制(30)	0.25	0.25	0.5
非银行支付服务供应商的客户使用限制(31)	0.25	0.25	0.5
总分	3	3	6
1.3.2 客户保护			
指标	企业灵活度分值	社会效益分值	总分
用户和支付服务供应商的义务：	1	1	2
银行支付服务供应商对支付工具的使用限制和对付款账户的访问限制(32)*	0.167	0.167	0.33
非银行支付服务供应商对支付工具的使用限制和对付款账户的访问限制(33)*	0.167	0.167	0.33

（续表）

指标	企业灵活度分值	社会效益分值	总分
银行支付服务供应商用户对支付工具和安全证书的义务(34)	0.167	0.167	0.33
非银行支付服务供应商用户对支付工具和安全证书的义务(35)	0.167	0.167	0.33
在执行支付交易之前,银行支付服务供应商对支付服务用户进行身份验证(认证)(36)	0.167	0.167	0.33
在执行支付交易之前,银行支付服务供应商对支付服务用户进行身份验证(认证)(37) * 如果限制同时适用于支付工具和支付账户,则得 0.167 分;如果限制仅适用于支付工具或仅适用于支付账户,则得 0.08 分	0.167	0.167	0.33
取消错误交易、资金保护及义务:	1	1	2
允许使用银行支付服务供应商的付款人在交割时限内单方面取消或修改支付交易(38)	0.062	0.062	0.125
允许使用银行支付服务供应商的付款人在交割时限内单方面取消或修改支付交易(39)	0.062	0.062	0.125
保护存放在非银行支付服务供应商的客户资金(40)	0.062	0.062	0.125
客户资金(41、42、43、44、45、46): 非银行支付服务供应商的客户资金分离(41) 非银行支付服务供应商将客户资金存入中央银行(42) 禁止非银行支付服务供应商将客户资金用于赎回电子货币和执行资金转账以外的其他用途(43) 非银行支付服务供应商的审慎监管(44) 保护客户资金免受非银行支付服务供应商破产/资不抵债的影响(45) 保护客户资金免受存放该资金的任何金融机构破产/资不抵债的影响(46)	0.062	0.062	0.125
非银行支付服务供应商持有的客户资金的保险要求(47)	0.062	0.062	0.125

（续表）

指标	企业灵活度分值	社会效益分值	总分
资金保险（48、49、50、51）*： 覆盖非银行支付服务供应商的存款保险基金（48） 覆盖非银行支付服务供应商客户资金存放于银行的存款保险基金（49） 对非银行支付服务供应商持有的客户资金要求商业保险（50） 非银行支付服务供应商的客户担保基金（51）	0. 062	0. 062	0. 125
对银行支付服务供应商关于可疑活动的通知要求（52）	0. 062	0. 062	0. 125
对非银行支付服务供应商关于可疑活动的通知要求（53）	0. 062	0. 062	0. 125
对银行支付服务供应商的可疑活动通知要求以及纠正未经授权或错误执行的交易的要求（54）	0. 062	0. 062	0. 125
对非银行支付服务供应商的可疑活动通知要求以及纠正未经授权或错误执行的交易的要求（55）	0. 062	0. 062	0. 125
关于欺诈责任的一般规定（56）	0. 125	0. 125	0. 250
银行支付服务供应商对未经授权支付的责任（57）	0. 062	0. 062	0. 125
非银行支付服务供应商对未经授权支付的责任（58）	0. 062	0. 062	0. 125
付款人对未经授权支付的最大财务责任（59） *如果其中任何一个问题的回答为“是”，则将得满分	0. 125	0. 125	0. 250
披露费用和费用变更的通知：	1	1	2
对于银行支付服务供应商：			
披露使用电子付款的所有费用（60）	0. 25	0. 25	0. 5
通知用户有关费用的变更（61）	0. 25	0. 25	0. 5
对于非银行支付服务供应商：			
披露使用电子付款的所有费用（66）	0. 25	0. 25	0. 5
通知用户有关费用的变更（67）	0. 25	0. 25	0. 5
责任、客户数据使用和争议解决机制的披露：	1	1	2

（续表）

指标	企业灵活度分值	社会效益分值	总分
对于银行支付服务供应商：			
责任披露(62)	0.125	0.125	0.25
披露客户数据的使用情况(63)	0.125	0.125	0.25
投诉处理程序的书面政策(64)	0.125	0.125	0.25
一般服务条款(65)	0.125	0.125	0.25
对于非银行支付服务供应商：			
责任披露(68)	0.125	0.125	0.25
披露客户数据的使用情况(69)	0.125	0.125	0.25
投诉处理程序的书面政策(70)	0.125	0.125	0.25
一般服务条款(71)	0.125	0.125	0.25
对交易提出争议：	1	1	2
在使用银行支付服务供应商时对付款提出争议的期限(74)	0.167	0.167	0.33
在使用非银行支付服务供应商时对付款提出争议的期限(75)	0.167	0.167	0.33
银行支付服务供应商确认争议通知的送达(76)	0.167	0.167	0.33
非银行支付服务供应商确认争议通知的送达(77)	0.167	0.167	0.33
使用银行支付服务供应商时，在争议解决期间，收款方继续收取无争议事项的费用(82)	0.167	0.167	0.33
使用非银行支付服务供应商时，在争议解决期间，收款方继续收取无争议事项的费用(83)	0.167	0.167	0.33
争议解决机制的可获得性：	1	1	1
银行支付服务供应商设立独立部门负责争议解决(78)	0.167	0.167	0.33
非银行支付服务供应商设立独立部门负责争议解决(79)	0.167	0.167	0.33
要求银行支付服务供应商设立可获得的争议解决机制(72)	0.167	0.167	0.33
要求非银行支付服务供应商设立可获得的争议解决机制(73)	0.167	0.167	0.33
若内部未解决争议，使用银行支付服务供应商时，独立的政府机构作为争议交易外部救济机构的可获得性(80)	0.167	0.167	0.33

（续表）

指标	企业灵活度分值	社会效益分值	总分
若内部未解决争议，使用非银行支付服务供应商时，独立的政府机构作为争议交易外部救济机构的可获得性(81)	0. 167	0. 167	0. 33
总分	6	6	12
1. 3. 3 支付系统的协同性和促进竞争			
指标	企业灵活度分值	社会效益分值	总分
支付系统的协同性： 银行支付服务供应商在辖区范围内协同性的水平和程度(84) 非银行支付服务供应商在辖区范围内协同性的水平和程度(85) 如果协同性覆盖所有或大多数支付服务供应商(包括非银行支付服务供应商)，则得满分。如果协同性仅限于同类支付服务供应商之间，则不授予分数	1 0. 5 0. 5	1 0. 5 0. 5	2 1 1
公平竞争： 有关公平竞争的条款(86、87、88、89、90、91)* * 只有在所有问题中都考虑了公平竞争条款时，得满分 1 分	1 1	1 1	2 2
不同支付服务供应商的平等准入和待遇： 授予新的支付服务供应商与现有支付服务供应商平等的市场准入权(92)* 支付服务供应商的功能要求(94) * 如果通过规则框架中的条款直接授予平等准入权，或通过限制间接授予平等访问权，则得分	1 0. 5 0. 5	1 0. 5 0. 5	2 1 1
总分	3	3	6

支柱Ⅲ　获得金融服务的运作效率

支柱Ⅲ中指标的分数通过正态累积密度函数转换法计算，分值从 0 到

100分,其中0和100分别代表可能的最低和最高得分。根据所收集数据的5%分位数和95%分位数确定表现最佳和最差者。

支柱Ⅲ关于获得金融服务的运作效率的数据通过企业调查收集,使用以下参数:

支柱Ⅲ　获得金融服务的运作效率	
参数	
交易类型	支柱Ⅲ项下仅考虑商业交易(例如,支付给政府或工资支付不包括在内)

3.2. 电子支付

3.2.1　电子支付的成本

1. 接收电子支付的成本:作为典型交易的百分比,接受支付的成本是多少?
2. 发起电子支付的成本:作为典型交易的百分比,发起支付的成本是多少?

3.2.2　接收电子支付的时间

3. 接收电子支付的时间:从下单到收到款项平均需要多少天?

3.2.3　电子支付使用率

4. 接收电子支付的使用率:该机构在典型月份中,通过电子支付(即非现金或支票支付)从顾客收到的总销售额的百分比是多少?
5. 发起电子支付的使用率:该机构在典型月份中,通过电子支付(即非现金或支票支付,排除政府支付和工资支付)发起的总支付金额的百分比是多少?

3.2. 电子支付			
3.2.1　电子支付的成本			
指标	企业灵活度分值	社会效益分值	总分
接收电子支付的成本(1)	100(50%)	不适用	100(50%)
发起电子支付的成本(2)	100(50%)	不适用	100(50%)
子类别 3.2.1 的总分	100	不适用	100
3.2.2　接收电子支付的时间			
指标	企业灵活度分值	社会效益分值	总分
接收电子支付的时间(3)	100(100%)	不适用	100(100%)
子类别 3.2.2 的总分	100	不适用	100
3.2.3　电子支付使用率			
指标	企业灵活度分值	社会效益分值	总分
接收电子支付的使用率(4)	100(50%)	不适用	100(50%)
发起电子支付的使用率(5)	100(50%)	不适用	100(50%)
子类别 3.2.3 的总分	100	不适用	100
类别 3.2 的总分	100	不适用	100

征信机构问卷

表格列出了每个支柱下的所有指标(包括其组成部分,如适用),并在括号内标明了相应的问题编号。为了方便参考,每个表格前都列出了问题。

对于以“是/否”回答的问题,回答“是”即得分,并被视为良好实践;如特别标明“是/否;否—良好实践”,则“否”意味着良好实践。

在接下来的表格中,“和”表示所有提及问题的答案,必须均为良好实践,才能获得指标的分值。

在接下来的表格中,“或”表示一个或多个提及问题的答案,只要一个为良好实践，即可获得指标的分值。

某些问题标记为“不计分”，意味着它们不会以任何方式影响分值。设计这些问题的目的是为了进一步完善问题，根据需要在推广阶段的后续年份进行改进，同时为计分问题提供补充信息和进一步支持。

支柱Ⅱ　信贷基础设施中信息的可及性

2.1　征信机构的运作

1. 法律或法规是否对信用报告机构的设立和运作进行监管？（是/否）（不计分）
2. 请列出在您所在的经济体中，所有正在运作的征信机构。（不计分）

针对过去5年内有信用记录的借款人。

对于下列问题，考虑其还款历史的信用记录无论是来自受监管和非监管实体的情形。请从信用报告机构的数据库中列出在2019年1月2日至2024年1月1日期间至少有1个信用记录正面或负面的个人和企业的数量。

3. 个人的数量——截至2024年1月1日（覆盖率）

（列出个人的数量，而不是信用记录的数量。一个有4笔贷款的个人，即使在数据库中有4处信用记录，他也被算作1人。）

4. 企业的数量——截至2024年1月1日（覆盖率）

（列出企业的数量，而不是信用记录的数量。一个有4笔贷款的企业，即使在数据库中有4处信用记录，他也被算作1家企业。）

对于没有信用记录的借款人，请从征信机构数据库中列出该类个人和企业的数量，这些主体在过去5年中没有借贷记录，但在2023年1月2日至2024年1月1日期间，至少有1个贷款机构要求信用报告机构提供其信用报告。

5. 个人的数量——2023 年 1 月 2 日至 2024 年 1 月 1 日(覆盖率)

(列出个人的数量,而不是信用记录查询的数量,如 1 人的历史信用记录被 3 个贷款人查询,即使数据库中记录了 3 次信用查询,但也被算作 1 人。)

6. 企业的数量——2023 年 1 月 2 日至 2024 年 1 月 1 日(覆盖率)

(列出企业的数量,而不是信用记录查询的数量,如 1 家企业的历史信用记录被 3 个贷款人查询,即使数据库中记录了 3 次信用查询,但也被算作 1 人。)

7. 请填写信用报告机构成立日期[月/年](即该信用报告机构被依法授权作为征信机构或注册机构运营的时间)。(用于截止日期)

8. 请填写信用报告机构实际开始运作的时间(即信用报告机构开始发布信用报告的时间)。(用于截止日期)

9. 个人贷款数据是否正在被金融机构收集?(是/否)(不计分)

(该问题指的是关于个人的数据,而不是群体数据)

10. 个人贷款数据是否与金融机构共享?

(该问题指的是关于个人的数据,而不是群体数据)(是/否)

11. 一旦被请求,个人贷款的原始金额数据是否与金融机构共享?

11a. 始终共享

11b. 仅在违约后共享

11c. 从不共享

12. 一旦被请求,个人未偿还贷款金额的数据是否会与金融机构共享?

12a. 始终共享

12b. 仅在违约后共享

12c. 从不共享

以下哪些关于个人贷款还款的数据会与金融机构共享?(问题 13 至 17)

13. 按时还款的情况(是/否)

14. 历史还款模式(是/否)(不计分)

15. 违约或债务重组的情况(如违约或重组债务的次数和金额)(是/否)

16. 拖欠或逾期付款(如拖欠款项或逾期付款的次数和金额)(是/否)

17. 贷款逾期天数(是/否)(不计分)

18. 在个人拖欠款项多少天后,信用报告机构将拖欠定义为逾期?(不计分)

19. 在个人拖欠款项多少天后,信用报告机构将拖欠定义为违约?(不计分)

20. 是否从金融机构收集企业贷款数据?(是/否)(不计分)

21. 是否与金融机构共享企业贷款数据?(是/否)(不计分)

22. 一旦被请求,企业贷款的原始金额数据是否会与金融机构共享?

    22a. 始终共享

    22b. 仅在违约后共享

    22c. 从不共享

23. 一旦被请求,企业贷款未偿还金额的数据是否会与金融机构共享?

    23a. 始终共享

    23b. 仅在违约后共享

    23c. 从不共享

以下哪些关于企业贷款还款的数据会与金融机构共享?(问题 24 至 28)

24. 按时还款的情况(是/否)

25. 历史还款模式(是/否)(不计分)

26. 违约或重组的债务情况(如违约或重组债务的数量和金额)(是/否)

27. 拖欠或逾期付款(如拖欠款项或逾期付款的次数和金额)(是/否)

28. 贷款逾期天数(是/否)(不计分)

29. 在企业拖欠款项多少天后,信用报告机构将拖欠定义为逾期?(不直接计分)

30. 在企业拖欠款项多少天后,信用报告机构将拖欠定义为违约?(不直接

计分）

在您所在的经济体中，下列哪些机构向信用报告机构提供信息或从中获取信息（或两者皆有）？（问题 31 至 40）

31. 金融机构

31a. 提供信息

31b. 获取信息

31c. 两者皆有

31d. 没有

32. 小额信贷机构

32a. 提供信息

32b. 获取信息

32c. 两者皆有

32d. 没有

33. 合作社

33a. 提供信息

33b. 获取信息

33c. 两者皆有

33d. 没有

34. 零售商和商户

34a. 提供信息

34b. 获取信息

34c. 两者皆有

34d. 没有

35. 公用事业公司

35a. 提供信息

35b. 获取信息

35c. 两者皆有

35d. 没有

36. 法院

36a. 提供信息

36b. 获取信息

36c. 两者皆有

36d. 没有

37. 税务机构

37a. 提供信息

37b. 获取信息

37c. 两者皆有

37d. 没有

38. 租赁物业

38a. 提供信息

38b. 获取信息

38c. 两者皆有

38d. 没有

39. 互联网、移动电话公司

39a. 提供信息

39b. 获取信息

39c. 两者皆有

39d. 没有

40. 电子商务平台

40a. 提供信息

40b. 获取信息

40c. 两者皆有

40d. 没有

41. 规则框架是否允许跨境信用信息共享？（是/否）（不计分）

42. 在实践中，信用报告机构是否共享跨境信用信息？（是/否）

43. 信用报告机构是否使用技术报告代码或特别报告来识别与危机有关的数据（如与金融、健康和气候有关的欠款）？（是/否）

44. 数据库中正面信息的保留年限是多少？

如果正面信息永久保留或直到借款人退出信用报告机构，请填写“99”。

45. 信用报告中正面信息的共享年限是多少？

如果正面信息永久共享或直到借款人退出信用报告机构，请填写“99”。

46. 数据库中负面信息的保留年限是多少？

如果负面信息永久保留或直到借款人退出信用报告机构，请填写“99”。

47. 信用报告中负面信息的共享年限是多少？

如果负面信息永久共享或直到借款人退出信用报告机构，请填写“99”。

48. 如果您收集了关于违约或重组债务的信息，该信息在偿还后多长时间会从信用报告中删除？

48a. 立即删除

48b. 永不删除

48c. 一定时间后删除

49. 如适用，请说明具体的年限。

50. 如果您收集了关于违约或重组债务的信息，该信息在未偿还情况下多长时间从信用报告中删除？

50a. 立即删除

50b. 永不删除

50c. 一定时间后删除

51. 如适用,请说明具体的年限。

52. 如果您收集关于逾期或延迟付款的信息,该信息在偿还后多长时间从信用报告中删除?

52a. 立即删除

52b. 永不删除

52c. 一定时间后删除

53. 如适用,请说明具体的年限。

54. 如果您收集了关于逾期或延迟付款的信息,该信息在未偿还情况下多长时间从信用报告中删除?

54a. 立即删除

54b. 永不删除

54c. 一定时间后删除

55. 如适用,请说明具体的年限。

56. 请提供关于是否对不同类型信息从信用报告中删除有不同规则的评论或补充细节。(不计分)

如果无须添加评论,请填写“无”。

57. 纳入数据库的最低贷款额如果有,是多少(以当地货币计算)?

如果信用报告机构没有最低贷款要求,请填写“0”。如果对个人和企业适用不同的最低贷款额,请使用较低的数额。

58. 法律法规是否保障借款人有权查阅自己的信用信息?(是/否)

59. 法律法规是否规定借款人有权要求纠正信用信息中的任何错误?(是/否)

60. 借款人获取其信用信息的费用以当地货币计算是多少?请输入以当地货币计算的费用。

61. 借款人能否在网上查阅其信用信息？（是/否）

62. 法律法规是否要求，向信用报告机构报告客户/借款人的负面信息时，应通知客户/借款人？（是/否）

63. 银行和其他金融机构是否可以在线访问信用报告机构的数据？

如果回答为“是”，请回答问题64。

64. 银行和其他金融机构通过什么方式访问信用报告机构的数据？

64a. 通过网络界面

64b. 通过系统联网

65. 在线访问是从哪一天开始的？请指出大概日期[月/年]，如果自信用报告机构运作以来就可以使用在线访问，请确认。（不计分）

65a. 日期

65b. 自运作以来可使用

66. 信用报告机构是否向银行和其他金融机构提供信用评分作为一种附加服务？（是/否）

67. 信用报告机构何时开始提供信用评分服务？[日/月/年]（不计分）

68. 如果信用报告机构提供信用评分，其网站是否有如何解读该信用评分，以及哪些因素会影响借款人的评分的说明？（不计分）

68a. 是，只说明如何解读信用分值

68b. 是，只解释哪些因素会影响借款人的分值

68c. 是，两者都有

68d. 否

69. 你所在经济体的银行在决定贷款申请时是否会审查来自信用报告机构的信用信息？（是/否）

70. 如果是，银行在决定贷款申请前使用从信用报告机构获取的信用信息的频率如何？

70a. 总是

70b. 有时

70c. 很少

2.1 征信机构的运作**			
2.1.1 数据覆盖			
指标	企业灵活度分值	社会效益分值	总分
数据覆盖:	1	1	2
公司和个人的数据是共享的(10 和 21)*	0.40	0.40	0.80
除金融机构的数据外,替代数据源也被共享(31 至 40)**	0.40	0.40	0.80
跨境信息共享(42)	0.1	0.1	0.20
风险报告(43)	0.1	0.1	0.20
* 如果对借款人的回答均为“是”,则可获得满分			
** 除金融机构(私人商业银行、公共商业银行或公共发展银行)外,来自以下 9 种替代数据源中的 4 种(微型金融机构、合作社、零售商和商家、公用事业公司、法院、税务、租赁数据、互联网、移动电话和电子商务平台)的数据也被共享			
总分	1	1	2
2.1.2 共享数据的类型			
指标	企业灵活度分值	社会效益分值	总分
共享数据的类型:	1	1	2
正面信用信息和负面信用信息都是共享的(11、12、13、15、16、22、23、24、26、27)*	0.33	0.33	0.66
共享至少两年的历史数据(44 至 55)**	0.33	0.33	0.66
共享低于人均收入 1% 的贷款金额数据(57)***	0.33	0.33	0.66

（续表）

指标	企业灵活度分值	社会效益分值	总分
* 对于正面信息的编码规则：必须提供按时付款记录并且提供贷款的原始金额或未偿还金额之一 对于负面信息的编码规则：必须同时提供违约/取消债务和逾期/拖欠付款信息 如果机构为企业和个人分发信息，则必须同时提供正面和负面数据才能获得满分 ** 至少两年的历史数据需被共享。信用局和登记处如果在违约债务还清后立即删除数据，或在违约还清后超过 10 年才分发负面信息，则此部分得分为 0 *** 最低贷款金额必须低于人均国民总收入的 1% 才能在此问题上获得分数			
总分	1	1	2

2.1.3　附加服务和借款人获取信息的途径

指标	企业灵活度分值	社会效益分值	总分
附加服务和借款人获取信息的途径：	1	1	2
根据法律规定，借款人有权访问最大的信用报告机构的数据（58 至 61）* 或	0.3 或	0.3 或	0.6 或
负面信息通知（62）	0.15	0.15	0.30
* 如果根据法律，借款人有权访问其在该经济体信用报告机构中的数据（访问成本低廉，可在线完成，并且借款人有权要求修正数据），则获得一半分数。如果法律或法规要求向客户/借款人通知已报告的负面信息，则再获得另一半分数。访问成本必须低于人均国民总收入 1%，才能在此问题上获得分数			

（续表）

指标	企业灵活度分值	社会效益分值	总分
银行和其他金融机构可以在线访问信用信息(63)	0.30	0.30	0.60
征信机构的信用评分作为附加服务提供(66)	0.30	0.30	0.60
借款人的信用信息在实践中总是被验证(69 和 70a)或	0.10 或	0.10 或	0.20 或
借款人的信用信息在实践中有时被验证(69 和 70b)	0.05	0.05	0.10
总分	1	1	2

注：如果征信机构未运作或覆盖的成年人(15 岁至 64 岁)不到 5%，分值为 0。如果征信机构处于运行状态，但未在营商环境成熟度截止日前发布信用报告，分值也为 0。如果有两个或两个以上的征信机构，则数据覆盖就业人口率最高的信用机构得分。

支柱Ⅲ　获得金融服务的运作效率

支柱Ⅲ中指标的得分是通过正态累积分布函数转换法计算的，得分范围从 0 到 100，其中 0 和 100 分别代表最低和最高的可能得分。根据国际标准所设定的阈值，确定了信息反映在信用报告数据库中所需时间的最佳表现者和最差表现者。

3.1　贷款

3.1.2　担保物权与信用数据更新的运作效率

71. 规则框架是否要求报告的信用信息在一定时间内反映到数据库中？（是/否）（不计分）
72. 时间要求是多少天？（不计分）
73. 从信息提交到信用报告机构的时刻开始，到信息反映在信用报告中，通常需要多少天？

3.1. 贷款			
3.1.2 担保物权与信用数据更新的运作效率			
指标	企业灵活度分值	社会效益分值	总分
担保物权和信用数据更新的运作效率*： 从信用报告机构接收到信息到该信息反映在信用报告中的时间(73) *关于登记担保物权的时间和成本(数据来源于担保交易与担保登记机构的问卷，问题 71 至 76)，以及包含信用信息的时间的相关评分，将通过正态累积密度函数转换方法计算，分值从 0 到 100 分，其中 0 和 100 分别代表可能的最低和最高得分。将这些评分取平均值以获得该指标的总体评分	100(33.33%)	不适用	100(33.33%)
子类别 3.1.2 的总分	100**	不适用	100**

＊＊子类别与信用报告机构和登记机构问卷共享。

第七章　国际贸易

方法论说明

Ⅰ. 动机

国际贸易是经济增长和私营部门发展的主要驱动力。通过促进内资企业与外资企业之间的竞争,它提升了企业的专业化水平,将资源重新分配给最具生产力的企业。[①] 虽然在国际贸易中,企业、劳动者和消费者有的受益,有的受损,但总体上国际贸易为私营部门和社会带来了利益。[②] 为保持竞争力,企业必须不断适应变化、加强创新和提高效率,从而实现总体生产率的增长和福利的提升。[③] 贸易开放可以通过创造规模经济效应,提供更为物美价廉、种类更为丰富的中间产品,促进知识与技术的转让,从而进一步提高生产率。[④] 增加获得外国投资的机会,可以提高生产力和出口业绩,促进经济多元化,并减少对单一产品或市场的依赖。这些均显示了进口与出口是相辅相成的,并强调了贸易开放对于一国从国际贸易中充分获取利益的重要性。[⑤]

为了充分实现国际贸易的利益,必须为企业营造有利的营商环境,减少贸易壁垒,降低合规和交易成本。企业能否进入全球市场,取决于其营业所在地的规则框架的质量以及相关的公共服务。建立一个非歧视、透明、可预测和安全的交易环境的规则框架,有利于促进社会各界积极参与国际贸易,并打造一个公平的竞争环境。此外,有效的规则框架旨在实现合法的公共政策目标,包括保护公共卫生和环境,对可能阻碍贸易的市场扭曲施行限制性贸易措施。[⑥] 各国必须制定有效的规则,在合法的公共政策目标和限制性贸

---

① Melitz (2003).

② Artuc, Rijkers, and Porto (2019).

③ Sampson (2016).

④ Goldberg et al. (2010); Madsen (2007).

⑤ Feng, Lie, and Swenson (2016).

⑥ Fernandes, Ferro, and Wilson (2019); Nordås and Rouzet (2015).

易措施之间取得平衡，这一点至关重要。

此外，政府可以提供公共服务以促进贸易进程。改善实体和数字基础设施的质量以及边境管理的政策，使私营部门最大限度地从规则框架中获益，并最大限度地减少规则框架所带来的负担。私营部门所承担的时间和成本构成了重大的贸易壁垒，而贸易便利化措施减少了这些时间和成本，并提高了中小型和大型企业在国际贸易中的参与度。[①] 通过贸易便利化措施，企业可以参与更激烈的竞争，利用规模经济的优势，获取更高质量的产品，从而提高生产力，使私营部门和更广泛的行业受益。

Ⅱ. 指标

国际贸易主题衡量国际贸易的不同方面，包括货物贸易、服务贸易和数字贸易，这三个不同维度在本文称为“支柱”。支柱Ⅰ评估与国际贸易有关的规则的质量，其中涵盖了规则框架的法律功能，这些功能对于建立一个非歧视、透明、可预测和安全的环境，以发挥国际贸易潜力是必要的。支柱Ⅱ衡量与国际贸易有关的数字化和实体基础设施的质量以及边境管理的质量，从而评估促进国际贸易的公共服务的实际提供情况。支柱Ⅲ衡量进出口合规、参与数字贸易所需的时间和成本以及某些已知的国际贸易的主要障碍。每个支柱都被分为若干类别，这些类别由共同特征界定，这些特征为将它们归入特定类别提供依据。每个类别进一步划分为若干子类别。每个子类别由若干指标组成，每项指标相应地可能包含若干组成部分。每项指标被赋予相应的分值，然后汇总得出每个子类别、类别和支柱的分值。表1汇总了所有三个支柱以及各支柱按主题衡量的各方面相应的类别。

① Fontagné, Orefice, and Piermartini (2020); Hummels and Schaur (2013).

表 1　国际贸易主题三大支柱汇总表

支柱 I	**国际贸易规则的质量(102 项指标)**
1. 1	支持国际贸易的实践(40 项指标)
1. 1. 1	国际货物和服务贸易(14 项指标)
1. 1. 2	数字化和可持续贸易(包括性别和环境)(14 项指标)
1. 1. 3	国际贸易合作(12 项指标)
1. 2	对国际贸易的监管限制(62 项指标)
1. 2. 1	对国际货物贸易的限制(包括性别)(25 项指标)
1. 2. 2	对国际服务贸易的限制(22 项指标)
1. 2. 3	对数字贸易的限制(15 项指标)
支柱 II	**促进国际贸易的公共服务质量(53 项指标)**
2. 1	数字化和实体基础设施(32 项指标)
2. 1. 1	电子系统和服务的协同性(10 项指标)
2. 1. 2	信息透明度和可获得性(12 项指标)
2. 1. 3	贸易基础设施(10 项指标)
2. 2	边境管理(21 项指标)
2. 2. 1	风险管理(8 项指标)
2. 2. 2	边境协同管理(7 项指标)
2. 2. 3	受信任的交易者计划(6 项指标)
支柱 III	**出口货物、进口货物和从事数字贸易的运作效率(7 项指标)**
3. 1	遵守出口合规要求(2 项指标)
3. 1. 1	遵守出口合规要求的总时间(1 项指标)
3. 1. 2	遵守出口合规要求的总成本(1 项指标)
3. 2	遵守进口合规要求(2 项指标)
3. 2. 1	遵守进口合规要求的总时间(1 项指标)
3. 2. 2	遵守进口合规要求的总成本(1 项指标)
3. 3	参与跨境数字贸易(1 项指标)
3. 3. 1	出口数字订购货物的贸易企业份额(1 项指标)

（续表）

3.4	已知的主要障碍：海关、贸易规则和运输（2 项指标）
3.4.1	视海关和贸易规则为主要或严重制约因素的企业份额（1 项指标）
3.4.2	视运输为主要或严重制约因素的企业份额（1 项指标）

1. 支柱 Ⅰ. 国际贸易规则的质量

表 2 显示了支柱 Ⅰ（即国际贸易规则的质量）的结构。该支柱的每个类别和子类别都将按照表中所示顺序进行更为详细的讨论。

表 2　支柱 Ⅰ　国际贸易规则的质量

1.1	支持国际贸易的实践
1.1.1	国际货物和服务贸易
1.1.2	数字化和可持续贸易（包括性别和环境）
1.1.3	国际贸易合作
1.2	对国际贸易的监管限制
1.2.1	对国际货物贸易的限制（包括性别）
1.2.2	对国际服务贸易的限制
1.2.3	对数字贸易的限制

1.1　支持国际贸易的实践

类别 1.1 分为 3 个子类别，每个子类别包含多项指标，每项指标又可能包含多个组成部分。

1.1.1　国际货物和服务贸易

这组指标对国际货物和服务贸易法律框架的充分性进行衡量。国际标准的实行、规定必须披露拒发许可证的原因以及有权对此提出申诉的监管和法律义务的实施，均有助于建立一个公平、透明和具有可预见性的国际贸易体系。① 同样，设定最低进口免税额义务减少了与低价值货物进出口相关的时间和成本，从而促进企业参与跨境贸易。② 因此，子类别 1.1.1 国际货物和服务贸易包含 14 项指标（表 3）。

表 3　子类别 1.1.1 国际货物和服务贸易

	指标	组成部分
1	建立海事单一窗口环境*	在国内法律框架内建立具有协同性的海事单一窗口环境
2	货物临时入境	通过采用标准化的国际海关单证，在国内法律框架内规定货物的临时进口
3	承运人责任规则*	国内法律框架中存在明确规定承运人对于海上运输过程中货物灭失或损坏的责任的规则
4	简化签证制度：外国船员和服务提供者**	国内法律框架内存在针对以下服务子行业外国船员和服务提供者的简化签证制度： （1）海运货运 （2）公路货运 （3）空运货运
5	拒发、暂停和注销许可证的原因（货物运输）**	国内法律框架要求向申请人提供拒绝、暂停或注销以下货运服务许可证的理由： （1）海运货运 （2）公路货运 （3）空运货运
6	拒发、暂停和注销许可证的原因（物流服务）	国内法律框架要求向申请人提供拒绝、暂停或注销以下物流服务许可证的理由： （1）货物处理、储存和仓储 （2）报关代理

① Handley (2014); World Bank (2018a); Johns and Saltane (2016); OECD (2008, 2009).

② 关于良好的监管实践，见贸易法委员会的《电子商务示范法》、《电子可转让记录示范法》和《电子签名示范法》、《联合国国际合同使用电子通信公约》，以及世界海关组织的《跨境电子商务标准框架》等。本指标将通过增加覆盖的地理范围和时间段来扩展当前可用的数据库，如世界银行集团的数字商业指标（DBI）和全球数据法规诊断（GDRD）、联合国的数字和可持续贸易便利化全球调查（GSDSTF）、ECIPE 的数字贸易限制性指数（DTRI），以及数字政策警报（DPA）。

（续表）

	指标	组成部分
7	申诉权（货物）：行政	直接出口商和进口商或其授权代表有权对行政机关在影响国际货物贸易领域做出的所有监管决定提起行政申诉
8	申诉权（货物）：司法	直接出口商和进口商或其授权代表有权对行政机关在影响国际货物贸易领域做出的所有监管决定提起司法诉讼
9	申诉权（服务）：行政（货物运输）**	服务提供者或专业人员有权对以下货运服务中行政机构做出的所有监管决定提出行政申诉： （1）海运货运 （2）公路货运 （3）空运货运
10	申诉权（服务）：行政（物流服务）	服务提供者或专业人员有权对以下货运服务中行政机构做出的所有监管决定提出行政申诉： （1）货物处理、储存和仓储 （2）报关代理
11	申诉权（服务）：司法（货物运输）**	服务提供者或专业人员有权对以下货运服务中行政机构做出的所有监管决定提出司法申诉： （1）海运货运 （2）公路货运 （3）空运货运
12	申诉权（服务）：司法（物流服务）	服务提供者或专业人员有权对以下货运服务中行政机构做出的所有监管决定提出司法申诉： （1）货物处理、储存和仓储 （2）报关代理
13	最低进口免税额	存在有效的最低进口免税额义务
14	监管影响评估：非关税措施	国内法律框架要求进行系统的监管影响评估，以评估拟议的技术性和非技术性非关税措施在实施前的潜在影响

*** 内陆经济体将不采用该指标进行评估。其子类别总分将相应调整。参见第 5.2.1 节。**
**** 根据地理位置，每个经济体的货运服务子行业中只有两个组成部分适用。参见第 5.2.1 节。**

1.1.2 数字化和可持续贸易（包括性别和环境）

这组指标衡量数字化和可持续贸易方面的实践。数字交易的法律要求便于国际贸易的开展，例如承认外国电子合同和签名、（关于）技术中立和跨境电子支付的规定。上述规定有利于促进企业进入数字市场，并提高了终端消费者的参与度。[①] 同样，管理跨境数据流动限制的法律文件也旨在平衡数据保护的需要与促进贸易和信息的跨境流动。[②] 此外，规则框架可以通过采取实现相关环境和社会目标的政策来建立一个可持续的贸易体系。这些政策可能包括降低环境产品的关税、采用跨境碳定价工具，以及采用其他国际标准来减轻海上运输的不利影响和限制跨境废物流动。[③] 因此，子类别 1.1.2 数字化和可持续贸易（包括性别和环境）有 14 项指标（表 4）。

表 4　子类别 1.1.2 数字化和可持续贸易（包括性别和环境）

	指标	组成部分
1	电子合同	国内法律框架承认外国签发的电子合同具有法律效力和可执行性
2	电子签名	国内法律框架承认外国签发的电子签名具有法律效力和可执行性
3	技术中立	数字贸易背景下技术中立原则在国内法律框架中的确立
4	跨境数据流动：数据保护	存在规范跨境数据流动的个人数据保护的国内规则框架
5	承认跨境支付的数字货币	国内法律框架承认使用数字货币进行跨境支付
6	跨境碳定价工具	采用跨境碳定价工具
7	环境产品关税	交易量最大的三种环境产品进口关税的最有效适用的从价税率（亚太经合组织清单）

① Bai et al. (2020); Daza Jaller, Gaillard, and Molinuevo (2020); Ferrantino and Koten (2019).

② UNCTAD (2016).

③ Basel Convention (1989); MARPOL (1973); Parry et al. (2021); Pirlot (2021); Shapiro (2020).

（续表）

	指标	组成部分
8	货运运输排放交易系统*	在以下服务子行业中，实施国家层面的排放交易体系： （1）公路货运 （2）空运货运 （3）海运货运
9	濒危物种	国内法律框架对濒危物种贸易出口许可证的要求
10	船舶油污、化学品、污水和空气污染	国内法律框架对船舶油污、化学品、污水和空气污染的监管
11	危险废物、危险化学品或农药	国内法律框架要求出口方在出口危险废物、危险化学品或农药之前提前通知进口方并获得其明确同意
12	结社自由和集体谈判权	与三大贸易伙伴达成具有法律约束力的承诺，以执行保障集体谈判权和结社自由的法规
13	平等的报酬和就业机会	与三大贸易伙伴达成具有法律约束力的承诺，以执行保证平等的报酬和就业机会的法规
14	女性获得信贷机会	与三大贸易伙伴达成具有法律约束力的承诺，以执行保障女性获得信贷机会的法规

*** 根据地理位置，每个经济体的货运服务子行业中只有两个组成部分适用。参见第 5.2.1 节。**

1.1.3 国际贸易合作

该组指标衡量国际贸易合作实践。加强国际合作和监管趋同，可能会带来更可预测的贸易环境并降低合规成本。贸易协定加强了监管趋同，促进了国际贸易的开展。贸易协定深度的提升有助于促进贸易增长，并带来积极的溢出效应。① 建立协调良好的主管部门来监督贸易协定的施行，可以使这些承诺的施行更加顺利，从而加强监管趋同。② 因此，子类别 1.1.3 国际贸易合作有 12 项指标（表 5）。

① Dhingra, Freeman, and Huang (2021); Mattoo, Mulabdic, and Ruta (2017a, 2017b).

② Baccini, Dür, and Elsig (2015); Steger (2012).

表 5　子类别 1.1.3 国际贸易合作

	指标	组成部分
1	未参加未通报的特惠贸易协定*	世界贸易组织成员参与未通报世界贸易组织的特惠贸易协定
2	免税贸易	与三大贸易伙伴签订涵盖所有商品的自由贸易协定
3	跨境数据流动	(1) 与三大贸易伙伴达成具有法律约束力的承诺,确保开展业务所需的跨境电子数据传输 (2) 纳入个人信息安全机制
4	投资和资本流动	与三大贸易伙伴达成具有法律约束力的承诺,允许所有涵盖的投资自由转移
5	服务贸易	与三大贸易伙伴签署的国际协议中存在具有法律约束力的服务贸易承诺
6	服务贸易：专业资格及证书互认**	在以下服务子行业中,与三大贸易伙伴在国际协议中达成具有法律约束力的承诺,互认专业资格及证书,使得专业人员能够提供跨境服务： (1) 公路货运 (2) 空运货运 (3) 海运货运 (4) 货物处理、储存和仓储 (5) 报关代理
7	服务贸易：自然人因商业目的临时流动**	在以下服务子行业中,与三大贸易伙伴在国际协议中达成具有法律约束力的承诺,促进自然人出于商业目的的跨境临时流动： (1) 公路货运 (2) 空运货运 (3) 海运货运 (4) 货物处理、储存和仓储 (5) 报关代理
8	服务贸易：无当地存续要求**	在以下服务子行业中,与三大贸易伙伴达成具有法律约束力的承诺,允许服务供应商跨境提供服务,而无需在其领土内建立或维持业务存续或居留： (1) 公路货运 (2) 空运货运 (3) 海运货运 (4) 货物处理、储存和仓储 (5) 报关代理

（续表）

	指标	组成部分
9	非关税措施的监管协同	与三大贸易伙伴达成具有法律约束力的承诺，互认适用于技术性非关税措施的合格评定
10	环境：碳定价系统	采用跨境碳定价工具
11	环境：非关税措施：环境产品	与三大贸易伙伴达成具有法律约束力的承诺，对交易量最大的三种环境商品（亚太经合组织清单）的合格评定进行互认
12	监督实施的主管部门	建立主管部门，监督与三大贸易伙伴签署的贸易协定中所有具有法律约束力的承诺的实施情况

*** 非世贸组织成员国将不通过该指标进行评估。其子类别总分将相应调整。参见第 5.2.9 节。**
**** 根据地理位置，每个经济体的货运服务子行业中只有两个组成部分适用。参见第 5.2.1 节。**

1.2 对国际贸易的监管限制

类别 1.2 分为 3 个子类别，每个子类别由多项指标组成，每项指标可能又包含多个组成部分。

1.2.1 对国际货物贸易的限制（包括性别）

这组指标衡量对国际货物贸易的限制。贸易政策包括限制性贸易措施。虽然关税有所下降，但作为主要贸易壁垒的非关税措施，其重要性一直在稳步上升。[①] 尽管这些壁垒可能对于保护公共安全、健康和环境以及解决市场失灵有重要作用，但它们会阻碍贸易流动。[②] 同样，对从事货物贸易运输和物流行业的服务商的监管要求，可能在实现合法的公共政策目标的过程中，阻碍了这些行业的竞争。[③] 因此，子类别 1.2.1 对国际货物贸易的限制（包括性别）有 25 项指标（表 6）。

---

① UNESCAP and UNCTAD (2019).
② Fontagné et al. (2015).
③ World Bank Group (2018).

表 6　子类别 1.2.1 对国际货物贸易的限制(包括性别)

	指标	组成部分
1	卫生与植物检疫措施	在从任何贸易伙伴进口选定农产品时,通过国内法律框架实施任何卫生与植物检疫措施
2	卫生与植物检疫措施(国民待遇)	在从任何贸易伙伴进口选定农产品时,通过国内法律框架实施任何违反国民待遇的卫生与植物检疫措施
3	技术性贸易壁垒	在从任何贸易伙伴进口选定制成品时,通过国内法律框架实施任何技术性贸易壁垒
4	技术性贸易壁垒(国民待遇)	在从任何贸易伙伴进口选定制成品时,通过国内法律框架实施任何违反国民待遇原则的技术性贸易壁垒
5	无装运前检验	当涉及以下内容时,在从任何贸易伙伴进口选定的制成品时,通过国内法律框架实施装运前检验: (1) 海关估价 (2) 质量控制
6	无临时贸易保护措施	过去三年内,在从任何贸易伙伴进口选定的农产品和制成品时,无论货物原产地为何处,实际实施的任何临时贸易保护措施包括以下形式: (1) 反倾销措施 (2) 反补贴措施 (3) 保障措施
7	无数量控制措施	在从任何贸易伙伴进口选定的农产品和制成品时,无论货物原产地为何处,为了经济目的,通过国内法律框架实施数量控制措施包括以下形式: (1) 非自动进口许可 (2) 进口配额 (3) 进口禁令
8	无价格控制措施	在从任何贸易伙伴进口选定的农产品和制成品时,无论货物原产地为何处,为了经济目的,通过国内法律框架实施价格控制措施
9	无金融措施	在从任何贸易伙伴进口选定的农产品和制成品时,无论货物原产地为何处,为了经济目的,通过国内法律框架实施金融措施包括以下形式: (1) 付款条件 (2) 保险费用 (3) 交易的财务要求

（续表）

	指标	组成部分
10	无出口限制	在从任何贸易伙伴出口选定的农产品和制成品时，无论货物原产地为何处，为了经济目的，通过国内法律框架实施出口限制
11	不设营业执照上限（货物运输）*	在以下服务子行业，通过国内法律框架对国内市场服务提供者的营业执照数量设定上限： （1）海运货运 （2）公路货运 （3）空运货运
12	不设最低限价和定价指南（货物运输）*	通过国内法律框架，由政府或国内市场相关实体为以下服务子行业设定最低限价和定价指南： （1）海运货运 （2）公路货运 （3）空运货运
13	未强制使用经认证的经营者（货物运输）*	在国内经营以下服务子行业时，必须依法使用经认证的经营者： （1）海运货运 （2）公路货运 （3）空运货运
14	不设营业执照上限（物流服务）	在以下服务子行业，通过国内法律框架对国内市场服务提供者的营业执照数量设定上限： （1）货物处理、储存和仓储 （2）报关代理
15	不设最低限价和定价指南（物流服务）	通过国内法律框架，由政府或国内市场相关实体为以下服务子行业设定最低限价和定价指南： （1）货物处理、储存和仓储 （2）报关代理
16	未强制使用经认证的经营者（物流服务）	在国内经营以下服务子行业时，必须依法使用经认证的经营者： （1）货物处理、储存和仓储 （2）报关代理
17	安全规定：操作员认证（货物运输）*	在下列服务子行业中，服务提供者必须遵守对操作人员的法定认证和培训要求： （1）海运货运 （2）公路货运 （3）空运货运

（续表）

	指标	组成部分
18	安全规定：设备（货物运输）*	在以下服务子行业中，设定设备检查间隔： （1）海运货运 （2）公路货运 （3）空运货运
19	安全规定：最长工作时数（货物运输）*	在以下服务子行业中，在法定休息期前设定一日最长连续工作时数： （1）海运货运 （2）公路货运 （3）空运货运
20	安全规定：操作员认证（物流服务）	在以下服务子行业中，服务提供者必须遵守对操作人员的法定认证和培训要求： （1）货物处理、储存和仓储 （2）报关代理
21	安全规定：设备（物流服务）	在以下服务子行业中，设定设备检查间隔： （1）货物处理、储存和仓储 （2）报关代理
22	安全规定：最长工作时数（物流服务）	在以下服务子行业中，在法定休息期前设定一日最长连续工作时数： （1）货物处理、储存和仓储 （2）报关代理
23	无对女性服务提供者的额外限制*	通过法律框架施加仅适用于女性服务提供者在申请以下服务子行业经营许可时的限制： （1）海运货运 （2）公路货运 （3）空运货运 （4）货物处理、储存和仓储 （5）报关代理
24	无对女性服务提供者的禁止*	通过法律框架对女性服务提供者在以下服务子行业提供任何类型服务时施加限制： （1）海运货运 （2）公路货运 （3）空运货运 （4）货物处理、储存和仓储 （5）报关代理

（续表）

	指标	组成部分
25	无对女性服务提供者的额外认证和培训要求*	通过法律框架施加仅适用于女性服务提供者在以下服务子行业的认证或培训要求： (1) 海运货运 (2) 公路货运 (3) 空运货运 (4) 货物处理、储存和仓储 (5) 报关代理

***根据地理位置，每个经济体的货运服务子行业中只有两个组成部分适用。参见第 5.2.1 节。**

1.2.2 对国际服务贸易的限制

这组指标衡量对国际服务贸易的限制。限制市场准入或外国进入和建立、限制自然人的跨境流动以及提供其他歧视性措施的贸易政策属于贸易限制。① 这些措施会阻碍竞争，对包括消费者在内的其他市场参与者造成不利影响。事实上，服务贸易和投资的壁垒往往要比商品贸易和投资的壁垒高得多。② 因此，子类别 1.2.2 对国际服务贸易的限制有 22 项指标(表 7)。③

表 7　子类别 1.2.2 对国际服务贸易的限制

	指标	组成部分
1	对悬挂本国国旗船舶的外国注册不设限制(仅限海运)*	通过海运的法律框架对外国实体拥有或控制的悬挂本国国旗船舶的注册施加任何限制
2	无对沿海运输权/进入权的限制(仅限海运)*	通过海运的法律框架将悬挂外国旗帜的船舶部分或完全排除在沿海运输权/进入权之外

① Acharya et al. (2019); Kee, Nicita, and Olarreaga (2009); Van der Marel and Shepherd (2020).

② Jafari and Tarr (2017).

③ 关于良好的监管实践，请参阅《服务贸易总协定》和世贸组织《关于结束服务业国内监管谈判的宣言》等。该指标将通过增加覆盖的地理范围和时间段来扩展当前可用的数据库，如 I-TIP, WBSTRI, and the OECDSTRI。

（续表）

	指标	组成部分
3	无对使用当地港口服务限制（仅限海运）*	通过海运的法律框架要求外国海上货运服务提供者专门使用当地海运和港口服务（如当地港口代理、拖船和拖带服务）
4	无配额限制（货物运输）**	通过法律框架对以下子行业的外国服务提供者实施配额或其他数量限制： （1）海运货运 （2）公路货运 （3）空运货运
5	无通过经济需求测试的限制（货物运输）**	在以下服务子行业中，向经过经济需求测试的外国服务提供者（包括企业）提供市场准入： （1）海运货运 （2）公路货运 （3）空运货运
6	无对土地和房地产的取得和使用限制（货物运输）**	在以下服务子行业中，通过法律框架对外国服务提供者在土地和房地产的获取和使用方面施加具体限制，这些限制不适用于国内服务提供者： （1）海运货运 （2）公路货运 （3）空运货运
7	不存在配额限制（物流服务）	通过法律框架对以下服务子行业的外国服务提供者实施配额或其他数量限制： （1）货物处理、储存和仓储 （2）报关代理
8	无通过经济需求测试的限制（物流服务）	在以下服务子行业中，向经过经济需求测试的外国服务提供者（包括企业）提供市场准入： （1）货物处理、储存和仓储 （2）报关代理
9	无对土地和房地产的取得和使用限制（物流服务）	在以下服务子行业中，通过法律框架对外国服务提供者在土地和房地产的获取和使用方面施加具体限制，这些限制不适用于国内服务提供者： （1）货物处理、储存和仓储 （2）报关代理
10	不存在配额限制（金融服务）	通过法律框架对以下服务子行业的外国服务提供者实施配额或其他数量限制： （1）商业银行 （2）保险

（续表）

	指标	组成部分
11	无通过经济需求测试的限制（金融服务）	在以下服务子行业中，向经过经济需求测试的外国服务提供者（包括企业）提供市场准入： （1）商业银行 （2）保险
12	无对土地和房地产的取得和使用限制（金融服务）	在以下服务子行业中，通过法律框架对外国服务提供者在土地和房地产的获取和使用方面施加具体限制，这些限制不适用于国内服务提供者： （1）商业银行 （2）保险
13	无对许可或授权要求的额外限制（货物运输）**	在以下服务子行业中，通过法律框架对外国服务提供者在许可或授权要求上施加额外限制，这些限制不适用于国内服务提供者： （1）海运货运 （2）公路货运 （3）空运货运
14	无对外国合同和独立服务提供者的额外配额（货物运输）**	在以下服务子行业中，通过法律框架对外国服务提供者施加额外配额，这些配额不适用于国内服务提供者： （1）海运货运 （2）公路货运 （3）空运货运
15	无对外国合同和独立服务提供者的劳动力市场测试（货物运输）**	在以下服务子行业中，法律要求雇用外国合同或独立服务提供者之前需进行劳动力市场测试： （1）海运货运 （2）公路货运 （3）空运货运
16	无对许可或授权要求的额外限制（物流服务）	在以下服务子行业中，通过法律框架对外国服务提供者在许可或授权要求上施加额外限制，这些限制不适用于国内服务提供者： （1）货物处理、储存和仓储 （2）报关代理
17	无对外国合同和独立服务提供者的额外配额（物流服务）	在以下服务子行业中，通过法律框架对外国服务提供者施加额外配额，这些配额不适用于国内服务提供者： （1）货物处理、储存和仓储 （2）报关代理

（续表）

	指标	组成部分
18	无对外国合同和独立服务提供者的劳动力市场测试（物流服务）	在以下服务子行业中，法律要求雇用外国合同或独立服务提供者之前需进行劳动力市场测试： （1）货物处理、储存和仓储 （2）报关代理
19	无对许可或授权要求的额外限制（金融服务）	在以下服务子行业中，通过法律框架对外国服务提供者在许可或授权要求上施加额外限制，这些限制不适用于国内服务提供者： （1）商业银行 （2）保险
20	无对外国合同和独立服务提供者的额外配额（金融服务）	在以下服务子行业中，通过法律框架对外国服务提供者施加额外配额，这些配额不适用于国内服务提供者： （1）商业银行 （2）保险
21	无对外国合同和独立服务提供者的劳动力市场测试（金融服务）	在以下服务子行业中，法律要求雇用外国合同或独立服务提供者之前需进行劳动力市场测试： （1）商业银行 （2）保险
22	无对商务签证的程序障碍（货物运输）**	在以下运输服务子行业中，通过法律框架对外国船员和服务提供者获取商务签证或船员签证收取50美元以上的费用、处理时间超过15天： （1）海运货运 （2）公路货运 （3）空运货运

*** 内陆经济体不适用本指标。其子类别总分将相应调整。参见第5.2.1节。**
**** 根据地理位置，每个经济体的货运服务子行业中只有两个组成部分适用。参见第5.2.1节。**

1.2.3 对数字贸易的限制

这组指标衡量对数字贸易的限制。围绕数据保护、隐私、数字广告和数字版权等问题的贸易政策，为数字贸易用户和服务供应商提供了法律保护，从而提高了数字贸易环境中的安全性以及公众对数字贸易环境的信任。① 然

① Bai et al.（2020）；Daza Jaller，Gaillard，and Molinuevo（2020）；Ferrantino and Koten（2019）；WTO（2021）.

而,数字贸易方面的歧视性政策——禁止在线销售数字订购的商品和服务、对跨境数据流动的限制性标准以及可能违反税收中立原则的税收措施——限制了数字贸易。[①] 这些政策阻碍了行业竞争,对包括消费者在内的其他市场参与者产生了不利影响。因此,子类别 1.2.3 对数字贸易的限制有 15 项指标(表 8)。[②]

表 8　子类别 1.2.3 对数字贸易的限制

	指标	组成部分
1	无额外的政府许可	通过国内法律框架要求获得额外的专门政府许可证(除一般商业许可证外),以便提供数字商品或服务
2	无网上销售禁令	通过国内法律框架对在线销售数字化订购的商品或服务(不包括限制销售的产品)施加任何限制
3	无额外税费或更高税率	通过国内法律框架对跨境数字贸易征收额外税费或高于国内的税率
4	无设立当地纳税实体要求	通过法律框架要求跨境数字贸易提供商设立当地纳税实体
5	无对入境跨境电子支付的收费	通过法律框架对入境跨境电子支付收取特定费用(如直接税或间接税、监管边境费或中央银行或金融管理机构收取的外汇费)
6	无对出境跨境电子支付的收费	通过法律框架对出境跨境电子支付收取特定费用(如直接税或间接税、监管边境费或中央银行或金融管理机构收取的外汇费)
7	无对跨境电子支付的限制	通过法律框架对跨境电子支付交易价值的限制

① Daza Jaller, Gaillard, and Molinuevo (2020); Ferrantino and Koten (2019).

② 关于良好的监管实践,见联合国贸易法委员会《电子商务示范法》、联合国《国际合同使用电子通信公约》、经合组织《关于电子商务中消费者保护的建议》和《保护隐私准则》、海关组织《跨境电子商务标准框架》,以及欧盟《通用数据保护条例》等。该指标将通过增加覆盖的地理范围和时间段来扩展当前可用的数据库,如 DBI, GDRD, GSDSTF, DTRI 和 DPA。

（续表）

	指标	组成部分
8	跨境数据流动：同意转移	通过法律框架要求在进行个人数据跨境转移之前制订具体的数据转移协议或获得数据主体的正式同意
9	相关信息披露	国内法律框架要求数字化订购商品和服务的提供者向跨境消费者公开披露以下信息： （1）商户信息（地址、商业登记号码及联系方式） （2）产品/服务规范 （3）交付选项 （4）支付流程 （5）庭外投诉流程 （6）退款和取消政策
10	消费者权利：对广告的限制	国内法律框架中存在对适用于跨境消费者的广告行为的限制，包括垃圾邮件和其他未经请求的通讯等
11	消费者取消在线订单的权利	国内法律框架规定无须任何理由或处罚，在特定时间内可选择取消在线订单
12	消费者获得退款的权利	国内法律框架规定在商品交付后，对损坏商品可选择退款/更换/退货
13	对不遵守在线消费者保护规定的处罚	国内法律框架对不遵守有关跨境消费者的在线消费者保护规定的企业实施处罚
14	在线纠纷解决机制	在国内法律框架中建立处理和解决包括跨境交易在内的数字贸易投诉的在线纠纷解决机制
15	在线纠纷解决机制（免费提交案件）	在国内规则框架中规定跨境数字贸易消费者有权就跨境数字贸易相关问题启动可强制执行的在线纠纷解决程序，而无须支付任何费用

2. 支柱Ⅱ. 促进国际贸易的公共服务质量

表 9 显示了支柱Ⅱ（即促进国际贸易的公共服务质量）的结构。该支柱的每个类别和子类别都将按照表中所示顺序进行更为详细的讨论。

表9　支柱Ⅱ 促进国际贸易的公共服务质量

2.1	数字化和实体基础设施
2.1.1	电子系统和服务的协同性
2.1.2	信息透明度和可获得性
2.1.3	贸易基础设施
2.2	边境管理
2.2.1	风险管理
2.2.2	边境协同管理
2.2.3	受信任的交易者计划

2.1　数字化和实体基础设施

类别2.1分为3个子类别,每个子类别由多项指标组成,每项指标又可能包括多个组成部分。

2.1.1　电子系统和服务的协同性

这组指标衡量一个经济体的贸易业务电子系统的可获得性、范围、连通性和功能。在这些系统中,电子单一窗口等先进的海关综合管理系统已成为贸易便利化的主要工具之一。此类机制加强了政府机构和其他贸易主体之间贸易相关的信息交流,支持无纸化贸易功能,还可能具有双边、区域或多边协同性。[①] 此类机制尽管施行起来具有挑战性,但在提高交易的透明度、合规性和安全性的同时,能简化程序和降低合规成本。这些平台不仅可以整合政府机构,而且可以整合私营部门参与者。因此,子类别2.1.1电子系统和服务的协同性有10项指标(表10)。

① UNECE (2017, Recommendation No. 36).

表 10　子类别 2.1.1 电子系统和服务的协同性

	指标	组成部分
1	国际贸易高级电子系统的可获得性	存在可操作的国际贸易国家电子系统,允许通过单一门户以电子方式提交和处理贸易文件,例如: (1) 电子单一窗口 (2) 先进的海关综合管理系统
2	将机构整合至国际贸易高级电子系统	将以下国内公共部门机构全面纳入国际贸易电子系统: (1) 税务机关 (2) 卫生与植物检疫机构 (3) 标准化机构 (4) 环境机构 (5) 运输机构 (6) 贸易部(或相应国内部委)
3	将利益相关者整合至国际贸易高级电子系统	以下私营部门利益相关者有权访问和使用国际贸易电子系统: (1) 报关代理 (2) 出口商和进口商 (3) 运输经营者 (4) 集装箱装卸商和码头运营 (5) 商会 (6) 金融机构(即银行、保险公司)
4	国际贸易高级电子系统提供的功能	通过国际贸易电子系统可实现的完全电子化功能包括以下内容: (1) 提交商业和运输单据 (2) 提交报关单和放行文件 (3) 处理进出口执照、许可证和授权书 (4) 处理动物、卫生与植物检疫证书 (5) 处理技术标准证书 (6) 处理原产地证书
5	与贸易伙伴的国际贸易电子系统交换信息	通过国际贸易电子系统交换商业和运输单据的清关信息,以及与任何其他国家的清关信息
6	国际贸易高级电子系统的统一接入点	国际贸易电子系统提供集中入口点以访问与国际贸易相关的系统或服务
7	国际贸易高级电子系统的单点登录	国际贸易电子系统支持选定机构所有服务的单点登录功能

（续表）

	指标	组成部分
8	国际贸易高级电子系统的单次数据提交	国际贸易电子系统仅允许用户单次输入或上传信息和文件，并向该系统所有相关授权用户开放
9	国际贸易高级电子系统的单点决策	国际贸易电子系统允许通过单点传达程序结果
10	国际贸易高级电子系统的单点支付	国际贸易电子系统支持集中支付处理，允许通过单一交易点支付所有综合公共部门机构提供的任何服务

2.1.2 信息透明度和可获得性

这组指标衡量在信息透明度和可获得性以及利益相关方咨询方面的良好监管实践的施行情况。用户可以在专门的政府网站或贸易信息门户上访问与货物和服务贸易有关的最新信息，这提高了贸易环境的透明度和可预测性，并减少了信息的不对称。① 信息的发布促进了贸易伙伴之间的信任与合作，支持企业做出明智的决策，并提高了企业的竞争力。② 这些信息应包括监管要求和程序、适用的关税和税率、归类或估价规则、费用和收费以及申诉程序。此外，在起草国际贸易规则或对贸易政策进行修改前，必须事先向公众发出通知，并在合理的时间内向利益相关方咨询意见。③ 因此，子类别 2.1.2 信息透明度和可获得性有 12 项指标（表 11）。

---

① UNECE（2021，Recommendation No. 38）.

② WCO（2016）.

③ 关于良好的监管实践，请参见世界贸易组织（WTO）的《贸易便利化协定》（TFA）、《海关估价协定》和《农业协定》，世界海关组织（WCO）的《修订京都公约》（RKC）和《全球贸易安全与便利标准框架》（SAFE 框架），以及联合国欧洲经济委员会（UNECE）关于建立国际贸易单一窗口法律框架的第 35 号建议。

表 11　子类别 2.1.2 信息透明度和可获得性

	指标	组成部分
1	贸易信息门户(可获得性)	公开可获得的功能性贸易信息门户提供有关贸易规则、程序和相关信息的最新更新,包括: (1) 与国际贸易有关的法律、法规和其他任何法律文书 (2) 商品归类和相关关税 (3) 与任何一个国家或多个国家的贸易协定,以及单边协定 (4) 适用于特定商品或产品的特别措施(例如,卫生与植物检疫措施或贸易的技术壁垒) (5) 对违反申诉或复查的手续和程序的处罚规定 (6) 用于申请许可证、执照、清关说明的指引和表单
2	公布:关税、税费、费用、收费和非关税措施	在任何官方公共机构门户或网站上发布以下信息: (1) 对进出口货物征收的或与之相关的任何种类的关税、收费和费用的适用税率 (2) 非关税措施的规定
3	公布:程序和预先裁决	在任何官方公共机构门户或网站上发布以下信息: (1) 进出口和过境程序 (2) 已发布的预先裁决
4	公布:处罚和申诉程序	在任何官方公共机构门户或网站上发布以下信息: (1) 违反进出口和过境手续的处罚规定 (2) 申诉和复审程序
5	公布:许可标准(货物运输)*	在任何官方公共机构门户或网站上发布以下子行业的许可标准: (1) 海运货运 (2) 公路货运 (3) 空运货运
6	公布:许可标准(物流服务)	在任何官方公共机构门户或网站上发布以下子行业的许可标准: (1) 货物处理、储存和仓储 (2) 报关代理

（续表）

	指标	组成部分
7	公布：法律提案和法规草案	在实践中，在任何官方公共机构门户或网站上发布所有影响国际贸易的法律提案和法规草案，以解释其目标
8	公布：预先通知	在实践中，在海关和国际贸易领域的监管变化颁布之前，应在任何官方公共机构门户或负责国际贸易监管相关机构的网站上发布预先通知
9	咨询点	在实践中，建立功能性的贸易便利化咨询点，提供与贸易相关的查询和文件信息
10	咨询：实践	在实践中，在引入或变更任何与国际贸易相关的法律法规前与相关利益方/利益相关者进行正式的公众咨询
11	咨询：合理的机会	在实践中，在正式的公众咨询过程中应给予相关利益方/利益相关者至少30个日历日发表意见的合理机会
12	咨询：审议意见的过程	在实践中，负责的行政机关处理在正式公众咨询过程中收到的所有意见（包括未纳入考虑的意见），以书面形式对每条意见单独做出回应或在网上发布综合咨询报告

*** 根据地理位置，每个经济体的货运服务子行业中只有两个组成部分适用。参见第5.2.1节和第5.2.2节。**

2.1.3 贸易基础设施

这组指标衡量一个经济体贸易基础设施的质量。充足的贸易基础设施可以降低贸易和运输成本，并促进区域和全球价值链的整合。[①] 贸易基础设施的质量可以通过边境控制、货物装卸、检查、仓储和储存所需的设施、设备和服务的可获得性，以及互联网连接和信息技术系统的可获得性来评估。重

① Donaubauer et al.（2018）. 关于其他良好实践，见国际海事组织的《便利国际海上运输公约》（FAL公约）等。该指标将扩展世界银行集团的物流绩效指数、世界银行集团和HIS Markit的集装箱港口绩效指数（CPPI），以及联合国贸发会议的班轮运输连通性指数（通过增加那些指数尚未涵盖的具体措施的方式）。

要的是,这种评估必须考虑到所衡量地点的地理位置。例如,在岛屿经济体中没有陆地边境检查点,而在内陆经济体中则没有海港。为便于比较,仅对每个经济体的两种主要边境类型进行衡量。因此,子类别 2. 1. 3 贸易基础设施有 10 项指标(表 12)。

表 12　子类别 2. 1. 3 贸易基础设施

	指标	组成部分
1	设备和设施(边境 1:港口或陆地边境)*	下列设施和设备的可用性和功能性使边境管理机构能够有效地履行其管理职能: (1) 侵入式检查区 (2) 货物拆箱和解捆区 (3) 固定式或移动式扫描仪 (4) 行进间测重秤 (5) 样品检验实验室
2	服务和便利设施(边境 1:港口或陆地边境)*	为交易者提供的以下服务和基础设施的可用性和功能性: (1) 卡车停放区 (2) 带顶储存设施 (3) 冷藏设施 (4) 海关保税仓库
3	绿色基础设施(边境 1:港口)	为交易者提供的以下绿色基础设施的可用性和功能性: (1) 可持续燃料加注设施 (2) 陆上电力供应
4	咨询委员会(边境 1:港口):代表**	港口咨询委员会包括以下利益相关方的代表: (1) 港务局代表 (2) 私营部门代表(港口使用者、物流公司、航运公司等) (3) 社区代表(地方和省级政府成员、工会、港口周边社区代表)
5	设备和设施(边境 2:陆地边境或机场)*	下列设施和设备的可用性和功能性使边境管理机构能够有效地履行其管理职能: (1) 侵入式检查区 (2) 货物拆箱和解捆区 (3) 固定式或移动式扫描仪 (4) 行进间测重秤 (5) 样品检验实验室

（续表）

	指标	组成部分
6	服务和便利设施（边境 2：陆地边境或机场）*	为交易者提供的以下服务和基础设施的可用性和功能性： （1）卡车停放区 （2）带顶储存设施 （3）冷藏设施 （4）海关保税仓库
7	咨询委员会（机场）：代表	机场咨询委员会包括以下利益相关方的代表： （1）机场管理局代表 （2）私营部门代表（机场使用者、物流公司、航空公司等） （3）社区代表（地方和省级政府成员、工会、机场周边社区代表）
8	接入国际贸易电子系统（港口或机场）	所衡量的海港或机场与国际贸易电子系统全面整合
9	信息系统（港口或机场）	所衡量的港口或机场的信息系统的可用性： （1）港口社区系统（仅适用于海港）** （2）海事单一窗口（仅适用于海港）** （3）码头操作系统（海港或机场） （4）卡车预约系统
10	咨询委员会（港口或机场）	在所衡量的港口或机场设有咨询委员会，每年至少召开两次会议

*** 每个经济体仅测量两种主要边界类型，具体取决于地理位置。参见第 5.2.1 节。如果只能测量一种边界，则子类别总得分将相应重新调整。**

**** 内陆经济体不会通过这些组成部分进行评估。它们的总指标得分将仅考虑其余组成部分。参见第 5.2.1 节。**

2.2 边境管理

类别 2.2 分为 3 个子类别，每个子类别由多项指标组成，每项指标又可能包含多个组成部分。

2.2.1 风险管理

这组指标衡量风险管理系统的功能、整合程度和可操作性。边境放行和清关时间不仅受到海关机构工作表现的影响，同时还受到其他边境监管机构工作表现的影响。风险管理系统使相关机构能有效地将资源集中在审查高风险货物上，同时防止货物清关过程中发生恣意的歧视和不必要的延迟。[①]最高效的风险管理系统整合了所有边境监管机构。[②] 使用先进技术、预先确定目标和清关后审计也会影响风险管理系统的水平，特别是通过最大限度地减少查验和额外管控时，对风险管理系统的水平影响更大。[③] 因此，子类别2.2.1 风险管理有 8 项指标（表 13）。

表 13　子类别 2.2.1 风险管理

	指标	组成部分
1	海关风险管理可获得性	海关机构在实践中已建立了一套行之有效的风险管理体系
2	卫生与植物检疫机构整合	将卫生和植物检疫机构全面纳入综合风险管理体系
3	标准化机构整合	将标准化机构全面纳入综合风险管理体系
4	环境机构整合	将环境机构全面纳入综合风险管理体系
5	边境安全机构整合	将边境安全机构全面纳入综合风险管理体系
6	自动分析和自动定位	海关在客观筛选标准的基础上，使用自动分析和自动定位，最大限度地减少进出口货物查验的发生率
7	清关后审计	使用筛选标准对进口产品进行基于风险的清关后审计
8	海关风险管理覆盖范围	设有未纳入风险管理体系的特定海关办公室或边境检查点，且有海关官员实际在场

① WCO (2011).

② UNECE and ITC (2022).

③ Pérez Azcárraga et al. (2022).

2.2.2 边境协同管理

这组指标衡量国内边境监管机构之间在境内外的合作程度，以及与贸易伙伴经济体中类似机构的外部合作程度。加强海关和其他边境监管机构之间境内外的协调，在利用资源简化程序与避免重复和延迟方面发挥着重要作用。① 因此，子类别 2.2.2 边境协同管理有 7 项指标（表 14）。

表 14 子类别 2.2.2 边境协同管理

	指标	组成部分
1	货物唯一单号	海关和其他机构均使用货物唯一单号
2	联合管控（内部）	海关与国内其他公共机构进行联合检查
3	综合边境检查点*	设有与主要贸易伙伴共享陆地边界的综合边境检查站
4	信息交流	海关机构与主要贸易伙伴的海关机构交换有关商业、运输单证以及报关单的信息
5	联合管控（外部）	边境监管机构认可伙伴经济体边境监管机构施行的检查或联合检查
6	统一作业时间*	在实践中，海关作业时间与共享陆地边界的主要贸易伙伴的作业时间一致
7	统一文件或整套文件*	存在一份或一套统一的文件，提交给有关经济体的边境监管机构和共享陆地边界的主要贸易伙伴的边境监管机构

*** 岛屿经济体将不通过该指标进行评估。其子类别总分将相应调整。参见第 5.2.1 节。**

2.2.3 受信任的交易者计划

这组指标衡量受信任的交易者计划的可获得性和特点。受信任的交易者计划，例如经认证的经营者（AEO）计划，已成为加强国际供应链和提高边

① 关于良好的监管实践，请参见世界海关组织（WCO）的《协调边境管理纲要》。

境监管机构施行安全标准的重要工具。[①] 成功的受信任的交易者计划涵盖多种类型的经营者,带来一系列益处。[②] 负责经认证的经营者计划的机构寻求扩大互认协议(MRAs),并简化获得和更新经认证的经营者证书的流程。[③] 因此,子类别 2.2.3 受信任的交易者计划有 6 项指标(表 15)。

表 15　子类别 2.2.3 受信任的交易者计划

	指标	组成部分
1	出口商和进口商对受信任的交易者计划的可获得性	已为以下经营者实施了受信任的交易者认证计划: (1) 出口商 (2) 进口商
2	其他运营商对受信任的交易者计划的可获得性	在实践中,受信任的交易者认证计划包括供应链中的以下经营者: (1) 仓库经营者 (2) 报关代理 (3) 物流经营者 (4) 承运人/运输经营者 (5) 制造商
3	受信任的交易者计划的益处	成为受信任的交易者计划的参与者的益处: (1) 货物到达前放行 (2) 优先清关和放行货物 (3) 可使用定期申报 (4) 由于合规性得到认可且风险较低,海关和其他机构的文件审查和实地检查率较低
4	受信任的交易者计划中的机构互认	除海关机构外,受信任的交易者计划身份还得到其他边境监管机构的认可,为经认证的经营者提供快速处理或其他便利措施,具体包括: (1) 卫生与植物检疫机构 (2) 标准化机构 (3) 边境安全机构

---

① ITC (2020, 70－75).

② APEC (2020).

③ Sierra Galindo and Domínguez Rodríguez (2020).

（续表）

	指标	组成部分
5	受信任的交易者计划中的互认协议	被授予相关经济体受信任的交易者计划认证地位的经营者在与其三个主要贸易伙伴开展业务时可享受同样优惠
6	受信任的交易者计划中的电子认证和续期流程	通过贸易信息门户、国际贸易电子贸易单一窗口、海关综合管理系统门户进行受信任的交易者计划认证或续期流程的可能性

3. 支柱Ⅲ. 出口货物、进口货物和从事数字贸易的运作效率

表 16 显示了支柱Ⅲ(即出口货物、进口货物和从事数字贸易的运作效率)的结构。该支柱的每个类别和子类别都将按照表中所示顺序进行更为详细的讨论。

表 16　支柱Ⅲ 出口货物、进口货物和从事数字贸易的运作效率

3. 1	遵守出口合规要求
3. 1. 1	遵守出口合规要求的总时间
3. 1. 2	遵守出口合规要求的总成本
3. 2	遵守进口合规要求
3. 2. 1	遵守进口合规要求的总时间
3. 2. 2	遵守进口合规要求的总成本
3. 3	参与跨境数字贸易
3. 3. 1	出口数字订购货物的贸易企业份额
3. 4	已知的主要障碍：海关、贸易规则和运输
3. 4. 1	视海关和贸易规则为主要或严重制约因素的企业份额
3. 4. 2	视运输为主要或严重制约因素的企业份额

3. 1　遵守出口合规要求

类别 3. 1 分为 2 个子类别,每个子类别分别由 1 项指标组成。

3.1.1 遵守出口合规要求的总时间

与出口相关的运营和交易成本的重要性日益增加。清关程序烦琐、边境机构之间缺乏协调、贸易基础设施不足以及物流服务有限等因素增加了遵守出口合规要求的时间。[①] 因此,子类别3.1.1遵守出口合规要求的总时间有1项指标(表17)。

表17 子类别3.1.1遵守出口合规要求的总时间

	指标	组成部分
1	遵守出口合规要求的总时间	所有边境监管机构放行直接出口货物所需的天数,包括到达出境点之前的清关程序

3.1.2 遵守出口合规要求的总成本

清关程序烦琐、边境机构之间缺乏协调、贸易基础设施不足以及物流服务有限等因素增加了遵守出口合规要求的成本。[②] 因此,子类别3.1.2遵守出口合规要求的总成本有1项指标(表18)。

表18 子类别3.1.2遵守出口合规要求的总成本

	指标	组成部分
1	遵守出口合规要求的总成本	与遵守所有出口合规要求相关的总成本,包括海关费用、其他需支付款项、向报关代理或货物运输代理支付的款项、运输费用、贸易融资和保险服务

3.2 遵守进口合规要求

类别3.2分为2个子类别,每个子类别分别由1项指标组成。

---

① Hummels and Schaur (2013); Volpe Martincus, Carballo, and Graziano (2015).

② Volpe Martincus, Carballo, and Graziano (2015).

3.2.1 遵守进口合规要求的总时间

同样，对于希望进行国际贸易的企业来说，与进口相关的运营和交易成本可能会变得高昂。清关程序冗长、边境机构之间缺乏协调、贸易基础设施不足以及物流服务有限等因素大大增加了遵守进口合规要求的时间。[①] 因此，子类别 3.2.1 遵守进口合规要求的总时间有 1 项指标（表 19）。

表 19　子类别 3.2.1 遵守进口合规要求的总时间

	指标	组成部分
1	遵守进口合规要求的总时间	所有边境监管机构放行直接进口的材料和供应品（或为转售而购买的成品和材料）所需的天数，包括到达入境点之前的清关程序，直到所有材料投入和供应被放行

3.2.2 遵守进口合规要求的总成本

清关程序冗长、边境机构之间缺乏协调、贸易基础设施不足以及物流服务有限等因素大大增加了遵守进口合规要求的成本。[②] 因此，子类别 3.2.2 遵守进口合规要求的总成本有 1 项指标（表 20）。

表 20　子类别 3.2.2 遵守进口合规要求的总成本

	指标	组成部分
1	遵守进口合规要求的总成本	与遵守全部进口合规要求相关的总成本，包括海关费用、其他需支付款项以及支付给报关代理和货物运输代理的款项

① Hummels and Schaur (2013); Volpe Martincus, Carballo, and Graziano (2015).

② Volpe Martincus, Carballo, and Graziano (2015).

3.3 参与跨境数字贸易

类别3.3由1个子类别组成,每个子类别包含1项指标。

3.3.1 出口数字订购货物的贸易企业份额

运营和交易成本,以及出口数字订购商品的冗长程序,给从事数字出口的企业创造了障碍和挑战。这些因素可能限制该行业的企业,并限制企业的增长潜力,从而影响贸易企业出口在线订购并以邮寄包裹或快递方式清关的低价值商品的数量。因此,子类别3.3.1出口数字订购货物的贸易企业份额包含1项指标(表21)。

表21 子类别3.3.1出口数字订购货物的贸易企业份额

	指标	组成部分
1	出口数字订购货物的贸易企业份额	经济体中出口数字订购商品(价值低于适用的最低限度门槛并以邮寄包裹或快递方式清关)的公司占比

3.4 已知的主要障碍:海关、贸易规则和运输

类别3.4分为2个子类别,每个子类别分别由1项指标组成。

3.4.1 视海关和贸易规则为主要或严重制约因素的企业份额

关于国际贸易主要障碍的认知问题反映了企业的主观经验和观点,揭示了企业在国际贸易中面临的挑战。贸易企业对贸易规则作为贸易障碍的认知,可能在塑造其贸易战略、市场选择、风险管理方法和贸易结果方面发挥关键作用。因此,子类别3.4.1视海关和贸易规则为主要或严重制约因素的企业份额有1项指标(表22)。

表 22　子类别 3.4.1 视海关和贸易规则为主要或严重制约因素的企业份额

	指标	组成部分
1	视海关和贸易规则为主要或严重制约因素的企业份额	关税和贸易规则作为制约的感知指数

3.4.2　视运输为主要或严重制约因素的企业份额

贸易企业对运输作为贸易障碍的认知，可能在塑造其贸易战略、市场选择、风险管理方法和贸易结果方面发挥关键作用。因此，子类别 3.4.2 视运输为主要或严重制约因素的企业份额有 1 项指标（表 23）。

表 23　子类别 3.4.2 视运输为主要或严重制约因素的企业份额

	指标	组成部分
1	视运输为主要或严重制约因素的企业份额	运输作为制约的感知指数

Ⅲ. 数据来源

4.1　数据收集来源

支柱Ⅰ和支柱Ⅱ的数据是通过向私营部门专家咨询来收集的。私营部门专家包括贸易经济学家、贸易律师、货物运输代理商、报关员、清关代理人、航运公司和其他贸易专家。

支柱Ⅲ的数据是通过企业调查收集的。这些调查提供了企业从事进出口货物和参与数字贸易所需的时间和成本方面的代表性数据。企业调查的代表性样本可捕获各经济体中用户体验的差异。具有不同特征（例如规模、地区和行业）的企业参与了调查。有关企业调查收集数据的更多详细信息，请参阅本方法论手册第一章。

4.2 专家筛选与选择

国际贸易主题有 4 份调查问卷：货物贸易、服务贸易、公共服务和数字贸易。每份问卷都针对相应专业领域的专家。基于一组标准（表 24），筛选问卷用于协助选出接收主题问卷的专家。

数字贸易调查问卷的数据通过公用事业服务（互联网）、金融服务（电子支付）和税收主题的问卷调查收集。因此，国际贸易主题不筛选专家参与该问卷调查。

表 24 专家筛选问卷和受访者标准

相关专家的职业	
货物贸易	国际贸易经济学家、国际贸易律师、国际贸易顾问、国际贸易经理、其他贸易专家等
服务贸易	国际贸易经济学家、国际贸易律师、国际贸易顾问、国际贸易经理、其他贸易专家等
公共服务	货物运输代理商、报关员、清关代理人、航运公司、贸易顾问、贸易经理等
相关专业领域	
货物贸易	精通国际贸易经济学、国际贸易法以及其他与国际贸易相关的领域
服务贸易	精通国际贸易经济学、国际贸易法以及其他与国际贸易相关的领域
公共服务	精通国际贸易相关服务，包括货运代理、报关、清关代理、航运、贸易咨询等
评估专家在国际货物和贸易服务以及促进国际贸易的公共服务方面的相关知识和经验	
货物贸易	有从事世界贸易组织货物承诺、国内货物贸易规则、非关税措施和其他贸易壁垒、贸易协定和可持续贸易的工作经验；就国际贸易规则问题提供建议或咨询服务；国际货物贸易规则的谈判、起草和施行；参与和国际贸易有关的任何形式的争端；国际贸易领域的规则或政策变化分析、定量分析或研究

（续表）

服务贸易	有从事世界贸易组织货物承诺、国内货物贸易规则、贸易协定和可持续贸易的工作经验；就国际贸易规则问题提供建议或咨询服务；国际货物贸易规则的谈判、起草和施行；参与和国际贸易有关的任何形式的争端；国际贸易领域的规则或政策变化分析、定量分析或研究
公共服务	有与合同谈判、海关放行和清关、海关争议、快递服务、物流（供应链）以及与银行的付款安排相关的经验；与出口、进口或过境货物所需的文件要求和程序相关的经验；有从事世界贸易组织货物承诺、国内货物贸易规则、贸易协定和可持续贸易的工作经验

因此，筛选问卷中提供的信息将使问卷小组更好地理解专家的职业，与国际货物贸易、服务贸易和数字贸易以及规则、服务和流程有关的知识、经验和专业领域。数字贸易的数据通过公用事业服务、金融服务和税收主题的问卷调查收集。因此，数字贸易专家的选择将遵循上述各自主题的筛选过程。

Ⅳ. 参数

为了确保不同经济体专家咨询数据的可比性，国际贸易主题使用通用参数和特定参数。参数是指针对边境类型、服务部门和贸易交易的具体特征所做的假设。调查问卷的受访者将获得这些参数和假设，并被要求评估比较各经济体的标准化情景。

5.1 通用参数

国际贸易主题没有适用于所有支柱的通用参数。

5.2 特定参数

贸易规则及其适用性可能因每个经济体的地理位置、贸易产品和贸易伙伴而异。为了在跨国可比性和特定经济体的代表性之间取得平衡，国际贸易主题采用以下特定参数为专家提供背景信息，以确定在不同支柱中要评估的适当规则。

5.2.1 地理位置

理由：

一个经济体的地理位置与其贸易基础设施发展、运输服务供应和特定运输方式监管的可能性直接相关。根据地理位置（的不同），一个经济体可分为以下三类之一：沿海经济体、岛屿经济体或内陆经济体。

沿海经济体：沿海经济体是指不过境第三国，能够通过海港、陆地边境通道、空港开展进出口业务的经济体。

岛屿经济体：岛屿经济体是指能够通过海港和空港开展进出口业务，且不过境第三国的经济体。

内陆经济体：内陆经济体是指仅通过陆地边境通道和空港进行进出口而不过境第三国的经济体。

考虑到经济体的地理位置，仅测量两种最相关的货运类。对于每个经济体，根据其地理位置，相关的货运服务可能会有所不同。国际贸易主题预先指定了经济体的地理性质。因此，此参数根据经济体的分类（沿海、岛屿或内陆经济体）决定了要测量哪种类型的货运服务。

应用：

此参数适用于支柱Ⅰ和支柱Ⅱ。具体而言，它确定了支柱Ⅰ和支柱Ⅱ中衡量的运输服务子行业，以及支柱Ⅱ中“贸易基础设施”项下要衡量的具体边界。此参数与国际服务贸易问题特别相关，尤其与货运部门子部门的问题相关。沿海经济体就公路和海运服务进行评估，岛屿经济体就空运和海运服务进行评估，内陆经济体就空运和公路服务进行评估。此外，与特定运输方式（例如海运）的监管相关的问题仅评估沿海和岛屿经济体。

5.2.2 服务业和子行业

理由：

服务贸易规则在子行业层面有所不同。对于国际贸易主题，考虑到某些服务业在国际货物贸易的投资和推动上起着重要作用，因此选择货物运输、物流服务和金融服务等八个子行业作为通用参数。考虑的子行业包括海运货运、公路货运、空运货运、货物处理、储存和仓储、报关代理、货物运输代理、商业银行业务和保险。根据所评估经济体的地理位置，只有两个货物运输子行业将被评估，因此每个经济体共衡量涵盖货物运输、物流服务和金融服务的七个子行业（详情请参见第 5.2.1 节）。

应用：

该参数适用于支柱Ⅰ与支柱Ⅱ中与服务贸易相关的大多数问题。

5.2.3 农产品品目

理由：

该参数指的是协调制度（HS）中预选的农产品品目（2 位数级）。针对不同的农产品品目，将实施不同的非关税措施。某些农产品品目可能更容易受到非关税措施影响，而其他品目可能受到的影响则较少。因此，重要的是在全球范围内界定哪些产品品目可能更容易成为各种非关税措施的目标对象，此举旨在保护消费者和环境，实现社会目标或保护国内产业/生产者等。24 个预选农产品品目（2 位数级）是根据世界综合贸易解决方案（WITS）数据库中协调制度产品品目的非关税措施应用频率数据选择的。加工烟草制品和酒精饮料不在本参数范围之内。

应用：

该参数主要适用于有关国际货物贸易监管限制部分的支柱Ⅰ，尤其适用于与非技术性非关税措施应用相关的问题，包括临时贸易保护措施、进口禁令和配额。该参数也适用于在经济层面上定义特定贸易农产品的前提条件,具体请参阅对贸易产品有进一步描述的第5.2.5节。

5.2.4 制成品品目

理由:

该参数指的是协调制度(HS)中预选的制成品品目(2位数级)。与农产品品目类似,针对不同的制成品品目,将实施不同的非关税措施。某些制成品品目可能在交易时更容易受到各种技术性措施的影响,而其他品目则可能不太容易受到影响。因此,重要的是在全球范围内界定哪些产品品目可能更容易受到各种非关税措施影响,此举旨在保护消费者和环境,实现社会目标或保护国内产业/生产者等。24个预选制成品品目(2位数级)是根据世界综合贸易解决方案数据库中协调制度产品品目的非关税措施应用频率数据选择的。

应用:

该参数主要用于有关国际货物贸易监管限制部分的支柱Ⅰ,尤其适用于与非技术性非关税措施应用相关的问题,包括临时贸易保护措施、进口禁令和配额等。该参数也适用于在经济层面上定义特定贸易制成品的前提条件,具体请参阅对贸易产品有进一步描述的第5.2.5节。

5.2.5 贸易产品

理由:

如第5.2.3节和第5.2.4节所述,该参数指的是,在2015年至2019年期间,按协调制度子目级别(6位数级)进口总值计算,进口最多的产品为制成品和农产品。贸易规则的应用方式与交易的产品类型密切相关。因此,界定贸易产品对于专家参考最相关的规则及其适用性至关重要。具体而言,许多贸易规则适用于更细分的产品界定，换言之，使用这些规则来界定协调制度品目一级的产品是不够的。正是出于这个原因，需要以子目级别定义产品，以捕捉与这些规则应用相关的特殊性。产品选择的依据为联合国商品贸易数据库（UN COMTRADE）中2015年至2019年的进口数据。对于农产品，加工烟草制品和酒精饮料不被包括在内；对于制成品，国防相关商品不被包括在内。

应用：

该参数用于有关国际货物贸易监管限制部分的支柱Ⅰ，尤其适用于与技术性非关税措施应用相关的问题，包括卫生与植物检疫措施、技术性贸易壁垒和装运前检查。

5.2.6 贸易环境产品

理由：

该参数指的是，亚太经济合作组织协调制度子目级别（6位数级）环境产品清单中，按2015年至2019年全球贸易总值（联合国商品贸易数据库）计算，全球贸易量最大的前三种环境产品。适用于进口环境产品的关税可能因交易的产品而异。全球贸易量最大的前三种进口环境产品的选择，在代表性和可比性之间取得了平衡。它既考虑了所选环境产品与其所涵盖经济体的相关性，也考虑了跨国比较（的可行性）。

应用：

该参数用于支柱Ⅰ中的数字和可持续贸易以及国际贸易合作子类别。

5.2.7 贸易伙伴

理由：

该参数统指2015年至2019年期间按不同贸易类别划分的某一经济体的

天然合作伙伴。在贸易合作和受信任的交易者计划的背景下,贸易伙伴是指一个经济体在货物(联合国商品贸易数据库)和服务(经济合作与发展组织)进口方面排名前三的贸易伙伴。在边境管理协同的背景下,贸易伙伴是指经济体的主要货物贸易伙伴,或与接壤邻国之间进行货物贸易的贸易伙伴(联合国商品贸易数据库)。贸易合作的激励措施以及与其他贸易伙伴的外部协同因双方的贸易相关性而异。此外,衡量贸易合作中排名前三的贸易伙伴可以降低与不愿合作的主要伙伴无法达成协议的可能性。合作伙伴选择的依据为联合国商品贸易数据库中 2015 年至 2019 年的双边进口数据。

应用:

该参数用于涵盖国际贸易合作部分的支柱Ⅰ,以及涵盖贸易基础设施、边境管理协同和受信任的交易者计划的支柱Ⅱ。

5.2.8 主要边境

理由:

每种运输方式(海运、空运或公路货物运输)的主要边境,是根据各边境按运输方式划分的贸易总额来确定的。考虑到经济体的地理位置,仅衡量与两种最重要的货物运输类型相关的主要边境(参见第 5.2.1 节)。对于沿海经济体,即没有与任何邻近贸易伙伴设立陆地边境检查点的经济体,将仅评估港口和机场。同样,对于内陆经济体,即没有与邻近贸易伙伴设立陆地边境检查点的经济体,将仅评估机场。要衡量贸易基础设施,重要的是,确定与增加经济体贸易额关联性最强的边境。根据运输类型区分边境的相关性也很重要,因为设施、便利设施和基础设施可能因不同类型的边境(即港口、陆地边境检查点或机场)而异。按运输方式选择主要边境的依据为政府辅助机构(如统计机构)提供的经专家确认的数据。

应用：

该参数用于贸易基础设施和边境协同管理部分的支柱Ⅱ，其中确定主要边境，有利于专家充分了解相关背景，更好地回答与设施、便利设施和其他基础设施设置相关的问题。

5.2.9 世界贸易组织成员资格

理由：

一个经济体的世界贸易组织成员身份（即成员国、观察员国或非成员国）。在贸易合作的背景下，对于国际贸易主题衡量的某些领域，区分一个经济体是世界贸易组织成员国还是非世界贸易组织成员国是非常重要的。这为评估任何与世界贸易组织相关的义务的适用性提供了必要背景。

应用：

该参数主要用于国际贸易合作一节中向世界贸易组织呈报特惠贸易协定的支柱Ⅰ。

Ⅴ. 主题评分

国际贸易主题有三大支柱：支柱Ⅰ国际贸易规则的质量；支柱Ⅱ促进国际贸易的公共服务质量；支柱Ⅲ出口货物、进口货物和从事数字贸易的运作效率。每个支柱的总分被进一步调整为0至100分的分值，随后汇总为主题总分。每个支柱的分值各占主题总分的三分之一。表25显示了国际贸易专题的评分情况。评分区分了对企业的效益（作为企业灵活度分值）和对社会更广泛的效益（作为社会效益分值）。有关进一步的评分细节，请参阅附件A，该附件对本节进行了补充说明。

表 25　总分值概览

支柱编号	支柱名称	指标数量	分值			调整后分值（0—100）	权重
			企业灵活度分值	社会效益分值	总分		
Ⅰ	国际贸易规则的质量	102	78	102	180	100	0.33
Ⅱ	促进国际贸易的公共服务的质量	53	53	53	106	100	0.33
Ⅲ	出口货物、进口货物和从事数字贸易的运作效率	7	100	不适用	100	100	0.33

6.1　支柱Ⅰ 国际贸易规则的质量

支柱Ⅰ涵盖 102 项指标，总分 180 分（企业灵活度 78 分，社会效益 102 分）（表 26）。该支柱下每个类别的评分如下：

6.1.1　支持国际贸易的实践

涵盖 40 项指标，最高总分 72 分（企业灵活度 32 分，社会效益 40 分）。具体来说，国际货物和服务贸易有 14 项指标；数字化和可持续贸易（包括性别和环境）有 14 项指标；国际贸易合作有 12 项指标。本类别中关于跨境碳定价工具、可持续贸易的国际承诺以及贸易协定中的性别平等的一些指标对企业灵活度影响不明确，因此企业灵活度方面不得分。

6.1.2　对国际贸易的监管限制

涵盖 62 项指标，最高总分 108 分（企业灵活度 46 分，社会效益 62 分）。具体来说，对国际货物贸易的限制（包括性别）有 25 项指标；对国际服务贸易的限制有 22 项指标；对数字贸易的限制有 15 项指标。

表 26　支柱 I 总分值

支柱 I	国际贸易规则的质量	指标数量	企业灵活度分值	社会效益分值	总分	调整后分值
1.1	支持国际贸易的实践	40	32	40	72	50.00
1.1.1	国际货物和服务贸易	14*	14*	14*	28*	16.67
1.1.2	数字化和可持续贸易（包括性别和环境）	14	8	14	22	16.67
1.1.3	国际贸易合作	12**	10**	12**	22**	16.67
1.2	对国际贸易的监管限制	62	46	62	108	50.00
1.2.1	对国际货物贸易的限制（包括性别）	25	17	25	42	20.00
1.2.2	对国际服务贸易的限制	22***	22***	22***	44***	20.00
1.2.3	对数字贸易的限制	15	7	15	22	10.00
	总分	102	78	102	180	100.00

* 内陆经济体的可得总分为 24 分，将被重新调整为与其他经济体相同的可得总分（16.67 分）。
** 非世贸组织成员的可得总分为 12 分，将被重新调整为与世贸组织成员相同的可得总分（16.67 分）。
*** 内陆经济体的可得总分 38 分，将被重新调整为与其他经济体相同的可得总分（20 分）。

6.2　支柱Ⅱ 促进国际贸易的公共服务质量

支柱Ⅱ包括 53 项指标，总分 106 分（企业灵活度 53 分，社会效益 53 分）（表 27）。该支柱下每个类别的评分如下：

6.2.1　数字化和实体基础设施

该类别涵盖 32 项指标，最高总分 64 分（企业灵活度 32 分，社会效益 32 分）。具体来说，电子系统和服务的协同性有 10 项指标；信息透明度和可获得性有 12 项指标；贸易基础设施有 10 项指标。

6.2.2 边境管理

该类别涵盖21项指标，最高总分42分（企业灵活度21分，社会效益21分）。具体来说，风险管理有8项指标；边境协同管理有7项指标；受信任的交易者计划有6项指标。

表27 支柱Ⅱ总分值

支柱Ⅱ的质量	促进国际贸易的公共服务	指标数量	企业灵活度分值	社会效益分值	总分	调整后分值
2.1	数字化和实体基础设施	32	32	32	64	50.00
2.1.1	电子系统和服务的协同性	10	10	10	20	16.67
2.1.2	信息透明度和可获得性	12	12	12	24	16.67
2.1.3	贸易基础设施	10*	10*	10*	20*	16.67
2.2	边境管理	21	21	21	42	50.00
2.2.1	风险管理	8	8	8	16	20.00
2.2.2	边境协同管理	7**	7**	7**	14**	20.00
2.2.3	受信任的交易者计划	6	6	6	12	10.00
	总分	53	53	53	106	100.00

***考虑到经济体的地理位置，只衡量与两类最相关的货物运输类型的主要边境（参见5.2.1）。虽然信息系统（港口或机场）指标组成部分的数量在岛屿和沿海经济体（4个组成部分）与内陆经济体（3个组成部分）之间有所不同，但该指标的最高得分对所有经济体都是相同的。如果一个经济体只有一个边境可以衡量，则该经济体这一子类别的可得总分，将被重新调整为与其他经济体相同的可得总分（16.67分）。**

****岛屿经济体的可得总分为8分（企业灵活度4分；社会效益4分），被重新调整为与其他经济体相同的可得总分（20分）。**

6.3 支柱Ⅲ 出口货物、进口货物和从事数字贸易的运作效率

支柱Ⅲ涵盖7项指标，评分范围为0—100分（表28）。这一支柱下的指标衡量企业在进出口和从事数字贸易时所投入的时间和成本，因此所得分数仅分配给企业灵活度。例如，较长的清关时间和较高的交易成本降低了企业

开展国际贸易的能力，从而对企业灵活度产生了不利影响。

表 28　支柱Ⅲ总分值

支柱Ⅲ　出口货物、进口货物和从事数字贸易的运作效率		指标数量	调整后分值
3.1	遵守出口合规要求	2	40.00
3.1.1	遵守出口合规要求的总时间	1	20.00
3.1.2	遵守出口合规要求的总成本	1	20.00
3.2	遵守进口合规要求	2	40.00
3.2.1	遵守进口合规要求的总时间	1	20.00
3.2.2	遵守进口合规要求的总成本	1	20.00
3.3	参与跨境数字贸易	1	10.00
3.3.1	出口数字订购货物的贸易企业份额	1	10.00
3.4	已知的主要障碍：海关、贸易规则和运输	2	10.00
3.4.1	视海关和贸易规则为主要或严重制约因素的企业份额	1	5.00
3.4.2	视运输为主要或严重制约因素的企业份额	1	5.00
	总分	7	100.00

参考文献Ⅰ

R. Acharya, O. Falgueras Alamo, S. Mohamed Thabit Al-Battashi, A. der Boghossian, N. Ghei, T. Parcero Herrera, L. A. Jackson, U. Kask, C. Locatelli, G. Marceau, I.-V. Motoc, A. C. Müller, N. Neufeld, S. Padilla, J. Pardo de Léon, S. Perantakou, N. Sporysheva, and C. Wolff. 2019. "Trade and Women-Opportunities for Women in the Framework of the World Trade Organization." *Journal of International Economic Law* 22 (3): 323－354.

E. Artuc, B. Rijkers, and G. Porto. 2019. "Trading Off the Income Gains and Inequality Costs of Trade Policy." *Journal of International Economic*, 120 (1): 1－45.

APEC (2020). *APEC's Manual of Best Practices According to the AEO Benefits Survey Under Pillar 3 WCO Safe Framework.*

L. Baccini, A. Dür, and M. Elsig. 2015. "The Politics of Trade Agreement Design: Revisiting the Depth-Flexibility Nexus." *International Studies Quarterly* 59 (4): 765－775.

J. Bai, M. Chen, J. Liu, X. Mu, and D. Y. Xu. 2020. *Search and Information Frictions on Global E-Commerce. National Bureau of Economic Research Working Paper Series 28100.*

Basel Convention. 1989. *Basel Convention on the Control of Transboundary Movements of Hazardous Wastes and Their Disposal*. Entered into force in 1992.

L. Daza Jaller, S. Gaillard, and M. Molinuevo. 2020. "The Regulation of Digital Trade: Key Policies and International Trends." World Bank, Washington, DC.

S. Dhingra, R. Freeman, and H. Huang. 2021. "The Impact of Deep Trade Agreements on Trade and Welfare." LSE Centre for Economics Discussion Paper 1742.

J. Donaubauer, A. Glas, B. Meyer, and P. Nunnenkamp. 2018. "Disentangling the Impact of Infrastructure on Trade using a New Index of Infrastructure." *Review of World Economics*, 154 (4): 745－784.

L. Feng, Z. Lie, and D. L. Swenson. 2016. "The Connection between Imported Intermediate Inputs and Exports: Evidence from Chinese Firms." *Journal of International Economics* 101: 86－101.

A. M. Fernandes, E. Ferro, and J. S. Wilson. 2019. "Product Standards and Firms' Export Decisions." *World Bank Economic Review* 33 (2): 353 – 374.

M. J. Ferrantino and E. E. Koten. 2019. "The Measurement and Analysis of E-Commerce: Frameworks for Improving Data Availability." World Bank, Washington, DC.

L. Fontagné, G. Orefice, and R. Piermartini. 2020. "Making Small Firms Happy? The Heterogeneous Effect of Trade Facilitation Measures." *Review of International Economics* 28 (2020): 565 – 598.

L. Fontagné, G. Orefice, R. Piermartini, and N. Rocha. 2015. "Product Standards and Margins of Trade: Firm-level Evidence." *Journal of International Economics* 97 (1): 29 – 44.

P. K. Goldberg, A. K. Khandelwal, N. Pavcnik, and P. Topalova. 2010. "Imported Intermediate Inputs and Domestic Product Growth: Evidence from India." *Quarterly Journal of Economics* 125 (4): 1727 – 1767.

K. Handley. 2014. "Exporting under Trade Policy Uncertainty: Theory and Evidence." *Journal of International Economics* 94 (1): 50 – 66.

D. L. Hummels and G. Schaur. 2013. "Time as a Trade Barrier." *American Economic Review* 103 (7): 2935 – 2959.

ITC (International Trade Centre). 2020. "Getting Down To Business: Making the Most of the WTO Trade Facilitation Agreement." ITC, Geneva.

M. Johns and V. Saltane. 2016. "Citizen Engagement in Rulemaking: Evidence on Regulatory Practicesin 185 Countries." Policy Research Working Paper 7840, Washington, DC: World Bank.

Y. Jafari and D. Tarr. 2017. "Estimates of Ad Valorem Equivalents of Barriers Against Foreign Suppliers of Services in Eleven Sectors and 103 Countries." *The World Economy* 40 (3): 544 – 573.

Kee H-L, A. Nicita, and M. Olarreaga. 2009. "Estimating Trade Restrictiveness Indices." *The Economic Journal* 119: 172 – 199.

J. B. Madsen. 2007. "Technology Spillover through Trade and TFP Convergence: 135 Years of Evidence for the OECD Countries." *Journal of International Economics* 72 (2): 464 – 480.

MARPOL (International Convention for the Prevention of Pollution from Ships). 1973. "International Convention for the Prevention of Pollution from Ships." Entered into force in 1983.

A. Mattoo, A. Mulabdic, and M. Ruta. 2017a. "Deep Trade Agreements as Public

Goods." VoxEU. org, 12 October.

A. Matttoo, A. Mulabdic, and M. Ruta. 2017b. "Trade Creation and Trade Diversion in Deep Agreements." Policy Research Working Paper Series 8206, World Bank, Washington, DC.

M. J. Melitz. 2003. "The Impact of Trade on Intra-Industry Reallocations and Aggregate Industry Productivity." *Econometrica* 71 (6): 1695 – 1725.

H. Nordås and D. Rouzet. 2015. "The Impact of Services Trade Restrictiveness on Trade Flows: First Estimates." OECD Trade Policy Paper 178, OECD Publishing, Paris.

OECD. 2008. "Introductory Handbook for Undertaking Regulatory Impact Analysis." OECD Publishing, Paris.

OECD. 2009. "Regulatory Impact Analysis: A Tool for Policy Coherence." OECD Publishing, Paris.

OSCE/UNECE. 2012. *Handbook of Best Practices at Border Crossings — A Trade and Transport Facilitation Perspective*. Vienna: Organization for Security and Co-operation in Europe.

I. Parry, et al. 2021. "Carbon Pricing: What Role for Border Carbon Adjustments?" IMF Staff Climate Note 2021/004. Washington, DC: International Monetary Fund.

A. A. Pérez Azcárraga, T. Matsudaira, G. Montagnat-Rentier, J. Nagy, and R. J. Clark. 2022. "Customs Matters: Strengthening Customs Administration in a Changing World." Washington, DC: International Monetary Fund.

A. Pirlot. 2021. "Carbon Border Adjustment Measures: A Straightforward Multi-Purpose Climate Change Instrument?" *Journal of Environmental Law*.

T. Sampson. 2016. "Dynamic Selection: An Idea Flows Theory of Entry, Trade, and Growth." *Quarterly Journal of Economics* 131 (1): 315 – 380.

J. Shapiro. 2020. "The Environmental Bias of Trade Policy." *Quarterly Journal of Economics* 136 (2): 831 – 886.

M. E. Sierra Galindo and G. M. Domínguez Rodríguez. 2020. "AEO in APEC Economies: Opportunities to Expand Mutual Recognition Agreements and The Inclusion of SMEs." Technical Note No. IDB – TN – 1882. Washington DC: Inter-American Development Bank.

D. P. Steger. 2012. "Institutions for Regulatory Cooperation in 'New Generation' Economic and Trade Agreements." *Legal Issues of Economic Integration* 39(1): 109 – 126.

UNCTAD (United Nations Conference on Trade and Development). 2016. "Data Protection Regulations and International Data Flows: Implications for Trade and Development." New York and Geneva: UNCTAD.

UNCTAD. 2020 *Getting down to Business: Making the Most of the WTO Trade Facilitation Agreement*. https://unctad.org/publication/getting-down-business-making-most-wto-trade-facilitation-agreement.

UNECE. 2017. "Recommendation No. 36: Single Window Interoperability." (ECE/TRADE/431).

UNECE and ITC (International Trade Center). 2022. "Managing Risk for Safe, Efficient Trade: Guide for Border Regulators."

UNESCAP (United Nations Economic and Social Commission for Asia and the Pacific) and UNCTAD (United Nations Conference on Trade and Development). 2019. *Asia-Pacific Trade and Investment Report 2019: Navigating Non-tariff Measures towards Sustainable Development*. Bangkok: UNESCAP and UNCTAD.

E. Van der Marel and B. Shepherd. 2020. "Trade Facilitation in Services: Concepts and Empirical Importance." Policy Research Working Paper 9234, Washington, DC: World Bank.

C. Volpe Martincus, J. Carballo, and A. Graziano. 2015. "Customs." *Journal of International Economics* 96 (1): 119 - 137.

WCO (World Customs Organization). 2006 (updated 2020). "Coordinated Border Management Compendium."

WCO. 2011. "Customs Risk Management Compendium — Vols. I & II." WCO. 2016. "Transparency and Predictability Guidelines."

World Bank. 2018. "The Global Indicators of Regulatory Governance." Washington, DC: World Bank.

World Bank. 2018. *Promoting Open and Competitive Markets in Road Freight and Logistics Services: The World Bank Group's Markets and Competition Policy Assessment Tool Applied in Peru, the Philippines and Vietnam.* Washington, DC: World Bank.

World Bank. 2012. "Guide on Developing a Trade Information Portal." Washington, DC: World Bank.

WTO. 2021. "Adapting to the Digital Trade Era: Challenges and Opportunities." Ed.: Maarten Smeets. Geneva: World Trade Organization.

附件 A　国际贸易评分表

本文件概述了国际贸易主题的评分方法。对于每项指标，都分配了一组企业灵活度分值和/或社会效益分值，并对每项指标的详细评分进行了说明，还对相关背景文献进行了注释。

支柱 I　国际贸易规则的质量					
1.1　支持国际贸易的实践					
1.1.1　国际货物和服务贸易					
指标	企业灵活度分值	社会效益分值	总分	调整后分值	背景文献
建立海事单一窗口环境*	1	1	2	1.19	IMO（1965，last amended 2023）
货物临时入境	1	1	2	1.19	WCO（1990b，2006b，2022）
承运人责任规则*	1	1	2	1.19	UN（1978）
简化签证制度：外国船员和服务提供者	1	1	2	1.19	Geloso Grosso et al.（2014）；ITC（2022b）；WTO（1994c，2019，2020）
拒发、暂停和注销许可证的原因（货物运输）	1	1	2	1.19	OECD（2009）；UNCTAD（2011）；WTO（2013）

（续表）

指标	企业灵活度分值	社会效益分值	总分	调整后分值	背景文献
拒发、暂停和注销许可证的原因（物流服务）	1	1	2	1.19	OECD（2009）；UNCTAD（2011）；WTO（2013）
申诉权（货物）：行政	1	1	2	1.19	OECD（2009）；UNCTAD（2011）；WTO（2013）
申诉权（货物）：司法	1	1	2	1.19	OECD（2009）；UNCTAD（2011）；WTO（2013）
申诉权（服务）：行政（货物运输）	1	1	2	1.19	OECD（2009）；UNCTAD（2011）；WTO（2013）
申诉权（服务）：行政（物流服务）	1	1	2	1.19	OECD（2009）；UNCTAD（2011）；WTO（2013）
申诉权（服务）：司法（货物运输）	1	1	2	1.19	OECD（2009）；UNCTAD（2011）；WTO（2013）
申诉权（服务）：司法（物流服务）	1	1	2	1.19	OECD（2009）；UNCTAD（2011）；WTO（2013）
最低进口免税额	1	1	2	1.19	GEA（2016）；ICC（2015）；Holloway and Rae（2012）；WCO（1999）；WTO（2013）
监管影响评估：非关税措施	1	1	2	1.19	APEC and World Bank（2007）；Francois（2001）；Ing，Cadot，and Walz（2018）；OECD（2009，2013b，2017）；Van Tongeren（2009）；WTO（1994a，1994b，2013）
子类别 1.1.1 的总分	14	14	28	16.67	

（续表）

1.1.2　数字化和可持续贸易（包括性别和环境）					
指标	企业灵活度分值	社会效益分值	总分	调整后分值	背景文献
电子合同	1	1	2	1.52	PEC（2020b）；Daza Jaller，Gaillard，and Molinuevo（2020）；Ferrantino and Koten（2019）；UN（2007）；UNCITRAL（1996，2001，2022）；UNESCAP（2021）；WCO（2018，updated 2022）；WTO（2019b）.
电子签名	1	1	2	1.52	APEC（2020b）；Daza Jaller，Gaillard，and Molinuevo（2020）；Ferrantino and Koten（2019）；UN（2007）；UNCITRAL（1996，2001，2022）；UNESCAP（2021）；WCO（2018，updated 2022）；WTO（2019b）
技术中立	1	1	2	1.52	APEC（2020b）；Daza Jaller，Gaillard，and Molinuevo（2020）；Ferrantino and Koten（2019）；UN（2007）；UNCITRAL（1996，2001，2022）；UNESCAP（2021）；WCO（2018，updated 2022）；World Bank（2023）；WTO（2019b）
跨境数据流动：数据保护	1	1	2	1.52	APEC（2020b）；Daza Jaller，Gaillard，and Molinuevo（2020）；Ferrantino and Koten（2019）；UNCITRAL（1996）；UNESCAP（2021）；World Bank（2023）
承认跨境支付的数字货币	1	1	2	1.52	IMF（2024）；World Bank（2023）

(续表)

指标	企业灵活度分值	社会效益分值	总分	调整后分值	背景文献
跨境碳定价工具	不适用	1	1	0.76	Brenton and Chemutai (2021); EU (2024); OECD (2020); Parry et al. (2021); Pirlot (2021); Shapiro (2020); UN(2020); World Bank (2007, 2024)
环境产品关税	1	1	2	1.52	Brenton and Chemutai (2021); Casella and Melo (2021); Islam and Managi (2019); Shapiro (2020); World Bank(2007)
货运运输排放交易系统	不适用	1	1	0.76	Brenton and Chemutai (2021); Shapiro (2020); World Bank(2007, 2024)
濒危物种	不适用	1	1	0.76	CITES (1973)
船舶油污、化学品、污水和空气污染	不适用	1	1	0.76	MARPOL (1973)
危险废物、危险化学品或农药	不适用	1	1	0.76	Basel Convention (1989); Rotterdam Convention (1998)
结社自由和集体谈判权	不适用	1	1	0.76	ILO (1998, updated 2022)
平等的报酬和就业机会	1	1	2	1.52	Laperle-Forget (2022); Monteiro (2018)
女性获得信贷机会	1	1	2	1.52	Laperle-Forget (2022); Monteiro (2018)
子类别 1.1.2 的总分	8	14	22	16.67	
1.1.3 国际贸易合作					
未参加未通报的特惠贸易协定**	1	1	2	1.52	Mattoo, Rocha, and Ruta (2020); UNCTAD (2006a); WTO (2022)

（续表）

指标	企业灵活度分值	社会效益分值	总分	调整后分值	背景文献
免税贸易	1	1	2	1.52	Baccini, Dür, and Elsig (2015); Dhingra, Freeman, and Huang (2021); Fernandes, Rocha, and Ruta (2021); Gray (2014); Hofmann, Osnago, and Ruta (2017); Larget et al. (2018); Mattoo, Mulabdic, and Ruta (2017a, 2017b); Mattoo, Rocha, and Ruta (2020)
跨境数据流动	1	1	2	1.52	Baccini, Dür, and Elsig (2015); Dhingra, Freeman, and Huang (2021); Fernandes, Rocha, and Ruta (2021); Gray (2014); Hofmann, Osnago, and Ruta (2017); Larget et al. (2018); Mattoo, Mulabdic, and Ruta (2017a, 2017b); Mattoo, Rocha, and Ruta (2020)
投资和资本流动	1	1	2	1.52	Baccini, Dür, and Elsig (2015); Dhingra, Freeman, and Huang (2021); Fernandes, Rocha, and Ruta (2021); Gray (2014); Hofmann, Osnago, and Ruta (2017); Larget et al. (2018); Mattoo, Mulabdic, and Ruta (2017a, 2017b); Mattoo, Rocha, and Ruta (2020)
服务贸易	1	1	2	1.52	Baccini, Dür, and Elsig (2015); Dhingra, Freeman, and Huang (2021); Fernandes, Rocha, and Ruta (2021); Gray (2014); Hofmann, Osnago, and Ruta (2017); Larget et al. (2018); Mattoo, Mulabdic, and Ruta (2017a, 2017b); Mattoo, Rocha, and Ruta (2020)

（续表）

指标	企业灵活度分值	社会效益分值	总分	调整后分值	背景文献
服务贸易：专业资格及证书互认	1	1	2	1.52	Baccini, Dür, and Elsig (2015); Dhingra, Freeman, and Huang (2021); Fernandes, Rocha, and Ruta (2021); Gray (2014); Hofmann, Osnago, and Ruta (2017); Larget et al. (2018); Mattoo, Mulabdic, and Ruta (2017a, 2017b); Mattoo, Rocha, and Ruta (2020)
服务贸易：自然人因商业目的临时流动	1	1	2	1.52	Baccini, Dür, and Elsig (2015); Dhingra, Freeman, and Huang (2021); Fernandes, Rocha, and Ruta (2021); Gray (2014); Hofmann, Osnago, and Ruta (2017); Larget et al. (2018); Mattoo, Mulabdic, and Ruta (2017a, 2017b); Mattoo, Rocha, and Ruta (2020)
服务贸易：无当地存续要求	1	1	2	1.52	Baccini, Dür, and Elsig (2015); Dhingra, Freeman, and Huang (2021); Fernandes, Rocha, and Ruta (2021); Gray (2014); Hofmann, Osnago, and Ruta (2017); Larget et al. (2018); Mattoo, Mulabdic, and Ruta (2017a, 2017b); Mattoo, Rocha, and Ruta (2020)
非关税措施的监管协同	1	1	2	1.52	Baccini, Dür, and Elsig (2015); Dhingra, Freeman, and Huang (2021); Fernandes, Rocha, and Ruta (2021); Gray (2014); Hofmann, Osnago, and Ruta (2017); Larget et al. (2018); Mattoo, Mulabdic, and Ruta (2017a, 2017b); Mattoo, Rocha, and Ruta (2020)

（续表）

指标	企业灵活度分值	社会效益分值	总分	调整后分值	背景文献
环境：碳定价系统	不适用	1	1	0.76	Baccini, Dür, and Elsig（2015）；Brenton and Chemutai（2021）；Dhingra, Freeman, and Huang（2021）；EU（2024）；Fernandes, Rocha, and Ruta（2021）；Gray（2014）；Hofmann, Osnago, and Ruta（2017）；Larget et al.（2018）；Mattoo, Mulabdic, and Ruta（2017a, 2017b）；Mattoo, Rocha, and Ruta（2020）；OECD（2020）；Parry et al.（2021）；Pirlot（2021）；Shapiro（2020）；UN（2020）；World Bank（2007, 2024）
环境：非关税措施：环境产品	不适用	1	1	0.76	Baccini, Dür, and Elsig（2015）；Dhingra, Freeman, and Huang（2021）；Fernandes, Rocha, and Ruta（2021）；Gray（2014）；Hofmann, Osnago, and Ruta（2017）；Larget et al.（2018）；Mattoo, Mulabdic, and Ruta（2017a, 2017b）；Mattoo, Rocha, and Ruta（2020）
监督实施的主管部门	1	1	2	1.52	ADB（2008）；Baccini, Dür, and Elsig（2015）；Steger（2012）
子类别 1.1.3 的总分	10	12	22	16.67	
类别 1.1 的总分	32	40	72	50.00	

（续表）

1.2　对国际贸易的监管限制					
1.2.1　对国际货物贸易的限制（包括性别）					
指标	企业灵活度分值	社会效益分值	总分	调整后分值	背景文献
卫生与植物检疫措施	不适用	1	1	0.48	Crivelli and Groeschl（2016）；Disdier and Fugazza（2020）；Fontagné et al.（2015）；Murina and Nicita（2017）；UNCTAD（2017，2020）；UNCTAD and World Bank Group（2018）；WTO（1994a，2012，2013）
卫生与植物检疫措施（国民待遇）	1	1	2	0.95	Crivelli and Groeschl（2016）；Disdier and Fugazza（2020）；Fontagné et al.（2015）；Murina and Nicita（2017）；UNCTAD（2017，2020）；UNCTAD and World Bank Group（2018）；WTO（1994a，2013）
技术性贸易壁垒	不适用	1	1	0.48	De Melo and Shepherd（2018）；Disdier and Fugazza（2020）；Fernandes，Ferro，and Wilson（2019）；Fontagné and Orefice（2018）；UNCTAD（2017，2020）；UNCTAD and World Bank Group（2018）；WTO（1994b，2012，2013）
技术性贸易壁垒（国民待遇）	1	1	2	0.95	De Melo and Shepherd（2018）；Disdier and Fugazza（2020）；Fernandes，Ferro，and Wilson（2019）；Fontagné and Orefice（2018）；UNCTAD（2017，2020）；UNCTAD and World Bank Group（2018）；WTO（1994b，2012，2013）

（续表）

指标	企业灵活度分值	社会效益分值	总分	调整后分值	背景文献
无装运前检验	1	1	2	0.95	De Melo and Shepherd（2018）；Disdier and Fugazza（2020）；Kee，Nicita，and Olarreaga（2009）；UNCTAD（2017，2020）；UNCTAD and World Bank Group（2018）；UNECE（1999）；WTO（1994b，2012，2013）
无临时贸易保护措施	1	1	2	0.95	Bratt（2017）；Cadot，Gourdon，and Van Tongeren（2018）；De Melo and Shepherd（2018）；Disdier and Fugazza（2020）；Kee，Nicita，and Olarreaga（2009）；Niu et al.（2018）；UNCTAD（2017，2020）；UNCTAD and World Bank Group（2018）；WTO（2012，2013）
无数量控制措施	1	1	2	0.95	Bratt（2017）；Cadot，Gourdon，and Van Tongeren（2018）；De Melo and Shepherd（2018）；Disdier and Fugazza（2020）；Kee，Nicita，and Olarreaga（2009）；Niu et al.（2018）；UNCTAD（2017，2020）；UNCTAD and World Bank Group（2018）；WTO（2012，2013）
无价格控制措施	1	1	2	0.95	Bratt（2017）；Cadot，Gourdon，and Van Tongeren（2018）；De Melo and Shepherd（2018）；Disdier and Fugazza（2020）；Kee，Nicita，and Olarreaga（2009）；Niu et al.（2018）；UNCTAD（2017，2020）；UNCTAD and World Bank Group（2018）；WTO（2012，2013）

（续表）

指标	企业灵活度分值	社会效益分值	总分	调整后分值	背景文献
无金融措施	1	1	2	0.95	Bratt（2017）；Cadot，Gourdon，and Van Tongeren（2018）；De Melo and Shepherd（2018）；Disdier and Fugazza（2020）；Kee，Nicita，and Olarreaga（2009）；Niu et al.（2018）；UNCTAD（2017，2020）；UNCTAD and World Bank Group（2018）；WTO（2012，2013）
无出口限制	1	1	2	0.95	Bratt（2017）；Cadot，Gourdon，and Van Tongeren（2018）；De Melo and Shepherd（2018）；Disdier and Fugazza（2020）；Kee，Nicita，and Olarreaga（2009）；Niu et al.（2018）；UNCTAD（2017，2020）；UNCTAD and World Bank Group（2018）；WTO（2012，2013）
不设营业执照上限（货物运输）	1	1	2	0.95	Crozet，Milet，and Mirza（2016）；Ngai and Petrongolo（2017）；World Bank（2012b，2018a）；WTO（1994c，2019a）
不设最低限价和定价指南（货物运输）	1	1	2	0.95	Crozet，Milet，and Mirza（2016）；Ngai and Petrongolo（2017）；World Bank（2012b，2018a）；WTO（1994c，2019a）
未强制使用经认证的经营者（货物运输）	1	1	2	0.95	Crozet，Milet，and Mirza（2016）；Ngai and Petrongolo（2017）；World Bank（2012b，2018a）；WTO（1994c，2019a）

（续表）

指标	企业灵活度分值	社会效益分值	总分	调整后分值	背景文献
不设营业执照上限（物流）	1	1	2	0.95	Crozet, Milet, and Mirza（2016）；Ngai and Petrongolo（2017）；World Bank（2012b，2018a）；WTO（1994c，2019a）
不设最低限价和定价指南（物流）	1	1	2	0.95	Crozet, Milet, and Mirza（2016）；Ngai and Petrongolo（2017）；World Bank（2012b，2018a）；WTO（1994c，2019a）
未强制使用经认证的经营者（物流）	1	1	2	0.95	Crozet, Milet, and Mirza（2016）；Ngai and Petrongolo（2017）；World Bank（2012b，2018a）；WTO（1994c，2019a）
安全规定：操作员认证（货物运输）	不适用	1	1	0.48	Crozet, Milet, and Mirza（2016）；Ngai and Petrongolo（2017）；World Bank（2012b，2018a）；WTO（1994c，2019a）
安全规定：设备（货物运输）	不适用	1	1	0.48	Crozet, Milet, and Mirza（2016）；Ngai and Petrongolo（2017）；World Bank（2012b，2018a）；WTO（1994c，2019a）
安全规定：最长工作时数（货物运输）	不适用	1	1	0.48	
安全规定：操作员认证（物流服务）	不适用	1	1	0.48	Crozet, Milet, and Mirza（2016）；Ngai and Petrongolo（2017）；World Bank（2012b，2018a）；WTO（1994c，2019a）
安全规定：设备（物流服务）	不适用	1	1	0.48	Crozet, Milet, and Mirza（2016）；Ngai and Petrongolo（2017）；World Bank（2012b，2018a）；WTO（1994c，2019a）

（续表）

指标	企业灵活度分值	社会效益分值	总分	调整后分值	背景文献
安全规定：最长工作时数（物流服务）	不适用	1	1	0.48	Crozet, Milet, and Mirza (2016); Ngai and Petrongolo (2017); World Bank (2012b, 2018a); WTO (1994c, 2019a)
无对女性服务提供者的额外限制	1	1	2	0.95	Crozet, Milet, and Mirza (2016); Ngai and Petrongolo (2017); World Bank (2012b, 2018a); WTO (1994c, 2019a)
无对女性服务提供者的禁止	1	1	2	0.95	Crozet, Milet, and Mirza (2016); Ngai and Petrongolo (2017); World Bank (2012b, 2018a); WTO (1994c, 2019a)
无对女性服务提供者的额外认证和培训要求	1	1	2	0.95	Crozet, Milet, and Mirza (2016); Ngai and Petrongolo (2017); World Bank (2012b, 2018a); WTO (1994c, 2019a)
子类别 1.2.1 的总分	17	25	42	20.00	
1.2.2　对国际服务贸易的限制					
对悬挂本国国旗船舶的外国注册不设限制（仅限海运）*	1	1	2	0.91	Geloso Grosso et al. (2014); Kee, Nicita, and Olarreaga (2009); Mattoo, Rocha, and Ruta (2020); Miller (1999); Sugie et al. (2015); Rouzet et al. (2014); WTO (1994c, 2021)
无对沿海运输权/进入权的限制（仅限海运）*	1	1	2	0.91	Geloso Grosso et al. (2014); Kee, Nicita, and Olarreaga (2009); Mattoo, Rocha, and Ruta (2020); Miller (1999); Sugie et al. (2015); Rouzet et al. (2014); WTO (1994c, 2021)

（续表）

指标	企业灵活度分值	社会效益分值	总分	调整后分值	背景文献
无对使用当地港口服务限制（仅限海运）*	1	1	2	0.91	Geloso Grosso et al.（2014）；Kee，Nicita，and Olarreaga（2009）；Mattoo，Rocha，and Ruta（2020）；Miller（1999）；Sugie et al.（2015）；Rouzet et al.（2014）；WTO（1994c，2021）
无配额限制（货物运输）	1	1	2	0.91	Geloso Grosso et al.（2014）；Kee，Nicita，and Olarreaga（2009）；Mattoo，Rocha，and Ruta（2020）；Miller（1999）；Sugie et al.（2015）；Rouzet et al.（2014）；WTO（1994c，2021）
无通过经济需求测试的限制（货物运输）	1	1	2	0.91	Geloso Grosso et al.（2014）；Kee，Nicita，and Olarreaga（2009）；Mattoo，Rocha，and Ruta（2020）；Miller（1999）；Sugie et al.（2015）；Rouzet et al.（2014）；WTO（1994c，2021）
无对土地和房地产的取得和使用限制（货物运输）	1	1	2	0.91	Geloso Grosso et al.（2014）；Kee，Nicita，and Olarreaga（2009）；Mattoo，Rocha，and Ruta（2020）；Miller（1999）；Sugie et al.（2015）；Rouzet et al.（2014）；WTO（1994c，2021）
不存在配额限制（物流服务）	1	1	2	0.91	Geloso Grosso et al.（2014）；Kee，Nicita，and Olarreaga（2009）；Mattoo，Rocha，and Ruta（2020）；Miller（1999）；Sugie et al.（2015）；Rouzet et al.（2014）；WTO（1994c，2021）

（续表）

指标	企业灵活度分值	社会效益分值	总分	调整后分值	背景文献
无通过经济需求测试的限制（物流服务）	1	1	2	0.91	Geloso Grosso et al.（2014）；Kee，Nicita，and Olarreaga（2009）；Mattoo，Rocha，and Ruta（2020）；Miller（1999）；Sugie et al.（2015）；Rouzet et al.（2014）；WTO（1994c，2021）
无对土地和房地产的取得和使用限制（物流服务）	1	1	2	0.91	Geloso Grosso et al.（2014）；Kee，Nicita，and Olarreaga（2009）；Mattoo，Rocha，and Ruta（2020）；Miller（1999）；Sugie et al.（2015）；Rouzet et al.（2014）；WTO（1994c，2021）
不存在配额限制（金融服务）	1	1	2	0.91	Geloso Grosso et al.（2014）；Kee，Nicita，and Olarreaga（2009）；Mattoo，Rocha，and Ruta（2020）；Miller（1999）；Sugie et al.（2015）；Rouzet et al.（2014）；WTO（1994c，2021）
无通过经济需求测试的限制（金融服务）	1	1	2	0.91	Geloso Grosso et al.（2014）；Kee，Nicita，and Olarreaga（2009）；Mattoo，Rocha，and Ruta（2020）；Miller（1999）；Sugie et al.（2015）；Rouzet et al.（2014）；WTO（1994c，2021）
无对土地和房地产的取得和使用限制（金融服务）	1	1	2	0.91	Geloso Grosso et al.（2014）；Kee，Nicita，and Olarreaga（2009）；Mattoo，Rocha，and Ruta（2020）；Miller（1999）；Sugie et al.（2015）；Rouzet et al.（2014）；WTO（1994c，2021）

（续表）

指标	企业灵活度分值	社会效益分值	总分	调整后分值	背景文献
无对许可或授权要求的额外限制（货物运输）	1	1	2	0.91	Geloso Grosso et al.（2014）；Kee, Nicita, and Olarreaga（2009）；Mattoo, Rocha, and Ruta（2020）；Miller（1999）；Sugie et al.（2015）；Rouzet et al.（2014）；WTO（1994c, 2021）
无对外国合同和独立服务提供者的额外配额（货物运输）	1	1	2	0.91	Geloso Grosso et al.（2014）；Kee, Nicita, and Olarreaga（2009）；Mattoo, Rocha, and Ruta（2020）；Miller（1999）；Sugie et al.（2015）；Rouzet et al.（2014）；WTO（1994c, 2021）
无对外国合同和独立服务提供者的劳动力市场测试（货物运输）	1	1	2	0.91	Geloso Grosso et al.（2014）；Kee, Nicita, and Olarreaga（2009）；Mattoo, Rocha, and Ruta（2020）；Miller（1999）；Sugie et al.（2015）；Rouzet et al.（2014）；WTO（1994c, 2021）
无对许可或授权要求的额外限制（物流服务）	1	1	2	0.91	Geloso Grosso et al.（2014）；Kee, Nicita, and Olarreaga（2009）；Mattoo, Rocha, and Ruta（2020）；Miller（1999）；Sugie et al.（2015）；Rouzet et al.（2014）；WTO（1994c, 2021）
无对外国合同和独立服务提供者的额外配额（物流服务）	1	1	2	0.91	Geloso Grosso et al.（2014）；Kee, Nicita, and Olarreaga（2009）；Mattoo, Rocha, and Ruta（2020）；Miller（1999）；Sugie et al.（2015）；Rouzet et al.（2014）；WTO（1994c, 2021）

（续表）

指标	企业灵活度分值	社会效益分值	总分	调整后分值	背景文献
无对外国合同和独立服务提供者的劳动力市场测试（物流服务）	1	1	2	0.91	Geloso Grosso et al.（2014）；Kee，Nicita，and Olarreaga（2009）；Mattoo，Rocha，and Ruta（2020）；Miller（1999）；Sugie et al.（2015）；Rouzet et al.（2014）；WTO（1994c，2021）
无对许可或授权要求的额外限制（金融服务）	1	1	2	0.91	Geloso Grosso et al.（2014）；Kee，Nicita，and Olarreaga（2009）；Mattoo，Rocha，and Ruta（2020）；Miller（1999）；Sugie et al.（2015）；Rouzet et al.（2014）；WTO（1994c，2021）
无对外国合同和独立服务提供者的额外配额（金融服务）	1	1	2	0.91	Geloso Grosso et al.（2014）；Kee，Nicita，and Olarreaga（2009）；Mattoo，Rocha，and Ruta（2020）；Miller（1999）；Sugie et al.（2015）；Rouzet et al.（2014）；WTO（1994c，2021）
无对外国合同和独立服务提供者的劳动力市场测试（金融服务）	1	1	2	0.91	Geloso Grosso et al.（2014）；Kee，Nicita，and Olarreaga（2009）；Mattoo，Rocha，and Ruta（2020）；Miller（1999）；Sugie et al.（2015）；Rouzet et al.（2014）；WTO（1994c，2021）
无对商务签证的程序障碍（货物运输）	1	1	2	0.91	Geloso Grosso et al.（2014）；Kee，Nicita，and Olarreaga（2009）；Mattoo，Rocha，and Ruta（2020）；Miller（1999）；Sugie et al.（2015）；Rouzet et al.（2014）；WTO（1994c，2021）
子类别 1.2.2 的总分	22	22	44	20.00	

（续表）

1.2.3　对数字贸易的限制					
指标	企业灵活度分值	社会效益分值	总分	调整后分值	背景文献
无额外的政府许可	1	1	2	0.91	APEC（2020b）；Daza Jaller, Gaillard, and Molinuevo（2020）；Ferrantino and Koten（2019）；UNCITRAL（1996）；UNESCAP（2021）；WCO（2018, updated 2022）；World Bank（2023）
无网上销售禁令	1	1	2	0.91	APEC（2020b）；Daza Jaller, Gaillard, and Molinuevo（2020）；Ferrantino and Koten（2019）；UNCITRAL（1996）；UNESCAP（2021）；WCO（2018, updated 2022）；World Bank（2023）
无额外税费或更高税率	1	1	2	0.91	APEC（2020b）；Daza Jaller, Gaillard, and Molinuevo（2020）；Ferrantino and Koten（2019）；UNCITRAL（1996）；UNESCAP（2021）；WCO（2018, updated 2022）；World Bank（2023）
无设立当地纳税实体要求	1	1	2	0.91	APEC（2020b）；Daza Jaller, Gaillard, and Molinuevo（2020）；Ferrantino and Koten（2019）；UNCITRAL（1996）；UNESCAP（2021）；WCO（2018, updated 2022）；World Bank（2023）
无对入境跨境电子支付的收费	1	1	2	0.91	APEC（2020b）；Daza Jaller, Gaillard, and Molinuevo（2020）；Ferrantino and Koten（2019）；UNCITRAL（1996）；UNESCAP（2021）；WCO（2018, updated 2022）；World Bank（2023）

（续表）

指标	企业灵活度分值	社会效益分值	总分	调整后分值	背景文献
无对出境跨境电子支付的收费	1	1	2	0.91	APEC（2020b）；Daza Jaller，Gaillard，and Molinuevo（2020）；Ferrantino and Koten（2019）；UNCITRAL（1996）；UNESCAP（2021）；WCO（2018，updated 2022）；World Bank（2023）
无对跨境电子支付的限制	1	1	2	0.91	APEC（2020b）；Daza Jaller，Gaillard，and Molinuevo（2020）；Ferrantino and Koten（2019）；UNCITRAL（1996）；UNESCAP（2021）；WCO（2018，updated 2022）；World Bank（2023）
跨境数据流动：同意转移	不适用	1	1	0.45	APEC（2020b，2021）；Daza Jaller，Gaillard，and Molinuevo（2020）；EU（2016）；Ferrantino and Koten（2019）；OECD（2013，2016）；UN（2007）；UNCITRAL（1996，2016）；WCO（2018，updated 2022）；WTO（2013）
相关信息披露	不适用	1	1	0.45	APEC（2020b，2021）；Daza Jaller，Gaillard，and Molinuevo（2020）；EU（2016）；Ferrantino and Koten（2019）；OECD（2013，2016）；UN（2007）；UNCITRAL（1996，2016）；WCO（2018，updated 2022）；WTO（2013）
消费者权利：对广告的限制	不适用	1	1	0.45	APEC（2020b，2021）；Daza Jaller，Gaillard，and Molinuevo（2020）；EU（2016）；Ferrantino and Koten（2019）；OECD（2013，2016）；UN（2007）；UNCITRAL（1996，2016）；WCO（2018，updated 2022）；WTO（2013）

（续表）

指标	企业灵活度分值	社会效益分值	总分	调整后分值	背景文献
消费者取消在线订单的权利	不适用	1	1	0.45	APEC（2020b，2021）；Daza Jaller，Gaillard，and Molinuevo（2020）；EU（2016）；Ferrantino and Koten（2019）；OECD（2013，2016）；UN（2007）；UNCITRAL（1996，2016）；WCO（2018，updated 2022）；WTO（2013）
消费者获得退款的权利	不适用	1	1	0.45	APEC（2020b，2021）；Daza Jaller，Gaillard，and Molinuevo（2020）；EU（2016）；Ferrantino and Koten（2019）；OECD（2013，2016）；UN（2007）；UNCITRAL（1996，2016）；WCO（2018，updated 2022）；WTO（2013）
对不遵守在线消费者保护规定的处罚	不适用	1	1	0.45	APEC（2020b，2021）；Daza Jaller，Gaillard，and Molinuevo（2020）；EU（2016）；Ferrantino and Koten（2019）；OECD（2013，2016）；UN（2007）；UNCITRAL（1996，2016）；WCO（2018，updated 2022）；WTO（2013）
在线纠纷解决机制	不适用	1	1	0.45	APEC（2020b，2021）；Daza Jaller，Gaillard，and Molinuevo（2020）；EU（2016）；Ferrantino and Koten（2019）；OECD（2013，2016）；UN（2007）；UNCITRAL（1996，2016）；WCO（2018，updated 2022）；WTO（2013）

（续表）

指标	企业灵活度分值	社会效益分值	总分	调整后分值	背景文献
在线纠纷解决机制（免费提交案件）	不适用	1	1	0.45	APEC（2020b，2021）；Daza Jaller，Gaillard，and Molinuevo（2020）；EU（2016）；Ferrantino and Koten（2019）；OECD（2013，2016）；UN（2007）；UNCITRAL（1996，2016）；WCO（2018，updated 2022）；WTO（2013）
子类别 1.2.3 的总分	7	15	22	10.00	
类别 1.2 的总分	46	62	108	50.00	
支柱 I 的总分	78	102	180	100.00	

* **内陆经济体将不采用该指标进行评估。其子类别总分将相应调整。**

** **非世贸组织成员将不采用该指标进行评估。其子类别总分将相应调整。**

支柱 II　促进国际贸易的公共服务质量					
2.1　数字化和实体基础设施					
2.1.1　电子系统和服务的协同性					
指标	企业灵活度分值	社会效益分值	总分	调整后分值	背景文献
国际贸易高级电子系统的可获得性	1	1	2	1.67	UNECE/UN-CEFACT（2005，updated 2020）；WCO（1999，2017）；WTO（2013）

（续表）

指标	企业灵活度分值	社会效益分值	总分	调整后分值	背景文献
将机构整合至国际贸易高级电子系统	1	1	2	1.67	UNECE（2013）；UNECE/UN-CEFACT（2005，updated 2020）；WCO（1999，2017）；WTO（2013）
将利益相关者整合至国际贸易高级电子系统	1	1	2	1.67	UNECE（2017）；UNECE/UN-CEFACT（2005，updated 2020）；WCO（2017）
国际贸易高级电子系统提供的功能	1	1	2	1.67	UNECE/UN-CEFACT（2005，updated 2020）；WCO（1999，2017）；WTO（2013）
与贸易伙伴的国际贸易电子系统交换信息	1	1	2	1.67	UNECE（2013，2017）；UNECE/UN-CEFACT（2005，updated 2020）；WCO（1999，2017）
国际贸易高级电子系统的统一接入点	1	1	2	1.67	UNECE/UN-CEFACT（2005，updated 2020）；WCO（1999，2017）；WTO（2013）
国际贸易高级电子系统的单点登录	1	1	2	1.67	UNECE/UN-CEFACT（2005，updated 2020）；WCO（1999，2017）；WTO（2013）
国际贸易高级电子系统的单次数据提交	1	1	2	1.67	UNECE/UN-CEFACT（2005，updated 2020）；WCO（1999，2017）；WTO（2013）
国际贸易高级电子系统的单点决策	1	1	2	1.67	UNECE/UN-CEFACT（2005，updated 2020）；WCO（1999，2017）；WTO（2013）
国际贸易高级电子系统的单点支付	1	1	2	1.67	UNECE/UN-CEFACT（2005，updated 2020）；WCO（1999，2017）；WTO（2013）
子类别 2.1.1 的总分	10	10	20	16.67	

(续表)

2.1.2　信息透明度和可获得性					
指标	企业灵活度分值	社会效益分值	总分	调整后分值	背景文献
贸易信息门户(可获得性)	1	1	2	1.39	UNECE (2021); WCO (1999); World Bank (2012a); WTO (2013, 2021b)
公布：关税、税费、费用、收费和非关税措施	1	1	2	1.39	UNECE (2021); Van der Marel and Shepherd (2020); WCO (1999, 2005, updated 2021); World Bank (2012a); WTO (1994c, 1994d, 1994e, 2013, 2021b)
公布：程序和预先裁决	1	1	2	1.39	UNECE (2021); Van der Marel and Shepherd (2020); WCO (1999, 2005, updated 2021); WTO (1994c, 1994d, 2013, 2021b)
公布：处罚和申诉程序	1	1	2	1.39	UNECE (2021); Van der Marel and Shepherd (2020); WCO (1999, 2005, updated 2021); WTO (1994c, 1994d, 2013, 2021b)
公布：许可标准(货物运输)	1	1	2	1.39	UNECE (2021); Van der Marel and Shepherd (2020); WCO (2005, updated 2021); WTO (1994d, 2021b)
公布：许可标准(物流服务)	1	1	2	1.39	UNECE (2021); Van der Marel and Shepherd (2020); WCO (2005, updated 2021); WTO (1994d, 2021b)
公布：法律提案和法规草案	1	1	2	1.39	UNECE (2021); Van der Marel and Shepherd (2020); WCO (1999; 2005, updated 2021); World Bank (2012a); WTO (1994d, 2013, 2021b)

（续表）

指标	企业灵活度分值	社会效益分值	总分	调整后分值	背景文献
公布：预先通知	1	1	2	1.39	UNECE（2021）；Van der Marel and Shepherd（2020）；WCO（1999；2005，updated 2021）；World Bank（2012a）；WTO（1994d，2013，2021b）
咨询点	1	1	2	1.39	UNECE（2021）；Van der Marel and Shepherd（2020）；WCO（1999；2005，updated 2021）；World Bank（2012a）；WTO（1994d，2013，2021b）
咨询：实践	1	1	2	1.39	Bandele（2016）；Van der Marel and Shepherd（2020）；WCO（1999；2005，updated 2021）；WTO（2013，2021b）
咨询：合理的机会	1	1	2	1.39	Bandele（2016）；WTO（2013，2021b）
咨询：审议意见的过程	1	1	2	1.39	Bandele（2016）；Van der Marel and Shepherd（2020）；WTO（2021b）
子类别 2.1.2 的总分	12	12	24	16.67	
2.1.3 贸易基础设施					
设备和设施（边境 1：港口或陆地边境）	1	1	2	1.67	APEC（2010）；Arvis et al.（2018）；Donaubauer et al.（2018）；Doyle et al.（2010）；Guash（2011）；IMO（1965，updated 2023）；Kunaka and Carruthers（2014）；OSCE/UNECE（2012）；UNECE（2021）；WCO（1999）；World Bank（2010）

（续表）

指标	企业灵活度分值	社会效益分值	总分	调整后分值	背景文献
服务和便利设施（边境 1：港口或陆地边境）	1	1	2	1.67	Arvis et al.（2018）；Donaubauer et al.（2018）；Guash（2011）；IMO（1965，updated 2023）；Kunaka and Carruthers（2014）；McKinnon et al.（2017）；OSCE/UNECE（2012）；UNECE（2021）；World Bank（2010）
绿色基础设施（边境 1：港口）	1	1	2	1.67	APEC（2010）；Arvis et al.（2018）；Donaubauer et al.（2018）；Doyle et al.（2010）；Guash（2011）；IMO（1965，updated 2023）；Kunaka and Carruthers（2014）；OSCE/UNECE（2012）；UNECE（2021）；WCO（1999）；World Bank（2010）
咨询委员会（边境 1：港口）：代表	1	1	2	1.67	Kunaka and Carruthers（2014）
设备和设施（边境 2：陆地边境或机场）	1	1	2	1.67	APEC（2010）；Donaubauer et al.（2018）；Doyle et al.（2010）；Guash（2011）；Kunaka and Carruthers（2014）；OSCE/UNECE（2012）；UNECE（2021）；WCO（1999）；World Bank（2010）
服务和便利设施（边境 2：陆地边境或机场）	1	1	2	1.67	APEC（2010）；Donaubauer et al.（2018）；Doyle et al.（2010）；Guash（2011）；Kunaka and Carruthers（2014）；OSCE/UNECE（2012）；UNECE（2021）；WCO（1999）；World Bank（2010）
咨询委员会（机场）：代表	1	1	2	1.67	IATA（2017）；ICAO（2023）；Kunaka and Carruthers（2014）

（续表）

指标	企业灵活度分值	社会效益分值	总分	调整后分值	背景文献
接入国际贸易电子系统(港口或机场)	1	1	2	1.67	UNECE（2017）；WCO（2017）；WTO（2013）
信息系统(港口或机场)	1	1	2	1.67	Carlan et al.（2016）；Heilig and Voß（2017）；IMO（2024）；Mor et al.（2020）
咨询委员会(港口或机场)	1	1	2	1.67	IATA（2017）；ICAO（2023）；Kunaka and Carruthers（2014）
子类别 2.1.3 的总分	10*	10*	20*	16.67	
类别 2.1 的总分	32	32	64	50.00	
2.2　边境管理					
2.2.1　风险管理					
海关风险管理可获得性	1	1	2	2.50	De Wulf and Sokol（2005）；IMF（2022）；ITC（2020，2022a）；USAID（2018）；WCO（1999；2003；2005，updated 2021；2011；2016，updated 2018）；Widdowson（2014）；WTO（2013）
卫生与植物检疫机构整合	1	1	2	2.50	De Wulf and Sokol（2005）；IMF（2022）；ITC（2020，2022a）；USAID（2018）；WCO（1999；2003；2005，updated 2021；2011；2016，updated 2018）；Widdowson（2014）；WTO（2013）

（续表）

指标	企业灵活度分值	社会效益分值	总分	调整后分值	背景文献
标准化机构整合	1	1	2	2.50	De Wulf and Sokol（2005）；IMF（2022）；ITC（2020，2022a）；USAID（2018）；WCO（1999；2003；2005，updated 2021；2011；2016，updated 2018）；Widdowson（2014）；WTO（2013）
环境机构整合	1	1	2	2.50	De Wulf and Sokol（2005）；IMF（2022）；ITC（2020，2022a）；USAID（2018）；WCO（1999；2003；2005，updated 2021；2011；2016，updated 2018）；Widdowson（2014）；WTO（2013）
边境安全机构整合	1	1	2	2.50	De Wulf and Sokol（2005）；IMF（2022）；ITC（2020，2022a）；USAID（2018）；WCO（1999；2003；2005，updated 2021；2011；2016，updated 2018）；Widdowson（2014）；WTO（2013）
自动分析和自动定位	1	1	2	2.50	IMF（2022）；ITC（2020，2022a）；USAID（2018）；WCO（1999；2003；2005，updated 2021；2011；2016，updated 2018）；Widdowson（2014）；WTO（2013）
清关后审计	1	1	2	2.50	De Wulf and Sokol（2005）；IMF（2022）；ITC（2020，2022a）；USAID（2018）；WCO（2011；2016，updated 2018）；Widdowson（2014）；WTO（2013）
海关风险管理覆盖范围	1	1	2	2.50	De Wulf and Sokol（2005）；IMF（2022）；ITC（2020，2022a）；USAID（2018）；WCO（2011；2016，updated 2018）；Widdowson（2014）；WTO（2013）

（续表）

指标	企业灵活度分值	社会效益分值	总分	调整后分值	背景文献
子类别 2.2.1 的总分	8	8	16	20.00	
2.2.2 边境协同管理					
货物唯一单号	1	1	2	2.86	Doyle et al.（2010）；OSCE/UNECE（2012）；WCO（2004；2005，updated 2021；2006，updated 2020）
联合管控(内部)	1	1	2	2.86	Aniszewski（2009）；Doyle et al.（2010）；IDB（2010）；OSCE/UNECE（2012）；WCO（2005，updated 2021；2006，updated 2020）；WTO（2013）
综合边境检查站*	1	1	2	2.86	Aniszewski（2009）；Doyle et al.（2010）；IDB（2010）；OSCE/UNECE（2012）；WCO（2005，updated 2021；2006，updated 2020）；WTO（2013）
信息交流	1	1	2	2.86	Aniszewski（2009）；Doyle et al.（2010）；OSCE/UNECE（2012）；UNECE（1982）；UNESCAP（2021）；WCO（2005，updated 2021；2006，updated 2020）；WTO（2013）
联合管控(外部)	1	1	2	2.86	Aniszewski（2009）；OSCE/UNECE（2012）；UNECE（1982）；WCO（1999；2006，updated 2020）；WTO（2013）
统一作业时间*	1	1	2	2.86	Aniszewski（2009）；WCO（1999；2005，updated 2021；2006，updated 2020）；WTO（2013）

（续表）

指标	企业灵活度分值	社会效益分值	总分	调整后分值	背景文献
统一文件或整套文件	1	1	2	2.86	Aniszewski（2009）；Doyle et al.（2010）；OSCE/UNECE（2012）；UNESCAP（2021）；WCO（2006，updated 2020）；WTO（2013）
子类别 2.2.2 的总分	7	7	14	20.00	
2.2.3　受信任的交易者计划					
出口商和进口商对受信任的交易者计划的可获得性	1	1	2	1.67	APEC（2016，2020a）；De Wulf and Sokol（2005）；Doyle et al.（2010）；WCO（1999；2005，updated 2021；2006，updated 2018）；WTO（2013）
其他运营商对受信任的交易者计划的可获得性	1	1	2	1.67	APEC（2016，2020a）；De Wulf and Sokol（2005）；Doyle et al.（2010）；WCO（1999；2005，updated 2021；2006，updated 2018）；WTO（2013）
受信任的交易者计划的益处	1	1	2	1.67	APEC（2016，2020a）；De Wulf and Sokol（2005）；Doyle et al.（2010）；WCO（1999；2005，updated 2021；2006，updated 2018）；WTO（2013）
受信任的交易者计划中的机构互认	1	1	2	1.67	APEC（2016，2020a）；De Wulf and Sokol（2005）；Doyle et al.（2010）；WCO（1999；2005，updated 2021；2006，updated 2018）；WTO（2013）
受信任的交易者计划中的互认协议	1	1	2	1.67	APEC（2016，2020a）；De Wulf and Sokol（2005）；Doyle et al.（2010）；WCO（2005，updated 2021）；WTO（2013）

（续表）

指标	企业灵活度分值	社会效益分值	总分	调整后分值	背景文献
受信任的交易者计划中的电子认证和续期流程	1	1	2	1.67	De Wulf and Sokol（2005）；WCO（2005，updated 2021）；WTO（2013）
子类别 2.2.3 的总分	6	6	12	10.00	
类别 2.2 的总分	21	21	42	50.00	
支柱Ⅱ的总分	53	53	106	100.00	

＊内陆经济体将不采用该指标进行评估。其子类别总分将相应调整。

支柱Ⅲ　出口货物、进口货物和从事数字贸易的运作效率					
3.1　遵守出口合规要求					
3.1.1　遵守出口合规要求的总时间					
指标	企业灵活度分值	社会效益分值	总分	调整后分值	背景文献
遵守出口合规要求的总时间	100	不适用	100	20.00	Engman（2005）；Hoekman and Nicita（2011）；Hummels，David，and Schaur（2013）；Volpe Martincus et al.（2015）；WCO（2002，updated 2018）；WTO（2013）
子类别 3.1.1 的总分	100	不适用	100	20.00	

（续表）

3.1.2　遵守出口合规要求的总成本					
指标	企业灵活度分值	社会效益分值	总分	调整后分值	背景文献
遵守出口合规要求的总成本	100	不适用	100	20.00	Engman（2005）；Hoekman and Nicita（2011）；WTO（2013）
子类别 3.1.2 的总分	100	不适用	100	20.00	
类别 3.1 的总分	100	不适用	100	40.00	
3.2　遵守进口合规要求					
3.2.1　遵守进口合规要求的总时间					
遵守进口合规要求的总时间	100	不适用	100	20.00	Engman（2005）；Hoekman and Nicita（2011）；Hummels, David, and Schaur（2013）；WCO（2002, updated 2018）；WTO（2013）
子类别 3.2.1 的总分	100	不适用	100	20.00	
3.2.2　遵守进口合规要求的总成本					
遵守进口合规要求的总成本	100	不适用	100	20.00	Engman（2005）；Hoekman and Nicita（2011）；WTO（2013）
子类别 3.2.2 的总分	100	不适用	100	20.00	
类别 3.2 的总分	100	不适用	100	40.00	

（续表）

指标	企业灵活度分值	社会效益分值	总分	调整后分值	背景文献
3.3　参与跨境数字贸易					
3.3.1　出口数字订购货物贸易企业的份额					
出口数字订购货物贸易企业的份额	100	不适用	100	10.00	Gonzalez and Ferencz（2018）；WTO（2021a）
子类别 3.3.1 的总分	100	不适用	100	10.00	
类别 3.3 的总分	100	不适用	100	10.00	
3.4　已知的主要障碍：海关、贸易规则和运输					
3.4.1　视海关和贸易规则为主要或严重制约因素的企业份额					
视海关和贸易规则为主要或严重制约因素的企业份额	100	不适用	100	5.00	Engman（2005）；Hoekman and Nicita（2011）；Hummels，David，and Schaur（2013）；WCO（2002，updated 2018）；WTO（2013）
子类别 3.4.1 的总分	100	不适用	100	5.00	
3.4.2　视运输为主要或严重制约因素的企业份额					
视运输为主要或严重制约因素的企业份额	100	不适用	100	5.00	Hoekman and Nicita（2011）；Hummels，David，and Schaur（2013）；Limao and Venables（2001）
子类别 3.4.2 的总分	100	不适用	100	5.00	
类别 3.4 的总分	100	不适用	100	10.00	
支柱Ⅲ的总分	100	不适用	100	100.00	

参考文献 II

ADB (Asian Development Bank). 2008. "How to Design, Negotiate, and Implement a Free Trade Agreement in Asia."

Aniszewski, Stefan. 2009. "Coordinated Border Management — a concept note." WCO Research Paper 2. WCO.

APEC. 2010. "The Trade impact of Enhanced Multimodal Connectivity in the Asia-Pacific Region."

APEC. 2016. "Study of APEC Best Practices in Authorized Economic Operators."

APEC. 2020a. *APEC's Manual of Best Practices According to the AEO Benefits Survey Under Pillar 3 WCO Safe Framework.*

APEC. 2020b. *Regulations Policies and Initiatives on E-Commerce and Digital Economy for APEC MSMEs' Participation in the Region.*

APEC. 2021. *Recommendations to Promote Best Practices for Consumers' Dispute Resolution and Redress Mechanisms of eCommerce.*

APEC and World Bank. 2007. "Transparency and Trade Facilitation in the Asia-Pacific: Estimating the Gains from Reform." Washington, DC: The World Bank.

J. F. Arvis, V. Vesin, R. C. Carruthers, C. Ducruet, and P. W. De Langen. 2018. "Maritime Networks, Port Efficiency, and Hinterland Connectivity in the Mediterranean." Washington, D. C: World Bank Group.

L. Baccini, A. Dür, and M. Elsig. 2015. "The Politics of Trade Agreement Design: Revisiting the Depth-Flexibility Nexus." *International Studies Quarterly* 59 (4): 765-775.

O. Bandele. 2016. "An Equal Seat at the Table: Gendering Trade Negotiations." International Trade Working Paper, No. 2016/14, Commonwealth Secretariat, London.

Basel Convention. 1989. *Basel Convention on the Control of Transboundary Movements of Hazardous Wastes and Their Disposal.* Entered into force in 1992.

M. Bratt. 2017. "Estimating the Bilateral Impact of Nontariff Measures on Trade." *Review of International Economics* 25 (5): 1105-1129, 2017.

P. Brenton and V. Chemutai. 2021. "The Trade and Climate Change Nexus: The Urgency and Opportunities for Developing Countries." Washington, DC: World

Bank.

O. Cadot, J. Gourdon and F. van Tongeren. 2018. "Estimating Ad Valorem Equivalents of Non-Tariff Measures: Combining Price-Based and Quantity-Based Approaches." OECD Trade Policy Papers, No. 215, OECD Publishing, Paris.

V. Carlan, C. Sys, and T. Vanelslander. 2016. "How port community systems can contribute to port competitiveness: Developing a cost - benefit framework." *Research in transportation business & management* 19: 51 - 64.

H. Casella and J. de Melo. 2021. "Greening Trade Policies in African Small Islands Developing States (AFSIDS)." Suggestions for the Way Forward under the African Continental Free Trade Area (AfCFTA), FERDI Working paper P295.

CITES (Convention on International Trade in Endangered Species of Wild Fauna and Flora). 1973. "Convention on International Trade in Endangered Species of Wild Fauna and Flora." Entered into force in 1975.

P. Crivelli and J. Groeschl. 2016, "The Impact of Sanitary and Phytosanitary Measures on Market Entry and Trade Flows." *The World Economy* 39: 444 - 473.

M. Crozet, E. Milet, and D. Mirza. 2016. "The Impact of Domestic Regulations on International Trade in Services: Evidence from Firm-level Data." *Journal of Comparative Economics*. Elsevier 44 (3): 585 - 607.

L. Daza Jaller, S. Gaillard, and M. Molinuevo. 2020. "The Regulation of Digital Trade: Key Policies and International Trends." World Bank, Washington, DC.

J. De Melo and B. Shepherd. 2018. "The Economics of Non-Tariff Measures: A Primer." In Non-Tariff Measures: Economic Assessment and Policy Options for Development ed. De Melo J and Nicita A, UNCTAD, Geneva.

L. De Wulf and J. B. Sokol, (eds). 2005. *Customs Modernization Handbook.*

S. Dhingra, R. Freeman, and Huang, H. 2021. "The Impact of Deep Trade Agreements on Trade and Welfare." LSE Centre for Economics Discussion Paper 1742.

A. Disdier and M. Fugazza. 2020. "A Practical Guide to the Economic Analysis of Non-Tariff Measures." UNCTAD-WTO.

J. Donaubauer, A. Glas, B. Meyer, and P. Nunnenkamp. 2018. "Disentangling the Impact of Infrastructure on Trade using a New Index of Infrastructure." *Review of World Economics* 154 (4): 745 - 784.

T. Doyle, E. Fanta, G. Mclinden, and D. C. Widdowson. 2010. "Border Management Modernization (English)." Washington, D. C: World Bank

Group.

M. Engman. 2005. "The economic impact of trade facilitation." OECD Trade Policy Papers 21, OECD Publishing, Paris.

EU (European Union). 2016. *GDPR General Data Protection Regulation.*

EU (European Union). 2023. *Regulation (EU) 2023/956 of the European Parliament and of the Council of 10 May 2023 establishing a carbon border adjustment mechanism (EU CBAM).*

A. Fernandes, E. Ferro, and J. S. Wilson. 2019. "Product Standards and Firms' Export Decisions." Published by Oxford University Press on behalf of the World Bank.

A. Fernandes, N. Rocha, and M. Ruta. 2021. "The Economics of Deep Trade Agreements." CEPR Press.

M. J. Ferrantino, and E. E. Koten. 2019. "The Measurement and Analysis of E-Commerce: Frameworks for Improving Data Availability." World Bank, Washington, DC.

L. Fontagné and G. Orefice. 2018. "Let's Try Next door: Technical Barriers to Trade and Multi-destination Firms." *European Economic Review*, Elsevier 101I: 643－663.

L. Fontagné, G. Orefice, R. Piermartini, and N. Rocha. 2015. "Product Standards and Margins of Trade: Firm-level Evidence." *Journal of International Economics* 97 (1): 29－44.

GEA (Global Express Association). 2016. *Simplified Processing of Low-value Shipments: A Position Paper by the Global Express Association.*

M. Geloso Grosso, H. K. Nordås, A. Ueno, F. Gonzales, I. Lejárraga, S. Miroudot, and Rouzet, D. 2014. "Services Trade Restrictiveness Index (STRI): Transport and Courier Services." OECD Trade Policy Papers 176, OECD Publishing, Paris.

J. L. González, and J. Ferencz. 2018. "Digital Trade and Market Openness." OECD Trade Policy Papers 217, OECD Publishing, Paris.

J. Gray. 2014. "Domestic Capacity and the Implementation Gap in Regional Trade Agreements." *Comparative Political Studies* 47 (1): 55－84.

J. L. Guash. 2011. *Logistics as a Driver for Competitiveness in Latin America and the Caribbean.*

Heilig, Leonard, and S. Voß. 2017. "Information Systems in Seaports: A Categorization and Overview." *Information Technology and Management* 18:

179 – 201.

B. Hoekman and A. Nicita. 2011. "Trade Policy, Trade Costs, and Developing Country Trade." *World development* 39 (12): 2069 – 2079.

C. Hofmann, A. Osnago, and M. Ruta. 2017. "Horizontal Depth: A New Database on the Content of Preferential Trade Agreements." Policy Research working paper no. WPS 7981. Washington, D.C: World Bank Group.

S. Holloway and J. Rae. 2012. "De Minimis Thresholds in APEC." *World Customs Journal* (6) 1: 31 – 62.

Hummels, L. David, and G. Schaur. 2013. "Time as a Trade Barrier." *American Economic Review* 103 (7): 2935 – 2959.

IATA. 2017. *Airport Consultative Committees — Operating Terms of Reference.*

ICAO. 2023. Document 9184 Part 1 — *Airport Planning Manual.* Third Edition. Montreal: International Civil Aviation Organization.

ICC. 2015. *Policy Statement on Global Baseline De Minimis Value Thresholds.*

IDB (Inter-American Development Bank). 2010. "Interoperability at the Border: Coordinated Border Management Best Practices & Case Studies." Technical Notes No. IDB – TN – 297.

ILO. 1998 (updated 2022). *ILO Declaration on Fundamental Principles and Rights at Work.*

IMF. 2022. Pérez Azcárraga, Augusto Azael, Tadatsugu Matsudaira, Gilles Montagnat-Rentier, János Nagy, and R. James Clark. "Customs Matters: Strengthening Customs Administration in a Changing World." Washington, DC: International Monetary Fund.

IMF. 2024. "Digital Money, Cross-Border Payments, International Reserves, and the Global Financial Safety Net: Preliminary Considerations". Washington, DC: International Monetary Fund.

IMO (International Maritime Organisation). 1965 (last amended 2023). "Convention of Facilitation of International Maritime Traffic (FAL Convention)."

IMO (International Maritime Organisation). 2024. "Guidelines on Port Community Systems."

M. Islam, K. Kanemoto, and S. Managi. 2019. "Groh Potential for CO2 Emissions Transfer by Tariff Reduction." Environmental Research Letters.

ITC (International Trade Centre). 2020. "Getting Down to Business: Making the Most of the WTO Trade Facilitation Agreement." International Trade Centre, Geneva.

ITC. 2022a. "Managing Risk for Safe, Efficient Trade." International Trade Centre, Geneva.

ITC. 2022b. SME Competitiveness Outlook 2022: *Connected Services, Competitive businesses*. International Trade Centre, Geneva.

Kee, H-L, Nicita A and M. Olarreaga. 2009. "Estimating Trade Restrictiveness Indices." *The Economic Journal* 119: 172 - 199.

C. Kunaka and R. Carruthers. 2014. "Trade and Transport Corridor Management Toolkit." Washington, D. C.: World Bank Group.

L. Laperle-Forget. 2022. "WTO Database on Gender Provisions in Regional Trade Agreements." World Trade Organization.

E. Larget, A. Osnago, N. Rocha and M. Ruta. 2018. "Deep Trade Agreements and Global Value Chains." Policy Research working paper no. WPS 8491, Washington, D.C: World Bank Group.

N. Limao and A. J. Venables. 2001. "Infrastructure, Geographical Disadvantage, Transport Costs, and Trade." *The World Bank Economic Review* 15 (3): 451 - 479.

MARPOL (International Convention for the Prevention of Pollution from Ships). 1973. "International Convention for the Prevention of Pollution from Ships." Entered into force in 1983.

A. Mattoo, A. Mulabdic and M. Ruta. 2017a. "Deep Trade Agreements as Public Goods." VoxEU.org, 12 October.

A. Matttoo, A. Mulabdic and M. Ruta. 2017b. "Trade Creation and Trade Diversion in Deep Agreements." Policy Research Working Paper Series 8206, World Bank, Washington, DC.

A. Mattoo, N. Rocha and M. Ruta (eds). 2020. "Handbook of Deep Trade Agreements." Washington, DC: World Bank.

A. McKinnon, C. Flöthmann, K. Hoberg and C. Busch. 2017. *Logistics Competencies, Skills, and Training: A Global Overview*. World Bank Studies. Washington, DC: World Bank.

E. T. Miller. 1999. "Financial Services in the Trading System: Progress and Prospects." IADB Occasional Paper 4, INTAL, Argentina.

J.-A. Monteiro. 2018. "Gender-Related Provisions in Regional Trade Agreements." WTO Staff Working Paper No. ERSD - 2018 - 15, World Trade Organization, Geneva.

A. Mor, M. G. Speranza, and J. M. Viegas. 2020. "Efficient Loading and

Unloading Operations via a Booking System." *Transportation Research Part E: Logistics and Transportation Review* 141: 102040.

M. Murina and A. Nicita. 2017. "Trading with Conditions: The Effect of Sanitary and Phytosanitary Measures on the Agricultural Exports from Low-income Countries." *The World Economy* 40 (1): 168 - 181.

L. R. Ngai, and B. Petrongolo. 2017. "Gender Gaps and the Rise of the Service Economy." *American Economic Journal: Macroeconomics* 9 (4): 1 - 44.

Z. Niu, C. Liu, S. Gunessee, and C. Milner. 2018. "Non-Tariff and Overall Protection: Evidence across Countries and over Time." *Review of World Economics* 154 (4): 675 - 703.

OECD. 2009. Regulatory Impact Analysis: A Tool for Policy Coherence, OECD Publishing, Paris.

OECD. 2013a. "Guidelines Governing the Protection of Privacy and Transborder Flows of Personal Data." OECD Publishing, Paris.

OECD. 2013b. International Trade and Good Regulatory Practices: Assessing the Trade Impacts of Regulation, OECD Publishing, Paris.

OECD. 2016. "Recommendation on Consumer Protection in E-commerce." OECD Publishing, Paris.

OECD. 2017. Trade-related International Regulatory Cooperation: A Theoretical Framework, OECD Publishing, Paris.

OECD. 2020. "Climate Policy Leadership in an Interconnected World: What Role for Border Carbon Adjustments?" OECD Publishing, Paris.

OSCE/UNECE. 2012. *Handbook of Best Practices at Border Crossings - A Trade and Transport Facilitation Perspective.*

I. Parry et al. 2021. "Carbon Pricing: What Role for Border Carbon Adjustments?" IMF Staff Climate Note 2021/004. Washington, DC: International Monetary Fund.

A. Pirlot. 2021. "Carbon Border Adjustment Measures: A Straightforward Multi-Purpose Climate Change Instrument?" *Journal of Environmental Law.*

Rotterdam Convention on the Prior Informed Consent Procedure for Certain Hazardous Chemicals and Pesticides in International Trade. 1998 (entered into force in 2004).

D. Rouzet, H. K. Nordås, F. Gonzales, M. Geloso Grosso, I. Lejárragai, S. Miroudot and A. Ueno. 2014. "Services Trade Restrictiveness Index (STRI): Financial Services." OECD Trade Policy Papers 175, OECD Publishing, Paris.

J. Shapiro. 2020. "The Environmental Bias of Trade Policy." *The Quarterly Journal of Economics* 136 (2): 831 - 886.

Steger, Debra P. 2012. "Institutions for Regulatory Cooperation in 'New Generation' Economic and Trade Agreements." *Legal Issues of Economic Integration* 39 (1): 109 - 126.

K. Sugie, M. Geloso Grosso, H. K. Nordås, S. Miroudot, F. Gonzales, and D. Rouzet. 2015. "Services Trade Restrictiveness Index (STRI): Logistics Services." OECD Trade Policy Papers 183, OECD Publishing, Paris.

UN (United Nations). 1978. "International Convention on the Carriage of Goods by Sea (Hamburg Rules-1978)." Entered into force on 31 March 1978.

UN. 2007. "Convention on the use of Electronic Communications in International Contracts."

UN. 2020. United Nations Committee of Experts on International Cooperation in Tax Matters: Environmental Tax Issues, "Chapter 2: An Introduction for Policymakers—Carbon Taxation Handbook. Note by the Secretariat." April 12, 2020.

UNCITRAL. 1996. "Model Law on Electronic Commerce."

UNCITRAL. 2001. "Model Law on Electronic Signatures."

UNCITRAL. 2016. "Technical Notes on Dispute Resolution."

UNCITRAL. 2022. "Draft Model Law on the Use and Cross-border Recognition of Identity Management and Trust Services."

UNCTAD. 2003. "Trust Fund for Trade Facilitation Negotiations Technical Note No. 3 Use of Customs Automation Systems."

UNCTAD. 2006a. "Rules of Origin in Emerging Asia-Pacific Preferential Trade Agreements: Will PTAs Promote Trade and Development?"

UNCTAD. 2006b. "Technical Notes on Trade Facilitation Measures." United Nations.

UNCTAD. 2011. "Right of Appeal against Customs and other Agency Rulings and Decisions." UNCTAD Trust Fund for Trade Facilitation Negotiations Technical Note No. 10, Geneva: Switzerland.

UNCTAD. 2016. "Data Protection Regulations and International Data Flow: Implications for Trade and Development." United Nations.

UNCTAD. 2017. "Non-Tariff Measures: Economic Assessment and Policy Options for Development." United Nations publication. United Nations.

UNCTAD. 2020. "Assessing Cost-effectiveness of Non-Tariff Measures - A

toolkit." United Nations.
UNCTAD and World Bank Group. 2018. "The Unseen Impact of Non-tariff Measures: Insights from a New Database." UNCTAD.
UNDP. 2019. "UNDP Social and Environmental Standards."
UNECE. 1982. "International Convention on the Harmonization of Frontier Controls of Goods." Entered into force on October 15, 1985.
UNECE. 1999. "UNECE Recommendation No. 27 on Pre-shipment inspection."
UNECE. 2013. "Recommendation No. 35 on Establishing a Legal Framework for International Trade Single Window." United Nations.
UNECE. 2017. "Recommendation No. 36 on Single Window Interoperability."
UNECE. 2021. "Recommendation No. 38 on Trade Information Portals."
UNECE. 2021. *Handbook for National Master Plans for Freight Transport and Logistics.*
UNECE/UN-CEFACT. 2005 (updated 2020). "UNECE Recommendation No. 33 on Recommendation and Guidelines Establishing a Single Window."
UNESCAP. 2021. "United Nations ESCAP Framework Agreement on Facilitation of Cross-border Paperless Trade in Asia and the Pacific."
USAID (2018). *Custom Modernization Handbook: Applying Risk in the Cargo Processing Environment.*
US ITC (United States International Trade Commission). 2004. "Express Delivery Services: Competitive Conditions Facing US-based Firms In Foreign Markets." Investigation No. 332-456. USITC Publication 3678.
Van der Marel, Erik, and Ben Shepherd. 2020. "Trade Facilitation in Services: Concepts and Empirical Importance." Policy Research Working Paper 9234. Washington, DC: World Bank.
F. Van Tongeren. 2009. "Transparency in the Design of Non-tariff Measures and the Cost of Market Entry: Conceptual framework." OECD Working Party of the Trade Committee TAD/TC/WP (2009) 33. Paris: Organization for Economic Cooperation & Development.
C. Volpe Martincus, J. Carballo, and A. Graziano. 2015. "Customs." *Journal of International Economics* 96 (1): 119-137.
WCO. 1990a. (reviewed 2006). *Immediate Release Guidelines.*
WCO. 1990b. "Convention on the Temporary Admission of Goods (Istanbul Convention)." Entered into force on 26 June 1990.
WCO. 1999. "Revised Kyoto Convention." Entered into force on February 3, 2006.

WCO. 2002, updated 2018. *Guide to Measure the Time Required for the Release of Goods.*

WCO. 2003. *Risk Management Guide.*

WCO. 2004. *Unique Consignment Reference (UCR).*

WCO. 2005, updated 2021. *Framework of Standards to Secure and Facilitate Global Trade (SAFE).*

WCO. 2006a, updated 2020. *Coordinated Border Management Compendium.*

WCO 2006b. "General Annex of the International Convention on the Simplification and Harmonisation of Customs procedures (Revised Kyoto Convention)." Entered into force on February 3, 2006.

WCO. 2008. "Customs in the 21st Century: Enhancing Growth and Development through Trade Facilitation and Border Security."

WCO. 2011. *Customs Risk Management Compendium - Vols. I & II.*

WCO. 2014. "Kyoto Convention — General Annex. Guidelines on Application of Information and Communication Technology."

WCO. 2016, updated 2018. *Guidelines for the Immediate Release of Consignments by Customs.*

WCO. 2017. Building a Single Window Environment - Vol I & II.

WCO. 2018 (updated 2022). "Cross-Border E-Commerce Framework of Standards."

WCO (World Customs Organizations). 2022. "International Convention on the Harmonized Commodity Description and Coding System (HS Convention)." Entered into force on 1 January 2022.

D. Widdowson. 2014. "Managing Customs Risk and Compliance: An Integrated Approach." *World Customs Journal* 14 (2): 63 - 79.

World Bank. 2007. "International Trade and Climate Change: Economic, Legal, and Institutional Perspectives." Washington, DC: World Bank.

World Bank. 2010. "Trade and Transport Facilitation Assessment: A Practical Toolkit for Country Implementation." Washington, D. C: World Bank Group.

World Bank. 2012a. "Developing a Trade Information Portal." Washington, DC: World Bank.

World Bank. 2012b. "Global Analysis of General Trade and Operational Licensing." International Finance Corporation, Washington, D. C

World Bank. 2018a. "Promoting Open and Competitive Markets in Road Freight and Logistics Services: The World Bank Group's Markets and Competition Policy

Assessment Tool Applied in Peru, The Philippines and Vietnam." World Bank, Washington, DC.

World Bank. 2018b. "The Global Indicators of Regulatory Governance." Washington, DC: World Bank.

World Bank. 2021. "World Development Report 2021: Data for Better Lives." Washington, DC: World Bank.

World Bank. 2023. "Digital Trade for Development". Washington, D. C.: World Bank Group.

World Bank. 2024. "State and Trends of Carbon Pricing 2024." State and Trends of Carbon Pricing. Washington, DC: World Bank.

WTO. 1994c. "General Agreement on Trade in Services Entered into force on January 1, 1995."

WTO. 1994d. "General Agreement on Trade in Goods Entered into force on January 1, 1995."

WTO. 1994e. "The WTO Agreement on Agriculture Entered into force on 1 January 1995."

WTO. 1994f. "The WTO Customs Valuation Agreement Entered into force on 1 January 1995."

WTO. 2012. "World Trade Report 2012: Trade and Public Policies: A Closer Look at Non-tariff Measures in the 21st century." WTO publication.

WTO. 2013. "Trade Facilitation Agreement." Entered into force on 22 February 2017.

WTO. 2015. "World Trade Report 2015." Geneva: WTO.

WTO. 2019a. "World Trade Report 2019: The Future of Services Trade." Geneva: WTO.

WTO. 2019b. "Joint Statement on Electronic Commerce".

WTO. 2020. "World Trade Report 2020: Government Policies to Promote Innovation in the Digital Age". Geneva: WTO.

WTO. 2021a. "Adapting to the Digital Trade Era: Challenges and Opportunities." Ed.: Maarten Smeets. Geneva: World Trade Organization.

WTO. 2021b. "WTO Joint Initiative on Services Domestic Regulation: Reference paper on Service Domestic Regulation 21 - 8948."

WTO 2022. *Technical Cooperation Handbook on Notification Requirements.*

附件 B　国际贸易注释问卷

附件 B 包括国际贸易术语表和附带注释的调查问卷,包括货物贸易规则、服务贸易规则、数字贸易及公共服务。注释问卷提供了每项指标与相应问题之间的一一对应关系。

术语表

额外限制:对进口商品或国外服务施加的额外限制或条件,这些限制或条件超出了对同类本国生产商品或国内服务提供者适用的规定范围。

行政申诉:个人或实体可以通过该程序对政府机构或权威机构做出的行政决定提出质疑的一种法律程序。这种申诉通常用于审查诸如执照的拒批、许可证或其他监管行为的决定。申诉通常由公共机构内部的更高层级(而非法院)进行审查。

高级自动分析和定位:在海关风险管理的背景下,指海关当局为评估和管理与货物进出口相关的风险而采用的系统。该系统运用先进的算法和数据分析技术,自动处理与跨境货物流动相关的大量数据,以评估和识别潜在风险。系统依据原产地、目的地、货物性质及已知的不合规模式等因素对货物进行风险分析与分类。其目的在于识别高风险货物进行进一步检查,同时对低风险货物实施最少干预的快速放行,从而提高贸易流程的效率和安全性。高级自动化分析系统还结合了机器学习与人工智能技术,用于分析海量的贸易数据与历史货运记录,实现风险分析模型的自动化。

预先通知:拟议规则制定的通知,告诉公众正在考虑制定规则的领域,并可能要求就规则制定的适当范围或特定主题提出书面意见。拟议规则制定的预先通知可能包括也可能不包括对法规的潜在变更的文本。

预先裁定：海关或其他主管机关应贸易商请求，就产品在进口或出口前的商品分类、估价、原产地或其他海关相关处理做出的正式决定。预先裁决为贸易商提供确定性和可预测性，通过事先明确一国海关法律将如何适用于其货物，确保交易前的透明性和合法性。该程序为货物的税则归类、原产地认定及海关估价等方面提供了透明且正式的处理方式。

航空货运社区系统（ACCS）：旨在促进机场社区内各利益相关方之间的电子通信和数据交换，并简化相关流程的一种电子平台。该系统通过单一数据提交，同时连接运输和物流链条，能够优化、管理和自动化港口及物流流程，实现信息的智能化与安全交换及货运流程的高效处理。其连接的相关方可能包括机场管理机构、私人运输运营商（如仓库、航空公司、卡车公司、货运代理及货运承运人）、出口商和进口商、报关代理、海关以及其他监管机构。

航空货运服务：通过航空器进行的货物运输。这是长距离货运中速度最快的方式，但同时也是成本最高的一种。航空货运可以包括通过客机运输的货物或专用货机运输的货物。

机场运营和管理系统：旨在自动化和优化机场运营各个方面的一种专门设计的数字化平台。该系统整合了多种功能，例如：旅客处理、行李标记与处理、航班到达和离港操作、离港控制系统、信息分发以及空中交通管制（ATC）。

具有约束力的承诺：国家之间具有法律约束力的承诺或义务。这些承诺要求各方遵守已商定的条款，例如：降低关税、开放服务行业以接受国外竞争或遵守特定标准。具有约束力的承诺受国际法约束，若违反可能导致争端解决程序的启动。这类承诺不同于无约束力的承诺，后者更类似于没有法律强制效力的宣言或承诺。

国内运输法：限制外国公司在国内运输市场开展业务的法律。

碳定价工具：用以量化温室气体（GHG）排放的外部成本的一种政策机

制——这些成本包括公众因排放所承担的经济负担，如农作物受损、因热浪和干旱导致的医疗费用，以及因洪水和海平面上升造成的财产损失——并通过对二氧化碳（CO_2）排放设定价格，将这些成本与排放源挂钩。这一价格信号鼓励排放者通过转变活动来减少排放，或者承担持续排放的财务成本。碳定价工具旨在通过市场机制以成本效益的方式实现环境目标。这些工具也可跨境实施，例如国际或区域排放交易体系（ETS）或边境碳调整（BCA）。

货物处理、储存与仓储服务：在仓库和物流中心内管理货物流动和存储的活动。这些活动包括货物的装卸、设施内的运输、仓库管理、货物分拣与配货等。

统一接入点：为国际贸易相关的所有必要系统或服务提供访问的统一平台，包括海关清关、许可证和认证等。

冷藏设施：用于存储易腐货物的冷藏空间，通过控制温度以维持货物的质量。

主管机关：在特定领域或管辖范围内拥有法定权限执行法规或监督各类政策与标准实施的组织或机构。在国际贸易背景下，主管机关是负责监督贸易协定的执行以及确保其他具有约束力的承诺得以遵守的实体。

附带条件的贸易保护措施：国家为保护本国产业免受进口产品特定不利影响而采取的贸易政策。这些措施的实施取决于满足某些程序性和实质性要求，其目的是应对被认定为正在或可能对本国产业造成损害的进口产品。这类措施包括反倾销税、反补贴税以及保障措施。

合同安排：在贸易协议中，指双方或多方之间具有法律约束力的协议，明确规定了双方或多方之间的贸易条款和条件。这些安排可能包括交换的商品或服务、定价、交货时间表、支付条款、争议解决机制以及各方的其他义务和权利。这些安排旨在为贸易活动提供明确的框架，确保各方理解自己的责任以及不履行协议的后果。

受保护投资：在投资条约或协议下受到保护的投资，例如：股份、房地产和知识产权等资产。此类投资享有条约保护，免受东道国可能对投资造成损害的行为影响。

受保护存储设施：为货物提供保护以防天气影响的设施，确保货物在存储期间得到良好保存。

跨境：指在两个或多个国家之间发生的活动，或跨越国家边界的活动。

跨境消费者：与位于不同国家的企业进行商业交易的个人或实体。这些交易通常涉及通过数字平台购买商品或服务，其中消费者位于一个司法管辖区，而提供者位于另一个司法管辖区。

跨境数据流动：数据或个人信息在不同国家的服务器之间的传输或流动。

海关保税仓库：可以存放、处理或进行加工操作的建筑物或其他安全区域，其中的应税货物可以在不支付关税的情况下存储，直到它们通过海关清关。此类仓库可以由政府管理，也可以由私营企业运营。在后者情况下，必须向政府缴纳海关保证金。

报关代理服务：由个人或公司提供的服务，旨在协助进口商和出口商遵守进出口的相关规定。报关代理负责代表客户向海关当局提交必要的信息和支付相关费用。

海关估价：海关当局为进出口目的为货物分配货币价值的过程。海关估价主要用于确定应支付的进口税，并且是编制贸易统计数据、监控数量限制、应用关税优惠和征收国家税收的重要环节。海关价值通常基于货物的交易价值，即实际支付或应支付的价格，当货物出售用于出口到进口国时，加上某些调整。

货物拆分与拆包区：对合并的货物进行拆分或拆包，以便检查、分拣或进一步分发的区域。

检查授权委托：一个监管机构，如海关，授权另一个国内公共机构代表其执行检查职责的过程。这种委托通常基于该机构的专业知识，例如食品安全或环境保护，并允许更加专业化和高效的检查过程。

指定卡车停车区：专门为卡车分配的停车区域，供卡车在等待清关或装卸货物时停放。

数字贸易：包括通过数字网络进行的所有形式的经济活动。这些数字化的货物和服务贸易交易可以包括云计算、数据存储和处理等服务，以及商品和服务的在线销售与交付。数字贸易既涉及数字商品（如软件、数字媒体和在线服务）的生产，也涉及使用数字化流程促进传统贸易（如在线订购和电子支付），包括电子商务，并可能涉及消费者、企业和政府。

数字货币：一种仅以数字或电子形式存在的货币，包括中央银行数字货币、加密货币、数字货币服务提供商和数字货币钱包提供商等。数字货币可以显著减少与跨境交易相关的交易成本。

最低起征点：进口货物的估值上限，包括文件和贸易样品，低于此限额的货物不征收关税或税费，且包括数据要求在内的清关程序简化。

经济需求测试（ENTs）：政府用于评估市场需求和经济贡献的监管机制，目的是在向国外服务提供商发放许可证或批准时，衡量其对本国经济的贡献。这些标准用于评估外籍劳工申请者对就业市场和国家经济的贡献。

经济目的：诸如保护国内产业、促进发展、调整贸易平衡或解决市场失灵等目标。为经济目的而采取的措施旨在支持国家的经济政策，而非限制贸易。

实际应用的从价税率：一个国家实际上对来自特定原产国的特定进口产品应用的进口关税税率。该税率可能与承诺税率（国际贸易谈判中商定的最高税率）不同，且可能受与该原产国的优惠贸易安排或贸易协议影响，还可能与该国的最惠国税率（MFN）相关（如果进口国不是世界贸易组织成员国，则直接适用“关税”）。从价税是根据应税物品的价值计算的，通常以百分比形式表示,例如对汽车价值征收20%的关税。

电子化:使用电子媒体传输、处理或存储信息。这可能涉及计算机、互联网、电子邮件、电话、视频通话以及其他形式的数字通信的使用,以便在无须依赖纸质文件的情况下促进操作。完全电子化的过程从开始到完成均以电子方式进行。

电子合同:完全在网上起草、谈判和执行的协议。

电子签名:附加在电子传输文档上的符号或其他数字形式的数据,用于验证发送者签署文档的意图。

国际贸易电子单一窗口:一种集成跨境监管机构、海关和其他政府机构流程的设施,使贸易和运输相关方能够通过单一入口提交标准化的信息和文件,以履行所有与进出口及过境相关的监管要求。如果信息为电子格式,则各个数据项只需提交一次。

国际贸易电子系统:促进涉及国际贸易的公共和私营部门利益相关者之间贸易相关文件和信息电子交换的一个平台。这些利益相关者包括海关当局、相关公共部门机构、贸易商、货运代理及其他参与国际贸易的实体。该系统旨在简化贸易流程、减少文书工作、提高透明度,并提高跨境交易的速度和效率。它通过电子方式支持商品和服务的生产、分销、营销、销售或交付,并可处理各种功能。例如,电子提交海关申报、处理贸易许可证、支付关税和税费以及追踪货物运输等。该系统可以是电子海关管理系统、国际贸易电子单一窗口或类似系统。

排放交易系统:一种基于市场的污染控制方法,通过提供经济激励来减少污染物排放。这是一个限额与交易系统,对系统覆盖的实体排放的某些温室气体总量设定上限。在此上限内,公司获得或购买排放配额,必要时可相互交易。每个配额允许持有者排放一定数量的温室气体。如果公司排放少于其配额,可以出售剩余配额。相反,如果排放超过配额,则必须向其他公司购买配额或面临处罚。该系统通过最具成本效益的方式激励公司减少排放。

咨询点：专门负责处理合理咨询的官方机构或办公室，包括向贸易商及其他相关方提供有关进口、出口、货物中转、服务贸易及数字贸易等事务的表格和文件。咨询点旨在为所有参与贸易的各方提供透明度和可预测性，提供及时和准确的信息。根据世界贸易组织（WTO）的《贸易便利化协定》，咨询点也是一个必要要求，旨在加速货物跨境流动、放行和清关。

环境机构：如国家环境保护局、环境部门、渔业和海洋部门、野生动物和保护管理局等，负责环境保护和自然资源保护的实体。

环境商品：直接促进环境保护和气候缓解的产品，通过改善空气和水质、管理废物、提高能效、减少空气和噪声污染，以及产生可再生能源等方式做出贡献。为了推动亚太地区的绿色增长和可持续发展，亚太经济合作组织在2011年达成共识，减少对一系列环境商品的关税至5%或更低。

同值同酬：对男性和女性从事相同价值工作的工作人员给予相等报酬。同值同酬的概念更加广泛，包括男性和女性从事不同工作的情况，只要这些工作的价值相等。

用于濒危物种贸易的出口许可证：出口国在确认标本是合法获得的，并且该贸易不会对物种生存或其在生态系统中的作用造成危害的基础上所签发的许可证。

出口限制：出口经济体对出口到特定经济体或多个经济体的商品数量限制。

金融措施：影响贸易融资的法规，包括支付条件、保险费用和交易的财务要求。这些措施旨在控制或影响贸易中的资本和金融服务流动。

金融服务：金融业提供的经济服务，涉及一系列管理资金的广泛业务，包括信用合作社、银行、信用卡公司、保险公司、会计公司、消费金融公司、股票经纪公司、投资基金、个人资产管理公司以及一些政府资助的企业。

固定或移动扫描仪：用于对货物、集装箱或车辆进行非侵入式检查的设备。

外国服务提供商：跨国经营的实体，在非注册国提供服务。

正式公开咨询：由政府机构或组织发起的正式程序，旨在征求公民、利益相关方或相关实体对拟议立法或政策变更或即将开展的项目提出反馈意见。与非正式对话不同，这些磋商活动是有计划、有步骤的，遵循一套既定规则，是决策流程的一部分，确保所收集的意见得到正式认可和考虑。

自由贸易协定：两个或两个以上国家之间旨在促进贸易和消除贸易壁垒（包括关税和配额）的条约。它涵盖货物、服务、知识产权和投资等多个领域。该协定旨在加强成员国之间的经济合作和一体化，建立共同的贸易规则和标准。

货物运输服务：货物和货物的陆运、空运或海运。这包括将商品、货物从一地运往另一地的实际过程，通常涉及多种运输方式，如卡车、轮船和飞机。

功能性：系统或服务可运行、可访问，并能完成预期任务。它应得到积极维护，使用户能够可靠地获取最新信息，并有效地利用门户网站的功能开展与贸易有关的活动。

全面整合：先进的系统连接状态，相关政府机构通过一个共同的电子平台进行沟通、交换数据、简化工作流程和操作。这些机构可通过系统访问和处理与贸易有关的数据和文件，而无须单独提交或处理。在实践中，全面整合使贸易商能够以电子方式向一个点提交所有所需文件，然后数据会自动分发到所有相关机构进行处理。这不仅加快了清关过程，还提高了透明度和对贸易规则的遵守。在完全融入风险管理系统的情况下，控制检查得到充分协调，各机构有共同的检查规程。

执行：制定或修订现有的国内法律法规，以遵守并符合国际条约义务。

独立服务提供商：进入该国直接向公司、个人或政府机构提供服务的个人,包括履行合同,以及受雇于经济体内的服务提供商。该专业人员进入经济体时,已经与东道国的雇主签订了合同或获得了聘用。

综合边境检查站:边境检查设施,如一站式边境检查站,由两个相邻国家合作建立,以简化边境管制流程。这种综合通常涉及两国边防官员同地办公、共享设施和联合行动。其目的是促进货物、服务和人员的高效安全流动,减少重复活动,改善两国边境当局之间的合作。综合检查站通常出现在跨境交通量大的地区,旨在提高贸易便利化,同时保持安全标准。

综合海关管理系统:将各种海关流程整合到一个统一平台中的综合系统。该系统通过电子系统简化了进出口文件的提交流程,旨在大幅缩短清关时间。综合海关管理系统旨在通过提供一种更高效、更现代化的系统来提高贸易便利化水平,可根据需要与其他内部和外部系统无缝对接。该系统可以作为国际贸易单一窗口的一部分。

侵入性检查区:对货物、车辆或集装箱进行彻底检查的指定区域,可能涉及物品的拆卸或内部检查。

联合检查:由两个或两个以上边境监管机构(如海关、边防警察、动植物卫生检疫、标准化或环境机构)进行的合作检查。通过协调这些检查,可简化流程、减少重复劳动,并为当局和贸易商节省时间。通过共享资源和信息,各机构可以更有效地执行各种法规,包括海关、卫生、安全和环境标准。

司法上诉:对行政机关或下级法院做出的决定质疑并由上级法院进行审查的法律程序。

劳动力市场测试(LMTs):一种机制,旨在确保只有在雇主寻找本国工人未果的情况下才允许外籍工人入境。它通常要求雇主在雇用外籍员工之前,先确定没有合适的人选来填补职位空缺。劳动力市场测试通常涉及在当地就业市场发布职位广告,并提供证据证明招聘过程中没有任何合格的当地申请人。

法律通过：确定拟议条约文本的形式和内容的正式行为。规则上，条约文本的通过需要参与条约制定过程的国家表示同意。

法律可执行性：指迫使各方遵守合同或法律文件条款的能力。如果合同具有可执行性，就意味着如果一方未能履行其义务，另一方可以通过法院系统寻求法律补救。可执行性确保合同不仅在法律上有效，而且在实践中可操作，并按照其条款执行。

法律框架：具有约束力的法律、规则、法规和法律先例，构成特定司法管辖范围内国际贸易适用法律的总体。

比国内供应商更不利的待遇：只有外国供应商面临的任何歧视。

当地纳税实体：要求企业任命当地税务代表（个人或实体），或建立常设机构（PE）或其他形式的当地实体。这一要求通常适用于在某国有纳税或其他法律义务的企业，这些企业在该国没有住所，也没有主要办事处或实质性业务。

物流服务：对货物从原产地到目的地的流动进行管理。其中包括仓储、库存管理、订单履行和供应链管理等活动。

海运服务：通过水路（包括海洋、湖泊和河流）运输货物。这种货运方式因其对大宗货物和重型货物的成本效益高而被广泛用于国际贸易。

海事单一窗口：允许船舶经营者和代理通过单一电子登录点以电子格式提交所有进港和通关所需信息的系统。该系统免除了在抵达沿线每个港口时填写相同文件的义务。

互认：两方或多方（通常是国家）同意接受彼此合格评定结果的协议。根据此类协议，在一个司法管辖区认证的产品、服务或资质在其他司法管辖区也被视为等同且有效，从而简化贸易流程并减少冗余的测试和认证流程。

服务提供商优惠贸易协定中的互认：一国承认另一国的监管标准、专业资格、认证和许可证等同于本国标准的过程。这种协议允许专业人员跨境提供服务，而无须在其希望开展业务的国家接受额外的资格认证或认证。这有利于专业人员的流动，也是国家间服务贸易自由化的关键组成部分。它有助于减少准入壁垒，使协定成员国之间的服务市场实现更无缝的整合。

国民待遇原则：给予他人与本国国民同等待遇的原则，即平等对待外国人和当地人。国民待遇仅适用于产品、服务或知识产权进入市场后。因此，即使本地生产的产品无须缴纳同等税款，对进口产品征收关税也不违反国民待遇原则。

非关税限制的国民待遇：一国必须在非关税措施方面给予外国商品、服务和投资者不低于国内商品、服务和投资者的待遇的原则。其目的是防止通过非关税限制（如税收、法规或行政程序）歧视进口商品，否则会给国内产品带来不公平的优势。

否定列表法：所有未列出的部门或子部门，在默认情况下，都按照与国内服务供应商相同的条件向外国服务供应商开放。选择采用否定列表法的经济体不必列出其承诺开放的部门。

为女性提供非歧视性就业机会：在就业或职业方面，机会和待遇平等，不因性别而有任何区别、排斥或偏好。

非关税措施（NTMs）：除普通关税外，可能对国际货物贸易产生经济影响、改变贸易数量或价格或两者兼而有之的政策措施。非关税措施包括配额、进口许可证制度、卫生条例、禁令等各种规定，以及一国为保护公众健康、安全和环境等目标而实施的其他要求。

非技术性非关税措施：除技术性非关税措施外，可能对国际贸易产生经济影响的各种政策措施。这些措施包括传统上用作商业政策工具的措施，如配额、价格控制、出口限制或者或有贸易保护措施。

官方公共机构门户网站：由政府实体或授权组织维护的授权在线平台或

网站。它是一个集中的信息源，发布与公共管理相关的官方文件、法规、程序和服务，并向企业、公民和其他政府实体或利益相关者开放。

在线争议解决（ODR）：面向公众的数字空间，当事人可在其中召集会议，解决争议或案件。

岸上供电（OPS）：又称"冷烫"，是指由岸上供电系统向停泊的船舶提供电力。这种供电方式可以关闭船舶的发动机，减少港口的废气排放和噪声污染。

可操作的：主动、有效且高效地执行既定任务，没有明显的停机或错误，能够执行必要的操作来支持其设计活动。在国际贸易电子系统方面，可操作的系统是指积极促进贸易流程的系统，例如文件、清关和物流管理。

定期申报：在海关和贸易方面，定期报关指的是一种允许授权贸易商在特定时间间隔（如每月或每季度）提交报关单，而不是逐笔交易提交报关单的系统。这种制度通常适用于交易量大的受信任贸易商或公司，他们可以从简化的处理过程中获益。定期申报有助于减轻行政负担，改善企业的现金流管理，同时也使海关当局能够有效地处理和审核贸易数据。

个人信息：可用于识别个人身份的任何数据，包括姓名、地址、电子邮件地址、身份证号码、位置数据和在线标识符。

港口/机场咨询委员会：通常由港口/机场社区各利益相关方（如港口/机场管理局、码头运营商、航运公司、海关、物流供应商等）的代表组成。委员会旨在促进港口/机场用户和利益相关方之间的对话与合作，就影响港口或机场运营和发展的事项进行讨论并提出建议。

港口社区系统：一个中立且开放的电子平台，连接港口社区内各种公共和私人利益相关者运营的多个系统，实现智能、安全的信息交换，简化货物运输流程。该系统旨在通过单一数据提交和运输与物流链的连接，优化、管理和自动化港口和物流流程。

清关后审计：海关当局在货物放行后进行的综合审查。这些审计旨在核实贸易商申报信息的准确性和合规性，例如货物的分类和估价，以及海关程序的遵守情况。目的是确保所有关税和税款均已正确评估和缴纳，且贸易规则及其他相关法律法规均已得到适当遵守。

优惠贸易协定（PTA）：两个或两个以上国家之间达成的协议，双方同意在贸易方面给予对方优惠待遇，包括降低关税或为特定商品和服务提供其他优惠条件。优惠贸易协定旨在促进成员国之间的贸易和经济合作，但其范围不如自由贸易协定广泛，后者通常包含更广泛的贸易问题和承诺。

装运前检验：雇用私营公司检查装运细节的实践，如质量、数量、价格，包括货币汇率和财务条款，和/或出口货物的海关分类。

价格控制措施：政府为设定市场商品和服务的价格水平而实施的规定或政策；一种非关税措施，用于管理经济并实现社会或政治目标。该措施可以采取价格上限的形式，即限制商品最高价格以防止过度收费，也可以采取价格下限的形式，即设定最低价格以保护生产者免受过低价格的影响，从而威胁其经济生存能力。

价格下限：市场上商品或服务价格的既定下限。政府通常设立价格下限，以确保商品或服务的市场价格不低于会威胁到商品生产者或服务提供者财务生存的水平。

定价指南：由公共机构发布的一套原则、规则或建议，供企业用来确定其产品或服务的销售价格。这些指导原则可基于各种因素，如生产成本、市场需求、竞争、认知价值、客户期望和期望利润率等，可能具有约束力，也可能不具有约束力。它们可以包括指导定价决策的建议、战略或政策，以确保定价决策具有竞争力、公平并符合公司的总体目标。

公共领域：可能包括在线平台、公开听证会、特别会议和新闻稿等。

质量控制：在进出口前，为确保产品符合特定质量标准而采取的系统流程和措施。关于强制性装运前检验(PSI),质量控制是一个关键步骤,由独立检验机构根据行业标准、国际法规和进口国的具体要求,对货物的数量、质量、规格和合规性进行检验。

数量限制:通过配额明确限制特定时期内进入国内市场的外国服务提供商数量的市场准入限制。

数量控制措施:政府为保护国内产业、管理贸易平衡或出于政治和经济原因而采取的非关税措施,旨在限制进出口商品数量。这些控制措施包括限制商品出入境数量的配额,以及限制进入特定市场的许可要求。

合理机会:在对立法提案发表评论的背景下,它指的是确保利益相关者,包括公众和有关各方,有足够的时间和途径对立法提案进行审查并提供反馈。这一概念强调了立法过程中透明度和包容性的重要性,允许在做出最终决定前考虑各种不同的意见。

行政主管部门:在公共行政的特定领域内,拥有监管和执行法律的法定权力的政府机构或团体。就服务子部门而言,它是监督法规的适用和遵守情况的机构,包括服务部门许可证的发放、暂停和注销。

监管影响评估:采用系统方法,对拟议和现行法规以及非监管替代方案的积极和消极影响进行严格评估。

集体谈判权和结社自由:劳动权允许工人组建和加入自己选择的组织(结社自由),并与雇主集体协商工作条件(集体谈判)。这些权利对于工人协商公平的工资、安全的工作条件和其他就业条件至关重要,并受到各种国际劳工标准的保护。

风险管理系统:由海关当局实施的系统性分析程序,用于识别、评估、优先处理和应对与国际边境货物流动相关的各种风险。其目的是促进合法贸易,同时确保出入境货物的安全与合规。这一系统通常包括使用先进技术、数据分析和情报收集来评估货物的风险等级,并决定适当的干预或检查级别。通过采用风险管理系统，海关机构可以有效地分配资源、简化程序并锁定高风险活动，从而提高边境管制行动的效力和效率。

公路货运：主要通过公路网络，使用机动车辆将货物从一个地点运到另一个地点。它以灵活性著称，与海运或空运相比，通常用于较短距离的运输。

限售产品：此类商品因其性质而受到限制，在许多情况下需要出示身份证件和/或其他许可证（如药品、酒精、烟草、化学产品、爆炸物、武器等）。

卫生和植物检疫机构：负责保护人类、动物和植物生命免受病虫害传入、形成或传播风险的组织。

卫生与植物检疫（SPS）措施：政府用以保护人类、动物或植物的生命或健康免受有害生物、疾病或携带和引起疾病的生物的引入、定居或传播所带来风险的法规和标准。这些措施包括一系列检疫和生物安全要求，例如产品质量标准、安全标准以及测试和认证程序。

边境安全机构：负责维护国家边境安全，防范非法入境、走私和其他安全威胁的机构。

选择性标准：海关当局用于识别和选择高风险货物进行检查或审计的一组参数或者规则。这些标准基于风险评估，可能包括货物性质、贸易商合规记录、原产国、货物运输国、货物价值、运输类型以及其他相关数据等因素。选择性标准的运用有助于海关将资源集中用于风险较高的领域，从而提高海关监管的效率和有效性。

简化签证制度：简化入境手续，包括免签证、落地签证和船员签证。

单点登录（SSO）功能：指允许用户使用一套登录凭证访问多个应用程序或系统的身份验证流程。这意味着用户只需登录一次，就能访问所有相关系统，而无须为每个系统再次登录。

垃圾邮件：在互联网上向大量收件人发送的不相关或不适当的信息，通常以广告为目的。

利益相关者：与某一特定决策或项目利益有关或受其影响的个人、团体或组织。在国际贸易中，利益相关者可包括企业、消费者、雇员、政府和非政府组织。

标准化机构：制定和实施标准的机构，以确保产品和服务的质量与安全。

标准化国际海关文件：也被称为海关通行证，通过避免烦琐的海关手续、免除关税和消费税的支付以及免除购买临时进口保证金，为货物的临时入境提供便利。通过国际担保体系，这些文件可确保在滥用情况下缴纳关税和税款。

可持续燃料加注设施：专为储存可持续燃料而设计的加注设施，例如液化天然气（LNG），这是一种由可再生资源生产的替代燃料，与传统化石燃料相比，其目的是减少碳排放和环境影响。停泊在港口的船只可以接收这种环境可持续燃料。

可持续贸易：在创造经济价值的同时，通过商品和服务的商业交换，带来社会、经济和环境效益。

技术性贸易壁垒（TBT）：可能影响货物贸易的技术法规、标准和合格评定程序。技术性贸易壁垒措施包括产品规格、标签要求和产品进口必须符合的测试协议。

技术性非关税措施：因实施技术法规或标准（如测试要求、标签要求、包装要求、营销标准、认证要求、原产地标识要求、卫生和安全法规以及卫生和植物检疫法规）而产生的贸易限制效应。

技术中立原则：倡导制定对所使用的技术或媒介的选择不偏不倚的法律法规和政策。这意味着法律框架应促进创新和竞争，而不规定或禁止使用特定的技术解决方案。这样做的目的是鼓励建立一个公平开放的市场，让不同的技术可以根据各自的优点展开竞争，让企业和消费者可以自由选择最适合自身需求的技术。因此，技术中立是一种支持“无纸化”通信手段，以替代纸质文件，促进新兴技术与经济的无缝融合，而无须不断进行法律更新。它有助于为企业创造一个稳定、可预测的运营环境，适应技术进步。

临时入境：一种海关程序，允许进口货物进入一国领土，但无须全额缴纳关税和其他税款，前提是这些货物将在规定期限内再出口。该制度旨在通过为特定目的（如展览、专业用途或商业样品）的货物进口提供灵活性，从而促进国际贸易和经济活动。货物再出口时必须保持原状，允许有正常损耗，不得有任何改变。这种程序有利于需要将货物暂时带入一个国家的企业和个人，而无须承担通常适用于永久进口的关税和税收的财务负担。

终端操作系统：旨在优化和管理集装箱、散货或多用途码头等货运码头运营的数字平台。它通过协调物流、跟踪库存以及管理设备和劳动力的使用，促进码头内货物的有效流动和存储。

样品检测实验室：配备有分析货物样品是否符合监管标准的设施。

货物贸易：通过进入一国经济领土（进口）或离开其领土（出口）而增加或减少该国物质资源库存的所有商品的商业交换。

服务贸易：生产者与消费者之间进行的无形产品（称为服务）的商业交换和交付。当这种交换发生在位于不同国家的双方之间时，就被称为国际服务贸易。《服务贸易总协定》（GATS）概述了国际服务贸易的四种供应模式：跨境贸易、境外消费、商业存在和自然人存在。

贸易信息门户：整合并提供访问各种贸易相关监管信息的在线平台，这些信息来自履行与进口、出口、过境或转运相关的控制职能的政府机构。其中包括海关法规、进出口程序、关税税率、国际贸易协定，以及贸易商和其他经济运营商为遵守法律要求并促进国际贸易交易顺利进行而需要了解的其他相关信息。

卡车预订系统：通过连接托运人与货运公司和司机，实现货运调度和管理的数字平台。

受信任的交易者计划：由海关当局发起的一项举措，旨在认证高度安全且遵守海关法规的企业，将其视为“受信任的”的合作伙伴。这些计划提供诸如加快处理、减少检查以及简化报告要求等优惠，旨在为可靠交易者提供更快速、更高效的贸易便利。该计划旨在提高贸易效率和安全性，使海关能够将资源集中用于风险更高且未知的交易者。经认证的经营者计划（AEO）就是“受信任的交易者计划”的一个例子。

统一文件/整套文件：指满足两个边境管制机构要求的单套文件或电子记录，可简化清关流程。

货物唯一单号（UCR）：海关当局和其他机构在整个进出口过程中用于追踪和管理货物的标识符。它是一个为货物托运分配的唯一编号，用于连接与货物运输、清关和监管相关的所有文件和信息。它是分配给托运货物的唯一编号，将与货物流动、清关和控制有关的所有文件和信息联系起来。货物唯一单号能够实现高效的数据交换，并有助于协调贸易中涉及的各方，包括海关、其他政府机构和贸易商。它是国际贸易便利化的关键组成部分，有助于提高供应链物流的安全性和效率。

悬挂国旗的船只：在特定国家注册并获准悬挂该国国旗的船舶。船旗国也被视为船舶的国籍。船旗国，即注册国，赋予船舶国籍，并有权对船舶执行法规，包括与检查、认证以及签发安全和污染预防文件相关的法规。船舶根据其船旗国的法律运营，并受该国的法律管辖。

行进间测重秤（WIM）：当车辆驶过测量点时，用于测量和记录轴重和车辆总重的设备。

货物贸易规则问卷

下面的表格列出了每个支柱下的所有指标（包括其组成部分，如适用），并在括号内标明了相应的问题编号。为了方便参考，每个表格前都列出了问题。

对于以“是/否”回答的问题，回答为“是”即得分，并被视为良好实践；如特别标明“是/否；否—良好实践”，则“否”意味着良好实践。

在接下来的表格中，“和”表示所有提及问题的答案，必须均为良好实践，才能获得指标的分数。

在接下来的表格中，“或”表示一个或多个提及问题的答案，只要一个为良好实践，即可获得指标的分数。

某些问题标记为“不计分”，意味着它们不会以任何方式影响得分。设计这些问题的目的，是为进一步了解和完善后续年份的推出阶段的问题设计，并为计分问题提供依据和更多信息。

支柱Ⅰ　国际贸易规则的质量	
参数	
农产品品目	选择更容易受到非关税措施影响的协调制度 2 位数农产品品目，为国际贸易监管限制指标提供了相关性和可比性
地理位置	根据地理位置，B-READY 项目覆盖的所有经济体将被分为沿海、岛屿或内陆经济体。将确定与每个经济体最相关的两种运输方式，并在属于同一类别的所有经济体中加以考虑
制成品品目	选择更易受非关税措施影响的协调制度 2 位数制成品品目，为国际贸易监管限制指标提供了相关性和可比性
贸易产品	在预选的协调制度品目内，按协调制度子目级别（6 位数）分列的 2015 年至 2019 年进口总值最多的制成品和农产品
贸易环境产品	在亚太经济合作组织（APEC）协调制度子目级别（6 位数）的环境产品清单中，2015 年至 2019 年期间按世界级贸易总值计算的前三大进口环境产品
贸易伙伴	在第Ⅰ部分—A. 2“可持续贸易政策”和 A. 3“国际贸易合作”中，贸易伙伴是指一个经济体在 2015 年至 2019 年期间的前三大货物和服务贸易伙伴的总和
世贸组织成员	经济体的世贸组织成员地位（成员、观察员或非成员）。

1.1 支持国际贸易的实践

1.1.1 国际货物和服务贸易

1. 法律框架是否建立了可互操作的海事单一窗口环境，以简化港口和海关程序？（是/否）
2. 法律框架是否规定可通过采用标准化国际海关单证临时允许货物入境？（是/否）
3. 法律框架是否规定了承运人对海运过程中货物灭失或损坏的责任？（是/否）
4. 根据法律框架，直接出口商和进口商或其授权代表是否有权对主管行政机关就影响国际货物贸易领域做出的所有监管决定提出行政上诉？（是/否）

   注：此处的行政主管机关可以是海关机构、贸易部等。
5. 根据法律框架，直接出口商和进口商或其授权代表是否有权就主管行政机关在影响国际货物贸易领域的所有监管决定向法院提出司法上诉？（是/否）

   注：此处的行政主管机关可以是海关机构、贸易部等。
6. 根据法律框架，以美元为单位的最低关税门槛是多少？

   注：如果没有最低阈值，请输入 0。
7. 法律框架是否要求进行系统的监管影响评估，以便在实施拟议的技术性和非技术性非关税措施之前评估其潜在影响？（是/否）

1.1.2 数字化和可持续贸易（包括性别和环境）

8. [经济体]是否实施了跨境碳定价工具？（是/否）
9. 法律框架是否要求濒危物种贸易必须获得出口许可？（是/否）
10. 法律框架是否对源自船舶的油污、化学品、污水和空气污染进行监管？（是/否）
11. 法律框架是否要求出口方在出口货物或危险废物、危险化学品或农药之

前事先通知进口方并获得其明确同意？（是/否）

1.1.3　国际贸易合作

12. [经济体]是否加入了任何尚未正式通报世贸组织的优惠贸易协定？（是/否；否—良好实践）

13. [经济体]是否是任何国际协定的缔约方，这些协定包括对其与[3个主要贸易伙伴]的贸易关系具有法律约束力的承诺？（是/否）（不计分）

如果回答为“是”，请回答问题14至24。

14. [经济体]是否与[3个主要贸易伙伴]签订了涵盖所有货物的自由贸易协定？（是/否）

15. [经济体]在与[3个主要贸易伙伴]签订的国际协定中是否有关于实施碳定价工具的具有法律约束力的承诺？（是/否）

16. [经济体]是否与[3个主要贸易伙伴]做出任何具有法律约束力的承诺，相互承认适用于技术性非关税措施的符合性评估？（是/否）

17. [经济体]是否与[3个主要贸易伙伴]做出任何具有法律约束力的承诺，相互承认涉及以下任何环境商品（亚太经济合作组织环境商品清单中贸易量最大的前3种商品的HS 6位数级）的合格评定？（是/否）

18. [经济体]是否与[3个主要贸易伙伴]有任何具有法律约束力的承诺，以执行保障集体谈判权和结社自由的规定？（是/否）

19. [经济体]是否与[3个主要贸易伙伴]有任何具有法律约束力的承诺，以执行确保妇女同工同酬和非歧视性就业机会的规定？（是/否）

20. [经济体]是否与[3个主要贸易伙伴]做出任何具有法律约束力的承诺，以执行增加女性获得信贷和资金机会的规定？（是/否）

21. [经济体]是否与[3个主要贸易伙伴]做出任何具有法律约束力的承诺，以确保跨境电子数据流动以开展业务？（是/否）

22. 关于与[3 个主要贸易伙伴]的跨境电子数据流动的这些具有法律约束力的承诺是否包括个人信息的安全机制?(是/否)

23. [经济体]是否与[3 个主要贸易伙伴]做出任何具有法律约束力的承诺,允许所有涵盖投资的自由转让?(是/否)

24. [经济体]是否设有主管机构,负责监督与[3 个主要贸易伙伴]签订的贸易协定中所有具有法律约束力的承诺的履行情况?(是/否)

1.1 支持国际贸易的实践			
1.1.1 国际货物和服务贸易 ***			
指标	企业灵活度分值	社会效益分值	总分
建立海事单一窗口环境(1) *	1	1	2
货物临时入境(2)	1	1	2
承运人责任规则(3) *	1	1	2
申诉权(货物):行政(4)	1	1	2
申诉权(货物):司法(5)	1	1	2
最低价值(6)	1	1	2
监管影响评估:非关税措施(7)	1	1	2
总分	7	7	14
沿海和岛屿经济体在这些指标上总共可得 14 分(企业灵活度 7 分,社会效益 7 分)。内陆经济体在这些指标上总共可得 10 分(企业灵活度 5 分,社会效益 5 分)。内陆经济体的得分将在子类别一级重新调整			
1.1.2 数字化和可持续贸易(包括性别和环境) ***			
指标	企业灵活度分值	社会效益分值	总分
跨境碳定价工具(8)	不适用	1	1
濒危物种(9)	不适用	1	1
船舶油污、化学品、污水和空气污染(10)	不适用	1	1
危险废物、危险化学品或农药(11)	不适用	1	1

（续表）

指标	企业灵活度分值	社会效益分值	总分
结社自由和集体谈判权(18)	不适用	1	1
平等的报酬和就业机会(19)	1	1	2
女性获得信贷机会(20)	1	1	2
总分	2	7	9
1.1.3 国际贸易合作***			
指标	企业灵活度分值	社会效益分值	总分
未参加未通报的特惠贸易协定(12)**	1	1	2
免税贸易(14) 只有对问题 13 的回答为“是”时，才为此指标赋分	1	1	2
统一《非关税措施条例》(16) 只有对问题 13 的回答为“是”时，才为此指标赋分	1	1	2
跨境数据流动(21 和 22) 只有对问题 13 的回答为“是”时，才为此指标赋分	1	1	2
投资和资本流动(23) 只有对问题 13 的回答为“是”时，才为此指标赋分	1	1	2
环境：碳定价系统(15) 只有对问题 13 的回答为“是”时，才为此指标赋分	不适用	1	1
环境：非关税措施：环境产品(17) 只有对问题 13 的回答为“是”时，才为此指标赋分	不适用	1	1
主管部门监督实施情况(24) 只有对问题 13 的回答为“是”时，才为此指标赋分	1	1	2
总分	6	8	14

（续表）

世贸组织成员经济体在这些指标上总共可得 14 分(企业灵活度 6 分,社会效益 8 分)。非世贸组织成员经济体在这些指标上总共可得 12 分(企业灵活度 5 分,社会效益 7 分)。非世贸组织成员经济体的得分将在子类别一级重新调整。

*** 参见第 5.2.1 节。**

**** 参见第 5.2.9 节。**

***** 子类别 1.1.1 和 1.1.3 与《服务贸易规则》问卷共享。子类别 1.1.2 与《服务贸易规则》、《数字贸易》和《公共服务》问卷共享。**

25. 法律框架是否对来自任何贸易伙伴的所有产品(无论商品来源地及是否享有优惠待遇)根据[农产品 HS 6 位数级]实施任何卫生和植物检疫措施?(是/否)

    如果回答为“是”,请回答问题 26。

26. 考虑到问题 25 中提到的卫生和植物检疫措施,这些措施中是否有任何违反国民待遇原则的?(是/否;否—良好实践)

27. 法律框架是否对来自任何贸易伙伴的所有产品(无论商品来源地及是否享有优惠待遇)根据[制成品 HS 6 位数级]实施任何技术性贸易壁垒?(是/否)

    如果回答为“是”,请回答问题 28。

28. 考虑到问题 27 中提到的技术性贸易壁垒,这些壁垒中是否有任何违反国民待遇原则的?(是/否;否—良好实践)

29. 法律框架是否对来自任何贸易伙伴的所有产品(无论商品来源地及是否享有优惠待遇)根据[制成品 HS 6 位数级]实施任何装运前检验,无论是用于海关估值还是质量控制?(是/否;否—良好实践)

30. 法律框架是否对来自任何贸易伙伴的所有产品(无论商品来源地及是否享有优惠待遇)根据(农产品 HS 2 位数级)实施任何数量控制措施?(是/否)

31. 对于来自任何贸易伙伴的所有产品（无论商品来源地及是否享有优惠待遇）根据（制成品 HS 2 位数级）的进口情况，是否有类似数量控制措施？（是/否）

32. 法律框架是否对来自任何贸易伙伴的所有产品（无论商品来源地及是否享有优惠待遇）根据（农产品 HS 2 位数级）实施任何价格控制措施，以实现经济目的？（是/否；否—良好实践）

33. 对于来自任何贸易伙伴的所有产品（无论商品来源地及是否享有优惠待遇）根据（制成品 HS 2 位数级）的进口情况，是否有类似价格控制措施？（是/否）

34. 法律框架是否对来自任何贸易伙伴的所有产品（无论商品来源地及是否享有优惠待遇）根据（农产品 HS 2 位数级）实施任何经济目的的金融措施？（是/否）

35. 对于来自任何贸易伙伴的所有产品（无论商品来源地及是否享有优惠待遇）根据（制成品 HS 2 位数级）的进口情况，是否有类似金融措施？（是/否）

36. 在截至 2024 年 9 月 1 日的过去三年中，是否在进口任何属于农产品品目（农产品 HS 2 位数级）或制成品品目［制成品品目（HS 2 位数级）］的产品时，实际执行过任何临时贸易保护措施（无论商品来源地及是否享有优惠待遇）？（是/否）

37. 法律框架是否对来自任何贸易伙伴的所有产品（无论商品来源地及是否享有优惠待遇）根据（农产品 HS 2 位数级）实施任何出口限制？（是/否）

38. 对于来自任何贸易伙伴的所有产品（无论商品来源地及是否享有优惠待遇）根据（制成品 HS 2 位数级）的进口情况，是否实施任何出口限制？（是/否）

1.2 国际贸易的监管限制			
1.2.1 对国际货物贸易的限制(包括性别)*			
指标	企业灵活度分值	社会效益分值	总分
卫生和植物检疫措施(25)	不适用	1	1
卫生和植物检疫措施(国民待遇)(26) 只有在问题 25 的回答为“是”时,才为此指标赋分	1	1	2
技术性贸易壁垒(27)	不适用	1	1
技术性贸易壁垒(国民待遇)(28) 只有在问题 27 的回答为“是”时,才为此指标赋分	1	1	2
无装运前检验(29)	1	1	2
无临时贸易保护措施(36)	1	1	2
无数量控制措施(30 和 31)	1	1	2
无价格控制措施(32 和 33)	1	1	2
无金融措施(34 和 35)	1	1	2
无出口限制(37 和 38)	1	1	2
总分	6	8	14

*** 子类别 1.2.1 与《服务贸易规则》问卷共享。**

支柱Ⅱ 促进国际贸易的公共服务质量

2.1 数字化和实体基础设施

2.1.2 信息透明度和可获得性

39. 在实践中,所有影响国际贸易的法律和法规草案是否会在任何官方公共机构的门户网站上发布,以解释其目的?(是/否)

40. 在实践中,是否会在相关监管国际贸易的机构的任何官方公共机构门户网站上发布提前通知,以便在海关和国际贸易领域进行监管变更前通知

公众?(是/否)

41. 在实践中,在引入或修订任何与国际贸易相关的法律和法规之前,是否会在公共领域与相关利益相关者进行正式的公众咨询?(是/否)

如果回答为“是”,请回答问题 42 至 44。

42. 在实践中,是否在官方公共机构的门户网站上进行这些正式的公众咨询?(是/否)

如果回答为“是”,请回答问题 43。

43. 在实践中,是否所有相关利益相关者都能在正式的公众咨询过程中,获得至少 30 个日历日的合理机会,向上述门户网站或网站提交意见?(是/否)

44. 在实践中,负责的行政主管机关是否以书面形式回复所有在正式咨询过程中收到的意见(包括未被采纳的意见),无论是通过单独回应每条评论,还是通过在上述门户网站或网站上发布汇总的咨询报告?(是/否)

2.1 数字化和实体基础设施			
2.1.2 信息透明度和可获得性*			
指标	企业灵活度分值	社会效益分值	总分
公布:法律提案和法规草案(39)	1	1	2
公布:预先通知(40)	1	1	2
咨询:实践(41、42)	1	1	2
咨询:合理的机会(43) 只有在问题 41 和 42 的回答为“是”时,才为此指标赋分	1	1	2
咨询:审议意见的过程(44) 只有在问题 41 的回答为“是”时,才为此指标赋分	1	1	2
总分	5	5	10

* **子类别 2.1.2 与《服务贸易规则》和《公共服务》问卷共享。**

服务贸易规则问卷

下面的表格列出了每个支柱下的所有指标(包括其组成部分,如适用),并在括号内标明了相应的问题编号。为了方便参考,每个表格前都列出了问题。

对于以"是/否"回答的问题,回答为"是"即得分,并被视为良好实践;如特别标明"是/否—良好实践",则"否"意味着良好实践。

在接下来的表格中,"和"表示所有提及问题的答案必须均为良好实践,才能获得指标的分数。

某些问题标记为"不计分",意味着它们不会以任何方式影响得分。设计这些问题的目的,是为后续年度的问题设计提供更多的信息和改进的建议,并为已经计分问题提供进一步的信息和实证基础。

支柱 I　国际贸易规则的质量	
参数	
地理位置	根据地理位置,B-READY 项目涵盖的所有经济体将被分为沿海、岛屿或内陆经济体。对于每个经济体,将确定并考虑最相关的两种运输方式,并适用于所有属于相同类别的经济体
服务业和子行业	对国际贸易中商品的输入和促进起关键作用的服务行业及子行业(如海运货运、公路货运、空运货运、货物处理、储存和仓储、报关代理、商业银行和保险)
贸易伙伴	在国际贸易合作部分中,贸易伙伴指的是在 2015 年至 2019 年期间,某经济体在商品和服务方面的前三大贸易伙伴

1.1　支持国际贸易的实践

1.1.1　国际货物和服务贸易

根据法律框架,相关部门是否需要为以下服务子行业中许可证被拒发、暂停或注销的申请人提供原因?(问题 1 至 5)

1. 海运货运(是/否)

2. 公路货运(是/否)

3. 空运货运(是/否)

4. 货物处理、储存和仓储(是/否)

5. 报关代理(是/否)

根据法律框架,服务提供者或专业人士是否有权对以下服务子行业的所有监管决策提出行政上诉?(问题 6 至 10)

6. 海运货运(是/否)

7. 公路货运(是/否)

8. 空运货运(是/否)

9. 货物处理、储存和仓储(是/否)

10. 报关代理(是/否)

根据法律框架,服务提供者或专业人士是否有权对以下涉及国际服务贸易的监管决策提起司法上诉?(问题 11 至 15)

11. 海运货运(是/否)

12. 公路货运(是/否)

13. 空运货运(是/否)

14. 货物处理、储存和仓储(是/否)

15. 报关代理(是/否)

根据法律框架,是否存在简化的签证制度,适用于以下服务子行业中的外国船员和服务提供者?(问题 16 至 18)

16. 海运货运(是/否)

17. 公路货运(是/否)

18. 空运货运(是/否)

1.1.2 数字化和可持续贸易(包括性别和环境)

[经济体]是否在国家层面实施了排放交易系统,涵盖以下服务子行业?(问题 19 至 21)

19. 海运货运(是/否)
20. 公路货运(是/否)
21. 空运货运(是/否)

1.1.3 国际贸易合作

22. [经济体]是否是任何国际协议的缔约方,该协议包括与[3 个主要贸易伙伴]之间的服务贸易具有法律约束力的承诺?(是/否)

    注:请注意,经济体也可以选择采用负面清单方式。

[经济体]是否对以下服务子行业有任何法律约束力的承诺,旨在互认专业资格和认证,以便专业人士能够跨境提供服务与[3 个主要贸易伙伴]之间的合作?(问题 23 至 27)

23. 海运货运(是/否)
24. 公路货运(是/否)
25. 空运货运(是/否)
26. 货物处理、储存和仓储(是/否)
27. 报关代理(是/否)

[经济体]是否具有促进跨境自然人短期流动提供服务的互有法律约束力的承诺,与[3 个主要贸易伙伴]之间的合作,适用于以下服务子行业?(问题 28 至 32)

28. 海运货运(是/否)
29. 公路货运(是/否)
30. 空运货运(是/否)

31. 货物处理、储存和仓储(是/否)

32. 报关代理(是/否)

[经济体]是否具有允许服务供应商跨境提供服务的互有法律约束力的承诺,无须在其境内建立或维持商业存续或居住,适用于[3个主要贸易伙伴]之间的合作,涉及以下服务子行业?(问题33至37)

33. 海运货运(是/否)

34. 公路货运(是/否)

35. 空运货运(是/否)

36. 货物处理、储存和仓储(是/否)

37. 报关代理(是/否)

1.1 支持国际贸易的实践			
1.1.1 国际货物和服务贸易**			
指标	企业灵活度分值	社会效益分值	总分
拒发、暂停和注销许可证的原因(货物运输)(1和2:沿海型;1和3:岛屿型;2和3:内陆型)* 在沿海型经济体中,此问题评估海运货运和公路货运;在岛屿型经济体中,此问题评估海运货运和空运货运;在内陆型经济体中,此问题评估公路货运和空运货运	1	1	2
拒发、暂停和注销许可证的原因(物流服务)(4和5)	1	1	2
申诉权(服务):行政(货物运输)(6和7:沿海型;6和8:岛屿型;7和8:内陆型)* 在沿海型经济体中,此问题评估海运货运和公路货运;在岛屿型经济体中,此问题评估海运货运和空运货运;在内陆型经济体中,此问题评估公路货运和空运货运	1	1	2

（续表）

指标	企业灵活度分值	社会效益分值	总分
申诉权（服务）：行政（物流服务）（9 和 10）	1	1	2
申诉权（服务）：司法（货物运输）（11 和 12：沿海型；11 和 13：岛屿型；12 和 13：内陆型）* 在沿海型经济体中，此问题评估海运货运和公路货运；在岛屿型经济体中，此问题评估海运货运和空运货运；在内陆型经济体中，此问题评估公路货运和空运货运	1	1	2
申诉权（服务）：司法（物流服务）（14 和 15）	1	1	2
简化签证制度：外国船员和服务提供者（16 和 17：沿海型；16 和 18：岛屿型；17 和 18：内陆型）* 如果对货运服务的船员和服务提供者的签证流程没有任何限制（具体来说，没有签证豁免、没有落地签证或没有船员签证），并且货运服务的许可证没有配额限制，则根据地理位置参数给予评分 在沿海型经济体中，此问题评估海运货运和公路货运；在岛屿型经济体中，此问题评估海运货运和空运货运；在内陆型经济体中，此问题评估公路货运和空运货运	1	1	2
总分	7	7	14
1.1.2　数字化和可持续贸易（包括性别和环境）**			
指标	企业灵活度分值	社会效益分值	总分
货物运输排放交易体系（19 和 20：沿海型；19 和 21：岛屿型；20 和 21：内陆型）* 在沿海型经济体中，此问题评估海运货运和公路货运；在岛屿型经济体中，此问题评估海运货运和空运货运；在内陆型经济体中，此问题评估公路货运和空运货运	不适用	1	1
总分	0	1	1

（续表）

1.1.3 国际贸易合作**			
指标	企业灵活度分值	社会效益分值	总分
服务贸易(22)	1	1	2
服务贸易：专业资格及证书互认(23、24、26 和 27：沿海型;23、25、26 和 27：岛屿型;24、25、26 和 27：内陆型)* 只有在问题 22 的回答为“是”时，才为此指标赋分 在沿海型经济体中，此问题评估海运货运和公路货运；在岛屿型经济体中，此问题评估海运货运和空运货运；在内陆型经济体中，此问题评估公路货运和空运货运	1	1	2
服务贸易：自然人因商业目的临时流动(28、29、31 和 32：沿海型;28、30、31 和 32：岛屿型;29、30、31 和 32：内陆型)* 只有在问题 22 的回答为“是”时，才为此指标赋分 在沿海型经济体中，此问题评估海运货运和公路货运；在岛屿型经济体中，此问题评估海运货运和空运货运；在内陆型经济体中，此问题评估公路货运和空运货运	1	1	2
服务贸易：无当地存续要求(33、34、36 和 37：沿海型;33、35、36 和 37：岛屿型;34、35、36 和 37：内陆型)* 只有在问题 22 的回答为“是”时，才为此指标赋分 在沿海型经济体中，此问题评估海运货运和公路货运；在岛屿型经济体中，此问题评估海运货运和空运货运；在内陆型经济体中，此问题评估公路货运和空运货运	1	1	2
总分	4	4	8

*** 参见第 5.2.1 节。**

**** 子类别 1.1.1 和 1.1.3 与《货物贸易规则》问卷共享；子类别 1.1.2 与《货物贸易规则》、《数字贸易》和《公共服务》问卷共享。**

1.2 对国际贸易的监管限制

1.2.1 对国际货物贸易的限制(包括性别)

法律框架是否对女性服务提供者在以下服务子行业提供任何类型的服务施加限制?(问题38至42)

38. 海运货运(是/否;否—良好实践)
39. 公路货运(是/否;否—良好实践)
40. 空运货运(是/否;否—良好实践)
41. 货物处理、储存和仓储(是/否;否—良好实践)
42. 报关代理(是/否;否—良好实践)

法律框架是否对国内市场中服务提供者在以下服务子行业的运营许可证数量施加任何上限?(问题43至47)

注:如果在相关服务子行业内,国内市场不需要运营许可证,请标记“否”。

43. 海运货运(是/否;否—良好实践)
44. 公路货运(是/否;否—良好实践)
45. 空运货运(是/否;否—良好实践)
46. 货物处理、储存和仓储(是/否;否—良好实践)
47. 报关代理(是/否;否—良好实践)

法律框架是否对女性服务提供者申请以下服务子行业的运营许可证时施加任何限制?(问题48至52)

48. 海运货运(是/否;否—良好实践)
49. 公路货运(是/否;否—良好实践)
50. 空运货运(是/否;否—良好实践)
51. 货物处理、储存和仓储(是/否;否—良好实践)
52. 报关代理(是/否;否—良好实践)

法律框架是否在以下服务子行业设定政府或相关机构制定的最低价格

或提供定价指南?(问题 53 至 57)

53. 海运货运(是/否;否—良好实践)

54. 公路货运(是/否;否—良好实践)

55. 空运货运(是/否;否—良好实践)

56. 货物处理、储存和仓储(是/否;否—良好实践)

57. 报关代理(是/否;否—良好实践)

法律框架是否要求服务提供者在以下服务子行业内进行国内业务时聘用经过认证的操作员?(问题 58 至 62)

58. 海运货运(是/否;否—良好实践)

59. 公路货运(是/否;否—良好实践)

60. 空运货运(是/否;否—良好实践)

61. 货物处理、储存和仓储(是/否;否—良好实践)

62. 报关代理(是/否;否—良好实践)

法律框架是否要求在以下服务子行业内服务提供者进行认证和培训要求?(问题 63 至 67)

63. 海运货运(是/否)

64. 公路货运(是/否)

65. 空运货运(是/否)

66. 货物处理、储存和仓储(是/否)

67. 报关代理(是/否)

法律框架是否规定仅适用于女性服务提供者的认证或培训要求,在以下服务子行业中?(问题 68 至 72)

68. 海运货运(是/否;否—良好实践)

69. 公路货运(是/否;否—良好实践)

70. 空运货运(是/否;否—良好实践)

71. 货物处理、储存和仓储(是/否;否—良好实践)

72. 报关代理(是/否;否—良好实践)

法律框架是否规定了在以下服务子行业中用于设备检查的法定时间间隔?(问题 73 至 77)

73. 海运货运(是/否)

74. 公路货运(是/否)

75. 空运货运(是/否)

76. 货物处理、储存和仓储(是/否)

77. 报关代理(是/否)

法律框架是否在以下服务子行业中设定了在强制休息期之前单日连续工作小时数的法定上限?(问题 78 至 82)

78. 海运货运(是/否)

79. 公路货运(是/否)

80. 空运货运(是/否)

81. 货物处理、储存和仓储(是/否)

82. 报关代理(是/否)

1.2.2 对国际服务贸易的限制

83. 监管海运货运的法律框架是否对外国实体控制或拥有的船只注册,施加任何限制?(是/否;否—良好实践)

84. 监管海运货运的法律框架是否对外国船舶施加任何完全或部分沿海运输权/进入权限制?(是/否;否—良好实践)

85. 监管海运货运的法律框架是否要求外国海运货运服务提供者专门使用国内的海运和港口服务,如本地港口代理、拖船和牵引服务?(是/否;否—良好实践)

法律框架是否对外国服务提供者在以下服务子行业施加任何配额或其他数量限制?(问题 86 至 92)

86. 海运货运(是/否;否—良好实践)

87. 公路货运(是/否;否—良好实践)

88. 空运货运(是/否;否—良好实践)

89. 货物处理、储存和仓储(是/否;否—良好实践)

90. 报关代理(是/否;否—良好实践)

91. 商业银行(是/否;否—良好实践)

92. 保险(是/否;否—良好实践)

法律框架是否对以下服务子行业的外国服务提供者(包括企业)授予市场准入时施加经济需求测试?(问题 93 至 99)

93. 海运货运(是/否;否—良好实践)

94. 公路货运(是/否;否—良好实践)

95. 空运货运(是/否;否—良好实践)

96. 货物处理、储存和仓储(是/否;否—良好实践)

97. 报关代理(是/否;否—良好实践)

98. 商业银行(是/否;否—良好实践)

99. 保险(是/否;否—良好实践)

法律框架是否在以下服务子行业中对外国服务提供者的土地和不动产收购与使用施加了具体的限制,但这些限制不适用于国内服务提供者?(问题 100 至 106)

100. 海运货运(是/否;否—良好实践)

101. 公路货运(是/否;否—良好实践)

102. 空运货运(是/否;否—良好实践)

103. 货物处理、储存和仓储(是/否;否—良好实践)

104. 报关代理(是/否;否—良好实践)

105. 商业银行(是/否;否—良好实践)

106. 保险(是/否;否—良好实践)

法律框架是否对外国服务提供者在以下服务子行业施加任何额外的许可或授权要求,但不适用于国内服务提供者?(问题 107 至 113)

107. 海运货运(是/否;否—良好实践)

108. 公路货运(是/否;否—良好实践)

109. 空运货运(是/否;否—良好实践)

110. 货物处理、储存和仓储(是/否;否—良好实践)

111. 报关代理(是/否;否—良好实践)

112. 商业银行(是/否;否—良好实践)

113. 保险(是/否;否—良好实践)

法律框架是否对外国合同或独立服务提供者在以下服务子行业施加任何额外配额,但这些配额不适用于国内服务提供者?(问题 114 至 120)

114. 海运货运(是/否;否—良好实践)

115. 公路货运(是/否;否—良好实践)

116. 空运货运(是/否;否—良好实践)

117. 货物处理、储存和仓储(是/否;否—良好实践)

118. 报关代理(是/否;否—良好实践)

119. 商业银行(是/否;否—良好实践)

120. 保险(是/否;否—良好实践)

法律框架是否要求在雇用外国合同工或独立服务提供者之前进行劳动市场测试,适用于以下服务子行业?(问题 121 至 127)

121. 海运货运(是/否;否—良好实践)

122. 公路货运(是/否;否—良好实践)

123. 空运货运(是/否;否—良好实践)

124. 货物处理、储存和仓储(是/否;否—良好实践)

125. 报关代理(是/否;否—良好实践)

126. 商业银行(是/否;否—良好实践)

127. 保险(是/否;否—良好实践)

根据法律框架,是否存在程序性要求,要求在获得外国船员和服务提供者的商业签证或员签证时,费用超过 50 美元且处理时间超过 15 天,适用于以下运输服务子行业?(问题 128 至 133)

128. 海运货运(是/否;否—良好实践)—请回答问题 129。

129. 如果问题 128 的答案为“否”,这些程序性障碍在实践中是否存在?(是/否;否—良好实践)

130. 公路货运(是/否;否—良好实践)—请回答问题 131。

131. 如果问题 130 的答案为“否”,这些程序性障碍在实践中是否存在?(是/否;否—良好实践)

132. 空运货运(是/否;否—良好实践)—请回答问题 133。

133. 如果问题 132 的答案为“否”,这些程序性障碍在实践中是否存在?(是/否;否—良好实践)

1.2 对国际贸易的监管限制			
1.2.1 对国际货物贸易的限制(包括性别)**			
指标	企业灵活度分值	社会效益分值	总分
不设营业执照上限(货物运输)(43 和 44:沿海型;43 和 45:岛屿型;44 和 45:内陆型)* 在沿海型经济体中,此问题评估海运货运和公路货运;在岛屿型经济体中,此问题评估海运货运和空运货运;在内陆型经济体中,此问题评估公路货运和空运货运	1	1	2

（续表）

指标	企业灵活度分值	社会效益分值	总分
不设最低限价和定价指南（货物运输）（53 和 54：沿海型；53 和 55：岛屿型；54 和 55：内陆型）* 在沿海型经济体中，此问题评估海运货运和公路货运；在岛屿型经济体中，此问题评估海运货运和空运货运；在内陆型经济体中，此问题评估公路货运和空运货运	1	1	2
未强制使用经认证的经营者（货物运输）（58 和 59：沿海型；58 和 60：岛屿型；59 和 60：内陆型）* 在沿海型经济体中，此问题评估海运货运和公路货运；在岛屿型经济体中，此问题评估海运货运和空运货运；在内陆型经济体中，此问题评估公路货运和空运货运	1	1	2
不设营业执照上限（物流服务）（46 和 47）	1	1	2
不设最低限价和定价指南（物流服务）（56 和 57）	1	1	2
未强制使用经认证的经营者（物流服务）（61 和 62）	1	1	2
安全规定：操作员认证（货物运输）（63 和 64：沿海型；63 和 65：岛屿型；64 和 65：内陆型）* 在沿海型经济体中，此问题评估海运货运和公路货运；在岛屿型经济体中，此问题评估海运货运和空运货运；在内陆型经济体中，此问题评估公路货运和空运货运	不适用	1	1
安全规定：设备（货物运输）（73 和 74：沿海型；73 和 75：岛屿型；74 和 75：内陆型）* 在沿海型经济体中，此问题评估海运货运和公路货运；在岛屿型经济体中，此问题评估海运货运和空运货运；在内陆型经济体中，此问题评估公路货运和空运货运	不适用	1	1

（续表）

指标	企业灵活度分值	社会效益分值	总分
安全规定：最长工作时数（货物运输）（78 和 79：沿海型；78 和 80：岛屿型；79 和 80：内陆型）* 在沿海型经济体中，此问题评估海运货运和公路货运；在岛屿型经济体中，此问题评估海运货运和空运货运；在内陆型经济体中，此问题评估公路货运和空运货运	不适用	1	1
安全规定：操作员认证（物流服务）（66 和 67）	不适用	1	1
安全规定：设备（物流服务）（76 和 77）	不适用	1	1
安全规定：最长工作时数（物流服务）（81 和 82）	不适用	1	1
无对女性服务提供者的额外限制（48、49、51 和 52：沿海型；48、50、51 和 52：岛屿型；49、50、51 和 52：内陆型）* 在沿海型经济体中，此问题评估海运货运和公路货运；在岛屿型经济体中，此问题评估海运货运和空运货运；在内陆型经济体中，此问题评估公路货运和空运货运	1	1	2
无对女性服务提供者的禁止（38、39、41 和 42：沿海型；38、40、41 和 42：岛屿型；39、40、41 和 42：内陆型）* 在沿海型经济体中，此问题评估海运货运和公路货运；在岛屿型经济体中，此问题评估海运货运和空运货运；在内陆型经济体中，此问题评估公路货运和空运货运	1	1	2
无对女性服务提供者的额外认证和培训要求（68、69、71 和 72：沿海型；68、70、71 和 72：岛屿型；69、70、71 和 72：内陆型）*	1	1	2

（续表）

指标	企业灵活度分值	社会效益分值	总分
在沿海型经济体中，此问题评估海运货运和公路货运；在岛屿型经济体中，此问题评估海运货运和空运货运；在内陆型经济体中，此问题评估公路货运和空运货运			
总分	9	15	24
1.2.2　对国际服务贸易的限制			
指标	企业灵活度分值	社会效益分值	总分
对悬挂本国国旗船舶的外国注册不设限制（仅限海运）（83）* 此问题仅适用于沿海型和岛屿型经济体	1	1	2
无对沿海运输权/进入权的限制（仅限海运）（84）* 此问题仅适用于沿海型和岛屿型经济体	1	1	2
无对使用当地港口服务限制（仅限海运）（85）* 此问题仅适用于沿海型和岛屿型经济体	1	1	2
无配额限制（货物运输）（86 和 87：沿海型；86 和 88：岛屿型；87 和 88：内陆型）* 在沿海型经济体中，此问题评估海运货运和公路货运；在岛屿型经济体中，此问题评估海运货运和空运货运；在内陆型经济体中，此问题评估公路货运和空运货运	1	1	2
无通过经济需求测试的限制（货物运输）（93 和 94：沿海型；93 和 95：岛屿型；94 和 95：内陆型）* 在沿海型经济体中，此问题评估海运货运和公路货运；在岛屿型经济体中，此问题评估海运货运和空运货运；在内陆型经济体中，此问题评估公路货运和空运货运	1	1	2

（续表）

指标	企业灵活度分值	社会效益分值	总分
无对土地和房地产的取得和使用限制（货物运输）（100 和 101：沿海型；100 和 102：岛屿型；101 和 102：内陆型）* 在沿海型经济体中，此问题评估海运货运和公路货运；在岛屿型经济体中，此问题评估海运货运和空运货运；在内陆型经济体中，此问题评估公路货运和空运货运	1	1	2
不存在配额限制（物流服务）（89 和 90）	1	1	2
无通过经济需求测试的限制（物流服务）（96 和 97）	1	1	2
无对土地和房地产的取得和使用限制（物流服务）（103 和 104）	1	1	2
不存在配额限制（金融服务）（91 和 92）	1	1	2
无通过经济需求测试的限制（金融服务）（98 和 99）	1	1	2
无对土地和房地产的取得和使用限制（金融服务）（105 和 106）	1	1	2
无对许可或授权要求的额外限制（货物运输）（107 和 108：沿海型；107 和 109：岛屿型；108 和 109：内陆型）* 在沿海型经济体中，此问题评估海运货运和公路货运；在岛屿型经济体中，此问题评估海运货运和空运货运；在内陆型经济体中，此问题评估公路货运和空运货运	1	1	2
无对外国合同和独立服务提供者的额外配额（货物运输）（114 和 115：沿海型；114 和 116：岛屿型；115 和 116：内陆型）* 在沿海型经济体中，此问题评估海运货运和公路货运；在岛屿型经济体中，此问题评估海运货运和空运货运；在内陆型经济体中，此问题评估公路货运和空运货运	1	1	2

（续表）

指标	企业灵活度分值	社会效益分值	总分
无对外国合同和独立服务提供者的劳动力市场测试（货物运输）（121 和 122：沿海型；121 和 123：岛屿型；122 和 123：内陆型）* 在沿海型经济体中，此问题评估海运货运和公路货运；在岛屿型经济体中，此问题评估海运货运和空运货运；在内陆型经济体中，此问题评估公路货运和空运货运	1	1	2
无对许可或授权要求的额外限制（物流服务）（110 和 111）	1	1	2
无对外国合同和独立服务提供者的额外配额（物流服务）（117 和 118）	1	1	2
无对外国合同和独立服务提供者的劳动力市场测试（物流服务）（124 和 125）	1	1	2
无对许可或授权要求的额外限制（金融服务）（112 和 113）	1	1	2
无对外国合同和独立服务提供者的额外配额（金融服务）（119 和 120）	1	1	2
无对外国合同和独立服务提供者的劳动力市场测试（金融服务）（126 和 127）	1	1	2
无对商务签证的程序障碍（货物运输）（128、129、130 和 131：沿海型；128、129、132 和 133：岛屿型；130、131、132 和 133：内陆型）* 在沿海型经济体中，此问题评估海运货运和公路货运；在岛屿型经济体中，此问题评估海运货运和空运货运；在内陆型经济体中，此问题评估公路货运和空运货运	1	1	2
总分	22	22	44

* 参见第 5.2.1 节。

** 子类别 1.2.1 与《货物贸易规则》问卷共享。

支柱Ⅱ　促进国际贸易的公共服务质量	
参数	
地理位置	根据经济体能够进行进出口贸易而无须通过第三国的方式，划分为沿海型、岛屿型或内陆型
服务业和子行业	在国际货物贸易中，作为输入和促进因素，起到至关重要作用的服务行业和子行业（包括海运货运、公路货运、空运货运、货物处理、存储和仓储、报关、商业银行及保险）

2.1　数字化和实体基础设施

2.1.2　信息透明度和可获得性

在实践中，以下子行业的运输服务许可标准是否在相关公共机构的官方门户网站或网站上发布？（问题 134 至 136）

注：如果没有许可标准，请标记为“否”。

134. 海运货运（是/否）

135. 公路货运（是/否）

136. 空运货运（是/否）

在实践中，以下子行业的物流服务许可标准是否在相关公共机构的官方门户网站或网站上发布？（问题 137 至 138）

注：如果没有许可标准，请标记为“否”。

137. 货物处理、储存与仓储（是/否）

138. 报关代理（是/否）

2.1　数字化和实体基础设施			
2.1.2　信息透明度和可获得性**			
指标	企业灵活度分值	社会效益分值	总分
公布：许可标准（货物运输）（134 和 135：沿海型；134 和 136：岛屿型；135 和 136：内陆型）*	1	1	2

（续表）

指标	企业灵活度分值	社会效益分值	总分
公布：许可标准（物流服务）（137 和 138）	1	1	2
总分	2	2	4

*** 参见第 5.2.1 节。**
**** 子类别 2.1.2 与《货物贸易规则》和《公共服务》问卷共享。**

数字贸易问卷

下面的表格列出了每个支柱涵盖的各项指标（包括其组成部分，如适用），并在括号中注明相应的题号。为便于参考，问题列在每项表格之前。

对于以“是/否”回答的问题，回答为“是”即得分，并被视为良好实践；如特别标明“是/否；否—良好实践”，则“否”意味着良好实践。

在接下来的表格中，“和”表示所有提及问题的答案必须均为良好实践，才能获得该指标的分数。

某些问题标记为“不计分”，表示它们不会以任何方式影响得分。设计这些问题的目的，是为后续年度的问题设计提供更多的信息和改进建议，并且在必要时，为已经计分的问题提供进一步信息和实证基础。

注：这些指标的数据是通过公用事业服务（互联网）问卷、金融服务（电子支付）问卷和税费缴纳问卷收集的。所有子类别都标有星号（ * ），以说明后面的问题属于哪个调查表。

支柱 I　国际贸易规则的质量

1.1　支持国际贸易的实践

1.1.2　数字化和可持续贸易*（包括性别和环境）

1. 外国颁发的电子合同在法律框架下是否具有法律效力？（是/否）

2. 外国颁发的电子签名在法律框架下是否具有法律效力？（是/否）

3. 法律框架是否在数字贸易中建立了技术中立原则？（是/否）

4. 法律框架是否确立了规范跨境数据流的个人数据保护原则？（是/否）

5. 法律框架是否承认数字货币用于跨境支付？（是/否）

1.1　支持国际贸易的实践			
1.1.2　数字化和可持续贸易*（包括性别和环境）**			
指标	企业灵活度分值	社会效益分值	总分
电子合同(1)	1	1	2
电子签名(2)	1	1	2
技术中立(3)	1	1	2
跨境数据流动：数据保护(4)	1	1	2
承认跨境支付的数字货币(5)	1	1	2
总分	5	5	10

*** 这些指标的数据通过《公用事业服务（互联网）》和《金融服务（电子支付）》问卷收集。**
**** 子类别 1.1.2 与《货物贸易规则》、《服务贸易规则》和《公共服务》问卷共享。**

1.2　对国际贸易的监管限制

1.2.3　对数字贸易的限制 *

6. 规则框架是否要求公司在提供数字商品或服务时，除了一般的商业许可证，还需获得额外的政府许可？（是/否；否—良好实践）

7. 除了销售受限产品，法律框架是否对数字订购商品或服务的在线销售施加任何限制？（是/否；否—良好实践）

8. 法律框架是否要求在个人数据跨境传输之前，签订特定的数据传输协议或获得数据主体的正式同意？（是/否）

9. 法律框架是否对跨境数字贸易施加额外的税收、费用或高于国内的税率？

（是/否；否—良好实践）

10. 法律框架是否要求跨境数字贸易提供商设立当地纳税实体？（是/否；否—良好实践）

11. 法律框架是否对入境电子支付施加任何特定费用，如中央银行或货币当局征收的直接或间接税、监管边界费用或外汇费用？（是/否；否—良好实践）

12. 法律框架是否对出境电子支付施加任何特定费用，如中央银行或货币当局征收的直接或间接税、监管边界费用或外汇费用？（是/否；否—良好实践）

13. 法律框架是否对跨境电子支付的交易金额设定任何限制？（是/否；否—良好实践）

法律框架是否要求数字订购商品和服务的提供商向跨境消费者公开披露以下信息？（问题 14 至 19）

14. 商家信息（营业地址、注册号和联系方式）（是/否）

15. 产品/服务规格（是/否）

16. 交货选项（是/否）

17. 支付流程（是/否）

18. 非诉讼投诉程序（是/否）

19. 退款和取消政策（是/否）

20. 法律框架是否对适用于跨境消费者的广告行为设定任何限制，如垃圾邮件和未经请求的通信？（是/否）

21. 法律框架是否赋予跨境消费者在指定期限内取消在线订单的权利，而无须提供任何理由或支付任何处罚？（是/否）

22. 法律框架是否赋予跨境消费者对于在交货时损坏的商品享有退款、替换或退货的权利？（是/否）

23. 法律框架是否对未遵守跨境消费者保护在线条款的企业施加处罚？（是/否）

24. 法律框架是否建立了一个公共在线纠纷解决机制，以处理和解决数字贸易中出现的投诉，包括涉及跨境交易的投诉？（是/否）

25. 法律框架是否允许跨境消费者在不支付任何费用的情况下启动可执行的在线纠纷解决程序，解决与跨境数字贸易相关的争议？（是/否）

1.2　对国际贸易的监管限制			
1.2.3　对数字贸易的限制*			
指标	企业灵活度分值	社会效益分值	总分
无额外的政府许可(6)	1	1	2
无网上销售禁令(7)	1	1	2
无额外税费或更高税率(9)	1	1	2
无设立当地纳税实体要求(10)	1	1	2
无对入境跨境电子支付的收费(11)	1	1	2
无对出境跨境电子支付的收费(12)	1	1	2
无对跨境电子支付的限制(13)	1	1	2
跨境数据流动：同意转移(8)	不适用	1	1
相关信息披露(14、15、16、17、18 和 19)	不适用	1	1
消费者权利：对广告的限制(20)	不适用	1	1
消费者取消在线订单的权利(21)	不适用	1	1
消费者获得退款的权利(22)	不适用	1	1
对不遵守在线消费者保护规定的处罚(23)	不适用	1	1
在线纠纷解决机制(24)	不适用	1	1
在线纠纷解决机制(免费提交案件)(25)	不适用	1	1
总分	7	15	22

*** 这些指标的数据通过《公用事业服务(互联网)》、《金融服务(电子支付)》和《税费缴纳》问卷收集。**

公共服务问卷

下面的表格列出了每个支柱涵盖的各项指标（包括其组成部分，如适用），并在括号中注明相应的题号。为便于参考，问题列在每项表格之前。

对于以"是/否"回答的问题，回答为"是"即得分，并被视为良好实践；如特别标明"是/否；否—良好实践"，则"否"意味着良好实践。

在接下来的表格中，"和"表示所有提及问题的答案必须均为良好实践，才能获得该指标的分数。

某些问题标记为"不计分"，表示它们不会以任何方式影响得分。设计这些问题的目的，是为后续年度的问题设计提供更多的信息和改进建议，并且在必要时，为已经计分的问题提供进一步信息和实证基础。

支柱 I　国际贸易监管的质量	
参数	
贸易环境产品	2015 年至 2019 年在亚太经济合作组织协调制度子目级别（6 位数级）的环境产品清单中全球贸易总额居前三位的进口环境产品

1.1　支持国际贸易的实践

1.1.2　数字化和可持续贸易（包括性别和环境）

1. 亚太经济合作组织编码为 HS 854140、HS 901380 及 HS 847989 的环境产品清单中，实际适用的最高从价税税率是多少？

注：请提供百分比税率（从价税%）。如果特定关税是基于货物数量，请根据典型交易进行计算。

1.1　支持国际贸易的实践			
1.1.2　数字化和可持续贸易(包括性别和环境)*			
指标	企业灵活度分值	社会效益分值	总分
环境产品关税(1)	1	1	2
总分	1	1	2

* **子类别 1.1.2 与《货物贸易规则》、《服务贸易规则》及《数字贸易》问卷共享。**

支柱Ⅱ　促进国际贸易的公共服务质量	
参数	
地理位置	世界银行营商环境成熟度评估体系项目根据涵盖的所有经济体的地理位置,将其被分类为沿海、岛屿或内陆经济体。确定并考虑每个经济体最相关的两种运输形式,并在属于同一类别的所有经济体中进行比较
贸易伙伴	贸易伙伴是指一个经济体在 2015 年至 2019 年期间商品和服务贸易方面的前三大贸易伙伴。就外部协调而言,贸易伙伴是指主要的货物贸易伙伴,或是与之共享陆地边境的主要货物贸易伙伴(参见联合国商品贸易统计数据库)。如果与主要贸易伙伴没有通过现有陆地边境进行贸易,则考虑第二大主要贸易伙伴。如果没有通过现有陆地边境进行贸易,则该问题不适用
主要边境	按运输方式(空运、海运和/或陆运)划分主要边境,则通过运输方式下的边境总贸易额来确定。当提及主要相邻贸易伙伴时,主要边境是指两个经济体之间进行大部分贸易的主要边境

2.1　数字化和实体基础设施

2.1.1　电子系统和服务的协同性

2. 是否有一个正常运转的全国性国际贸易电子系统,允许通过单一门户网站以电子方式提交和处理贸易文件?如有多个系统(例如,电子单一窗口或海关综合管理系统),请以贸易商最常用的系统为准。(是/否)

如果回答为“是”,请回答问题 3 至 27、55 及 75。

3. 除海关机构外,是否有其他国家机构完全纳入问题 2 中所述的电子系统?

（是/否）（不计分）

如果回答为“是”，请回答问题4至9。

除海关机构外，下列国家机构是否已纳入问题2中提及的电子系统？（问题4至9）

4. 税务机关（是/否）

5. 卫生与植物检疫机构（是/否）

6. 标准化机构（是/否）

7. 环境机构（是/否）

8. 运输机构（是/否）

9. 贸易部（或相应国内部委）（是/否）

10. 问题2中提及的电子系统是否提供登陆系统的统一接入点或提供与国际贸易相关的服务（是/否）

11. 问题2中提及的电子系统是否支持单点登录上述所选机构的所有服务的功能？（是/否）

下列私营部门的利益相关者是否可以接入并利用问题2中提及的电子系统进行与贸易有关的活动？（问题12至17）

12. 报关代理（是/否）

13. 出口商和进口商（是/否）

14. 运输经营者（是/否）

15. 货物处理和仓库经营者（是/否）

16. 商会（是/否）

17. 金融机构（即银行、保险公司）（是/否）

18. 问题2中提及的电子系统是否只允许单次输入或上传信息和文件，并向该系统的所有相关授权用户开放？（是/否）

19. 问题2中提及的电子系统是否能够通过一个单一点公布手续流程（例如，

申请、授权、认证、清关）结果？也就是，用户将从系统中的统一端口接收所有通知和结果。（是/否）

在实践中，问题2提及的电子系统是否具备以下功能并完全电子化？（问题20至25）

20. 提交商业和运输单据（例如，发票、提单）（是/否）
21. 提交报关单和放行文件（是/否）
22. 处理进出口执照、许可证和授权书（是/否）
23. 处理动物、卫生与植物检疫证书（是/否）
24. 处理技术标准证书（是/否）
25. 处理原产地证书（是/否）
26. 问题2中提及的电子系统是否支持统一处理付款事宜，允许通过系统内的单一交易点支付所有纳入系统的国家机构所提供的任何服务？（是/否）
27. 问题2中提及的电子系统是否与任何其他国家的类似系统交换通关信息？（是/否）

2.1.2 信息透明度和可获得性

在实践中，是否在任何国家机构官方门户网站或网站公布以下信息？（问题28至33）

28. 对进口或出口或与进口或出口相关征收的任何种类的关税、税费和费用的适用税率（是/否）
29. 进口、出口、过境手续（是/否）
30. 非关税措施规则（是/否）
31. 已发布的预先裁决（是/否）
32. 违反进口、出口或过境手续的处罚规定（是/否）
33. 申诉或复审程序，包括对有争议的海关裁决提起的正式投诉（是/否）

34. [经济体]是否有一个功能齐全的全国贸易信息门户网站,包含截至 2024 年 9 月 1 日的最新贸易规则、程序和相关信息?(是/否)

如果回答为“是”,请回答问题 35 至 40。

在实践中,上述全国贸易信息门户网站是否发布了以下信息?(问题 35 至 40)

35. 与国际贸易和合规有关的法律、法令、条例、指示、通知、指南和任何其他法律文书(是/否)

36. 商品分类及相应关税(是/否)

37. 与任何一个或多个国家签订的协议,包括单边协议(是/否)

38. 适用于特定商品或产品的特殊措施(例如,卫生与植物检疫措施或技术贸易壁垒)(是/否)

39. 违反申诉或复审手续和程序的处罚规定(是/否)

40. 用于申请许可证、执照和清关的说明和表格(是/否)

41. 在实践中,[经济体]是否设立了一个功能齐全的贸易便利化咨询点,提供与贸易有关的查询信息和文件?(是/否)

42. 贸易便利化咨询点是否在 7 个日历日内回复电子邮件?(是/否)

2.1.3 贸易基础设施

边境 1

43. 您是否同意[经济体]进行大部分贸易(按贸易价值计算)的主要港口/陆地边境检查站是[所测定港口(陆地边境检查站)]?(是/否)(不计分)

如果回答为“否”,请回答问题 43.1。

43.1 如果不同意,请说明[经济体]进行大部分贸易(按贸易价值计算)的港口/陆地边境检查站。下次数据收集周期将考虑这一信息。(不计分)

[所测定港口/陆地边境检查站]是否有下列可正常运转的设施和设备，供边境管制机构有效履行其管制职能？（问题 44 至 48）

注：下列设施和设备可设在港口（陆地边境检查站）内或附近，包括特别清关区。

44. 侵入式检查区域（是/否）

45. 货物拆箱和分捆区（是/否）

46. 固定式或移动式扫描仪（是/否）

47. 行进间测重秤（是/否）

48. 样品检测实验室（是/否）

[所测定港口/陆地边境检查站]是否为经营者提供以下正常运转的服务和基础设施？（问题 49 至 52）

注：下列基础设施可设在港口（陆地边境检查站）内或附近。

49. 指定的卡车停放区（是/否）

50. 带顶储存设施（是/否）

51. 冷藏储存设施（是/否）

52. 海关保税仓库（是/否）

[所测定港口]是否有以下绿色服务和基础设施可供经营者正常使用？（问题 53 至 55）

53. 可持续性燃料加注设施（是/否）

54. 陆上电源（是/否）

55. [所测定港口]是否完全纳入问题 2 中提及的国际贸易电子系统？（是/否）

[所测定港口]是否使用下列信息系统？（问题 56 至 59）

56. 港口社区系统（是/否）

57. 海事单一窗口（是/否）

58. 终端操作系统(是/否)

59. 卡车预约系统(是/否)

60. [所测定港口]是否有港口咨询委员会?(是/否)

如果回答为“是”,请回答问题 61 至 64。

61. 港口咨询委员会是否每年至少举行两次会议?(是/否)

该港口咨询委员会是否包括以下利益相关者的代表?(问题 62 至 64)

62. 港务局代表(是/否)

63. 私营部门代表(港口使用者、物流公司、航运公司等)(是/否)

64. 社区代表(地方和省级政府人员、工会、港口周边社区代表)(是/否)

边境 2

65. 您是否同意[经济体]与[主要相邻贸易伙伴]进行大部分贸易(按贸易价值计算)的主要陆地边境检查站/机场是[所测定陆地边境检查站/机场]?(是/否)(不计分)

如果回答为“否”,请回答问题 65. 1。

65. 1 请说明[经济体]与[主要相邻贸易伙伴]进行大部分贸易(按贸易价值计算)的陆地边境检查站(机场)。下次数据收集周期将考虑该信息。(不计分)

[所测定陆地边境检查站/机场]是否有下列正常运转的设施和设备,可供边境管制机构有效履行其管制职能?(问题 66 至 70)

66. 侵入式检查区域(是/否)

67. 货物拆箱和分捆区(是/否)

68. 固定式或移动式扫描仪(是/否)

69. 行进间测重秤(是/否)

70. 样品检测实验室(是/否)

[所测定陆地边境检查站/机场]是否为经营者提供以下正常运转的服务

和基础设施？（问题 71 至 74）

注：下列基础设施可设在陆地边境检查站（机场）内或附近。

71. 指定的卡车停放区（是/否）

72. 带顶储存设施（是/否）

73. 冷藏储存设施（是/否）

74. 海关保税仓库（是/否）

75. ［所测定机场］是否完全纳入问题 2 中提及的国际贸易电子系统？（是/否）

［所测定机场］是否使用下列信息系统？（问题 76 至 78）

76. 航空货运社区系统（是/否）

77. 机场运营和管理系统（是/否）

78. 卡车预约系统（是/否）

79. ［所测定机场］是否有机场咨询委员会？（是/否）

如果回答为"是"，请回答问题 80 至 83。

80. 在实践中，机场咨询委员会是否每年至少举行两次会议？（是/否）

该机场咨询委员会是否包括以下利益相关者的代表？（问题 81 至 83）

81. 机场管理局代表（是/否）

82. 私营部门代表（机场使用者、物流公司、航空公司等）（是/否）

83. 社区代表（省级和地方政府人员、工会代表、机场周边社区代表）（是/否）

2.1　数字化和实体基础设施			
2.1.1　电子系统和服务的协同性			
指标	企业灵活度分值	社会效益分值	总分
国际贸易高级电子系统的可获得性(2)	1	1	2

（续表）

指标	企业灵活度分值	社会效益分值	总分
将机构整合至国际贸易高级电子系统（4、5、6、7、8 和 9） 问题 2 和 3 的回答均为“是”，该指标可得分	1	1	2
国际贸易高级电子系统的统一接入点（10） 问题 2 的回答为“是”，该指标可得分	1	1	2
国际贸易高级电子系统的单点登录（11）	1	1	2
将利益相关者整合至国际贸易高级电子系统（12、13、14、15、16 和 17） 问题 2 的回答为“是”，该指标可得分	1	1	2
国际贸易高级电子系统的单次数据提交（18）	1	1	2
国际贸易高级电子系统的单点决策（19） 问题 2 的回答为“是”，该指标可得分	1	1	2
国际贸易高级电子系统提供的功能（20、21、22、23、24 和 25） 问题 2 的回答为“是”，该指标可得分	1	1	2
国际贸易高级电子系统的单点支付（26） 问题 2 的回答为“是”，该指标可得分	1	1	2
与贸易伙伴的国际贸易电子系统交换信息（27） 问题 2 的回答为“是”，该指标可得分	1	1	2
总分	10	10	20

（续表）

2.1.2　信息透明度和可获得性***			
指标	企业灵活度分值	社会效益分值	总分
贸易信息门户（可获得性）（35、36、37、38、39 和 40） 问题 34 回答为“是”，该指标可得分	1	1	2
公布：关税、税费、费用和非关税措施（28 和 30）	1	1	2
公布：程序和预先裁决（29 和 31）	1	1	2
公布：处罚和申诉程序（32 和 33）	1	1	2
咨询点（41 和 42）	1	1	2
总分	5	5	10
2.1.3　贸易基础设施			
指标	企业灵活度分值	社会效益分值	总分
设备和设施（边境 1：港口或陆地边境）（44、45、46、47 和 48） 该指标衡量的是沿海和岛屿经济体的港口，以及内陆经济体的陆地边界	1	1	2
服务和便利设施（边境 1：港口或陆地边境）（49、50、51 和 52） 该指标衡量的是沿海和岛屿经济体的港口，以及内陆经济体的陆地边界	1	1	2
绿色基础设施（边境 1：港口）（53 和 54）*	1	1	2
咨询委员会（边境 1：港口）：代表（60、61、62、63 和 64——沿海和岛屿）* 问题 60 和 61 的回答均为“是”，该指标可得分	1	1	2
设备和设施（边境 2：陆地边境或机场）（66、67、68、69 和 70） 该指标衡量的是沿海经济体的陆地边境，以及岛屿和内陆经济体的机场	1	1	2

（续表）

指标	企业灵活度分值	社会效益分值	总分
服务和便利设施（边境 2：陆地边境或机场）（71、72、73 和 74） 该指标衡量的是沿海经济体的陆地边境，以及岛屿和内陆经济体的机场	1	1	2
咨询委员会（机场）：代表（79、80、81、82 和 83：内陆） 问题 79 和 80 的回答均为“是”，该指标可得分。该指标下对岛屿经济体不予评估	1	1	2
接入国际贸易电子系统（港口或机场）（55：沿海和岛屿；75：内陆*） 问题 2 的回答为“是”，该指标可得分	1	1	2
信息系统（港口或机场）（56、57、58 和 59：沿海和岛屿；76、77 和 78：内陆）* 该指标衡量的是沿海和岛屿经济体的港口，以及内陆经济体的机场。对于内陆经济体，该指标不评估港口社区系统或海事单一窗口组成部分。因此，沿海和岛屿经济体在该指标中将就 4 个组成部分计分，内陆经济体将就 3 个组成部分计分。尽管如此，所有经济体在这一指标上的得分都将相同。如果某一个经济体只能测定一个边界，且该边界是陆地边界，则将重新调整该经济体的得分	1	1	2
咨询委员会（港口或机场）（60 和 61：沿海和岛屿；79 和 80：内陆）* 该指标衡量的是沿海和岛屿经济体的港口，以及内陆经济体的机场	1	1	2
总分	10	10	20
沿海和岛屿经济体最高总分 20 分（企业灵活度 10 分，社会效益 10 分），内陆经济体最高总分 18 分（企业灵活度 9 分，社会效益 9 分）。内陆经济体的得分将重新调整			

*** 参见第 5.2.1 节。**

**** 子类别 2.1.2 与《货物贸易规则》及《服务贸易规则》问卷共享。**

2.2 边境管理

2.2.1 风险管理

84. 在实践中,[经济体]的海关机构是否建立了有效的风险管理系统(是/否)

如果回答为“是”,请回答问题85至92。

85. 是否有任何其他国家机构完全纳入海关风险管理系统?(是/否)

如果回答为“是”,请回答问题86至89。

以下国家机构是否已完全纳入?(问题86至89)

86. 卫生与植物检疫机构(是/否)
87. 标准化机构(是/否)
88. 环境机构(是/否)
89. 安全边境机构(是/否)
90. 海关是否基于客观选择性标准且采用先进的自动分析和目标定位,以最大限度地减少进出口查验的发生率?(是/否)
91. 海关是否使用选择性标准对进口货物进行基于风险的清关后审计?(是/否)
92. 是否有任何具体的海关办事处或边境检查站设置海关官员现场办公,但却未纳入风险管理系统?(是/否)

注:如果至少有一个具体的边境检查站或海关办事处,让贸易经营者系统地或随意地接受风险管理系统之外的安全检查,请回答“是”。

2.2.2 边境协同管理

内部协同

93. 海关和其他国家机构是否使用货物唯一单号?(是/否)
94. 海关是否与其他国家机构进行联合检查或委托其他国家机构开展检查?

(是/否)

外部协同

95. 是否与[存在边境管制的主要相邻贸易伙伴]设立综合边境检查站?(是/否)

注:如果两个经济体之间没有边境管制(例如,它们是同一关税同盟的成员),请选择"是"。

96. 是否需要将统一的文件或整套文件提交给[经济体]和[主要相邻贸易伙伴]的边境管制机构?(是/否)

注:如果两个经济体之间没有边境管制(例如,它们是同一关税同盟的成员),请选择"是"。

97. 在实践中,海关的营业时间是否与[设有边境管制的主要相邻贸易伙伴的]海关营业时间一致?(是/否)

注:营业时间一致是指两个经济体的海关在相同时间内开放和运作,从而促进跨境贸易顺畅进行。如果两个经济体之间没有边境管制(例如,它们是同一关税同盟的成员),请选择"是"。

98. 海关是否与[主要货物贸易伙伴]的海关交换商业运输单据和报关单信息?(是/否)

注:该信息交换可包括有关货物运输、报关和其他相关文件的数据共享,以促进贸易并增强安全性。如果两个经济体之间没有边境管制(例如,它们是同一关税同盟的成员),请选择"是"。

99. 边境管制机构是否承认[主要货物贸易伙伴]的边境管制机构的查验?(是/否)

注:如果两个经济体之间没有边境管制(例如,它们是同一关税同盟的成员),请选择"是"。

2.2.3 受信任的交易者计划

100. ［经济体］的海关是否对出口商实施了受信任的交易者认证计划？（是/否）

101. 受信任的交易者认证计划是否也面向进口商？（是/否）

注：如果问题 100 和 101 的回答均为“是”，请回答问题 102 至 115。

在实践中，受信任的交易者认证计划是否包括供应链中的以下经营者？（问题 102 至 106）

注：请仅考虑在实践中可能获得认证的贸易经营者。

102. 仓储经营者（是/否）

103. 报关代理（是/否）

104. 货运代理人（是/否）

105. 承运人/运输经营者（是/否）

106. 制造商（是/否）

在实践中，受信任的交易者认证计划是否向参与者提供以下便利？（问题 107 至 110）

注：请仅考虑在实践中贸易经营者可能获得的便利。

107. 货物到达前放行：海关在货物实际到达入境口岸前准予放行（是/否）

108. 优先清关和放行货物：快速处理货物并放行，优先于未认证的货物（是/否）

109. 使用定期申报：可选择定期提交海关申报，无须每批货物逐次提交（是/否）

110. 海关和其他国家机构文件审查和实地检查率更低，归因于承认合规及较低的风险（是/否）

除海关外，以下国内边境管制机构在为认证交易者提供快速处理或其他便利措施方面，是否认可受信任的交易者身份？（问题 111 至 113）

111. 卫生与植物检疫机构(是/否)

112. 标准化机构(是/否)

113. 边境安全机构(是/否)

114. 在[经济体]获得受信任的交易者地位的经济经营者,在[三大贸易伙伴]开展业务时是否获得同样便利?(是/否)

注:互惠利益可包括海关快速处理、减少查验以及经济体签署的互认协议中包含的便利措施。

115. 受信任的交易者是否可以通过贸易信息门户、电子国际贸易单一窗口或海关综合管理系统办理电子认证或续期流程?(是/否)

2.2 边境管理			
2.2.1 风险管理			
指标	企业灵活度分值	社会效益分值	总分
海关风险管理可获得性(84)	1	1	2
卫生与植物检疫机构整合(86) 问题 84 和 85 的回答均为“是”,该指标可得分	1	1	2
标准化机构整合(87) 问题 83 和 84 的回答均为“是”,该指标可得分	1	1	2
环境机构整合(88) 问题 84 和 85 的回答均为“是”,该指标可得分	1	1	2
边境安全机构整合(89) 问题 84 和 85 的回答均为“是”,该指标可得分	1	1	2
自动分析和自动定位(90) 问题 84 和 85 的回答均为“是”,该指标可得分	1	1	2

（续表）

指标	企业灵活度分值	社会效益分值	总分
清关后审计(91) 问题 84 和 85 的回答均为“是”，该指标可得分	1	1	2
海关风险管理覆盖范围(92) 问题 84 和 85 的回答均为“是”，该指标可得分	1	1	2
总分	8	8	16

2.2.2　边境协同管理

指标	企业灵活度分值	社会效益分值	总分
货物唯一单号(93)	1	1	2
联合管控(内部)(94)	1	1	2
综合边境检查点(95)*	1	1	2
信息交流(96)	1	1	2
联合管控(外部)(97)	1	1	2
统一作业时间(98)*	1	1	2
统一文件或整套文件(99)*	1	1	2
总分	7	7	14

沿海和内陆经济体最高总分 14 分（企业灵活度 7 分，社会效益 7 分），岛屿经济体最高总分 8 分（企业灵活度 4 分，社会效益 4 分）。岛屿经济体的得分将重新调整

2.2.3　受信任的交易者计划

指标	企业灵活度分值	社会效益分值	总分
出口商和进口商对受信任的交易者计划的可获得性(100 和 101)	1	1	2
其他运营商对受信任的交易者计划的可获得性(102、103、104、105 和 106) 问题 100 和 101 的回答均为“是”，该指标可得分	1	1	2

（续表）

指标	企业灵活度分值	社会效益分值	总分
受信任的交易者计划的益处（107、108、109 和 110） 问题 100 和 101 的回答均为“是”，该指标可得分	1	1	2
受信任的交易者计划中的机构互认（111、112 和 113） 问题 100 和 101 的回答均为“是”，该指标可得分	1	1	2
受信任的交易者计划中的互认协议（114） 问题 100 和 101 的回答均为“是”，该指标可得分	1	1	2
受信任的交易者计划中的电子认证和续期流程［（2 或 34）和 115］ 问题 100 和 101 的回答均为“是”且问题 2 和/或 34 的回答为“是”，该指标可得分	1	1	2
总分	6	6	12

＊**参见第 5.2.1 节。**

支柱Ⅲ　出口货物、进口货物和从事数字贸易的运作效率

支柱Ⅲ涵盖的指标得分采用正态累积分布函数转换法计算，得分范围为 0 到 100，其中 0 和 100 分别代表最低得分和最高得分。根据收集数据的 5% 分位数和 95% 分位数确定最佳和最差表现者。

支柱Ⅲ涵盖的有关货物出口、货物进口以及从事数字贸易的运营效率数据通过以下问题在企业层面调查收集。

3.1　遵守出口合规要求

1. 在［上一个完整的财务年度］，本机构的销售额中，以下各项所占百分比为：

（不计分）

1a. 国内销售

1b. 间接出口（在国内销售给第三方，第三方再出口产品）

1c. 直接出口

2. 在[上一个完整的财务年度]，本机构直接出口的主要目的地国（或地区）是哪里？（不计分）

3. 在[上一个完整的财务年度]，本机构直接出口货物时，货物到达出口点（如港口、机场）之前是否经过了任何检查、认证或许可流程？（是/否）（不计分）

注：仅包括[经济体]主管部门要求的流程。

4. 平均而言，这些检查、认证和许可流程需要多少天？

5. 直接出口货物到达主要出口地点、清关和离开海关监管区，平均需要多少天？

6. 货物离开[经济体]发生的所有与出口相关的典型交易成本占货物价值的百分比是多少？

注：请将所有出口要求包括在内，包括海关和其他机构收取的费用，以及报关代理、货运代理、国内运输、贸易融资和保险涉及的任何费用。排除国际运输和在目的地发生的任何费用。

3.2 遵守进口合规要求

7. 在[上一个完整的财务年度]，本机构所采购的材料投入或供应，或为转售而购买的货物所占百分比是多少？（不计分）

7a. 原产于国内

7b. 原产于国外

8. 在[上一个完整的财务年度]财务年度，本机构直接进口这些货物的主要原产地国(或地区)是哪里?

9. 在[上一个完整的财务年度],本机构直接进口货物时,货物到达入境点(例如,港口、机场)之前是否经过了任何检查、认证或许可流程?(是/否)(不计分)

注:仅包括[经济体]主管部门要求的流程。

10. 平均而言,此种检查、认证和许可流程需要多少天?

11. 从货物到达入境点(例如,港口、机场)、清关和离开海关监管区,平均需要多少天?

12. 货物进入[经济体]发生的所有与进口相关的典型交易成本占货物价值的百分比是多少?

注:请将所有要求包括在内,包括海关和其他机构收取的费用,以及报关代理行、货运代理人、国内运输、贸易融资和保险涉及的任何费用。排除国际运输和进口货物进入[经济体]之前发生的任何费用。

3.3 参与跨境数字贸易

13. 在[上一个完整的财务年度],是否通过邮件、包裹或快递服务完成任何在线订单且在目的地国(或地区)不需要支付任何关税?(是/否)

3.4 已知的主要障碍:海关、贸易规则和运输

14. 使用卡片上的回答选项;海关和贸易规则在多大程度上对本机构当前运营构成障碍?

    14a. 无障碍

    14b. 轻度障碍

    14c. 中度障碍

    14d. 主要障碍

14e. 重度障碍

15. 使用卡片上的回答选项；商业运输在多大程度上对本机构当前运营构成障碍？

15a. 无障碍

15b. 轻度障碍

15c. 中度障碍

15d. 主要障碍

15e. 重度障碍

3.1　遵守出口合规要求			
3.1.1　遵守出口合规要求的总时间			
指标	企业灵活度分值	社会效益分值	总分
遵守出口合规要求的总时间(4和5)	100(100%)	不适用	100(100%)
子类别3.1.1的总分	100	不适用	100
3.1.2　遵守出口合规要求的总成本			
指标	企业灵活度分值	社会效益分值	总分
遵守出口合规要求的总成本(6)	100(100%)	不适用	100(100%)
子类别3.1.2的总分	100	不适用	100
类别3.1的总分	100	不适用	100
3.2　遵守进口合规要求			
3.2.1　遵守进口合规要求的总时间			
指标	企业灵活度分值	社会效益分值	总分
遵守进口合规要求的总时间(10和11)	100(100%)	不适用	100(100%)
子类别3.2.1的总分	100	不适用	100

（续表）

指标	企业灵活度分值	社会效益分值	总分
3.2.2　遵守进口合规要求的总成本			
指标	企业灵活度分值	社会效益分值	总分
遵守进口合规要求的总成本(12)	100(100%)	不适用	100(100%)
子类别 3.2.2 的总分	100	不适用	100
类别 3.2 的总分	100	不适用	100
3.3　参与跨境数字贸易			
3.3.1　出口数字订购货物的贸易企业份额			
指标	企业灵活度分值	社会效益分值	总分
出口数字订购货物的贸易企业份额(13)	100(100%)	不适用	100(100%)
子类别 3.3.1 的总分	100	不适用	100
类别 3.3 的总分	100	不适用	100
3.4　已知的主要障碍：海关、贸易规则和运输			
3.4.1　视海关和贸易规则为主要或严重制约因素的企业份额			
指标	企业灵活度分值	社会效益分值	总分
视海关和贸易规则为主要或严重制约因素的企业份额(14)	100(100%)	不适用	100(100%)
子类别 3.4.1 的总分	100	不适用	100
3.4.2　视运输为主要或严重制约因素的企业份额			
指标	企业灵活度分值	社会效益分值	总分
视运输为主要或严重制约因素的企业份额(15)	100(100%)	不适用	100(100%)
子类别 3.4.2 的总分	100	不适用	100
类别 3.4 的总分	100	不适用	100

第八章　税费缴纳

方法论说明

I. 动机

税费缴纳是一种强有力的政策工具,政府利用它来创造收入,为其运作、提供公共产品和服务提供资金。在私营部门,税费缴纳可以通过为实体基础设施、人力资本投资、执法和其他公共服务提供资金,促进其成长和发展。另一方面,过度征税会扭曲市场,改变投资决策,助长逃税行为。[①] 同样,烦琐的规则、复杂的报税要求以及低效税务程序也会增加企业的合规成本,阻碍了企业的正规化发展。[②] 确定纳税人面临的挑战,可以指导改革,在支持私营部门发展的同时实现国内资源调整目标。

根据学术研究,复杂的税收规则、低效的税收管理以及高昂的税收合规成本会影响私营部门的发展。[③] 税费缴纳的指标包括抓住这些潜在问题的措施,以及关注环境可持续性和性别平等措施。

税收管理服务的数字化对税款征收产生了积极影响。[④] 电子申报服务有助于降低合规成本,并通过遏制腐败和索贿行为建立更加透明的税收制度。[⑤] 税收管理流程的数字化也有助于减少逃税行为。[⑥]

税收管理系统的效率也会影响行政合规负担。研究表明,具有高效税收管理流程——便捷获取的信息、电子税收系统、有效的风险管理和透明度——的经济体,其企业的生产效率和经济增长会更高。[⑦] 减少对低风险纳

---

① IMF(2015);Clotfelter(1983).

② Alm et al.(2010); Coolidge and Domagoj (2009).

③ Dabla-Norris et al.(2017); Eichfelder and Hechtner (2018); Hoppe et al.(2021).

④ Manabu Nose and Andualem Mengistu (2023).

⑤ Kochanova et al.(2020); Okunogbe & Pouliquen (2022).

⑥ Kitsios et al.(2023); Yamen et al.(2022).

⑦ Dabla-Norris et al.(2017).

税人进行审计的可能性,也会提高纳税人遵从度。公正、便捷、高效的税务争议解决机制,对于允许纳税人对核税行为提出质疑并及时获得公平听证的权利至关重要。[①] 最后,提高内部效率使税务主管部门能够释放额外收益。[②]

除了促进经济,税收也可以成为环境可持续性发展的有力工具。环境税能有效地解决环境影响方面的市场失灵。碳定价允许消费者和企业能够选择具有成本效益的方法来减少其环境"足迹",或通过投资低碳排放技术来激励创新。[③]

最后,各种研究都强调了性别平等对发展的积极影响。性别平等是财政改革的一个不可缺少的组成部分,在实现更具包容性和可持续经济增长方面发挥着关键作用。[④] 支持女性充分参与经济活动,能促进增长,使经济多样化,减少收入不平等,缓解人口结构变化,并有助于稳定。[⑤] 因此,税费缴纳主题探讨了企业税收制度中性别平等的各个方面。

Ⅱ. 指标

税费缴纳主题从企业的角度衡量税收规则、管理和实施的质量,跨越三个不同的维度(此处译为"支柱")。支柱Ⅰ评估税收规则的质量,涵盖法律要求的法律上和事实上的信息。支柱Ⅱ通过评估与税务事项相关的公共服务来衡量税收管理的质量。支柱Ⅲ则从企业的角度评估税收规则和相关公共服务的运作效率。每个支柱都根据共同特征划分为不同类别。每个类别又进一步分为若干子类别。每个子类别由多项指标组成,每项指标又包含

① Koos (2014).
② Basri et al. (2021).
③ Aldy and Stavins (2011).
④ IMF (2022).
⑤ Okunogbe and Santoro (2021).

一个或多个组成部分。每项指标都被分配相应的分值,然后汇总得出每个子类别、类别和支柱的分值。表 1 汇总了所有三个支柱以及它们各自的类别。

表 1　税费缴纳主题三大支柱汇总表

支柱Ⅰ　税收规则的质量(13 项指标)	
1.1	明确性和透明度(4 项指标)
1.1.1	税收规则的明确性(2 项指标)
1.1.2	税收规则变更的透明度(2 项指标)
1.2	行政程序(4 项指标)
1.2.1	简化税务记录保存和申报(1 项指标)
1.2.2	一般税务登记(1 项指标)
1.2.3	增值税登记(1 项指标)
1.2.4	增值税退税(1 项指标)
1.3	环境财政工具(5 项指标)
1.3.1	存在环境财政工具(3 项指标)
1.3.2	公众咨询的可获得性(1 项指标)
1.3.3	过渡期(1 项指标)
支柱Ⅱ　税务机关提供的公共服务(16 项指标)	
2.1	为纳税人提供数字化服务(4 项指标)
2.1.1	纳税人在线服务门户网站(1 项指标)
2.1.2	电子报税(1 项指标)
2.1.3	预先填写纳税申报表(1 项指标)
2.1.4	电子缴税(1 项指标)
2.2	税务机关的数据管理和系统整合(5 项指标)
2.2.1	税务登记(1 项指标)
2.2.2	纳税人数据库和纳税人识别号(TIN)(1 项指标)
2.2.3	税务注销(1 项指标)

（续表）

2.2.4	数据交换和使用(包括性别)(2 项指标)
2.3	透明度(3 项指标)
2.3.1	税务机关的年度绩效以及性别多样化(2 项指标)
2.3.2	公共问责制(1 项指标)
2.4	税务检查和相关争议(4 项指标)
2.4.1	税务检查(2 项指标)
2.4.2	税务检查结果的争议(2 项指标)
支柱Ⅲ　税收制度在实践中的运作效率(7 项指标)	
3.1	流程的时间和功能(5 项指标)
3.1.1	申报和缴纳税费的时间(1 项指标)
3.1.2	使用电子系统报税和缴款(1 项指标)
3.1.3	一般税务检查的持续时间(1 项指标)
3.1.4	税务争议的持续时间(1 项指标)
3.1.5	获得增值税退税(1 项指标)
3.2	企业的财务负担(2 项指标)
3.2.1	企业所得税的实际税负率(ETR)(1 项指标)
3.2.2	就业税和社保费实际税负率(1 项指标)

1. 支柱Ⅰ. 税收规则的质量

表 2 显示了支柱Ⅰ(即税收规则的质量)的结构。该支柱的每个类别和子类别都将按照表中所示顺序进行更为详细的讨论。

表 2　支柱Ⅰ 税收规则的质量

1.1	明确性和透明度
1.1.1	税收规则的明确性
1.1.2	税收规则变更的透明度

（续表）

1.2	行政程序
1.2.1	简化税务记录保存和申报
1.2.2	一般税务登记
1.2.3	增值税登记
1.2.4	增值税退税
1.3	环境财政工具
1.3.1	存在环境财政工具
1.3.2	公众咨询的可获得性
1.3.3	过渡期

1.1 明确性和透明度

类别 1.1 有 2 个子类别,每个子类别都包含多项指标,每项指标又可能包含多个组成部分。

1.1.1 税收规则的明确性

及时、透明、持续地公布法律裁定和解释非常重要。它促进税收管理的可预测性和公平性、为纳税人提供确定性,改善企业税收环境。① 因此,子类别 1.1.1 税收规则的明确性包含 2 项指标(表 3)。

表 3 子类别 1.1.1 税收规则的明确性

	指标	组成部分
1	税务指引的可获得性	(1) 向公众提供税务指引 (2) 向公众公布税务通知 (3) 向公众提供简报 (4) 最新的一般税务指引

① IMF and OECD (2017); TADAT Secretariat (2019); Waerzeggers and Hiller (2016); Zangari, Caiumi, and Hemmelgarn (2017).

（续表）

	指标	组成部分
		（5）在线公布一般税务指引 （6）向公众提供税收程序 （7）向公众提供内部税收手册 （8）向公众提供技术建议备忘录 （9）最新的内部税收指引 （10）在线公布内部税收指引
2	具有约束力的裁决和合规后程序	（1）具有私人约束力的裁决的可获得性和公开性 （2）具有公共约束力裁决的可获得性 （3）将争议解决程序纳入单一立法法案 （4）将税务检查程序纳入单一立法法案

1.1.2 税收规则变更的透明度

研究发现，税收规则立法起草和制定过程中的透明度和可预测性，可以提高税收的确定性。[①] 根据企业的反映，最有效的工具之一是提前宣布重要的变化，并让私营部门和社会的主要参与者参与咨询。[②] 因此，子类别1.1.2税收规则变更的透明度包含2项指标（表4）。

表4 子类别1.1.2税收规则变更的透明度

	指标	组成部分
1	广泛的公众咨询	（1）就税收法律法规的制定和修改进行咨询 （2）所有私营部门利益相关方均可参与咨询 （3）在制定税收立法提案之前进行咨询 （4）在税收立法起草过程中进行咨询 （5）在税收立法制定后进行咨询 （6）在线公布收到的反馈意见
2	未来的税收计划	（1）在线公布未来税收计划 （2）实施前公布未来税收计划

① TADAT Secretariat (2019).

② Zangari, Caiumi, and Hemmelgarn (2017).

1.2 行政程序

类别 1.2 有 4 个子类别,每个子类别都包含多项指标,每项指标又可能包含多个组成部分。

1.2.1 简化税务记录保存和申报

研究表明,手动保存税务记录可能导致错误和欺诈。[①] 因此,税务主管部门应该有效地利用数字记录。此外,简化小企业的记录保存工作可以降低合规成本,提高遵从度,提高报税的准确性和一致性,减轻税务机关的负担。[②] 因此,子类别 1.2.1 简化税务记录保存和申报包含 1 项指标(表 5)。

表 5 子类别 1.2.1 简化税务记录保存和申报

	指标	组成部分
1	简化税务记录保存和申报	(1) 税务记录可在线保存 (2) 为小型企业提供简化记录保存的可获得性 (3) 为小型企业提供简化的报税服务

1.2.2 一般税务登记

提供一般税务登记信息是有效税务管理的基本组成部分。公共机构提供的信息清晰、全面、透明,可以减少纳税义务的不确定性,提高申报率和遵从度。[③] 此外,在线提供信息还能提高透明度,提高人们对税务管理机关的信任。[④] 关于税务登记费用和时限的详细信息也为纳税人明确了流程,并简化

① Okunogbe and Santoro (2021).
② Kenny (2002); Manoj (2007).
③ Alm et al. (2010).
④ OECD (2011); Vossler and McKee (2016).

了初创企业的程序。为了维护税务登记,最简单和最有效的方法之一是通过立法和/或法规,要求纳税人有义务将注册登记事项的任何变更通知管理部门。[①] 因此,子类别 1.2.2 一般税务登记包含 1 项指标(表 6)。

表 6　子类别 1.2.2 一般税务登记

	指标	组成部分
1	税务登记程序的透明度	(1) 一般税务登记的在线信息 (2) 费用的明确性 (3) 时限的明确性 (4) 注册登记事项变更的强制通知和违规处罚

1.2.3　增值税登记

登记起征点规定,如果企业的销售额低于起征点,就可以免于增值税(VAT)登记。因此,它简化了合规程序。对低于起征点的企业进行增值税自愿登记,使其能够参与并受益于增值税退税。[②] 增值税登记起征点允许税务机关将资源集中在较大的纳税人身上,从而节省预算支出。子类别 1.2.3 增值税登记包含 1 项指标(表 7)。

表 7　子类别 1.2.3 增值税登记

	指标	组成部分
1	增值税登记起征点*	(1) 存在增值税登记起征点 (2) 增值税自愿登记的可获得性

*** 不征收增值税的经济体不对这些子类别进行评估。在这种情况下,这些子类别的总分值将按比例重新分配给该类别中的其他子类别。**

① USAID (2013).

② Tadros (2009).

1.2.4 增值税退税

对于企业而言,快速高效的增值税退税系统降低了因等待增值税退税产生的资金机会成本。增值税申报对于管理增值税的缴纳和退取是必要的,而且它们可以用于风险评估的目的。[①] 限制申请增值税退税可能会产生巨大的成本,包括影响增值税设计和降低税收生产率。[②] 因此,子类别 1.2.4 增值税退税包含 1 项指标(表 8)。

表 8　子类别 1.2.4 增值税退税

	指标	组成部分
1	增值税退税 *	(1) 增值税现金退税的可行性 (2) 对增值税现金退税的限制

*** 不征收增值税的经济体不对这些子类别进行评估。在这种情况下,这些子类别的总分值将按比例重新分配给该类别中的其他子类别。**

1.3 环境财政工具

类别 1.3 有 3 个子类别,每个子类别都包含多项指标,每项指标又可能包含多个组成部分。

1.3.1 存在环境财政工具

环境财政工具旨在减少"碳排放",抑制燃料消耗,促进创新并转向环境友好型技术,最终增加收入。[③] 因此,子类别 1.3.1 存在环境财政工具包含 3 项指标(表 9)。

---

① IOTA (2011).

② Pessoa et al. (2021).

③ OECD (2010).

表 9　子类别 1.3.1 存在环境财政工具

	指标	组成部分
1	存在环境财政工具	碳税和碳排放交易的可获得性
2	不存在化石燃料补贴	没有化石燃料补贴
3	其他机制	支持私营部门向绿色经济转型的税收优惠以及免税政策的可获得性

1.3.2　公众咨询的可获得性

一个简单行政系统的关键是在开征税收之前广泛征求社会各方面的意见。考虑到环境财政工具的性质，公众咨询应该让私营部门广泛的利益相关者参与进来。其中包括商业组织，承担税收负担的商业组织、贸易和消费者组织的代表机构，以及税务顾问或会计师。[①] 因此，子类别 1. 3. 2 公众咨询的可获得性包含 1 项指标（表 10）。

表 10　子类别 1.3.2 公众咨询的可获得性

	指标	组成部分
1	公众咨询的可获得性	（1）始终开展公众咨询 （2）在线公布公众咨询结果

1.3.3　过渡期

为确保持续减排，政策制定者应定期审查环境税率/税费，并评估预期减排目标的实现效果。然而，环境税率/税费的修订可能会带来不确定性，政府可以通过在税收立法中建立明确的调整机制，并告知企业环境税率/税费可能会随着时间的推移而提高，从而减少不确定性。政策制定者还必须在新环

① UN（2021）.

境财政工具的颁布和立法生效之间留出一段合理的时间。[1] 因此,子类别1.3.3过渡期包含1项指标(表11)。

表11　子类别1.3.3 过渡期

	指标	组成部分
1	过渡期	(1) 调整机制 (2) 过渡期的沟通 (3) 在线公布过渡期的相关信息

2. 支柱Ⅱ. 税务机关提供的公共服务

表12显示了支柱Ⅱ(即税务机关提供的公共服务)的结构。该支柱的每个类别和子类别都将按照表中所示的顺序进行更为详细的讨论。

表12　支柱Ⅱ 税务机关提供的公共服务

2.1	为纳税人提供数字化服务
2.1.1	纳税人在线服务门户网站
2.1.2	电子报税
2.1.3	预先填写纳税申报表
2.1.4	电子缴税
2.2	税务机关的数据管理和系统整合
2.2.1	税务登记
2.2.2	纳税人数据库和纳税人识别号
2.2.3	税务注销
2.2.4	数据交换和使用(包括性别)
2.3	透明度

① Olderbakk and Koerner (2012).

（续表）

2.3.1	税务机关的年度绩效以及性别多样化
2.3.2	公共问责制
2.4	税务检查和相关争议
2.4.1	税务检查
2.4.2	税务检查结果的争议

2.1 为纳税人提供数字化服务

类别 2.1 有 4 个子类别，每个子类别都包含多项指标，每项指标又可能包含多个组成部分。

2.1.1 纳税人在线服务门户网站

纳税人在线服务门户网站提供了一种现代化、精简和透明的方式与税务机关进行互动。这些门户网站可以确保访问的安全性，基于用户具体情况提供服务，简化用户流程。此外它们还可以利用大数据和其他技术提供反馈迅速的个性化服务，提高税务管理的整体效率。[①] 子类别 2.1.1 纳税人在线服务门户网站包含 1 项指标（表 13）。

表 13 子类别 2.1.1 纳税人在线服务门户网站

	指标	组成部分
1	纳税人在线服务门户网站	（1）提供纳税人在线服务门户网站 （2）在实际使用门户网站时不存在障碍 （3）门户网站涵盖所有税种和社保费 （4）纳税人可以在门户网站上更新其银行账户和联系方式

① OECD（2016）.

（续表）

	指标	组成部分
		（5）纳税人可以在门户网站上查看、准备、提交和调整其申报文件 （6）纳税人可以在门户网站上进行财务交易 （7）纳税可以通过安全渠道与税务机关进行沟通 （8）纳税人可以在门户网站上查询历史资料和沟通情况

2.1.2 电子报税

研究表明，对电子申报和缴款系统的投资可以有效降低合规性成本，减少腐败和逃税。它们还激发了企业内部组织变革和对信息技术的采用。[①] 因此，子类别 2.1.2 电子报税包含 1 项指标（表 14）。

表 14 子类别 2.1.2 电子报税

	指标	组成部分
1	电子申报*	（1）企业可以在网上申报企业所得税 （2）企业可以在网上申报增值税或其他基于消费的税 （3）企业可以在线申报就业税和社保费

*** 不征收以下税种之一的经济体——企业所得税、增值税及其他基于消费的税、就业税和社保费——将不对相应组成部分进行评估。这些组成部分的分值将按比例重新分配给本指标的其他组成部分。**

2.1.3 预先填写纳税申报表

预先填写纳税申报表可以简化报税流程，提高纳税遵从度。[②] 这种方式

① Bresnahan, Brynjolfsson, and Hitt (2002); Inasius (2015); Kochanova, Hasnain, and Larson (2020); Merima et al. (2015); Okunogbe and Pouliquen (2022).

② TADAT Secretariat (2019).

包括税局通过(银行、雇主、海关等)可靠来源获取准确数据,预先填入纳税人的申报表或在线账户。[①] 因此,子类别 2. 1. 3 预先填写纳税申报表包含 1 项指标(表 15)。

表 15 子类别 2. 1. 3 预先填写纳税申报表

	指标	组成部分
1	预先填写申报表*	(1) 为企业预填企业所得税申报表 (2) 为企业预填增值税或其他基于消费的税申报表 (3) 为企业预填就业税和社保费申报表

*** 不征收以下税种之一的经济体——企业所得税、增值税及其他基于消费的税、就业税和社保费——将不对相应组成部分进行评估。这些组成部分的分值将按比例重新分配给本指标的其他组成部分。**

2.1.4 电子缴税

电子缴税有利于更快的支付速度以及更低的合规成本。[②] 允许电子支付还能提高税务遵从度,加强税务机关的监督和执法。[③] 因此,子类别 2. 1. 4 电子缴税包含 1 项指标(表 16)。

表 16 子类别 2. 1. 4 电子缴税

	指标	组成部分
1	电子支付*	(1) 企业可在线缴纳企业所得税 (2) 企业可在线缴纳增值税或其他基于消费的税 (3) 企业可在线缴纳就业税和社保费

*** 不征收以下税种之一的经济体——企业所得税、增值税及其他基于消费的税、就业税和社保费——将不对相应组成部分进行评估。这些组成部分的分值将按比例重新分配给本指标的其他组成部分。**

---

① IOTA (2008).

② Nose and Mengistu (2023).

③ Adhikari et al. (2021); Das et al. (2023); Slemrod et al. (2017).

2.2 税务机关的数据管理和系统整合

类别 2.2 有 4 个子类别，每个子类别都包含多项指标，每项指标又可能包含多个组成部分。

2.2.1 税务登记

自动或者完全在线的税务登记流程，可以减少企业的行政负担，释放税务主管部门的资源。[①] 此外，简单的税务登记为想要正式运营的企业消除了障碍。使用多渠道系统，允许纳税人进行多种税目的登记，得到税务管理机关的显著重视。[②] 因此，子类别 2.2.1 税务登记包含 1 项指标（表 17）。

表 17　子类别 2.2.1 税务登记

	指标	组成部分
1	税务登记流程	企业设立时自动进行税务登记

2.2.2 纳税人数据库和纳税人识别号

纳税人数据库和唯一的纳税人识别号可以使企业能够核实信息，并从更透明的税收制度中受益。[③] 将唯一识别系统和税收管理相结合，可以提高纳税人的识别率，潜在地扩大税基并提高遵从度。[④] 此外，现代税收管理系统依靠唯一纳税人识别号作为其管理信息系统的基础，并通过所有核心业务的流程管理纳税人事项的状态和进度。[⑤] 因此，子类别 2.2.2 纳税人数据库和纳税人识别号包含 1 项指标（表 18）。

---

① UNCITRAL (2019).

② D. Dzigbede et al. (2023).

③ TADAT Secretariat (2019).

④ WBG (2018).

⑤ Lewis I. Baurer (2005).

表 18　子类别 2. 2. 2 纳税人数据库和纳税人识别号

	指标	组成部分
1	纳税人数据库和纳税人识别号	(1) 统一的纳税人数据库 (2) 电子化的纳税人数据库 (3) 覆盖全国的数据库 (4) 适用于企业所有税种的单一纳税人识别码

2. 2. 3　税务注销

与税务登记程序一样，烦琐的税务注销程序可能一开始就会阻碍企业的正规化。虽然企业因各种原因而不复存在，但是注销流程包含税务注销流程，应当考虑所有利益相关者的利益。自动化解决方案可以促进这一进程。①因此，子类别 2. 2. 3 税务注销包含 1 项指标（表 19）。

表 19　子类别 2. 2. 3 税务注销

	指标	组成部分
1	税务注销	自动注销税务登记

2. 2. 4　数据交换和使用（包括性别）

加强对纳税人申报信息的交叉核对可以减少企业提供额外数据的需求，降低合规成本。通过与第三方的信息交叉核对，税务机关可以提高纳税申报的准确和效率，提高遵从度，从而增加税收。此外，收集和分析按性别分类的税收数据对政策分析和制定很重要，可以促进性别平等，因为它有助于评估和制定适当的基于证据的回应和纠正行动。因此，子类别 2. 2. 4 数据交换和使用（包括性别）包含 2 项指标（表 20）。

---

① Olderbakk and Koerner (2012).

表 20　子类别 2.2.4 数据交换和使用(包括性别)

	指标	组成部分
1	税务门户网站信息交叉核对	在税务门户网站上进行信息交叉核对
2	按性别分类数据的可获得性及其分析	(1) 按性别分类数据的可获得性 (2) 税务机关按性别分类数据进行分析 (3) 公布分析结果

2.3　透明度

类别 2.3 有 2 个子类别,每个子类别都包含多项指标,每项指标又可能包含多个组成部分。

2.3.1　税务机关的年度绩效以及性别多样化

透明的税务机关能增进信任,并加强公民与政府之间的社会契约。反过来,对制度的信任也会促进税收遵从。对税务机关进行定期审计的外部监督以及审计报告的公布提高了透明度,强化了税务机关的问责制。

此外,税务机关可以在促进性别平衡和包容性的员工队伍中发挥榜样作用,[①]有更多女性在税务机关担任高级管理职位的经济体,更有可能实施促进性别平等的政策和做法。此外,在税务机关工作的女性越多,就会有更多的女性使用税务服务。企业内部的性别平等也会通过提高盈利能力和企业效率带来更好的商业成果。[②] 因此,子类别 2.3.1 税务机关的年度绩效以及性别多样化包含 2 项指标(表 21)。

① Baer. K et al. (2023).

② OECD (2020).

表 21　子类别 2.3.1 税务机关的年度绩效以及性别多样化

	指标	组成部分
1	年度绩效	（1）在线公布有关财政和运营的年度绩效报告 （2）对税务机关的财政和运营绩效进行审计 （3）在线查阅外部审查机构的调查结果
2	税务机关工作人员性别构成	（1）公开税务机关工作人员性别构成情况 （2）公开高级管理人员性别构成情况

2.3.2　公共问责制

通过让公民参与纳税人调查问卷和利益相关者咨询，有助于提高税收管理的透明度和公众信心。职业行为规范和道德准则进一步加强了对税务部门的信任。税务官员的不道德行为会导致腐败和滥用权力。严格遵守职业道德规范，可以体现道德标准，促进工作人员的廉正，并缓解管理人员和纳税人之间的紧张关系。① 对纳税人关于税务部门错失行为和管理不当的投诉进行独立公正的调查，可使企业受益。因此，子类别 2.3.2 公共问责制包含 1 项指标（表 22）。

表 22　子类别 2.3.2 公共问责制

	指标	组成部分
1	公共问责制	（1）纳税人调查问卷 （2）在线公布反馈结果 （3）职业道德规范的有效性 （4）不当行为的后果 （5）有税务监察专员或类似机构 （6）有反腐机构

① TADAT Secretariat（2019）.

2.4 税务检查和相应争议

类别 2.4 有 2 个子类别，每个子类别都包含多项指标，每项指标又可能包含多个组成部分。

2.4.1 税务检查

完善的检查计划在税收遵从度管理方面发挥着重要作用。[①] 年度税务检查计划使检查具有确定性，并能最大限度地提高税务管理效率。[②] 具体指引和检查手册中所列示的统一税务检查标准方法和程序，可提高透明度和清晰度，增强了与纳税人之间的信任。采用各种类型的税务检查降低了企业与税务机关打交道的成本。税务检查程序的存在可以发现并阻止不准确的报告。[③] 因此，子类别 2.4.1 税务检查包含 2 项指标(表 23)。

表 23　子类别 2.4.1 税务检查

	指标	组成部分
1	年度国家税务检查计划	(1) 在线提供年度国家税务检查计划 (2) 年度国家税务检查计划涵盖范围
2	税务检查的框架	(1) 税务检查的类型 (2) 在线提供税务检查手册和指引

2.4.2 税务检查结果的争议

拥有一个可以审查所有类型争议的独立机制可以提高效率，节省纳税人的成本和时间。存在公正、便捷、高效的税务争议解决机制，对于保护纳税人对核税行为提出质疑并及时获得公平听证的权利至关重要。[④] 此外，在一级

① Biber (2010).
② TADAT Secretariat (2019).
③ TADAT Secretariat (2019).
④ IMF (2013).

审查耗时过长的情况下，如果纳税人拥有升级至下一级争议解决机制的灵活性，则可以节省纳税人的时间和合规成本。这也有助于提高税务系统的公平性和司法的公正性。[①] 因此，子类别 2.4.2 税务检查结果的争议包含 2 项指标（表 24）。

表 24　子类别 2.4.2 税务检查结果的争议

	指标	组成部分
1	一级审查机制	税务争议审查机构
2	二级审查机制	（1）将争议升级到下一级 （2）分级投诉机制

3. 支柱Ⅲ. 税收制度在实践中的运作效率

表 25 显示了支柱Ⅲ（即税收制度在实践中的运作效率）的结构。该支柱的每个类别和子类别都将按照表中所示的顺序进行更为详细的讨论。

表 25　支柱Ⅲ 税收制度在实践中的运作效率

3.1	流程的时间和功能
3.1.1	申报和缴纳税费的时间
3.1.2	使用电子系统申报和缴款
3.1.3	一般税务检查的持续时间
3.1.4	税务争议的持续时间
3.1.5	获得增值税退税*
3.2	企业的财务负担
3.2.1	企业所得税的实际税负率
3.2.2	社保费和就业税实际税负率

① TADAT Secretariat (2019).

3.1 流程的时间和功能

类别 3. 1 有 5 个子类别,每个子类别分别由 1 项指标组成。

3.1.1 申报和缴纳税费的时间

有效的税务管理可以提高税收遵从度,从而扩大税基,增加税收。[①] 相反,复杂的规则框架以及冗余和复杂的程序可能导致不必要的延误,并增加企业的合规时间。[②] 因此,子类别 3. 1. 1 申报和缴纳税费的时间包含了 1 项指标(表 26)。

表 26 子类别 3. 1. 1 申报和缴纳税费的时间

	指标	组成部分
1	准备、申报和缴款的总时间	以小时为单位记录,计算准备、申报和缴纳三种主要税费的时间:企业所得税、增值税/销售税、社保费和就业税

3.1.2 使用电子系统申报和缴款

研究表明,对电子申报和缴款系统的投资不仅可以减少合规成本、腐败和逃税,还可以促进企业内部组织变革和信息技术的采用。[③] 这类系统还可以改善发展中国家的税收合规和税费征收情况。[④] 为了取得成效,电子申报和缴款的系统应在实践中充分运用和实施。因此,子类别 3. 1. 2 使用电子系统申报和缴款包含 1 项指标(表 27)。

---

① Basri et al. (2021).

② Braunerhjelm and Johan (2014).

③ Bresnahan, Brynjolfsson, and Hitt (2002); Inasius (2015); Kochanova, Hasnain, and Larson (2020); Okunogbe and Pouliquen (2022); Yilmaz and Coolidge (2013).

④ Merima et al. (2015).

表 27　子类别 3.1.2 使用电子系统申报和缴款

	指标	组成部分
1	使用电子系统申报和缴税	（1）上一个日历年度使用电子系统申报的受访企业的百分比 （2）上一个日历年度使用电子系统缴款的受访企业的百分比

3.1.3　一般税务检查的持续时间

检查是合规活动的关键和重要组成部分，税务检查超期可能导致合规时间和成本增加，并导致经济活动扭曲。[①] 因此，子类别 3.1.3 一般税务检查的持续时间包含 1 项指标（表 28）。

表 28　子类别 3.1.3 一般税务检查的持续时间

	指标	组成部分
1	完成检查所需的总时间	从首次与检查人员接触到收到最终检查报告之间的时间（以周为单位）

3.1.4　税务争议的持续时间

漫长的税务诉讼过程可能导致税费征收的延迟。此外，由于诉讼成本以及不确定性，私营部门将付出高昂的代价。[②] 因此，子类别 3.1.4 税务争议的持续时间包含 1 项指标（表 29）。

表 29　子类别 3.1.4 税务争议的持续时间

	指标	组成部分
1	审查税务争议的时间	从纳税人提出申诉到公布决定之间的日历日数

① Ayers, Seidman, and Towery (2019); Slemrod and Venkatesh (2002).

② Fabbri (2010); IMF (2013); Sanguinetti (2021).

3.1.5 获得增值税退税

退回多余的增值税进项留抵对一个运转良好的税收制度至关重要。不完善的法律框架或烦琐复杂的管理程序往往使纳税人不愿申请合法的增值税退税。[①] 因此，子类别 3.1.5 获得增值税退税包含 1 项指标(表 30)。

表 30 子类别 3.1.5 获得增值税退税

	指标	组成部分
1	实际获得增值税退税*	(1) 即使有资格获得退税，但因流程过于烦琐而未申请增值税退税的企业比例 (2) 获得增值税退税的时间，按照申请增值税退税的企业数量进行调整

*** 不征收增值税的经济体在该子类别中将被分配最高分值。**

3.2 企业的财务负担

类别 3.2 有 2 个子类别，每个子类别分别由 1 项指标组成。

3.2.1 企业所得税实际税负率

企业所得税和其他所得税的实际税率影响企业税后盈利能力、市场竞争能力和整体财务状况，以及与投资、融资和其他商业活动相关的决策。因此，子类别 3.2.1 企业所得税实际税负率包含 1 项指标(表 31)。

表 31 子类别 3.2.1 企业所得税实际税负率

	指标	组成部分
1	企业所得税实际税负率*	通过实际税负率的估算衡量企业所得税的财务成本

*** 不征收企业所得税的经济体在该子类别中将被分配最高分值。**

---

① Okello et al. (2021).

3.2.2 就业税和社保费实际税负率

就业税和社保费的实际税负率影响企业的劳动力成本、利润率和竞争力，也影响与招聘、员工福利和整体运营效率相关的决策。因此，子类别 3.2.2 就业税和社保费实际税负率包含 1 项指标(表 32)

表 32 子类别 3.2.2 就业税和社保费实际税负率

	指标	组件
1	就业税和社保费实际税负率*	通过实际税负率的估算衡量就业税和社保费的财务成本

* 不征收社保费和就业税的经济体在该子类别中将被分配最高分值。

Ⅲ. 数据来源

4.1 数据收集来源

支柱Ⅰ和支柱Ⅱ的数据是通过与私营部门专家协商收集的。私营部门专家包括税务顾问、税务咨询师、税务会计师、税务律师、税务专家和税务审计师。支柱Ⅲ的大部分数据是通过企业调查收集的。这些调查提供了关于申报和缴纳税费的时间、一般税务检查的持续时间、实际获得增值税退税、以电子方式申报和缴款的企业比例，以及企业所得税、就业税和社保费(仅指企业的财务成本)的实际税负率等方面的代表性数据。一个有代表性的企业样本可以捕捉到每个经济体内用户体验的变化。参与调查的企业具有不同的特征，如规模、地区和行业。有关企业调查收集数据的更多详情，请参阅本方法手册的概述章节。

如前一段所述，有关审查税务争议的时间的数据是通过向私营部门专家咨询收集的。采用这种方法的原因是，在处理那些对大多数企业来说并不经常发生的程序方面，参与企业调查的企业经验有限(如提交税务投诉)。

4.2 专家筛选和选择

税费缴纳主题有一个主题问卷。为了选择潜在的专家参与问卷调查，特制定了一份税收问题筛选问卷（表33）。

表33 专家筛选问卷和受访者标准

相关专家职业
税务顾问、咨询师、会计师、律师、专家、审计师、合伙人和分析师等
相关专业领域
会计、税务申报与合规；公司税法；环境税法；间接税收；税收征管法；税务争议解决；税务登记注销程序；税务审查与执法；社保费和就业税；等等
评估专家在税务及相关规则、服务和流程方面的知识和经验
在选定的专业领域有多年的经验

筛选问卷中提供的信息将使团队更好地了解专家的职业和专业领域，以及与税务相关的知识或经验。

Ⅳ. 参数

为了确保各经济体专家咨询数据的可比性，税费缴纳主题使用通用参数。参数是指对地点、税务居住地、行业和活动所做的假设。问卷调查的受访者被告知这些参数和假设，并被要求评估一个标准化的情景，以允许不同地区、管辖区和经济体之间的可比性。

5.1 通用参数

税收采用三个通用参数，包括经营场所。在许多经济体中，有一些次国家之下的管辖区，为了让专家确定要评估的相关规则框架和适用的公共服务，需要指定具体的经营场所。

5.1.1 经营场所：最大的城市

理由：

当税收实行多级管理或地方一级管理时，地理位置就决定了适用于当地的企业所得税、增值税、环境税、社保费和就业税。这些因素可能会影响在线服务的可获得性、税务登记和注销的流程、税务投诉审查涉及的当事人等。因此，经营场所是评估税收规则框架和公共服务的重要参数。最大城市的选择基于人口规模，详见本方法手册的概述章节。

应用：

对于支柱Ⅰ，该支柱用于除国家规则外还适用于各州和/或地区的地方规则。对于各州规则不同的经济体，衡量的是最大城市的规则。对于支柱Ⅱ，该参数用于确定适用的税收和程序。对于支柱Ⅲ，该参数仅适用于通过专家咨询而不是通过企业调查收集数据的情况。

5.1.2 税务居住地：纳入评估经济体的税收居民

理由：

一个司法管辖区的税收居民和非居民（即另一个司法管辖区的税收居民）通常受制于不同的法规、要求和规则。适用于其他司法管辖区税收居民的规则框架通常由避免双重征税协定补充。当避免双重征税协定适用时，其细节由两个司法管辖区之间的协议确定，并且可能在不同地区有很大差异。因此，纳入非居民税收可能会变得过于复杂，导致数据难以比较。因此，税费缴纳主题只关注纳入评估管辖区的税收居民。

应用：

税务居住地的参数与税费缴纳主题的所有措施相关。在支柱Ⅰ中，它定义了适用的法规和规则，而在支柱Ⅱ中，税务居住地决定了企业所经历的具体环节、程序和服务。在支柱Ⅲ中，该参数是设定合规性要求的组成部分，而合规要求又定义了完成特定流程的时间和成本。

5.1.3　行业和活动：不包括矿业、采掘业和金融业

理由：

矿业、采掘业和金融业的税收在许多方面与常规税收不同。矿业和采掘业通常涉及复杂的合同安排，如生产分成协议或合资安排，这可能使税收更加复杂。这些行业的公司经常跨境经营，这可能会引发复杂的国际税收问题，如转让定价和避免双重征税条约规定。这些问题可能与仅在单一司法管辖区经营的普通公司无关。此外，矿物和采掘资源的估值可能很困难，需要专业知识和技术。在金融业，税收的复杂性源于金融机构从事各种各样的活动，包括提供贷款、交易活动、投资银行业务和财富管理，通常跨越多个司法管辖区。此外，金融机构受到广泛的监管，这可能会增加税收制度的复杂性。例如，一些司法管辖区可能会为某些类型的金融活动提供税收优惠，而其他司法管辖区可能会要求征收额外的税收或报告要求。因此，为了使数据具有可比性，税费缴纳主题不包括与矿业、采掘业和金融业税收有关的事项。

应用：

该行业的参数与三个支柱都相关。矿业、采掘业和金融业的规则框架和公共服务通常与适用于普通公司的规则框架和公共服务不同。因此，将其包括在内会使数据出现偏差，并使其缺乏可比性。在效率方面，矿业、采掘业和金融业的公司往往需要专门的知识和资源来遵守税收规定，这可能既耗时又昂贵。通过将它们排除在外，税费缴纳主题可以为税收效率提供更标准化的方法，从而使数据具有更好的可比性。

V. 主题评分

税费缴纳主题有三大支柱：支柱Ⅰ税收规则的质量；支柱Ⅱ税务机关

提供的公共服务；支柱Ⅲ税收制度在实践中的运作效率。每个支柱的总分被进一步调整为从0到100的分值，随后汇总为主题总分。每个支柱的分值各占主题总分的三分之一。这些分值分为对企业的利益（作为企业灵活度分值）和对社会更广泛的效益（作为社会效益分值）。表34显示了税费缴纳主题的分值情况。有关进一步的评分细节，请参见附件A，它是对本节的补充。

表34　总分值概览

支柱编号	支柱名称	指标数量	分值			调整后分值（0—100）	权重
			企业灵活度分值	社会效益分值	总分		
Ⅰ	税收规则的质量	13	11	13	24	100	0.33
Ⅱ	税务机关提供的公共服务	16	15	16	31	100	0.33
Ⅲ	税收制度在实践中的运作效率	7	100	不适用	100	100	0.33

6.1　支柱Ⅰ　税收规则的质量

支柱Ⅰ涵盖13项指标，总分24分（企业灵活度11分，社会效益13分）（表35）。该支柱下的每个类别的评分如下：

6.1.1　明确性和透明度

该类别有4项指标，最高总分8分（企业灵活度4分，社会效益4分）。具体来说，税收规则的明确性和税收规则变更的透明度这2个子类别各有2项指标。确保税收规则透明度和明确性的规则框架对企业（企业灵活度）和社会（社会效益）都有好处。因此，这2个类别的分值是相等的。

6.1.2 行政程序

该类别有4项指标,最高总分8分(企业灵活度4分,社会效益4分)。具体来说,简化税务记录保存和申报、一般税务登记、增值税登记和增值税退税这4个子类别各有1项指标。一个确保行政程序具有坚实法律框架的监管框架,对企业(企业灵活度)和社会(社会效益)都有益。因此,这2个类别的分值是相等的。

6.1.3 环境财政工具

该类别有5项指标,最高总分8分(企业灵活度3分,社会效益5分)。具体来说,存在环境财政工具子类别包含3项指标;公众咨询的可获得性子类别和过渡期子类别各包含1项指标。促进环境税治理和过渡政策的规则框架对企业(企业灵活度)和社会(社会效益)都有好处。因此,这2个类别的分值是相等的。然而,环境财政工具的总体框架对企业的影响并不明确,因此只在社会效益方面打分。

表35 支柱 I 总分值

支柱 I	税收规则的质量	指标数量	企业灵活度分值	社会效益分值	总分	调整后分值
1.1	明确性和透明度	4	4	4	8	40.00
1.1.1	税收规则的明确性	2	2	2	4	20.00
1.1.2	税收规则变更的透明度	2	2	2	4	20.00
1.2	行政程序	4	4	4	8	40.00
1.2.1	简化税务记录保存和申报	1	1	1	2	10.00
1.2.2	一般税务登记	1	1	1	2	10.00
1.2.3	增值税登记*	1	1	1	2	10.00
1.2.4	增值税退税*	1	1	1	2	10.00

（续表）

支柱 I　税收规则的质量		指标数量	企业灵活度分值	社会效益分值	总分	调整后分值
1.3	环境财政工具	5	3	5	8	20.00
1.3.1	存在环境财政工具	3	1	3	4	6.67
1.3.2	公众咨询的可获得性	1	1	1	2	6.67
1.3.3	过渡期	1	1	1	2	6.67
	总计	13	11	13	24	100.00

*** 对于不征收增值税的经济体，不对“增值税登记”和“增值税退税”这两个子类别进行评估。在这种情况下，这些子类别的得分将按比例重新分配给“行政程序”类别中的其他子类别。**

6.2　支柱Ⅱ 税务机关提供的公共服务

支柱Ⅱ涵盖了16项指标，总分31分（企业灵活度15分，社会效益16分）（表36）。该支柱下每个类别的评分如下：

6.2.1　为纳税人提供数字化服务

该类别有4项指标，最高总分8分（企业灵活度4分，社会效益4分）。具体来说，纳税人在线服务门户网站、电子报税、预先填写纳税申报表以及电子缴税这四个子类别各有1项指标。为纳税人提供数字化服务对企业（企业灵活度）和社会（社会效益）都有好处。因此，这两个类别的分值是相等的。

6.2.2　税务机关的数据管理和系统整合

该类别有5项指标，最高总分10分（企业灵活度5分，社会效益5分）。具体来说，税务登记子类别有1项指标，纳税人数据库和纳税人识别号子类别有1项指标，税务注销子类别有1项指标，数据交换和使用子类别有2项指标。在税务机关的数据管理和系统整合类别下，分数在企业灵活度和社会效益之间平均分配。

6.2.3 透明度

该类别有3项指标，最高总分5分（企业灵活度2分，社会效益3分）。具体来说，税务机关的年度绩效以及性别多样化子类别包含2项指标，公众问责制子类别包含1项指标。税务管理的透明度对企业（企业灵活度）和社会（社会效益）都有好处，但年度绩效指标除外。该绩效不直接影响企业，因此仅对社会效益进行评分。

6.2.4 税务检查和相关争议

该类别有4项指标，最高总分8分（企业灵活度4分，社会效益4分）。具体来说，税务检查和税务检查结果的争议这2个子类别各包含2项指标。在税务检查和相关争议类别下，分值在企业灵活度和社会效益之间平均分配。

表36　支柱Ⅱ 总分值

支柱Ⅱ	税务机关提供的公共服务	指标数量	企业灵活度分值	社会效益分值	总分	调整后分值
2.1	为纳税人提供数字化服务	4	4	4	8	25.00
2.1.1	纳税人在线服务门户网站	1	1	1	2	6.25
2.1.2	电子报税	1	1	1	2	6.25
2.1.3	预先填写纳税申报表	1	1	1	2	6.25
2.1.4	电子缴税	1	1	1	2	6.25
2.2	税务机关的数据管理和系统整合	5	5	5	10	25.00
2.2.1	税务登记	1	1	1	2	6.25

（续表）

支柱Ⅱ	税务机关提供的公共服务	指标数量	企业灵活度分值	社会效益分值	总分	调整后分值
2.2.2	纳税人数据库和纳税人识别号	1	1	1	2	6.25
2.2.3	税务注销	1	1	1	2	6.25
2.2.4	数据交换和使用（包括性别）	2	2	2	4	6.25
2.3	透明度	3	2	3	5	25.00
2.3.1	税务机关的年度绩效以及性别多样化	2	1	2	3	12.50
2.3.2	公共问责制	1	1	1	2	12.50
2.4	税务检查和相关争议	4	4	4	8	25.00
2.4.1	税务检查	2	2	2	4	12.50
2.4.2	税务检查结果的争议	2	2	2	4	12.50
	总计	16	15	16	31	100.00

6.3 支柱Ⅲ 税收制度在实践中的运作效率

支柱Ⅲ有7项指标，评分范围为0—100分（表37）。这一支柱下的指标分值只分配给企业灵活度，因为这些指标衡量的是企业遵从税收规则的结果。例如，花费大量时间来准备、申报和缴纳企业所得税、增值税、销售税、社保费和就业税会对企业产生不利影响，从而阻碍了企业的灵活度。这一支柱下每个类别的评分如下：

6.3.1 流程的时间和功能

该类别有5项指标，最高总分50分。具体来说，申报和缴纳税费的时间子类别有1项指标，使用电子系统报税和缴款子类别有1项指标，一般税务检查的持续时间子类别有1项指标，税务争议的持续时间子类别有1项指标，以及获得增值税退税子类别有 1 项指标。

6.3.2 企业的财务负担

该类别有 2 项指标，最高总分 50 分。具体来说，企业所得税实际税负率子类别包含 1 项指标，而就业税和社保费实际税负率子类别包含 1 项指标。

表 37 支柱Ⅲ 总分值

支柱Ⅲ	税收制度在实践中的运行效率	指标数量	调整后分值
3.1	流程的时间和功能	5	50.00
3.1.1	申报和缴纳税费的时间	1	10.00
3.1.2	使用电子系统进行报税和缴款	1	10.00
3.1.3	一般税务检查的持续时间	1	10.00
3.1.4	税务争议的持续时间	1	10.00
3.1.5	获得增值税退税*	1	10.00
3.2	企业的财务负担	2	50.00
3.2.1	企业所得税实际税负率*	1	25.00
3.2.2	就业税和社保费实际税负率*	1	25.00
	总计	7	100.00

*** 不对企业征收增值税、企业所得税、就业税和社保费的经济体，在相应子类别中将被分配最高分值。**

参考文献 I

B. Adhikari, J. Alm, and T. F. Harris. 2021. "Small Business Tax Compliance under Third-Party Reporting." *J. Public Econ.* 203, 104514.

J. E. Aldy and R. Stavins. 2011. "The Promise and Problems of Pricing Carbon: Theory and Experience." NBER Working Paper 17569, National Bureau of Economic Research, Cambridge, MA.

J. Alm, T. Cherry, M. Jones, and M. McKee. 2010. "Taxpayer Information Assistance Services and Tax Compliance Behavior." *Journal of Economic Psychology* 31: 577 – 586.

B. C. Ayers, J. K. Seidman, and E. Towery. 2019. "Taxpayer Behavior under Audit Certainty." *Contemporary Accounting Research* 36 (1): 326 – 358.

K. Baer, M. Cotton, E. Gavin, C. Negus, and K. Williams. 2023. "Gender and Revenue Administration Principles and Practices." International Monetary Fund, Washington DC.

M. C. Basri, M. Felix, H. Rema, and B. A. Olken. 2021. "Tax Administration versus Tax Rates: Evidence from Corporate Taxation in Indonesia. " *American Economic Review* 111 (12): 3827 – 3871.

E. Biber. 2010. Revenue Administration: Taxpayer Audit – Development of Effective Plans. Fiscal Affairs Department. IMF.

P. Braunerhjelm and E. E. Johan. 2014. "Taxes, Tax Administrative Burdens and New Firm Formation." *KYKLOS* 67 (1): 1 – 11.

T. F. Bresnahan, E. Brynjolfsson, and L. M. Hitt. 2002. "Information Technology, Workplace Organization, and the Demand for Skilled Labor: Firm-Level Evidence." *Quarterly Journal of Economics* 117 (1): 339 – 376.

J. Coolidge. 2012. "Findings of Tax Compliance Cost Surveys in Developing Countries." *eJournal of Tax Research* 10 (2): 87 – 102.

C. T. Clotfelter. 1983. "Tax Evasion and Tax Rates: An Analysis of Individual Returns." *Review of Economics and Statistics* 65 (3): 363 – 373.

J. Coolidge and D. Ilic. 2009. "Tax Compliance Perceptions and Formalization of Small Businesses in South Africa." Policy Research Working Paper 4992, World Bank, Washington, DC.

E. Dabla-Norris, F. Misch, D. Cleary, and M. Khwaja. 2017. "Tax

Administration and Firm Performance: New Data and Evidence for Emerging Market and Developing Economies." IMF Working Paper WP 2017/095, International Monetary Fund Washington D. C.

S. Das et al. 2023. "Does Going Cashless Make You Tax-rich? Evidence from India's Demonetization Experiment." *Journal of Public Economics*, 224 (104907), p. 104907.

B. Deffains, E. Langlais, and D. Masclet. 2019. "A Theory of Environmental Tax Audits." *Environmental and Resource Economics* 73 (4): 1053 – 1084.

K. Dzigbede and W. B. Hildreth (Eds.). 2023. "Research Handbook on Public Financial Management". Edward Elgar Publishing.

E. Eberhartinger, R. Safaei, C. Sureth-Sloane, and Y. Wu. 2021. "Are Risk-based Tax Audit Strategies Rewarded? An Analysis of Corporate Tax Avoidance." Working Paper No. 60, TRR 266 Accounting for Transparency; WU International Taxation Research Paper No. 2021 – 07, WU Vienna University of Economics and Business, Universität Wien, Vienna.

EC (European Commission). 2019. "Taxation and the Environment in the European Union." EC Publications Office.

EC (European Commission). 2021. "Taxation in Support of Green Transition: An Overview and Assessment of Existing Tax Practices to Reduce Greenhouse Gas Emissions: Final Report." EC Publications Office.

S. Eichfelder and F. Hechtner. 2018. "Tax Compliance Costs: Cost Burden and Cost Reliability." *Public Finance Review* 46 (5): 764 – 792.

D. Fabbri. 2010. "Law Enforcement and Firm Financing: Theory and Evidence." *Journal of the European Economic Association* 8 (4): 776 – 816.

S. Gonzales, H. Kharas, and M. Riboud. 2015. "The Power of Parity: How Advancing Women's Equality Can Add $12 Trillion to Global Growth." McKinsey Global Institute.

T. Hoppe, D. Schanz, S. Sturm, and C. Sureth-Sloane. 2023. "The Tax Complexity Index — A Survey-Based Country Measure of Tax Code and Framework Complexity." European Accounting Review 32 (2): 239 – 273. https://doi.org/10.180/09638180.221.1951316.

IMF (International Monetary Fund). 2013. "How Can an Excessive Volume of Tax Disputes Be Dealt With?" IMF Tax Law Notes. IMF, Washington, DC.

IMF (International Monetary Fund), OECD, UN and World Bank. 2015. "Options for Low Income Countries' Effective and Efficient Use of Tax Incentives for

Investment." A report to the G－20 development working group.

IMF (International Monetary Fund). 2018. "Women, Work, and Economic Growth: Leveling the Playing Field." *IMF Staff Discussion Note* SDN/18/08.

IMF (International Monetary Fund). 2022. "IMF Strategy Toward Mainstreaming Gender." IMF Policy Paper 22/037, Washington, DC.

IMF (International Monetary Fund) and OECD (Organisation for Economic Co-operation and Development). 2017. *Report for the G20 Finance Ministers on Tax Certainty. IMF and OECD.*

F. Inasius. 2015. "Tax Compliance of Small and Medium Enterprises: Evidence from Indonesia." *Accounting & Taxation* 7 (1): 67－73.

IOTA (Intra-European Organization of Tax Administration). 2011. Validation of VAT Refund Claims. *IOTA Report for Tax Administrations.*

IOTA (Intra-European Organization of Tax Administration). 2008. Pre-Filled and Electronic Income Tax Returns. *IOTA Report for Tax Administrations.*

P. Kenny. 2002. "A 'Simplified Tax System' for Small Business, or Just Another Tax Preference?" *The Taxation Specialist* (October 8, 2002).

A. Kochanova, Z. Hasnain, and B. Larson. 2020. "Does e-Government Improve Government CapaCity? Evidence from Tax Compliance Costs, Tax Revenue, and Public Procurement Competitiveness." *World Bank Economic Review* 34(1): 101－120.

R. Kochhar, M. Newiak, and W. Zeile. 2017. "Women's Economic Empowerment: A Roadmap for Gender Equality in the 21st Century." International Monetary Fund.

E. Koos. 2014. "Tax Dispute Resolution Mechanisms in Developed and Developing Countries: An Analysis of Factors that Affect Dispute Mechanism Design and Functionality." Harvard Law School.

L. I. Baurer. 2005. "Tax Administrations and Small and Medium Enterprises (SMEs) in Developing Countries." Small and Medium Enterprise Department, World Bank Group: 7.

A. Merima, S. Abdulaziz, S. Abebe, and W. Firew. 2015. "Information Technology and Fiscal Capacity in a Developing Country: Evidence from Ethiopia." ICTD Working Paper 31, International Centre for Tax and Development, Brighton, United Kingdom.

S. Molloy, M. Mousmouti, and F. De Vrieze. 2002. *Sunset Clauses and Post-Legislative Scrutiny: Bridging the Gap between Potential and Reality.* The PLS

Series, 3. London: Westminster Foundation for Democracy (WFD).

M. Nose and A. Mengistu. 2023. "Exploring the Adoption of Selected Digital Technologies in Tax Administration: A Cross-Country Perspective." *IMF Notes*, (008).

T. D. Nguyen and L. T. Pham. 2019. "The Impact of Environmental Reporting on Corporate Performance: Evidence from the UK." *Journal of Business Ethics* 155 (2): 377 - 398.

OECD (Organisation for Economic Co-operation and Development). 2010. *Taxation, Innovation and the Environment.* OECD Green Growth Strategy. OECD.

OECD (Organisation for Economic Co-operation and Development). 2011. *Social Media Technologies and Tax Administration.* OECD Publishing, Paris.

OECD (Organisation for Economic Co-operation and Development). 2016. Chapter 4: Technologies for Better Tax Administration: A Practical Guide for Revenue Bodies. OECD Publishing, Paris.

OECD (Organisation for Economic Co-operation and Development). 2020. *Policies and Practices to Promote Women in Leadership Roles in the Private Sector.* Report Prepared by the OECD for the G20 EMPOWER Alliance. OECD.

OECD (Organisation for Economic Co-operation and Development). 2020. "Tax Administration 3.0: The Digital Transformation of Tax Administration." OECD Publishing, Paris.

OECD (Organisation for Economic Co-operation and Development). 2022. *Tax Policy and Gender Equality: A Stocktake of Country Approaches.* OECD.

A. Okello, A. Swistak, M. Muyangwa, V. Alonso-Albarran, and V. P. Koukpaizan. 2021. "How to Manage Value Added Tax Refunds." IMF How To Notes Volume 2021, Issue 004. International Monetary Fund, Washington, DC.

O. Okunogbe and V. Pouliquen. 2022. "Technology, Taxation, and Corruption: Evidence from the Introduction of Electronic Tax Filing." *American Economic Journal: Economic Policy* 14 (1): 341 - 372.

O. Okunogbe and F. Santoro. 2021. "The Promise and Limitations of Information Technology for Tax Mobilization." Policy Research Working Paper 9848. World Bank, Washington, DC.

Olderbakk, Hakon; Koerner, Dorthe. 2012. "Investment Climate: Innovative Solutions for Business Entry Reforms: A Global Analysis." Washington, DC: World Bank.

M. Pessoa, A. Swistak, M. Muyangwa, and V. Alonso-Albarran. 2021. "How to Manage Value-Added Tax Refunds." IMF How To Notes, 2021 (004), A001.

P. Sanguinetti. 2021. "Which Legal Procedure Affects Business Investment Most, and Which Companies Are Most Sensitive? Evidence from Microdata." *Economic Modelling* 94: 201 – 220.

J. Slemrod. 1989. "Complexity, Compliance Costs, and Tax Evasion." In *Taxpayer Compliance*, edited by J. A. Roth and J. T. Scholz, 156 – 181. Philadelphia: University of Pennsylvania Press.

J. Slemrod and V. Venkatesh. 2002. *The Income Tax Compliance Cost of Large and Mid-size Businesses: A Report to the IRS LMSB Division*. IRS Report. US Internal Revenue Service (IRS).

J. Slemrod et al. 2017. "Does Credit-card Information Reporting Improve Small-business Tax Compliance?" *Journal of Public Economics*, 149: 1 – 19.

TADAT (Tax Administration Diagnostic Assessment Tool) Secretariat. 2019. *Tax Administration Diagnostic Assessment Tool (TADAT) Field Guide*. Washington, DC: International Monetary Fund (IMF).

Tadros, Farid. 2009. "Introducing the Value-Added Tax: Considerations for Implementation." Investment Climate in Practice 4. World Bank, Washington, DC.

UNCITRAL (United Nations Commission on International Trade Law). 2019. Legislative Guide on Key Principles of a Business Registry. UNCITRAL.

UN (United Nations). 2021. United Nations Handbook on Carbon Taxation for Developing Countries. UN.

USAID (United States Agency for International Development). 2013. Detailed Guidelines for Improved Tax Administration in Latin America and the Caribbean, Chapter 5. Registration. Washington, DC: USAID.

M. Viswanathan. 2007. Sunset Provisions in the Tax Code: A Critical Evaluation and Prescriptions for the Future. New York University School of Law.

C. A. Vossler and M. McKee. 2017. "Efficient Tax Reporting: The Effects of Taxpayer Liability Information Services: Efficient Tax Reporting." *Economic inquiry* 55 (2): 920 – 940.

H. Wang, X. Du, and X. Su. 2017. "Environmental Reporting and Its Impacts on Corporate Performance: Evidence from China." *Journal of Cleaner Production* 142 (Part 4): 2517 – 2526.

C. Waerzeggers and C. Hiller. 2016. "*Introducing an Advance Tax Ruling (ATR)*

Regime—Design Considerations for Achieving Certainty and Transparency." Tax Law IMF Technical Note Volume 1, 2/2016, IMF Legal Department. International Monetary Fund, Washington, DC.

World Bank. 2018. "Public Sector Savings and Revenue from Identification Systems: Opportunities and Constraints." Washington, DC, World Bank: 9.

F. Yilmaz and J. Coolidge. 2013. "Can E-filing Reduce Tax Compliance Costs in Developing Countries?" Policy Research Working Paper 6647. World Bank, Washington, DC.

E. Zangari, A. Caiumi, and T. Hemmelgarn. 2017. *Tax Uncertainty: Economic Evidence and Policy Responses. European Commission*: 25 – 26.

附件 A　税费缴纳评分表

该文件概述了税费缴纳主题的评分方法。对于每项指标，都分配了一组企业灵活度分值和/或社会效益分值，并对每项指标的详细评分进行了说明，还对相关背景文献进行了注释。

支柱 I　税收规则的质量					
1.1　明确性和透明度					
1.1.1　税收规则的明确性					
指标	企业灵活度分值	社会效益分值	总分	调整后分值	背景文献
税务指引的可获得性	1	1	2	10	TADAT Secretariat(2019)
具有约束力的裁决和合规后程序	1	1	2	10	Waerzeggers and Hiller(2016)
子类别 1.1.1 的总分	2	2	4	20	
1.1.2　税收规则变更的透明度					
广泛的公众咨询	1	1	2	10	TADAT Secretariat(2019)
未来的税收计划	1	1	2	10	TADAT Secretariat(2019)
子类别 1.1.2 的总分	2	2	4	20	

（续表）

指标	企业灵活度分值	社会效益分值	总分	调整后分值	背景文献
类别 1.1 的总分	4	4	8	40	
1.2　行政程序					
1.2.1　简化税务记录保存和申报					
简化税务记录保存和申报	1	1	2	10	Kenny（2002）
子类别 1.2.1 的总分	1	1	2	10	
1.2.2　一般税务登记					
税务登记程序的透明度	1	1	2	10	USAID（2013）
子类别 1.2.2 的总分	1	1	2	10	
1.2.3　增值税登记*					
增值税登记起征点	1	1	2	10	World Bank（2007）
子类别 1.2.3 的总分	1	1	2	10	
1.2.4　增值税退税*					
增值税退税	1	1	2	10	USAID（2013）；Tadros（2009）
子类别 1.2.4 的总分	1	1	2	10	
类别 1.2 的总分	4	4	8	40	

（续表）

1.3　环境财政工具					
1.3.1　存在环境财政工具					
指标	企业灵活度分值	社会效益分值	总分	调整后分值	背景文献
存在环境财政工具	不适用	1	1	1.67	EC(2021)；OECD(2010)；UN(2024)
不存在化石燃料补贴	不适用	1	1	1.67	EC(2021)；UN(2024)
其他机制	1	1	2	3.34	UN(2024)
子类别 1.3.1 的总分	1	3	4	6.67	
1.3.2　公众咨询的可获得性					
公众咨询的可获得性	1	1	2	6.67	Deffains, Langlais, and Masclet(2019)；EC(2019)
子类别 1.3.2 的总分	1	1	2	6.67	
1.3.3　过渡期					
过渡期	1	1	2	6.67	EC(2021)
子类别 1.3.3 的总分	1	1	2	6.67	
类别 1.3 的总分	3	5	8	20	
支柱 Ⅰ 的总分	11	13	24	100	

*** 不征收增值税的经济体不对这些子类别计分。在这种情况下，这些子类别的分值将按比例重新分配给“行政程序”类别中的其他子类。**

支柱Ⅱ　税务机关提供的公共服务					
2.1　为纳税人提供数字化服务					
2.1.1　纳税人在线服务门户网站					
指标	企业灵活度分值	社会效益分值	总分	调整后分值	背景文献
纳税人在线服务门户网站	1	1	2	6.25	TADAT Secretariat(2019)
子类别2.1.1的总分	1	1	2	6.25	
2.1.2　电子报税					
电子申报	1	1	2	6.25	TADAT Secretariat(2019)
子类别2.1.2的总分	1	1	2	6.25	
2.1.3　预先填写纳税申报表					
预先填写申报表	1	1	2	6.25	TADAT Secretariat(2019)
子类别2.1.3的总分	1	1	2	6.25	
2.1.4　电子缴税					
电子支付	1	1	2	6.25	TADAT Secretariat(2019)
子类别2.1.4的总分	1	1	2	6.25	
类别2.1的总分	4	4	8	25	

（续表）

2. 2　税务机关的数据管理和系统整合					
2. 2. 1　税务登记					
指标	企业灵活度分值	社会效益分值	总分	调整后分值	背景文献
税务登记流程	1	1	2	6. 25	UNCITRAL(2019)
子类别 2. 2. 1 的总分	1	1	2	6. 25	
2. 2. 2　纳税人数据库和纳税人识别号					
纳税人数据库和纳税人识别号	1	1	2	6. 25	TADAT Secretariat(2019);UNCITRAL(2019)
子类别 2. 2. 2 的总分	1	1	2	6. 25	
2. 2. 3　税务注销					
税务注销	1	1	2	6. 25	Moore(2022)
子类别 2. 2. 3 的总分	1	1	2	6. 25	
2. 2. 4. 数据交换和使用(包括性别)					
税务门户网站信息交叉核对	1	1	2	3. 125	TADAT Secretariat(2019)
按性别分类数据的可获得性及其分析	1	1	2	3. 125	OECD(2022)
子类别 2. 2. 4 的总分	2	2	4	6. 25	
类别 2. 2 的总分	5	5	10	25	

（续表）

2.3　透明度					
2.3.1　税务机关的年度绩效以及性别多样化					
指标	企业灵活度分值	社会效益分值	总分	调整后分值	背景文献
年度绩效	不适用	1	1	4.17	TADAT Secretariat(2019)；OECD(2022)
税务机关工作人员性别构成	1	1	2	8.33	OECD(2022)
子类别 2.3.1 的总分	1	2	3	12.50	
2.3.2　公共问责制					
公共问责制	1	1	2	12.50	TADAT Secretariat(2019)
子类别 2.3.2 的总分	1	1	2	12.50	
类别 2.3 的总分	2	3	5	25	
2.4　税务检查和相关争议					
2.4.1　税务检查					
年度国家税务检查计划	1	1	2	6.25	TADAT Secretariat(2019)
税务检查的框架	1	1	2	6.25	TADAT Secretariat(2019)
子类别 2.4.1 的总分	2	2	4	12.50	
2.4.2　税务检查结果的争议					
一级审查机制	1	1	2	6.25	IMF(2013)；TADAT Secretariat(2019)

（续表）

指标	企业灵活度分值	社会效益分值	总分	调整后分值	背景文献
二级审查机制	1	1	2	6.25	TADAT Secretariat(2019)
子类别 2.4.2 的总分	2	2	4	12.50	
类别 2.4 的总分	4	4	8	25	
支柱Ⅱ的总分	15	16	31	100	

支柱Ⅲ　税收制度在实践中的运作效率					
3.1　流程的时间和功能					
3.1.1　申报和缴纳税费的时间					
指标	企业灵活度分值	社会效益分值	总分	调整后分值	背景文献
准备、申报和缴款的总时间	100	不适用	100	10	Braunerhjelm and Johan(2014)
子类别 3.1.1 的总分	100	不适用	100	10	
3.1.2　使用电子系统申报和缴款					
使用电子系统申报和缴款	100	不适用	100	10	Yilmaz and Coolidge(2013)
子类别 3.1.2 的总分	100	不适用	100	10	

（续表）

3.1.3　一般税务检查的持续时间					
指标	企业灵活度分值	社会效益分值	总分	调整后分值	背景文献
完成检查所需的总时间	100	不适用	100	10	Eberhartinger et al.（2021）；Kasper and Alm（2022）；OECD（2004）
子类别 3.1.3 的总分	100	不适用	100	10	
3.1.4　税务争议的持续时间					
审查税务争议的时间	100	不适用	100	10	Fabbri（2010）；Sanguinetti（2021）
子类别 3.1.4 的总分	100	不适用	100	10	
3.1.5　获得增值税退税*					
实际获得增值税退税	100	不适用	100	10	Okello et al.（2021）
子类别 3.1.5 的总分	100	不适用	100	10	
类别 3.1 的总分	100	不适用	100	50	
3.2　企业的财务负担					
3.2.1　企业所得税实际税负率*					
企业所得税实际税负率	100	不适用	100	25	
子类别 3.2.1 的总分	100	不适用	100	25	

（续表）

3.2.2 就业税和社保费实际税负率*					
指标	企业灵活度分值	社会效益分值	总分	调整后分值	背景文献
就业税和社保费实际税负率	100	不适用	100	25	
子类别 3.2.2 的总分	100	不适用	100	25	
类别 3.2 的总分	100	不适用	100	50	
支柱Ⅲ的总分	100	不适用	100	100	

* 经济体如果对企业不征收增值税/企业所得税/就业税和社保费，那么相应的子类别将被分配最高分值。

参考文献 II

P. Braunerhjelm and E. E. Johan. 2014. "Taxes, Tax Administrative Burdens and New Firm Formation." KYKLOS 67 (1): 1 – 11.

J. Coolidge. 2012. "Findings of Tax Compliance Cost Surveys in Developing Countries." *eJournal of Tax Research* 10 (2): 87 – 102.

B. Deffains, E. Langlais, and D. Masclet. 2019. "A Theory of Environmental Tax Audits." Environmental and Resource Economics 73 (4): 1053 – 1084.

E. Eberhartinger, R. Safaei, C. Surcth-Sloane, and Y. Wu. 2021. "Are Risk-based Tax Audit Strategies Rewarded? An Analysis of Corporate Tax Avoidance." Working Paper No. 60, TRR 266 Accounting for Transparency; WU International Taxation Research Paper No. 2021 – 07, WU Vienna University of Economics and Business, Universität Wien, Vienna.

EC (European Commission). 2019. "Taxation and the Environment in the European Union." EC Publications Office.

EC (European Commission). 2021. *Taxation in Support of Green Transition: An Overview and Assessment of Existing Tax Practices to Reduce Greenhouse Gas Emissions: Final Report*. EC Publications Office.

D. Fabbri. 2010. "Law Enforcement and Firm Financing: Theory and Evidence." *Journal of the European Economic Association* 8 (4): 776 – 816.

IMF (International Monetary Fund). 2013. "How Can an Excessive Volume of Tax Disputes Be Dealt With?" IMF Tax Law Notes. IMF, Washington, DC.

M. Kasper and J. Alm. 2022. "Audits, Audits Effectiveness, and Post Audit Tax Compliance." *Journal of Economic Behavior and Organization*, 195 (C): 87 – 104.

P. Kenny. 2002. "A 'Simplified Tax System' for Small Business, or Just Another Tax Preference?" *The Taxation Specialist* (October 8, 2002).

S. Molloy, M. Mousmouti, and F. De Vrieze. 2002. *Sunset Clauses and Post-Legislative Scrutiny: Bridging the Gap between Potential and Reality*. The PLS Series, 3. London: Westminster Foundation for Democracy (WFD).

M. Moore. 2022. "Tax Obsessions: Taxpayer Registration and the Informal Sector in Sub-Saharan Africa." *Development Policy Review*. https://doi.org/10.1111/dpr.12649.

T. D. Nguyen and L. T. Pham. 2019. "The Impact of Environmental Reporting on Corporate Performance: Evidence from the UK." *Journal of Business Ethics* 155 (2): 377 - 398.

OECD (Organisation for Economic Co-operation and Development). 2004. Compliance Risk Management: Audit Case Selection Systems. OECD.

OECD (Organisation for Economic Co-operation and Development). 2010. *Taxation, Innovation and the Environment.* OECD Green Growth Strategy. OECD.

OECD (Organisation for Economic Co-operation and Development). 2020. *Policies and Practices to Promote Women in Leadership Roles in the Private Sector.* Report Prepared by the OECD for the G20 EMPOWER Alliance. OECD.

OECD (Organisation for Economic Co-operation and Development). 2022. *Tax Policy and Gender Equality: A Stocktake of Country Approaches.* OECD.

OECD (Organisation for Economic Co-operation and Development). 2023. Tax Administration 2023: Comparative Information on OECD and other Advanced and Emerging Economies, OECD Publishing, Paris, https://doi.org/10.1787/900b6382-en.

A. Okello, A. Swistak, M. Muyangwa, V. Alonso-Albarran, and V. P. Koukpaizan. 2021. "How to Manage Value Added Tax Refunds." IMF How To Notes Volume 2021, Issue 004. International Monetary Fund, Washington, DC.

P. Sanguinetti. 2021. "Which Legal Procedure Affects Business Investment Most, and Which Companies Are Most Sensitive? Evidence from Microdata." Economic Modelling 94: 201 - 220.

TADAT (Tax Administration Diagnostic Assessment Tool) Secretariat. No date (n. d.). *Tax Administration Diagnostic Assessment Tool (TADAT) Field Guide.* Washington, DC: International Monetary Fund (IMF).

Tadros, Farid. 2009. "Introducing the Value-Added Tax: Considerations for Implementation." Investment Climate in Practice No. 4. World Bank, Washington, DC.

UNCITRAL (United Nations Commission on International Trade Law). 2019. Legislative Guide on Key Principles of a Business Registry. UNCITRAL.

UN (United Nations). 2024. *Carbon Taxation Handbook.* United Nations Department of Economic and Social Affairs.

USAID (United States Agency for International Development). 2013. *Detailed Guidelines for Improved Tax Administration in LatinAmerica and the Caribbean*,

Chapter 5. Registration. Washington, DC: USAID.

C. Waerzeggers and C. Hiller. 2016. "Introducing an Advance Tax Ruling (ATR) Regime—Design Considerations for Achieving Certainty and Transparency." Tax Law IMF Technical Note Volume 1, 2/2016, IMF Legal Department. International Monetary Fund, Washington, DC.

H. Wang, X. Du, and X. Su. 2017. "Environmental Reporting and Its Impacts on Corporate Performance: Evidence from China." *Journal of Cleaner Production* 142 (Part 4): 2517-2526.

World Bank. 2007. *Designing a Tax System for Micro and Small Businesses: Guide for Practitioners*, Chapter 2.3. Washington, DC: World Bank.

F. Yilmaz and J. Coolidge. 2013. "Can e-filing Reduce Tax Compliance Costs in Developing Countries?" Policy Research Working Paper 6647. World Bank, Washington, DC.

附件 B　税费缴纳注释问卷

附件 B 包括术语表和税费缴纳注释问卷。注释问卷提供了每项指标与相应问题之间的一一对应关系。

术语表

上诉：上一级主管部门对已做出的裁决进行审理的过程。上诉审理通常用于争议的一方对最初决定不满意的情况。上级主管部门将对案件进行审理并做出新的裁决。这个上级主管部门可以是二审法院、行政机关或独立机构。

碳定价工具（CPIs）：通过设定二氧化碳和其他温室气体的排放成本以激励减排的政策工具。碳排放工具有很多种，但从减缓气候变化来说，一般认为是指两个主要工具，碳税和碳排放交易（也被称为“限额与交易”）。

碳税：根据碳含量对二氧化碳排放或者不可再生化石燃料征的税。

税务检查核税投诉：纳税人或其代理人对税务主管部门的税务检查结果提出异议。

基于消费的税：通常是购买商品或服务时征收的税，由最终消费者直接或间接支付。就本问卷而言，它不包括特殊消费税、进口税及任何特定于进口的税或税款。最常见的增值税是增值税/商品及服务税（GST）和销售税。

核心税种：就本问卷而言，核心税种是指以下三类：（1）企业所得税；（2）基于消费的税（增值税、商品及服务税或类似的消费税）；（3）社保费和就业税。

基于企业收入的税：对企业利润或营业额征收的税。最常见的是企业所得税(CIT)。

直接排放法：对直接排放二氧化碳征收碳税的方法。

电子申报：通过计算机或移动设备在互联网提交纳税申报表的过程，不需要任何额外的(与银行、税务主管部门或任何其他方)实体互动来完成。如果在提交纳税申报表时被要求保留或提交任何相关纸质件，则不视为电子申报。

电子支付：通过计算机或移动设备以电子方式提交付款请求，不需要任何额外的(与银行、税务主管部门或任何其他方)实体互动来完成。可以采取网上银行、通过税务机关网站上直接付款等形式。如果被要求保留或亲自向税务机关提交与付款交易相关的纸质件，则不视为电子支付。

碳排放交易(ETS)：碳定价机制，为排放者提供排放配额或许可证，排放者可以相互交易。该机制对特定区域内的总排放量设定了上限，并通过拍卖、免费配额或两者结合的方式向排放源分配许可证。排放者可以使用自己的许可证或将其出售给需要更多许可证的人。

基于就业的税：由用人单位缴纳的税(社保费除外)，对员工的薪水(月薪、年薪等)、工资(时薪、周薪等)以及包括食品、交通和其他非强制性缴款(如医疗保险)在内所有年度福利征收的税。但不包括个人所得税，也不包括从员工工资中扣除的税款和缴款。

简报：提供各类税务主题的关键信息和摘要的文件。文件简明扼要，旨在以通俗易懂的方式提供有关税务法律、法规、申报要求和程序的必要且清晰的详细信息。税务简报可能涵盖税收减免、税法变化、如何填写纳税申报表等主题。其旨在提供通俗易懂的信息，不具有法律约束力。

纳税人反馈：由独立第三方或者税务管理部门自行开展的与企业纳税人的沟通。可以通过小组访谈、民意调查、在线反馈平台、小组座谈和论坛等形式进行。

财政绩效报告：税务主管机构在特定时期（通常为年度）的财务活动、成绩和综合效率的详细概况。它对收入和支出明细等关键指标进行评估。多数情况下，也包括税务主管机构的财务报表、合规和执法统计数据。

化石燃料补贴：直接针对燃料或者燃料产生的能量的政策工具。这些工具降低了化石燃料和/或者能量的成本（例如，减免增值税，降低住宅供暖用天然气的销售税）。

一般税务指引：税务主管部门提供的旨在帮助纳税人理解和遵守税务法律法规的信息和说明。其形式多种多样，包括税务指南、税务通知和简报，旨在阐明纳税义务、解释申报要求，并为有效管理税务相关事务提供实用建议。其通常旨在提供信息，不具有法律约束力。

独立投诉审查机制：税务主管部门内部的，在业务和组织上都独立于检查部门的独立单位。实施审查的工作人员或政府官员不应参与对纳税人的检查，或者审查不应由税务主管部门负责人或任何直接向检查单位报告的单位实施，才能被视为独立。

内部税收手册：为税收管理人员制作的指引，其中包含税收管理人员在履行与税务管理和执法有关的职责时应遵循的政策和程序的详细信息。

内部税务指引：为税务管理人员提供的内部技术咨询意见，帮助他们理解和应用税收法律法规。内部税务指引用于确保不同税务主管部门或单位对税法的解释和适用的一致性。例如，税收程序、内部税收手册和技术建议备忘录。

立法法案：立法机构通过的法律文书，无论其是否具有联邦、州或市政性质，在其辖区内都具有普遍约束力。它们可以采取各种形式，如法典、法律、法规、规章、条例和法令。

测量、报告和核查（MRV）：碳税系统包括四个关键部分：第一，登记系统对可能需要纳税的设施进行识别和登记，确保所有相关设施都被记录在案；

第二，排放量测量包括设施燃料使用情况，并根据碳含量来估算排放量；第三，设施必须按照具体准则向相关政府机构报告排放量；第四，建立核查系统验证报告的排放量，以确保准确性和可靠性。

运营绩效报告：税务主管部门履行核心职能和流程的效能评估综合文件，通常每年一次。报告包括管理和问责、纳税人服务（援助计划、申报服务、教育推广）及执法活动。此外，报告还可能涉及组织结构、领导作用以及为提高业务效率和效益而采取的任何战略举措。

预填纳税申报表：由税务主管部门利用从第三方（如用人单位和金融机构）收集或者之前纳税申报表中的信息，编制或预填纳税申报表。预填式申报（也称预填式申报表）旨在大幅简化或几乎消除企业纳税人准备年度纳税申报所需的工作。预填信息应包括企业纳税人的详细注册信息，以及额外的计算字段，例如预计收入和支出、预扣或预缴的税款等。

具有私人约束力的裁决：税务主管部门为回应纳税人要求澄清税法如何适用于拟议或已完成的交易的具体要求而撰写的约束性声明。依据裁决的纳税人不会受到税务机关处罚，即便裁决中的观点后来被发现是错误的。

私营部门相关者：私营部门、商业组织、贸易和消费者组织、税务顾问、环境专家和技术专家，以及其他（如适用）。

具有公共约束力的裁决：税务主管部门将如何在特定情况下适用税法的公开声明。这些公开裁决对税务机关具有约束力。

税收程序：内部税务指引的一种，就如何遵守税务管理中的程序事项提供详细说明。应由税务机关公布，以指导税务工作人员和纳税人。

高级管理人员：一般指税务主管部门中担任高层管理职务的人。具体到税务机关，高级管理人员通常包括具有行政职务并拥有决策权的高级官员。这可能包括负责人、专员、总专员或税务机关层级内的其他同等行政级别的人。该术语具体指那些处于组织结构顶端、负责总体战略决策而非日常业务管理的人员。

按性别分类的企业纳税人数据：按所有者性别分类的纳税人信息。

单式记账法：在税务日记账中，每笔交易都以单式记账法记录的记账方法。单式记账法一般用于收付实现制会计。

社保费：用人单位向政府缴纳的强制性缴款，使员工有权获得（或拥有）未来的社会福利。这类缴款包括失业保险福利和补助，事故、伤害和疾病福利，养老、残疾和遗属养老金，家庭津贴，医疗和住院费用报销，或提供医院或医疗服务。这不包括从员工工资中扣除的缴款。

税务检查手册和指引：旨在为检查人员对企业纳税人进行检查提供全面指导的详细文件。它为计划、准备、开展检查、编写报告和报告结果提供了框架。它还阐述了许多用于检查或评估纳税人直接税和间接税责任正确性的标准技术，以及检查人员的原则、标准和道德规范。

税务检查计划：概述税务主管部门年度检查计划和程序的战略框架。通常包括各种税种和主要纳税群体的检查范围、检查案例的选择（即根据风险评估确定高风险领域的优先次序和集中选择案例）以及检查类型等信息。该计划还详细说明了检查方法，并包括评估检查对合规性影响的机制。

税务指引：就特定税务相关主题提供详细信息和说明的综合文件或小册子，对如何遵守税务要求和优化税务结果提供实用建议和范例。这些指引旨在帮助纳税人了解和掌握纳税义务，通常会将复杂的问题简单化，以便于理解。这些文件不具有约束力；它们是面向公众的信息和教育资源，包括具有不同税务知识水平的个人和企业。

税务通知：税务主管部门发出的官方信函，通知纳税人有关其账户、纳税申报、义务等问题。

税务监察专员：不同于提供正式司法程序的司法机构，税务监察专员是专注于为纳税人的投诉建议提供解决方案的独立、非司法性的实体。一般来说，监察专员有权调查与服务有关的投诉，其中可能包括行政程序中的错误、遗漏、疏忽或其他问题。监察专员可以向税务主管部门提出建议。税务监察专员必须独立于税务主管部门，而非税务主管部门的一部分。此类监察专员员必须是税务相关事务和审查税务案件方面的专家。

纳税记录：为税务目的创建的记录（即资产负债表、损益表、现金流量表、发票收据、资产记录等之外的记录），而非企业通常维护的财务账目。例如，纳税记录可包括增值税发票、税务账簿和记录、纳税申报表和付款单，以及为核实向税务机关报告的收入、支出、抵免和扣减所需的任何其他文件。

纳税人在线服务门户：采用安全认证的电子门户，纳税人及其授权代理人可通过该门户在线获取信息、服务和功能。通常，纳税人门户网站允许纳税人及其代理人进行以下活动：(1) 更新银行账户和联系方式（如地址和电话号码）；(2) 查看、准备和提交纳税申报；(3) 查看账户报表和付款方式，申请退款，并在税务账户之间转账；(4) 通过安全渠道与税务主管部门沟通；(5) 访问历史文件和信息。

技术咨询备忘录（TAMs）：为税收管理工作人员公布的书面声明。通常包括对事实情况的描述、相关税收法律法规、对问题的分析以及税务机关得出的结论。清晰详细地解释了税法在具体情况中的适用。与提供具有约束力建议的私人或公共裁决不同，技术咨询备忘录就税务人员在检查或上诉过程中遇到的具体税务问题提供不具约束力的指引。

统一识别号（UIN）：由政府机构或监管机构分配给纳税人的唯一标识符，方便对其事务进行跟踪和管理。统一识别号可以作为统一企业标识符的一部分使用，此时其可用于超出税收范围的用途，例如纳入商业登记，许可和其他监管要求。统一识别号/唯一企业标识系统旨在消除跨监管制度使用多个识别号的需要。

统一纳税人数据库：有组织、规范地存储、管理纳税人信息和记录的集中系统。在本问卷中，我们特别关注能录入企业所有应申报或缴纳税款和社保费的数据库。这种数据库将所得税、销售税、财产税等不同税务机关的信息整合到一个单一的平台上。

增值税退税：纳税人向税务主管部门支付的任何超额增值税款项的退还。不包括增值税的结转。

税费缴纳问卷

下面的表格列出了每个支柱下的所有指标（包括其组成部分，如适用），并在括号内标明了相应的问题编号。为了方便参考，每个表格前都列出了问题。

对于以“是/否”回答的问题，回答为“是”即得分，并被视为良好实践；如特别标明“是/否；否—良好实践”，则“否”意味着良好实践。

在接下来的表格中，“和”表示所有提及问题的答案，必须均为良好实践，才能获得指标的分值。

在接下来的表格中，“或”表示一个或多个提及问题的答案，只要一个为良好实践，即可获得指标的分值。

行政框架部分中的问题标记为“不计分”，意味着它们不会以任何方式影响分值。设计这些问题的目的，是为后续推广阶段年度的问题设计提供更多的信息和改进的建议，并且在必要时，为已经计分的问题提供进一步的信息和实证基础。

税费缴纳主题问卷的大多数指标是复合的，其中一个 1 分的分值被划分在几个问题中。例如，“具有约束力的裁决和合规后程序”这一指标在企业灵活度和社会效益方面均得 1 分，有四个组成部分：(1)“具有私人约束力的裁决的可获得性和公开性”得 0.4 分；(2)“具有公共约束力的裁决的可获得性”得 0.2 分；(3)“将争议解决程序纳入单一立法法案”得 0.2 分；(4)“将税务检查程序纳入单一立法法案”得 0.2 分。

行政框架	
参数	
经营场所	经济体中最大(人口最多)的城市。对于支柱Ⅰ,如果一个经济体内不同地区的税收规则不同,专家将被要求提供有关最大城市规则的信息
税务居住地	税务居住地决定了企业是否为该经济体内法律规定的税收目的而居住/注册。专家将被要求提供有关影响在被评估经济体中具有税收居民身份的企业的规则的信息
行业和活动	没有确定具体的行业。企业可以是任何行业和/或产业,不包括矿业、采掘业和金融业

行政框架

1. 请指出基于企业收入的税的管理层级。(不计分)

   1a. 一级(例如,仅在国家一级)

   1b. 两级(例如,国家和州一级)

   1c. 三级(例如,国家、州和市级)

   1d. 不存在基于企业收入的税

2. 请列明[经济体]现有的基于企业收入的税。(不计分)

3. 请指出基于消费的税(例如,增值税或销售税)的管理层级。(不计分)

   3a. 一级(例如,仅在国家一级)

   3b. 两级(例如,国家和州一级)

   3c. 三级(例如,国家、州和市级)

   3d. 不存在基于消费的税

4. 请列明[经济体]现有的基于消费的税(例如,增值税或销售税)。(不计分)

5. 请说明社保费和基于就业的税的管理层级。(不计分)

5a. 一级(例如,仅在国家一级)

5b. 两级(例如,国家和州一级)

5c. 三级(例如,国家、州和市级)

5d. 不存在社保费和基于就业的税

6. 请列明[经济体]现有的社保费和基于就业的税。(不计分)

支柱 I　税收规则的质量	
参数	
经营场所	经济体中最大(人口最多的)城市。对于支柱 I,如果一个经济体内不同地区的税收规则不同,专家将被要求提供有关最大城市规则的信息
税务居住地	税务居住地决定了企业是否为该经济体内法律规定的税收目的而居住/注册。专家将被要求提供有关影响在被评估经济体中具有税收居民身份的企业的规则的信息
行业和活动	没有确定具体的行业。企业可以是任何行业和/或产业,不包括矿业、采掘业和金融业

1.1　明确性和透明度

1.1.1　税收规则的明确性

7. 税务主管部门是否向公众公布税务指引?(是/否)

如果回答为"是",请回答问题 10—11。

8. 税务主管部门是否向公众公布税务通知?(是/否)

如果回答为"是",请回答问题 10—11。

9. 税务主管部门是否向公众公布简报?(是/否)

如果回答为"是",请回答问题 10—11。

10. 一般税务指引文件是否实时更新?

10a. 是,所有

10b. 是,但不是全部

10c. 否

11. 一般税务指引文件能否在线获取?

11a. 是,所有

11b. 是,但不是全部

11c. 否

12. 税务主管部门是否公布公众可以获取的税收程序?(是/否)

如果回答为“是”,请回答问题 15 和 16。

13. 税务主管部门是否公布公众可获取的内部税收手册?(是/否)

如果回答为“是”,请回答问题 15 和 16。

14. 税务管理部门是否公布公众可获取的技术咨询备忘录?(是/否)

如果回答为“是”,请回答问题 15 和 16。

15. 内部税收指引文件是否实时更新?

15a. 是,所有

15b. 是,但不是全部

15c. 否

16. 内部税收指引文件能否在线获取?

16a. 是,所有

16b. 是,但不是全部

16c. 否

17. [经济体]税务主管部门是否公布具有私人约束力的裁决?(是/否)

如果回答为“是”,请回答问题 18。

18. 具有私人约束力的裁决是否会在网上公布? 包括公布经过编辑的版本,该版本的裁决书不包含任何个人信息或可识别私人信息,以保护申请人的隐私。(是/否)

19. [经济体]税务主管部门是否公布具有公共约束力的裁决?(是/否)

20. 税务争议解决程序是否被纳入所有核心税种的单一立法法案中统一适用?(是/否)

21. 税务检查程序是否被纳入单一的立法法案中,并在所有核心税种中统一适用?(是/否)

1.1.2 税收规则变更的透明度

22. [城市]部委/立法/监管机构是否就拟议的新税法或对其进行的修改与私营部门利益相关者进行系统性咨询?这些咨询可以采取面对面会议、在线会议、调查和其他方式。

22a. 是,用于制定新的税收法律法规

22b. 是,用于修改现行税收法律法规

22c. 是,适用于制定新法律和修改现行法律

22d. 否

如果回答为“是”,请回答问题 23 至 25。

23. 咨询是向所有感兴趣的私营部门利益相关者开放,还是只包括选定的参与者?

23a. 所有私营部门利益相关方

23b. 仅选定参与者(仅包括非正式会议)

24. 在制定税收立法提案或者确定提案优先顺序之前是否进行了此类咨询?

24a. 是,但仅限于税收基本法

24b. 是,但仅限于税收下位法律和法规

24c. 是,两者都适用

24d. 否

25. 在起草税收立法建议和税收法规时是否进行了此类咨询?

25a. 是，但仅限于税收基本法

25b. 是，但仅限于税收下位法律和法规

25c. 是，两者都适用

25d. 否

26. 此类咨询是否在税法颁布后进行（即私营部门就实施过程中的实际挑战提供反馈）？

26a. 是，但仅限于税收基本法

26b. 是，但仅限于税收下位法律和法规

26c. 是，两者都适用

26d. 否

27. 通过咨询收到的反馈意见是否在线公布？（是/否）

28. ［经济体］税务主管部门是否系统地在网上公布未来对税法进行重大修改的计划，如多年战略（或改革）计划？（是/否）

如果回答为“是”，请回答问题 29。

29. 未来计划是否在计划所涉时期之前公布？（是/否）

1.1 明确性和透明度			
1.1.1 税收规则的明确性			
指标	企业灵活度分值	社会效益分值	总分
税务指引的可获得性：	1	1	2
向公众提供税务指引(7)	0.1	0.1	0.2
向公众公布税务通知(8)	0.1	0.1	0.2
向公众提供简报(9)	0.1	0.1	0.2
所有类型的一般税务指引都实时更新(10a)或	0.1 或	0.1 或	0.2 或
某些类型的一般税务指引实时更新(10b)	0.05	0.05	0.1
所有类型的一般税务指引都在网上公布(11a)或	0.1 或	0.1 或	0.2 或

（续表）

指标	企业灵活度分值	社会效益分值	总分
某些类型的一般税务指引在网上公布(11b)	0.05	0.05	0.1
向公众提供税收程序(12)	0.1	0.1	0.2
向公众提供内部税收手册(13)	0.1	0.1	0.2
向公众提供技术建议备忘录(14)	0.1	0.1	0.2
所有类型的内部税务指引都实时更新(15a)或	0.1 或	0.1 或	0.2 或
某些类型的内部税务指引实时更新(15b)	0.05	0.05	0.1
所有类型的内部税务指引都在网上公布(16a)或	0.1 或	0.1 或	0.2 或
某些类型的内部税务指引在网上公布(16b)	0.05	0.05	0.1
具有约束力的裁决和合规后程序：	1	1	2
具有私人约束力的裁决的可获得性和公开性(17 和 18)	0.4	0.4	0.8
具有公共约束力裁决的可获得性(19)	0.2	0.2	0.4
将争议解决程序纳入单一立法法案(20)	0.2	0.2	0.4
将税务检查程序纳入单一立法法案(21)	0.2	0.2	0.4
总分	2	2	4
1.1.2　税收规则变更的透明度			
指标	企业灵活度分值	社会效益分值	总分
广泛的公众咨询：	1	1	2
就制定新法律和修改现行法律进行咨询(22c)或	0.25 或	0.25 或	0.5 或
仅就制定新法律或修改现行法律进行咨询(22a 或 22b)	0.125	0.125	0.25
所有感兴趣的私营部门利益相关方均可参与咨询(23a)	0.15	0.15	0.3

（续表）

指标	企业灵活度分值	社会效益分值	总分
在制定税收基本法和下位法立法提案之前进行咨询(24c)或	0.15 或	0.15 或	0.3 或
仅在制定税收基本法立法提案之前进行咨询(24a)或	0.1 或	0.1 或	0.2 或
仅在制定税收下位法立法提案之前进行咨询(24b)	0.05	0.05	0.1
在起草税收基本法和下位法时进行咨询(25c)或	0.15 或	0.15 或	0.3 或
仅在起草税收基本法时进行咨询(25a)或	0.1 或	0.1 或	0.2 或
仅在起草税收下位法时进行咨询(25b)	0.05	0.05	0.1
在税收基本法和下位法颁布后进行咨询(26c)或	0.15 或	0.15 或	0.3 或
仅在税收基本法颁布后进行咨询(26a)或	0.1 或	0.1 或	0.2 或
仅在税收下位法颁布后进行咨询(26b)	0.05	0.05	0.1
在线公布反馈意见(27)	0.15	0.15	0.3
未来税收计划：	1	1	2
在线公布未来税收计划(28)	0.5	0.5	1
实施前公布未来税收计划(29)	0.5	0.5	1
总分	2	2	4

1.2 行政程序

1.2.1 简化税务记录保存和申报

30. 是否有法律规定允许企业纳税人在网上保存所有纳税记录？

30a. 是

30b. 部分

30c. 否

31. 是否有法律规定允许小企业使用简化的记录保存方法，例如单式记账法？

（是/否）

32. 是否有法律规定允许小企业简化税务申报，如减少申报频率、取消申报要求或简化纳税申报表？（是/否）

1.2.2 一般税务登记

33. 一般税务登记信息是否可在线获取？（是/否）
34. 立法是否规定了企业申报和缴纳所有税种和社保费的（税务）登记费？（是/否）
35. 立法是否规定了企业申报和缴纳所有税务和社保费登记的时限？（是/否）
36. 法律是否要求企业纳税人将注册登记事项的变更通知税务主管部门？

    36a. 是，通过企业注册官通知

    36b. 是，直接通知

    36c. 否

    如果回答为“36b”，请回答问题 37。
37. 是否对未按照要求将登记事项变更通知税务主管部门的行为有固定处罚制度？（是/否）

1.2.3 增值税登记

38. 如果存在基于消费的税收，法律框架是否规定增值税或其他基于消费的税收强制登记的流转起征点？（是/否）

    如果回答为“是”，请回答问题 39。
39. 法律框架是否允许低于起征点的企业自愿登记增值税或其他基于消费的税收？（是/否）

1.2.4 增值税退税

40. 如果存在基于消费的税收，是否有增值税退税机制？（是/否）

41. 增值税退税限制是否存在(例如,特定类型的企业纳税人、特定条件、特定商品提供的具体商品或服务、要求结转一定期限后才能申请退税)?(是/否;否—良好实践)

1.2 行政程序			
1.2.1 简化税务记录保存和申报			
指标	企业灵活度分值	社会效益分值	总分
简化税务记录保存和申报: 可在线保存纳税记录(30a)或 纳税记录可部分在线保存(30b) 小企业简化记录保存(31) 小企业简化记录申报(32)	1 0.5 或 0.25 0.25 0.25	1 0.5 或 0.25 0.25 0.25	2 1 或 0.5 0.5 0.5
总分	1	1	2
1.2.2 一般税务登记			
指标	企业灵活度分值	社会效益分值	总分
税务登记程序的透明度: 一般税务登记的在线信息(33) 费用的明确性(34) 时限的明确性(35) 通过企业注册官通知登记事项变更信息(36a)或 直接向税务主管部门通知登记事项变更信息,且不遵守规定将受到处罚(36b 或 37)	1 0.25 0.25 0.25 0.25 或 0.125	1 0.25 0.25 0.25 0.25 或 0.125	2 0.5 0.5 0.5 0.5 或 0.25
总分	1	1	2
1.2.3 增值税登记*			
指标	企业灵活度分值	社会效益分值	总分
增值税登记起征点: 存在增值税登记起征点(38) 增值税自愿登记的可获得性(39)	1 0.5 0.5	1 0.5 0.5	2 1 1
总分	1	1	2

（续表）

1.2.4　增值税退税*			
指标	企业灵活度分值	社会效益分值	总分
增值税退税*： 增值税现金退税的可获得性(40) 对增值税现金退税的限制(41)	1 0.5 0.5	1 0.5 0.5	2 1 1
总分	1	1	2

＊不征收增值税的经济体不对这些子类别计分。在这种情况下，这些子类别的分值将按比例重新分配给该类别中的其他子类别。

1.3　环境财政工具

1.3.1　存在环境财政工具

42. [经济体]是否存在碳税？

　42a. 是，不可再生化石燃料，与这些燃料的碳含量成正比

　42b. 是，基于直接排放法

　42c. 均是

　42d. 否（不存在或不是基于碳含量）

　如果回答为“42b”或“42c”，请回答问题44。

43. 经济体是否存在碳排放交易？（是/否）

　如果回答为“是”，请回答问题44。

44. 在[经济体]设施层面，是否存在测量、报告和核实排放量的具体机制？

　44a. 是

　44b. 否

　44c. 开发中

45. [经济体]是否采用了明确的化石燃料补贴，并将其应用于给最终消费者的销售价格中？（是/否；否—良好实践）

46. 是否存在支持私营部门向绿色经济转型的税收优惠措施或免税政策，例如可再生能源补贴、绿色技术税收优惠措施、清洁能源税收减免等？（是/否）

1.3.2 公众咨询的可获得性

47. 在引入环境财政工具之前，[经济体]的部委/立法/监管机构是否与私营部门的利益相关者进行咨询？

注：这种咨询可以采取面谈、在线会议、调查等形式。

47a. 是，总是

47b. 是，有时

47c. 否

如果回答为“是”，请回答问题48。

48. 是否在网上公布咨询结果？（是/否）

1.3.3 过渡期

49. 如果存在环境财政工具，法律是否建立了一种机制，告知企业环境工具的税率/价格可能会随着时间的推移而改变？

49a. 是，法律中包含预先确定的税率变化轨迹或自动调整机制（如基于排放触发）

49b. 是，税率仅根据通货膨胀率自动上调，同时采用特设机制（如定期审查）

49c. 否

50. [经济体]政府是否向公众宣传实施新的碳排放税/排放交易系统的过渡期？（是/否）

如果回答为“是”，请回答问题51。

51. 是否在网上公布有关实施新的碳排放税/排放交易系统过渡期的信息？（是/否）

1.3　环境财政工具			
1.3.1　存在环境财政工具			
指标	企业灵活度分值	社会效益分值	总分
存在环境财政工具［42a 或（42b 和 44a）或（42c 和 44a）或（43 和 44a）］	不适用	1	1
不存在化石燃料补贴（45）	不适用	1	1
其他机制（46）	1	1	2
总分	1	3	4
1.3.2　公众咨询的可获得性			
指标	企业灵活度分值	社会效益分值	总分
公众咨询的可获得性： 始终开展公众咨询（47a） 在线公布公众咨询结果（48）	1 0.5 0.5	1 0.5 0.5	2 1 1
总分	1	1	2
1.3.3　过渡期			
指标	企业灵活度分值	社会效益分值	总分
过渡期： 调整机制（49a） 过渡期的沟通（50） 在线公布过渡期的相关信息（51）	1 0.5 0.4 0.1	1 0.5 0.4 0.1	2 1 0.8 0.2
总分	1	1	2

支柱Ⅱ　税收机关提供的公共服务	
参数	
经营场所	经济体中最大（人口最多）的城市。对于支柱Ⅱ，如果一个经济体内不同地点的税务机关提供的公共服务不同，则要求专家提供最大城市的公共服务信息

（续表）

税务居住地	税务居民身份决定了企业是否根据经济体的国内法律进行税务居民/税务登记。将要求专家为在评估经济体中拥有税收居民身份的企业提供公共服务信息
行业和活动	不指具体行业。企业可以是任何行业和/或产业，但不包括矿业、采掘业和金融业

2.1 为纳税人提供数字化服务

2.1.1 纳税人在线服务门户网站

52. 是否存在纳税人在线服务门户网站？（是/否）

如果回答为“是”，请回答问题 53 至 59。

53. 在实际使用门户网站时是否存在任何障碍（例如，门户网站功能不全或经常出现故障，登录困难，需要接入极高速的互联网等）？（是/否；否—良好实践）

54. 门户网站是否在单一数字空间中涵盖了企业报告和/或支付的所有税款和社保费？（是/否）

55. 纳税人能否在纳税人在线服务门户网站上更新其银行账户和联系方式（如地址和电话号码）？（是/否）

56. 纳税人能否在纳税人在线服务门户网站上查看、准备、提交和调整报税文件？

56a. 是，所有功能都可用

56b. 是，但并非所有功能都可用（例如，不允许调整）

56c. 否

57. 纳税人能否在纳税人在线服务门户网站上进行财务交易（如缴税和申请退税）？（是/否）

58. 纳税人能否通过纳税人在线服务门户网站上的安全渠道与税务机关沟通？（是/否）

59. 纳税人能否在纳税人在线服务门户网站上查阅历史档案和通信内容？（是/否）

2.1.2 电子报税

60. 如果存在企业所得税，是否在税务门户网站上为所有企业所得税（企业所得税或其他基于企业收入的税）提供电子申报安排？（是/否）

60a. 是，所有都提供

60b. 是，仅部分提供

60c. 否

61. 如果存在基于消费的税种，是否在税务门户网站上为所有增值税或其他基于消费的税提供电子申报安排？（是/否）

61a. 是，所有都提供

61b. 是，仅部分提供

61c. 否

62. 如果存在社保费和就业税，是否在税务门户网站上为所有社保费和就业税提供电子申报安排？（是/否）

62a. 是，所有都提供

62b. 是，仅部分提供

62c. 否

2.1.3 预先填写纳税申报表

63. 如果存在企业所得税，是否提供所有企业所得税的预填电子申报表？（是/否）

63a. 是，所有都提供

63b. 是，仅部分提供

63c. 否

64. 如果存在消费税,是否提供所有增值税或其他基于消费的税预填电子申报表?(是/否)

64a. 是,所有都提供

64b. 是,仅部分提供

64c. 否

65. 如果存在社保费和就业税,是否提供所有社保费和就业税的预填电子申报表?(是/否)

65a. 是,所有都提供

65b. 是,仅部分提供

65c. 否

2.1.4 电子缴税

66. 如果存在企业所得税,是否在税务门户网站上为所有企业所得税提供电子缴税安排?(是/否)

66a. 是,所有都提供

66b. 是,仅部分提供

66c. 否

67. 如果存在消费税,是否在税务门户网站上为所有增值税或其他基于消费的税提供电子缴税安排?(是/否)

67a. 是,所有都提供

67b. 是,仅部分提供

67c. 否

68. 如果存在社保费和就业税,是否在税务门户网站上为社保费和就业税提供电子缴税安排?(是/否)

68a. 是，所有都提供

68b. 是，仅部分提供

68c. 否

2.1 为纳税人提供数字化服务			
2.1.1 纳税人在线服务门户网站			
指标	企业灵活度分值	社会效益分值	总分
纳税人在线服务门户网站：	1	1	2
提供纳税人在线服务门户网站(52)	0.125	0.125	0.25
在实际使用门户网站时不存在障碍(53)	0.125	0.125	0.25
门户网站涵盖所有税种和社保费(54)	0.125	0.125	0.25
纳税人可以在门户网站上更新其银行账户和联系方式(55)	0.125	0.125	0.25
纳税人可以在门户网站上查看、准备、提交和调整其申报文件(56a)或	0.125 或	0.125 或	0.25 或
纳税人可以在门户网站查看、准备、提交或调整其申报文件(56b)	0.0625	0.0625	0.125
纳税人可以在门户网站上进行财务交易(57)	0.125	0.125	0.25
纳税人可以通过安全渠道与税务机关进行沟通(58)	0.125	0.125	0.25
纳税人可以在门户网站上查阅历史资料和沟通情况(59)	0.125	0.125	0.25
总分	1	1	2
2.1.2 电子报税*			
指标	企业灵活度分值	社会效益分值	总分
电子申报：	1	1	2
所有企业均可在线申报所有企业所得税(60a)或	0.33 或	0.33 或	0.66 或
部分所有企业可在线申报部分或全部企业所得税(60b)	0.17	0.17	0.33

（续表）

指标	企业灵活度分值	社会效益分值	总分
所有企业均可在线申报所有增值税或其他基于消费的税（61a）或 部分全部企业可在线申报部分或全部增值税其他基于消费的税（61b） 所有企业均可在线申报所有就业税和社保费（62a）或 部分全部企业可在线申报部分或全部就业税和社保费（62b）	0.33 或 0.17 0.33 或 0.17	0.33 或 0.17 0.33 或 0.17	0.66 或 0.33 0.66 或 0.33
总分	1	1	2
2.1.3　预先填写纳税申报表			
指标	企业灵活度分值	社会效益分值	总分
预先填写申报表： 预填所有企业的所有企业所得税申报表（63a）或 预填所有部分企业的全部或部分企业所得税申报表（63b） 预填所有企业的所有增值税或其他基于消费的税申报表（64a）或 预填所有或部分企业的全部或部分增值税或其他基于消费的税申报表（64b） 预填所有企业的就业税和社保费申报表（65a）或 预填所有部分企业的所有或部分就业税和社保费申报表（65b）	1 0.33 或 0.17 0.33 或 0.17 0.33 或 0.17	1 0.33 或 0.17 0.33 或 0.17 0.33 或 0.17	2 0.66 或 0.33 0.66 或 0.33 0.66 或 0.33
总分	1	1	2
2.1.4　电子缴税*			
指标	企业灵活度分值	社会效益分值	总分
电子支付： 所有企业均可在线缴纳所有企业所得税（66a）或	1 0.33 或	1 0.33 或	2 0.66 或

（续表）

指标	企业灵活度分值	社会效益分值	总分
所有或部分企业可在线缴纳所有部分企业所得税(66b)	0. 17	0. 17	0. 33
所有企业均可在线支付所有增值税或其他基于消费的税(67a)或	0. 33 或	0. 33 或	0. 66 或
所有或部分企业可在线支付全部或部分增值税或其他基于消费的税(67b)	0. 17	0. 17	0. 33
所有企业均可在线缴纳所有就业税和社保费(68a)或	0. 33 或	0. 33 或	0. 66 或
所有或部分企业可在线缴纳所有部分就业税和社保费(68b)	0. 17	0. 17	0. 33
总分	1	1	2

*** 不征收以下税种之一的经济体——企业所得税、增值税、其他基于消费的税或就业税和社保费——不在相应的组成部分中进行评估。这些组成部分的分值将按比例重新分配给本指标的其他组成部分。**

2.2 税务机关的数据管理和系统整合

2.2.1 税务登记

69. 在实践中，当企业注册成立时，是否需要单独/额外的互动来完成各级行政部门的所有税种和社保费登记？（是/否；否—良好实践）

    如果回答为“是”，请回答问题 70。

70. 在实践中，所有税种和社保费的登记是否可以完全在网上进行，而无须亲自提交任何纸质副本？（是/否）

2.2.2 纳税人数据库和纳税人识别号

71. 如果企业所得税实行统一管理，是否存在统一的纳税人数据库？（是/否）
72. 如果企业所得税分多个层级管理，各级税收管理部门是否存在统一的纳税人数据库？（是/否）

73. 纳税人数据库是电子化的还是纸质的？

73a. 电子化的

73b. 纸质的

73c. [如果在多个层级上管理企业所得税]，两者都有，取决于管理层级

74. 纳税人数据库是否覆盖全国？（是/否）

75. 税务机关是否对企业的所有税款和社保费使用统一的识别号？（是/否）

如果回答为“否”，请回答问题76。

76. 注册企业是否存在单独的税号，用于缴纳企业所得税、增值税或其他基于消费的税、就业税和社保费？（是/否；否—良好实践）

2.2.3 税务注销

77. 在实践中，在企业终止并开始企业注销登记后，该企业与公共当局之间是否需要进行任何单独/额外的互动，以完成所有税种和社会缴款的注销登记？（是/否；否—良好实践）

如果回答为“是”，请回答问题78。

78. 在实践中，所有税种和社保费的注销登记是否可以完全在网上进行，而无须提交任何纸质副本？（是/否）

2.2.4 数据交换和使用（包括性别）

79. 在实践中，企业纳税人报告的信息是否与第三方信息来源（如其他机构的数据库、公开信息等）进行交叉核对？（是/否）

80. 税务机关是否有按性别分类的企业纳税人数据？（是/否）

如果回答为“是”，请回答问题81。

81. 税务机关是否对纳税人信息按性别分类进行分析？（是/否）

如果回答为“是”，请回答问题82。

82. 按性别分类的分析结果是否可在网上查阅?(是/否)

2.2　税务机关的数据管理和系统整合			
2.2.1　税务登记			
指标	企业灵活度分值	社会效益分值	总分
税务登记流程: 全自动(69)或 完全线上(70)	1 1 或 0.5	1 1 或 0.5	2 2 或 1
总分	1	1	2
2.2.2　纳税人数据库和纳税人识别号			
指标	企业灵活度分值	社会效益分值	总分
纳税人数据库和纳税人识别号: 统一的纳税人数据库(71 或 72) 电子化的纳税人数据库(73a) 覆盖全国的数据库(74) 适用于企业所有税种的单一纳税人识别号(75)或 企业所得税、增值税/其他消费税、就业税和社保费的单一纳税人识别号(76)	1 0.25 0.25 0.25 0.25 或 0.125	1 0.25 0.25 0.25 0.25 或 0.125	2 0.5 0.5 0.5 0.5 或 0.25
总分	1	1	2
2.2.3　税务注销			
指标	企业灵活度分值	社会效益分值	总分
税务注销: 全自动(77)或 完全线上(78)	1 1 或 0.5	1 1 或 0.5	2 2 或 1
总分	1	1	2
2.2.4　数据交换和使用(包括性别)			
指标	企业灵活度分值	社会效益分值	总分
税务门户网站信息交叉核对(79)	1	1	2

（续表）

指标	企业灵活度分值	社会效益分值	总分
按性别分类数据的可获得性及其分析： 按性别分类数据的可获得性(80) 税务机关按性别分类数据进行分析(81) 公布分析结果(82)	1 0. 33 0. 33 0. 33	1 0. 33 0. 33 0. 33	2 0. 66 0. 66 0. 66
总分	2	2	4

2. 3　透明度

2. 3. 1　税务机关的年度绩效以及性别多样化

83. 是否可以在网上查阅近期税务机关的年度财政和运营报告？

　83a. 是，财政报告

　83b. 是，运营报告

　83c. 是，两者都是

　83d. 否

84. 是否存在独立的外部审查机构（如政府检查员或根据经济法律法规任命的独立实体）对税务机关的财政和运营报告进行定期检查？

　84a. 是，财政报告

　84b. 是，运营报告

　84c. 是，两者都是

　84d. 否

　如果回答为“是”，请回答问题 85。

85. 外部审查机构的结论和建议是否可以在网上查阅？（是/否）

86. 网上是否存在税务机关工作人员性别构成情况的最新信息？（是/否）

87. 网上是否存在关于税务机关高级管理人员性别构成情况的最新信息？（是/否）

2.3.2 公共问责制

88. 在过去三年中,[城市]税务部门是否针对企业纳税人对税务部门服务和沟通的看法进行过调查?例如,纳税人对从税务机关获得的整体服务质量、在线服务门户网站的易用性、呼叫中心的协助质量、税务管理网站应增加的功能等方面的反馈意见。(是/否)

如果回答为"是",请回答问题 89。

89. 纳税人问卷的调查结果是否可以在网上查阅?(是/否)

90. 网上是否存在税务机关的道德准则和职业行为规范?(是/否)

如果回答为"是",请回答问题 91。

91. 道德准则和职业行为规范是否规定了税务官员不遵守道德准则和职业行为规范的后果,如警告信、暂时停职或解雇?(是/否)

92. 是否存在税务监察员或同等机构(如纳税人代表)调查企业纳税人就其从税务机关获得的服务和待遇提出的尚未解决的投诉?(是/否)

93. 是否存在反腐败机构负责调查对税务官员腐败行为的指控?(是/否)

2.3 透明度			
2.3.1 税务机关的年度绩效以及性别多样化			
指标	企业灵活度分值	社会效益分值	总分
年度绩效:	不适用	1	1
在线公布财政和运营绩效年度报告(83c)或	不适用	0.4 或	0.4 或
在线公布财政和运营绩效年度报告(83a 或 83b)	不适用	0.2	0.2
对税务机关的财政和运营绩效进行检查(84c)或	不适用	0.4 或	0.4 或
对税务部门的财政或运营绩效进行检查(84a 或 84b)	不适用	0.2	0.2

（续表）

指标	企业灵活度分值	社会效益分值	总分
在线查阅外部审查机构的调查结果(85)	不适用	0.2	0.2
税务机关工作人员的性别构成情况: 公开工作人员的性别构成情况(86) 公开高级管理人员的性别构成情况(87)	1 0.5 0.5	1 0.5 0.5	2 1 1
总分	1	2	3
2.3.2　公共问责制			
指标	企业灵活度分值	社会效益分值	总分
公共问责制: 纳税人看法调查(88) 在线公布调查结果(89) 道德守则的可获得性(90) 不当行为的后果(91) 税务监察专员或同等机构的存在(92) 反腐败机构的存在(93)	1 0.17 0.17 0.17 0.17 0.17 0.17	1 0.17 0.17 0.17 0.17 0.17 0.17	2 0.33 0.33 0.33 0.33 0.33 0.33
总分	1	1	2

2.4　税务检查和相关争议

2.4.1　税务检查

94. 税务机关是否存在年度国家税务检查计划，并可以在网上查阅？（是/否）

　如果回答为“是”，请回答问题95。

95. 年度国家税务检查计划是否涵盖经济中存在的所有核心税种？（是/否）

96. [经济体]中是否存在所有主要类型的税务检查？就本调查问卷而言，主要类型的税务检查包括全面（多个税种和多个年度）检查、单一问题检查、账簿和记录检查、增值税退税申请审查（如适用），以及对涉嫌税务欺诈的深入调查。请仅在具备上述所有检查类型时回答“是”。（是/否）

97. 网上是否存在税务检查手册和指南？（是/否）

2.4.2 税务检查结果的争议

98. 在实践中，纳税人能否就税务检查核税结果向税务机关内部的独立投诉审查机制提出上诉？例如，这可以是税务机关内部的一个独立机构或指定的审查官员，独立于税务机关的检查部门。（是/否）

如果回答为“否”，请回答问题99。

99. 在实践中的大多数情况下，哪个机构会对有关税务检查评估的投诉进行审查？

 99a. 税务机关内部非独立的争议解决审查机构（即由同一机构进行检查和审查，或由税务机关负责人进行检查和审查）

 99b. 由独立的外部专家审查委员会（如财政部内的一个单位）、税务法庭、税务法院、普通法院内的专门税务法庭进行外部审查

 99c. 具有一般管辖权的一审法院或行政法院

 99d. 其他（例如，实际上不独立于税务检查员的外部审查机制）

100. 在实践中，如果[问题99中选择的独立投诉审查机制/机构]没有在合理的时间内或法定期限前审查关于税务检查核税结果的投诉，之后后果如何？

 100a. 自动作出有利于纳税人的裁决（积极沉默做法）

 100b. 反对自动被驳回（消极沉默做法）

 100c. 纳税人可以将争议升级到下一阶段（上诉阶段），即使裁决尚未做出

 100d. 在公布裁决之前不得采取任何行动

101. 在实践中，如果纳税人对[问题99中选择的独立投诉审查机制/机构]的裁决不满意，第一个上诉渠道是什么机构？如果有多个选项，请选择在

大多数情况下使用的选项。

101a. 税务机关内部的审查委员会(即税务机关负责人)

101b. 独立的外部专家审查委员会(例如,税务机关内的机构)、税务法庭、税务法院或普通法院内的专门税务分庭

101c. 具有一般管辖权的法院

101d. 其他(例如,实际上不独立于税务检查员的外部审查机制)

2.4 税务检查和相关争议			
2.4.1 税务检查			
指标	企业灵活度分值	社会效益分值	总分
年度国家税务检查计划: 在线提供年度国家税务检查计划(94) 年度国家税务检查计划覆盖范围(95)	1 0.5 0.5	1 0.5 0.5	2 1 1
税务检查的框架: 税务检查的类型(96) 在线提供税务检查手册和指引(97)	1 0.5 0.5	1 0.5 0.5	2 1 1
总分	2	2	4
2.4.2 税务检查结果的争议			
指标	企业灵活度分值	社会效益分值	总分
一级审查机制: 独立内部审查(98)或 独立外部审查(99b)	1 1 或 0.5	1 1 或 0.5	2 2 或 1
二级审查机制: 积极沉默做法(100a)或 将争议升级到下一级(100c)	1 0.5 或 0.25	1 0.5 或 0.25	2 1 或 0.5
分级投诉机制(101b)	0.5	0.5	1
总分	2	2	4

支柱Ⅲ　税收制度在实践中的运作效率

基于企业层面数据的支柱Ⅲ的指标得分采用正态累积密度函数转换法计算,分值从 0 到 100,其中 0 和 100 分别代表可能的最低和最高得分。根据所收集数据的 5%分位数和 95%分位数确定表现最佳和最差的企业。

通过企业调查(问题 102 至 106 和 108 至 112)和专家咨询(问题 107),利用以下参数收集支柱Ⅲ中关于税收制度在实践中的运作效率的数据:

支柱Ⅲ　税收制度在实践中的运作效率	
参数	
经营场所	经济体中最大(人口最多)的城市。地理位置决定了适用于企业的税收规则框架。对于支柱Ⅲ,如果在一个经济体中,不同地区的税收制度效率不同,专家应提供最大城市的公共服务信息
税务居住地	税务居住地决定了企业是否为该经济体内法律规定的税收居民/进行税务登记。专家们将被要求提供有纳入评估经济体的税收居民身份的企业的相关信息
行业和活动	没有规定特定的行业。企业可以是除矿业、采掘业和金融业之外的任何行业和/或产业

3.1　流程的时间和功能

3.1.1　申报和缴纳税费的时间

102. 在[最后一个完整的财政年度],该机构每年用于准备、申报和支付所有税款(企业所得税、劳务税、增值税、消费税或销售税)所需的总时数是多少?

103. 在[最后一个完整的财政年度],该机构每月准备、申报和支付所有税款

（企业所得税、劳务税、增值税、商品及服务税或销售税）所需的平均时数是多少？

3.1.2 使用电子系统申报和缴款

104. 在[最后一个完整财政年度]，该机构是否以电子方式报税？

105. 在[最后一个完整财政年度]，该机构是否以电子方式纳税？

3.1.3 一般税务检查的持续时间

106. 从第一次与检查人员交流到收到最终检查报告需要多少周？

3.1.4 税务争议的持续时间

107. 在实践中，[问题 99 中选择的独立投诉审查机制/机构]审查关于税务检查核税的投诉，从提出投诉到公布完整的书面决定，通常需要多少个日历日？

3.1.5 获得增值税退税

108. 在过去三年中，该企业是否申请过增值税现金退税？（是/否）

如果回答为“否”，请回答问题 109。

如果回答为“是”，请回答问题 110。

109. 该单位没有申请增值税现金退税的主要原因是什么？

109a. 增值税现金退税时间过长

109b. 增值税现金退税申请过于复杂

109c. 该企业不需要申请增值税现金退税

110. 就最近一次增值税现金退税而言，从企业提交申请到收到退税需要多少周？

3.1　流程的时间和功能			
3.1.1　申报和缴纳税费的时间			
指标	企业灵活度分值	社会效益分值	总分
准备、申报和缴款的总时间(102或103)	100(100%)	不适用	100(100%)
子类别3.1.1总分	100	不适用	100
3.1.2　使用电子系统申报和缴款			
指标	企业灵活度分值	社会效益分值	总分
使用电子系统申报和缴款： 上一个日历年度使用电子系统报税的受访企业百分比(104) 上一个日历年度使用电子系统纳税的受访企业百分比(105)	100(100%) 50(50%) 50(50%)	不适用 不适用 不适用	100(100%) 50(50%) 50(50%)
子类别3.1.2总分	100	不适用	100
3.1.3　一般税务检查的持续时间			
指标	企业灵活度分值	社会效益分值	总分
完成检查所需的总时间(106)	100(100%)	不适用	100(100%)
子类别3.1.3总分	100	不适用	100
3.1.4　税务争议的持续时间			
指标	企业灵活度分值	社会效益分值	总分
审查税务争议的时间(107)	100(100%)	不适用	100(100%)
子类别3.1.4总分	100	不适用	100
3.1.5　获得增值税退税*			
指标	企业灵活度分值	社会效益分值	总分
实际获得增值税退税 即使有资格获得增值税退税，但因程序过于烦琐而未申请增值税退税的企业百分比(108、109a、109b)	100(100%) 50(50%)	不适用	100(100%) 50(50%)

（续表）

指标	企业灵活度分值	社会效益分值	总分
根据申请增值税退税问题的企业数量调整增值税退税的时间(109a、109b、110)	50(50%)	不适用	50(50%)
子类别 3.1.5 总分	100	不适用	100
类别 3.1 总分	100	不适用	100

* 不征收增值税的经济体在该子类别中将被分配最高分值。

3.2 企业的财务负担

3.2.1 企业所得税实际税负率

111. 在[最后一个完整的财政年度]，年度所得税成本占年度总利润的比例是多少？请排除任何税收抵免或扣除。

注：如果尚未支付税款，请注明预计支付的税款。

3.2.2 社保费和就业税实际税负率

112. 请根据该机构[最后一个完整的财政年度]的收入报表提供以下信息：

112.1 年度劳动力成本总额，包括工资、薪金、奖金、社保费。

112.1 其中社保费和就业税的年度总成本，不包括预扣的员工税。

3.2 企业的财务负担			
3.2.1 企业所得税实际税负率			
指标	企业灵活度分值	社会效益分值	总分
企业所得税实际税负率(111)	100(100%)	不适用	100(100%)
子类别 3.2.1 总分	100	不适用	100

（续表）

3.2.2　就业税和社保费实际税负率*			
指标	企业灵活度分值	社会效益分值	总分
就业税和社保费实际税负率（112.1 和 112.2）	100（100%）	不适用	100（100%）
子类别 3.2.2 总分	100	不适用	100
类别 3.2 总分	100	不适用	100

* **不征收企业所得税或就业税和社保费的经济体在相应子类别中将被分配最高分值。**

第九章　纠纷解决

方法论说明

Ⅰ. 动机

无论是在发达经济体还是在发展中经济体,商事纠纷都难免会发生。这些纠纷如果不能得到充分解决,就会对私营部门造成不利的经济后果,包括创业活动受阻,投资下滑,宏观经济波动。[①] 因此,运作良好的纠纷解决机制对于健康的商业环境至关重要。这样的机制对于效率和质量都提出了要求。[②]

构建时间成本低和高效的纠纷解决机制至关重要,因为耗时长、费用昂贵的诉讼程序,可能会违背将案件提交给官方机构的目的,使得正式的纠纷解决方式缺乏吸引力且难以负担。[③] 事实上,司法效率与促进创业活动之间存在相关性。[④] 证据还表明,在更有效的法院系统下,企业有可能获得更为丰富的融资渠道和更多的借贷机会。[⑤] 同时,快捷的司法系统与更高水平的国内外投资相关。[⑥] 当投资者知道在对方不履行义务的情况下,他们的索赔请求将会得到及时审理时,他们可能会有更多的动机来增加投资。[⑦] 此外,提高司法效率可以增强竞争力和促进创新。[⑧]

纠纷解决程序的质量也很重要。[⑨] 应由能够做出正确判决的可靠机构对索赔请求进行审慎地考虑。[⑩] 在对法院系统缺乏信心的经济体中,企业扩大

---

① Esposito, Lanau, and Pompe (2014).

② Kondylis and Stein (2023).

③ Lichand and Soares (2014).

④ Amirapu (2021); Chemin (2020); Garcia-Posada and Mora-Sanguinetti (2015); Ippoliti, Melcarne, and Ramello (2015).

⑤ Chemin (2012); Maresch, Moro, and Ferrando (2018).

⑥ Chemin (2020); Koutroumpis and Ravasan (2020).

⑦ Chemin (2009); Dejuan-Bitria and Mora-Sanguinetti (2021).

⑧ OECD (2013a).

⑨ Chakraborty (2016); Shvets (2013).

⑩ Chakraborty(2016); Shvets (2013).

业务范围和寻找其他贸易伙伴的意愿较低。① 为吸引更多投资者，经济体不仅应确保司法机构的有效性，还应确保其实力和可信度。② 合同可执行性受限与资源分配不合理、技术效率低下以及宏观经济波动加大息息相关。③ 由于商事纠纷解决不力，企业可能无法及时且足额付款，可能会出现流动性和资不抵债问题，以及随之而来的破产和失业。④

高效、优质的纠纷解决机制需要一个清晰且最新的规则框架和更加完善的公共服务。⑤ 健全的法律法规至关重要，因为它们为及时且合法地解决纠纷奠定了基础。⑥ 精心构建的规则框架必须通过健全的公共服务体系来落实。⑦ 这种体系的关键要素包括坚实的组织结构、高度数字化、增加的透明度和与替代性纠纷解决机制相关的先进服务。⑧ 有鉴于此，纠纷解决主题重点关注规则的质量和公共服务，以及在实践中应用规则和服务的运作效率。

Ⅱ. 指标

纠纷解决主题从三个不同维度（这里称为支柱）衡量商事纠纷（即企业在商事环境中产生的纠纷）解决的效率和质量。支柱Ⅰ评估与诉讼程序和替代性纠纷解决机制相关的立法是否充分，涵盖高效处理案件、便利解决跨境索赔、创建纠纷解决的替代方法以及确保相关机构可信度所需的法律特征。支

---

① World Bank (2004).

② Biglaiser and Staats (2011); World Bank (2019).

③ Adama (2020); Amaral and Quintin (2010); Cooley, Marimon, and Quadrini (2004); Dumav, Fuchs, and Lee (2022).

④ Chakraborty (2016); Esposito, Lanau, and Pompe (2014); Shvets (2013).

⑤ Marciano, Melcarne, and Ramello (2019); Ndungu and Muriu (2017).

⑥ Muriu and Ndungu (2017); Reuben (2010).

⑦ Peev (2015).

⑧ Cabral et al. (2012); CEPEJ (2008); Gramckow et al. (2016, 89-96); Marciano, Melcarne, and Ramello (2019); Melcarne and Ramello (2015); Pouget (2013); Susskind (2020); World Bank (2011).

柱Ⅱ衡量法院的组织结构、数字化程度和透明度以及替代性纠纷解决相关服务，从而反映公共服务的实际提供情况。支柱Ⅲ衡量纠纷解决的可信度、纠纷解决所需的时间和费用，以及与裁决承认和执行相关的时间和费用。每个支柱划分为若干类别，这些类别是根据共同特征确定的，可将它们划分为特定的类别，每个类别进一步分为若干子类别。所有子类别均由具体指标组成，而这些指标又包含一个或多个组成部分。每项指标都有相应的分值，然后汇总得出每个子类别、类别和支柱的得分。表1汇总了上述三个支柱及其各自的类别。

表1　纠纷解决主题三大支柱汇总表

支柱Ⅰ	**纠纷解决规则的质量（26项指标）**
1.1	诉讼程序（16项指标）
1.1.1	程序确定性（包括环境）（10项指标）
1.1.2	司法诚信（包括性别平等）（6项指标）
1.2	替代性纠纷解决机制（ADR）（10项指标）
1.2.1	仲裁的法律保障（6项指标）
1.2.2	调解的法律保障（4项指标）
支柱Ⅱ	**纠纷解决的公共服务（29项指标）**
2.1	诉讼程序（20项指标）
2.1.1	法院的组织结构（5项指标）
2.1.2	诉讼程序的数字化（8项指标）
2.1.3	法院透明度（包括性别）（7项指标）
2.2	替代性纠纷解决机制（9项指标）
2.2.1	仲裁的公共服务（包括性别）（5项指标）
2.2.2	调解的公共服务（包括性别）（4项指标）
支柱Ⅲ	**解决商事纠纷的便利程度（14项指标）**
3.1	诉讼程序（8项指标）

（续表）

3.1.1	法院的可信度(2 项指标)
3.1.2	诉讼程序的运作效率(6 项指标)
3.2	替代性纠纷解决机制(6 项指标)
3.2.1	替代性纠纷解决机制的可信度(2 项指标)
3.2.2	仲裁程序的运作效率(4 项指标)

1. 支柱Ⅰ. 纠纷解决规则的质量

表2显示了支柱Ⅰ(即纠纷解决规则的质量)的结构。该支柱的每个类别和子类别将按照表中所示顺序进行更为详细的讨论。

表2　支柱Ⅰ　纠纷解决规则的质量

1.1	诉讼程序
1.1.1	程序确定性(包括环境)
1.1.2	司法诚信(包括性别)
1.2	替代性纠纷解决机制
1.2.1	仲裁的法律保障
1.2.2	调解的法律保障

1.1　诉讼程序

类别1.1分为2个子类别,每个子类别分为若干指标,每项指标分为若干组成部分。

1.1.1　程序确定性(包括环境)

提高纠纷解决程序的确定性有助于推进诉讼程序并防止僵局。[1] 例如,

---

① Kondylis and Stein (2023).

特定关键程序的时间标准可以解决诉讼中一些最常见的低效率问题，如向被告送达诉状或准备专家意见。[①]同样，在诉讼中规定一个期限，在此期限之后不得提交新的证据，这往往会加快案件的审理。[②] 另一项重要的程序保障措施是规定法官可以决定的最多延期次数。[③] 至关重要的是，举行庭前会议同样与程序确定性相关。[④] 如果法官有权在有效送达的被告未应诉或未出庭的情况下做出缺席判决，纠纷解决过程可能会进一步简化。[⑤]

为了简化国际纠纷的解决，必须就承认外国判决的程序制定明确而直接的规则。例如，规定取消对债权人提供担保的要求，并确保当地法院不得对外国判决进行审查。[⑥] 至于执行程序，可以通过明确赋予执行人员扣押更多类别资产的权力，如债务人对第三方的金钱债权、金融工具或电子资产（如加密货币），从而为执行程序提供便利。[⑦]

最后，同样重要的是，考虑到环境可持续性对私营部门的重要性与日俱增，确保相关环境纠纷也能得到及时、彻底的解决至关重要。通过简化对污染企业提起诉讼的程序，要求企业考虑其运营对环境的影响，并允许法院针对具体纠纷采取额外的补救措施，可以提高这方面的效率。[⑧] 因此，子类别 1.1.1 程序确定性（包括环境）包括 10 项指标（表 3）。

---

① Chemin (2012); CEPEJ (2021a); Gramckow et al. (2016, 37 – 61); Jean and Gurbanov (2015, 125 – 28).

② CEPEJ (2018); Steelman (2008).

③ Gramckow et al. (2016, 37 – 72); UNODC (2011b, 39 – 58).

④ CEPEJ (2016, 19 – 25); NAPCO (2016).

⑤ EU (2006); Gramckow et al. (2016, 37 – 72).

⑥ Browne, Blears, and Watret (2021, 113 – 23); HCCH (1961, 2019).

⑦ CECL and UIHJ (2021, 33 – 39).

⑧ Ellis (2012); Murase (1995); UN (1992); UNEP (2016).

表 3　子类别 1.1.1 程序确定性(包括环境)

	指标	组成部分
1	时间标准	(1) 向被告送达起诉状 (2) 提交答辩意见 (3) 发表专家意见 (4) 提交判决书
2	审议临时措施请求的时间限制	是否存在审议临时措施请求的时间限制
3	举证时限	提出证据有时间限制
4	延期开庭的限制	(1) 限制延期的理由 (2) 延期次数上限
5	举行庭前会议	举行庭前会议
6	缺席判决的可获得性	缺席判决的可获得性
7	承认与执行外国判决	(1) 允许使用海牙认证 (2) 不要求外国判决债权人提供担保 (3) 拒绝承认和执行外国判决的理由
8	执行判决的时限	存在执行判决的时限
9	执行人员有权扣押其他类型财产	(1) 执行人员扣押债务人对第三方金钱债权的权力 (2) 执行人员扣押债务人金融工具(如债券和股票)的权力 (3) 执行人员扣押债务人电子资产(如加密货币)的权力
10	环境可持续性	(1) 扩大环境纠纷的诉讼资格 (2) 要求污染企业对在国外造成的环境损害负责 (3) 企业有义务考虑经营活动对环境的影响 (4) 扩大环境纠纷的救济范围

1.1.2　司法诚信(包括性别)

司法诚信是确保公众信任纠纷解决机制的关键。如果企业认为法院不可靠、存在偏见或腐败,企业可能会全面申请回避法院。[①] 加强法官独立性和

① Acemoglu et al.(2020).

公正性的良好实践纳入法律，对于司法诚信至关重要。[①] 例如，应制定保护措施，使法官免受法院院长对其案件裁决的干预，以及免受仅因解释和适用法律而被纪律处分的程序。[②] 要求法官披露其资产可能会加强法官问责制。[③]

制定有针对性的规定（如法官职业道德准则或执行人员职业道德准则）也有助于维护诚信。[④] 各经济体可通过制定司法检举政策进一步提高法院的可信度。[⑤] 为确保法律面前人人平等，纠纷解决体系应在性别包容方面起到表率作用。这意味着女性与男性可以平等地参与诉讼。[⑥]因此，子类别 1.1.2 司法诚信（包括性别）有 6 项指标（表 4）。

表 4　子类别 1.1.2 司法诚信（包括性别）

	指标	组成部分
1	防止妨碍法官工作的保障	（1）防止法院院长干预其他法官的裁决 （2）排除仅因法官适用和解释法律而对其纪律处分的可能性
2	法官披露资产	（1）法官有义务每年披露其财产资产情况 （2）将法官披露的财产资产情况提供给公众监督
3	法官职业道德准则	法官职业道德准则
4	执行人员职业道德准则	执行人员职业道德准则
5	存在司法检举政策	存在司法检举政策
6	商事诉讼中男女权利平等	商事诉讼中男女权利平等

① Chemin (2012); Kondylis and Stein (2023).

② USAID (2002, 9－42); OSCE (2010).

③ Transparency International (2007, 3－14); UNODC (2011, 21－134); USAID (2009); USAID (2002, 1－4).

④ GIZ (2020); UNODC (2011, 21－134).

⑤ Beim, Hirsch, Kastellec (2014); Brown, Lewis, Moberly, and Vandekerckhove (2014); Council of Europe 2014; ICC (2014).

⑥ Feenan (2008); IDLO (2018); Samaha (2021); UN General Assembly (1979).

1.2 替代性纠纷解决机制

类别 1.2 分为 2 个子类别，每个子类别由若干指标组成，每项指标可能包含多个组成部分。

1.2.1 仲裁的法律保障

仲裁是一种替代性纠纷解决机制，被企业广泛用于解决其商事纠纷。[①] 为充分发挥仲裁的效用，应考虑尊重当事人的自主权，特别是取消限制自由选择仲裁员和法律顾问的限制。[②] 同样重要的是提供广泛的仲裁途径。例如，为了解决这一问题，法律可以取消对国有企业和公共机构使用仲裁解决商事纠纷的限制，或明确授权第三方出资帮助小型企业支付法律费用。[③] 与其他类型的纠纷解决方式一样，保障仲裁的独立性和公正性至关重要。具体而言，这些措施包括仲裁员披露利益冲突的规则，以及当事人有权质疑仲裁员独立性和公正性的规则。[④]

健全的仲裁监管框架的另一个关键要素是承认“仲裁庭管辖权自治原则”，该原则授权仲裁庭在国内法院介入之前就其是否具有管辖权的问题做出裁决。[⑤] 考虑到司法机构在任何争端解决体系中都发挥着主要作用，法院支持仲裁程序的重要性不言而喻。特别是，法院可以通过协助仲裁庭采取临时措施和为收集证据提供便利来提供这种支持。[⑥] 此外，如果立法规定了一个简单、最新和可预测的仲裁裁决承认和执行制度，可以进一步增强仲裁的吸引力。这样的制度允许承认和执行临时和部分裁决，并确保国内和外国裁

---

① UN (2006, 2021), USAID (1998).

② ArbitralWomen (2016); ICCA (2020, 61－104); UNCITRAL (2008).

③ CAM (2020); European Parliament (2022); ICC (2012); UNCITRAL (2022, 12－21).

④ UNCITRAL (2008).

⑤ UNCITRAL (2008).

⑥ UNCITRAL (2008).

决不得因法律或事实错误而被审查。[①] 因此,子类别 1.2.1 仲裁的法律保障包括 6 项指标(表 5)。

表 5　子类别 1.2.1 仲裁的法律保障

	指标	组成部分
1	当事人在仲裁中的自主权	(1) 允许当事人自由选择仲裁员 (2) 允许当事人自由选择法律顾问
2	获得仲裁	(1) 与国有企业和公共机构的纠纷仲裁 (2) 提供第三方资助
3	仲裁员的独立性与公正性	(1) 仲裁员披露利益冲突 (2) 当事人质疑仲裁员独立性和公正性的权利
4	遵循仲裁庭管辖权自治原则	遵循仲裁庭管辖权自治原则
5	法院对仲裁的支持	(1) 法院支持在仲裁中命令采取临时措施 (2) 法院在仲裁证据收集方面的支持
6	仲裁裁决的承认和执行	(1) 临时裁决的承认和执行 (2) 部分裁决的承认和执行 (3) 撤销、废止或取消国内仲裁裁决的理由 (4) 拒绝承认和执行外国仲裁裁决的理由

1.2.2　调解的法律保障

调解为各方当事人提供了一个独特的机制,以具有建设性和双方都同意的方式解决纠纷。事实证明,一些良好实践有助于调解程序。规定商事调解是自愿的,有助于确保只有那些希望友好解决的当事人才会诉诸商事调解。[②] 独立性和公正性的保障措施在调解中同样重要,特别是制定调解员披露利益冲突的规则,以及限制调解员在相同或相关纠纷中担任仲裁员的规则。[③] 调

① UNCITRAL (1958, 2008).

② Decker (2013); Gramckow et al. (2016, 97 - 110); Quek Anderson (2010); Reuben (2007); Streeter-Schaefer (2001).

③ UNCITRAL (2018).

解程序中的另一项重要保障是，确保为调解目的而提出的建议和陈述不得在其他程序中使用。[①] 此外，如果法律框架规定了简化的调解协议执行制度，并允许承认和执行国际调解协议，调解可能会更具吸引力。[②] 因此，子类别 1.2.2 调解的法律保障包括 4 项指标(表 6)。

表 6　子类别 1.2.2 调解的法律保障

	指标	组成部分
1	当事人在调解中的自主权	(1) 商事调解的自愿性 (2) 允许各方自由选择调解员
2	调解员的独立性与公正性	(1) 调解员披露利益冲突 (2) 限制调解员在相同或相关纠纷中担任仲裁员
3	调解中提出的建议和陈述在其他程序中不可采用	调解中提出的建议和陈述在其他程序中不可采用
4	调解协议的承认和执行	(1) 简化调解协议的执行机制 (2) 承认和执行国际调解协议

2. 支柱Ⅱ. 纠纷解决的公共服务

表 7 显示了支柱Ⅱ(即纠纷解决的公共服务)的结构。该支柱的每个类别和子类别都将按照表中所示顺序进行更为详细的讨论。

表 7　支柱Ⅱ 纠纷解决的公共服务

2.1	诉讼程序
2.1.1	法院的组织结构
2.1.2	诉讼程序的数字化
2.1.3	法院的透明度(包括性别)

① UNCITRAL (2018).

② EU (2008); UN (2014, 4-24); UNCITRAL (2018).

（续表）

2.2	替代性纠纷解决机制
2.2.1	仲裁的公共服务（包括性别）
2.2.2	调解的公共服务（包括性别）

2.1 诉讼程序

类别2.1有3个子类别，每个子类别分为若干指标，每项指标分为若干组成部分。

2.1.1 法院的组织结构

有效和可靠的纠纷解决过程，取决于健全的制度框架。在此框架内，法院专业化、司法公正和诚信度等方面发挥着重要作用。[①] 确保商事案件在一审阶段由专门法院或部门处理，可以对纠纷解决的效率和质量产生积极影响。[②] 国际案件因其独特性，也可受益于专业化程度的提高。为此，可以设立一个专门审理国际商事案件的法院或法庭，并设立一个公共机构或政府部门，专门负责预防和尽早解决投资者与国家之间的纠纷。[③]

在商事诉讼中司法公正也很重要，小微企业在这方面尤为脆弱。[④] 为确保所有市场参与者都能获得司法公正，各经济体可设立小额诉讼法庭或程序，并针对无力承担法律费用的企业家设立法律援助计划。[⑤] 此外，在司法进程中，纠纷解决系统的组织方式和案件的实际处理方式往往会引起投诉。如

---

① Lichand and Soares (2014).

② Blair (2019); OECD (2013b, 19-33).

③ Brekoulakis and Dimitropoulos (2022); Godwin, Ramsay, and Webster (2017); Gu and Tam (2022); UNCTAD (2010, 2011); Johnson, Sachs, and Merrill (2021); World Bank Group (2019).

④ Lichand and Soares (2014).

⑤ CEPEJ (2022); Gramckow et al. (2016, 7-36); UNODC (2011); World Bank Group (2020).

果不加以解决，这些投诉可能会导致机构公信力下降，并造成程序效率低下。因此，建立特定的独立审查机制至关重要，该机制允许受害方提出投诉，特别是在法官任命（和晋升，如适用）、法官的不当行为以及执行人员的不当行为等方面。[①] 因此，子类别 2. 1. 1 法院的组织结构包括 5 项指标（表 8）。

表 8　子类别 2. 1. 1 法院的组织结构

	指标	组成部分
1	设有商事法院或商事审判庭	设有商事法院或商事审判庭
2	自动随机分案	自动随机分案
3	小微企业的司法救济路径	（1）设立小额诉讼法庭或程序 （2）在小额诉讼法庭或程序前进行自我辩护 （3）存在针对小微企业的法律援助计划
4	国际纠纷解决的便利度	（1）设有国际法院或法庭 （2）建立预防并尽早解决投资者与国家之间纠纷的机制
5	确保司法诚信的特别审查机制	（1）对法官任命（和晋升，如适用）决定的投诉审查机制 （2）对法官不当行为的投诉审查机制 （3）对执法人员不当行为的投诉审查机制

2. 1. 2　诉讼程序的数字化

COVID－19 大流行为纠纷解决提供了一个关键教训，即数字化可能对确保司法公正和简化程序产生重大影响。通过技术进步，应允许诉讼当事人以电子方式提交和接收诉讼文件。这包括在诉讼开始时以及所有后续阶段提交和送达文件，一直延伸到以电子方式接收法院的判决书。[②] 在相关情况下，

① CEPEJ（2021b，4－31）；Council of Europe（1998，2007）；UNODC（2011，5－19）；USAID（2002，9－42）.

② ABA（2006）；Cabral et al.（2012）；CEPEJ（2021c）；Cordella and Contini（2020，1－56）；EBRD（2020，17－24）；Gramckow and Nussenblatt（2013）；Greacen（2018）.

同样重要的是确保当事人可以通过电子方式与法院工作人员和执行人员进行沟通。[①]

规定电子证据的可采纳性并引入在线庭审,可以进一步促进纠纷解决的数字化。[②] 诉讼程序数字化的其他重要方面包括电子支付诉讼费用、以电子方式跟踪案件、电子方式查阅庭审排期表以及电子签发和验证海牙认证。[③] 在执行方面,数字化特别与网上拍卖有关。[④] 因此,子类别 2.1.2 诉讼程序的数字化包含 8 项指标(表 9)。

表 9　子类别 2.1.2 诉讼程序的数字化

	指标	组成部分
1	网上立案	(1) 以电子方式提交起诉状 (2) 以电子方式送达起诉状副本
2	诉讼中诉讼材料的电子流转	诉讼中诉讼材料的电子流转
3	发布电子判决书	发布电子判决书
4	与法院和执行人员的在线沟通	(1) 与法院的在线沟通 (2) 与执行人员的在线沟通
5	电子证据的可采纳性	电子证据的可采纳性
6	在线庭审	在线庭审
7	辅助在线服务	(1) 电子支付诉讼费用 (2) 以电子方式跟踪案件 (3) 电子查阅庭审排期表 (4) 电子签发和验证海牙认证
8	网上拍卖	网上拍卖

① CEPEJ (2017, 9 - 52); Cordella and Contini (2020, 1 - 56); EU (2021, 21 - 40); Gramckow and Nussenblatt (2013).

② CEPEJ (2020a, 17 - 42, 2021d); Council of Europe (2019); Greacen (2018); JTC (2016); OECD (2020).

③ Cabral et al. (2012); CEPEJ (2008, 2021c); CJEU (n. d.); Cordella and Contini (2020, 1 - 56); EBRD (2020, 17 - 24); Gramckowand Nussenblatt (2013); HCCH 2024; UNODC (2011, 59 - 84).

④ CEPEJ (2015); EBRD (2020, 17 - 24).

2.1.3 法院的透明度(包括性别)

透明度是建立司法公信力的基础。透明的纠纷解决机制能提高公众对法院和诉讼程序的控制程度,并使当事人对案件的处理更有把握。纠纷解决的公开性首先要确保所有法律文件(法律、法规、指令、命令等)都是免费公布的。[①] 除法律法规外,公布一审法院和更高层级法院的判决也至关重要。[②] 关于诉讼程序的进行,透明度原则要求允许公众参与听证会,无论是线下的还是线上的。[③]

如果纠纷解决机制表明将收集和公布有关其组织和实际效果的信息,司法机构的可信度可能会进一步提高。首先,重要的是公开关于法官人数的统计数据,按法院、法院审级以及法官性别分类。[④] 与此相关的是,需要确保及时公布有关法官任命(和晋升,如适用)过程的信息。[⑤] 此外,必须生成和发布有关实际效果的关键统计数据,例如裁决不同类别案件所需的时间以及已结案件数量与新收案件数量的数据。[⑥] 在执行程序中,公布信息的重要性同样关键,其中,有关诉讼程序的平均时间以及已结案和未结案的数量信息尤为重要。[⑦] 因此,子类别 2.1.3 法院的透明度(包括性别)包括 7 项指标(表 10)。

表 10 子类别 2.1.3 法院的透明度(包括性别)

	指标	组成部分
1	法律法规的公共数据库	立法法案的公共数据库
2	公众线下参与庭审	公众线下参与庭审

① CEPEJ (2008); Gramckow et al. (2016, 73 - 96).
② CEPEJ (2008); EU (2021, 21 - 40); Gramckow et al. (2016, 73 - 96); OSCE (2010).
③ ABA (2019); ECHR (2010); OHCHR (1966); UN (1948).
④ CEPEJ (2020d, 43 - 76); UN (2016, 1 - 81).
⑤ CEPEJ (2020b, 2020c); ECPR (2017); Transparency International (2021); UNODC (2011, 21 - 38); UNODC (n. d.); USAID(2002, 9 - 148).
⑥ CEPEJ (2008, 2020d, 105 - 36); EU (2021, 7 - 20).
⑦ CEPEJ (2009, 2015, 2021b); Gramckow (2014).

（续表）

	指标	组成部分
3	公众在线参与庭审	公众在线参与庭审
4	更高层级法院裁判文书的公开度	更高层级法院裁判文书的公开度
5	一审法院裁判文书的公开度	一审法院裁判文书的公开度
6	法院组织信息的公开度	（1）按法院和审级分列的法官人数统计数据 （2）按性别分列的法官人数统计数据 （3）法官任命（和晋升，如适用）信息的公开度
7	审判与执行工作信息的公开度	（1）审理时间报告 （2）结案率报告 （3）执行程序平均时长的统计数据 （4）已结案数量和未结案数量的统计数据（周转率）

2.2　替代性纠纷解决机制

类别 2.2 有 2 个子类别，每个子类别包含若干指标，每项指标相应地可能包含若干组成部分。

2.2.1　仲裁的公共服务（包括性别）

在商事纠纷解决方面，须确保企业能够利用其他机制，无论这些机制是由政府直接提供还是通过私营部门代为提供。替代性纠纷解决机制，例如仲裁和调解，通常比法院更灵活，因此可能更适合当事人的具体需求。因仲裁服务被广泛使用，它无论对于国内还是国际案件都显得尤为重要。[①] 如果仲裁机构设置了旨在提高仲裁程序效率的特殊程序，则可以使仲裁更具吸引力。这些服务包括紧急仲裁、提前驳回、快速（速裁）仲裁以及合并相关仲裁

① Pouget (2013); World Bank (2011); Yin (2021).

程序和追加当事人。①

为了进一步促进仲裁,可以设立合格的仲裁员名册,同时不禁止在名册之外选择仲裁员。② 根据其他良好实践,仲裁机构可以在正式发布仲裁裁决之前检查其草案质量。③ 为了适应最新趋势,仲裁服务应采用数字化形式,包括开发相关的在线平台、实现虚拟会议和庭审,并引入电子签名。④ 此外,透明度对于仲裁的可信度至关重要。这促使仲裁机构收集和披露有关已处理案件数量、解决纠纷所需的时间、按性别分列的仲裁员人数,以及公布仲裁裁决的统计数据。⑤ 因此,子类别 2. 2. 1 仲裁的公共服务(包括性别)包括 5 项指标(表 11)。

表 11　子类别 2. 2. 1 仲裁的公共服务(包括性别)

	指标	组成部分
1	商事仲裁服务的可获得性	(1) 国内仲裁的可获得性 (2) 国际仲裁的可获得性
2	仲裁特别程序	(1) 紧急仲裁程序 (2) 提前驳回程序 (3) 速裁(快速)程序 (4) 合并相关仲裁程序和追加当事人
3	促进仲裁	(1) 设立仲裁员名册 (2) 检查仲裁裁决草案的质量

① Ashford (2021); Boisson de Chazournes, Bonnin, Kaufmann-Kohler, and Mbengue (2006); Casey (2020); Florescu (2020); Hanessian and Dosman (2018); ICC (2021); Lecuyer-Thieffry and Paraguacuto-Mahe (2017); Mino and Solanki (2023); Platte (2002); Prasad (2021); UNCITRAL (2021,2023); Wallach (2023).

② Schimmel et al. (2018).

③ CIArb (2021); Flecke-Giammarco (2014); ICC (2021); Park (2001).

④ Piers and Aschauer (2018, 54 - 98).

⑤ Baetens (2020); CAM (2015); Gramckow et al. (2016, 97 - 110); ICCA (2022, 11 - 22); New York City Bar (2014); UN (2016, 1 - 14); Zlatanska (2015).

（续表）

	指标	组成部分
4	仲裁数字化程度	（1）在线仲裁平台 （2）仲裁中的虚拟会议和庭审 （3）以电子方式签署仲裁裁决
5	仲裁的透明度	（1）仲裁解决案件数量的统计数据 （2）仲裁解决案件时间的统计数据 （3）公布仲裁裁决概要 （4）按性别分列的仲裁员人数统计数据

2.2.2 调解的公共服务（包括性别）

调解是另一种常见的替代性纠纷解决机制。法院和私人调解员提供调解服务，对于帮助当事人以友好方式解决纠纷至关重要。① 与仲裁一样，调解机构可以通过建立合格调解员名册来启动程序，同时不禁止在名册之外选择调解员。② 为了通过调解更好地解决纠纷，在实践中引入相关的经济激励措施是至关重要的。③ 在调解中，数字化同样重要，这可能延伸到实现以电子方式提交调解请求、提供虚拟会议和引入电子签名。④ 调解也得益于透明度，收集和发布已结案件数量和按性别分列的调解员数量统计数据可以进一步增加其吸引力。⑤ 因此，子类别 2. 2. 2 调解的公共服务（包括性别）包括 4 项指标（表 12）。

① European Parliament (2011, 3-5); Pouget (2013); World Bank (2011).

② UNCITRAL (2018).

③ European Parliament (2011).

④ Cordella and Contini (2020, 1-56); Cortés (2011, 51-75); EBRD (2021); Greacen (2018); OECD (2020); UNCITRAL (2017); Van den Heuvel (2000).

⑤ Gramckow et al. (2016, 97-110); Kessedjian (2022); Kray and Kennedy (2017); United Nations (2016, 1-14).

表 12　子类别 2.2.2 调解的公共服务(包括性别)

	指标	组成部分
1	商事调解服务的可获得性	(1) 法院附带调解的可获得性 (2) 私人调解的可获得性
2	促进调解	(1) 设立调解员名册 (2) 使用经济激励措施来鼓励采用调解方式
3	调解数字化程度	(1) 以电子方式提交调解请求 (2) 调解中的虚拟会议 (3) 以电子方式签署调解协议
4	调解的透明度	(1) 通过调解解决的案件数量统计数据 (2) 按性别分列的调解员人数统计数据

3. 支柱Ⅲ. 解决商事纠纷的便利程度

表 13 显示了支柱Ⅲ(即解决商事纠纷的便利程度)的结构。该支柱的每个类别和子类别将按照表中所示的顺序进行更为详细的讨论。

表 13　支柱Ⅲ 解决商事纠纷的便利程度

3.1	诉讼程序
3.1.1	法院的可信度
3.1.2	诉讼程序的运作效率
3.2	替代性纠纷解决机制
3.2.1	替代性纠纷解决机制的可信度
3.2.2	仲裁程序的运作效率

3.1　诉讼程序

类别 3.1 有 2 个子类别,每个子类别包含若干指标,每项指标相应地可能包含若干组成部分。

3.1.1 法院的可信度

当企业知道纠纷解决系统是可靠的,并且纠纷解决系统能够谨慎处理他们的案件,企业才会利用它。当企业对该系统缺乏信任时,则可能会考虑避开它,进而搁置纠纷,这不利于企业的商业运作。在此背景下,确保法院在解决商事纠纷时的独立性和公正性至关重要。① 因此,子类别 3.1.1 法院的可信度包括 2 项指标(表 14)。

表 14 子类别 3.1.1 法院的可信度

	指标	组成部分
1	在解决商事纠纷时,法院是独立和公正的	认为法院在解决商事纠纷时是独立和公正的
2	法院不是商业运作的障碍	以对法院的感知指数作为约束

3.1.2 诉讼程序的运作效率

效率在纠纷解决中起着至关重要的作用。② 该领域的一个经典法谚认为,迟来的正义就是被剥夺的正义。同样,成本过高的纠纷解决制度可能会影响实现司法公正。③ 因此,法院及时和经济高效地解决商业纠纷直接影响着企业利益。④ 特别是,诉讼程序的总时间可能受到以下因素的影响:在一审法院裁决案件的时间、进行强制调解的时间(如适用)或在二审法院完成案件审查的时间。总费用可能会受到以下因素的影响:一审法院产生的律师费和诉讼费用、与强制调解相关的费用(如适用)或在二审法院产生的律师费和

---

① Council of Europe (2020); Voigt, Gutmann, and Feld (2015).

② Amirapu (2021).

③ Amirapu (2021).

④ Chemin (2009); Dejuan-Bitria and Mora-Sanguinetti (2021); Fabbri (2010); Garcia-Posada and Mora-Sanguinetti (2015); Lee Ⅲ. (2015); Moro, Maresch, and Ferrando (2018); OECD (2013a); Ramos Maqueda and Chen (2021).

法院费用。在跨境诉讼中，保证国内法院对外国判决的承认程序得到有效进行同样重要。[①] 具体来说，这可能取决于当地法院考虑此类请求所需的时间以及相关的律师费和法院费用。

纠纷解决并不总是以最终裁决的公布而结束。如果败诉方拒绝遵守判决，债权人可能需要启动执行程序。[②] 为了确保企业不会遭受不公正对待，此类诉讼也应以有效的方式处理。事实上，以最少的额外成本迅速完成执行程序符合债权人的最佳利益。强制执行的时间可能会受到相关机构（执行机构或法院）找到债务人资产、扣押资产并完成向债权人转移所需的时间的影响。相关费用可能包括律师费和相关机构费用。因此，子类别 3. 1. 2 诉讼程序的运作效率包括 6 项指标（表 15）。

表 15　子类别 3. 1. 2 诉讼程序的运作效率

	指标	组成部分
1	诉讼程序时间	在一审法院裁决商事纠纷的时间、进行强制性调解的时间（如适用）以及在二审法院完成案件审查的时间
2	诉讼程序费用	原告在一审法院产生的律师费和法院费用、与强制调解相关的费用（如适用）以及原告在二审法院产生的律师费和法院费用
3	承认外国判决的时间	当地法院考虑承认外国判决请求的时间
4	承认外国判决的费用	原告在承认外国判决过程中产生的律师费和法院费用
5	执行终审判决的时间	相关机构找到债务人资金、扣押资金并完成向债权人转移的时间
6	执行终审判决的费用	债权人产生的律师费和相关机构费用（如适用）

① Garcimartin and Saumier (2020); IBA (2015); Mistelis and Baltag (2008).

② Gramckow (2014).

3.2 替代性纠纷解决机制

类别 3.2 有 2 个子类别,每个子类别包含若干指标,每项指标相应地可能包含若干组成部分。

3.2.1 替代性纠纷解决机制的可信度

可信度在仲裁和调解等替代性纠纷解决机制中同样重要。当企业对替代性纠纷解决机制有足够的信心时,他们更有可能在实践中适用该机制。[①] 相反,当仲裁和调解缺乏可信度时,这种机制可能几乎不会得到使用,从而导致司法机构案件积压,剥夺了对企业来说高效和灵活的替代方案。因此,子类别 3.2.1 替代性纠纷解决机制的可信度包括 2 项指标(表 16)。

表 16 子类别 3.2.1 替代性纠纷解决机制的可信度

	指标	组成部分
1	仲裁是解决商事纠纷的可靠机制	认为仲裁是解决商事纠纷的可靠机制
2	调解是解决商事纠纷的可靠机制	认为调解是解决商事纠纷的可靠机制

3.2.2 仲裁程序的运作效率

鉴于仲裁是一种替代性纠纷解决方式,并对当事人施加了具有约束力的决定,时间和成本的考虑在此过程中起着至关重要的作用。[②] 仲裁时间是指在国内仲裁机构解决商业纠纷的时间。仲裁费用包括索赔人在此过程中产生的律师费、仲裁员费和管理费。与外国判决类似,外国仲裁裁决通常要经

① Pouget (2013); World Bank (2011).

② Chemin (2009); Dejuan-Bitria and Mora-Sanguinetti (2021); Fabbri (2010); Garcia-Posada and Mora-Sanguinetti (2015); Lee Ⅲ (2015); Moro, Maresch, and Ferrando (2018); OECD (2013a); Ramos Maqueda and Chen (2021).

过国内法院的承认程序。[1] 这一程序的效率取决于当地法院考虑承认外国仲裁裁决的请求所需的时间，以及相关的律师费和法院费用。因此，子类别3.2.2 仲裁程序的运作效率包括4项指标（表17）。

表17　子类别3.2.2 仲裁程序的运作效率

	指标	组成部分
1	仲裁时间	包括在国内仲裁机构解决商事纠纷的时间
2	仲裁费用	包括申请人在国内仲裁机构产生的律师费、仲裁员费和管理费
3	承认外国仲裁裁决的时间	包括当地法院考虑承认外国仲裁裁决请求的时间
4	承认外国仲裁裁决的费用	包括申请人在承认外国仲裁裁决过程中产生的律师费和法院费用

Ⅲ. 数据来源

4.1　数据收集来源

支柱Ⅰ和支柱Ⅱ的数据是通过咨询私营部门专家收集的。这些专家从事商业诉讼、商业仲裁、商事调解、国际纠纷解决和环境法，以及处理商业案件中的执行程序。如有需要，也可以联系私营部门的仲裁员和调解员。支柱Ⅲ的数据是通过专家咨询和企业调查获得的。特别是，关于诉讼程序的运作效率和仲裁程序的运作效率的数据是通过私营部门专家咨询收集的，而关于法院的可信度和替代性纠纷解决机制的可信度的数据是通过企业调查收集的。

企业调查提供了有关纠纷解决可信度的代表性数据，正如企业在实践中所经历的那样。具有代表性的公司样本捕捉了每个经济体中用户体验的变

① Garcimartin and Saumier (2020); IBA (2015); Mistelis and Baltag (2008).

化。具有不同特征（例如规模、地区和行业）的企业参与调查。有关企业调查收集数据的更多详细信息，请参阅本方法论手册的概述章节。

4.2 专家的筛选和选择

纠纷解决主题包含一个调查问卷。筛选问卷用于根据一组标准协助选择接收纠纷解决主题问卷的专家（表 18）。

表 18 专家筛选问卷和受访者标准

相关专家的职业
私营部门律师/代理人、仲裁员和调解员
相关专业领域
商事诉讼、商事仲裁、商事调解、国际纠纷解决、环境法和商事案件中的执行程序
评估专家在商事纠纷解决和相关法规、服务和流程方面的知识和经验
代表公司准备文件以发起商事诉讼、仲裁或调解的知识和经验；在法院、仲裁庭和调解员面前代表公司；参与国际商事纠纷解决；处理环境案件；进行承认外国判决和仲裁裁决的程序；以及进行强制程序以执行最终商事判决。

因此，筛选问卷中提供的信息使团队能够更好地了解专家的职业、专业领域以及与纠纷解决流程相关的知识或经验。

Ⅳ. 参数

为了确保各经济体专家咨询数据的可比性，纠纷解决主题使用了通用参数和特定参数。参数是指对经营场所（适用于所有支柱）、法院级别（仅限支柱Ⅱ）和索赔金额（仅限支柱Ⅲ）所做的假设。向问卷受访者提供这些参数，并要求他们评估一个标准化的情景，该情境保证了不同地点、司法辖区和经济体之间的可比性。

5.1 通用参数

纠纷解决使用一个通用参数，即经营场所。它适用于所有支柱，并适用于诉讼程序和替代性纠纷解决机制。许多经济体都有国家以下司法管辖区，这要求指定经营场所，以便专家确定要评估的相关规则框架。

5.1.1 经营场所

理由：

地理位置是评估纠纷解决效率和可信度的关键参数。在所有支柱中，纠纷解决主题侧重于最大的城市。关于支柱Ⅰ，许多经济体纠纷解决的规则框架可能受到地方级差异的影响。鉴于法律文书可能具有国家、地区或市级特征，因此此参数对于确保数据的准确性是必要的。在支柱Ⅱ中，地理位置更为重要，因为公共服务的可获得性和质量通常因经济体内的特定位置而有很大差异。因此，专注于最大的城市对于可获得性和数据质量非常重要。同样，在支柱Ⅲ中，纠纷解决的运营效率容易因经营场所而异。例如，与需求相对较低的经济体中的另一个城市相比，在对纠纷解决需求较高的城市解决案件可能需要更多的时间和成本。因此，使用最大的城市作为参考点有助于保证所有经济体都得到平等对待，并且数据具有可比性。根据人口规模选择最大的城市，如本方法论手册的概述章节中所述。

应用：

在支柱Ⅰ和支柱Ⅱ中，经营场所参数用于确定评估纠纷解决规则和公共服务质量的具体城市。在支柱Ⅲ中，此参数仅适用于通过专家咨询而不是通过企业调查收集数据的情况。具体来说，该参数与“诉讼程序的运作效率”子类别和“仲裁程序的运作效率”子类别的衡量标准相关。

5.2 特定参数

纠纷解决采用两个特定参数。一个是法院级别,仅适用于支柱Ⅱ。另一个是索赔金额,仅与支柱Ⅲ相关。

5.2.1 法院级别

理由:

公共服务的可用性和质量可能因法院级别(即一审法院、二审法院、最高法院等)而异。例如,一审法院的数字化程度可能明显低于二审法院,后者通常拥有更多资源。在透明度方面,不同级别的法院也可能发布信息的性质和数量有所不同。为确保数据的可比性,在支柱Ⅱ中,该主题将侧重于一审法院的公共服务。一般来说,这些是首次裁决纠纷的法院,因此,大多数案件都会通过这些法院。选择一审法院作为样本也会产生更好的代表性,因为该数据与大多数诉讼当事人的经验相关。

应用:

法院级别的参数仅适用于支柱Ⅱ,并且仅适用于其诉讼程序类别。在这个类别中,它与所有三个子类别相关,因为它们专门评估司法服务:法院的组织结构、诉讼程序的数字化和法院的透明度(包括性别平等)。该参数不适用于替代性纠纷解决机制类别。

5.2.2 索赔金额

理由:

纠纷解决的时间和成本特征可能因索赔金额而异。纠纷涉及数十家企业的高度复杂和广泛的案件所需的资源通常与解决两家小公司之间的简单纠纷所需的资源不同。重要的是,索赔金额的参数不仅对解决纠纷的时间和成本有重大影响,而且对与承认外国判决和仲裁裁决相关程序的效率也有重大影响。因此,为了确保数据的可比性,必须使用此参数。

应用:

纠纷解决主题假定索赔金额等于该经济体人均国民总收入的 20 倍。考虑这个金额是因为它能够确保纠纷对公司具有足够的意义。也就是说,如果他们决定不追究此案,损失将是重大的。同样,这个数额使这个案子对律师有吸引力。所示的索赔金额还清楚地表明,所有经济体的纠纷解决都需要使用常规的诉讼程序,而不是简化的诉讼程序。同时,经济体人均国民总收入的 20 倍这一数额表明,这个案例是典型的,并不过于昂贵;更高的数额可能会使数据偏向于大型企业的经验。综上所述,索赔金额反映了常见商业案件的数量;它既不太小也不太大,这确保了数据的可比性和代表性。

此外,考虑到一个经济体的人均国民总收入非常低或一个经济体遭受恶性通货膨胀打击的情况,该主题将索赔金额的最低门槛确定为 20 000 美元。根据这一假设,每当经济体人均国民总收入的 20 倍低于 20 000 美元时,该主题假设索赔金额等于 20 000 美元。

V. 主题评分

纠纷解决主题有三个支柱:支柱Ⅰ纠纷解决规则的质量;支柱Ⅱ纠纷解决的公共服务;支柱Ⅲ解决商事纠纷的便利程度。每个支柱的总分进一步调整为 0 至 100 的数值,随后汇总为主题总得分。每个支柱各占主题总得分的三分之一。这些分数区分了对企业的利益(作为企业灵活度分值)和对社会更广泛的效益(作为社会效益分值)。表 19 展示了对纠纷解决主题的评分。有关进一步的评分细节,请参见本节补充的附件 A。

表 19　总分值概览

支柱编号	支柱名称	指标数量	分值			调整后分值（0—100）	权重
			企业灵活度分值	社会效益分值	总分		
Ⅰ	纠纷解决规则的质量	26	25	26	51	100	0.33
Ⅱ	纠纷解决的公共服务	29	29	29	58	100	0.33
Ⅲ	解决商事纠纷的便利程度	14	100	不适用	100	100	0.33

6.1　支柱Ⅰ 纠纷解决规则的质量

支柱Ⅰ涵盖26项指标，总分51分（企业灵活度25分，社会效益26分）（表20）。该支柱下每个类别的评分如下：

6.1.1　诉讼程序

包括16项指标，最高总分31分（企业灵活度15分，社会效益16分）。具体而言，程序的确定性（包括环境）子类别有10项指标，司法诚信（包括性别）子类别有6项指标。企业（企业灵活度）和社会（社会效益），都受益于确保纠纷解决效率和质量的规则框架。因此，在大多数情况下，两个子类别的分值相同。唯一的例外是，环境可持续性在企业灵活度方面不赋分。理由是，一旦立法使企业更容易提出环境类索赔，一些企业可能会遭受损失，因为他们将被迫根据环境友好型规则调整其业务。而其他企业可能会因此受益，因为清洁的环境将允许他们设定长期目标。

6.1.2　替代性纠纷解决机制

包括10项指标，最高总分20分（企业灵活度10分，社会效益10分）。其中，仲裁的法律保障子类别有6项指标，调解的法律保障子类别有4项指标。

一个有利于建立强有力替代性纠纷解决机制的规则框架对企业（企业灵活度）和社会（社会效益）都有利。因此，两个类别的分值相同。

表 20　支柱 I　总分值

支柱 I　纠纷解决规则的质量		指标数量	企业灵活度分值	社会效益分值	总分	调整后分值
1.1	诉讼程序	16	15	16	31	66.67
1.1.1	程序的确定性（包括环境）	10	9	10	19	40.00
1.1.2	司法诚信（包括性别）	6	6	6	12	26.67
1.2	替代性纠纷解决机制	10	10	10	20	33.33
1.2.1	仲裁的法律保障	6	6	6	12	16.67
1.2.2	调解的法律保障	4	4	4	8	16.67
	总计	26	25	26	51	100.00

6.2　支柱 II　纠纷解决的公共服务

支柱 II 包括 29 项指标，总分 58 分（企业灵活度 29 分，社会效益 29 分）（表 21）。该支柱下每个类别的评分如下：

6.2.1　诉讼程序

包括 20 项指标，最高总分 40 分（企业灵活度 20 分，社会效益 20 分）。法院组织结构子类别有 5 项指标，诉讼程序的数字化有 8 项指标，法院的透明度（包括性别）有 7 项指标。高度数字化和高度透明的法院组织结构，对企业（企业灵活度）和公众（社会效益）均有直接益处。因此，这些类别的分值是相等的。

6.2.2　替代性纠纷解决机制

包括 9 项指标，最高总分 18 分（企业灵活度 9 分，社会效益 9 分）。仲裁的公共服务(包括性别)子类别有5项指标,调解的公共服务(包含性别)子类别有4项指标。替代性纠纷解决机制领域的先进服务使纠纷解决的替代方法对企业(企业灵活度)和公众(社会效益)更具吸引力。因此,这些类别的分值是相等的。

表21　支柱Ⅱ 总分值

支柱Ⅱ	纠纷解决的公共服务	指标数量	企业灵活度分值	社会效益分值	总分	调整后分值
2.1	诉讼程序	20	20	20	40	66.67
2.1.1	法院的组织结构	5	5	5	10	22.22
2.1.2	诉讼程序的数字化	8	8	8	16	22.22
2.1.3	法院的透明度(包括性别)	7	7	7	14	22.22
2.2	替代性纠纷解决机制	9	9	9	18	33.33
2.2.1	仲裁的公共服务(包括性别)	5	5	5	10	16.67
2.2.2	调解的公共服务(包括性别)	4	4	4	8	16.67
	总计	29	29	29	58	100.00

6.3　支柱Ⅲ 解决商事纠纷的便利程度

支柱Ⅲ涵盖14项指标,在企业灵活度方面分值从0到100分不等(表22)。这个支柱下的分值仅根据企业的便利度来分配,因为这些指标衡量的是为企业提供服务的结果。例如,解决商事纠纷的漫长时间和高额费用可能会对企业造成不利影响,从而妨碍企业的便利度。该支柱下每个类别的评分如下:

6.3.1　诉讼程序

包括8项指标,最高总分66.67分。具体来说,法院的可信度子类别有2

项指标，诉讼程序的运作效率子类别有 6 项指标。

6. 3. 2　替代性纠纷解决机制

包括 6 项指标，最高总分 33. 33 分。具体来说，替代性纠纷解决机制的可信度子类别有 2 项指标，仲裁程序的运作效率子类别有 4 项指标。

表 22　支柱Ⅲ总分值

支柱Ⅲ	解决商事纠纷的便利程度	指标数量	调整后分值
3. 1	诉讼程序	8	66. 67
3. 1. 1	法院的可信度	2	26. 67
3. 1. 2	诉讼程序的运作效率	6	40. 00
3. 2	替代性纠纷解决机制	6	33. 33
3. 2. 1	替代性纠纷解决机制的可信度	2	13. 33
3. 2. 2	仲裁程序的运作效率	4	20. 00
	总计	14	100. 00

参考文献 I

AAA (American Arbitration Association). 2009. "Real Estate Industry Arbitration Rules." AAA, New York. https://www.adr.org/sites/default/files/Real%20Estate%20Industry%20Rules%20%28Including%20a%20Mediation%20Alternative%29.pdf.

ABA (American Bar Association). 2006. "Best Practices for Electronic Service of Process (eSOP)." American Bar Association, Chicago.

ABA (American Bar Association). 2019. "Judicial Reform Index Factors." American Bar Association, Chicago. https://www.americanbar.org/advocacy/rule_of_law/publications/assessments/jri/jri_factors/? q= &wt=json&start=0.

D. Acemoglu, A. Cheema, A. Khwaja, and J. Robinson. 2020. "Trust in State and Nonstate Actors: Evidence from Dispute Resolution in Pakistan." *Journal of Political Economy.*

A. Adama. 2020. "Financial Contracting and Misreporting with Limited Enforcement, Firm Financing and Growth." *Cogent Economics & Finance* 8 (1): 1-24.

P. S. Amaral and E. Quintin. 2010. "Limited Enforcement, Financial Intermediation, and Economic Development: A Quantitative Assessment." *International Economic Review* 51 (3): 785-811.

A. Amirapu. 2021. "Justice Delayed Is Growth Denied: The Effect of Slow Courts on Relationship-Specific Industries in India." *Economic Development and Cultural Change.*

ArbitralWomen. 2016. "Equal Representation in Arbitration (ERA) Pledge." Equal Representation in Arbitration. http://www.arbitrationpledge.com/.

P. Ashford. 2021. "The Power to Join Parties or Consolidate Separate Arbitrations in International Arbitration." Arbitration: The International Journal of Arbitration, Mediation and Dispute Management 87 (3): 381-403.

F. Baetens. 2020. "Identity and Diversity on the International Bench: Implications for the Legitimacy of International Adjudication." *In Identity and Diversity on the International Bench: Who is the Judge?*, edited by Freya Baetens. Oxford University Press, International Courts and Tribunals Series.

D. Beim, A. Hirsch, and J. Kastellec. 2014. "Whistleblowing and Compliance in the Judicial Hierarchy." *American Journal of Political Science* 58 (4): 904 - 918.

Blair, Sir W. 2019. "The New Litigation Landscape: International Commercial Courts and Procedural Innovations." *International Journal of Procedural Law* 2: 212 - 234. https://sifocc.org/app/uploads/2020/04/The-New-Litigation-Landscape-International-Commercial-Courts-and-Procedural-Innovations.pdf.

S. Brekoulakis and G. Dimitropoulos. 2022. "International Commercial Courts: The Future of Transnational Adjudication." Studies on International Courts and Tribunals. Cambridge University Press, London.

A. Brown, D. Lewis, R. Moberly, and W. Vandekerckhove. 2014. "Whistleblowing, Its Importance, and the State of Research." International Handbook on Whistleblowing Research: 1 - 34.

O. Browne, T. Watret, and G. Blears. 2021. "United Kingdom" In *Enforcement of Foreign Judgments 2022*. Lexology Getting the Deal Through, London.

J. Cabral, A. Chavan, T. M. Clarke, J. Greacen, B. R. Hough, L. Rexer, J. Ribadeneyra, and R. Zorza. 2012. "Using Technology to Enhance Access to Justice." *Harvard Journal of Law & Technology* 26 (1): 241 - 324.

CAM (Milan Chamber of Arbitration). 2015. "Guidelines for the Anonymous Publication of Arbitral Awards." CAM and Università Carlo Cattaneo, Milan.

CAM (Milan Chamber of Arbitration). 2020. "Arbitration Rules." CAM, Milan.

B. Casey and H. Lal. 2020. "Ten Year Later: Why the 'Renaissance of Expedited Arbitration' Should Be the 'Emergency Arbitration' of 2020." *Journal of International Arbitration* 37 (3): 325 - 340.

CECL (Centre for European Constitutional Law) and UIHJ (International Union of Judicial Officers). 2021. "Civil Enforcement in the EU: A Comparative Overview." EU Enforcement Atlas, European Union: 33 - 39. https://www.enforcementatlas.eu/wp-content/uploads/2021/03/EU-Enforcement-Atlas-Comparative-Report.pdf.

CEPEJ (European Commission for the Efficiency of Justice). 2008. "Checklist for Promoting the Quality of Justice and Courts: Evaluation of Performance." CEPEJ, Strasbourg. Pillar: Access to Justice, Communications to Citizens and Public.

CEPEJ (European Commission for the Efficiency of Justice). 2009. "Guidelines for a Better Implementation of the Existing Council of Europe's Recommendation on Enforcement." CEPEJ, Strasbourg. https://rm.coe.int/16807473cd.

CEPEJ (European Commission for the Efficiency of Justice). 2015. "Good Practice Guide on Enforcement of Judicial Decisions." CEPEJ, Strasbourg.

CEPEJ (European Commission for the Efficiency of Justice). 2017. "Guidelines on How to Drive Change Towards Cyberjustice: Stock-Taking of Tools Deployed and Summary of Good Practices." CEPEJ, Strasbourg.

CEPEJ (European Commission for the Efficiency of Justice). 2016. "CEPEJ Guidelines." CEPEJ, Strasbourg. https://rm.coe.int/cepej-guidelines/16809f007a.

CEPEJ (European Commission for the Efficiency of Justice). 2018. "Revised Saturn Guidelines for Judicial Time Management (3rd Revision)." CEPEJ, Strasbourg. https://rm.coe.int/cepej-2018-20-e-cepej-saturn-guidelines-time-management-3rd-revision/16808ff3ee.

CEPEJ (European Commission for the Efficiency of Justice). 2020a. "European Judicial Systems: Efficiency and Quality of Justice." CEPEJ, Strasbourg.

CEPEJ (European Commission for the Efficiency of Justice). 2020b. "Evaluation of the Judicial Systems (2018-2020): Sweden." CEPEJ, Strasbourg.

CEPEJ (European Commission for the Efficiency of Justice). 2020c. "Evaluation of the Judicial Systems (2018-2020): Norway." CEPEJ, Strasbourg.

CEPEJ (European Commission for the Efficiency of Justice). 2020d. "Report on the 'European Judicial Systems - Edition 2020 (2018 data).'" CEPEJ, Strasbourg. https://rm.coe.int/evaluation-report-part-1-english/16809fc058.

CEPEJ (European Commission for the Efficiency of Justice). 2021a. "Scheme for Evaluating Judicial Systems 2020-2022 Cycle." CEPEJ, Strasbourg.

CEPEJ (European Commission for the Efficiency of Justice). 2021b. "Specific Study of the CEPEJ on the Legal Professions: Enforcement Agents." CEPEJ, Strasbourg. https://rm.coe.int/cepej-specific-study-on-enforcement-agents-uihj-2018-data-en-version-2/1680a2a2d4.

CEPEJ (European Commission for the Efficiency of Justice). 2021c. "Guidelines on Electronic Court Filing (E-filing) and Digitalisation of Courts." CEPEJ, Strasbourg.

CEPEJ (European Commission for the Efficiency of Justice). 2021d. "Guidelines on Videoconferencing in Judicial Proceedings." CEPEJ, Strasbourg.

CEPEJ (European Commission for the Efficiency of Justice). 2022. "European Judicial Systems: CEPEJ Evaluation Report." CEPEJ, Strasbourg: 35. https://rm.coe.int/cepej-report-2020-22-e-web/1680a86279.

Chakraborty P. , M. 2016. "Judicial Quality and Regional Firm Performance: The Case of Indian States." *Journal of Comparative Economics:* 902 – 918.

M. Chemin. 2009. "The Impact of the Judiciary on Entrepreneurship: Evaluation of Pakistan's Access to Justice Programme." *Journal of Public Economics* 93 (1 – 2): 114 – 125.

M. Chemin. 2012. "Does Court Speed Shape Economic Activity? Evidence from a Court Reform in India." *Journal of Public Economics:* 460 – 485.

M. Chemin. 2020. "Judicial Efficiency and Firm Productivity: Evidence from a World Database of Judicial Reforms." *Journal of Public Economics* 102 (1): 49 – 64.

CIArb (The Chartered Institute of Arbitrators). "Drafting Arbitral Awards Part 1-General." CIArb, London: 5 – 14.

CJEU (Court of Justice of the European Union). No date (n. d.) "Judicial Calendar." CJEU, Luxembourg. https://curia.europa.eu/jcms/jcms/Jo1_6581/.

T. Cooley, R. Marimon, and V. Quadrini. 2004. "Aggregate Consequences of Limited Contract Enforceability." *Journal of Political Economy* 112 (4): 817 – 847.

A. Cordella and F. Contini. 2020. "Digital Technologies for Better Justice: A Toolkit for Action." Inter-American Development Bank, Washington, DC.

P. Cortés. 2011. *Online Dispute Resolution for Consumers in the European Union.* Routledge, New York.

Council of Europe. 1998. "European Charter on the Statute for Judges." Council of Europe, Strasbourg.

Council of Europe. European Commission for Democracy Through Law. 2007. "Opinion No. 403/2006 on Judicial Appointments." Council of Europe, Venice. https://www.venice.coe.int/webforms/documents/default.aspx? pdffile=CDL-AD%282007%29028-e.

Council of Europe. Committee of Ministers. 2014. "Recommendation CM/Rec (2014) 7 and Explanatory Memorandum." Council of Europe, Strasbourg. http://rm.coe.int/doc/09000016807096c7.

Council of Europe. 2019. "Electronic Evidence in Civil and Administrative Proceedings: Guidelines Adopted by the Committee of Ministers of the Council of Europe on 30 January 2019 and Explanatory Memorandum." Council of Europe, Strasbourg.

Council of Europe. 2020. "Independence and Impartiality of the Judicial System." Department for the Execution of Judgments of the European Court, Council of Europe, Strasbourg.

T. R. Decker. 2013. "Civil Litigation Resolved through Mediation." Superior Court of California, Orange County, Institute for Court Management, California.

D. Dejuan-Bitria. and J. S. Mora-Sanguinetti. 2021. "Which Legal Procedure Affects Business Investment Most, and Which Companies Are Most Sensitive? Evidence from Microdata." *Economic Modelling* 94 (C): 201-220.

M. Dumav, W. Fuchs, and J. Lee. 2022. "Self-Enforcing Contracts with Persistence." *Journal of Monetary Economics* 128: 72-87.

EBRD (European Bank for Reconstruction and Development). 2020. "From Digitisation to Digital Transformation: A Case for Online Courts in Commercial Disputes": 17-24.

EBRD (European Bank for Reconstruction and Development). 2021. "Online Mediation: An Effective Solution for Dispute Resolution for Small and Medium-Sized Enterprises during the Covid-19 Pandemic." EBRD, London.

ECHR (European Court of Human Rights). 2010. "European Convention on Human Rights." As amended by Protocol Nos. 11 and 14 and supplemented by Protocol Nos. 1, 4, 6, 7, 12 and 13. Council of Europe, Strasbourg. http://www.echr.coe.int/Documents/Convention_ENG.pdf.

ECPR (European Consortium for Political Research). 2017. "Selection and Promotion of Judges-New Challenges." ECPR.

Ellis, J. 2012. "Extraterritorial Exercise of Jurisdiction for Environmental Protection: Addressing Fairness Concerns." *Leiden Journal of International Law* 25 (2): 397-414.

G. Esposito, S. Lanau, and S. Pompe. 2014. "Judicial System Reform in Italy-A Key to Growth." IMF Working Paper WP/14/32, International Monetary Fund, Washington, DC.

EU (European Union). 2006. "Regulation (EC) No 1896/2006 Creating a European Order for Payment Procedure." *Official Journal of the European Union*, December 12, 2006. https://eur-lex.europa.eu/legal-content/EN/TXT/PDF/?uri=CELEX:32006R1896&from=EN.

EU (European Union). 2008. "Directive 2008/52/EC on Certain Aspects of Mediation in Civil and Commercial Matters." *Official Journal of the European Union*, May 21, 2008.

EU (European Union). 2021. "The 2021 EU Justice Scoreboard." European Union, Luxembourg.

European Parliament. 2011. "Quantifying the Cost of Not Using Mediation – A Data Analysis." European Parliament, Brussels.

European Parliament. 2022. "Resolution of 13 September 2022 with Recommendations to the Commission on Responsible Private Funding of Litigation." Strasbourg, 2020/2130 (INL).

D. Fabbri. 2010. "Law Enforcement and Firm Financing: Theory and Evidence." *Journal of the European Economic Association* 8 (4): 776 – 816.

D. Feenan. 2008. "Women Judges: Gendering Judging, Justifying Diversity." *Journal of Law and Society* 35 (4): 490 – 519.

G. Flecke-Giammarco. 2014. "The ICC Scrutiny Process and Enhanced Enforceability of Arbitral Awards." *Journal of Arbitration Studies* 24 (3): 47 – 78.

C. Florescu. 2020. "Emerging Tools to Attract and Increase the use of International Arbitration." *Juridical Tribune*, 2020 – 06 10 (2): 255 – 278.

M. Garcia-Posada and J. Mora-Sanguinetti. 2015. "Entrepreneurship and Enforcement Institutions: Disaggregated Evidence for Spain." *European Journal of Law and Economics* 40 (1): 49 – 74.

F. Garcimartin and G. Saumier. 2020. "Explanatory Report on the Convention of 2 July 2019 on the Recognition and Enforcement of Foreign Judgments in Civil or Commercial Matters." Hague Conference on Private International Law, The Hague.

GIZ (Deutsche Gesellschaft für Internationale Zusammenarbeit (GIZ) GmbH). 2020. "Guidelines for the Development of a Normative Framework for Professional Behaviour and Responsibilities of Enforcement Agents." GIZ, Germany. https://www.giz.de/en/downloads_els/ORF%20Legal%20Reform%20-%20Gudelines%20for%20Enforcement%20Agents.pdf.

A. Godwin, I. Ramsay, and M. Webster. 2017. "International Commercial Courts: The Singapore Experience." *Melbourne Journal of International Law* 18 (2).

H. Gramckow. 2012. "Court Auctions: Effective Processes and Enforcement Agents." Justice and Development Working Paper Series 18/2012, World Bank, Washington, DC.

H. Gramckow. 2014. "Good Practices for Monitoring the Effectiveness of Enforcement Actions and Assessing the Performance of Bailiffs." Law in

Transition, Washington, DC. https://www.ebrd.com/downloads/research/law/lit14eg.pdf.

H. Gramckow and V. Nussenblatt. 2013. "Caseflow Management: Key Principles and the Systems to Support Them." Justice and Development Working Paper Series 23/2013, World Bank, Washington, DC.

H. Gramckow, O. Ebeid, E. Bosio, and J. L. Silva Mendez. 2016. *Good Practices for Courts: Helpful Elements for Good Court Performance and the World Bank's Quality of Judicial Process Indicators.* Governance Global Practice. World Bank, Washington, DC: 37–41, 89–96.

J. Greacen. 2018. "18 Ways Courts Should Use Technology to Better Serve their Customers." Institute for the Advancement of the American Legal System, Denver.

W. Gu and J. Tam. 2022. "The Global Rise of International Commercial Courts: Typology and Power Dynamics." *Chicago Journal of International Law*, Chicago. https://cjil.uchicago.edu/print-archive/global-rise-international-commercial-courts-typology-and-power-dynamics.

G. Hanessian and A. Dosman. 2018. "Songs of Innocence and Experience: Ten Years of Emergency Arbitration." *The American Review of International Arbitration* 27.

HCCH (Hague Conference on Private International Law). 1961. "Convention on Abolishing the Requirement of Legalisation for Foreign Public Documents." HCCH, The Hague.

HCCH (Hague Conference on Private International Law). 2019. "Convention on the Recognition and Enforcement of Foreign Judgments in Civil or Commercial Matters." HCCH, The Hague.

HCCH (Hague Conference on Private International Law). Accessed 2024. "E-App." HCCH, The Hague. https://www.hcch.net/en/instruments/conventions/publications1/?dtid=49&cid=41.

HCCH (Hague Conference on Private International Law). Accessed 2024. "E-Registers." HCCH, The Hague. https://www.hcch.net/en/instruments/conventions/specialised-sections/apostille/operational-e-registers.

Hulbert, R. 2008. "Some Thoughts on Judgments, Reciprocity and the Seeming Paradox of International Commercial Arbitration." *University of Pennsylvania Journal of International Law* 29. https://scholarship.law.upenn.edu/jil/vol29/iss3/3.

IBA (International Bar Association). 2015. "The Current State and Future of International Arbitration: Regional Perspectives." IBA Arb 40 Subcommittee, London. https://cvdvn. files. wordpress. com/2018/10/int-arbitration-report-2015. pdf.

ICC (International Chamber of Commerce). 1998. "Final Report on Intellectual Property Disputes and Arbitration." *ICC International Court of Arbitration Bulletin* 9 (1), Paris. https://library. iccwbo. org/content/dr/COMMISSION_REPORTS/CR_0013. htm? l1 = Bulletins&l2 = ICC + International + Court + of + Arbitration+Bulletin+Vol. +9%2FNo. 1+-+Eng#TOC_BKL1_2.

ICC (International Chamber of Commerce). 2012. "Arbitration Involving States and State Entities under the ICC Rules of Arbitration." ICC Commission on Arbitration and ADR, Paris. https://iccwbo. org/publication/arbitration-involving-states-state-entities-icc-rules-arbitration-report-icc-commission-arbitration-adr/.

ICC (International Criminal Court). 2014. "ICC Whistleblowing and Whistleblower Protection Policy." ICC, The Hague. https://www. icc-cpi. int/asp/protection-policy.

ICC (International Chamber of Commerce). International Court of Arbitration. 2021a. "ICC Arbitration Rules." ICC, Paris.

ICC (International Chamber of Commerce). 2021b. "Note to Parties and Arbitral Tribunals on the Conduct of the Arbitration under the ICC Rules of Arbitration." ICC, Paris.

ICCA (International Council for Commercial Arbitration). 2020. "Report of the Cross-Institutional Task Force on Gender Diversity in Arbitral Appointments and Proceedings." ICCA: 61 – 104. https://cdn. arbitration-icca. org/s3fs-public/document/media_document/ICCA-Report-8-Gender-Diversity_0. pdf.

ICCA (International Council for Commercial Arbitration). 2022. "Report of the Cross-Institutional Task Force on Gender Diversity in Arbitral Appointments and Proceedings." ICCA, The Hague.

IDLO (International Development Law Organization). 2018. "Women Delivering Justice: Contributions, Barriers, and Pathways." IDLO.

R. Ippoliti, A. Melcarne, and G. B. Ramello. 2015. "Judicial Efficiency and Entrepreneurs' Expectations on the Reliability of European Legal Systems." *European Journal of Law and Economics* 40 (1): 75 – 94.

J. Jean and R. Gurbanov. 2015. "High Quality Justice for All Member States of the

Council of Europe. " CEPEJ Studies, No. 22. CEPEJ, Strasbourg. https://rm.coe.int/high-quality-justice-for-all-member-states-of-the-council-of-europe-ce/168078822a.

L. Johnson, L. Sachs, and E. Merrill. 2021. "Investor-State Dispute Prevention: A Critical Reflection." *Dispute Resolution Journal* 75 (4): 108 - 114.

JTC (Joint Technology Committee). 2016. "Managing Digital Evidence in Courts." JTC, United States Congress.

G. Kaufmann-Kohler, L. Boisson de Chazournes, V. Bonnin, and M. Mbengue. 2006. "Consolidation of Proceedings in Investment Arbitration: How Can Multiple Proceedings Arising from the Same or Related Situations Be Handled Efficiently?: Final Report on the Geneva Colloquium Held on 22 April 2006." ICSID Review, *Foreign Investment Law Journal 21* (1): 59 - 125.

K. Kessedjian. 2022. "Gender Equality in the Mirror." *World Trade Institute Advanced Studies* 10: 195 - 210.

F. Kondylis and M. Stein. 2023. "The Speed of Justice." *The Review of Economics and Statistics* 105 (3): 596 - 613.

P. Koutroumpis and F. R. Ravasan. 2020. "Do Court Delays Distort Capital Formation?" Working Paper No. 2020 - 4, Oxford Martin Working Paper Series on Economic and Technological Change, University of Oxford, Oxford, United Kingdom.

L. J. Kray and J. A. Kennedy. 2017. "Changing the Narrative: Women as Negotiators — and Leaders." *California Management Review* 60 (1): 70 - 87.

LCIA (London Court of International Arbitration). 2020. "LCIA Arbitration Rules." LCIA, London; ICC (2021).

C. Lecuyer-Thieffry and D. Paraguacuto-Mahe. 2017. "Emergency Arbitrator: A New Player in The Field-The French Perspective." *Fordham International Law Journal* 40 (3).

E. G. Lee Ⅲ.. 2015. "Law Without Lawyers: Access to Civil Justice and the Cost of Legal Services." *University of Miami Law Review* 69.

G. Lichand and R. Soares. 2014. "Access to Justice and Entrepreneurship: Evidence from Brazil's Special Civil Tribunals." *The Journal of Law and Economics*.

A. Marciano, A. Melcarne, and G. Ramello. 2019. "The Economic Importance of Judicial Institutions, Their Performance and the Proper Way to Measure Them." *Journal of Institutional Economics* 15 (1): 81 - 98.

A. Melcarne and G. Ramello. 2015. "Judicial Independence, Judges' Incentives and Efficiency." *Review of Law & Economics* 11 (2): 149 - 169.

H. Mino and A. Solanki. 2023. "Early Determination: A Secret Recipe for Arbitral Efficiency." Wolters Kluwer, Kluwer Arbitration Blog. https://arbitrationblog.kluwerarbitration.com/2023/05/12/early-determination-a-secret-recipe-for-arbitral-efficiency/.

L. Mistelis and C. Baltag. 2008. "Recognition and Enforcement of Arbitral Awards and Settlement in International Arbitration: Corporate Attitudes and Practices." *The American Review of International Arbitration* 19.

A. Moro, D. Maresch, and A. Ferrando. 2018. "Creditor Protection, Judicial Enforcement and Credit Access." *European Journal of Finance* 24 (3): 250 - 281.

S. Murase. 1995. "Extraterritorial Application of Domestic Environmental Law." In *Perspectives from International Economic Law on Transnational Environmental Issues* 253. The Hague Academy of International Law, The Hague. https://iow.eui.eu/wp-content/uploads/sites/18/2013/04/11-Vinuales-Background6-Extraterritorial-Application-of-Domestic-Environmental-Law.pdf.

NAPCO (National Association for Presiding Judges and Court Executive Officers). 2016. "Best Practices Institute: Successful Caseflow Management Techniques." NAPCO. https://napco4courtleaders.org/wp-content/uploads/2016/09/Caseflow-Management-Techniques-Best-Practices-Institute.pdf.

J. Ndungu and P. Muriu. 2017. "Do Good Institutions Matter for Private Investment? Evidence from East Africa." *Journal of Economics and Sustainable Development* 8 (6): 18 - 29.

New York City Bar. 2014. "Publication of International Arbitration Awards and Decisions." Committee on International Commercial Disputes, New York.

OECD (Organization for Economic Co-operation and Development). 2004. "Programme Statement for Corporate Governance and Arbitration of Company Law Disputes." OECD, Paris.

OECD (Organisation for Economic Co-operation and Development). 2013a. "What Makes Civil Justice Effective?" OECD Economics Department Policy Note 18, OECD, Paris.

OECD (Organisation for Economic Co-operation and Development). 2013b. "Judicial Performance and Its Determinants: A Cross-Country Perspective." OECD, Paris.

OECD (Organisation for Economic Co-operation and Development). 2020. "Access to Justice and the COVID - 19 Pandemic: Compendium of Country Practices." OECD, Paris.

OHCHR (Office of the United Nations High Commissioner for Human Rights). 1966. "International Covenant on Civil and Political Rights (ICCPR)." OHCHR, Geneva. https://www.ohchr.org/en/instruments-mechanisms/instruments/international-covenant-civil-and-political-rights.

OSCE (Organization for Security and Cooperation in Europe). 2010. "Kyiv Recommendations on Judicial Independence in Eastern Europe, South Caucasus and Central Asia." Office of Democratic Institutions and Human Rights, OSCE, Warsaw.

W. Park. 2001. "Why Courts Review Arbitral Awards." In *Recht der Internationalen Wirtschaft und Streiterledigung im 21, Jahrhundert: Liber Amicorum Karl-Heinz Boeckstiegel*, Cologne.

E. Peev. 2015. "Institutions, Economic Liberalization and Firm Growth: Evidence from European Transition Economies." *European Journal of Law and Economics* 40 (1): 149 - 174.

M. Piers and C. Aschauer, eds. 2018. *Arbitration in the Digital Age: The Brave New World of Arbitration*, 54 - 98. Cambridge, UK: Cambridge University Press.

M. Platte. 2002. "When Should an Arbitrator Join Cases?" *Arbitration International 18* (1): 67 - 81.

S. Pouget. 2013. "Arbitrating and Mediating Disputes: Benchmarking Arbitration and Mediation Regimes for Commercial Disputes Related to Foreign Direct Investment." Policy Research Working Paper No. 6632, World Bank, Washington, DC.

K. Prasad. 2021. "Joinder and Consolidation in Institutional Arbitration Over the Last 10 Years: Evolution or Revolution?" NLS Business Law Review: 24.

Quek Anderson, D. 2010. "Mandatory Mediation: An Oxymoron? Examining the Feasibility of Implementing a Court-Mandated Mediation Program." *Cardozo Journal of Conflict Resolution* 11 (2): 20 - 22.

M. Ramos Maqueda and D. L. Chen. 2021. "The Role of Justice in Development: The Data Revolution." Policy Research Working Paper 9720, World Bank, Washington, DC.

R. Reuben. 2007. "Tort Reform Renews Debate over Mandatory Mediation." *Dispute Resolution Magazine* 13 (2007): 13 - 15.

R. Reuben. 2010. "ADR and the Rule of Law: Making the Connection." *Dispute Resolution Magazine* 16 (4): 4-7.

H. Samaha. 2021. "Law Firms Can Improve Gender Diversity by Learning from Their Clients." Lex Mundi, January 11. https://www.law.com/international-edition/2021/01/11/law-firms-can-improve-gender-diversity-by-learning-from-their-clients/.

D. Schimmel, J. Shope, A. Hainsworth, and D. Tsutieva. 2018. "Transparency in Arbitration." Thompson Reuters, Practice Note. https://foleyhoag.com/-/media/files/foley% 20hoag/publications/articles/2018/transparency% 20in% 20arbitration_practica l%20law_mar2018.ashx.

J. Shvets. 2013. "Judicial Institutions and Firms' External Finance: Evidence from Russia." *The Journal of Law, Economics, and Organization*: 735-764.

J. L. Staats and G. Biglaiser. 2011. "The Effects of Judicial Strength and Rule of Law on Portfolio Investment in the Developing World." *Social Science Quarterly* 92 (3): 609-630.

D. Steelman. 2008. "Improving Caseflow Management: A Brief Guide." National Center for State Courts: 4 - 11. https://ncsc.contentdm.oclc.org/digital/collection/ctadmin/id/1022/.

H. Streeter-Schaefer. 2001. "A Look at Court Mandated Civil Mediation." *Drake Law Review* 49: 19-22.

S. Su. 2020. "Why so Few Acting Whistleblowers? Impacts of Institutional Anticorruption." *Governance* 33 (2): 227-247.

R. Susskind. 2020. "The Future of Courts." *The Practice* 6 (5).

Transparency International. 2007. *Global Corruption Report 2007*. Transparency International, New York.

Transparency International. 2021. "Judicial Promotions: Systemic and Promotional Challenges." Transparency International, Georgia.

UN (United Nations). 1948. "Universal Declaration of Human Rights (UDHR)." UN, Paris. https://www.un.org/en/about-us/universal-declaration-of-human-rights.

UN (United Nations). 1992. "Rio Declaration on Environment and Development. Report of the United Nations Conference on Environment and Development." General Assembly, United Nations, Rio de Janeiro.

UN (United Nations). 2006. "Revised articles of the Model Law on International Commercial Arbitration of the United Nations Commission on International Trade

Law, and the recommendation regarding the interpretation of article II, paragraph 2, and article VII, paragraph 1, of the Convention on the Recognition and Enforcement of Foreign Arbitral Awards, done at New York, 10 June 1958." General Assembly, Sixty-first Session (A/61/33): 1.

UN (United Nations). 2014. "Report of the United Nations Commission on International Trade Law." Official Records of the General Assembly, Sixty-ninth Session, Supplement No. 17 (A/69/17): 4-24.

UN (United Nations). 2016. "Integrating a Gender Perspective into Statistics." Department of Economic and Social Affairs Statistics Division, United Nations, New York.

UN (United Nations). 2021. "Expedited Arbitration Rules of the United Nations Commission on International Trade Law." General Assembly, Seventy-sixth Session (A/76/108): 1.

UN General Assembly. 1979. "The Convention on the Elimination of All Forms of Discrimination against Women (CEDAW)." United Nations, New York.

UN General Assembly, 1997. "Universal Declaration of Human Rights (UDHR). "Rio Declaration on Environment and Development. Report of the United Nations Conference on Environment and Development." United Nations, Rio de Janeiro. https://www.un.org/en/about-us/universal-declaration-of-human-rights.

UNCITRAL (United Nations Commission on International Trade Law). 1958. "Convention on the Recognition and Enforcement of Foreign Arbitral Awards (New York, 1958)." UNCITRAL, Vienna.

UNCITRAL (United Nations Commission on International Trade Law). 2008. "UNCITRAL Model Law on International Commercial Arbitration 1985: with Amendments as Adopted in 2006."

UNCITRAL (United Nations Commission on International Trade Law). 2017. "Technical Notes on Online Dispute Resolution." UNCITRAL, Vienna.

UNCITRAL (United Nations Commission on International Trade Law). 2018. "UNCITRAL Model Law on International Commercial Mediation and International Settlement Agreements Resulting from Mediation, 2018: Amending the UNCITRAL Model Law on International Commercial Conciliation, 2002." UNCITRAL, Vienna.

UNCITRAL (United Nations Commission on International Trade Law). 2021. "UNCITRAL Arbitration Rules." UNCITRAL, Vienna.

UNCITRAL (United Nations Commission on International Trade Law). 2021.

"Expedited Arbitration Rules." UNCITRAL, Vienna.

UNCITRAL (United Nations Commission on International Trade Law). 2022. "Possible Reform of Investor-State Dispute Settlement (ISDS)." Note by the Secretariat: Working Group III (Investor-State Dispute Settlement Reform), Forty-third Session, Vienna.

UNCITRAL (United Nations Commission on International Trade Law). 2023. "Report of Working Group II (Dispute Settlement) on the work of its seventy-seventh session.'' Fifty-sixth session Vienna.

UNCTAD (United Nations Conference on Trade And Development). 2010. "Investor - State Disputes: Prevention and Alternatives to Arbitration." UNCTAD Series on International Investment Policies for Development, New York and Geneva: 65 - 96.

UNEP (United Nations Environment Programme). 2016. "Environmental Courts & Tribunals: A Guide for Policy Makers." UNEP, Nairobi.

United States Courts. 2021. "Judiciary Takes Action to Ensure High Ethical Standards and Transparency." United State Courts. https://www.uscourts.gov.

UNODC (United Nations Office on Drugs and Crime). No date (n.d.). "The Main Factors Aimed at Securing Judicial Independence." UNODC, Vienna. https://www.unodc.org/e4j/zh/crime-prevention-criminal-justice/module-14/key-issues/1--the-main-factors-aimed-at-securing-judicial-independence.html.

UNODC (United Nations Office on Drugs and Crime). 2011a. "Global Study on Legal Aid: Global Report." UNODC, Vienna: 8 - 9. https://www.unodc.org/documents/justice-and-prison-reform/LegalAid/Global_Study_on_Legal_Aid-FINAL.pdf.

UNODC (United Nations Office on Drugs and Crime). 2011b. "Resource Guide on Strengthening Judicial Integrity and Capacity." UNODC, Vienna.

UNSDG (United Nations Sustainable Development Group). 1992. "Agenda 21." United Nations Conference on Environment & Development, Rio de Janeiro. https://sustainabledevelopment.un.org/content/documents/Agenda21.pdf.

USAID (United States Agency for International Development). 1998. "Alternative Dispute Resolution Practitioners Guide." Office of Democracy and Governance, USAID, Washington, DC.

USAID (United States Agency for International Development). 2002. "Guidance for Promoting Judicial Independence and Impartiality." Office of Democracy and Governance, USAID, Washington, DC.

USAID (United States Agency for International Development). 2009. "Reducing Corruption in the Judiciary." USAID Program Brief, Office of Democracy and Governance, USAID, Washington, DC.

E. Van den Heuvel. 2000. *Online Dispute Resolution as a Solution to Cross-Border E-Disputes: An Introduction to ODR.* https://www.oecd.org/digital/consumer/1878940.pdf.

S. Voigt, J. Gutmann, and L. P. Feld. 2015. "Economic Growth and Judicial Independence, a Dozen Years On: Cross-Country Evidence Using an Updated Set of Indicators." *European Journal of Political Economy* 38: 197-211.

D. Wallach. 2023. "The Emergence of Early Disposition Procedures in International Arbitration." Wolters Kluwer, Kluwer Arbitration. https://www.ila-americanbranch.org/wp-content/uploads/2023/09/The_Emergence_of_Early_Disposition_Procedures_in_International_Ar bitration.pdf.

World Bank. 2004. *World Development Report 2005: A Better Investment Climate for Everyone.* World Bank, Washington, DC.

World Bank. 2011. *Alternative Dispute Resolution Center Manual: A Guide for Practitioners on Establishing and Managing ADR Centers.* World Bank, Washington, DC.

World Bank. 2019a. *Moldova: Rekindling Economic Dynamism.* Country Economic Memorandum. World Bank, Washington DC.

World Bank Group. 2019b. *Retention and Expansion of Foreign Direct Investment: Political Risk and Policy Responses.* World Bank, Washington, DC. https://openknowledge.worldbank.org/bitstream/handle/10986/33082/Political-Risk-and-Policy-Responses.pdf?sequence=1&isAllowed=y.

World Bank Group. 2020. *Two for One: How Leveraging Small Claims Procedures Can Improve Judicial Efficiency and Access to Justice.* Washington, DC: World Bank. https://documents1.worldbank.org/curated/en/487041607706210590/pdf/Two-For-One-How-Leveraging-Small-Claims-Procedures-Can-Improve-Judicial-Efficiency-and-Access-to-Justice.pdf.

W. Yin. 2021. "Domestic Arbitral Institutions and Foreign Direct Investment." *International Relations of the Asia-Pacific* 21 (3): 401-29. https://doi.org/10.1093/irap/lcaa003.

E. Zlatanska. 2015. "To Publish, or Not to Publish Arbitral Awards: That is the Question ..." Chartered Institute of Arbitrators, London.

附件 A　纠纷解决评分表

附件 A 概述了纠纷解决主题的评分方法。每项指标被赋予了企业灵活度分值和/或社会效益分值,文件就每项指标的详细评分进行了说明,并对相关背景文献进行了注释。

支柱 I　纠纷解决规则的质量					
1.1　诉讼程序					
1.1.1　程序确定性(包括环境)					
指标	企业灵活度分值	社会效益分值	总分	调整后分值	背景文献
时间标准	1	1	2	4.21	CEPEJ (2021a); Jean and Gurbanov (2015); World Bank Group (2016)
审议临时措施请求的时间限制	1	1	2	4.21	ECHR (2024); Jean and Gurbanov (2015)
举证时限	1	1	2	4.21	CEPEJ (2018); Steelman (2008)
延期开庭的限制	1	1	2	4.21	UNODC (2011); World Bank Group (2016)
举行庭前会议	1	1	2	4.21	CEPEJ (2016); NAPCO (2016)
缺席判决的可获得性	1	1	2	4.21	EU (2006); World Bank Group (2016)

（续表）

指标	企业灵活度分值	社会效益分值	总分	调整后分值	背景文献
承认与执行外国判决	1	1	2	4.21	Browne，Watret，and Blears（2021）；HCCH（1961，2019）
执行判决的时限	1	1	2	4.21	World Bank Group（2012，2016）
执行人员有权扣押其他类型财产	1	1	2	4.21	CECL and UIHJ（2021）
环境可持续性	不适用	1	1	2.11	Ellis（2012）；Murase（1995）；UNEP（2016）
子类别 1.1.1 的总分	9	10	19	40.00	
1.1.2　司法诚信（包括性别）					
防止妨碍法官工作的保障	1	1	2	4.45	OSCE（2010）
法官披露资产	1	1	2	4.45	Transparency International（2007）；UNODC（2011）；USAID（2002，2009）
法官职业道德准则	1	1	2	4.45	UNODC（2011）
执行人员职业道德准则	1	1	2	4.45	GIZ（2020）
存在司法检举政策	1	1	2	4.45	Council of Europe（2014）；ICC（2014）
商事诉讼中男女权利平等	1	1	2	4.45	Feenan（2008）；IDLO（2018）；Samaha（2021）；UN General Assembly（1979）
子类别 1.1.2 的总分	6	6	12	26.67	
类别 1.1 的总分	15	16	31	66.67	

（续表）

1.2　替代性纠纷解决机制					
1.2.1　仲裁的法律保障					
指标	企业灵活度分值	社会效益分值	总分	调整后分值	背景文献
当事人在仲裁中的自主权	1	1	2	2.78	ArbitralWomen（2016）；ICCA（2020）；UNCITRAL（2008）
获得仲裁	1	1	2	2.78	CAM（2020）；ICC（2012）；European Parliament（2022）；UNCITRAL（2022）
仲裁员的独立性与公正性	1	1	2	2.78	UNCITRAL（2008）
遵循仲裁庭管辖权自治原则	1	1	2	2.78	UNCITRAL（2008）
法院对仲裁的支持	1	1	2	2.78	UNCITRAL（2008）
仲裁裁决的承认和执行	1	1	2	2.78	UNCITRAL（1958，2008）
子类别 1.2.1 的总分	6	6	12	16.67	
1.2.2　调解的法律保障					
当事人在调解中的自主权	1	1	2	4.17	Decker（2013）；Quek Anderson（2010）；Reuben（2007）；Streeter-Schaefer（2001）；UNCITRAL（2018）；World Bank Group（2016）
调解员的独立性与公正性	1	1	2	4.17	UNCITRAL（2018）
调解中提出的建议和陈述在其他程序中不可采用	1	1	2	4.17	UNCITRAL（2018）

（续表）

指标	企业灵活度分值	社会效益分值	总分	调整后分值	背景文献
调解协议的承认和执行	1	1	2	4.17	EU（2008）；UN（2014）；UNCITRAL（2018）
子类别 1.2.2 的总分	4	4	8	16.67	
类别 1.2 的总分	10	10	20	33.33	
支柱 I 的总分	25	26	51	100.00	

支柱 II　纠纷解决的公共服务					
2.1　诉讼程序					
2.1.1　法院的组织结构					
指标	企业灵活度分值	社会效益分值	总分	调整后分值	背景文献
设有商事法院或商事审判庭	1	1	2	4.44	Blair（2019）；OECD（2013a）
自动随机分案	1	1	2	4.44	Cordella and Contini（2020）；Gramckow and Nussenblatt（2013）
小微企业的司法救济路径	1	1	2	4.44	CEPEJ（2022）；World Bank Group（2016，2020）
国际纠纷解决的便利度	1	1	2	4.44	Brekoulakis and Dimitropoulos（2022）；Johnson，Sachs，and Merrill（2021）；UNCTAD（2010）；World Bank Group（2019）

（续表）

指标	企业灵活度分值	社会效益分值	总分	调整后分值	背景文献
确保司法诚信的特别审查机制	1	1	2	4.44	CEPEJ（2021）；Council of Europe（1998，2007）；UNODC（2011）；USAID（2002）；World Bank Group（2021）
子类别 2.1.1 的总分	5	5	10	22.22	
2.1.2 诉讼程序的数字化					
网上立案	1	1	2	2.78	ABA（2006）；Cabral et al.（2012）；CEPEJ（2021）；Cordella and Contini（2020）；EBRD（2020）；Gramckow and Nussenblatt（2013）；Greacen（2018）
诉讼中诉讼材料的电子流转	1	1	2	2.78	CEPEJ（2021）；Cordella and Contini（2020）；Gramckow and Nussenblatt（2013）
发布电子判决书	1	1	2	2.78	Cordella and Contini（2020）
与法院和执行人员的在线沟通	1	1	2	2.78	CEPEJ（2017）；Cordella and Contini（2020）；EU（2021）；Gramckow and Nussenblatt（2013）
电子证据的可采纳性	1	1	2	2.78	Council of Europe（2019）；JTC（2016）
在线庭审	1	1	2	2.78	CEPEJ（2020a，2021d）；Greacen（2018）；OECD（2020）
辅助在线服务	1	1	2	2.78	Cabral et al.（2012）；CEPEJ（2008b，2021c）；CJEU（n.d.）；Cordella and Contini（2020）；EBRD（2020）；Gramckow and Nussenblatt（2013）；HCCH（2024）；UNODC（2011）

（续表）

指标	企业灵活度分值	社会效益分值	总分	调整后分值	背景文献
网上拍卖	1	1	2	2.78	CEPEJ（2015）；EBRD（2020）
子类别 2.1.2 的总分	8	8	16	22.22	
2.1.3　法院的透明度(包括性别)					
法律法规的公共数据库	1	1	2	3.17	CEPEJ（2008c）；World Bank Group（2016）
公众线下参与庭审	1	1	2	3.17	ABA（2019）；ECHR（2010）；OHCHR（1966）；UN（1948）
公众在线参与庭审	1	1	2	3.17	CEPEJ（2021）
更高层级法院裁判文书的公开度	1	1	2	3.17	CEPEJ（2008c）；EU（2021）；OSCE（2010）；World Bank Group（2016，2021）
一审法院裁判文书的公开度	1	1	2	3.17	CEPEJ（2008c）；EU（2021）；OSCE（2010）；World Bank Group（2016，2021）
法院组织信息的公开度	1	1	2	3.17	CEPEJ（2020d）；CEPEJ（2020b，2020c）；ECPR（2017）；Transparency International（2021）；UN（2016）；UNODC（2011）；UNODC（n. d.）；USAID（2002）
审判与执行工作信息的公开度	1	1	2	3.17	CEPEJ（2008，2020d）；CEPEJ（2009，2015，2021）；EU（2021）；Gramckow（2014）
子类别 2.1.3 的总分	7	7	14	22.22	
类别 2.1 的总分	20	20	40	66.67	

（续表）

指标	企业灵活度分值	社会效益分值	总分	调整后分值	背景文献
2.2 替代性纠纷解决机制					
2.2.1 仲裁的公共服务（包括性别）					
商事仲裁服务的可获得性	1	1	2	3.33	Pouget（2013）；World Bank（2011）；Yin（2021）
仲裁特别程序	1	1	2	3.33	Ashford（2021）；ICC（2021b）；UNCITRAL（2021）；Wallach（2023）
促进仲裁	1	1	2	3.33	CIArb（2021）；Schimmel et al.（2018）
仲裁数字化程度	1	1	2	3.33	Ongenae（2023）；Piers and Aschauer（2018）
仲裁的透明度	1	1	2	3.33	Baetens（2020）；CAM（2015）；World Bank（2016）；ICCA（2022）；New York City Bar（2014）；UN（2016）；Zlatanska（2015）
子类别 2.2.1 的总分	5	5	10	16.67	
2.2.2 调解的公共服务（包括性别）					
商事调解服务的可获得性	1	1	2	4.17	European Parliament（2011）；Pouget（2013）；World Bank（2011）
促进调解	1	1	2	4.17	European Parliament（2011）；UNCITRAL（2018）
调解数字化程度	1	1	2	4.17	Cordella and Contini（2020）；Cortés（2011）；EBRD（2021）；Greacen（2018）；OECD（2020）；UNCITRAL（2017）；Van den Heuvel（2000）

（续表）

指标	企业灵活度分值	社会效益分值	总分	调整后分值	背景文献
调解的透明度	1	1	2	4.17	Gramckow et al.（2016）；Kessedjian（2022）；UN（2016，2019）
子类别 2.2.2 的总分	4	4	8	16.67	
类别 2.2 的总分	9	9	18	33.33	
支柱 Ⅱ 的总分	29	29	58	100.00	

支柱Ⅲ　解决商事纠纷的便利程度					
3.1　诉讼程序					
3.1.1　法院的可信度					
指标	企业灵活度分值	社会效益分值	总分	调整后分值	背景文献
在解决商事纠纷时，法院是独立和公正的	50	不适用	50	13.33	Council of Europe（2020）；Feld，Gutmann，and Voigt（2015）
法院不是商业运作的障碍	50	不适用	50	13.33	Esposito，Lanau，and Pompe（2014）；Garcia-Posada and Mora-Sanguinetti（2015）；Giacomelli and Menon（2017）；Staats and Biglaiser（2011）；World Bank（2004，2019）
子类别 3.1.1 的总分	100	不适用	100	26.67	

（续表）

3.1.2　诉讼程序的运作效率					
指标	企业灵活度分值	社会效益分值	总分	调整后分值	背景文献
诉讼程序时间	29.2	不适用	29.2	11.67	Chemin（2009）；Dejuan-Bitria and Mora-Sanguinetti（2021）；Fabbri（2010）；Moro，Maresch，and Ferrando（2018）；Ramos Maqueda and Chen（2021）
诉讼程序费用	29.2	不适用	29.2	11.67	Garcia-Posada and Mora-Sanguinetti（2015）；Lee III（2015）；OECD（2013b）
承认外国判决的时间	4.2	不适用	4.2	1.67	Garcimartin and Saumier（2020）；Hulbert（2008）.
承认外国判决的费用	4.2	不适用	4.2	1.67	Baker McKenzie（2020）；Bluestone（2006）；Garcimartin and Saumier（2020）
执行终审判决的时间	16.7	不适用	16.7	6.67	Gramckow（2014）
执行终审判决的费用	16.7	不适用	16.7	6.67	Gramckow（2014）
子类别 3.1.2 的总分	100	不适用	100	40.00	
类别 3.1 的总分	100	不适用	100	66.67	
3.2　替代性纠纷解决机制					
3.2.1　替代性纠纷解决机制的可信度					
仲裁是解决商事纠纷的可靠机制	50	不适用	50	6.67	Pouget（2013）；World Bank（2011）
调解是解决商事纠纷的可靠机制	50	不适用	50	6.67	Pouget（2013）；World Bank（2011）
子类别 3.2.1 的总分	100	不适用	100	13.33	

（续表）

3.2.2　仲裁程序的运作效率					
指标	企业灵活度分值	社会效益分值	总分	调整后分值	背景文献
仲裁时间	25	不适用	25	5.00	AAA（2013）；Dejuan-Bitria and Mora-Sanguinetti（2021）；Fry（2011）；Slate II（2010）；Waxman, Bleemer, and Hershenberg（2022）；Weinstein（2017）
仲裁费用	25	不适用	25	5.00	Garcia-Posada and Mora-Sanguinetti（2015）；Lee III（2015）；OECD（2013b）；Slate II（2010）
承认外国仲裁裁决的时间	25	不适用	25	5.00	IBA（2015）；Mistelis and Baltag（2008）
承认外国仲裁裁决的费用	25	不适用	25	5.00	IBA（2015）；Mistelis and Baltag（2008）
子类别 3.2.2 的总分	100	不适用	100	20.00	
类别 3.2 的总分	100	不适用	100	33.33	
支柱Ⅲ的总分	100	不适用	100	100.00	

参考文献 II

AAA (American Arbitration Association). 2013. "Commercial Arbitration Rules and Mediation Procedures (Including Procedures for Large, Complex Commercial Disputes.)" American Arbitration Association, United States: 10.

ABA (American Bar Association). 2006. "Best Practices for Electronic Service of Process (eSOP)." American Bar Association, Chicago.

ABA (American Bar Association). 2019. "Judicial Reform Index Factors." American Bar Association, Chicago.

ArbitralWomen. 2016. "Equal Representation in Arbitration (ERA) Pledge." Equal Representation in Arbitration. http://www.arbitrationpledge.com/.

P. Ashford. 2021. "The Power to Join Parties or Consolidate Separate Arbitrations in International Arbitration." *The International Journal of Arbitration, Mediation and Dispute Management* 87 (3): 381-403.

F. Baetens. 2020. "Identity and Diversity on the International Bench: Implications for the Legitimacy of International Adjudication." In *Identity and Diversity on the International Bench: Who is the Judge*? edited by Freya Baetens. Oxford University Press, International Courts and Tribunals Series.

Baker McKenzie. 2020. "Cross-Border Enforcement Center." Baker McKenzie. https://www.bakermckenzie.com/en/-/media/files/insight/publications/2020/10/crossborder_enforcement_center_handbook_10142020.pdf

Blair, Sir W. 2019. "The New Litigation Landscape: International Commercial Courts and Procedural Innovations." *International Journal of Procedural Law* 2: 212-234. https://sifocc.org/app/uploads/2020/04/The-New-Litigation-Landscape-International-Commercial-Courts-and-Procedural-Innovations.pdf.

S. Bluestone. 2006. "Recognition and Enforcement of Foreign country Money-judgments in the USA." UIHJ (International Union of Judicial Officers). https://uihj.com/archive-uihj/en/recognition-and-enforcement-of-foreign-country-money-judgments-in-the-usa_1019045.html.

S. Brekoulakis and G. Dimitropoulos. 2022. "International Commercial Courts: The Future of Transnational Adjudication." Studies on International Courts and Tribunals. Cambridge University Press, London.

O. Browne, T. Watret, and G. Blears. 2021. "United Kingdom" In *Enforcement of*

Foreign Judgments 2022. Lexology Getting the Deal Through, London: 113 – 123.

J. Cabral, A. Chavan, T. M. Clarke, J. Greacen, B. R. Hough, L. Rexer, J. Ribadeneyra, and R. Zorza. 2012. "Using Technology to Enhance Access to Justice." *Harvard Journal of Law & Technology* 26 (1): 241 – 324.

CAM (Milan Chamber of Arbitration). 2015. "Guidelines for the Anonymous Publication of Arbitral Awards." CAM and Università Carlo Cattaneo, Milan.

CAM (Milan Chamber of Arbitration). 2020. "Arbitration Rules." CAM, Milan.

CECL (Centre for European Constitutional Law) and UIHJ (International Union of Judicial Officers). 2021. "Civil Enforcement in the EU: A Comparative Overview." EU Enforcement Atlas, European Union: 33 – 39. https://www.enforcementatlas.eu/wp-content/uploads/2021/03/EU-Enforcement-Atlas-Comparative-Report.pdf.

CEPEJ (European Commission for the Efficiency of Justice). 2008. "Checklist for Promoting the Quality of Justice and Courts: Evaluation of Performance." CEPEJ, Strasbourg, Pillar: Evaluation of Performance.

CEPEJ (European Commission for the Efficiency of Justice). 2009. "Guidelines for a Better Implementation of the Existing Council of Europe's Recommendation on Enforcement." CEPEJ, Strasbourg. https://rm.coe.int/16807473cd.

CEPEJ (European Commission for the Efficiency of Justice). 2015. "Good Practice Guide on Enforcement of Judicial Decisions." CEPEJ, Strasbourg.

CEPEJ (European Commission for the Efficiency of Justice). 2016. "CEPEJ Guidelines." CEPEJ, Strasbourg: 19 – 25. https://rm.coe.int/cepej-guidelines/16809f007a.

CEPEJ (European Commission for the Efficiency of Justice). 2017. "Guidelines on How to Drive Change towards Cyberjustice: Stock-Taking of Tools Deployed and Summary of Good Practices." CEPEJ, Strasbourg: 9 – 52.

CEPEJ (European Commission for the Efficiency of Justice). 2018. "Revised Saturn Guidelines for Judicial Time Management (3rd Revision)." CEPEJ, Strasbourg. https://rm.coe.int/cepej-2018-20-e-cepej-saturn-guidelines-time-management-3rd-revision/16808ff3ee.

CEPEJ (European Commission for the Efficiency of Justice). 2020a. "European Judicial Systems: Efficiency and Quality of Justice." CEPEJ, Strasbourg: 17 – 42.

CEPEJ (European Commission for the Efficiency of Justice). 2020b. "Evaluation of the Judicial Systems (2018 - 2020): Norway." CEPEJ, Strasbourg.

CEPEJ (European Commission for the Efficiency of Justice). 2020c. "Evaluation of the Judicial Systems (2018 - 2020): Sweden." CEPEJ, Strasbourg.

CEPEJ (European Commission for the Efficiency of Justice). 2020d. "Report on the European Judicial Systems - Edition 2020 (2018 Data)." CEPEJ, Strasbourg: 43 - 136. https://rm.coe.int/evaluation-report-part-1-english/16809fc058.

CEPEJ (European Commission for the Efficiency of Justice). 2021a. "Guidelines on Electronic Court Filing (E-filing) and Digitalisation of Courts." CEPEJ, Strasbourg.

CEPEJ (European Commission for the Efficiency of Justice). 2021b. "Guidelines on Videoconferencing in Judicial Proceedings." CEPEJ, Strasbourg.

CEPEJ (European Commission for the Efficiency of Justice). 2021c. "Scheme for Evaluating Judicial Systems 2020 - 2022 Cycle." CEPEJ, Strasbourg.

CEPEJ (European Commission for the Efficiency of Justice). 2021d. "Specific Study of the CEPEJ on the Legal Professions: Enforcement Agents." CEPEJ, Strasbourg: 4 - 31. https://rm.coe.int/cepej-specific-study-on-enforcement-agents-uihj-2018-data-en-version-2/1680a2a2d4.

CEPEJ (European Commission for the Efficiency of Justice). 2022. "European Judicial Systems: CEPEJ Evaluation Report." CEPEJ, Strasbourg: 35. https://rm.coe.int/cepej-report-2020-22-e-web/1680a86279.

M. Chemin. 2009. "The Impact of the Judiciary on Entrepreneurship: Evaluation of Pakistan's Access to Justice Programme." *Journal of Public Economics* 93 (1 - 2): 114 - 125.

CIArb (The Chartered Institute of Arbitrators). 2021. "Drafting Arbitral Awards Part 1-General." CIArb, International Arbitration Practice Guidelines, London: Commentary on Articles 2, 4, 5.

CJEU (Court of Justice of the European Union). No date (n. d.). "Judicial Calendar." CJEU, Luxembourg. https://curia.europa.eu/jcms/jcms/Jo1_6581/.

S. Colonnello and C. Herpfer. 2021. "Do Courts Matter for Firm Value? Evidence from the US Court System." *Journal of Law and Economics* 64 (2): 403 - 438.

A. Cordella and F. Contini. 2020. "Digital Technologies for Better Justice: A Toolkit for Action." Inter-American Development Bank, Washington, DC: 1 - 56.

P. Cortés. 2011. *Online Dispute Resolution for Consumers in the European Union.*

Routledge, New York: 51 – 75.

Council of Europe. 1998. "European Charter on the Statute for Judges." Council of Europe, Strasbourg.

Council of Europe. European Commission for Democracy Through Law. 2007. "Opinion No. 403/2006 on Judicial Appointments." Council of Europe, Venice. https://www.venice.coe.int/webforms/documents/default.aspx?pdffile=CDL-AD%282007%29028-e.

Council of Europe. Committee of Ministers. 2014. "Recommendation CM/Rec (2014) 7 and Explanatory Memorandum." Council of Europe, Strasbourg. http://rm.coe.int/doc/09000016807096c7.

Council of Europe. 2019. "Electronic Evidence in Civil and Administrative Proceedings: Guidelines Adopted by the Committee of Ministers of the Council of Europe on 30 January 2019 and Explanatory Memorandum." Council of Europe, Strasbourg.

Council of Europe. 2020. "Independence and Impartiality of the Judicial System." Department for the Execution of Judgments of the European Court, Council of Europe, Strasbourg.

T. R. Decker. 2013. "Civil Litigation Resolved through Mediation." Superior Court of California, Orange County, Institute for Court Management, California.

D. Dejuan-Bitria and J. S. Mora-Sanguinetti. 2021. "Which Legal Procedure Affects Business Investment Most, and Which Companies Are Most Sensitive? Evidence from Microdata." *Economic Modelling* 94 (C): 201 – 220.

EBRD (European Bank for Reconstruction and Development). 2020. "From Digitisation to Digital Transformation: A Case for Online Courts in Commercial Disputes." EBRD, London: 17 – 24.

EBRD (European Bank for Reconstruction and Development). 2021. "Online Mediation: An Effective Solution for Dispute Resolution for Small and Medium-Sized Enterprises during the Covid – 19 Pandemic." EBRD, London.

ECHR (European Court of Human Rights). 2010. "European Convention on Human Rights." As amended by Protocol Nos. 11 and 14 and supplemented by Protocol Nos. 1, 4, 6, 7, 12 and 13. Council of Europe, Strasbourg. http://www.echr.coe.int/Documents/Convention_ENG.pdf.

ECHR (European Court of Human Rights). 2024. "Rules of Court." Council of Europe, Strasbourg. https://www.echr.coe.int/documents/d/echr/Rules_Court_ENG.

ECPR (European Consortium for Political Research). 2017. "Selection and Promotion of Judges — New Challenges." ECPR.

J. Ellis. 2012. "Extraterritorial Exercise of Jurisdiction for Environmental Protection: Addressing Fairness Concerns." *Leiden Journal of International Law* 25 (2): 397 - 414.

G. Esposito, S. Lanau, and S. Pompe. 2014. "Judicial System Reform in Italy - A Key to Growth." IMF Working Paper WP/14/32, International Monetary Fund, Washington, DC.

European Parliament. 2011. "Quantifying the Cost of not Using Mediation - A Data Analysis." European Parliament, Brussels: 3 - 20.

European Parliament. 2022. "Resolution of 13 September 2022 with Recommendations to the Commission on Responsible Private Funding of Litigation." Strasbourg, 2020/2130(INL).

European Union. 2006. "Regulation (EC) No 1896/2006 Creating a European Order for Payment Procedure." *Official Journal of the European Union*, December 12. https://eur-lex. europa. eu/legal-content/EN/TXT/PDF/? uri = CELEX: 32006R1896&from = EN.

European Union. 2008. "Directive 2008/52/EC on Certain Aspects of Mediation in Civil and Commercial Matters." *Official Journal of the European Union*, May 21.

European Union. 2021. "The 2021 EU Justice Scoreboard." European Union, Luxembourg: 21 - 40.

D. Fabbri. 2010. "Law Enforcement and Firm Financing: Theory and Evidence." *Journal of the European Economic Association* 8 (4): 776 - 816.

D. Feenan. 2008. "Women Judges: Gendering Judging, Justifying Diversity." *Journal of Law and Society* 35 (4): 490 - 519.

J. Fry. 2011. "Arbitration and Promotion of Economic Growth and Investment." *European Journal of Law Reform* 13 (3 - 4): 390.

M. Garcia-Posada and J. Mora-Sanguinetti. 2015a. "Does (Average) Size Matter? Court Enforcement, Business Demography and Firm Growth." *Small Business Economics* 44 (3): 639 - 669.

M. Garcia-Posada and J. Mora-Sanguinetti. 2015b. "Entrepreneurship and Enforcement Institutions: Disaggregated Evidence for Spain." *European Journal of Law and Economics* 40 (1): 49 - 74.

F. Garcimartin and G. Saumier. 2020. "Explanatory Report on the Convention of 2

July 2019 on the Recognition and Enforcement of Foreign Judgments in Civil or Commercial Matters." Hague Conference on Private International Law, The Hague.

S. Giacomelli and C. Menon. 2017. "Does Weak Contract Enforcement Affect Firm Size? Evidence from the Neighbor's Court." *Journal of Economic Geography* 17 (6): 1251 - 1282.

GIZ (Deutsche Gesellschaft für Internationale Zusammenarbeit (GIZ) GmbH). 2020. "Guidelines for the Development of a Normative Framework for Professional Behaviour and Responsibilities of Enforcement Agents." GIZ, Germany. https://www.giz.de/en/downloads_els/ORF%20Legal%20Reform%20%20Gudelines%20for%20Enforcement%20Agents.pdf.

H. Gramckow. 2012. "Court Auctions: Effective Processes and Enforcement Agents." Justice and Development Working Paper Series 18/2012, World Bank, Washington, DC.

H. Gramckow and V. Nussenblatt. 2013. "Caseflow Management: Key Principles and the Systems to Support Them." Justice and Development Working Paper Series 23/2013, World Bank, Washington, DC.

H. Gramckow. 2014. "Good Practices for Monitoring the Effectiveness of Enforcement Actions and Assessing the Performance of Bailiffs." *Law in Transition*, Washington, DC. https://www.ebrd.com/downloads/research/law/lit14eg.pdf.

H. Gramckow, O. Ebeid, E. Bosio, and J. L. Silva Mendez. 2016. *Good Practices for Courts: Helpful Elements for Good Court Performance and the World Bank's Quality of Judicial Process Indicators*. Governance Global Practice. World Bank, Washington, DC: 7 - 110.

J. Greacen. 2018. "18 Ways Courts Should Use Technology to Better Serve their Customers." Institute for the Advancement of the American Legal System, Denver.

W. Gu and J. Tam. 2022. "The Global Rise of International Commercial Courts: Typology and Power Dynamics." *Chicago Journal of International Law*, Chicago. https://cjil.uchicago.edu/print-archive/global-rise-international-commercial-courts-typology-and-power-dynamics.

HCCH (Hague Conference on Private International Law). 1961. "Convention on Abolishing the Requirement of Legalisation for Foreign Public Documents." HCCH, The Hague.

HCCH (Hague Conference on Private International Law). 2019. "Convention on the Recognition and Enforcement of Foreign Judgments in Civil or Commercial Matters." HCCH, The Hague.

HCCH (Hague Conference on Private International Law). Accessed 2024. "E-App." HCCH, The Hague. https://www.hcch.net/en/instruments/conventions/publications1/?dtid=49&cid=41.

HCCH (Hague Conference on Private International Law). Accessed 2024. "E-Registers." HCCH, The Hague. https://www.hcch.net/en/instruments/conventions/specialised-sections/apostille/operational-e-registers.

R. Hulbert. 2008. "Some Thoughts on Judgments, Reciprocity and the Seeming Paradox of International Commercial Arbitration." *University of Pennsylvania Journal of International Law* 29. https://scholarship.law.upenn.edu/jil/vol29/iss3/3.

IBA (International Bar Association). 2015. "The Current State and Future of International Arbitration: Regional Perspectives." IBA Arb 40 Subcommittee, London. https://cvdvn.files.wordpress.com/2018/10/int-arbitration-report-2015.pdf.

ICC (International Chamber of Commerce). 2012. "Arbitration Involving States and State Entities under the ICC Rules of Arbitration." ICC Commission on Arbitration and ADR, Paris. https://iccwbo.org/publication/arbitration-involving-states-state-entities-icc-rules-arbitration-report-icc-commission-arbitration-adr/.

ICC (International Criminal Court). 2014. "ICC Whistleblowing and Whistleblower Protection Policy." ICC, The Hague. https://www.icc-cpi.int/asp/protection-policy.

ICC (International Chamber of Commerce). International Court of Arbitration. 2021. "ICC Arbitration Rules." ICC, Paris.

ICC (International Chamber of Commerce). 2021b. "Note to Parties and Arbitral Tribunals on the Conduct of the Arbitration under the ICC Rules of Arbitration." ICC, Paris.

ICCA (International Council for Commercial Arbitration). 2020. "Report of the Cross-Institutional Task Force on Gender Diversity in Arbitral Appointments and Proceedings." ICCA: 61 – 104. https://cdn/arbitration-icca.org/s3fs-public/document/media_document/ICCA-Report-8-Gender-Diversity_0.pdf.

ICCA (International Council for Commercial Arbitration). 2022. "Report of the

Cross-Institutional Task Force on Gender Diversity in Arbitral Appointments and Proceedings." ICCA, The Hague: 8, 11-22.
IDLO (International Development Law Organization). 2018. "Women Delivering Justice: Contributions, Barriers, and Pathways." IDLO.
J. Jean and R. Gurbanov. 2015. "High Quality Justice for All Member States of the Council of Europe." CEPEJ Studies, No. 22. CEPEJ, Strasbourg: 125-28. https://rm.coe.int/high-quality-justice-for-all-member-states-of-the-coun cil-of-europe-ce/168078822a.
L. Johnson, L. Sachs, and E. Merrill. 2021. "Investor-State Dispute Prevention: A Critical Reflection." Dispute Resolution Journal 75 (4): 108-114.
JTC (Joint Technology Committee). 2016. "Managing Digital Evidence in Courts." JTC, United States Congress.
K. Kessedjian. 2022. "Gender Equality in the Mirror." *World Trade Institute Advanced Studies* 10: 195-210.
L. J. Kray and J. A. Kennedy. 2017. "Changing the Narrative: Women as Negotiators — and Leaders." *California Management Review* 60 (1): 70-87.
LCIA (London Court of International Arbitration). 2020. "LCIA Arbitration Rules." LCIA, London.
E. G. Lee Ⅲ.. 2015. "Law Without Lawyers: Access to Civil Justice and the Cost of Legal Services." *University of Miami Law Review* 69.
L. Mistelis and C. Baltag. C. 2008. "Recognition and Enforcement of Arbitral Awards and Settlement in International Arbitration: Corporate Attitudes and Practices." *The American Review of International Arbitration* 19.
A. Moro, D. Maresch, and A. Ferrando. 2018. "Creditor Protection, Judicial Enforcement and Credit Access." *European Journal of Finance* 24 (3): 250-281.
S. Murase. 1995. "Extraterritorial Application of Domestic Environmental Law." In *Perspectives from International Economic Law on Transnational Environmental Issues* 253. The Hague Academy of International Law, The Hague. https://iow.eui.eu/wp-content/uploads/sites/18/2013/04/11-Vinuales-Background6-Extraterritorial-Application-of-Domestic-Environmental-Law.pdf.
NAPCO (National Association for Presiding Judges and Court Executive Officers). 2016. "Best Practices Institute: Successful Caseflow Management Techniques." NAPCO. https://napco4courtleaders.org/wp-content/uploads/2016/09/Casef low-Management-Techniques-Best-Practices-Institute.pdf.

New York City Bar. 2014. "Publication of International Arbitration Awards and Decisions." Committee on International Commercial Disputes, New York.

OECD (Organisation for Economic Co-operation and Development). 2013a. "Judicial Performance and Its Determinants: A Cross-Country Perspective." OECD, Paris: 19 – 33.

OECD (Organisation for Economic Co-operation and Development). 2013b. "What Makes Civil Justice Effective?" OECD Economics Department Policy Note 18, OECD, Paris.

OECD (Organisation for Economic Co-operation and Development). 2020. "Access to Justice and the COVID – 19 Pandemic: Compendium of Country Practices." OECD, Paris.

OHCHR (Office of the United Nations High Commissioner for Human Rights). 1966. "International Covenant on Civil and Political Rights (ICCPR)." OHCHR, Geneva. https://www.ohchr.org/en/instruments-mechanisms/instruments/international-covenant-civil-and-political-rights.

OSCE (Organization for Security and Cooperation in Europe). 2010. "Kyiv Recommendations on Judicial Independence in Eastern Europe, South Caucasus and Central Asia." Office of Democratic Institutions and Human Rights, OSCE, Warsaw.

M. Piers and C. Aschauer, editors. 2018. *Arbitration in the Digital Age: The Brave New World of Arbitration*. Cambridge University Press, Cambridge, UK: 54 – 98.

S. Pouget. 2013. "Arbitrating and Mediating Disputes: Benchmarking Arbitration and Mediation Regimes for Commercial Disputes Related to Foreign Direct Investment." Policy Research Working Paper 6632, World Bank, Washington, DC.

D. Quek Anderson. 2010. "Mandatory Mediation: An Oxymoron? Examining the Feasibility of Implementing a Court-Mandated Mediation Program." *Cardozo Journal of Conflict Resolution* 11 (2): 20 – 22.

M. Ramos Maqueda and D. L. Chen. 2021. "The Role of Justice in Development: The Data Revolution." Policy Research Working Paper 9720, World Bank, Washington, DC.

R. Reuben. 2007. "Tort Reform Renews Debate over Mandatory Mediation." *Dispute Resolution Magazine* 13 (2007): 13 – 15.

R. Reuben. 2010. "ADR and the Rule of Law: Making the Connection." *Dispute*

Resolution Magazine 16 (4): 4 – 7.

H. Samaha. 2021. "Law Firms Can Improve Gender Diversity by Learning from Their Clients." Lex Mundi, January 11. https://www.law.com/international-edition/2021/01/11/law-firms-can-improve-gender-diversity-by-learning-from-their-clients/.

D. Schimmel, J. Shope, A. Hainsworth, and D. Tsutieva. 2018. "Transparency in Arbitration." Thompson Reuters, Practice Note. https://foleyhoag.com/-/media/files/foley%20hoag/publications/articles/2018/transparency%20in%20arbitration_practical%20law_mar2018.ashx.

W. Slate II. 2010. "Cost and Time Effectiveness of Arbitration." *Contemporary Asia Arbitration Journal* 3 (2): 182 – 198.

J. Staats and G. Biglaiser. 2011. "The Effects of Judicial Strength and Rule of Law on Portfolio Investment in the Developing World." *Social Science Quarterly* 92 (3): 609 – 630.

D. Steelman. 2008. "Improving Caseflow Management: A Brief Guide." National Center for State Courts: 4 – 11. https://ncsc.contentdm.oclc.org/digital/collection/ctadmin/id/1022/.

H. Streeter-Schaefer. 2001. "A Look at Court Mandated Civil Mediation." *Drake Law Review* 49: 19 – 22.

Transparency International. 2007. *Global Corruption Report 2007*. Transparency International, New York: 3 – 14.

Transparency International. 2021. "Judicial Promotions: Systemic and Promotional Challenges." Transparency International, Georgia.

M. Troilo and J. Markham Collins. 2017. "Courts and Firm Investments in Real Property." *Journal of Economic Issues* 51 (3): 698 – 720.

UN (United Nations). 1948. "Universal Declaration of Human Rights (UDHR)." UN, Paris. https://www.un.org/en/about-us/universal-declaration-of-human-rights.

UN General Assembly. 1979. "The Convention on the Elimination of All Forms of Discrimination against Women (CEDAW)." United Nations, New York.

UNCITRAL (United Nations Commission on International Trade Law). 1958. "Convention on the Recognition and Enforcement of Foreign Arbitral Awards (New York, 1958)." UNCITRAL, Vienna.

UNCITRAL (United Nations Commission on International Trade Law). 2008. "UNCITRAL Model Law on International Commercial Arbitration 1985: with

Amendments as Adopted in 2006." UNCITRAL, Vienna.

UNCITRAL (United Nations Commission on International Trade Law). 2017. "Technical Notes on Online Dispute Resolution." UNCITRAL, Vienna.

UNCITRAL (United Nations Commission on International Trade Law). 2018. "UNCITRAL Model Law on International Commercial Mediation and International Settlement Agreements Resulting from Mediation, 2018: Amending the UNCITRAL Model Law on International Commercial Conciliation, 2002." UNCITRAL, Vienna.

UNCITRAL (United Nations Commission on International Trade Law). 2021. "UNCITRAL Arbitration Rules." UNCITRAL, Vienna.

UNCITRAL (United Nations Commission on International Trade Law). 2022. "Possible Reform of Investor-State Dispute Settlement (ISDS)." Note by the Secretariat: Working Group III (Investor-State Dispute Settlement Reform), Forty-third Session, 12 - 21. UNICTRAL, Vienna.

UNCTAD (United Nations Conference On Trade And Development). 2010. "Investor - State Disputes: Prevention and Alternatives to Arbitration." UNCTAD Series on International Investment Policies for Development, New York and Geneva: 65 - 96.

UNEP (United Nations Environment Programme). 2016. "Environmental Courts & Tribunals: A Guide for Policy Makers. UNEP, Nairobi: 18 - 59.

United Nations. 2014. "Report of the United Nations Commission on International Trade Law." Official Records of the General Assembly, Sixty-ninth Session, Supplement No. 17 (A/69/17): 4 - 24

United Nations. 2016. "Integrating a Gender Perspective into Statistics." Department of Economic and Social Affairs Statistics Division, United Nations, New York: 1 - 81.

UNODC (United Nations Office on Drugs and Crime). No date (n. d.). "The Main Factors Aimed at Securing Judicial Independence." UNODC, Vienna.

UNODC (United Nations Office on Drugs and Crime). 2011. "Resource Guide on Strengthening Judicial Integrity and Capacity." UNODC, Vienna: 5 - 134.

USAID (United States Agency for International Development). 2002. "Guidance for Promoting Judicial Independence and Impartiality." Office of Democracy and Governance, USAID, Washington, DC: 1 - 148.

USAID (United States Agency for International Development). 2009. "Reducing Corruption in the Judiciary." USAID Program Brief, Office of Democracy and

Governance, USAID, Washington, DC.

E. Van den Heuvel. 2000. "Online Dispute Resolution as a Solution to Cross-Border E-Disputes: An Introduction to ODR." https://www.oecd.org/digital/consumer/1878940.pdf.

S. Voigt, J. Gutmann, and L. P. Feld. 2015. "Economic Growth and Judicial Independence, a Dozen Years On: Cross-Country Evidence Using an Updated Set of Indicators." *European Journal of Political Economy* 38: 197 – 211.

D. Wallach. 2023. "The Emergence of Early Disposition Procedures in International Arbitration." Wolters Kluwer, Kluwer Arbitration. https://www.ila-americanbranch.org/wp-content/uploads/2023/09/The_Emergence_of_Early_Disposition_Procedures_in_International_Arbitration.pdf.

A. Waxman, R. Bleemer, and A. M. Hershenberg. 2022. "Seizing the Benefits of Arbitration — It's in your Hands." *American Review of International Arbitration* 33 (2): 81 – 104.

R. Weinstein. 2017. "Arbitration Offers Efficiency and Economic Benefits Compared to Court Proceedings." *New York Dispute Resolution Lawyer* 10 (2): 36 – 39.

World Bank. 2004. *World Development Report 2005: A Better Investment Climate for Everyone*. World Bank, Washington, DC.

World Bank Group. 2019. "Retention and Expansion of Foreign Direct Investment: Political Risk and Policy Responses." World Bank, Washington, DC: 41 – 5 https://openknowledge.worldbank.org/bitstream/handle/10986/33082/Political-Risk-and-Policy-Responses.pdf? sequence=1&isAllowed=y.

World Bank Group. 2020. *Two for One: How Leveraging Small Claims Procedures Can Improve Judicial Efficiency and Access to Justice*. World Bank, Washington, DC.

World Bank. 2011. *Alternative Dispute Resolution Center Manual: A Guide for Practitioners on Establishing and Managing ADR Centers*. World Bank, Washington, DC.

W. Yin. 2021. "Domestic Arbitral Institutions and Foreign Direct Investment." *International Relations of the Asia-Pacific* 21 (3): 401 – 429. https://doi.org/10.1093/irap/lcaa003.

E. Zlatanska. 2015. "To Publish, or Not to Publish Arbitral Awards: That is the Question ..." Chartered Institute of Arbitrators, London.

附件 B　纠纷解决注释问卷

附件 B 包括术语表和附带注释的调查问卷。注释问卷提供了每项指标与相应问题之间的一一对应关系。

术语表

替代性纠纷解决机制：仲裁和调解。

二审法院：在涉及位于[城市]的两个商事主体的[索赔金额]商事纠纷中，处理当事人对一审法院裁决的上诉的第一个法院。根据司法管辖权不同，这可能包括对法律或事实错误的审查，或仅仅包括对法律错误的审查。

仲裁：一种替代性纠纷解决机制，各方当事人将其法律纠纷提交给一个或多个独立的第三方（仲裁员），由他们做出具有约束力的裁决。

商事主体：不论所有权如何，为营利而设立的法律实体。

商事纠纷：两个或多个商事主体在经营过程中因未能满足协议（包括合同或商业关系）的条款或要求而发生的法律纠纷。这类纠纷的常见例子如下。例 1（货物）：一个汽车零部件的买家（一家公司）对他们的配件不满意，想要替换，而卖家（另一家公司）拒绝提供。例 2（服务）：会计服务提供者（一家公司）要求为其服务支付费用，而客户（另一家公司）拒绝支付，理由是所提供的服务质量不合格。请注意，这些例子只是为了举例说明，并非详尽无遗。

诉讼程序：通过向法院提出起诉和/或应诉来解决纠纷的过程，从而做出具有约束力的判决。

一审法院：具有主要管辖权的法院，处理涉及[索赔金额]并且当事方为位于[城市]的两个商事主体的商事纠纷。这是案件最初被提交的法院，也被称为初审法院。

法院：由一名或多名法官组成的公共机构，有权解决当事人之间的法律纠纷，并对其做出具有约束力的裁决。

法院附属调解：由法院进行的调解。

国内仲裁：非下文定义的国际仲裁。如果您所在的司法辖区内的国内仲裁定义与本定义不同，请参考您所在的司法辖区内的定义。

ECMS：电子案件管理系统。

执行人员：经政府授权执行法院命令和判决的人，无论是否为公职人员。执行人员可以是公职人员（即作为法院执行人员的司法人员或行政部门的公务员），也可以是私人身份（即自雇执行代理人）。

执行机构：由执行人员组成的固定机构。

环境纠纷：关于环境质量、环境保护或管理或其他自然资源的任何纠纷，包括与环境有关的任何法律权利的执行，涉及至少一个商事主体。

外国判决：由外国法院作出的任何有效和终局的判决，不论是给予金钱救济还是非金钱救济。

国际仲裁：一种仲裁，其中（1）当事人订立仲裁协议时，其营业地在不同的国家；或者（2）下列其中一个地点位于当事人营业地所在国之外：（a）仲裁协议中确定的或根据仲裁协议确定的仲裁地；（b）履行商事关系中大部分义务的地点或者与诉争标的关系最密切的地点；或者（3）当事人明确同意仲裁协议的标的涉及一个以上的国家。如果您所在的司法辖区的国际仲裁定义与本定义不同，请参照您所在的司法辖区的定义。

投资者与国家之间的纠纷：外国投资者与投资所在国政府之间的纠纷。

法律框架：在［城市］中具有约束力的所有普遍适用的法律文书，不论它们是否具有国家、地区或城市的特征。这包括立法机构颁布的法律和法规、行政部门制定的条例和法令。判例法也被认为是法律框架的一部分，以及由最高司法机关通过的一整套规则（例如，最高法院调解规则、最高法院关于延期和休庭的一般规定)。此外,法律框架还包括一国缔结的国际条约。

地方机构:参与[城市]商事纠纷解决过程的所有机构。

调解:无论适用何种表达或进行该程序的依据是什么,各方当事人均请求独立第三方(调解员)协助他们努力达成友好解决法律纠纷的替代性纠纷解决程序。与诉讼程序或仲裁不同,调解员无权将解决方案强加于纠纷各方。

私下调解:这类调解完全独立于法院,当事人选择的调解员不需要法院批准。

公共机构:各级政府,各级政府的所有部门,以及行使公共职能的所有其他机构。

国有企业:由国家或地方政府直接或间接拥有或控制多数股权的商事主体。

最高法院:司法系统中的最高法院,是解决所有法律纠纷的终审法院。

1958 年《纽约公约》:《联合国关于承认和执行外国仲裁裁决公约》(1958 年 6 月 10 日于纽约通过)。

1961 年《海牙公约》:《取消外国公文书认证要求的公约》(1961 年 10 月 5 日于海牙通过)。

2018 年《新加坡公约》:《联合国关于调解所产生的国际和解协议公约》(2018 年 12 月 20 日于纽约通过)。

2019 年《判决公约》:《承认与执行外国民商事判决公约》(2019 年 7 月 2 日于海牙通过)。

纠纷解决问卷

下面的表格列出了每个支柱下的所有指标(包括其组成部分,如适用),并在括号内标明了相应的问题编号。为了方便参考,每个表格前都列出了问题。

对于以“是/否”回答的问题,回答为“是”即得分,并被视为良好实践;如特别标明“是/否;否—良好实践”,则“否”意味着良好实践。

某些问题标记为“不计分”,意味着它们不会以任何方式影响分值。设计这些问题的目的,是为推广阶段后续年度的问题设计提供更多的信息和改进的建议,并且在必要时,为已经计分的问题提供进一步的信息和实证基础。

支柱 I　纠纷解决规则的质量	
参数	
经营场所	经济体中最大(人口最多)的城市。此参数用于法律可能不适用于全国而在各州或地区之间有所不同的情况。在支柱 I 中,经营场所的参数用于确定具体的城市,在该城市中将衡量纠纷解决规则的质量

1.1　诉讼程序

在问卷的这一部分中,请仅根据法律框架的规定回答问题,不论实践情况如何。

1.1.1　程序确定性(包括环境)

1. 请指出在以下商事案件中一审法院的名称。(不计分)
   - 纠纷涉及位于[城市]的两个商事主体。
   - 案件仅与其经营活动有关。
   - 索赔金额为[索赔金额]。

   注:如果在一审阶段有多个法院可能对该案件具有管辖权,请提供适用于[城市]大多数商事纠纷的法院名称。

2. 请指出在二审阶段对相同案件具有管辖权的二审法院的名称。(不计分)

   注:如果在一审阶段有多个法院可能对该案件具有管辖权,请提供适用

于［城市］大多数商事纠纷的法院名称。

3. 法律框架是否规定了在商事案件中必须向被告送达原始起诉状副本的时限？（是/否）

4. 法律框架是否规定了在商事案件中被告必须提交其答辩状的时限？（是/否）

5. 法律框架是否规定了在商事案件中专家必须提出其专家意见的时限？（是/否）

注："专家"一词根据您所在的司法辖区内的法律框架定义。

6. 法律框架是否规定了法官必须在所有庭审结束后做出完整书面裁判的时限？（是/否）

7. 法律框架是否规定了法官必须就临时措施申请做出决定的时限？（是/否）

注："临时措施"是指法院在案件未决期间给予的临时救济，目的是在对案件做出最后裁判之前保护一方当事人的状况或资产，避免造成不可逆转的损害。

8. 法律框架是否规定在某段确定的时间或法庭流程（例如首次庭审）过后，当事人不得再提交新的证据？（是/否）

注：本规则允许的例外包括在指定的时间或法庭流程发生之前，通过合理的努力无法获得相关证据的情况。

9. 在商事案件中，是否仅在不可预见的和例外的情况（例如，一方当事人患严重疾病，当事人愿意尝试达成和解等）下才能延期审理？（是/否）

10. 法律框架是否规定了在商事案件中可准予的延期开庭的最大次数？（是/否）

11. 法律框架是否规定在商事案件中举行庭前会议？（是/否）

注："庭前会议"是指在诉讼程序开始时为加速解决纠纷而举行的单独庭审，主要包括缩小纠纷问题的范围、阐明证据和讨论解决纠纷的可能性。

12. 法律框架是否规定，在合法通知的被告未回应法院传票或未出庭的情况

下，法官可直接做出有利于原告的判决（缺席判决）？（是/否）

13. 法律框架是否允许在承认和执行外国判决的过程中使用海牙认证？（是/否）

注："海牙认证"是指根据1961年《海牙公约》，由文件发出国的主管机关签发的证书，该证书证明签名的真实性、签署人的资质，以及在适当情况下，文件上所盖印章或印记的身份。

14. 法律框架是否规定，如果一方当事人申请承认和执行外国判决的唯一理由是在当地无住所或不在当地的辖区内，则该方当事人必须提供担保、保证金或存款？（是/否；否—良好实践）

注：请假设外国判决来自仅受2019年《判决公约》约束的国家。

15. 法律框架是否允许法院以法律错误或事实错误为由拒绝承认和执行外国判决，即授权法院根据案情对外国判决进行复审？（是/否；否—良好实践）

注：请基于外国判决来自在此事项上仅受2019年《判决公约》约束的国家之假设作答。

16. 法律框架是否规定了执行机构在收到债权人的请求后必须完成执行终审判决的时限？（是/否）

注：请仅在该时限涵盖从收到执行终审判决的申请到执行程序完成的期间时，才回答"是"。

17. 法律框架是否规定执行人员有权扣押债务人对第三方的金钱债权？（是/否）

注：请仅在法律框架对此有直接且明确规定时，才回答"是"。

18. 法律框架是否规定执行人员扣押债务人的金融工具（如债券和股票）的权利？（是/否）

注：仅当法律框架对此有直接且明确的规定时，才回答"是"。

19. 法律框架是否赋予执行人员扣押债务人的电子资产（如加密货币）的权

利？（是/否）

注：仅当法律框架对此有直接且明确的规定时，才回答“是”。

20. 法律框架是否允许包括商事主体、非政府组织或民间团体在内的任何一方，向法院提起针对商事主体的环境纠纷，即使该方没有遭受实际损害？（是/否）

注：仅当法律框架对此有直接且明确的规定时，才回答“是”。

21. 法律框架是否允许对在贵国经营的商事主体提起诉讼，指控其在国外造成的环境损害？（是/否）

注：仅当法律框架对此有直接且明确的规定时，才回答“是”。

22. 法律框架是否对商事主体施加了注意其经营活动对环境影响的义务？（是/否）

注：即便法律框架仅对较大型的公司施加此项义务，也请回答“是”。

23. 就针对商事主体的环境纠纷而言，法律框架是否赋予法院权力，除罚款和赔偿等金钱损害赔偿金外，提供额外的救济措施，以应对环境损害的特殊性？（是/否）

注：仅当法律框架允许法院既提供限制性措施（例如，命令停止有害活动）又提供恢复性措施（例如，命令恢复受污染土地）时，才回答“是”。

1.1.2 司法诚信（包括性别）

24. 法律框架是否禁止法院院长干涉其他法官的审判工作？（是/否）

25. 法律框架是否禁止仅因法官如何适用和解释法律而对其启动纪律处分程序？（是/否）

26. 法律框架是否要求法官每年披露其资产情况？（是/否）

如果回答为“是”，请回答问题 27。

27. 法律框架是否要求这些披露内容可供公众查阅？（是/否）

28. 在您所在的司法管辖区内,是否有针对法官的职业道德准则?(是/否)

注:仅当该准则涵盖以下全部或大部分内容时,才回答“是”:利益冲突、公正与独立、滥用职权、收受礼品、保密、单方面通信、勤勉履行公职、法庭职权之外的活动。

29. 在您所在的司法管辖区内,是否有专门规范执行人员活动的职业道德准则(不同于针对公务员的通用职业道德准则)?(是/否)

注:仅当该准则涵盖以下全部或大部分内容时,才回答“是”:利益冲突、独立与公正、勤勉履行公职、既定程序的执行、纪律制裁、费用的透明度与可预测性。

30. 在您所在的司法管辖区内,是否有司法检举政策?(是/否)

注:“司法检举政策”指的是一整套允许司法机构工作人员(检举人)秘密检举司法活动中涉嫌的不法行为,并保护其免遭报复的规则。

31. 依据法律框架,在商事诉讼程序的各个阶段,女性是否享有与男性相同的权利?(是/否)

注:歧视性对待的例子包括:女性证词的权重低于男性证词,女性必须获得许可(如丈夫或父母的许可)才能出庭等。

1.1 诉讼程序			
1.1.1 程序确定性(包括环境)			
指标	企业灵活度分值	社会效益分值	总分
时间标准: 向被告送达起诉状(3) 提交答辩意见(4) 发表专家意见(5) 提交判决书(6)	1 0.25 0.25 0.25 0.25	1 0.25 0.25 0.25 0.25	2 0.5 0.5 0.5 0.5
审议临时措施请求的时间限制(7)	1	1	2

（续表）

指标	企业灵活度分值	社会效益分值	总分
举证时限(8)	1	1	2
延期开庭的限制： 限制延期的理由(9) 延期次数上限(10)	1 0.5 0.5	1 0.5 0.5	2 1 1
举行庭前会议(11)	1	1	2
缺席判决的可获得性(12)	1	1	2
承认与执行外国判决： 允许使用海牙认证(13) 不要求外国判决债权人提供担保(14) 拒绝承认和执行外国判决的理由(15)	1 0.33 0.33 0.33	1 0.33 0.33 0.33	2 0.66 0.66 0.66
执行判决的时限(16)	1	1	2
执行人员有权扣押其他类型财产： 执行人员扣押债务人对第三方金钱债权的权力(17) 执行人员扣押债务人金融工具(如债券和股票)的权力(18) 执行人员扣押债务人电子资产(如加密货币)的权力(19)	1 0.33 0.33 0.33	1 0.33 0.33 0.33	2 0.66 0.66 0.66
环境可持续性： 扩大环境纠纷的诉讼资格(20) 要求污染企业对在国外造成的环境损害负责(21) 企业有义务考虑经营活动对环境的影响(22) 扩大环境纠纷的救济范围(23)	0 0 0 0 0	1 0.25 0.25 0.25 0.25	1 0.25 0.25 0.25 0.25
总分	9	10	19

1.1.2 司法诚信(包括性别)

指标	企业灵活度分值	社会效益分值	总分
防止妨碍法官工作的保障： 禁止法院院长干预其他法官的裁决(24)	1 0.5	1 0.5	2 1

（续表）

指标	企业灵活度分值	社会效益分值	总分
排除仅因法官适用和解释法律而对其纪律处分的可能性(25)	0.5	0.5	1
法官披露资产： 法官有义务每年披露其财产资产情况(26) 将法官披露的财产资产情况提供给公众(27)	1 0.5 0.5	1 0.5 0.5	2 1 1
法官职业道德准则(28)	1	1	2
执行人员职业道德准则(29)	1	1	2
存在司法检举政策(30)	1	1	2
商事诉讼中男女权利平等(31)	1	1	2
总分	6	6	12

1.2 替代性纠纷解决机制

在所有涉及仲裁的问题中，仅当国内仲裁和国际仲裁中均存在特定的良好实践时，才回答“是”。

但是，对于涉及调解的问题，只要在任何类型的调解中，即法院附设调解、私人调解或两者皆有，存在特定的良好实践，就请回答“是”。

在问卷的这一部分中，请仅根据法律框架的规定回答问题，不论实践情况如何。

1.2.1 仲裁的法律保障

32. 法律框架是否允许当事人不受国籍和职业（即不仅限于律师）限制自由选择仲裁员？（是/否）

33. 法律框架是否允许当事人自由选择法律顾问代表其参加仲裁，而不受该法律顾问的国籍、专业资质、出庭资格或特定律师协会会员身份的限制？

（是/否）

34. 法律框架是否允许私营商事主体与公共机构及国有企业就商事纠纷进行仲裁？（是/否）

注：仅当公共机构及国有企业无须为此获取许可或满足其他附加条件时，才回答“是”。

35. 法律框架是否明确允许在仲裁中提供第三方资助？（是/否）

注：“第三方资助”是指纠纷一方从与纠纷无关的第三方获取资金以开展仲裁程序，以此换取约定回报的一种安排。

36. 法律框架是否规定仲裁员有义务在被任命为仲裁庭成员之前或之后披露任何影响其公正性或独立性的情况？（是/否）

37. 法律框架是否允许当事人在存在可能影响仲裁员独立性或公正性的情形时对仲裁员提出质疑？（是/否）

38. 法律框架是否纳入了“仲裁庭管辖权自治”原则，该原则一方面承认仲裁员有权根据仲裁协议确定自己的管辖权，另一方面要求法院遵从仲裁庭对管辖权争议的处理，除非基本协议初步被认定是无效的？（是/否）

39. 法律框架是否允许法院命令采取临时措施以支持仲裁？（是/否）

注：“临时措施”（也称作暂行措施或保全措施）是指法院可在仲裁员审理案件实质内容并做出最终裁决之前准予的救济措施，目的是在仲裁过程中保护一方当事人，以确保能就案件实质内容做出有意义的最终裁决。

40. 法律框架是否允许法院命令出示文件或要求证人出庭以支持仲裁？（是/否）

41. 法律框架是否规定法院可承认临时裁决具有约束力并予以执行？（是/否）

注：临时裁决不同于临时措施。具体而言，“临时裁决”（也称作暂行裁决）是指有待后续阶段做出最终判定的仲裁裁决，它准予的是一种临时（也称作暂行）救济，仲裁庭有权在最终裁决中准予这种救济。

42. 法律框架是否规定法院可承认部分裁决具有约束力并予以执行？（是/否）

注：部分裁决不同于临时措施。具体来说，“部分裁决”是指最终仅对当事人之间纠纷的部分诉求做出判定的仲裁裁决。

43. 法律框架是否允许法院以法律适用错误或事实认定错误为由撤销、废止或使国内仲裁裁决无效，即授权法院根据案件实质内容对国内仲裁裁决进行审查（“实质审查”）？（是/否；否—良好实践）

44. 法律框架是否允许法院以法律适用错误或事实认定错误为由拒绝承认和执行外国仲裁裁决，即授权法院根据案件实质内容对外国仲裁裁决进行审查（“实质审查”）？（是/否；否—良好实践）

注：请基于该外国仲裁裁决来自在此问题上仅受1958年《纽约公约》约束的国家之假设来作答。

1.2.2 调解的法律保障

45. 法律框架是否规定调解是强制性的，即在典型的（非小额索赔）商事案件中，无论是在向法院提起诉讼之前还是在案件受理之后，当事人被要求尝试进行调解，才能继续进行诉讼程序？（是/否；否—良好实践）

注：仅以解释调解是如何运作的这一唯一目的而举办的信息说明会，如果一方当事人可以随时任意退出且不会受到任何制裁，则不被视为强制性调解。

如果回答为“是”，请回答问题118和120。

46. 法律框架是否允许当事人不受国籍和职业（即不仅限于律师）限制自由选择调解员？（是/否）

47. 法律框架是否规定调解员有义务在被任命之前或之后披露任何影响其公正性或独立性的情况？（是/否）

48. 法律框架是否规定，除非当事人另有约定，调解员不得在涉及曾经是或现在正是调解程序主题的纠纷或者在因同一或相关合同或法律关系而产生的另一纠纷中担任仲裁员？（是/否）

49. 法律框架是否禁止调解程序的当事人、调解员和任何相关第三人在仲裁、诉讼程序或其他类型的纠纷解决过程中依赖调解程序中做出的建议和陈述或进行举证或作证？（是/否）

注：这些可能包括一方就纠纷的可能解决方案所表达的观点或提出的建议、一方做出的陈述或承认、调解员的提议、仅为调解目的而准备的文件等。

50. 法律框架是否为调解解决协议规定了一种相比因违约向法院提起诉讼更精简/更快捷的特殊执行制度？（是/否）

注：这种制度的例子包括使调解协议适用简化的诉讼程序（例如，快速转换为法院判决等）、公证后即可强制执行、赋予其仲裁裁决地位等。

51. 法律框架是否规定了关于承认和执行未经法院批准或不具有法院判决或仲裁裁决地位的国际调解和解协议的具体规则？（是/否）

注：请基于该国际调解和解协议来自在此问题上仅受2018年《新加坡公约》约束的国家之假设来回答。

1.2　替代性纠纷解决机制			
1.2.1　仲裁的法律保障			
指标	企业灵活度分值	社会效益分值	总分
当事人在仲裁中的自主权： 允许当事人自由选择仲裁员（32） 允许当事人自由选择法律顾问（33）	1 0.5 0.5	1 0.5 0.5	2 1 1
获得仲裁： 与国有企业和公共机构的纠纷仲裁（34） 提供第三方资助（35）	1 0.5 0.5	1 0.5 0.5	2 1 1
仲裁员的独立性与公正性： 仲裁员披露利益冲突（36） 当事人质疑仲裁员独立性和公正性的权利（37）	1 0.5 0.5	1 0.5 0.5	2 1 1

（续表）

指标	企业灵活度分值	社会效益分值	总分
遵循仲裁庭管辖权自治原则（38）	1	1	2
法院对仲裁的支持：	1	1	2
法院支持在仲裁中命令采取临时措施（39）	0. 5	0. 5	1
法院在仲裁证据收集方面的支持（40）	0. 5	0. 5	1
仲裁裁决的承认和执行：	1	1	2
临时裁决的承认和执行（41）	0. 25	0. 25	0. 5
部分裁决的承认和执行（42）	0. 25	0. 25	0. 5
撤销、废止或取消国内仲裁裁决的理由（43）	0. 25	0. 25	0. 5
拒绝承认和执行外国仲裁裁决的理由（44）	0. 25	0. 25	0. 5
总分	6	6	12
1. 2. 2　调解的法律保障			
指标	企业灵活度分值	社会效益分值	总分
当事人在调解中的自主权：	1	1	2
商事调解的自愿性（45）	0. 5	0. 5	1
允许各方自由选择调解员（46）	0. 5	0. 5	1
调解员的独立性与公正性：	1	1	2
调解员披露利益冲突（47）	0. 5	0. 5	1
限制调解员在同一或相关纠纷中担任仲裁员（48）	0. 5	0. 5	1
调解中提出的建议和陈述在其他程序中不可采用（49）	1	1	2
调解协议的承认和执行：	1	1	2
简化调解协议的执行机制（50）	0. 5	0. 5	1
承认和执行国际调解协议（51）	0. 5	0. 5	1
总分	4	4	8

支柱 Ⅱ　纠纷解决的公共服务	
参数	
经营场所	经济体中规模最大(人口最多)的城市。该参数的使用是因为公共服务的提供情况在一个经济体的不同区域可能存在差异。在支柱Ⅱ中,用于确定具体的城市,以便衡量该城市中用于解决纠纷的公共服务情况
一审法院	在支柱Ⅱ中,纠纷解决特别关注一审法院的司法服务。该参数不适用于与替代性纠纷解决机制的相关服务

2.1　诉讼程序

在调查问卷的这一部分,请专门依据[一审法院]的情况作答,除非特定问题的说明另有指示。

在所有与数字化有关的问题中,只要某一特定电子功能在实践中已完全实施,无论大多数诉讼当事人是否使用,都回答"是"。只有当该电子功能是可靠且安全的时候才回答"是"。

在调查问卷的这一部分,请仅根据当前的实践情况回答问题,而无论法律框架做何规定。

2.1.1　法院的组织结构

52. 在一审阶段是否有专门审理商事案件的法院或者法院审判庭?(是/否)

注:只有当该法院或者审判庭完全投入运作、专门处理商事案件(例如,排除其他民事案件)并且对商事案件拥有广泛的管辖权(例如,并不限于跨境诉讼或者破产纠纷)时,才回答"是"。

53. 在一审阶段,新的商事案件是否通过自动电子系统随机分配给法官?(是/否)

注:只有当案件分配是在无人为干预的情况下进行,并且法官或者任何一方当事人都无法影响或者预测分配结果时,才回答"是"。

54. 是否有小额索赔法庭和/或小额索赔快速处理程序？（是/否）

注：这个问题是关于有争议的索赔机制，而不是像支付令程序等无争议的索赔机制。只有当该法庭和/或程序完全投入运作，同时适用于民事和商事纠纷案件、规定了适当的最高金额门槛并且有简化的程序规则（更短的时间范围、宽松的证据规则等）时，才回答“是”。

如果回答为“是”，请回答问题55。

55. 就小额索赔法庭和/或小额索赔快速处理程序而言，当事人可以在没有律师的情况下自行出庭吗？（是/否）

56. 是否存在有效的法律援助计划，旨在为小微企业提供更多司法救助途径？（是/否）

注：法律援助意味着为无力负担的企业提供法律咨询、援助以及法庭代理、非诉纠纷解决和执行。法律援助主要由律师、律师助理提供，费用全部或者部分由政府支出。至少，法律援助项目应该包括法律服务和诉讼费用减免。只有在这样的法律援助项目适用于小微企业（不只是个人）时，才回答“是”。

57. 是否有法院或者法庭专门审理国际商事纠纷？（是/否）

注：这样的法院或者法庭主要裁判国际商事案件，并且可能也处理承认外国仲裁裁决的申请。

58. 是否有公共机构或者政府部门主要预防或尽早解决投资者与国家之间的纠纷？（是/否）

注：此类机制的例子包括：建立一个公共机构或政府部门提前处理潜在的投资者与国家之间的纠纷、授权现有机构或部门主动与投资者协调、委任监察专员去解决此类纠纷等。

59. 是否存在独立的审查机制（如司法监察员）专门处理司法任命（以及晋升等）候选人有关其申请是如何被处理的申诉？

注：仅当此类处理以及后续裁决对公众公开时，才回答“是”。“独立”意味着做出法官遴选决定的机构与审查申诉的机构之间无直接隶属关系。“专门”意味着对审查机构的职权明确涵盖此类申诉。

60. 是否存在独立审查机制（如法官纪律委员会）专门处理对法官不当行为的申诉，例如缺乏诚信、不当影响、存在利益冲突、未能回避、违反道德准则等？（是/否）

注：仅当此类处理以及后续裁决向公众公开，才回答“是”。“独立”意味着在被提出申诉的法官以及审查申诉的机构之间不存在隶属关系。“专门”意味着审查机构的职权明确涵盖了针对法官不当行为的申诉。

61. 是否存在独立审查机制（如执行人员纪律委员会）专门处理对执行人员不当行为的申诉，例如缺乏诚信、不当影响、存在利益冲突、未能回避、违反道德准则等？（是/否）

注：仅当此类听证以及后续裁决向公众公开，才回答“是”。“独立”意味着在被提出申诉的执行法官以及审查申诉的机构之间不存在隶属关系。“专门”意味着审查机构的职权明确涵盖了针对执行人员不当行为的申诉。

2.1.2 诉讼程序的数字化

62. 原始诉状及其所有附件是否可以通过法院平台或电子案件管理系统以电子方式提交？

注：仅当不要求原告在首次开庭之前提交诉状及附件的纸质副本时，才回答“是”。对于该问题，通过电子邮件提交不视为电子提交。

63. 法院传票与原告的原始诉状能否在首次开庭前向被告电子送达（包括通过电子邮件或电子案件管理系统）？（是/否）

注：仅当不要求原告在首次开庭之前提交诉状及附件的纸质副本时，才回答“是”。如果需要电子送达，则应该在首次开庭之前征得当事人同意。

64. 在案件审理期间，当事人是否可以通过法院平台或电子案件管理系统接收和发送后续的文件，以及提出程序申请（例如申请发布禁止令或重新开庭）？（是/否）

注：通过电子邮件交换不视为此类问题的电子提交或接收。

65. 当一方提出申请时，处理商事案件的法官能否以电子方式发出与书面文件具有同等效力的用以执行的法院裁判（例如命令、裁定、判决等）？（是/否）

注：如果法院裁判是由法官以电子方式签发的，或者如果电子文件中插入了 PDF 的手写签名，则认为该裁判是电子格式的。只有在执行时不需要纸质副本的情况下，才回答“是”。

66. 一方当事人是否能通过电子方式与法院联系，即发送与其案件有关的问题和接收通知（例如，询问新的开庭情况或接收相关文件的最新情况）？（是/否）

注：电子方式可包括通过电子邮件、法院平台、电子案件管理系统等进行沟通。

67. 一方当事人是否能通过电子方式与执行人员联系，包括接收和提交文件？（是/否）

注：电子方式可包括通过电子邮件、法院平台、执行机构的门户网站、电子案件管理系统等进行沟通。

68. 在商事案件中，包括电子格式的合同在内的电子证据在实践中是否能被法院采纳？（是/否）

注：“电子证据”是指从任何设备中包含或产生的数据中得出的证据，该设备的功能取决于存储在计算机或网络上或通过计算机或网络传输的软件程序或数据。

69. 当一方提出理由正当的请求时，商事案件的法院会议或庭审能否在线进行(例如通过法院的平台,或其他类型的软件,例如 Microsoft Teams、Skype、Webex、Zoom 等)?(是/否)

如果回答为“是”,请回答问题 77。

70. 是否所有的法院费用都可以通过电子方式支付,即通过法院平台、电子案件管理系统或在线银行?(是/否)

注:仅当原告不需要与银行(即在收据上加盖银行印章)或法院(即提交收据的复印件)进行实际交互以完成付款时,才回答“是”。

71. 一方当事人是否能在线查询其商事案件的状态(例如通过法院平台或电子案件管理系统)?(是/否)

72. 是否所有商事案件开庭的时间表均可通过在线查询(例如,在法庭的网站上)?(是/否)

73. 在您所在的司法辖区,是否可以通过电子方式签发和验证海牙认证?

注:仅当电子签发(电子认证)和验证(电子注册)均可认证时,才回答“是”。

74. 实践中,商事判决的执行过程中是否能进行网上拍卖?(是/否)

注:仅当网上拍卖是通过安全、透明的方式进行时,才回答“是”,无论执行机构是否为此自行开发应用程序或使用第三方平台。

2.1.3 法院的透明度(包括性别)

75. 在您所在的司法管辖区内,法律文书(法律、法规、指示、命令等)是否在可查询的数据库中发布,以便公众免费研究其最新版本?

注:仅当主要法律法规以及二级法律(部门法规、地方性法规)均可在以上数据库查询时,才回答“是”。“可查询的数据库”是指允许用户使用标题、主题事项、发布机关、通过日期、关键词等搜索条件查找和研究相关法律文书的数据库。

76. 商事案件的线下庭审是否向公众开放，在实践中没有任意的限制（例如，以法庭已满为由拒绝进入，而没有提供在线替代办法）？（是/否）

注：限制公众参加庭审的一些合理理由可能包括：公共道德利益、保护隐私、保护商业秘密和商业机密、公共秩序或国家安全等。

77. 商事案件的线上庭审是否向公众开放，在实践中没有随意的限制（例如以据称互联网数据连接差为由拒绝接入）？（是/否）

注：限制公众参加庭审的一些合理理由可能包括：公共道德利益、保护隐私、保护商业秘密和商业机密、公共秩序或国家安全等。

78. 最高法院和二审法院的所有商事判决是否都公布在可查询的数据库中免费向公众开放？（是/否）

注：仅当最高法院和二审法院的商事判决都按照上述规定公布时，才回答“是”。“可查询的数据库”是指使用户能够利用案件类型、主题事项、提出的法律争议焦点、关键词、法官姓名、当事人姓名等搜索条件，查找和研究相关判决的数据库。

79. 一审法院的所有商事判决是否都公布在可查询的数据库中免费向公众开放？（是/否）

注：“可查询的数据库”是指使用户能够利用案件类型、主题事项、提出的法律争议焦点、关键词、法官姓名、当事人姓名等搜索条件，查找和研究相关判决的数据库。

80. 司法机构或者其他相关机构是否会至少每年公布一次按照法院或者审级（例如一审、上诉、最高法院）分列的法官人数统计数据？（是/否）

注：仅当[20YY]年数据可获得时，才回答“是”。

如果回答为“是”，请回答问题 81。

81. 这些数据是否按照法官性别分类统计？（是/否）

82. 是否及时公布各级司法机构法官的任命（和晋升，如适用）信息，即至少在

候选人截止日期一个月前公布要进行的遴选程序的信息，最迟在完成后一个月内公布遴选程序结果的信息？（是/否）

注：仅当以下所有内容公开时，才回答“是”：遴选标准、遴选时间安排、遴选机构成员的全名、过程的结果（包括通过和未通过的候选人的全名）。

83. 司法机构或其他相关机构是否至少每年发布一次商事案件的审理时间报告？（是/否）

注：“审理时间报告”是指衡量每个法院审理不同类别商事案件所需时间的报告。仅当[20YY]年数据是可获得的情况下，才回答“是”。

84. 司法机构或其他有关机构是否至少每年发布一次商事案件的结案率报告？（是/否）

注：“结案率报告”是指衡量每个法院已结案的商事案件数量与收案数量的对比报告。仅当[20YY]年数据是可获得的情况下，才回答“是”。

85. 执行部门或其他相关机构是否每年至少公布一次平均执行时间的数据？（是/否）

注：仅当[20YY]年数据可获得时，才回答“是”。

86. 执行部门或其他有关机构是否每年至少公布一次执行完毕案件以及未执行完毕案件的数据？（是/否）

注：仅当[20YY]年数据是可获得的情况下，才回答“是”。

2.1　诉讼程序			
2.1.1　法院的组织结构			
指标	企业灵活度分值	社会效益分值	总分
设有商事法院或商事审判庭（52）	1	1	2
自动随机分案（53）	1	1	2

（续表）

指标	企业灵活度分值	社会效益分值	总分
小微企业的司法救济路径：	1	1	2
设立小额诉讼法庭或程序(54)	0.33	0.33	0.66
在小额诉讼法庭或程序前进行自我辩护(55)	0.33	0.33	0.66
存在针对小微企业的法律援助计划(56)	0.33	0.33	0.66
国际纠纷解决的便利度：	1	1	2
设有国际法院或法庭(57)	0.5	0.5	1
建立预防并尽早解决投资者与国家之间纠纷的机制(58)	0.5	0.5	1
确保司法诚信的特别审查机制：	1	1	2
对法官任命(和晋升，如适用)决定的投诉审查机制(59)	0.33	0.33	0.66
对法官不当行为的投诉审查机制(60)	0.33	0.33	0.66
对执法人员不当行为的投诉审查机制(61)	0.33	0.33	0.66
总分	5	5	10

2.1.2 诉讼程序的数字化

指标	企业灵活度分值	社会效益分值	总分
网上立案：	1	1	2
以电子方式提交起诉状(62)	0.5	0.5	1
以电子方式送达起诉状副本(63)	0.5	0.5	1
诉讼中诉讼材料的电子流转(64)	1	1	2
发布电子判决书(65)	1	1	2
与法院和执行人员的在线沟通：	1	1	2
与法院的在线沟通(66)	0.5	0.5	1
与执行人员的在线沟通(67)	0.5	0.5	1
电子证据的可采纳性(68)	1	1	2
在线庭审(69)	1	1	2
辅助在线服务：	1	1	2
电子支付诉讼费用(70)	0.25	0.25	0.5

（续表）

指标	企业灵活度分值	社会效益分值	总分
以电子方式跟踪案件(71) 电子查阅庭审排期表(72) 电子签发和验证海牙认证(73)	0.25 0.25 0.25	0.25 0.25 0.25	0.5 0.5 0.5
网上拍卖(74)	1	1	2
总分	8	8	16

2.1.3 法院的透明度(包括性别平等)

指标	企业灵活度分值	社会效益分值	总得分
法律法规的公共数据库(75)	1	1	2
公众线下参与庭审(76)	1	1	2
公众在线参与庭审(77)	1	1	2
更高层级法院裁判文书的公开度(78)	1	1	2
一审法院裁判文书的公开度(79)	1	1	2
法院组织信息的公开度： 按法院和审级分列的法官人数统计数据(80) 按性别分列的法官人数统计数据(81) 法官的任命(和晋升，如适用)信息公开度(82)	1 0.33 0.33 0.33	1 0.33 0.33 0.33	2 0.66 0.66 0.66
审判与执行工作信息的公开度： 审理时间报告(83) 结案率报告(84) 执行程序平均时长的统计数据(85) 已结案数量和未结案数量的统计数据(周转率)(86)	1 0.25 0.25 0.25 0.25	1 0.25 0.25 0.25 0.25	2 0.5 0.5 0.5 0.5
总分	7	7	14

2.2 替代性纠纷解决机制

与仲裁相关的所有问题，仅当在国内和国际仲裁中均可适用时，才回答“是”。

然而，与调解相关的所有问题，仅当在所有调解类型均可适用时，包括法院附带的调解、私人调解或两者兼有，才回答“是”。

在这部分问卷中，不管法律规定如何，请根据实践情况回答。

2.2.1 仲裁的公共服务(包括性别)

87. 在您所在的司法辖区内，是否有国内机构提供商事纠纷仲裁服务？(是/否)

注：仅当仲裁机构完全运作，即实际审理案件，并且其具体仲裁规则被正式采用时，才回答“是”。

如果问题87、88回答为“是”，请回答问题89至102以及问题137至141。

88. 在您所在的司法辖区内，是否有国际仲裁机构提供商事纠纷仲裁服务？(是/否)

注：仅当仲裁机构完全运作，即实际审理案件，并且其具体仲裁规则被正式采用时，才回答“是”。

如果问题87、88回答为“是”，请回答问题89至102以及问题137至141。

89. 请估算一下去年您所在的司法辖区内通过仲裁机构解决的商事纠纷案件(包括国内与国际)的总数。(不计分)

89a. 0—10

89b. 11—25

89c. 26—100

89d. 超过100

90. 实践中，当地仲裁机构是否规定了紧急仲裁程序？(是/否)

注：“紧急仲裁程序”是指允许当事人在仲裁庭组成之前寻求紧急措施的特别程序。

91. 实践中，当地仲裁机构是否规定了提前驳回程序？(是/否)

注：“提前驳回程序”是指如果仲裁请求明显缺乏法律依据，允许仲裁庭

驳回仲裁请求的特别程序。

92. 实践中,当地仲裁机构是否有速裁(快速)程序?(是/否)

注:“速裁(快速)程序”是指对于使用简化程序规则以及缩短时限的快速程序。

93. 实践中,当地仲裁机构是否规定了相关仲裁程序的合并以及追加当事人的做法(是/否)?

注:仅在实践中同时规定了合并及追加当事人时,才回答“是”。

94. 当地仲裁机构是否有最新的合格仲裁员名单可供公开查询?(是/否)

注:请在当地仲裁机构并不阻止各方选择名单之外的仲裁员时,才回答“是”。

95. 实践中,当地仲裁机构是否从形式或内容上检查仲裁裁决文书草稿形式及内容?(是/否)

注:如实践中进行了全面或简单检查时,请回答“是”。

96. 在商事仲裁中,当事人能否在仲裁程序中通过当地仲裁机构安全的在线平台递交、查询以及下载所有提交的文件?(是/否)

注:只有当事人不再被要求提交纸质副本,包括在首次仲裁开庭时,才回答“是”。

97. 在商事仲裁实践中,能否通过在线平台或者视频会议安全地举行虚拟会议或者庭审?(是/否)

98. 在商事仲裁实践中,仲裁裁决能否由所有参与的仲裁员通过电子方式安全签发?(是/否)

注:仅当电子签署的仲裁裁决和纸质文件具有同等效力和地位,且后续流程均不需要纸质副本时,才回答“是”。

99. 国内仲裁机构或其他相关机构,是否至少每年公布一次通过仲裁解决的商事纠纷案件数量的统计数据?(是/否)

注：仅当[20YY]年数据可获得时，才回答“是”。

100. 国内仲裁机构或其他相关机构，是否至少每年公布一次通过仲裁解决不同类别商事纠纷所需时间的数据？（是/否）

注：仅当[20YY]年数据可获得时，才回答“是”。

101. 国内仲裁机构或其他相关机构，是否定期公布仲裁裁决的摘要，公众可以通过免费渠道获得？（是/否）

注：即使当事人的名字在仲裁裁决摘要中被隐去，或者各方当事人可以选择不公布其案件的裁决结果，也请回答“是”。“定期”是指不应有时间间隔。

102. 国内仲裁机构或其他相关机构，是否至少每年公布一次按照性别分类的仲裁员任命的统计数据？（是/否）

注：仅当当年数据[20YY]可获得时，才回答“是”。

2.2.2 调解的公共服务（包括性别）

103. 在您所在的司法辖区内，是否有法院附带的调解来解决商事纠纷？（是/否）

注：仅当实践中相关法院提供商事纠纷调解服务时，才回答“是”。

如果问题103、104回答为“是”，请回答问题105至112。

104. 在您所在的司法辖区内，是否可以通过私人调解来解决商事纠纷？（是/否）

注：请仅在相关法院实际提供调解服务以解决商事案件的情况下回答“是”。

如果问题103、104回答为“是”，请回答问题105至112。

105. 请估计在过去一年中，您所在的司法辖区内大约有多少商事纠纷案件是通过调解解决的。

105a. 0—25

105b. 26—100

105c. 101—1000

105d. 超过 1000

106. 地方法院或调解机构是否保持一份最新的可公开查阅的合格调解员名册？（是/否）

注：请仅在适用规则并不阻碍当事人选择名册外调解员的情况下回答“是”。

107. 在您所在的司法辖区内，是否有任何经济激励措施可在实践中鼓励当事人通过调解方式解决他们的商事案件？（是/否）

注：此类激励措施可能包括与法院费用相比大幅降低的调解费用、退还法院费用、所得税抵免、免费法律服务等。拒绝参与调解的制裁不被视为经济激励措施。

108. 在商事调解实践中，当事人是否可以通过安全的在线平台或电子邮件电子提交调解申请？（是/否）

注：请仅在不要求任何一方提供申请和证明文件的纸质副本（包括在首次调解期间）的情况下回答“是”。

109. 在商事调解实践中，当事人与调解员之间的在线会议能否通过在线平台或视频会议安全地进行？（是/否）

110. 在商事调解实践中，所有当事人和调解员能否安全地以电子方式签署调解协议？（是/否）

注：请仅在以下情况下回答“是”：以电子方式签署的调解协议具有与纸质文件同等效力和地位，且后续流程均不需要纸质副本。

111. 当地法院、调解机构或其他相关机构是否至少每年公布一次通过调解解决的商事纠纷案件数量的统计数据？（是/否）

注：请仅在[20YY]年的数据已公开的情况下回答“是”。

112. 当地法院或调解机构或其他相关机构是否至少每年公布一次按性别分

类的调解员任命人数的统计数据？（是/否）

注：请仅在[20YY]年的数据已公开的情况下回答“是”。

2.2　替代性纠纷解决机制			
2.2.1　仲裁的公共服务（包括性别）			
指标	企业灵活度分值	社会效益分值	总分
商事仲裁服务的可获得性： 国内仲裁的可获得性（87） 国际仲裁的可获得性（88）	1 0.5 0.5	1 0.5 0.5	2 1 1
仲裁特别程序： 紧急仲裁程序（90） 提前驳回程序（91） 速裁（快速）程序（92） 合并相关仲裁程序和追加当事人（93）	1 0.25 0.25 0.25 0.25	1 0.25 0.25 0.25 0.25	2 0.5 0.5 0.5 0.5
促进仲裁： 设立仲裁员名册（94） 检查仲裁裁决草案的质量（95）	1 0.5 0.5	1 0.5 0.5	2 1 1
仲裁数字化程度： 在线仲裁平台（96） 仲裁中的虚拟会议和庭审（97） 以电子方式签署仲裁裁决（98）	1 0.33 0.33 0.33	1 0.33 0.33 0.33	2 0.66 0.66 0.66
仲裁的透明度： 仲裁解决案件数量的统计数据（99） 仲裁解决案件时间的统计数据（100） 公布仲裁裁决概要（101） 按性别分列的仲裁员人数统计数据（102）	1 0.25 0.25 0.25 0.25	1 0.25 0.25 0.25 0.25	2 0.5 0.5 0.5 0.5
总分	5	5	10
2.2.2　调解的公共服务（包括性别）			
指标	企业灵活度分值	社会效益分值	总分
商事调解服务的可获得性： 法院附带调解的可获得性（103） 私人调解的调解可获得性（104）	1 0.5 0.5	1 0.5 0.5	2 1 1

（续表）

指标	企业灵活度分值	社会效益分值	总分
促进调解：	1	1	2
设立调解员名册(106)	0.5	0.5	1
使用经济激励措施来鼓励采用调解方式(107)	0.5	0.5	1
调解数字化程度：	1	1	2
以电子方式提交调解请求(108)	0.33	0.33	0.66
调解中的虚拟会议(109)	0.33	0.33	0.66
以电子方式签署调解协议(110)	0.33	0.33	0.66
调解的透明度：	1	1	2
调解解决案件数量的统计数据(111)	0.5	0.5	1
按性别分列的调解员人数统计数据(112)	0.5	0.5	1
总分	4	4	8

支柱Ⅲ　解决商事纠纷的便利程度

支柱Ⅲ指标的分数是使用正态累积密度函数转换法计算，分值从0到100分，其中0和100分别代表可能的最低和最高得分。根据所收集数据的5%分位数和95%分位数确定表现最佳和最差表现者，但诉讼程序时间和仲裁时间指标除外。在后一种情况下，为了确定最佳表现，该主题借鉴了相关的国际标准和学术文献。然而，这两项指标的最差表现是根据所收集数据的95%分位数来确定的，这与支柱Ⅲ下的其他指标相同。

3.1　诉讼程序

3.1.1　法院的可信度

法院的可信度子类别的数据是通过企业调查收集的，使用的问题如下：

113. 在过去三年中，该机构是否存在任何商事纠纷，即任何一方未能满足协

议(包括合同或业务关系)的条款或期望?(是/否)(不计分)

如果回答为"是",请回答问题 114。

114. 该机构是否使用法院、仲裁或调解来解决或试图解决其商事纠纷?(是/否)(不计分)

115. 如果您非常不同意、倾向于不同意、倾向于同意或非常同意以下陈述,请做出回应:"在解决商事纠纷时,法院是独立和公正的。"

115a. 非常不同意

115b. 倾向于不同意

115c. 倾向于同意

115d. 非常同意

116. 请回答法院在多大程度上阻碍了该机构的当前运作。

116a. 无阻碍

116b. 小阻碍

116c. 中度阻碍

116d. 主要阻碍

116e. 非常严重的阻碍

3.1.2 诉讼程序的运作效率

诉讼程序的运作效率子类别的数据是通过专家咨询收集的,详见下文:

参数	
经营场所	经济上最大(人口最多)的城市。由于法院的运作效率容易出现国家以下各级的差异,因此使用该参数。在支柱Ⅲ中,它仅适用于通过专家咨询而非企业调查收集数据的情况。具体而言,该参数与诉讼程序的时间和成本、承认外国判决的时间和费用以及执行最终判决的时间与费用有关
索赔金额	纠纷解决主题假定索赔金额等于人均国民总收入(GNI)的 20 倍。此外,当人均国民总收入的 20 倍低于 20 000 美元时,该主题将假设索赔金额等于 20 000 美元

根据现行做法，通过当地法院解决两个商事主体之间的商事纠纷需要多少时间和成本？

假定案件涉及两个商事主体之间发生的商事纠纷。案件根据案情审理。一审法院判决后，双方均提起上诉。二审法院维持原判，该判决成为终审判决。

117. 请估算一审法院从提交起诉状到向各方送达正式书面判决所需的总时间（以日历日计）。
118. 请估算在解决纠纷时因强制调解程序所额外增加的时间（以日历日计）。
119. 请估算准备和提交起诉状以及在一审法院代表原告所产生的律师费总额，以占索赔金额的百分比表示。
120. 请估算原告在强制调解程序中产生的费用，以占索赔金额的百分比表示。
121. 请估算原告在一审诉讼中产生的费用，以占索赔金额的百分比表示。
122. 请估算二审法院从提交上诉状到向各方送达正式书面裁决所需的总时间（以日历日计）上诉开始审查案件。
123. 请估算准备和提交上诉状以及在二审法院代表原告产生的律师费总额，以占索赔金额的百分比表示。
124. 请估算原告在二审法院产生的费用，以索赔金额的百分比表示。

根据现行做法，当地法院审查承认外国判决的请求需要多少时间和费用？

假定案件涉及两个商事主体之间发生的商事纠纷，被告拒绝承认。

125. 对于外国判决，请说明对该案有管辖权的法院名称。（不计分）
126. 请估算从提出请求到向各方送达正式书面决定，当地法院审查承认外国判决的请求所需的时间（以日历日计）。
127. 请估算原告在承认外国判决过程中产生的律师费，以占索赔金额的百分比表示。

128. 请估算原告因申请承认外国判决而产生的诉讼费用，以占索赔金额的百分比表示。

按照目前的做法，执行一份国内终审判决需要多少时间和费用？

假定案件涉及两个商事主体之间发生的商事纠纷，且债务人不予配合。执行类型：冻结债务人的银行账户资金并将其转给债权人。

129. 请说明对本案有管辖权的执行机构的名称。如果在您所在的司法辖区内，执行事务由法院直接处理，请注明相关法院的名称。（不计分）

130. 请估算执行机构从提出申请到找到债务人的银行账户资金、冻结这些资金并完成向债权人转账所需的总时间（以日历日计）。

131. 律师通常会参与这一强制执行案件吗？（是/否）

如果回答为“是”，请回答问题 132。

132. 请估算债权人产生的律师费，以占索赔金额的百分比表示。

133. 请估算债权人产生的执行机构费用，以占索赔金额的百分比表示。

134. 在实践中，执行机构的费用通常是从债务人被冻结的资金中支付的吗？（是/否）

3.1 诉讼程序			
3.1.1 法院的可信度			
指标	企业灵活度分值	社会效益分值	总分
在解决商事纠纷时，法院是独立和公正的（115）	100（50%）	不适用	100（50%）
法院不是商业运作的障碍（116）	100（50%）	不适用	100（50%）
子类别 3.1.1 的总分	100	不适用	100
3.1.2 诉讼程序的运作效率			
指标	企业灵活度分值	社会效益分值	总分
诉讼程序时间（117—118，122）	100（29.2%）	不适用	100（29.2%）

（续表）

指标	企业灵活度分值	社会效益分值	总分
诉讼程序费用（119—121，123—124）	100（29.2%）	不适用	100（29.2%）
承认外国判决的时间（126）	100（4.2%）	不适用	100（4.2%）
承认外国判决的费用（127—128）	100（4.2%）	不适用	100（4.2%）
执行终审判决的时间（130）	100（16.7%）	不适用	100（16.7%）
执行终审判决的费用（131—134）	100（16.7%）	不适用	100（16.7%）
子类别 3.1.2 的总分	100	不适用	100
类别 3.1 的总分	100	不适用	100

3.2 替代性纠纷解决机制

3.2.1 替代性纠纷解决机制的可信度

替代性纠纷解决机制的可信度子类别的数据是通过企业调查收集的，使用的问题如下：

135. 请说明您在多大程度上同意以下关于商事纠纷的陈述："在[经济体]中，仲裁是解决商事纠纷的可靠机制。"

 135a. 非常不同意

 135b. 倾向于不同意

 135c. 倾向于同意

 135d. 非常同意

136. 请说明您在多大程度上同意以下关于商事纠纷的陈述："在[经济体]中，调解是解决商事纠纷的可靠机制。"

 136a. 非常不同意

 136b. 倾向于不同意

 136c. 倾向于同意

136d. 非常同意

3.2.2 仲裁程序的运作效率

仲裁程序的运作效率子类别的数据是通过专家咨询收集的，使用的问题如下：

参数	
经营场所	经济中最大(人口最多)的城市。使用该参数是因为仲裁程序的运作效率容易受到地方差异的影响。在支柱Ⅲ中，它仅适用于通过专家咨询而不是企业调查收集数据的情况。具体来说，该参数与仲裁的时间和成本以及承认外国仲裁裁决的时间和成本有关
索赔金额	纠纷解决主题假设索赔金额等于人均国民总收入(GNI)的 20 倍。此外，当人均国民总收入的 20 倍低于 20 000 美元时，该主题将假设索赔金额等于 20 000 美元

根据现行做法，通过国内仲裁解决两个商事主体之间的商事纠纷需要多少时间和成本？

如果案件可以提交给多个国内仲裁机构，那么请提供适用于[城市名称]大多数商事案件的答复。

137. 请注明对本案有管辖权的当地仲裁机构的名称。(不计分)

138. 请估算从提交仲裁申请到向各方送达正式书面仲裁裁决书，仲裁机构管理此案所需的总时间(以日历日计)。

139. 请估算准备和提交仲裁申请以及在仲裁机构代表申请人所产生的律师费总额，以占索赔金额的百分比表示。

140. 请估算申请人产生的仲裁员费用，以占索赔金额的百分比表示。

141. 请估算申请人产生的仲裁机构费用，以占索赔金额的百分比表示。

根据目前的做法，当地法院审查承认外国仲裁裁决的请求需要多少时间和成本？

假设该案件涉及两个商事主体之间发生的商事纠纷，被告拒绝承认。

142. 就外国仲裁裁决而言，请说明对该案有管辖权的当地法院的名称。（不计分）

143. 请估算从提出请求到向各方送达正式书面决定，当地法院审查承认外国仲裁裁决的请求所需的时间（以日历日计）。

144. 请估算申请人在申请承认外国仲裁裁决过程中产生的律师费，以占索赔金额的百分比表示。

145. 请估算申请人因申请承认外国仲裁裁决而产生的诉讼费用，以占索赔金额的百分比表示。

3.2 替代性纠纷解决机制			
3.2.1 替代性纠纷解决机制的可信度			
指标	企业灵活度分值	社会效益分值	总分
仲裁是解决商事纠纷的可靠机制（135）	100（50%）	不适用	100（50%）
调解是解决商事纠纷的可靠机制（136）	100（50%）	不适用	100（50%）
子类别 3.2.1 的总分	100	不适用	100
3.2.2 仲裁程序的运作效率			
指标	企业灵活度分值	社会效益分值	总分
仲裁时间（138）	100（25%）	不适用	100（25%）
仲裁费用（139—141）	100（25%）	不适用	100（25%）
承认外国仲裁裁决的时间（143）	100（25%）	不适用	100（25%）
承认外国仲裁裁决的费用（144—145）	100（25%）	不适用	100（25%）
子类别 3.2.2 的总分	100	不适用	100
类别 3.2 的总分	100	不适用	100

第十章　市场竞争

方法论说明

Ⅰ. 动机

大量经济学证据表明，公平的市场竞争能够刺激行业和企业创新，提高生产力，从而促进经济增长，并为市场提供更优良的产品、更多更好的工作机会以及更高的收入。[①] 借助市场准入和退出机制，公平竞争能促进产品创新和提高服务质量、保护消费者以及促进经营者按照成本提供产品和服务。然而，竞争很少是完美的。市场会因为企业行为或政府干预而出现失灵。[②] 市场支配力，即一家企业将价格提高到远高于成本的水平、提供低质量的商品或服务以及限制或排斥竞争的能力，必须受到限制。[③]

政府拥有广泛的政策工具来遏制反竞争行为，推动市场准入，确保竞争的公平性，从而减少由于市场失灵导致的扭曲。[④] 竞争政策由一整套政策和法律构成，这些政策和法律确保市场竞争不会以减少经济福利的方式受到限制。[⑤] 竞争政策在商业环境和经济中具有关键性作用，可以帮助减少贫穷并促进共同富裕。在某些主要的市场领域中，政府是唯一或者主要的购买者（如教育、健康和基础设施），政府监管规则的设计和实施直接影响到市场准入和企业行为。[⑥]

充满活力和竞争的市场是促进经济更快增长和更低价格的关键所在。同时，竞争市场与其他政策相结合对于消除贫困至关重要。竞争法的良好实施能够帮助处于弱势地位的生产者和消费者。竞争法的作用机制是强制瓦

---

① World Bank (2017).

② Begazo Gomez and Nyman (2016).

③ Tirole (2015).

④ Tirole (2017).

⑤ Motta (2004).

⑥ 在世界范围内，政府采购占 GDP 总量的平均比例为 10%至 25%之间(EC 2014)。

解垄断集团,使从事反竞争行为的具有支配地位的企业面临更多竞争,同时通过减少进入壁垒帮助小企业进入市场并得以生存。市场准入还有利于处于经济劣势的消费者和小企业,一方面,竞争带来了降价的压力,消费者因此获得价格更为低廉的产品;另一方面,竞争能够提高就业率。同时,竞争也为小企业提供更多的机会。①

本主题对于促进竞争行为和创新的主要规则的评估,是从规则对私营部门整体影响的角度来衡量的,而不是考虑对单个企业的影响。本主题将从遏制企业反竞争行为的规则、促进政府参与的市场中的竞争行为的规则、促进创新的规则、为实施以上规则提供的主要公共服务以及其运作效率等方面展开评估。

Ⅱ. 指标

市场竞争主题从三个不同维度(此处称为“支柱”)衡量与执行竞争政策、知识产权和创新政策有关的良好实践,以及侧重于改善政府作为服务或商品购买方的市场中的竞争和创新的规则。支柱Ⅰ评估促进市场竞争的规则的质量,包括规则框架的法律特征,使企业能够参与公平的市场情景及创新,且企业能够参与开放和竞争性的政府市场。支柱Ⅱ衡量促进市场竞争的公共服务的充分性,从而评估事实上提供的服务,这些服务为市场创造了平等的竞争环境,并促进和推动创新。支柱Ⅲ衡量关键服务在促进市场竞争方面实践中的运作效率(既反映了规则框架是否易于遵守,也反映了与实践中企业促进市场竞争直接相关的公共服务方面的有效规定)。同时,每个支柱都被分为三个类别,这些类别由共同特征界定,为将它们归入特定类别提供依据。这些类别包括:(1)与竞争规则和制度相关的良好实践;(2)与知识产权和创新领域相关的良好实践;(3)从竞争角度看的公共采购中的良好实践。

① OECD (2013).

每个类别进一步划分为若干子类别。每个子类别由若干指标组成，每项指标相应地可以包含若干组成部分。每项指标被赋予相应的分值，然后汇总得出每个子类别、类别和支柱的分值。表1汇总呈现了所有三个支柱及各自的类别。

表1　市场竞争主题三大支柱汇总表

支柱Ⅰ　促进市场竞争规则的质量(93项指标)	
1.1	竞争(38项指标)
1.1.1	反垄断(12项指标)
1.1.2	合并控制(11项指标)
1.1.3	国有企业框架和竞争法的范围(8项指标)
1.1.4	竞争规则的实施(7项指标)
1.2	创新与技术转让(31项指标)
1.2.1	知识产权保护力度(11项指标)
1.2.2	许可与技术转让(5项指标)
1.2.3	合理获取创新成果(包括环境)(9项指标)
1.2.4	产学合作(6项指标)
1.3	政府合同招标(24项指标)
1.3.1	准入与企业参与(包括性别)(8项指标)
1.3.2	最佳性价比(包括性别和环境)(8项指标)
1.3.3	采购程序的公平性(6项指标)
1.3.4	关键采购文件的透明度(2项指标)
支柱Ⅱ　促进市场竞争的公共服务(61项指标)	
2.1	竞争主管部门(21项指标)
2.1.1	制度框架(9项指标)
2.1.2	宣传和透明度(12项指标)
2.2	企业创新(18项指标)
2.2.1	支持创新的制度框架(4项指标)

（续表）

2.2.2	知识产权服务的数字化(包括环境)(5项指标)
2.2.3	创新体系(包括性别)(9项指标)
2.3	电子采购(22项指标)
2.3.1	采购程序的数字化(包括环境)(15项指标)
2.3.2	关键采购文件的透明度(包括性别)(7项指标)
支柱Ⅲ　促进市场竞争关键服务的实施(19项指标)	
3.1	竞争(9项指标)
3.1.1	简化合并审查(3项指标)
3.1.2	市场活力与竞争行为(6项指标)
3.2	创新(2项指标)
3.2.1	高水平创新企业的比例(1项指标)
3.2.2	国际质量认证的使用(1项指标)
3.3	政府采购(8项指标)
3.3.1	政府合同授予所需要的时间(5项指标)
3.3.2	收到政府合同付款的时间(1项指标)
3.3.3	企业对投标便捷性的看法(1项指标)
3.3.4	政府供应商中的性别差距(1项指标)

1. 支柱Ⅰ. 促进市场竞争规则的质量

表2展示了支柱Ⅰ(即促进市场竞争规则的质量)的指标结构。本支柱的类别以及子类别将按照表格中的顺序进行更详细的说明。

表2　支柱Ⅰ　促进市场竞争规则的质量

1.1	竞争
1.1.1	反垄断
1.1.2	合并控制
1.1.3	国有企业框架和竞争法的范围

（续表）

1.1.4	竞争规则的实施
1.2	创新与技术转让
1.2.1	知识产权保护力度
1.2.2	许可与技术转让
1.2.3	合理获取创新成果
1.2.4	产学合作
1.3	政府合同招标
1.3.1	准入与企业参与（包括性别）
1.3.2	最佳性价比（包括性别和环境）
1.3.3	采购程序的公平性
1.3.4	关键采购文件的透明度

1.1 竞争

类别 1.1 分为 4 个子类别，每个子类别由若干指标组成，每项指标有若干组成部分。

1.1.1 反垄断

对反竞争行为予以监管，其核心在于处理任何可能扭曲特定经济体中不同参与者之间的健康竞争，并可能对市场产生负面影响的做法。该指标旨在检验所有竞争规则尤其是反垄断执法的质量，包括反竞争的协议（包括横向和纵向）以及滥用市场支配地位的执行情况。法律框架对于反竞争协议的选择性豁免必须是基于特定的情形。[①] 因此，子类别 1.1.1 反垄断有 12 项指标（表 3）。

① OECD（2021）. 关于竞争主管部门在促进竞争中立性方面的重要作用，可参见系列博客：https://oecdonthelevel.com/2021/11/29/the-important-role-of-competition-authorities-in-promoting-competitive-neutrality/。

表 3　子类别 1.1.1 反垄断

	指标	组成部分
1	法律框架禁止反竞争协议	法律框架禁止反竞争协议
2	法律框架区分哪些协议是通过目的或效果限制竞争的	法律框架规定哪些协议本身是被禁止的
3	对非竞争性协议的豁免必须基于公共利益或效率	(1) 法律框架为促进公共利益的反竞争协议提供豁免 (2) 法律框架为促进效率或者技术进步和经济增长的反竞争协议提供豁免
4	豁免规定要求识别被豁免协议的效率、危害和对消费者的影响	豁免的条件是,竞争协议能够提高效率、不会减少竞争,并且能为消费者提供公平的利益分配
5	豁免仅在一定时间内有效,且需定期审查	(1) 豁免具有一定的期限 (2) 豁免延期须接受审查,包括最初批准豁免时的情势
6	卡特尔被禁止,企业不得以效率为由为卡特尔辩护	(1) 法律框架明确规定禁止卡特尔 (2) 企业不得以效率为由为接受调查的卡特尔辩护
7	法律框架禁止滥用支配地位	法律框架禁止滥用市场支配地位
8	市场支配地位的定义和滥用市场支配地位的行为	(1) 法律框架界定市场支配地位 (2) 法律框架界定何种情形属于企业滥用市场支配地位
9	有程序保证的从宽处理方案的可获得性	(1) 法律框架规定了从宽处理方案 (2) 法律框架为调查过程中与竞争主管部门合作的组织提供了程序性保障
10	与竞争主管部门的合作提供保密性、匿名性和举报人保护	(1) 法律框架为在调查期间与竞争主管部门合作的企业提供保密 (2) 法律框架为在调查期间与竞争主管部门合作的组织提供匿名保护 (3) 法律框架为在调查期间与竞争主管部门合作的个人提供举报人保护
11	从宽处理方案建立明确的豁免制度	(1) 法律框架为第一个主动告知的企业提供全部豁免 (2) 法律框架规定,对于并非第一个主动告知但随后承认反竞争行为的企业,可提供财务处罚的减免或或给予其他形式的从宽处理
12	对自愿合规的激励措施	法律框架为自愿合规的企业提供了激励措施

1.1.2 合并控制

影响竞争法的高质量法规也取决于特定经济体中合并控制的有效性。因为基于特定市场的情况和背景，合并可能会对竞争产生积极或者消极的影响。因此，竞争法框架必须能够对这一细微差别做出回应，确保合并控制的规则是清晰的，明确不需要审查的交易类型，详细说明审查过程，并且确保整个过程的程序公正。[①] 因此，子类别 1.1.2 合并控制有 11 项指标（表 4）。

表 4 子类别 1.1.2 合并控制

	指标	组成部分
1	合并控制规则的覆盖范围	法律框架明确规定哪些部门、企业或交易排除适用合并控制规则
2	法律框架确立了用于识别哪些交易适用合并控制制度的经济标准	法律框架规定经济定量和定性标准，以确定哪些交易属于合并控制规则管辖
3	法律框架建立了合并控制程序，以评估竞争扭曲	法律框架规定了何时必须进行交易申报，以及该申报是事前申报还是事后申报
4	法律框架建立明确的合并申报指导原则和阈值，包括单个和总体阈值	（1）法律框架规定了合并申报的阈值 （2）法律框架规定了阈值是针对个体的、针对总体的还是针对两者的
5	存在多阶段合并审查程序，并有具体的法定时限	（1）法律规定该经济体有简易和多阶段的合并审查程序 （2）法律框架强制规定合并审查程序应在明确的时间期限内完成
6	存在简化合并程序	法律框架规定了针对不太可能引发竞争扭曲的交易的简化合并审查程序
7	存在合并交易申报前与竞争主管部门的协商	法律框架规定合并交易申报前与竞争主管部门的协商
8	要求对提交合并控制审查的交易进行实质性的经济评估	法律框架要求竞争主管部门对合并交易的竞争影响进行实质性经济评估

① OECD（2020）.

（续表）

	指标	组成部分
9	存在合理的理由来解释合并或收购后市场力量的增加	法律框架允许企业基于以下理由增加市场支配：交易是为了提高效率；如果企业不进行合并或收购将退出市场；存在潜在的公共利益
10	合并救济是符合目的，竞争主管部门有权执行这些措施	（1）法律框架授权竞争主管部门采取一系列救济措施，以保证合并能够维持、恢复竞争原状以及不扭曲竞争 （2）竞争主管部门采取的补救措施必须是能解决识别出的竞争损害、最不具侵害性并且必须能得以有效实施 （3）竞争主管部门有权直接或间接执行救济令 （4）在采取救济措施的过程中，允许参与合并的各方提出替代解决方案
11	拥有阻止可能对竞争产生不利影响的合并的权力	法律框架赋予竞争主管部门阻止合并的权力

1.1.3 国有企业框架和竞争法的范围

国有企业是世界上大多数的国家经济活动中不可或缺的参与者，它们经常在核心经济领域与私人企业展开竞争。[①] 因此至关重要的是，国有企业不能通过竞争豁免政策获得优势或面临劣势，从而扭曲竞争法在特定市场中的有效实施，或为其反竞争行为提供正当理由。为确保国有企业在经济中的竞争中立性，规则框架必须确保其与其他类型企业一样受到竞争法的约束。[②] 因此，子类别 1.1.3 国有企业框架与竞争法的范围有 8 项指标（表 5）。

① OECD（2018）.

② OECD（2018）.

表 5　子类别 1.1.3 国有企业框架和竞争法的范围

	指标	组成部分
1	要求根据经济、社会和/或可持续性标准说明设立国有企业的正当性	要求对基于经济、社会和环境可持续性的理由说明设立国有企业具有正当性
2	竞争法适用于经济体所有国有企业和经济部门	(1) 将某些经济部门排除在适用竞争规则之外 (2) 将某些国有企业或合法垄断企业排除在竞争规则之外
3	从竞争角度评估新国有企业	设立国有企业取决于对其对市场竞争潜在影响的积极评估
4	要求进行评估以论证国有企业的商业活动	要求在国有企业的整个生命周期内开展评估，以确保其活动符合竞争中立原则
5	国有企业优惠待遇监管	国有企业的任何优惠待遇或豁免都必须经过竞争主管部门的审查和批准
6	竞争主管部门对国有企业的调查存在障碍	不存在妨碍竞争主管部门调查国有企业反竞争行为的特别法律或程序障碍
7	根据经济、社会或可持续性标准，豁免某些部门应用竞争法和合并控制的程序	(1) 法律框架规定不适用竞争法的制度 (2) 豁免制度要求以经济、社会或可持续性为理由做出决定
8	存在豁免协议适用竞争法的程序	(1) 在特定条件下豁免单独协议遵守反垄断或合并控制规则的程序 (2) 在特定条件下对某类协议实行反垄断或合并控制规则豁免的程序

1.1.4　竞争规则的实施

为确保竞争法框架的有效性，同时还应确保经济体内竞争法应当具有充分的可执行性，因为私人执法被认为能够有效地持续提升竞争体制的功能。[①] 另外，规则应当保持必要的平衡。[②] 因此，不仅应禁止反竞争协议，在反竞争

① OECD (2015).

② OECD (2015).

调查以及采取相应的处罚措施时，采取的工具还应当符合“最符合目的原则”（best fit-for-purpose）。同时，应在调查过程中提供程序保障，允许各方主体行使辩护权。因此，子类别 1.1.4 竞争规则的实施有 7 项指标（表 6）。

表 6　子类别 1.1.4 竞争规则的实施

	指标	组成部分
1	调查期间的程序性和公平性保障	法律框架提供以下程序以保障公平性： （1）在调查开始时，竞争主管部门会发布调查原因和关切事项的通知 （2）调查程序以书面形式记录 （3）竞争主管部门的调查程序必须在规定的时间内完成 （4）为各方提供与竞争主管部门协商的合理机会 （5）为各方提供听证的合理机会，且其可以提供证据或证词为自己辩护（这包括专家的证词、对作证证人的交叉质证以及审查或反驳任何公布的证据的机会） （6）为各方提供和解或达成一致协议的机会
2	法律框架界定何为机密信息	法律框架明确规定反垄断和合并控制过程中哪些信息属于机密信息
3	赋予竞争主管部门充分的权力和资源，以进行调查、执行和实施处罚	（1）法律框架规定竞争主管部门有权主动检查企业场所，调查非法反竞争行为 （2）法律框架授权竞争主管部门调查企业是否达成了可能引发竞争问题的交易 （3）法律框架规定对不遵守竞争主管部门信息要求的企业的处罚措施
4	竞争主管部门有权收取罚款和实施非金钱处罚	（1）法律框架赋予竞争主管部门收取金钱罚款的权力 （2）法律框架赋予竞争主管部门实施非金钱制裁的权力
5	竞争主管部门可以调查未申报交易的情况，并根据企业的营业额实施处罚	（1）法律框架赋予竞争主管部门调查未申报交易的权力 （2）法律框架赋予竞争主管部门根据企业营业额实施处罚的权力

（续表）

	指标	组成部分
6	竞争主管部门的决定具有约束力和/或可执行性，指定一个独立机构审查竞争主管部门的决定，并允许对损害赔偿提起诉讼	(1) 法律框架规定竞争主管部门的决定具有约束力和可执行性 (2) 法律框架指定一个独立机构审查竞争主管部门的决定 (3) 法律框架允许企业对违反竞争法造成的损害提起诉讼
7	法律框架规定了罚款的总额上限	(1) 法律框架规定企业罚款的最高限额 (2) 法律框架规定基于以下标准确定处罚的最高限额：企业全球或者相关的营业额的百分比，企业因反竞争行为所得或者遭受的损失，或者固定数额

1.2 创新与技术转让

类别 1.2 分为 4 个子类别，每个子类别由若干指标组成，每项指标有若干组成部分。

1.2.1 知识产权保护力度

强有力的知识产权保护能促进研发和推动创新。这包括知识产权类型广泛的覆盖面，涵盖著作权、专利和商标，以及决定社会对知识产权体系信赖程度的高水平执法。[①] 因此，子类别 1.2.1 知识产权保护力度有 11 项指标（表 7）。

表 7 子类别 1.2.1 知识产权保护力度

	指标	组成部分
1	建立（著作权）集体管理组织的规定	建立（著作权）集体管理组织的规定
2	发明的可专利性要求（新颖性、创造性和实用性）以及专利的实验使用例外或研究豁免	(1) 可被授予专利权的发明所应具备的要求（新颖性、创造性和实用性） (2) 为实验和科学研究而使用专利的豁免或例外

① WIPO (2004).

（续表）

	指标	组成部分
3	专利权保护可追溯至申请日	专利权保护可追溯至申请日
4	专利和商标的保护期限	专利和商标的保护期限
5	专利和商标异议机制	（1）专利异议机制 （2）商标异议机制
6	专利信息提交系统的规定	专利信息提交系统的规定
7	专利公开	专利公开
8	商标使用义务、相关宽限期	（1）商标使用义务 （2）商标注册后、使用义务生效前的宽限期
9	驰名商标保护	驰名商标保护
10	实施著作权、专利和商标保护的行动或救济措施	（1）著作权保护行动或救济措施 （2）专利保护行动或救济措施 （3）商标保护行动或救济措施
11	著作权、专利和商标纠纷的仲裁机制	（1）著作权纠纷的仲裁机制 （2）专利纠纷的仲裁机制 （3）商标纠纷的仲裁机制

1.2.2 许可与技术转让

许可在技术转让中发挥着至关重要的作用。因此，确保恰当合理的许可程序及许可使用费设定指引能够增强知识产权权利人与被许可人的信心。[①]因此，子类别 1.2.2 许可与技术转让有 5 项指标（表 8）。

表 8　子类别 1.2.2 许可与技术转让

	指标	组成部分
1	著作权、专利及商标许可的程序规定	（1）著作权许可的程序规定 （2）专利许可的程序规定 （3）商标许可的程序规定

① WIPO（2010）.

（续表）

	指标	组成部分
2	公平、合理和非歧视性的许可使用费设定指引	公平、合理和非歧视性的许可使用费设定指引
3	专利所有权人变更登记及相关时限	(1) 专利所有权人变更记录 (2) 专利所有权人变更登记时限
4	专利的临时许可/豁免	专利的临时许可/豁免
5	向知识产权局披露专利和商标的许可协议	(1) 向知识产权局披露专利的许可协议 (2) 向知识产权局披露商标的许可协议

1.2.3　合理获取创新成果(包括环境)

开放获取可以提升信息透明度和可及性。[①] 适度保护公共利益或考量环境可持续发展因素有助于保障合理使用创新成果。[②] 因此,子类别 1.2.3 合理获取创新成果(包括环境)有 9 项指标(表 9)。

表 9　子类别 1.2.3 合理获取创新成果(包括环境)

	指标	组成部分
1	开放获取的定义以及开源的定义	(1) 开放获取的定义 (2) 开源的定义
2	允许开放获取的研究活动范围	允许开放获取的研究活动范围
3	推动开源科学的条款	推动开源科学的条款
4	基于风险的人工智能监管方法	基于风险的人工智能监管方法
5	人工智能系统伦理影响的评估指南	人工智能系统伦理影响的评估指南
6	保护公共利益的规定	保护公共利益的规定
7	知识产权融资指引	知识产权融资指引

① Priest (2012).
② WIPO (2020).

（续表）

	指标	组成部分
8	与环境可持续发展相关的知识产权规定	与环境可持续发展相关的知识产权规定
9	关于知识产权侵权商品环境安全处置和销毁的条款	关于知识产权侵权商品环境安全处置和销毁的条款

1.2.4　产学合作

大学与企业合作对于基础研究的商业化具有重要意义。设定知识产权政策的规则框架强而有力，有助于增强大众对商业化模式的信心。[①] 因此，子类别 1.2.4 产学合作有 6 项指标（表 10）。

表 10　子类别 1.2.4 产学合作

	指标	组成部分
1	合作研究协议的标准示范文本	合作研究协议的标准示范文本
2	在提交专利申请前公布研究成果而不影响可专利性的宽限期	在提交专利申请前公布研究成果而不影响可专利性的宽限期
3	公共研究机构内开发专利的所有权	公共研究机构内开发专利的所有权
4	公共研究机构的内部知识产权政策	公共研究机构的内部知识产权政策
5	大学技术成果转化衍生企业	大学技术成果转化衍生企业
6	对研究成果商业化的财政激励	对研究成果商业化的财政激励

1.3　政府合同招标

类别 1.3 分为 4 个子类别，每个子类别由若干指标组成，每项指标有若干组成部分。

① Aridi and Cowey (2018).

1.3.1 准入与企业参与(包括性别)

对于企业参与政府采购市场而言,稳定的规则框架至关重要。促进市场准入和竞争的规则质量确保了基本框架,该框架将公开和竞争性采购作为签订政府合同的默认方式,从而使整个私营部门受益。通过明确框架协议程序准则,以及通过明确内容和参与方式的规则,规定参与公开采购的条款和条件,能够确立这一点。因此,子类别 1.3.1 准入与企业参与(包括性别)有 8 项指标(表 11)。

表 11 子类别 1.3.1 准入与企业参与(包括性别)

	指标	组成部分
1	公开竞争性采购作为默认方式	公开采购是政府采购的默认方式
2	外国企业参与政府采购的限制	(1) 法律框架没有对于供应商或者外资企业提出额外的限制 (2) 法律框架没有将参与投标的外资企业与内资企业存在合作关系作为参与投标的前提条件 (3) 法律框架没有将参与投标的外资企业在国内设立子企业作为参与投标的前提条件 (4) 法律框架不为当地企业和个人专门保留特定合同
3	国有企业及独立机构未被排除适用采购规则	国有企业和独立机构遵守一般政府采购法律框架
4	将合同分包的能力	法律框架规定了分包合同
5	规定采购方向承包商付款的法定期限	法律框架规定了采购方付款期限,采购方收到发票必须在该期限内付款
6	制定框架协议的采购程序	(1) 法律框架规定了根据框架协议签订合同的指定程序,合同按照指定的竞争性两阶段程序签订 (2) 法律框架允许在框架协议有效期内初始方增加新的供应商
7	促进政府采购中的性别平等	法律框架存在关于性别平等的具体规定
8	促进中小企业参与投标和签约的机制措施	法律框架关于对中小企业提供优惠的规定

1.3.2 最佳性价比(包括性别和环境)

确保最大化利用政府资金是政府采购规则的核心目标。因此关键是,要通过在签订合同之前,对公共合同的总成本和全生命周期成本进行明确和彻底的评估,以及建立确定最具经济优势的采购考虑因素的明确标准,来识别政府在选择公共合同时是否采取了良好的监管实践。因此,子类别 1.3.2 最佳性价比(包括性别和环境)有 8 项指标(表 12)。

表 12　子类别 1.3.2 最佳性价比(包括性别和环境)

	指标	组成部分
1	规定了识别异常低价竞标的程序和标准	(1) 法律框架规定识别异常的低价竞标的程序 (2) 法律框架规定识别异常的低价竞标的标准
2	指定专门的招标方式用于创新产品的采购	法律框架对创新采购规定具体的招标程序
3	在标准的招标文件中纳入可持续性条款	法律框架规定,标准的采购文件必须包含所有或部分示范文件中的可持续性条款
4	在招标过程中对环境考量标准的纳入予以激励	(1) 法律框架为考虑环保因素的投标提供激励 (2) 法律框架为政府采购方确定了可量化的环境目标 (3) 法律框架要求在政府采购的货物、服务和工程的规格中纳入具体的环境标准 (4) 法律框架提供了生态标签清单,这些标签可以在政府采购投标文件中使用
5	在政府采购中纳入性别考量机制	法律框架包括以下机制:需求评估中的性别分析、同工同酬和不歧视原则和(或)其他机制;法律框架规定将违反性别平等义务的企业排除在外的理由以及具有性别维度的授标标准
6	运用市场方法估算合同价值	法律框架规定了采购方在准备估算新采购机会的合同价值时必须使用的工具,包括市场分析、可行性研究和/或来自类似项目或招标的历史数据
7	在评标中考量总拥有成本以及生命周期成本	(1) 法律框架界定了项目全生命周期成本 (2) 法律框架界定了总拥有成本
8	在评标中考量最具经济效益的投标因素	法律框架明确规定优先适用最具经济优势的投标标准,而不是较低报价标准

1.3.3 采购程序的公平性

政府市场的有效竞争需要可以保障采购过程公平性的政府采购框架。通常情况下，用于促进公平性的工具旨在确保投标者享有平等的机会和待遇。不公平的待遇不仅扭曲合同授予的竞争过程，也对市场准入存在有害的影响。只有通过授予政府合同所承认的程序保障才能确立采购过程的公正性，包括：中标通知与合同签署的间隔期、公布采购公告与授标之间的最短间隔期、通知企业授标决定的义务、提供充分的申诉救济途径。因此，子类别1.3.3采购程序的公平性有6项指标（表13）。

表13　子类别1.3.3 采购程序的公平性

	指标	组成部分
1	设定通知中标到签订合同之间的间隔期，以允许未中标的投标人提出异议	法律框架设定通知中标到签订合同之间的强制间隔期，以允许未中标的投标人对授标决定提出异议
2	明确规定政府采购程序的招标公告发布和提交标书截止日期之间的最短期限	法律框架为政府采购程序设定了从招标公告发布到提交标书截止日期之间的最短期限
3	禁止拆分合同以规避公开招标阈值	法律框架禁止为规避招标阈值而拆分合同
4	有义务将采购决定通知企业，且法律框架规定如何处理潜在投标人的澄清请求	（1）法律框架要求将潜在投标人的说明请求传达给所有投标人 （2）法律框架要求将授标决定通知所有投标人
5	建立专门的采购审查机构以及赋予投标人对授标决定提出异议申诉的权利	（1）法律框架指定一个独立受理机构，负责处理企业对授标决定的异议 （2）法律框架规定，对于审查机构的异议处理结果有异议的未中标的投标人，有权对该结果进一步提起申诉
6	处置异议申诉的时间限制以及赋予企业逾期未处理的法律救济	（1）法律框架规定对于授标决定提出审查过程异议的法定期限 （2）法律框架规定对于全部或者某些类型的异议，如果逾期未处理，未中标的投标人有权寻找其他法律救济途径

1.3.4 关键采购文件的透明度

透明度是高质量政府采购的核心原则。公开透明的采购流程可改善竞争并提高效率。一般而言,提高透明度的措施与促进竞争一致。应将透明度措施告知供应商,以促进竞争。此外,通过给予供应商信心,促使其相信授标决定基于客观评价做出,从而他们提高参与投标的积极性。① 透明度只能通过公开程序予以保障。因此,政府采购程序的每个阶段都应当持续有效地进行信息披露。因此,子类别 1.3.4 关键采购文件的透明度有 2 项指标(表 14)。

表 14 子类别 1.3.4 关键采购文件的透明度

	指标	组成部分
1	公布采购计划、招标公告、招标文件及授标决定	(1) 法律框架规定应当公开政府采购计划的信息 (2) 法律框架规定应当公开采购公告 (3) 法律框架规定应当公开采购文件 (4) 法律框架规定应当公开授标决定
2	公布合同及合同变更内容	法律框架规定应当公开采购合同及采购合同变更内容

2. 支柱Ⅱ. 促进市场竞争的公共服务

表 15 展示了支柱Ⅱ(即促进市场竞争的公共服务)的指标结构。本部分将按照表中所示顺序对本支柱的每个类别和子类别进行更为详细的讨论。

表 15 支柱Ⅱ 促进市场竞争的公共服务

2.1	竞争主管部门
2.1.1	制度框架

① UN (2011).

（续表）

2.1.2	宣传和透明度
2.2	企业创新
2.2.1	支持创新的制度框架
2.2.2	知识产权服务的数字化（包括环境）
2.2.3	创新体系（包括性别）
2.3	电子采购
2.3.1	采购程序的数字化（包括环境）
2.3.2	关键采购文件的透明度（包括性别）

2.1 竞争主管部门

类别2.1分为2个子类别，每个子类别有若干指标组成，每项指标有若干组成部分。

2.1.1 制度框架

建立专门的竞争主管部门是有效执行竞争法以及显示公平竞争市场环境的关键因素。竞争主管部门必须在明确和独立的框架内运作，包括调查企业行为以及实施处罚，以遏制反竞争行为。该指标侧重于竞争规则的制度框架和执行质量，可代表竞争主管机构实际运作情况。因此，子类别2.1.1制度框架有9项指标（表16）。

表16 子类别2.1.1 制度框架

	指标	组成部分
1	竞争主管部门在运营上具备独立性	竞争主管部门独立运作
2	竞争主管部门的任务明确且不重叠	保护和促进竞争的协同机构没有重叠的授权

（续表）

	指标	组成部分
3	制定理事会成员的遴选和解聘程序	（1）任命竞争主管部门理事会成员的正当程序 （2）解聘竞争主管部门理事会成员的正当程序
4	竞争主管部门理事会成员的任期限制	（1）框架规定竞争主管部门负责人和理事会成员的正式任期 （2）框架规定竞争主管部门理事会成员的任期上限
5	建立竞争主管部门与外国竞争主管部门合作机制	国内外竞争主管部门之间建立合作机制
6	竞争主管部门理事会成员在任期结束后在之前所调查企业的私营部门任职的竞业限制期	竞争主管部门理事会成员和工作人员不能在之前所调查企业任职的竞业限制期
7	竞争主管部门的员工必须遵守利益冲突原则	利益冲突规则适用于竞争主管部门的办案人员
8	竞争主管部门就政策规则发表意见	竞争主管部门有权就政府政策和规则发表意见，以确保这些政策和法规不妨碍竞争
9	竞争主管部门的意见具有约束力	竞争主管部门的意见具有约束力

2.1.2　宣传和透明度

通过对竞争的宣传，竞争主管部门可以提出对经济效率和消费者福利危害较小的替代方案，以影响政府政策。竞争宣传可以作为抵制各种利益集团游说和经济寻租行为的屏障。它还可以提高政府经济决策的问责制和透明度，并能够促进政府部门和私营部门贯彻经济管理和商业原则。该指标还通过评估竞争主管部门是否公布其决定及其法律和经济理由，以及是否发布关于反垄断和合并控制的指引和报告与实施处罚情况，来判断竞争主管部门在促进可获得性和透明度方面所发挥的作用。因此，子类别 2.1.2 宣传和透明度有 12 项指标（表 17）。

表 17　子类别 2.1.2 宣传和透明度

	指标	组成部分
1	发布关于横向和纵向协议的指导文件	(1) 竞争主管部门发布关于横向协议的指导文件 (2) 竞争主管部门发布关于纵向协议的指导文件 (3) 竞争主管部门发布关于合作协议的指导文件
2	发布关于滥用支配地位的指导文件	竞争主管部门发布关于滥用支配地位的指导文件
3	发布关于从宽处理方案的指导文件	竞争主管部门从宽处理方案的指导文件
4	发布关于市场定义的指导文件	竞争主管部门发布关于市场定义的指导文件
5	发布关于数字竞争的指导文件	竞争主管部门发布关于数字竞争的指导文件
6	发布合并控制指导文件	竞争主管部门发布关于合并控制的指导文件
7	发布劳动力市场指南	竞争主管部门就劳动市场相关的反垄断执法发布指导文件
8	发布竞争分析报告	竞争主管部门从竞争政策的角度发布关于市场、行为或执法的分析报告
9	组织宣传竞争政策的研讨会	竞争主管部门组织研讨会或网络研讨会,向企业宣传竞争政策
10	在线公布所有反垄断和合并控制决定	竞争主管部门在线公布所有反垄断和合并控制的决定
11	在线发布竞争主管部门对政府政策的所有意见	在线发布竞争主管部门对政府政策的所有意见
12	合并控制交易的电子申报	企业可根据合并控制规则以电子方式提交有关合并交易申报

2.2　企业创新

类别 2.2 分为 3 个子类别,每个子类别由若干指标组成,每项指标有若干组成部分。

2.2.1 支持创新的制度框架

强有力的制度机制对支持创新至关重要。[①] 因此,子类别 2.2.1 支持创新的制度框架有 4 项指标(表 18)。

表 18 子类别 2.2.1 支持创新的制度框架

	指标	组成部分
1	知识产权局向知识产权被许可人提供无偿或低成本的法律援助	知识产权局向知识产权被许可人提供无偿或低成本的法律援助
2	信息提交系统在实践中的可获得性	实践中信息提交系统的可获得性
3	公众对于产权相关法律法规的意见征询	公众对于产权相关法律法规的意见征询
4	负责企业参与技术标准制定的公共机构	负责企业参与技术标准制定的公共机构

2.2.2 知识产权服务的数字化(包括环境)

知识产权服务的数字化促进了知识产权的获取,为知识产权保护和技术转让提供了便利,例如通过权利数据库许可,有助于知识产权保护和技术转让。[②] 因此,子类别 2.2.2 知识产权服务的数字化(包括环境)有 5 项指标(表 19)。

表 19 子类别 2.2.2 知识产权服务的数字化(包括环境)

	指标	组成部分
1	权利许可数据库或者知识产权市场的可获得性	权利许可数据库或者知识产权市场的可获得性
2	绿色技术标识的可获得性	技术许可数据库或者知识产权市场中有绿色技术标识

① WIPO (n. d.).

② WIPO (2004).

（续表）

	指标	组成部分
3	本地申请注册知识产权的电子数据库的可获得性	本地申请注册知识产权的电子数据库的可获得性
4	知识产权持有人可通过电子方式管理知识产权的在线平台的可获得性	知识产权持有人以电子方式管理知识产权的在线平台的可获得性
5	知识产权局在线公布具备资质的知识产权专业人员名单	知识产权局在线公布具备资质的知识产权专业人员名单

2.2.3 创新体系(包括性别)

创新体系通过加强合作、技术援助或经济激励来促进创新传播。[①] 因此，子类别 2.2.3 创新体系(包括性别)有 9 项指标(表 20)。

表 20 子类别 2.2.3 创新体系(包括性别)

	指标	组成部分
1	技术转让办公室的可获得性	技术转让办公室的可获得性
2	监管沙盒的可获得性	监管沙盒的可获得性
3	创新孵化器的可获得性	创新孵化器的可获得性
4	创新加速器的可获得性	创新加速器的可获得性
5	政府对私营孵化器或加速器的财政扶持	政府对私营孵化器或加速器的财政扶持
6	公共研究机构对私营孵化器或加速器的技术援助	公共研究机构对私营孵化器或加速器的技术援助
7	面向女性企业家的孵化器或加速器的可获得性	面向女性企业家的孵化器或加速器的可获得性
8	科技园区的可获得性	科技园区的可获得性
9	创新集群的可获得性	创新集群的可获得性

① Cirera et al.（2020）.

2.3 电子采购

类别 2.3 分为 2 个子类别，每个子类别有若干指标组成，每项指标有若干组成部分。

2.3.1 采购程序的数字化（包括环境）

电子采购之所以重要，是因为它可以节省时间、提高效率，并有助于新企业进入市场。电子采购还通过环境标签等特色功能促进政府采购中的可持续实践。研究表明，政府电子采购有助于更高质量的供应商进入政府市场。此外，数字技术还能提高采购速度和质量、降低风险、加强创新，从而提供竞争优势。数字技术还可用于提高公共服务的质量和政府市场的竞争质量。[①] 事实证明，将基于网络的平台用于在线支付公共采购服务，能够提高效率并降低成本。因此，子类别 2.3.1 采购程序的数字化（包括环境）有 15 项指标（表 21）。

表 21　子类别 2.3.1 采购程序的数字化（包括环境）

	指标	组成部分
1	中央电子采购平台的可获得性	拥有运行的中央公共（电子）采购门户网站
2	注册为供应商	电子采购门户网站允许企业注册为供应商
3	要求采购方以电子方式做出澄清和决定公告（澄清说明、授标决定等）	（1）在电子采购门户网站进行澄清说明 （2）在电子采购门户网站公布授标决定
4	以电子方式提交标书	允许通过电子采购门户网站提交投标书
5	以电子方式开标并采用虚拟工作空间管理招标程序	（1）以电子方式开标 （2）在虚拟工作空间中进行管理

① IMF（2017）.

（续表）

	指标	组成部分
6	以电子方式提交投标保证金及电子确认履约保证书	（1）以电子方式提交投标保证书和电子验证 （2）以电子方式提交履约保证书，并进行电子验证
7	签订电子合同	可以通过电子采购门户网站以电子方式签署合同
8	电子合同管理与实施模块	电子采购门户网站具有合同管理和实施模块
9	以电子方式向采购方提交发票	在电子采购门户网站以电子方式向采购方提交发票
10	以电子方式从采购方接收付款	在电子采购门户网站以电子方式向采购方提交发票接收付款
11	框架协议管理模块	可以通过电子采购门户网站进行框架协议管理模块
12	电子反向拍卖模块	可以通过电子采购门户网站进行电子反向拍卖
13	经批准的供应商的电子目录	电子采购门户网站含有批准供应商的电子目录
14	电子绿色目录	电子采购门户网站含有电子绿色目录
15	以电子方式申请供应商环保认证或环保标签	电子采购门户网站含有以电子方式申请供应商环保认证或环保标签

2.3.2 关键采购文件的透明度(包括性别)

信息可及性减少了大型或者有背景的企业因信息优势而获得竞争优势的可能性，从而提高了所有类型企业（包括中小型企业在内）的平等竞争机会，也潜在地提升政府采购合同的竞争程度。因此，子类别 2.3.2 关键采购文件的透明度（包括性别）有 7 项指标（表 22）。

表 22　子类别 2.3.2 关键采购文件的透明度(包括性别)

	指标	组成部分
1	以电子方式获取采购公告	电子采购门户网站包含招标通知
2	以电子方式获取招标文件	电子采购门户网站包含招标文件
3	以电子方式获取授标决定(包括理由)	电子采购门户网站公开授标决定及其理由
4	以电子方式获取合同及合同变更内容	(1) 电子采购门户网站公开合同 (2) 电子采购门户网站公开修订合同
5	以电子方式获取生态标签、环保商品和服务的规格、标准或准则	电子采购门户网站公布可持续发展标准、生态标签以及环保食品和服务
6	以计算机可读格式公布采购合同和招标的公开数据	(1) 是否存在可公开获取投标数据的数据平台 (2) 是否存在公开获取供应商数据的数据平台
7	性别:公布按性别分类的投标和合同公开数据	电子采购平台收集并公布按性别分列的参与投标企业的数据

3. 支柱Ⅲ. 促进市场竞争关键服务的实施

表 23 展示了支柱Ⅲ(即促进市场竞争关键服务的实施)的指标结构。本部分将按照下表所示的顺序对该支柱的每个类别和子类别进行更为详细的讨论。

表 23　支柱Ⅲ 促进市场竞争关键服务的实施

3.1	竞争
3.1.1	简化的合并审查
3.1.2	市场活力与竞争行为
3.2	创新
3.2.1	高水平创新企业的比例
3.2.2	国际质量认证的使用
3.3	政府采购

（续表）

3.3.1	政府合同授予所需要的时间
3.3.2	收到政府合同付款的时间
3.3.3	企业对投标便捷性的看法
3.3.4	政府供应商中的性别差距

3.1 竞争

类别3.1分为2个子类别，每个子类别由若干指标组成，每项指标有若干组成部分。

3.1.1 简化的合并审查

合并审查程序不充分和竞争政策执行不力均会对经济产生负面影响（例如，延误并不会引发问题的合并）。此外，执行不佳的审查流程还可能通过以下方式削弱企业增长：如果合并成本被认为过高或合并审查结果被认为过于不确定，企业可能会因此不愿进行合并。[①] 大多数经济体都制定了审查合并申报的规则并制定了简化程序，这些规则是否有效实施对营商环境至关重要。本指标的一个关键假设是，所涉及的合并不会引发特别的竞争问题。因此，类别3.1简化的合并审查有3项指标（表24）。

表24 子类别3.1.1 简化的合并审查

	指标	组成部分
1	使用简化的合并审查程序	在特定场景下使用设定参数的简化合并审查程序
2	提交简化合并审查的时间	遵守文件要求并向竞争主管部门为设定参数的交易提交申报所需的天数
3	通过简化的合并审查的时间	审查和批准符合设定参数的交易的天数

① Kaplow (2021).

3.1.2 市场活力和竞争行为

该子类别提供了市场竞争的总体衡量标准。它通过直接向企业提出的代理问题来评估市场活力和竞争行为，这些问题涉及企业市场的某些特征，以及企业在不受反竞争做法或政府规则限制的情况下进行横向和纵向竞争的能力（例如，对企业定价能力的限制或更换公用事业供应商的难易程度）。因此，子类别 3.1.2 市场活力和竞争行为包括 6 项指标（表 25）。

表 25 子类别 3.1.2 市场活力和竞争行为

	指标	组成部分
1	市场结构（参与市场竞争的企业数量）	（1）与少于两个竞争对手竞争的企业百分比 （2）与两家以上、五家以下企业竞争的企业百分比 （3）与五家以上企业竞争的企业百分比
2	市场集中度（最大竞争对手的市场份额）	最大竞争对手的市场份额（百分比）
3	竞争水平的变化	上一年度竞争水平变化指数
4	定价权（在不失去客户的情况下改变价格的能力）	在不失去客户的情况下，其主要产品或服务的价格涨幅能超过竞争对手的企业的百分比
5	更换互联网提供商的便利性	更换互联网服务提供商的难度指数
6	政府对价格的干预	报告其主要产品或服务价格受到监管的企业所占百分比

3.2 创新

类别 3.2 分为 2 个子类别，每个子类别由 1 项指标组成，每项指标有若干组成部分。

3.2.1 高水平创新企业的比例

该子类别评估超级创新型企业。因此，子类别 3.2.1 高水平创新企业的比例有 1 项指标(表 26)。

表 26 子类别 3.2.1 高水平创新企业的比例

	指标	组成部分
1	高水平创新企业的比例	(1) 推出新产品的企业百分比 (2) 采用新流程的企业百分比 (3) 研发支出占企业支出的百分比

3.2.2 国际质量认证的使用

该子类别评估国际质量认证的使用情况。因此,子类别 3.2.2 国际质量认证的使用有 1 项指标(表 27)。

表 27 子类别 3.2.2 国际质量认证的使用

	指标	组成部分
1	国际质量认证的使用	获得国际质量认证的企业百分比

3.3 政府采购

类别 3.3 分为 4 个子类别,每个子类别由若干指标组成,每项指标有若干组成部分。

3.3.1 政府合同授予所需要的时间

在政府采购市场中,签订合同的漫长过程会阻碍企业进入市场,并助长串标行为。企业在决定是否进入政府采购市场之前,会考量投标准备成本和投标程序的时间成本。因此,子类别 3.3.1 政府合同授予所需要的时间有 5 项指标(表 28)。

表 28　子类别 3.3.1 政府合同授予所需要的时间

	指标	组成部分
1	公开竞争招标中授予大型工程合同的时间	通过公开竞标采购的大型工程合同从开标到签订合同通常需要的天数
2	选择性招标中授予小型服务合同的时间	在选择性或限制性招标日程下，小型服务合同从开标到签订合同通常需要的天数
3	供应商预审时间	从发布资格预审公告到所有投标人被告知资格预审决定通常所需的天数
4	通过电子竞价授予合同的时间	通过电子拍卖采购的合同从开标到签订合同通常需要的天数
5	框架协议中授予合同的时间	完成框架协议第一阶段和第二阶段通常需要的天数

3.3.2　收到政府合同付款的时间

延迟付款对参与投标的企业带来了负外部性，例如市场活动中断、推迟支付员工工资和供应商款项。这将会消耗企业的流动性。同时，在信贷渠道有限的情况下，延迟付款最终可能迫使企业退出市场，从而对供应商和客户也产生额外的负面影响。[①] 因此，子类别 3.3.2 收到政府合同付款的时间有 1 项指标（表 29）。

表 29　子类别 3.3.2 收到政府合同付款的时间

	指标	组成部分
1	收到政府合同付款的时间	提交发票后收到政府合同付款的时间（天数）

3.3.3　企业对投标便捷性的看法

行政负担以及对技术和财务能力的高要求可能会阻碍政府市场的竞争，

① Conti et Al.（2021）.

从而对中小型企业参与市场竞争造成不合乎比例的影响。[①] 本子类别通过询问企业在满足投标的行政要求方面感受到的困难程度，以衡量投标的便利程度。因此，子类别 3.3.3 企业对投标便捷性的看法有 1 项指标（表 30）。

表 30　子类别 3.3.3 企业对投标便捷性的看法

	指标	组成部分
1	企业对满足参与招标行政要求难度的看法	对遵守参与投标的行政要求的困难程度的看法

3.3.4　政府供应商中的性别差距

通过在公共采购政策中促进供应商的多样性，政府可以解决市场中的不公平现象、促进女性所有企业的发展潜力。同时，通过将符合资质的女性所有企业引入供应链，从而增加竞争，也有可能节约成本。[②] 因此，子类别 3.3.4 政府供应商中的性别差距有 1 项指标（表 31）。

表 31　子类别 3.3.4 政府供应商中的性别差距

	指标	组成部分
1	政府供应商中的性别差距	在过去 3 年持有政府合同的企业中，由女性拥有或管理的企业所占百分比

Ⅲ. 数据来源

4.1　数据收集来源

与支柱Ⅰ、支柱Ⅱ和支柱Ⅲ中部分指标相关的数据是通过与私营部门专

① OECD (2018d).
② OECD (2017).

家访谈收集的。对于竞争类别相关指标,访谈对象包括具有竞争法专业知识的企业律师和顾问以及从事竞争法工作的法律专业人员。对于创新指标,主要访谈专门从事知识产权的律师和顾问、特许专利代理人以及商标律师。与政府采购类别相关指标,访谈对象包括具有政府采购专业知识的律师、协助编制标书的顾问和负责采购的政府工作人员。支柱Ⅲ的部分数据是通过企业调查收集的,包括:市场活力和竞争行为子类别中的所有指标、创新类别中的所有指标以及收到政府合同付款的时间、企业对投标便捷性的看法和政府供应商中的性别差距子类别中的所有指标。这些调查提供了企业创新以及政府合同实践方面的代表性数据。

4.2 专家筛选

涉及市场竞争主题的问卷一共有三份,分别代表三个领域:竞争、创新以及政府采购。每一份问卷都是针对相关专业领域的专家而设计的。根据一系列标准(表 32),使用筛选问卷协助挑选接受市场竞争主题问卷的专家。

表 32 专家筛选问卷和受访者标准

相关专家的职业	
竞争	公司律师、法律顾问等
创新	知识产权律师、特许专利代理人等
政府采购	政府采购律师、顾问、内部采购工作人员等
相关专业领域	
竞争	反垄断或者竞争、滥用支配地位、合并控制程序等
创新	知识产权申请注册和管理、技术转让、科研成果商业化等
政府采购	州、国家和联邦层面的政府采购和政府招投标(如适用)等

（续表）

评估专家在竞争、创新和政府采购方面的知识和经验	
竞争	在反垄断或者竞争方面有诉讼经验以及为相关企业提供建议的经验为合并提供咨询以及诉讼的经验；为滥用支配地位事项（含诉讼）提供咨询；为企业遵守竞争法提供咨询的经验；监管市场的经验
创新	具有知识产权申请注册、管理、许可、诉讼、技术转让以及科研成果商业化等方面的经验
政府采购	具有为各级政府的政府采购提供咨询、顾问、合规或诉讼方面的经验；具有为企业参与政府采购（货物、服务和工程）提供服务或者协助的经验；具有评标的经验；具有处理合同付款问题的经验；具有处理对政府采购授标决定的异议和申诉的相关经验

因此，筛选问卷中提供的信息将使团队更好地了解专家的专业、领域以及在市场竞争有关领域（包括竞争、创新和政府采购等方面）的知识或经验。

Ⅳ. 参数

为了确保从不同经济体收集的专家访谈数据具有可比性，市场竞争主题对政府采购指标设置了具体参数。然而，在市场竞争三个专题领域（竞争、创新和政府采购）之间不存在可共同适用的通用参数。参数是指对特征的假设，并通过这些特征来衡量主题的实践效果，例如地方和中央的相关政府机构（包括竞争主管部门或者政府采购方）。

5.1 通用参数

在市场竞争主题中，没有适用于所有指标类别的通用参数。该主题仅以中央（或者联邦）规则和中央（或者联邦）行政机关提供的服务为基准，以确保各经济体之间的数据具有可比性。

5.2 特定参数

为确保在不同经济体的行政机关和行政程序中收集到的信息具有可比性，市场竞争对于某些指标类别使用特定参数。特别是，对于衡量政府采购规则和服务的指标类别，由于不同经济体负责的政府机构以及适用的程序差别很大，这些差别可能会影响数据的质量和可比性。

5.2.1 采购：采购方

理由：

政府采购程序和规制采购程序的法律框架可能因政府采购机构不同而不同。这一参数影响法律上和事实上的指标。

应用：

对于支柱Ⅰ和支柱Ⅱ中属于政府采购类别的指标，主要根据三大采购方在过去三年中的采购体量（采购数量），确定适用的基准口采购方由私营部门的专家确定。专家可以根据自己的经验和知识或可靠的公开数据，对市场竞争问卷做出回答。

V. 主题评分

市场竞争主题有三大支柱：支柱Ⅰ促进市场竞争规则的质量；支柱Ⅱ促进市场竞争的公共服务；支柱Ⅲ促进市场竞争关键服务的实施。每个支柱的总分被进一步调整为0到100之间的数值，然后汇总为主题总分。每个支柱占主题总分的三分之一。分值区分了对企业的利益（作为企业灵活度分值）以及更为宽泛的社会效益（作为社会效益分值）。表33展示了市场竞争主题的评分。有关评分的详细信息，请参见附件A，它是对本节的补充。

表 33　总分值概览

支柱编号	支柱名称	指标数量	分值			调整后分值（0—100）	权重
			企业灵活度分值	社会效益分值	总分		
Ⅰ	促进市场竞争规则的质量	93	93	93	186	100	0.33
Ⅱ	促进市场竞争的公共服务	61	61	61	122	100	0.33
Ⅲ	促进市场竞争关键服务的实施	19	100	不适用	100	100	0.33

6.1　支柱Ⅰ 促进市场竞争规则的质量

支柱Ⅰ包括 93 项指标，总分 186 分（企业灵活度 93 分，社会效益分值为 93 分）（表 34），该支柱每个类别的分值如下：

6.1.1　竞争

包括 38 项指标，最高总分 76 分（企业灵活度 38 分，社会效益 38 分）。具体而言，涉及反垄断子类别有 12 项指标；涉及合并控制子类别有 11 项指标；涉及国有企业框架和竞争法范围的子类别有 8 项指标；涉及执法子类别有 7 项指标。促进市场竞争的规则框架既有利于企业（企业灵活度），也有利于社会和客户（社会效益）。因此，涉及企业利益和社会效益两个层面的指标分值相等。

6.1.2　创新与技术转让

包括 31 项指标，最高总分 62 分（企业灵活度 31 分，社会效益 31 分）。具体而言，知识产权保护力度子类别有 11 项指标；许可与技术转让子类别有 5 项指标；合理获取创新成果（包括环境）子类别有 9 项指标；产学合作子类别有6项指标。促进创新和技术转让的规则体系既有利于企业(企业灵活度),也有利于社会(社会效益)。因此,两个层面的指标分值相等。

6.1.3 政府采购

包括24项指标,最高总分48分(企业灵活度24分,社会效益24分)。具体而言,准入与企业参与(包括性别)子类别有8项指标;最佳性价比(包括性别和环境)子类别有8项指标;采购程序的公平性子类别有6项指标;关键采购文件的透明度子类别有2项指标。促进政府合同公平竞标的规则框架,既有利于企业(企业灵活度),也有利于社会(社会效益)。因此,两个层面的指标分值相等。

表34 支柱I 总分值

支柱I	促进市场竞争规则的质量	指标数量	企业灵活度分值	社会效益分值	总分	调整后分值
1.1	竞争	38	38	38	76	33.33
1.1.1	反垄断	12	12	12	24	10.00
1.1.2	合并控制	11	11	11	22	10.00
1.1.3	国有企业框架和竞争法的范围	8	8	8	16	6.67
1.1.4	竞争规则的实施	7	7	7	14	6.67
1.2	创新与技术转让	31	31	31	62	33.33
1.2.1	知识产权保护力度	11	11	11	22	8.33
1.2.2	许可与技术转让	5	5	5	10	8.33
1.2.3	合理获取创新成果(包括环境)	9	9	9	18	8.33
1.2.4	产学合作	6	6	6	12	8.33
1.3	政府合同招标	24	24	24	48	33.33

（续表）

支柱Ⅰ	促进市场竞争规则的质量	指标数量	企业灵活度分值	社会效益分值	总分	调整后分值
1.3.1	准入与企业参与（包括性别）	8	8	8	16	11.67
1.3.2	最佳性价比（包括性别和环境）	8	8	8	16	11.67
1.3.3	采购程序的公平性	6	6	6	12	5.00
1.3.4	关键采购文件的透明度	2	2	2	4	5.00
	总计	93	93	93	186	100.00

6.2 支柱Ⅱ 促进市场竞争的公共服务

支柱Ⅱ包括 61 项指标，总分 122 分（企业灵活度 61 分，社会效益 61 分）（表 35），该支柱下每个类别的评分如下：

6.2.1 竞争主管部门

包括 21 项指标，最高总分 42 分（企业灵活度 21 分，社会效益 21 分）。具体而言，制度框架子类别有 9 项指标；宣传和透明度子类别各有 12 项指标。强有力的制度框架和高质量的规则执行既有利于企业（企业灵活度），也有利于社会/客户（社会效益）。因此，两个层面指标的分值相等。

6.2.2 企业创新

包括 18 项指标，最高总分 36 分（企业灵活度 18 分，社会效益 18 分）。具体而言，支持创新的制度框架子类别有 4 项指标；知识产权服务的数字化（包括环境）子类别有 5 项指标；创新体系（包括性别）子类别有 9 项指标。支持企业创新的公共服务既有利于企业（企业灵活度），也有利于社会（社会效益），因此，两个层面的指标分值相等。

6.2.3 电子采购

包括22项指标,最高总分44分(企业灵活度22分,社会效益22分)。具体而言,采购程序的数字化(包括环境)子类别有15项指标;关键采购文件的透明度(包括性别)子类别有7项指标。高质量的电子采购服务既有利于企业(企业灵活度),也有利于社会(社会效益),因此,两个层面的指标分值相等。

表35 支柱Ⅱ 总分值

支柱Ⅱ	促进市场竞争的公共服务	指标数量	企业灵活度分值	社会效益分值	总分	调整后分值
2.1	竞争主管部门	21	21	21	42	33.33
2.1.1	制度框架	9	9	9	18	16.67
2.1.2	宣传和透明度	12	12	12	24	16.67
2.2	企业创新	18	18	18	36	33.33
2.2.1	支持创新的制度框架	4	4	4	8	11.11
2.2.2	知识产权服务的数字化(包括环境)	5	5	5	10	11.11
2.2.3	创新体系(包括性别)	9	9	9	18	11.11
2.3	电子采购	22	22	22	44	33.33
2.3.1	采购程序的数字化(包括环境)	15	15	15	30	22.22
2.3.2	关键采购文件的透明度(包括性别)	7	7	7	14	11.11
	总计	61	61	61	122	100.00

6.3 支柱Ⅲ 促进市场竞争关键服务的实施

支柱Ⅲ包括19项指标,企业灵活度评分从0到100不等(表36)。该支柱所包含的某些指标衡量了为企业提供服务的效果。因此,该支柱的分值是根据企业灵活度来分配的。例如，授予政府采购合同的时间过长可能会对企业造成不利影响，从而阻碍企业的灵活度。该支柱下每个类别的评分情况如下。

6.3.1 竞争

包含 9 项指标，最高总分 33.33 分。其中，简化的合并审查子类别有 3 项指标；市场活力与竞争行为子类别有 6 项指标。

6.3.2 创新

包含 2 项指标，最高总分 33.33 分。高水平创新企业的比例子类别有 1 项指标；国际质量认证的使用子类别有 1 项指标。

6.3.3 政府采购

包含 8 项指标，最高总分 33.33 分。政府合同授予所需要的时间子类别有 5 项指标；收到政府合同付款时间子类别有 1 项指标；企业对投标便捷性的看法子类别有 1 项指标；政府供应商中的性别差距子类别有 1 项指标。

表 36 支柱Ⅲ 总分值

支柱Ⅲ	促进市场竞争关键服务的实施	指标数量	调整后分值
3.1	竞争	9	33.33
3.1.1	简化的合并审查	3	6.67
3.1.2	市场活力与竞争行为	6	26.67
3.2	创新	2	33.33
3.2.1	高水平创新企业的比例	1	16.67

（续表）

支柱Ⅲ	**促进市场竞争关键服务的实施**	指标数量	调整后分值
3.2.2	国际质量认证的使用	1	16.67
3.3	政府采购	8	33.33
3.3.1	政府合同授予所需要的时间	5	8.33
3.3.2	收到政府合同付款的时间	1	8.33
3.3.3	企业对投标便捷性的看法	1	8.33
3.3.4	政府供应商中的性别差距	1	8.33
	总计	19	100.00

参考文献 I

A. Aridi and L. Cowey. 2018. "Technology Transfer from Public Research Organizations, A Framework for Analysis." World Bank, Washington, DC.

T. P. Begazo Gomez and S. Nyman. 2016. "Competition and Poverty." World Bank, Washington, DC.

X. Cirera, J. Frías, J. Hill, and Y. Li. 2020. *A Practitioner's Guide to Innovation Policy. Instruments to Build Firm Capabilities and Accelerate Technological Catch-Up in Developing Countries*. Washington, DC: World Bank.

EC (European Commission), Directorate General for Enterprise and Industry. 2014. *Evaluation of SMEs' Access to Public Procurement Markets in the EU: Final Report*. European Union.

M. Motta. 2004. *Competition Policy: Theory and Practice*. Cambridge, United Kingdom: Cambridge University Press.

OECD (Organisation for Economic Co-operation and Development). 2013. *Competition and Poverty Reduction*. Global Forum on Competition. Paris: OECD.

OECD (Organisation for Economic Co-operation and Development). 2015. *Public and Private Antitrust Enforcement in Competition*. Paris: OECD. https://www.oecd.org/daf/competition/antitrust-enforcement-in-competition.htm.

OECD (Organisation for Economic Co-operation and Development). 2018. *Competition Law and State-Owned Enterprises*. Paris: OECD. https://one.oecd.org/document/DAF/COMP/GF(2018)16/en/pdf.

OECD (Organisation for Economic Co-operation and Development). 2020. *Merger Control in Dynamic Markets*. https://www.oecd.org/daf/competition/merger-control-in-dynamic-markets-2020.pdf.

OECD (Organisation for Economic Co-operation and Development). 2021. "The Important Role of Competition Authorities in Promoting Competitive Neutrality." Blog. https://oecdonthelevel.com/2021/11/29/the-important-role-of-competition-authorities-in-promoting-competitive-neutrality/.

E. Priest. 2012. "Copyright and the Harvard Open Access Mandate." *Northwestern Journal of Technology and Intellectual Property* 10 (7).

J. Tirole. 2015. "Market Failures and Public Policy." *American Economic Review*

105 (6): 1665 - 1682.

J. Tirole. 2017. *Economics for the Common Good*. Princeton, NJ: Princeton University Press.

WIPO (World Intellectual Property Organization). 2004. *Intellectual Property Handbook*. Geneva: WIPO.

WIPO (World Intellectual Property Organization). 2010. "Transfer of Technology." Fourteenth Session. Standing Committee on the Law of Patents, IPO, Geneva.

WIPO (World Intellectual Property Organization). 2020. *Methodology for the Development of National Intellectual Property Strategies*. 2nd edition. Geneva: WIPO.

WIPO (World Intellectual Property Organization). No date (n. d.). "Developing Frameworks to Facilitate University-Industry Technology Transfer: A Checklist of Possible Actions." WIPO, Geneva.

UN (United Nations). 2011. "Supplement to the 2011 Annual Statistical Report on United Nations Procurement: Transparency and Public Procurement." UN.

World Bank. 2017. *A Step Ahead: Competition Policy for Shared Prosperity and Inclusive Growth*. Washington, DC: World Bank.

附件 A　市场竞争评分表

本文件概述了市场竞争主题的评分方法。每项指标被赋予了企业灵活度分值和/或社会效益分值，文件就每项指标的详细评分进行了说明，并对相关背景文献进行了注释。

支柱 I　促进市场竞争规则的质量					
1.1　竞争					
1.1.1　反垄断					
指标	企业灵活度分值	社会效益分值	总分	调整后分值	背景文献
法律框架禁止反竞争协议	1	1	2	0.83	UNCTAD（2007）
法律框架区分哪些协议是通过目的或效果限制竞争的	1	1	2	0.83	UNCTAD（2007）
对非竞争性协议的豁免必须基于公共利益或效率	1	1	2	0.83	UNCTAD（2007）
豁免规定要求识别被豁免协议的效率、危害和对消费者的影响	1	1	2	0.83	UNCTAD（2007）
豁免仅在一定时间内有效，且需定期审查	1	1	2	0.83	UNCTAD（2007）

(续表)

指标	企业灵活度分值	社会效益分值	总分	调整后分值	背景文献
卡特尔被禁止,企业不得以效率为由为卡特尔辩护	1	1	2	0.83	UNCTAD(2007)
法律框架禁止滥用支配地位	1	1	2	0.83	UNCTAD(2007)
市场支配地位的定义和滥用市场支配地位的行为	1	1	2	0.83	UNCTAD(2007)
有程序保证的从宽处理方案的可获得性	1	1	2	0.83	ICN(2019)
与竞争主管部门的合作提供保密性、匿名性和举报人保护	1	1	2	0.83	ICN(2019)
从宽处理方案建立明确的豁免制度	1	1	2	0.83	ICN(2019)
对自愿合规的激励措施	1	1	2	0.83	OECD(2021b)
子类别 1.1.1 的总分	12	12	24	10.00	
1.1.2 合并控制					
合并控制规则的覆盖范围	1	1	2	0.91	ICN(2018);OECD(2005)
法律框架确立了用于识别哪些交易适用合并控制制度的经济标准	1	1	2	0.91	ICN(2018)
法律框架建立了合并控制程序,以评估竞争扭曲	1	1	2	0.91	ICN(2018)

（续表）

指标	企业灵活度分值	社会效益分值	总分	调整后分值	背景文献
法律框架建立明确的合并申报指导原则和阈值，包括单个和总体阈值	1	1	2	0.91	ICN（2018）
存在多阶段合并审查程序，并有具体的法定时限	1	1	2	0.91	OECD（2005）
存在简化合并程序	1	1	2	0.91	OECD（2005）
存在合并交易申报前与竞争主管部门的协商	1	1	2	0.91	OECD（2018b）；OECD（2022b）
要求对提交合并控制审查的交易进行实质性的经济评估	1	1	2	0.91	Bradford and Chilton（2018）；ICN（2018）
存在合理的理由来解释合并或收购后市场力量的增加	1	1	2	0.91	ICN（2018）；OECD（2018b）
合并救济是符合目的，竞争主管部门有权执行这些措施	1	1	2	0.91	Bradford and Chilton（2018）；ICN（2018）
拥有阻止可能对竞争产生不利影响的合并的权力	1	1	2	0.91	ICN（2018）；OECD（2018b）
子类别 1.1.2 的总分	11	11	22	10.00	
1.1.3 国有企业框架和竞争法的范围					
要求根据经济、社会和/或可持续性标准说明设立国有企业的正当性	1	1	2	0.83	OECD（2015a）；Recommendation I & III

（续表）

指标	企业灵活度分值	社会效益分值	总分	调整后分值	背景文献
竞争法适用于经济体所有国有企业和经济部门	1	1	2	0.83	OECD（2015a）；Recommendation I & III
从竞争角度评估新国有企业	1	1	2	0.83	OECD（2015a）；OECD（2021f）
要求进行评估以论证国有企业商业行为	1	1	2	0.83	OECD（2015a）；Recommendation I
国有企业优惠待遇监管	1	1	2	0.83	OECD（2015a）；OECD（2021f）
竞争主管部门对国有企业的调查存在障碍	1	1	2	0.83	OECD（2015a）；OECD（2021f）
根据经济、社会或可持续性标准，豁免某些部门应用竞争法和合并控制的程序	1	1	2	0.83	OECD（2015a）；Recommendation I & III
存在豁免协议适用竞争法的程序	1	1	2	0.83	OECD（2019）
子类别 1.1.3 的总分	8	8	16	6.67	
1.1.4　竞争规则的实施					
调查期间的程序性和公平性保障	1	1	2	0.95	ICN（2019）
法律框架界定何为机密信息	1	1	2	0.95	OECD（2005）
赋予竞争主管部门充分的权力和资源，以进行调查、执行和实施处罚	1	1	2	0.95	ICN（2019）

（续表）

指标	企业灵活度分值	社会效益分值	总分	调整后分值	背景文献
竞争主管部门有权收取罚款和实施非金钱处罚	1	1	2	0.95	ICN（2019）
竞争主管部门可以调查未申报交易的情况，并根据企业的营业额实施处罚	1	1	2	0.95	ICN（2019）
竞争主管部门的决定具有约束力和/或可执行性，指定一个独立机构审查竞争主管部门的决定，并允许对损害赔偿提起诉讼	1	1	2	0.95	Bradford and Chilton（2018）；UNCTAD（2007）
法律框架规定了罚款的总额上限	1	1	2	0.95	OECD（2019b）
子类别 1.1.4 的总分	7	7	14	6.67	
类别 1.1 的总分	38	38	76	33.33	
1.2　创新与技术转让					
1.2.1　知识产权保护力度					
建立（著作权）集体管理组织的规定	1	1	2	0.76	WIPO（2022）；WIPO（2022）
发明的可专利性要求（新颖性、创造性和实用性）以及专利的实验使用例外或研究豁免	1	1	2	0.76	WIPO（2004）；WIPO（2010）

(续表)

指标	企业灵活度分值	社会效益分值	总分	调整后分值	背景文献
专利保护可追溯至申请日	1	1	2	0.76	WIPO(2004)
专利和商标的保护期限	1	1	2	0.76	TRIPS(1994)
专利和商标异议机制	1	1	2	0.76	WIPO(2023a);WIPO(2009)
专利信息提交系统的规定	1	1	2	0.76	WIPO(2023b)
专利公开	1	1	2	0.76	WIPO(2004)
商标使用义务、相关宽限期	1	1	2	0.76	WIPO(2004)
驰名商标保护	1	1	2	0.76	WIPO(2000)
实施著作权、专利和商标保护的行动或救济措施	1	1	2	0.76	TRIPS(1994)
著作权、专利和商标纠纷的仲裁机制	1	1	2	0.76	Reed et al.(2021)
子类别1.2.1的总分	11	11	22	8.33	
1.2.2 许可与技术转让					
著作权、专利及商标许可的程序规定	1	1	2	1.67	WIPO(2004)
公平、合理和非歧视性的许可使用费设定指引	1	1	2	1.67	OECD(2019a)

（续表）

指标	企业灵活度分值	社会效益分值	总分	调整后分值	背景文献
专利所有权人变更登记及相关时限	1	1	2	1.67	WIPO(2010)
专利的临时许可/豁免	1	1	2	1.67	World Bank(2020)
向知识产权局披露专利和商标的许可协议	1	1	2	1.67	WIPO(2010)
子类别 1.2.2 的总分	5	5	10	8.33	
1.2.3　合理获取创新成果(包括环境)					
开放获取的定义以及开源的定义	1	1	2	0.93	WIPO(2011)；BSA(2005)
允许开放获取的研究活动范围	1	1	2	0.93	Priest（2012)；WIPO(2021)
推动开源科学的条款	1	1	2	0.93	UNESCO（2021a)；UNESCO（2022a)
基于风险的人工智能监管方法	1	1	2	0.93	Panait et al.（2021)；OECD（2023)
人工智能系统伦理影响的评估指南	1	1	2	0.93	UNESCO（2021b)；UNESCO（2022b)；UNESCO（2023)；UNESCO/Mila（2023)
保护公共利益的规定	1	1	2	0.93	TRIPS(1994)
知识产权融资指引	1	1	2	0.93	WIPO(2008)

（续表）

指标	企业灵活度分值	社会效益分值	总分	调整后分值	背景文献
与环境可持续发展相关的知识产权规定	1	1	2	0. 93	WIPO(2020)
关于知识产权侵权商品环境安全处置和销毁的条款	1	1	2	0. 93	WIPO（2010b）; WIPO（2017a）; Stoentgen（2012）; WIPO（2017b）
子类别 1. 2. 3 的总分	9	9	18	8. 33	
1. 2. 4　产学合作					
合作研究协议的标准示范文本	1	1	2	1. 39	WIPO(n. d.)
在提交专利申请前公布研究成果而不影响可专利性的宽限期	1	1	2	1. 39	WIPO(n. d.)
公共研究机构内开发专利的所有权	1	1	2	1. 39	Aridi and Cowey(2018)
公共研究机构的内部知识产权政策	1	1	2	1. 39	WIPO(n. d.)
大学技术成果转化衍生企业	1	1	2	1. 39	Aridi and Cowey(2018)
对研究成果商业化的财政激励	1	1	2	1. 39	Aridi and Cowey(2018)
子类别 1. 2. 4 的总分	6	6	12	8. 33	
类别 1. 2 的总分	31	31	62	33. 33	

（续表）

指标	企业灵活度分值	社会效益分值	总分	调整后分值	背景文献
1.3　政府合同招标					
1.3.1　准入与企业参与(包括性别)					
公开竞争性采购作为默认方式	1	1	2	1.46	OECD(2011)；UNCITRAL(2011)
外国企业参与政府采购的限制	1	1	2	1.46	Anderson et al. (2010)；MAPS (2018)； OECD (2011)；UNCITRAL(2011)
国有企业及独立机构未被排除适用采购规则	1	1	2	1.46	OECD(2015a)；Recommendation III
将合同分包的能力	1	1	2	1.46	EBRD(2017)；OECD(2011, 2015b)；Uyarra et al. (2014)
规定采购方向承包商付款的法定期限	1	1	2	1.46	MAPS(2018)
制定框架协议的采购程序	1	1	2	1.46	UNCITRAL(2011)
促进政府采购中的性别平等	1	1	2	1.46	MAPS(2022)；OECD(2021e)
促进中小企业参与投标和签约的机制措施	1	1	2	1.46	ADB (2012)； Beck and Demirguc-Kunt (2006)； EBRD(2017b)；OECD(2015b,2017a)
子类别 1.3.1 的总分	8	8	16	11.67	
1.3.2　最佳性价比(包括性别和环境)					
规定了识别异常低价竞标的程序和标准	1	1	2	1.46	UNCITRAL(2011)

（续表）

指标	企业灵活度分值	社会效益分值	总分	调整后分值	背景文献
指定专门的招标方式用于创新产品的采购	1	1	2	1.46	Edler and Georghiou(2007);Ghisetti(2017); OECD(2017b)
在标准的招标文件中纳入可持续性条款	1	1	2	1.46	MAPS(2018); OECD(2015c)
在招标过程中对环境考量标准的纳入予以激励	1	1	2	1.46	MAPS(2018); OECD(2015c)
在政府采购中纳入性别考量机制	1	1	2	1.46	MAPS(2022)
运用市场方法估算合同价值	1	1	2	1.46	MAPS(2018)
在评标中考量总拥有成本以及生命周期成本	1	1	2	1.46	Dimitri(2012);MAPS(2018); UNCITRAL(2011)
在评标中考量最具经济效益的投标因素	1	1	2	1.46	Dimitri (2012); Lewis and Bajari (2011); MAPS(2018); UNCITRAL(2011)
子类别 1.3.2 的总分	8	8	16	11.67	
1.3.3　采购程序的公平性					
设定通知中标到签订合同之间的间隔期,以允许未中标的投标人提出异议	1	1	2	0.83	MAPS(2018); OECD(2015b); UNCITRAL (2011)
明确规定政府采购程序的招标公告发布和提交标书截止日期之间的最短期限	1	1	2	0.83	MAPS(2018); UNCITRAL(2011)

（续表）

指标	企业灵活度分值	社会效益分值	总分	调整后分值	背景文献
禁止拆分合同以规避公开招标阈值	1	1	2	0.83	MAPS（2018）；UNCITRAL（2011）
有义务将采购决定通知企业，且法律框架规定如何处理潜在投标人的澄清要求	1	1	2	0.83	OECD（2015b）；UNCITRAL（2011）
建立专门采购审查机构以及赋予投标人对授标决定提出异议申诉的权利	1	1	2	0.83	MAPS（2018）；UNCITRAL（2011）
处置异议申诉的时间限制以及赋予企业逾期未处理的法律救济	1	1	2	0.83	MAPS（2018）；UNCITRAL（2011）
子类别 1.3.3 的总分	6	6	12	5.00	
1.3.4　关键采购文件的透明度					
公布采购计划、招标公告、招标文件及授标决定	1	1	2	2.50	ADB（2013）；EBRD（2015）；MAPS（2018）；OECD（2015b）
公布合同及合同变更内容	1	1	2	2.50	MAPS（2018）；OECD（2015b）
子类别 1.3.4 的总分	2	2	4	5.00	
类别 1.3 的总分	24	24	48	33.33	
支柱 Ⅰ 的总分	93	93	186	100.00	

支柱 II　促进市场竞争的公共服务					
2.1　竞争主管部门					
2.1.1　制度框架					
指标	企业灵活度分值	社会效益分值	总分	调整后分值	背景文献
竞争主管部门在运营上具备独立性	1	1	2	1.85	Bradford and Chilton（2018）
竞争主管部门的任务明确且不重叠	1	1	2	1.85	OECD（2022）
制定理事会成员的遴选和解聘程序	1	1	2	1.85	Bradford and Chilton（2018）
竞争主管部门理事会成员的任期限制	1	1	2	1.85	Bradford and Chilton（2018）
建立竞争主管部门与外国竞争主管部门合作机制	1	1	2	1.85	ICN（2013）
竞争主管部门理事会成员在任期结束后在之前所调查企业的私营部门任职的竞业限制期	1	1	2	1.85	Bradford and Chilton（2018）
竞争主管部门的员工必须遵守利益冲突原则	1	1	2	1.85	Bradford and Chilton（2018）
竞争主管部门就政策规则发表意见	1	1	2	1.85	ICN（2014）

（续表）

指标	企业灵活度分值	社会效益分值	总分	调整后分值	背景文献
竞争主管部门的意见具有约束力	1	1	2	1.85	ICN（2014）
子类别 2.1.1 的总分	9	9	18	16.67	
2.1.2　宣传和透明度					
发布关于横向和纵向协议的指导文件	1	1	2	1.39	OECD（2021c）
发布关于滥用支配地位的指导文件	1	1	2	1.39	OECD（2021c）
发布关于从宽处理方案的指导文件	1	1	2	1.39	OECD（2021c）
发布关于市场定义的指导文件	1	1	2	1.39	ICN（2018）
发布关于数字竞争的指导文件	1	1	2	1.39	ICN（2018）
发布合并控制指导文件	1	1	2	1.39	ICN（2018）
发布劳动力市场指南	1	1	2	1.39	ICN（2018）
发布竞争分析报告	1	1	2	1.39	ICN（2017）
组织宣传竞争政策的研讨会	1	1	2	1.39	ICN（2012）
在线公布所有反垄断和合并控制决定	1	1	2	1.39	ICN（2019）；OECD（2015a）
在线发布竞争主管部门对政府政策的所有意见	1	1	2	1.39	OECD（2019c）

（续表）

指标	企业灵活度分值	社会效益分值	总分	调整后分值	背景文献
合并控制交易的电子申报	1	1	2	1.39	ICN（2019）
子类别 2.1.2 的总分	12	12	24	16.67	
类别 2.1 的总分	21	21	42	33.33	
2.2　企业创新					
2.2.1　支持创新的制度框架					
知识产权局向知识产权被许可人提供无偿或低成本的法律援助	1	1	2	2.78	WIPO(n.d.)
信息提交系统在实践中的可获得性	1	1	2	2.78	WIPO(2023b)
公众对于产权相关法律法规的意见征询	1	1	2	2.78	US Chamber ofCommerce(2022)
负责企业参与技术标准制定的公共机构	1	1	2	2.78	WIPO(n.d.)
子类别 2.2.1 的总分	4	4	8	11.11	
2.2.2　知识产权服务的数字化(包括环境)					
权利许可数据库或知识产权市场的可获得性	1	1	2	2.22	WIPO(2010)
绿色技术标识的可获得性	1	1	2	2.22	WIPO(2020)

（续表）

指标	企业灵活度分值	社会效益分值	总分	调整后分值	背景文献
本地申请注册知识产权的电子数据库的可获得性	1	1	2	2.22	WIPO(2004)
知识产权持有人可通过电子方式管理知识产权的在线平台的可获得性	1	1	2	2.22	WIPO(2004)
知识产权局在线公布具备资质的知识产权专业人员名单	1	1	2	2.22	WIPO(2004)
子类别 2.2.2 的总分	5	5	10	11.11	
2.2.3　创新体系(包括性别)					
技术转让办公室的可获得性	1	1	2	1.23	Aridi and Cowey(2018)
监管沙盒的可获得性	1	1	2	1.23	World Bank(2020)
创新孵化器的可获得性	1	1	2	1.23	Cirera et al.（2020）
创新加速器的可获得性	1	1	2	1.23	Cirera et al.（2020）
政府对私营孵化器或加速器的财政扶持	1	1	2	1.23	Cirera et al.（2020）
公共研究机构对私营孵化器或加速器的技术援助	1	1	2	1.23	Cirera et al.（2020）
面向女性企业家的孵化器或加速器的可获得性	1	1	2	1.23	Cirera et al.（2020）

（续表）

指标	企业灵活度分值	社会效益分值	总分	调整后分值	背景文献
科技园区的可获得性	1	1	2	1.23	Cirera et al.（2020）
创新集群的可获得性	1	1	2	1.23	Cirera et al.（2020）
子类别 2.2.3 的总分	9	9	18	11.11	
类别 2.2 的总分	18	18	36	33.33	
2.3　电子采购					
2.3.1　采购程序的数字化(包括环境)					
中央电子采购平台的可获得性	1	1	2	1.48	EBRD（2015）；MAPS（2018）；PwC（2013）
注册为供应商	1	1	2	1.48	ADB(2013)；EBRD(2015)； OECD(2015b)； PwC(2013)
要求采购方以电子方式做出澄清和决定公告	1	1	2	1.48	ADB(2013)；EBRD(2015)；Kinsey(2004)； OECD(2015b)
以电子方式提交标书	1	1	2	1.48	ADB(2013)；EBRD(2015)；Kinsey(2004)； OECD(2015b)
以电子方式开标并采用虚拟工作空间管理招标程序	1	1	2	1.48	ADB(2013)；EBRD(2015)；MAPS(2018)；PwC(2013)
以电子方式提交投标保证金及电子确认履约保证书	1	1	2	1.48	ADB(2013)；EBRD(2015)
签订电子合同	1	1	2	1.48	

（续表）

指标	企业灵活度分值	社会效益分值	总分	调整后分值	背景文献
电子合同管理与实施模块	1	1	2	1.48	ADB(2013);EBRD(2015);PwC(2013)
以电子方式向采购方提交发票	1	1	2	1.48	ADB(2013);EBRD(2015)
以电子方式从采购方接收付款	1	1	2	1.48	ADB(2013);EBRD(2015)
框架协议管理模块	1	1	1	1.48	ADB(2013);EBRD(2015)
电子反向拍卖模块	1	1	2	1.48	ADB(2013);EBRD(2015)
经批准的供应商电子目录	1	1	2	1.48	ADB(2013);EBRD(2015)
电子绿色目录	1	1	1	1.48	ADB(2013);EBRD(2015)
以电子方式申请供应商环保认证或环保标签	1	1	1	1.48	ADB (2013); EBRD (2015); OECD (2015b); PwC (2013)
子类别 2.3.1 的总分	15	15	30	22.22	
2.3.2　关键采购文件的透明度(包括性别)					
以电子方式获取采购公告	1	1	2	1.59	ADB(2013);EBRD(2015);Kinsey(2004); MAPS(2018);PwC(2013)
以电子方式获取招标文件	1	1	2	1.59	ADB(2013);EBRD(2015);Kinsey(2004); MAPS(2018);PwC(2013)
以电子方式获取授标决定(包括理由)	1	1	2	1.59	ADB(2013);EBRD(2015);Kinsey(2004); MAPS(2018);PwC(2013)

(续表)

指标	企业灵活度分值	社会效益分值	总分	调整后分值	背景文献
以电子方式获取合同及合同变更内容	1	1	2	1.59	MAPS(2018);PwC(2013)
以电子方式获取生态标签、环保商品和服务的规格、标准或准则	1	2	2	1.59	MAPS(2018); OECD(2015c);PwC(2013)
以计算机可读格式公布采购合同和招标的公开数据	1	2	2	1.59	EBRD(2015);MAPS(2018); OECD(2015b)
性别:公布按性别分类的投标和合同公开数据	1	2	2	1.59	MAPS(2022)
子类别 2.3.2 的总分	7	7	14	11.11	
类别 2.3 的总分	22	22	44	33.33	
支柱Ⅱ的总分	61	61	122	100.00	

支柱Ⅲ　促进市场竞争关键服务的实施					
3.1　竞争					
3.1.1　简化合并审查					
指标	企业灵活度分值	社会效益分值	总分	调整后分值	背景文献
使用简化的合并审查程序	33.33	不适用	33.33	2.22	ICN (2018)
提交简化合并审查的时间	33.33	不适用	33.33	2.22	ICN (2018)

（续表）

指标	企业灵活度分值	社会效益分值	总分	调整后分值	背景文献
通过简化的合并审查的时间	33.33	不适用	33.33	2.22	ICN（2018）
子类别 3.1.1 的总分	100.00	不适用	100.00	6.67	
3.1.2 市场活力与竞争行为					
市场结构（参与市场竞争的企业数量）	16.67	不适用	16.67	4.45	OECD（2018a，2021a）；Szarzec，Dombi，and Matuszak（2021）
市场集中度（最大竞争对手的市场份额）	16.67	不适用	16.67	4.45	OECD（2018a，2021a）；Szarzec，Dombi，and Matuszak（2021）
竞争水平的变化	16.67	不适用	16.67	4.45	OECD（2018a，2021a）；Szarzec，Dombi，and Matuszak（2021）
定价权（在不失去客户的情况下改变价格的能力）	16.67	不适用	16.67	4.45	OECD（2018a，2021a）；Szarzec，Dombi，and Matuszak（2021）
更换互联网提供商的便利性	16.67	不适用	16.67	4.45	OECD（2018a，2021a）；Szarzec，Dombi，and Matuszak（2021）
政府对价格的干预	16.67	不适用	16.67	4.45	OECD（2018a，2021a）；Szarzec，Dombi，and Matuszak（2021）
子类别 3.1.2 的总分	100.00	不适用	100.00	26.67	
类别 3.1 的总分	100.00	不适用	100.00	33.33	

（续表）

3.2　创新					
3.2.1　高水平创新企业的比例					
指标	企业灵活度分值	社会效益分值	总分	调整后分值	背景文献
高水平创新企业的比例	100.00	不适用	100.00	16.67	Cirera and Muzi(2020)
子类别 3.2.1 的总分	100.00	不适用	100.00	16.67	
3.2.2　国际质量认证的使用					
国际质量认证的使用	100.00	不适用	100.00	16.67	OECD（2018c）
子类别 3.2.2 的总分	100.00	不适用	100.00	16.67	
类别 3.2 的总分	100.00	不适用	100.00	33.33	
3.3　政府采购					
3.3.1　政府合同授予所需要的时间					
公开竞争招标中授予大型工程合同的时间	25.00	不适用	25.00	1.67	Kinsey(2004);MAPS(2018)
选择性招标中授予小型服务合同的时间	25.00	不适用	25.00	1.67	Kinsey(2004);MAPS(2018)
供应商预审时间	25.00	不适用	25.00	1.67	Kinsey(2004);MAPS(2018)
通过电子竞价授予合同的时间	25.00	不适用	25.00	1.67	Kinsey(2004);MAPS(2018)

（续表）

指标	企业灵活度分值	社会效益分值	总分	调整后分值	背景文献
框架协议中授予合同的时间	25.00	不适用	25.00	1.67	Kinsey(2004);MAPS(2018)
子类别 3.3.1 的总分	100.00	不适用	100.00	8.33	
3.3.2　收到政府合同付款的时间					
收到政府合同付款的时间	100.00	不适用	100.00	8.33	ADB（2013）；Conti et al.（2021）；MAPS（2018）
子类别 3.3.2 的总分	100.00	不适用	100.00	8.33	
3.3.3　企业对投标便捷性的看法					
企业对满足参与招标行政要求难度的看法	100.00	不适用	100.00	8.33	ADB（2012）；EBRD（2017b）；MAPS（2018）；OECD（2011）
子类别 3.3.3 的总分	100.00	不适用	100.00	8.33	
3.3.4　政府供应商中的性别差距					
政府供应商中的性别差距	100.00	不适用	100.00	8.33	MAPS(2022)
子类别 3.3.4 的总分	100.00	不适用	100.00	8.33	
类别 3.3 的总分	100.00	不适用	100.00	33.33	
支柱Ⅲ的总分	100.00	不适用	100.00	100.00	

参考文献 II

ADB (Asian Development Bank). 2012. *SME Development: Government Procurement and Inclusive Growth*. ADB.

ADB (Asian Development Bank). 2013. *e-Government Procurement Handbook Guide*. ADB.

R. D. Anderson, W. E. Kovacic, and A. C. Müller. 2010. *Ensuring Integrity and Competition in Public Procurement Markets: A Dual Challenge for Good Governance*. Cambridge University Press.

A. Aridi and L. Cowey. 2018. *Technology Transfer from Public Research Organizations: A Framework for Analysis*. Washington, DC: World Bank Group.

T. Beck and A. Demirguc-Kunt. 2006. "Small and Medium-Size Enterprises: Access to Finance as a Growth Constraint." *Journal of Banking and Finance* 30 (11, November): 2931 – 2943.

C. Bradford and A. Chilton. 2018. "Competition Law around the World from 1889 to 2010: The Competition Law Index." *Journal of Competition Law & Economics* 14 (3): 393 – 432.

BSA (Business Software Alliance). 2005. "Open Source and Commercial Software: An In-Depth Analysis of the Issues." BSA.

C. Panait, Ljubenkov, D. , and D. Alic. "Striking the Balance between Innovation and Regulation in AI — Is Europe Leading the Way or Lagging Behind?" *Europuls Policy Journal* 1, (1) : 27 – 45.

X. Cirera, J. Frías, J. Hill, and Y. Li. 2020. *A Practitioner's Guide to Innovation Policy. Instruments to Build Firm Capabilities and Accelerate Technological Catch-Up in Developing Countries*. Washington, DC: World Bank.

X. Cirera and S. Muzi. 2020. "Measuring Innovation Using Firm-level Surveys: Evidence from Developing Countries." *Research Policy* 49 (3).

M. Conti, L. Elia, A. R. Ferrara, and M. Ferraresi. 2021. "Late Payments and Firms' Survival: Evidence from the European Union." *Journal of Law and Economics* 64 (3).

N. Dimitri. 2012. "Best Value for Money in Procurement." Working paper, Maastricht School of Management.

EBRD (European Bank for Reconstruction and Development). 2015. "Are You Ready for eProcurement?" Guide to Electronic Procurement Reform." EBRD.

EBRD (European Bank for Reconstruction and Development). 2017a. "Barriers to Entry in Public Sector Markets." EBRD.

EBRD (European Bank for Reconstruction and Development). 2017b. *Public Procurement: Is Open Competition Good for Small and Medium-sized Enterprises?* EBRD.

J. Edler and L. Georghiou. 2007. "Public Procurement and Innovation — Resurrecting the Demand Side." *Research Policy* 36 (7, September): 949 - 963.

C. Ghisetti. 2017. "Demand-Pull and Environmental Innovations: Estimating the Effects of Innovative Public Procurement." *Technological Forecasting & Social Change* 125 (December): 178 - 187.

ICN (International Competition Network). 2012. "Chapter on Cartel Awareness, Outreach, and Compliance." In *Anti-Cartel Enforcement Manual*. ICN.

ICN (International Competition Network). 2013. "Chapter on International Cooperation and Information Sharing. In *Anti-Cartel Enforcement Manual*. ICN.

ICN (International Competition Network). 2014. "Recommended Practices on Competition Assessment." ICN.

ICN (International Competition Network). 2017. "Market Studies Guiding Principles Booklet." ICN.

ICN (International Competition Network). 2018. "Recommended Practices for Merger Notification & Review Procedures 2002 - 2018." ICN.

ICN (International Competition Network). 2019. "Recommended Practices for Investigative Process." ICN.

IMF. J. C. Aker. 2017. "Chapter 8. Using Digital Technology for Public Service Provision in Developing Countries." *Digital Revolutions in Public Finance*. International Monetary Fund.

M. Kinsey. 2004. "Transparency in Government Procurement: An International Consensus?" *Public Contract Law Journal* 34 (1, Fall): 155 - 173.

L. Kaplow. 2021. "Horizontal Merger Analysis". *International Journal of Industrial Organization* 79: 102714.

G. Lewis and P. Bajari. 2011. "Procurement Contracting with Time Incentives: Theory and Evidence, *Quarterly Journal of Economics* 126 (3, August): 1173 -

1211.
MAPS (Methodology for Assessing Procurement Systems). 2018. "Sub-indicator 1 (d) — Rules on Participation." World Bank, Development Assistance Committee.
MAPS (Methodology for Assessing Procurement Systems). 2022. "Guidance: Gender in the MAPS Framework." World Bank, Development Assistance Committee.
OECD (Organisation for Economic Co-operation and Development). 2005. "Recommendation of the Council on Merger Review." OECD.
OECD (Organisation for Economic Co-operation and Development). 2011. *Competition and Procurement*. OECD.
OECD (Organisation for Economic Co-operation and Development). 2015a. "Recommendation of the Council on Guidelines on Corporate Governance of State-Owned Enterprises." OECD.
OECD (Organisation for Economic Co-operation and Development). 2015b. *Compendium of Good Practices for Integrity in Public Procurement*. OECD.
OECD (Organisation for Economic Co-operation and Development). 2015c. *Going Green: Best Practices for Sustainable Procurement*. OECD.
OECD (Organisation for Economic Co-operation and Development). 2017a. *Technical Report: Policies that Promote SME Participation in Public Procurement*. OECD.
OECD (Organisation for Economic Co-operation and Development). 2017b. *Public Procurement for Innovation*. OECD.
OECD (Organisation for Economic Co-operation and Development). 2017c. *The Pursuit of Gender Equality: An Uphill Battle*. OECD.
OECD (Organisation for Economic Co-operation and Development). 2018a. "Designing and Testing Effective Consumer-facing Remedies." OECD.
OECD (Organisation for Economic Co-operation and Development). 2018b. "Suspensory Effects of Merger Notifications and Gun Jumping." OECD.
OECD (Organisation for Economic Co-operation and Development). 2018c. *Oslo Manual Guidelines for Collecting, Reporting and Using Data on Innovation*. OECD.
OECD (Organisation for Economic Co-operation and Development). 2018d. *SMEs in Public Procurement: Practices and Strategies for Shared Benefits*. OECD.
OECD (Organisation for Economic Co-operation and Development). 2019a. "Licensing of IP Rights and Competition Law: Background Note by the

Secretariat. DAF/COMP." OECD, Paris.

OECD (Organisation for Economic Co-operation and Development). 2019b. "Fining Methodologies for Competition Law Infringements." OECD.

OECD (Organisation for Economic Co-operation and Development). 2019c. "Recommendation of the Council on Competition Assessment" OECD.

OECD (Organisation for Economic Co-operation and Development). 2021a. "Methodologies to Measure Market Competition." OECD.

OECD (Organisation for Economic Co-operation and Development). 2021b. "Competition Compliance Programmes." OECD.

OECD (Organisation for Economic Co-operation and Development). 2021c. "Recommendation of the Council on Transparency and Procedural Fairness in Competition Law Enforcement." OECD.

OECD (Organisation for Economic Co-operation and Development). 2021e. "Promoting Gender Equality through Public Procurement: Challenges and Good Practices." OECD Public Governance Policy Paper No. 09. OECD.

OECD (Organisation for Economic Co-operation and Development). 2021f. "Recommendation of the Council on Competitive Neutrality." OECD.

OECD (Organisation for Economic Co-operation and Development). 2022a. "Interactions between Competition Authorities and Sector Regulators." Competition Policy Roundtable Background Note. OECD.

OECD (Organisation for Economic Co-operation and Development). 2022b. "Disentangling Consummated Mergers: Experiences and Challenges" OECD Competition Policy Roundtable Background Note. OECD.

OECD (Organisation for Economic Co-operation and Development). 2023. "Advancing accountability in AI: Governing and managing risks throughout the lifecycle for trustworthy AI". *OECD Digital Economy Papers*, No. 349. OECD.

E. Priest. 2012. "Copyright and the Harvard Open Access Mandate." *Northwestern Journal of Technology and Intellectual Property* 10 (7).

PSF (Public Spend Forum). 2021. "Barriers to Entry in Public Sector Markets."

PwC. 2013. *e-Procurement Golden Book of Good Practice*. PwC.

M. Reed, A. Miller, H. Tezuka, and A. Doernenburg. 2021. "Arbitrability of IP Disputes." *World Trademark Review*, March 11, 2021.

J. Stoentgen. 2012. "Disposing of Counterfeit Goods: Unseen Challenges." *WIPO Magazine*.

K. Szarzec, Á Dombi, and P. Matuszak. 2021. "State-owned Enterprises and Economic Growth: Evidence from the Post-Lehman Period." *Economic Modelling* 99 (June): 105490.

UNCITRAL (United Nations Commission on International Trade Law). 2011. *Model Law on Public Procurement*. UNCITRAL.

UNCTAD (United Nations Conference on Trade and Development). 2007. "Model Law on Competition: Substantive Possible Elements for a Competition Law, Commentaries and Alternative Approaches in Existing Legislations." UNCTAD.

UNESCO (United Nations Educational, Scientific and Cultural Organization). 2021a. "UNESCO Recommendation on Open Science." UNESCO.

UNESCO (United Nations Educational, Scientific and Cultural Organization). 2021b. "Recommendation on the Ethics of Artificial Intelligence." UNESCO.

UNESCO (United Nations Educational, Scientific and Cultural Organization). 2022a. "An Introduction to the UNESCO Recommendation on Open Science." UNESCO.

UNESCO (United Nations Educational, Scientific and Cultural Organization). 2022b. "Recommendation on the Ethics of Artificial Intelligence adopted on 23 November 2021." UNESCO.

UNESCO (United Nations Educational, Scientific, and Cultural Organization)/MILA — Quebec Artificial Intelligence Institute. 2023. "Missing Links in AI Governance". UNESCO.

UNESCO (United Nations Educational, Scientific and Cultural Organization). 2023. "Readiness Assessment Methodology: A tool of the Recommendation on the Ethics of Artificial Intelligence". UNESCO.

US Chamber of Commerce. 2022. "International IP Index." US Chamber of Commerce.

E. Uyarra, J. Edler, J. Garcia-Estevez, L. Georghiou, and J. Yeowa. 2014. "Barriers to Innovation through Public Procurement: A Supplier Perspective." *Technovation* 34 (10, October): 631 - 645.

WEF (World Economic Forum). 2022. Global Gender Gap Report. WEF.

WIPO (World Intellectual Property Organization). 2000. "Joint Recommendation Concerning Provisions on the Protection of Well-Known Marks." WIPO, Geneva.

WIPO (World Intellectual Property Organization). 2004. *Intellectual Property Handbook*. Geneva: WIPO.

WIPO (World Intellectual Property Organization). 2008. "Intellectual Property Financing — An Introduction." WIPO Magazine. September 2008.

WIPO (World Intellectual Property Organization). 2009. "Trademark Opposition Procedures, Areas of Convergence." Standing Committee on the Law of Trademarks, Industrial Designs and Geographical Indications, WIPO, Geneva.

WIPO (World Intellectual Property Organization). 2010a. "Transfer of Technology." Fourteenth Session. Standing Committee on the Law of Patents. WIPO. Geneva.

WIPO (World Intellectual Property Organization). 2010b. "A Study Relating to Existing Methods of Disposal and Destruction of Counterfeit Goods and Pirated Goods within the Asia Pacific region." Advisory Committee on Enforcement, sixth session. Geneva.

WIPO (World Intellectual Property Organization). 2011. *Scoping Study on Copyright and Related Rights and the Public Domain*. Geneva: WIPO.

WIPO (World Intellectual Property Organization). 2017a. "The Environmentally Sound Disposal and Destruction of Intellectual Property Infringing Goods — Full Study." Advisory Committee on Enforcement, twelfth session. Geneva.

WIPO (World Intellectual Property Organization). 2017b. "National Experiences with the Environmentally Safe Disposal of Intellectual Property Infringing Goods." Advisory Committee on Enforcement, twelfth session. Geneva.

WIPO (World Intellectual Property Organization). 2020. *Methodology for the Development of National Intellectual Property Strategies*. 2nd edition. Geneva: WIPO.

WIPO (World Intellectual Property Organization). 2021. "Open Source for Mobile Apps." WIPO, Geneva.

WIPO (World Intellectual Property Organization). 2022. *Collective Management of Copyright and Related Rights*, 3rd edition. Geneva: WIPO.

WIPO (World Intellectual Property Organization). 2023a. "Opposition and Administrative Revocation Mechanisms." WIPO, Geneva.

WIPO (World Intellectual Property Organization). 2023b. "Submission of Information by Third Parties." WIPO, Geneva.

WIPO (World Intellectual Property Organization). No date (n. d.). "Developing Frameworks to Facilitate University-Industry Technology Transfer: A Checklist of Possible Actions." WIPO, Geneva.

World Bank. 2020. "How Regulators Respond to Fintech, Evaluating the Different

Approaches — Sandboxes and Beyond." FCI. Fintech Note 5, Finance, Competitiveness, & Innovation Global Practice, World Bank Group.

WTO (World Trade Organization). 1994. "Agreement on Trade-Related Aspects of Intellectual Property Rights (TRIPS)." WTO.

附件B　市场竞争注释问卷

附件B包括一份术语表和三份关于竞争、创新和政府采购的注释问卷。注释问卷提供了每项指标与相应问题之间的一一对应关系。

术语表

滥用市场支配地位：占有较大市场份额的企业为维持或增加其市场地位而采取的反竞争行为，这种行为损害竞争，最终对消费者福利产生负面影响。

加速器：是一项计划或一个组织，以处于规模扩大过程中的高增长型企业为目标，提供密集指导，并可能提供早期投资。

损害赔偿诉讼：因违反竞争法而受到损害的一方向国家法院提出的诉讼，要求对该违法行为及其对受害方业务造成的影响进行金钱赔偿。

政府采购协议（GPA）：国际性规制政府采购市场国际贸易行为的工具。它旨在确保协议涵盖的公共实体在采购商品、服务和建筑服务时享有公平、透明和无歧视的竞争条件。它还具有更广泛的目的，包括促进良好的治理、有效和高效管理公共资源以及实现国家采购系统的最佳性价比。

卡特尔：一种存在于两家或多家竞争企业之间的反竞争协议或协同行为，旨在协调它们在市场上的行为或影响竞争的其他参数，如价格、行业总产量、市场份额、客户分配、区域分配、操纵投标、建立共同销售代理机构、利润分配或这些参数的组合。

集中采购机构：为多个公共部门实体采购商品或服务（通常通过框架协议）的合同实体。

集体管理组织：指经授权代表一个以上权利持有人管理著作权或与著作权有关权利的组织，其目的是使该组织内的所有权利持有人集体受益。

竞争中立：竞争中立认为，与私营部门竞争的重要政府商业活动不应仅仅由于政府的所有权和控制而在竞争中处于优势或劣势。

阈值设定：涉及设定特定的阈值或标准，以确定何时应将采购过程指定给中小企业。例如，低于一定价值或规模的采购可能仅限于中小企业，而较大的采购可能对所有企业开放。

有效期：指在保护期内提供具体的时间框架，既可以从注册日期开始计算，也可以从提交申请的日期开始。如果法律提供了多种有效期，则考虑对知识产权权利持有人最有利的，不包括续展。

电子目录：是指电子公共采购平台内的数字数据库或资料库。其中包含经过批准可参与采购活动的供应商的全面信息，包括他们的产品、服务、价格、条款和条件以及其他相关细节。

电子反向拍卖：是一种通过在线平台进行的电子采购流程，供应商在实时竞争中以最低价格提供商品、服务或工程。

伦理影响评估：识别并评估人工智能系统的优势、问题和风险。

实验使用例外：在特定情况下，限制专利持有人的权利，以促进通过科学研究或技术创新的进一步发展。

公平、合理和非歧视性（FRAND）：专利持有人向标准制定组织自愿承诺，在相关专利成为或可能成为技术标准的必要组成部分时，以公平、合理和非歧视性的条款提供专利许可。

框架协议：采购方与选定供应商之间的固定期限合同性协议，为将来、重复性采购设定条件。

货物：各种各样的物品，包括原材料、产品和设备，以及以固体、液体或气体形式存在的物品，以及与货物供应相关的附带服务，如果这些附带服务的价值不超过货物本身的价值。

公平、合理和非歧视性的许可使用费设定指引：包括任何可用于基准或计算许可费的相关指导原则、数据工具、通告和/或手册,包括有关法律和市场评估、经济分析和/或估值基准的资源。

绿色目录:专业目录,展示符合可持续性标准的环保产品、服务或供应商。

高价值采购:为了完成本问卷调查的目的,而应通过公开竞争程序进行的投标。

横向协议:在同一市场层面上,两个或多个竞争企业之间达成的合作协议,无论是在生产链或分销链中。

孵化器:是指为新企业提供物理空间和一系列服务的项目或组织,帮助它们度过早期的发展阶段。

工业适用性:一项发明必须能够在工业或商业领域中得到实际应用,而不仅仅是一种理论现象或本身具有实用性。

信息提交系统:指允许提交与发明是否新颖或涉及创造性步骤有关的先前专利申请或其他补充信息的第三方观察系统,这些信息以先前的专利申请或注册的形式提交。

创新集群:指地理位置上相互关联的企业、供应商和客户以及知识机构的集中,从而产生创新。

知识产权融资:可能包括利用知识产权来获得融资、知识产权证券化、知识产权估值、知识产权担保贷款、知识产权出售或回租。

创造性步骤:或非显而易见性,是对发明的可专利性进行测试,指的是该发明不能被相关技术领域的普通技能人员显而易见地推断出来。

合法垄断:又称法定垄断,是指由法律保护不受竞争对手影响的企业,通常通过政府命令,该企业以规定的价格提供特定服务。

从宽处理方案:垄断协议的参与者在与竞争主管部门合作调查、自愿披露有关协议及其在卡特尔或企业集团中信息的情况下,获得完全或部分免除制裁或其他惩罚的机会。

全生命周期成本：商品、服务、结构或系统在其生命周期或特定时期内的所有经常性成本和一次性（非经常性）成本的总和，包括购买价格、安装成本、运营成本、维护和升级成本，以及所有权或使用寿命结束时的剩余（残留）价值。

最低价：采购方通过排除不合格投标人和技术上不可接受的投标，然后选择最低价的投标作为授标依据的投标评估过程。

计算机可读格式：可以由计算机自动读取和处理的数据格式，例如 Excel 可读文件（CSV、XLSM 或 XLSX）、JSON 等。计算机可读数据必须是结构化数据。非数字材料（例如打印或手写文档）不是计算机可读的。但即使是数字材料也不一定能被计算机读取。例如，考虑一个包含数据表格的 PDF 文件。这些肯定是数字的，但不是计算机可读的，因为计算机很难访问表格信息，尽管它们非常易于人工阅读。以电子表格等格式呈现的等效表格可由计算机读取。

市场分析：评估当前市场状况、价格和趋势，以指导采购计划和决策。

市场支配地位：在特定地理区域内，一家企业占据了相当大的市场份额，并拥有影响相关市场竞争的能力，从而能够独立于其他企业行为，无论是在同一个或不同层次的生产链或分销链中。

合并救济：竞争主管部门为在相关市场内保留或恢复竞争所采取的措施，否则该市场将因特定合并交易而失去竞争。合并救济措施可以是结构性的，通过剥离企业或其资产来实现，也可以是行为性的（基于行为的），旨在改变合并各方的未来行为。

最具经济效益的投标（MEAT）：通过结合投标的技术和财务特征来确定中标投标的投标评估过程。

新颖性：检验发明是否具备可专利性，指专利需具备某种新特性，该特性在其技术领域现有知识体系中尚不为人知。

开放获取：学术信息（包括出版物或数据）以数字化方式在线免费共享。

开源科学：结合了一系列原则和实践，旨在使多语言的科学知识公开可得、可访问并可重复使用，以造福科学家和全社会。

开源：根据许可条款提供的软件，允许自由使用、修改和传播。

运营独立性：竞争主管部门在不受外部机构或个人的影响或必要验证的情况下，进行决定并采取行动。

授权前异议权：第三方在专利或商标授权之前，有权提出异议以反对其授予的权利。

授权后异议权：第三方在专利或商标已经授权后，有权提出异议以反对其授予的权利。

资格预审程序：独立的资格预审程序是指在实际采购程序开始之前，对潜在供应商或承包商进行评估，并根据特定标准进行资格预审的过程。这种独立的资格预审程序与后续的招标阶段分开且独立进行。

采购程序：公共部门实体获取商品、服务和工程的程序。有时称为"招标"、"公共采购竞争"或"招标程序"。

采购方：负责采购并遵守适用法律的公共实体（机构）。"采购机构"或"采购主体"常作为同义词使用。在确定采购程序和适用规则框架时，应考虑进行采购的实体。

临时措施：在知识产权保护中，旨在保护相关方（包括知识产权权利人或第三方）的权利，在法院对争议做出最终裁决前，暂时中止可能导致涉嫌侵权行为的行动。

监管沙盒：通过创建一个虚拟环境，使新产品或服务能够在受控且有时间限制的条件下进行实时测试，从而进行主动政策制定。

规则框架（创新问卷）：规范知识产权和创新体系的一整套工具（法律、法令、规则、指导性文件、软法工具等）。对于软法工具，请仅考虑具有以下特征的工具：(1) 其目的是表达政府或竞争主管部门对直接或间接影响企业的事项的看法；(2) 此类工具为企业和专家提供指导，表明政府在此类事项上的预期立场，从而促进企业在知识产权相关事项上的自我合规；（3）此类工具必须公开发布。

规则框架（竞争问卷）：旨在通过竞争法和执法促进和维护市场竞争的全面工具体系（包括法律、法规、规章、指导文件、软法工具等）。其中包括软法工具。

规则框架（采购问卷）：规范采购流程（从需求评估到招标后阶段）的全面工具体系（包括法律、法规、规章、详细程序等）。无论其形式如何，只要其对采购方具有约束力，且私营部门也期待这些实体遵守工具的要求。

知识产权所有权规则和标准：制定全国性政策，明确规定大学研究人员在其就业框架内开发的发明享有所有权。这些规则可以体现在专利或就业立法中，或专门处理大学知识产权和技术转让的特定立法可以进行规定。

科技园区：以不动产为基础的项目，通过为科技和科研企业提供研发设施，将学术界与工业界联系起来，以促进创新。

服务：智力和咨询性质的服务，以及不包括在"货物"和"工程"范围内的其他服务。

软法工具（竞争问卷）：包括具有以下特征的工具：（1）用于表达政府或竞争主管部门对可能直接或间接影响企业事务的看法；（2）为企业和专家（如您）提供指导，说明政府在相关问题上的预期立场，从而促进竞争事务中的自我合规；（3）必须公开提供。这些工具可以采用建议、手册或指南的形式。

软法工具（采购问卷）：包括规则、指南、标准招标文件或通用合同条款它们具有以下特征：（1）表达政府对可能直接或间接影响企业事务的看法；（2）为企业和专家（如您）提供指导，说明政府在相关问题上的预期立场，从而促进采购事务中的自我合规；（3）必须公开提供。

大学技术成果转化衍生企业：基于大学或研究机构开发的新技术创建的新企业，旨在将新发明商业化。

标准研究合作协议或联盟协议：预先拟定的合同模板，用于两方或多方在合作开发并可能商业化新技术的协议中作为基础。

标准招标文件：由主管机关（集中采购机构、采购方等）发布的文件，规定特定采购程序的条款和条件，通常根据采购类型、价值或行业分类。替代术语包括“标准招标文件”或“标准采购文件”。

停顿期：从竞标者被告知竞标结果开始的期间，在此期间竞标者可以提出异议或投诉。在此期间结束且所有投诉解决之前，采购方不得与中标者签署合同。

国有企业：任何从事商业活动的法律实体，被国家法律承认为企业，并由政府行使全部或部分所有权，包括股份企业、有限责任企业和合伙企业。所有权可以根据政府在国有企业中持有的股份数量来确定，也可以通过政府对企业活动和决策的实际控制来确定。

实质性经济评估：包括结合法律以及深入的经济分析，以可靠的技术证据为支持，分析有关合并对相关市场的竞争影响。

技术转让办公室：促进研究机构与企业之间技术转让与协同创新的办公室，旨在实现技术的商业化。

临时许可：由专利持有人授予的许可，并对许可条款设有限制，例如服务类型、服务客户数量或许可的有效期。

总拥有成本：计算产品从购买到报废的完整成本，包括产品生命周期内可能产生的服务、维修和保险等预期费用。

资金效益（性价比）：用于传达资源的有效、高效和经济利用的术语。在公共采购的背景下，它指的是为了满足特定需求，在成本、质量和可持续性之间最具优势的组合。成本是指考虑整个生命周期的成本及风险。质量是指满足适用需求且符合目的的规格要求。可持续性包括经济、社会和环境效益。

纵向协议：由两个或两个以上在生产链或分销链的不同层次运营的企业签订的协议，涉及其可以购买、销售或转售某些产品或服务的条件。

自愿遵守：反映正在接受调查的企业与竞争主管部门合作的可能性，以换取在程序结束时减少对它们的罚款或处罚(如有)。

驰名商标:鉴于其广泛的声誉或知名度,无论其是否已注册,都可能享有比普通商标更广泛保护的商标。

工程:与建筑物或结构的建造、重建、拆除、修理或翻新相关的所有工作,包括场地准备、挖掘、架设、建造、设备或材料安装、装饰和完工等活动,以及与工程相关的附带服务(如钻探、测绘、卫星摄影、地震调查及类似服务,但前提是这些服务的价值不超过工程本身的价值)。

竞争问卷

下面的表格列出了每个支柱下的所有指标(包括其组成部分,如适用),并在括号内标明了相应的问题编号。为了方便参考,每个表格前都列出了问题。

对于以"是/否"回答的问题,回答为"是"即得分,并被视为良好实践;如特别标明"是/否;否—良好实践",则"否"意味着良好实践。

在接下来的表格中,"和"表示所有提及问题的答案,必须均为良好实践,才能获得指标的分值。

在接下来的表格中,"或"表示一个或多个提及问题的答案,只要一个为良好实践,即可获得指标的分值。

某些问题标记为"不计分",意味着它们不会以任何方式影响分值。设计这些问题的目的,是为推广阶段后续年度的问题设计提供更多的信息和改进的建议,并且在必要时,为已经计分的问题提供进一步的信息和实证基础。

支柱 I　促进市场竞争规则的质量

1.1　竞争规则的质量

1.1.1　反垄断

1. 规则框架是否禁止企业之间的反竞争协议?(是/否)

2. 规则框架是否明确哪些（竞争者之间的）协议本身即被禁止，而无须证明对竞争或消费者有实际损害？（是/否）
3. 规则框架是否明确哪些横向和纵向协议必须对市场产生负面影响才会禁止？（不计分）
4. 卡特尔，包括直接或间接固定采购或销售价格的协议，本身是否被禁止？（是/否）
5. 规则框架是否为推进某些公共利益的反竞争协议提供豁免？（是/否）
6. 如果反竞争协议能提高效率或促进技术和经济进步，规则框架是否为其提供豁免？（是/否）
7. 根据规则框架，卡特尔能否豁免适用竞争法条款？（是/否）（不计分）
8. 根据规则框架，是否只有在反竞争协议可以提高效率的条件下，才能授予其豁免？（是/否）
9. 根据规则框架，是否只有在反竞争协议不消除竞争的条件下，才会授予其豁免？（是/否）
10. 是否只有反竞争协议应当为消费者提供公平份额的条件下，才会授予其豁免？（是/否）
11. 竞争规则框架规定的豁免是否仅适用于特定时期？（11a—良好实践）
    11a. 是，豁免是针对特定时间段授予的
    11b. 否，对于某些豁免没有时间期限
    11c. 否，任何豁免都没有时间期限
    11d. 否，不能给予豁免
12. 在豁免期结束时，延长豁免是否基于竞争主管部门对豁免理由的审查？（是/否）
13. 规则框架是否具体规定，阻止以效率为理由为本身被禁止的协议提供正当性？（是/否）

14. 规则框架是否禁止企业滥用支配地位？（是/否）

15. 规则框架是否定义市场支配地位即企业在市场中拥有相当程度的力量？（是/否）

16. 规则框架是否定义企业何时滥用其市场支配地位？（是/否）

17. 规则框架是否包含条款，允许企业在竞争主管部门调查过程中，以其对经济和/或技术进步的贡献为依据，证明其行为合理？（不计分）

18. 规则框架是否提供从宽处理方案？（是/否）

19. 从宽处理方案是否包括明确的程序流程，并提供程序保障来评估组织的合作情况并确定其将获得的利益？（是/否）

20. 在调查期间与竞争主管部门合作的组织，其保密性是否受到规则框架保护？（是/否）

21. 规则框架是否允许竞争主管部门在司法程序中披露从宽处理申请人的身份？（21a 或 21b—良好实践）

    21a. 否，绝不披露申请人的身份

    21b. 是，司法程序的法律义务要求披露

    21c. 是，规则框架对从宽处理方案申请人的身份没有限制

22. 规则框架是否明确保障在调查期间与竞争主管部门合作的组织具有匿名性？（是/否）

23. 根据规则框架，向竞争主管部门举报企业内部反垄断违法行为的员工是否可以得到举报人保护？（是/否）

24. 从宽处理方案是否为首个主动告知参与反竞争行为的企业提供全部豁免？（是/否）

25. 后续主动告知参与反竞争行为的企业，是否会获得任何财务处罚的减免或豁免？（是/否）

26. 在反垄断公开调查的过程中，规则框架是否为自愿合规的企业提供激励

措施？（是/否）

1.1.2　合并控制

27. 是否有任何行业被排除在合并控制规则之外？（是/否；否—良好实践）

28. 规则框架是否提供经济标准，以专门用于确定哪些交易属于合并控制相关规则规定的范围？（28a—良好实践）

28a. 是，它规定了定量和定性标准

28b. 是，但它只提供了定量标准

28c. 是，但它仅提供定性标准

28d. 否，它没有提供经济标准

29. 规则框架是否设定合并控制的阈值？（是/否）

30. 规则框架是否设定基于营业额的合并申报的阈值？（30c—良好实践）

30a. 是，单个的，涉及目标企业的营业额

30b. 是，合计的，涉及合并中所有企业的营业额

30c. 是，两者都有，视交易而定

30d. 否，没有这样的规定

31. 根据规则框架，当交易超过设定的阈值时，企业是否必须向竞争主管部门申报交易，如合并或收购？（31a 或 31b—良好实践）

31a. 是，交易必须进行申报

31b. 否，但企业可以自愿提交交易以审查

31c. 否，没有相关规定

32. 规则框架是否建立了合并控制程序，并基于交易的潜在危害，包含不同的阶段或步骤？（32a 或 32b—良好实践）

32a. 是，存在综合的多阶段合并控制程序

32b. 是，存在多个但协调一致的合并控制程序

32c. 否,存在多个合并控制程序,但不协调

32d. 否

33. 规则框架是否规定完成合并控制监管程序的法定时限?(33a—良好实践)

33a. 是,针对每个阶段、步骤或程序都有时间限制

33b. 是,但只有针对某些阶段、步骤或程序有时间限制

33c. 否

34. 规则框架是否建立简化合并审查的程序?(是/否)

35. 规则框架是否建立了合并前与竞争主管部门进行咨询的程序,以提供关于交易是否需要正式申报的合并前建议?(是/否)

36. 规则框架是否要求竞争主管部门对提交的合并控制审查交易的竞争影响进行实质性经济评估?(是/否)

37. 规则框架是否允许企业通过主张交易提高了效率,以证明合并或收购带来了市场支配力的提高?

38. 规则框架是否允许企业通过主张如果企业不进行合并或收购将退出市场,以证明合并或收购带来了市场支配力的提高?(是/否)

39. 规则框架是否允许企业通过主张存在超越竞争的公共利益,以证明合并或收购带来了市场支配力的提高?(是/否)

40. 根据规则框架,竞争主管部门是否有权提出救济措施,以保证合并不破坏、恢复或负面影响相关市场的竞争?(40a 或 40b—良好实践)

40a. 是,竞争主管部门有权提出救济措施并强制执行

40b. 是,竞争主管部门有权提出救济措施,但这些措施须由其他机构或法院批准和执行

40c. 否,竞争主管部门没有提出救济措施的权力

41. 根据规则框架,竞争主管部门提出的救济措施是否需要具体解决合并评估中识别出的潜在损害?(是/否)

42. 根据规则框架,竞争管理机构提出的救济措施是否需要优先考虑最不具侵害性的措施,同时确保合并的效率得以实现?(是/否)

43. 根据规则框架,竞争主管部门提出的救济措施是否需要在短时间内得以有效实施?(是/否)

44. 竞争主管部门是否有权执行救济命令?(44a 或 44b 或 44c—良好实践)

    44a. 是,竞争主管部门有权直接执行救济命令

    44b. 是,竞争主管部门有权请求法院执行救济命令

    44c. 是,以上两种方式均可行

    44d. 否,竞争主管部门没有权力执行救济命令

45. 规则框架是否允许合并方在采取救济措施期间提出替代解决方案?(是/否)

46. 根据规则框架,竞争主管部门是否有权阻止合并?(44a 或 44b—良好实践)

    46a. 是,竞争主管部门有权直接阻止合并

    46b. 否,竞争主管部门必须向法院提起法律异议才能阻止合并

    46c. 否,不能阻止合并

1.1.3 国有企业框架和竞争法的范围

47. 规则框架是否要求政府根据特定经济、社会和/或可持续性标准证明国有企业成立的合理性?(是/否)

48. 根据规则框架,是否有任何经济部门被排除在竞争规则的执行范围之外?(是/否,否—良好实践)

49. 根据规则框架,是否有任何法定垄断企业被排除在竞争法适用范围之外?(是/否,否—良好实践)

50. 根据规则框架,是否有国有企业被排除在竞争法规则的适用范围之外?(是/否,否—良好实践)

51. 创建国有企业时,其对竞争的影响评估是否需要是正面的?(是/否)

52. 规则框架是否要求定期对国有企业进行评估，以评估其对竞争和市场的影响，并确保其活动保持竞争中立？（52a—良好实践）

52a. 是，所有国有企业都需定期评估

52b. 是，部分国有企业需定期评估

52c. 否

53. 相比于私营企业，规则框架是否为国有企业提供专门的优惠待遇或豁免？（不评分）

54. 相比于私营企业，规则框架是否要求国有企业享有的优惠待遇或豁免必须经过竞争主管部门的批准？（54a 或 54b—良好实践）

54a. 是，无论优惠待遇的影响如何，均需竞争主管部门的批准

54b. 是，竞争主管部门的审查是必要的，但批准取决于豁免的影响

54c. 是，需要竞争主管部门进行审查，但不需其批准

54d. 否，无须竞争主管部门审查

55. 是否存在任何特定的法律或程序性障碍，妨碍竞争主管部门对国有企业的反竞争行为进行调查？（是/否）

56. 规则框架是否提供排除特定企业或行业在进行商业活动时不适用反垄断和/或合并控制规定的程序？（是/否）

57. 规则框架是否允许企业在特定条件下为单独协议寻求反垄断或合并控制规则的豁免？（是/否）

58. 规则框架是否提供豁免某一类协议的程序？（是/否）

59. 豁免制度是否要求某项决定要有经济、社会或可持续性方面的合理性？（59a—良好实践）

59a. 是，适用于个别协议和某类协议

59b. 是，仅适用于个别协议

59c. 是，仅适用于某类协议

59d. 否

1.1.4 竞争规则的实施

60. 规则框架是否赋予竞争主管部门权力，允许其可以调查企业是否完成可能引起竞争问题的交易？（60a 或 60b—良好实践）

60a. 是，针对所有交易

60b. 是，但仅适用于强制申报范围内的交易

60c. 否

61. 根据规则框架，竞争主管部门在调查开始时是否会发布调查原因和关切事项的通知？（是/否）

62. 根据规则框架，竞争主管部门的调查程序是否要求以书面形式记录？（是/否）

63. 根据规则框架，竞争主管部门的调查程序是否必须在规定的时间内完成？（是/否）

64. 根据规则框架，是否在调查过程中为各方提供与竞争主管部门协商的合理机会？（是/否）

65. 根据规则框架，是否在调查过程中为各方提供听证的合理机会，且其可以提供证据或证词为自己辩护（这包括专家的证词、对作证证人的交叉质证以及审查或反驳任何公布的证据的机会）？（是/否）

66. 根据规则框架，是否为各方提供了与竞争主管部门和解或达成一致协议的机会？（是/否）

67. 在调查合并控制程序中，是否有明确规定，说明哪些信息属于受保护的机密信息（如商业秘密）？（是/否）

68. 规则框架是否赋予竞争主管部门必要权力，使其有权对企业的场所进行未经请求的检查（如清晨突袭）以调查非法反竞争行为？（68a—良好实践）

68a. 是,需法院命令或授权

68b. 是,无须法院命令或授权

68c. 否

69. 根据规则框架,是否规定对未能遵守竞争主管部门信息请求的企业进行处罚?(69a 或 69b—良好实践)

69a. 是

69b. 是,但仅在企业提供不正确或误导性信息的情况下

69c. 否

70. 在实施处罚时,规则框架是否赋予竞争主管部门收取罚款的权力?(70a 或 70b—良好实践)

70a. 是,竞争主管部门可以自行收取罚款

70b. 是,通过与税务机关协调执行

70c. 否,竞争主管部门需要通过法院命令进行司法执行

70d. 否,竞争主管部门无法收取罚款

71. 在实施处罚时,规则框架是否赋予竞争主管部门实施非金钱处罚的权力?(71a 或 71b 或 71c—良好实践)

71a. 是,竞争主管部门可以自行实施非金钱处罚

71b. 是,通过与其他主管部门协调执行

71c. 否,竞争主管部门需要通过法院命令进行司法执行

71d. 否,竞争主管部门无法实施非金钱处罚

72. 根据规则框架,竞争主管部门是否有权对未遵守合并控制制度的企业进行处罚?(72a 或 72b—良好实践)

72a. 是,竞争主管部门有权直接进行处罚

72b. 是,但进行处罚的权力属于其他机构或管辖法院

72c. 否

73. 处罚是否根据企业的营业额来计算？（是/否）

74. 规则框架是否规定竞争主管部门的决定具有约束力和可执行性？（是/否）

75. 是否有指定独立机构，企业可以向该机构提出对竞争主管部门决定的异议？（是/否）

76. 规则框架是否定义了程序、要求和标准，以便企业或个人就违反竞争法造成的损害提起诉讼？（是/否）

77. 规则框架是否规定了对企业罚款的上限总额？（是/否）

78. 请选择用于确定罚款最高限额的标准：

78a. 占企业全球营业额的百分比（是/否）

78b. 基于企业从反竞争行为中获得的收益（是/否）

78c. 固定金额（是/否）

1.1　竞争			
1.1.1　反垄断			
指标	企业灵活度分值	社会效益分值	总分
法律框架禁止反竞争协议（1）	1	1	2
法律框架区分哪些协议是通过目的或效果限制竞争的（2）	1	1	2
对非竞争性协议的豁免必须基于公共利益或效率：	1	1	2
公共利益豁免（5）	0.5	0.5	1
提高效率或促进技术和经济进步（6）	0.5	0.5	1
豁免规定要求识别被豁免协议的效率、危害和对消费者的影响（8、9、10）	1	1	2
豁免仅在一定时间内有效，且需定期审查：	1	1	2
适用于特定时期的豁免（11）	0.5	0.5	1
延长豁免条件（12）	0.5	0.5	1

（续表）

指标	企业灵活度分值	社会效益分值	总分
卡特尔被禁止，企业不得以效率为由为卡特尔辩护（4、13）	1	1	2
法律框架禁止滥用支配地位（14）	1	1	2
市场支配地位的定义和滥用市场支配地位的行为（15、16）	1	1	2
有程序保证的从宽处理方案的可获得性： 从宽处理方案的可获得性（18） 从宽处理方案提供程序保证（19）	1 0.5 0.5	1 0.5 0.5	2 1 1
与竞争主管部门的合作提供保密性、匿名性和举报人保护： 保密性（20、21） 匿名性（22） 举报人保护（23）	1 0.33 0.33 0.33	1 0.33 0.33 0.33	2 0.67 0.67 0.67
从宽处理方案建立明确的豁免制度（24、25）	1	1	2
对自愿合规的激励措施（26）	1	1	2
总分	12	12	24
1.1.2　合并控制			
指标	企业灵活度分值	社会效益分值	总分
合并控制规则的覆盖范围（27）	1	1	2
法律框架确立了用于识别哪些交易适用合并控制制度的经济标准（28）	1	1	2
法律框架建立了合并控制程序，以评估竞争扭曲（31）	1	1	2
法律框架建立明确的合并申报指导原则和阈值，包括单个和总体阈值（29、30）* * 如果选择了选项 30a 或 30b，则给予 0.5 的部分分数	1	1	2
存在多阶段合并审查程序，并有具体的法定时限（32、33）	1	1	2

（续表）

指标	企业灵活度分值	社会效益分值	总分
存在简化合并程序(34)	1	1	2
存在合并交易申报前与竞争主管部门的协商(35)	1	1	2
要求对提交合并控制审查的交易进行实质性的经济评估(36)	1	1	2
存在合理的理由来解释合并或收购后市场支配力的增加(37、38、39)	1	1	2
合并补救是符合目的,竞争主管部门有权执行这些措施(40、42、43、44、45)	1	1	2
拥有阻止可能对竞争产生不利影响的合并的权力(46)	1	1	2
总分	11	11	22
1.1.3　国有企业框架和竞争法的范围			
指标	企业灵活度分值	社会效益分值	总分
要求根据经济、社会和/或可持续性标准说明设立国有企业的正当性(47)	1	1	2
竞争法适用于经济体所有国有企业和经济部门(48、49、50)	1	1	2
从竞争角度评估新国有企业(51)	1	1	2
要求进行评估以论证国有企业的商业活动(52)* *如果选择了选项52b,则给予0.5的部分分数	1	1	2
国有企业优惠待遇监管(54)* *如果选择了选项54c,则给予0.5的部分分数	1	1	2
竞争主管部门对国有企业的调查存在障碍(55)	1	1	2
根据经济、社会或可持续性标准,豁免某些部门应用竞争法和合并控制的程序: 提供排除企业或行业的程序(56)	1 0.5	1 0.5	2 1

（续表）

指标	企业灵活度分值	社会效益分值	总分
根据经济、社会或可持续性标准，论证豁免（59）* * 如果选择了选项 59b 或者 59c，则给予 0.5 的部分分数	0.5	0.5	1
存在豁免协议适用竞争法的程序： 提供单独协议豁免的程序（57） 提供某类协议豁免的程序（58）	1 0.5 0.5	1 0.5 0.5	2 1 1
总分	8	8	16
1.1.4 竞争规则的实施			
指标	企业灵活度分值	社会效益分值	总分
调查期间的程序和公平性保障（61、62、63、64、65、66）	1	1	2
法律框架界定何为机密信息（67）	1	1	2
赋予竞争主管部门充分的权力和资源，以进行调查、执行和实施处罚（60、68、69）	1	1	2
竞争主管部门有权收取罚款和实施非金钱处罚（70、71） * 如果选择了选项 70c，则给予 0.5 的部分分数	1	1	2
竞争主管部门可以调查未申报交易的情况，并根据企业的营业额实施处罚（72、73）	1	1	2
竞争主管部门的决定具有约束力和/或可执行性，指定一个独立机构审查竞争主管部门的决定，并允许对损害赔偿提起诉讼（74、75、76）	1	1	2
法律框架规定了罚款的总额上限（77、78a 或 78b 或 78c）	1	1	2
总分	7	7	14

支柱Ⅱ　促进市场竞争的公共服务

2.1　竞争主管部门

2.1.1　制度框架

79. (经济体)是否有有效的竞争主管部门?(不计分)

    79a. 请提供竞争主管部门的名称

    79b. 请提供竞争主管部门的网站链接

80. 是否有任何其他机构(如部门监管机构)负责保护和促进目标行业的竞争?(不计分)

81. 实践中,竞争主管部门是否独立运作?(81a—良好实践)

    81a. 是

    81b. 尽管根据规则框架它应该是独立的,但实践中并没有

    81c. 否

82. 请举例说明为什么认为竞争主管部门不是独立运作的。(不计分)

83. 这些部门在反垄断和合并控制领域是否有明确的任务,以避免与竞争主管部门重叠干预?(是/否)

84. 在实践中,2023 年 5 月 1 日至 2024 年 9 月 1 日期间是否存在任何未协调的重叠干预?(不计分)

85. 规则框架是否为任命竞争主管部门理事会建立了正当程序?(是/否)

86. 就解雇竞争主管部门的理事会成员事项,规则框架是否建立正当程序?(是/否)

87. 竞争主管部门的理事会成员是否有任期年限?(是/否)

88. 竞争主管部门的理事会成员是否有任期的最大限制?(是/否)

89. 国内外竞争主管部门之间是否有任何既定的合作机制?(是/否)

90. 竞争主管部门的前理事会成员和工作人员是否有竞业限制期,在此期间不得在其之前调查过的企业任职?(是/否)

91. 根据规则框架,竞争主管部门的案件处理人员是否必须遵守利益冲突规则?(不计分)

92. 竞争主管部门的办案人员在实践中是否适用利益冲突规则?(是/否)

93. 竞争主管部门是否有权就政府政策和规则发表意见,以确保这些政策和规则不会妨碍竞争?(是/否)

94. 竞争主管部门对政府政策的意见是否具有法律约束力?(是/否)

95. 如果政府机构不同意竞争主管部门的意见或建议,是否要求其证明这一立场并将证据提交给竞争主管部门?(不计分)

2.1.2 宣传和透明度

96. 竞争主管部门是否在线发布有关横向协议的通用指导文件?(是/否)

97. 竞争主管部门是否在线发布有关纵向协议的通用指导文件?(是/否)

98. 竞争主管部门是否在线发布有关合作协议的通用指导文件?(是/否)

99. 竞争主管部门是否发布有关滥用市场主导地位的通用指导文件?(是/否)

100. 竞争主管部门是否在线发布有关从宽处理方案的通用指导文件?(是/否)

101. 竞争主管部门是否在线发布有关市场定义(包括产品和地域范围分析)的通用指导文件?(是/否)

102. 竞争主管部门是否在线发布有关数字平台或多边市场的通用指导文件?(是/否)

103. 竞争主管部门是否在线发布有关合并控制的通用指导文件?(是/否)

104. 竞争主管部门是否在线发布有关反垄断执法或与劳动市场相关的竞争政策的通用指导文件?(是/否)

105. 竞争主管部门是否从竞争政策的角度发布关于市场、行为或实践做法的分析报告?(是/否)

106. 竞争主管部门是否组织研讨会或网络研讨会向企业传播关于竞争政策

的信息？（是/否）

107. 竞争主管部门是否在线发布所有反垄断和合并控制决定？（是/否）

108. 规则框架是否要求在线发布豁免决定？（不计分）

109. 实践中是否发布豁免决定？（是/否）

110. 实践中，企业是否能以电子方式向竞争主管部门提交申报受合并控制规则管辖的交易？（是/否）

111. 是否在线发布竞争主管部门对政府政策的意见？（是/否）

2.1 竞争主管部门			
2.1.1 制度框架			
指标	企业灵活度分值	社会效益分值	总分
竞争主管部门在运营上具备独立性（81）	1	1	2
竞争主管部门的任务明确且不重叠（83）	1	1	2
制定理事会成员的遴选和解聘程序（85、86）	1	1	2
竞争主管部门理事会成员的任期限制（87、88）	1	1	2
建立竞争主管部门与外国竞争主管部门合作机制（89）	1	1	2
竞争主管部门理事会成员在任期结束后在之前所调查企业的私营部门任职的竞业限制期（90）	1	1	2
竞争主管部门的员工必须遵守利益冲突原则（92）	1	1	2
竞争主管部门就政策规则发表意见（93）	1	1	2
竞争主管部门的意见具有约束力（94）	1	1	2
总分	9	9	18

（续表）

2.1.2　宣传和透明度			
指标	企业灵活度分值	社会效益分值	总分
发布关于横向和纵向协议的指导文件： 横向协议(96) 纵向协议(97) 合作协议(98)	1 0.33 0.33 0.33	1 0.33 0.33 0.33	2 0.67 0.67 0.67
发布关于滥用支配地位的指导文件(99)	1	1	2
发布关于从宽处理方案的指导文件(100)	1	1	2
发布关于市场定义的指导文件(101)	1	1	2
发布关于数字竞争的指导文件(102)	1	1	2
发布合并控制指导文件(103)	1	1	2
发布劳动力市场指南(104)	1	1	2
发布竞争分析报告(105)	1	1	2
组织宣传竞争政策的研讨会(106)	1	1	2
线上公布所有反垄断和合并控制的决定和豁免： 反垄断和合并控制的决定(107) 豁免决定(109)	1 0.5 0.5	1 0.5 0.5	2 1 1
在线发布竞争主管部门对政府政策的所有意见(111)	1	1	2
合并控制交易的电子申报(110)	1	1	2
总分	12	12	24

支柱Ⅲ　促进市场竞争关键服务的实施

支柱Ⅲ的指标得分采用正态累积密度函数转换法计算，分值从0到100分，其中0和100分别代表可能的最低和最高得分。根据所收集数据的5%分位数和95%分位数确定表现最佳和最差表现者。

支柱Ⅲ中，关于提交、审查和清除简化合并审查的时间和充分使用程序的数据，均通过专家咨询进行收集。以下为前提条件：（1）如问题31所答，存在申报交易的规则;并且(2) 如问题 112b 所答,过去一年内向竞争主管部门提交过合并申报。

支柱Ⅲ中,关于涉及市场活力指数和竞争行为的数据是通过企业调查收集的。

3.1 竞争

3.1.1 简化的合并审查

112. 对于以下四个问题,请假设根据规则框架,两家企业之间的交易必须向竞争主管部门申报,原因是该交易属于合并控制规则的范围。这项交易不包括市场重叠,也就是说,企业不在相同或相关市场开展经营。在自愿申报制度下,为便于回答以下问题,假设企业会自愿申报交易。

    112a. 实践中,如果一项交易具有上述特征,该交易是否会受到简化的合并审查程序审查?(是/否,竞争主管部门不会在简化合并审查程序下进行审查/否,因为没有简化的合并审查制度)

    112b. 在过去一年中,是否向竞争主管部门提交了任何合并申报?(不计分)

    112c. 实践中,根据文件要求向竞争主管部门申报类似上述交易平均需要多长时间?(数值)

    112d. 实践中,竞争主管部门审查和批准类似上述交易平均需要多长时间?(数值)

113. 过去一年中,竞争主管部门是否实施了从宽处理方案?(是/否)(不计分)

114. 实践中,竞争主管部门的所有反垄断决定是否都得到执行?(是/否)(不计分)

115. 规则框架是否要求企业支付申报和/或批准交易的费用?(是/否)(不计分)

116. 实践中,竞争主管部门负责人及其理事会成员的正式任期是否得到执行?(是/否)(不计分)

117. 过去一年中,是否有任何理事会成员在任期届满后继续任职?(是/否)(不计分)

3.1.2 市场活力与竞争行为

118. 贵企业的主要产品[或服务]在主要市场面临多少竞争对手?(数值)

119. 该财务年度[上一个完整的财务年度],就销售额而言,在贵企业销售主要产品或提供主要服务的市场,企业最大的竞争对手占有多少市场份额?(数值)

120. 过去一年中,贵企业销售主要产品或提供主要服务的市场竞争水平是否发生了变化?

竞争减少(0);无变化(50);竞争增加(100)。

121. 考虑贵企业主要销售产品或提供服务的主要市场,企业能否在不损失客户的情况下比竞争对手提高更多的价格?(是/否/价格由政府规定,否—良好实践(100))

122. 使用卡片上的答案,请指出贵企业更换互联网提供商的困难程度。

无法更改(0);如果有些或很少困难(50);如果没有困难(100)

3.1 竞争			
3.1.1 简化的合并审查			
指标	企业灵活度分值	社会效益分值	总分
使用简化的合并审查程序(112a)	100(33.33%)	不适用	100(33.33%)
提交简化合并审查的时间(112c)	100(33.33%)	不适用	100(33.33%)
通过简化的合并审查的时间(112d)	100(33.33%)	不适用	100(33.33%)
总分	100	不适用	100

（续表）

3.1.2 市场活力和竞争行为			
指标	企业灵活度分值	社会效益分值	总分
市场结构（参与市场竞争的企业数量）（118）	100（16.67%）	不适用	100（16.67%）
市场集中度（最大竞争对手的市场份额）（119）	100（16.67%）	不适用	100（16.67%）
竞争水平的变化（120）	100（16.67%）	不适用	100（16.67%）
定价权（在不失去客户的情况下改变价格的能力）（121）	100（16.67%）	不适用	100（16.67%）
更换互联网提供商的便利性（122）	100（16.67%）	不适用	100（16.67%）
政府对价格的干预（121）	100（16.67%）	不适用	100（16.67%）
总分	100	不适用	100

创新问卷

下面的表格列出了每个支柱下的所有指标（包括其组成部分，如适用），并在括号内标明了相应的问题编号。为了方便参考，每个表格前都列出了问题。

对于以“是/否”回答的问题，除非特别标明“是/否；否—良好实践”，否则回答为“是”即得分，并被视为良好实践。

在接下来的表格中，“和”表示所有提及问题的答案，必须均为良好实践，才能获得指标的分值。

在接下来的表格中，“或”表示一个或多个提及问题的答案，只要一个为良好实践，即可获得指标的分值。

某些问题标记为“不计分”，意味着它们不会以任何方式影响分值。设计这些问题的目的，是为推广阶段后续年度的问题设计提供更多的信息和改进的建议，并且在必要时，为已经计分的问题提供进一步的信息和实证基础。

注意：创新的若干指标由三种类型的知识产权共享：著作权、专利和商标。在这些情况下，每个领域（著作权、专利和商标）都有同样的问题。但是，该指标的分值由三个领域共享，以避免重复计算。共享指标标有“*”。例如，许可指标分值为2分（企业灵活度分值和社会效益分值），由著作权、专利和商标共享。与这一指标相对应的问题适用于所有三种类型的知识产权保护，并在问卷的所有三个小节中以相同的方式提出。在评分方面，该指标的2分计入根据所收集的三类知识产权信息的创新总分值。

支柱 I　促进市场竞争规则的质量

1.2　创新与技术转让

1.2.1　知识产权保护力度

1. 是否有关于建立著作权集体管理组织的法律规定？（是/否）
2. 规则框架是否明确定义了发明的专利性要求（新颖性、创造性、实用性）？（是/否）
3. 请根据规则框架，以年为单位具体说明专利保护期限。（数值）
4. 请根据规则框架，以年为单位具体说明商标保护期限。（数值）
5. 规则框架是否规定若专利注册获得授权，专利保护自申请提交日期起生效？（是/否）
6. 规则框架是否对专利的实验使用例外或研究豁免做出规定？（是/否）
7. 根据规则框架，专利是否具有授权前异议权？（是/否）
8. 根据规则框架，专利是否具有授权后异议权？（是/否）
9. 规则框架是否提供第三方通过第三方观察系统（也称为信息提交系统）提交专利申请补充信息的机会？（是/否）
10. 规则框架是否要求披露专利？（是/否）
11. 规则框架是否规定商标使用义务？（是/否）

12. 规则框架是否规定商标注册后、使用义务生效前的宽限期？（是/否）

13. 规则框架是否为驰名商标提供保护？（是/否）

14. 根据规则框架，商标是否具有注册前异议程序？（是/否）

15. 根据规则框架，商标是否具有注册后异议程序？（是/否）

16. 根据规则框架，政府部门是否可以采取民事或行政程序实施著作权保护？（是/否）

17. 根据规则框架，政府部门是否可以采取刑事程序实施著作权保护？（是/否）

18. 根据规则框架，政府部门是否可以采取临时措施实施著作权保护？（是/否）

19. 根据规则框架，政府部门是否可以采取民事或行政程序实施专利权保护？（是/否）

20. 根据规则框架，政府部门是否可以采取刑事程序实施专利权保护？（是/否）

21. 根据规则框架，政府部门是否可以采取临时措施实施专利权保护？（是/否）

22. 根据规则框架，政府部门是否可以采取民事或行政程序实施商标权保护？（是/否）

23. 根据规则框架，政府部门是否可以采取刑事程序实施商标权保护？（是/否）

24. 根据规则框架，政府部门是否可以采取临时措施实施商标权保护？（是/否）

25. 只要不影响第三方权利，规则框架是否允许对著作权纠纷进行仲裁？（是/否）

26. 只要不影响第三方权利，规则框架是否允许对专利纠纷进行仲裁？（是/否）

27. 只要不影响第三方权利，规则框架是否允许对商标争议进行仲裁？（是/否）

1.2.2 许可与技术转让

28. 规则框架是否包含著作权许可程序的规定？（是/否）

29. 规则框架是否包含专利许可程序的规定？（是/否）
30. 规则框架是否包含商标许可程序的规定？（是/否）
31. 政府部门是否为设定公平、合理和非歧视性的许可使用费提供指引？（是/否）
32. 在专利所有权转让的情况下，规则框架是否要求记录专利权人的变更，以确保专利权在对抗第三方侵权时具有可执行性？（是/否）
33. 规则框架是否规定了专利权人变更备案所必需的时限？（是/否）
34. 专利许可制度是否明确允许专利权人授予临时许可/豁免？（是/否）
35. 规则框架是否要求向知识产权局披露专利许可协议？（是/否）
36. 规则框架是否要求向知识产权局披露商标许可协议？（是/否）

1.2.3 合理获取创新成果(包括环境)

37. 规则框架是否定义开放获取内容？（是/否）
38. 规则框架是否定义开源内容？（是/否）
39. 规则框架是否定义开放获取研究活动的允许范围，以防止潜在的著作权侵权责任？（是/否）
40. 规则框架是否包含促进开源科学的条款？（是/否）
41. 您所在的经济体是否采用基于风险的人工智能监管方法？（是/否）
42. 是否有关于人工智能系统伦理影响的评估指南？（是/否）
43. 对社会经济和技术发展至关重要的领域，规则框架中是否有保障公共利益的知识产权相关条款？（是/否）
44. 规则框架是否包含知识产权融资的相关规定？（是/否）
45. 是否有与环境可持续性政策相关的知识产权法律规定？（是/否）
46. 规则框架是否包含关于知识产权侵权商品环境安全处置和销毁的条款？（是/否）

1.2.4 产学合作

47. 您所在的经济体是否有标准的研究合作协议或者联盟协议?（是/否）

48. 规则框架是否包括在提交专利申请前公布可能影响专利性的研究成果的宽限期的指引?（是/否）

49. 规则框架是否确立了关于公共研究机构内部开发的专利所有权归属的规则和标准?（是/否）

50. 规则框架是否要求大学或公共研究机构采用自己机构的知识产权政策?（是/否）

51. 规则框架是否为新产品或新工艺的商业化提供了创办大学技术成果转化衍生企业的条件?（是/否）

52. 规则框架是否规定,可通过收取特许权使用费的许可交易中分享收益或者收入,为研究成果商业化提供经济激励?（是/否）

1.2 创新与技术转让			
1.2.1 知识产权保护力度			
指标	企业灵活度分值	社会效益分值	总分
建立（著作权）集体管理组织的规定（1）	1	1	2
发明的可专利性要求（新颖性、创造性和实用性）以及专利的实验使用例外或研究豁免:	1	1	2
发明的可专利性要求（新颖性、创造性和实用性）（2）	0.5	0.5	1
专利的实验使用例外或研究豁免（6）	0.5	0.5	1
专利保护可追溯至申请日（5）	1	1	2
专利和商标的保护期限:	1	1	2
专利的保护期限（3）	0.5	0.5	1
商标的保护期限（4）	0.5	0.5	1

（续表）

指标	企业灵活度分值	社会效益分值	总分
专利和商标异议机制： 专利授权前异议权（7） 专利授权后异议权（8） 商标授权前异议权（14） 商标授权后异议权（15）	1 0.25 0.25 0.25 0.25	1 0.25 0.25 0.25 0.25	2 0.5 0.5 0.5 0.5
专利信息提交系统的规定（9）	1	1	2
专利公开（10）	1	1	2
商标使用义务、相关宽限期： 商标使用义务（11） 商标注册后、使用义务生效前的宽限期（12）	1 0.5 0.5	1 0.5 0.5	2 1 1
驰名商标保护（13）	1	1	2
实施著作权、专利和商标保护的行动或救济措施： 针对著作权的民事或行政程序（16） 针对著作权的刑事程序（17） 针对著作权的临时措施（18） 针对专利权的民事或行政程序（19） 针对专利权的刑事程序（20） 针对专利权的临时措施（21） 针对商标权的民事或行政程序（22） 针对商标权的刑事程序（23） 针对商标权的临时措施（24）	1 0.11 0.11 0.11 0.11 0.11 0.11 0.11 0.11 0.11	1 0.11 0.11 0.11 0.11 0.11 0.11 0.11 0.11 0.11	2 0.22 0.22 0.22 0.22 0.22 0.22 0.22 0.22 0.22
著作权、专利和商标纠纷的仲裁机制： 著作权纠纷的仲裁机制（25） 专利纠纷的仲裁机制（26） 商标纠纷的仲裁机制（27）	1 0.33 0.33 0.33	1 0.33 0.33 0.33	2 0.66 0.66 0.66
总分	11	11	22
1.2.2　许可与技术转让			
指标	企业灵活度分值	社会效益分值	总分
著作权、专利及商标许可的程序规定： 著作权许可的程序规定（28）	1 0.33	1 0.33	2 0.66

（续表）

指标	企业灵活度分值	社会效益分值	总分
专利许可的程序规定(29) 商标许可的程序规定(30)	0. 33 0. 33	0. 33 0. 33	0. 66 0. 66
公平、合理和非歧视性的许可使用费设定指引(31)	1	1	2
专利所有权人变更登记及相关时限： 专利所有权人变更登记(32) 专利所有权人变更登记时限(33)	1 0. 5 0. 5	1 0. 5 0. 5	2 1 1
专利的临时许可/豁免(34)	1	1	2
向知识产权局披露专利和商标的许可协议： 向知识产权局披露专利的许可协议(35) 向知识产权局披露商标的许可协议(36)	1 0. 5 0. 5	1 0. 5 0. 5	2 1 1
总分	5	5	10
1. 2. 3　合理获取创新成果(包括环境)			
指标	企业灵活度分值	社会效益分值	总分
开放获取的定义以及开源的定义： 开放获取的定义(37) 开源的定义(38)	1 0. 5 0. 5	1 0. 5 0. 5	2 1 1
允许开放获取的研究活动的范围(39)	1	1	2
推动开源科学的条款(40)	1	1	2
基于风险的人工智能监管方法(41)	1	1	2
人工智能系统伦理影响的评估指南(42)	1	1	2
保护公共利益的规定(43)	1	1	2
知识产权融资指引(44)	1	1	2
与环境可持续发展相关的知识产权规定(45)	1	1	2

（续表）

指标	企业灵活度分值	社会效益分值	总分
关于知识产权侵权商品环境安全处置和销毁的条款(46)	1	1	2
总分	9	9	18
1.2.4　产学合作			
指标	企业灵活度分值	社会效益分值	总分
合作研究协议的标准示范文本(47)	1	1	2
在提交专利申请前公布研究成果而不影响可专利性的宽限期(48)	1	1	2
公共研究机构内开发专利的所有权(49)	1	1	2
公共研究机构的内部知识产权政策(50)	1	1	2
大学技术成果转化衍生企业(51)	1	1	2
对研究成果商业化的财政激励(52)	1	1	2
总分	6	6	12

支柱Ⅱ　促进市场竞争的公共服务

2.2　企业创新

2.2.1　创新支持的制度框架

53. 实践中，知识产权局对潜在的知识产权被许可人是否提供无偿的或低成本的法律援助？（是/否）

54. 实践中，专利持有人或受影响的第三方是否可以通过一个正常运行的第三方观察系统（也称为信息提交系统）提交专利申请的补充信息？（是/否）

55. 政府机构在制定知识产权法律法规时是否进行公众意见征询？（是/否）

56. 是否有公共机构负责促进和协调国内企业参与制定技术标准？（是/否）

2.2.2 知识产权服务的数字化(包括环境)

57. 是否有诸如著作权许可数据库或知识产权市场之类的电子平台可供潜在知识产权买方及卖方沟通联系?(是/否)
58. 诸如著作权许可数据库或知识产权市场之类的电子平台对于绿色科技是否有专门区域或表识/标签?(是/否)
59. 知识产权局是否有可公开访问的线上电子数据库,来识别本国注册的知识产权的具体内容、所有权和申请日期?(是/否)
60. 知识产权局是否提供允许知识产权持有人以电子方式管理其权利资料的线上平台?(是/否)
61. 知识产权局是否在网上公布具备资质的知识产权专业人员(包括执业专利代理师)的最新名单?(是/否)

2.2.3 创新体系(包括性别)

62. 您所在的经济体是否有技术转让办公室负责大学和/或公共研究机构研究成果商业化过程?(是/否)
63. 您所在的经济体是否采用了监管沙盒的方法促进技术创新?
64. 您所在的经济体中是否有创新孵化器?(是/否)
65. 您所在的经济体中是否有创新加速器?(是/否)
66. 政府机构是否为私营部门主导的创新孵化器和/或加速器提供财政扶持?(是/否)
67. 公共研究机构是否为私营部门主导的创新孵化器和/或加速器提供技术援助?(是/否)
68. 您所在的经济体中是否有专门面向女性企业家和女性创办企业的孵化器和/或加速器?(是/否)
69. 您所在的经济体中是否有科技园区?(是/否)

70. 您所在的经济体中是否存在创新集群？（是/否）

2.2　企业创新			
2.2.1　支持创新的制度框架			
指标	企业灵活度分值	社会效益分值	总分
知识产权局向知识产权被许可人提供无偿或低成本的法律援助(53)	1	1	2
信息提交系统在实践中的可获得性(54)	1	1	2
公众对于产权相关法律法规的意见征询(55)	1	1	2
负责企业参与技术标准制定的公共机构(56)	1	1	2
子类别 2.2.1 的总分	4	4	8
2.2.2　知识产权服务的数字化(包括环境)			
指标	企业灵活度分值	社会效益分值	总分
权利许可数据库或知识产权市场的可获得性(57)	1	1	2
绿色技术标识的可获得性(58)	1	1	2
本地申请注册知识产权的电子数据库的可获得性(59)	1	1	2
知识产权持有人可通过电子方式管理知识产权的在线平台的可获得性(60)	1	1	2
知识产权局在线公布具备资质的知识产权专业人员名单(61)	1	1	2
子类别 2.2.1 的总分	5	5	10
2.2.3　创新体系(包括性别)			
指标	企业灵活度分值	社会效益分值	总分
技术转让办公室的可获得性(62)	1	1	2
监管沙盒的可获得性(63)	1	1	2

（续表）

指标	企业灵活度分值	社会效益分值	总分
创新孵化器的可获得性(64)	1	1	2
创新加速器的可获得性(65)	1	1	2
政府对私营孵化器或加速器的财政扶持(66)	1	1	2
公共研究机构对私营孵化器或加速器的技术援助(67)	1	1	2
面向女性企业家的孵化器或加速器的可获得性(68)	1	1	2
科技园区的可获得性(69)	1	1	2
创新集群的可获得性(70)	1	1	2
子类别 2.2.3 的总分	9	9	18
总分	18	18	36

支柱Ⅲ　促进市场竞争关键服务的实施

3.2　创新

支柱Ⅲ的指标得分采用正态累积密度函数转换法计算,分值从 0 到 100 分,其中 0 和 100 分别代表可能的最低和最高得分。根据所收集数据的 5%分位数和 95%分位数确定表现最佳和最差者。

支柱Ⅲ“创新效率”的数据通过企业调查收集,使用的问题如下:

3.2.1　高水平创新企业的比例

71. 对于高水平创新企业:

71a. 在过去三年中,该企业是否推出了新的或改进的产品或服务?

71b. 在过去三年中,该企业是否采用了新的或改进的工艺/流程?

71c. 该会计年度内,企业是否有研发投入,不论企业内部或与其他企业签署合同,但不包括市场调研?

3.2.2　国际质量认证的使用

72. 贵企业是否拥有国际质量认证标准?

3.2　创新			
3.2.1　高水平创新企业的比例			
指标	企业灵活度分值	社会效益分值	总分
高水平创新企业的比例(71a、71b、71c)	100(100%)	不适用	100(100%)
总分	100	不适用	100
3.2.2　国际质量认证的使用			
指标	企业灵活度分值	社会效益分值	总分
国际质量认证的使用(72)	100(100%)	不适用	100(100%)
总分	100	不适用	100

采购问卷

下面的表格列出了每个支柱下的所有指标(包括其组成部分,如适用),并在括号内标明了相应的问题编号。为了方便参考,每个表格前都列出了问题。

对于以“是/否”回答的问题,除非特别标明“是/否;否—良好实践”,回答为“是”即得分,并被视为良好实践。

在接下来的表格中,“和”表示所有提及问题的答案,必须均为良好实践,才能获得指标的分值。

在接下来的表格中,“或”表示一个或多个提及问题的答案,只要一个为良好实践,即可获得指标的分值。

某些问题标记为“不计分”,意味着它们不会以任何方式影响分值。设计这些问题的目的,是为推广阶段后续年度的问题设计提供更多的信息和改进的建议,并且在必要时,为已经计分的问题提供进一步的信息和实证基础。

支柱 I 促进市场竞争规则的质量	
参数	
采购方	采购程序和管理采购过程的规则框架可能因进行采购的机构而异。该参数影响法律上和事实上的指标 政府采购类别的指标根据过去三年中三个最大的采购方采购的投标书数量(投标书数量)进行基准测试。采购方由私营部门专家确定,其根据自己的经验和知识或可靠的公开数据对市场竞争问卷提供回答

注:部门——在采购类别(例如,货物、工程或服务,包括咨询和非咨询服务)决定采购流程或适用规则框架的情况下予以考虑。国防采购、特许权和公私伙伴关系不在本分析范围内。

价值——在拟议合同的价值决定采购流程或适用规则框架的情况下予以考虑。法律规定的阈值通常区分应在公开和竞争程序下进行的投标(在本问卷中定义为“高价值”)和限制性、选择性或有限采购(在本问卷中定义为“低价值”)。政府采购规则框架未涵盖的合同(例如,非常小的价值)不属于本主题的范围。

1.3 政府合同招标

1. 在过去三年中,您所在的经济体中以投标数量计算的采购量最大的三个中央/联邦政府实体是哪三个?(不计分)

   请按重要性顺序列出三个采购方,从招标数量最大采购方开始。

   1a. 采购方名称(最大)

   1b. 采购方名称(第二大)

   1c. 采购方名称(第三大)

2. 在您选择的三个采购方中,是否有任何一个是国有企业或独立机构?(是/否)(不计分)

3. 上述国有企业或独立机构是否有特定的公共采购规则框架?(是/否)(不计分)

1.3.1　准入与企业参与(包括性别)

4. 您所在的经济体中是否有任何国有企业或独立机构受到单独的公共采购规则的管辖,且有别于一般的政府采购规则框架?(是/否)

5. 采购规则框架是否将公开采购作为投标合同的默认方式?(5a 或 5b—良好实践)

　5a. 是,没有例外

　5b. 是,有例外

　5c. 否

6. 规则框架是否对外国企业施加了任何参与或授标限制?(否—良好实践)

　6a. 是,所有公开招标都有

　6b. 是,部分公开招标有

　6c. 否

7. 规则框架是否要求外国企业必须与国内企业建立合作关系才有资格参加投标?(否—良好实践)

　7a. 是,在所有公开招标中

　7b. 是,在部分公开招标中

　7c. 否

8. 规则框架是否要求外国企业在国内经济中拥有(全部或部分)子公司才有资格参与投标?(否—良好实践)

　8a. 是,所有公开招标都有

　8b. 是,部分公开招标有

　8c. 否

9. 规则框架是否专门为当地企业或公民保留特定合同?

　9a. 是,在所有公开招标有

　9b. 是,部分公开招标有

9c. 否

10. 规则框架是否将奖励配额作为对中小企业的优惠待遇？（是/否）

11. 规则框架是否为中小企业规定了更短的付款期限？（是/否）

12. 规则框架是否包括按阈值指定作为对中小企业的优惠待遇办法？（是/否）

13. 规则框架是否将储备产品作为对中小企业的优惠待遇？（是/否）

14. 规则框架是否将财务担保豁免作为对中小企业的优惠待遇？（是/否）

15. 规则框架是否包括分包要求或激励措施，作为对中小企业的优惠待遇？（是/否）

16. 适用于您选择的采购方的规则框架是否规定了收到发票后，采购方必须处理付款的时间范围？（16a 或 16b—良好实践）

    16a. 是，适用于所有合同

    16b. 是，但仅限于某些合同

    16c. 否

17. 如果政府不在法律规定的时间内支付，规则框架是否允许企业对逾期付款（或任何类似合同罚款情况）收取利息？（不计分）

    17a. 是

    17b. 规则框架没有规定逾期付款利息（或任何类似合同罚款情况）

18. 规则框架是否概括了根据框架协议授予合同的指定程序？（是/否）

19. 除了既有供应商，规则框架是否允许框架协议在协议有效期内接纳新的供应商？（19a 或 19b—良好实践）

    19a. 是，适用于所有类型的采购

    19b. 是，但仅适用于某些类型的采购

    19c. 否

20. 框架协议内的单次采购合同是否需要通过竞争性的第二阶段授予？（20a—良好实践）

20a. 是,适用于所有类型的采购

20b. 是,但仅适用于某些类型的采购

20c. 否

21. 在政府采购中,规则框架是否包括促进性别平等的特别条款?(是/否)

1.3.2 最佳性价比(包括性别和环境)

22. 规则框架是否建立了识别异常低价竞标的程序、是否允许在排除之前与投标人进行互动?(22a 或 22b—良好实践)

    22a. 是,适用于所有类型的采购

    22b. 是,但仅适用于某些类型的采购

    22c. 否

23. 规则框架是否制定了客观和可量化的标准,以确定异常低的出价?(23a 或 23b—良好实践)

    23a. 是,适用于所有采购程序

    23b. 是,但仅限于某些采购程序

    23c. 否

24. 规则框架是否指定了创新采购的具体招标程序?(是/否)

25. 规则框架是否要求采购方在准备投标书时使用标准招标/投标文件?(不计分)

    25a. 是,无一例外

    25b. 是,但有一些例外

    25c. 否

26. 这些标准招标文件是否包含可持续性条款?(26a 或 26b—良好实践)

    26a. 是,在所有示范文件中

    26b. 否,仅在某些示范文件中

26c. 所有示范文件均不包含可持续性条款

27. 规则框架是否为编制含有环保成分的投标书提供了激励措施？（是/否）

28. 规则框架是否为采购方通过采购项目实现的环境目标设定了可量化的总体目标？（是/否）

29. 规则框架是否对商品、服务和工程规定了具体的环境标准？（29a 或 29b—良好实践）

    29a. 是，所有公开招标都规定了标准

    29b. 是，一些公开招标中规定了标准

    29c. 否，仅推荐标准

    29d. 否，没有具体要求

30. 规则框架是否提供了采购方可在其投标文件中使用的公认生态标签清单？（是/否）

31. 规则框架是否鼓励需求评估纳入性别分析？（是/否）

32. 规则框架是否要求企业在投标程序中证明遵守同工同酬原则？（是/否）

33. 规则框架是否要求企业证明其遵守性别不歧视？（是/否）

34. 规则框架是否包括对违反性别平等义务的企业的排斥理由？（是/否）

35. 规则框架是否包括具有性别维度的授标标准？（是/否）

36. 根据规则框架，采购方是否需要开展市场活动在估算新采购机会的合同价值时进行分析？（36a 或 36b—良好实践）

    36a. 是，在所有公开招标中

    36b. 是，在某些公开招标中

    36c. 否

37. 根据规则框架，采购方是否需要进行可行性研究、估算新采购机会的合同价值？（37a 或 37b—良好实践）

    37a. 是，在所有公开招标中

37b. 是，在一些公开招标中

37c. 否

38. 根据规则框架，采购方在估算新采购机会的合同价值时，是否必须使用类似招标的历史数据？（38a 或 38b—良好实践）

38a. 是，在所有公开招标中

38b. 是，在一些公开招标中

38c. 否

39. 根据规则框架，投标人是否需要根据高价值项目生命周期成本原则编制标书？（39a 或 39b—良好实践）

39a. 是

39b. 否，但规则框架建议采用

39c. 否

40. 根据规则框架，投标人是否需要根据高价值项目总成本所有权原则编制标书？（40a 或 40b—良好实践）

40a. 是

40b. 否，但规则框架建议采用

40c. 否

41. 规则框架是否明确建议相较于最低价格标准，优先使用最具经济效益的投标标准？（41a—良好实践）

41a. 是，适用于所有采购程序

41b. 是，但仅限于某些采购程序

41c. 否

42. 根据规则框架，采购方是否应在招标文件中提供参考价格？（不计分）

42a. 是，适用于所有行业

42b. 是，但仅对于某些行业

42c. 否

1.3.3 采购程序的公平性

43. 在中标公告和合同签署之间是否有强制间隔期，以允许不成功的竞标者质疑这一决定？（43a—良好实践）

43a. 是，适用于所有政府采购程序

43b. 是，但仅在某些政府采购程序中

43c. 否

44. 规则框架是否规定了投标公告与提交截止日期之间的最短时间间隔？（44a—良好实践）

44a. 是，适用于所有采购程序

44b. 是，但仅限于某些采购程序

44c. 否

45. 规则框架是否禁止为规避公开招标阈值而拆分合同？（是/否）

46. 规则框架是否要求传达授标决定？（46a—良好实践）

46a. 是，所有投标人—如果被选中，得 1 分，继续下一个问题

46b. 是，仅限中标人—继续下一个问题

46c. 否，只提供授标者的姓名

46d. 规则框架不需要传达授标决定

47. 传达授标决定的要求是否适用于列出的采购方所进行的所有采购？（47a—良好实践）

47a. 是，适用于所有采购程序

47b. 否，仅适用于某些采购程序

47c. 否

48. 根据规则框架，应如何处理潜在投标人提出的澄清请求？（48a—良好实践）

48a. 要求向所有投标人传达答复

48b. 只需要将答复传达给询问投标人

48c. 法律未明确规定

49. 规则框架是否指定了一个专门和独立的机构来接收企业对您指定的采购方发布的决定提出的采购异议？（49a—良好实践）

49a. 是，专业且独立

49b. 是，专业

49c. 是，独立

49d. 否

50. 受损害的投标人是否有权对收到采购质疑的部门就质疑做出的决定提出上诉？（是/否）

51. 解决采购异议是否有任何具有法律约束力的时限？（51a—良好实践）

51a. 是，适用于所有类型的异议

51b. 是，但仅限于某些类型的异议

51c. 否

52. 对于在质疑或审查中遇到延误的受损害的投标人，是否有法律救济？（52a—良好实践）

52a. 是，适用于所有类型的异议

52b. 是，但仅限于某些类型的异议

52c. 否

1.3.4 关键采购文件的透明度

53. 根据规则框架，以下哪些文件需要公开？（是，适用于所有合同/是，低价值合同除外—良好实践）

53a. 采购计划（是，适用于所有合同/是，低价值合同除外/否）

53b. 招标公告(是,适用于所有合同/是,低价值合同除外/否)

53c. 招标文件(特定项目)(是,适用于所有合同/是,低价值合同除外/否)

53d. 授予决定(是,适用于所有合同/是,低价值合同除外/否)

53e. 合同(是,适用于所有合同/是,低价值合同除外/否)

53f. 合同修订(是,适用于所有合同/是,低价值合同除外/否)

1.3 政府合同招标			
1.3.1 准入与企业参与(包括性别)			
指标	企业灵活度分值	社会效益分值	总分
公开竞争性采购作为默认方式(5)	1	1	2
外国企业参与政府采购的限制(6、7、8 和 9)	1	1	2
国有企业及独立机构未被排除适用采购规则(4)	1	1	2
将合同分包的能力(17e)	1	1	2
规定采购方向承包商付款的法定期限(16)	1	1	2
制定框架协议的采购程序(18、19 和 20)	1	1	2
促进政府采购中的性别平等(21)	1	1	2
促进中小企业参与投标和签约的机制措施: 招标机制(10 或 12 或 13) 合同机制(11 或 14 或 15)	1 0.5 0.5	1 0.5 0.5	2 1 1
子类别 1.3.1 的总分	8	8	16
1.3.2 最佳性价比(包括性别和环境)			
指标	企业灵活度分值	社会效益分值	总分
规定了识别异常低价竞标的程序和标准(22、23)	1	1	2
指定专门的招标方式用于创新产品的采购(24)	1	1	2

（续表）

指标	企业灵活度分值	社会效益分值	总分
在标准的招标文件中纳入可持续性条款(26)	1	1	2
在招标过程中对环境考量标准的纳入予以激励(27 或 28 或 29 或 30) * 如果选择选项 29c,则部分得分为 0.5 分	1	1	2
在政府采购中纳入性别考量机制: 需求评估应包括性别分析(31) 企业表明遵守同工同酬原则(32) 企业表明遵守性别不歧视原则(33) 违反性别规则的例外理由(34) 具有性别平等方面授标标准(35)	1 0.2 0.2 0.2 0.2 0.2	1 0.2 0.2 0.2 0.2 0.2	2 0.4 0.4 0.4 0.4 0.4
运用市场方法估算合同价值(36 或 37 或 38)	1	1	2
在评标中考量总拥有成本以及生命周期成本: 总拥有成本(39) 生命周期成本(40)	1 0.5 0.5	1 0.5 0.5	2 1 1
在评标中考量最具经济效益的投标因素(41)	1	1	2
子类别 1.3.2 的总分	8	8	16
1.3.3　采购程序的公平性			
指标	企业灵活度分值	社会效益分值	总分
设定通知中标到签订合同之间的间隔期,以允许未中标的投标人提出异议(43)	1	1	2
明确规定政府采购程序的招标公告发布和提交标书截止日期之间的最短期限(44)	1	1	2
禁止拆分合同以规避公开招标阈值(45)	1	1	2
有义务将采购决定通知企业,且法律规则框架规定如何处理潜在投标人的澄清请求(46、47、48)	1	1	2

（续表）

指标	企业灵活度分值	社会效益分值	总分
建立专门的采购审查机构以及赋予投标人对授标决定提出异议申诉的权利（49、50）	1	1	2
处置异议申诉的时间限制以及逾期未处理的法律救济（51、52）	1	1	2
子类别 1.3.3 的总分	6	6	12
1.3.4 关键采购文件的透明度			
指标	企业灵活度分值	社会效益分值	总分
公布采购计划、招标公告、招标文件及授标决定（53a、53b、53c、53d）	1	1	2
公布合同及合同变更内容： 合同（53e） 合同变更（53f）	1 0.5 0.5	1 0.5 0.5	2 1 1
子类别 1.3.4 的总分	2	2	4
类别 1.3 总分	24	24	48

支柱Ⅱ　促进市场竞争的公共服务	
参数	
采购方	采购程序和管理采购过程的规则框架可能因进行采购的机构而产生差异。此参数影响法律和实践两方面的指标 政府采购类别的指标是根据过去三年采购数量确定三大采购方的基准。采购方由填写市场竞争调查问卷的私营部门专家，根据其经验和知识或根据可靠的公开数据确定

2.3　电子采购

2.3.1　采购程序的数字化（包括环境）

54. 贵经济体是否有可操作的集中电子公共采购（电子采购）平台？（是/否）

如果回答为“否”，请回答问题 58。

55. 您在问卷开头列出的所有采购方是否都使用集中电子采购平台？（不

计分）

56. 请根据集中采购平台提供的功能填写以下问题。（是，完全数字化/是，但必须提交纸质版文件/否）（是，完全数字化—良好实践）

    56a. 集中电子采购平台是否允许企业在线完成供应商注册流程？（是，完全数字化/是，但必须提交纸质版文件/否）

    56b. 集中电子采购平台是否允许企业在线获取采购机会通知？（是，完全数字化，无须注册/是，但需要注册/否）

    56c. 集中电子采购平台是否允许企业在线访问招标文件？（是，完全数字化/是，但必须要求提供一些纸质版文件/否）

    56d. 集中电子采购平台是否提供向采购方要求澄清的选项？（是，完全数字化/否，只提供电子邮件联系采购方/否）

    56e. 是否可以通过集中电子采购平台在线提交投标书的所有组成部分？（是，完全数字化/是，但必须提交纸质版文件/否）

    56f. 集中电子采购平台是否允许通过电子验证在线提交投标保证金？（是，完全数字化/是，但必须提交纸质版文件/否）

    56g. 是否可以在集中电子采购平台上在线进行开标程序？（是，完全数字化/是，但有些部分需要实体材料或处理/否）

    56h. 集中电子采购平台是否提供了一个虚拟工作区来管理招标程序，包括评估委员会成员的操作工具？（是，完全数字化/是，但评估过程的某些部分是以物理形式离线进行的/否）

    56i. 集中电子采购平台是否为通过在线方式传达的采购部门的决定（如澄清、授标、合同和其他相关阶段）提供有效的通知？（是，完全数字化/是，但必须提交纸质版文件/否）

    56j. 是否可以在集中电子采购平台上访问授标决定，包括其理由？（是，完全数字化/是，但必须要求提供纸质版文件/否）

56k. 集中电子采购平台是否允许在线提交含电子确认的履约保证书？

56l. 是否可以在集中电子采购平台上在线进行合同签署程序？（是，完全数字化/是，但必须提交纸质版文件/否）

56m. 是否可以访问在集中电子采购平台上授予的合同？（是，完全数字化/是，但必须要求提供纸质版文件/否）

56n. 是否可以在集中电子采购平台上访问合同变更内容？（是，完全数字化/是，但必须要求提供纸质版文件/否）

56o. 是否可以通过集中电子采购平台在线向采购方提交发票？（是，完全数字化/是，但必须提交纸质版文件/否）

56p. 集中电子采购平台是否包括框架协议管理模块？（是，完全数字化/是，但必须提交纸质版文件/否）

56q. 集中电子采购平台是否包括经批准的供应商的电子目录？（是，完全数字化/是，但必须提交纸质版文件/否）

56r. 集中电子采购平台是否包括绿色目录？（是，完全数字化/是，但必须提交纸质版文件/否）

56s. 集中电子采购平台是否包括电子反向拍卖模块？（是，完全数字化/是，但必须提交纸质版文件/否）

56t. 集中电子采购平台是否包括电子合同管理和实施模块？（是，完全数字化/是，但必须提交纸质版文件/否）

56u. 是否有可能通过集中电子采购平台从采购方收取付款？（是，完全数字化/是，但必须提交纸质版文件/否）

56v. 集中电子采购平台是否允许申请供应商环保认证或环保标签？（是，完全数字化/是，但必须提交纸质版文件/否）

56w. 集中电子采购平台是否提供对生态标签和环保商品和服务的规格、标准或准则的访问？（是，完全数字化/是，但必须提交纸质版文件/否）

注：b、c、j、m、n 和 w 项属于关键采购文件的透明度子类别。

57. 集中电子采购平台支持的功能是否可用于采购货物、工程和服务？（不计分）

58. 在没有集中采购平台的情况下，请提供采购方使用的任何其他电子采购平台或网站的链接。（不计分）

59. 请根据最成熟的非集中采购平台的特征完成下列问题。（是，完全数字化/是，但纸质版文件必须提交/否）（是，完全数字化—良好实践）

  59a. 电子采购平台是否允许企业在线完成供应商注册流程？（是，完全数字化/是，但必须提交纸质版文件/否）

  59b. 电子采购平台是否允许企业在线获取采购机会通知？（是，完全数字化，无须注册/是，但需要注册/否）

  59c. 电子采购平台是否允许企业在线访问招标文件？（是，完全数字化/是，但必须要求提供一些纸质版文件/否）

  59d. 电子采购平台是否提供要求采购方澄清的选项？（是，完全数字化/否，只提供电子邮件联系采购方/否）

  59e. 是否可以通过电子采购平台在线提交投标书的所有组成部分？（是，完全数字化/是，但必须提交纸质版文件/否）

  59f. 电子采购平台是否允许通过电子验证在线提交投标保证金？（是，完全数字化/是，但必须提交纸质版文件/否）

  59g. 是否可以在电子采购平台上在线进行开标程序？（是，完全数字化/是，但有些零件需要实际存在或处理/否）

  59h. 电子采购平台是否提供了一个虚拟工作区来管理招标程序，包括评估委员会成员的操作工具？（是，完全数字化/是，但评估过程的某些部分是以物理形式离线进行的/否）

  59i. 电子采购平台是否为通过在线方式传达的采购主管部门的决定（如

澄清、授予、合同和其他相关阶段）提供有效的通知？（是，完全数字化/是，但必须提交纸质版文件/否）

59j. 是否可以在电子采购平台上访问授标决定，包括其理由？（是，完全数字化/是，但必须要求提供纸质版文件/否）

59k. 电子采购平台是否允许在线提交含电子确认的履约保证书？（是，完全数字化/是，但必须提交纸质版文件/否）

59l. 是否可以在电子采购平台上在线进行合同签署程序？（是，完全数字化/是，但必须提交纸质版文件/否）

59m. 是否可以访问电子采购平台上授予的合同？（是，完全数字化/是，但必须要求提供纸质版文件/否）

59n. 是否可以在电子采购平台上访问合同变更内容？（是，完全数字化/是，但必须要求提供纸质版文件/否）

59o. 是否可以通过电子采购平台在线向采购方提交发票？（是，完全数字化/是，但必须提交纸质版文件/否）

59p. 电子采购平台是否包括框架协议管理模块？（是，完全数字化/是，但必须提交纸质版文件/否）

59q. 电子采购平台是否包括经批准的供应商的电子目录？（是，完全数字化/是，但必须提交纸质版文件/否）

59r. 电子采购平台是否包括绿色目录？（是，完全数字化/是，但必须提交纸质版文件/否）

59s. 电子采购平台是否包括电子反向拍卖模块？（是，完全数字化/是，但必须提交纸质版文件/否）

59t. 电子采购平台是否包括电子合同管理和实施模块？（是，完全数字化/是，但必须提交纸质版文件/否）

59u. 是否可以通过电子采购平台接收采购方的付款？（是，完全数字化/

是，但必须提交纸质版文件/否）

59v. 电子采购平台是否允许申请供应商环保认证或环保标签？（是，完全数字化/是，但必须提交纸质版文件/否）

59w. 电子采购平台是否提供对生态标签、环保商品和服务的规格、标准或准则的访问？（是，完全数字化/是，但必须提交纸质版文件/否）

注：b、c、j、m、n 和 w 项属于关键采购文件的透明度子类别。

2.3.2 关键采购文件的透明度（包括性别）

60. 对于以下类型的数据，请选择是否有公共数据门户提供以计算机可读格式开放访问此类信息：

60a. 投标数据（包括描述、日期、支出类别、估计价值、承包投标人的身份、权限和标识）（是/否）

60b. 供应商数据（是/否）

61. 集中电子采购平台是否收集了按性别分列的参与投标的企业数据？（不计分）

61a. 是，适用于所有企业

61b. 是，但仅适用于获得合同的企业

61c. 否，请继续回答问题 67

62. 这些数据是最近一个日历年（2022 年）的吗？（是/否）

63. 这些数据是匿名的吗？（不计分）

64. 这些数据是否在网上公开？（是/否）

65. 供应商的数据是否按性别分列？（是/否）

66. 分包商的数据是否按性别分列？（是/否）

2.3 电子采购			
2.3.1 采购程序的数字化(包括环境)			
指标	企业灵活度分值	社会效益分值	总分
注册为供应商(56a 或 59a)	1	1	2
要求采购方以电子方式做出澄清和决定公告:	1	1	2
澄清(56d 或 59d)	0.5	0.5	1
通知(56i 或 59i)	0.5	0.5	1
以电子方式提交标书(56e 或 59e)	1	1	2
以电子方式开标并采用虚拟工作空间管理招标程序:	1	1	2
开标(56m 或 59m)	0.5	0.5	1
虚拟工作区(56h 或 59h)	0.5	0.5	1
以电子方式提交投标保证金和电子确认履约保证书:	1	1	2
投标保证(56f 或 59f)	0.5	0.5	1
履约担保(56k 或 59k)	0.5	0.5	1
签订电子合同(56l 或 59l)	1	1	2
电子合同管理与实施模块(56t 或 59t)	1	1	2
以电子方式向采购方提交发票(56o 或 59o)	1	1	2
以电子方式从采购方接收付款(56u 或 59u)	1	1	2
框架协议管理模块(56p 或 59p)	1	1	2
电子反向拍卖模块(56s 或 59s)	1	1	2
经批准的供应商电子目录(56q 或 59q)	1	1	2
电子绿色目录(56r 或 59r)	1	1	2
以电子方式申请供应商环保认证或环保标签(56v 或 59v)	1	1	2
子类别 2.3.1 的总分	15	15	30

（续表）

2. 3. 2　关键采购文件的透明度(包括性别)			
指标	企业灵活度分值	社会效益分值	总分
以电子方式获取采购公告(56b 或 59b)	1	1	2
以电子方式获取招标文件(56c 或 59c)	1	1	2
以电子方式获取授标决定(包括理由)(56j 或 59j)	1	1	2
以电子方式获取合同及合同变更内容： 合同(56m 或 59m) 合同变更(56n 或 59n)	1 0. 5 0. 5	1 0. 5 0. 5	2 1 1
以电子方式获取生态标签、环保商品和服务的规格、标准或准则(56w 或 59w)	1	1	2
以计算机可读格式公布采购合同和招标的公开数据： 投标书(60a) 供应商(60b)	1 0. 5 0. 5	1 0. 5 0. 5	2 1 1
性别：公布按性别分类的投标和合同公开数据(62、64、65、66)	1	1	2
子类别 2. 3. 2 的总分	7	7	14
类别 2. 3 总分	22	22	44

支柱Ⅲ　促进市场竞争关键服务的实施

支柱Ⅲ的指标得分采用正态累积密度函数转换法计算，分值从 0 到 100 分，其中 0 和 100 分别代表可能的最低和最高得分。根据所收集数据的 5%分位数和 95%分位数确定表现最佳和最差者；但政府供应商的性别差距除外，该差距的上限固定在 50%，这表明性别平等。

支柱Ⅲ中，关于公共合同授予时间的数据是通过专家问卷收集的，前提是这五个采购程序在过去一年中是否实际实施(问题 67)。

支柱Ⅲ中,关于从政府合同收到付款的时间、企业对投标便捷性的看法以及政府供应商中的性别差距的数据是通过企业调查收集的(问题68至71)。

3.3 政府采购

3.3.1 政府合同授予所需要的时间

67. 在实践中,开标和合同签署之间通常需要多少天(即,在以下情况中,从所有投标人、参与者和相关方收到中标决定的通知,中标人可以开始执行合同的时间)?

    67a. 完成以公开程序采购的价值高于国际采购阈值的工程合同采购的天数

    67b. 完成以有限竞争的限制性程序采购的价值低于国际采购阈值的服务合同采购的天数

    67c. 完成供应商资格预审的天数

    67d. 完成电子拍卖的天数

    67e. 完成具有竞争力的第二阶段框架协议的天数

3.3.2 收到政府合同付款的时间

68. 在贵企业向有关部门提交发票后,大约需要多少天才能收到根据政府合同?(数值)

如果贵企业收到了多笔付款或获得多份合同,请提供收到最大一笔付款的时间。

3.3.3 企业对投标便捷性的看法

69. 贵企业参与某项投标的行政要求有多困难?

非常难(0);中等难(33);有点难(66);一点也不难(100)

请从为准备投标所花费的时间和资源等方面考虑。

69a. 非常难

69b. 中等难

69c. 有点难

69d. 一点也不难

70. 在过去的一年里,贵企业是否获得或可能获得政府合同?(是/否)(不计分)

3.3.4 政府供应商中的性别差距

71. 在过去三年中,贵企业是否持有政府合同?(是/否)→用于计算持有政府合同的女性所有企业的百分比,其中最高百分比得分更好(上限为50%)。

3.3 政府采购			
3.3.1 政府合同授予所需要的时间			
指标	企业灵活度分值	社会效益分值	总分
公开竞争招标中授予大型工程合同的时间(67a)	100(20%)	不适用	100(20%)
选择性招标中授予小型服务合同的时间(67b)	100(20%)	不适用	100(20%)
供应商预审时间(67c)	100(20%)	不适用	100(20%)
通过电子竞价授予合同的时间(67d)	100(20%)	不适用	100(20%)
框架协议中授予合同的时间(671e)	100(20%)	不适用	100(20%)
总分	100	不适用	100
3.3.2 收到政府合同付款的时间			
指标	企业灵活度分值	社会效益分值	总分
收到政府合同付款的时间(68)	100(100%)	不适用	100(100%)
子类别3.3.2的总分	100	不适用	100

（续表）

3.3.3　企业对投标便捷性的看法			
指标	企业灵活度分值	社会效益分值	总分
企业对满足参与招标行政要求难度的看法(69)	100(100%)	不适用	100(100%)
子类别 3.3.3 的总分	100	不适用	100
3.3.4　政府供应商中的性别差距			
指标	企业灵活度分值	社会效益分值	总分
政府供应商中的性别差距(71)	100(100%)	不适用	100(100%)
子类别 3.3.4 的总分	100	不适用	100
类别 3.3 总分	100	不适用	100

第十一章　企业破产

方法论说明

Ⅰ. 动机

淘汰缺乏生产力的企业，使无生存能力的企业高效快速退出，为更具生产力的企业让路，对经济的重振发挥着重要的周期性作用。一个高效的破产框架的目的在于确保无生存能力的企业得以迅速清算，而有生存能力的企业则可通过可持续的方式得到有效重组。当破产制度缺乏足够的工具以及时有效地处理公司的重整和清算时，这些公司的经济困境就会被放大，从而危及金融体系的稳定。[①] 在债权回收率高、解决时间更快的经济体中，正式破产程序中的重整程序通过维持企业的运营，在经济衰退期间发挥着周期性作用。[②]

研究表明，高效的破产制度在促进新公司设立、扩大私营部门规模和鼓励更多的创业活动方面发挥着作用。[③] 该作用的实现，有赖于建立以下适当的法律机制，从而发挥破产程序的周期性作用：使公司避免陷入财务困境的早期预警工具；包括债务人、债权人和其他当事人在内的所有有关各方的积极参与；在破产程序中给予债权人充分的保护；对债务人资产的有效管理。[④] 通过清退已无生产能力的企业，刺激可提高生产效率的资本重新分配，高效的破产制度可以促进就业和增长。[⑤] 破产程序效率低的经济体往往总生产率也较低，因为它们的破产程序会导致贷款人将资金分配至生产力比较低的企

---

① Becker and Oehmke (2021); Ellias, Iverson, and Roe (2020); Greenwood, Iverson, and Thesmar (2020).

② Becker and Ivashina (2021); Consolo, Malfa, and Pierluigi (2018); Menezes (2014).

③ Carcea et al. (2015); Cirmizi, Klapper, and Uttamchandani (2012); EI Ghoul, Fu, and Guedhami (2021). 一项对 29 个国家为期 19 年的破产数据的研究(Lee et al., 2011)表明，对创业者友好的破产法与以新企业进入率为衡量标准的创业发展水平之间存在显著相关性。

④ UNCITRAL Legislative Guide (2005, 9).

⑤ Bialkowski (2018); Hemingway (2020); McGowan, Andrews, and Millot (2018); Neira (2019); Polo (2011).

业并阻碍商业利益相关者进行风险管理，从而给金融体系带来了压力。①

尽管高效的破产制度发挥着至关重要的作用，但关于破产制度在世界各地运行情况的大规模、最新可比较的数据却很稀缺。营商环境成熟度项目旨在填补这一空白。

Ⅱ. 指标

企业破产主题涉及三个不同的维度（这里称为“支柱”）。它从规则层面衡量破产制度的关键性特征，并且评估与破产程序（司法服务）相关的机构和运行方面的基础设施，以及破产程序的运作效率。支柱Ⅰ评估有关破产司法程序规则的质量，它涵盖了破产规则框架的法律特征，而这些特征对结构化的债务解决程序和有效的债权人和债务人制度是必需的。支柱Ⅱ衡量破产司法程序的机构和运行方面基础设施的质量，从而评估破产解决机制的实际运行和实施破产法律框架所需的基础设施。支柱Ⅲ衡量解决法庭内清算和重整程序所需的时间和费用。每个支柱都被分为若干类别，这些类别由共同特征界定，这些特征为将它们归入特定类别提供了依据。每个类别进一步划分为若干子类别。每个子类别由若干指标组成，每项指标相应地可以有若干组成部分。每项指标被赋予相应的分数，然后汇总得出每个子类别、类别和支柱的分值。表1汇集了企业破产主题所有三个支柱及各自的类别。

表1　企业破产主题三大支柱汇总表

支柱Ⅰ　破产司法程序规则的质量（28项指标）	
1.1	破产程序的法律和程序标准（10项指标）

① ICR Standards, at introduction (World Bank, 2021). 最近一项关于意大利的研究（González-Torres and Rodano 2020）表明，回收率的提高和诉讼时间的缩短将使平均生产率提高约2%。

（续表）

1.1.1	清算和重整启动前和启动标准(5 项指标)
1.1.2	清算和重整启动后标准(5 项指标)
1.2	债务人资产和债权人对破产程序的参与(13 项指标)
1.2.1	清算和重整中债务人资产的管理与保护(包括环境)(6 项指标)
1.2.2	清算和重整中债权人的权利(包括环境)(5 项指标)
1.2.3	破产管理人的选任和罢免(2 项指标)
1.3	专门破产程序和跨境破产(5 项指标)
1.3.1	小微企业专门破产程序(3 项指标)
1.3.2	跨境破产(2 项指标)
支柱Ⅱ　破产司法程序的机构和运行方面基础设施的质量(17 项指标)	
2.1	破产程序的数字化服务(电子法院)(7 项指标)
2.1.1	清算和重整中的电子服务(4 项指标)
2.1.2	清算和重整中的电子化案件管理系统(3 项指标)
2.2	破产程序的协同性(2 项指标)
2.2.1	清算和重整中数字化服务与外部系统的可连接性(1 项指标)
2.2.2	清算和重整中电子化案件管理系统和电子申请系统的交互(1 项指标)
2.3	破产程序和破产从业人员注册信息的公开(5 项指标)
2.3.1	清算和重整的数量、用时以及破产裁判信息的公开(3 项指标)
2.3.2	破产从业人员公开注册信息的可获得性(2 项指标)
2.4	公职人员和破产管理人(3 项指标)
2.4.1	清算和重整程序管辖法院的专业性(2 项指标)
2.4.2	实践中破产管理人的专业性(1 项指标)
支柱Ⅲ　解决司法破产程序的运作效率(4 项指标)	
3.1	清算程序(2 项指标)
3.1.1	解决清算程序的时间(1 项指标)
3.1.2	解决清算程序的费用(1 项指标)
3.2	重整程序(2 项指标)
3.2.1	解决重整程序的时间(1 项指标)
3.2.2	解决重整程序的费用(1 项指标)

1. 支柱Ⅰ. 破产司法程序规则的质量

表2展示了支柱Ⅰ(即破产司法程序规则的质量)的结构。该支柱的每个类别和子类别将按照表中所示顺序进行更为详细的讨论。

表2 支柱Ⅰ 破产司法程序规则的质量

1.1	破产程序的法律和程序标准
1.1.1	清算和重整启动前和启动标准
1.1.2	清算和重整启动后标准
1.2	债务人资产和债权人对破产程序的参与
1.2.1	清算和重整中债务人资产的管理与保护(包括环境)
1.2.2	清算和重整中债权人的权利(包括环境)
1.2.3	破产管理人的选任和罢免
1.3	专门破产程序和跨境破产
1.3.1	小微企业专门破产程序
1.3.2	跨境破产

1.1 破产程序的法律和程序标准

类别1.1有2个子类别,每个子类别包含若干指标,每项指标相应地可能包含若干组成部分。

1.1.1 清算和重整启动前和启动标准

一个全面的法律框架将确保当公司面临即将破产时,管理层有明确的义务保护债权人和其他利益相关者的合法利益,并鼓励公司及时采取行动以尽量减少公司陷入财务困境的影响。[①] 同时,它将最大限度地减少债务人和债

① UNCITRAL (2021, Part IV).

权人在庭外为重组进行自愿协商（庭外重组机制）过程中的任何规则障碍。[①] 良好的国际实践表明，法律应明确规定一种具体的机制，以确定有权申请破产程序的主体，并明确申请的正式程序以及申请时间。[②] 因此，子类别 1.1.1 清算和重整前和启动标准包括 5 项指标（表 3）。

表 3　子类别 1.1.1 清算和重整启动前和启动标准

	指标	组成部分
1	公司管理层破产前义务	债务人公司的管理层有义务在可能的情况下采取合理措施避免破产，并在不可避免的情况下将其影响降至最低
2	庭外重组机制	在正式司法程序之外，允许解决破产的机制不存在任何障碍
3	正式清算程序的启动	债务人和债权人申请清算
4	正式重整程序的启动	债务人和债权人申请重整
5	正式破产程序的启动依据	存在作为启动破产程序标准的流动性测试

1.1.2　清算和重整启动后标准

在解决破产问题时，法律制度应提供充分的法律机制，以解决债权人不断地向债务人提出的集体清偿问题。为实现这一目标，需要在破产法中找到清算和重整之间的平衡，从而使清算在短期内催收债务的优势与重整对债务人企业价值的保护可以平衡。[③] 破产框架应考虑到正式破产程序中的各方参与者，确保提供最适于破解债务人财务困境的正确程序，使各方能够预见到

① Martinez (2018). 针对这一指标的目的，庭外重组机制被定义为债务人与其债权人之间达成的协议，很少或没有法院的介入，目的是减轻债务人的偿债负担，使其能够维持经营活动和价值。任何行政机构推荐的行为指引，不产生让重组机制的参与者以有法律约束力的方式遵循这些行为指引的任何预期或要求。

② World Bank (2021, Applicability and Accessibility).

③ Cirmizi, Klapper, and Uttamchandani (2012).

在破产程序中其法律权利将受到何种影响。[1] 因此,子类别 1.1.2 清算和重整启动后标准包括 5 项指标(表 4)。

表 4　子类别 1.1.2 清算和重整启动后标准

	指标	组成部分
1	要求债权人申报债权的通知	为债权人提供保障措施,以确保在清算程序期间破产管理人可以将接受或拒绝债权申报的理由通知到债权人
2	重整计划的表决规则	一个全面的重整框架包括投票安排的主要特点
3	重整计划的表决手段	一个全面的重整框架允许债权人通过电子投票的方式对重整计划进行投票
4	重整中对异议债权人的保护	一个全面的重整框架包括对异议债权人的保护等主要特征,确保他们在重整计划下获得的收益与清算中获得的一样多
5	重整程序向清算程序的转换	存在一种法律途径,允许将不成功的重整程序转化为清算程序,使破产公司有机会有效地退出市场

1.2　债务人资产和债权人对破产程序的参与

类别 1.2 有 3 个子类别,每个子类别包含若干指标,每项指标相应地可能包含若干组成部分。

1.2.1　清算和重整中债务人资产的管理与保护(包括环境)

破产程序的主要目标是实现债务人资产的最大化。[2] 因此,能够实现这种最大化的条款是设计良好的破产法律框架得以有效运作的关键。强有力

① Cirmizi, Klapper, and Uttamchandani (2012).
② UNCITRAL (2005, 10).

的破产框架能够处理任何正在进行的活动，以保全破产财产，并在清算或重整程序结束后使债权人公平受偿。[①] 破产框架的有关条款应防止债权人过早收回个别债务，并为债务人企业的继续经营、存续以及维护破产财产的增值提供必要的机制。[②] 为此，破产框架应提供以下事项的解决方案：正在进行的诉讼或索赔请求、尚未完全履行的合同以及破产程序启动后的融资行为。[③] 在破产程序期间，实施高效且透明的监管机制来管理债务人资产，可能会提高债权回收的可能性。[④] 因此，子类别 1. 2. 1 清算和重整中债务人资产的管理与保护（包括环境）包括 6 项指标（表 5）。

表 5　子类别 1. 2. 1 清算和重整中债务人资产的管理与保护（包括环境）

	指标	组成部分
1	程序自动中止	关于程序中止的全面制度的主要特点，包括时间限制
2	程序自动中止的例外和救济	关于程序中止的全面制度的主要特点，包括易贬值的资产或公共政策利益的例外情况
3	现存重要合同的延续	存在破产程序中对债务人业务至关重要的合同能被继续履行的条款
4	现存负担性资产的放弃	存在破产程序中对公司造成负担的资产能被放弃的条款
5	偏颇性交易和低估交易的撤销	存在偏颇性交易和低价交易能被撤销的条款
6	启动后信贷的可获得性及优先性	存在一种机制，允许有前景的债务人在正式破产程序启动后获得信贷，以及预先确定的这种启动后信贷对无担保债权的优先性

① UNCITRAL (2005, 12).

② UNCITRAL (2005, 86); Cirmizi, Klapper, and Uttamchandani (2012).

③ UNCITRAL (2005); Cirmizi, Klapper, and Uttamchandani (2012).

④ UNCITRAL (2005).

1.2.2 清算和重整中债权人的权利(包括环境)

债权人在债务人的业务和资产中有着重大的利益。[①] 因此,一方面要明确界定和保障债权人的权利与利益,另一方面要确保债权人代表机制是富有效率和划算的,这二者需要取得平衡。[②] 这种关系越平衡,破产程序就越成功,因为债权人配合的可能性会增大,破产程序可能被滥用的情形会面临更多的制约,从而促进破产程序的实施。[③] 因此,债权人的地位以及他们在破产程序中的待遇和必要的代表权,是这种债权人代表机制的重要组成部分。此外,优先考虑特定类型的无担保债权人(如环境或职工债权),以及存在职工债权的专门制度,早已被认为是破产程序的基本组成部分。[④] 这些指标衡量债权人是否参与破产程序中的重要决策,比如债权人代表的存在。因此,子类别 1.2.2 清算和重整中债权人的权利(包括环境)包括 5 项指标(表 6)。

表 6　子类别 1.2.2 清算和重整中债权人的权利(包括环境)

	指标	组成部分
1	债权人代表	破产程序中债权人委员会或其他债权人代表机制的存在
2	债权人的知情权	存在规定债权人有权单独或通过债权人委员会要求提供关于债务人业务和财务状况的最新信息的条款
3	担保债权的优先性	担保债权人享有绝对的优先权,以及在环境或职工债权等公共利益方面的特定无担保债权人的优先权
4	职工债权和环境债权的优先性	
5	职工债权的专门制度	破产程序中存在基于劳工标准的专门制度

① UNCITRAL (2005).
② UNCITRAL (2005); Tomasic (2007).
③ UNCITRAL (2005); Tomasic (2007).
④ ILO (1949, 2020); Inacio (2020).

1.2.3 破产管理人的选任和罢免

一个有效的破产框架应确保破产管理人的选择标准客观、明确。重要的是，破产管理人必须具备相应的资质，拥有充足的知识、经验和内在素质（如公平公正）。这不仅可以保证破产程序的有效和高效进行，还可以确保破产制度本身的可信性。[①] 破产管理人在破产法有效和高效实施方面发挥着核心作用，对债务人及其资产拥有一定的权力，并有责任保护这些资产及其价值。破产管理人必须客观地考虑债权人和职工的利益，并确保有效和公正地适用法律。因此，子类别 1.2.3 破产管理人的选任和罢免包括 2 项指标（表 7）。

表 7　子类别 1.2.3 破产管理人的选任和罢免

	指标	组成部分
1	破产管理人的资格要求	规则框架中存在对破产管理人的资格要求
2	取消资格的情形	规则框架中存在取消破产管理人资格的情形

1.3 专门破产程序和跨境破产

类别 1.3 有 2 个子类别，每个子类别包含若干指标，每项指标相应地可能包含若干组成部分。

1.3.1 小微企业专门破产程序

针对小微企业的退出渠道如果缺乏吸引力，甚至可能会阻碍许多企业家创业。当小微企业债务人启动破产程序时，公司已经无法生存，这将导致价值损失，不利于公司的保全，伤害了法律程序的确定性。[②] 因此，效率低下的

① UNCITRAL (2005).
② IMF (2014).

破产框架也可能不利于推动创业。[①] 良好的破产实践提倡针对小微企业提供专门化或者简易破产程序。[②] 因此，子类别 1.3.1 小微企业专门破产程序包括 3 项指标（表 8）。

表 8　子类别 1.3.1 小微企业专门破产程序

	指标	组成部分
1	可获得性和资格	破产法律中存在针对小微企业的简易破产机制
2	程序的可转换性	存在规定如下可能性的机制：在简易重整程序期间的任何时候，如果主管机关确定债务人无偿债能力且不存在可行的重整前景，则可终止该程序并转换为清算
3	债务解除	存在简易清算程序中快速批准债务解除的条款

1.3.2　跨境破产

一个全面的跨国界破产框架是实现以下目标的关键，如提高有关贸易和投资方面的法律的确定性，实现债务人的资产价值最大化，促进对陷入财务困境企业的救助，从而保护投资和维持就业。[③] 该指标衡量是否建立了跨境破产的法律框架，并承认外国程序。因此，子类别 1.3.2 跨境破产包括 2 项指标（表 9）。

表 9　子类别 1.3.2 跨境破产

	指标	组成部分
1	法律框架的存在和对域外破产程序的认可	存在承认域外破产程序的机制
2	与域外法院和破产管理人开展合作的法律框架	存在与域外法院和破产管理人合作的法律机制

---

① Guerra-Martinez（2021）.

② Guerra-Martinez（2021）.

③ UNCITRAL（2013）.

2. 支柱Ⅱ. 破产司法程序的机构和运行方面基础设施的质量

表 10 展示了支柱Ⅱ(即破产司法程序的机构和运行方面基础设施的质量)的结构。该支柱的每个类别和子类别将按照表中所示顺序进行更为详细的讨论。

表 10　支柱Ⅱ 破产司法程序的机构和运行方面基础设施的质量

2.1	破产程序的数字化服务(电子法院)
2.1.1	清算和重整中的电子服务
2.1.2	清算和重整中的电子化案件管理系统
2.2	破产程序的协同性
2.2.1	清算和重整中数字化服务与外部系统的可连接性
2.2.2	清算和重整中电子化案件管理系统和电子申请系统的交互
2.3	破产程序和破产从业人员注册信息的公开
2.3.1	清算和重整的数量、用时以及破产裁判信息的公开
2.3.2	破产从业人员公开注册信息的可获得性
2.4	公职人员和破产管理人
2.4.1	清算和重整程序管辖法院的专业性
2.4.2	实践中破产管理人的专业性

2.1　破产程序的数字化服务(电子法院)

类别 2.1 有 2 个子类别,每个子类别包含若干指标,每项指标相应地可能包含若干组成部分。

2.1.1　清算和重整中的电子服务

法院的自动化提高了效率和透明度,同时也减少了管理成本。飞速发展的信息通信技术(ICT)为显著改善司法管理带来了新的机遇。信息通信技术的发展推动了全球的司法行政部门重新思考它们目前的职能以及活动，网络服务的可获得性、在线申请的使用、法律文件的电子交换以及成文法和判例法的在线可查仅是一些示例。[①] 信息通信技术的使用可以用于提升效率、可访问性、及时性、透明度以及问责制，从而帮助司法人员提供适当的服务。[②] 另外，使用网络拍卖可能增加参与竞拍的人数，从而可能提高被拍卖资产价值的回收率。[③] 因此，子类别 2. 1. 1 清算和重整中的电子服务包括 4 项指标(表 11)。

表 11　子类别 2. 1. 1 清算和重整中的电子服务

	指标	组成部分
1	电子申请	存在全面运行的在线申请系统
2	法院费用的电子支付	存在电子支付系统，以及供法官、律师、破产管理人使用的功能良好的案件管理系统
3	网络拍卖	可以进行在线拍卖
4	在线庭审	可以进行在线庭审

2. 1. 2　清算和重整中的电子化案件管理系统

电子化案件管理指的是通过一个数字化的系统平台，在法院内以电子方式分配案件，使用软件以确保法官的选择是随机的。同时，法院受理的案件可以在该平台进行跟踪，该平台可以提供案件的相关日期、专家证人申请、卷宗归档以及包括最终裁决在内的法院各项通告等相关信息。电子化案件管理系统也包括案件处理情况的报告。[④] 通过电子化案件管理系统，法官、律师以及破产管理人可以跟踪案件的状态、审理日期、专家咨询(如有)以及最终

---

① UNCITRAL (2005); Zorza (2013).

② Cabral (2012); Frade (2020).

③ Frade (2020).

④ Frade (2020); Cordella (2019).

的法院裁决，使得电子案件管理系统成为法院自动化的一部分。因此，子类别 2.1.2 清算和重整中的电子化案件管理系统包括 3 项指标（表 12）。

表 12　子类别 2.1.2 清算和重整中的电子化案件管理系统

	指标	组成部分
1	法官和律师的电子化案件管理	破产程序中存在供破产从业人员、法官使用的案件管理系统，通过该系统可以实现即时发送及接收通知的电子化、完成申请程序的电子化、查阅法庭指令及决定的电子化
2	破产管理人的电子化案件管理	破产程序中存在供破产管理人使用的案件管理系统
3	破产程序状态的电子化监测	破产程序的各方参与者以电子化方式追踪案件状态的可能性

2.2　破产程序的协同性

类别 2.2 有 2 个子类别，每个子类别分别包含 1 项指标。

2.2.1　清算和重整中数字化服务与外部系统的可连接性

公共部门的协同性通过促进企业与行政部门的互动，减少了企业的时间与成本。确保不同的信息技术系统、装置或软件应用可以互通、无缝地交换及使用彼此间的数据是极为重要的。[①] 例如，法官能够验证企业登记、债务登记、土地权利登记等，通过评估申请破产企业的财务及经营情况来决定是清算或重整。这一子类别衡量破产程序是否纳入电子政务服务，以及其与其他机构（包括商业/企业登记机构、执法机构）及破产程序利益相关者之间的交互性。因此，子类别 2.2.1 清算和重整中数字化服务与外部系统的可连接性

① World Bank (2022).

包括 1 项指标(表 13)。

表 13　子类别 2.2.1 清算和重整中数字化服务与外部系统的可连接性

	指标	组成部分
1	与外部系统的协同性	与其他专业机构交换数据信息,以提高司法效率

2.2.2　清算和重整中电子化案件管理系统和电子申请系统的交互

这一子类别衡量供破产律师、破产法官和破产管理人使用的电子案件管理系统是否存在且运行良好。同时,它也衡量电子案件管理系统的交互性,即该系统可以通知破产程序的各方,可以转化数据,从而使得数据不被局限于某一对外隔离的系统中。相互连通使得司法管理更加高效。① 因此,子类别 2.2.2 清算和重整中电子化案件管理系统和电子申请系统的交互包括 1 项指标(表 14)。

表 14　子类别 2.2.2 清算和重整中电子化案件管理系统和电子申请系统的交互

	指标	组成部分
1	案件管理系统与电子申请系统的交互	案件管理系统之间数据的交换或传输,使其能够协调运作,而终端使用者无需进行额外操作

2.3　破产程序和破产从业人员注册信息的公开

类别 2.3 有 2 个子类别,每个子类别包含若干指标,每项指标相应地可能

① Cordella (2019).

包含若干组成部分。

2.3.1 清算和重整的数量、用时以及破产裁判信息的公开

破产程序中有关数量、持续时间及类型的数据是经济体引入改革以及为公共政策设计提供信息的关键基准。公开所有层级法院的裁决也被视为国际公认的良好实践。[①] 就破产而言,鉴于破产法是一部比较新的法律,公开这些裁决可以提供法律上的指引。同时,公开裁决还可以提高透明度和可信度。此类司法裁决的数据库也可以进一步提升法官和律师的专业性。拥有大量的相关判例可以使得相关主体更好地理解这一法律领域的具体情况,追踪目前的趋势,研判可能的风险并考虑如何规避这些风险。[②] 因此,子类别 2.3.1 清算和重整的数量、用时以及破产裁判信息的公开包括 3 项指标(表 15)。

表 15 子类别 2.3.1 清算和重整的数量、用时以及破产裁判信息的公开

	指标	组成部分
1	破产程序裁判的公开	公众是否可获知破产程序相关的裁判
2	破产程序数量和类型数据的公开	公众是否可以获知每一年度经济体中破产程序的数量和类型的数据
3	破产程序平均用时数据的公开	公众是否可以获知破产程序平均用时的数据

2.3.2 破产从业人员公开注册信息的可获得性

存在一个能够登记所有正在进行的破产程序相关信息的破产登记系统,包括但不限于债务人信息、程序阶段信息以及破产从业人员信息,对破产程

① Garrido (2019).
② Byfield (2011).

序中的利益相关方获取相关信息至关重要。[1] 因此，子类别 2.3.2 破产从业人员公开注册信息的可获得性包括 2 项指标（表 16）。

表 16　子类别 2.3.2 破产从业人员公开注册信息的可获得性

	指标	组成部分
1	破产从业人员注册信息的可获得性	是否有可供公众获取的破产从业员的登记册和/或有资质提供破产服务的企业的登记册，以及该登记册是否通过官方公报、报纸、互联网或法院网站向公众公布
2	破产从业人员注册信息的公开	公众是否可以获取破产从业人员注册信息

2.4　公职人员和破产管理人

类别 2.4 有 2 个子类别，每个子类别包含若干指标，每项指标相应地可能包含若干组成部分。

2.4.1　清算和重整程序管辖法院的专业性

由于破产案件尤为复杂，涉及众多利益相关方，包括数量众多且类型多样的债权人、破产管理人、破产从业人员以及面临财务困境的债务人，能够处理商法、破产法、证券法或知识产权法等领域复杂法律问题的专业法院是非常重要的。法官在处理破产案件时需要一些特定的技能。例如，为了能够成功地执行重整程序，法官须具有良好的会计和财务技能。因此，破产法官的任命须建立在其对债务人的财产状况有着充分理解的优势和能力的基础上，而这样的技能是一般的商事法官所不具有的。专门法院也可以改善银行的信贷决策、加快程序的推进以及制定更加可靠

① Loubser (2007).

的决策。[①] 因此,子类别 2.4.1 清算和重整程序管辖法院的专业性包括 2 项指标(表 17)。

表 17　子类别 2.4.1 清算和重整程序管辖法院的专业性

	指标	组成部分
1	破产程序管辖法院的专业性	存在具有专门破产专业知识的法院、审判庭或合议庭
2	破产程序管辖法院的可运行性	具有专门破产专业知识的法院或商业法院的法官/审判庭/合议庭是可运行的。如果法院在实践中运作,则法院是可运行的

2.4.2　实践中破产管理人的专业性

许多破产程序的复杂性使得破产管理人更需要具备适当的资质,其不仅需要具备法律方面的知识(不仅是破产法,还包括相关的商法、金融法和企业法),还需要在商业和财务事务方面(包括会计)具备足够的经验。[②] 因此,子类别 2.4.2 实践中破产管理人的专业性包括 1 项指标(表 18)。

表 18　子类别 2.4.2 实践中破产管理人的专业性

	指标	组成部分
1	实践中破产管理人的资格要求	任命破产管理人应具备的资格要求的落实

3. 支柱Ⅲ.解决司法破产程序的运作效率

表 19 展示了支柱Ⅲ(即解决司法破产程序的运作效率)的结构。该支柱的每个类别和子类别将按照表中所示顺序进行更为详细的讨论。

---

① Iverson et al. (2018).

② UNCITRAL (2005).

表 19　支柱Ⅲ 解决司法破产程序的运作效率

3.1	清算程序
3.1.1	解决清算程序的时间
3.1.2	解决清算程序的费用
3.2	重整程序
3.2.1	解决重整程序的时间
3.2.2	解决重整程序的费用

3.1　清算程序

类别 3.1 有 2 个子类别,各包括 1 项指标。

3.1.1　解决清算程序的时间

子类别 3.1.1 解决清算程序的时间包括 1 项指标(表 20)。

表 20　子类别 3.1.1 解决清算程序的时间

	指标	组成部分
1	解决法庭内清算程序的时间	解决清算程序的时间以日历月为单位,从申请之日起计算,直至向债权人支付部分或全部所欠款项

3.1.2　解决清算程序的费用

计算成本收益的破产程序可以鼓励低效企业的退出,鼓励更大的创业活动和新企业的创建。[1] 这项计算成本收益的测评可以作为评估司法破产程序运作效率的一种适当手段。因此,子类别 3.1.2 解决清算程序的费用包括 1

① Cirmizi, E., L. Klapper, and M. Uttamchandani (2012).

项指标(表21)。

表21　子类别3.1.2 解决清算程序的费用

	指标	组成部分
1	解决法庭内清算程序的费用	整个程序的总费用(包括债权人和债务人发生的费用)按假定的公司价值的百分比记录,其中包括法院费用、律师费用、破产管理人费用以及其他费用(拍卖费、会计师费和其他杂费)

3.2　重整程序

类别3.2有2个子类别,各包括1项指标。

3.2.1　解决重整程序的时间

重组和企业解散的时间过长是触发企业价值减损的关键因素。[①] 因此,子类别3.2.1解决重整程序的时间包括1项指标(表22)。

表22　子类别3.2.1 解决重整程序的时间

	指标	组成部分
1	解决法庭内重整程序的时间	解决重整程序的时间以日历月为单位,从申请之日起计算,直至重整计划获得批准

3.2.2　解决重整程序的费用

子类别3.2.2解决重整程序的费用包括1项指标(表23)。

① Kruczalak-Jankowska J., M. Maśnicka, and A. Machnikowska (2020).

表 23　子类别 3.2.2 解决重整程序的费用

	指标	组成部分
1	解决法庭内重整程序的费用	整个程序的总费用(包括债权人和债务人发生的费用)按假定的公司价值的百分比记录,其中包括法院费用、律师费、破产管理人费用以及其他费用(拍卖费、会计师费和其他杂费)

Ⅲ. 数据来源

4.1　数据收集来源

支柱Ⅰ、Ⅱ、Ⅲ的数据通过咨询私营部门的专家来收集。私营部门的专家包括破产从业人员和精通公司法或商法的律师,他们必须在公司破产程序方面拥有实践经验,并对每个经济体的破产法律框架有着相应的了解。

4.2　专家的筛选和选择

企业破产主题设有一份问卷。参与该问卷调查的专家通过一份筛选问卷协助选定,筛选问卷的设定标准详见表 24。

表 24　专家筛选问卷和受访者标准

相关专家的职业
律师、法官和其他相关行业(包括但不限于书记员、破产公职管理人、破产管理人等)
相关专业领域
公司破产、公司法、商法、程序法
评估专家在商业破产方面的知识和经验
过去三年内,基于已结案和/或正在进行案件,拥有涉及公司债务人或债权人的正式司法程序(清算或重组)经验,特别是涉及内资小微企业的经验 鼓励拥有联合国贸易法委员会《破产法立法指南》和世界银行《关于有效破产与债权人/债务人制度的准则》基本框架方面的经验或知识 鼓励拥有处理破产领域内环境债务方面的经验或知识 鼓励是特定司法管辖区内在线法院服务和平台的积极使用者,假设这些功能已经具备,并全面运行

因此,筛选问卷提供的信息将使团队更好地了解专家的行业、专业领域、与公司破产法律制度和实践相关的知识或经验。

Ⅳ. 参数

为确保各经济体之间专家咨询数据的可比性,企业破产主题使用了特定参数。参数是对破产法律和破产实践的具体特征所做的假设。为确保在各经济体之间,主管法院及其所在地(在最大商业城市中对破产案件有管辖权的法院)、债务人(公司类型、规模、财务状况和债权人数量)的具体衡量标准具有可比性,给企业破产主题设定特定的参数也是必要的。

5.1 通用参数

企业破产主题无适用于所有支柱的通用参数。

5.2 特定参数

企业破产主题采用了两个特定参数。其一适用于支柱Ⅱ和支柱Ⅲ的主管法院及其所在地,其二仅适用于支柱Ⅲ的债务人公司。

5.2.1 主管法院及其所在地

理由:

为确保不同经济体之间的可比性,界定主管法院是至关重要的,因为它对破产程序的启动和实施确立了相同级别的管辖权。从世界范围内的司法管辖权来看,初审或一审的主管法院最具有可比性;二审法院的管辖权通常取决于法律框架和有关管辖权的性质,这使得数据分析无法做到全面和一致。此外,由于每个经济体内可能存在中央层级以下的各种破产程序管辖权,此处假定的主管法院是以该经济体的最大商业城市作为判断属地管辖权的主要标准。

应用：

此参数适用于支柱Ⅱ、支柱Ⅲ的所有指标。例如，假定了对解决破产争议拥有管辖权的主管法院，就确立了支柱Ⅱ衡量的提供公共服务的机构。在各经济体之间，提供这些公共服务的最相关机构必须以尽可能一致和统一的方式确定，以便在与电子法院相关的指标之间，或在与测评专门的破产法院或商事法院的法官/合议庭/审判庭相关的指标之间，具有可比性。此外，与位于最大商业城市的主管法院有关的假定，也适用于评估支柱Ⅲ所衡量的法庭内清算和重整程序的效率，因为它允许在程序层面上标准化，以衡量此类程序的时间和费用。

5.2.2 债务人公司

理由：

有限责任公司是世界上最普遍的公司经营形态。有限责任公司还可以保护其成员的个人资产免于遭受与该公司有关的法律索赔。在其他的企业类型中，成员和/或合伙人承担个人责任，这将导致个体和/或个人破产，这超出了营商环境成熟度项目所测评的企业破产范围。只关注有限责任公司，可以使债权人和债务人之间的关系仅在企业破产框架内进行审查，而不涉及其他形式的责任。

应用：

企业破产主题假设债务人是在每个经济体中最大商业城市内经营的内资有限责任公司。该公司有两名均为金融机构的担保债权人和主要包括供应商、税务机关和员工的无担保债权人。公司的市场价值根据人均国民总收入（图表集法）的 150 倍设定，为一家中型企业。公司持续经历负现金流，预计将出现负净资产和经营亏损的情况。公司债务的价值超过其资产的价值，并且其担保债权人和无担保债权人的债务到期时发生违约。建立一个具有非常具体特征的标准化债务人公司,是在衡量破产程序的时间和费用时保持可比性的唯一方法。建立债务人公司特征的假定仅在支柱Ⅲ中使用。例如,该假定分别用于评估清算和重整的时间和费用。同样,设定公司价值的假定在计算费用时也起着核心作用,因为相关问题是以公司价值的百分比来表示的。

V. 主题评分

企业破产主题有三个支柱：支柱Ⅰ破产司法程序规则的质量;支柱Ⅱ破产司法程序的机构和运行方面基础设施的质量;支柱Ⅲ解决司法破产程序的运作效率。每个支柱的总分进一步调整为 0 至 100 的数值,随后汇总为主题总得分。每个支柱各占主题总得分的三分之一。表 25 展示了对企业破产主题的评分。这些分数区分了对企业的利益(作为企业灵活度分值)和对社会更广泛的效益(作为社会效益分值)。有关进一步的评分细节,请参见本节补充的附件 A。

表 25　总分值概览

支柱编号	支柱名称	指标数量	分值			调整后分值(0—100)	权重
			企业灵活度分值	社会效益分值	总分		
Ⅰ	破产司法程序规则的质量	28	27	24	51	100	0.33
Ⅱ	破产司法程序的机构和运行方面基础设施的质量	17	17	17	34	100	0.33
Ⅲ	解决司法破产程序的运作效率	4	100	不适用	100	100	0.33

译者说明：支柱Ⅰ的企业灵活度分值原文为 28,社会效益分值原文为 25,总分原文为 53。从表 26、本节附件 A 中支柱Ⅰ的总分来看,上述原文存在笔误,数值应分别为 27、24、51。

6.1 支柱Ⅰ破产司法程序规则的质量

支柱Ⅰ涵盖28项指标，总分51分（企业灵活度27分，社会效益24分）（表26）。该支柱下每个类别的评分如下：

6.1.1 破产程序的法律和程序标准

涵盖10项指标，最高总分20分（企业灵活度10分，社会效益10分）。具体来说，清算和重整启动前和启动标准子类别有5项指标，清算和重整启动后标准子类别有5项指标。一个具备如下特征的完整破产标准，既有利于企业（企业灵活度），又有利于社会（社会效益）：在申请正式程序之前解决关键的问题，为启动正式破产程序设定清晰标准，并确保在清算和重整程序之间取得适当的平衡，所有程序都被清晰地界定。

6.1.2 债务人资产和债权人对破产程序的参与

涵盖13项指标，最高总分23分（企业灵活度12分，社会效益11分）。具体来说，清算和重整中债务人资产的管理与保护（包括环境）子类别有6项指标，清算和重整中债权人的权利（包括环境）子类别有5项指标，破产管理人的选任和罢免子类别有另外2项指标。在这一类别下，大部分得分都在企业灵活度和社会效益之间平均分配，除了程序自动中止和现存负担性资产的放弃指标[①]，这些指标不涉及社会效益，因此仅根据企业灵活度进行评分。此外，职工债权的专门制度指标仅对社会效益进行评分。一个具备如下特征的破产规则框架，对企业和整个社会都是有利的：在破产程序中促进债务人资产的最大化，同时为在破产程序中对企业资产拥有不同利益的所有利益相关者提供保障。

---

① 从表格5和问卷问题24的评分表来看，此处原文的"负担性合同"为笔误，已删除。——译者注

6.1.3 专门破产程序和跨境破产

涵盖5项指标,最高总分8分(企业灵活度5分,社会效益3分)。具体来说,小微企业专门破产程序子类别有3项指标,跨境破产子类别有2项指标。在这一类别下,小微企业专门破产程序的计分平均分配在企业灵活度和社会效益之间,因为这一专门机制将为企业提供高效和低成本的破产程序(企业灵活度),并通过为小微企业提供另一种法律途径,提高案件处理数量方面的司法效率(社会效益)。

表26 支柱Ⅰ总分值

支柱Ⅰ	破产司法程序规则的质量	指标数量	企业灵活度分值	社会效益分值	总分	调整后分值
1.1	破产程序的法律和程序标准	10	10	10	20	30.00
1.1.1	清算和重整启动前和启动标准	5	5	5	10	15.00
1.1.2	清算和重整启动后标准	5	5	5	10	15.00
1.2	债务人资产和债权人对破产程序的参与	13	12	11	23	50.00
1.2.1	清算和重整中债务人资产的管理与保护(包括环境)	6	6	4	10	20.00
1.2.2	清算和重整中债权人的权利(包括环境)	5	4	5	9	20.00
1.2.3	破产管理人的选任和罢免	2	2	2	4	10.00
1.3	专门破产程序和跨境破产	5	5	3	8	20.00
1.3.1	小微企业专门破产程序	3	3	3	6	10.00
1.3.2	跨境破产	2	2	不适用	2	10.00
	总计	28	27	24	51	100.00

6.2 支柱Ⅱ 破产司法程序的机构和运行方面基础设施的质量

支柱Ⅱ涵盖17项指标,总分34分(企业灵活度17分,社会效益17分)

(表27)。该支柱下每个类别的评分如下：

6.2.1 破产程序的数字化服务(电子法院)

涵盖7项指标,最高总分14分(企业灵活度7分,社会效益7分)。具体来说,清算和重整中的电子服务子类别有4项指标,清算和重整中的电子化案件管理系统子类别有3项指标。在这一类别下,得分在企业灵活度和社会效益之间平均分配。

6.2.2 破产程序的协同性

涵盖2项指标,最高总分4分(企业灵活度2分,社会效益2分)。具体来说,清算和重整中数字化服务与外部系统的可连接性子类别包括1项指标,清算和重整中电子化案件管理系统和电子申请系统的交互子类别包括另1项指标。

6.2.3 破产程序和破产从业人员注册信息的公开

涵盖5项指标,最高总分10分(企业灵活度5分,社会效益5分)。具体来说,清算和重整的数量、用时以及破产裁判信息的公开子类别有3项指标,破产从业人员公开注册信息的可获得性子类别有2项指标。

6.2.4 公职人员和破产管理人

涵盖3项指标,最高总分6分(企业灵活度3分,社会效益3分)。具体来说,清算和重整程序管辖法院的专业性子类别有2项指标,实践中破产管理人的专业性子类别有1项指标。一个专门的破产法院和实践中对破产管理人资格要求的落实既有利于企业(企业灵活度),又促进了更广泛的公共利益(社会效益)。因此,这2个层面的计分是相等的。

表 27　支柱Ⅱ总分值

支柱Ⅱ　破产司法程序的机构和运行方面基础设施的质量		指标数量	企业灵活度分值	社会效益分值	总分	调整后分值
2.1	破产程序的数字化服务（电子法院）	7	7	7	14	40.00
2.1.1	清算和重整中的电子服务	4	4	4	8	20.00
2.1.2	清算和重整中的电子化案件管理系统	3	3	3	6	20.00
2.2	破产程序的协同性	2	2	2	4	20.00
2.2.1	清算和重整中数字化服务与外部系统的可连接性	1	1	1	2	10.00
2.2.2	清算和重整中电子化案件管理系统和电子申请系统的交互	1	1	1	2	10.00
2.3	破产程序和破产从业人员注册信息的公开	5	5	5	10	20.00
2.3.1	清算和重整的数量、用时以及破产裁判信息的公开	3	3	3	6	10.00
2.3.2	破产从业人员公开注册信息的可获得性	2	2	2	4	10.00
2.4	公职人员和破产管理人	3	3	3	6	20.00
2.4.1	清算和重整程序管辖法院的专业性	2	2	2	4	10.00
2.4.2	实践中破产管理人的专业性	1	1	1	2	10.00
	总计	17	17	17	34	100.00

6.3　支柱Ⅲ 解决司法破产程序的运作效率

支柱Ⅲ涵盖4项指标，分值从0分至100分不等（表28）。这个支柱下的指标得分仅分配给企业灵活度，因为这些指标衡量解决法庭内企业清算和重整程序的时间和费用。例如，解决清算程序的高费用和长时间，对企业产生不利影响,从而妨碍了企业灵活度。

如果一个经济体在过去三年中没有完成(结案)涉及公司债务人的司法重组或司法清算程序案件,则该经济体将获得“无实践”标记,并且不会在特定程序的时间和成本指标上得分。

6.3.1 清算程序

涵盖 2 项指标,最高总分 50 分。具体来说,解决清算程序的时间子类别有 1 项指标,解决清算程序的费用子类别有 1 项指标。

6.3.2 重整程序

涵盖 2 项指标,最高总分 50 分。具体来说,解决重整程序的时间子类别有 1 项指标,解决重整程序的费用子类别有 1 项指标。

表 28 支柱Ⅲ总分值

支柱Ⅲ	解决司法破产程序的运作效率	指标数量	调整后分值
3.1	清算程序	2	50.00
3.1.1	解决清算程序的时间	1	25.00
3.1.2	解决清算程序的费用	1	25.00
3.2	重整程序	2	50.00
3.2.1	解决重整程序的时间	1	25.00
3.2.2	解决重整程序的费用	1	25.00
	总计	4	100.00

参考文献 I

B. Becker and V. Ivashina. 2021. "Corporate Insolvency Rules and Zombie Lending." Unpublished.

B. Becker and M. Oehmke. 2021. "Preparing for the Post-Pandemic Rise in Corporate Insolvencies." *ASC Insight No. 2*, European Systemic Risk Board, Frankfurt.

M. Bialkowski. 2018. "International Insolvency Proceedings-Desired Directions of Change and Implementation." *Service Management Journal* 6: 37 – 42.

P. Byfield. 2011. "The Publication of Commercial Court Decisions in the Western Commonwealth of Independent States." In *Law in Transition* 2011*: Towards Better Courts*. London: EBRD (European Bank for Reconstruction and Development).

J. E. Cabral, A. Chavan, T. M. Clarke, J. Greacen, B. R. Hough, L. Rexer, J. Ribadeneyra, and R. Zorza. 2012. "Using Technology to Enhance Access to Justice." *Harvard Journal of Law & Technology* 26 (1, Fall): 243 – 324.

M. C. Carcea, D. Ciriac, C. Cuerpo Caballero, D. Lorenzani, and P. Pontuch. 2015. "The Economic Impact of Rescue and Recovery Frameworks." European Commission Discussion Paper 2015 – 004, Directorate-General for Economic and Financial Affairs, European Commission.

E. Cirmizi, L. Klapper, and M. Uttamchandani. 2012. "The Challenges of Bankruptcy Reform." *World Bank Research Observer* 27 (2): 185 – 203.

A. Consolo, F. Malfa, and B. Pierluigi. 2018. "Insolvency Frameworks and Private Debt: An Empirical Investigation." Working Paper 2189, European Central Bank, Frankfurt.

S. EI Ghoul, Z. Fu, and O. Guedhami. 2021. "Zombie Firms: Prevalence, Determinants, and Corporate Policies." *Finance Research Letters* 411 (July): 101876.

J. Ellias, B. Iverson, and M. Roe. 2020. "Estimating the Need of Additional Bankruptcy Judges in Light of the COVID – 19 Pandemic." *Harvard Business Law Review* 11(online).

C. Frade, P. Fernando, and A. Conceição. 2020. "The Performance of the Courts in the Digital Era: The Case of Insolvency and Restructuring Proceedings."

International Insolvency Review 29 (3): 346 – 359.

J. Garrido, Bergthaler, W., DeLong, C., Johnson. J., Rasekh A., Rosha, A. and Stetsenko, N., "The Use of Data in Assessing and Designing Insolvency System." Working Paper. IMF (International Monetary Fund). 2019. Washington, DC.

G. González-Torres and G. Rodano. 2020. "Court Efficiency and Aggregate Productivity: The Credit Channel." Bank of Italy Working Paper No. 1287, Bank of Italy, Rome.

R. Greenwood, B. Iverson, and D. Thesmar. 2020. "Sizing Up Corporate Restructuring in the COVID Crisis." *Brookings Papers on Economic Activity* (2): 391 – 451.

A. Gurrea-Martinez. 2021. "Implementing an Insolvency Framework for Micro and Small Firms." *International Insolvency Review* 30 (S1): S46 – S66.

B. Hemingway. 2020. "Macroeconomic Implications of Insolvency Regimes." Bank of Lithuania Working Paper No. 77/2020, Bank of Lithuania, Vilnius, Lithuania.

ILO (International Labour Organization). 1949. "Convention Concerning the Protection of Wages of the International Labour Organization (ILO)." Entered into force: September 24, 1952.

ILO. 2020. "Protection of Worker's Wage Claims in Enterprise Insolvency." Factsheet, May 18, 2020.

IMF (International Monetary Fund). 2014. *Global Financial Stability Report, April 2014: Moving from Liquidity to Growth-Driven Markets*. Washington, DC: IMF.

E. Inacio. 2020. "When Environment Meets Insolvency." Technical Insight. *Eurofenix* Winter 2019/20: 14 – 15.

B. C. Iverson, J. Madsen, W. Wang, and Q. Xu. 2018. "Learning by Doing: Judge Experience and Bankruptcy Outcomes." https://doi.org/10.2139/ssrn.3084318.

J. Kruczalak-Jankowska, M. Maśnicka, and A. Machnikowska. 2020. "The Relation between Duration of Insolvency Proceedings and their Efficiency." *International Insolvency Review* 29 (3, Winter): 379 – 392.

S. Lee, Y. Yasuhiro, M. W. Peng, and J. B. Barney. 2011. "How Do Bankruptcy Laws Affect Entrepreneurship Development around the World?" *Journal of Business Venturing* 26 (5): 505 – 520.

B. Li and J. Ponticelli. 2020. "Going Bankrupt in China." NBER Working Paper 27501, National Bureau of Economic Research, Cambridge, MA.

A. Loubser. 2007. "An International Perspective on the Regulation of Insolvency Practitioners." *SA Mercantile Law Journal* 19 (2).

A. Martinez. 2018. "Importance of Legal aspects of NPL Resolution." World Bank Group.

M. A. McGowan, D. Andrews, and V. Millot. 2018. "The Walking Dead? Zombie Firms and Productivity Performance in OECD Countries." *Economic Policy* 33: 685 – 736.

A. Menezes. 2014. "Debt Resolution and Business Exit: Insolvency Reform for Credit, Entrepreneurship, and Growth." World Bank Group Knowledge Note, World Bank, Washington, DC.

J. Neira. 2019. "Bankruptcy and Cross-Country Differences in Productivity." *Journal of Economic Behavior & Organization* 157 (C): 359 – 381.

A. Polo. 2011. "Preservation of Value, Conflict of Interests and Reputation in a 'Contractualist' Bankruptcy System." Paper delivered at Reputation Symposium 2011 at the Oxford University Centre for Corporate Reputation.

F. Robert-Tissot. 2012. "The Effects of a Reorganization on (Executory) Contracts: A Comparative Law and Policy Study [United States, France, Germany and Switzerland]." International Insolvency Institute.

G. Rodano, N. Serrano-Velarde, and E. Tarantino. 2016. "Bankruptcy Law and Bank Financing." *Journal of Financial Economics* 120 (2): 363 – 382.

R. Tomasic. 2007. "Creditor Participation in Insolvency Proceedings." In *Asian Insolvency Systems: Closing the Implementation Gap*. Organisation for Economic Co-operation and Development (OECD).

UNCITRAL (United Nations Commission on International Trade Law). 2005. *Legislative Guide on Insolvency Law* (UNCITRAL Legislative Guide). New York.

UNCITRAL. 2013. *Model Law on Cross-Border Insolvency with Guide to Enactment and Interpretation*. UNCITRAL, Vienna.

M. Velicogna. 2007. "Justice Systems and ICT — What Can Be Learned from Europe?" *Utrecht Law Review* 3 (1): 129 – 147.

World Bank. 2021. *Principles for Effective Insolvency and Creditor/Debtor Regimes* (ICR Standards). Washington, DC: World Bank.

World Bank. 2022. "Interoperability: Towards a Data-Driven Public Sector." World

Bank Group, Washington, DC.
R. Zorza. 2013. "Principles and Best Practices for Access-Friendly Court Electronic Filing." Electronic Filing and Access to Justice Best Practices Project.

附件 A　企业破产评分表

本文件概述了企业破产主题的评分方法。每项指标被赋予了企业灵活度分值和/或社会效益分值，文件就每项指标的详细评分进行了说明，并对相关背景文献进行了注释。

支柱 I　破产司法程序规则的质量					
1.1　破产程序的法律和程序标准					
1.1.1　清算和重整启动前和启动标准					
指标	企业灵活度分值	社会效益分值	总分	调整后分值	背景文献
公司管理层破产前义务	1	1	2	3.00	Menezes, Mocheva, and Shankar（2020）; Menezes et al.（2022）; UNCITRAL（2021）
庭外重组机制	1	1	2	3.00	Dancausa, Muro, and Uttamchandani（2020）; Martínez（2018）; Menezes et al.（2022）; WB-ICR Task Force（2022）
正式清算程序的启动	1	1	2	3.00	Faber et al.（2012）; UNCITRAL（2005）; World Bank Group（2021）
正式重整程序的启动	1	1	2	3.00	Faber et al.（2012）; UNCITRAL（2005）; World Bank Group（2021）

（续表）

指标	企业灵活度分值	社会效益分值	总分	调整后分值	背景文献
正式破产程序的启动依据	1	1	2	3.00	Faber et al.（2012）；UNCITRAL（2005）；World Bank Group（2021）
子类别 1.1.1 的总分	5	5	10	15.00	
1.1.2　清算和重整启动后标准					
要求债权人申报债权的通知	1	1	2	3.00	Fletcher（2017）；UNCITRAL（2005）；World Bank Group（2021）
重整计划的表决规则	1	1	2	3.00	Fletcher（2017）；UNCITRAL（2005）；World Bank Group（2021）
重整计划的表决手段	1	1	2	3.00	Fletcher（2017）；UNCITRAL（2005）；World Bank Group（2021）
重整中对异议债权人的保护	1	1	2	3.00	Fletcher（2017）；UNCITRAL（2005）；World Bank Group（2021）
重整程序向清算程序的转换	1	1	2	3.00	Fletcher（2017）；UNCITRAL（2005）；World Bank Group（2021）
子类别 1.1.2 的总分	5	5	10	15.00	
类别 1.1 的总分	10	10	20	30.00	

（续表）

1.2　债务人资产和债权人对破产程序的参与					
1.2.1　清算和重整中债务人资产的管理与保护(包括环境)					
指标	企业灵活度分值	社会效益分值	总分	调整后分值	背景文献
程序自动中止	1	不适用	1	2.00	Fletcher（2017）；UNCITRAL（2005）；World Bank Group（2021）
程序自动中止的例外和救济	1	1	2	4.00	Fletcher（2017）；UNCITRAL（2005）；World Bank Group（2021）
现存重要合同的延续	1	1	2	4.00	Fletcher（2017）；UNCITRAL（2005）；World Bank Group（2021）
现存负担性资产的放弃	1	不适用	1	2.00	Fletcher（2017）；UNCITRAL（2005）；World Bank Group（2021）
偏颇性交易和低估交易的撤销	1	1	2	4.00	Fletcher（2017）；UNCITRAL（2005）；World Bank Group（2021）
启动后信贷的可获得性及优先性	1	1	2	4.00	Clift（2011）；UNCITRAL（2005）；World Bank Group（2021）
子类别 1.2.1 的总分	6	4	10	20.00	
1.2.2　清算和重整中债权人的权利(包括环境)					
债权人代表	1	1	2	4.44	Block-Lieb（2013）；Tomasic（2007）；UNCITRAL（2005）；World Bank Group（2021）

（续表）

指标	企业灵活度分值	社会效益分值	总分	调整后分值	背景文献
债权人的知情权	1	1	2	4.44	Block-Lieb（2013）；Tomasic（2007）；UNCITRAL（2005）；World Bank Group（2021）
担保债权的优先性	1	1	2	4.44	Block-Lieb（2013）；Tomasic（2007）；UNCITRAL（2005）；World Bank Group（2021）
职工债权和环境债权的优先性	1	1	2	4.44	ILO（2020）；Inacio et al.（2020）
职工债权的专门制度	不适用	1	1	2.22	ILO（2020）
子类别 1.2.2 的总分	4	5	9	20.00	
1.2.3　破产管理人的选任和罢免					
破产管理人的资格要求	1	1	2	5.00	Feiden and Wielenberg（2017）；UNCITRAL（2005）；World Bank Group（2021）
取消资格的情形	1	1	2	5.00	Feiden and Wielenberg（2017）；UNCITRAL（2005）；World Bank Group（2021）
子类别 1.2.3 的总分	2	2	4	10.00	
类别 1.2 的总分	12	11	23	50.00	
1.3　专门破产程序和跨境破产					
1.3.1　小微企业专门破产程序					
可获得性和资格	1	1	2	3.33	Gurrea-Martinez（2021）；IMF（2021）；UNCITRAL（2021，2022a）；World Bank Group（2021）
程序的可转换性	1	1	2	3.33	Gurrea-Martinez（2021）；IMF（2021）；UNCITRAL（2021，2022a）；World Bank Group（2021）

（续表）

指标	企业灵活度分值	社会效益分值	总分	调整后分值	背景文献
债务解除	1	1	2	3.33	Gurrea-Martinez（2021）；IMF（2021）；UNCITRAL（2021，2022a）；World Bank Group（2021）
子类别 1.3.1 的总分	3	3	6	10.00	
1.3.2　跨境破产					
法律框架的存在和对域外破产程序的认可	1	不适用	1	5.00	UNCITRAL（2014）；World Bank Group（2021）
与域外法院和破产管理人开展合作的法律框架	1	不适用	1	5.00	UNCITRAL（2014）；World Bank Group（2021）
子类别 1.3.2 的总分	2	不适用	2	10.00	
类别 1.3 的总分	5	3	8	20.00	
支柱 Ⅰ 的总分	27	24	51	100.00	

支柱Ⅱ　破产司法程序的机构和运行方面基础设施的质量					
2.1　破产程序的数字化服务（电子法院）					
2.1.1　清算和重整中的电子服务					
指标	企业灵活度分值	社会效益分值	总分	调整后分值	背景文献
电子申请	1	1	2	5.00	Cabral et al.（2012）；CEPEJ（2021a，2021b）；Cordella et al.（2020）；Frade et al.（2020）；UNCITRAL（2021）；World Bank Group（2021）；Zorza（2013）

（续表）

指标	企业灵活度分值	社会效益分值	总分	调整后分值	背景文献
法院费用的电子支付	1	1	2	5.00	Cabral et al.（2012）；CEPEJ（2021a，2021b）；Cordella et al.（2020）；Frade et al.（2020）；UNCITRAL（2021）；World Bank Group（2021）；Zorza（2013）
网络拍卖	1	1	2	5.00	Cabral et al.（2012）；CEPEJ（2021a，2021b）；Cordella et al.（2020）；Frade et al.（2020）；UNCITRAL（2021）；World Bank Group（2021）；Zorza（2013）
在线庭审	1	1	2	5.00	Cabral et al.（2012）；CEPEJ（2021a，2021b）；Cordella et al.（2020）；Frade et al.（2020）；UNCITRAL（2021）；World Bank Group（2021）；Zorza（2013）
子类别 2.1.1 的总分	4	4	8	20.00	
2.1.2　清算和重整中的电子化案件管理系统					
法官和律师的电子化案件管理	1	1	2	6.66	CEPEJ（2021a，2021b）；Cordella et al.（2020）；Frade et al.（2020）；UNCITRAL（2021）；World Bank Group（2021）；Zorza（2013）
破产管理人的电子化案件管理	1	1	2	6.66	CEPEJ（2021a，2021b）；Cordella et al.（2020）；Frade et al.（2020）；UNCITRAL（2021）；World Bank Group（2021）；Zorza（2013）

（续表）

指标	企业灵活度分值	社会效益分值	总分	调整后分值	背景文献
破产程序状态的电子化监测	1	1	2	6.66	CEPEJ（2021a，2021b）；Frade et al.（2020）；INSOL International（2019）；OECD（2020）；UNCITRAL（2021）；World Bank Group（2021）
子类别 2.1.2 的总分	3	3	6	20.00	
子类别 2.1 的总分	7	7	14	40.00	
2.2　破产程序的协同性					
2.2.1　清算和重整中数字化服务与外部系统的可连接性					
与外部系统的协同性	1	1	2	10.00	Cordella（2019）；World Bank Group（2022）
子类别 2.2.1 的总分	1	1	2	10.00	
2.2.2　清算和重整中电子化案件管理系统和电子申请系统的交互					
案件管理系统和电子申请系统的交互	1	1	2	10.00	Cordella（2019）；World Bank Group（2022）
子类别 2.2.2 的总分	1	1	2	10.00	
类别 2.2 的总分	2	2	4	20.00	
2.3　破产程序和破产从业人员注册信息的公开					
2.3.1　清算和重整的数量、用时以及破产裁判信息的公开					
破产程序裁判的公开	1	1	2	3.33	Byfield（2011）；CEPEJ（2021a，2021b）；Garrido（2019）；INSOL International（2019）；OECD（2020）；UNCITRAL（2021）；World Bank Group（2021）

（续表）

指标	企业灵活度分值	社会效益分值	总分	调整后分值	背景文献
破产程序数量和类型数据的公开	1	1	2	3.33	Garrido（2019）；INSOL International（2019）；OECD（2020）；UNCITRAL（2021）；World Bank Group（2021）
破产程序平均用时数据的公开	1	1	2	3.33	Garrido（2019）；UNCITRAL（2021）；World Bank Group（2021）
子类别 2.3.1 的总分	3	3	6	10.00	
2.3.2　破产从业人员公开注册信息的可获得性					
破产从业人员注册信息的可获得性	1	1	2	5.00	Loubser（2007）；UNCITRAL（2021）；World Bank Group（2021）
破产从业人员注册信息的公开	1	1	2	5.00	Loubser（2007）；UNCITRAL（2021）；World Bank Group（2021）
子类别 2.3.2 的总分	2	2	4	10.00	
类别 2.3 的总分	5	5	10	20.00	
2.4　公职人员和破产管理人					
2.4.1　清算和重整程序管辖法院的专业性					
专门法院的专业性	1	1	2	5.00	Anderson，Bernstein and Gray（2005）；Detotto，Serra and Vannini（2019）；Iverson et al.（2018）；Rodano，Serrano-Velarde and Tarantino（2016）；Visaria（2009）

（续表）

指标	企业灵活度分值	社会效益分值	总分	调整后分值	背景文献
破产程序管辖法院的可运行性	1	1	2	5.00	World Bank（2022）
子类别 2.4.1 的总分	2	2	4	10.00	
2.4.2　实践中破产管理人的专业性					
实践中破产管理人的资格要求	1	1	2	10.00	Fieden and Wielenberg（2017）；UNCITRAL（2021）；World Bank Group（2021）
子类别 2.4.2 的总分	1	1	2	10.00	
类别 2.4 的总分	3	3	6	20.00	
支柱Ⅱ的总分	17	17	34	100.00	

支柱Ⅲ　解决司法破产程序的运作效率					
3.1　清算程序					
3.1.1　解决清算程序的时间					
指标	企业灵活度分值	社会效益分值	总分	调整后分值	背景文献
解决法庭内清算程序的时间	100	不适用	100	25.00	Cirmizi，Klapper and Uttanchandani（2012）；Kruczalak-Jankowska，Maśnicka and Machnikowska（2020）
子类别 3.1.1 的总分	100	不适用	100	25.00	

（续表）

指标	企业灵活度分值	社会效益分值	总分	调整后分值	背景文献
3.1.2　解决清算程序的费用					
解决法庭内清算程序的费用	100	不适用	100	25.00	Cirmizi, Klapper and Uttanchandani（2012）；Kruczalak-Jankowska，Maśnicka and Machnikowska（2020）
子类别 3.1.2 的总分	100	不适用	100	25.00	
类别 3.1 的总分	100	不适用	100	50.00	
3.2　重整程序					
3.2.1　解决重整程序的时间					
解决法庭内重整程序的时间	100	不适用	100	25.00	Kruczalak-Jankowska，Maśnicka and Machnikowska（2020）；World Bank Group（2010）
子类别 3.2.1 的总分	100	不适用	100	25.00	
3.2.2　解决重整程序的费用					
解决法庭内重整程序的费用	100	不适用	100	25.00	Kruczalak-Jankowska，Maśnicka and Machnikowska（2020）；World Bank Group（2010）
子类别 3.2.2 的总分	100	不适用	100	25.00	
类别 3.2 的总分	100	不适用	100	50.00	
支柱Ⅲ的总分	100	不适用	100	100.00	

如果一个经济体在过去三年中没有完成（结案）涉及公司债务人的司法重组或司法清算程序案件，则该经济体将获得“无实践”标记，并且不会在特定程序的时间和成本指标上得分。

参考文献 II

J. Anderson, D. Bernstein, and C. Gray. 2005. *Judicial System in Transition Economies: Assessing the Past, Looking to the Future*. Washington, DC: World Bank.

S. Block-Lieb, J. Alexander, and E. Kovalenko. 2013. "Representing the Interests of Unsecured Creditors: A Comparative Look at UNCITRAL's Legislative Guide on Insolvency Law." Chapter 11 in *International Insolvency Law*, 1st edition. London: Routledge.

P. Byfield. 2011. "The Publication of Commercial Court Decisions in the Western Commonwealth of Independent States." In *Law in Transition 2011: Towards Better Courts*. London: EBRD (European Bank for Reconstruction and Development).

J. E. Cabral, A. Chavan, T. M. Clarke, J. Greacen, B. R. Hough, L. Rexer, J. Ribadeneyra, and R. Zorza. 2012. "Using Technology to Enhance Access to Justice." *Harvard Journal of Law & Technology* 26 (1, Fall): 243 – 324.

CEPEJ (European Commission for the Efficiency of Justice). 2021a. "Guidelines on Electronic Court Filing (e-filing) and Digitalization of Courts." Document adopted at the 37th plenary meeting of the CEPEJ, Strasbourg and online, 8 and 9 December 2021.

CEPEJ. 2021b. "Guidelines on Videoconferencing in Judicial Proceedings." Document adopted by the CEPEJ at its 36th plenary meeting (June 2021).

E. Cirmizi, L. Klapper, and M. Uttamchandani. 2012. "The Challenges of Bankruptcy Reform." *World Bank Research Observer* 27 (2): 185 – 203.

A. Cordella and F. Contini. 2020. *Digital Technologies for Better Justice: A Toolkit for Action*. Washington, DC: Inter-American Development Bank.

F. Dancausa, S. Muro, and M. Uttamchandani. 2020. *COVID – 19 Outbreak: Corporate Insolvency: How Can Out-of-Court Workouts Help?* Guidance Notes on the COVID – 19 Pandemic. Washington, DC: World Bank Group.

C. Detotto, L. Serra, and M. Vannini. 2019. "Did Specialized Courts Affect the Frequency of Business Bankruptcy Petitions in Spain?" *European Journal of Law and Economics* 47: 125 – 145.

D. Faber, N. Vermunt, J. Kilborn, and T. Richter, eds. 2012. *Commencement of*

Insolvency Proceedings. Oxford International and Comparative Insolvency Law Series. Oxford University Press.

M. Fieden and E. Wielenberg. 2017. "Insolvency Administrator's Incentives and the Tradeoff between Creditor Satisfaction and Efficiency in Bankruptcy Procedures." *Business Research* 10 (2, October): 159 – 187.

I. Fletcher. 2017. *The Law of Insolvency*. Thomson Reuters.

C. Frade, P. Fernando, and A. Conceição. 2020. "The Performance of the Courts in the Digital Era: The Case of Insolvency and Restructuring Proceedings." *International Insolvency Review* 29 (3): 346 – 359.

J. Garrido, W. Bergthaler, C. DeLong, J. Johnson, A. Rasekh, A. Rosha, and N. Stetsenko. "The Use of Data in Assessing and Designing Insolvency System." Working Paper. IMF (International Monetary Fund). 2019. Washington, DC.

M. García-Posada. 2021. "Insolvency Institutions, Pledgeable Assets, and Efficiency." *Journal of Legal Studies* 50 (2): 331 – 378.

A. Gurrea-Martinez et al. 2021. "Implementing an Insolvency Framework for Micro and Small Firms." *International Insolvency Review* 30 (S1): S46 – S66.

ILO (International Labour Organization). 2020. "Protection of Worker's Wage Claims in Enterprise Insolvency." Factsheet, May 18, 2020.

International Monetary Fund (IMF). 2021. "Insolvency Prospects among Small and Medium Enterprises in Advanced Economies: Assessment and Policy Options." IMF Staff Discussion Note 2021/002, International Monetary Fund, Washington, DC.

E. Inacio. 2020. "When Environment Meets Insolvency." Technical Insight. *Eurofenix* Winter 2019/20: 14 – 15.

INSOL International. 2019. *The Role of Artificial Intelligence (AI) and Technology in Global Bankruptcy and Restructuring Practices*. Special Report. London: INSOL International.

B. C. Iverson, J. Madsen, W. Wang, and Q. Xu. 2018. "Learning by Doing: Judge Experience and Bankruptcy Outcomes." https://doi.org/10.2139/ssrn.3084318.

J. Kruczalak-Jankowska, M. Maśnicka, and A. Machnikowska. 2020. "The Relation between Duration of Insolvency Proceedings and their Efficiency." *International Insolvency Review* 29 (3, Winter): 379 – 392.

L. Klapper. 2011. "Saving Viable Businesses: The Effect of Insolvency Reform."

Viewpoint: Public Policy for the Private Sector, Note No. 328. World Bank, Washington, DC.

B. Li and J. Ponticelli. 2020. "Going Bankrupt in China." NBER Working Paper 27501, National Bureau of Economic Research, Cambridge, MA.

A. Loubser. 2007. "An International Perspective on the Regulation of Insolvency Practitioners." *SA Mercantile Law Journal* 19 (2).

A. Martinez. 2018. "Importance of Legal aspects of NPL Resolution." World Bank Group.

A. P. Menezes, S. J. Brodie, A. Gropper, and M. Uttamchandani. 2022. "A Toolkit for Corporate Workouts." Washington, DC: World Bank Group.

A. Menezes, N. Mocheva, and S. Shankar. 2020. "'Under Pressure': Integrating Online Dispute Resolution Platforms into Preinsolvency Processes and Early Warning Tools to Save Distressed Small Businesses." *Vilkapa* 45 (2). https://doi.org/10.1177/02560909209418.

OECD (Organisation for Economic Co-operation and Development). 2020. "The OECD Digital Government Policy Framework: Six Dimensions of a Digital Government." OECD Public Governance Policy Papers. OECD Publishing.

G. Rodano, N. Serrano-Velarde, and E. Tarantino. 2016. "Bankruptcy Law and Bank Financing." *Journal of Financial Economics* 120 (2): 363-382.

N. Tollenar. 2019. *Pre-Insolvency Proceedings: A Normative Foundation and Framework.* Oxford International and Comparative Insolvency Law Series. Oxford University Press.

UNCITRAL (United Nations Commission on International Trade Law). 2005. *Legislative Guide on Insolvency Law*, Parts I and II. New York.

UNCITRAL. 2014. *Model Law on Cross-Border Insolvency with Guide to Enactment and Interpretation.*

UNCITRAL. 2020. *Legislative Guide on Insolvency Law*: Part IV.

UNCITRAL. 2021. *Legislative Recommendations on Insolvency of Micro- and Small Enterprises.*

UNCITRAL. 2022. *Legislative Guide on Insolvency Law for Micro- and Small Enterprises.*

S. Visaria. 2009. "Legal Reform and Loan Repayment: The Microeconomic Impact of Debt Recovery Tribunals in India." *American Economic Journal: Applied Economics* 1 (3): 59-81.

World Bank Group. 2021. *Principles for Effective Insolvency and Creditor/Debtor*

Regimes. Washington, DC: World Bank Group.

World Bank-ICR Task Force. 2022. Workouts in the World Bank Principles for Effective Insolvency and Creditor/Debtor Regimes. Background Paper for the World Bank-ICR Task Force Meeting. World Bank.

World Bank. 2022. Interoperability: Towards a Data-Driven Public Sector, Washington, DC: World Bank.

R. Zorza. 2013. "Principles and Best Practices for Access-Friendly Court Electronic Filing." Electronic Filing and Access to Justice Best Practices Project.

附件 B　企业破产注释问卷

附件 B 包括企业破产术语表和附带注释的调查问卷。注释问卷提供了每项指标与相应问题之间的一一对应关系。

术语表

企业破产：债务人公司通常无法偿还其到期债务和/或其负债超过其资产价值的状态。

债务解除：解除债务人对在破产程序中已经处分或可能处分的债务所承担的责任。

破产管理人：在破产程序中被授权管理、指导、监督或监测对破产财产的重整或清算的个人或机构(包括临时任命的)。

破产程序：法院监督之下的重整或清算的集体程序。

法律框架：适用于特定司法辖区内破产程序的全部规则，包括法律、法规和规章。

清算：将破产债务人的资产集中并出售的一种程序，以解散公司并将收益分配给其债权人。清算可能包括债务人资产的分批出售，或将债务人资产的全部或大部分作为持续经营实体而出售。“清算”一词仅指正式的法庭内破产程序，不包括公司的自愿解散。

庭外解决方案：债务人与其债权人之间达成的协议，很少或没有法院的介入，目的是减轻债务人的偿债负担，使其能够维持经营活动和价值。任何行政机构推荐的行为指引，不产生让解决方案的参与者以具有法律约束力的方式遵循这些行为指引的任何预期或要求。

破产前程序：在法院或行政机关监督下进行的公开集体程序，使陷入财务困境的债务人有机会在破产前阶段进行挽救、调整债务偿还、重整或清算，以避免启动正式破产程序。债务人的资产和业务活动可能受到法院的控制或监督，也可准予暂时中止诉讼程序。

破产程序启动后信贷：在破产程序启动后，现有或新债权人向破产公司提供新的资金，支持该公司在破产过程中持续经营。

债权顺序：在破产程序完成后清偿债权的顺序。

重整：根据重整计划恢复债务人企业的财务状况和生存能力的集体程序，使企业能够作为持续经营实体而继续经营，包括债务减免、债务重新安排、债转股和整体（或部分）营业出售。“重整”一词专指适用于所有商业债务人的正式法庭内程序，不包括债务偿还安排和与债权人达成的庭外协议。

重整计划：一种可以使债务人的财务状况和企业生存能力得以恢复的计划。

担保债权：在债务人违约的情况下，以一项设定了担保的权益作为债务履行保障的一种债权。

程序中止：为阻止针对债务人的资产、权利、义务或债务而采取的司法、行政或其他个别行动（包括使针对第三方的担保权益生效或强制执行担保权益的行动）被启动或为暂停该等行动而实施的措施。该程序亦可阻止以下行动：针对破产财产的强制执行；终止与债务人的合同；以及转让、抵押或以其他方式处置破产财产的任何资产或权利。

企业破产问卷

下面的表格列出了每个支柱下的所有指标（包括其组成部分，如适用），并在括号内标明了相应的问题编号。为了方便参考，每个表格前都列出了问题。

对于以“是/否”回答的问题，回答为“是”即得分，并被视为良好实践；如特别标明“是/否;否—良好实践”,则“否”意味着良好实践。

在接下来的表格中,“和”表示所有提及问题的答案必须均为良好实践,才能获得指标的分数。

在接下来的表格中,“或”表示一个或多个提及问题的答案,只要一个为良好实践,即可获得指标的分数。

某些问题标记为“不计分”,意味着它们不会以任何方式影响得分。设计这些问题的目的,是为后续年度的问题设计提供更多的信息和改进的建议,并且在必要时,为已经计分的问题提供进一步的信息和实证基础。

支柱 I　破产司法程序规则的质量

1.1　破产程序的法律和程序标准

1.1.1　清算和重整启动前和启动标准

1. 法律框架是否建立一种机制,直接规定债务人公司管理层在临近破产期间负有义务,以避免公司破产和/或在破产无法避免时将破产程度最小化?(是/否)
2. 法律框架是否建立一种机制或程序,在法院系统和/或正式的司法破产程序之外,无阻碍或无障碍地实施基于合同的庭外解决方案,以与部分或全部债权人重组企业债务?(是/否)
3. 在[经济体]法律框架下,重整程序是否受到法律规制?(是/否)
4. 在法律框架下,债务人公司能够申请法庭内重整程序吗?(是/否)
5. 在法律框架下,单个债权人能够申请法庭内重整程序吗?(是/否)
6. 在法律框架下,债务人公司能够申请法庭内清算程序吗?(是/否)
7. 在法律框架下,单个债权人能够申请法庭内清算程序吗?(是/否)
8. 在法律框架下,流动性测试是否是启动破产程序的依据?(是/否)

1.1.2 清算和重整启动后标准

9. 法律框架是否规定，在破产程序开始时，每个债权人都将及时收到一份要求其申报债权的通知，具体说明债权的依据和数额？（是/否）
10. 在法律框架下，债权人是否有权依据各自的权利被划分成不同组别，对重整计划进行投票？（是/否）
11. 在法律框架下，每一组别债权人是否单独对重整计划进行投票？（是/否）
12. 在法律框架下，同一组别的债权人在重整计划下是否能获得相同的待遇？（是/否）
13. 法律框架是否允许债权人以电子方式对重整计划投票？（是/否）
14. 法律框架是否明确要求，重整计划必须载明异议债权人的预期回报至少将等同于他们在清算中可以获得的回报？（是/否）
15. 法律框架是否规定重整程序向清算程序的转换？（是/否）

1.1 破产程序的法律和程序标准			
1.1.1 清算和重整启动前和启动标准			
指标	企业灵活度分值	社会效益分值	总分
公司管理层破产前义务(1)	1	1	2
庭外重组机制(2)	1	1	2
债务人启动正式破产程序： 法庭内清算(4) 法庭内重整(6)	1 0.50 0.50	1 0.50 0.50	2 1 1
债权人启动正式破产程序： 法庭内清算(5) 法庭内重整(7)	1 0.50 0.50	1 0.50 0.50	2 1 1
正式破产程序的启动依据(8)	1	1	2
总分	5	5	10

（续表）

1.1.2　清算和重整启动后标准			
指标	企业灵活度分值	社会效益分值	总分
要求债权人申报债权的通知(9)	1	1	2
重整计划的表决规则： 债权人被分为不同组别(10) 每一组别单独投票(11) 同一组别债权人给予相同待遇(12) 只有问题10、11、12的答案为"是"，才能获得满分	1	1	2
重整计划的表决手段(13)	1	1	2
重整中对异议债权人的保护(14)	1	1	2
重整程序向清算程序的转换(15)	1	1	2
总分	5	5	10

注：若存在组成部分，则会分配相应的分数。例如，如果同时选择6a、6b和6c，则分配1分。

1.2　债务人资产和债权人对破产程序的参与

1.2.1　清算和重整中债务人资产的管理与保护(包括环境)

16. 法律框架是否规定程序自动中止？(是/否)

17. 法律框架是否规定程序中止的确切生效时间(包括程序中止的生效时间及失效时间)？(是/否)

18. 法律框架是否规定程序中止的例外情况？(是/否)

如果回答为"是"，请继续回答余下问题。

如果回答为"否"，则问题19至20得分均为0分。

19. 问题18提及的自动中止的例外情况是否包括基于公共政策利益的例外情况，例如阻止破坏环境或其他有害公众健康和安全的行为？(是/否)

20. 问题18提及的自动中止的例外情况是否包括任何防止滥用权利的行为，例如利用破产程序掩盖非法行为？(是/否)

21. 法律框架是否规定，担保财产的价值因破产程序启动而减少时，有担保的

债权人获得对程序中止的救济？（是/否）

22. 法律框架是否规定，担保财产并非重整程序所必需或担保财产并非清算程序中营业整体出售所必需时，有担保的债权人获得对程序中止的救济？（是/否）

23. 破产程序启动后，法律框架是否明确允许债务人公司继续履行现有的对债务人正常经营至关重要的合同？（是/否）

24. 法律框架是否明确允许可以放弃或处置履行成本高于收益的负担性资产？（是/否）

25. 法律框架是否明确规定偏颇性交易无效（或作废/终止），这些交易发生在债务人已经资不抵债时，导致债权人获得的债务人资产超过其按比例应获得的份额，或者这些交易导致债务人资不抵债？（是/否）

26. 法律框架是否明确规定低估交易无效（或作废/终止），这些交易发生在债务人已经资不抵债时，以低于市场价值或免费的方式进行，或者这些交易导致债务人资不抵债？（是/否）

27. 法律框架是否明确规定在破产程序启动后债务人可能获得信贷（启动后信贷），以满足破产程序期间持续经营的资金需求 ？（是/否）

28. 法律框架是否规定启动后信贷对于普通无担保债权的优先性？（是/否）

1.2.2 清算和重整中债权人的权利（包括环境）

29. 破产程序中，法律框架是否要求设立债权人委员会或其他债权人代表机构？（是/否）

30. 法律框架是否规定债权人有权单独或通过债权人委员会或其他形式的债权人代表机构，获得有关债务人业务和财务状况的最新信息？（是/否）

31. 担保债权人是否对其设定了担保的财产享有对所有其他债权人的绝对优先性？（是/否）

32. 职工债权是否优先于普通无担保债权？（是/否）

33. 环境债权是否优先于普通无担保债权？（是/否）[①]

34. 破产法或劳动法的法律框架是否有处理破产程序中职工债权保护的专门制度？（是/否）

1.2.3 破产管理人的选任和罢免

35. 法律框架是否规定了破产管理人任命的资格要求？（是/否）

36. 法律框架是否规定了破产管理人可能被从案件中取消资格的情形？（是/否）

1.2 债务人资产和债权人对破产程序的参与			
1.2.1 清算和重整中债务人资产的管理与保护（包括环境）			
指标	企业灵活度分值	社会效益分值	总分
程序自动中止（16 和 17）	1	不适用	1
程序自动中止的例外和救济（18、19、20、21 和 22） 若在 19、20、21 或 22 中至少有两个答案选择“是”，可得满分	1	1	2
现存重要合同的延续（23）	1	1	2
现存负担性资产的放弃（24）	1	不适用	1
偏颇性交易和低估交易的撤销： 偏颇性交易（25） 低估交易（26）	1 0.50 0.50	1 0.50 0.50	2 1 1
启动后信贷的可获得性及优先性： 启动后信贷的可获得性（27） 启动后信贷在财产分配时对普通无担保债权的优先性（28）	1 0.50 0.50	1 0.50 0.50	2 1 1
总分	6	4	10

① 此处存在笔误，原文为“是否优先于以下债权”，为 2023 年 5 月版方法论问卷问题 33 的表述。结合上下文和 2024 年 10 月政府问卷，此处应为“是否优先于普通无担保债权”。——译者注

（续表）

1.2.2　清算和重整中债权人的权利（包括环境）			
指标	企业灵活度分值	社会效益分值	总分
债权人代表（29）	1	1	2
债权人的知情权（30）	1	1	2
担保债权的优先性（31）	1	1	2
职工债权和环境债权的优先性： 职工债权的优先性（32） 环境债权的优先性（33）	1 0.50 0.50	1 0.50 0.50	2 1 1
职工债权的专门制度（34）	不适用	1	1
总分	4	5	9
1.2.3　破产管理人的选任和罢免			
指标	企业灵活度分值	社会效益分值	总分
破产管理人的资格要求（35）	1	1	2
取消资格的情形（36）	1	1	2
总分	2	2	4

1.3　专门破产程序和跨境破产

1.3.1　小微企业专门破产程序

37. 法律框架是否规定小微企业专门（简易）破产程序？（是/否）

38. 法律框架是否规定在简易清算程序中债务解除应当被快速批准？（是/否）

39. 法律框架是否规定在简易重整程序的任何阶段，如果主管机关确定债务人资不抵债并且没有重整前景，则将程序转换为清算的可能性？（是/否）

1.3.2　跨境破产

40. 法律框架是否建立了跨境破产规则？（是/否）

如果回答为“是”，请回答问题 41、42。

如果回答为“否”，则问题41至42得分均为0。[①]

41. 法律框架是否规定了认可境外破产程序的具体程序？（是/否）

42. 法律框架是否规定了在跨境破产程序中法院和破产管理人的合作？（是/否）

1.3　专门破产程序和跨境破产			
1.3.1　小微企业专门破产程序			
指标	企业灵活度分值	社会效益分值	总分
可获得性和资格(37)	1	1	2
程序的可转换性(38)	1	1	2
债务解除(39)	1	1	2
总分	3	3	6
1.3.2　跨境破产			
指标	企业灵活度分值	社会效益分值	总分
法律框架的存在和对境外破产程序的认可(40和41)	1	不适用	1
与域外法院和破产管理人开展合作的法律框架(42)	1	不适用	1
总分	2	不适用	2

支柱Ⅱ　破产司法程序的机构和运行方面基础设施的质量	
参数	
主管法院及其所在地	最大(全国人口最多的)城市。地理位置决定对破产程序的启动和运行拥有管辖权的主管法院。主管法院是在最大城市中对于清算或重整破产程序拥有管辖权的初级法院或一审法院

2.1　破产程序的数字化服务(电子法院)

2.1.1　清算和重整中的电子服务

43. 实践中，是否可以通过电子方式申请启动破产程序？（是/否）

① 原文存在笔误。——译者注

43.1. 纸质副本是否必须随同最初的申请书一并提交?(是/否)

44. 实践中,是否可以通过电子方式支付破产程序中的法院费用?(是/否)

44.1. 实践中,是否需要与银行、法院或邮局进行物理上的交互,才能完成电子支付?(是/否)

45. 在线庭审能否在相关法院进行?(是/否)

46. 网络拍卖是否在相关法院进行?(是/否)

46.1. 实物/现场拍卖是否必须与网络拍卖同步进行?(是/否)

2.1.2 清算和重整中的电子化案件管理系统

是否设有功能齐全的电子化案件管理系统可供下列破产程序的参与者使用?(问题 47 至 50)

47. 法官(是/否)

48. 律师(是/否)

49. 破产管理人(是/否)

50. 债权人和债务人是否能以电子方式监测破产程序的进展状态?(是/否)

2.1 破产程序的数字化服务(电子法院)			
2.1.1 清算和重整中的电子服务			
指标	企业灵活度分值	社会效益分值	总分
电子申请(43) 若电子申请服务没有运行,则该项不得分。若问题 43.1 的回答为“是”,则电子申请服务为没有运行	1	1	2
法院费用的电子支付(44) 若电子支付服务没有运行,则该项不得分。若问题 44.1 的回答为“是”,则电子支付服务为没有运行	1	1	2
在线庭审(45)	1	1	2

（续表）

指标	企业灵活度分值	社会效益分值	总分
网络拍卖(46) 若网络拍卖服务没有全面运行,则该项不得分。若问题 46.1 的回答为“是”,则网络拍卖服务为没有运行	1	1	2
总分	4	4	8
2.1.2　清算和重整中的电子化案件管理系统			
指标	企业灵活度分值	社会效益分值	总分
法官和律师的电子化案件管理: 平台可供法官使用并全面运行(47) 平台可供律师使用并全面运行(48)	1 0.50 0.50	1 0.50 0.50	2 1 1
破产管理人的电子化案件管理(49)	1	1	2
破产程序状态的电子化监测(50)	1	1	2
总分	3	3	6

2.2　破产程序的协同性

2.2.1　清算和重整中数字化服务与外部系统的可连接性

51. 实践中,破产事务的电子化案件管理系统是否与外部系统相连,允许与商业/企业登记部门、执法机构等外部机构交换数据?(是/否)

2.2.2　清算和重整中电子化案件管理系统和电子申请系统的交互

52. 案件管理系统与电子申请系统是否互联互通?(是/否)

2.2　破产程序的协同性			
2.2.1　清算和重整中数字化服务与外部系统的可连接性			
指标	企业灵活度分值	社会效益分值	总分
与外部系统的协同性(51)	1	1	2
总分	1	1	2

（续表）

2.2.2　清算和重整中电子化案件管理系统和电子申请系统的交互			
指标	企业灵活度分值	社会效益分值	总分
案件管理系统与电子申请系统的交互(52)	1	1	2
总分	1	1	2

2.3　破产程序和破产从业人员注册信息的公开

2.3.1　清算和重整的数量、用时以及破产裁判信息的公开

53. 公众是否能够获得破产程序的裁判文书？（是/否）

54. 公众是否能够获得每年该经济体破产案件数量及类型的数据？（是/否）

55. 公众是否能够获得破产程序平均用时的数据？（是/否）

此类数据和信息可以通过各种形式进行公开，包括通过官方公报、报纸、互联网、法院网站或者公众可用的破产登记信息进行公开。

2.3.2　破产从业人员公开注册信息的可获得性

56. 是否有可供公众获取的破产从业人员登记册和/或有资质提供破产服务的企业登记册？（是/否）

57. 该可供公众获取的登记册是否通过官方公报、报纸、互联网或法院网站公布？（是/否）

2.3　破产程序和破产从业人员注册信息的公开			
2.3.1　清算和重整的数量、用时以及破产裁判信息的公开			
指标	企业灵活度分值	社会效益分值	总分
破产程序裁判的公开(53)	1	1	2
破产程序数量和类型数据的公开(54)	1	1	2

（续表）

指标	企业灵活度分值	社会效益分值	总分
破产程序的平均用时数据的公开(55)	1	1	2
总分	3	3	6
2.3.2　破产从业人员公开注册信息的可获得性			
指标	企业灵活度分值	社会效益分值	总分
破产从业人员注册信息的可获得性(56)	1	1	2
破产从业人员注册信息的公开(57)	1	1	2
总分	2	2	4

2.4　公职人员和破产管理人

2.4.1　清算和重整程序管辖法院的专业性

58. 在[经济体中最大商业城市]，是否所有的破产程序都由独立的具有专门破产专长的法院、审判庭或者合议庭进行监督和公平处理？（是/否）
59. 该法院、审判庭或者合议庭的名称或破产法官的姓名是什么？（是/否）
60. [法院]在实践中是否运行？（是/否）

2.4.2　实践中破产管理人的专业性

61. 在实践中，任命破产管理人的资格要求是否得到了遵守？（是/否）

2.4　公职人员和破产管理人			
2.4.1　清算和重整程序管辖法院的专业性			
指标	企业灵活度分值	社会效益分值	总分
破产程序管辖法院的专业性(58)	1	1	2
破产程序管辖的可运行性(60)	1	1	2
总分	2	2	4

（续表）

2.4.2　实践中破产管理人的专业性			
指标	企业灵活度分值	社会效益分值	总分
实践中破产管理人的资格要求(61)	1	1	2
总分	1	1	2

支柱Ⅲ　解决司法破产程序的运作效率	
参数	
债务人公司	企业破产主题假定,债务人是在每个经济体中最大商业城市经营的内资有限责任公司。该公司有两名均为金融机构的担保债权人和主要包括供应商、税务机关和职工的无担保债权人。该公司资产的市场价值是该经济体人均国民总收入(图表集法)的150倍(当地货币单位),为一家中型企业。该公司持续经历负现金流,预计将出现负净资产和经营亏损的情况。公司债务的价值超过其资产的价值,并且其担保债权人和无担保债权人的债务到期时发生违约。 建立一个具有非常具体特征的标准化债务人公司,是在衡量破产程序的时间和费用时保持可比性的唯一方法
主管法院及其所在地	最大(全国人口最多的)城市。地理位置决定了对破产程序的启动和运行拥有管辖权的主管法院。主管法院是在最大城市中对于清算或重整破产程序拥有管辖权的初级法院或一审法院

支柱Ⅲ各项指标的分数采用正态累积分布函数转换方法进行计算,得分范围为0到100,其中0和100分别代表最低和最高可能得分。最好和最差的表现将以第5百分位数和第95百分位数确认。

当在回答下列问题时,请参考过去12个月内已经完结的破产案件,并根据你的实际经验提供预估。请注意从重整到清算或从清算到重整的转换是被排除在外的。请仅考虑单独的清算或重整程序。

预估不应建立在法律规定的时间/费用标准上,也不应建立在任何其他由法律框架规定的法定时间/成本限制上,包括法定费用上限等。预估应建立在实践中破产程序的实际情况基础上。

3.1　无法庭内清算和重整程序实践

62. 据你所知,在截至 2024 年 9 月 1 日的过去三年内,在[经济体]是否有在法庭内完成的重整程序?(是/否)

63. 据你所知,在截至 2024 年 9 月 1 日的过去三年内,在[经济体]是否有在法庭内完成的清算程序?(是/否)

3.2　解决法庭内重整程序所需的时间和费用

64. 实践中,在[经济体最大商业城市],一个破产企业(如前述指引中所定义)完成重整程序需要多少时间?

请注意时间开始于债务人公司或其债权人提交申请时,结束于重整计划被债权人通过。

65. 实践中,在[经济体最大商业城市],一个破产企业(如前述指引中所定义)完成重整程序需要多少费用?

费用需要以该公司资产价值的百分比(如前所述)来表示。费用需要包含法院费用、破产管理人费用、律师费用以及其他相关费用。请将以本地货币估计的费用转化成公司资产价值的占比,并在此基础上以百分比填写费用。请不要直接以货币金额填写。

3.2　重整程序			
3.2.1　解决重整程序的时间			
指标	企业灵活度分值	社会效益分值	总分
解决法庭内重整程序的时间(64)	100(100%)	不适用	100(100%)
子类别 3.2.1 总分	100	不适用	100
3.2.2　解决重整程序的费用			
指标	企业灵活度分值	社会效益分值	总分
解决法庭内重整程序的费用(65)	100(100%)	不适用	100(100%)

（续表）

指标	企业灵活度分值	社会效益分值	总分
子类别 3. 2. 2 总分	100	不适用	100
类别 3. 2 总分	100	不适用	100

3.3　清算程序的时间和费用

66. 实践中，在[经济体最大商业城市]，一个破产企业（如前述指引中所定义）完成清算程序需要多少时间？

请注意时间开始于债务人公司或其债权人提交申请时，结束于债权人的债权得到全部或者部分清偿。请在解释中详细说明完成整个程序所需的主要步骤/阶段，以及实践中根据实际完成/关闭程序的情况，每个程序性步骤需要多长时间。请以日历月而非自然日或周来填写估算的时间。日历月指的是从某一月的特定的一天至下一月的同一天。

67. 实践中，在[经济体最大商业城市]，一个破产企业（如前述指引中所定义）完成清算程序需要多少费用？

费用需要以公司资产价值的百分比（如前所述）来表示。费用包含法院费用、破产管理人费用、律师费用以及其他相关费用。请将以本地货币估计的费用转化成公司资产价值的百分比，并在此基础上以百分比填写费用。请不要直接以货币金额填写。

3. 3　清算程序			
3. 3. 1　解决清算程序的时间			
指标	企业灵活度分值	社会效益分值	总分
解决法庭内清算程序的时间（66）	100（100%）	不适用	100（100%）
子类别 3. 3. 1 总分	100	不适用	100

（续表）

3.3.2　解决清算程序的费用			
指标	企业灵活度分值	社会效益分值	总分
解决法庭内清算程序的费用(67)	100(100%)	不适用	100(100%)
子类别 3.3.2 总分	100	不适用	100
类别 3.3 总分	100	不适用	100

附件 A　城市选择参数

在确定每个经济体的商业地点时，营商环境成熟度项目采用基于人口规模而不是经济活动的方法，因为人口更容易统计，并且人口预测是基于增长模式做出的一致性预测。这里应用的数据主要来源于联合国经济和社会事务部（UN DESA）。该部门在其《世界城镇化展望报告》（World Urbanization Prospects，简称 WUP）在线系列中定期更新数据。该报告最新修订更新于 2018 年。[①]

在选择一个经济体中的最大城市时，营商环境成熟度项目参考了《世界城镇化展望报告》公布的两个数据集：人口规模超过 30 万聚集地的 1950 年至 2035 年的人口数据和 2018 年（最新修订的年份）所有首都城市的人口数据。[②] 对于城市人口规模小于 30 万的经济体，现在并没有系统收集的可以涵盖其同一年份最大城市的可替代数据源。[③] 由于首都城市在人口方面可能并不总是最大的，因此营商环境成熟度项目使用了其他数据集以确定所有人口在 30 万以下的城市的人口规模，并就相关数据进行了援引。

《世界城镇化展望报告》遵循国家统计机构所应用的“城市”定义，使用三种不同的城市概念：（1）“城市聚集区”，即在不考虑行政边界的情况下，包括相邻郊区地区在内，以城市密度水平居住的连续领土；（2）“市区”，即按照行政边界界定的城市；（3）“都市区”，包括城市聚集区以及周边地区，这些周边地区定居密度较低，但与中心城市存在紧密的经济和社会联系。如果这些概念在一个经济体中有所不同，营商环境成熟度项目还考虑了一些额外因素，如（1）该城市商业活动的重要性以及其对整个经济的代表性；（2）被界定为“城市区域”的区域是否由一个地方政府管辖，颁行类似的规则和提供类

① United Nations. 2018. “World Urbanization Prospects: The 2018 Revision.” Department of Economic and Social Affairs, Population Division. Online Edition. https://population.un.org/wup/Download/。

② File 22: Annual Population of Urban Agglomerations with 300,000 Inhabitants or More in 2018, by country, 1950 – 2035 (thousands); File 13: Population of Capital Cities in 2018 (thousands).

③ 例如，citypopulation.de 虽然根据最新的人口普查报告有关城市中心的数据，但其并不根据现有趋势估算其人口，以生成各国每年的观测数据。

似的公共服务;(3) 数据收集的可行性,尤其是在脆弱和受冲突影响的国家。

除用于确定各个经济体中最大的城市商业中心外,该方法还被尝试用以验证所选城市在未来是否仍是最大的城市商业中心。通过使用人口规模超过 30 万城市的现有人口预测数据,2023 年所选的最大城市与 2035 年的最大城市进行了比较。所有初始确定的城市在 2035 年预期仍为最大城市,不需要进行任何额外更改。

在开始阶段的第二个周期,每个经济体所选的最大城市如下表所示。

经济体	所选城市	营商环境原评估城市
安哥拉	罗安达	罗安达
安提瓜和巴布达	圣约翰	圣约翰
亚美尼亚	埃里温	埃里温
阿塞拜疆	巴库	巴库
巴林	麦纳麦	麦纳麦
孟加拉国	达卡	达卡;吉大港
巴巴多斯	布里奇顿	布里奇顿
比利时	布鲁塞尔	布鲁塞尔
贝宁	科托努①	科托努
不丹	廷布	廷布
波黑	萨拉热窝	萨拉热窝
博茨瓦纳	哈博罗内	哈博罗内
保加利亚	索非亚	索非亚
布基纳法索	瓦加杜古	瓦加杜古

① 尽管《世界城镇化展望报告》将阿波美-卡拉维确定为最大城市,但它采用了不同的概念。科托努被定义为行政意义上的“城市”,而阿波美-卡拉维被定义为“城市群”。这一点也得到了其他数据来源的进一步支持(https://www.citypopulation.de/en/benin/cities/)。

（续表）

经济体	所选城市	营商环境原评估城市
佛得角	普拉亚	普拉亚
柬埔寨	金边	金边
喀麦隆	杜阿拉①	杜阿拉
加拿大	多伦多	多伦多
中非共和国	班吉	班吉
乍得	恩贾梅纳	恩贾梅纳
中国	上海	上海;北京
哥伦比亚	波哥大	波哥大
刚果民主共和国	金沙萨	金沙萨
刚果共和国	布拉柴维尔	布拉柴维尔
哥斯达黎加	圣何塞	圣何塞
科特迪瓦	阿比让	阿比让
克罗地亚	萨格勒布	萨格勒布
塞浦路斯	尼科西亚	尼科西亚
捷克	布拉格	布拉格
多米尼加共和国	圣多明各	圣多明各
厄瓜多尔	瓜亚基尔	基多
萨尔瓦多	圣萨尔瓦多	圣萨尔瓦多
赤道几内亚	巴塔	马拉博
爱沙尼亚	塔林	塔林
斯威士兰	姆巴巴内	姆巴巴内
冈比亚	班珠尔	班珠尔
格鲁吉亚	第比利斯	第比利斯

① 《世界城镇化展望报告》评估雅温得和杜阿拉的规模非常接近。然而，杜阿拉被认为是喀麦隆最大的商业中心和主要港口城市，在某些资料中也被列为人口规模最大的城市（https://worldpopulationreview.com/countries/cities/cameroon）。

（续表）

经济体	所选城市	营商环境原评估城市
加纳	阿克拉①	阿克拉
希腊	雅典	雅典
格林纳达	圣乔治	圣乔治
中国香港特别行政区	香港	香港
匈牙利	布达佩斯	布达佩斯
冰岛	雷克雅未克	雷克雅未克
印度尼西亚	雅加达	雅加达;泗水
伊拉克	巴格达	巴格达
爱尔兰	都柏林	都柏林
以色列	特拉维夫	特拉维夫
意大利	罗马	罗马
牙买加	金斯敦	金斯敦
约旦	安曼	安曼
哈萨克斯坦	阿拉木图	阿拉木图
韩国	首尔	首尔
吉尔吉斯共和国	比什凯克	比什凯克
老挝人民民主共和国	万象	万象
拉脱维亚	里加	里加
莱索托	马塞卢	马塞卢
马达加斯加	塔那那利佛	塔那那利佛
马来西亚	吉隆坡	吉隆坡
马里	巴马科	巴马科
马耳他	瓦莱塔	瓦莱塔

① 根据《世界城镇化展望报告》,库马西为加纳最大的城市区域,但通过向世界银行集团负责加纳城市方面工作的团队的进一步咨询,基于评估加纳城市规模和国内生产总值的部门正在进行的工作,加纳主要的商业城市再次确定为阿克拉。

（续表）

经济体	所选城市	营商环境原评估城市
毛里求斯	路易港	路易港
墨西哥	墨西哥城	墨西哥城；蒙特雷
摩尔多瓦	基希讷乌	基希讷乌
黑山	波德戈里察	波德戈里察
摩洛哥	卡萨布兰卡	卡萨布兰卡
纳米比亚	温得和克	温得和克
尼泊尔	加德满都	加德满都
新西兰	奥克兰	奥克兰
北马其顿	斯科普里	斯科普里
巴基斯坦	卡拉奇	卡拉奇；拉合尔
巴拿马	巴拿马城	巴拿马城
巴布亚新几内亚	莫尔兹比港	莫尔兹比港
巴拉圭	亚松森	亚松森
秘鲁	利马	利马
菲律宾	奎松市①	奎松市
波兰	华沙	华沙
葡萄牙	里斯本	里斯本
罗马尼亚	布加勒斯特	布加勒斯特
卢旺达	基加利	基加利
萨摩亚独立国	阿皮亚	阿皮亚
塞内加尔	达喀尔	达喀尔
塞尔维亚	贝尔格莱德	贝尔格莱德
塞舌尔	维多利亚	维多利亚

① 根据《世界城镇化展望报告》，马尼拉为菲律宾最大的城市区域，但马尼拉涵盖了包括奎松市在内的都市区。在考虑城市层面的数据时（http://www.citypopulation.de/en/philippines/metromanila/admin/），奎松市比马尼拉市更大。

（续表）

经济体	所选城市	营商环境原评估城市
塞拉利昂	弗里敦	弗里敦
新加坡	新加坡	新加坡
斯洛伐克共和国	布拉迪斯拉发	布拉迪斯拉发
斯洛文尼亚	卢布尔雅那	卢布尔雅那
南苏丹	朱巴	朱巴
西班牙	马德里	马德里
圣文森特和格林纳丁斯	金斯敦	金斯敦
瑞典	斯德哥尔摩	斯德哥尔摩
中国台湾	台北①	台北
塔吉克斯坦	杜尚别	杜尚别
坦桑尼亚	达累斯萨拉姆	达累斯萨拉姆
东帝汶	帝力	帝力
多哥	洛美	洛美
汤加	努库阿洛法	努库阿洛法
特立尼达和多巴哥	西班牙港	西班牙港
突尼斯	突尼斯	突尼斯
土耳其	伊斯坦布尔	伊斯坦布尔
土库曼斯坦	阿什哈巴德	阿什哈巴德
英国	伦敦	伦敦
美国	纽约市②	纽约市；洛杉矶
乌拉圭	蒙得维的亚	蒙得维的亚

① 尽管《世界城镇化展望报告》将新北市确定为最大的城市，但台北是台湾地区的政治、经济和文化中心，被多种资料引用为主要商业中心。对“城市”不同定义的差异可能是将新北市归类为大于台北的原因。

② 《世界城镇化展望报告》将纽约和新泽西的城市群确定为最大的商业城市群，跨越两个具有不同司法管辖权的州。其他资料（https：//www. citypopulation. de/en/usa/cities/）将纽约市列为美国最大的城市。

（续表）

经济体	所选城市	营商环境原评估城市
乌兹别克斯坦	塔什干	塔什干
瓦努阿图	维拉港	维拉港
越南	胡志明市	胡志明市
西岸和加沙	拉姆安拉①	拉姆安拉

① 尽管《世界城镇化展望报告》报告加沙市是最大的城市区域，但其同时也是一个冲突地区，可能无法进行数据收集。虽然拉姆安拉不是约旦河西岸最大的城市，但它是巴勒斯坦国的行政首都，也是一个完全由巴勒斯坦当局管辖的城市。

附件 B　经济体层面变量的汇总与评分

附件B概述了目前汇总专家答复以形成经济体层面变量及其相应分数的方法。它还详细介绍了从企业调查中公司层面数据得出的指标的评分过程。

这份说明的第一部分介绍将专家答复汇总形成经济体层面变量的过程。这一步对于将专家个人见解转化为前后连贯的经济系统视角至关重要。

第二部分讨论在汇总和评分过程中需要特别注意的特殊情况。当经济体层面变量无法通过将汇总回答乘以主题团队为给定指标分配的分数来直接评分时,就会出现这些情况。在这些情况下,经济体层面指标可能需要在评分之前对问题进行捆绑(基于逻辑运算符的使用),或者应用主题团队定义的特殊评分规则。它强调了在某些情况下需要采取有细微差别的方法,以确保数据准确表示。

第三部分解释在支柱Ⅲ内对企业调查指标和专家答复进行评分的方法。这包括该支柱特有的具体流程和考虑因素,确保评分反映了公司层面数据和专家评估的全面见解。

本附件不包括不同支柱之间各指标、子类别和类别的权重总体分布。这些信息在本方法论手册的前几章主题中进行介绍。

Ⅰ. 经济体指标的标准汇总

1. 使用中位数汇总二元变量

二元变量(是/否问题)是最简单的汇总方法。以下是不同场景的详尽示例,展示如何在经济体层面应用汇总。如果偶数受访者之间存在平局,则应用0.5("偶数分割")来反映汇总回复的不确定性水平。

	情景 1	情景 2	情景 3	情景 4
受访者 1	1(=是)	1	1	0
受访者 2	1	1	1	1
受访者 3	0(=否)	1	0	不可用
受访者 4	0	0	0	不可用
受访者 5	0	0	不可用	不可用
经济体汇总(中位数)	0	1	0.5	0.5

注：不可用(not available)是因为跳过模式、缺少答复或受访者数量有限。

2. 使用中位数汇总连续变量

连续变量是指可以取无限多个数值集的变量。所有百分比变量被认为是连续的，因为它们可以取整数之间的任何数值。来自专家问卷的连续变量使用所有答复的中位数进行汇总。企业调查连续变量的汇总参见附件 C。

	情景 1	情景 2	情景 3	情景 4
受访者 1	10	10	10	10
受访者 2	12	12	12	12
受访者 3	15	15	15	不可用
受访者 4	38	不可用	38	不可用
受访者 5	75	75	不可用	不可用
经济体汇总(中位数)	15	13.5	13.5	11

注：不可用是由于跳过模式、缺少答复或受访者数量有限。

3. 使用模式汇总分类单选变量

分类单选变量(即当有多个选项时，受访者只能选择一个选项)使用模式进行汇总。下表展示从答复中出现单一模式选项的标准情况。然而,当没有单一模式出现时(例如,两个选项之间出现均匀划分的情况;或者受访者之间不存在共识的情况),汇总会变得更加复杂。第二节分别讨论这些特殊情况及其评分。

	受访者 1	受访者 2	受访者 3	受访者 4
问题 X	选项 1	选项 1	选项 2	选项 3
经济体汇总	选项 1→模式(1、1、2、3)			

Ⅱ. 经济体指标的特殊汇总与评分规则

1. 使用逻辑运算符组合问题以形成一项指标

主题可以通过使用 AND/OR 运算符组合问题来形成一项指标。通过取中位数在问题层面进行汇总,并相应地对(中位数的)捆绑进行评分(见场景 1 和 2)。当通过使用 AND/OR 运算符组合父子问题来形成一项指标时,在捆绑发生之前汇总保持在问题层面(见场景 3)。

场景 1: 使用 AND 运算符组合的独立二元问题。

	受访者 1	受访者 2	受访者 3	受访者 4	根据问题的中位数
问题 1	1	1	1	0	1→中位数(0,1,1,1)
问题 2	0	0	1	0	0→中位数(0,0,1)
经济体汇总(在 AND 运算符下)					0(问题 1=1;问题 2=0)

场景 2: 使用 OR 运算符组合的独立二元问题。

	受访者 1	受访者 2	受访者 3	受访者 4	根据问题的中位数
问题 1	1	1	1	0	1→中位数(0,1,1,1)
问题 2	0	0	1	0	0→中位数(0,0,1)
经济体汇总(在 OR 运算符下)					1(问题 1=1;问题 2=0)

场景 3:使用 AND/OR 运算符组合的父子问题。在这种情况下,第二个问题是由第一个问题触发的。因此,第二个("子")问题仅根据看过该问题的受访者进行汇总。对于只有一半的受访者看到问题的问题(例如,4 名专家中有 2 名),子问题的汇总结构采取"是(否);50%跳过逻辑"。

	受访者 1	受访者 2	受访者 3	受访者 4	根据问题的中位数
问题 1	1	1	1	0	1→中位数(0,1,1,1)
问题 2	0	1	0	.(不可用)	0→中位数(0,0,1)
经济体汇总(在 AND 运算符下)					0(因为问题 2≠1)
经济体汇总(在 OR 运算符下)					1(因为问题 1=1)

使用 AND/OR 运算符形成的指标评分规则

根据适用于使用 AND/OR 运算符组合的问题的汇总规则,这些指标的确切评分规则取决于所使用的逻辑运算符,如下所示。

A)AND 运算符

1)如果任何组成部分汇总为"否"(0)或者"否;50%跳过逻辑"(在第一个组成部分启动后续组成部分的情况下),则指标得分为 0。

2)如果所有组成部分汇总为"是"(1),则该指标获得满分。

3)对于其他情况,一项指标获得满分的 50%。在这些情况下,至少有一个汇总答复是“偶数分割”、“是；50% 跳过逻辑”或者“偶数分割；50% 跳过逻辑”。

B）OR 运算符

1）如果所有组成部分汇总为“否”（0）或者“否；50%跳过逻辑”（在第一个组成部分启动后续组成部分的情况下），则指标得分为 0。

2）如果任何组成部分汇总为“是”（1），则该指标获得满分。

3）对于其他情况，一项指标获得满分的 50%。在这些情况下，至少有一个汇总答复是“偶数分割”、“是；50%跳过逻辑”或者“偶数分割；50%跳过逻辑”。

2. 启用条件跳过的问题（跳过逻辑）

大多数问卷都引入了跳过模式，以便在满足特定条件的情况下可以提出后续问题（父子问题结构）。一般规则是，当子问题被跳过逻辑跳过时（即在原始数据中表示为“.”，在汇总数据集中显示为“跳过逻辑”，这意味着超过一半的受访者从未见过该问题），它们不会被记录为“否”（0）。以下场景展示了适用于此类问题结构的一般规则。

场景 1：父问题汇总为“是”（1）：后续子问题只根据对父问题选择“是”（1）的受访者的中位数进行评估。

	受访者 1	受访者 2	受访者 3	受访者 4	中位数
父问题	1	1	1	0	1
子问题 1	1	0	0	.	0
子问题 2	1	1	0	.	1

场景 2：父问题汇总为“否”（0）：后续子问题不适用。因此，它们汇总为“跳过逻辑”。

	受访者 1	受访者 2	受访者 3	受访者 4	中位数
父问题	1	0	0	0	0
子问题 1	0	.	.	.	跳过逻辑
子问题 2	1	.	.	.	跳过逻辑

场景 3：父问题汇总为“偶数分割”(0.5)：后续子问题只根据对父问题选择“是”(1)的受访者的中位数进行评估。在这种情况下，子问题的汇总结果表明，一半受访者没有看到问题（即汇总回答后面是“50%跳过逻辑”）。

	受访者 1	受访者 2	受访者 3	受访者 4	中位数
父问题	1	1	0	0	0.5
子问题 1	1	1	.	.	1(50%跳过逻辑)
子问题 2	1	0	.	.	0.5(50%跳过逻辑)

父子问题中偶数分割与跳过逻辑的评分规则

对于单独评分的二元与父问题，当经济体层面汇总返回“偶数分割”时，将分配满分的 50%。当父问题出现偶数分割时，子问题的评分遵循以下规则：

1）当子问题汇总为“是；50%跳过逻辑”时，分配满分的 50%。

2）当子问题汇总为“偶数分割；50%跳过逻辑”时，分配满分的 25%。

3）当子问题汇总为“否；50%跳过逻辑”时，分配 0 分。

3. 类别单选问题：特殊汇总与评分

如第一节所述，类别单选问题通常使用该模式进行汇总。以下场景展示了所有可能的汇总结果（即是否存在单一模式或何时没有出现单一模式选项)，以及如何相应地对经济体指标进行评分。

场景 1：单一模式：汇总结果返回单一模式。在这种情况下，指标得到与模态值相关的分数。

	受访者 1	受访者 2	受访者 3	受访者 4
问题 X	选项 2	选项 2	选项 2	选项 3
经济体汇总	选项 2→模式(2,2,2,3)			
指标得分	与选项 2 相关的分数			

场景 2：单一模式，50%跳过逻辑：子问题汇总为单一模式(仅根据看到问题的受访者的答复)。在这种情况下，指标得到与模态值相关的分数的 50%。

	受访者 1	受访者 2	受访者 3	受访者 4
父问题	1	1	0	0
子问题	选项 3	选项 3	.	.
经济体汇总	单一模式，50%跳过逻辑→值=选项 3，模式(3/3/./.)			
指标得分	与选项 3 相关的分数的 50%			

场景 3：多种模式：此场景涵盖了模式不是唯一的情况(即它可以是答复返回多个模式或没有模式)。在这种情况下，该指标得到与所呈现的两个/所有选项相关的分数的中位数。

	受访者 1	受访者 2	受访者 3	受访者 4
问题 1	选项 2	选项 2	选项 3	选项 3
经济体汇总	多种模式→值=基于模式(2/2/3/3)的选项 2、3			
指标得分	与选项 2 和选项 3 相关的分数的中位数			

场景4：多种模式,50%跳过逻辑：当一个子问题(仅基于看到问题的受访者的答复)汇总到场景3中涵盖的情况时。在这种情况下,该指标得到与所呈现的选项相关的分数中位数的50%。

	受访者1	受访者2	受访者3	受访者4
父问题	1	1	0	0
子问题	选项2	选项3	.	.
经济体汇总	多种模式,50%跳过逻辑→值=基于模式(2/3/./.)的选项2、3			
指标得分	与选项2和选项3相关的得分中位数的50%			

Ⅲ. 连续变量的评分

1. 专家问卷中的连续变量

使用中位数对专家问卷中的连续变量进行汇总(见第1节)。一旦得到经济体汇总,便通过应用下面详述的常规CDF转换方法来产生指标的得分。

2. 企业调查中的连续变量

企业层面调查中连续变量的汇总通过加权平均值或中位数完成。使用相应的样本权重估计平均值或中位数。更多详细信息请参阅附件C,了解《世界银行企业调查》(WBES)指标的文件。所有来自WBES的变量都被认为是连续的,即使在提出二元问题时也是如此。这是因为在经济体层面,汇总答复反映了选择任何一种二元选项的企业百分比。

与WBES多年来采取的方法一致,在大多数情况下,估计的平均值用于汇总企业的答复。这确保了希望提高特定指标得分的政府有同等的动力来改善经济中任何企业的状况。

使用平均值的一个例外是无界时间和成本变量的情况。这些变量往往具有由异常值驱动的较大范围。根据具体的营商环境成熟度主题和指标，企业对此类问题的答复汇总可能基于企业答复的平均值或中位数。关于以中位数汇总的变量列表，请参阅附件 C 第 4 节。中位数通过消除异常值产生的扭曲，更好地代表了经济体中典型企业的经历。

与通过专家问卷收集的连续变量一样，WBES 指标的得分是通过常规 CDF 转换方法应用于经济体汇总而产生的，如下所述。

3. 连续变量的评分

将连续的、潜在无界的变量评分为具有足够方差的有界得分以激励改革的任务面临着若干挑战。首先是确定一个评分范围，即经济体得分为 0 或 100 之前和之后的数值。希望所有指标的范围都在 0 到 100 之间，这样相对于全球最佳实践的改善在各项指标之间具有可比性。第二个相关挑战是确定评分函数。第一个挑战带来的局限性要求使用评分函数，该函数允许阈值周围存在一定程度的不确定性。

理想情况下，指标的评分范围在文献中是不言而喻或定义明确的。例如，一旦达到 50%，一个经济体在我们的获得政府合同的女性所管理企业的比例这一指标上显然得分最高。然而，这些情况很少见。对于大多数营商环境成熟度指标，没有全球公认的最差或最佳实践。这意味着需要使用第一个试点年份收集的数据来定义经验评分阈值。

我们选择了 2024 年营商环境成熟度的 50 个经济体样本，以实现所有地区和收入群体的代表性。为了确保最初三份试点报告的可比性，阈值是固定的，这样得分就不会随着新经济体的加入而人为地改变。

评分的下一步是选择一种转换机制。鉴于阈值的经验性质，营商环境成熟度使用非线性转换：常规的 CDF 函数。这种转换首先确保所有当前和未来的得分都可以通过输入指标数值来计算，并且得到的分数范围在 0 到 100 之间。其次，它确保了与变量变化相关的分数变化在阈值附近不太显著，而在中间部分更显著。这有助于减少所选特定阈值对分数的影响。

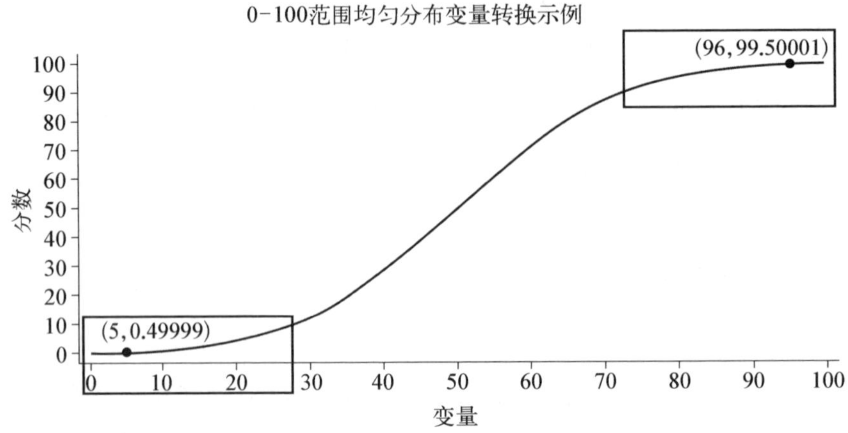

注：蓝色点代表分布的第 5 和第 95 百分位。相关分数分别是首先四舍五入到 0 和 100。绿色方框代表靠近已识别阈值的区域，其中分数的边际变化最低。

评分范围

确定变量评分范围的第一步是消除“无实践”的经济体和异常值，因为该范围在文献中不是不言而喻或定义明确的。根据 B-READY 专家对主题问卷的答复，对于给定的指标，在所有缺少基本公共服务（机构、程序、职能或其他）的情况下，经济体将被视为“无实践”。消除“无实践”的经济体避免了激励缺乏社会所需的公共服务。一旦去除“无实践”的经济体，偏离所有经济体平均值三个标准差以上的所有数值都被视为异常值。去除异常值可确保经济体不会因评分范围过大而受到不适当的惩罚（或奖励）。评分范围涵盖剩余观测值的第 5 百分位到第 95 百分位。所有低于第 5 百分位的数值得到分数 0，所有高于第 95 百分位的数值得到分数 100。对于最佳实践处于下界水平的指标来说，情况正好相反。

评分函数

为了通过上述非线性转换得到分数，第一步是定义两个阈值之间的中点和曲线的离散系数。中点通过取第 5 百分位数和第 95 百分位数之间的平均值得到。作为第二步，离散系数通过以下公式得到：

$$离散系数 = \frac{第5百分位数 - 中点}{inv.\ norm(0.004\,999\,9)}$$

其中，*inv. norm* 表示正态累积分布函数的逆函数值。然后，通过以下公式得到与每一个经济体观测值相关的分数：

$$分数 = 100 \cdot norm\left(\frac{方差 - 中点}{离散系数}\right)$$

其中，*norm* 表示正态累积分布函数。

《世界银行企业调查》中的低观测值

当企业调查收集到一个经济体的 6 个或更多个观测值时，它提供了该经济体层面的估计值，以平均值或中位数形式（见附件 C）。如果未能收集到这一最低数量的观测值，则认为该指标缺失。缺失指标的权重在同一子类别内的所有剩余指标之间平均地重新分配。

如果一个子类别中的所有指标都缺失，则该子类别的权重将根据其最初分配的权重按比例重新分配给同一类别中包含的其他子类别。同样，当一个支柱内的所有类别都缺失时，其权重将重新分配给其他类别。

附件 C　B-READY 项目中世界银行企业调查指标文件

本说明描述了在计算纳入 B-READY 评分的经济层面指标过程中的数据来源和转换。该说明遵循了在 Stata do-file 形式中提供的复制程序的结构。将这些指标转换为个人评分、主题或经济层面评分的后续过程详见本方法论手册的附件 B。

1. 数据

数据基于最近完成的 50 次世界银行企业调查(WBES)。[①] 在这些调查中,除了之前收集的标准 WBES 问题集,还包含了特别为 B-READY 报告设计的问题。每次 WBES 都是针对一个经济体私营部门代表性样本的企业级调查,调查对象为高层管理人员或所有者,内容涵盖广泛的主题,如财政、腐败、基建和绩效等。关于 WBES 的更多信息可查阅其网站;其方法论页面详细说明了相关方法,WBES 手册和指南则提供了一般概述。

企业级的 WBES 数据可以从 WBES 数据门户公开获取,用户可以免费创建账户以获得访问权限。数据可以通过多种方式访问。首先,可以从“经济体数据”标签访问每个单独的经济体数据集。其次,可以从“合并数据”标签下载收集所有通过标准化方法收集的 WBES 的跨经济体数据库,包括这 50 次 WBES,文件名为“StandardizedNew-2006-2023-core4. zip”。请注意,这个数

① 特别提到的是,如下这些调查结果被使用了:孟加拉国 2022 年报告,巴巴多斯 2023 年报告,波斯尼亚和黑塞哥维那 2023 年报告,博茨瓦纳 2023 年报告,保加利亚 2023 年报告,柬埔寨 2023 年报告,中非共和国 2023 年报告,乍得 2023 年报告,哥伦比亚 2023 年报告,哥斯达黎加 2023 年报告,科特迪瓦 2023 年报告,克罗地亚 2023 年报告,萨尔瓦多 2023 年报告,爱沙尼亚 2023 年报告,冈比亚 2023 年报告,格鲁吉亚 2023 年报告,加纳 2023 年报告,希腊 2023 年报告,中国香港特别行政区 2023 年报告,匈牙利 2023 年报告,印度尼西亚 2023 年报告,伊拉克 2022 年报告,吉尔吉斯共和国 2023 年报告,莱索托 2023 年报告,马达加斯加 2022 年报告,毛里求斯 2023 年报告,墨西哥 2023 年报告,黑山 2023 年报告,摩洛哥 2023 年报告,尼泊尔 2023 年报告,新西兰 2023 年报告,北马其顿 2023 年报告,巴基斯坦 2022 年报告,巴拉圭 2023 年报告,秘鲁 2023 年报告,菲律宾 2023 年报告,葡萄牙 2023 年报告,罗马尼亚 2023 年报告,卢旺达 2023 年报告,萨摩亚独立国 2023 年报告,塞舌尔 2023 年报告,塞拉利昂 2023 年报告,新加坡 2023 年报告,斯洛伐克共和国 2023 年报告,坦桑尼亚 2023 年报告,东帝汶 2021 年报告,多哥 2023 年报告,瓦努阿图 2023 年报告,越南 2023 年报告,以及约旦河西岸和加沙地带 2023 年报告。

据库会不断更新，以包含新发布的 WBES。

2. 数据转换处理

在生成企业级的 WBES 指标之前，数据会经过一系列的转换处理，具体步骤为：(1) 处理以基线 WBES 后续调查形式实施的调查；(2) 清理数据以去除极端值，并修正在调查实施过程中未检测到的与调查代码手册不一致的问题；(3) 应用异常值处理程序。以下将对每个步骤进行详细描述。有关更多详细信息，请参阅将提供的复制 do-file 文件。

2.1 后续调查的处理

在孟加拉国、伊拉克、马达加斯加、秘鲁和东帝汶这五个经济体中进行的调查是作为对基线 WBES 的后续调查形式实施的，这些基线 WBES 在最终确定 B-READY 报告所需的问题前不久完成。在这些经济体中，全球 WBES 问卷原有已存在的一部分问题在基线调查中被实施。为了实施 B-READY 报告所需的问题，同一调查实施团队重新联系了参与基线 WBES 的代表性企业样本。后续调查是通过电话实施的。在重新联系的过程中，一些原始受访者无法联系到或者拒绝回答额外的问题。为了解决这种样本流失问题，并确保调查继续覆盖标准 WBES 所涵盖的企业范围，抽样权重按照标准 WBES 方法进行了调整。调整后的抽样权重仅适用于后续调查期间提供的回答，这些回答存储在以 BR 为后缀的变量中。值得注意的是，这五个经济体的后续调查问卷略有不同。由于在这些经济体中，一些问题已经作为基线 WBES 的一部分被实施，因此在后续调查中包含它们已不再必要。

此外，印度尼西亚的 WBES 包含两个版本的问卷，这两个版本在数据集中用变量 q_version 表示。每个企业接收任一版本问卷的概率是相等的。大部分问题在两个版本中都出现了。只出现在一个版本的问题存储在以_BR

为后缀的变量中,并且应该使用相应的抽样权重。

为了妥善处理上述六个经济体,采取了以下步骤:(1) 对于每个变量,确定了需要这种特殊处理的经济体范围;(2) 对于每个变量和经济体,将回答从存储后续调查或问卷版本的变量转移到相应的主变量中;(3) 考虑到后续调查或问卷版本的结构,生成了变量特定的抽样权重。

因此,此后提到的变量包含了上述对后续调查的处理。

2.2 数据清理

一些企业提供的回答极端到需要在应用异常值处理程序之前予以移除。WBES 团队有一个非常详细的数据质量控制程序,该程序在实地调查中对这些值中的一部分进行了标记,但由于某些变量是新引入的并且之前未经测试,有些极端值未被标记。以下变量中的极端值已被清除:

- l36:在解雇一名正式全职工人时,通常的遣散费是多少周的工资?请包括工资和福利,但不包括已经工作时间的未付工资。超过 300 的值被移除,影响了 45 个观测值,剩余的观测值总数为 4 525 个。
- n2a2:在年度总劳动成本中,社会保障金和基于就业的税费的年度总成本(不包括代扣的员工税费)是多少?超过年度总劳动成本的值被移除,影响了 39 个观测值,剩余的观测值总数为 21 213 个。
- 变量 n2a n2b n2l n2k g33 k31 c38(请参阅问卷以了解每项后面的详细信息):零值的回答被移除,分别影响了 12、209、1 070、1 799、99、360、304 个观测值,剩余的观测值总数分别为 25 862、26 485、20 482、20 505、1 158、1 806 和 3 041 个。[①]
- k35:使用[在 K. 34 中识别的电子支付方式接收付款],从付款完成到

① 请注意,变量 c31 和 c38 也包含在复制 do-file 的这种处理中,尽管这并未影响任何观察结果,加入它们仅出于完整性考虑。

收到款项平均需要多少天？超过 30 天的值被移除，涉及了 174 个观测值，剩余的观测值总数为 19 721 个。

- k36：以典型交易的百分比计，使用[在 K. 34 中识别的电子支付方式接收付款]接收付款的成本是多少？超过 50%的值被移除，涉及了 39 个观测值，剩余的观测值总数为 17 563 个。
- k40：以典型交易的百分比计，使用[在 K. 39 中识别的最重要的电子支付方式进行付款]进行付款的成本是多少？超过 50%的值被移除，涉及了 57 个观测值，剩余的观测值总数为 15 947 个。
- c9b：请估计由停电导致的损失，可以年度总销售额或年度总损失额的百分比计。超过年度总销售额的值被移除，涉及了 10 个观测值，剩余的观测值总数为 1 452 个。

此外，数据的清理如下：

- 塞拉利昂的调查向所有企业询问了关于商业纠纷的观点问题 o3a 和 o3b，而不是像其他调查那样只询问经历过此类纠纷的企业，因此为了跨经济体可比性的目的，额外的回答被移除。
- 在坦桑尼亚的调查中，当企业回答他们申请了增值税退税（j38 的回答是“是”）时，关于不申请增值税退税原因的后续问题（j40）错误地对一些受访者激活了。这些回答已被移除。
- 在调查中，当被问及通关所需时间的回答为 0 天（变量 d40b）时，后续问题没有对所有观测值激活，空值被转换为“不知道”。
- 问题 e1（在[上一个完整财政年度]，以下哪个是该企业销售其主要产品[或提供其主要服务]的主要市场）总共有 60 个观测值未被激活，因此对于这个问题以及后续关于竞争对手数量（e2b）的问题——这两个问题结合起来形成指标 e1——对应的值被转换为“不知道”。

2.3 异常值

使用的异常值处理程序如下：首先，在变量上加 1 后进行对数转换。然后，在经济体层面，计算变量的简单均值和标准差。最后，将那些偏离均值超过三个标准差以上的值标记为极端值，并从计算中移除。所有非分类变量都经过这一处理程序，特别是以下变量：g3、k32、k33、k35、k36、k38、k40，计算天数的 d33a 和 d33b 的组合，d34，计算天数的 d40a 和 d40b 的组合，d41，l35、l36、l38，n2a2 和 n2a 的比率，e2b，j43，计算花在税务准备上的小时数的 j35a 和 j35b 的组合，j33、j39、n11、c4、c7，计算小时数的 c8a 和 c8b 的组合，计算年度总销售额中损失份额的 c9a 和 c9b 的组合，c37、c13 和 e31b。有关这些问题的具体含义，请参见问卷。

3. 指标

在 B-READY 评分中使用的 WBES 指标是基于企业层面针对对应变量的访谈回答计算的。这些指标大致分为四种类型：（1）基于是/否问题；（2）基于除是/否外的其他选项的分类问题；（3）回答范围较广的问题，例如百分比（从 0 到 100 变化），或连续无界变量，如持续时间（以周、天或小时计），或一个数字；（4）比率（社会支付在总劳动成本中的份额，通过一个问题的回答除以另一个问题的回答来计算）。在所有情况下，“不知道”的回答都从计算中移除。有关这些计算的更多细节，请参阅将以 Stata do-file 形式提供的复制程序。

4. 经济体层面指标的计算

经济体层面的均值和中位数是通过使用相应的抽样权重估算的。大多数指标是使用均值进行汇总的。在第 3 节类别（3）中，以下子集的指标使用中位数进行汇总：bus3、tax1、tax4、tax5、in3、in4、in1、in5、in22、tr18 和 tr24。对于除第 2. 1 节提到的六次调查外的所有 WBES，变量 wmedian 中的抽样权重被用于对所有指标的计算，这是计算 WBES 指标的标准做法。对于剩下的六次 WBES，一些指标使用与相应变量相关的抽样权重，如“2. 1 后续调查的处理”小节中所述。

均值和中位数可以通过以下两种方法之一计算。第一种方法是将数据集设置为调查数据集（在 Stata 中，这意味着应用命令“svyset idstd [pw = wmedian]，strata(strata_all) singleunit(scaled)”，其中变量“strata_all”是使用变量“strata””和“economy”生成的，创建的在 strata 和 economy 层面对应的唯一代码）。[①] 在此之后，可以计算加权均值和中位数[在 Stata 中，均值可以通过命令“svy：mean indicator，over(economy)”实现，每个经济体的中位数可以通过“epctile indicator，p(50) svy”实现]。第二种方法是通过应用一个简单的加权平均值命令实现，如“collapse (mean) indicator”或“(p50) indicator [pw=wmedian]，by(economy)”。

有关输入 B-READY 评分的 WBES 指标的更多详细信息，请参考将以 Stata do-file 形式提供的复制包。

① 如前所述，对于某些指标，此命令的抽样权重不是 wmedian，而是相应的特定问题抽样权重。有关更多详细信息，请参阅“2. 1 后续调查的处理”小节。

代后记

天下大事,必作于细

罗培新

《道德经》有言：天下难事,必作于易;天下大事,必作于细。

这份后记,近 12 万字,忠实地记载了 2018 年 1 月至 2025 年 5 月本人参与营商环境工作的点点滴滴。

之所以如此巨细无遗,有两方面的考量：

一方面,它具备一定的史料保存价值。世界银行营商环境评估数十场磋商,世行专家向我们提出了数百个问题,承载着世行对中国改革的关切,也记录着我国营商环境的制度变迁。我在现场,将问题逐一记录下来,这对于复盘改革进程,总结改革得失,明晰改革方向,具备一定的史料价值。

另一方面,它具有友谊留存价值。悠悠八载,冬去春来,无论是在上海市法制办、上海市司法局,还是在高校,因共同参与营商环境建设而结识的同仁、师友及学子已达数百人,包括参与世界银行营商环境磋商的翻译人员,我均细心地一一记录在册。辛勤汗水结下的真挚情谊,足以温暖心扉,值得永远铭记。

感谢记录生活的习惯。这篇后记,以日历为轴,逐一记载那段难忘的时光，以及在光影里流动的人和事。希望能够以这种朴素的方式，表达对他们的由衷谢意。

先说三个难忘的片断。

2023 年 12 月 20 日，本人在国务院以“打造市场化法治化国际化一流营商环境，持续激发市场活力和社会创造力”为主题的第五次专题学习上，作了讲解。国务院总理李强主持专题学习，国务院副总理丁薛祥，国务委员王小洪、吴政隆做交流发言，并给予了很大的鼓励。近距离接触党和国家领导人，他们的亲和力以及对这项工作的重视程度，令人印象深刻。李强总理在听取讲座和交流发言后指出，要在建设市场化法治化国际化一流营商环境上持续用力、久久为功，为推动高质量发展提供有力支撑。

2019 年 7 月 2 日，世界银行负责规则评估的专家（regulatory specialist）克劳斯·科赫-萨尔达里亚加（Klaus Koch-Saldarriaga）博士发来邮件，其中写道：“亲爱的培新教授，我确认收到了您的论文，它将对我们的分析很有帮助。这篇文章，我会在我们的评估团队中传阅。”我非常高兴。在华盛顿完成世行营商环境磋商后，针对世行专家对我国最高法院司法解释是否具备规则效力的疑虑，我连夜写了一篇数千字的小论文，并翻译成英文，第一时间发送给世行团队进行补充说明，然后是一轮又一轮的邮件往来……2019 年 9 月，世界银行发来备忘录，全面认可我国司法解释的规则效力。2019 年 11 月，我也收到了一封来自最高人民法院办公厅的感谢函。看来，一切努力，终究是功不唐捐！

2018 年 12 月 25 日，收到一封来自世行营商环境评估全球总负责人丽塔·拉马略（Rita Ramalho）女士的感谢信，感谢本人在世行营商环境评估工作中做出的贡献。尽管我知道，这样的感谢函，世行团队一定是发给了许多和我一样的受访专家，但我仍然由衷地感到欣慰。我四次全程参与世界银行营商环境评估工作，组织完成了世行评估方法论、世行问卷的翻译及上海改革措施的校译，并作为受访专家填写了问卷，向世行专家推荐了受访律师和政府采购专家，多次与世行专家磋商，纠正误答误判题目。作为中国代表团成员之一，我于2018年6月和2019年6月两度赴世行总部华盛顿，与世行专家进行最终磋商……在诸多同仁的共同努力下，最终帮助国家大幅提升了全球排名。书生报国无他物，唯有手中笔如刀！

风起于青萍之末，浪成于微澜之间。

意识到世行营商环境与法律的密切关系，还是源于一场看似不经意的会议。

2018年1月16日(周二)上午10:30，上海市政府1117会议室，市领导牵头研究提升营商环境指标有关工作。世行评估某指标牵头部门提出，我国失分的主要原因是我国的法律制度与世行认可的制度差异较大。目前全世界仅有20多个经济体符合世行评估标准，如果我国不改法律，势难提升得分。也就是说，提升这些涉法指标分值的所有希望，都寄托于全国人大修改法律了。彼时，笔者对世行评估知之甚少，未能发现有哪里不妥，也就这样相信了。

根据会议部署要求，我们立即组织专业力量开展指标研判工作。在多位业界同仁的助力下，我们很快发现了评估体系中存在的问题。

2018年1月25日(周四)下午2:00，在市政府213会议室召开营商环境评估专家研讨会，研究“获得信贷”指标的涉法问题。金可可教授、朱晓喆教授、韩强教授、张鹏峰律师、苏萌律师就其中的“合法权利力度”指数，进行了法律研判，指出了若干误答、误判之处。这些专业意见表明，通过更充分的前期沟通和更精准的规则阐释，我们完全有望在该指标上取得更好的评估成绩。

2018年2月12日(周一)下午2:00，在市政府205会议室召开营商环境评估专家研讨会，研究“保护少数投资者”指标的涉法问题。徐明总经理、韩长印教授、葛伟军教授、丁勇副教授、梁爽副教授、李诗鸿博士、陈克法官、吴晶法官、李志强律师、刘克尔律师等，就该指标的40余个问题进行了系统研判。研究发现，受访者的普遍性误答导致中国在该指标评估中出现了多次冤枉失分情况。更令人匪夷所思的是，我们拿到的问卷中译本存在大量错译和漏译情况，例如，将 regulation 译为“法律”，遗漏了其他大量的足以支撑得分的法律渊源；再如，将 private limited company 译为“私人有限公司”，事实上，在中国语境下，应当译为“有限责任公司及非上市股份有限公司”……一种深深的不安与惶恐开始笼罩着我们：如果中国的受访者在填写英文问卷时，拿到的是这样的参考译文，其结果将是多么可怕！此时此刻，我意识到了组织专业力量将世行调查问卷进行精准中译的重要性，特别是，把有关英美法的表述翻译成中国人习惯接受的语言，在确保法律术语严谨性的同时，兼顾清晰易懂！否则，面对一堆晦涩难懂的专业术语，受访者理解尚且困难，何谈正确作答？

机会来了。研讨会结束之后的第二天，本人受命与上海市发改委朱民副主任一起，陪同某市领导赴京汇报上海迎接营商环境评估事宜。

2018年2月13日(周二)上午11:00许，飞机抵达首都机场。在赶往上海驻京办的车上，经商朱民副主任，我们向市领导汇报，称当前流行的世行问卷存在大量错译，极大地影响了正确作答，建议下午向国务院领导汇报时，提请关注。市领导要求准备若干例子，本人随即打开电脑，在颠簸的车里录入文字，梳理了目前流行的译本中存在的10个错译的例子。中午12:30，抵达上海驻京办，本人请工作人员帮忙，排好版式，打印若干份。下午3时，国务院第四会议室召开会议，研究部署提升我国《全球营商环境报告》排名的相关工作。上海市领导除了汇报上海迎接评估的举措，还提了翻译错谬引发误答的问题，国务院领导责成两个指标城市重视这一问题，并要求国家相关部门配合。本人也把材料交给了原国务院法制办协调司的一位副司长，供她参考。

2018年2月23日（周五），鉴于社会对营商环境评估认知不足的判断，本人在上观新闻发表《世行全球营商环境评估，上海权重占55%，魔鬼在法律的细节里》一文。文章指出，世行评估体系普遍适用于全球190个经济体，为保证评估标准协调一致，世行不可能为任何一个经济体单独设计一套评价指标。因而，在与世行交流时，不宜强调本国的独特性，切忌称“你们不了解中国情况，中国很大……”。殊不知，过分强调特殊性，只会被误读为“权力的傲慢”或者对世行评估的排斥，反而导致失分，而且“中国很大”无法成为理由，因为在中国，世行只评估上海和北京两个城市。

2018年2月26日（周一），结合前期研究情况，上海市原法制办向市领导提交工作专报《关于进一步提升本市营商环境评估水平的建议》，提出了三点建议：其一，在全面理解我国制度规范体系的基础上，加强与世行沟通。在我国，世行具有约束力的“规定”（regulation），并不限于法律，而是一个具有约束力的规则体系：既包括全国人大及其常委会颁布的法律，还包括行政法规、部门规章，北京和上海的地方性法规、政府规章，国家和地方发布的规范性文件，以及最高法院的司法解释、证券交易所依照法律授权制定的规则等。其二，在提交相关材料时，要以全面理解世行评估体系与评估指标为基础，按照“测评问题、中国答案、作为支撑的法律或规范性文件、具体条文、实践做法与典型案例”等五个要素，逐一准备材料，不能运用传统的公文形式，而要尽可能突出政策中的“干货”，以使世行专家一目了然。而且，提供中文材料时，宜同时准备英文译本供世行专家参阅。其三，准确翻译评估指标，提高培训的针对性。建议尽快组建由具有深厚法律功底与较高外语能力（特别是法律外语）的专家组成的工作团队，对世行评估指标与问卷进行全面准确的翻译与梳理。在此基础上，培训辅导相关人员，以帮助潜在的受访者准确理解世行问卷，以及全面了解国家和本市的相关规定。时任常务副市长随后做出批示，要求市里相关部门与我们对接，采纳相关意见和建议，积极开展工作。

同日，本人在上观新闻发表了《世行营商环境评估，占55%权重的上海如何提高中国得分率?》一文。该文对“获得信贷”指标，按照“法律已有规定，通过与世行专家沟通可以得分的”、“法律没有规定，可以通过后期修法得分的”和“世行评估标准不符合我国国情，没有必要勉强得分的”等三种情况进行了分析，以帮助受访专家做出正确应答。

为了寻求理想的翻译与校译，本人把目光投向了母校华东政法大学。2018 年 2 月 28 日，本人与母校外语学院院长屈文生教授沟通此事。他非常热心，表示愿意帮助政府完成这项工作。

2018 年 3 月 1 日（周四）下午 2: 00，在华东政法大学松江校区集英楼 C103 室，本人与市法制办常江、李倩，市发改委外资处张庆宁，一起拜访了外语学院。屈文生院长、余素青书记和杨焯、董翔、詹继续等老师非常热情，愿意为国家战略贡献心力，翻译密集涉法的“获得信贷”、“税收支付”、“保护少数投资者”、“执行合同”与“办理破产”等五项指标。专业的人，做专业的事。他们的翻译质量，比流行在外的各大版本，无疑好多了。

2018 年 3 月 26 日（周一）下午 3: 00，市政府举行新闻发布会，发布优化营商环境的专项计划。本人解读了营商环境的法治保障体系，特别提及，在满足合法性要求的前提下，市级层面出台的大量规范性文件，也是法治保障体系的一部分。

2018 年 3 月 27 日(周二)上午 9:00,参加了“优化营商环境的国际经验及对中国的启示”高级别研讨会,聆听了世行首席执行官克里斯塔利娜·格奥尔基耶娃(Kristalina Georgiera)等世行官员,以及来自俄罗斯、印度、马来西亚等经济体的十多位专家的演讲,学到了很多。克里斯塔利娜在演讲中提到,正如全球不同国家和种族的人,可以在一个奥运赛场上同台竞技,比试篮球、足球等技艺一样,我们也能够用同样的标准来评估各经济体的营商环境。另外,世行营商环境评估中国区负责人、高级经济学家马钦(Marcin Priatkowski)博士在演讲中提到,建议中国考虑“允许在微信上开办企业”,并说,他们的经验告诉他们,如果问官员,每个人都说自己是第一,但如果问中小企业,感受度则差了很多。现场发出了一片会心的笑声。

2018 年 3 月 28 日(周三)下午 1:30,与马钦博士进行了面对面的沟通交流。本人对“保护少数投资者”与“获得信贷”两项指标被误答误判的情形,逐一解释,并提交了核验表,同时把 180 余万字的译著《现代公司法原理》送给了马博士,希望这本书能够证明自己的专业能力。我说,中国的受访商业律师,业务能力都很强,但他们通常太忙,缺乏耐心仔细审读题目,或许也没有时间去体系性地理解规则。马博士初步相信,中国诸多涉法指标问题被受访者误读误判,导致大量冤枉失分。我们商定,我会提供一份中英文双语的“世行问题、中国答案、支撑的规则、相应法条、典型案例”的备忘录,供世行专家核对答案时参考。

2018 年 4 月 3 日(周二),感谢市新闻办,本人撰写的《如何正确理解世行营商环境评估指标》一文被澎湃新闻全文刊载。这篇长达 12 000 余字的文章，系统梳理了被误答错答的所有法律问题。感谢上观新闻、东方网（上海政务）、上海律协、智合、律新社等新媒体的转载。我们希望通过这种方式，提升法律和政策的知晓度，帮助中国获得应有的全球排名。

2018 年 4 月 15 日（周日），应上海市发改委的请求，我们对上海优化营商环境的改革举措进行校译，本人动员了一批师生投入其中。当天工作结束后，带着一身的疲惫，我发了一则朋友圈：在这个世界上，总有些事，总有些人，令我们莫名感动。今天，那些已经辛劳一周的老师，供职于知名律所的学生，在长宁读研的同学……收到邀请后，纷纷赶到松江校区，义无反顾地投身于这项情怀满溢的事业之中。统一标题，斟酌术语，分头翻译，交叉互校……20 余位师生自带电脑，埋首其中，迎来了晨曦，送走了夕阳，高强度的整整一天之后，世行营商环境十大板块核验表数百项指标的校译、补译和重译，终告结束，万里长征的最后一公里，终于画上了一个圆满的句号。感谢你们，可爱的华政师生！（参与这项工作的有屈文生、余素青、杨焯、伍巧芳、董翔、李明倩、宋丽珏、詹继续、廖宁、万立、胡青青、徐粤慧、董元杰、常恩宁、张园园、张竞博、李晋、杨雅婷、侯卉程、应元中、王倩、张天颖、梁午霄。）

我清楚地记得，凌晨 5:00 左右醒来，想到一天任务繁重，再无睡意，于是开始思考任务分解。7:00 左右，我在微信工作群里发了一条消息：各位老师同学，早上好！关于营商环境的校核安排如下：第一，繁简排序。十项核验表，已经拿到八项。按繁简难度排序，依次为“保护少数投资者、获得电力、纳税、开办企业、跨境贸易、获得信贷、执行合同、办理破产”，尚有“施工许可”和“财产登记”两项指标，政府部门没有提交。截至中午，他们应当能够提交。第二，分工安排。罗培新总负责。“保护少数投资者”由屈文生负责，其他板块的校译，由詹继续负责，老师们在其协调下分头负责一个或者两个板块，学生配合。第三，“保护少数投资者”。鉴于该板块要重新翻译，而且本人已经让学生从 Westlaw 数据库查找相关法律，建议流程如下：其一，根据已经找好的法条，将中文替换成英文（王倩、侯卉程、李晋、张竞博）；其二，与此同时，将找不到的法条告知闵舒晴、张天颖，两位同学将其译为英文；其三，合并以上两步内容，整合成统一的核验表；其四，交叉校对（承担原来替换部分的同学，校对别人承担的部分，闵舒晴和张天颖同学对各自译文交叉校对）。第四，其他板块。詹继续负责，建议流程如下：其一，根据繁简程度，参照上次分工情况，安排老师负责的相应板块；其二，统一各板块的标题及关键字段的翻译，例如，"模拟分数"一词，有的译为 expected result，有的译为 simulation，宜统一译为 expected result；再如，制度规则中的"通知"，有的译为 notice，有的译为 circular，都统一为 circular；其三，各位老师按照分工，完成相应板块的校译；其四，各板块之间交叉校译。撸起袖子加油干！

上午，师生如期抵达。我们一边校译，一边等另外两个板块的核验表。12 时左右，常江在群里发来了最新的核验表汇总，仍缺少"施工许可"的英文翻译，目前住建委还在翻译，其他板块都齐了。发改委朱民副主任在微信群里致谢："感谢法律大咖大家们的倾力相助！"

总体看来，这次校译成效极其明显，其中的一大成果是，将林林总总的术语汉译予以统一，例如：通知（circular），办法（procedures），细则（rules），实施细则（rules of implementation for），意见（opinions），决定（resolution），条例（regulations），规章（ordinance），规定（provision），政策出台时间（time of issuance），施行（is effective since），实施（implement），颁布（promulgate），通过（adopt），官方费用、政府费用、政府收费等统一译为 fees collected by the government，2018 报告情况（Data in DB 2018），模拟分数（expected result），改革举措（reforming measures），依据文件（laws and regulations），政策出台时间（time of issuance），指标内容（indicators）……

当天晚上，在工作群里，大家感慨万千，现摘录只言片语如下：A. 感谢各位老师和同学,优化营商环境是功在当代、利在千秋的国家战略,也是改造与我们生活息息相关的各行各业的重要路径,你们的辛勤付出必将被历史铭记,感谢你们! B. 谢谢法制办和发改委给我们这样的机会! 太充实的一天。特别是刚刚结束战斗的财产登记小队! C. 谢谢提供的宝贵学习机会,非常充实,期待以后在更多社会公益活动中和大家再会。D. 实在不容易啊! 各位老师和同学们既有情怀,又身怀绝技,仅用一天时间就完成了这个看似不可能的任务! 向大家致敬! E. 一个精英团队,这个群不要解散,以后继续合作! F. 钦佩,感动,鼓舞。因周末在北大开会未能加入此次校译工作,甚以为憾! 祝福培新和同事此行顺利,代表所有关心支持此项事业的人们建立起大的功业……

2018 年 4 月 25 日(周三)12: 24,收到世行问卷。前面是一段温情的谢辞: 为了感谢您为我们项目提供的帮助,我们也将在报告和世界银行的网站上特别鸣谢您的参与(如果您希望保持匿名,我们也可以隐藏您的名字),并免费寄送一份报告。两份全英文问卷,近百个问题,当天下午开始填写,晚上 21: 20,疲惫不堪,带着篮球,骑着摩拜单车到绿地球场,但非常累,实在是打不动了,拖着疲惫的身体回到家里,硬着头皮继续填。世行的问卷是结构性的,很容易激发填写人的懒惰情绪。例如,世行问:“能否提起起诉?”如果回答 YES,则还要填 Applicable Law(适用的法律),然后再问:“能否主张民事赔偿?”如果回答 YES,则照例还要填 Applicable Law(适用的法律),然后再问:“当事人是否会遭到罚款或监禁?”如果回答 YES,则照例还要填 Applicable Law(适用的法律)……如果第一个问题填 NO,则后面都不用再填了,而且提交问卷的时候选择 DO NOT PUBLISH,就可以无须公开答卷……其间种种繁复曲折,不可尽数,由此不难想见,要求受访者耐心认真对待问卷,的确并不容易。因而,填写问卷,既是一个体现技术能力的过程,也是一个家国情怀释放的过程。

2018 年 4 月 30 日(周二)23:23,终于完成了两份问卷,身心俱疲,发了一则朋友圈,纪念这个特殊的时刻:曾经读书、教书三十余载,历经试卷无数。这次的两份试卷,算是用尽了平生所学,倾尽了所有心力,耗尽了所有人脉……其间种种繁复曲折,不可尽数。终于赶在 4 月底大限来临之前,发给了机构。劳动节,算是名副其实了!尽力了,便问心无愧。要感谢的人太多,之后一定好好写篇杂文,逐一感谢大家!(这篇后记,算是兑现了那份承诺。)

2018 年 5 月 2 日(周三),针对“获得信贷”指标的 20 个问题,我逐一梳理,完成了《世行营商环境评估,如何挽回我国的每一个冤枉失分点》一文,在上观新闻发表。的确,在沟通之前,全面吃透世行的指标体系和评估方法,系统精准地解读世行问题,进而根据我国法律法规做出针对性回应,对于增强沟通的有效性,无疑至为关键。

2018 年 5 月 3 日(周四),应证监会邀请,与常江一起,乘坐东航班机,赶赴北京,应邀与世行专家召开预沟通会。9:04,登上飞机,给好友郭雳发微信:郭雳,你好!今天赴京与世行沟通营商环境事宜,顺便想回北大感受 120 周年校庆的氛围,担心进不来,你能否安排学生届时把我领进校园?我们一行两人,大概 12:00 到,你可以把我的手机号给学生,谢谢你了。我们大概在学校里待 30 分钟就好,下午有会议。谢谢。郭雳非常帮忙,安排了孙骥韬博士带领我们进了校园。她非常热心,请我们在农园吃饭,花了 17 元,还带着我们转,拍了很多难忘的照片。

下午在证监会,与投保局的领导和工作人员一起,商议次日与世行预磋商工作。证监会的工作水平与敬业精神均值得嘉许。当晚发了一则朋友圈“初心犹在,身未远离”:18 年前,进入这个园子,彼时,北大百年校庆余音缭绕。经年之后,穿着博士袍,抱着初生的儿子,光影驻停于百年讲堂。草木荣枯，岁月悠悠，倏忽间，北大已届两个甲子，小儿已成风华少年，而自己，则背负着沉重的家国责任。北大120周年校庆，重返校园，在这一刻，我终于明白，18年来，自己的心从未走出北大。这片园子赋予我的，不仅是法律与外语能力，更重要的是，她在我的内心，播下了一颗家国情怀的种子，她告诉我，坚持做“对”的事情，不论未来多苦多难，都要勉力去完成。数月来，经过艰辛的文本梳理、法律体系架构和规范分析、撰文宣传、耐心细致的沟通，世行终于给我这位现职公务人员以“营商人士”待遇，将我作为受访专家，给我发放了“保护少数投资者”和“获得信贷”两份问卷。全英文的试卷，上百个问题，种种繁复艰辛，4月30日深夜发给对方，今天收到回复，世行专家除表示感谢外，还请我推荐专业的商业律师做一个访谈，并约我于5月21日下午与世行专家单独会面。本人今日赴京，与证监会、最高法院、工商局、北京市高院等同仁通力合作，明天开始与世行沟通，接下来有两场重要的会面……责任重大，战战兢兢，如履薄冰，在这个关键的时刻，想起北大教授胡适先生的名句：“功不唐捐”！是的，一切努力都不会白费，至少，会在你的内心，盛开出希望的花朵！

2018年5月5日（周六），为了证明在关联交易案件中股东可以起诉并且获得胜诉，我在学生群里广泛动员，李诗鸿、华花、于雪、陈思等同学热心投入其中。最终，华花同学帮忙找到了最为接近的案件：湖北省高级人民法院，卢伟、宜昌山水投资有限公司公司决议效力确认纠纷再审民事判决书[（2017）鄂民再57号]。被告股东持有A公司80%左右的股权，持有B公司95%左右的股权，A公司股东会决议对B公司的项目补偿5 000万，后A公司的小股东提起诉讼要求决议无效，胜诉了。我发给了证监会和最高法院的同仁，说再次体会到了做老师的好处，关键时刻，学生给力！我决定给找到这个案例的学生华花，戴一朵大红花！

同一天，在工作微信群里，我们就“法律是否规定了特定时间内必须完成分红”这一问题展开讨论，本人的论说逻辑如下：第一，有关上市公司的规定非常明确，必须在分红决定做出后两个月内完成。第二，非上市股份有限公司与有限责任公司的分红，没有明确的法律规定，但依以下逻辑，应当可以推演出在一年内必须完成分红：其一，公司法司法解释四第 14 条规定，股东提交载明具体分配方案的股东会或者股东大会的有效决议，请求公司分配利润，公司拒绝分配利润且其关于无法执行决议的抗辩理由不成立的，人民法院应当判决公司按照决议载明的具体分配方案向股东分配利润。换言之，依题设，非上市的股份有限公司或有限责任公司既然已经做出了分红的决定，股东即依此产生了请求权，而且，依惯例，既是年度分配，通常会在分配方案中规定在宣布之日起一年（通常是数月）之内完成分红；其二，我国《民法总则》第 10 条规定，法律没有规定的，可以依惯例。故而，一年之内完成分配此题，我国应当得分。对此，陈克法官表示赞同，但建议理由二与理由三合并，而且，到底是运用《民法总则》第 142 条还是第 10 条，也就是说，到底是运用意思表示的解释规则，还是法律渊源规则，是两个不同的进路，陈克表示还没想清楚。

2018 年 5 月 11 日（周五），再次赴京。这是一周之内两度奉命赴京，全力提升我国全球营商环境排名。有几项体会：其一，一切真诚的努力，智慧与辛劳的付出，总会浇灌出美丽的花朵。前期无数次研判、翻译、案例遴选、场景假设、模拟演练，终于在今天与世行的正式磋商中，结出了美丽的硕果。其二，学术外交，永不言败。所有人，对学术总是保持一份虔敬，世行专家也是如此。前期寄了十余本译著给世行专家，多次邮件微信往来，建立起了初步信任。但世行核验专家与数据采集专家往往并不一致。昨天在赴京高铁上，拿到磋商专家名单，已近晚上九时，临时动念，请北大出版社的王晶老师帮忙,找几本我译的著作,明天一早托人送过来。王晶帮我完成了这项几乎不可能完成的任务,她迅速搜罗了还放在展示柜上的我的著作,托在北大读书的何昕校友的同学蹇新华,及时送给了我。我将译著送给世行评估全球总负责人丽塔女士等人时,她们很高兴地称我为 law professor,为交流奠定了愉快的基础。其三,人无完人,团队可以完美。关于这项指标,证监会,最高法院,北京和上海的高院、证监局、工商局,上海的法制部门做了大量的工作。我们精诚团结,合作非常愉快。今天,郑晓毅处长针对 20 个可以争取的得分点(也是去年的冤枉失分点),逐项做了清晰释明,辅之以条文和案例,非常有说服力。结合世行专家的提问,我补充说,谢谢世行专家的耐心,我是一位法学教授,在大学教了十多年商法课程。我深深地知道,对于任何一个经济体而言,法律规则体系总是繁复而细致的,要在这么短的时间内,接受这么多信息,包括法律法规、最高法院司法解释、典型案例、交易所上市规则等,非常辛苦。同时,也正因为是法学教授,感谢你们的信任,我成为世行问卷的受访者,我非常认真地完成了“保护少数投资者”“获得信贷”两项指标的问卷,耗费了大量的时间。可以想见,中国的律师非常忙碌,他们缺乏足够的耐心,来完成这些需要系统检索法律后才能完成的工作,世行问卷的很多题目,被错答和误答了。而且,十多年来的教书经历告诉我,中国的公司与商事法律制度,学习借鉴了大量英美法律制度,我们的投资者保护水平,不至于如此之低(满分 100 分,我们只得到 48. 33 分,排名全球第 119 名,哈萨克斯坦得分 85 分),否则无法解释中国资本市场迅猛发展,也无法解释中国成为全球第二大经济体……我们今天的交流,完全以规则为基础,案例只是作为支撑。这些规则,都具有普遍的约束力,并且可以公开获得……后面的问答环节,也进行得非常好。他们将于 21—25 日到上海,我们还将举行会谈,他们还会个别访谈律师。感谢这个时代,使我有机会以学识与技术能力报效祖国!

2018 年 5 月 14 日(周一),应世行专家请求,我们推荐了上海商事领域业务能力与外语水平均堪称优秀的 20 余位律师,接受世行的问卷与当面访谈。感谢他们,这是一份没有任何报酬的情怀驱动型工作。

2018 年 5 月 18 日(周五),世行专家请求我们推荐政府采购专家,我们推荐上海市财政局、上海市政府采购中心、上海国际招标有限公司的三位专家接受世行关于政府采购的访谈。

2018 年 5 月 20 日(周日),众多律师发来信息,称已经收到访谈邀请或者问卷,会认真负责地填写。我回复说,请按照自己对法律法规的理解来作答,我们梳理的法律体系仅供参考,世行会尊重每一位专家的独立判断。

2018 年 5 月 22 日(周二),世行专家抵沪,磋商开始,下午有两场。第一场是“财产登记”,由本人主持。世行专家对中国建立统一的财产登记机构、有没有浮动抵押制度很感兴趣。下午,在浦东法院举行了执行合同与办理破产两个板块的现场会。今天的谈判与磋商非常顺利。结束后,世行专家由衷感叹,中国的变化是真实的,中国政府改善营商环境的努力是真诚的,尽管很多努力要在经年以后才会显现出实效,但方向都是正确的,包括 5 月 25 日即将上线的全国动产抵押统一登记系统、浦东法院建设电子法庭的努力、随机分案的技术实现、在线提交诉讼材料等便利诉讼当事人的制度设计,令他们印象深刻。私下交流时,世行专家非常感兴趣,问电子法庭在几年内可以向全市推广,中国是否能够建立统一的担保财产登记系统(平台),能否实现以通知为基础的财产登记制度……看得出来,他们为推动了全球 190 个经济体营商环境的改善而深感自豪。傍晚 6:30,某市领导会见世行专家,我们陪同。世行专家说,这次到上海来核验数据,得到政府部门与营商人士的认真对待,非常高兴地看到，中国的很多指标，都有了显著的进步。市领导感谢他们的努力，并表示：世行的评估，在客观上督促我们深化改革，推动发展，特别是简政放权，放管结合，优化服务，有的时候，老百姓甚至觉得“幸福来得太突然”！席间闲聊，看得出来，世行专家对自己努力推动着经济体的变革这一点深感自豪。我们在聊到世行的方法论时，问及为什么问卷要涉及性别（gender）的问题，克劳斯很认真地说，在一些国家，女性要出门工作，必须获得丈夫的许可。故而，性别平等也是世行很在意的一项指标。市领导说，在上海，女性地位最高了，丈夫要交给妻子所有的钱，包括私房钱；要吃完所有的饭菜，包括剩饭剩菜；要干完所有的家务，包括丈母娘的家务，引发了一阵哄笑，现场气氛非常轻松。另一位世行专家是来自哈尔滨的张木桥，她说，自己经常被称为先生，同桌的一位领导说，原来以为是“木乔”，没有想到是“木桥”！

2018 年 6 月 19 日（周二），启程赴世行总部华盛顿磋商，发了一则朋友圈。一代人有一代人的使命。值此中美贸易争端紧张时刻，练好内功，提升对我国的世行营商环境排名，愈显重要。在关键问题上，我们只能依靠自己。此刻已经登机，先飞纽约，14 000 公里，14 小时，再经数小时车程，抵达华盛顿世行总部。未来 2 天，将有 6 场谈判，每场 2 小时，分别是开工许可、获得电力、跨境贸易、开办企业、财产登记、保护少数投资者，然后是会见世行首席执行官格奥尔基耶娃。根据国家安排，我有幸参加所有的议程。期待央地合力、京沪合作，结出美丽硕果！万水千山，祝福国运隆昌，百姓安康！

辗转多地，整整 24 小时，终于到达华盛顿。虽然旅途困顿，仍有若干心得须及时记下。2018 年 6 月 19 日上午 9:45，浦东机场一号航站楼。发改委殷少杰把我们送到安检口，挥手与我们告别，回人民大道 200 号继续工作。此前，他与郭剑飞一起，努力协调各方，做好磋商材料准备、签证等各项事务，种种细致与烦琐，不可尽数。在新时代，我国面临的国内外形势越发错综复杂，政府承担的责任越发繁重。而这种责任的承担,是由一个个具体的人、一件件具体的事情构成的。在政府工作数年,见证了很多同事的勤勉。他们默默付出,极少言语,不在其中,很难体会到他们工作的艰辛。

代表团过安检,例行被要求解下皮带,检查完毕后重新系上。营商环境十大指标中,有一项是跨境贸易,考察的是通关的流程、环节、时间与费用。我们开玩笑说,皮带一解一系,两个环节,如果都省了,中国的跨境贸易又能减少两个环节,营商环境排名就又能提升了。玩笑归玩笑,到达纽约之后,我们才知道,有一名成员居然忘了系皮带,我们急急地问他,是不是在安检时忘了取回,答曰,出门时忘了,呵呵,他的通关,倒是真省了两个环节!我们担心,正式磋商时,他一身正装,没有皮带,如何 hold 得住啊?

非常幸运,飞机在中午 12:00 左右起飞。午后,上海暴雨倾盆,如果晚一些,恐怕都无法正常起飞了。

在飞机上,我把带来的几份答辩材料过了一遍,读了几篇关于世行营商环境方法论的文章,感慨应当有更多的专业人士,把世行的方法论搞懂弄通。世行的十大指标中,几乎每一项都能找到对应的一篇经典论文,读了这些论文,就能大致明白世行的方法论了。累了,看了一部电影,然后是迷迷糊糊地睡了数小时,终于把 14 小时熬过去了。上海与纽约时差 12 小时,与纽约正好黑白颠倒。上海时间凌晨 2:00 许,飞机降落在纽约肯尼迪机场。阳光明媚,团队成员心情大好,当时浑然不知,接下来居然还有近 10 小时的车程。

地接姓刘,司机姓郭,我坐在前座第二排,笑着说,咱仨合称“刘罗锅”了,众笑。车行一段,极为拥堵,驶上离开纽约的大桥,就花了 2 小时,纽约与华盛顿相距 400 多公里,4 小时左右即可到达的梦想,瞬间破灭。这个时候,我们特别想念国内的高铁。上海没有直飞华盛顿的航班,只能在纽约转。如果当时先乘高铁至北京,从北京直飞华盛顿,或许是更好的选择。但世间从来没有后悔药,既来之,且安之罢!

当地时间晚上 8 时左右，经过费城，找了一家川菜馆，简单用毕晚餐，继续赶路。那位忘了带皮带的队员，本想在费城买一条，无奈商店都关门了，只好把这一问题，留到华盛顿去解决了。或者轮到他磋商时，没有任务的队友，先把皮带借给他，总之，办法总比困难多。车辆在静谧的黑夜中前行，成员困了，车里一片静默。晚间 11: 10 许，刘导突然说道，这就是五角大楼了。透过车窗，电视里常见的那座楼，兀然就在眼前，仍旧灯火通明。又行进了半个多小时，终于，在当地时间晚上 11: 45，我们赶到 Holiday Inn，一番折腾，算是安顿了下来。

没有事情是容易的，哪怕是赶路。明天或许会更加艰难，我们会尽力做好。明天 6: 00 起床，离现在还有 4 个小时，休息罢！

2018 年 6 月 19 日，向来不善于调整时差，这次也不例外。几乎一夜无眠，靠浓茶提神，坚持了下来。但辛苦的何尝只是自己，所有人，包括在场的翻译，虽然因受困于时差而疲惫不已，但内心无比坚强，出色地完成了各自的任务。出于种种原因，不便披露磋商细节，只能笼统谈些感受。

其一，家国情怀。营商环境评估，关涉我国全球排名，兹事体大。参与磋商的央地、京沪多方人员，均极为勤勉。当地时间 6 月 20 日 7: 00 许，国家相关部委、北京和上海方面的代表，早早赶到世行总部，举行了一次预备会。财政部一位王副司长主持，要求每个指标分别演示和讲解 10 分钟，北京与上海分别汇报各自改革情况，中央部门介绍国家改革部署和政策措施，汇报次序是北京、上海、中央部门。北京与上海各自完成翻译，对方提问的时候，上海翻译。我们也可以提问题，但最好不要提方法论方面的问题。分工明确之后，双方还就前几次与世行专家沟通涉及的焦点问题，进一步交换了意见。短短的半小时预备会，充溢着浓浓的家国情怀。接下来进行的施工许可、获得电力、跨境贸易三个指标的磋商，北京、上海和中央部门的发言，条分缕析，富有针对性，这离不开前期细致的工作。

其二，重视方法论。世行每一套指标，背后都有价值观和方法论的支撑。其评估目标，可以笼统归纳为“精简环节、优化流程、缩短时间、减少费用”，而这一切，都需要制度规则作为保障。举例而言，通过改革，上海的施工许可环节，从改革前的279天，减少了232天，现在为47天。费用从原来的205 768元，降低为改革后的550元（不动产登记费用），从占案例仓库价值的7.6%，降低为0.02%。这就极大地降低了企业的开工成本，但这个过程涉及了诸多制度规则的调整。在磋商过程中，双方存在争议的一个焦点是，世行认为，根据他们的方法论，程序不仅限于官方程序，即使公共部门不要求，在实践中普遍采取的流程也要计入。因而，土壤检测与地质勘探，如果项目公司和建设单位仍然在做，世行仍然会把它们计入环节。仔细听取了双方的观点之后，我突然明白了，为什么一些西方国家，没有这一环节，这些国家的很多开工项目，是在原址上进行的，当然不需要检测土壤、勘探地质，因而他们的受访者普遍回答不存在这一环节。但中国和一些发展中国家，仍然在大兴土木，在新地上开工，自然要检测土壤、勘探地质，否则无法保证地基安全。语境不同，结论判然有别。

其三，重视学术与人才。营商环境评估体系，本身就是极好的比较法与法政策研究的材料，要真正理解并接受它，就要视其为有价值的学术，而不是出于意识形态的偏见而本能地予以抵制（这样全球排名只会越来越后）。必须承认，我国在国际组织中的人才储备明显不足，对相关规则体系的研究也显滞后，这一现象值得关注。6月19日，世行答辩间隙，学生赵颖洁介绍我认识了她的哥大校友贾苏哲，贾苏哲已经在世行工作近两年了，本科是北大的，非常优秀。会谈间隙，我和贾苏哲聊了人生规划，觉得类似于张木桥、西子以及贾同学这样在世行工作的优秀人才，祖国要提供强大的后盾，包括以后提供从事私营部门工作的机会，使她们能够免除后顾之忧，努力工作，为国家和人民做出更大贡献。三项议程结束，世行CEO格奥尔基耶娃会见了我们，肯定了中国政府所做的种种努力，并祝愿中国取得良好的排名。我送上了两本译著，感谢她在推动中国营商环境方面所做的贡献，她非常高兴。我今天也送了一些著作给其他世行专家，希望以学术的姿态，勤勉、谦逊、审慎而平和地与世行沟通。

2018年7月9日（周二），应国家发改委法规司邀请，我仔细审读了《中国营商便利度评价指标体系》，提出了如下修订建议：其一，营商环境评估，必须聚焦于制度性交易成本，即法律和政府的规制措施给营商人士带来的不可避免的成本（程序、时间和费用），这也就解释了世行营商环境评估的专家团队中，为何有大量的法律人士。故而，营商环境（或称营商便利度）的评估指标，必须落实到可量化、可比较的程序、时间和费用方面。这些必须是法律要求，或者在实践中必须完成。在这个意义上，"企业信心""市场开放度"缺乏可量化性、可比较性的二级和三级指标，建议先不列为评估指标。其二，建议在构建我国的评价体系时，完整吸收世行评价指标，并以此为基础，叠加符合中国需要的评估指标，而不宜拆解为数个部分，并分别嵌入不同的板块之中。故而，中国的评估指标可以列为两类：一为世行评估指标；二为中国特色指标。在整体继受世行指标时，要剔除一些明显与我国国情不合的指标。其三，关于指标的关联性与贴合度。这份评价指标体系，引入了"反映城市吸引投资能力""体现城市高质量发展水平"两个评价单元，但有些指标直观看来与营商环境的关联度不大，而且与城市禀赋、发展水平息息相关，很难据此衡量营商便利度。例如，"21. 生活品质"，教育资源、医疗资源、市场中介数等，似乎评价的是生活指数或者生命质量，而与营商便利度并不直接挂钩，有些创业者，特别是进入疯魔状态的创业者，并不在乎生活品质，就像比尔·盖茨在车库里创业那样。故而，建议放弃"生活品质"这一评价单元。其四，关于信用环境。这是一个非常有价值的附加指标。本人与世行专家沟通时，多次提到中国社会信用体系建设，他们很感兴趣。为了提升可比性，建议将二级与三级指标做成量化指标。例如,可以列出以下指标:“是否出台有关信用的地方性法规、规章或规范性文件”(法规 3 分,规章 2 分,规范性文件 1 分,都有,则 6 分)、“是否被列为社会信用体系建设示范城市”(是则 3 分,否则 0 分)、“政府是否被法院列入失信名单”(列入一次扣 1 分)……这方面,发改委的信用推进部门有一套制度体系,建议征求该部门意见。

2018 年 10 月 31 日(周三)22:46,世行营商环境评估结果公布。这一时刻,永当铭记,发了朋友圈:刚才,世界银行发布了 2019 年营商环境评估报告,我国得分 73.64 分,在全球 190 个经济体中,排名第 46,比去年提升了 32 名,从而跻身今年营商环境改善排名前 10。自 2003 年始,16 年来,中国首次进入全球前 50。其中的“保护少数投资者”指标,在上位法没有修改的情况下,进步了 55 名,殊为不易!这是集体智慧与辛劳的结晶!作为工作团队的一份子,我深深地感谢陪伴我们一路走来的同事、专家学者与律师同仁(日后专门撰文感谢)!有几点工作体会:其一,情怀无价。在家国情怀的驱动下,许多师友不计得失,坚定地支持我们,做对的事情,再把事情做对。其二,技术至上。营商环境评估,是技术性很强的工作。我们要尊重世行的价值观与方法论,摒弃官僚作风,让专业的人做专业的事。其三,重视沟通。无论是法律还是政策,既要让市场主体感知到,也要让世行专家理解和接受。“保护少数投资者”这项指标,此前就是因为沟通不够,被大量误答误判。这次未修改法律,只是加强了沟通,就直接提升了 55 名。明年再做针对性修法,有望再次提升排名。能够为国家发展与社会进步奉献绵薄之力,是人生之大幸!

2018 年 11 月 2 日(周五)9:00,赴京参加“优化营商环境高级别国际研讨会”。北京市副市长王红女士主持,北京市市长陈吉宁宣读了李克强总理热情洋溢的贺信,世行行长金墉(Jim Yong Kim)先生致辞。在致辞中,金墉行长首先祝贺了每一个中国人。他说，在中国庆祝改革开放四十周年之际，需要新的改革驱动力。营商环境的改善，对于中国意义重大。中国在七个领域进行了卓有成效的改革，成为全球营商环境改善最大的十个经济体之一，无论是得分还是排名的提升，均名列全球前三（准确地说，排名均为全球第二名）。金墉特别提到了开工许可、获得电力、保护少数投资者以及执行合同指标，金墉还说，中国的人力资本指数排名全球第46，与营商环境排名第46完全一致，非常有意义。最后，金行长还简略地提到未来还需要什么改革。最有意思的是，他在感谢国家领导人时说，有时讨论问题很艰辛，但今天我们终于可以愉快地交流了。在主旨演讲环节，世行营商环境报告总负责人丽塔·拉马略特别提到了法律体系的重要意义，她盛赞少数投资者等指标的进步，并且强调培训官员的沟通能力非常重要。作为排名领先的经济体，新加坡贸易及工业部亲商司司长 Eugene Toh① 先生介绍的亲商经验，值得我们借鉴。亲商小组组长由政府官员担任，成员主要由商界领袖组成，沟通渠道畅通，反馈便捷迅速，值得中国学习。韩国财政经济部创新发展局局长 Hoon Han 的演讲，以印度圣雄甘地的名言——If you give me rice, I'll eat today. If you teach me how to grow rice, I'll eat everyday. ——结束，这句话与"授人以鱼，不如授人以渔"堪称异曲同工，真可谓"文明新旧能相益，心理东西本自同"。某官员称，如果在全国复制推广营商环境的改革成果，可以拉动1万亿的经济规模。或许有些乐观了，但无论如何，发上等愿，结中等缘，享下等福！真诚而执着地做正确的事情，加油！

2018年11月3日（周六），参加并主持世行咨询专家沟通会。用心至诚，收获的也会是真诚的尊敬。随着对世行营商环境评估的了解愈加深入，我越

① 代后记中出现的外国人名主要依据《世界人名翻译大辞典》进行中译。其中，部分人名无法依据该辞典译为中文，遂保留英文原名。——译者注

发佩服他们的价值观与方法论。今天参加了两场世行咨询专家团队调研与座谈会,收获良多。先是在上海金融法院进行“执行合同”与“办理破产”的交流。福州路209号,古色古香的建筑风格,书香四溢的文化陈设,令人流连忘返。参观环节,年轻的徐玮法官负责英文讲解,非常流利。座谈会环节,由高院副院长陈萌主持,上海金融法院院长赵红介绍了金融法院的情况,很令人振奋。但遗憾的是,后面的环节我无法参与,因为要赶另一场关于“获得信贷”的交流。到了杨浦市场监管局,见到了伊莱恩·麦凯克恩(Elaine MacEachern)女士和魏文婷女士,她们都是世行的咨询专家,今天的主要工作是了解我们所做的改革,以及介绍世行的方法论及全球领先经济体的最佳实践。伊莱恩介绍说,在世行,咨询小组与评估小组是分头工作的,并不相互交叉,也不相互影响。“获得信贷”一共12项指标,他们一共做两项工作:其一,查。即对比法律条文进行分析,看他们是否和世行的指标相吻合。其二,问。他们的私营部门向营商人士发放调查问卷,并假设两个案例情景,让他们来回答。即便法律规定是可以的,如果私营部门回答说不可以,也无法得分。全球最佳实践来自领先国家、联合国贸发会以及世行自己发布的最佳实践。建议我们学习借鉴联合国贸发会的做法,建立统一整合的法律框架,规制四种功能等同的担保交易的法条,哪怕是散见在不同的法律中,只要条款保持协调一致,就可以得分。另外,表述必须非常清晰,不能用推演出来的结论。除了楼宇、土地等固定资产,其他所有的财产都可以设定抵押。融资租赁、应收账款、动产抵押、不动产抵押等都应当统一登记在一个平台上,可以一体查询。世行的方法论认为,如果中小企业可以更好地利用自身资产向银行和其他金融机构申请授信的话,就可以越做越好。如果存在一个统一的、整合的法律框架,可以更好地促进经济繁荣。两位专家确认,中国已经实现了以通知为基础的抵押制度。因此,我们面临的问题,不是技术问题,而是法律的系统集成问题。即便民法典短期不能出台,也可以通过对合同法、担保法、物权法、破产法等进行简易修订,增强法律的一致性与适应性。为了验证担保交易登记的便捷性,DB 小组会要求经济体提供一个链接,自行去登记一个担保交易,然后自行注销该交易,看能否走得通。190 个经济体中,只有不到 10 个国家拿到满分。

2018 年 11 月 5 日,本人在《东方法学》发表《世界银行营商环境评估方法论:以"开办企业"指标为视角》,感谢吴以扬副主编。

2018 年 12 月 25 日(周二),收到一封来自世行营商环境评估全球总负责人丽塔·拉马略女士的感谢信,以及其团队发来的热情洋溢的邮件,其中写道:"亲爱的罗培新先生,世界银行营商环境评估团队感谢您对《2019 年营商环境报告:为改革而培训》所做的宝贵贡献。报告的发布取得了极大的成功,获得了广泛的媒体报道。"我内心非常温暖,也由衷佩服世行团队做事的认真细致。我回忆与丽塔女士交往的点滴,她会就一些非常细节的问题,与我们反复讨论确认。我送给她著作时,她会问著作讨论的问题是什么。另外,世行营商环境评估指标"获得电力"(Getting Electricity)的方法论,即源于其与另一位作者合著的《183 个国家的电力连接及企业绩效》(*Electricity Connections and Firm Performance in 183 Countries*)一文,我认真学习过,非常严谨。她们的勤勉敬业也感染着我们,激励着我们做得更好。我们正在考虑成立优化营商环境法治保障共同体,以务实高效的方式推动工作,做到"企业反映问题顺畅便捷、专家研判精准迅速、修法动议简洁高效、改革经验固化推广"。同时,我们也准备向世行学习,真诚地感谢帮助过政府改善工作的学者、律师、会计师等专业人士,感谢中小企业向我们反映问题。

2019 年 1 月 21 日(周一),自己额外找来一份差事。1 月 18 日在京出差,参加司法部的立法工作会议间隙,央行征信中心的王主任找到我,与我探讨世行营商环境之“获得信贷 ”指标。两小时的会谈结束后，王主任担心，在民法典的物权法分编颁布之前，我国的这项评估前景极不乐观。是的，这项指标去年不但没有进步，反而退步了若干名。我建议，可以逐项研究世行指标，在不伤害其他法益的情况下，对物权法与担保法的若干条款进行打包修改。这样，即便民法典赶不上这期评估，我们也能够取得类似的效果。与此同时，由于我在这方面并不专业，我建议召开一个研讨会进行论证。非常感谢金可可教授、纪海龙教授和丁绍宽副教授，他们接到我的邀请后，顶着寒风过来帮忙。今天下午三个小时的论证，基本上把规则梳理清楚了，与“保护少数投资者指标”一样，我们与世行存在极大的论理空间。明天整理完毕修法建议，汇总报送相关部门。一旦被全国人大采纳，有望显著提升我国的全球排名。感谢金可可教授、纪海龙教授、丁绍宽副教授，他们精湛的法技术能力，浓郁的家国情怀，值得我学习。

2019 年 2 月 1 日(周五)，在《清华法学》发表《世行营商环境评估之“保护少数投资者”指标解析——兼论我国公司法的修订》，感谢汤欣老师、徐雨衡老师。这项指标，2018 年大幅提升了 55 名。今年，世行新一轮评估已经启动。富有价值的事情，往往没有捷径可走。踏踏实实地研判全部 46 道题的得失，提出法律完善建议，已成不二之选。感谢《清华法学》和上海法学会提供的平台，感念过往的岁月，勇敢面对已经到来的 DB 2020！

2019 年 2 月 15 日(周五)，这是为营商环境忙碌的一周。周一，开春的第一个工作日，市里主要领导召开优化营商环境大会，播下了春天的种子。周二、周三，像去年此时一样，收到世行两份问卷，分别涉及“保护少数投资者”与“获得信贷”，要求 3 月 9 日前返回。感谢世行信任，我这位现职的公务人员，妥妥地成为世行营商环境专家了，只是面对那繁复又繁复的全英文问卷，不免心头一凛。周四，感谢便捷的高铁，与俞四海、孙洁两位同事，赶到了暮色沉沉的首都，参加司法部牵头召开的营商环境修法大会。北京地铁，4 号线转 2 号线 H 口出。深冬的京城，寒风凛冽，路灯下的残雪泛着昏黄的光。同行的还有发改委以及上海十个指标的牵头部门。我们绝对不算辛苦，高院与金融局的同事，凌晨 1: 00 左右才赶到酒店。周五凌晨 5: 00 醒来，整理了代表上海汇报的修法思路。9: 00 许，全国人大、最高法院、国办、司法部以及相关部委、北京和上海代表，共近百人与会。我代表上海汇报了几点想法：第一，为了优化营商环境，对标各项指标，在不伤害其他法益的情况下，进行针对性修法，是通常做法。例如，2012 年，俄罗斯世行营商环境全球排名为第 124 位。当年 5 月，俄罗斯总统弗拉基米尔・普京签署总统令，特别规定，到 2017 年，俄罗斯的世行排名要上升至全球前 20 位，其中一项重要举措是起草和修订法律。结果在五六年之间，俄罗斯颁布和修订了大量法律，迅速跃升至第 35 名。2018 年则更进一步，提升至第 31 名。中国 2018 年从全球第 78 名提升至 46 名，靠的不是修法，而是两个指标城市艰辛的努力，通过减少流程、缩短时间、降低费用，以大量的规范性文件来固化改革措施，通过严谨的说理来纠正误答与误判，国家基本上没有进行针对性的修法，最后大幅提升了 32 名，但这一空间几乎用尽，修法行将成为不二之选。而且，世行非常注重被评估经济体法律的修订，这是其评估绩效的重要组成部分。第二，关于规则（regulation）的理解，是指一切具有约束力的文件，包括国家和地方两个层面：国家层面，包括全国人大及其常委会制定的法律，国务院的行政法规，各部委的规章，最高法院的司法解释，各部委的规范性文件，交易所的上市规则等；地方层面，包括上海市和北京市的地方性法规、政府规章以及规范性文件，地方的规则，北京和上海自己解决，这次需要请全国人大和各部委支持的是国家层面的规则。第三，正确处理修法的短期与长期关系。以获得信贷为例，近三年节节败退，从第 62 名到第 68 名，又退步到第 73 名，其中合法权利力度指数 12 分，一直以来仅得 4 分。有一种观点认为，既然民法典分则将可能于 2020 年颁布，据说会覆盖物权法、担保法，现在就不要折腾修订物权法、担法保、合同法了。我们认为，这些法律，既然明年可能被废止，那么不如今年发挥余热，先按照民法典物权篇的规定，把相关条款改进物权法、担保法中，先行得分再说。明年在民法典分编中固化相应的制度规范。第四，修订法律的路径考量：其一，修法有助于直接提升中国排名，对于符合我国的发展方向，具有明显的合理性，并且不会伤害其他法益的，可以直接修订得分；例如，明确董事长与总经理的分任制，将召集股东大会的通知时间增加一天，增加出售重大资产的议决规则，明确利润分配期限等，这既符合世行评估要求，又不侵害我国其他法益。其二，针对集中失分的领域，进行专门深入的研究，审慎设定规则，力争大幅提升分数与排名。保护少数投资者指标，2019 年评估报告中，满分为 10 分的“董事责任指数”指标，我国仅得 1 分，这方面，应强化控股股东、利害关系董事责任，并细化董事勤勉义务的规范，进而提升分数。其三，对于规则修订与否存在争议、因而不宜立即修订并在全国范围实施的问题，可以考虑在北京和上海暂时调整实施。《立法法》第 13 条规定，全国人民代表大会及其常务委员会可以根据改革发展的需要，决定就行政管理等领域的特定事项授权在一定期限内在部分地方暂时调整或者暂时停止适用法律的部分规定，例如，《电子签名法》规定，不动产的处分行为不适用电子签名，这影响了财产登记的效率。可以考虑在北京和上海暂停实施该规则，试点不动产处分行为的电子签名，引入加密措施，总结经验后再行推广。会议议定，各部委要尽快研究上海和北京提出的修法建议，由司法部汇总后，提交至 4 月召开的全国人大常委会会议。头脑风暴，身心俱疲。高铁返回，窗外，华北大地，倏忽而逝，苍茫而荒凉，但希望的种子已然播下……唯愿国运隆昌，百姓安康！

2019 年 3 月 8 日（周五），三八妇女节，高铁往返，率队前来司法部汇报营商环境调法事宜。司法部领导高度重视，对上海提出的修法建议，全力支持。但没有想到，某些国家机关认为：其一，为了改几条就动法，不太严肃；其二，公司法不宜改，对市场影响太大；其三，物权法、担保法和合同法与民法典同步修订（作为其中三个单篇），预计2020年上会，今年无须先行修订。实在忍不住，不免吐槽几句：英国公司法一年改十几次，每次就动一两条，市场适应性增强了，法理更正当，技术更理性，咋就不严肃了？修订公司法，规定董事长与总经理由不同的人担任、股东会提前21天发通知（现行规定是20天）、有限公司与股份公司出售价值超过51%的资产，必须经股东（大）会审议通过，有限公司及非上市的股份公司，应当在做出分红决议之日起一年内完成利润分配……凡此种种，符合国际潮流，属于打法律漏洞的补丁，咋就会对市场产生重大影响呢？至于物权法、合同法与担保法，根据民法典的最新表述，提前修订这三部法律的部分法条，让我国世行评估的“获得信贷”指标（此一指标，我国近三年连连败退，从第62名跌至第68名，接着跌至第73名）提前得分，提升中国排名，属于“废物利用”，咋就不行呢？无论如何，非常感谢司法部，也希望各方能够尽快达成共识，4月30日是本次世行营商环境数据采集的最后期限。我们可以苦一些，累一点，也可以被说服，但不能以这种方式结束大家共同的努力。海明威在《老人与海》中写道：“一个人并不是生来要被打败的，你尽可以消灭它，但就是打不败它。”仍然祝福国运隆昌，百姓安康！

2019年3月14日（周四），一分辛劳一分收获！今天收到好消息，前期完成的两份营商环境报告，均获得了认真对待。《关于完善公司法律制度，优化营商环境的若干建议》以及《关于提升获得信贷指标表现，优化营商环境的若干建议》，在上海市人大常委会肖贵玉副主任的鼎力支持之下，在上海市人大财经委办公室主任姜涵康的努力协调之下，全国人大代表章伟民先生联合30

位代表提出议案，前者列入了全国人大宪法和法律委员会审议的173项议案，后者被中央统战部采用，准备向上呈报。非常感谢肖主任，非常感谢章代表！尽管未必能够最后推动法律的修订，但至少留存了希望！我们坚信，两份报告，6万余字，是我们逐项对照世行指标提出的针对性建议，既不伤害其他法益，又能提升我国全球排名。

2019年3月17日（周一），新闻发布会结束，为之忙碌多时的《市场轻微违法违规经营行为免罚清单》，终于面世。《行政处罚法》第27条第2款规定，违法行为轻微并及时纠正，没有造成危害后果的，不予行政处罚。然而，法治之难，最难的是落地落实。执法人员经常面临的问题是，怎样的情形才构成"违法行为轻微"？这次如果不罚，是否会被认定为"行政不作为"，从而在随后可能发生的行政复议与行政诉讼中陷于被动？于是，最简单的做法就是一刀切，动辄祭出处罚之剑，企业由此深受法律丛林之苦。在前期调研中，我们认识到，要科学合理地确定首次及轻微违法的标准，必须分类分级，综合考量，区分传统企业与创新企业、大企业与小企业、新法出台的适应期与豁免期、容错机制与舆论宣传的协同推进等。感谢长宁区政府前期的调研安排。这份清单统一了执法标准，消解了执法压力，体现了精细治理，以审慎包容，释放温情善意，符合世行营商环境评估降低"制度性交易成本"的价值取向。

2019年3月27日（周三），在《环球法律评论》发表《世界银行"获得信贷"指标的法理分析及我国修法建议》一文，逐一回答了有关"合法权利力度指数"的20个问题。感谢陈洁师姐、姚佳编辑，感谢曾为世行"获得信贷"指标而奉献智识的金可可教授、纪海龙教授、丁绍宽副教授、朱晓喆教授、韩强教授等。希望点滴的努力，能够推动社会的进步。

2019年4月2日(周二),当天起了个大早,奉命赴京参加国务院营商环境督查工作。还有一项工作是,与上海市第一中级人民法院副院长汤黎明、卢颖法官,审管办副主任张能一起,赴最高人民法院,共同商议如何在指标城市上海,通过优化商事裁判理念与裁判规则,助力营商环境的优化。

列车驶在明媚的春光里,心情却始终轻松不起来。未来的数天,硬核任务太多。中午第一站,到了最高人民法院。一株生机勃旺的皂角树,静静地生长于台阶之上,与高悬屋宇的国徽相映成景,温暖活泼与庄严肃穆,竟可以这样奇妙地合体!正当我和一中院的汤院长及几位法官寻找合影场景之时,一个声音分明响起:“罗老师,你怎么在这里?”循声看去,一个学生模样的男生,正进得院门。他自报家门:“我是冯硕,刘晓红老师的学生,在这里实习。这次到最高法院实习的华政学生一共三名,其中一名是国际金融法律学院的林佳颖。”我当然认识佳颖,她本科是国际金融法律学院的,我当即联系这位学生。紧接着,我们一行在529房间,与民二庭关丽副庭长、潘勇锋法官、麻锦亮法官等人,本着优化营商环境的共同目标,进行了愉快的交流。我们认为,一中院可以结合上海商事实践的新情况新问题,在商事裁判的理念、方法与技术方面,积极探索,为最高法院提供改革经验,供其制定相关司法解释和司法政策时参考。令人感佩不已的是,最高法院勇于担当,继出台破产法司法解释、严格规范民商事案件审限的司法解释之外,继续推进公司法司法解释的制定。作为指标城市的代表,我们要积极配合。下午2:20结束交流,我们奔赴全国中小企业股份转让系统,又见到了尊敬的徐明老师,他的敬业与专业,特别是他描绘的全国股转系统的未来,为小微企业解困,为科创板提供预备队……令人振奋。正能量且有智慧的人,总能把事情做好!下午4:00,国务院召开专项督查预备会,明天,我们要比照世行指标,从“工作进展、存在问题、下一步工作建议”等方面,进行逐项督查。骑车路过天安门,又见那满墙的中国红……晚上邀请三名华政学生,在一家湘菜馆小聚,一番鼓励,几许叮咛,不禁想起自己当年在京读书的美好时光! 岁月静好,背负责任,此种感觉,越发真切! 祝福国运隆昌,百姓安康!

2019 年 4 月 3 日(周三)上午,依旧起了个大早,写了点文字,理了理头绪,再度赶往最高法院。递上身份证,警卫核对之后,低声说了句“来得可够早的……”,我看看表,8: 02,说“不是 8: 30 开会吗”?“9: 00 啊……”看来,群里通知的 8: 30,是给晨堵留足空间啊! 总公司总是有战略眼光的! 感谢一位实习生的引导,到得东区二楼的审委会会议室,安静地等待。9 时前后,赵旭东教授、朱慈蕴教授、施天涛教授、叶林教授、刘凯湘教授、蒋大兴教授、邓峰教授、李建伟教授等陆续进来,师友相见,分外亲切。印象中,这似乎是公司法大伽聚得最齐的一次了。他们的学识,在不同程度上滋养着我们,这次又慨然赴约,为营商环境贡献智识,我们对此深怀敬意。出席的还有相关部委法规部门负责人或经办同志,北京、上海、江苏、浙江、山东与广东的民二庭也派员参加,最高法院民二庭庭长林文学、副庭长杨永清、副庭长关丽及其他法官,悉数出席,这应当是国内公司法领域的顶级阵容了。刘贵祥专委致辞后,各方围绕“履行法定程序不能豁免赔偿责任”“关联交易的撤销”“不适任董事职务的解除”“重大资产转让的决议机关”“公司分配利润的时限”等问题展开了激烈的论争。专家学者,风格各异,有人平和沉稳,也有人犀利无比,口才都很好,启发太大了,北京高院陈丰庭长等实务专家的发言,也相当精彩……中午时分,关庭长说,上次破产法司法解释专家论证会,会场都差点吵翻了……这是一种多么美好的氛围啊! 11: 45 结束,中午简餐后,下午 1: 00 继续开会,人大的诉讼法专家肖建国教授也加入了,又是一场论战……2: 00,我必须前往证监会,完成国办督查任务,才依依不舍地离开气氛热烈的现场……到了证监会,3: 00 开始,投资者保护局赵敏局长、郑锋副局长以及发行部邓舸副主任、上交所法律部副总监陈亦聪等,围绕世行指标,与我们沟通了情况。证监会及交易所的领导和工作人员的专业水平与敬业精神，一向值得尊敬。赵局长介绍，去年共有 18 个失分点，10 个涉及上市公司，另外 8 个涉及民事诉讼程序和有限责任公司，紧接着，双方围绕“高管无因解除”“股东优先认购权”“母子公司交叉持股”等问题，充分交流了想法。不知不觉，夕阳西下，疏影横斜……国办督查室副主任张相国最后提了要求，要求各项工作争取往前赶，包括规则修订、翻译、磋商的准备等……用一句话来总结，这一天，是公司法研习浓缩精华的大写日子！感谢最高法院，感谢证监会，感谢各位师友！

2019 年 4 月 4 日(周四)，国家市场监管总局，营商环境“开办企业”的调研与督查正在进行之中。市场监管总局登记注册局局长熊茂平的介绍非常清晰，归纳下来，有以下数点：第一，商事登记，必须强化线上流程，要向新西兰学习，能够在线上完成的，都在线上完成。世行的方法论认为，通过线上完成的，只计为 0.5 天；如果需要线下完成的，则计为 1 天；第二，社保登记与员工登记，整合进企业注册登记平台和单份申请表中；第三，电子印章，引入安全数字认证系统或使用授权人员签字代替公司印章，世行认可电子印章；第四，引入电子发票，特别是将电子发票的覆盖范围扩大到增值税专用发票。上述工作，仍需要公安部门、税务部门的通力配合。会上，针对部分问题的论争还相当激烈。我们认为，印章的法律意义就是主体身份与意思表示的识别，既然技术已经比较成熟，在电子政务领域普遍适用了，那么完全可以适用于商务领域，也就是说，企业设立者在领取营业执照的时候，自动生成一个电子印章，同时交付密钥，企业如果需要，可以自行刻制物理印章。另外，企业也可以在领取营业执照的时候申领发票，这样就可以减少两个环节，降低 400 元的费用，我国的排名又可以提升。下午，应最高法院民二庭庭长林文学师兄邀请，与法官们交流了世行营商环境评估工作，从方法论、规则与案例的角度，进行了讲解。法官的水平都很高，提问也很专业，交流非常愉快。会后将执行合同 DB 2020 的英文问卷、办理破产 DB 2020 的英文问卷及中译本，执行合同、办理破产、获得信贷的方法论英文版及中译本等，悉数与法官们分享，希望对他们迎接营商环境评估的工作有帮助。最高法今年在改善营商环境方面的努力，有目共睹，接连出台了数个司法解释，相信他们会加强与世行的沟通，为我国的全球排名提升做出贡献。此行令人欣喜之处在于，遇到了本科同学、最高法院的晏景法官，在她的办公室西区 801，看见迎着太阳生长的绿植，生机勃勃，非常开心，匆匆交流数句，留影于皂角树下，她的从容、素净与淡定，与闪过我脑海的多年前她出版的人大博士论文的智慧，构成一幅极美的图景！在 529 室，晏景博士与几名华政实习生进行了愉快的交流，说如果在这里有什么工作与生活上的困难，都可以找她，师姐对学妹的关心与呵护，尽在这一温暖的场景里！北京之行的任务，终于圆满结束，一个切身体会是，中国这么大，人这么多，只要大家都尽一份力，再大的困难，都能够克服！

2019 年 4 月 22 日，召开"优化营商环境法治保障共同体"成立新闻发布会。在回答记者关于法治宣传的提问时，我说，法律规定千条万条，老百姓不明白不理解相当于白条，法治保障只有在相对人体验良好的情况下，才能展现出其制度价值。然后，我即兴援引了泰戈尔的诗句："世界上最遥远的距离，就是我就站在你面前，而你却不知道我爱你。"没有想到，记者居然把它写进了官方通稿里，更没有想到，今天还有人把这句话单独摘出来发给我，说这句话好！看来，以接地气的方式来宣传推广政策，同样非常重要！

2019 年 4 月 26 日，迎接世界银行营商环境评估磋商准备会。京沪一日往返。凌晨 5: 40 起，赶 8: 00 的飞机。适逢北京举行"一带一路"高峰论坛，超级拥堵。所幸，这是最早的航班，并没有耽误公事。下午 2: 30，皂角树下，最高法院里，迎接世界银行营商环境评估磋商准备会紧张进行。最高法院、全国人大财经委、国务院职能转变协调办、财政部、司法部、北京市政府、上海市政府、北京市高级人民法院、上海市高级人民法院领导与工作人员与会，紧张沟通与世行专家的磋商事宜。会议聚焦于司法解释的效力，因为4月16日国办组织的世行沟通会上，有世行专家指出，世行只认可全国人大制定的“法律”（laws），这绝对是重大理解：其一，世行报告所称的 regulation，应译为“规定”，是一个规则体系，自然包括司法解释；其二，去年世行报告认可过司法解释的法律效力，例如，“保护少数投资者”指标的第16题与第36题；其三，世行把英美国家的“判例”作为重要的渊源。故而，这方面的解释工作应当没有问题。最难的是问卷的更新，因为受访律师于2019年3月20日前后已经返回了问卷，而破产法司法解释3月28日才公布，公司法司法解释则将于4月28日公布，因而，请受访者根据司法解释更新问卷，并重新向世行发送，就成为关键。另外，司法解释的英译也非常重要……感谢最高法院，非常给力，短短数月，连续出台数部司法解释，非常不易！我们要用心用力、用好用足司法解释，全力提升说理水平！周五的北京，极其拥堵，会后一路狂奔，终于没有误机！

2019年5月1日，世行营商环境评估之“保护少数投资者”指标答卷更新 DB 2020。劳动节，名副其实哈！小长假第一天，和去年一样，又在答卷中度过。从昨晚开始，根据最高法院司法解释、证监会上市公司章程指引、上交所上市规则等最新修订，把世行这项指标的46道题目彻底更新了一遍。世行专家5月20日左右抵达上海核验数据，希望这份答卷能够提供有益参考，帮助律师节省时间，及时更新答卷，重新提交世行。感谢上观新闻，陪我度过了一个“劳动”节！

2019年5月2日，世行营商环境评估——法律法规修订之英文翻译。小长假第二天，仍然在劳动中度过。与前一天完成世行问卷更新不同的是，今天完成的是国家法律、行政法规修订的英译工作。为优化营商环境，提升中国排名，2019 年 4 月 23 日，第十三届全国人民代表大会常务委员会第十次会议通过了八部法律的修订，分别是《中华人民共和国建筑法》《中华人民共和国消防法》《中华人民共和国电子签名法》《中华人民共和国城乡规划法》《中华人民共和国车船税法》《中华人民共和国商标法》《中华人民共和国反不正当竞争法》《中华人民共和国行政许可法》，涉及数十个条款的修订。另外，国务院近期也修订了《中华人民共和国注册建筑师条例》《建设工程质量管理条例》《不动产登记暂行条例》这三部行政法规……由于与世行专家的磋商时间迫切，国家相关部门请上海协助完成修法英译工作，鉴于去年组织上海改革措施的英文校验工作累积的经验，本人临时受托组织完成这项工作。明知这是件苦差事，而且是难得的五一假期，有 100 个拒绝的理由，想想还是应承了下来。非常感谢闵舒晴、李杭杭等供职于知名律所的专业律师，非常感谢王倩、王倩倩等外语娴熟的同学，还要感谢默默提供精神鼓励与智力支持的杨焯等师友，她们头一天接到邀约，牺牲了休息时间，义无反顾地投身这项工作。明确分工，列示法律名称、条款、修法之前的中英文法条、修法之后的中英文法条等若干细目，有条不紊地开展工作……一直忙到 12: 40，简单地吃完工作午餐，在和煦阳光的照拂下，一行人在园子里漫步十余分钟，又紧张地投入工作……终于，一天之内，我们顺利完成了任务，感谢她们！她们拥有的不仅是娴熟的外语与法律技术能力，更有浓郁的家国情怀！还要感谢吴斌师兄，他非常友善地提供了非常好的工作场所，让我们拥有一个非常安静的工作氛围！努力工作，本身就是成长，就是福报。感谢遇见的一切！

2019 年 5 月 12 日，更新世行营商环境评估——“获得信贷”问卷。新一轮的世行评估（DB 2020）已经到来。2019 年 5 月中旬，世行专家将先后奔赴上海北京，与中方密集磋商，并多渠道访问受访专家。下周将是异常忙碌的一周。其中，“获得信贷”是十项指标之一，由于动产担保立法例的不同，我国相关规定散见于物权法、担保法及有关司法解释之中，加上世行问卷与我国法律的语言风格存在差异，受访者未能正确理解世行问题，更未对我国规则进行体系化梳理，就匆忙作答，导致频频误答误判，我国大量冤枉失分。本文梳理了“获得信贷”指标之下“合法权利力度保护”指数的 20 道问题，逐一纠正了误答误判，并结合京沪两地分别于 4 月 28 日和 4 月 30 日起推行动产担保统一登记系统的实践，更新了问卷答复。努力的方向包括四类：其一，通过说理来纠正误答误判的，有第 9、10、11、12、14 题（必须得分）；其二，通过京沪开展动产担保统一登记系统来争取得分的，有第 16 题（必须得分）和第 17、18、19、20 题（争取得分）；其三，通过体系解释法律而尽量争取得分的，有第 2、3、5、6、7、8 题；其四，虽没有分值，但必须更新现状的，有第 1 题。取法其上，得乎其中；努力了，未必成功，但不努力，一定不会成功。

2019 年 5 月 15 日，在《经济参考报》发表文章《为什么法治是最好的营商环境》，新华社客户端推送后，数日内阅读量达 84 万余。深感在中美贸易争端升级的大背景下，我们越发要做好自己的事情，而营商环境的优化，则属其中的重中之重。

2019 年 5 月 17 日，世行营商环境评估上海改革措施英译工作会。世行营商环境正式磋商前最后一个工作日，为了保证上海优化营商环境的改革措施及相关数据，能够简明清晰地呈现给世行，增强磋商的有效性，上海市优化营商环境法治保障共同体再次展开行动。来自华东政法大学、上海外国语大学的 3 位教师，以及来自锦天城、方达、金杜、通力、大成、海华永泰、金茂凯德、金诚同达、九州丰泽、瑾之润申达等律所的 11 位律师，共 14 人，进行了密集的数据核验与校译。校译的第一项工作，就是确定专有术语。由于 8 项地方指标分别由各指标牵头部门完成初译，必须按照世行问卷统一专有术语，例如，“指标”一词，世行的固定译法为 indicators，另外，各部门改革措施的依据五花八门，也做了统一，第二项工作，是逐项列明改革措施对应的问题，逐一标明序号，这样便于世行专家核验。各部门提交的译本，大多没有标明问题序号，也没有直接把世行英文问卷的问题复制过来，而是采取硬译的方式，读起来并不顺畅。校译者必须先在英文问卷中找到对应项，列明序号，并把英文问题直接复制过来。针对自主改革的措施，并不是对标世行问题的，可以无须标明问题的序号。第三项工作，就是调整语言表达的习惯，例如，“线上线下联动”（到底是线上还是线下，在世行方法论中，线上算半天，线下算一天），“审批服务”（是审批还是服务）……第三项工作，统一法条的翻译。我们把 2019 年完成的八部法律三部行政法规的标准译本，也提供给团队，以统一规范表述。迎来晨曦，送走晚霞，早 9: 00 开始，晚 7: 00 还在忙碌。我们学习世行的做法，为每一位参与者置备了感谢函。努力工作，本身就是成长，就是福报。感谢大家，感谢遇见的一切！下周一将迎来八场正式磋商，预祝一切顺利！

2019 年 5 月 20 日，营商环境世行专家磋商。凌晨 5: 20，没等闹钟发威，自己已然醒来。儿子今天去大别山体验乡村教学，必须 6: 10 到学校。大包小包的，还带了一个篮球，我负责送他到学校。早起的另一个重要事由是，今天受命主持四场与世行专家的磋商，必须在 8: 10 前赶到九江路。每有重要事务，总是早醒，已成定律，即使劳累，也总能比较顺利地完成任务，必须感谢少年时期田间辛劳打下的基础。赶到世茂皇家艾美酒店，7: 36，的确来得早了点，拿出几部大部头的译著，写好赠语，准备送给世行专家。议程上，全国人大、最高法院、财政部及各指标的牵头国家政府部门，上海市相应的部门，林林总总，密密匝匝……事久而熟，很多同仁都成为朋友了。开幕式简短而务实。央地各一位领导发言，世行专家回应性讲话，总共只用了12分钟，迅速转入了正式磋商。四轮磋商、近七小时下来，虽然疲惫，但收获满满。其一，增进了互信。例如，世行专家说，通过彼此交流，他们明白了，在中国，最高法院的司法解释具有普遍的拘束力，他们会予以考量，并将其作为评估的依据。这实在是太重要了，最高法院今年推出了三个司法解释，正着力于弥补我们自身的种种不足，如果未获认可，对评估结果影响太大了。其二，锻炼了能力。我注意到，今年法院、政府部门的陈述水平，比去年有了显著的提升。主讲人言简意赅，能针对世行问题，尤其是针对去年的扣分项，进行充分的说理。而且，综合运用小视频、PPT、书面材料等要素，说服效果明显提升。其三，深化了交往。牵头部门汇报前后，都会有领导上前，与世行专家互换名片，做进一步的沟通，而且往往还主动表示，会全力配合世行，提供世行需要的所有材料。主动沟通的意识与能力，在当下显得尤为重要。参与世行营商环境评估，是一次宝贵的学习与成长机会！

2019年5月22日，优化营商环境法治保障共同体第一次联席会议顺利召开。在本人理解当中，这个共同体，是基于共同的价值判断、共同的技术能力、共同的理想愿景而走在一起的。跨届别、跨领域、跨专业是其组织特征，去官僚化、去科层化、去仪式化是其文化属性，问题导向、急用先行、高效务实是其运行风格。期待这个共同体含苞吐艳，桃李芬芳！

2019年5月27日，世行营商环境北京磋商，本人参与“保护少数投资者”“获得信贷”等涉法指标的磋商，感谢前期打下的扎实基础，磋商总体上非常顺利。

2019年6月24日,参加完苏惠渔老师的告别仪式,我奔赴虹桥机场,取道北京,当晚入住离首都国际机场三公里的全季酒店。入住完毕,已是午夜,陆续仍有飞机低空轰鸣而过,这两天经历了成长与陨落,亦悲亦喜,一时难以入睡,起身续写了苏老师的悼文……实在是撑不住了,将餐巾纸揉细,塞入耳孔,迷迷糊糊睡至凌晨6:00,继续写,直至飞机起飞前一刻,终于完成,发给上观新闻,捧上了一盏心灯,加入繁星万点的送行队伍。

这次组团赴京的我国营商环境磋商队伍,比去年庞大,因为我国去年没有参与"获得信贷""执行合同""办理破产"指标的磋商,今年则十项指标全部参与,国家部委、北京和上海,都派员参加。上海代表团吸取了去年的教训,没有从纽约转大巴,而是经北京直飞华盛顿,果然顺利多了。发生一件有趣的事情,在北京机场的有轨电车上,我们给一位坐在手推车上的小朋友让行,让他们先上,结果小朋友的家人教小孩,对着朱主任说"谢谢爷爷"！现场爆笑！真是光阴催人老！和去年一样,国家根据指标归属来确定参与磋商人员,但我必须参与所有指标的磋商,或许法律与所有指标都相关吧,这也是宝贵的学习机会。来接我们的是一辆大灰狗(greyhound),在上面,我们发现,饮用水的瓶盖很小,其厚度估计只有国内的一半。瓶身很轻薄,估计至少比国内薄三分之一,喝完后捏着咔咔作响。这种设计,想来非常有道理,水不同于有色饮料,即便被尖锐物品戳破,也无大碍。这种"最小够用"的理念,既省料,又环保。国内可以借鉴,通过制定标准,区分饮用水、有色饮料、有毒液体等包装材料的规格。精细化管理,仍然任重而道远。简单吃了晚饭,大家随机剥取小脆点心里包藏着的幸运数字或词语。同行的王主任,剥出了一张小纸条,上面写着"这是完成老任务的好时机"(It's a good time to finish up old tasks),真是相当应景！领到了一张世行的临时通行证,未来几天,要好好努力了！祝福国运隆昌,百姓安康！

2019年6月25日(华盛顿时间),开始了与世行的磋商,有四个单元,上午与下午各两个。上午完成的是“开办企业”“办理破产”,下午完成的是“办理纳税”“获得信贷”,我们充分感受到了世行严谨认真的工作作风与工作态度。一大早,上海代表团参与当日磋商的成员,赶到世行总部大楼,去年此地斯时,我们合了影,今日重返故地,我们再次留下了工作照片。在正式磋商之前,丽塔·拉马略致简短的欢迎辞。她说,近一段时间以来,他们接待了很多国家的磋商团队,中国派出了最大的代表团,显示了你们的改革能力与决心,以及在改善营商环境提升全球排名方面的雄心。刚才从王市长的讲话中,建筑许可全球最佳的实践是七个环节,你们已经做到了五个环节……接着,她就人口超过三亿的经济体扩大考察城市的可能性以及遴选城市的标准等问题,谈了自己的看法,并称在2020年1月之前,世行会决定是否增加城市。另外,她还谈到,俄罗斯、墨西哥和巴西等国,都在与世行合作,进行区域营商环境评估。紧接着,她还提到,目前列入观察指标的政府采购、劳动力市场监管,有可能在一定条件下成为新的评估指标。鉴于此点,在五分钟的短暂休会之际,我向丽塔请教,目前的十项指标中,“施工许可”与“财产登记”没有方法论论文,有可能新增的两项指标,世行也没有推荐论文,是否以后有可能会增加?丽塔回答,她们会认真考虑这一问题,并且会听取各经济体有益的建议。

短暂休会之后,正式磋商迅速展开,第一场是“开办企业”,分别由北京市市场监管局邓慧敏、上海市市场监管局施毅做主体汇报,北京税务局的张菁、上海税务局的嵇方以及国家市场监管局的李峥准备回应问题。北京与上海的汇报都非常成功,加上翻译的时间,总体控制在40分钟,世行专家弗里德里克·默尼耶(Frederic Meunier)远程提问,纳迪娅·诺维克(Nadia Novik)现场提问。概括起来,共有如下问题:一、E窗通平台(或一窗通平台)上线与政策发布时间的差异以及办理事项的范围;二、自行至窗口领取营业执照和政府邮寄;三、如果采取寄送的方式应当如何付费;四、关于税控盘及缴费;

五、政府后台如何实现信息共享；六、如果大数据中心发生错误或者泄露如何应对；七、系统如何识别错误。北京与上海的回应，都比较妥帖。上海方面，还援引了一网通办与公共数据管理办法，明确了数据共享是政府基本职责，并且对数据存储有着专门的灾难备份的要求。

接下来进行了“办理破产”指标的磋商。最高法院的郁林法官主汇报，她非常专业，清晰地讲解了破产法司法解释三，逐条阐释了具体条文与世行得分点之间的关系，简洁有力。北京高院的容红法官、上海高院的彭浩法官分别就京沪两地实践，做了非常好的补充。北京方面汇报称，北京法院系统设立了破产法庭，将全市的破产案件集中办理，提升了案件质效，提请世行将其作为重大改革措施予以记载。另外，对于债权债务明确、债务人财务状况明晰的案件，采取了简易程序。另外，案件审理时间也比去年同期减少 5.58 天，提请世行专家对此予以关注。上海方面聚焦于时间、成本来讲解。上海推行破产案件的全程网上办理，制定了关于简化程序加快推进破产案件审理的办案指引，实现破产案件的繁简分流。审结时间平均为 311 天，即 0.85 年。关于成本方面，上海应当远远低于世行认定的 22%，接下来，彭浩简要介绍几种重要成本的构成：其一，政府税费，区分债务人是一般纳税人还是小额纳税人，无论是何种纳税人，都不到 1%，远远低于世行认定的 5%，建议世行将其下调至 1%以下。其二，会计师评估师等专业人员的费用，世行认定为 7%，也明显高于实际水平。按照现行法律规定，审计并非法定程序，评估也可采用定向询价、网上询价等方式，并非法定要求。如果实际发生的上述两项费用，合计为 9 万元，占 2%左右。其三，关于拍卖费用，建议控制在 1%以下。

世行专家克劳斯·科赫-萨尔达里亚加表示，他对于司法解释在中国所具有的法律效力，以及在实践中被各大法院所实施的情况，已经理解了。而且，世行去年认可了司法解释在保护中小投资者指标中的作用。但是，假设司法解释与法律的规定相冲突，如何解决？请最高法解释一下，以帮助世行理解中国的法律体系。郁林法官的回答非常清晰：第一，司法解释有两类：其一，对于法律法规的具体适用做出司法解释，也就是适用性解释；其二，法律法规没有规定的，根据法律精神和原理做出解释，这属于填补空白的解释。第二，司法解释在制定之后，要经过最高立法机构备案和审查，也就是说，经过最高立法机构认可了，才具有法律效力（克劳斯问：你们出台破产法司法解释，也是这样的吗？答：是的，所有的司法解释都是这样的）。第三，日后如果法律法规发生了修改，司法解释也要进行相应的修改，最高法院会定期进行司法解释的清理。

在郁林法官介绍完毕之后，克劳斯接着问：破产程序中发生的债权优先于普通无担保债权，是否突破了法律的规定？郁林法官回答：《破产法》第 42 条规定，人民法院受理破产申请后发生的下列债务，为共益债务：……为债务人继续营业而应支付的劳动报酬和社会保险费用以及由此产生的其他债务，从体系上理解，这是一项共益债务，根据破产法其他相应条款的规定，有优先权。最后一个问题是，《破产法》第 58、59 条规定债权人享有表决权，与司法解释三关于权利受影响的债权人才能够行使表决权之间是否矛盾。郁林法官回答说，这是一般规则与特殊规则的关系……法院的专业素养非常高，也非常努力，郁林法官甚至是克服了腰椎的疼痛前来参与磋商的，希望今年这项指标有明显提升！

第二单元的磋商结束，我们返回世行总部，参加与世行 CEO 格奥尔基耶娃的会面。在世行访客通道那里，国际金融法律学院的学生杨雅婷等着我，谢谢她的帮助。由于忘了从宾馆带出转换插头，半天下来，笔记本的电力眼看消耗殆尽，而中午还有公务，于是拜托正在乔治城大学读硕士的小杨帮忙带一个转换插头。她非常周到，带了两个不同款式的过来，我选了一个，因为中午有公务，师生匆匆聊了两句后合影告别。由于行长马尔帕斯出访，今天 CEO 格奥尔基耶娃兼任世行的执行行长（acting president）。格奥尔基耶娃是一位非常成熟的政治家，与每一位代表握手以示欢迎。北京市王红副市长代表中方发言，一如既往地全面而周到，既表达了对世行指导与帮助的感谢，又以大量翔实的数据展示了北京改革的成效。她特别提出，近几年的营商环境评估，极大地推动了改革。她最后充分表达了与世行在节能环保等方面进一步深化合作的意愿，希望北京市成为世行改革的一块试验田。最后，王副市长援引 CEO 的话说，优化营商环境工作是一场马拉松，必须一步一步地推进。朱民主任转达了应市长的问候，同样感谢了世行对上海改革的支持与帮助。CEO 做出回应：第一，我们非常愿意将北京和上海的经验复制到中国的其他城市，世行正在与英国的繁荣基金合作，将北京与上海的经验推广到不是那么发达的城市，分享上海与北京的成就；第二，世行确实在考虑增加城市，这也是应大国的要求而做出的回应。但世行会广泛听取意见。我们是在不同的地形上跑马拉松。

下午第一场磋商围绕“办理纳税”指标：北京和上海分别汇报，北京汇报完后，上海接着汇报，汇报至下午 4:03，世行专家说，因为时间比较紧，重点汇报与北京不一样的内容。上海说，基本上都是一样的（我理解，这是因为税权属于国家事权）。接下来进入提问环节：问题 1：5%与 7%的土地城镇使用税的问题；问题 2：申请退税的时间为 20 个小时，获得退税的时间是 6 天。这适用于样本企业还是所有企业？问题 3：享受留底退税政策的用户数及退税金额问题；问题 4：国税与地税的合并，什么时候进行的？问题 5：新参保企业的工伤保险税率可以下调 20%，什么叫新参保企业？（答：新设立的企业，或者是前一年没有发生工伤保险事故的企业。）总体而言，办理纳税这一指标，几乎不存在有争议的问题。

到了“获得信贷”这项指标，画风突变，世行专家提出了多个需要讨论的问题。央行王主任以大量的数据来证明，在上海和北京试行的动产担保统一登记系统是全国性平台，希望能够满足世行的方法论要求。然而，或许世行专家所认定的全国统一的动产担保平台是指全担保品、全地域、全过程的平台，故我国目前的担保系统，要符合世行方法论，有相当的难度。接下来，双方聚焦于两个法律问题：其一，能否对担保物进行笼统描述（如应收账款），世行专家认为，不可以，因为根据我国《物权法》第210条的规定，设立质权，当事人应当采取书面形式订立质权合同。质权合同一般包括下列条款：质押财产的名称、数量、质量、状况……我解释说，《物权法》第210条关于质权合同条款的列举规定，不属于强制性规范，只是示范性规则，并不意味着缺失其中的任一要素，会导致质权合同无效。我国《合同法》第12条也是类似的例子。该条规定，合同的内容由当事人约定，一般包括以下条款：（一）当事人的名称或者姓名和住所……（七）违约责任；（八）解决争议的方法。但在法理上及实践中，一项合同只要具备当事人名称、标的等构成合意基本要件的内容即可，缺乏“违约责任、解决争议的方法”等要素，并不会导致合同无效，可以通过合同解释来解决。而且，《应收账款质押登记办法（2017年修订）》允许用现有的和未来的金钱债权作为抵押。最后我们发现，原来世行专家拿着的法条英译，译者把“一般包括”翻译成了 shall include。其实，更好的翻译是 generally includes，这样才会避免误解。其二，关于担保权益是否及于原始担保物之上的“产品、收益和替代品”，我解释说，我国《物权法》第174条规定了担保权益可延伸至替代物，第197条和第213条分别规定了抵押权人和质权人的孳息收取权。另外，《最高法院关于适用〈担保法〉若干问题的解释》（法释〔2000〕44号）第62条也有类似规定，我国也应当得分。世行专家表示，他还要进一步与中国法专家核对，从而决定是否修正这些答案。当天的最后一项行程，是与世行 CEO 共进晚餐。在行长室里，一幅骏马图赫然在目。在晚餐环节，朱民主任对世行贷款支持中国的历史，从最初的菜篮子到如今的小城镇项目，如数家珍，娓娓道来，杨副行长强调了中国代表团前来磋商的必要性：与专家在一起，面对面地讲述，可以增强世行对中国改革的了解。在晚宴的最后，CEO 很有智慧，对丽塔及其他世行官员说，看来，今天不说一说对中国今年排名的预测，这顿饭是无法结束啦！众笑。丽塔说，去年中国排名显著提升，是因为中国在流程、时间与费用方面进行了卓有成效的改革，今年则通过大量修改法律法规，进一步深化了改革。最后，CEO 说了非常睿智的一句话：我们都相信，中国的全球排名，肯定会有大幅提升，但问题在于，并不确定在什么时候会发生。中国是有长远改革眼光的，也有战略耐心，营商环境的改善，就是一场马拉松。

2019 年 6 月 26 日（华盛顿时间），和昨天一样，今天要进行四个指标的磋商。磋商场地移到了世行 IFC（International Finance Corporation）大楼。换了地方，重新办通行证，一行人折腾了好一番工夫。上得 9 楼，开始了“跨境贸易”的磋商。北京市商务局的领导与上海市商务委的副主任武伟先生分别做了简短的汇报。世行专家努诺（Nuno）说，中国的改革令人印象深刻。关于方法论，有一点需要强调。世行的方法论关注的是小微企业的每一个集装箱的时间与成本，而不是大企业。大企业进出口量很大，分摊到一个集装箱，成本可能是很低的。另一个需要关注的是单证合规，世行考察的是企业从出发地到目的地整个过程需要查验的单证（如发票、装箱单），虽然时间与成本不多，但都要看。还有，关于报关委托书，中国在这方面做了很多改革，实现了无纸化，但基于我们的方法论，因为其有效期超过一年，所以也不会被我们记录在内。接着，世行专家提了以下问题：问题 1：进口的许可证被取消了，是什么时候？问题 2：关于合规的内容。港口的结港时间，主要取决于航线、航运公司及其与港口的协调。北京方面，天津港的阳光物流，是如何做的？北京答：第一，我们改造了码头，引入新设备，提升了码头的堆存能力与作业能力，使船舶从以前的运抵到后方堆场，改变为直接进码头。这样既降低了物流环节，又降低了物流成本。第二，阳光物流问题。船公司、码头、船代、货代等各方主体，都会产生成本。天津港作为大型企业，产业链比较长，覆盖领域比较多，我们有自己的船代物代等，能够做很多工作。它以市场为基础，使得各港口的收费更加透明。问题3：阳光物流利润比较低，但因为比较大，仍然能够挣钱。但实际上，从长远来看，对市场是不利的。北京答：这实际上是对低价竞争的质疑，但没有必要。其一，市场上还有其他主体的价格比这还要低；其二，我们仍能保持微利的状态，尽管利润不高；其三，船公司的运费和内陆的运输成本，是主要组成部分。物流成本只占很低的比重；其四，船公司选择物流企业时，价格不一定是唯一的决定因素，甚至不是主要因素。（其他因素也很重要，）例如，沟通便利度、产业链条成熟度等。阳光物流企业并没有把市场上的其他物流企业挤倒，相反，天津与北京的物流企业，朝着更好、更健康的方向发展。当然，我们也会关注其长远发展，因为贸易便利化的目的是为了贸易的发展，而不是损害贸易本身。问题4：报关行的费用是一项成本，这里涉及最多的是放行的问题，这里的标准和条件就包括信用。大公司是有信用背书的，我们方法论中是指中小企业，在放行方面，需要付费吗？在港口停留多长时间？你们说的，是仅适用于大型企业呢，还是同时适用于小企业？北京答：我们是按照风险程度，而不是按照企业规模大小来确定的。进口与出口的查验，都有一定的比例。上海答：关于费用，在上海港放行的集装箱，不分企业大小，只按照集装箱的大小来确定。报关代理费的确定，是一个市场行为，小公司的业务相对单一，其报送代理费每票下来会略高于大公司。另外，在港口停放的时间，一个是海关放行的时间，另一个是码头放行的时间。是否放行，只看一个条件，即海关是否要查验，如果不要查验，一分钟就可以放行。关于查验率，与企业规模无关，不管企业大小，只看信用，如果企业信誉好，查验率低，如果信誉不好，则查验率高。必须说，北京和上海的回应都非常精彩。

结束“跨境贸易”指标的磋商之后，按照安排，代表团一行与世行研究局高级局长尚塔（Shantayanan Devarajan）会面。这位局长是斯里兰卡人，其貌不扬,但他应当是很有学识的官员。王红副市长一如既往地轻松幽默,对他说,您特别忙,去年的会议您没有来,我们还期待着在北京与您一起做饭呢!

尚塔说,主要的工作都是你们做的,我们能够感受到你们的辛劳,最后的成就归功于你们。世行主要是做评价工作,最终的决定由我们的团队来做出。改革的成功大小,不分国度和经济规模,今年我们看到进步最快的是中国、阿富汗和吉布提。我们会非常注重反映中国的改革成就,并与其他经济体分享。我们非常关注营商环境的改革是如何推动经济增长的。中国肯定也不会仅仅依赖营商环境的排名来推动经济增长。企业的申请数量,并不反映经济的增长,而是要看到它们发展壮大,我们并不希望他们一直是小微企业。以突尼斯为例,他们的初创企业非常多,但其中的很多企业,一直长不大,甚至十年后还是小微企业。营商环境,是一个团体性特别强的工作,需要多部门配合和合作。我很快就要退休了,8 月将去乔治城大学任教。

由于上午只安排了一个指标(与研究局局长的会谈,占了第二项指标的时间),下午就必须安排三项指标的磋商。1:00 开始了"保护中小投资者"这项指标的磋商,来自证监会的郑晓毅、最高法院的郁林、北京市高院的李广顺等人参与。晓毅对情况相当熟悉,结合最高法院关于公司法的司法解释五、上交所上市规则等,针对得分点进行了逐项阐释,非常清晰。世行专家赫维·卡杜拉(Herve Kaddoura)和蒂齐亚纳·隆代罗(Tiziana Londero)感谢中方准备了很好的材料,就司法解释的效力、股东如何知道股息在宣告之后一年内必须完成分配、如何证明"控股股东利用了关联关系"等进行了提问,我们逐项进行了回应,特别是,对于司法解释的法律效力,我从《立法法》第 104 条、《人民法院组织法》第 18 条、《全国人大常委会关于加强法律解释工作的决议》、《最高人民法院关于司法解释工作的规定》第 5 条做出了回应。应世行专家要求,我还要专门置备证明材料,以期形成闭环,形成基础支撑。感谢朱敏与小赵的精彩翻译,期待这两项指标都取得好成绩!

“保护中小投资者”的磋商结束后，我叫上郑晓毅，一起走到世行专家边上，再次说明如何证明“利用关联关系”的问题。我解释说，由于证明行为人的主观状态非常困难，所以根据公司法司法解释五，只要原告证明：其一，发生了关联关易；其二，关联交易导致公司遭受损失，即完成了“利用关联关系”的举证责任。希望世行能够认可。

接下来进行了“获得电力”指标的磋商。由于时差，前两晚加起来睡眠时间不足 5 小时，第三天下午，非常疲惫。挣扎着陪同团队一起战斗，坚持完成了第五个磋商单元的记录。北京市电网、上海市电网的人员分别汇报了京沪两地的改革措施及绩效后，世行专家埃里克（Erick Tjong）开始了提问。问题 1：北京和上海都安装了掌上电力 APP，供用户申请使用，客户是否还能够到现场营业厅来申请？答：用户可以通过 APP 或官网来申请，客户也可以到现场营业厅来办理。问题 2：是否拥有一套系统来跟踪申请的轨迹？可以看到多少比例的线上申请，多少比例的营业厅申请？答：原来我们没有，现在有了，今年 90%的用户是通过掌上 APP 来申请的。问题 3：如何确认完成电子签名的人，就是上传信息的人？如何验证信息，如何确保不会发生欺诈事故？答：我们要求上传身份信息，并且通过手机号进行后台认证，后台要对其签名及身份信息进行认证。我们有专门的人员，对工单进行审核处理。问题 4：除了企业用户，是否还有居民用户也享受这一服务？答：是的，有一定数量的居民用户。问题 5：问一个预算方面的问题，对客户实行零投资的做法，电力企业如何消化这一成本？根据电能使用情况，有些客户的成本非常高，你们是否会拨出额外预算，来吸收这一成本？答：我们每年投资 200 亿左右，这方面的支出非常小，占比比较低。问题 6：你们采取零保证金的做法，如何保证电力用户缴纳电费？答：我们通过合同约定，并且，如果逾期不缴电费的，会被记入信用记录。问题 7：从申请到接电，有没有追溯系统？北京答：有的，接电完成后，我们还有反馈系统，如果客户不满意，我们还有考核机制。上海答：有全流程线上管控系统，对环节进行预警和超时报警。我们有客户经理与现场经理，确保按时完成。这项指标 DB 2019 进步显著，希望 DB 2020 稳中有升。

当天的最后一场磋商围绕“施工许可”指标，这是世行评估体系中最为复杂的一项指标。在如此高强度的工作负荷之下，不少人已经撑不住了。有些不参与本项指标磋商的同事，已经在会场外的沙发上，侧着身子睡着了。我去卫生间时，瞄了他们一眼，满满的同情和感动。容不得多想，工作还得继续，我们继续陪同。北京市规自委的王玮、上海市住建委的鲁超，分别做了改革措施的汇报，汇报逻辑清晰，效果非常好。世行专家贾亚什里·斯里尼瓦桑（Jayashree Srinivasan）开始发问，她首先感谢两地做出的努力，接着表达了一些忧虑：“刚才听到的很多政策与举措都是在 4 月份颁布的，我们的数据截止日期是 5 月 1 日，我们访谈的企业可能还没有感受到，因此问卷的反馈情况或许并不能完全反映改革的成效。另外，支撑这些改革的法律基础，我们最近才收到相关的版本。”（注：2019 年 4 月 23 日，《中华人民共和国建筑法》等 8 部法律才完成修订，《中华人民共和国注册建筑师条例》《建设工程质量管理条例》也是同期完成修订的，本人受国家部委委托，组织完成了英译，但由于法律修改得晚，提交世行的时间也不会太早。）世行专家接着开始提问，问题 1：根据我们的方法论对环节的计算，线上的预约，已经是一个环节，验收又会成为一个环节。问题 2：线上申请体系，是仅针对简易的、低风险的项目，还是针对所有的项目？案例有吗？城市一：我们每个区都有案例。目前只针对简易低风险的项目，其他项目，政府部门内部的整合流程要复杂得多，我们正在开发新的系统。城市二：我们的在线申请系统，覆盖了所有的投资项目，所有私人与外资的项目申请，都可以在线办理。对于低风险的项目，我们的程序更加简化。问题 3：土地勘察，是否应当计为一个环节？答：土地勘察是政府应当完成的工作，之后才交给建设单位，不应当计为一个环节。问题 4：什么是以风险为基础的建设项目管理体系？这是根据用途、面积、周边情况等，形成的一个全方位的风险管理体系。作为代表团的成员和并肩战斗的战友，对于鲁超付出的智慧与辛劳，极为感佩。同样感谢外办的朱敏与赵琰，翻译很精准，也非常辛苦。

2019 年 6 月 27 日（华盛顿时间）。今天是世行磋商的最后一天，我们早到了约半小时。在正式开始之前，我结合在上海主持"执行合同"磋商的经验，请北京高院的李广顺法官与上海高院的彭浩法官，共同商量一个问题：目前的司法解释规定，如果发生不可抗力或者意外事件，可以延期审理，但最长不得超过两次。但如果延了两次之后，又发生不可抗力或者意外事故，能否再次延期？我们达成了以下答复口径：这种情况在实践中还没有发生，如果确实接二连三发生不可抗力或意外事件，导致无法组庭审理，仍然必须继续延期。但这种情况在现实生活中基本不可能发生。与世行磋商，尊重方法论与基于事理的诚实，同样重要。

9:00 开始"执行合同"指标的磋商。李广顺与彭浩法官，分别介绍了京沪两地的改革措施。两地在推行无纸化网上立案（网上预约立案和微信立案）、电子送达、在线处置财产等方面的改革措施，两地都强调了延期审理最多不超过两次的司法解释。北京法院执行合同时间缩短为 231 天，北京法院案件受理时间为 4 天，送达时间包括在审理时间内，一审买卖合同时间 100 天，执行合同为 112 天，这些时间更新在法院官网上，诉讼法上诉时限为 15 天，这样总体时间为 231 天。上海也逐项梳理了各项数据，整体感觉，汇报得非常清晰。

世行专家玛丽安·奎萨达（Marian Quesada）说，北京和上海在执行合同方面的表现，令人印象深刻。我觉得还是有必要把世行的方法论做个阐释：时间方面，你们反映的是 4 天的立案时间。按照我们的方法论，当地律师撰写初步诉状、收集立案所需文件，包括在必要情况下对其进行认证或公证的时间，都应当包括在内。你们把很多流程电子化了，提升了效率，我们会跟进核验。世行专家问：互联网法院审理哪些案件？答：通过互联网发生的买卖合同纠纷等。（世行问卷假设的家具合同纠纷，如果通过网络交易完成，也可由互联网法院受理。）世行专家又问：法院的线上调解如何进行的？答：对于小额的纠纷，如果当事人愿意调解，法院就可以通过线上进行调解，我们在微信上还有专门的调解窗口。调解员会发配给当事人一个网上登录的号，就可以进行调解了。

在最后一项指标"登记财产"的磋商中，由北京市规自委的王宏娟、上海市规自委的胡进分别做主汇报，自然资源部赵燕司长发表了支持性意见。汇报总体上非常成功，特别是两地的视频效果特别好，世行专家没有太多的问题，只是对两个城市的财产登记平台很感兴趣，希望能够现场演示一下。我对马钦博士说，也许能够查到您在北京和上海有财产哈！幸好我一直带着电脑，借给汇报人现场演示，只差一步就能够实现的时候，结果可能是因为国外访问国内的政府服务平台存在安全措施，无法登录"北京通"。马钦博士说，他在北京和上海都查询过的，可以证明。在此过程中，我同时完成最高法院司法解释有效性的说明，把立法法、全国人大的决定等法律性文件整理完毕，并附上英文。趁着间隙，向张木桥请教，她非常友善地提出修改建议，根据她的建议，我改定了相关内容，并按照世行专家克劳斯的要求，我发给了对方，对方称会和世行团队分享这些信息。司法解释的效力能否获得世行认可，关系重大，希望能够成功。最后，马钦博士代表世行感谢大家！他说，他和十个指标的团队此前都有过沟通，中国的改革令人印象深刻。7 月会出来数据结果，8 月会有反馈，10 月底正式发布排名。阶段性工作结束，上海代表团与国家部委、北京代表团告别，到世行总部，留下最后一张合影。尽了全力，无愧于心！祝福国运隆昌，百姓安康！

当天飞离美国。飞机落地后，我收到了克劳斯的邮件，“亲爱的培新教授，我们确认收到了这份非常有意思的文件，我随后会与其他指标团队分享”。从这份中性的回复里，无法读出世行专家的态度，我隐隐有些不安。当天早上，我请教了上海外办的翻译专家朱敏与赵琰，她们说，“有意思”（interesting）这个词，不但看不出肯定的意思，而且往往传递的是偏负面的信息。这一判断验证了我的预感。如果世行最终不认可我国司法解释的效力，我国的三项指标——“办理破产”“保护中小投资者”“执行合同”——将会受到重大影响。

人世间，有太多的不得已。对于熟悉中国法的人来说，最高法院司法解释具有法律效力，属于常识般的基本认知。但对于必须面对诸多不同法域的世行专家而言，他们很难理所当然地接受。他们的核心疑虑是，法院不是立法机关，中国又没有判例法，最高法院凭什么可以造法？

思来想去，除了将法律文件提供给世行，一项更重要的工作是，针对世行的疑虑，形成说理闭环，进一步强化司法解释的效力。

世行专家的三大疑虑是：其一，最高法院司法解释，是否在立法机关之外创造了法律？其二，如果法律保持沉默，司法解释将其进一步细化了，是否超越了权限？其三，法律保持沉默，只是由司法解释予以细化，当事人如何能够获悉并行使此种权利？

针对世行的疑惑，我连夜形成以下说理，并自行译成英文，发给世行专家：

其一，世行问卷的方法论所认可的规则，囊括了一切具有拘束力的规则。以“办理破产”DB 2020 问卷为例，该问卷第 4.6 题的设问是“What laws and supporting regulations/rules will apply in Mirage’s case”，也就是说，“在问卷假设的 Mirage 案件中，哪些法律、法规或者规则将予以适用？”在问卷的多处，还出现了“法律框架”（legal framework）或“合法基础”（legal basis）的表述。因而，世行认可的规则，绝不限于全国人大制定的法律，还应包括对其假设的案例具有拘束力的所有规则，甚至包括北京和上海的地方性法规、政府规章和规范性文件，上交所颁布的上市准则等。在 DB 2019 中，司法解释曾经运用于“保护中小投资者”指标，世行也予以认可，中国也因此得了分。故而，司法解释自然属于世行方法论认可的“规则”。

其二，司法解释并不创造基本权利与义务，只是对法律的适用进行解释，具有相应的法律效力。司法解释的法源基础（legal basis）是《中华人民共和国人民法院组织法》第 18 条“最高人民法院可以对属于审判工作中具体应用法律的问题进行解释”，以及《全国人民代表大会常务委员会关于加强法律解释工作的决议》的规定“凡属于法院审判工作中具体应用法律、法令的问题，由最高人民法院进行解释”。基于以上两点，《最高人民法院关于司法解释工作的规定》第 5 条规定，最高人民法院发布的司法解释，具有法律效力；第 27 条规定，司法解释施行后，人民法院作为裁判依据的，应当在司法文书中援引。

其三，司法解释可以对法律规定不明确之处，予以具体化；或者对法律规定的空白之处，予以补白，这属于填补法律漏洞，必须符合法律原理与法律精神，并不创造或者消灭基本权利，当然不属于超越法律。前者如我国《破产法》第 42 条第 4 项规定，人民法院受理破产申请后发生的下列债务，为共益债务：……为债务人继续营业而应支付的劳动报酬和社会保险费用以及由此产生的其他债务。由于“其他债务”并不明确，破产法司法解释三第 2 条规定，破产案件受理后，为继续经营债务人企业而新发生的借款，应当作为《企业破产法》第 42 条第 4 项规定的共益债务，由债务人财产随时清偿。此条司法解释，即属于对“其他债务”的具体化规定。后者如我国公司法司法解释五第 4 条规定，“决议、章程中均未规定时间或者时间超过一年的，公司应当自决议作出之日起一年内完成利润分配”。此条规则，依据的就是公司法理，即年度股利当然应当至迟在一年内完成分配，我国公司法在此处留白，应当属于立法漏洞，司法解释很好地填补了漏洞。

其四，最高法院出台司法解释之前，必须事先征求全国人大常委会的意见;出台司法解释之后,还要经全国人大常委会备案审查,这为司法解释的合法性,奠定了坚实的基础。《中华人民共和国立法法》第104条规定:最高人民法院作出的属于审判工作中具体应用法律的解释,应当自公布之日起三十日内报全国人民代表大会常务委员会备案。就事先征求意见而言,此次破产法的司法解释征求意见稿,最高法院向全国人大法工委征求意见后,有一条因全国人大明确提出异议,最高法院最后删除了该条,充分体现了司法解释的严肃性。就事后备案而言,十二届全国人大以来,对128件最高人民法院的司法解释进行了审查,发现5件存在与法律不一致的情形,及时进行了纠正。这就意味着,成功通过全国人大备案审查的司法解释,具有法律效力。

基于以上分析,最高法院司法解释并没有在法律之外创设基本权利与义务,并不超越权限,经全国人大常委会备案后,向社会公开,具有与其解释的法律同等的法律效力。日后如果法律修订,司法解释也将进行相应的清理,以保证其合法性。

以下是这篇小论文的英译(限于自己的英文能力,讹误之处,请予谅解)。

Legal basis explaining why the Judicial Interpretations of PRC Supreme Court should have Legal Effect

Based on the policy dialogues in the past few days, we acknowledge that some experts of WB still have concerns about Judicial Interpretations as follows: **First**, have the Judicial Interpretations of PRC Supreme Court (hereafter referred as Judicial Interpretations) created laws beyond its authority? **Second**, if the law remains silent and Judicial Interpretations specify the rules, would that constitutes the breach of court's jurisdiction? **Third**, in the second case, how will the parties be aware of these and excise their rights accordingly?

These are really great questions, which we hope could be responded properly with the followings:

First, the rules recognized by the WB questionnaire include all rules enjoying legal binding force. For example, the question of 4.6 of "Resolving Insolvency" DB2020 states "What laws and supporting regulations/rules will apply in Mirage's case"? With such methodology in mind, the rules in China should include laws produced by National People's Congress and Judicial Interpretations, which has been the case in DB 2019, where the WB experts referred to Judicial Interpretation as legal basis in the Indicator of Protecting Minority Investors.

Second, Judicial Interpretations deal with the application of laws, creating no essential rights and obligations, and have legal effect based on the followings: 1. **Organization Law of the People's Court of the PRC** (Article 18: The Supreme People's Court can explain the issues that are specific to the application of the law in the trial). 2. **Resolutions of Standing Committee of the National People's Congress on Strengthening the Law Interpretation** (Any issue concerning the specific application of laws and decrees in the court's trial shall be interpreted by the Supreme People's Court). 3. **Provisions of the Supreme People's Court on Judicial Interpretation Work** (Article 5: The judicial interpretation issued by the Supreme People's Court has legal effect. Article 27: After the judicial interpretation is implemented, it should be cited by the people's courts in the judicial documents as the basis for the judgment).

Third, Judicial Interpretations could specify the rules where laws do not make clear, and fill up the loopholes where laws remain silent. In both cases, Judicial Interpretations should strictly conform to the legal spirits and principles and be subject to the examination of National People's Congress to make sure they do not go beyond its authority. For instance, article 42. 4 of China's Enterprise Bankruptcy Law states: The following debts incurred after the people's court accepts an application for bankruptcy are debts incurred for the common good of creditors: remunerations for work and social insurance premiums payable for sustaining the debtor's business operations, and other debts arising therefrom. Because the meaning of the phrase of "other debts" is not clear, the Judicial Interpretation on the Bankruptcy Law provides in its article 2 that the new loans incurred for sustaining the ongoing business of the debtor-enterprise after the case acceptance by the court is the debt incurred for the common good of creditors... In addition, based on article 43 of China's Enterprise Bankruptcy Law, the debts incurred for the common good of creditors shall be paid off with the debtor's property at any time. With the two provisions combined, the new loan for the ongoing business of the debtor-enterprise after the case acceptance by the court shall be paid off anytime. For another example, article 4 of the Judicial Interpretation on Company Law states that... company should distribute its dividends within one year after declaration. In so doing, the Judicial Interpretation fills up the loophole of the Company Law while conforming to the legal spirit because that annual dividend should be paid within one year is the common knowledge.

Fourth, the examination of the Standing Committee of National People's Congress on the Judicial Interpretation sets the solid foundation for its legal basis. Article 104 of **Legislation Law of PRC** states that the judicial interpretations produced by the Supreme Court should be filed with the Standing Committee of National People's Congress within 30 days. Ever since 12th session, The National People's Congress has been examining the Judicial Interpretations all the time and has confirmed that 5 among 128 judicial interpretations have some inconsistencies with the law and corrected them thereafter. That is to say, the judicial interpretations that have passed the examination of National People's Congress shall have legal effect. In the process of producing the Judicial Interpretation of Bankruptcy Law in 2019, the Standing Committee of National People's Congress did insist on abolition of one provision, which turns out to be deleted from the final version.

Based on the above mentioned, the Judicial Interpretations do not go beyond their authority and, after being examined by the National People's Congress and going public, shall enjoy legal effect.

世行专家于 2019 年 7 月 2 日回复道,“Dear Professor Peixin, we hereby acknowledge receipt of your paper which will be very useful in our analysis. It will be circulated accordingly”(亲爱的培新教授,我们确认收到了您的论文,它将对我们的分析很有帮助。这篇文章,我会在我们的评估团队中传阅)。2019 年 7 月 3 日,在全国民商事审判工作会议上,最高人民法院主要领导高度评价这篇文章,称其对促进世行理解我国最高法院司法解释的效力,发挥了重要的作用。7 月 29 日,最高人民法院主要领导在本人撰写的一份关于司法解释法律效力的专报上,做出了肯定性批示。2019 年 9 月,世行向中国发来备忘录,全面认可我国最高法院司法解释具有“规则”(regulation)的效力,我国的“保护中小投资者”“办理破产”等指标的全球排名,取得了大幅的提升。

我想,这正是学术的力量!念念不忘,必有回响。2017 年 11 月,刚接手此项工作。我发现,“保护中小投资者”指标,我国全球排名第 119 位,得分 48 分。作为公司法学者,我的内心充满悲凄,这是由于大面积误解误答而带来的严重误判，可以而且应当得到纠正！感谢学术的力量，感谢证监会、最高法院、上交所同仁，我们勠力同心，终于，经过55名、36名两次飞跃，今天，这项指标前进到全球第28名，得分72分，成为进步最快的指标！两年来全程参与所有指标的磋商，有几个切身体会：其一，尊重世行方法论，诚信不欺，正念而行。其二，细致研读指标，客观审视不足。知不足，方能正确推进改革。根据“所测即所得”的世行方法论，世行极度重视营商人士的感受。其三，法治的完善，是排名提升的重要因素。法治是泛在的。法治不露真容，却润物无声，无所不在。其四，与世行专家耐心细致地沟通，非常重要。我们要正念而行、诚信不欺、据理力争，而不是胡搅蛮缠、进退失据、丢分失和。法律人，当以超越激情羁绊的理性，饱满的家国情怀，全身心投入其中。

2019年11月3日，世界银行营商环境评估涉法指标研讨会。今天是休息日，也是安心做事的好时光。国家的进步，就是由一点一滴的努力推动的。今天邀约了若干法学专家，就世行营商环境评估的“保护少数投资者”指标，进行了集中的研判。这项指标从DB 2018年的全球排名第119位，上升至今年DB 2020全球排名第28，提升了91名，但仍有进步的空间。感谢法学会专职副会长施伟东，他慷慨地提供了研讨场所，并亲自到场指导；感谢张江公证处、华东政法大学虞伟庆金融法律研究院的宝贵支持，感谢上海财大法学院副院长葛伟军教授、华政国际金融法律学院副院长丁勇副教授和梁爽副教授，这三位分别拥有英国、德国、日本法域深厚背景的公司法学者，提供了非常丰富的比较法视野；感谢常江、王佳瑜两位同事，他们对情况非常熟悉，结合世行的回复，非常精当地梳理了问题，并引导了大家的讨论；感谢毛玲玲教授从刑事法的角度，补强了控股股东兼关联董事刑事责任的追究问题。

会议聚焦“如何建立一套法定机制以解决股东间的根本分歧”“股东能否因关联交易损害公司利益而追究其他董事责任”“如果利益冲突或损害得到

证明是否足以使交易无效”“非上市股份有限公司是否应当建立新股优先认缴权”这四个问题，展开了集中的研判。查询法条、研判法理、比较研究、规范分析……数小时后，夜幕低垂，硕果累累，尽管各方言犹未尽，但无奈周末各家均有安排，相约择期再就其他问题展开研讨。另外，“获得信贷”这个令人忧心的指标，更需要法律变革的支撑……道阻且长，行则将至。谢谢与会各方，我们共同努力！

2019 年 11 月 27 日，营商环境评估“获得信贷”指标。在世行营商环境评估中，“获得信贷”指标非常特殊。在其他指标的排名连年上升的情况下，这项指标却连续四年下跌，从四年前的 62 名，跌至今年的 80 名。这篇小文章，试图全面解析其中的法律问题点，希望对我国明年营商环境的提升有所帮助。感谢金可可、孙维飞、纪海龙、朱晓喆等教授的启发，我在纸质刊物中已逐一致谢。感谢施伟东副会长提供平台，在这么短的时间里予以发表，使我能够提供给 11 月 29 日的优化营商环境法治保障研讨会，供与会各方批评。这篇文章的摘要如下：世界银行营商环境评估 2020 年报告显示，我国全球排名继续提升，而其中“获得信贷”指标的排名却连续四年下跌。缺乏全国统一的动产担保登记平台、未能实现全国范围内的动产担保登记、查询、撤销等功能是重要原因。此外，说理欠缺带来的冤枉失分，以及我国法律与世界银行和联合国国际贸易法委员会（以下简称“联合国贸法会”）推行的现代动产担保制度多有不合，也是重要因素。为提升我国全球排名，尊重世行方法论，优化说理路径，并在不伤害其他法益的情况下修订法律，建立统一的公示对抗效力规则，统一的登记机构和登记系统，当成时下急务。令人欣慰的是，2021 年 1 月 1 日起施行的我国《民法典》，引入了功能主义的担保制度，将具备担保功能（例如，所有权保留）的所有合同，都视为具备法律效力的担保，从而吻合了世行与联合国贸法会的方法论。

2019年11月28日，优化营商环境，已经到了各个击破的精细化阶段。法律文书送达难，是营商环境优化的一大堵点。世界银行反馈意见特别提到，我国存在送达地址确认难、送达速度慢的问题。

我们建议，以“告知承诺制”解决“送达难”问题。也就是说，借助市场监管部门的企业信用信息公示平台，以及上海在行政审批领域推行的“告知承诺”实践，推出规范性文件：一方面，企业必须承诺，在信用信息公示系统上登记真实的经营地址，发生变更的，应当及时完成变更备案，否则自行承担不利的法律后果。另一方面，行政机关、法院和仲裁机构依照该地址送达了相关法律文书，即视为有效送达。

在法理上，企业信用信息公示平台承载着发布有效信息、降低交易成本、满足公共监管要求的价值追求。在该平台上提供真实有效的送达地址信息，是企业应当承担的基本职责，并不属于政府施加的不合理的监管负担，不会增加企业的经营成本，完全符合世行的价值观与方法论。

2019年11月29日，法治化营商环境工作研讨会。近一段时间以来，高频次地推进会议的筹备。由于会议层次高，规模大，我们始终悬着一颗心，就连如何保证400人在十余分钟内找到自己的座位，实现平稳进场，我们都一再反复推演。

在多方的共同努力下，今天，会议终于画上了圆满的句号。感谢来自全国人大、最高法院、人民银行、财政部、司法部、证监会、市场监管总局等部门的领导，感谢来自北京、重庆、广州、杭州、深圳等地的同仁，感谢各位专家教授和律师代表。

我们会好好整理今天五个分论坛的研讨记录，提炼其中的制度要素，向国家提出修法修规建议，高质量转化会议成果。

上海市优化营商环境法治保障共同体，这一跨界别、跨领域、跨部门的组织,正努力使企业反映问题便捷迅速,专家研判精准高效,制度完善及时到位,改革经验固化推广。在过去两年的营商环境改善过程中,共同体的每一个人,都做出了不可磨灭的贡献。

我们之所以成为一个共同体,是因为我们心怀共同的理想和愿景,那就是:国运隆昌,百姓安康!希望我们在未来一年里,继续戮力同心,携手同行!未来已来,感谢有你!

2019 年 12 月 24 日,《世界银行营商环境评估:方法·规则·案例》出版,这是一部凝结着无数汗水与智慧的作品。该书的简介如下:“营商环境”这一时下热词,源于世界银行集团国际金融公司的 Doing Business 项目调查。该项目调查始于 2002 年,通过对各经济体营商人士进行问卷调查,评估企业生命周期内所适用的法律法规,收集并分析全面的定量数据,从而实现对各经济体商业监管环境的比较,最终发布《营商环境报告》,供政府、学术界、记者、私营部门和关注各经济体营商环境的其他人士参考。以此为背景,本书在以下方面做出了努力:其一,对世界银行官方推荐的评估方法论文章进行了细致的研读,并译介成中文,力求原汁原味地解读世界银行营商环境评估的价值观与方法论。这些内容,构成了本书每一章的第一部分。其二,对世界银行营商环境评估的每一项指标的评估体系进行了清晰的梳理,特别是对一级指标之下的二级、三级指标的名称及含义,以及问卷假设案例进行了精准的翻译,力求正本清源,传递正确信息。其三,对我国近年来优化营商环境所付出的努力,特别是法律制度的变革,进行了全景式描述,力求真切地阐释“法治是最好的营商环境”这一经典命题。其四,对我国提升“市场化、法治化、国际化”营商环境的下一步改革方向,结合作者近年深度参与相关实践的体会,提出了制度完善建议。此外,为方便读者,本书同时提供了世行问卷链接供下载阅览。本书清晰的图表和丰富的案例使人们认识到,健全、有效且适度的商业监管对鼓励创业和推动经济发展是何等重要。而其中，法治，就像高速公路和高渠大坝等基础设施那样，只有适得其位，各色车辆，才可通行无碍，源头活水，方能汩汩而来。

2019 年 12 月 25 日，营商环境评估：一份特殊的礼物。和去年一样，收到了世界银行营商环境评估全球负责人丽塔・拉马略女士的感谢信，还有一封来自她的团队。这样的感谢信朴实无华，电子样式，环保设计，零成本，却传递着这样一个理念：任何为世行营商环境评估付出努力的人，都值得尊重。这种构造正反馈的工作方式，值得我们学习。我们必须认真对待政府公务人员的激励与动力问题。对于公务人员来说，在给定报酬的情况下，偷懒就是最大的福利。两年前，自讨苦吃，百般努力，争取成为世行受访对象之后，既要作为法律专家填写问卷，又要作为政府官员核验数据，还要经历一场又一场的工作磋商，幸好还能获得这样的精神奖励！另外，参与营商环境评估工作的另一个收获是：与一群努力、认真的专家在一起，自己也提升了很多。比如说，丽塔女士作为一名学者，为“获得电力”这项指标，提供了方法论文章《183 个国家的电力连接及企业绩效》，工作极其细致，连本人向其送书，她都会很认真地问，书的主要内容是什么。2019 年 6 月，在华盛顿磋商期间，我向她指出，获得建筑许可与财产登记指标，世行官网没有提供方法论文章，她很认真地请克劳斯博士给我发来了近十篇论文……近日，上海市全面依法治市委员会第二次会议决定，将《上海市优化营商环境办法》列为正式立法项目。新一轮优化营商环境工作，已经开始！这一轮，我们应当聚焦企业需求，务实地开展工作！谢谢 DB，正心诚意，勤勉务实！

2020 年 1 月 10 日，奋斗过的青春，终将不悔。新年的第一个工作日，从优化营商环境大会开始。新年的第一项任务，是制定《上海市优化营商环境办法》(后来提格,更名为《上海市优化营商环境条例》)。这是一部细化落实国务院行政法规的地方政府规章,务必写出上海特点,体现上海水平。发改委牵头组织起草,相关委办局勠力同心,熟悉的小伙伴们,再次走到了一起,并肩作战……法理正当、技术理性、体系合理、规范严谨,无不考验智慧。企业跨区迁移,也就是跨行政区域变更住所,看似是技术事项,实则蕴含着经济发展区际竞争压力所激发的规则需求,必须在充分尊重市场主体基本权利的基础上,构造一套能够落实落地的规则,既抑制公权,又避免市场主体滥用私权、违背承诺无序迁移。一天下来,结束得不算太迟。21:10,在寒冷的月光下离开200号,同事们各自散去,赶赴归家的地铁,拍了几张依旧亮着灯的办公楼照片,以及高架边的楼宇上"不忘初心、牢记使命"的标语,纪念日常生活中的这一幕……

2020年1月11日,立法就像种禾苗。周五,也就是昨天22:05,司法行政大楼1810室,完成了《上海市优化营商环境办法》第六次读稿。望着已经累瘫的一屋子的小伙伴们,我提议说:"大家合个影吧!""对对对,再不留下照片,以后都想不起来干了些什么……"已经连续奋战了多个日夜的立法小团队,抖擞精神,留下了珍贵的瞬间。各自散去时,我问市场监管局的周雯:"你住哪啊?""宝山……""啊,那么远,应当让你先回去的……""不远,1号线转转就到啦!"我随手拍下了她比画着胜利的姿势,彼时,她头顶上的时钟指向22:07。同事吴玉霜顺路搭我的车。她不常参与立法,说这次跟着读稿,学到了很多。她问我,立法最大的感受是什么?我说,立法就像种禾苗。起草部门在田间插上了秧苗,远远看去,绿油油的,挺美。但近看了才会发现,东倒西歪的,我们就要把它们一把一把地扶正,还要剔除一些杂草……最苦恼的是,我们手中握的,不是禾苗,而是一把一把的杂草,也就是,连篇累牍大而无当、永远正确的废话……而这部政府规章,写实了不少内容,例如,轻微违法经营行为免予处罚、电子印章与物理印章具有同等的法律效力、送达地址承诺制、缩短注销公告时间、政府采购领域较大数额罚款区分行业认定、鉴定时限压缩至30天、优化营商环境法治保障共同体等等,创制条款不少。立法种下的是禾苗,也就是播下了希望!23:15,到家了,给市场局的小周发了微信,问他有没有到家,顺便发给她那张照片。她回复说:"照片拍得真好,刚出地铁站,马上就可以到家啦!"这份勤勉与达观,让人在阴雨绵绵的冬日,感受到了一丝温暖。祝福上海!

2020年1月14日,优化营商环境的法治保障路径:"享法"沙龙侧记。年轻人是我们的未来,业务能力是核心竞争力。上午,上海市司法局召开"享法沙龙",主题是"优化营商环境法治保障路径"。机关团支部书记刘雄英主持,年轻同事汇报心得,所在业务处室的副处长点评。这真是一种很好的学习方式。秘书处马克兵做了题为"进一步发挥优化营商环境法治保障共同体作用,推动国际一流营商环境建设"的演讲,立法二处李峰做了题为"构建优化营商环境地方立法框架的思考"的分享,执法协调监督处的郑艳雯作了题为"规范执法,护驾营商环境优化——以音像记录为视角"的交流,行政复议处的吴丽梅做了题为"行政复议合理性审查的'相识、相知、相信'三部曲——以优化营商环境为视角"的分享,仲裁工作处的袁振华做了题为"加快建设亚太仲裁中心,助力打造一流营商环境"的发言,角度各异,精彩纷呈。常江处长做了全面的总结,本人最后以"学习、成长与担当"为题分享了学习体会:第一,学习。希望同事们正本清源,多从制度构建的视角,来理解营商环境。多向本单位的同事学,向单位之外的同事学,向书本学,从实践中学。第二,成长。培养好的习惯,是快速成长的关键。希望同事们保持阅读的习惯,倾听的习惯,记录的习惯,批判(不是顺从,更不是盲从)的习惯,创造的习惯。第三,担当。多一些问题意识和类型化分析的习惯,将工作区分为具有规范意义和没有规范意义的。少说穿衣戴帽的话，多务实，少务虚。多做研究，多做预判……这是一个互相促进、共同提高、彼此成就的过程。感谢三小时的温暖时光！年轻人，是我们的未来！

2020 年 1 月 17 日，上海市营商环境管理办法听取重庆意见。前天晚上，落地重庆，就上海市营商环境管理办法，听取重庆方面的意见和建议。刚开机，市人大林圻博士就打来电话，对这部规章提了很好的修改建议。例如，除涉及基本民事权利外，尽可能少用“依法”或“依照国家和本市规定”，可以换一种表述“除法律法规另有规定外，可以……”这样做，既避免了指引落空，又能实现赋权目的，达成制度实施效果。另外，他还说，人大代表就“医闹治理”提了议案，已经正式列进拟办事项，这真是非常好的消息。感谢刘晓红校长的真诚、努力。

江北机场，洋溢着新年的气息，春联、红灯笼、网络拍照点……这是一座温暖的城市。田蛟很热情，给我们介绍了很多重庆的情况。此前经常在重庆参加学术会议，重庆于我并不陌生，常江处长第一次来重庆，充满了新奇的体验。1 月 16 日上午，召开上海市营商环境管理办法座谈会。重庆司法局非常重视，张涛副局长热情问候，李建勋副局长全程参与座谈，四个立法处的处长全部到场，发改委、商务委、住房城乡建委、规资局、市场监管局、工商联、西南政法大学等单位都派人出席，他们从不同的角度，对上海的这部规章，提出了很好的完善建议，我也从如何理解世行评估的方法论与指标体系方面，和他们进行了交流。重庆作为今年世行评估新增的指标城市(后来因为世行暂停了评估，并且调整方法论，重庆最终没有成为世行评估指标城市)，面临着繁重的工作压力！重庆市委市政府主要领导高度重视营商环境迎评工作，明确要求，哪怕是掉几斤肉、脱几层皮，也要把工作做好！希望兄弟城市共同努力，优化中国的营商环境。致敬重庆，祝福中国！

2020 年 1 月 20 日，世行营商环境评估“政府采购”指标法律文件英译。营商环境评估，真的永远在路上……忙碌似乎无休无止。今年的 DB 问卷，增加了第十一项指标“政府采购”。这是一项全新的工作，国家和指标城市上海等，为此展开了新一轮的忙碌。受发改委的委托，上海市营商环境法治保障共同体再度发力，对相关法律文件展开了英译。1 月 19 日上午，我在群内发了邀约，在家国情怀的感召下，报名参译的教师、律师、法官、市场专业人士，迅速达到了 16 人。

建立微信群、确定总负责人、确定分组、确定关键词、确定政府文号的标准译法……在建国西路 648 号，部分人员赶赴现场，另有部分人员在群内远程交流。翻译真是个技术活，标准规范很重要。所幸这已经是第四次了，经验越来越丰富。我在群里分享了固定译法，如通知（circular）、办法（procedures）、细则（rules）等，接着把财政部去年提交给世行的核验表的一则翻译分享给大家，以固定政府文件文号的译法：Circular by Bureau of Natural Resources Title Confirmation and Registration Shanghai Municipal Tax Service, State Taxation Administration Document (No. 3, 2019), Clause 1, Article 2……

当天傍晚 6:00 开始翻译。时间在流逝，译本在完善，看着这些埋首翻译的小伙伴们，内心充满感恩。拍下了几张工作照片，纪念这些温暖的时刻。晚上 9:45，离开司法行政大楼，又抓拍了数张照片，在张灯结彩的大厅里，在火红灯笼映衬下的浓浓年味中，她们笑得格外灿烂！祝福国运隆昌，百姓安康！

附参译人员名单：郑希、董翔、陈思、何况、邹逸、陈聪、陆茵、龚雪、王倩倩、宋澜、王倩、陈冲、王晨阳、周怡、王宇、吴韬、储存环。

2020 年 3 月 7 日，世行评估“保护中小投资者”指标 2021 问卷参考答案。按照世行评估的方法论，政府必须加强与营商人士的沟通，以提升政策法规的知晓度。受疫情影响，无法召开现场会。政府要求各指标牵头部门，拍摄视频，以活泼生动的语言，让政策法规走进寻常百姓中。

我说，这项指标非常技术化，以严谨的法律规范分析为基础，实在生动不起来，40 道题，逐项讲解，不但枯燥乏味，而且可能会丢失关键信息，还是把问卷完整做一遍，公布出来，供市场人士参考，效果可能会好一些。他们同意了。于是我删除了所有的法理分析，只留下干净的问答，希望能起到好的效果。

年年岁岁花相似，岁岁年年人不同。“花相似”是指世行问卷每年大体类似，而“人不同”，则指答卷人每年都有变动。与 DB 2020 相比，DB 2021 有三处变化：其一，题量增加。在纠纷调解指数中，增加了第 17、18、19 道题，在公司治理指数中，增加了第 21 道题。其二，在题设部分，增加了对国有企业（SOEs）的定义。其三，在问卷的最后，增加了研究型问题，体现了对中国公司治理及社会责任的关注。笔者近年来参与营商环境评估工作，并作为世行受访专家，参与问卷的作答。为节省业界人士时间，最大限度避免误答误判，特将 DB 2021 答卷公布出来，供相关人士参考。必须说明的是，正确的答案只有一种，这份答卷可能存在错误，仅供参考，并欢迎业界人士批评指正。

2020 年 4 月 10 日，《上海市优化营商环境条例》《上海市地方金融监督管理条例》全票通过。立法是一个集众智、达共识的艰难过程，有时，这一过程甚至达经年之久。法理正当、技术理性与规范严谨，种种论争，从来不会缺席。有幸和人大、地方金融局等政府部门同仁一起，陪伴着《上海市地方金融监督管理条例》从无到有，迎风成长，终于瓜熟蒂落。今天上午 9: 09: 19，60 名人大常委会委员全体出席，全票通过。同样，有幸与人大、市发改委、市政府办公厅、市市场监管局等十余个政府部门一起，两年多前，从迎接世行评估开始，边思考边改革，边改革边总结，边总结边立法……在改革中完善法治，在法治下推进改革。同样也是在今天,9: 16: 20,60 名委员全体出席,全票通过。一切努力,都不会被辜负！感谢各位同仁,一起立良法,谋善治。祝愿国运隆昌,百姓安康!

2020 年 4 月 15 日,世行营商环境评估之“执行合同”指标宣讲。感谢最高法院的信任,受托对“执行合同”这项指标的改革措施进行了宣讲。在全球 190 个经济体中,我国的“执行合同”指标名列第五位,成为我国表现最为突出的指标,其中的二级指标“司法程序质量指数”,满分 18 分,得分 16. 5 分,在所有经济体中名列第一,是全球最佳实践者。

这些成绩的取得,是法院系统多年来推进司法改革与信息化建设的卓越成果。根据世行反馈信息,最高法院与指标城市的法院共同努力,通过加大网络司法拍卖力度和推广应用全国法院询价评估系统等方式降低司法成本、推进“分流、调解、速裁”和企业送达地址登记承诺制度等改革缩短审理时间、出台并落实允许当事人提交电子诉状后无须提交纸质诉状的司法政策以实现网上立案、规范案件延长审限和延期开庭的规定以限制延期开庭次数,从而在四个方面深化了改革,补齐了短板,为我国营商环境的优化做出新的更大的贡献!

2020 年 4 月 20 日,上海市优化营商环境条例英译。担任总审校,完成《上海市优化营商环境条例》的英文总校译,15 000 多个中文,72 000 多个字符,10 000 多个单词,逐字逐句逐行审阅、沟通、修订,就像在田间劳作的农民和车间里挥汗的蓝领工人,充实而快乐。

法条翻译,精准要求极高。在世行谈判时,某部门就曾因把某法条的“一般包括”,错译成 shall include(应当译为 generally includes),结果将该条的示范性质,表达为强制性质,导致我国丢分。

营商环境改革中，一网通办、一网通、单一窗口、证照分离、一业一证、网格管理、双随机一公开、告知承诺等新事物不断涌现，要逐一译成明白晓畅的英语，委实不容易。

我们确立了一些翻译的基本原则：其一，对标世行的专有表述。例如，“营商环境”一词，国家行政法规译为 Business Environment，而世行则用 Doing Business，简称 DB，我们沿用了世行的表述。其二，体现优化营商环境的价值导向。例如，“简易注销”，国家采取直译，译为 simplified deregistration，外国人不好理解，我们意译为 expedited deregistration，即快速注销，既体现营商环境改革精神，也便于理解。其三，注重语义规范。如，我们特别考虑了审批（approval）与许可（permit）的差异，将“证照分离”译为 separating permits from the business license。

我将中文、初译本与终译本公布出来，期待得到宝贵的意见和建议！一切奋斗的青春，终将不会被辜负！

2020 年 4 月 21 日，译作并不完美，我们仍须努力。昨天借上海市法学会的平台，发布了《上海市优化营商环境条例》的译稿，收到不少有益的意见和建议，有的来自政府部门，有的来自学界。

特别令人感动的是，昨天晚上近 10:00，年逾七旬、尊敬的华东政法大学功勋教授朱榄叶老师，给我发来了微信，提出了修订建议。细微之处，甚至包括了“and, or、and/or”在不同语境下的选择，在深受启发之余，大为感动！

白天工作之余修订了一部分，正准备晚上全面修订后提交新的版本时，下午人大发布了这一版本。可能是沟通的问题，有些小遗憾。虽然没有任何翻译错误，但“信达雅”方面，总存在完善的空间。

翻译工作就像营商环境优化那样，永远在路上。作为总负责人，我要继续从事这份未了的事业。我将继续修订，争取尽快提供一份体现上海水准的完美译本，助力营商环境的优化！感谢所有帮助过我们的人！祝福上海，祝福中国！

2020年4月25日，发布《上海市营商环境条例》英译专业词汇表。法治建设的进步，并不在于貌似正确的宏大叙事，而在于一点一滴的细微努力。那种动辄以“加强、促进、保障、鼓励、推动……”作为结语、却不见细致研判的法律和政策建议，大而无当，百无一用。中国智库林林总总，如果有那么一家，能够将国内现行有效的法律法规与规范性文件完成英译，并一库纳管，供民众一库通查，当居功至伟。政府可以加大这方面的投入，也要注意避免重复建设。幸运的是，后来党的二十届三中全会《决定》指出，要建设全国统一的法律法规和规范性文件信息平台。这一平台将为社会提供统一、便捷、高效的查询服务，有利于提升法律法规和规范性文件的透明度和可获得性。在世行营商环境评估当中，规则框架的完备性是三大支柱之一，这项举措显然有利于优化我国的营商环境。感谢一路同行的师友，让我们继续日拱一卒，不务虚功。

2020年5月8日，世行营商环境评估上海改革措施英译核验（Ⅲ）。有意义的工作，即便烦琐细碎，也值得坚守。营商环境改革措施的英译核验，已然是第三个年头。

三年前，从发改委手上接下这份工作，历经了五次大规模的翻译与校译。每一次，总有众多朋友与学生施以援手。这是多年教师生涯的厚报，没有他们，我坚持不到今天。昨天下午接到任务。线上报名，迅速组群。没有请示审批，没有文来文往，简洁、务实而高效。

昨天晚上，我根据报名情况，迅速做了分工：第一步：请王倩将发改委陆续发来的文件整合成一个文件夹，并以指标为单位，分解为若干小包；第二步：请李润根据现场及远程工作的人员情况，以指标为单位，兼顾工作量，分成若干小组，确保每组都有成员在现场；第三步：请董翔将任务做初步分解，财政部报给世行的 2019 数据核验表最终版，就是我们工作的目标。我们翻译的结果，与这份材料的专有术语，必须保持一致；第四步：请黄宁宁、苏萌律师作质量总监，负责流程把控。今天上午 9:00，进场的工作人员悉数到达，包括特地从松江赶来的宋丽珏副院长，单程就花了一个半小时。

人无完人，团队可以完美。工作一天下来，基本上完成了五个指标的校译，大家还就翻译的规范，达成了许多一致。例如，中文的文号叫全拼，举例来说，《关于进一步改善和优化本市施工许可办理环节营商环境的通知》（沪建建管〔2018〕155 号），2018 年 3 月 19 日，译为 Circular on Further Improving and Optimizing Business Environment of Dealing with Construction Permits in Shanghai（Hu Jian Jian Guan［2018］No. 155），Mar. 19，2018。

感念奋斗的日子，感谢以下人员：黄宁宁、苏萌、董翔、宋丽珏、沈志韬、邹逸、李润、胡曦彦、李杭杭、王倩、张天颖、周怡、李霄琳、诸佳晔、储存环，感谢丁凡帮忙制作了精美的感谢函，感谢龚雪协调会务事项。

2020 年 5 月 21 日，世行营商环境磋商预演。流年似水，疫情已然耗散了半年时光。转眼，又到了新一轮营商环境评估的关键时节。答辩的日子，已然近在咫尺。与世行的最终正式磋商，将于 2020 年 6 月 1 日至 5 日进行，其间还要举行高级别研讨会。

凡事预则立，不预则废。今天，DB 2021 的上海预磋商举行。与往年不同，此次采用视频连线的方式，上海牵头部门与中央部门远程合作，针对指标负责部门的汇报，提出意见和建议。

此次评估的周期为 2019 年 5 月 2 日至 2020 年 5 月 1 日。此前推行的改革举措，未被认可的，要作为磋商重点。必须紧密围绕失分点，从企业的视角进行磋商,同时注意提供客观可靠的硬数据,来证明改革的成效。磋商之时务必直奔主题,以最简洁、最朴实的语言来介绍我们的改革措施。

国际环境越是复杂,我们越要做好自己的事情。以自己确定的努力,来对冲不确定的外部因素。祝福国运隆昌,百姓安康!

2020 年 6 月 1 日,世行营商环境评估最终磋商(Ⅲ)。未来的五天,将辛劳而充实。近一小时后,与世行的 DB 2021 最终磋商将开启。上午 8:00 至 10:00,晚上 8:00 至 10:00,每天两场。与前两年一样,作为一名法律人,我必须参与所有指标的最终磋商。因为,所有指标的背后,都必须有相应的法律法规作为支撑。法治是最好的营商环境。

营商环境评估,本质上是制度规则的评估。世行构造了一套可量化、可比较、可竞争、可改革的指标体系,从程序、时间和费用三个维度,对全球 190 个经济体的制度性交易成本展开评估。

参与并见证我国的制度变革,是一份荣幸,更是一份责任。早早醒来,把今天的指标复习一遍,并带上记载世行方法论与前两年中国制度变革的红皮书……很有种应试的感觉。

疫情改变了一切。

其一,受疫情影响,中方已然不可能再赴华盛顿磋商了。最终的磋商方式为,财政部及指标牵头部委、北京、上海、世行三地四方视频磋商,而且,世行不再安排陈述环节(陈述材料与短视频等可提前提交世行)。有短视频先看短视频,之后直接提问和回答。

凡事利弊俱存。见面磋商,言语得体,有利于增进互信。不再见面,省却陈述环节,能够为与世行的远程交流,留下更为充足的时间。当然,前期材料准备必须非常扎实可靠。

其二,受疫情影响,世行不可能再赴各经济体采集数据。因而,负责任地填写问卷，显得格外重要。

其三，前期京沪两地出台了优化营商环境条例，如何恰当地运用规则，以诚信不欺的态度和专业精神，支撑我国的商事实践变革，争取获得认可，同样格外重要。

2020 年 6 月 1 日，世行营商环境评估 DB 2021 最终磋商：“获得电力”。

6 月 1 日上午 8: 00 至 10: 00，两小时的磋商顺利结束，我做了全程记录，删去答案，留下世行的现场问询，附在后面，供相关城市参考。

有几点体会：

其一，勤勉细致很重要。比预定时间提早赶到现场，发改委营商环境处卢爱国处长说，他们早上 6: 00 就到了，调试视频、音频、PPT 的播放等。发改委营商处的余庆华副处长、林波、张庆宁、郭剑飞、吴亚菲……年复一年的辛苦！北京同样如此。或许，国家营商环境排名进步，企业感受度提升，是对我们最好的回报。

其二，依规说理很重要。关于供用电合同电子签名，上海最后不用签名只要按一个确认按钮的法律效力，以及未能符合供电质量的财务遏制的规则适用（电力法第 60 条，相关电力法规第 43 条，关于供用电的合同法规第 95 条，哪条法规和营商环境电力指标最为相关）等问题，都需要运用电子签名法、营商环境条例等法律法规，在法理上提供有力的支持。

其三，合作配合很重要。业务部门与法律部门要加强协同。上海在补充回应确认按钮而无须签名时，我们迅速调出一网通办的界面，表明政务服务事项都通过该平台，完成了统一身份认证，事后无须再次签名，按钮确认，是确认了前面的内容是其真实意思表示。而且，《上海市优化营商环境条例》第 33 条规定：企业办理政务服务事项，使用的符合法律规定条件的可靠的电子签名，与手写签名或者盖章具有同等法律效力。

克劳斯·科赫-萨尔达里亚加、瓦伦蒂娜·萨尔塔内(Valentina Saltane)和维克托里娅·叶列先科(Viktoriya Ereshchenko)等世行专家的感谢与祝福,真诚而温暖:又见到了很多熟悉的老朋友,希望在疫情结束之后,我们能够相见。

以下是问题清单:

【问题1】你们接电是免费的,如何收回,是加到电费里面,还是有别的做法,是否会造成电力公司的损失?

【问题2】你们每年接到企业新建仓库需要接电的申请,主要是位于哪些区域?我们希望在我们的调查中有具体的名称。

【问题3】关于实际的时限问题。两个城市的时限都是非常紧的,如果没有被履行,有没有很好的惩罚机制?

【问题4】你刚才的回答,让我想问下一个问题。所有的信息包括时间、成本、要求、完成工作的流程等,都是向社会公开公布的。假如我是一个本地用户,想要申请了解一下你们的工作,应该从哪里看到这些公开信息?能不能给我们分享一下你们公开信息的网站?

【问题5】我们和一些私营部门进行了交流,收到了非常积极的反馈。但仍然有一些用户出于种种原因,无法用APP,只好用个人的形式来签。能否告诉我,多大比例是通过APP来签,多大比例是个人来签?

【问题6】请告诉我网上申请及网上签名的使用情况,数字签名有没有验证流程和程序?

【问题7】关于电子签名,我们向私营部门做过调查,他们甚至不需要签名,只需要一个确认按钮就可以了。

【问题8】还是关于身份验证的问题,用户ID和用户名,是仅仅在电力公司中,还是用户名是和第三方捆绑在一起?

【问题9】关于时限的时间、掘路的时间,审批从5天降到了0天,是不需要审批了吗？

【问题 10】我们和一些私企沟通，有些是承包商来做，有些是电力公司来做，能否说一下，哪些项目由承包商来做，哪些由电力公司来做？

【问题 11】承包商是根据列表来选择，还是有一个招投标的过程？

【问题 12】关于财务遏制机制，从 4 月 22 日开始启动，有多少人来申请停电断电的索赔？有多少申请被批准？

【问题 13】哪些客户提出索赔之后，申请被批准了？这些数据不需要现在提供，可以会后再提供。

【问题 14】860 万元，是因为用户的设备受到了损失而获得了赔偿吗？

【问题 15】电力法第 60 条，相关电力法规第 43 条，关于供用电的合同法规第 95 条，哪条法规和营商环境电力指标最为相关？

【问题 16】用户获得的赔付，是他们通过自行参加商业保险获得的吗？

【问题 17】比如说，供电可靠性或者其他服务标准没有达到政府要求的规定，赔偿金是给到国家财政还是如何安排？

答辩与磋商还算顺利！期待下一场“开办企业”！

2020 年 6 月 1 日，世行营商环境评估 DB 2021 最终磋商：“开办企业”。

6 月 1 日晚上 8:00 至 10:00，世行营商环境评估“开办企业”磋商结束。同样完成了全程记录，删去答案，留下世行的现场问询，特别是世行专家关于方法论的问询，比较有价值，附在后面，供相关人士参考，因为能够现场参与磋商的人士相当有限。

出席的国家部委是财政部、国家市场监管总局，上海方面的参与单位包括：上海市市场监管局、上海市公安局、上海市人社局、上海市社保中心、上海市税务局、上海市经信委、上海市公积金中心、人民银行上海分行。

上海市发改委、上海市司法局始终在场。

磋商由财政部国合司司长张文才主持，世行的主持人仍然为 Rongpeng Yang。

首先，北京和上海先后播放改革视频。北京市市场监管局注册处邓处长先行简要介绍了北京改革情况，接着播放视频。在播放视频之前，马钦代表北京代表处，向大家问好，并祝磋商顺利。

寥寥数语，暖意浓浓。

世行专家克劳斯再次强调，这只是数据的收集和磋商，并不会给出结论与建议。具体负责提问的则是萨拉·库拉尼-诺拉（Sarah Kouhlani-Nolla）。以下是世行专家的提问。

【问题 1】我看了一些材料之后，想问北京一个问题，根据世行方法论和评估标准，我认为北京仍然是两个环节。首先是申请人在一窗通上填写各个材料，然后到窗口领取各种证书，这是两个环节，是这样的吗？你们在线上进行办理，即便只有一个小时，我们仍然按照 0.5 天来计算。申请人来领取发票或者营业执照，即便只花 15 分钟，我们也算作一天。

【问题 2】你们可以、也有能力做这样的线上办理，但我们更重视企业的反馈。特别是从实践中的反馈来看，企业是更愿意采用线上办理的方式，还是到柜台去取？

【问题 3】非常感谢北京和上海提供了使用电子化流程来开办企业的数据，世行也提供了假设的案例，我们会根据相关数据来给出结\论。接下来，我想了解一下税控设备的情况。

【问题 4】既然在网上全程办理，那么 U-KEY 是如何给到申请人的？在实践过程中，是不是仍然有企业在用税控设备？CA 证书的功能是什么，是如何取消的？

【问题 5】上海请解释如何用 U-KEY 取代税控设备，申领电子发票，以及 CA 不再被使用、而用电子营业执照替代的情况，关于免费印章的情况。

【问题6】财政部国合司黄伟副处长提了一个很好的问题：上海和北京在将员工参保登记纳入一窗通平台，推行了很好的改革，请补充一下这方面的情况。

（必须说，这真的是一个非常及时的提醒。）

【问题7】进行员工参保登记时，是否只需要员工身份证就可以了？

【问题8】改革文件什么时候生效落地？另外，企业社保卡问题（实际上是取消了，个人的社保与其是否开办无关）也请解释一下。

【问题9】我们的方法论要求，必须确认企业已经根据新的法律和政策规定，落实了相关举措，才能够得分。改革的落地，通常需要多一些时间，请多给予一些耐心。

总体感觉，北京的邓处长和上海的康处长，都回答得很清楚，磋商效果不错。当然，诚如世行专家所言，所测即所得。来自市场主体的应答，才是最好的回应。

今年栽花，明年结果！或许，这就是改革的滞后性吧！

离开磋商会场，已然是晚上10:15，抬眼望夜空，繁星万点……

2020年6月2日，世行营商环境评估DB 2021最终磋商："办理建筑许可"。

2020年6月2日上午9:40至11:40，举行了"办理建筑许可"指标磋商。做了记录，删除了回答，供相关人士参考。

世行专家克劳斯再次强调：我们不会给你们做任何反馈，也不会分析中国的改革措施带来的影响，我们只是把中国政府收集到的信息，与私营部门进行进一步确认。我们前期所进行的数据收集，是重中之重，是关键。

Rongpeng Yang担任世行主持人，主持了今天的磋商。

世行专家恩里克（Enrique）：我是参与办理建筑许可指标的，我眼下在吉隆坡,会和这项指标的其他成员分享今天磋商的结果。

上海与北京的代表,分别做陈述,播放视频。首先请上海方面做简要陈述,然后播放视频。上海和北京的视频,分别就两地的改革事项,进行了非常清晰的讲解。

世行专家的问题如下:

【问题 1】关于建筑工程报告以及地质勘察报告,我们不仅要看法律如何规定,更重要的是,通常这些建筑单位是怎么做的,或者他们做什么样的选择?涉及工程建设数据报告的时候,这些建设单位通常是选择政府所提供的免费报告吗?这是他们普遍的做法吗?如果是的话,通常在什么时间节点提出需要这样的报告,政府又是在什么时候分享这些报告的,准备这些报告需要多长时间?

【问题 2】现在有一些土地出让信息,已经在网上进行了公布,这些公布信息是根据过去政府所做的地质勘察而提供的,还是专门针对私营部门建设新项目,政府专门进行新的地质勘察获取这些数据然后在网上分享的?

【问题 3】刚刚播放的视频提到采取对工程图纸进行随机抽查的做法,我想对这个做法的具体细节有一些了解。这和你们去年推出基于风险将建筑工程分成不同种类的做法是相关联的吗?世行团队认为,你们所提出的风险矩阵已经非常成熟非常详细,是根据工程所涉及的一些具体要素将工程根据风险等级分成不同的种类。请问你们是否会用这个风险矩阵决定哪些工程图纸需要进行审查,还是更多基于一种随机的抽查或者审计确保建筑工程项目达到质量的要求?

【问题 4】我想具体了解,随机抽查工程图纸的系统是如何开展的?谁来承担对工程质量的最终责任?如果出现一些建筑质量安全事故的话,可能是建筑师要承担主要的责任,我还想具体了解一下,这个系统到底是如何运作的?

【问题5】在项目施工结束后,你们会有一次联合的竣工验收,是为了确保项目是合规的。我想特别了解,竣工验收,到底是由谁来确保关键要素是合格的,合乎标准的?例如,消防安全。在你们提供的材料中,竣工验收后,不再有单独的消防部门来验收了,而是把权力下放了。到底是由谁来负责,是不是有专门的专家来参与?另外,一些关键的结构性要素的验收,是不是授权给了公司?到底谁来承担,按照什么程序来进行?

【问题6】另外,还有两个问题。其一,供排水及接入。工程建设审批管理系统,你们已经进入了3.0版本,在哪些方面有了进一步的加强?新的项目,自己拿着设计图纸到审批审查中心,这是通常的做法吗?还是说,建筑师可以在线提交图纸,与审批审查中心进行沟通,这是比较好的做法,因为可能会有多轮的沟通。世行案例的仓库项目,建筑师有了一个初步的设计图,把它提交给政府部门,也许他提交的是不完整、不合规的设计图,审批审查中心是如何与建筑师沟通的?视频中,设计师提交什么材料呢,材料清单有没有?互动的方式是什么,是面对面沟通,还是电子邮件,或者别的什么?

【问题7】我想最后问一个问题:供排水实际接入怎么操作,哪个部门负责?供排水如何和建筑工程联结在一起?拿营商环境报告当中施工工程指标所涉及的仓库作为一个例子,是由施工公司负责铺设供排水管道,还是由市政府或者市政府下面的水务局负责并且承担广告过程当中产生的费用,并完成最终的接入?最终接入效果如何?什么时候接入?是项目建设完成之后进行供排水接入,还是同时可以进行供排水接入?

世行专家最后说,大家都认识到,“建筑许可指标”是一个非常复杂的指标,在这个领域推进改革也是非常困难的。因为这个建筑许可指标涉及很多部门,过程非常复杂。要让私营部门或者企业从改革中真正受益,也需要一段时间。稍后我们会和企业部门进一步核实相关数据,对于我们一些重点关注的领域,也会进一步了解详细内容。

道阻且长,行则将至。感谢朱敏和赵琰的精准翻译,祝福国运隆昌,百姓安康!

2020 年 6 月 2 日,世行营商环境评估 DB 2021 最终磋商:“跨境贸易”。

2020 年 6 月 2 日晚 8:00 至 10:00,完成了“跨境贸易”指标的磋商。我完成了记录,删除回答,供相关人士参考。

财政部国际财金合作司常军红副司长主持,按照商定的议程,请上海与北京分别介绍改革,播放小视频,介绍不要超过五分钟,回答问题不要超过三分钟。

世行专家 Rongpeng Yang:期待和大家共同度过一个富有成效的夜晚!

上海商务委申卫华副主任:在这个特殊的时节,请世行专家保重身体,我们期待着有一天,能够给你们一个拥抱……(疫情之下,这的确是一个非常温暖的开头语。接下来,申主任介绍了改革,播放了视频。)

常司长:上海的视频演示,很有韵律感,让我们感受到上海改革的活力与节奏!

京津跨境贸易工作组:介绍天津港改革措施,播放视频。

世行专家 Rongpeng Yang 提问:

【问题 1】提前申报,据说是一项国家政策,在天津港和上海港都在实行。据了解,进出口的提前申报率都超过了 80%。能否澄清一下,向香港地区出口电子零部件和向德国进口汽车零部件,提前申报的比例分别是多少?

【问题 2】谢谢澄清。出口货物的提前申报比例也是这样吗?

【问题 3】你提到有部分是在北京海关申报的,比例是多少?

【问题 4】上海两类商品目前的提前申报率是多少?

【问题 5】感谢胡女士的回答。我追问一下问题,由于疫情影响,向香港地区出口货物的提前申报率受到了影响。那么,在疫情之前,向香港地区出口货物的提前申报率是多少?

(世行此前专门说了疫情的短期影响不予考虑。我们可以从去年5月2日开始统计,这是世行的方法论。)

【问题6】两步申报是什么情况?

【问题7】两步申报是适用于所有的企业呢,还是要满足什么样的条件?

【问题8】你提到企业可以选择两步申报,还可以同时选择提前申报,在案例所指称的企业中,有多少企业既选择两步申报,又选择提前申报的?

【问题9】有没有具体的百分比,也就是说,从德国进口零配件的企业,有多少是同时选择了两种申报方式的?

【问题10】问北京,从德国进口零配件的企业,有多少是同时选择了两种申报方式的?

【问题11】从上海视频看,有一个预约系统,司机可以进港来卸下货物或者装上货物,这个系统是什么时候生效的?

【问题12】EIR系统是什么?

【问题13】这是一个网站,不是一个APP对吗?

【问题14】我看到材料,说港口的纸面单证都取消了,都被电子单证取代了,这个情况麻烦也说一说。

【问题15】我看到材料,说是天津港码头的装卸成本降低了,这是什么原因?是不是因为天津港阳光价格?

【问题16】有多少比例的企业,享受到了船边直提直装的待遇?

【问题17】抵港直装直提,是不常见吗?

【问题18】上海港口费降低,是什么因素造成的?

世行专家:以上是我想问的问题,请问北京和上海,对我们的方法论有什么疑问的,我非常乐意做出澄清。

……

纸上得来终觉浅,绝知此事要躬行!

花絮:磋商结束,下到1楼,只见一大群人滞留在门禁处,原来居然没有一个人有门禁卡。我说,可以从边上旋转装置中侧身而出,他们不信,我说,我来示范一下,顺利侧身而出。大家哈哈笑道,原来是测试肥胖指数的装置。有时,我们过于相信想象中的秩序。

2020年6月3日,世行营商环境评估DB 2021最终磋商:"财产登记"。

2020年6月3日上午8:00至10:20,"财产登记"指标磋商进行。这项指标的磋商,具有特别的意义:

其一,这是十项磋商指标的第五项,结束该项指标磋商,意味着行程过半;其二,两个指标城市,都可以而且确实会总结前五场磋商的得失,为后五场磋商提供借鉴。

本人持续完成磋商记录,并以朋友圈的方式,与大家分享,希望有所助益。

这场磋商,在我看来,是世行专家平衡两个城市的用时,把握得最好的一次。世行专家自我调适与完善的能力,非常强。

常司长(财政部国际财金合作司副司长,中方主持人):按照商定的议程,请北京与上海分别介绍改革,播放小视频,介绍不要超过五分钟,回答问题不要超过三分钟。我们希望有助于世行专家澄清一些问题。

世行专家克劳斯:我来自世行团队,负责与政府沟通。我们希望通过与政府的磋商,了解相关信息。我们目前仍然处于数据收集阶段,我们不会给你们做任何反馈,也不会分析中国的改革措施带来的影响。我们会把今天收集到的信息,与私营部门进行进一步确认。

前面几场,都只有音频,今天终于第一次出镜了。见到了老朋友,我和朱主任都非常开心,拿出手机拍下了照片。

Rongpeng Yang:正如克劳斯所说,我来主持本场磋商。感谢大家,接下来我不想浪费时间了,把时间交给我的同事。

埃洛迪·巴塔耶(Elodie Bataille):很高兴,期待和大家开展富于建设性的讨论。

北京方面的主汇报人是谢局长,上海方面的主汇报人是宋唯,他是上海市自然资源确权登记局局长。根据宋唯局长的介绍,上海有针对性地提出6项改革举措。1. 设立企业服务专区,实现所有企业间不动产转移登记一个环节、90分钟当场办结;2. 推出企业办理不动产转移登记网上服务;3. 规范律师尽职调查服务,降低费用;4. 第三方独立机构负责受理地籍测绘投诉;5. 明确5个工作日完成地籍更新;6. 降低不动产登记信息查阅门槛,公开非居住房屋权利人信息。

以讲故事的方式,来描述不动产财产登记的过程,生动形象。

世行专家埃洛迪的问题如下:

【问题1】我先问北京。你们提到了单一窗口的办理,用户是如何知道他们需要呈递哪些文件的?他们是通过网上还是什么渠道来获知呢?

【问题2】我还有一个问题,您刚才说的合同有一个样本的,是不是强制使用?

【问题3】我问上海一个问题,您刚才说,信息的可及性非常强,对于文件的获取是免费的,可以获取任何信息,包括贷款和查封信息。我想了解,信息的获取,有没有数量上的限制?另外,也不需要利益冲突的证明,我想了解一下,是不是真的不需要利益冲突证明?

【问题4】我问北京一个问题。你们说,可以在单一窗口进行缴税并开具纳税证明,还运用了区块链技术,我想了解一下,你们是遵循了怎样的流程?是不是先由窗口收取相关材料,再由后台来办理?

【问题 5】我问上海一个问题。关于投诉的问题，上海有一个热线，是由上海测绘地理信息协会成立的，什么时候成立的？是专门处理财产登记冲突的吗？还是处理所有相关的投诉，它的内部流程是怎样的？

【问题 6】还有关于地籍图（cadastral map）的问题问上海。关于更新，刚才您也谈到了，必须在规定时间内更新，在 5 个工作日内，从 2019 年 10 月份更新的。我想问，这是最新的地籍图吗？当有人来申请了，他看到的是 5 天内更新的，还是会根据他的请求实时更新？

（基于世行专家的这一问题，我建议“用途”这一栏可以取消，或者设定为非必填项目。）

【问题 7】请问北京一个问题，中国的全国地籍调查情况如何，以及未来的土地调查如何实施？

【问题 8】你们提到一个数据库，这是一个集中的数据库吗？

【问题 9】针对上海的最后一个问题。关于地理覆盖指标的问题，发证率，我拿到的数据是，国有土地使用权登记发证率是 91%，农村集体土地所有权登记发证率为 96%，最后是合并在一起的吗？

【问题 10】针对北京的最后一个问题，关于收费。我想进一步确认一下，关于费用的问题，你们是如何做到进一步降低的？

【问题 11】我还有一个后续的问题，关于调查的流程。如果在此过程中，合同发生了一些问题，例如，财产的权属、权利负担、合同的签订等方面出了一些问题，单一窗口是如何处理的？你刚才说律师不做尽调，法律责任由登记人来承担，登记人在调查，例如财产负担或者贷款时，发生了一些问题，你们是如何处理的？

【问题 12】问上海一个问题，关于处理这些信息的实际时间。您刚才说了 90 分钟，这是系统的整体运作时间，对于所有类别的企业，办理所有类型的不动产产权转移登记都是这样的吗？

行百里者半九十！至此，十项磋商完成了一半。

2020年6月3日，世行营商环境评估DB 2021最终磋商（Ⅵ）："执行合同"。

2020年6月3日晚上8:00至10:20，完成了"执行合同"指标的磋商。这是第六场，开始感受到，这项工作对体力也有比较高的要求。

执行合同（enforcing contracts）衡量的是解决一个标准商业纠纷所需的时间和成本，以及司法部门的一系列良好做法，包括司法效率、司法成本、司法程序质量指数三个板块，分别占比33.3%。该项评估，围绕诉前保全、诉前调解、立案登记、诉讼缴费、送达效率、分案程序、审判组织、庭前会议、开庭审理、判决执行等要素，设计了一整套评价指标和分值。

我国目前此项指标排名为全球第五，也是中国所有指标中最为良好的，其中的司法程序质量指数获得了满分。

仍然是世行专家克劳斯做出温馨提示：各位好！我来自世行团队，负责与政府沟通。我们希望通过磋商，了解相关信息。我们目前仍然处于数据收集阶段，我们不会给你们做任何反馈，也不会分析中国的改革措施带来的影响。我们会把今天收集到的信息，与私营部门进行进一步确认。

世行方面的主持人，仍然是Rongpeng Yang，世行评估专家是玛里安·奎萨达。

财政部国际财金合作司张文才司长：上海和北京先后陈述，播放小视频。陈述时间不超过五分钟，回答问题时间不超过三分钟。请上海简要介绍改革进展，当然，请先简要地介绍一下自己。

上海高院陈萌副院长，简要地介绍了改革措施，最后提及，请世行给予加分调整或者做出增益评价，随后播放了视频。

北京高院副院长靳学军介绍了北京的改革措施，同时播放了视频。

接下来，世行专家玛丽安提问：

【问题 1】关于延期开庭。最多可以延期开庭多少次？有没有这样的规则，以及如果有的话，有没有 50%的案件是遵守这些规则的？我们知道去年一年，上海与北京都在推行这一改革，这是由于最高法院司法解释带来的，我们会去核实案子审判过程中，是否遵循了这一规则，我们的评估结果，会在今年的报告中体现出来。

【问题 2】关于网上立案或者电子立案的情况，是否有专门的系统，如果有这个系统，后续是否还需要补充纸质材料？过去我们从私企获得信息，这一规则并没有得到执行。从你们今年提供的情况看，似乎不需要提交材料了，我们还会和私企沟通，以进一步核实。

【问题 3】非常感谢刚才两个城市的代表所做的补充。我想再了解一下关于电子送达的情况，企业在提供电子文件送达地址的时候，是在哪一步提供的？

【问题 4】根据刚才两个城市的代表所做的介绍，在书面材料当中，你们也提到了繁简分流的试点，还包括电子送达等改革，文件生效时间是 2020 年 1 月份。我想了解一下，这项改革的进展情况如何？哪些措施得到了实施，哪些不会得到实施？

【问题 5】我想讨论一下诉讼费用，北京和上海都提出来要调整诉讼费用。根据我们的方法论，我们不仅要考虑立案的费用，还要包含专家的收费，这是由专家来提供关于商品品质鉴定意见的费用。这也是我们为什么要把这个比例定为 5%。

【问题 6】我解释一下，费用包括三个部分，即律师费用、诉讼费用（包括专家费用）和执行费用，两个城市都解释说，不收取执行费用。以前我们将法庭费确定为 2.5%，是我们和律师及私营部门人士访谈后得出的结论。执行费，目前我们得到的材料，没有提到不收取执行费。如果律师回答说，还是要预交部分执行费，我们还是没有办到下调。

【问题7】谢谢你们，解释很有帮助。我们此前收到的关于诉讼费用的解释，只有中文版，如果能够给克劳斯或者 Rongpeng Yang，他们翻译成英文，对我们的核验会非常有帮助。我没有什么问题了。

问题的回答，上海由潘云波法官完成，北京由黄丽法官完成。两位法官都很专业，回答得都非常好。陈萌院长的表现很得体。

花絮：上海方面在介绍了改革措施后提及，请世行给予加分调整或者做出增益评价。“增益评价”属于非常规范的法律用语，与“权益减损”相对应，非常规范。北京法院在磋商时，提到“为了使当事人更方便了解……”后来意识到现场的场景，马上改为“为了使世行专家更容易了解……”，非常机智。另外，关于独任制，有人译为 solo judge system，也有人译为 single judge system，两种译法，不知哪个更好一些，似乎是前者。

期待这项中国最好的指标，今年继续保持领先！明天开始第七场——办理纳税。

2020年6月4日，世行营商环境评估 DB 2021 最终磋商(Ⅶ)：“纳税”。

2020年6月4日上午8:00至10:00，完成了“纳税”指标的磋商。从世行专家和税务系统的同仁那里，我学到了很多。

今天6:40出发，到磋商地点才7:15，有了充足的时间，被朱主任灌了三碗鸡汤，今天先记下其中一个，即“10元理论”。朱主任说，女儿小时候问他，路上有大人向其行乞10块钱，到底给还是不给？给的话，也许对方是个骗子；不给的话，也许对方真的是陷入了困境，自己良心上过不去……朱主任说，在这个时候，我就鼓励孩子，给，因为这对自己并不构成负担，而对方牺牲尊严向你要钱，大抵不会是坏人。相反，如果不给而错失了一个帮助别人的机会，自己良心有亏欠，甚至寝食难安……

是的，给心灵多一些空间，多包容，少一些算计，是大智慧。

上午的磋商，有一个场景非常温情：在磋商过程中，坐在后排的国家税务总局的一位同仁，要站起来补充增值税留底退税政策的变化，但站起来又够不着固定的麦克风，正有些忙乱的时候，张木桥很友善地说：Please be seated, that's ok（您坐着讲，没关系的）。

今天磋商的纳税指标，记录一家企业在某一特定年份内必须缴纳的各种税项和强制性派款，同时衡量因纳税与支付派款及进行税后合规而产生的负担。该指标之下的二级指标包括纳税次数、纳税时间、税款及派款总额、报税后程序指标四个方面。

中方主持人为财政部国际财金合作司副司长常军红，主持词略。

克劳斯介绍了磋商的目的是获取信息，但不给出评价和建议。

世行专家是张木桥，北京和上海的主汇报人分别是国家税务总局北京市税务局王道树副局长、国家税务总局上海市税务局蒋旭涛副局长。

两位局长分别汇报了两地的改革措施并播放视频。上海汇报的数据是：报税后流程实现增值税留抵退税；纳税次数减少到 6 次；总税收和缴费率下降至 49%；纳税时间减少到 91 小时。

蒋局长介绍得很清楚，我感觉，E-tax Bureau 的运用，是一个关键的技术因素。

张木桥提问：

【问题 1】我知道每年对于网上申报系统我们都会做一些升级和改变，请问今年在哪些方面和往年有所不同？有一点是财务报表转换，我希望北京和上海介绍一下这个系统，这是全国性的系统，北京和上海本地使用的系统，是不是有自己的特色？与以往相比，有哪些升级和提升？

【问题 2】我有一个后续的问题，到底是从具体哪个时间点开始有从财务报表开始一键转换成税务申报单的？

【问题3】我还有一个后续的问题，财税一体化，对于用户来说，是要买新的软件，还是用原来的软件就够了？

【问题4】我接下来的问题问北京和上海两地，我知道从2018年10月开始进行国税和地税系统的整合，在国税地税系统整合之后，从本质上来讲会带来什么样的改善和进步呢？

【问题5】接下来是关于增值税留抵退税的问题，请问在增值税留抵退税过程当中，如何确保不同企业在申请增值税留抵退税时能够做到合规？比如，有没有审计？你们肯定也在增值税留抵退税系统里面有一些安排，去识别不同企业的不同风险，或者不同企业涉及不同交易类型时的风险，请问在留抵退税这一块如何确保纳税人能够做到合规的？

【问题6】我还有一个后续问题，你们解释的这个程序非常清楚非常简单，只需要提交一张增值税退税申请表，不需要提交其他额外的文件。如果这个程序如此简单的话，从税务局角度来说，如何侦查或者防止增值税退税的欺诈行为？根据你们的描述，税务稽查是根据公司情况而开展的，并不考虑公司具体开展的交易是不是规模比较大，或者开展什么类型的交易，或者开展多少次同类型的交易。开展税务稽查时，你们要考虑哪些因素，或者这完全是一个随机抽查的行为？

【问题7】非常感谢您的回答，还有一个问题同时问北京和上海方面，哪方回答都可以。关于企业申请增值税的留抵退税，是有一些具体条件要求的。比如，一般纳税人必须在过去6个月有留抵退税额，这个留抵退税额不低于50万元。可能还有其他方面的规定，我希望能够进一步了解在增值税留抵退税方面还有其他哪些具体的要求。

【问题8】我还有一个后续的问题，我正好在看84号文，上面写从2019年6月1日开始部分先进制造业纳税人可以直接申请一个存量的留抵税退税，我是不是看错文件了？所有类型的纳税人增量都可以退税吗？

【问题 9】谢谢，刚才关于增值税留抵退税的问题已经回答得很清楚。接下来的问题具体要问上海，刚才上海的蒋局长在介绍时特别讲到房产税历史成本的减值，可以从 20%上升到 30%。企业在报房地产税时是可以自由选择按照 20%减还是按照 30%减，还是现在一致强制要求按照 30%减？

世行专家最后说，我想要知道的信息都已经非常清楚了，北京和上海给我们的文件当中也就很多问题做了很清楚的阐述，接下来我们要和私营部门进一步核实，包括法律基础等。

张木桥的专业素养与语言能力，的确令人敬佩！

2020 年 6 月 4 日，世行营商环境评估 DB 2021 最终磋商（Ⅷ）："办理破产"。

2020 年 6 月 4 日，晚上 8:00 至 11:44，结束了"办理破产"指标的磋商，感觉自己的体力也快要破产了！

在已经结束的八场磋商中，这是最累的一次。原计划 2 小时的磋商，进行了将近 4 小时，凌晨时分才结束！

临别时分，我抓拍下一张宝贵的照片：在深深的夜色中，上海的法官一行，鱼贯而上中巴车，可以想见，千里之外的北京，也是如此……幸福果然是奋斗出来的！

近四个小时里，世行专家克劳斯兴味盎然，最高法院的郁林法官、北京和上海的法官，表现得既专业又很敬业。参与其中，我学到了很多，有两点体会：其一，方法论很重要。办理破产指标，两大模块，回收状况（比例、时间与成本）与框架力度指数，前者依赖实践中的案例，没有案例，很难被认可。后者靠的是法理逻辑。其二，身体很重要。财政部的几位领导，包括黄伟处长，陪着走过了八场磋商，非常不易。

张文才（财政部国际财金合作司司长）：开场，介绍磋商流程。请上海和北京分别介绍改革进展，然后播放视频。为提高磋商效率，介绍改革进展时间不超过五分钟，回答每个问题的时间不超过三分钟。

北京的主汇报人仍然是北京市高级人民法院靳学军副院长。上海方面的主汇报人仍然是上海高院陈萌副院长，潘云波庭长具体汇报，两位挨着坐，便于交流，翻译坐在陈萌副院长左手边。

上海方面参与磋商的法官包括潘云波、曹克睿、曹红星、黄贤华、俞佳法官等，还有后排的一些法官，名字一时叫不上来。

上海的视频显示，上海推行的改革包括：一、处置债务人重大资产应当经过债权人会议批准的规则完备并得到有效落实；二、参加重整计划草案表决主体范围的规则得到完善和有效执行；三、不断降低破产办理成本费用；四、不断压缩破产办理时间。

世行专家克劳斯：今天我看到很多熟悉的面孔。希望这是朋友之间的对话。世行专家有的在塞浦路斯，有的在哥伦比亚特区，有的在世行驻中国办公室，等等。

我先做一个方法论上的澄清。我们在这个指标中的评分，分为两个部分，一部分是回收率、时间和成本，另一部分是破产框架力度指数。后面一个是纯粹的法律指标，是基于联合国的最佳实践来进行的。今天我们会把精力集中在回收率方面。回收率按债权人通过重组、清算或债务执行（抵押物没收或破产）等法律行动收回的债权占债权额的百分比来记录。时间是债权人收回债权的时间，从公司违约之时开始，直至其拖欠债权人的款项部分或全部偿付之时结束。成本，包括法庭费用和政府税费、破产管理费、拍卖费、评估费和律师费以及其他一切费用和成本。破产框分成启动程序指数、债务人资产管理指数、重整程序指数和债权人参与指数四个分指标。

因而，我们关注的是，世行问卷假定的案例，在具体的经济体中，最有可能按哪个程序走，这个程序要花多少时间与成本，会有多大的回收率。

我们要提醒各位，改革措施要获得认可，必须在实施这项改革措施并且有足够多的案例之后，我们再来评估。这也是印度2006年推出的改革措施，迟了几年才获得认可的原因，因为我们要看到足够多的案例。再如，智利2016年采取措施，2018年才获得认可，斯洛文尼亚也是类似情况。我们欢迎中国推行种种措施，我们也会观察这些措施带来的实际影响。

【问题1】我先问北京，报告期内，有没有审结与世行假设问题相类似的案件？

【问题2】是否能够找到类似的案例，比如说，找到15个符合以下条件的案例，本地公司，负债，有担保债权人，希望以法律所允许的任何措施来避免企业资产被分割出售，不涉及外国当事人……

【问题3】你们提到的77个案例，所遵循的程序是什么？已经审理的案件，采用的程序是什么？有没有担保？我们对于案例要了解得清楚一些，到底是用清算程序，还是用重组程序？

【问题4】我们还要等到后续与私企核实，来评估这些改革的影响。不知上海有没有类似的案例？

【问题5】关于破产财产的网拍，这个文件是什么时候开始施行的？

【问题6】上海减免税费的改革措施是从2020年2月开始的，我需要看到已经完全走完程序的案件的情况，能不能找到一些案例给我？

【问题7】根据破产法司法解释三第15条，管理人处分破产法第69条规定的债务人重大财产的，应当事先制作财产管理或者变价方案并提交债权人会议进行表决，债权人会议表决未通过的，管理人不得处分。请解释一下其与破产法第69条的关系。按照破产法第69条，管理人处分破产企业的财产，无须债权人会议通过，而只须债权人委员会通过。

郁林法官对这个问题解释得非常清楚，法理细密，逻辑严谨。非常感佩！

将近凌晨，终于结束了磋商。很高兴，Klaus特地提到我去年与他的探讨,他是一位非常认真的法学博士,很讲道理,但也很难被说服,需要我们更加努力。正如张司长在结束时所说,涉法指标非常复杂,看来,以后有必要安排(additional consultation)了。

2020 年 6 月 5 日,世行营商环境评估 DB 2021 最终磋商(Ⅸ):“保护中小投资者”。

9:00 至 10:20,完成第九项指标“保护中小投资者”的磋商。

由于前一天的磋商凌晨时分才结束,到家整理记录,一番洗漱后,已过 2:00 多,辗转难眠。迷糊了两三个小时,6:00 晨起,窗外暴雨如注。

扫了一眼朋友圈,知道今天是“芒种”。

“芒种”,一词两义:是指有“芒”的作物应收,谷黍类的作物当“种”。这个时节,人不闲,地不荒,正是一年中农事最繁忙的时候。

巧合的是,芒种是二十四节气中的第九个节气,今天上午要进行的,也是第九个指标的磋商。

提早一小时到会场,前来助阵的专家学者、律师相继到场。他们此前帮助上海完成了改革措施的翻译与校译工作,非常感谢他们。

今天参与磋商的,有财政部、证监会、最高法院、北京证监局的领导。

常军红副司长主持本单元。

克劳斯:做了告知与提示。

负责这一项目的世行专家是蒂齐亚纳·隆代罗和瓦伦·埃克纳特(Varun Eknath)。

证监会投保局郑锋副局长介绍了参会人员。2019 年 12 月最高人民法院修订发布《关于民事诉讼证据的若干规定》,进一步为包括中小投资者在内的当事人诉讼提供了便利。北京市、上海市分别发布了优化营商环境条例,此外,新修订的《证券法》也于 2020 年 3 月 1 日正式实施,其中增设了“投资者保护”专章（第六章），这些制度改革都极大地有利于保护投资者特别是中小投资者的合法权益。

郑晓毅处长，非常清晰地讲解了七个得分点。

蒂齐亚纳提问：

【问题1】非常感谢您带我们全面回顾了中国近期的改革措施，包括一些具体问题的分析，也非常感谢您提前把相关法条发给我们。我们注意到去年中国在“保护中小投资者”指标上取得了长足进步，主要体现在中国进一步提高了关联交易中对关联董事的处罚标准等，这使得中国在这一指标上的得分去年提高了10分，接下来我想就其中一些细节问题做一些提问。

首先从最后一个问题开始。也就是说，不公平交易、利益冲突或者造成损失的证据，是否足以宣布此次交易无效？有一些细节的问题想问一下。请问中国法院对于“显失公平”具体如何解读？美国合同法有一个专门概念明确规定了一些显失公平的条件，请问假设案例中，两个关联公司的关联交易价格是显著高于市场价值的，在实践中，法院会如何判定或者如何解读这种显失公平的具体含义？

【问题2】之前我们在与一些私营部门调查对象的接触中，也有一些认识。我们会进一步把您说的情况和他们进行讨论，如果实践中有具体判例或者案例欢迎会后与我们分享，有助于我们进一步解答。

【问题3】还有一个问题关于关联交易的补偿，去年您也提到我们认可了相关问题的得分，我想再确认一下。关联交易给公司造成损失的情况下，关联的董事应该赔偿的是包括非法所获得的利润以及公司的损失还是可以二选一？

【问题4】我注意到您刚才提到《证券发行与承销管理办法》第19条规定，但比较遗憾，世行团队对所有国家评估都是统一的，我们只认定法律条文就是法律强制规定的，如果法律当中没有强制规定，在这一点上恐怕无法改变我们的评判。我注意到，您也提到尊重中国上市公司的自治权，只要法律没有明确规定，我们的评估可能就不会改变。

【问题5】非常感谢您的补充。刚才我们达成了共识，认为詹姆斯先生和其他董事承担法律责任的法律基础是不同的，在与私营部门调查对象沟通的过程中，也会进一步和他们确认。目前和他们沟通的过程中得到的印象，似乎是要使其他董事也承担法律责任的法律门槛或者标准似乎更高，必须要证明存在一些疏忽大意、没有尽职履责，才能够让他承担民事责任，我们与私营部门沟通过程当中也会进一步确认这一点，非常感谢您的补充。

克劳斯：非常感谢各位抽时间参加今天的磋商。接下来我们还会与私营部门调查对象进一步讨论刚才提到的问题，对于我们数据收集阶段非常重要，才能确保各国法律体系和规定能够准确反映在评估结果当中。最后我想强调，方法论的适用每个国家都是统一严格的，最后还要再次感谢北京的各位和上海的罗教授，非常高兴再次看到熟悉的老朋友，今早的视频会非常高效，我非常期待后续可以尽快和大家面对面地沟通，最后再次感谢我同事今晚的参会，谢谢大家。

感谢证监会郑晓毅，他下周即将赴任广东某市任副市长，三年的合作历历在目。山高水长，一路平安！感谢最高法院潘勇锋法官，她以专业与勤勉，成为值得信赖的伙伴！

2020年6月5日，世行营商环境评估DB 2021最终磋商（X）：“政府采购”。

晚上8:00至10:32，完成了第十项、也是最后一项指标“政府采购”的磋商。

非常有幸，十项指标，全程参与，一分钟也未曾缺席。

这是第三年，前两年在华盛顿，今年受疫情影响，万里连线。

世行推进的这项改革，不虚美、不隐恶、可量化、可比较、可竞争、可改革……以企业感受度为依归，真实而真诚，并且始终走在合理的轨道上。

我想，这是很多人为此付出大量心血的理由。

今天晚上完成的这项指标非常特殊。这项指标，不纳入各经济体的最终得分与排名，只计为基础分。

中方主持人为财政部国际财金合作司司长张文才先生。

晚上7:58，远程连线时，一张张生动的面孔跳了出来，大家来自欧洲、亚洲和非洲，它真切地提醒着我们，在“一线连天下，全球若比邻”的时代，营商环境从来是一个全球课题。

我拍了张照片，不曾料，别人拍了我拍照的照片。人生就是这样，总是在不经意间，成为别人的背景。

北京市住建委副主任：播放PPT，以动图对比的方式，演示了改革的进程，然后播放了视频。上海方面，上海市交通委尚福林副主任介绍了改革的主要内容，播放了短视频。

参与磋商的世行专家有安东尼·阿尔伯特·诺格斯·科马斯（Antoni Albert Nogues Comas）、奥尼尔·马桑巴（O'Neall Massamba）、迭戈·德莱斯奈德（Diego Deleersnyder）和Siwei Chu。主问者是安东尼。

【问题1】政府采购的指标，主要目的是增进效率及透明度。我们已经收到了北京和上海给我们的文件，确实比较全面。我们想借这个机会，来问几个问题：你们如何把投标文件的递交，融入政府采购的流程中？你们如何向私营部门来解释，他们的投标文件的模本是怎么样的，如何来递交？政府是如何向他们解释的？

【问题2】让潜在的投标人事先能够下载电子文档，电子文档有什么要求，电子签名有什么要求，应当如何向他们说明？

【问题 3】公共资源平台除了实现采购，是否覆盖了公路养护、服务采购等功能？

【问题 4】为什么要问这个问题呢？因为这个指标衡量的是道路养护，其他的项目如果不是通过电子化来进行的，会影响数据的比对。另外，我想了解一下政府采购保证金的做法。

【问题 5】关于评标书。根据什么技术参数来评定标书？是否通过评标委员会来完成批准，总计需要几个环节，历时多少天？

【问题 6】关于评标流程。评标过程中，采取的评标标准是什么？对于投标人来说，是仅仅考虑到价格，还是要考虑投标人的其他方面，例如，招标文件中对项目的创造，以及使用材料的生命周期？这些因素是否会影响评标的标准？

【问题 7】新的改革措施，投标项目变化有一个 10%的门槛，如果工作量变动超过了 10%，是重新招标，还是采取什么方法？

【问题 8】最后一个问题，是关于付款的改革。付款也是政府改革中的一个非常大的障碍，我想了解一下电子发票的开具过程。

整个过程中，财政局王周欢主任的回答很精彩！

最后，Rongpeng Yang 与张文才司长分别代表世行与中方致辞，感谢所有付出智慧与辛劳的人士，我因为全勤，有幸成为少数被点名表扬的“蓝领”。张司长一句话“越磋商越有劲”，全场爆笑！

感谢世行、感谢财政部、感谢发改委……感谢共同度过的分分秒秒，感谢那些难忘的暮色与晨光！

2020 年 7 月 22 日，应邀对国务院办公厅昨天发布的优化营商环境文件，写了一则简短的解读。2020 年 7 月 21 日，《国务院办公厅关于进一步优化营商环境更好服务市场主体的实施意见》（以下简称“《意见》”）发布。这份《意见》，不虚美，不隐恶，直击问题，至实至细！不难想见，文件起草者付出了多少艰辛的努力！不枉我夜间熬了数小时，细细学习。

古往今来，只有刀刃向内，改革才有深意。几乎每一条改革措施的背后，都书写着"触动利益比触动灵魂还难"的不易，也记载着这一路爬坡过坎、负重前行的艰辛！

疫情当下，时日唯艰！致敬文件起草者，祝福中国！

2020 年 7 月 27 日，世界银行对外发布了题为《中国优化营商环境的成功经验：改革驱动力与未来改革机遇》的专题报告，向全球集中介绍中国（指标城市上海和北京）近年来优化营商环境的工作举措和改革成效。世行认为，中国近年来在"放管服"改革优化营商环境领域取得了巨大成就。世行指出：在过去两年里，中国在世界银行《营商环境报告》中的排名从 2018 年的第 78 位跃升至 2020 年的第 31 位，连续两年跻身全球改革步伐最快的前十个经济体之列。在执行合同、获得电力等领域，中国目前已接近或位于全球最佳实践的前沿。

眼光流连于事实与规范之间，寻求的只是法律的妥当适用。我们还必须做的是，总结全球最佳商事实践，及时修法立规，固化改革成果，不因人废事，是当下法律人的责任。国际局势愈是艰难，法律人愈要加倍努力。

2020 年 9 月 4 日与 9 月 11 日，两赴安徽，长三角优化营商环境法治保障共同体，框架已然确立，方案日趋成熟。

9 月 4 日，沪苏浙皖司法厅（局）建立长三角优化营商环境法治保障共同体座谈会，在安徽省宣城市绩溪县召开。宣城市是中国文房四宝（宣纸、宣笔、微墨与款砚）之城，历史文化悠久。在宣城研讨这一市场化、法治化、国际化的命题，可以说是一次历史、现实与未来的美好交融。

四方商定，建立长三角优化营商环境法治保障共同体，务实高效地开展工作，特别是就涉及跨区域要素流动的事项，开展高频度的法治协作。四个地方可以依法治省（市）办的名义，邀请本区域相关人大机关、政协机关、政府部门、司法机关参加，也可以邀请法学院校和研究机构、学会协会等单位参加。

问题导向，务实为要，制度变革的空间很大！

9 月 11 日，再赴安徽合肥，和安徽省司法行政部门进行了一场交流，题为《长三角一体化高质量发展的法治保障——以优化营商环境为视角》。

两度高铁来回。第二次，陪伴我前行的，就是这只杯子了。“好好生活，慢慢相遇”，杯子上的这八个字，似乎在鼓励我“好好努力，总会遇到更好的营商环境……”

念念不忘，必有回响！

2020 年 9 月 25 日上午 9: 16: 32，《上海市外商投资条例》获全票通过，将于 2020 年 11 月 1 日起施行。

这部条例，细化了上位法的诸多规定。例如，将国民待遇表述为“在设立、运营、处置等各阶段给予外国投资者及其投资不低于类似情形下给予本国投资者及其投资的待遇”，正确地阐释了“不低于”（no less favorable than）的概念。

对于外资，“不虐待、可优待”的理念，体现在方方面面，例如，各级人民法院对于外国投资者、外商投资企业涉及知识产权的证据保全、行为保全申请，应当快速受理和审查。这是一种体现价值判断的司法政策。

另外，市商务部门应当会同有关部门定期编制外商投资指南、外商投资环境白皮书等指引，以中英文等语种公布。

今年，市人大立法的节奏明显加快。在超强的工作负荷下，政府部门与人大专门委员会、法工委等通力合作，打出了优化营商环境的立法组合拳：

《上海市优化营商环境条例》《上海市促进中小企业发展条例(修订)》《上海市地方金融监管条例》《上海市会展业条例》《上海市外商投资条例》均在今年获得通过,接下来还有《上海市反不正当竞争条例(修订)》《上海市知识产权保护条例》等。

道阻且长,行则将至!

2020年10月16日,国家发改委《中国营商环境报告2020》收录了31个省、自治区、直辖市及新疆生产建设兵团的原创性典型案例,各省限报一个,上海申报的是"优化营商环境法治保障共同体",成功入选,从而成为唯一以"法治"为基本元素的申报案例,生动地诠释着"法治是最好的营商环境"!

全国的这31个案例,角度各异,精彩纷呈,如浙江的"最多跑一次"、广东的"智能无人秒批"、海南的"e登记平台"。想起费孝通先生的一句话,"各美其美,美人之美,美美与共,天下大同"。

优化营商环境,各地因地制宜,故当"各美其美";务须取人之长,可曰"美人之美";尊重多元,当可"美美与共";以降低制度性交易成本为依归,则"天下大同"!

感谢优化营商环境法治保障共同体各成员单位、各位专家付出的智慧与辛劳!祝福这个时代!

2020年10月29日,承蒙信任,继担任《上海市优化营商环境条例》的翻译总审校后,继续担任《上海市外商投资条例》的翻译总审校。或许,在他们看来,直接参与立法,理解语词原意,是担任译校的先决条件吧!

疲累之余,深刻理解了这样一句话:翻译是笨功夫,教学相长是硬道理。

翻译是绕不过去的,懂就是懂,不懂就是不懂,来不得半点虚伪。必须逐字逐句，搞懂弄通理直，个别地方还要百般细抠，才能下笔。

翻译终究是技术活。有时长词短译，有时则需短词长译。例如，“国民待遇”，直译是 national treatment，不能意译成“同等待遇”（equal treatment），而是要译成 no less favourable treatment than that accorded to domestic investors and their investments，再如，对于在很多法律翻译中都会出现的“根据本市实际”，“根据”不宜译成 in combination with，更好的译法是 in light of。诸如此类，不一而足。

已经尽了心力，仍然请主管部门从业务的角度再把把关。这必定不是一部完美的作品，可能的讹误，以后再行修订。

感谢合作的队友，我们互相砥砺，共同进步。毕业多年的学生，在语言能力上，已然超越了老师，我们真正实现了教学相长。

2021 年 1 月 11 日，世行营商环境评估：获得信贷。2020 年 12 月，世行反馈了磋商结果，有些指标仍然因为法律和政策不为市场所知，未能尽如人意。根据“所测即所得”的方法论，相关宣传解读既要实事求是，又要提高精准性与实效性。

就“获得信贷”指标而言，我国连年退步，从 62 名跌至 80 名，主要原因在于我国未采取功能主义的动产与权利担保法律制度，且未建立全国统一的动产担保登记平台，未能实现全国范围内的动产担保登记、查询、更改、撤销等功能。《民法典》的实施及全国统一动产及权利担保平台的构建，有望彻底改变这一状况。

当然，法律与政策的落地实施，需要足够多的案例来支撑。期待来年（DB 2022）我国此项指标取得显著提升！

2021 年 1 月 22 日，《纠正认知偏误，避免世行营商环境评估“执行合同”

指标不合理失分》一文发表，我试图通过此文，纠正当前对世行评估“执行合同”指标的方法论的错误理解。世行营商环境评估，“所测即所得”是其亘古不变的方法论，精准的解读与有效的宣传极为重要。

2021 年 1 月 25 日，不虚美不隐恶：世行营商环境评估法律与政策沟通会。“所测即所得”，世行向来鼓励各经济体政府部门加强与营商人士的沟通，提升法律与政策的知晓度，促使其更快落地见效。

今天上午，举行了营商环境法律与政策沟通会。发改委、住建委、市场监管局、高级人民法院、市司法局派员参会，与数十位律师进行了沟通。三小时下来，有如下体会：

其一，诚信不欺，加强沟通。术业有专攻，不能指望营商人士、律师以至一些专家学者，和我们一样熟悉世行评估的方法论。关于企业开办指标，甚至有人不知道，世行的方法论要求，材料齐全才开始计时。申请人前期准备材料的时间，以及因为材料不齐全被政府部门退回而多花的时间，不应计算在内。但很多人仍然会带着错误的主观认知来填写问卷。正因为如此，政府部门的确要加强与营商人士的沟通。

其二，错误代入，以讹传讹。在指标城市上海北京，早就不再预收案件申请执行费了，完全可以去核验法院的账户，但或许一些经济发展水平较低的城市，因为办案经费不足，无力先行支付查封、扣押等所需的费用，或许会让申请人预先支付执行费用。一些营商人士或律师，有可能把在外地办案的经历代入上海，殊不知，世行的营商环境评估，目前只锚定京沪两地，此种代入，本身完全不合乎逻辑。

其三，责任驱动，情怀担当。承担世行问卷受访任务，除了要求具备专业能力，还要有比较强的责任心与一定的家国情怀。最令人担心的是，某些受访者承诺会实事求是地认真作答，结果一转头就把问卷交给了助理，甚至交给行政人员来完成。严格来说,问卷作答,是一种身份行为,以个人的执业认知与体验为基础,不可转委托,否则会形成大面积的偏误,颠覆了世行“所测即所得”的科学基础。

一切真实,均为美好。不虚美,不隐恶,实事求是,应当成为彼此的共识!

2021 年 1 月 28 日,“优化营商环境:办理建筑许可指标”专家沙龙。办理建筑许可,是对我国营商环境全球排名提升助力最大的指标之一。该指标从 DB 2015 的 179 名,一路跃升为 DB 2020 第 33 名,京沪两地做出的改革努力,有目共睹。

住建委拥有一支非常勤勉、专业的工作团队。2020 年 6 月与世行的在线磋商,裴晓副主任领衔,与世行进行了富有成效的磋商,其中,最令人印象深刻的是,数分钟的一段短视频,图文并茂,简明扼要地把办理建筑许可的流程、改革要点和效果,清晰地展示给了世行专家。

在今天下午的专家沙龙上,住建委再一次正心诚意地与诸多律师、建筑师、咨询专家沟通。这样的沟通,太有必要了。办理建筑许可环节多,流程长,技术性强,涉及烦琐的法律法规及规范性文件,倘若不做细致的讲解和交流,相关政策很难被市场主体所理解,改革的滞后效应将极为显见。也正因为如此,世行非常鼓励政府部门加强与市场的沟通。

住建委将世行备忘录的内容、建筑许可指标 4.0 改革的初步设想,与现场专家进行了沟通,尤其是上海市工程建设项目审批管理系统,从原来仅限于社会投资项目,扩展到国有投资的所有项目,从立项开始,到竣工验收备案,都可以在该系统完成。建筑项目许可的完成,也从数年前的数年,到如今的数个月,可谓沧海桑田。

正心诚意,诚信不欺。作为一名营商环境优化的见证者,为他们的努力点赞，感谢并祝福他们！

2021 年 3 月 20 日，世行营商环境评估咨询团队磋商：公众知晓度（public awareness）极其重要。2021 年 3 月 19 日，收到了世行的感谢信。在一番热情洋溢的感谢话语后，附一份证书。这是世行对受访专家付出的智慧与辛劳所进行的例行感谢。所有受访专家，均收到了同样的感谢。

这份谢意，简约环保，也显现了世行的价值观：简爱。

下午，世行营商环境评估咨询团队专家马钦和魏文婷到访上海，与上海参与这项工作的团队成员，进行了一场坦诚而富于技术的交流。我们获益良多。

由于朱主任有别的公务安排，我临时主持，并记下了会谈要点，一大感受是，正确的解读与宣传非常重要，也非常急迫。

会谈要点如下：

【关于评估结果发布及新一轮问卷及磋商】

问：DB 2021 结果什么时候发布？DB 2022 的问卷什么时候发放？

答：世行评估 DB 2021 的结果，将于 4 月或 5 月发布（大概率是 5 月，希望有好结果）。而 DB 2022 问卷将于今年 3 月底发放。DB 2022 方法论不会有变化。磋商时间以财政部公布的为准。

【关于公众对法律政策的理解感受度】

问：公众对相关法律与政策的理解度，是否仍然重要？

答：非常重要。根据世行方法论，法律与政策再好，如果不落实落地，受访者感受不到，仍然无法得分。例如，对于某道题，法律给出的答案是 A，而超过半数的受访者的回答是 B，则世行仍然可能认定为 B。

【关于答案的校正及受访专家的调整】

问：法律问题的答案是非黑即白的，如果受访专家明显是答错了，世行会将错就错吗？例如，“办理破产”有一道题，破产管理人处分破产企业重大财产时，是否须经债权人同意？如果回答是，则可以得分。我国破产法有相应规定，《上海市优化营商环境条例》也规定：“破产管理人处分破产企业重大财产的，应当经债权人会议逐项表决通过。”但这道题就是没有得分，为什么？

答：我们不方便回答具体问题，应当由评估团队来回答。但有一点，评估团队如果通过查阅法律法规以及你们的核验材料，发现有可能是误答，他们可能会再次联系受访者，问他们是否了解到了最新的法律变动，以确认最终的答案。另外，他们还会根据受访者答问的质量，调整受访者名单。因而，核验材料很重要，受访者的水平也很重要。

【关于解读宣传是否会被世行认为在操纵评估】

问：如果我们针对被误答、错答的问题，进行针对性的解读和宣传，是否会被世行解读为我们在操纵评估，从而做出不利的对待？例如，在“执行合同”有一道题：“原告是否可以通过平台（不是电邮或传真）提交初始诉状（initial complaint），而无须事后提交诉状的纸质版本（hard copy of the complaint）？如是，则得 1 分”，但此题中国也没有得分，可能很多受访者误认为，这里的 initial complaint 还包括授权证明书（担心虚假授权，故要求原件）、证据原件（网上提供的证据模糊缺失）等，其实，根据世行方法论，initial complaint 仅仅指的是诉状本身。原告胜诉后申请强制执行，也无须预先执行费（fee to register）。类似这些问题，我们做出重点的解读与宣传，是否会被世行认为是在操纵答题？

答：不但不会，而且鼓励这样做，世行的方法论是阳光公开与透明的。世行鼓励中国通过撰写文章、出版作品来解读和宣传世行方法论，澄清被误读误解的问题，避免受访者错答误答。

【与世行假设案例的主体不同，能否作为案例向世行提供】

问：在前一年的磋商中，世行专家要求我们提供案例。但世行“办理破产”假设的案例，是关于酒店的。如果我们的案例不是关于酒店的，是关于其他市场主体的，是否可以作为案例来提供？

答：世行因为考察的是 190 个经济体，故而要假设一个案例，但每个国家的情况都不一样，只要能够反映世行问卷问询的问题，如环节、时间、费用、回收率等，都是可以的。主体本身并不重要。我们提供了关于办理破产的技术报告，如果你们觉得需要沟通，我们还可以组织一些专家进行研讨。

【要关注被错答的题目，更要关注私营部门反映出来的问题】

问：现场问了一些被误答的问题。

答：与关注受访者的回答是否正确相比，我们应当更加关注私营部门反映出来的问题，将它们作为改革的着力点。中国应当感谢那些受访者，是他们帮助政府推动了改革，也帮助中国政府过去两年提高了数十名的全球排名。

另外，世行专家表示，他们准备撰写关于“开办企业”的报告，向全世界介绍中国这方面的改革经验。此前的一份综合报告介绍了中国营商环境改革的成效，引起了广泛的关注。

感谢自然资源确权登记局的安排，这是一场富于成效的交流。为了共同的目标，大家奋斗多年，结下了深厚的友情。

简单的餐叙结束后，大厅合影，背景是万马奔腾。

营商环境优化，190 个经济体，恰如此图，万马奔腾，永不停歇！

2021 年 5 月 18 日，世界银行独立评价局访谈：方法论的优化，永远在路上。

今天起了个大早，8:00 许赶到人民大道 200 号。市政府 1117 会议室，有一场世界银行独立评价局对上海的访谈。

世行独立评价局（IEG）的专家是安贾莉 · 库马尔（Anjali Kumar）和郑敬

文,接受访谈的是上海市发改委的郭剑飞,我和报关协会的肖会长、建筑行业协会的徐秘书长,以及上海营商环境牵头指标的相关同志,也参加了此次访谈。

以下是相关问题及回复的分享。世界是平的,但机会总是不均等的。与同仁共享信息,有利于共同进步。

【问题 1】世行正在针对 DB 指标进行评估,试图分析世行报告对于不同国家商业环境改善方面的有效性。世行选取了十个国家进行案例研究,包括中国、俄罗斯、印尼以及一些非洲国家。希望这样有一定的全球视野,以提升评估的有效性。中国是一个非常重要的法域,我们想了解一下,在你们看来,DB 评估对于上海以至中国意味着什么。

剑飞多年来从事世行营商环境评估工作,对情况非常熟悉,回答得非常好(稿子非常全,这里略去)。

【问题 2】对上海来说,你们是更多地受益于指标与报告本身,还是更多地受益于与世行的沟通与交流?

郭剑飞:指标与沟通都很重要,两者是相辅相成的。我们刚开始接触世行评估时,理解指标存在一定的困难,与世行专家的沟通,有助于深化我们对指标的理解。

【问题 3】上海在哪些方面,对标世行的改革,取得的进步最为明显?

郭剑飞:上海在很多方面都进行了卓有成效的改革。例如,企业开办"一窗通"平台、以工程建设项目联审平台为核心的一体化办事系统、以电网公司为主体的一站式服务新模式、财产登记方面,上海实施了"全网通"改革。

【问题 4】能否具体说一下世行评估对你们改革的推动最为明显的方面。

罗培新:世行评估对上海的营商环境改革,起到了全面的推动作用,最为明显的,体现在两个方面:

其一,关于监管必要性的反思。我们对标世行标准,全面反思哪些监管是不必要的，以此为基础，去除了大量不必要的审批，减掉了环节、降低了时间与成本，强化了企业主体责任，这是政府监管方法论上的革新。

其二，关于规则有效性的反思。我们通过与世行专家的磋商了解到，法律法规只有落实落地，被市场主体感知与遵循，也就是说，获得50%以上的受访对象认可，才能够获得认可。因此，我们加大了与市场主体的沟通，确保相关改革措施、法律法规更多地为市场所知悉，最终也增强了市场主体的获得感。这两点，对于政府而言，非常重要。

【问题5】对于世行评估的方法论，有什么完善的建议？

罗培新：我们通过学习，了解到世行的每一项指标，都以一篇或者数篇经典论文作为支撑。有些论文发表的时间比较久了，提出来的一些观点，未必适应现在信息技术时代的需要。例如，保护中小投资者这项指标，就是以2008年发表在 *Journal of Financial Economics* 上的文章《自我交易的法律经济学》（Law and Economics of Self-dealing）为基础，那个时候，信息技术还比较落后，信息传递没有今天这么快。

世行问卷“保护中小投资者”二级指标 Corporate Governance 问题17为“Must Buyer publish the notice of its shareholder meeting at least 21 calendar days in advance and include information and deadlines on participating and exercising voting rights remotely？”这道题问的是，公司召开股东大会，是否必须提前21天通知股东？如果是，则得分；如果不是，则不能得分。中国目前的公司法规定是提前20天，差了一天，多年来一直没有得分。现在中国正在修订公司法，一度也比较纠结，如果按照世行的标准改，得了分，但降低了公司效率，反而对市场不友善。

我们认为，在现在信息传播可以做到秒达的情况下，世行没有必要恪守21天的标准，减至14天或更短的时间，更有利于提高商事效率，保护中小股东权益。我们去年也通过正式渠道向世行反馈了，希望世行能够认真考虑。

另外,我们也希望世行能够在更为宽泛的意义上,反思信息技术对世行方法论提出的挑战,并做出妥当的回应。

世行专家:谢谢您,您对世行方法论很熟悉。我目前没有办法对 DB 指标的优缺点进行评论,但我们认为,根据情况变化,对指标进行适时修订,是有好处的。一方面,我们会转达您的建议,另一方面,我们也要知道,不同经济体的信息技术水平差异很大,中国的信息技术很发达,但非洲等欠发达国家则不行。世行要考虑的是,同一指标在不同地区的权衡(trade off)。

2021 年 6 月 13 日,世行营商环境评估英文校译:感恩那真实而真诚的。

很荣幸,连续四年全程参与世行营商环境最终磋商,连续四年担任上海世行营商环境磋商材料的英译总审校。

世行 DB 2022 的总磋商,将在明日(6 月 14 日)晚上 7:00 开始。接下来的数日里,每天上午 7:00 至 10:00,晚上 7:00 至 10:00,连续十场。此前,国家相关部委、指标城市京沪做了大量的工作。作为法制部门,我们的任务是,核校磋商相关材料,全程提供营商环境法律与政策保障。

总书记说,法治是最好的营商环境!

的确,营商环境的每一项指标,都需要法治支撑。法治从来不需要宏大叙事,相反,它是精细入微的,它服务于具体事务,解决一个个具体问题……久而久之,连点成线,连珠成链,法治蓝图,水到渠成。只有融入业务,与业务同生共长,法治才有价值。

感谢市发改委的信任,感谢站在我身后的坚强的法律与英语团队。四载春秋,风风雨雨,我们一路同行。

与前三次相比,这次情形略为特殊。通过前三年的磋商,相关部门的能力有了极大的提升,对于校译的依赖程度减弱,迟至 6 月 11 日晚间,部分委办才将资料发给我们。

6月11日傍晚6:00许,我建了微信小群,说:"各位好!为国效力的时候又到了……一如往常,我邀请各位对营商环境的磋商材料进行核验,打算采取远程方式进行。时间为明天一天,感谢大家牺牲假期……"

一如往常,受邀者除个别确实没空外,都慨然应允。我委托董翔老师做好分工,有一校、二校,我来完成终校。

6月12日,经过一天的努力,团队完成了校译。6月13日上午,我花了半天时间,最后校了一遍,纠正了一些错误的校译,最终完成了终审。

我将此次校译中的问题总结如下:

1. 未能沿用世行营商环境指标的标准译法。例如,"开办企业",世行问卷的英文表述是 starting a business,原译文少 a,尽管不影响语意,但有失精准。再如,"政府采购"指标中,取消资格预审环节、取消投标公司提交履约保证金环节等,"环节"一词,原文译为 link,按照世行评估方法论,应当统一译为 procedure,即营商主体与政府及履行公共职能的机构之间的一次互动,企业内部流程不计为 procedure。因而,无论中文表述为流程、环节、程序还是步骤等,都应当译为 procedure,诸如此类,不胜枚举。

建议:各指标单位在委托外译时,同时提交一份该指标的世行问卷,或者直接委托该指标的世行受访专家翻译(如果对方愿意)。

2. 未能实现翻译的精准,甚至会带来歧义。例如,"财产登记"指标中,领取证件,原译为 warrant,这是许可证的意思,背后隐藏着行政许可,但房产登记是确权行为,并不涉及行政许可,房产登记证明,应翻译成 certificate。另外,关于社会认可度或者认知度,原译为 social perception,但最好的译法是 social awareness,两者之间有细微差别,我们选择的是世行磋商时世行专家常用的表述。

建议:各指标牵头单位,在委托翻译时,尽量找一些拥有法律背景的团队。

3. 未能实现中文与英文的对译。这是最应当避免的错误,例如,“政府采购”指标与“跨境贸易”指标,出现了多次中英文数字无法对应的情形,校译时按照中文数字逐一改了过来,需要指标牵头部门核实。

建议:各指标牵头单位,要求受托翻译方对基础数据逐一核实,避免出现重要但却低级的失误。

天下大事,必作于细。将校译以修订模式标明,发给了相关部门,算是完成了假日里的一份特别任务。

团队成员非常辛苦,为感谢他们,我请丁凡帮忙,做了一份证书,留作纪念。另外,邀请他们带上家属及孩子,一起去采摘李子。下午 1:00 许,暴雨倾盆,2:00 左右到达目的地时,雨过天晴,绿草如茵,蝴蝶翻飞,一派生机盎然的景象!

孩子们追逐其中,笑意盈盈,汗水涔涔,开心极了!我们不由心生感慨:蝴蝶翩跹,欢乐嬉戏,这才是童年应有的样子!现在,各种课外辅导班,什么 0 到 4 岁学思维,除了贩卖焦虑,赚黑心钱,啥也不是。孩童应当拥有充足的自由生长空间。

最后,我们来到李子树下,孩子们亲手体验了采摘的乐趣:个子高一些的,蹦跳着摘下了李子;个子矮够不着的,爬着梯子摘下了李子,各自欢愉。

这些李子,纯天然,没有任何不利添附物质,孩子们吃得可开心了!我们每人手持一枚李子合影,祝愿世行磋商硕果累累!

非常有趣的是,摘完李子,众人往回走,路见一家犬,吠叫数声,小孩下意识地往后躲,我们都以为小孩怕狗伤及自身,没有想到,小孩对妈妈说:“妈妈妈妈,狗不会把我的李子抢走吧。”

可爱的脑回路!感恩一切真实而真诚的!

2021 年 6 月 14 日,世行营商环境磋商 DB 2022(I)——获得电力。

2021 年 6 月 14 日(周一)晚上 7:00 至 10:00,进行了 DB 2022 首场磋商,指标是“获得电力”,世行专家是纳迪娅 · 诺维克和维克托里娅 · 叶列先科,前者承担的是协调人(coordinator)角色,后者则主提问。

年年岁岁景相似,岁岁年年人不同。今天晚上,上海方面的主持人是发改委副主任彭一浩,主汇报人是国网上海市电力公司董事、总经理阮前途。

其间与老朋友、财政部国合司知识处副处长黄伟通过微信沟通交流,学到了很多,感谢他多年来对上海工作的指导与帮助,他是这方面的专家。北京市的王军副秘书长,还在线问候端午安康。连续四年,他都在场,真是敬业。

“获得电力”指标,记录企业为一个标准化仓库获得永久性电力接入而必须经历的所有程序、产生的时间和费用,以及供电可靠性和电费指数透明度。

程序:企业员工或其主要电气技师或电气工程师(即可能已经完成内部布线的人员)与公共电力配送公司、供电公司、政府机构、电力承包商和电力公司等外部各方之间的任何互动。

时间:完成一项手续所需时间的中间值,这个时间是电力公共事业公司和专家们指出的实践中在后续工作最少且没有额外付款的情况下需要的时间,而不是法律规定的完成手续的时间(强调实践中所需要的时间)。

费用:完成仓库接通电力手续的所有相关成本和费用,包括在政府机构办理审批手续、申请电力连接、接受现场和内部布线检查、采购材料、实施实际接线作业以及缴纳保证金,但不含增值税。

供电可靠性和电费指数透明度:包括以下六个方面:断电的持续时间和发生频率,监控断电的工具,恢复电力供应的工具,主管部门监管供电机构的表现,对减少断电的财务阻遏举措,以及电费信息的透明度及可获取性。

一如既往,我记下了世行专家的提问,前六个是针对北京的,后八个是针对上海的。

【问题1】电力服务质量承诺的落实，采用的标准是什么？（也就是说，根据什么标准可以认为落实了电力服务的承诺。）

【问题2】公司后台会进行对资料的审核，请详细解释一下。

【问题3】后台审核的过程，是否提交照片，照片的核实是由系统来完成，还是通过后台人员来完成，是到一个总的系统汇总后来完成吗？

【问题4】电力公司在哪个阶段才能真正确定表箱的位置？

【问题5】掘路审批以前是需要的，现在说是不需要了，能够解释一下吗？

【问题6】我复述一下，如果说得不对，请纠正我。北京是由电力公司代表客户来申请掘路的审批，客户是不参与的，然后由政府来现场完成审批，并进行监管。

上海方面的汇报，重点围绕2021年"获得电力"改革举措来进行，包括压缩办电时间。

以下是世行专家针对上海的问题：

【问题7】用户平均停电时间（SAIDI）及用户平均停电次数（SAIFI），这些数字是否包括输配电过程中的停电？

【问题8】刚才提到，电力公司达到相关标准，可以从政府得到资金，如果表现不好，是否会受到罚款，是否会从客户中得到补偿？

【问题9】想再问一个接电的流程问题，客户提出申请，你们要去现场检查，客户是否要参与？另外，其中的一些细节，是否现场就决定了？也就是接电过程中的一些细节，如线路。

【问题10】在接电过程中，政府要代替客户完成一些审批，请问除了刚才说的，还有哪些审批？

【问题11】除了挖掘许可，还有哪些事项要代替客户申请以获得政府审批的？

【问题 12】除了挖掘许可,还包括哪些,例如,交通管理方面的?

【问题 13】你们刚才提到,采取年度框架招标,提前储备施工队伍与物资,这是多年的实践,还是新采取的做法?

【问题 14】你们向社会做出了公开承诺,并且公布了时点,如果有违反,客户可以打电话给相关部门进行投诉,我想知道更多的信息,例如,客户是如何来投诉的,你们是否收到了投诉?

世行专家:最后我想提醒大家注意,世行营商环境官方网站有我们的方法论,可以免费获得。另外,根据我们的方法论,在数据收集阶段,我们会就收集到的数据,与私营部门核验。

结束磋商,合影留念。走出大门时,遇到了朱敏与黄志华两位翻译,她们水平很高,以前在华盛顿磋商,她们就贡献尤多,感谢她们了。

体会:其一,方法论仍然重要,只有仔细研读方法论,才能更有针对性地作答;其二,不必提疫情因素,避免世行专家误认为这是疫情期间的短期政策;其三,播放幻灯片时,荧光笔要随着讲解的内容走,以聚焦关注点;其四,针对世行的问题,能够直接回答 YES 或 NO 的,最好直截了当回答,以加强与世行沟通的频次。回答完毕还有时间的,可以补充陈述。

学无止境。

今天是端午节,据说,端午节源自天象崇拜,据《春秋命历序》:“天地开辟,万物浑浑,无知无识;阴阳所凭,天体始始于北极之野。”

夜色下的上海,美丽依然。

2021 年 6 月 15 日,世行营商环境磋商 DB 2022(Ⅱ)——开办企业。

5:50,在闹铃声中醒来,漱洗完毕,赶往世行磋商现场,在沉睡中苏醒过来的上海,洋溢着一种静谧的美。很难想象,一小时之后,这座大都市将呈现喧嚣和忙碌的一面。

2021 年 6 月 15 日(周二)上午 7:00 至 10:00,进行了 DB 2022 第二场磋商,相关指标是“开办企业”,世行专家是纳迪娅·诺维克和 Zhou Qunri,前者承担的是协调人角色,后者则主提问。

世行“开办企业”指标记录开办一家企业时,官方正式要求或实践中通常要求办理的所有程序,完成这些程序的时间和费用,以及最低实缴资本。

程序:企业创办人与外部人员(如政府机构、律师、审计人员或公证人员)之间的任何互动。企业创办人或企业管理人员与员工之间的互动,不计为程序。

时间:完成一个程序所需时间的中间值。世行假设每个程序要求的最短时间是 1 天,但对于那些可在网上完整完成的程序,时间为半天。

费用:以经济体人均收入的百分比来记录,包括所有的官方费用,以及法律要求的专业人士服务费。

最低实缴资本:根据各经济体的公司商事法来确定,我国是 0,此项指标拿到了满分。

市场监管局副局长彭文浩是上海方面的主持人,她专业而理性,先做了很好的开场陈词,引出了主汇报人康燕处长。

康燕先援引了《上海市优化营商环境条例》的规定,即企业开办全流程“一表申请、一窗领取、一天办结”,企业电子执照与电子印章同步发放,电子执照和电子印章与纸质执照和实物印章具有同等的法律效力,体现了法治保障的作用。

接下来,康燕从“零费用”“一个环节”“一天时间”三个维度,介绍了上海的改革措施,即通过“一窗通”线上服务平台,上海开办企业无须支付费用,全程仅一个环节、一天时间。

康燕的汇报,条理非常清晰,抓住了问题要点。

我记下了世行的问题,供相关城市借鉴(前四个是针对上海的,后十个是针对北京和部委的)。

【问题1】关于验证企业申办人身份的环节,去年申办人必须先使用APP来验证身份,请问今年这个环节是否有改变?

【问题2】根据上海的材料,在线申领工商营业执照,申领营业执照、发票、印章及U-Key是在一起的,请问如果周一申请企业开办的话,什么时候可以领到纸质的营业执照与发票?

【问题3】去年11月以来,社保费用缴纳由社保中心转到了税务机关,请问申请人在申请的时候,需要提交什么材料?

【问题4】在11月改革之前,社保局需要申办人提交银行开户信息,以便于扣缴,现在是否需要申办人向税务部门提供银行开户信息呢?

【问题5】关于上海开办企业的流程、时间与费用等问题,我们会和上海的专家来核验,感谢康燕处长提供的信息。麻烦会后直接分享给世行联络人纳迪亚(Nadia)。

【问题6】今年4月,北京关于申办人的身份验证,出台了一个文件,可能会有一个新的验证方式,能否介绍一下?

【问题7】请问新的认证方式实行之后,原来的APP认证方式是被取消了,还是继续保留着?

【问题8】接下来是关于时间的,首先我和你们澄清一下,我们所有关于时间的估计,都是按照案例的假设来进行的,也就是,在满足我们的案例假设的前提下,如果申请人通过"一窗通"周一提交开办申请,周几可以收到纸质营业执照、公章和U-key?

【问题9】关于员工的社保登记,根据2021年4月28日的文件,无须人工审核,在线即可办结,请问是从什么时候开始实施的?

【问题10】去年11月,全国发了一个文件,社保费由各地区的税务部门征收,请问这对税收的缴纳流程会带来什么影响?

【问题11】在企业登记完员工之后，法律是否有规定，应当有一定的期限办理社保登记？

【问题12】办理社保登记之后，什么时候要缴纳社保费用？

【问题13】最后一个问题是关于北京市的相关注册信息，2006年至2020年的新办企业的数据，能否提供给我们？我们已经把相关表格发给了你们。

【问题14】请问财政部的领导，在全国层面有没有新办企业的数据？

【问题15】请问北京，你们已经发放了U-key，请问是否可以通过U-key来打印纸质发票？

【问题16】会后如果方便，请您提供通过U-key来打印纸质发票的材料发给我们。

体会：其一，法治先行。两个城市分别援引《上海市优化营商环境条例》《北京市优化营商环境条例》，表明“一天办结”等是法律的刚性要求；其二，优化流程。京沪都强调，身份验证不是一个独立的程序，而是一个与企业注册流程高度融合的自然过程；社保费的缴纳，已经纳入了税收缴纳环节，在进行社保登记的时候，不需提供银行账户信息；其三，所测即所得。两个城市都提供了改革文件落地之后实践中获得的数据。当然，世行专家强调，相关信息还要和市场人士核验。

感谢沈家春、徐菲姗的翻译。

2021年6月15日，世行营商环境磋商DB 2022(Ⅲ)——执行合同。

今天，忙碌而充实。

上午7:00至10:00，参加了世行营商环境“开办企业”指标的磋商；下午1:30至5:40，在司法局主持法制审核会，审议了《上海市城市更新条例》《上海市街道办事处条例》《上海市城市管理行政执法条例》《上海市盐业管理若干规定》等多部法规规章。

天色渐晚，在局对面的小桃园餐厅，与同事王佳瑜一起，吃了碗面条，再度匆匆赶往世行营商环境磋商现场。

一阵急雨不期而至，倾盆而下。车窗外，梧桐树下，车辆尾灯打出的光亮，行色匆匆的路人，叠印出这座城市繁忙的景象。

晚上 7: 00 至 10: 00，举行了“执行合同”指标的磋商。世行专家是纳迪娅 · 诺维克和拉曼 · 马罗兹（Raman Maroz），前者承担的是协调人角色，后者则主提问。

上海方面的主持人是上海高院陈萌副院长，主汇报人是高院商事庭副庭长曹克睿。法院非常重视，来了很多法官，包括商事庭庭长潘云波法官、外办主任厉蓓等。

“执行合同”指标衡量的是解决一个标准商业纠纷所需的时间和成本，以及司法部门的一系列良好做法，包括司法效率、司法成本、司法程序质量指数三个板块，分别占比 33. 3%。

时间（司法效率，占 33. 3%），即从卖方决定向法院提起诉讼之时起至货款获得支付时止所需的天数。涉及起诉、立案、送达、庭前会议、证据交换、庭审、宣判、上诉、执行、保全、拍卖之间的间隔时间及具体时长。

成本（司法成本，占 33. 3%），包括平均律师费、诉讼费用和执行费用。

司法程序质量指数（占 33. 3%），包括法院组织和诉讼程序、案件管理、法院自动化和替代性争议解决机制四个板块。

陈萌副院长很有经验，非常得体地介绍了上海改革的总体情况，并引出了曹克睿副庭长做总体汇报。

曹克睿副庭长在征得世行同意之后，采取逐项推进的方式来进行，条分缕析，逻辑性强，而且紧紧围绕上次的失分点，也就是世行 DB 2021 的备忘录反馈表明，营商人士、律师及相关法律人士对相关改革举措的知晓度不高，甚至还有误解。例如，问卷反馈称，还要预交执行费，可能是由于受访人士对 fee to register 一词不理解，事实上，它指的是“申请执行费”，如果翻译成“注册费”，容易带来误解；再如，延期审理规则中，世行仅仅考察延期开庭的次数，庭前准备（听证、证据交换等）不应计算在内，很多受访人士可能对此存在误解；还有，提交电子诉讼材料之后，无须再行提交纸质材料，可能知晓度也不高，以至于受访的法律人士有相当部分认为仍然必须提供纸质材料。

上海高院针对此种情况，做了大量卓有成效的努力。例如，把开庭传票与其他的庭前会议通知做了区分，并做了不同的模板。

曹克睿的讲解涵盖了所有应当涉及的问题，潘云波庭长的补充很得当，陈萌副院长的整体把控很得体，用足了 90 分钟，效果非常好。

以下是世行的问题：

【问题 1】我在视频里面没有看到延期开庭规则得到执行的情况，我在这里想确认一下，最高人民法院的延期开庭规则，是否已经在上海超过 50% 的案件中得到了执行？

【问题 2】根据你们的材料，法院的文书人员可以使用电子化系统，电子化系统是从什么时候开始推行的？

【问题 3】我想确认一下，你们是从去年开始了电子化系统，这一系统是否会推广到所有的法院？

【问题 4】我想确认一下，原告提交诉状之后，不再需要提交纸质诉状的情况。

【问题 5】我们基于此前所做的营商环境评估结果，2019 年的时候还是需要向法院提供纸质的文本，你们用了电子诉状系统，但改革被市场认可还需要一段时间，原告和律师可能还会习惯使用纸质的方式。

【问题 6】请问电子平台建立的时间，以及该平台不断拓展使用的情况。

【问题 7】关于诉讼费用，原告不需要预付，而由被告来承担，是吗？（似乎混淆了诉讼费与执行费。）

【问题8】这一规则是一直实施，还是最近才开始实施的？

【问题9】你们提及了繁简分流的案件审理，鉴定机构提供专家证词的时间与程序是一样的吗？

北京的磋商，全过程汇报，世行专家基本上没有提问，可能是因为世行针对京沪法院的问题大致相当吧！

上海和北京法院的专业能力，一直为人所称道。法院的“执行合同”指标，名列全球第五，为我国营商环境整体排名的提升，做出了卓越贡献。

期待DB 2022“执行合同”指标，稳中有升！

2021年6月16日，世行营商环境磋商DB 2022（Ⅳ）——税费缴纳。

上午7:00至10:00，举行了“税费缴纳”指标的磋商。世行专家是纳迪娅·诺维克和张木桥，前者承担的是协调人角色，后者则主提问。

上海方面的主持人是国税总局上海税务局副局长蒋旭涛。蒋局长非常熟悉业务，不仅主持，而且全程回答了世行专家的提问，交流得非常顺畅，上海还播放了题为Efficiency Brightens Future的视频。

这次磋商，与前几次不同的是，世行专家张木桥女士为了方便我们，特地通过Nadia告诉大家，关于语言，有两种选择：其一，全程用中文，不用翻译，一个小时；其二，用英文，配翻译，一个半小时。

北京与上海都选择了前者。

以下是我记录的世行问题：

【问题1】关于税率降低的部分，以及三个税项调整的内容，请详细讲解一下。

【问题2】请问，这些改革中哪些政策是因为疫情而实施的？

【问题3】我理解，中国减税降费的规模非常大，这非常好，有利于企业的发展。在这里，我想了解一下，这些改革措施中，哪些只适用于2000年疫情期间，哪些政策可能不适用于下一年，这可以使我有一个预期，也谢谢您的理解。

【问题4】在疫情期间完成的政策的调整，是指企业不用缴费，但还要申报信息，对吗？

【问题5】在内部流程中，只要企业符合条件，就自动获得免税待遇，还是需要申请？

【问题6】这些中小微企业，是所有行业都适用，还是只适用于部分行业？

【问题7】中小微企业的定义，员工规模等标准是否有变化？

【问题8】关于税率，我已经清楚了。2000年以来，无论是为了应对疫情还是因为系统升级等，在时间方面有没有明显的变化，可以帮助到企业的？

【问题9】关于您刚才讲的套餐业务，是指公司可以从一揽子选项中进行选择，到底包括哪些内容？

【问题10】关于时间方面，我没有其他方面的问题了。但具体时间是多少，我还要向回答问卷的公司和私营部门核实。另外，你们能否就增值税退税方面的改革，再提供一些信息？

【问题11】我看到，你们有单独的增值税申请表，还有一个退税的模块，原来是需要纳税人自己去填写，现在是部分由系统自动填写，部分则由纳税人自己填写，是这样吗？

【问题12】我理解，不同的税种，纳税申报的次数是不一样的，能否介绍一下土地增值税（land appreciation tax）等几个税种的申报次数？

【问题13】关于这方面的情况，我会和纳税人进一步核实。去年因为疫情的影响，世行跟进的时间比较长。你们在发送文件的时候，最好标明生效日期，这样也有利于我们的工作。

以下是针对上海的问题：

【问题14】我想问一下企业所得税的延期问题。2020年疫情期间，我理解，企业所得税的申报免去了，缴款也免去了，是这样吗？

【问题 15】看来中小微企业还是要进行申报的,只不过缴款是延期了,是这样吗?

【问题 16】我想问一个关于申报(养老保险、工伤保险等)的问题,在去年的一段时间中是免征的,请问还要申报吗?

【问题 17】只要是符合条件的企业,就可以在你们的系统中自动进行划转扣款,是这样吗?

【问题 18】联合申报的平台或者功能,是去年什么时候推出的?

【问题 19】这些税本来是月报的,现在已经明确为季报,能不能详细地说一说?

【问题 20】关于联合申报,我没有其他问题了。关于退税的问题,你们提到,大概 6 天就可以收到退款,请问是工作日,还是自然日?

【问题 21】所有关于时间的预估,我还要向私营部门核实。我想了解我们这个报税合一的表格系统在实践中运作的情况。

【问题 22】关于增值税申报的部分,近年来你们全力推进电子增值税发票,希望你们更进一步说明,2020 年与 2019 年相比,有哪些新的功能或者有哪些新的优化?

最后,世行专家表示,中国做了很多努力,推出了很多改革,世行还需要用一定的时间去核实。

其间有一个小花絮:张木桥英文非常流利、美音极为纯正,过去的多年里我们时常有所领略。这次磋商期间,她对一个词的中文表述稍做迟疑,下意识地小声说了英文 land appreciation tax,我给她发了微信,提醒说这个词的中文是“土地增值税”,她后来在回复中表示感谢,说:“好久不讲中文就退步,平时和爸妈说话都是东北话。”

体会:第一,所测即所得,一切以纳税人的体验为标准;第二,学无止境,深刻体会自我的限度;第三,真实真诚,沟通交流,要实事求是,不虚美,不隐恶，才能推动社会进步；第四，多培养国际化人才，提升沟通的频率与流畅程度。这次磋商，由于不需要翻译，交流的问题是过去指标的两倍以上。这对于推进我国的改革，大有助益。

2021 年 6 月 16 日，世行营商环境磋商 DB 2022（Ⅴ）——施工许可。

今天是个值得纪念的日子。十场磋商，已然过半，行百里者半九十！

人的生物钟，相当奇妙。世行磋商仅第三天，似乎已经适应了节奏，定了 5:50 的闹钟，5:42 自然醒来，关了闹钟，循例做了 100 个俯卧撑，精神饱满地赶往磋商现场。

上午 7:00 至 10:00，举行了"税费缴纳"指标的磋商。晚上 7:00 至 10:00，举行的是"施工许可"指标的磋商。世行专家是纳迪娅、恩里克和塔梅斯（Tamez），前者承担的是协调人角色，恩里克主提问。

"施工许可"指标记录的是建设一个仓库所需经历的所有程序，以及各项程序所需的时间和费用，它包括四个二级指标：

程序：新建仓库所需办理的程序总数。程序的定义为企业雇员或管理人员同外部各方所进行的任一互动。

时间：新建仓库所需的总天数。

成本：为完成依法建设仓库有关的所有手续而支付的全部费用，仅记录官方成本。

建筑质量控制：基于六个指数——建筑法规质量、施工前质量控制、施工中质量控制、施工后质量控制、责任和保险制度以及专业认证。

上海方面的主持人是住建委裴晓副主任，主汇报人是住建委建筑市场监管处副处长沈宏，建筑市场监管处副处长沈红华也坐在其右，随时准备补充回应。

裴晓主任的主持非常好，他先是谈了整体政府的理念，然后重点推出"一中心一平台"，后面的回答全交给了沈宏，没有让规划、水务等各部门各讲一套，呼应了整体政府的理念。沈宏处长的回答，颇为精当。

以下是笔者记录的问题，由于不够专业，错漏之处不可避免：

【问题 1】虽然你们做了很多改进，但北京似乎有一个环节，即建筑公司与专业审图公司的互动，这样才能合乎政府的规定和要求。这是建筑公司与专业审图公司之间的后审图互动吗？建筑公司是否可以找一个有建筑资格的审图公司来审，还是需要政府的批准？

【问题 2】我们此前有多部门的检查，现在合并在一起了，是不是这些检查都可以在同一天进行？各方派多少人参加，是如何工作的？例如，是否要邀请防火灾的专家来参与？

【问题 3】关于四方验收，你们做了竣工联合验收之后，原来的四方验收是否还存在？

【问题 4】我有一个跟进的问题，监督总站进行的单一检查，是放在哪个阶段进行的？

【问题 5】去现场检查的时候，是不是有一个表，一项一项地勾选？如果发现问题，后期如何跟进，如何确认问题解决了？

【问题 6】能否给我一个你们到现场检查的例子？勾选过多少项检查事项？这个表格可以事后提交。

【问题 7】建筑公司在接水的过程中，是否要做任何事情？例如，安水表、建管线、掘路等，建筑公司是不是不要做任何事情，而是完全由水务公司来做？

【问题 8】非常感谢，信息量太大了，他们要回去慢慢消化。最后一个问题，建筑许可有三种方式：单独申请(separate handling of building permit)、建筑许可与规划许可合并申请(merge with the handling or building permit and planning permit)与告知承诺申请(notification and commitment system for building permit)，分别针对什么情形？

以下问题针对上海：

【问题 9】你们介绍增加了 101 个从事消防验收的人员，均为本科及以上学历，其中注册消防工程师和高级工程师以上人员共 22 个，你们在做低风险项目的验收时，他们是否要在场？

【问题 10】关于竣工验收的流程，我想问，同样的一个流程，为什么存在时间差，能否说明一下？

【问题 11】按照我们的方法论，如果一个流程或者环节，可以完全在网上完成的话，是 0.5 天，如果还存在验收，则算一天。

【问题 12】刚才你谈到了低风险项目，加起来是 93 个，我想了解一下，采取抽查以保证合规的项目的百分比是多少？

【问题 13】假设有一个新的项目，在申请许可的时候，把所有文件和图纸上传到你们的系统中，你们来抽查，如果抽查发现他们的图纸是不合规的，或者设计不合理，你们是如何退回的？是全部退回，还是局部退回？

【问题 14】去年有没有一些低风险工业项目，要求政府帮他们进行土壤检测，然后再进行规划和施工？如果有的话，能否提供一些数据给我？

【问题 15】公司自己可以决定外聘监理，如果公司这样做的话，政府对他们有什么要求，例如人员配备、提供什么材料、建立什么文档等等？

【问题 16】能否提供一些视频，以表明外聘监理必须满足什么要求？视频可以后面再提交。

感谢朱敏的翻译，一如既往地优秀。

磋商结束，团队成员互相鼓励，各自消失在夜幕之中，那一刻，最是动人！

2021 年 6 月 17 日，世行营商环境磋商 DB 2022（Ⅵ）——登记财产。

春种一粒粟，秋收万颗子！

早起，意料之中，一路畅通，7:00前就到了。发改委的小伙伴们，准备了面包、咖啡、牛奶等早点，非常贴心。

今年磋商的安排很合理，北京与上海作为两大指标城市，每项指标各拥有90分钟，京沪轮流首发，北京讲的时候，上海观摩；上海讲的时候，北京观摩。京沪双城，携手互进。

7:00至10:00，举行了“登记财产”指标的磋商。世行专家是纳迪娅、埃洛迪和巴塔耶，前者承担的是协调人角色，后两者则主提问。

“登记财产”指标包括四个二级指标，即程序、时间、成本及土地管理质量。而“土地管理系统质量”又包括以下五个三级指标：基础设施可靠性指数、信息透明度指数、地理覆盖指数、土地争议解决指数以及平等获得财产权指数。

上海方面极其重视。我看到，市自然资源确权登记局局长宋唯和齐鲁等同事们，提前一天到现场观摩，昨晚10:00后“施工许可”指标磋商结束，他们还留在现场，反复推演问答。此前，我也受邀与他们一起，就财产登记的制度变革，与律师等市场人士做了沟通与交流，他们的勤勉努力，我们有目共睹。

今天，登记局的宋唯局长、李梦伟副局长、陆莉菊副局长等，都参与了磋商。宋唯主汇报，李梦伟相伴左右，随时补充汇报。宋唯的汇报非常清晰，针对世行的提问，也做了很有针对性的回答，沟通效果良好。

公允地说，上海这方面的改革力度之大，前所未见。上海通过人员划转、机制重构、系统重建等方式，推出了诸多改革举措，做到了登记缴税“合二为一”（协税人员划归登记部门）、企业专区“一个环节”（以纳税人申报价格作为计税依据，现场只核契税一个税种，企业可当场缴税、当场领证，或先领证、后网上缴税）、个人业务“只跑一次”，线上提供登记交易纳税集成服务，线下办理转移登记“即时办结、同窗出证”，最后还加大了信息透明度，健全独立投诉机制，发布提供更新地籍图服务标准，提高土地管理质量水平。全程不超过 90 分钟。

以下是我记录的世行问题：

【问题 1】来自协会的专家，是否有权力来处理投诉的问题？在我的理解中，他们只能出具报告，转给登记部门，由登记部门来处理。

（在上海的做法中，应当是上海市地理信息产业协会可以受理投诉，经过研究后，做出登记是否错误的结论，并将报告转交登记局，要求登记局予以更正。在法律上，更正错误的登记，是变更行政行为，只能由政府部门来完成。希望世行能够区分做出"登记是否错误"报告的权力与变更登记的权力。）

【问题 2】你们刚才说，2020 年 5 月 1 日至 2021 年 4 月 30 日，962988 热线共受理投诉 415 件，网站受理投诉 14 件。热线与网站，功能与特色是否一样？是否热线只受理地籍图的问题？是否打电话的效果比网站效果要好一些？

【问题 3】你们有没有清晰的指示或提示，投诉人是否可以清晰地了解到这些流程？根据我们的方法论，与我们的使用人与投诉人沟通时，电话热线并不是一个独立的方法。如果是在网上进行投诉的话，流程是怎样的，能否重点讲一讲？

【问题 4】关于你们在网站上提供的地籍图的准确性，你们提到了更新版的地籍图是马上发布到网上的，但假定这个变化是昨天发生的，且这个变化只反映在地籍机构里，是否会马上反映到网上呢？

【问题 5】投诉人是否可以获得地籍图是最新的保证？网站上是否可以给企业一个保证或者显示，他们看到的地籍图是最新的？因为地籍图是不是最新的，对于企业会有重大的影响。

日期会显示在右下角，并且我们在网站上会有保证。

【问题 6】你们在提出登记申请时，无论是缴税还是拿产权证，都只需要和一个人打交道,请问这个系统是如何运作的?

【问题 7】我理解只有一位办事人员对外,登记与税务两套系统是如何协同在一起的,缴费多长时间可以完成,申请人如何确认已经缴费成功?

【问题 8】根据我们了解到的信息,当买方或者卖方要提交文件时,他们要到登记大厅的窗口提交文件并注册,要使用专门的打印机,并且使用专门的格式,请问现在的申请有没有变化?

【问题 9】现在可供查询的信息范围扩大了,而且现在不需要到登记大厅提交利害关系证明,但即便不需要聘请律师就可以查询,财产的权利负担通常还是会聘请律师来查的,因为财产上有各种瑕疵与负担的种类。

【问题 10】地籍图可以根据自然人的姓名来查询吗?

【问题 11】是否输入产权号就可以查询地籍图?

【问题 12】是否无须地址,只要输入产权号就可以查询了?

在交流中,我们了解到,不同的地域,受访专家的风格也会有差异。例如,针对地籍图的更新事项,有些地方的律师会想,我怎么可能不知道呢?就随手打了"√"。

2021 年 6 月 17 日,世行营商环境磋商 DB 2022(Ⅶ)——"获得信贷"。

2021 年 6 月 17 日(周四)晚上 8:00 至 9:30,进行了第七场磋商,指标是"获得信贷",世行专家是纳迪娅和尤利娅·瓦莱里奥(Yulia Valerio),前者承担的是协调人角色,后者则主提问。

"获得信贷"由四个二级指标构成,分别是合法权利力度指数、信贷信息深度指数、信贷登记机构覆盖率以及信用机构覆盖率。

合法权利力度指数:衡量担保法(我国是《民法典》)和破产法等对借方和贷方权利的保护,也就是为借贷提供便利的程度。

信贷信息深度指数:衡量影响信贷信息覆盖面、范围和开放程度的规则和做法。

信贷登记机构覆盖率：记录纳入公共信贷登记部门系统的人数及其近五年来的借款历史信息及信用被查询的记录。

信用机构覆盖率：记录纳入私营信用机构的人数及其近五年来的借款记录及信用被查询的记录。

“获得信贷”是我国最令人忧伤的指标。近年来，我国全球总体排名继续提升，而“获得信贷”指标的排名却连续四年下跌，从62名跌至80名。究其原因，缺乏全国统一的动产担保登记平台，也未能实现全国范围内的动产担保登记、查询、撤销等功能，以及我国原来的担保法律体系固守物权法定原理，未能引入实质担保观，导致大量的担保形态未获法律肯认。我国《民法典》的颁布，删除了《物权法》有关动产抵押和权利质押具体登记机构的内容，为构建统一的动产担保登记制度留下了制度空间，同时引入了实质担保的制度安排，今年有望打一个翻身战。

这项指标的磋商由中国人民银行负责，北京和上海作为指标城市，全程观摩。我和人民银行上海分行的同仁，以及多年来帮助上海校译改革措施的师生，参加了上海的观摩。

我记下了世行的问题：

【问题1】我想就合法权利力度指数，问一些问题。我准备了一些问题清单。首先是关于财产权转移的问题。《民法典》第388条提到了担保交易的内容，并且具有同样担保功能的其他动产抵押，这是不是唯一涉及私法所有权转移的法律法规？（原话如此）

【问题2】关于动产担保交易，你提到对于动产担保可以进行普遍性描述。对于债务人是否有什么要求？对于债权人，这是不是一种权利？（世行专家指称了《民法典》第408条，但似乎与问题没有什么关系。）

【问题3】债权人可以使用存货进行抵押，存在什么限制？如果存货价值发生变化，是否会影响担保权人的权利？

【问题 4】担保权人的权利是否可以延伸到收益及未来的产品？我是说单一的财产抵押。

【问题 5】我还有一个问题是涉及登记的，是否能够给我们提供一个账户或者密码，看看实操到底是什么情况？

【问题 6】我想在你演示过之后，有一个跟进的问题，普通的个人用户，是否不用审查就自动生成了？

【问题 7】如果是机构用户，对他的文件是有审查的吗？

【问题 8】在提交身份信息之后，对身份的核查是自动进行，还是人工进行？

【问题 9】你们提供的信息很有帮助，但是别忘记了给我们发一个账户。

【问题 10】疫情对"获得信贷"的挑战，中国是如何应对的？

【问题 11】关于征信，是否有来自银行与金融机构的信息？

时光流逝，夜幕降临，我和观摩的师生们一起复盘磋商的得失，总体上不错，但如果在以下方面稍加关注，则会更佳：

第一，关于翻译。世行营商环境涉法指标的翻译，一定要由拥有法律背景的翻译来完成，而且，译者一定要提前填一遍问卷，否则势难胜任。我是法律人士，近年来作为世行受访专家填问卷时，尚且不易，何况非法律人士！要将抵押、质押、留置、抵押权人、质权人、留置权人等术语，迅速地精准译出，并非易事。

第二，关于时间。磋商时要有大局观，要从整体上把握时间，已经得满分的，例如，信贷信息深度指数，哪怕花一秒钟去磋商，也是浪费，而且会令世行专家误以为有变化，反而会导致失分；针对一个失分点，已经列出了足够具有说服力的法条，就不必把所有的法条都读一遍，否则会影响其他得分点的时间。

第三，关于内容。紧密围绕失分点，如果世行专家对中国的既往失分点不熟悉，一定要主动引导到中国失分点的题目上来，例如，关于担保形式（是否包括让与担保）、关于"担保物描述"（是否可以笼统描述）、关于"登记对抗"的问题（担保经登记是否可以对抗第三人）、关于"担保利益"范围（担保物的一些变化是否会导致脱保，即导致担保权益无法实现）、关于统一的登记机构和登记系统等几类得分点，一定要安排时间，逐一磋商。细算下来，90 分钟，除了总体介绍 5 分钟，还剩 85 分钟，以 8 分钟一个得分点计，可以磋商十个得分点。感谢，并祝福！

2021 年 6 月 18 日，世行营商环境磋商 DB 2022（Ⅷ）——跨境贸易。

2021 年 6 月 17 日（周五）上午 7:00 至 9:00，进行了第八场磋商，指标是"跨境贸易"，世行专家是 Rongpeng Yang，全程中文磋商。

上海方面的主持人与主磋商人是商务委副主任申卫华，上海海关胡晓明副处长、上港集团的丁嵩冰、亿通公司的吕锋等都参与了磋商。

世行"跨境贸易"指标评估的是与进出口货物的物流过程相关的时间和成本，也就是三组程序（单证合规、边界合规和国内运输）所耗费的时间和成本（不包括关税）。

跨境贸易包括以下八个二级指标：

【出口耗时：单证合规】获得单证、准备单证、处理单证、呈阅单证以及提交单证的时间

【进口耗时：单证合规】获得单证、准备单证、处理单证、呈阅单证以及提交单证的时间

【出口耗时：边界合规】在港口或边界装卸及报关报检过程中获取、准备和提交单证的时间

【进口耗时：边界合规】在港口或边界装卸及报关报检过程中获取、准备

和提交单证的时间

【出口所耗费用：单证合规】获得单证、准备单证、处理单证、呈阅单证及提交单证的成本

【进口所耗费用：单证合规】获得单证、准备单证、处理单证、呈阅单证及提交单证的成本

【出口所耗费用：边界合规】在港口或边界装卸以及报关报检过程中获取、准备和提交单证的成本

【进口所耗费用：边界合规】在港口或边界装卸以及报关报检过程中获取、准备和提交单证的成本

以下是世行专家的提问：

【问题1】我们是一并做完展示再提问呢，还是采取其他什么形式？

【问题2】刚才你们介绍，出口货物抵港直装，进口货物船边直提，请问是如何做到的？船边直提的应用比例有多高？具体时间是多长？

【问题3】高科技及无人卡车，运用在哪些环节，是如何运用的？是不是全都无人？

【问题4】货箱一旦完成了清关程序，上船及下船都由机器来控制吗？

【问题5】根据PPT，卸箱到拖离码头，只需要35分钟，那前面的三个小时，是什么时间？根据世行方法论，我们要计算船进入天津港开始直至船离开的整体时间。

【问题6】2020年5月2日至今年5月1日，这种模式被企业采用的比例是多少？

【问题7】如果船边直提作业模式被采用率只有20%，其他80%采用什么模式？

【问题8】根据世行的方法论，如果只有20%的比例，我们是不能考虑的。

【问题9】刚才PPT上说，除了港口建设费之外，其他的费用恢复了吗？

(也就是说,是否为短期的疫情政策?)

【问题10】港口建设费是多少?

【问题11】费用公开这部分,今年的阳光价格3.0版,有没有变化?我去年看到一份明细清单。

【问题12】之前天津港对于基础设施的优化,没有想过要将投资收回来,是吗?价格还没有变化。这有利于我们理解你们的政策与措施,也有利于我们和企业更好地交流与了解。

【问题13】根据你们的介绍,提前申报与两步申报可以叠加使用,这样一来,又回到原来的问题,私营部门或者企业,选择叠加申报模式的比例是多少?

【问题14】那剩余的6%是什么申报方式?两步申报进一步降低了海关查验的比例,请问这方面有没有数据?两步申报是否只适用于进口?在我的印象中,去年采取两步申报的比例是非常低的。

【问题15】我的理解是,如果出现查验的情况,还是缩短了时间,是这样吧?

【问题16】回到方法论,企业在实际当中是否需要使用单证,这是我们要重点考虑的。打印单证本身不会花多少时间。关于港口降费这一项,有哪些特别的政策,用于增强价格透明度?例如,北京是阳光价格。

【问题17】能不能解释一下报关费降低的原因?看来,不是因为出现了更多的报关公司而导致的。

【问题18】上港集团有没有具体的细节可以解释费用的降低?

【问题19】想问一个设备交接单的问题,是从谁那里拿到的?只在港口使用吗?

【问题20】EIR是船公司跟货代的,之前讨论过,我没能完全了解,电子化到底在哪个层面优化贸易流程?

【问题21】上海港口基础设施的升级,能否提供更多细节?有一些APP,

具体指什么?

【问题22】上海两步申报、提前申报相关情况是怎样的? 有没有更多的企业使用?

【问题23】有多少企业选择使用?

【问题24】这个问题回头我们向企业了解什么情况下使用两步申报。非常感谢。我没有其他问题了,上海方面是否有其他补充?

今天的磋商非常有成效。非常感谢北京和上海团队的工作与展示。接下来我们会跟企业沟通,对时间、效率、流程进行评估。感谢上海团队的解释。会后PPT、视频等材料是否可以分享? 有助于帮助我们了解细节。

申主任与其他磋商人的表现都非常好,期待取得好成绩!

2021年6月19日,世行营商环境磋商DB 2022(Ⅸ)——办理破产。

在汉字中,“九”与“久”同音,寓意“长长久久”,而第九场磋商,也预示着十场磋商即将画上圆满的句号。

2021年6月18日(周五)晚上7:00至10:00,进行了第九场磋商,指标是“办理破产”,世行专家是纳迪娅和汤米·凯鲁兹·哈布(Tommy Kairuz Harb),前者负责协调和主持,后者则主提问,他拥有美国杜克大学的法学硕士学位,此前负责“保护中小投资者”指标。

上海方面的主持人是市高院陈萌副院长,主答辩人是市高院商事庭副庭长曹克睿,庭长潘云波也伴其左右,补充回答。三中院副院长俞秋玮、破产法庭副庭长黄贤华,市高院办公室副主任厉蓓、信息管理处副处长陆诚以及陆烨、孟高飞、叶苹等法官也都参加了。

据说,上海高院非常重视,精心准备,光演练,每个指标就排过两次。功夫不负有心人,在我看来,两地法院的汇报都非常成功。“办理破产”指标评估的是企业破产程序的债权回收率、时间、成本,以及适用于清算和重组程序的法律框架的力度。

回收率:债权人通过重组、清算或债务执行(抵押物查没或破产)等法律行动收回的债权占债权额的百分比。

时间:债权人收回贷款的时间,即从公司违约之时开始,直至其拖欠银行的款项部分或全部偿付之时结束。

成本:诉讼成本(包括法庭费用和政府税费、破产管理费、拍卖费、评估费和律师费)以及其他一切费用和成本。

破产框架力度:启动程序指数、债务人资产管理指数、重整程序指数和债权人参与指数。

上海的陈述紧密围绕去年的失分点,逐项依序推进:

其一,关于债务人处分重大财产时的规则。曹克睿介绍了事先提交给世行的20个案例,说明这些案例适用了债权人参与表决的规则(播放视频)。

其二,权益受影响的债权人参与表决。曹克睿介绍了事先提交给世行的6个案例(播放视频)。

其三,破产重整完全可以实现。其中3起案件,都有担保债权人,都涉及房地产,企业都属于有限公司,符合世行假设案例,而且债权人数量与债权数额均高于世行假设案例,审理难度明显更高,结果都重整成功了。这表明世行假设案例在上海完全有可能重整成功。建议世行将办理破产的结果从"否"改为"是"。

其四,关于办理破产成本的降低。上海高院陆烨法官通过PPT,向世行专家呈现了3个真实的案例。如果破产人有闲置的不动产的,则税收及服务费可以减少。进入破产程序后,继续使用不动产的,会产生少量税收,但税收比例也低于世行标准。降低破产衍生诉讼的启动成本。建立政府部门的协调机制,这些都有效地降低了破产办理的成本。

其五，关于压缩办理的时间。上海的破产案件，采取集约管辖的方式，破产案件的时间减少了 20%。通过一系列信息化手段与网上办理，压缩了办理时间。

上海的陈述，有如下特点：

其一，强调市场感受度。在数个视频中，均以真实的案例，具体翔实的数据，以当事人自我陈述的方式来展开。最为重要的是，这些数据是可验证的。

其二，用语凝练，要言不烦。两位陈述人对世行的方法论相当熟悉，案例核心要素与世行的假设案例相一致，紧扣失分点，逐项阐述，而且每一项结论，都以客观数据为支撑，避免形成断语，坚决回避自我评价（有的指标在陈述时，会用“市场感受度大幅提升”作结）。

其三，时间管理，相当精当。鉴于北京磋商的经验，世行专家基本不提有效的问题，上海法院用好用足时间，介绍在 9:49 完成，余下的 11 分钟，供世行提问。陈萌副院长的主持，再次显示了良好的大局观，对时间的掌控力非常强。

以下是我记录的世行的问题，或许是因为汇报得非常详细了，世行专家没有太多的问题需要提问。

【问题 1】据我的了解，大家就已经审结的案例与世行假设的案例进行了梳理，我们会考虑你们提交的 15 个案例与我们的标准案例，在功能上是否相似。

【问题 2】作为今天的最后一个意见，我想说，我们主要看待的是，在经济体已经审结的案例中，与我们假设的案例相类似的案例的回收率、时间与成本。

（与去年的情况相类似，克劳斯当时也说，可以向他们提供 15 个案例，他们核验就可以了。）

视频播放时，出现了三中院李丽丽法官的身影，我拍了照片，发给她，说“走上国际舞台啦”！她回复：这是中电电气清算转重整的案子，从清算转重整，经历了三次投资人招募，第一轮重整失败，第二轮重整成功，一共用了十三个月，虽然整个过程充满了种种难题，但这个案子很有趣，一点儿也没觉得累……

我国有一批理论功底深、业务能力强、爱岗敬业的好法官，这是“执行合同”与“办理破产”两项指标，为国家做出诸多贡献的重要原因！

四年四十场最终磋商，我都在现场，这应当是唯一的世行专家没有提出有效问题的场次。但一点也不影响京沪两地汇报的精彩！

相信功不唐捐！祝福北京和上海高院！

2021 年 6 月 21 日，世行营商环境磋商 DB 2022（X）——政府采购。

细细想来，近年来均是如此，完成了一桩自认为重要的事情，如释重负之余，内心格外充盈。空与满，这一刻，竟是如此奇妙地合体！

2021 年 6 月 21 日（周一）晚上 7:00 至 10:00，进行了 DB 2022 的第十场磋商，也是本年度的最后一场磋商，指标是“政府采购”，世行专家是纳迪娅、努诺·门德斯·多斯·桑托斯（Nuno Mendes dos Santos）和奥尼尔·马桑巴，前者承担的是协调人角色，后两位则主提问。

这项指标非常特殊：其一，它是一个全新的指标，目前还没有成型的方法论，但全程电子化、公开透明、优质高效应当成为这项指标的方法论；其二，在以往年份里，这项均未列为正式指标，2020 年开始列入观察指标，今年仍然如此，但世行开始对此项指标打基础分（尚不清楚是基于过去的一年还是两年的数据）；其三，基础分非常重要，因为基础分相当于一个人的印象分，一旦被固化，想改变就要花费巨大的心力。

正因如此，京沪两地一点都不敢懈怠。

昨天，应发改委要求，我组织师生将今天磋商的 PPT 的部分内容，译成了英文。也因为如此，今天磋商时，我被安排在两位翻译边上，以补充可能的翻译之不足。

上海方面的主持人是市住建委副主任裴晓，主汇报人是市住建委的马燕和市交通委的周晓菁，交通委副主任刘斌、市财政局的王周欢主任等人也参加了。

裴晓副主任是一位专家型领导，很有经验，在对政府采购的改革理念、主要措施和改革成效做简要说明之后，引出了马燕做主陈述。

马燕配合中英文PPT，对一项公路养护工程，做了全流程的介绍：包括获取招标文件，投标人利用企业数字证书上传电子投标文件，远程开标，评标委员会线上评标，评标结果通知，获取中标结果（包括中标理由及未中标理由），合同公示，采购主体和中标人通过平台网上签订合同，获取合同，合同变更并公示，对采购决定提出投诉、质疑，获得处理投诉的决定的公开，中标人网上提交发票，采购主体付款。

接下来，马燕针对每个议题展开了磋商：

【议题1：交易平台完善全流程电子化】

世行问题1：非常高兴听到上海关于政府采购方面改革的一些报告，我们都期待听到你们进一步的改革成果。我们今天是一个一个问题来进行讨论。我们收集到了一些案例，与你们所谈的情况并不是完全一样的，我们收集更多的案例，目的是了解上海改革的总体情况。

世行问题2：关于电子平台，有如下三个问题：第一，从何时开始实施的；第二，从去年开始，平台有哪些更新的功能；第三，能否向我们提供某个用户的账号，从登录开始体验一下？

世行问题3：关于电子化平台的使用手册，能否给我们一份？你们提到，为了抗击疫情，你们采取了一些措施，能否谈一谈采取了哪些具体措施？

【议题2：关于政府采购环节（重点阐明公路养护工程没有预审环节）】

世行问题4：没有资格预审环节，是不是法律有依据？

世行问题5：是不是所有的公路养护工程都不用资格预审？

世行问题6：法律是不是允许一些工程采用资格预审？

【议题3：关于政府采购时间（重点介绍工程款支付和修改招标文件的时间）】

世行问题7：我们从私营部门收集到一些问题，包括支付时间、修改招标文件的频率等。最新的案例中，3天完成付款的最新的数据，如果有的话，也提供给我们。

【议题4：关于降低投标人的投标成本】

世行问题8：第一，法律是否有规定降低或者取消质量保证金，我们对比的是2018年的法律条款；第二，实践方面，我会和私营部门来确认这一点。我们了解到，实践中只须缴纳履约保证金或质量保证金，到底哪种保证金收得最多，我会和私营部门确认。

世行问题9：虽然我们并没有公开我们的数据，但我们会进一步收集这方面的数据，以作为未来评价的参考。

【议题5：关于合同的重新谈判与重新招标】

世行问题10：对于重新谈判与重新招标的判别标准，除了价格，还有没有其他的判别因素？

世行问题11：有没有相关的法律依据？如果有的话，麻烦提供。

【议题6：关于信息公开】

世行问题12：电子化的平台确实可以带来很大的公开透明。我有两个问题：其一，所有的招标信息提前30天公布。你们是否会公布年度招标计划，这样可以让市场主体有一个更好的统筹？其二，公示3天或者10天，有没有特别的考虑，很多国家的公示信息是永久放在网上的？

世行问题13：你刚才提到提前30天的年度招标计划的公布，人大会有一些公布的信息，请问是在哪里公布的？

北京随后的陈述与答辩，同样非常得体。在闭幕环节，财政部领导说，世行专家的专业水平与敬业态度，值得我们学习！

感谢世行，更好的规则，更好的实践，更好的生活；

感谢DB，真诚的评估，真实的结果，真切的感受！

2021年12月23日，营商环境之商事登记法律问题。

时下，无论是商事立法还是营商环境优化，似乎都已进入深水区。容易解决的问题，都已经渐次解决，需要研究的问题，日益凸显。而其中，作为新的世行营商环境评估指标的商事登记，即属其中。

在优化营商环境的时代背景下，世界银行评估的方法论带来了两方面的启示：一方面，市场准入，大道至简，政府必须在简化程序、缩短时间和降低费用方面大幅降低制度性交易成本；另一方面，必须强化市场主体设立登记的自我责任，摒弃过往政府对市场登记予以信用背书的做法，合理厘清市场、行政与司法的边界。

为此，必须遵循以下法律路径。其一，将市场主体设立与变更登记的法律性质明确为行政确认。其二，一般领域的经营范围可采取自主申报、平台公示的做法，公司章程、公司决议等公司自治事项由市场主体自行上传平台，并由其对真实性、准确性及有效性负责。其三，市场监管部门不能仅凭笔迹鉴定即形成意思表示真伪的判断，从而完成变更登记。有证据表明虚假商事登记所涉及的基础民事法律关系存在争议时应引导当事人通过民事诉讼解决。其四，行政相对人起诉市场监管部门，要求变更登记，从而形成行政诉讼。如果法院经审查认定存在民事争议，则应认为不符合行政诉讼的起诉条件，驳回起诉。其五，法院在民事诉讼中认定的事实，市场监管部门可以作为确定的证据来运用。商事登记中的行政审查与司法审查只有各安其分，才能各显其美。

2022年1月5日，世行营商环境评估：规则变迁。

根据世行公开发布的专家委员会报告，世行或许正在考虑对评估方法论进行调整。其中一个方向是，将评估的对象，从着重于“法律上的”（de jure）规则，转向“事实上的”（de facto）规则。也就是，要评估“实际存在的现实”（de facto reality），而不仅仅是“法律上的规则”（not just de jure rules，或译为纸面规则），即更为倚重“所测即所得”的方法论。

2021年底，发表《世界银行营商环境评估方法的规则与实践》。这篇文章，系大约一年前，应程金华教授之邀，为《上海交通大学学报》的笔谈而写。彼时，世行并没有暂停报告的发布。文章所论，大体上仍然反映了世行营商环境评估的价值观与方法论，同时针对各地营商环境评估的种种做法，提了些许看法。

有一个小建议：无论世行评估的名称有哪些细微调整，建议中文仍然保留原来的译法（营商环境），一来已经习惯了，二来国务院的行政法规及各地的地方性法规，都是用“营商环境”这个词。若非必要，勿增实体。

这篇文章的摘要如下：法治内嵌于世界银行评估的每一项指标，营商环境评估本质上是对制度体系的检验。世界银行营商环境评估制度体系，既包括成文规则，也包括习惯做法。根据“所测即所得”的方法论，如果制度规则未被市场主体所感知和遵循，则制度规则将沦为具文。营商环境评估，必须以降低制度性交易成本为依归。所谓制度性交易成本，是指与个人无关的、规则本身带来的交易成本。我国各地营商环境评估工作，务须遵循“可量化、可比较、可竞争及可改革”的路径，摒除一切无法客观量化的评价标准，以市场主体感受为唯一评价标准，审慎选择第三方评估机构，真实真诚推进评估工作。

2022 年 2 月 10 日，上海市优化营商环境法治保障共同体召开联席会议，围绕为“国务院和上海市营商环境创新试点工作方案有效落实提供法治保障”进行了深入研究讨论。彼时，世行正在调整营商环境评估的方法论，相关研究及制度变革的任务很重。在会议现场，许多人表示，他们刚刚收到来自世界银行的感谢信。政府也应当向他们表示感谢。画一个更大的圈，团结更多的人，以企业的感受度为出发点，努力做一些有意义的事情。

2023 年 1 月 28 日，上海市人民政府办公厅印发了《上海市加强集成创新持续优化营商环境行动方案》。法治，是最好的营商环境！已经是 5.0 版本了。希望今年是经济重整、信心恢复的一年。

2023 年 3 月 13 日，上海优化营商环境 6.0 版行动方案解读（上）。

根据单位工作安排，接受上海电视台外语频道的专访，以世行方法论为基础，解读上海优化营商环境 6.0 版行动方案，上海外语频道（ICS）公号分三期推出。

由于部分受众是外国投资者，电视台配了英文字幕。配英文的人，水平很高，本人应邀校译，只是根据世行评估的专业表述，略做些调整。

鉴于外国人的接受习惯，专访穿插了比较多的案例。世界银行营商环境新的评估体系（Business Enabling Environment，BEE），当然是我国应予充分借鉴的国际标尺，与此同时，因地制宜，自主改革，也是优化营商环境的应有之意。

路再远行则将至，事再难做则必成！

2023 年 3 月 14 日，上海优化营商环境 6.0 版行动方案解读（中）。

世界银行推出了新的营商环境评估 BEE 体系，从监管框架完备性、公共服务可及性、企业办事便利性三个维度进行评估，贯穿着环境可持续、推广数字技术运用及性别平等的理念。与原 DB 体系相比，BEE 删除了“环节”评估，在项目名称、指标内容、评估范围、评估维度、数据采集、注重规则的实施等方面，存在着较大变化。

世行营商环境的评估体系与评估方法，是优化营商环境之“术”，当然值得我国充分吸收借鉴。但与此同时，更加重要的是，我们要清楚地知道当下我国营商环境面临的真正问题，从而切中肯綮地提供解决方案，而这，才是优化营商环境根本之“道”。

营商环境工作，千条万条，最根本的一条，就是顺乎市场之意，以市场主体的“获得感”作为唯一的评价标准。《史记》有云：“下令如流水之原，令顺民心。故论卑而易行。俗之所欲，因而予之；俗之所否，因而去之。”

只要价值、法理、规则与技术均服膺此点，营商环境就仍有向好之望！

2023 年 3 月 15 日，上海优化营商环境 6.0 版行动方案解读（下）。

世界银行将营商环境定义为企业无法控制的一系列条件，这些条件对企业整个生命周期中的行为有着重大影响。优化营商环境的要义在于，正确处理公共部门与市场主体之间的关系，以降低制度性交易成本为依归。而这方面，传统文化给予了我们宝贵的指引。古人有云：“天无为以之清，地无为以之宁，故两无为相合，万物皆化。”说的是，苍天因为无为而清虚明流，大地因为无为而厚重宁静。天与地两个无为相结合，万物才能繁盛生长。公共部门相当于天与地，我们要以不折腾的智慧，为企业营造良好稳定、厚重宁静的营商环境。

如何才是“不折腾”？无他，“己所不欲、勿施于人”而已。法律的精细，要配得上这样的理念。

优化营商环境，发力点在于市场化法治化国际化。而无论是市场化还是国际化，最终都必须落实到法治化。只有法治化，市场化才能长长久久，只有法治化，国际标准才能转化为国内规则，从而落地生根，起到固根本、稳预期、利长远的作用。

2022年3月28日，世行新的营商环境评估体系。2022年12月，世行新的营商环境评估概念书（BBE Concept Note）发布。作为一名多年从事这项工作的法律工作者，我觉得，有义务在全面学习的基础上，向大家做出比较精准的介绍。

阳光、公开与透明，向来是这项工作的立足点。让更多的人了解评估规则，有利于推进营商环境的优化。法律，在新的世行评估中，发挥着越来越重要的作用。世行评估的三大维度之一即为“规则框架的完备性”（regulatory framework，也译为“监管框架的完备性”），另两个维度为“公共服务可及性”“企业办理便利性”，无不需要规则支撑。

因而，法律在营商环境优化过程中起着基石的作用。法律若水，水利万物而不争。世行评估十项指标，没有一项以法治为名，其原因在于，大象无形，大匠无名，法治无所不在，故不必突显其名。《逍遥游》有言，圣人无名，神人无功，至人无己。法治之用，大抵如此吧！

与原世行评估DB体系相比，BEE删除了“环节”评估，在项目名称、指标内容、评估范围、评估维度、数据采集、注重规则的实施等方面，存在较大变化，需要逐项研读。但不变的是，世行评估的价值观“消除贫困、追求共同繁荣”；不变的是，营商环境的定义是“企业无法控制的一系列条件，这些条件对企业整个生命周期中的行为有着重大影响”。

优化营商环境的要义在于，正确处理公共部门与市场主体之间的关系，以降低制度性交易成本为依归。根据党的二十大报告的要求，我们要汲取中华优秀传统文化“不折腾”的智慧，本着道在日常、道法自然、道术合一的理念，确立优化营商环境的规则价值体系，为企业营造厚重宁静、公平透明、可预期的法律政策环境。

世行评估，因其技术化而过于琐碎。人生何尝不如此，总是由一幅幅平凡而琐碎的场景构成。听到一句话“无论世界如何千疮百孔，总需要有人修修补补”，很喜欢。以良善的价值判断、精巧的法律技术、细致耐烦的工作态度，修补这个世界，让它更美好一点点，是法律人的使命，更是法律人的荣光！

2023年5月2日，从DB到BEE，再到B-Ready：世行营商环境评估的变与不变。2023年5月，世行官网推出了新的营商环境评估体系，称为Business Ready（简称B-Ready），两份文件逾800页，标志着新的世行评估体系正式落地。

从2002年开始的Doing Business（DB），到2022年12月发布的Business Enabling Environment（BEE），再到2023年5月发布的Business Ready（B-Ready），世行评估已然用了三套主题名称。然而，万变不离其宗。

世行评估，恒定不变的是价值观与方法论基础。就价值观而言，世行评估追求的是消除贫穷与促进共同繁荣。世行的目标是，到2030年，日均生活费低于1.25美元的人口比例降低到3%以下。每个国家底层40%人口的收入有增长（不知俄乌战争与其他地缘政治冲突，是否已经影响到了这一目标的达成）。就方法论基础而言，世行十项指标虽有变动，但都以追求降低制度性交易成本为依归。世行评估的历年方法论文件，均毫无例外地，将营商环境界定为“企业无法控制的一系列条件，这些条件对企业在整个生命周期中的行为有着重大影响”。追求更美好的制度和更美好的生活，具有很强的感召力和认同度。

世行评估，变动不居的是其十项指标及其测评方法。就十项指标而言，2023年5月推出的B-Ready体系，与BEE相比，并无二致，包括：市场准入

(Business Entry)、经营场所(Business Location)、公用事业服务(Utility Services)、劳动就业(Labor)、金融服务(Financial Services)、国际贸易(International Trade)、税费缴纳(Taxation)、纠纷解决(Dispute Resolution)、市场竞争(Market Competition)和办理破产(Business Insolvency)10个指标。以上十项指标,与DB相比,则有较大变动。就测评方法而言,B-Ready体系与BEE相比,并无二致,从法律框架完备性、公共服务可及性、企业办事便利性三个维度进行评估,贯穿着环境可持续、推广数字技术运用及性别平等的理念。但与原DB体系相比,则存在较大变动,删除了DB的"环节"评估,在项目名称、指标内容、评估范围、评估维度、数据采集、注重规则的实施等方面,存在着较大变化。

鉴于"营商环境"在国内耳熟能详,且国务院发布的《优化营商环境条例》也采用了同样的表述,意旨大同小异,本着"若非必要,务增实体"的原则,建议中文的表述以不变应万变,仍沿用"营商环境",可表述为世行新营商环境评估,以示与原评估体系的区别。

2023年5月13日(周六),中宣部"高质量发展调研行"记者团近50人,首站抵达上海,举行了法治专场采访。

感谢上海仲裁委员会提供的场地与会务安排,感谢宣传部的同事们付出的努力。

根据安排,我做了整体介绍,同事们做了分项介绍。

什么才是良好的营商环境?以分苹果来打比方:

在张三与李四之间分配一个苹果,如何分才好?很多人会说,张三先切,李四先挑,这样当然没错,张三因为有后挑的劣势,一定会尽力切得一般大小。这样,不需要政府监管,也不需要第三方监理。

世行推行的优化营商环境,大抵如此:先确定一个价值,然后用流程最少、费用最低、时间最短的方式来实现这个价值。

一人一半,属于无知状态下的选择,固然符合法律人追求的最初的善良。然而,我们的生活不会这么简单,如果我们对张三、李四的信息知道得更多,我们还应当做这样的选择吗?

价值判断,才是优化营商环境的底层逻辑。淄博烧烤之火,绝不在于烧烤本身,而在于唤醒了人性的美好,重构了公权与私域的逻辑。

时事愈加艰难,价值判断越发重要。

2023 年 7 月 16 日,世行营商环境评估方法论及问卷翻译(之一)。

经过近两年的方法论迭代更新,世行新的营商环境评估工作已然启动。

新的 BR 评估,包括 800 多个评分点,1 700 多个问题,分为企业调查与专家调查。对于中国,世行 2023 年 10 月开始企业调查,2024 年 4 月开始专家调查。企业调查,面向全国发放 2 160 份问卷,分布于 31 个省市,针对 8 个指标进行。专家调查,则只在上海进行,针对所有 10 项指标。

据测算,上海占全国的比重为 73%。

世行 BR 评估体系,每一项指标,都有诺贝尔奖得主参与设计,其价值观极为强健。一是致力于推动经济改革,改善营商环境,降低制度交易成本;二是提供社会和经济研究所需的详细信息以及具体政策建议所需要的精细数据;三是把 BR 的数据和报告打造成一种全球公益产品,为社会经济发展赋能。对于法律工作者而言,把世行概念书、方法论及问卷,以精准的语言翻译过来,避免误译讹译,向社会免费提供,当是一份宏阔的使命了!

世行 BR 评估体系,概念书加方法论,逾 880 页,个人短期势难完成。

7 月 16 日(周日)上午 11: 00,我在学生群里发了一份邀请参与翻译的邀约: 这是一个宝贵的学习过程,而且是一份公益事业。世行的每一个指标,都有诺贝尔奖得主参与,他们的方法论,本身就值得学习。

很快，有48位已经毕业或临近毕业的学生响应：

上海高院、一中院、金融法院以及浦东、长宁、普陀等法院的法官，政府公务人员，上海证券交易所、券商、律师、税务师、教师等，他们拥有扎实的法律基础和娴熟的外语能力。

我们用一个小时交流讨论了翻译事宜，完成了分工。十项指标，十个小组；统一术语，先定后译；分头翻译，交叉互校；三审校验，统一审定。

以前的工作经验表明，关键术语的翻译很重要。例如，private limited company 就不能译成"私人有限公司"，而应译成"有限责任公司及非上市的股份有限公司"；regulatory framework 就不宜译成"监管框架"，而宜译为"规则框架"。

我们打算，在完成一个指标后，将译稿向社会免费公开，接受批评与建议，进一步修正完善，最终全部向社会公开。

我们希望，如同世行评估的价值观那样，这项翻译工作，也将以公益的方式结束。共同学习，共同进步，这也是师生交流的最好方式。

工作结束，师生同游苏河步道！雨后清新的空气，拂面而来，好不愉快！

很喜欢一句诗：一沙一世界，一花一天堂；掌中握无限，刹那成永恒！特别是在这个美丽的黄昏！

2023年8月6日(周日)，世行营商环境评估方法论及问卷翻译(之二)。

昨天，2023年8月5日，经过六个半小时，终于把世行BR体系十项指标的方法论及问卷的专有术语，初步完成了统一。

精疲力竭，酣畅淋漓，这是高强度的脑力与体力劳动后，获得的真切体验。

目前在市面上出现的数个版本，机器翻译的痕迹极为明显，只能作为参考，远远达不到官方译本的程度，例如，将 hard copies 译成"硬拷贝"(宜译为

“纸质副本”），将 social contribution cost 译成“社会贡献成本”（在中国语境下，宜译为“社会保险费用”），等等。

这种情形，与 DB 体系下将 private limited company 译成“私人有限公司”何其相似！

为避免以讹传讹，影响答卷的客观，必须尽快推出精准译本。这项工作，必须由受过系统法学训练、拥有丰富实践经验的法律人来承担。

我们，责无旁贷。

7 月 16 日，这项工作启动，昨天是第二次会议。在讨论中，我们达成了以下共识：

适应国情

鉴于受访企业与专家都在中国，因此，要以国内容易接受的语言完成译事。例如，domestic firms 与 foreign firms，强调的是企业的注册资本来源，而不是法人资格的归属。因而，结合国人表述习惯，最为准确的翻译是“内资企业与外资企业”。

译成“国内企业与外国企业”或“内资公司与外资公司”均为错译。因为，foreign firms 具有中国法律地位（甚至拥有中国法人资格），并非“外国企业”。而且，firms 包括个人独资企业、合伙企业、公司制企业，译为“公司”，也属错译。类似的，business start-ups 最为准确的译法为“初创企业”，不宜译为“初创公司”。

严谨规范

如何转换成切近于中国法律框架下的语言，这是最考验智慧的。例如，regulation，regulatory framework 宜译为“规则、规则框架”，不宜译为“监管、监管框架”，否则会漏译平等主体之间的规则；而 regulate，宜译为“规范”。

再如，世行文件多处出现 incorporation、business incorporation、incorporation document，不同的译本将 incorporation 译成“开办”“注册”等，均为不当，正确

的译法为“设立”。

在法律上，公司设立（incorporation）是设立人为取得法人资格而依法实施的一系列法律行为的总称，它并不是单个法律行为，而是一系列法律行为的总和，译成“注册”，太小了；译成“开办”，过于口语化，找不到法律出处。

相应地，business formulation 和 formal entrepreneurship 这两个词，有译为“正规创立企业”“正式创业”等，均为不妥，宜译为“正式设立企业”。

正式设立企业后，要求申报股东及受益所有人信息，世行方法论认为，这有助于提升企业的 integrity and reputation（有译为“完整性及声誉”，宜译为“诚信与声誉”）。

还有，types of movable assets, debts, and obligation，考察的是可用于担保的财产类型，宜译为“动产、债权及其他请求权”（如出口退税请求权等）。

意译通达

翻译过程中，必须将一些直译无法理解的语汇，以意译的方式来表述，必须对实践工作比较熟悉，兹举数例：

regulatory relief，有译为“豁免监管”，宜译为“简化监管”；business registry，有译为“登记表”，宜译为“企业登记机构”；considered experts' professions，有译为“考虑到的专家行业”，宜译为“被认可的专家行业”；public comment，有译为“听证”，宜译为“公众参与”；jurisdiction，法律人通常将其译为“法域”，很专业但很费解，宜译为“辖区”；streamlined courts，无法直译，宜意译为“法庭组织与运作的精细化”（包括繁简分流、设立专门的商事法庭等）；filing a defense statement 宜译为“提交答辩意见”；virtual hearing，宜译为“在线庭审”，等等。

我们在讨论中遇到一个问题：“办理破产”指标，有一句 provides a right for insolvency administrator to be heard，说的是破产管理人的申辩权还是申诉权，还须细为斟酌。

我们正在汇总，形成一张世行营商环境评估BR体系的专有术语表格，届时请方家指正。

选择做对的事情，尽力把事情做对，我们的贡献，庶几在此！

2023年8月23日，尊重但不盲从：世行营商环境评估方法论及问卷翻译（之三）。

尊重世行价值观与方法论，精准解读世行评估文本，是迎接世行评估的基础。翻译团队夜以继日，终于完成了翻译的初稿，可以赶上2023年10月世行评估的企业调查环节了。

厚厚的译本，凝结着翻译团队的智慧与辛劳，但离译本的最终推出，还有一段路要走，包括团队内部交叉互校，校正讹误。在发改委的主持下，与指标牵头政府部门沟通，修订专有术语的表述。

2023年8月20日（周一）上午9:00，翻译团队举行第三次会议，通报了初译汇总情况，各组沟通了翻译中的问题，展开了充分交流，最终议定终稿提交时间。

严复先生的"信达雅"译事原则，体现在文本中，要做到：

其一，信。忠实于原文，信是第一要义，若非必要，勿增实体。在过往世行磋商中，有一个很奇怪的现象，某部门汇报三句，译员翻译六句，增加了自己的很多理解，以强化汇报者的观点，该部门居然觉得很满意，认为有人帮着说话。其实，翻译者横生枝节，已然悖反了译者的职责。

译本必须忠实原文，除非原文确实存在讹误。我们的确发现世行营商环境的文本存在此类问题，兹举数例：1. 英文原文第80页的3.4.2，正确标号应为3.2.4，4与2跳号了；2. 第89页，the transparency of information for immovable property subcategory has 8 points疑为原文有误，据上下文应为8 indicators，即8个指标，而不是8分；3. 英文原文第144页，选项10a和10b居然一字不差;4. 英文原文第509页和第510页各有一张TABLE 9,表格排序有误。

其二,达。这是本次翻译遇到的最大难题。世行的指标,以英美法律与实践为蓝本,与我国相应法律术语的含义并不一致,必须在理解的基础上完成文义转换。兹举数例:1. 原来的DB体系中,limited liability company是指我国的有限责任公司和非上市的股份有限公司。2. 现在的BR体系中,consumption taxs是指基于消费的税,即购买商品或服务时征收的税,由消费者直接或间接支付。最常见的consumption taxs是增值税(VAT)/商品及服务税(GST)和销售税。中国的消费税,就是指特殊消费税(excise taxes)。而世行问卷恰恰不包括特殊消费税和进口税。为了避免歧义,我们把consumption taxs(基于消费的税)在开头进行了界定,后面视情境将其译成增值税。3. 世行原文对同一字义在不同地方运用了不同表述,自身未实现统一,给翻译带来了难度。例如,"办理破产"指标之下,破产管理人用了两个不同的单词insolvency representative和insolvency administrator,发生于1.1.3 insolvency administrator's expertise项下。

其三,雅。翻译团队力求实现译文之雅,但委实难度极高。兹举数例:1. judge、division、bench这三个词,分别译为"法官、审判庭、合议庭",算是通达了,但接下来的collegial bench这个词,却委实不知何译为妥了。2. "获取经营场所"指标中,"5.2.2 最大的当地政府(municipality)"项下,有一段话直译为"在一些城市,可能有一个或几个当地政府。经营场所主题(尤其是建筑许可)旨在关注最常见的做法。因此,就所服务的客户或市场份额而言,首选最大城市中的最大的当地政府"。这样的译法,会让人心生困惑。其实,原文的意思是指,以上海为例,上海共有16个区政府,其中,浦东新区无论是辖区面积还是人口,均排名第一,故选择浦东新区政府作为采样的政府。故而,此段以意译为妥:"在一些城市,可能存在一个或数个同级的政府。经营场所主题（尤其是建筑许可）旨在关注最常见的做法。因此，就所服务的客户或市场份额而言，首选最大城市中的最大同级政府。”

优化营商环境，永远在路上；翻译，也永远在路上。

2023 年 10 月 2 日，一份特殊的蛋糕：世行营商环境 BR 体系翻译完成，国评指标课题启动。

2023 年 9 月 28 日，长假前的最后一个工作日，举行了营商环境国家评估指标课题研讨会。会上，将世行营商环境评估 BR 体系译稿转给了政府部门。

译稿共 11 章，1 231 页，80 余万字。另外，还发现世行 BR 体系原文的 43 处错误。

这是一份由情怀驱动的工作。政府部门并未提供经费支持，但这样做有利于市场主体正确理解新的世行评估方法论，也有利于推进这项工作，我们觉得非常高兴。而且，翻译的过程，已经使我们受惠良多，这是另外一份回报了。

翻译是一份素心活。2009 年我在华政科研处工作，王泽鉴教授到华政讲学，梁慧星教授来看望他，对我说过一句话：读书可以偷懒，读不懂就跳过去。而翻译是绕不过去的，一字一句，要搞懂弄通，才能往下走（大意）。

现在看来，此项译事的最难之处在于，找到适当的法律术语，做出精准的表达。例如，use permits、occupancy permits、use and occupancy permits 这三个词，宜分别译为“使用许可、占有许可、使用及占有许可”；而 assignment of receivables 这个词，一般情况下应译为“应收账款的转让”，而根据其方法论的释义，即 The creation of a security right in a receivable that secures the performance of an obligation，则应当译为“应收账款的质押”。

世行体系，并非完美。我们发现，世行的 BR 体系原文存在 43 处错误，包括标号错误、跳号等技术性错误，也包括语义相反的表述错误，如将“提升接入率”误为“降低接入率”，将“总成本”误为“日历日数”，YER 或者 NO 的回答指向错误。另外，多处还发生用不同的英文表达同一术语的情形。

或者，世行营商环境 BR 体系的不同指标，由不同的团队完成，由于时间匆忙，未及统一细致校对。他们是人不是神，要完成如此体量的文件，难免犯错，改过来就好了。

9 月 10 日教师节，翻译团队进行了第四次，也是最后一次全体会议，扫除翻译中遗留的最后问题，形成了世行原文错漏勘误表，准备通过官方渠道提供给世行，供其参考。这也算是译事的一份意外成果了。

那天，学生送来了很大的蛋糕，以及一束束鲜花。这是为师者的荣耀时刻，同门中担任教师的成员，愉快地合了影。

蛋糕很大很大，还写上了“祝大家翻译顺利，为营商环境助力”字样！我们邀请了学校保安、保洁、会场服务人员，与我们分享了蛋糕，他们非常开心，我们更加开心。

2023 年 9 月 28 日上午，我们召开了营商环境国家评估指标设计课题研讨会，二十余位实务与理论专家与会，提出了以下想法：

其一，关于构建新的营商环境国评指标的必要性。鉴于世行推出了新的营商环境评估 BR 体系，与原来的 DB 体系相比，有了重大的变化。我国亟须对标世行体系，并根据中国国情，推出一套优化后的营商环境国家评估体系。

其二，关于国评体系与世行体系的关系。世行评估方法论整体上比较科学，课题应充分借鉴世行评估体系，BR 体系的十项指标悉数保留，并根据中国国情，在内容上进行增删，同时增设若干指标。

其三，关于国评新体系与国评原体系的关系。国评新体系是对原体系的扬弃，国评新体系将继承合理的指标，放弃因无法采集真实数据、无法显示区分度、无法考察市场主体满意度的指标，也将放弃支撑着所有指标的指标，例如，政务服务、市场监管、包容普惠创新，可以融入其他所有指标。

其四，关于工作评价与水平评价的关系。在通常意义上，将侧重行为的评价称为工作评价，侧重效果的评价称为水平评价。新的国评体系，将以效果评价（以市场主体的感受度为标准）为主，以行为评价为辅。行为评价，有助于反映各地推行的改革措施，但其落地见效需要一段时间，根据世行的方法论，如果没有落地见效，则不予得分。

其五，关于数据的采集。新的国评体系，尽可能减少政府和企业的数据填报环节，数据主要通过以下三个渠道采集：渠道一，被认可的政府数据，例如政府相关考评生成的数据，从法院系统等调取的数据等。渠道二，政务服务平台的数据，企业办事通过政务服务平台客观生成的数据，通过办事平台采集。通过这种方式也可以评估政务平台的“活化”程度。渠道三，第三方访谈获得的数据，此种方式尽可能少用。数据的采集必须是针对企业办事实际发生的场景，无须另外假设场景。

其六，关于报告的呈现方式。新的评估体系，既要促进优化营商环境，又要避免内卷加剧和给地方政府过度施压。可以参照欧洲绩效标杆（EBC）项目的做法，整体报告做出逐项指标的最佳实践与中位数，而针对参评城市的个体报告，则可以给出该城市的具体成绩。这样，参评城市既可以了解自身在国评中的名次，推进相关工作，又避免了整体排名给后进城市带来的压力。

我们想阳光、公开地推进这项工作。我们期待来自全国各地的专家，提出宝贵的意见和建议！祝大家长假愉快！

2023 年 11 月 22 日，营商环境国评指标课题成果交流会。

孟子曰：徒善不足以为政，徒法不足以自行。确立一套科学规范的评估体系，引导人心向善，增进相互信任，降低制度性交易成本，营造良好的营商环境，在当下显得越发重要。

感谢国家发改委法规司的信任，委托我们进行营商环境国评指标的设计。彼时，我们刚刚完成世行新的评估体系的翻译，提交给了政府相关部门。

以世行评估为基础，设计一套中国的评估体系，无疑正当其时。

2023 年 9 月 14 日，上海市发改委营商环境处处长卢爱国到华政长宁校区。我们在河东食堂一边用早餐，一边聊天。他再次转达了国家发改委法规司委托我们完成国评指标体系的想法，必须在年内完成。此前，国家发改委法规司已经有同志联系我。尽管时间紧，任务重，但这是一项非常有价值的工作，我应承了下来，并请卢处动员政府部门派员一起参加。他非常支持。那天清晨，我们还同游了华政的法律湾区（legal bay，即苏河步道的三角地带）。

我清楚地记得，那一缕清风，拂过了我们的笑脸……

组建研究团队、建立微信群，召开专题会议与分指标小组会议，一个月后，完成了课题报告的初步框架。

2023 年 10 月 20 日，国家发改委法规司孟玮司长一行，到华政就国家营商环境评估指标的设计，提出了系列指导意见。孟司长明确要求，要处理好五组关系：其一，处理好“以我为主”与“国际可比”的关系，要坚持以我为主，在此基础上，再强调对标国际。其二，处理好国家事权与地方事权的关系，即使是国家事权指标，也要考察地方落实的情况，要切实回应企业关切。其三，处理好问题导向与效果导向的关系，国评要以企业感受度作为唯一或者最为重要的标准，对于企业无感的指标要做减法，对于企业感受度很深的指标，即使世行不评，国评也要纳入。其四，处理好国家综合评价与区域评价的关系，一国不同的区域，承担的功能不同。其五，处理好数据来源的客观性与可获得性的关系，要尽可能地运用已有的数据，减少各部门的负担。

课题组、各指标团队多次召开会议，数易其稿，终于形成了初稿。

2023 年 11 月 19 日，在华政长宁校区交谊楼一楼第四会议室，召开第五次全体会议，计 45 人参会。复旦大学、普华永道（他们负责世界银行的企业问卷调查，对数据收集很有经验）、北京培西科技有限公司、北京法意科技有限公司、厦门市营商环境研究中心均派员参会，对指标提出意见和建议。

各小组依序报告子项指标存在的问题，经过讨论，在以下方面达成了共识：

第一，关于规则依据：原来国家的表述为"中央法规文件"，课题组统一改为"国家和地方法规文件"（对应着世行的"规则框架完备性"维度）。例如，"获取金融服务"指标，在规则框架方面，设定了"是否专门制定了解决中小企业融资问题的地方性法规"作为测评点。

第二，关于办理场景：区分线下办理场景与线上办理场景，但不能以在线办理率作为指标，相反，要增加线上与线下协同指标。如果完全可以线上办理，但数据比较少，可以较低地赋分（从推进工作的角度）。

第三，关于指标选择："经营场所"指标，分设"不动产登记""办理建筑许可"两项指标，"公共事业服务"指标，电、水、网均分设出来；"市场竞争"指标，拆分为"知识产权与创新""市场竞争"；另外，增加了"政务服务""社会信用"两项指标。总共设 16 项指标。

第四，关于测评点分类：从计分的角度，可分为赋分测评点、观察测评点与扣分测评点；从评价维度看，可分为行为测评点（即做即赋分）与效果测评点（做得好才赋分）。凡是国家给地方的优惠政策或试点任务（例如给上海的沿海捎带政策），因不具有可比性，宜列为观察测评点；对中国经济和社会发展不利的指标，例如“劳动合同是否电子签署”，在当前经济形势下，不利于企业灵活用工，宜列为观察测评点。扣分测评点的设计要慎重，例如，地方金融风险事件的发生及处置情况，触发什么标准，要进一步听取国家相关部门的意见。

第五，关于计分方式：世行评估绝大多数用“是和否”来赋分，国评指标要避免一刀切，避免用“是和否”来赋分。在一定条件下，可以用层差法，即给定一个区间，区间内给予同样的分值，然后根据偏离度赋予差异化分值。

第六，关于数据获取：甄别哪些可以自动获取（如何避免体外循环，等材料收集了再受理），哪些必须通过企业调查（只在园区里免费使用，抽到哪些企业，然后替企业填，高峰期集中出政策，针对这些舞弊行为，信用指标设一些扣分项），哪些必须通过专家填报。

第七，关于业务标准与技术标准：业务标准要进一步拆解为技术标准，才能赋分。例如，国办文件下发，各地区对于文件的执行率，可以拆解为技术标准。至于技术标准的拆解是否科学，可以报给国家发改委，由他们去和相关部委确认，哪些数据可以获得。

三个多小时，没有一刻停歇，相当烧脑。研讨结束，大家流连于法律湾区（华政长宁校区三角地带），典雅的建筑，和畅的清风，明媚的阳光……这一切，真的很治愈！

2023 年 12 月 30 日，法治营商：写在公号创建之时。

前一阵子申请的微信公众号，岁末年初获得了批准。公众号名为“法治营商”，管理主体为“中国法治化营商环境研究院”。

未来数年的学术旅程，将围绕“法治化营商环境”展开。优化营商环境的核心要义，是降低制度性交易成本，几乎涵摄了公法与私法、实体法与程序法的所有领域。

对于法学研究而言，以问题为导向，打破部门法藩篱，融通公权与私域，将会赢得更为宏阔的研究视域。

对于法学教育而言，营商环境对企业“出生入死”的全程关注，恰似一条河流，从源头到入海口，可以使学生纵览企业全生命周期的所有法律问题。

公众号第一篇文章，选用的是一篇新闻报道，算是一则旧闻了。中国法治化营商环境研究院承担了国家发改委的一项课题，设计国家营商环境评估的指标体系。我们组成了十个课题小组，并于2023年9月28日、2023年10月15日、2023年10月20日、2023年11月11日及2023年11月19日召开五次课题组全体成员研讨会，在国家发改委法规司的指导与上海市发改委的帮助下，终于完成了初稿。

新的国评体系，必须处理好世界银行评估指标与国家评估指标的关系，并且在国家评估的指标选择及评估维度、国家评估指标的构成要素、国家评估的计分方式与数据来源等方面，做出良好的判断。特别是，我们希望，国评指标尽量避免政府填报数据，更多地运用政务服务平台、可信评估报告、第三方调查等方式获取，实现“所测即所得”的可信效果。

我们希望公众号做成一个开放的共享平台，与学界业界共享信息，彼此赋能，共同推进营商环境的优化。祝愿我国的营商环境越来越好！

2024年2月3日，最好的新年礼物：致敬师生共同奋斗的岁月。

昨天是北方小年夜。国务院召开常务会议，研究进一步优化营商环境工作。非常巧的是，同一天，世行最新的营商环境评估指标体系译著出版，送到了办公室。全书110余万字。

今天是南方小年夜。我在办公室里安静地阅读，不时给前来取书的合作译者，逐一题写谢辞，内心充满了感激。董翔、孟高飞等译者，还带了孩子过来，三代人合影，其乐融融。

苏轼《临江仙·夜饮东坡醒复醉》有云：长恨此身非我有，何时忘却营营？夜阑风静縠纹平。小舟从此逝，江海寄余生。寥寥数语，道出了陷于俗务不得脱身的无奈，以及归隐江海山林的旷阔与通达。

是呵，人生苦短！在浩瀚的宇宙长河中，人的一生恰似白驹过隙。而就在这短短的一瞬，还要分出诸多时日因应俗务，能够成就的有益之事，可谓少之又少。于我而言，带领学生，共同翻译完成这部作品，算是了却一桩愿望了。

这份译事，缘于一次看似偶然的邀约。

2023 年 7 月 16 日上午 11:00，我在“罗门群”（笔者指导的博士与硕士群）里发出了一份邀请参与翻译的邀约：……这是一个宝贵的学习过程，而且是一份公益事业。世行的每一个指标，都有诺贝尔奖获得者参与，他们的方法论，本身就值得学习。

2023 年 8 月 5 日、8 月 15 日、8 月 20 日、9 月 28 日，四次全体改稿会议后，形成了初稿，然后是日复一日的校对与修正！

秉承王泽鉴教授“早起一点、晚睡一点、勉强自己一点”的三点精神，我和董翔逐章校译，并与翻译成员保持着频密的沟通，后来张浩同学也出了不少力……尤记得在宁德出差期间，2023 年 10 月 26 日（周四）凌晨 4:30，我翻身下床，沉浸在校译之中，窗外鸟叫虫鸣。想起苏东坡的另一首词《点绛唇·闲倚胡床》：“闲倚胡床，庾公楼外峰千朵。与谁同坐，明月清风我。”

很喜欢一句诗：一沙一世界，一花一天堂；掌中握无限，刹那成永恒！特别是在这个因劳动而格外美丽的时节！

感谢译林出版社，致敬那段奋斗的岁月！

2024 年 2 月 18 日，7.0 版！节后开工第一天，上海发布《持续打造国际一流营商环境行动方案》。连续七年，上海都是在新年上班的第一天召开党政主要负责人会议，推出优化营商环境的行动方案，足以彰显上海对此项工作的高度重视。

2024年3月14日，世行新的营商环境评估体系译本。

在新一轮世行评估中，上海是中国唯一的专家调查指标城市，占全国的权重达73%，承担的责任可谓繁重。正因为如此，上海连续七年新年召开的第一个全市大会即为优化营商环境大会。上海市委主要领导多次强调，把市场化作为鲜明主线，法治化作为基础保障，把国际化作为重要标准。把世行新指标体系作为优化营商环境的重要参照系，在全面分析研判的基础上充分吸收借鉴。

世行新的营商环境评估体系，是国际标准的集大成者。它总共引用了76份国际标准文件，涉及联合国贸易法委员会、经济合作与发展组织、世界银行、国际劳工组织、联合国粮农组织等多个国际机构。

精准的翻译，是研究世行标准的第一步。翻译是一份良心活，认真不认真，自己心里清楚，也骗不了内行。想起梁慧星教授曾经说过的，翻译是绕不过去的，如果是读书，遇到不懂的字句，可以跳过去，而翻译不行，遇到不懂的字句，必须逐字逐句，搞懂弄通才能过去。

译著很厚，平时可以当作枕头，紧急情况下可以用来防身。

写了自序，忠实记录了翻译过程中的点点滴滴，特别是，对于翻译过程中的种种纠结，我们也逐一记录下来。译著是合作作品，在书的最后，逐一列示了名单。共同创作的过程，虽然很辛苦，但很快乐！

优化营商环境，是一项庞大的系统工程，事项纷繁，人员众多，在一定意义上，本书是共同创作的结果。例如，本书每一章的方法论部分，初译由华东政法大学国际金融法律学院的研究生完成，我在每一章的注释部分标明了译者，并进行了逐一校译与选编，特别是纠正了一些错误或者不准确的翻译。

例如，在“执行合同”指标中，将“法院判令”改为“法院裁决”，将“索赔”(claim)改为“请求权”，将“败方”改为“败诉方”，将“诉书”改为“诉状”；在“办理破产”指标中，将“进入的(entered into)交易”改为“达成的交易”，将“破产资产分配”改为“破产财产分配”；通篇将“手续”(procedure)改为“程序”；在“财产登记”指标中，将“当这个买卖对第三方除外”改为“当该笔买卖对第三方具有排他效力”，将“尽管不同国家采用不同的法律来建立公司”改为“尽管不同国家采用不同的法律形态来设立公司”；在“办理纳税”指标中，把“答复人”改为“受访者”……另外，本书在相当程度上是一本编著，选用了指标牵头部门的许多素材。期待通过本书，能够对上海，乃至国家层面的营商环境改革措施，进行较为系统的宣传与介绍。

真诚地希望，这本书对于我国了解营商环境的国际标准，有一点点助益！

2024 年 4 月 22 日，福建省发改委到访，开展“营商环境制度优化”主题调研。

福建省发改委党组成员、副主任张文洋带领营商信用处处长赵霞英、副处长黄剑男、价格认定中心副主任陈威、公共资源交易中心综合规划处副处长黄筱卉、体改处一级主任科员潘宏、营商信用处工作人员杨洋等一行 7 人到访，就福建省“营商环境制度优化”主题开展调研交流，本人主持了座谈会，华东政法大学科研处处长陆宇峰，中国法治战略研究院院长满洪杰，中国法治化营商环境研究院副院长丁勇、张翔宇，研究员薛人伟、杨雯、董翔参会，双方就明确国际一流营商环境的标准，进行了交流。

2024 年 5 月 23 日，国务院发展研究中心到访，开展优化营商环境工作调研。

国务院发展研究中心学术委员会副秘书长马骏，国务院发展研究中心企业研究所研究室副主任马淑萍、马晓白、高太山，研究助理张力、王广元、王馨苑、安晨曦、李向赛等一行九人到访我校，就“优化营商环境”主题开展调研交流。本人主持，华东政法大学科研处副处长彭桂兵，中国法治化营商环境研究院副院长丁勇、张翔宇，研究员薛人伟、杨雯参会。上海市发改委营商处郭剑飞参与了研讨。座谈会就世行营商环境成熟度评估体系中各相关指标的得分情况、潜在失分指标及原因、上海市已出台政策及落地情况、下一步工作建议等内容展开。

2024 年 5 月 24 日，沈阳市营商环境建设局到访，开展“营商环境建设改革”主题交流。

沈阳市营商环境建设局局长车东育、副局长顾清华带领规划发展处处长贝绍军、行政权力监管处处长刘涛、办公室副主任邹涛、行政权力监管处工作人员刘龙飞等一行六人到访，就营商环境改革建议开展调研交流。本人主持了座谈会，华东政法大学科研处副处长彭桂兵，中国法治化营商环境研究院副院长丁勇、张翔宇，研究员薛人伟、杨雯、董翔参会。双方就世界银行营商环境成熟度 BR 体系的内涵要义和价值导向、沈阳市营商环境改革建议等方面进行了热烈讨论。

2024 年 5 月 30 日，中国法治化营商环境研究院协办“对标世行评估体系打造一流企业准入营商环境”主题论坛。

临港新片区住所登记管理举措发布暨优化营商环境主题论坛在临港中心顺利召开。论坛以“对标世行评估体系打造一流企业准入营商环境”为主题，由中国(上海)自由贸易试验区临港新片区市场监督管理局主办，华东政法大学中国法治化营商环境研究院协办。本人出席了论坛，并发表了《法治化营商环境的全球视野、底层逻辑和临港新使命》的主旨演讲，副院长张翔宇参加了论坛。

2024 年 6 月 3 日，上海市人力资源和社会保障局到访。

上海市人力资源和社会保障局党组成员、副局长谈琳带领法规处（行政效能处）处长李燕燕、四级调研员何颖、干部宋理及周焱等一行五人到访我校，就优化营商环境相关工作开展交流。本人主持了交流会，上海市发改委郭剑飞，华东政法大学经济法学院副教授李凌云、助理研究员刘琦，研究院副院长张翔宇，研究员薛人伟、杨雯参会。双方就劳动就业领域的国际经验和中国问题，以及如何进一步提升本市人社领域服务保障营商环境的能力水平，展开了研讨。

2024 年 6 月 7 日，研究院与上海市第三中级人民法院联合举办“破产案件责令出资加速到期方式”研讨会。

由华东政法大学、上海市第三中级人民法院主办，中国法治化营商环境研究院、华东政法大学虞伟庆金融法律研究院、上海市法学会经济法学研究会承办的“破产案件责令出资加速到期方式”研讨会，在长宁校区交谊楼辉贤厅召开。来自上海市高级人民法院、上海破产法庭、上海市浦东新区人民法院、复旦大学法学院、上海市发改委营商环境处、上海市司法局、市场监管局、上海市人大常委会法工委的三十余位专家学者受邀出席。本次研讨会由上海市第三中级人民法院副院长俞秋玮主持，上海市第三中级人民法院院长席建林进行了总结。研讨会为破产案件责令出资加速到期的纠纷处理方式的选择提供了宝贵的建议。

2024 年 6 月 21 日，中国法治化营商环境研究院揭牌。

研究院的成立，历经了一番过程。2024 年 2 月 8 日，本人将世行营商环境评估指标体系译本及一份专报呈送给市领导，提出三点建议：第一，组建专家队伍，对世行BR体系进行精准解读，增进受访专家、企业对世行方法论的理解和认知。第二，选派专业能力强、沟通能力好的专家，加强与世行的沟通，推动世行专家准确认知我国法律法规，消除因法系差异而带来的认识分歧。第三，依托法学院校，建立上海市法治化营商环境研究基地，对标全球营商环境先进经济体，跟踪其法治变革，及时提出修法立规建议，服务上海乃至全国的优化营商环境战略。华东政法大学在这方面有一定的工作基础，非常愿意为此做出贡献。

报告呈送当日，市领导即做出批示，请市发改委研究所提建议。2024年2月20日，根据市发改委的安排，本人和丁勇、张翔宇、薛人伟、杨雯一行5人，前往市发改委，与市政府副秘书长、发改委主任顾军，副主任陈彦峰，营商环境处处长卢爱国等举行专题会议，研商落实市领导的批示。

2024年2月22日，市发改委形成《关于支持华东政法大学建设法治化营商环境研究基地的报告》。2024年2月23日，市领导圈阅同意了市发改委的报告。市发改委随即与我们对接，落实相关工作。其中一项重要工作，就是在全国范围内遴选30位顶尖法学专家，担任法治化营商环境建设专家委员会委员。我逐一与专家们联系，他们非常支持，并慨然应允。30位委员中，既包括来自清华大学、北京大学、中国人民大学、上海交通大学、复旦大学、武汉大学、浙江大学等综合类高校的专家，也包括来自中国政法大学、华东政法大学、西南政法大学、中南财经政法大学、西北政法大学等政法专业类高校的学者，权威性强，覆盖面广。

2024年6月17日，市发展改革委和华政联合举行法治化营商环境建设专家委员聘任暨中国法治化营商环境研究院揭牌仪式。上海市副市长解冬出席活动，并与华东政法大学党委书记郭为禄共同为中国法治化营商环境研究院揭牌。市政府副秘书长王平，市政府副秘书长、市发展改革委主任顾军向法治化营商环境建设专家委员颁发聘书。

研究院构建了14个细分领域的专业研究团队，研究人员逾150人，99%以上拥有博士学位，拥有英语、德语、法语、日语等多语种工作的能力，完成了多项国家和地方委托的任务。研究院将努力成为营商环境法律法规制定修订的“献策者”，积极参与相关立法后评估，为条例常态化修订提供智识储备；成为企业涉法共性问题的“破题者”，针对企业反映的法治化营商环境的堵点痛点问题，形成具有前瞻性、可操作的建议方案；成为对接国际高标准规则的“助力者”，深入解读世界银行营商环境评估指标体系，支撑上海更好对接国际规则，更好代表国家参与竞争。市教委主任周亚明期望华东政法大学以研究院成立为契机，在法学教育中加大法治化营商环境相关学科的人才培养，在法学研究中加强法治化营商环境相关问题的研究，在社会服务中凸显法治化营商环境方面的贡献。

研究院成立揭牌仪式由上海市发改委副主任陈彦峰主持，上海市司法局副局长刘言浩宣读了委员名单。刘晓红教授、李曙光教授及本人，作为委员代表发言。本人的发言如下：

尊敬的各位领导，各位专家：

大家下午好！我汇报三点想法：感恩、开放与务实。

第一，感恩。感谢解冬副市长、王平副秘书长、顾军副秘书长、周亚明主任、刘言浩副局长等各位领导。我们知道，各位领导的工作任务都非常繁重，要找到你们都方便的时间，非常困难。于是，炎炎夏日里，你们牺牲了宝贵的中午休息时间，前来参加活动，下午2:30还有市政府常务会议。领导们非常艰辛，这种勤政为民的情怀，是上海营商环境最具竞争力的底色。真诚感谢你们。感谢各位专家，这次聘请的30位专家，都是法学界的翘楚，日常的教学科研与管理任务相当繁重，你们慨然接受了聘任。在繁忙的毕业季，今天超过半数的专家莅临现场，其中三位分别从西安与北京赶来，舟车劳顿，你们贡献的学识与智慧，是上海营商环境越来越好的最大底气。

第二，开放。开放，是上海营商环境的鲜明特色。这次聘请的30位专家，华政之外的占到了22位，既有北大、清华、人大、武大、交大、复旦、浙大等综合类院校，又有传统的五所政法院校，形成了营商环境的立格联盟（legal union）。研究院还以开放的姿态，接受了中央依法治国办、国家发改委、财政部、最高人民法院、国税总局、市场监管总局等指派的任务，与国务院发展研究中心等国家智库开展了合作。我们将以此为基础，聘请实务界人士担任专家，并尝试聘请世行专家、国际知名学者充实专家库，提升研究院的国际化和应用研究水平。爱因斯坦说过，对于个人来说，知识是有贡献的，想象力可以包容整个世界。对于华政来说，单个学校能力是有限的，而开放与包容却可以拥有整个世界。正如华政校园开放，看起来让渡了部分校园空间，却让我们拥有了整个社会。

第三，务实。研究院既要仰望星空，更要脚踏实地，围绕市委市政府重点工作，逐一研究解决上海乃至全国营商环境面临的法治难题。前期，我们分为14个专题，组建了将近160人的研究团队，拥有英语、德语、法语、日语、意大利语等多语种工作的能力，我们将本着勤勉务实的态度，不辞其细，不舍其小，逐一研究解决各类法治难题，以前瞻的眼光，务实的行动，将研究院打造成国内顶尖、国际一流的开放型国际化应用研究基地。再次感谢大家！

2024年，本人赴多地做营商环境辅导报告，并开展战略合作，积极开创政校合作新模式。

在山西，4月18日，本人应邀为山西省委理论学习中心组作专题辅导报告，并提出工作建议。山西省委书记唐登杰以及省人大常委会、省政协主要负责同志，省法院院长，省检察院检察长以及省直有关单位主要负责同志等参加学习。

在辽宁，7 月 8 日，本人以“对标国际标准、打造一流营商环境”为题在沈阳振兴发展“高端讲堂”学习会上作辅导报告。辽宁省委副书记、沈阳市委书记王新伟，沈阳市委副书记、市长吕志成，市政协主席于学利等出席。同日，中国法治化营商环境研究院北方基地揭牌，沈阳市与华政就打造法治化营商环境开展战略合作。吕志成出席启动仪式并致辞，省营商局局长周铁赢与本人共同为基地揭牌。双方达成基本共识，基地成立后，将对标世界银行营商环境评估体系，进一步推动沈阳市营商环境高质量建设，为政府决策和企业发展献计出力，助力建设更高水平的法治沈阳。

在广西，7 月 9 日，本人以“打造市场化法治化国际化一流营商环境，推动广西打造国内国际双循环市场经营便利地”为题，在广西领导干部“时代前沿知识”系列讲座第 129 讲作专题报告。广西壮族自治区党委书记刘宁、广西壮族自治区主席蓝天立、广西壮族自治区政协主席孙大伟出席讲座并聆听报告。报告以电视电话会议形式举行，各市、县（市、区）设分会场。广西壮族自治区党委常委、自治区常务副主席许永锞主持讲座。广西壮族自治区党委、人大常委会、政府、政协领导班子成员，广西壮族自治区高级人民法院院长，区直、中直驻桂有关单位主要负责同志等在主会场听取报告。报告结束之后，本人还率队与广西壮族自治区发改委举行了优化营商环境座谈会。

在上海，7 月 31 日，上海市人大常委会举办第五期“上海人大讲坛”，围绕“对标最高标准、最好水平，持续优化营商环境”进行专题学习，本人作了讲授。市人大常委会主任黄莉新，市人大常委会副主任郑钢淼、周慧琳、陈靖出席，常委会副主任宗明主持。市人大常委会秘书长谢坚钢、常委会驻会组成人员和机关干部、各区人大常委会负责同志等参加。

2024年7月24日,研究院承办“推动文娱票务市场营商环境法治化”研讨会。

由上海市发改委与上海法治报社联合主办、中国法治化营商环境研究院承办的“推动文娱票务市场营商环境法治化”研讨会在华东政法大学举行,本人主持了研讨会。30余名来自司法实务一线和理论界的专家学者,相关政府部门、票务平台及消费者代表,围绕畅通合理的退票渠道的构建、阶梯退票规则与费用匹配机制的调整展开了研讨,为相关制度完善提供了建议。

2024年8月15日,辽宁省营商环境建设局到访,开展“营商环境评价指标体系设计”主题交流。

辽宁省营商环境建设局副局长祝国勋、效能督察处处长赵小东、效能督查处一级主任科员张蒙、辽宁省营商环境评价项目组工作人员周明慧、沈阳市营商环境建设局副局长顾清华、规划发展处副处长张丙辉等一行6人到访我校,围绕营商环境评价指标体系设计主题开展调研交流。本人主持了座谈会,副院长张翔宇、研究员薛人伟、学校办副主任宋瑞参会。双方就世界银行营商环境评估体系的演变过程、底层逻辑和指标设置的变化情况,辽宁省级层面营商环境评价“无感监测”的可行性、营商环境评价工作的难点痛点等进行了深入交流。

2024年9月4日,研究院与沈阳市营商环境建设局举办“深化政校合作”会议暨合作备忘录签署仪式。

中国法治化营商环境研究院与沈阳市营商环境建设局“深化政校合作”会议暨合作备忘录签署仪式在长宁校区举办。本人主持了签约仪式,沈阳市营商环境建设局局长车东育出席,沈阳市营商环境建设局行政权力运行监管处处长刘涛、规划发展处副处长张丙辉、行政权力运行监管处科员何正稌、华东政法大学校友办主任赖锦盛、学校办副主任宋瑞、中国法治化营商环境研究院研究员薛人伟参会。

研究院将会与沈阳市营商环境建设局合作,共同深化营商环境的比较研究工作,推动专项课题的细化研究,对标国际与国内一流标准开展营商环境评估,并互派人员交流互访。

2024 年 9 月 28 日,广西壮族自治区党委书记刘宁会见中国法治化营商环境研究院院长罗培新。

本人赴桂林,受到了广西壮族自治区党委书记刘宁的接见。刘宁书记希望我们的团队充分发挥团队和专业优势,帮助广西高标准大力度推动营商环境提质增效,更好打造国内国际双循环市场经营便利地。本人则感谢自治区党委、政府的信任,为他及团队在桂开展营商环境评估调研提供便利和支持,并表示将充分发挥研究院专家和智库力量,对标世界银行营商环境评估新体系,助力广西打造市场化、法治化、国际化一流营商环境和建设国内国际双循环市场经营便利地。自治区领导周异决、周家斌,以及自治区发展改革委负责同志参加。

2024 年 12 月 1 日,研究院举办上海市营商环境行动方案 8.0 版本制定暨《上海市优化营商环境条例》修订研讨会。

本人主持了研讨会。30 余位政府部门代表、专家学者、企业代表,聚焦行动方案 8.0,进行了深入的研讨。上海市发改委二级巡视员、营商处处长卢爱国,副处长孔媛,三级调研员林波,副处长曹海军,司法局立法二处处长李萍,市场监督管理局法规处处长朱梓明,商务委员会服务业发展处副处长邓金兵出席了本次研讨会。西南政法大学党委常委、副校长李燕教授,上海交通大学凯原法学院院长彭诚信教授等专家学者出席了本次研讨会。本次会议为上海市营商环境行动方案 8.0 版本的制定和《上海市优化营商环境条例》的修订提供了丰富的思路。

2025 年 3 月 13 日,“问题企业恶意注销逃避法律责任相关法律问题”研讨会顺利召开。

本次会议由中国法治化营商环境研究院、上海市法学会经济法学研究会共同主办,本人主持,上海市发展和改革委员会、上海市高级人民法院、上海市人民检察院、上海市市场监督管理局、上海市司法局等相关部门的领导和实务专家出席了研讨会。上海市发改委二级巡视员、营商处处长卢爱国介绍了研讨会的背景,华东政法大学的孙万怀、李翔、季奎明、伍坚、姜涛、焦艳鹏、胡改蓉、张翔宇等学者也参与了此次会议,会议围绕如何认定经营主体的恶意注销行为、市场监管部门是否有权暂缓有关企业的注销登记程序、如何追究企业相关负责人责任等问题展开。

2025 年 3 月 26 日,研究院承办“优化营商环境顶层设计”主题座谈会。

上海市发展和改革委员会副主任陈彦峰、营商处处长卢爱国、副处长孔媛、三级调研员林波、上海市宏观学会会长王思政、上海博物馆馆长褚晓波、第一财经研究院首席专家秦朔、上海前滩新兴产业研究院院长何万篷、上海市人大财经委立法监督处处长张震、复旦大学数字与移动治理实验室主任郑磊、华东政法大学国际金融法律学院院长贺小勇、我本人及杨雯、薛人伟参与了本次座谈会。与会专家围绕营商环境建设的顶层设计、基本思路和整体安排展开了研讨。

优化营商环境,永远在路上。希望这份利用碎片时间完成的记录,就像那些爬藤的花花草草那样，将“这一路”点缀得具象而丰盈。感谢一路相伴的同仁、师友与同学们！有了你们的陪伴，这一路，风光无限，温情无限！

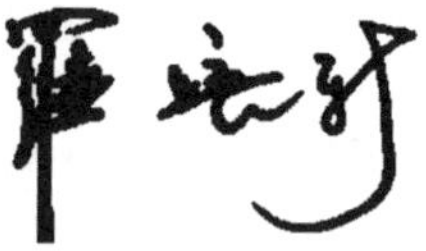

2025 年 5 月 5 日

译者名单与简介

第一章　概述

第二章　企业准入

薛人伟　华东政法大学国际金融法律学院讲师，法学博士

郑依彤　华东理工大学法学院副教授，法学博士

高　瑗　华东政法大学国际金融法律学院，法学硕士研究生

陈若琪　华东政法大学国际金融法律学院，法学硕士

王旭阳　华东政法大学国际金融法律学院，法学硕士研究生

吴　韬　华东政法大学法学博士，博士后

张　浩　华东政法大学国际金融法律学院，法学硕士研究生

第三章　经营场所

张　璐　上海市浦东新区花木街道办事处党政办公室主任，一级主任科员，法学硕士

吴　双　上海市静安区人民法院民事审判团队负责人、四级高级法官，法学硕士

陆　茵　上海市静安区人民法院金融审判庭审判员、四级高级法官，法律硕士

李　润　上海市方达律师事务所合伙人，法学硕士

潘立春　华东政法大学外语学院副教授，法学博士

张纯辉　华东政法大学外语学院副教授，英语语言文学博士

付　强　华东政法大学国际金融法律学院，法律硕士研究生

倪乐翊　华东政法大学国际金融法律学院，法律硕士研究生

第四章　公用事业服务

张翔宇　华东政法大学国际金融法律学院特聘副研究员，法学博士

杨　雯　华东政法大学国际金融法律学院助理研究员，法学博士

杨圣韬　上海国际信托有限公司合规经理，法学硕士

刘　贇　国泰海通证券战略客户部业务董事，法学硕士

俞　硒　上海市浦东新区人民法院审判监督庭（审判管理办公室、研究室）庭长、一级法官，法学博士研究生

邵　靓　国家电网上海市电力公司营销部客户处处长，电力系统及其自动化学士

鲍月全　上海城投水务（集团）有限公司运营管理中心副主任，建筑与土木工程硕士

黄　海　国家电网上海浦东供电公司营销部用电检查副组长，高级电力系统工程硕士

马嘉忆　上海城投水务（集团）有限公司客户中心客户管理岗，金融硕士

张　云　上海市通信管理局干部，法学学士

王梦萱　高纬绅律师事务所上海代表处资深律师，法学硕士

胡若茜　华东政法大学外语学院，法学硕士研究生

第五章　劳动就业

赵德关　上海市总工会党组成员、副主席，法学博士

刘安琪　华东政法大学法律硕士

李杭杭　西门子(中国)有限公司法律顾问,法学硕士

鲍颖焱　江苏省高级人民法院三级高级法官,法学博士

李燕燕　上海市人力资源和社会保障局法规处(行政效能处)处长、一级调研员,工学学士

宋　理　上海市劳动人事争议仲裁院二级主任科员,法律硕士

李凌云　华东政法大学经济法学院副教授、社会法研究所所长,法学博士

刘细容　华东政法大学外语学院讲师,文学博士

黄宇轩　华东政法大学外语学院,法学硕士研究生

宋　瑞　华东政法大学学校办公室副主任,法学博士

第六章　金融服务

刘　炎　中泰证券青岛分公司副总经理,法学硕士

韩辛哲　上海国盛(集团)有限公司法律风控部高级经理,法学硕士

孔　榕　华东政法大学法律硕士

杜　娟　申万宏源证券固定收益融资总部副总经理,法学硕士

孙丽娟　华东政法大学法律硕士

杨　焯　华东政法大学教授,哲学博士,法学博士后

陈美颖　华东政法大学副教授,法学博士

于霈琪　华东政法大学国际金融法律学院,法学硕士研究生

董　翔　华东政法大学外语学院讲师,法学博士

第七章　国际贸易

丁　凡　上海市司法局普法治理处副主任科员,管理学硕士

虞李辉　华东师范大学法学院讲师,法学博士

李敬宜　华东政法大学经济法学院,法学博士研究生

张虞茗　华东政法大学经济法学院,法学博士研究生

罗思颖　北京大学国际法学院,法律硕士研究生

刘朝晖　上海市商务委自由贸易发展处处长，硕士

李剑波　上海市商务委自由贸易发展处二级调研员，学士

丁泉玮　上海市商务委自由贸易发展处主任科员，硕士

王一飞　上海市商务委自由贸易发展处副主任科员，硕士

甘翠平　华东政法大学外语学院讲师，法学博士

鞠明哲　华东政法大学国际金融法律学院，法学硕士研究生

董　翔　华东政法大学外语学院讲师，法学博士

第八章　税费缴纳

陈　聪　华东政法大学法学硕士

虞磊珉　华东政法大学法学博士

王倩倩　华东政法大学法律硕士

龚　雪　华东政法大学法律学院，法学博士研究生

董　翔　华东政法大学外语学院讲师，法学博士

第九章　纠纷解决

卢　颖　上海市第一中级人民法院民事审判庭副庭长、三级高级法官，法学博士

王　倩　上海金融法院法官助理，法学硕士

赵琛琛　上海市长宁区人民法院商事审判庭副庭长、一级法官，法学硕士

陈　冲　上海市闵行区人民法院虹桥商事法庭法官，法学博士

余素青　华东政法大学外语学院院长、教授，文学博士，法学博士后

李　超　华东政法大学外语学院讲师，文学硕士

董　翔　华东政法大学外语学院讲师，法学博士

第十章　市场竞争

严　睿　上海市知识产权局公共服务处处长，法学硕士

张文研　华东政法大学涉外法治学院讲师，法律博士

冯　曦　南方医科大学卫生管理学院副教授，经济学博士，法学博士后

宋　澜　华东政法大学法学博士，博士后

陈姝含　中国人民银行上海总部科员，法学硕士

贺　炯　华东政法大学涉外法治学院副教授，法学博士

胡若茜　华东政法大学外语学院，法学硕士研究生

董　翔　华东政法大学外语学院讲师，法学博士

第十一章　企业破产

孟高飞　上海市高级人民法院商事（破产）审判庭三级高级法官，法学博士

张　玥　华东师范大学经济与管理学院副教授，金融学博士

贾婷婷　上海市浦东新区人民法院商事审判庭二级法官，法学硕士

王亚楠　上海市浦东新区人民法院金融审判庭三级法官，法学硕士

刘春梅　北京金诚同达（上海）律师事务所律师，法学硕士

巴于茜　甘肃政法大学民商经济法学院（知识产权学院）副院长、副教授，法学博士

陈秧秧　华东政法大学商学院副教授，会计学博士，法学博士后

于霈琪　华东政法大学国际金融法律学院，法学硕士研究生

董　翔　华东政法大学外语学院讲师，法学博士

校　译

罗培新　华东政法大学副校长、教授，法学博士

董　翔　华东政法大学外语学院讲师，法学博士

张　浩　华东政法大学国际金融法律学院，法学硕士研究生

总审校

罗培新　华东政法大学副校长、教授，法学博士